De Gruyter Studium

Sprachwissenschaft

Ludger Hoffmann (Hrsg.)

Sprachwissenschaft

Ein Reader

3., aktualisierte und erweiterte Auflage

De Gruyter

Trotz intensiver Bemühungen war es dem Verlag und dem Herausgeber nicht möglich, für alle abgedruckten Beiträge die Inhaber des Urheberrechts zu ermitteln. Die Urheber bzw. ihre Erben werden freundlich gebeten, sich gegebenenfalls mit dem Verlag in Verbindung zu setzen.

ISBN 978-3-11-022629-4
e-ISBN 978-3-11-022630-0

Bibliografische Information der Deutschen Nationalbibliothek

Die Deutsche Nationalbibliothek verzeichnet diese Publikation in der Deutschen Nationalbibliothek; detaillierte bibliografische Daten sind im Internet unter http://dnb.d-nb.de abrufbar

© 2010 Walter de Gruyter GmbH & Co. KG, 10785 Berlin/New York

Satz: Fotosatz-Service Köhler GmbH – Reinhold Schöberl, Würzburg
Druck und Bindung: AZ Druck und Datentechnik GmbH, Kempten
∞ Gedruckt auf säurefreiem Papier

Printed in Germany

www.degruyter.com

Vorwort zur 1. Auflage

Vielleicht haben wir bisher den innern Werth der Sprache viel zu wenig geschätzt, und es kann uns damit gehen, wie einem Künstler mit seinem Werkzeuge, womit er lange Zeit mühsam arbeitete, und sich kaum sein Brodt erwarb; bis er endlich darauf fiel, die innre Natur des Werkzeuges selbst zu untersuchen, und in derselben einen kostbaren Edelgestein fand, der ihn aller fernern Mühe gänzlich überhob, und ihm zeigte, daß das Werkzeug, womit er arbeitete, an sich selber edler war, als alle Kunstwerke, die er damit hervorgebracht hatte.

(Karl Philipp Moritz, *Deutsche Sprachlehre für die Damen*, 1781)

Die Systeme haben nicht allein den Nutzen, daß man ordentlich über Sachen denkt, nach einem gewissen Plan, sondern, daß man überhaupt über Sachen denkt, der letztere Nutzen ist unstreitig größer als der erstere.

(Georg Christoph Lichtenberg, *Sudelbücher* E 24, 1775)

Am besten informiert man sich aus erster Hand. Dies Buch führt direkt zu klassischen Texten oder Autoren der Sprachwissenschaft und ihres Umfelds. Was Humboldt, de Saussure, Bühler und andere geschrieben haben, wird auf lange Sicht zum Fundament gehören. Die Haltbarkeit des Aktuellen ist ungewiß. Einschätzen kann sie nur, wer die Geschichte der Probleme und Lösungsversuche kennt.

Das Studium der Klassiker ist nicht immer leicht, aber lohnend. Noch ihre Nebenbemerkungen waren oft Anlaß für Richtungswechsel der Forschung. Den Aufsätzen und Auszügen wurden knapp orientierende Einleitungen mit Literatur für die Weiterarbeit, ferner Texte mit Überblickscharakter an die Seite gestellt. Das breite Spektrum soll die Problemlagen, Konzeptionen und Arbeitsfelder der Sprachwissenschaft vermitteln, zu Vergleich, Kritik und Vertiefung anregen. Gegenüber Beiträgen mit ‚So-ist-es-Standpunkt' wurden argumentative und gesprächsanregende Texte bevorzugt. Beanspruchtes Vorwissen, Komplexität, Länge, Kohärenz des Ganzen, fehlende Abdruckerlaubnis oder der Praxistest im Seminar ließen Texte – darunter hoch geschätzte – ausscheiden.

Der Reader[1] beginnt klassisch mit Sprachtheorien (Kapitel **A**) und gliedert sich dann in die Phänomenbereiche Handlung (**B**), Diskurs (**C**),- Laut (**D**), Wort (**E**), Satz (**F**), Bedeutung (**G**); der Anhang (**H**) enthält Lautinventare und eine Beschreibung der Papua-Sprache *Yale*, zur Vertiefung von **D-F**.

Viele Beiträge nehmen direkt oder indirekt, kritisch oder fortführend aufeinander Bezug (z.B. de Saussure auf Paul, Bühler auf de Saussure, Searle auf Austin, Wittgenstein und Grice, Vennemann/Jacobs auf Hockett, Lakoff/Johnson auf den Rest der Welt). Diskussionsstränge zum Spracherwerb (Bühler, Wittgenstein, Chomsky, Ehlich (**B**), Jakobson), zur Frage nach der Bedeutung und dem Verhältnis von Sprache und Welt, Sprache und Denken, Sprache und Gesellschaft, zur Systematik der Sprachmittel,-zu-Universalien etc. durchziehen das Buch und laden zur Teilnahme ein.

Am ehesten bietet sich die Lektüre und Diskussion in Seminaren oder Arbeitsgruppen an, aber auch ein Selbststudium ist möglich.[2] Der Stoff geht über die üblichen Einführungskurse hinaus. Das Buch ist auch in mehrsemestrigen oder vertiefenden Veranstaltungen, in Tutorien, Lektürekursen oder für Hausarbeiten zu nutzen, für Prüfungen oder in der Praxis, von allen, die mehr über Sprache wissen wollen.

Wie dies geschieht, bleibt den Interessen der Lernenden und der Phantasie-der Lehrenden überlassen. Nirgendwo steht, daß man (deduktiv) mit den Sprachtheorien aus Kapitel **A** oder mit Humboldt anfangen muß. Nach einem Einstieg in ein Problemfeld, einer Aufarbeitung eigener Spracherfahrungen oder einer ersten Gesprächsanalyse können Theorieblöcke eingeschoben werden. Man kann mit der Formseite (Laut, Wort, Satz) beginnen, mit dem strukturalistischen Zugang, der für viele Theorien grundlegend war (de Saussure, Martinet, Trubetzkoy, Hockett (**E**, **F**), Tesnière, Bierwisch), aber auch mit den funktionalen Angängen in **B** und **C** oder ganz anders. Ferner enthält das Buch Sprachdaten mit Aufgabencharakter (in **C**, **E**, **H**).

---

[1] Die Textgestalt entspricht – von der Korrektur offenkundiger Errata abgesehen – dem Original. Orthographische Eigenheiten, interne Verweise und Numerierungen sind geblieben. Herausgebereinschübe sind durch ‚[xyz]', Auslassungen durch ‚[...]' markiert. Auszügen wurden nur die auf sie bezogenen Literaturangaben hinzugefügt.

[2] Wer Sprachwissenschaft betreibt, kann ein terminologisches Wörterbuch gebrauchen: H. Glück (Hg.) (2005³), Metzler Lexikon Sprache, Stuttgart: Metzler oder H. Bußmann (2008⁴), Lexikon der Sprachwissenschaft, Stuttgart: Kröner.

Der Weg zur aktuellen Diskussion führt über die linguistischen Zeitschriften. Man muß sie selbst kennenlernen.

Die meisten Texte sind in der Praxis erprobt; dafür danke ich den ausgeschlafenen Studierenden meiner Hamburger Grundkurse.

Hamburg, Sommer 1996　　　　　　　　　　　　　　　*Ludger Hoffmann*

Vorwort zur 2., verbesserten Auflage

In der zweiten Auflage sind Druckfehler korrigiert und einige Aktualisierungen vorgenommen worden. Textbestand und Seitenumbruch sind unverändert. Für Korrekturhinweise danke ich Frederike Eggs und Patricia Sdzuy.

Das Ziel des Readers bleibt die Hinführung zu klassischen Texten der Sprachwissenschaft und zugleich zur neueren Fachliteratur. Er soll zeigen, welche Fragen die Disziplin zusammenhalten und wo Lösungen zu suchen sind. Interessant wird es erst, wenn das Selbstverständlichste – die Alltagssprache – zum Problem geworden ist. Wenn man die Vielfalt der Formen sieht, in denen die Sprachen Wissen übermitteln. Wenn man zeigen kann, warum und wozu jemand etwas so gesagt hat, wie er/sie es gesagt hat. Wer dies erfahren hat, wird sich der Faszination dieser Disziplin kaum entziehen können.

Der Reader ist sehr gut aufgenommen worden. Er hat sich in einführenden Lehrveranstaltungen wie im Selbststudium zur Vorbereitung auf Zwischen- und Abschlußprüfungen bewährt. In – idealerweise vierstündigen oder zweisemestrigen – Grundkursen können einige der grundlegenden und der erweiternden Texte gemeinsam erarbeitet und diskutiert werden. Alle lesen den Text, und eine studentische Kleingruppe stellt ihn kurz vor (etwa 10 Minuten). Kleingruppe und Dozent(in) bereiten die Präsentation in einem Gespräch vor, wobei Fragen zum Text, seine zentralen Gedanken und die Form einer anregenden Präsentation erörtert werden. Die Textpräsentation ist eingebaut in Überblicke (Dozent(in)) und Übungen zur Phonem-, Morphem-, Satz- und Diskursanalyse. Zusätzlich können von den Studierenden eigene Aufnahmen (Wegauskunft, Talkshow, Arbeitsgruppengespräch u. a.) angefertigt, im Ausschnitt verschriftet und ausgewertet werden. Wünschenswert ist ein Tutorium zur Nacharbeit und Vertiefung.

In einem solchen Kurs erscheint Linguistik nicht als Katalog von Termini und Definitionen, die abgefragt und wieder vergessen werden können, sondern als konzentrierte Auseinandersetzung mit einer Sache, die jede(n) angeht. Hier haben eigenständiges Lesen und Erarbeiten wie zündende mündliche Präsentation und argumentative Auseinandersetzung ihren Ort.

Praktisch erprobt sind auch andere Formen: der Lektürekurs mit einer thematischen Gruppe von Texten, die Vorlesung zur neueren Sprachwissenschaft mit dem Reader als Vorlage oder die Arbeit mit einem Einführungsbuch, die durch Texte aus dem Reader ergänzt wird.

Dortmund, im Februar 2000   *Ludger Hoffmann*

Vorwort zur 3., aktualisierten und erweiterten Auflage

14 Jahre nach dem Erscheinen dieses Buches erscheint nun eine stärker veränderte Version. Neuere Theorien im Bereich der Grammatik waren zu berücksichtigen. Spracherwerb und Interkulturalität spielen in der aktuellen Diskussion des Fachs und der Öffentlichkeit eine noch größere Rolle und haben in diesem Buch eine stärkere Gewichtung erfahren. Gesellschaftliche Mehrsprachigkeit wird endlich wahrgenommen und die Abkehr von monolingualen Orientierungen steht auch in den Schulen auf der Tagesordnung.

Bachelor-Studiengänge ziehen eine kompaktere Studienweise nach sich, erfordern gleichwohl eine Kenntnis auch der Fachgrundlagen und eigenständiges Erarbeiten von Grundtexten einer Wissenschaft. Eine veränderte Studienorganisation darf nicht dazu führen, den Lernenden Wissen nurmehr in ausgedünnter Form zu servieren. Auch und gerade wer auf Anwendung aus ist, braucht ein solides theoretisches Fundament.

Solche Erfahrungen haben mich als Herausgeber bewogen, das Buch in einigen Teilen umzuarbeiten, damit es seine positiven Wirkungen unverändert weiter entfalten kann. Zum einen wurden die eher didaktischen Texte und der Anteil von Aufgaben verstärkt, damit ein Einsatz in Grundveranstaltungen erleichtert wird. Anderseits bleibt es beim pluralistischen Prinzip und beim Zugang über klassische Texte. Neu aufgenommen wurde etwa Leonard Bloomfield, dessen Buch „Language" zu den bedeutendsten der Sprachwissenschaft gehört. Es werden gegenwärtig diskutierte Ansätze vermittelt (beispielsweise das Verhältnis von Sprache und Kultur (Tomasello (Kapitel A), Günthner, Heeschen, Rehbein), die Prototypensemantik (Löbner), die Grammatikalisierungsforschung, (Haspelmath) die Optimalitätstheorie (Müller), die Konstruktionsgrammatik (Goldberg, Tomasello (F)).

Ein Reader dieser Art muss in Bewegung bleiben, um im Studium etwas bewegen zu können. Auch das Neue – ob eingestanden oder nicht – beruht auf klassischen Ansätzen. Wer daran die richtigen Fragen und die wissenschaftliche Haltung der Kritik lernt, Zugang zu den Originalen findet, hat viel gewonnen und wird auch die Grenzen des bloß Modischen leichter erkennen.

Der Reader kann mit den grundlegenden Texten (in den Anfangsteilen der Kapitel) zur Einführung genutzt werden. Er kann auch mit den weiteren Texten in Lektürekursen, zur Vertiefung oder zur Prüfungsvorbereitung in höheren Studienphasen eingesetzt werden. Wünschenswert ist, dass der Einstieg durch Lehrende oder Tutorien begleitet wird. Es kann direkt an den Texten diskutiert werden, in denen durch das Buch hindurch verschiedene *rote Fäden* verfolgt werden. Möglich ist auch, dass Kurzpräsentationen (in gemeinsamer Vorbereitung) entstehen, so dass kritische, Thesen und Begründungen herausarbeitende Lektüre und nicht zuletzt die Vermittlung von Ideen und Gedankengängen gelernt werden.

Im Zentrum stehen Leitfragen wie: Was ist Sprache? Ist sie charakteristisch für den Menschen? Wie verhält sie sich zur Natur, wie zur Kultur? Wie ist sie aufgebaut und wie sind Formen und Funktionen aufeinander bezogen? Wie kann das Kind sich eine oder mehrere Sprachen aneignen? Nach welchen Prinzipien funktioniert sprachliche Kommunikation? Inwiefern können wir verstehen, was jemand meint?

Auf meiner Homepage finden sich Materialien, die den Reader ergänzen:
http://home.edo.uni-dortmund.de/~hoffmann/Reader.html
http://home.edo.uni-dortmund.de/~hoffmann/Biblio.html
http://home.edo.uni-dortmund.de/~hoffmann/Links.html

Auch für diese Ausgabe gilt: Ich habe viel von den Dortmunder Studierenden und Doktoranden gelernt, die ich in meinen Dank ebenso einschließe wie Kolleginnen und Kollegen aus dem Fach und Herrn Prof. Dr. Heiko Hartmann und Frau Susanne Rade vom Verlag de Gruyter. Für Hilfe bei den Korrekturen danke ich Jasmin Hirschberg.

Dortmund, Frühling 2010 *Ludger Hoffmann*

Inhalt

A. Sprachtheorien

Das Kapitel im Überblick 1

W. v. Humboldt (1810/11)
Einleitung in das gesamte Sprachstudium 18

H. Paul (1880/1920)
Prinzipien der Sprachgeschichte:
Allgemeines über das Wesen der Sprachentwickelung 25

F. de Saussure (1916)
Grundfragen der allgemeinen Sprachwissenschaft:
· Der Gegenstand der Sprachwissenschaft · Die Natur des
sprachlichen Zeichens · Statische und evolutive Sprachwissenschaft
· Syntagmatische und assoziative Beziehungen 39

L. Bloomfield (1933/1935²/2001)
Die Sprache: Kapitel 2. Die Verwendung der Sprache 58

K. Bühler (1934)
Sprachtheorie:
· Das Organonmodell der Sprache · Sprechhandlung und Sprachwerk;
Sprechakt und Sprachgebilde · Das Zeigfeld der Sprache und die
Zeigwörter · Die Origo des Zeigfelds und ihre Markierung 84

L. Wittgenstein (1958)
Philosophische Untersuchungen: Kap. 1, 2, 8–11, 17–18, 21, 23–25,
43, 65–67 105

Ch. Morris (1938)
Grundlagen der Zeichentheorie: Semiotik 112

N. Chomsky (1988/1996)
Probleme sprachlichen Wissens: I. Ein Rahmen für die Diskussion .. 114

M. Tomasello (1999/2002)
Die kulturelle Entwicklung des menschlichen Denkens:
Kulturelle Kognition 130

G. Lakoff/E. Wehling (2008)
Auf leisen Sohlen ins Gehirn: Im Land der zwei Freiheiten:
Warum wir hören, was wir denken 147

B. Sprache und Handlung

Das Kapitel im Überblick 155

J.L. Austin (1958)
Performative und konstatierende Äußerung. 163

J.R. Searle (1969)
Was ist ein Sprechakt?................................... 174

H.P. Grice (1975)
Logik und Konversation 194

K. Ehlich (1998)
Funktionale Pragmatik – Terme, Themen und Methoden 214

C. Diskurs und Konversation

Das Kapitel im Überblick 233

K. Ehlich (1984)
Sprechhandlungsanalyse 242

J. Bergmann (1995)
Ethnomethodologische Konversationsanalyse 258

H. Sacks (1971)
Das Erzählen von Geschichten innerhalb von Unterhaltungen 275

S. Günthner (1993)
Strategien interkultureller Kommunikation: Das Konzept der
Kontextualisierung. Kontextualisierungskonventionen und
interkulturelle Kommunikation............................ 283

J. Rehbein (1986)
Institutioneller Ablauf und interkulturelle Mißverständnisse
in der Allgemeinpraxis. Diskursanalytische Aspekte der Arzt-Patient-
Kommunikation 300

L. Hoffmann (1996)
Transkriptbeispiel: Kommunikation in der Strafverhandlung 344

A. Redder (1994)
Transkriptbeispiel: Anruf in der Uni 347

D. Laute, Töne, Schriftzeichen

Das Kapitel im Überblick 353

A. Martinet (1960)
Grundzüge der Allgemeinen Sprachwissenschaft: · Die zweifache
Gliederung (double articulation) der Sprache · Die sprachlichen
Grundeinheiten · Die artikulatorische Phonetik · Die Transkriptionen
· Die Stimmritze (Glottis) · Die Vokale · Die Konsonanten · Die Silbe   367

T. Alan Hall (2000)
Phonologie: 2. Phonologische Grundbegriffe
· Das Phonem · Aufgaben 375

N.S. Trubetzkoy (1939)
Grundzüge der Phonologie:
· Einleitung · Phonologie: Vorbemerkungen · Phonologie: Die Unterscheidungslehre 388

B. Pompino-Marschall (1995/2003[2])
Einführung in die Phonetik:
· Die suprasegmentale Struktur lautsprachlicher Äußerungen
· Das Deutsche · Akustik der gesprochenen Sprache 405

P. Eisenberg (1996)
127. Das deutsche Schriftsystem 431

R. Jakobson (1959)
Warum „Mama" und „Papa"? 440

W. Labov (1968)
Die Widerspiegelung sozialer Prozesse in sprachlichen Strukturen ... 449

E. Wortform und Wortstruktur

Das Kapitel im Überblick 463

H. Bühler/G. Fritz/W. Herrlitz/F. Hundsnurscher/B. Insam/
G. Simon/H. Weber (1970)
Linguistik I: Einführung in die Morphemik.................... 478

L. Bloomfield (1923/1935)
Die Sprache: Kap. 10. Grammatische Formen 497

Th. Vennemann/J. Jacobs (1982)
Sprache und Grammatik: Morphologie 512

E. Sapir (1931)
Die Sprache: Form und Sprache 522

J. Aitchison (1997)
Wörter im Kopf: Globbernde Matratzen. Das Erzeugen neuer Wörter 540

R.H. Robins (1966)
The development of the word class system of the European
grammatical tradition · 554

F. Grammatik von Satz und Äußerung

Das Kapitel im Überblick 573

H. Paul (1919)
Deutsche Grammatik III:
· Einleitung · Aufbau des einfachen Satzes 594

O. Behaghel (1932)
Deutsche Syntax IV:
· Die Wortstellung · Allgemeines 603

U. Klenk (2003)
Generative Syntax:
1. Konstituentenstrukturen 608

Ch. Hockett (1958)
A Course in Modern Linguistics: Immediate Constituents 623

L. Tesnière (1959)
Grundzüge der strukturalen Syntax:
· Konnexion · Die Struktur des einfachen Satzes · Junktion
· Translation 632

N. Chomsky (1988/1996)
Probleme sprachlichen Wissens: Prinzipien der Sprachstruktur I 658

G. Müller (2002)
Verletzbare Regeln in Straßenverkehr und Syntax 665

L. Hoffmann (2003)
Funktionale Syntax: Prinzipien und syntaktische Prozeduren 684

A. E. Goldberg (2003)
Constructions: a new theoretical approach to language 717

M. Tomasello (2006)
Konstruktionsgrammatik und früher Erstspracherwerb 730

M. Haspelmath (2002)
Grammatikalisierung: von der Performanz zur Kompetenz
ohne angeborene Grammatik 751

J. H. Greenberg (1969)
Typologie der grundlegenden Wortstellung:
· Verteilung der Grund-Stellungstypen · Weitere allgemeine Aussagen
[Universalien] 774

G. Bedeutung

Das Kapitel im Überblick 783

J. Lyons (1991)
Bedeutungstheorien:
· Die Referenztheorie · Die Ideationstheorie · Verhaltenstheorie der Bedeutung und behavioristische Semantik · Strukturelle Semantik · Bedeutung und Gebrauch · Wahrheitsbedingungen-Theorien der Bedeutung.. 794

M. Bierwisch (1969)
Strukturelle Semantik 813

D. Wunderlich (1974)
Grundlagen der Linguistik: Zur Explikation von Sinnrelationen 828

D. Wunderlich (1980)
Arbeitsbuch Semantik
· Lexikalische Feldanalyse · Lexikalische Felder · Arbeitsaufgaben .. 838

S. Löbner (2003)
Semantik: 9.2 Prototypentheorie............................. 850

G. Frege (1906)
Einleitung in die Logik 871

E. Tugendhat/U. Wolf (1983)
Logisch-semantische Propädeutik: Wahrheit 876

H. Frosch (1996)
Montague- und Kategorialgrammatik......................... 884

H. Supplemente

Artikulationsorgane, Artikulationsstellen, exemplarische Lautklassifikationen........................... 898

Zeicheninventar der International Phonetic Association (IPA) (1996) .. 900

W. Klein (2001)
Typen und Konzepte des Spracherwerbs 902

V. Heeschen (1985/2010)
Die Yale-Sprache, eine Papua-Sprache......................... 925

Quellenverzeichnis 948

A. Sprachtheorien

Das Kapitel im Überblick

Über Sprache denken wir erst nach, wenn sie uns zum Problem wird. Dann können wir Äußerungen hören oder lesen wie

(1) Ich weiß nicht, was du meinst.
(2) Wie ist dieser Satz zu verstehen? Was bedeutet *Phänomenologie*?
(3) Wenn Sie uns als Bank sagen: „Mein Zoogeschäft geht blendend", dann müssen wir erst mal feststellen, ob es dies Zoogeschäft überhaupt gibt und was Sie unter „blendend" verstehen.
(4) [Aufsatzbewertung:] Ausdruck: mangelhaft. Viele Formfehler, unvollständige Sätze.
(5) [Schule:] Sprich in ganzen Sätzen!
(6) Mir liegt es auf der Zunge.
(7) Man sagt nicht *Atlasse*, sondern *Atlanten*.
(8) Sprachen sind nun mal nicht logisch.
(9) Das Wort *Selektion* darf man nicht benutzen.
(10) Wer Millionen als *peanuts* bezeichnet, ist als Bankchef untragbar.
(11) Es heißt nicht *a vui a scheenere kich*, sondern *eine viel schönere Küche*.

Hinter solchen Äußerungen stecken Annahmen oder Fragen, die auch in der Sprachwissenschaft eine Rolle spielen. Letztlich muss die Wissenschaft mit dem vermittelt sein, was wir schon über unsere Sprache wissen, sie kommt aus der Anschauung. Ihre Aufgabe ist es aber, die Oberfläche des Wahrnehmbaren zu durchdringen und systematisches Wissen bereit zu stellen, das Erklärungen liefert. Wissenschaftlich ist nicht einmal ausgemacht, was unter *Sprache* zu verstehen ist, beispielsweise:

- die Menge der Sprachen in der Welt und das, was sie gemeinsam haben;
- die menschliche Sprachfähigkeit (Kompetenz) mit ihren biologischen und gesellschaftlich-kulturellen Voraussetzungen;
- der Sprachaufbau, ein System von Zeichen;
- eine Menge von Sätzen;
- die Gesamtheit der beobachtbaren Äußerungen, die Reaktionen auslösen;
- ein an die menschlichen Bedürfnisse (Denken, Handeln, Einordnen des Wahrgenommenen) angepasstes, im Gebrauch entwickeltes Verständigungsmittel im menschlichen Handeln;

– ein Werkzeug des Geistes, geformt durch seine Aufgaben im Denken und in der Kommunikation.

Allein schon die Heterogenität von Sprachen wirft viele Probleme auf: Ist das Deutsche die Summe oder die Schnittmenge seiner Dialekte, ist Deutsch die Hochsprache, gehören Alt-, Mittel- und Frühneuhochdeutsch dazu? Manche Theorien blenden solche Probleme einfach aus und konzentrieren sich auf einen wichtigen Aspekt wie z. B. die Grammatik. (Zur anthropologischen Sicht auf Sprache Hoffmann 2009).

Hier wird eine Auswahl theoretischer Ansätze präsentiert, die schon länger oder noch immer die Diskussion bestimmen.

Im ersten Text des Kapitels verdeutlicht Wilhelm von Humboldt (1767–1835) welche Tiefendimension eine Untersuchung der *Natur der Sprache* hat. Besonders folgenreich waren Humboldts Ausführungen zum Verhältnis von Sprache und Denken, zur Frage, ob dem Geist sprachlich Grenzen gesetzt sind bzw. ob die Sprache nicht eigentlich das Denken mit hervorbringt – Fragen, die immer noch diskutiert werden (beispielsweise auch von Wittgenstein, in diesem Kapitel), wenngleich mit mittlerweile erweiterter Kenntnis der Sprachen und in begrifflich schärferer Fassung (dazu Seebaß 1981; zu Humboldt vgl. auch Trabant 1990).

Der Romantik zuzuordnen ist auch der hier nur zu nennende Jacob Grimm (1785–1863) der mit seinen sprachgeschichtlichen Arbeiten, seiner großen deutschen Grammatik und dem mit seinem Bruder Wilhelm initiierten Wörterbuch als Begründer der Germanistik gilt. Seine Leistungen (wie theoretisch originell sie auch immer gewesen sein mögen) bestimmten die Sprachwissenschaft langfristig als historisch-vergleichendes, textbezogenes Projekt. Dabei wurde der Bezug zur Philosophie durch atomistisches Faktensammeln, problematisches Idealisieren und Analogisieren weniger eng.

In der ersten Hälfte des 19. Jahrhunderts zeichnete sich eine Orientierung am Paradigma der erfolgreichen Naturwissenschaften ab. Nicht mehr das Verstehen von Sprache, sondern Sprache als „Organismus", die Darstellung ihrer Anatomie, ihrer physischen und mechanischen Gesetzmäßigkeiten standen im Zentrum der Forschungen von Franz Bopp und anderen; Sprachen wurden typologisch und genetisch-evolutiv klassifiziert (Schleicher), die Etymologie erlebte eine Blüte, man suchte nach der indogermanischen Ursprache.

Viele halten Hermann Paul (1846–1921) für den bedeutendsten Sprachtheoretiker nach Humboldt. Aus dem berühmten Werk „Prinzipien der Sprachgeschichte" (zuerst 1880) von Hermann Paul ist hier das erste Kapitel wiedergegeben. Paul wird der Schule der *Junggrammatiker* (Brugmann, Delbrück, Osthoff, Sievers, Verner, Behaghel) zugerechnet, die sich auf die beobachtbare, psycho-physische Sprechtätigkeit des Individuums konzentrierte, Abstraktionen und Spekulationen der Vorläufer zu vermeiden suchte. Die Lautstruktur galt als wichtigste und als autonome Beschreibungsebene und für sie wurden (nach naturwissenschaftlichem Vorbild) als ausnahmslos geltende Gesetze angenommen. Zentraler Gegenstand war die Beschreibung des Sprachwandels und seiner Ursachen im Individuum, die zu einem „neuen Usus", neuen Gebrauchsformen führen. Der Positivismus und die Beschränkung auf gegebene Fakten mögen den Junggrammatikern vorgeworfen werden, ihre empirischen Leistungen (darunter die „Deutsche Grammatik" und die Prinzipienlehre Pauls) haben bis heute Bestand. Als Theorie des Sprachwandels ist der Text von Paul mit neueren Auffassungen (Cherubim 1975, Boretzky 1977, Lüdtke 1979, Keller 1990, Labov 1994) zu konfrontieren.

Mit dem Strukturalismus beginnt für viele die moderne Sprachwissenschaft. Seine Auffassung von Sprache als Zeichensystem, in dem für jede sprachliche Einheit der Wert im System entscheidend ist, sein Zeichenkonzept, seine dichotomischen Ordnungsprinzipien (*langue-parole, signifiant-signifié, synchron-diachron, syntagmatisch-paradigmatisch (assoziativ)*) gehen auf Ferdinand de Saussure (1857–1913) bzw. die Rezeption seiner postum als „Cours de linguistique générale" von seinen Schülern publizierten Vorlesungen zurück. Einen Auszug daraus enthält das vorliegende Kapitel. Heute wissen wir, dass viele Ideen des „Cours" bereits zu seiner Zeit nicht neu waren (vgl. v.d. Gabelentz 1969: Einleitung von Coseriu); so konstatiert auch der historisch orientierte H. Paul für den Sprachwissenschaftler:

> „Der Beschreibung von Zuständen wird er nicht entraten können, da er es mit grossen Komplexen von gleichzeitig nebeneinander liegenden Elementen zu tun hat." (H. Paul 1920:29 und in diesem Band)

Dies klingt schon strukturalistisch. Es ändert aber an der Wirkung des „Cours" ebensowenig wie die Tatsache, dass den Herausgebern offenbar verfälschende Eingriffe (etwa zugunsten eines Primats der „langue" (des Sprachsystems), der deduktiven Methode) zur Last gelegt werden können. Der „authentische Saussure" sei eher historisch und hermeneutisch orientiert gewesen und habe in wichtigen Punkten an die Humboldtsche Tradition angeknüpft (vgl. de Saussure 1997, 2003; Jäger 1976, Scheerer 1980).

Im von Leonard Bloomfield (1887–1948) geprägten amerikanischen Strukturalismus dominiert die *Distributionsanalyse*, die möglichst präzise Untersuchung der Verteilung sprachlicher Ausdrücke im Verhältnis zu ihrer Umgebung (vgl. Bloomfield, in diesem Kapitel sowie in Kap. E, Hockett, Kapitel F, ferner Harris 1951 und die Texte in Bense/Haberland/Eisenberg 1972). Im Zentrum standen strikt empirische Zugänge, fundiert durch behavioristisch

4 A. Sprachtheorie

geprägte Überlegungen zum Sprachverhalten des Individuums, die – der Text von Bloomfield zeigt es – reflektierter waren, als es spätere Kritiker (wie Chomsky 1959, der sich exemplarisch (nicht immer gerecht) mit Skinner auseinandersetzt) erkennen ließen. Bloomfield wendet sich gegen eine bestimmte Art psychologischer Deutung von Äußerungen und sieht keine Möglichkeit eines materialistischen Zugangs zu den das Sprachverhalten fundierenden Prozessen im Nervensystem. (Aktuelle bildgebende Verfahren zeigen immerhin, in welcher Vielfalt bestimmte Gehirnsektionen an Sprachproduktion und Sprachrezeption beteiligt sind, welche Rolle Neuronengruppen spielen, einführend: Herrmann/Fiebach 2004; außerdem haben wir einen neuen Zugang zur Plastizität des menschlichen Gehirns.) Bloomfield plädiert mit seinem berühmten Beispiel von Jill und Jack dafür, das materiell Beobachtbare ins Zentrum zu stellen und sieht den Spracherwerb als Übernahme von Reaktionen Anderer. Bedeutung wird von Bloomfield in spezifischer Weise als Gebrauchssituation gefasst, von der öfter behaupteten „Bedeutungsfeindlichkeit" kann nicht die Rede sein, wenngleich die mentale Seite des Sprach- bzw. Weltwissens ausgeblendet wird. Bei de Saussure war – anders als im amerikanischen Strukturalismus – das Zeichenkonzept noch ein mentales. Ein Gegenprogramm zu Bloomfield ist insbesondere der Ansatz von Chomsky (in diesem Kapitel), der allerdings weitgehend auf Zugänge zur Bedeutung, auf Semantik verzichtet.

Am Strukturalismus mag man mancherlei kritisch sehen: etwa die Vorgängigkeit des Sprachsystems gegenüber der individuellen Sprachtätigkeit, die Unklarheit im Verhältnis Individuum – Gesellschaft, das Zeichenkonzept. Andererseits haben de Saussure, Bloomfield, Hockett, Jakobson ein empirisches und methodologisches Fundament gelegt, das auch heute zu den Grundlagen der Sprachwissenschaft gehört. Die funktionale Seite der Sprache, ihre kommunikative Rolle haben die Strukturalisten der Prager Schule (Mathesius, Vachek, Trubetzkoy, Jakobson) stärker betont und insbesondere in die Analyse des Lautsystems wie des Schriftsystems eingebracht (vgl. die Texte von ihnen in Kap. D).

An Diskussionen der Prager Schule war auch der Sprachpsychologe Karl Bühler (1879–1963) beteiligt, der den Handlungsaspekt wie die mentale Seite der Sprache in besonderer Weise zur Geltung gebracht hat. Zwar ist er in seinem Zeichenkonzept noch der Tradition verhaftet; seine Lehre von den sprachlichen Grundfunktionen („Ausdrucks-, Appell-, Darstellungsfunktion") zielt aber schon auf eine Fundierung der Sprache im Handeln und auf die Überwindung statischer Zeichenauffassungen. Für ihn ist Sprache ein „Werkzeug", ein „Organon" – nicht in einem instrumentalistischen Sinn, sondern als durch seine Aufgaben „geformtes Gerät":

„Werkzeug und Sprache gehören nach alter Einsicht zum Menschlichsten am Menschen: Homo faber gebraucht gewählte und ausgeformte Dinge als Zeug und das Zoon politikon setzt Sprache ein im Verkehr mit Seinesgleichen. (...) Die Sprache ist dem Werkzeug verwandt; auch sie gehört zu den Geräten des Lebens, ist ein Organon wie das dingliche Gerät, das leibesfremde materielle Zwischending; die Sprache ist wie das Werkzeug ein *geformter Mittler*. Nun sind es nicht die materiellen Dinge, die auf den sprachlichen Mittler reagieren, sondern es sind die lebenden Wesen, mit denen wir verkehren." (Bühler 1934: XXI)

Der Auszug aus Bühlers Text in diesem Buch zeigt nicht nur seine zukunftweisende handlungsorientierte Sprachauffassung, sondern auch den pragmatischen Zugriff auf sprachliche Mittel. Innovativ war seine Analyse der Ausdrücke des „Zeigfelds". Mit deiktischen Ausdrücken wie *ich, hier jetzt* wird der Hörer in seiner Orientierungstätigkeit vom Sprecher ausgehend vom ‚Nullpunkt', der „Origo" des Zeigfelds, auf Raumbereiche und Zeitintervalle hingelenkt (zur Deixis weiterführend: Ehlich 1979, 1983; Rauh 1983, Schweizer 1985, Anderson/Keenan 1985, Zifonun/Hoffmann/Strecker 1997: 310–360). Anders als Bühler betrachtet man die Anapher, das traditionelle Pronomen der 3. Person (*er, sie es*), heute kaum mehr als deiktisch, sondern als fortführend (vgl. Hoffmann, Kap. F, in diesem Band). Für Bühlers Zeichenkonzept wichtig ist das Prinzip der „abstraktiven Relevanz": An der Erscheinung des Zeichens (etwa eines Lautes) sind nur bestimmte Aspekte des Wahrnehmbaren relevant (etwa für die Bedeutungsunterscheidung), vgl. dazu den Phonembegriff Trubetzkoys (Kap. D). An Bühler knüpft auch Ehlich (Kap. B) an. Die Texte von Bühler und de Saussure bieten sich zu kritischen Vergleichen an.

Zu den Begründern der Pragmatik gehört neben Bühler auch der Philosoph Ludwig Wittgenstein (1889–1951) mit seinen „Philosophischen Untersuchungen", aus denen hier einschlägige Auszüge abgedruckt sind. Es ist an dieser Stelle nicht möglich, auch nur eine knappe Interpretation der schwierigen, außerordentlich tiefen Aphorismen Wittgensteins zu liefern (einführend: Schulte 1989a, b; v.Savigny 1974, 1996, Hintikka/Hintikka 1986).

In seinem ersten Hauptwerk, dem „Tractatus logico-philosophicus" (1921), sah Wittgenstein den Zweck der Philosophie in der „logischen Klärung der Gedanken" (4.112.). Sie sollte die Grenzen des Sag- und Denkbaren umreißen. Was gesagt werden kann, ist durch die Sprache begrenzt; was nicht ausdrückbar ist, kann allenfalls gezeigt werden. „Der Satz *zeigt* die logische Form der Wirklichkeit" (4.121). Die Sprachanalyse ist zu leisten durch eine „Zeichensprache ... die der *logischen* Grammatik – der logischen Syntax gehorcht" (3.325). Dies wurde der Ansatzpunkt einer *Philosophie der idealen Sprache*. Logiker wie Tarski, Carnap, Reichenbach, Davidson haben die Idee einer logischen Rekonstruktion aufgegriffen und in der Form einer wahrheitsfundierten Semantik entwickelt (vgl. Kapitel G: Frege, Tugendhat/Wolf, Frosch).

In den postum erschienenen „Philosophischen Untersuchungen" (abgeschlossen bis etwa 1949) entwickelt Wittgenstein eine Position, die die *Philosophie der normalen Sprache* begründet. Die Schwierigkeit des Textes liegt darin, dass er sich mit imaginären Gegnern (auch mit eigenen früheren Anschauungen) auseinandersetzt. Kritisch beleuchtet er Auffassungen wie

(12) Sprache dient dazu, über die Welt zu reden;
(13) Wörter bezeichnen Gegenstände;
(14) Der Sinn eines Satz ist der damit bezeichnete Sachverhalt;
(15) Eine geeignete Sprachlogik bzw. Konstruktsprache klärt die philosophischen Probleme.

Wittgenstein sieht Sprache nicht mehr wie einen Kalkül, sondern als Sprachspiel. Bereits de Saussure hatte die Spielmetapher auf Sprache angewendet: So wie die Figuren eines Schachspiels erst durch das Spiel ihren Wert erhalten, ist es mit sprachlichen Elementen, etwa den Lauten im Lautsystem. Wittgenstein hingegen fasst die Einbettung des Sprechens in eine Lebensform als „Sprachspiel". Das Konzept des Sprachspiels entwickelt er an sehr einfachen Fällen des Spracherwerbs und einer Kommunikation zwischen Baumeister und Gehilfen, die das Verhältnis zwischen Sprache, Handlung und Äußerungsumständen sinnfällig machen. Konstitutiv für Sprachspiele sind „Regeln", die in gemeinsamer Praxis erlernt werden und denen man unbewusst folgt. Auch ohne gemeinsames, definierendes Merkmal können Gegenstände einem Ausdruck zugeordnet sein, oft genügen „Familienähnlichkeiten", wie er am *Spiel* zeigt (vgl. *Schachspiel, Sprachspiel, Kampfspiel* etc.). Er lehnt eine Theoriebildung ebenso ab wie eine Erklärung sprachlicher Bedeutung. Er verschiebt die Frage nach der Bedeutung auf die jede Sprache fundierende „Lebensform", die Praxis einer Sprachgemeinschaft. Auf deren Folie ist – ausgehend von Eigennamen – ‚Bedeutung' als Regel des Gebrauchs zu explizieren. Wenn Wittgenstein Sprache als „Werkzeug" (§ 11) oder „Instrument" (§ 569) charakterisiert, so ist damit eine Sprachauffassung gemeint, die Bedeutung und Gebrauch in der Weise verbindet, dass die Bedeutung durch Betrachten des Gebrauchs offenbar wird. Man kommt aus der Alltagssprache, ihren Grenzziehungen nicht heraus, sie ist in Ordnung, so wie sie ist. Sie ist kein Kalkül, man kann sie aber beispielhaft erläutern und so unausgewiesenen, irreführenden Gebrauch klären. Dies wurde das Ziel der Philosophen der normalen Sprache (Ryle, Moore, Austin (Kap. B)), die Probleme der Philosophie untersucht haben, die durch irregeleiteten Sprachgebrauch bzw. falsche Fragestellungen erst entstanden seien.

Charles Morris (1901–1979) (in diesem Band) gilt nach Ch. S. Peirce (1839–1914) als Schlüsselfigur der modernen Zeichentheorie, der *Semiotik*.

Seit der Antike (Aristoteles, Augustinus), insbesondere dann im Mittelalter (Scholastik), sind Lehren von sprachlichen und nichtsprachlichen Zeichen, ihren materiellen Eigenschaften, ihrem Bezug zur Wirklichkeit, zu Vorstellungen, Ideen oder Allgemeinbegriffen, entwickelt und diskutiert worden. Ansatzpunkt dazu könnte (nach Morris) die medizinische Symptomatik gewesen sein. Die Sprachwissenschaft erscheint bis heute oft als Zweig der Semiotik. Carnap rechnete zur Semiotik die „Metasprache", die Sprache, in der Aussagen über eine Sprache („Objektsprache") gemacht werde (vgl. zur Semiotik: Eco 1977, Nöth 1985, Sebeok 1994). Bühler sprach von „Sematologie", de Saussure von „Semeologie".

Morris u. a. entwickelten das alte Projekt einer Semiotik als universaler, alle Wissenschaften verbindenden Disziplin weiter. Im Rahmen seiner Zeichentheorie hat Morris eine bis heute einflussreiche Unterscheidung zwischen Syntax, Semantik und Pragmatik getroffen. Sein Zeichenkonzept ist nicht unproblematisch. Seine Bedeutungsauffassung erinnert an Wittgenstein:

> „…da die Bedeutung eines Zeichens durch die Feststellung seiner Gebrauchsregeln vollständig bestimmt ist, lässt sich die Bedeutung jedes Zeichens durch eine objektive Untersuchung (zumindest prinzipiell) vollständig feststellen." (1972:74)

Allerdings denkt Morris hier an eine Untersuchung von Verhaltensweisen im Sinne einer Meadschen, auf Intersubjektivität basierten Sozialpsychologie, nicht an eine Fundierung der Bedeutung in einer Lebensform, man könnte auch den Bogen zu Bloomfield schlagen.

> G.H. Mead (1863–1931) sieht Intentionalität und Selbstreflexivität als Charakteristika menschlichen Handelns, erklärt Sprache aus ihrer Rolle in kooperativer Praxis und die soziale Konstitution der Ich-Identität durch Repräsentation der Reaktion der anderen auf uns selbst.

Folgenreich war auch Morris' Sicht pragmatischer Regeln; sie

> „geben die Bedingungen an, unter denen Ausdrücke verwendet werden, insoweit jene Bedingungen mit den Begriffen der syntaktischen und semantischen Regeln nicht formuliert werden können." (1972:59)

Wenn dann Pragmatik als Beziehung zwischen Zeichen und Benutzern gesehen wird, so ist dieser Aspekt etwas dem Zeichen Äußerliches. Der Witz etwa von deiktischen Ausdrücken (*ich, hier, jetzt*) oder Interjektionen (*àh, ná*) liegt aber gerade in ihrer Funktion. Eine pragmatisch fundierte Sprachauffassung ist dies nicht. Allerdings kann Morris nicht vorgehalten werden, dass er die Dimensionen völlig isoliert, wie manche das später getan haben. So konstatiert er, dass eine vernünftige Semantik einer ausgearbeiteten syntaktischen Struktur bedarf (vgl. auch Morris 1946, 1971, 1977; Posner 1981). Einfach ist seine Sicht der Semantik, die auf die Betrachtung des sprachlich Bezeichneten („Designierten", Denotierten, der „Extension" im Sinne Carnaps, – vgl. auch Kapitel G, das die Frage „Was ist Bedeutung"? wieder aufnimmt) abzielt. Morris blendet die sprachinterne Bedeutung (Intension, Sinn) wie auch expressive, soziale Bedeutungen aus.

Noam Chomsky (geb. 1928) hat die Sprachwissenschaft in der zweiten Hälfte des 20. Jahrhunderts nachhaltig beeinflusst, darüber hinaus ist er als radikaler Kritiker der US-Politik hervorgetreten. Im vorliegenden Kapitel ist ein Text abgedruckt, der die sprachtheoretischen Auffassungen Chomskys repräsentiert, im Kapitel F gibt es eine grammatiktheoretische Fortsetzung. Eine Konstante in den Grammatikmodellen, die Chomsky nach den „Syntactic Structures" (1957) vorgelegt hat, besteht in dem Versuch, eine Theorie über die Repräsentation und den Erwerb grammatischen Wissens zu entwickeln. Mithilfe verschiedener Idealisierungen (idealer Sprecher/Hörer, Sprache als Menge von Sätzen, Ausblendung kommunikativer Funktionen) wird ein handhabbares Konzept von Sprache entworfen. Welche Eigenschaften eine „Universalgrammatik" (UG) hat, die dem menschlichen Genotyp zugeordnet wird, wie Sprache mit der UG von jüngeren Kindern in relativ kurzer Zeit mit schmaler Erfahrungsbasis erworben (und nicht erlernt) werden kann, wie die Theorie dem Sachverhalt gerecht werden kann, dass Sprache (nach Humboldt) von „endlichen Mitteln" einen „unendlichen Gebrauch" macht, das sind Fragen, die im Mittelpunkt des abgedruckten Textes stehen. Chomsky nimmt an, dass jeder Mensch ein genetisch angelegtes Sprachmodul besitzt, das es ihm bis zum Alter von ca. 6–7 Jahren erlaubt, sich jede Sprache – und zwar den grammatischen Kern, nicht etwa den Wortschatz oder unregelmäßige Formen – vergleichsweise mühelos anzueignen. Dazu muss nur die Umgebung geeigneten Input liefern. Die Universalgrammatik enthält bestimmte Prinzipien (z.B.: der Phrasenkopf muss am Anfang oder Ende der Phrase stehen; ein pronominales Subjekt muss oder kann ausgedrückt werden (*ich liebe* versus *amo*)), die auf der Grundlage des Inputs spezifiziert werden – so wie ein Schalter umgelegt wird (Parameterfestlegung). Der Wortschatzerwerb kann – so wird in der Chomsky-Schule angenommen – durch ein angeborenes universelles Begriffssystem erleichtert werden. Für den späteren Zweitspracherwerb, für das Sprachlernen von Erwachsenen ist

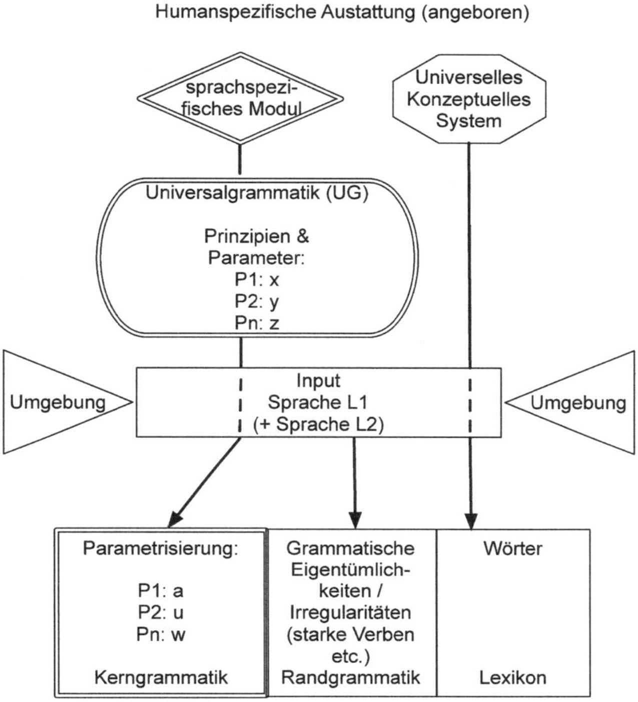

```
                    Humanspezifische Austattung (angeboren)

            ┌─sprachspezi-─┐         ┌─Universelles─┐
             \ sches Modul /          │ Konzeptuelles│
              _____/           │   System     │
                    │                 └──────────────┘
         ╭─────────────────────╮              │
         │ Universalgrammatik (UG)             │
         │                      │              │
         │   Prinzipien &       │              │
         │   Parameter:         │              │
         │   P1: x              │              │
         │   P2: y              │              │
         │   Pn: z              │              │
         ╰─────────────────────╯              │
                    │                          │
  ┌────────┐  ┌──────────────────────────┐  ┌────────┐
  │Umgebung│──│   Input                  │──│Umgebung│
  └────────┘  │   Sprache L1             │  └────────┘
              │   (+ Sprache L2)         │
              └──────────────────────────┘
                 │        │        │
  ┌──────────────┐ ┌──────────────┐ ┌────────┐
  │Parametrisierung:│ │Grammatische │ │ Wörter │
  │                 │ │Eigentümlich-│ │        │
  │   P1: a         │ │keiten /     │ │        │
  │   P2: u         │ │Irregularitäten│ │      │
  │   Pn: w         │ │(starke Verben│ │       │
  │                 │ │  etc.)       │ │       │
  │  Kerngrammatik  │ │Randgrammatik │ │Lexikon│
  └──────────────┘ └──────────────┘ └────────┘
```

Abbildung 1: Chomsky: Prinzipien und Parameter-Modell des Spracherwerbs

allerdings das Fenster der Universalgrammatik geschlossen. In dieser Phase können nur allgemeine Lernstrategien eingesetzt werden, so dass beispielsweise die Aussprache meist nicht mehr perfekt gelernt wird.

Gegenwärtig sieht Chomsky primär in der „Rekursion" die Besonderheit menschlicher Sprache – die Möglichkeit, dass eine Regel auf das Ergebnis ihrer Anwendung erneut angewendet werden kann (in einen Satz kann wiederum ein Satz, in den wiederum ein Satz...eingebettet werden) solle menschliche Kreativität – den unendlichen Gebrauch endlicher Mittel – modellieren. Dazu ist zu lesen: Hauser/Chomsky/Fitch 2002. Hinweise darauf, inwiefern das Yale, eine Papua-Sprache, Rekursion enthält, gibt V. Heeschen (im Anhang). Für die Amazonassprache Pirahã ist Rekursion von Everett 2005 bestritten worden.

Die sprachtheoretische Konzeption Chomskys wird u.a. dargestellt in Fanselow/Felix 1993[3] und Grewendorf 1995, 2005. Eine Diskussion des Konzeptes der Universalgrammatik ist Hoffmann 2005a, eine kurze Übersicht zu de Saussure, Bühler und Chomsky ist Hoffmann 2005b. Pinker 1996 ist ein gut geschriebenes Einführungsbuch zur Spracherwerbstheorie der Chomsky-Richtung.

Der Psychologe, Verhaltensforscher und Linguist Michael Tomasello (*1950) hat ein Kontrastprogramm zu Chomsky und vergleichbaren Ansätzen (z.B. Pinker 1996) entwickelt. Er vertritt einen gebrauchsorientierten, konstruktivistischen Ansatz zur Sprache und zum Spracherwerb (vgl. auch seine Arbeit zum Grammatikerwerb Kap. F). Der Text in diesem Kapitel zeigt den Menschen als ein ‚Naturkulturwesen', dessen Sprachvermögen eine evolutionäre Entwicklung eigener Art bewirkt habe, in der Kultur wie ein „Wagenheber" die nächste Stufe erreichen lasse. Insbesondere der Aufbau geteilter Intentionen als Grundlage der Sprach- und Interaktionsentwicklung unterscheide den Menschen von Primaten (Tomasello hat selbst Kommunikation und Lernen von Menschenaffen untersucht, vgl. Tomasello 2009). Ein Vergleich der Ansätze von Chomsky und Tomasello ist sehr lohnend. Die Überlegungen beider zum Spracherwerb lassen sich auch mit denen von Bloomfield und Wittgenstein, Jakobsons universalistischem Ansatz zur Lautentwicklung (Kap. D) und mit Haspelmaths Annahme, die Grammatik entstehe im Gebrauch (Kap. F), konfrontieren. Einen Überblick zu Spracherwerbstheorien (Erst- und Zweitspracherwerb) gibt Klein (Supplemente H), zur aktuellen Diskussion Hoffmann/Leimbrink/Quasthoff 2010. Probleme, die nur in der Kooperation mit Nachbarwissenschaften wie der Anthropologie anzugehen sind (etwa die Frage des Fremdverstehens anderer Lebensformen) stellen sich, wenn unbekannte Sprachen zu erforschen sind. Die ethnographische Feldforschung und die Inventarisierung grammatischer Grundstrukturen einer typologisch interessanten Sprache illustriert Heeschen (Anhang H).

Der Beitrag von Lakoff und Wehling ist der kognitiven Linguistik zuzuordnen (vgl. auch Löbner, Kap. G). George Lakoff (*1941) hat verschiedentlich gezeigt, wie unser Denken, unsere alltäglichen Konzepte durch Metaphern bestimmt werden. Theorien z. B. werden als Gebäude konzeptualisiert, sie werden *entworfen, konstruiert, destruiert, brechen zusammen, haben Fundamente* etc. Das gilt auch für die Metaphern, in denen wir Kommunikation zu erfassen suchen. Derzeit versucht er, die aktuelle neuropsychologische Diskussion (etwa um die „Spiegelneuronen") in die kognitive Linguistik zu integrieren (Gallese/Lakoff 2005). Zur Geschichte der Sprachtheorien einführend: Borsche 1996, Trabant 2006, Jungen/Lohnstein 2006.

Im Netz

Bibliographien zu wichtigen Bereichen der Sprachwissenschaft:
http://home.edo.uni-dortmund.de/~hoffmann/Biblio.html

Materialien zum Reader
http://home.edo.uni-dortmund.de/~hoffmann/Reader.html

Links zur Sprache und Sprachwissenschaft
http://home.edo.uni-dortmund.de/~hoffmann/Links.html

Einführungen in die Sprachwissenschaft

D. Crystal (1993) Die Cambridge Enzyklopädie der Sprache. Frankfurt: Campus
M. Dürr/P. Schlobinski (2006³) Einführung in die deskriptive Sprachwissenschaft. Göttingen: Vandenhoek & Ruprecht
G. Graefen/M. Liedke (2008) Germanistische Sprachwissenschaft. Tübingen: Francke
G. Grewendorf/F. Hamm/W. Sternefeld (1994⁷) Sprachliches Wissen. Frankfurt: Suhrkamp
A. Linke/M. Nussbaumer/P.R. Portmann (2003⁸) Studienbuch Linguistik. Tübingen: Niemeyer
J. Meibauer u.a. (2002) Einführung in die germanistische Linguistik. Stuttgart: Metzler
H.M. Müller (Hg.)(2002) Arbeitsbuch Linguistik. Paderborn. Schöningh
R. Pörings/U. Schmitz (Hg.)(1999) Sprache und Sprachwissenschaft. Tübingen: Narr

Terminologische Wörterbücher

H. Bußmann (2008⁴) Lexikon der Sprachwissenschaft. Stuttgart: Kröner
R.E. Asher et al. (2006) Encyclopedia of Language and Linguistics. Oxford: Pergamon Press
H. Glück (2005³) Metzler Lexikon Sprache. Stuttgart: Metzler

Ausgewählte Literatur zur Sprachtheorie und zum Sprachwandel

S. Anderson/E. L. Keenan (1985) Deixis. In: T. Shopen (Hg.) Language typology and syntactic description. Cambridge: University Press, 259–308
H. Arens (Hg.)(1969) Sprachwissenschaft. Der Gang ihrer Entwicklung. Freiburg: Alber
A. Arnauld/C. Lancelot (1660/1969) Grammaire générale et raisonnée. Paris: Paulet
A. Arnauld/C. Lancelot (1685/1972) Die Logik oder die Kunst des Denkens. Darmstadt: Wiss. Buchgesellschaft
R. Bartsch/Th. Vennemann (1982) Sprachtheorie. Tübingen: Niemeyer
E. Bense/P. Eisenberg/H. Haberland (Hg.)(1976) Beschreibungsmethoden des amerikanischen Strukturalismus. München: Hueber
M. Bierwisch (1965) Strukturalismus. In: Kursbuch 5, 77–151
L. Bloomfield (1926/1976dt.) Eine Grundlegung der Sprachwissenschaft in Definitionen und Annahmen. In: E. Bense/P. Eisenberg/H. Haberland (1976), 36–48

12 A. Sprachtheorie

L. Bloomfield (1933/1935²) Language. New York: Holt, Rinehart and Winston
L. Bloomfield (2001dt.) Die Sprache. Wien: Edition Praesens
T. Borsche (Hg.)(1996) Klassiker der Sprachphilosophie. München: Beck
K. Bühler (1934/1965) Sprachtheorie. Stuttgart: G. Fischer
R. Carnap (1954) Einführung in die Symbolische Logik mit besonderer Berücksichtigung ihrer Anwendungen. Wien: Springer
D. Cherubim (Hg.)(1975) Sprachwandel. Berlin/New York: de Gruyter
N. Chomsky (1957/1973dt.) Strukuren der Syntax. The Hague: Mouton
N. Chomsky (1959) Verbal Behavior by B.F. Skinner. In: Language 35 (1), 26–58
N. Chomsky (1965/1969dt.) Aspekte der Syntax-Theorie. Frankfurt: Suhrkamp
N. Chomsky (1966/1971dt.) Cartesianische Linguistik. Tübingen: Niemeyer
N. Chomsky (1986) Knowledge of Language: Its Nature, Origin and Use. New York: Westport
N. Chomsky (1988) Language and Problems of Knowledge. Cambridge: MIT Press
M.H. Christiansen/S. Kirby (Hg.) (2003) Language Evolution. Oxford: University Press
E. Coseriu (1972/1975) Die Geschichte der Sprachphilosophie von der Antike bis zur Gegenwart. Teil I-II. Tübingen: Narr
U. Eco (1977) Zeichen. Frankfurt: Suhrkamp
K. Ehlich (1979) Verwendungen der Deixis beim sprachlichen Handeln. Frankfurt: Lang
K. Ehlich (1983) Deixis und Anapher. In: G. Rauh (1983), 79–98
D. Everett (2005) Cultural Constraints on Grammar and Cognition in Pirahã. In: Current Anthropology Volume 46, Number 4, 621–644
G. Fanselow/S.W. Felix (1993³) Sprachtheorie Band 1. Tübingen: Francke
G. v.d.Gabelentz (1901/1969) Die Sprachwissenschaft. Tübingen: Narr
V. Gallese/G. Lakoff (2005) The brain's concepts: The role of the sensory-motor system in conceptual knowledge. In: Cognitive Neuropsychology 21, 455–479
A. George (Hg.)(1989) Reflections on Chomsky. Oxford: Blackwell
G. Grewendorf (1995) Sprache als Organ – Sprache als Lebensform. Frankfurt: Suhrkamp
M. Halle/R. Jakobson (1956) Fundamentals of Language. The Hague: Mouton
Z.S. Harris (1951) Methods in Structural Linguistics. Chicago: University of Chicago Press
M.D. Hauser/N. Chomsky/W.T. Fitch (2002) The faculty of language: what it is, who has it, and how did it evolve? In: Science 298, 1569–1579
C. Herrmann/C. Fiebach (2004) Gehirn und Sprache. Frankfurt: Fischer
M.B. Hintikka/J. Hintikka (1986) Investigating Wittgenstein. Oxford: Blackwell
L. Hjelmslev (1943/1974dt.) Prolegomena zu einer Sprachtheorie. München: Hueber
L. Hoffmann (2005a) Universalgrammatik. In: OBST 69 (2005), 101–131
L. Hoffmann (2005b) Reflexionen über die Sprache: de Saussure, Bühler, Chomsky. In: Kulturwissenschaftliches Institut (Hg.)(2005) Jahrbuch 2004. Bielefeld: transcript, 79–111
L. Hoffmann (2007) Der Mensch und seine Sprache – eine anthropologische Skizze. In: A. Redder (Hg.)(2007) Diskurse und Texte. Tübingen: Stauffenburg, 21–37
L. Hoffmann (2009) Sprache. In: E. Bohlken/C. Thies (Hg.)(2009) Handbuch Anthropologie. Stuttgart/Weimar: Metzler, 426–430

L. Hoffmann/K. Leimbrink/U. Quasthoff (Hg.) (2010) Die Matrix der menschlichen Entwicklung. Berlin/New York: de Gruyter
W. v. Humboldt (1963) Werke III. Schriften zur Sprachphilosophie. Darmstadt: Wiss. Buchgesellschaft
W. v.Humboldt (1994) Reden vor der Akademie (J. Trabant Hg.). Tübingen: Francke
L. Jäger (1976) F. de Saussures historisch-hermeneutische Idee der Sprache. In: Linguistik und Didaktik 27, 210–244
O. Jungen/H. Lohnstein (2006) Einführung in die Grammatiktheorie. München: Fink
R. Keller (1994²) Sprachwandel. Tübingen: Francke
F. v.Kutschera (1975²) Sprachphilosophie. München: Fink
W. Labov (1994) Principles of Linguistic Change. Volume 1. Oxford. University Press
H.H. Lieb (1983) Integrational Linguistics. Amsterdam: Benjamins
H. Lüdtke (Hg.)(1979) Kommunikationstheoretische Grundlagen des Sprachwandels. Berlin: de Gruyter
J. Lyons (1968/1971dt.) Einführung in die moderne Linguistik. München: Beck
A. Martinet (1960/1963 dt.) Grundzüge der Allgemeinen Sprachwissenschaft. Stuttgart: Kohlhammer
G.H. Mead (1934/1968dt.) Geist, Identität und Gesellschaft. Frankfurt: Suhrkamp
S. Modgil/C. Modgil (Hg.)(1987) Noam Chomsky. Consensus and Controversy. Master-Minds Challenged 3. New York: Falmer
R. Montague (1970) Universal Grammar. In: Theoria 36, 373–398. Wieder in: R. Thomason (Hg.)(1974) Formal Philosophy: Selected Papers of Richard Montague. New Haven: Yale University Press, 222–246
C.W. Morris (1946/1973dt.) Zeichen, Sprache und Verhalten. Düsseldorf: Schwann
C.W. Morris (1971) Writings on the General Thery of Signs. Berlin/New York: Mouton/de Gruyter
C.W. Morris (1977) Pragmatische Semiotik und Handlungstheorie. Frankfurt: Suhrkamp
W. Nöth (1985) Handbuch der Semiotik. Stuttgart: Metzler
H. Paul (1920⁵) Prinzipien der Sprachgeschichte. Tübingen: Niemeyer
C. S. Peirce (1983) Phänomen und Logik der Zeichen. Frankfurt: Suhrkamp
C. S. Peirce (1991) Schriften zum Pragmatismus. Frankfurt: Suhrkamp
S. Pinker (1996) Der Sprachinstinkt. München: Kindler
R. Posner (1981) Die verhaltenstheoretischen Grundlagen der Semiotik bei Morris und Mead. In: A. Lange-Seidl (Hg.) Zeichenkonstitution. Berlin: de Gruyter, 101–114
G. Rauh (Hg.)(1983) Essays on Deixis. Tübingen: Narr
J. Rehbein (1994) Theorien, sprachwissenschaftlich betrachtet. In: G. Brünner/G. Graefen (Hg.) Texte und Diskurse. Westdeutscher Verlag: Opladen, 25–67
R.H. Robins (1979²) A Short History of Linguistics. London: Longman
E. Sapir (1931/1961) Die Sprache. München: Hueber
F. de Saussure (1916/1985²) Cours de linguistique générale. Édition critique préparée par Tullio de Mauro. Paris: Payot
F. de Saussure (1967²) Grundfragen der allgemeinen Sprachwissenschaft. Berlin: de Gruyter

14   A. Sprachtheorie

F. de Saussure (1997) Linguistik und Semiologie. Notizen aus dem Nachlaß. Frankfurt: Suhrkamp
F. de Saussure (2003) Wissenschaft der Sprache. Neue Texte aus dem Nachlaß. Frankfurt: Suhrkamp
E. v.Savigny (1974) Die Philosophie der normalen Sprache. Frankfurt: Suhrkamp
E. v.Savigny (1996) Der Mensch als Mitmensch. Wittgensteins >Philosophische Untersuchungen<. München: dtv
Th. M. Scheerer (1980) Ferdinand de Saussure. Darmstadt: Wiss. Buchgesellschaft
J. Schulte (1989a) Wittgenstein. Stuttgart: Reclam
J. Schulte (Hg.)(1989b) Texte zum Tractatus. Frankfurt: Suhrkamp
J. Schweizer (Hg.)(1985) Sprache und Raum. Stuttgart: Metzler
T. A. Sebeok (1994^2) Encyclopedic Dictionary of Semiotics. Berlin: Mouton/de Gruyter
G. Seebaß (1981) Das Problem von Sprache und Denken. Frankfurt: Suhrkamp
M. Tomasello (2009) Die Ursprünge der menschlichen Kommunikation. Frankfurt: Suhrkamp
J. Trabant (1990) Traditionen Humboldts. Frankfurt: Suhrkamp
J. Trabant (Hg.)(1995) Sprache denken. Frankfurt: Fischer
L. Wittgenstein (1921/1963) Tractatus logico-philosophicus. Frankfurt: Suhrkamp

Spracherwerb

Einführungen

J. Bruner (1983/1987dt.) Wie das Kind sprechen lernt. Bern: Huber
W./J. Butzkamm (2004^2) Wie Kinder sprechen lernen. Tübingen: Francke
G. Kegel (1987^2) Sprache und Sprechen des Kindes. Opladen: Westdeutscher Verlag
G. Klann-Delius (1999) Spracherwerb. Stuttgart: Metzler
G. Szagun (2006) Sprachentwicklung beim Kind. München: Weinheim: Beltz

Handbücher

E.L. Baron (Hg.)(2009) The Cambridge Handbook of Child Language. Cambridge: University Press
P. Fletcher/B. MacWhinney (Hg.)(1995) The Handbook of Child Language. Oxford: Blackwell
G. Gaskell (Hg.) The Oxford Handbook of Psycholinguistics. Oxford: University Press

Klassiker

J. Bruner (1983/1987dt.) Wie das Kind sprechen lernt. Bern: Huber
K. Bühler (1919/1928) Die geistige Entwicklung des Kindes. Jena: Fischer
N. Chomsky (1959/1974dt.) Rezension von Skinners ‚Verbal Behavior'. In: W. Eichler/ A. Hofer (Hg.) Spracherwerb und linguistische Theorien. München: Piper, 25–49
N. Chomsky (1975/1977dt.) Reflexionen über die Sprache. Frankfurt: Suhrkamp
N. Chomsky (1980/1981dt.) Regeln und Repräsentationen. Frankfurt: Suhrkamp
N. Chomsky (1988/1996dt.) Probleme sprachlichen Wissens. Weinheim: Beltz

R. Jakobson (1941/1969dt.) Kindersprache. Aphasie und allgemeine Lautgesetze. Frankfurt: Suhrkamp
E.H. Lenneberg(1967/1972dt.) Biologische Grundlagen der Sprache. Frankfurt: Suhrkamp
W.F. Leopold (1939–1949) Speech development of a bilingual child. 4 Vols. Evanston: Northwestern University Press
J. Piaget (1923/1972dt.) Sprechen und Denken des Kindes. Düsseldorf: Schwann
W.V.O. Quine (1974/1976dt.) Die Wurzeln der Referenz. Frankfurt: Suhrkamp
J. Ronjat (1913) Le developpment du langue observé chez un enfant bilingue. Paris: Champion
B.F. Skinner (1957) Verbal Behavior. New York: Appleton
C./W. Stern (1928) Die Kindersprache. Leipzig: Barth (reprint 1981 Wiss. Buchgesellschaft)
M. Tomasello (2002) Die kulturelle Entwicklung des menschlichen Denkens. Frankfurt: Suhrkamp
M. Tomasello (2003) Constructing a language. Cambridge: Harvard University Press
L. S. Vygotskij (1928/2007dt.) Zur Frage nach der Mehrsprachigkeit im kindlichen Alter. In: K. Meng/J. Rehbein (Hg.) (2007) Kindliche Kommunikation. Münster: Waxmann, 40–73
L.Wittgenstein (1953/1971) Philosophische Untersuchungen. Frankfurt: Suhrkamp
L.S. Wygotski (= L. S. Vygotskij) (1934/1969dt.) Denken und Sprechen. Frankfurt: S. Fischer
L.S. Wygotski (1956/1987dt.) Ausgewählte Schriften. Bd. I-II. Berlin: Volk und Wissen

Ausgewählte Literatur zur Sprachentwicklung

D. Bickerton (1990) Language & Species. Chicago: University of Chicago Press
M. Bowerman/S.C. Levinson (Hg.)(2001) Language acquisition and conceptual development. Cambridge: University Press
M.D.S. Braine (1994) Is Nativism sufficient? In: Journal of Child Language 21, 9–31
H. Clahsen (1982) Spracherwerb in der Kindheit. Tübingen: Narr
H. Clahsen (1988) Normale und gestörte Kindersprache. Amsterdam: Benjamins
E.V. Clark (2003) First Language Acquisition. Cambridge: University Press
J. de Villiers/Pyers, J. E. (2002) Complements to Cognition. A longitudinal study of the relationship between complex syntax and false belief understanding. In: Cognitive Development 17, 1037–1060
H. Diessel (2006) Komplexe Konstruktionen im Erstspracherwerb. In: K. Fischer/A. Stefanowitsch (Hg.)(2006) Konstruktionsgrammatik. Tübingen: Stauffenburg, 39–54
K. Ehlich/K.R. Wagner (Hg.)(1989) Erzählerwerb. Frankfurt: Lang
K. Ehlich (Hg.)(1995) Kindliche Sprachentwicklung. Opladen: Westdeutscher Verlag
J.E. Elman/E. Bates/M. Johnson/A. Karmiloff-Smith/D. Parisi/K. Plankett (1996) Rethinking Innateness: A Connectionist Perspective on Development. Cambridge: University Press
H. Elsen (1991) Erstspracherwerb. Wiesbaden: Deutscher Universitätsverlag

H. Elsen (1999) Ansätze zu einer funktionalistisch-kognitiven Grammatik. Tübingen: Niemeyer

H. Grimm (Hg.) (2000) Sprachentwicklung. (= Enzyklopädie der Psychologie, C, III, 3). Göttingen: Hogrefe

H. Hausendorf/U. Quasthoff (1996) Sprachentwicklung und Interaktion. Opladen: Westdeutscher Verlag

L. Hoffmann (1978) Zur Sprache von Kindern im Vorschulalter. Köln: Böhlau

D. Ingram (1989) First Language Acquisition. Cambridge: University Press

E. Kaltenbacher (1990) Strategien beim frühkindlichen Syntaxerwerb. Tübingen: Narr

N. Lee/L. Mikesell/A.D.L. Joaquin/A.W. Mates/J.H. Schumann (2009) The Interactional Instinct. Oxford: University Press

E. Lenneberg (1967/1972dt.) Biologische Grundlagen der Sprache. Frankfurt: Suhrkamp

H. Leuninger/M.H.Miller/F. Müller (Hg.) (1979) Linguistik und Psychologie. Bd. 1–2. Frankfurt: Athenäum Fischer

B.C. Lust (2006) Child Language. Acquisition and Growth. Cambridge: University Press

K. Martens (Hg.)(1979) Kindliche Kommunikation. Frankfurt: Suhrkamp

K. Meng/B. Kraft/U. Nitsche (1991) Kommunikation im Kindergarten. Berlin: Akademie

K. Meng/J. Rehbein (Hg.) (2007) Kindliche Kommunikation. Münster: Waxmann

M. Miller (1976) Zur Logik der frühkindlichen Sprachentwicklung. Stuttgart: Klett

N. Müller (1993) Komplexe Sätze. Tübingen: Narr

M. Papoušek (1994) Vom ersten Schrei zum ersten Wort. Bern: Huber

Z. Penner (2000) Phonologische Entwicklung. Eine Übersicht. In: H. Grimm (Hg.), 105–139

M. Piatelli-Palmarini (Hg.)(1980) Language and Learning. The debate between Jean Piaget and Noam Chomsky. London: Routledge and Kegan Paul

S. Pinker (19962) Language Learnability and Language Learning. Cambridge: Harvard UP

S. Pinker (1996) Der Sprachinstinkt. München: Kindler

U.M. Quasthoff (2003) Entwicklung mündlicher Fähigkeiten. In: U. Bredel et al. (Hg.) Didaktik der deutschen Sprache. Ein Handbuch. 1. Teilband. Paderborn [u.a.]: Schöningh, 107–120

H. Ramge (1993[3]) Spracherwerb.Tübingen: Niemeyer

B. Reimann (1996) Die frühe Kindersprache. Neuwied: Luchterhand

L. Röska-Hardy (2004) On Reading Others' Minds. In: Jahrbuch des Kulturwissenschaftlichen Instituts 2002/2003, Essen, 33–51

L. Röska-Hardy (2005) Die Rolle von Sprache und Verhalten im Selbstwissen. In: A. Newen/G. Vosgerau (Hg.) Selbstwissen, privilegierter Zugang und Autorität der ersten Person. Paderborn: mentis, 185–210

M. Rothweiler (1993) Der Erwerb von Nebensätzen im Deutschen. Tübingen: Niemeyer

D. Slobin (Hg.)(1985) The crosslinguistic study of language acquisition. Hillsdale: Earlbaum

M. Tomasello (2006) Konstruktionsgrammatik und früher Erstspracherwerb. In: K. Fischer/A. Stefanowitsch (Hg.)(2006) Konstruktionsgrammatik. Tübingen: Stauffenburg, 19–38

M. Tomasello (2006a) Acquiring linguistic constructions. In D. Kuhn/R. Siegler (Hg.) Handbook of Child Psychology. New York: Wiley

M. Tomasello/M. Carpenter/U. Liszkowski (2007) A New Look at Infant Pointing. In: Child Development, May/June 2007, Vol 78, Number 3, 705–722

M. Tomasello/J. Todd (1983) Joint attention and early lexical acquisition style. In: First Language 4, 197–212

R. Tracy (1990) Sprachliche Strukturentwicklung. Tübingen. Narr

E. Wanner/L.R. Gleitman (Hg.)(1982) Language acquisition: the state of the art. Cambridge: University Press

S. Weinert (2000) Beziehungen zwischen Sprach- und Denkentwicklung. In: H. Grimm (Hg.), 311–361

Im Netz

http://home.edo.uni-dortmund.de/~hoffmann/Biblios/Erwerb.html

http://home.edo.uni-dortmund.de/~hoffmann/Biblios/Zweitspracherwerb.html

W. v. Humboldt

Einleitung in das gesamte Sprachstudium

Thesen zur Grundlegung einer Allgemeinen Sprachwissenschaft

1.

Unter einer *Einleitung in das gesamte Sprachstudium* verstehe ich den systematisch geordneten Inbegriff aller derjenigen leitenden Grundsätze und geschichtlichen Angaben, welche dazu dienen können, das Sprachstudium – es sei nun auf mehrere, oder alle Sprachen, oder auf eine einzelne, oder endlich auf die Natur der Sprache selbst gerichtet – zu erleichtern, zu berichtigen, zu erweitern, und fruchtbar zu machen.

2.

Eine solche Einleitung muß daher das Allgemeinste umfassen, dem Tiefsten sich so sehr, als möglich nähern, und zugleich so weit zum Besondren hinabsteigen, als der Verstand noch Analogie und Zusammenhang aufzufinden vermag, und sein Geschäft nicht bloß dem Gedächtnis und der Übung anvertrauen darf.

3.

Man konnte der hier angedeuteten Lehre aber nur den Namen einer Einleitung in ein Studium geben, da weder von allen, noch von *einer* Sprache eine Wissenschaft, oder Kunde, sondern von jeder nur ein *Studium* möglich ist. Denn jede Sprache ist unendlicher Natur, und erlaubt daher nicht, daß sie je vollständig ergründet, und noch viel weniger vollständig dargestellt werde.

4.

So wie eine einzelne Sprache das Gepräge der Eigentümlichkeit der Nation an sich trägt; so ist es höchst wahrscheinlich, daß sich in dem Inbegriff aller Sprachen die Sprachfähigkeit, und insofern derselbe davon abhängt, der Geist des Menschengeschlechts ausspricht.

Denn die Sprache ist ein selbständiges, den Menschen ebensowohl leitendes, als durch ihn erzeugtes Wesen; und der Irrtum ist längst verschwunden, daß sie ein Inbegriff von Zeichen von, außer ihr, für sich bestehenden Dingen, oder auch nur Begriffen sei.

Nichts berechtigt uns anzunehmen, daß die Mehrheit der Sprachen nur die Absonderung der Nationen, als eine naturnotwendige Folge, begleite, und daß derselben nicht eine viel wichtigere Absicht der Weltanordnung, oder eine viel tiefere Tätigkeit des menschlichen Geistes zum Grunde liege. Wir wissen vielmehr, daß jede einzelne Wirksamkeit desselben eine gewisse Einseitigkeit an sich trägt, die aber durch andre, zu ihr passende vervollständigt wird; und wir sehen, daß sich mehrere, genau erforschte Sprachen in ihren Vorzügen und Mängeln gegenseitig ergänzen. Vermutlich ist dies daher bei allen, wenngleich viele vor ihrer völligen Ausbildung untergehen, der Fall; und vermutlich ist der eigentliche Grund der Vielheit der Sprachen das innere Bedürfnis des menschlichen Geistes, eine Mannigfaltigkeit intellektueller Formen hervorzubringen, welche ihre Schranke auf uns gleich unbekannte Weise, als die Mannigfaltigkeit der belebten Naturbildungen, findet. Will man diese Ähnlichkeit weiter verfolgen; so läßt sich vielleicht auch behaupten, daß eigentlich neue Sprachen nicht mehr entstehen; allein Spielarten viel mehr als in der, überhaupt weit fester begrenzten physischen Natur.

5.

Jede Sprache setzt dem Geiste derjenigen, welche sie sprechen, gewisse Grenzen, schließt, insofern sie eine gewisse Richtung gibt, andre aus. Die Erforschung aller Sprachen kann daher darauf führen, zu sehen, welches der weiteste Aufflug ist, den eine gestattet, und auf welche Weise die Grenzen des menschlichen Geistes von dieser Seite gleichsam historisch zu bestimmen sind.

6.

Diese Hauptaufgabe, so weit es geschehen kann, zu lösen, *die Sprachfähigkeit des Menschengeschlechts auszumessen*, muß das eigentliche Geschäft einer Einleitung in das gesamte Sprachstudium sein.

Indem sie dahin strebt, erfüllt sie von selbst alle untergeordneten Forderungen.

7.

Sie hat aber nur Bruchstücke des Werks der menschlichen Spracherzeugung vor sich. Das meiste ist untergegangen; vieles bleibt ewig unergründlich. Man muß sich daher vorzüglich auf dasjenige stützen, was die Vernunft über das Vorhandne hinaus, allein immer mit Hülfe desselben, zu erkennen imstande ist.

8.

Die erste hier notwendige Untersuchung richtet sich daher auf die Sprache, und ihren Einfluß auf den Menschen, beide in ihrem allgemeinen Begriff genommen, und ohne Rücksicht auf individuelle Vielheit und Eigentümlichkeit.

9.

Zwischen dem Punkte, wo man alle Eigentümlichkeit ausschließt, bis zu dem, wo man alle bekannte zusammenfaßt, zwischen dem Begriff des Menschen und dem Menschengeschlechte, liegt das ganze Gebiet der lebendigen Mannigfaltigkeit der wirklichen Sprachen, Nationen und Individuen; welches die Untersuchung vollständig prüfen, ausmessen, und bearbeiten, allein vorher die leitenden Grundsätze dazu in dem Charakter, welcher eine einzelne Sprache bestimmt, und in dem Zweck und der Beschaffenheit der Absonderung des Menschengeschlechts in Stämme, Nationen und Individuen aufsuchen muß.

10.

Die Notwendigkeit eigner und tief eindringender Untersuchungen über diese Gegenstände ergibt sich bei der ersten selbst oberflächlichen Betrachtung der Sprachen. Denn wie Wolken auf einem Berggipfel nur, von fern gesehen, eine bestimmte Gestalt haben, allein wie man hineintritt, sich in ein nebligtes Grau verlieren; so ist die Wirkung und der Charakter der Sprachen zwar im ganzen deutlich erkennbar, allein so wie man anfängt zu untersuchen, woran nun dieser Charakter im einzelnen hängt, entschlüpft einem der Gegenstand gleichsam unter den Händen.

Eine zweite Schwierigkeit ist, daß der Mensch von der Sprache immer in ihrem Kreise gefangen gehalten wird, und keinen freien Standpunkt außer ihr gewinnen kann. Sobald er von irgendeinem Wort auf den durch dasselbe bezeichneten Begriff übergehen will, so bleibt ihm (Gegenstände der Anschauung ausgenommen) kein anderes Mittel übrig, als Übersetzung in eine andre Sprache, oder eine wieder nur durch Worte zusammenzusetzende Definition.

Der innige Zusammenhang zwischen der Sprache und dem Nationalcharakter läßt sich ferner darum schwer enträtseln, weil auch die ganze Materie des Charakters und seiner Abstufungen nach Nationen, und Individuen ganz neuer, mehr durchdringender Erörterungen bedarf, zum Teil aber in ein nie ganz durchforschbares Gebiet gehört.

Endlich läßt sich der im vorigen angegebene Zweck nur erreichen, wenn man immer wieder auf den Grund der Erfahrung auftritt, und immer zu ihm zurückkehrt. Die Erfahrung führt aber hier unvermeidlich zu Irrtum und Einseitigkeit, wenn man nicht den ganzen vorhandenen Sprachstoff vollständig sammelt, sichtet, systematisch zusammenstellt, und miteinander vergleicht.

Ohne daher über diesen ganzen Gegenstand eine neue, eigene, in sich vollständig, und im Zusammenhange mit allen angrenzenden Gebieten durchgeführte Untersuchung aufs neue anzustellen, wird es nie möglich sein, das Sprachstudium auf eine wahrhaft fruchtbringende Weise in die übrigen menschlichen Kenntnisse eingreifen zu lassen.

11.

So große Fortschritte aber auch in unsrer Zeit Philosophie und Philologie gemacht haben, so sehr das Studium aller kultivierten Sprachen zugenommen hat, und so sehr, vorzüglich durch Missionarien und Reisende, die Aufmerksamkeit auch auf die rohen und nur durch ihren Bau interessierenden gerichtet worden ist; so ist dennoch für den hier angegebenen Gesichtspunkt noch unglaublich wenig geschehen.

In Absicht der philosophischen Ideen ist man fast nur innerhalb des dürftigen Gebietes der allgemeinen Grammatik stehengeblieben, hat aber auch diese nur selten als eine reine Vernunftwissenschaft, und nie als eine allgemein vergleichende Grammatik behandelt, sondern meistenteils als eine Mischung von Vernunftsätzen und höchst unvollständig gesammelten, mehr zufällig aufgegriffenen faktischen Angaben.

In Absicht des historischen Stoffs hat man sich begnügt, Materialien zusammenzutragen, allein auch dies weder vollständig, noch rein genug, um zu allen Zwecken dienen zu können, getan. Zu noch größerem Unglück hat man fast überall daran Urteile geknüpft, denen man es nur zu sehr ansieht, daß es ihnen an der sicheren Grundlage gehörig aufgestellter leitender Ideen fehlt.

Daher haben bis jetzt weder die philosophischen Wissenschaften, noch die Geschichte, am wenigsten aber die Einsicht in die Sprache selbst aus dieser so bearbeiteten allgemeinen Sprachkunde bedeutenden Gewinn gezogen. Die Etymologie aber, und die Lehre von der Abstammung und Verwandtschaft der Völker müssen sogar in sehr verdächtigen Ruf kommen, wenn man noch immer fortfährt, aus einigen Dutzend mühselig aufgefundenen, in ihrem inneren Zusammenhang mit den übrigen ihrer Sprache gar nicht untersuchten Wörtern auf eine Verwandtschaft der Sprachen zu schließen.

Daher kommt es denn natürlich, daß selbst wissenschaftlich gebildete Männer das Aufsuchen jedes Sprachüberrestes, als solchen, nur wie eine höchstens verzeihliche Neugierde ansehen, daß Philologen die Beschäftigung mit sogenannten barbarischen Sprachen für einen Entschluß der Verzweiflung derer achten, die in den klassischen nicht fortkommen können, und nur sehr wenige begreifen, daß eine Sprache gar nicht allein durch ihre Literatur, auch nicht bloß durch den sich in ihr offenbarenden Charakter der Nation, und die sich aus ihr ergebenden historischen Aufschlüsse interessiert, sondern den Geist und die Empfindung noch viel anders durch ihren innern Bau und die Natur ihrer Grundbestandteile anzieht und fesselt.

12.

Die innere Harmonie dieses Baues, oft am jugendlichsten und einfachsten in den Sprachen der rohesten Völker, diese Beziehungen der Ausdrücke auf die feinsten Abstufungen des Gefühls, diese Andeutungen tiefer Einsicht in den Zusammenhang der Dinge durch die Verwandtschaft ihrer Bezeichnungen, und so manche andre überraschende Schönheit offenbart sich nur dann, wann man eine Sprache rein objektiv, und, mit Beiseitesetzung jedes andern Zwecks, um ihrer selbst willen untersucht. Und das verdient unstreitig dasjenige, was nicht eine Erfindung des Menschen, nicht ein Erzeugnis der Natur, sondern ein dem Menschen ohne sein Zutun, und über alles sein im Bewußtsein liegendes Vermögen hinaus gegebenes Instrument ist, das einen von keinem, der es spielt, je erschöpften Reichtum von Tönen, und in jedem einen nur nach und nach erkannten Gehalt bewahrt, das für die weiteste Tonleiter der Empfindungen besaitet ist, und indem es nur dem Geist und dem Gefühle zu folgen scheint, beiden erst die rechten Bahnen anweist, und ihnen die Flügel leiht, sie zu verfolgen. Wer von der Schönheit dieses Baues nicht ergriffen ist, hat ihn nie in seinem Zusammenhange zu durchschauen versucht; und in der Tat werden die Sprachen dermaßen, als Mittel zu andern wichtigeren Zwecken betrachtet, daß die meisten, Gelehrte und Sprachgelehrte nicht ausgenommen, ihr ganzes Leben hindurch in ihnen herumwandern, ohne sich einmal auf den Standpunkt zu stellen, von welchem sie das Ganze und seine Anordnung zu übersehen imstande wären.

13.

Wenn die gegenwärtige Arbeit Anleitung gibt, daß man die Sprache mehr als Sprache erkennt und fühlt, und daß das Wort, auch außer seinem Alltagsgebrauche, anders an uns und in uns fruchtbar wird; so hat sie damit den vorzüglichsten, von ihr zu erwartenden Vorteil erreicht, und braucht sich nicht weiter um von selbst erfolgenden Nebennutzen zu kümmern.

Es würde eine ganz andre Klarheit der Begriffe, Bestimmtheit des Ausdrucks, und Besonnenheit des Bewußtseins herrschen, wenn eine richtige Einsicht in den Zusammenhang der Muttersprache allgemeiner wäre; die Liebe zu ihr und zum Vaterlande und mit dieser die Innigkeit jedes Gefühls würde wachsen; der Mensch würde einen ihn immerfort anregenden, immer, unabhängig von seiner äußeren Brauchbarkeit, auf ihn zurückwirkenden Gegenstand mit sich herumtragen, wenn er aufhörte, die Sprache als ein fast verabredetes gleichgültiges Zeichen zu betrachten, und sie wie ein auf seinem Stamm emporgeschossenes Gewächs ansähe, wenigstens ebensosehr seiner Aufmerksamkeit würdig, als die Gebirge und Flüsse, welche seinen Geburtsort umgeben. Eben dadurch würde er auch fremde Sprachen richtiger beurteilen, und selbst bei geringerer Kenntnis derselben, als jetzt sehr gewöhnlich ist, ihr Verhältnis zu der seinigen fehlerfreier würdigen. Der Zahl der selbsttätigen Kräfte, welche sich mit ihm in Wechselwirkung stellen, würde sich eine mehr beigesellen; und da der Mensch und seine Sprache immerfort in gegenseitigem Einflusse aufeinander stehen, so würde derselbe eindringender, fruchtbarer und geregelter werden.

Mit der erwachenden Lust an der Sprache, als Sprache würde auch der stolze Ekel hinwegfallen, mit dem noch so häufig jetzt auf Provinzial- und Volkssprache herabgesehen wird, und welcher den Keim des Hinsterbens aller Tüchtigkeit und Lebendigkeit in der Sprache und Nation in sich trägt. Dadurch würden die höheren Stände und das Volk einander nähertreten, die Kultur würde eine gesundere Richtung erhalten, und man würde bei dem Volke williger für die Veredlung seiner Sprache Sorge tragen, wenn man anfinge ihre Frische, Innigkeit und Derbheit liebzugewinnen.

Aller wissenschaftliche Nutzen endlich, welchen Sprachuntersuchungen, auf welche Weise es immer sei, der Sprache und der Geschichte leisten können, erhält erst seine Vollendung, wenn alle Sprachen zusammengenommen werden, und man auf einmal den ganzen Stoff bearbeitet, welchen ihr gesamtes Gebiet umfaßt. Es fehlt bis dahin der Untersuchung nicht bloß an Vollständigkeit, sondern auch die Richtigkeit des auf mangelhafte Kenntnis Gegründeten wird verdächtig.

14.

Kein einzelner kann hoffen, ein so ungeheures Gebiet ganz zu bearbeiten; dies kann nur den auf einander folgenden Bemühungen vieler gelingen, die sich einander berichtigen und ergänzen. Am wenigsten könnte ich, und unter den Umständen, unter welchen ich diese Blätter beginne, mir schmeicheln, irgend etwas Vollständiges zu leisten. Es hat mir nur besser geschienen, selbst Hand an den Versuch zu legen, als bloß einen Entwurf dazu vorzuzeichnen. Sowohl die aufstoßenden Schwierigkeiten, als die sich ergebenden Vorteile zeigen sich besser, wenn man den Weg selbst zu gehen unternimmt, als wenn man sich bloß ihn von einer Anhöhe zu übersehen versucht.

15.

Um ihn ganz zurückzulegen, muß man drei Teile vollenden, welche man beinahe als drei verschiedene Werke ansehen kann:
- einen allgemeinen, welcher aus dem weiten Umfange aller Sprachen nur dasjenige herausnimmt, was über die Sprache, ihre Natur und ihren Einfluß überhaupt Licht zu verbreiten vermag;
- einen speziellen, der alles in den wirklichen Sprachen Vorhandene, bloß darum, weil es vorhanden ist, sammelt, sichtet, und ordnet;
- einen bloß geschichtlichen, welcher die Resultate der beiden ersten miteinander verbindet.

16.

Der allgemeine Teil enthält in zwei Abschnitten:
- die reine, nur auf die Erkenntnis desselben bezogene Untersuchung des Gegenstandes; und
- die Anwendung der auf diesem Wege gefundenen Resultate, die Methodenlehre.

17.

Der erste Abschnitt des allgemeinen Teils ist die Grundlage des ganzen Werks, und derjenige, welcher über die Möglichkeit und das Gelingen desselben entscheidet. Er muß, wenn er vollkommen durchgeführt wird, alles erschöpfen, was über die Sprache, ihre Natur, ihre Verteilung in mehrere einzelne Sprachen, ihr Verhältnis zu dem Menschen und zur Welt im allgemeinen gesagt werden kann.

Er behandelt diesen weitläufigen Stoff in folgenden sieben Büchern:

18.

Das erste entwickelt die Natur der Sprache und ihr Verhältnis zum Menschen im ganzen, mit Beiseitesetzung aller in ihr möglichen Verschiedenheiten, und ohne in die Zergliederung ihrer einzelnen Teile einzugehen.
[...]

H. Paul

Prinzipien der Sprachgeschichte: Allgemeines über das Wesen der Sprachentwickelung

Erstes Kapitel
Allgemeines über das Wesen der Sprachentwickelung

§ 11. Es ist von fundamentaler Bedeutung für den Geschichtsforscher, dass er sich Umfang und Natur des Gegenstandes genau klar macht, dessen Entwickelung er zu untersuchen hat. Man hält das leicht für eine selbstverständliche Sache, in Bezug auf welche man gar nicht irre gehen könne. Und doch liegt gerade hier der Punkt, in welchem die Sprachwissenschaft die Versäumnis von Dezennien noch nicht lange angefangen hat nachzuholen.

Die historische Grammatik ist aus der älteren bloss deskriptiven Grammatik hervorgegangen, und sie hat noch sehr vieles von derselben beibehalten. Wenigstens in der zusammenfassenden Darstellung hat sie durchaus die alte Form bewahrt. Sie hat nur eine Reihe von deskriptiven Grammatiken parallel aneinander gefügt. Das Vergleichen, nicht die Darlegung der Entwickelung ist zunächst als das eigentliche Charakteristikum der neuen Wissenschaft aufgefasst. Man hat die vergleichende Grammatik, die sich mit dem gegenseitigen Verhältnis verwandter Sprachfamilien beschäftigt, deren gemeinsame Quelle für uns verloren gegangen ist, sogar in Gegensatz zu der historischen gesetzt, die von einem durch die Überlieferung gegebenen Ausgangspunkte die Weiterentwickelung verfolgt. Und noch immer liegt vielen Sprachforschern und Philologen der Gedanke sehr fern, dass beides nur ein und dieselbe Wissenschaft ist, mit der gleichen Aufgabe, der gleichen Methode, nur dass das Verhältnis zwischen dem durch Überlieferung Gegebenen und der kombinatorischen Tätigkeit sich verschieden gestaltet. Aber auch auf dem Gebiet der historischen Grammatik im engeren Sinne hat man die selbe Art des Vergleichens angewandt: man hat deskriptive Grammatiken verschiedener Perioden aneinander gereiht. Zum Teil ist es das praktische Bedürfnis, welches für systematische Darstellung ein solches Verfahren gefordert hat und bis zu einem gewissen Grade immer fordern wird. Es ist aber nicht zu leugnen, dass auch die ganze Anschauung von der Sprachentwickelung unter dem Banne dieser Darstellungsweise gestanden hat und zum Teil noch steht.

Die deskriptive Grammatik verzeichnet, was von grammatischen Formen und Verhältnissen innerhalb einer Sprachgenossenschaft zu einer gewissen

Zeit üblich ist, was von einem jedem gebraucht werden kann, ohne vom andern missverstanden zu werden und ohne ihn fremdartig zu berühren. Ihr Inhalt sind nicht Tatsachen, sondern nur eine Abstraktion aus den beobachteten Tatsachen. Macht man solche Abstraktionen innerhalb der selben Sprachgenossenschaft zu verschiedenen Zeiten, so werden sie verschieden ausfallen. Man erhält durch Vergleichung die Gewissheit, dass sich Umwälzungen vollzogen haben, man entdeckt wohl auch eine gewisse Regelmässigkeit in dem gegenseitigen Verhältnis, aber über das eigentliche Wesen der vollzogenen Umwälzung wird man auf diese Weise nicht aufgeklärt. Der Kausalzusammenhang bleibt verschlossen, so lange man nur mit diesen Abstraktionen rechnet, als wäre die eine wirklich aus der andern entstanden. Denn **zwischen Abstraktionen gibt es überhaupt keinen Kausalnexus, sondern nur zwischen realen Objekten und Tatsachen**. So lange man sich mit der deskriptiven Grammatik bei den ersteren beruhigt, ist man noch sehr weit entfernt von einer wissenschaftlichen Erfassung des Sprachlebens.

§ 12. **Das wahre Objekt für den Sprachforscher sind vielmehr sämtliche Äusserungen der Sprechtätigkeit an sämtlichen Individuen in ihrer Wechselwirkung aufeinander.** Alle Lautkomplexe, die irgend ein Einzelner je gesprochen, gehört oder vorgestellt hat mit den damit assoziierten Vorstellungen, deren Symbole sie gewesen sind, alle die mannigfachen Beziehungen, welche die Sprachelemente in den Seelen der Einzelnen eingegangen sind, fallen in die Sprachgeschichte, müssten eigentlich alle bekannt sein, um ein vollständiges Verständnis der Entwickelung zu ermöglichen. Man halte mir nicht entgegen, dass es unnütz sei eine Aufgabe hinzustellen, deren Unlösbarkeit auf der Hand liegt. Es ist schon deshalb von Wert sich das Idealbild einer Wissenschaft in seiner ganzen Reinheit zu vergegenwärtigen, weil wir uns dadurch des Abstandes bewusst werden, in welchem unser Können dazu steht, weil wir daraus lernen, dass und warum wir uns in so vielen Fragen bescheiden müssen, weil dadurch die Superklugheit gedemütigt wird, die mit einigen geistreichen Gesichtspunkten die kompliziertesten historischen Entwickelungen begriffen zu haben meint. Eine unvermeidliche Notwendigkeit aber ist es für uns, uns eine allgemeine Vorstellung von dem Spiel der Kräfte in diesem ganzen massenhaften Getriebe zu machen, die wir beständig vor Augen haben müssen, wenn wir die wenigen dürftigen Fragmente, die uns daraus wirklich gegeben sind, richtig einzuordnen versuchen wollen.

Nur ein Teil dieser wirkenden Kräfte tritt in die Erscheinung. Nicht bloss das Sprechen und Hören sind sprachgeschichtliche Vorgänge, auch nicht bloss weiterhin die dabei erregten Vorstellungen und die beim leisen Denken durch das Bewusstsein ziehenden Sprachgebilde. Vielleicht der bedeutendste Fortschritt, den die neuere Psychologie gemacht hat, besteht in der Erkenntnis, **dass eine ganze Menge von psychischen Vorgängen sich ohne klares Bewusstsein vollziehen, und dass Alles, was je im Bewusstsein gewesen ist, als ein wirksames Moment im Unbewussten bleibt.** Diese Erkenntnis ist auch für die Sprachwissenschaft von der grössten Tragweite und ist von Steinthal in ausgedehntem Masse für dieselbe verwertet worden. Alle Äusserungen der Sprechtätigkeit fliessen aus diesem dunklen Raume des Unbewussten in der Seele. In ihm liegt alles, was der Einzelne von sprachlichen Mitteln zur Verfügung hat, und wir dürfen sagen sogar etwas mehr, als worüber er unter gewöhnlichen Umständen verfügen kann, als ein höchst kompliziertes psychisches Gebilde, welches aus mannigfach untereinander verschlungenen Vorstellungsgruppen besteht. Wir haben hier nicht die allgemeinen Gesetze zu betrachten, nach welchen diese Gruppen sich bilden. Ich verweise dafür auf Steinthals Einleitung in die Psychologie und Sprachwissenschaft. Es kommt hier nur darauf an uns ihren Inhalt und ihre Wirksamkeit zu veranschaulichen.[1]

---

[1] Ich glaube an diesen Anschauungen festhalten zu müssen trotz dem Widerspruch neuerer Psychologen, die es für unzulässig erklären, mit Unbewusstem in der Seele zu operieren, zu denen insbesondere Wundt gehört. Nach Wundt existiert nichts Geistiges ausserhalb des Bewusstseins; was aufhört, bewusst zu sein, hinterlässt nur eine physische Nachwirkung. Durch diese müsste demnach der unleugbare Zusammenhang zwischen früheren und späteren Bewusstseinsakten vermittelt sein; durch diese müsste es ermöglicht werden, dass etwas, was früher einmal im Bewusstsein war, von neuem ins Bewusstsein treten kann, ohne dass ein neuer sinnlicher Eindruck die unmittelbare Ursache ist. Vorausgesetzt, es verhielte sich wirklich so, so ist darauf zu sagen, dass uns diese physischen Nachwirkungen, deren Vorhandensein ich durchaus nicht leugnen will, trotz aller Physiologie und Experimentalpsychologie noch recht unbekannt sind, und dass, auch wenn sie viel bekannter wären, doch nicht abzusehen ist, wie sich daraus die ohne sinnliche Eindrücke entstehenden Bewusstseinsvorgänge ableiten liessen. Es bleibt also doch nichts übrig, wenn man überhaupt einen Zusammenhang zwischen den früheren und späteren Bewusstseinsvorgängen erkennen will, als auf psychischem Gebiete zu bleiben und sich die Vermittelung nach Analogie der Bewusstseinsvorgänge zu denken. Man wird der Anschauung, an die ich mich angeschlossen habe, mindestens das gleiche Recht einräumen dürfen wie einer naturwissenschaftlichen Hypothese, vermittelst deren es gelingt, einen Zusammenhang zwischen den einzelnen Tatsachen herzustellen, und zu berechnen, was unter bestimmten Bedingungen eintreten muss. Dass diese Anschauung wirklich etwas Entsprechendes leistet, dafür bringt, denke ich, auch mein Buch reichliche Beweise.

Sie sind ein Produkt aus alledem, was früher einmal durch Hören anderer, durch eigenes Sprechen und durch Denken in den Formen der Sprache in das Bewusstsein getreten ist. Durch sie ist die Möglichkeit gegeben, dass das, was früher einmal im Bewusstsein war, unter günstigen Bedingungen wieder in dasselbe zurücktreten kann, also auch, dass das, was früher einmal verstanden oder gesprochen ist, wieder verstanden oder gesprochen werden kann. Man muss nach dem schon erwähnten allgemeinen Gesetze daran festhalten, dass schlechthin keine durch die Sprechtätigkeit in das Bewusstsein eingeführte Vorstellung[2] spurlos verloren geht, mag die Spur auch häufig so schwach sein, dass ganz besondere Umstände, wie sie vielleicht nie eintreten, erforderlich sind, um ihr die Fähigkeit zu geben wieder bewusst zu werden. Die Vorstellungen werden gruppenweise ins Bewusstsein eingeführt und bleiben daher als Gruppen im Unbewussten. Es assoziieren sich die Vorstellungen auf einander folgende Klänge, nach einander ausgeführter Bewegungen der Sprechorgane zu einer Reihe. Die Klangreihen und die Bewegungsreihen assoziieren sich untereinander. Mit beiden assoziieren sich die Vorstellungen, für die sie als Symbole dienen, nicht bloss die Vorstellungen von Wortbedeutungen, sondern auch die Vorstellungen von syntaktischen Verhältnissen. Und nicht bloss die einzelnen Wörter, sondern grössere Lautreihen, ganze Sätze assoziieren sich unmittelbar mit dem Gedankeninhalt, der in sie gelegt worden ist. Diese wenigstens ursprünglich durch die Aussenwelt gegebenen Gruppen organisieren sich nun in der Seele jedes Individuums zu weit reicheren und verwickelteren Verbindungen, die sich nur zum kleinsten Teile bewusst vollziehen und dann auch unbewusst weiter wirken, zum bei weitem grösseren Teile niemals wenigstens zu klarem Bewusstsein gelangen und nichtsdestoweniger wirksam sind. So assoziieren sich die verschiedenen Gebrauchsweisen, in denen man ein Wort, eine Redensart kennen gelernt hat, unter einander. So assoziieren sich die verschiedenen Kasus des gleichen Nomens, die verschiedenen tempora, modi, Personen des gleichen Verbums, die verschiedenen Ableitungen aus der gleichen Wurzel vermöge der Verwandtschaft des Klanges und der Bedeutung; ferner alle Wörter von gleicher Funktion, z. B. alle Substantiva, alle Adjektiva, alle Verba; ferner die mit gleichen Suffixen gebildeten Ableitungen aus verschiedenen Wurzeln; ferner die ihrer Funktion nach gleichen Formen verschiedener Wörter, also z. B. alle Plurale, alle Genitive, alle Passive, alle Perfekta, alle Konjunktive, alle ersten Personen;

---

2 Wenn ich hier und im Folgenden von Vorstellungen rede, so bemerke ich dazu ein für alle Mal, daß ich dabei auch die begleitenden Gefühle und Strebungen mit einrechne.

ferner die Wörter von gleicher Flexionsweise, z.B. im Nhd. alle schwachen Verba im Gegensatz zu den starken, alle Masculina, die den Plural mit Umlaut bilden im Gegensatz zu den nicht umlautenden; auch Wörter von nur partiell gleicher Flexionsweise können sich im Gegensatz zu stärker abweichenden zu Gruppen zusammenschliessen; ferner assoziieren sich in Form oder Funktion gleiche Satzformen. Und so gibt es noch eine Menge Arten von zum Teil mehrfach vermittelten Assoziationen, die eine grössere oder geringere Bedeutung für das Sprachleben haben. Alle diese Assoziationen können ohne klares Bewusstsein zu Stande kommen und sich wirksam erweisen, und sie sind durchaus nicht mit den Kategorien zu verwechseln, die durch die grammatische Reflexion abstrahiert werden, wenn sie sich auch gewöhnlich mit diesen decken.

§ 13. Es ist ebenso bedeutsam als selbstverständlich, dass dieser Organismus von Vorstellungsgruppen sich bei jedem Individuum in stetiger Veränderung befindet. Erstlich verliert jedes einzelne Moment, welches keine Kräftigung durch Erneuerung des Eindruckes oder durch Wiedereinführung in das Bewusstsein empfängt, fort und fort an Stärke. Zweitens wird durch jede Tätigkeit des Sprechens, Hörens oder Denkens etwas Neues hinzugefügt. Selbst bei genauer Wiederholung einer früheren Tätigkeit erhalten wenigstens bestimmte Momente des schon bestehenden Organismus eine Kräftigung. Und selbst, wenn jemand schon eine reiche Betätigung hinter sich hat, so ist doch immer noch Gelegenheit genug zu etwas Neuem geboten, ganz abgesehen davon, dass etwas bisher in der Sprache nicht Übliches eintritt, mindestens zu neuen Variationen der alten Elemente. Drittens werden sowohl durch die Abschwächung als durch die Verstärkung der alten Elemente als endlich durch den Hinzutritt neuer die Assoziationsverhältnisse innerhalb des Organismus allemal verschoben. Wenn daher auch der Organismus bei den Erwachsenen im Gegensatz zu dem Entwickelungsstadium der frühesten Kindheit eine gewisse Stabilität hat, so bleibt er doch immer noch mannigfaltigen Schwankungen ausgesetzt.

Ein anderer gleich selbstverständlicher, aber auch gleich wichtiger Punkt, auf den ich hier hinweisen muss, ist folgender: der Organismus der auf die Sprache bezüglichen Vorstellungsgruppen entwickelt sich bei jedem Individuum auf eigentümliche Weise, gewinnt aber auch bei jedem eine eigentümliche Gestalt. Selbst wenn er sich bei verschiedenen ganz aus den gleichen Elementen zusammensetzen sollte, so werden doch diese Elemente in verschiedener Reihenfolge, in verschiedener Gruppierung, mit verschiedener Intensität, dort zu häufigeren, dort zu selteneren Malen in die Seele eingeführt sein, und wird sich danach ihr gegenseitiges Machtverhältnis und damit ihre

Gruppierungsweise verschieden gestalten, selbst wenn wir die Verschiedenheit in den allgemeinen und besonderen Fähigkeiten der Einzelnen gar nicht berücksichtigen.

Schon bloss aus der Beachtung der unendlichen Veränderlichkeit und der eigentümlichen Gestaltung eines jeden einzelnen Organismus ergibt sich die Notwendigkeit einer unendlichen Veränderlichkeit der Sprache im ganzen und einer fortwährenden Herausbildung von dialektischen Verschiedenheiten.

§ 14. **Die geschilderten psychischen Organismen sind die eigentlichen Träger der historischen Entwickelung. Das wirklich Gesprochene hat gar keine Entwickelung.** Es ist eine irreführende Ausdrucksweise, wenn man sagt, dass ein Wort aus einem in einer früheren Zeit gesprochenen Worte entstanden sei. Als physiologisch-physikalisches Produkt geht das Wort spurlos unter, nachdem die dabei in Bewegung gesetzten Körper wieder zur Ruhe gekommen sind. Und ebenso vergeht der physische Eindruck auf den Hörenden. Wenn ich die selben Bewegungen der Sprechorgane, die ich das erste Mal gemacht habe, ein zweites, drittes, viertes Mal wiederhole, so besteht zwischen diesen vier gleichen Bewegungen keinerlei physischer Kausalnexus, sondern sie sind unter einander nur durch den psychischen Organismus vermittelt. Nur in diesem bleibt die Spur alles Geschehenen, wodurch weiteres Geschehen veranlasst werden kann, nur in diesem sind die Bedingungen geschichtlicher Entwickelung gegeben.

Das physische Element der Sprache hat lediglich die Funktion die Einwirkung der einzelnen psychischen Organismen auf einander zu vermitteln, ist aber für diesen Zweck unentbehrlich, weil es, wie schon in der Einleitung nachdrücklich hervorgehoben ist, keine direkte Einwirkung einer Seele auf die andere gibt. Wiewohl an sich nur rasch vorübergehende Erscheinung, verhilft es doch durch sein Zusammenwirken mit den psychischen Organismen diesen zu der Möglichkeit auch nach ihrem Untergange Wirkungen zu hinterlassen. Da ihre Wirkung mit dem Tode des Individuums aufhört, so würde die Entwickelung einer Sprache auf die Dauer einer Generation beschränkt sein, wenn nicht nach und nach immer neue Individuen dazu träten, in denen sich unter der Einwirkung der schon bestehenden neue Sprachorganismen erzeugten. Dass die Träger der historischen Entwickelung einer Sprache stets nach Ablauf eines verhältnismässig kurzen Zeitraumes sämtlich untergegangen und durch neue ersetzt sind, ist wieder eine höchst einfache, aber darum nicht minder beherzigenswerte und nicht minder häufig übersehene Wahrheit.

§ 15. Sehen wir nun, wie sich bei dieser Natur des Objekts die Aufgabe des Geschichtsschreibers stellt. Der Beschreibung von Zuständen wird er nicht entraten können, da er es mit grossen Komplexen von gleichzeitig neben einander liegenden Elementen zu tun hat. Soll aber diese Beschreibung eine wirklich brauchbare Unterlage für die historische Betrachtung werden, so muss sie sich an die realen Objekte halten, d. h. an die eben geschilderten psychischen Organismen. Sie muss ein möglichst getreues Bild derselben liefern, sie muss nicht bloss die Elemente, aus denen sie bestehen, vollständig aufzählen, sondern auch das Verhältnis derselben zu einander veranschaulichen, ihre relative Stärke, die mannigfachen Verbindungen, die sie unter einander eingegangen sind, den Grad der Enge und Festigkeit dieser Verbindungen; sie muss, wollen wir es populärer ausdrücken, uns zeigen, wie sich das Sprachgefühl verhält. Um den Zustand einer Sprache vollkommen zu beschreiben, wäre es eigentlich erforderlich, an jedem einzelnen der Sprachgenossenschaft angehörigen Individuum das Verhalten der auf die Sprache bezüglichen Vorstellungsmassen vollständig zu beobachten und die an den einzelnen gewonnenen Resultate unter einander zu vergleichen. In Wirklichkeit müssen wir uns mit etwas viel Unvollkommenerem begnügen, was mehr oder weniger, immer aber sehr beträchtlich hinter dem Ideal zurückbleibt.

Wir sind häufig auf die Beobachtung einiger wenigen Individuen, ja eines einzelnen beschränkt und vermögen auch den Sprachorganismus dieser wenigen oder dieses einzelnen nur partiell zu erkennen. Aus der Vergleichung der einzelnen Sprachorganismen lässt sich ein gewisser Durchschnitt gewinnen, wodurch das eigentlich Normale in der Sprache, der Sprachusus bestimmt wird. Dieser Durchschnitt kann natürlich um so sicherer festgestellt werden, je mehr Individuen und je vollständiger jedes einzelne beobachtet werden kann. Je unvollständiger die Beobachtung ist, um so mehr Zweifel bleiben zurück, was individuelle Eigentümlichkeit und was allen oder den meisten gemein ist. Immer beherrscht der Usus, auf dessen Darstellung die Bestrebungen des Grammatikers fast allein gerichtet zu sein pflegen, die Sprache der Einzelnen nur bis zu einem gewissen Grade, daneben steht immer vieles, was nicht durch den Usus bestimmt ist, ja ihm direkt widerspricht.

Der Beobachtung eines Sprachorganismus stellen sich auch im günstigsten Falle die grössten Schwierigkeiten in den Weg. Direkt ist er überhaupt nicht zu beobachten. Denn er ist ja etwas unbewusst in der Seele Ruhendes. Er ist immer nur zu erkennen an seinen Wirkungen, den einzelnen Akten der Sprechtätigkeit. Erst mit Hilfe von vielen Schlüssen kann aus diesem ein Bild von den im Unbewussten lagernden Vorstellungsmassen gewonnen werden.

Von den physischen Erscheinungen der Sprechtätigkeit sind die akustischen der Beobachtung am leichtesten zugänglich. Freilich aber sind die Resultate unserer Gehörswahrnehmung grösstenteils schwer genau zu messen und zu definieren, und noch schwerer lässt sich von ihnen eine Vorstellung geben ausser wieder durch indirekte Mitteilung für das Gehör. Weniger unmittelbar der Beobachtung zugänglich, aber einer genaueren Bestimmung und Beschreibung fähig sind die Bewegungen der Sprechorgane. Dass es keine andere exakte Darstellung der Laute einer Sprache gibt, als diejenige, die uns lehrt, welche Organbewegungen erforderlich sind, um sie hervorzubringen, das bedarf heutzutage keines Beweises mehr. Das Ideal einer solchen Darstellungsweise ist nur da annähernd zu erreichen, wo wir in der Lage sind, Beobachtungen an lebendigen Individuen zu machen. Wo wir nicht so glücklich sind, muss uns dies Ideal wenigstens immer vor Augen schweben, müssen wir uns bestreben, ihm so nahe als möglich zu kommen, aus dem Surrogate der Buchstabenschrift die lebendige Erscheinung, so gut es gehen will, herzustellen. Dies Bestreben kann aber nur demjenigen glücken, der einigermassen lautphysiologisch geschult ist, der bereits Beobachtungen an lebenden Sprachen gemacht hat, die er auf die toten übertragen kann, der sich ausserdem eine richtige Vorstellung über das Verhältnis von Sprache und Schrift gebildet hat. Es eröffnet sich also schon hier ein weites Feld für die Kombination, schon hier zeigt sich Vertrautheit mit den Lebensbedingungen des Objekts als notwendiges Erfordernis.

Die psychische Seite der Sprechtätigkeit ist wie alles Psychische überhaupt unmittelbar nur durch Selbstbeobachtung zu erkennen. Alle Beobachtung an andern Individuen gibt uns zunächst nur physische Tatsachen. Diese auf psychische zurückzuführen gelingt nur mit Hilfe von Analogieschlüssen auf Grundlage dessen, was wir an der eigenen Seele beobachtet haben. Immer von neuem angestellte exakte Selbstbeobachtung, sorgfältige Analyse des eigenen Sprachgefühls ist daher unentbehrlich für die Schulung des Sprachforschers. Die Analogieschlüsse sind dann natürlich am leichtesten bei solchen Objekten, die dem eigenen Ich am ähnlichsten sind. An der Muttersprache lässt sich daher das Wesen der Sprechtätigkeit leichter erfassen als an irgend einer anderen. Ferner ist man natürlich wieder viel besser daran, wo man Beobachtungen am lebenden Individuum anstellen kann, als wo man auf die zufälligen Reste der Vergangenheit angewiesen ist. Denn nur am lebenden Individuum kann man Resultate gewinnen, die von jedem Verdachte der Fälschung frei sind, nur hier kann man seine Beobachtungen beliebig vervollständigen und methodische Experimente machen.

Eine solche Beschreibung eines Sprachzustandes zu liefern, die im stande ist eine durchaus brauchbare Unterlage für die geschichtliche Forschung zu liefern,³ ist daher keine leichte, unter Umständen eine höchst schwierige Aufgabe, zu deren Lösung bereits Klarheit über das Wesen des Sprachlebens gehört, und zwar in um so höherem Grade, je unvollständiger und unzuverlässiger das zu Gebote stehende Material, und je verschiedener die darzustellende Sprache von der Muttersprache des Darstellers ist. Es ist daher nicht zu verwundern, wenn die gewöhnlichen Grammatiken weit hinter unseren Ansprüchen zurückbleiben. Unsere herkömmlichen grammatischen Kategorien sind ein sehr ungenügendes Mittel die Gruppierungsweise der Sprachelemente zu veranschaulichen. Unser grammatisches System ist lange nicht fein genug gegliedert, um der Gliederung der psychologischen Gruppen adäquat sein zu können. Wir werden noch vielfach Veranlassung haben die Unzulänglichkeit desselben im einzelnen nachzuweisen. Es verführt ausserdem dazu das, was aus einer Sprache abstrahiert ist, in ungehöriger Weise auf eine andere zu übertragen. Selbst wenn man sich im Kreise des Indogermanischen hält, erzeugt die Anwendung der gleichen grammatischen Schablone viele Verkehrtheiten. Sehr leicht wird das Bild eines bestimmten Sprachzustandes getrübt, wenn dem Betrachter eine nahe verwandte Sprache oder eine ältere oder jüngere Entwicklungsstufe bekannt ist. Da ist die grösste Sorgfalt erforderlich, dass sich nichts Fremdartiges einmische. Nach dieser Seite hin hat gerade die historische Sprachforschung viel gesündigt, indem sie das, was sie aus der Erforschung des älteren Sprachzustandes abstrahiert hat, einfach auf den jüngeren übertragen hat. So ist etwa die Bedeutung eines Wortes nach seiner Etymologie bestimmt, während doch jedes Bewusstsein von dieser Etymologie bereits geschwunden und eine selbständige Entwickelung der Bedeutung eingetreten ist. So sind in der Flexionslehre die Rubriken der ältesten Periode durch alle folgenden Zeiten beibehalten worden, ein Verfahren, wobei zwar die Nachwirkungen der ursprünglichen Verhältnisse zu Tage treten, aber nicht die neue psychische Organisation der Gruppen.

§ 16. Ist die Beschreibung verschiedener Epochen einer Sprache nach unseren Forderungen eingerichtet, so ist damit eine Bedingung erfüllt, wodurch es möglich wird sich aus der Vergleichung der verschiedenen Beschreibungen eine Vorstellung von den stattgehabten Vorgängen zu bilden. Dies wird natürlich um so besser gelingen, je näher sich die mit einander verglichenen Zustände stehen. Doch selbst die leichteste Veränderung des Usus pflegt be-

---

3 Übrigens muss das, was wir hier von der wissenschaftlichen Grammatik verlangen, auch von der praktischen gefordert werden, nur mit den Einschränkungen, welche die Fassungskraft der Schüler notwendig macht. Denn das Ziel der praktischen Grammatik ist ja doch die Einführung in das fremde Sprachgefühl.

reits die Folge des Zusammenwirkens einer Reihe von Einzelvorgängen zu sein, die sich zum grossen Teile oder sämtlich unserer Beobachtung entziehen.

Suchen wir zunächst ganz im allgemeinen festzustellen: was ist die eigentliche Ursache für die Veränderungen des Sprachusus? Veränderungen, welche durch die bewusste Absicht einzelner Individuen zu Stande kommen, sind nicht absolut ausgeschlossen. Grammatiker haben an der Fixierung der Schriftsprachen gearbeitet. Die Terminologie der Wissenschaften, Künste und Gewerbe ist durch Lehrmeister, Forscher und Entdecker geregelt und bereichert. In einem despotischen Reiche mag die Laune des Monarchen hie und da in einem Punkte eingegriffen haben. Überwiegend aber hat es sich dabei nicht um die Schöpfung von etwas ganz Neuem gehandelt, sondern nur um die Regelung eines Punktes, in welchem der Gebrauch noch schwankte, und die Bedeutung dieser willkürlichen Festsetzung ist verschwindend gegenüber den langsamen, ungewollten und unbewussten Veränderungen, denen der Sprachusus fortwährend ausgesetzt ist. **Die eigentliche Ursache für die Veränderung des Usus ist nichts anderes als die gewöhnliche Sprechtätigkeit.** Bei dieser ist jede absichtliche Einwirkung auf den Usus ausgeschlossen. Es wirkt dabei keine andere Absicht als die auf das augenblickliche Bedürfnis gerichtete Absicht seine Wünsche und Gedanken anderen verständlich zu machen. Im übrigen spielt der Zweck bei der Entwickelung des Sprachusus keine andere Rolle als diejenige, welche ihm Darwin in der Entwickelung der organischen Natur angewiesen hat: die grössere oder geringere Zweckmässigkeit der entstandenen Gebilde ist bestimmend für Erhaltung oder Untergang derselben.

§ 17. Wenn durch die Sprechtätigkeit der Usus verschoben wird, ohne dass dies von irgend jemand gewollt ist, so beruht das natürlich darauf, dass der Usus die Sprechtätigkeit nicht vollkommen beherrscht, sondern immer ein bestimmtes Mass individueller Freiheit übrig lässt. Die Betätigung dieser individuellen Freiheit wirkt zurück auf den psychischen Organismus des Sprechenden, wirkt aber zugleich auch auf den Organismus der Hörenden. Durch die Summierung einer Reihe solcher Verschiebungen in den einzelnen Organismen, wenn sie sich in der gleichen Richtung bewegen, ergibt sich dann als Gesamtresultat eine Verschiebung des Usus. Aus dem anfänglich nur Individuellen bildet sich ein neuer Usus heraus, der eventuell den alten verdrängt. Daneben gibt es eine Menge gleichartiger Verschiebungen in den einzelnen Organismen, die, weil sie sich nicht gegenseitig stützen, keinen solchen durchschlagenden Erfolg haben.

Es ergibt sich demnach, dass sich die ganze Prinzipienlehre der Sprachgeschichte um die Frage konzentriert: **wie verhält sich der Sprach-**

usus zur individuellen Sprechtätigkeit? wie wird diese durch jenen bestimmt und wie wirkt sie umgekehrt auf ihn zurück?[4]

Es handelt sich darum, die verschiedenen Veränderungen des Usus, wie sie bei der Sprachentwickelung vorkommen, unter allgemeine Kategorieen zu bringen und jede einzelne Kategorie nach ihrem Werden und ihren verschiedenen Entwickelungsstadien zu untersuchen. Um hierbei zum Ziele zu gelangen, müssen wir uns an solche Fälle halten, in denen diese einzelnen Entwickelungsstadien möglichst vollständig und klar vorliegen. Deshalb liefern uns im allgemeinen die modernen Epochen das brauchbarste Material. Doch auch die geringste Veränderung des Usus ist bereits ein komplizierter Prozess, den wir nicht begreifen ohne Berücksichtigung der individuellen Modifikation des Usus. Da, wo die gewöhnliche Grammatik zu sondern und Grenzlinien zu ziehen pflegt, müssen wir uns bemühen alle möglichen Zwischenstufen und Vermittelungen aufzufinden.

Auf allen Gebieten des Sprachlebens ist eine allmählich abgestufte Entwickelung möglich. Diese sanfte Abstufung zeigt sich einerseits in den Modifikationen, welche die Individualsprachen erfahren, anderseits in dem Verhalten der Individualsprachen zu einander. Dies im einzelnen zu zeigen ist die Aufgabe meines ganzen Werkes. Hier sei zunächst nur noch darauf hingewiesen, dass der einzelne zu dem Sprachmateriale seiner Genossenschaft teils ein aktives, teils ein nur passives Verhältnis haben kann, d.h. nicht alles, was er hört und versteht, wendet er auch selbst an. Dazu kommt, dass von dem Sprachmateriale, welches viele Individuen übereinstimmend anwenden, doch der eine dieses, der andere jenes bevorzugt. Hierauf beruht ganz besonders die Abweichung auch zwischen den einander am nächsten stehenden Individualsprachen und die Möglichkeit einer allmählichen Verschiebung des Usus.

---

4 Hieraus erhellt auch, dass Philologie und Sprachwissenschaft ihr Gebiet nicht so gegen einander abgrenzen dürfen, dass die eine immer nur die fertigen Resultate der andern zu benutzen brauchte. Man könnte den Unterschied zwischen der Sprachwissenschaft und der philologischen Behandlung der Sprache nur so bestimmen, dass die erstere sich mit den allgemeinen usuell feststehenden Verhältnissen der Sprache beschäftigt, die letztere mit ihrer individuellen Anwendung. Nun kann aber die Leistung eines Schriftstellers nicht gehörig gewürdigt werden ohne richtige Vorstellungen über das Verhältnis seiner Produkte zu der Gesamtorganisation seiner Sprachvorstellungen und über das Verhältnis dieser Gesamtorganisation um allgemeinen Usus. Umgekehrt kann die Umgestaltung des Usus nicht begriffen werden ohne ein Studium der individuellen Sprechtätigkeit. Im übrigen verweise ich auf Brugmann, Zum heutigen Stand der Sprachwissenschaft, S. 1 ff.

§ 18. Die Sprachveränderungen vollziehen sich an dem Individuum teils durch seine spontane Tätigkeit, durch Sprechen und Denken in den Formen der Sprache, teils durch die Beeinflussung, die es von andern Individuen erleidet. Eine Veränderung des Usus kann nicht wohl zu Stande kommen, ohne dass beides zusammenwirkt. Der Beeinflussung durch andere bleibt das Individuum immer ausgesetzt, auch wenn es schon das Sprachübliche vollständig in sich aufgenommen hat. Aber die Hauptperiode der Beeinflussung ist doch die Zeit der ersten Aufnahme, der Spracherlernung. Diese ist prinzipiell von der sonstigen Beeinflussung nicht zu sondern, erfolgt auch im allgemeinen auf die gleiche Weise; es lässt sich auch im Leben des einzelnen nicht wohl ein bestimmter Punkt angeben, von dem man sagen könnte, dass jetzt die Spracherlernung abgeschlossen sei. Aber der graduelle Unterschied ist doch ein enormer. Es liegt auf der Hand, dass die Vorgänge bei der Spracherlernung von der allerhöchsten Wichtigkeit für die Erklärung der Veränderung des Sprachusus sind, dass sie die wichtigste Ursache für diese Veränderungen abgeben. Wenn wir, zwei durch einen längeren Zwischenraum von einander getrennte Epochen vergleichend, sagen, die Sprache habe sich in den Punkten verändert, so geben wir ja damit nicht den wirklichen Tatbestand an, sondern es verhält sich vielmehr so: die Sprache hat sich ganz neu erzeugt und diese Neuschöpfung ist nicht völlig übereinstimmend mit dem Früheren, jetzt Untergegangenen ausgefallen.

§ 19. Bei der Klassifizierung der Veränderung des Sprachusus können wir nach verschiedenen Gesichtspunkten verfahren. Ich möchte zunächst einen wichtigen Unterschied allgemeinster Art hervorheben. Die Vorgänge können entweder positiv oder negativ sein, d.h. sie bestehen entweder in der Schöpfung von etwas Neuem oder in dem Untergang von etwas Altem, oder endlich drittens sie bestehen in einer Unterschiebung, d.h. der Untergang des Alten und das Auftreten des Neuen erfolgt durch den selben Akt. Das letztere ist ausschliesslich der Fall bei dem Lautwandel. Scheinbar zeigt sich die Unterschiebung auch auf andern Gebieten. Dieser Schein wird dadurch hervorgerufen, dass man die Zwischenstufen nicht beachtet, aus denen sich ergibt, dass in Wahrheit ein Nacheinander von positiven und negativen Vorgängen vorliegt. Die negativen Vorgänge beruhen immer darauf, dass in der Sprache der jüngeren Generation etwas nicht neu erzeugt wird, was in der Sprache der älteren vorhanden war, wir haben es also, genau genommen, nicht mit negativen Vorgängen, sondern mit dem Nichteintreten von Vorgängen zu tun. Vorbereitet aber muss das Nichteintreten dadurch sein, dass das später Untergehende auch schon bei der älteren

Generation selten geworden ist. Eine Generation, die ein bloss passives Verhältnis dazu hat, schiebt sich zwischen eine mit noch aktivem und eine mit gar keinem Verhältnis.

Anderseits könnte man die Veränderungen des Usus danach einteilen, ob davon die lautliche Seite oder die Bedeutung betroffen wird. Wir erhalten danach zunächst Vorgänge, welche die Laute treffen, ohne dass die Bedeutung dabei in Betracht kommt, und solche, welche die Bedeutung treffen, ohne dass die Laute in Mitleidenschaft gezogen werden, d.h. also die beiden Kategorien des Lautwandels und des Bedeutungswandels. Jeder Bedeutungswandel setzt voraus, dass die auf die Lautgestalt bezügliche Vorstellungsgruppe noch als die gleiche empfunden wird, und ebenso jeder Lautwandel, dass die Bedeutung unverändert geblieben ist. Das schliesst natürlich nicht aus, dass sich mit der Zeit sowohl der Laut als die Bedeutung ändern kann. Aber beide Vorgänge stehen dann in keinem Kausalzusammenhange mit einander; es ist nicht etwa der eine durch den andern veranlasst oder beide durch die gleiche Ursache. Für andere Veränderungen kommen von vornherein Lautgestalt und Bedeutung zugleich in Frage. Hierher gehört zunächst die uranfängliche Zusammenknüpfung von Laut und Bedeutung, die wir als Urschöpfung bezeichnen können. Mit dieser hat natürlich die Sprachentwickelung begonnen, und alle anderen Vorgänge sind erst möglich geworden auf Grund dessen, was die Urschöpfung hervorgebracht hat. Ferner aber gehören hierher verschiedene Vorgänge, die das mit einander gemein haben, dass die schon bestehenden lautlichen Elemente der Sprache neue Kombinationen eingehen auf Grund der ihnen zukommenden Bedeutung. Der wichtigste Faktor dabei ist die Analogie, welche allerdings auch auf rein lautlichem Gebiete eine Rolle spielt, aber doch ihre Hauptwirksamkeit da hat, wo zu gleicher Zeit die Bedeutung mitwirkt.

§ 20. Wenn unsere Betrachtungsweise richtig durchgeführt wird, so müssen die allgemeinen Ergebnisse derselben auf alle Sprachen und auf alle Entwickelungsstufen derselben anwendbar sein, auch auf die Anfänge der Sprache überhaupt. Die Frage nach dem Ursprunge der Sprache kann nur auf Grundlage der Prinzipienlehre beantwortet werden. Andere Hilfsmittel zur Beantwortung gibt es nicht. Wir können nicht auf Grund der Überlieferung eine historische Schilderung von den Anfängen der Sprache entwerfen. Die Frage, die sich beantworten lässt, ist überhaupt nur: wie war die Entstehung der Sprache möglich. Diese Frage ist befriedigend gelöst, wenn es uns gelingt die Entstehung der Sprache lediglich aus der Wirksamkeit derjenigen Faktoren abzuleiten, die wir auch jetzt noch bei der Weiterentwickelung der Sprache immerfort wirksam sehen. Übrigens lässt sich ein Gegensatz zwischen anfänglicher Schöpfung der Sprache und blosser Weiterentwickelung gar nicht durchführen. Sobald einmal die ersten Ansätze gemacht sind, ist Sprache vorhanden und Weiterentwickelung. Es existieren nur graduelle Unterschiede zwischen den ersten Anfängen der Sprache und den späteren Epochen.

§ 21. Noch auf einen Punkt muss ich hier kurz hinweisen. In der Opposition gegen eine früher übliche Behandlungsweise der Sprache, wonach alle grammatischen Verhältnisse einfach aus den logischen abgeleitet wurden, ist man soweit gegangen, dass man eine Rücksichtnahme auf die logischen Verhältnisse, welche in der grammatischen Form nicht zum Ausdruck kommen, von der Sprachbetrachtung ganz ausgeschlossen wissen will. Das ist nicht zu billigen. So notwendig es ist einen Unterschied zwischen logischen und grammatischen Kategorien zu machen, so notwendig ist es auf der andern Seite sich das Verhältnis beider zu einander klar zu machen. Grammatik und Logik treffen zunächst deshalb nicht zusammen, weil die Ausbildung und Anwendung der Sprache nicht durch streng logisches Denken vor sich geht, sondern durch die natürliche, ungeschulte Bewegung der Vorstellungsmassen, die je nach Begabung und Ausbildung mehr oder weniger logischen Gesetzen folgt oder nicht folgt. Aber auch der wirklichen Bewegung der Vorstellungsmassen mit ihrer bald grösseren bald geringeren logischen Konsequenz ist die sprachliche Form des Ausdrucks nicht immer kongruent. Auch psychologische und grammatische Kategorie decken sich nicht. Daraus folgt, dass der Sprachforscher beides auseinander halten muss, aber nicht, dass er bei der Analyse der menschlichen Rede auf psychische Vorgänge, die sich beim Sprechen und Hören vollziehen, ohne doch im Sprachlichen Ausdruck zur Erscheinung zu gelangen, keine Rücksicht zu nehmen brauchte. Gerade erst durch eine allseitige Berücksichtigung dessen, was in den Elementen, aus denen sich die individuelle Rede zusammensetzt, an sich noch nicht liegt, was aber doch den Redenden vorschwebt, und vom Hörenden verstanden wird, gelangt der Sprachforscher zur Erkenntnis des Ursprungs und der Umwandlungen der sprachlichen Ausdrucksformen. Wer die grammatischen Formen immer nur isoliert betrachtet ohne ihr Verhältnis zu der individuellen Seelentätigkeit, gelangt nie zu einem Verständnis der Sprachentwickelung.

F. de Saussure

Grundfragen der allgemeinen Sprachwissenschaft:
- **Der Gegenstand der Sprachwissenschaft**
- **Die Natur des sprachlichen Zeichens**
- **Statische und evolutive Sprachwissenschaft**
- **Syntagmatische und assoziative Beziehungen**

Kapitel III
Der Gegenstand der Sprachwissenschaft

§ 1. *Die Sprache; ihre Definition*

Was ist der Gegenstand der Sprachwissenschaft – wenn wir ihn vollständig und konkret bestimmen wollen? Diese Frage ist besonders schwierig; wir werden später sehen, warum; wir wollen uns hier darauf beschränken, diese Schwierigkeit begreiflich zu machen.

Andere Wissenschaften befassen sich mit Gegenständen, die von vornherein gegeben sind und die man nacheinander unter verschiedenen Gesichtspunkten betrachten kann. Ganz anders auf unserm Gebiet. Es spricht jemand das französische Wort *nu* aus: ein oberflächlicher Beobachter wäre versucht, darin ein konkretes Objekt der Sprachwissenschaft zu erblicken; aber eine aufmerksamere Prüfung läßt darin nacheinander drei oder vier verschiedene Dinge erkennen, je nach der Art, wie man es betrachtet: als Laut, als Ausdruck einer Vorstellung, als Entsprechung des lateinischen *nudum* usw. Man kann nicht einmal sagen, daß der Gegenstand früher vorhanden sei als der Gesichtspunkt, aus dem man ihn betrachtet; vielmehr ist es der Gesichtspunkt, der das Objekt erschafft; und außerdem wissen wir nicht von vornherein, ob eine dieser Betrachtungsweisen den andern vorangeht oder übergeordnet ist. Ferner, für welche man sich auch entscheidet, das sprachliche Phänomen zeigt stets zwei Seiten, die sich entsprechen und von denen die eine nur gilt vermöge der andern. Zum Beispiel:

1. Die Silben, die man artikuliert, sind akustische Eindrücke, die das Ohr aufnimmt, aber die Laute würden nicht existieren ohne die Stimmorgane: so besteht ein *n* nur durch die Entsprechung dieser beiden Seiten. Man kann

also die Sprache nicht auf den Laut zurückführen, noch den Laut von der Mundartikulation lostrennen; und entsprechend umgekehrt: man kann die Bewegungen der Sprechorgane nicht definieren, indem man absieht vom akustischen Eindruck (s. S. 44 f.).

2. Nehmen wir aber an, der Laut wäre eine einfache Sache: würde dann der Laut die menschliche Rede ausmachen? Nein, er ist nur das Werkzeug des Gedankens und existiert nicht für sich selbst. Hier tritt eine neue Entsprechung auf, die tiefe und ungelöste Probleme in sich birgt: der Laut, eine zusammengesetzte akustisch-stimmliche Einheit, bildet seinerseits mit der Vorstellung eine zusammengesetzte Einheit, die physiologisch und geistig ist. Und das ist noch nicht alles.

3. Die menschliche Rede hat eine individuelle und eine soziale Seite; man kann die eine nicht verstehen ohne die andere. Außerdem:

4. In jedem Zeitpunkt begreift sie in sich sowohl ein feststehendes System als eine Entwicklung; sie ist in jedem Augenblick eine gegenwärtige Institution und ein Produkt der Vergangenheit. Es erscheint auf den ersten Blick als sehr einfach, zwischen dem System und seiner Geschichte zu unterscheiden, zwischen dem, was sie ist und was sie gewesen ist; in Wirklichkeit ist die Verbindung, welche diese beiden Dinge eint, so eng, daß man Mühe hat, sie zu trennen. Oder wäre die Frage einfacher, wenn man das Phänomen der Sprache in seinen Ursprüngen betrachtete, wenn man z. B. damit begänne, die Kindersprache zu studieren? Nein, denn es ist eine ganz falsche Vorstellung, daß in sprachlichen Dingen das Problem des Ursprungs verschieden sei von dem der dauernden Zustände; man kommt also aus dem Zirkel nicht heraus.

Von welcher Seite man also die Frage auch angreift, nirgends bietet sich uns der Gegenstand der Sprachwissenschaft als einheitliches Ganzes dar; überall stoßen wir auf dieses Dilemma: entweder halten wir uns an eine einzige Seite jedes Problems und setzen uns der Gefahr aus, die oben bezeichneten Doppelseitigkeiten nicht zu berücksichtigen, oder, wenn wir die menschliche Rede von mehreren Seiten aus zugleich studieren, erscheint uns der Gegenstand der Sprachwissenschaft als ein wirrer Haufen verschiedenartiger Dinge, die unter sich durch kein Band verknüpft sind. Wenn man so vorgeht, tritt man in das Gebiet mehrerer Wissenschaften ein – der Psychologie, Anthropologie, der normativen Grammatik, Philologie usw. –, die wir klar von der Sprachwissenschaft scheiden, die aber vermöge unkorrekter Methode die Sprache als einen ihrer Gegenstände beanspruchen könnten.

Es gibt, unseres Erachtens, nur eine Lösung aller dieser Schwierigkeiten: man muß sich von Anfang an auf das Gebiet der Sprache¹ begeben und sie als Norm aller anderen Äußerungen der menschlichen Rede gelten lassen. In der Tat, unter so vielen Doppelseitigkeiten scheint allein die Sprache eine selbständige Definition zu gestatten, und sie bietet dem Geist einen genügenden Stützpunkt.

Was aber ist die Sprache [langue]? Für uns fließt sie keineswegs mit der menschlichen Rede [langage] zusammen; sie ist nur ein bestimmter, allerdings wesentlicher Teil davon. Sie ist zu gleicher Zeit ein soziales Produkt der Fähigkeit zu menschlicher Rede und ein Ineinandergreifen notwendiger Konventionen, welche die soziale Körperschaft getroffen hat, um die Ausübung dieser Fähigkeit durch die Individuen zu ermöglichen. Die menschliche Rede, als Ganzes genommen, ist vielförmig und ungleichartig; verschiedenen Gebieten zugehörig, zugleich physisch, psychisch und physiologisch, gehört sie außerdem noch sowohl dem individuellen als dem sozialen Gebiet an; sie läßt sich keiner Kategorie der menschlichen Verhältnisse einordnen, weil man nicht weiß, wie ihre Einheit abzuleiten sei.

Die Sprache dagegen ist ein Ganzes in sich und ein Prinzip der Klassifikation. In dem Augenblick, da wir ihr den ersten Platz unter den Tatsachen der menschlichen Rede einräumen, bringen wir eine natürliche Ordnung in eine Gesamtheit, die keine andere Klassifikation gestattet.

Gegen dieses Klassifikationsprinzip könnte man einwenden, daß die Ausübung der menschlichen Rede auf einer Fähigkeit beruht, die wir von Natur haben, während die Sprache etwas Erworbenes und Konventionelles ist, was der natürlichen Veranlagung untergeordnet werden müßte anstatt ihr übergeordnet zu werden.

Darauf läßt sich folgendes antworten.

Zunächst ist nicht bewiesen, daß die Betätigung der menschlichen Rede beim Sprechen etwas vollständig Natürliches sei, d. h. daß unser Sprechapparat zum Sprechen gemacht sei wie unsere Beine zum Gehen. Die Sprachforscher sind keineswegs einig darüber. So ist es für Whitney, der die Sprache als eine soziale Institution so gut wie alle andern ansieht, nur Zufall und geschieht nur aus Bequemlichkeitsgründen, daß wir uns der Sprechwerkzeuge als Instrument der Sprache bedienen: die Menschen hätten ebensogut die Geste wählen und sichtbare Bilder an Stelle der hörbaren verwenden können. Diese Behauptung ist zwar sicherlich übertrieben; die Sprache steht als eine

---

1 Das deutsche Wort „Sprache" umfaßt die beiden hier unterschiedenen Begriffe *langue* und *langage*. Diese durch „Sprache im sozialen Sinn" und „Individualsprache" wiederzugeben, wie es auch geschehen ist, befriedigt nicht. „Sprache" steht hier stets und ausschließlich für *langue*, während *langage* durch „(menschliche) Rede" wiedergegeben wird. Zur Unterscheidung beider Begriffe vgl. im Folgenden besonders S. 16 f. [S. 38 f.] (Übers.).

soziale Institution nicht in allen Punkten den andern sozialen Institutionen gleich (s. S. 85 f. und 89); ferner geht Whitney zu weit, wenn er sagt, unsere Wahl sei nur zufällig auf die Sprechwerkzeuge gefallen; sie sind sehr wohl in gewisser Weise von der Natur dazu bestimmt. Aber im wesentlichen scheint uns der amerikanische Linguist recht zu haben: die Sprache ist eine Übereinkunft, und die Natur des Zeichens, bezüglich dessen man übereingekommen ist, ist indifferent. Die Frage der Sprechwerkzeuge ist also sekundär beim Problem der menschlichen Rede.

Eine gewisse Definition dessen, was man *langage articulé* nennt, könnte diesen Gedanken bestätigen. Im Lateinischen bedeutet *articulus* „Glied, Teil, Unterabteilung einer Folge von Dingen"; bei der menschlichen Rede kann die Artikulation bezeichnen entweder die Einteilung der gesprochenen Reihe der Silben oder die Einteilung der Vorstellungsreihe in Vorstellungseinheiten; das ist es, was man auf deutsch gegliederte Sprache² nennt. Indem man sich an diese zweite Definition hält, könnte man sagen, daß es nicht die gesprochene Rede ist, was dem Menschen natürlich ist, sondern die Fähigkeit, eine Sprache zu schaffen, d. h. ein System unterschiedlicher Zeichen, die unterschiedenen Vorstellungen entsprechen.

Broca hat entdeckt, daß die Anlage zum Sprechen in der dritten linken frontalen Gehirnwindung lokalisiert ist; man hat sich auch darauf gestützt, um die menschliche Rede als etwas Natürliches hinzustellen. Aber bekanntlich wurde diese Lokalisation festgestellt für alles, was sich auf die menschliche Rede bezieht, einschließlich der Schrift, und diese Feststellungen, verbunden mit den Beobachtungen, die angestellt wurden über die verschiedenen Arten der Aphasie durch Verletzung dieser Gehirnzentren, scheinen darauf hinzudeuten: 1. daß die verschiedenen Störungen der mündlichen Rede auf hunderterlei Art mit denen der geschriebenen Rede verknüpft sind; 2. daß in allen Fällen der Aphasie oder Agraphie weniger die Fähigkeit, diese oder jene Laute hervorzubringen oder diese und jene Zeichen zu schreiben, gestört ist, als die Fähigkeit, durch irgendein Mittel die Zeichen der regelmäßigen Rede hervorzurufen. Das alles führt uns zu der Ansicht, daß über die Funktionen der verschiedenen Organe hinaus eine allgemeinere Anlage besteht, welche die Zeichen beherrscht und welche die eigentliche Sprachfähigkeit wäre. Und dadurch werden wir zu derselben Schlußfolgerung geführt wie oben.

Um der Sprache den ersten Platz im Studium der menschlichen Rede einzuräumen, kann man endlich noch das Argument geltend machen, daß die

---

2 In dieser vom Verfasser angeführten deutschen Wortverbindung ist „Sprache" gleich *langage*, im Unterschied von dem sonst hier angewandten Wortgebrauch (Übers.).

Anlage, Wörter zu artikulieren – ob sie naturgegeben sei oder nicht –, nur ausgeübt wird mit Hilfe des Instruments, das die Gesamtheit geschaffen und zur Verfügung gestellt hat; es ist daher nicht unbegründete Willkür, zu sagen, daß nur die Sprache die Einheit der menschlichen Rede ausmacht.

§ 2. *Stellung der Sprache innerhalb der menschlichen Rede*

Um festzustellen, welches Gebiet die Sprache in der Gesamtheit der menschlichen Rede einnimmt, muß man sich den individuellen Vorgang vergegenwärtigen, welcher den Kreislauf des Sprechens[3] darzustellen gestattet. Dieser Vorgang setzt mindestens zwei Personen voraus; das ist als Minimum erforderlich, damit der Kreislauf vollständig sei. Wir nehmen also an zwei Personen, A und B, welche sich unterreden.

Der Ausgangspunkt des Kreislaufs liegt im Gehirn des Einen, z. B. A, wo die Bewußtseinsvorgänge, die wir Vorstellungen schlechthin nennen wollen, mit den Vorstellungen der sprachlichen Zeichen oder akustischen Bilder assoziiert sind, welche zu deren Ausdruck dienen. Stellen wir uns vor, daß eine gegebene Vorstellung im Gehirn ein Lautbild auslöst: das ist ein durchaus psychischer Vorgang, dem seinerseit ein physiologischer Prozeß folgt: das Gehirn übermittelt den Sprechorganen einen Impuls, der dem Lautbild entspricht; dann breiten sich die Schallwellen aus dem Munde des A zum Ohr des B hin: ein rein physikalischer Vorgang. Dann setzt sich der Kreislauf bei B fort in umgekehrter Reihenfolge: vom Ohr zum Gehirn, physiologische Übertragung des Lautbildes; im Gehirn psychologische Assoziation dieses Lautbildes mit den entsprechenden Vorstellungen. Wenn B seinerseits spricht, wird dieser neue Vorgang von seinem Gehirn zu dem des A genau denselben Weg zurücklegen und dieselben aufeinanderfolgenden Phasen durchlaufen, was wir folgendermaßen darstellen.

---

3 Mit Sprechen übersetze ich den Terminus parole.

Diese Analyse beansprucht nicht, vollständig zu sein; man könnte außerdem unterscheiden: die rein akustische Wahrnehmung, die Identifikation dieser Wahrnehmung mit dem latenten Lautbild, das Bild der Bewegungsgefühle bei der Lautgebung usw. Ich habe nur diejenigen Elemente berücksichtigt, die ich für wesentlich halte; aber unsere Figur gestattet, mit einem Blick die physikalischen Bestandteile (Schallwellen) von den physiologischen (Lautgebung und Gehörwahrnehmung) und psychischen (Wortbilder und Vorstellungen) zu unterscheiden. Es ist von entscheidender Wichtigkeit, hervorzuheben, daß das Wortbild nicht mit dem Laut selbst zusammenfällt, und daß es in dem gleichen Maß psychisch ist wie die ihm assoziierte Vorstellung.

Der Kreislauf, wie wir ihn dargestellt haben, läßt sich noch einteilen:

a) in einen äußeren Teil (Schwingung der Laute, die vom Mund zum Ohr gehen) und einen inneren Teil der alles übrige umfaßt;

b) in einen psychischen und einen nichtpsychischen Teil, wovon der letztere ebensowohl die physiologischen Vorgänge, deren Sitz die Organe sind, umfaßt, wie die physikalischen außerhalb des Individuums;

c) in einen aktiven und einen passiven Teil: aktiv ist alles, was vom Assoziationszentrum der einen zum Ohr der andern Person geht, und passiv alles, was vom Ohr der letzteren zu ihrem Assoziationszentrum geht;

endlich innerhalb des psychischen Teils, der im Gehör lokalisiert ist, kann man ausübend nennen alles was aktiv ist ($v \to l$), und aufnehmend alles, was passiv ist ($l \to v$).

Hinzuzufügen ist noch das Vermögen der Assoziation und Koordination, das sich geltend macht, sobald es sich nicht nur um einzelne Zeichen handelt; diese Fähigkeit spielt die größte Rolle in der Organisation der Sprache als System (vgl. s. 147).

Um aber diese Rolle richtig zu verstehen, muß man weitergehen zu dem sozialen Vorgang; denn die individuelle Betätigung ist davon nur der Keim.

Zwischen allen Individuen, die so durch die menschliche Rede verknüpft sind, bildet sich eine Art Durchschnitt aus: alle reproduzieren – allerdings nicht genau, aber annähernd – dieselben Zeichen, die an dieselben Vorstellungen geknüpft sind.

Was ist nun der Ursprung dieser sozialen Kristallisation? Welcher Teil des Kreislaufs hat hieran ursächlichen Anteil? Denn wahrscheinlich nehmen nicht alle gleichermaßen daran teil:

Der physische Teil kann von vornherein ausgeschieden werden. Wenn wir eine Sprache sprechen hören, die wir nicht verstehen, vernehmen wir zwar wohl die Laute, bleiben aber, eben weil wir nicht verstehen, außerhalb des sozialen Vorgangs.

Der psychische Teil ist ebenfalls nicht vollständig daran mitbeteiligt: die ausübende Seite bleibt außer Spiel, denn die Ausübung geschieht niemals durch die Masse; sie ist immer individuell und das Individuum beherrscht sie; wir werden sie das Sprechen (parole) nennen.

Vielmehr ist es das Wirken der rezipierenden und koordinierenden Fähigkeit, wodurch sich bei den sprechenden Personen Eindrücke bilden, die schließlich bei allen im wesentlichen die gleichen sind. Wie hat man sich dieses soziale Ergebnis vorzustellen, und damit die Sprache als völlig losgelöst von allem übrigen zu erfassen? Wenn wir die Summe der Wortbilder, die bei allen Individuen aufgespeichert sind, umspannen könnten, dann hätten wir das soziale Band vor uns, das die Sprache ausmacht. Es ist ein Schatz, den die Praxis des Sprechens in den Personen, die der gleichen Sprachgemeinschaft angehören, niedergelegt hat, ein grammatikalisches System, das virtuell in jedem Gehirn existiert, oder vielmehr in den Gehirnen einer Gesamtheit von Individuen; denn die Sprache ist in keinem derselben vollständig, vollkommen existiert sie nur in der Masse.

Indem man die Sprache vom Sprechen scheidet, scheidet man zugleich: 1. das Soziale vom Individuellen; 2. das Wesentliche vom Akzessorischen und mehr oder weniger Zufälligen.

Die Sprache ist nicht eine Funktion der sprechenden Person; sie ist das Produkt, welches das Individuum in passiver Weise einregistriert; sie setzt niemals eine vorherige Überlegung voraus, und die Reflexion ist dabei nur beteiligt, sofern sie die Einordnung und Zuordnung betätigt, von der S. 147f. die Rede sein wird.

Das Sprechen ist im Gegensatz dazu ein individueller Akt des Willens und der Intelligenz, bei welchem zu unterscheiden sind: 1. die Kombinationen, durch welche die sprechende Person den code der Sprache in der Absicht, ihr persönliches Denken auszudrücken, zur Anwendung bringt; 2. der psychophysische Mechanismus, der ihr gestattet, diese Kombinationen zu äußern.

Es ist zu bemerken, daß wir hier Sachen, nicht Wörter definiert haben; die aufgestellten Unterscheidungen sind daher durch gewisse mehrdeutige Termini, die sich von einer Sprache zur andern nicht decken, nicht gefährdet. So bedeutet deutsch Sprache sowohl „langue" (Sprache) als „langage" (menschliche Rede); Rede entspricht einigermaßen dem „parole" (Sprechen), fügt dem aber noch den speziellen Sinn von „discours" hinzu. Lateinisch *sermo* bedeutet eher „langage" und „parole", während *lingua* die „Sprache" (langue) bezeichnet, usw. Kein Wort entspricht genau den oben aufgestellten Begriffen. Deshalb ist jede Definition im Hinblick auf Wörter vergeblich; es ist eine verkehrte Methode, von Wörtern auszugehen, um Sachen zu definieren.

Fassen wir die charakteristischen Merkmale der Sprache zusammen:

1. Sie ist ein genau umschriebenes Objekt in der Gesamtheit der verschieden gearteten Tatsachen der menschlichen Rede. Man kann sie lokalisieren in demjenigen Teil des Kreislaufs, wo ein Lautbild sich einer Vorstellung assoziiert. Sie ist der soziale Teil der menschlichen Rede und ist unabhängig vom Einzelnen, welcher für sich allein sie weder schaffen noch umgestalten kann; sie besteht nur kraft einer Art Kontrakt zwischen den Gliedern der Sprachgemeinschaft. Andererseits muß das Individuum sie erst erlernen, um das Ineinandergreifen ihrer Regeln zu kennen; das Kind eignet sie sich nur allmählich an. Sie ist so sehr eine Sache für sich, daß ein Mensch, der die Sprechfähigkeit verloren hat, die Sprache noch besitzt, sofern er die Lautzeichen versteht, die er vernimmt.

2. Die Sprache, vom Sprechen unterschieden, ist ein Objekt, das man gesondert erforschen kann. Wir sprechen die toten Sprachen nicht mehr, aber wir können uns sehr wohl ihren sprachlichen Organismus aneignen. Die Wissenschaft von der Sprache kann nicht nur der andern Elemente der menschlichen Rede entraten, sondern sie ist überhaupt nur möglich, wenn diese andern Elemente nicht damit verquickt werden.

3. Während die menschlichen Rede in sich verschiedenartig ist, ist die Sprache, wenn man sie so abgrenzt, ihrer Natur nach in sich gleichartig: sie bildet ein System von Zeichen, in dem einzig die Verbindung von Sinn und Lautzeichen wesentlich ist und in dem die beiden Seiten des Zeichens gleichermaßen psychisch sind.

4. Die Sprache ist nicht weniger als das Sprechen ein Gegenstand konkreter Art, und das ist günstig für die wissenschaftliche Betrachtung. Obwohl die sprachlichen Zeichen ihrem Wesen nach psychisch sind, so sind sie doch keine Abstraktionen; da die Assoziationen durch kollektive Übereinstimmung anerkannt sind und ihre Gesamtheit die Sprache ausmacht, sind sie Realitäten, deren Sitz im Gehirn ist. Übrigens sind die Zeichen der Sprache sozusagen greifbar; die Schrift kann sie in konventionellen Bildern fixieren, während es nicht möglich wäre, die Vorgänge des Sprechens in allen ihren Einzelheiten zu photographieren; die Lautgebung eines auch noch so kleinen Wortes stellt eine Unzahl von Muskelbewegungen dar, die schwer zu kennen und abzubilden sind. In der Sprache dagegen gibt es nur das Lautbild, und dieses läßt sich

in ein dauerndes visuelles Bild überführen. Denn wenn man von der Menge von Bewegungen absieht, die erforderlich sind, um es im Sprechen zu verwirklichen, ist jedes Lautbild, wie wir sehen werden, nur die Summe aus einer begrenzten Zahl von Elementen oder Lauten (Phonemen), die ihrerseits durch eine entsprechende Zahl von Zeichen in der Schrift vergegenwärtigt werden können. Diese Möglichkeit, alles, was sich auf die Sprache bezieht, fixieren zu können, bringt es mit sich, daß ein Wörterbuch und eine Grammatik eine treue Darstellung derselben sein können, indem die Sprache das Depot der Lautbilder und die Schrift die greifbare Form dieser Bilder ist.

Erster Teil
Allgemeine Grundlagen

Kapitel I
Die Natur des sprachlichen Zeichens

§ 1. *Zeichen, Bezeichnung, Bezeichnetes*

Für manche Leute ist die Sprache im Grunde eine Nomenklatur, d. h. eine Liste von Ausdrücken, die ebensovielen Sachen entsprechen. Z. B.:

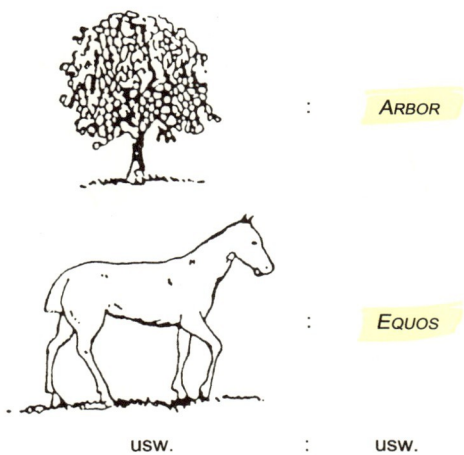

Diese Ansicht gibt in vieler Beziehung Anlaß zur Kritik. Sie setzt fertige Vorstellungen voraus, die schon vor den Worten vorhanden waren (über diesen Punkt siehe weiter unten S. 133); sie sagt uns nicht, ob der Name lautlicher oder psychischer Natur ist, denn *arbor* kann sowohl unter dem einen als unter dem andern Gesichtspunkt betrachtet werden; endlich läßt sie die Annahme zu, daß die Verbindung, welche den Namen mit der Sache verknüpft, eine ganz einfache Operation sei, was nicht im entferntesten richtig ist. Dennoch kann diese allzu einfache Betrachtungsweise uns der Wahrheit näherbringen, indem sie uns zeigt, daß die sprachliche Einheit etwas Doppelseitiges ist, das aus der Vereinigung zweier Bestandteile hervorgeht.

Wir haben S. 14 [S. 36] beim Kreislauf des Sprechens gesehen, daß die im sprachlichen Zeichen enthaltenen Bestandteile alle beide psychisch sind, und daß sie in unserm Gehirn durch das Band der Assoziation verknüpft sind. Diesen Punkt müssen wir im Auge behalten.

Das sprachliche Zeichen vereinigt in sich nicht einen Namen und eine Sache, sondern eine Vorstellung und ein Lautbild[4]. Dieses letztere ist nicht der tatsächliche Laut, der lediglich etwas Physikalisches ist, sondern der psychische Eindruck dieses Lautes, die Vergegenwärtigung desselben auf Grund unserer Empfindungswahrnehmungen; es ist sensorisch, und wenn wir es etwa gelegentlich „materiell" nennen, so ist damit eben das Sensorische gemeint im Gegensatz zu dem andern Glied der assoziativen Verbindung, der Vorstellung, die im allgemeinen mehr abstrakt ist.

Der psychische Charakter unserer Lautbilder wird ganz klar, wenn wir uns selbst beobachten. Ohne die Lippen oder die Zunge zu bewegen, können wir mit uns selbst sprechen oder uns im Geist ein Gedicht vorsagen. Gerade deshalb, weil die Worte der Sprache für uns Lautbilder sind, sollte man nicht von den Lauten als Phonemen sprechen, aus denen sie zusammengesetzt sind. Denn dieser Ausdruck deutet auf mündliche Sprechtätigkeit und paßt nur zum gesprochenen Wort, zur Verwirklichung des inneren Bildes in der Rede. Man muß sich stets daran erinnern, daß es sich nur um das innere Bild der lautlichen Erscheinung handelt.

Das sprachliche Zeichen ist also etwas im Geist tatsächlich Vorhandenes, das zwei Seiten hat und durch folgende Figur dargestellt werden kann:

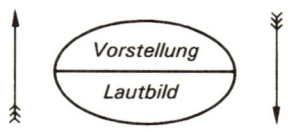

---

4 Der Terminus „Lautbild" könnte vielleicht als zu eng gefaßt erscheinen, weil neben der Vorstellung von dem Laut eines Wortes auch diejenige seiner Artikulation, die Bewegungsgefühle des Lautgebungsaktes bestehen. Jedoch ist für F. de S. die Sprache im wesentlichen ein Vorrat, etwas von außen Empfangenes (vgl. S. 16) [S. 38]. Das Lautbild ist in erster Linie die natürliche Vergegenwärtigung des Wortes als Sprachbestandteil ohne Rücksicht auf die Verwirklichung durch das Sprechen. Die motorische Seite kann also mit inbegriffen sein oder allenfalls eine untergeordnete Stellung im Vergleich zum Lautbild haben. (Die Herausgeber.)

Diese beiden Bestandteile sind eng miteinander verbunden und entsprechen einander. Ob wir nun den Sinn des lat. Wortes *arbor* suchen oder das Wort, womit das Lateinische die Vorstellung „Baum" bezeichnet, so ist klar, daß uns nur die in dieser Sprache geltenden Zuordnungen als angemessen erscheinen, und wir schließen jede beliebige andere Zuordnung aus, auf die man sonst noch verfallen könnte.

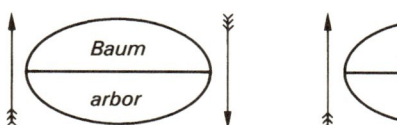

Mit dieser Definition wird eine wichtige terminologische Frage aufgeworfen. Ich nenne die Verbindung der Vorstellung mit dem Lautbild das Z e i c h e n [signe]; dem üblichen Gebrauch nach aber bezeichnet dieser Terminus im allgemeinen das Lautbild allein, z. B. ein Wort (*arbor* usw.). Man vergißt dabei, daß, wenn *arbor* Zeichen genannt wird, dies nur insofern gilt, als es Träger der Vorstellung „Baum" ist, so daß also diese Bezeichnung außer dem Gedanken an den sensorischen Teil den an das Ganze einschließt.

Die Mehrdeutigkeit dieses Ausdrucks verschwindet, wenn man die drei hier in Rede stehenden Begriffe durch Namen bezeichnet, die unter sich in Zusammenhang und zugleich in Gegensatz stehen. Ich schlage also vor, daß man das Wort Z e i c h e n beibehält für das Ganze, und Vorstellung bzw. Lautbild durch B e z e i c h n e t e s [signifié] und B e z e i c h n u n g (Bezeichnendes) [signifiant] ersetzt; die beiden letzteren Ausdrücke haben den Vorzug, den Gegensatz hervorzuheben, der sie voneinander trennt und von dem Ganzen, dessen Teile sie sind. Für dieses selbst begnügen wir uns mit dem Ausdruck „Zeichen", weil kein anderer sich dafür finden läßt.

Das so definierte sprachliche Zeichen hat zwei Grundeigenschaften. Indem wir sie namhaft machen, stellen wir die Grundsätze auf für eine jede Untersuchung dieser Art.

§ 2. *Erster Grundsatz: Beliebigkeit des Zeichens*

Das Band, welches das Bezeichnete mit der Bezeichnung verknüpft, ist beliebig; und da wir unter Zeichen das durch die assoziative Verbindung einer Bezeichnung mit einem Bezeichneten erzeugte Ganze verstehen, so können wir dafür auch einfacher sagen: d a s s p r a c h l i c h e Z e i c h e n i s t b e l i e b i g [arbitraire].

So ist die Vorstellung „Schwester" durch keinerlei innere Beziehung mit der Lautfolge *Schwester* verbunden, die ihr als Bezeichnung dient; sie könnte ebensowohl dargestellt sein durch irgendeine andere Lautfolge: das beweisen die Verschiedenheiten unter den Sprachen und schon das Vorhandensein verschiedener Sprachen: das Bezeichnete „Ochs" hat auf dieser Seite der Grenze als Bezeichnung o-k-s, auf jener Seite b-ö-f (boeuf).

Der Grundsatz der Beliebigkeit des Zeichens wird von niemand bestritten; aber es ist oft leichter, eine Wahrheit zu entdecken, als ihr den gehörigen Platz anzuweisen. Dieser Grundsatz beherrscht die ganze Wissenschaft von der Sprache; die Folgerungen daraus sind unzählig. Allerdings leuchten sie nicht alle im ersten Augenblick mit gleicher Deutlichkeit ein; erst nach mancherlei Umwegen entdeckt man sie und mit ihnen die prinzipielle Bedeutung des Grundsatzes.

Eine Bemerkung nebenbei: Wenn die Wissenschaft der Semeologie ausgebildet sein wird, wird sie sich fragen müssen, ob die Ausdrucksformen, die auf völlig natürlichen Zeichen beruhen – wie die Pantomime –, ihr mit Recht zukommen. Und auch wenn sie dieselben mitberücksichtigt, so werden ihr Hauptgegenstand gleichwohl die auf die Beliebigkeit des Zeichens begründeten Systeme sein. Tatsächlich beruht jedes in einer Gesellschaft rezipierte Ausdrucksmittel im Grunde auf einer Kollektivgewohnheit, oder, was auf dasselbe hinauskommt, auf der Konvention. Die Höflichkeitszeichen z.B., die häufig aus natürlichen Ausdrucksgebärden hervorgegangen sind (man denke etwa daran, daß der Chinese seinen Kaiser begrüßte, indem er sich neunmal auf die Erde niederwarf), sind um deswillen doch nicht minder durch Regeln festgesetzt; durch diese Regeln, nicht durch die innere Bedeutsamkeit, ist man gezwungen, sie zu gebrauchen. Man kann also sagen, daß völlig beliebige Zeichen besser als andere das Ideal des semeologischen Verfahrens verwirklichen; deshalb ist auch die Sprache, das reichhaltigste und verbreitetste Ausdruckssystem, zugleich das charakteristischste von allen; in diesem Sinn kann die Sprachwissenschaft Musterbeispiel und Hauptvertreter der ganzen Semeologie werden, obwohl die Sprache nur ein System unter anderen ist.

Man hat auch das Wort S y m b o l für das sprachliche Zeichen gebraucht, genauer für das, was wir die Bezeichnung nennen. Aber dieser Ausdruck hat seine Nachteile, und zwar gerade wegen unseres ersten Grundsatzes. Beim Symbol ist es nämlich wesentlich, daß es niemals ganz beliebig ist; es ist nicht inhaltlos, sondern bei ihm besteht bis zu einem gewissen Grade eine natürliche Beziehung zwischen Bezeichnung und Bezeichnetem. Das Symbol der Gerechtigkeit, die Waage, könnte nicht etwa durch irgend etwas anderes, z.B. einen Wagen, ersetzt werden.

Das Wort b e l i e b i g erfordert hierbei eine Bemerkung. Es soll nicht die Vorstellung erwecken, als ob die Bezeichnung von der freien Wahl der sprechenden Person abhinge (weiter unten werden wir sehen, daß es nicht in der Macht des Individuums steht, irgend etwas an dem einmal bei einer Sprachgemeinschaft geltenden Zeichen zu ändern); es soll besagen, daß es unmotiviert ist, d.h. beliebig im Verhältnis zum Bezeichneten, mit welchem es in Wirklichkeit keinerlei natürliche Zusammengehörigkeit hat.

Zum Schluß will ich noch zwei Einwände erwähnen, die gegen die Aufstellung dieses ersten Grundsatzes erhoben werden könnten:

1. Man könnte unter Berufung auf die Onomatopoetika sagen, daß die Wahl der Bezeichnung nicht immer beliebig ist. Aber diese sind niemals organische Elemente eines sprachlichen Systems. Außerdem ist ihre Anzahl viel geringer, als man glaubt. Wörter wie *fouet* (Peitsche) und *glas* (Totenglocke) können für manches Ohr einen Klang haben, der an sich schon etwas vom Eindruck der Wortbedeutung erweckt. Daß dies aber jenen Wörtern nicht von Anfang an eigen ist, kann man aus ihren lateinischen Ursprungsformen ersehen (*fouet* von lat. *fāgus* „Buche", *glas* = *classimum*); der Klang ihrer gegenwärtigen Lautgestalt, in dem man diese Ausdruckskraft zu finden glaubt, ist ein zufälliges Ergebnis ihrer lautgeschichtlichen Entwicklung.

Was die eigentlichen Onomatopoetika betrifft (von der Art wie *glou-glou* „Gluckgluck, Geräusch beim Einschenken", *Ticktack*), so sind diese nicht nur gering an Zahl, sondern es ist auch bei ihnen die Prägung schon in einem gewissen Grad beliebig, da sie nur die annähernde und bereits halb konventionelle Nachahmung gewisser Laute sind (vgl. franz. *ouaoua* und deutsch *wau wau*). Außerdem werden sie, nachdem sie einmal in die Sprache eingeführt sind, von der lautlichen und morphologischen Entwicklung erfaßt, welche die andern Wörter erleiden (vgl. engl. *pigeon* von vulgärlat. *pīpiō*, das seinerseits von einem onomatopoetischen Worte kommt): ein deutlicher Beweis dafür, daß sie etwas von ihrem ursprünglichen Charakter verloren und dafür der allgemeinen Natur der sprachlichen Zeichen, die unmotiviert sind, sich angenähert haben.

2. Die A u s r u f e, die den Onomatopoetika sehr nahe stehen, geben Anlaß zu entsprechenden Bemerkungen und gefährden unsere These ebensowenig. Man ist versucht, in ihnen einen spontanen Ausdruck des Sachverhalts zu sehen, der sozusagen von der Natur diktiert ist. Aber bei der Mehrzahl von ihnen besteht ebenfalls kein natürliches Band zwischen Bezeichnetem und Bezeichnendem. Es genügt, unter diesem Gesichtspunkt zwei Sprachen zu vergleichen, um zu erkennen, wie sehr diese Ausdrücke von einer zur andern wechseln (z.B. entspricht deutschem *au!* französisches *aïe!*). Außerdem waren viele Ausrufe bekanntlich zunächst Wörter von bestimmtem Sinn (vgl. *diable! mordieu!* = *mort Dieu* usw.).

Zusammenfassend kann man sagen, die Onomatopoetika und die Ausrufungen sind von sekundärer Wichtigkeit, und ihr symbolischer Ursprung ist z. T. anfechtbar.

§ 3. Zweiter Grundsatz: der lineare Charakter des Zeichens

Das Bezeichnende, als etwas Hörbares, verläuft ausschließlich in der Zeit und hat Eigenschaften, die von der Zeit bestimmt sind: a) es stellt eine Ausdehnung dar, und b) diese Ausdehnung ist meßbar in einer einzigen Dimension: es ist eine Linie.

Dieser Grundsatz leuchtet von selbst ein, aber es scheint, daß man bisher versäumt hat, ihn auszusprechen, sicherlich, weil er als gar zu einfach erschien; er ist jedoch grundlegender Art und seine Konsequenzen unabsehbar; er ist ebenso wichtig wie das erste Gesetz. Der ganze Mechanismus der Sprache hängt davon ab (vgl. S. 152). Im Gegensatz zu denjenigen Bezeichnungen, die sichtbar sind (maritime Signale usw.) und gleichzeitige Kombinationen in verschiedenen Dimensionen darbieten können, gibt es für die akustischen Bezeichnungen nur die Linie der Zeit; ihre Elemente treten nacheinander auf; sie bilden eine Kette. Diese Besonderheit stellt sich unmittelbar dar, sowie man sie durch die Schrift vergegenwärtigt und die räumliche Linie der graphischen Zeichen an Stelle der zeitlichen Aufeinanderfolge setzt.

In gewissen Fällen tritt das nicht so klar hervor. Wenn ich z. B. eine Silbe akzentuiere, dann scheint es, als ob ich verschiedene bedeutungsvolle Elemente auf einen Punkt anhäufte. Das ist jedoch nur eine Täuschung; die Silbe und ihre Akzent bilden nur einen einzigen Lautgebungsakt; es gibt keine Zweiheit innerhalb dieses Aktes, sondern nur verschiedene Gegensätzlichkeiten zum Vorausgehenden und Folgenden (vgl. darüber S. 156).

Kapitel III
Statische und evolutive Sprachwissenschaft

§ 1. Die innere Doppelheit aller der Wissenschaften, die es mit Werten zu tun haben

Wohl kaum dürfte ein Sprachforscher es in Zweifel ziehen, daß der Einfluß der Zeit besondere Schwierigkeiten in der Sprachwissenschaft mit sich bringt, und daß um dessentwillen seine Wissenschaft zwei vollständig auseinandergehende Wege einzuschlagen hat.

Die Mehrzahl der andern Wissenschaften kennt diese tiefgreifende Zweiheit nicht; die Zeit bringt bei ihnen keine besonderen Wirkungen hervor. Die Astronomie hat festgestellt, daß die Gestirne merklichen Veränderungen unterworfen sind; aber sie ist dadurch nicht gezwungen, sich in zwei Disziplinen zu spalten. Die Geologie beschäftigt sich fast ständig mit Aufeinanderfolgen; aber wenn sie auf die feststehenden Zustände der Erde eingeht, so macht sie das nicht zum Gegenstand einer völlig verschiedenen Untersuchung. Es gibt eine beschreibende Rechtswissenschaft und eine Rechtsgeschichte, aber niemand stellt die eine in Gegensatz zur andern. Die politische Geschichte bewegt sich ganz und gar in der Zeit; doch wenn ein Historiker das Bild einer Epoche entwirft, so hat man nicht den Eindruck, sich von der Geschichte zu entfernen. Umgekehrt ist die Staatswissenschaft wesentlich deskriptiv. Aber sie kann sehr wohl gelegentlich eine historische Frage behandeln, ohne daß ihre Einheit dadurch gefährdet wäre.

Dagegen beherrscht diese Zweiheit, von der wir sprechen, die Wirtschaftswissenschaften schon in recht entscheidender Weise. Hier bilden im Gegensatz zu dem, was in den vorausgehenden Fällen galt, die Volkswirtschaftslehre und die Wirtschaftsgeschichte zwei völlig getrennte Disziplinen im Rahmen einer und derselben Wissenschaft, und neuere Werke über diese Gegenstände betonen diesen Unterschied. Wenn man so vorgeht, gehorcht man, ohne sich davon Rechenschaft zu geben, einer inneren Notwendigkeit: und eine dem ganz entsprechende Notwendigkeit zwingt uns nun, die Sprachwissenschaft in zwei prinzipiell verschiedene Teile zu gliedern. Das kommt daher, daß hier wie bei der Nationalökonomie der Begriff des Wertes eine Rolle spielt; in beiden Wissenschaften handelt es sich um ein System von Gleichwertigkeiten zwischen Dingen verschiedener Ordnung: in der einen eine Arbeit und ein Lohn, in der andern ein Bezeichnetes und ein Bezeichnendes.

Sicher wäre es für alle Wissenschaften wichtig, die Achsen sorgfältig zu bezeichnen, auf welchen die Dinge liegen, mit denen sie sich befassen; man müßte überall gemäß der untenstehenden Figur unterscheiden:

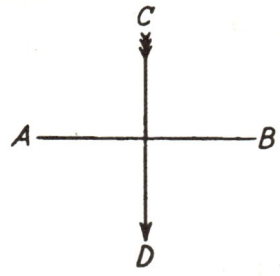

1. die Achse der Gleichzeitigkeit (AB), welche Beziehungen nachweist, die zwischen gleichzeitig bestehenden Dingen obwalten und bei denen jede Einwirkung der Zeit ausgeschlossen ist, und 2. die Achse der Aufeinanderfolge (CD), auf welcher man stets nur eine Sache für sich allein betrachten kann, auf der jedoch alle die Dinge der ersten Achse mit ihren Veränderungen gelagert sind.

Für die Wissenschaften, die es mit Werten zu tun haben, ist diese Unterscheidung eine praktische Notwendigkeit, in gewissen Fällen auch eine absolute Notwendigkeit. Es ist ganz ausgeschlossen, daß im Bereich der Wissenschaften von den Werten ein Forscher eine wirklich strenge Untersuchung führen kann, ohne die beiden Achsen zu berücksichtigen; vielmehr hat man stets zu unterscheiden zwischen dem System der Werte an sich und diesen selben Werten in ihrer zeitlichen Entwicklung.

Dem Sprachforscher muß sich diese Unterscheidung ganz besonders nachdrücklich aufdrängen; denn die Sprache ist ein System von bloßen Werten, das von nichts anderem als dem augenblicklichen Zustand seiner Glieder bestimmt wird. Sofern ein Wert einerseits in den Dingen und ihrem natürlichen gegenseitigen Verhältnis wurzelt (wie das bei der Wirtschaftswissenschaft der Fall ist – z. B. ein Stück Land steht in einem Wertverhältnis zu seinem Ertrag), kann man bis zu einem gewissen Grad diesen Wert in der Zeit verfolgen, während man sich doch zugleich erinnern muß, daß er jeden Augenblick abhängt von einem System gleichzeitiger Werte. Dadurch, daß er abhängig ist von Sachen, hat er trotz allem eine natürliche Grundlage, und deshalb sind daran geknüpfte Schätzungen niemals beliebig; ihre Veränderlichkeit ist begrenzt. Dagegen haben wir gesehen, daß in der Sprachwissenschaft natürliche Gegebenheiten nicht vorhanden sind.

Hinzuzufügen ist noch: je mehr ein System von Werten kompliziert und im einzelnen ausgebildet ist, um so mehr ist es nötig, eben wegen seiner Kompliziertheit, es nach beiden Achsen gesondert zu untersuchen. Nun aber ist kein anderes System so verwickelt wie die Sprache, und nirgends sonst sind die im Spiel begriffenen Geltungen oder Werte mit so vollkommener Genauigkeit festgesetzt, nirgends sonst besteht eine so große Anzahl und eine solche Verschiedenheit der Glieder in einer ebenso strengen gegenseitigen Abhängigkeit voneinander. Die Vielheit der Zeichen, auf die wir schon hingewiesen haben, um die Kontinuität der Sprache zu erklären, verbietet es aber durchaus, gleichzeitig die Beziehungen in der Zeit und die Beziehungen im System zu untersuchen.

Um deswillen unterschieden wir zweierlei Arten von Sprachwissenschaft. Wie sollen wir diese bezeichnen? Die sich von selbst anbietenden Ausdrücke sind nicht alle im gleichen Maße geeignet, diese Unterscheidung zu bezeichnen. So sind „Geschichte" und „historische Sprachwissenschaft" nicht brauchbar, denn sie benennen zu verschwommene Vorstellungen; geradeso wie die politische Geschichte die Beschreibungen von Epochen ebenso umfaßt wie die Erzählung von Ereignissen, so könnte man sich einbilden, daß mit Beschreibung aufeinanderfolgender Sprachzustände man die Sprache gemäß der Achse der Zeit untersuche. Dazu müßte man jedoch die Erscheinungen gesondert betrachten, welche die Sprache von einem Zustand in den andern übergehen lassen. Die Ausdrücke Evolution und evolutive Sprachwissenschaft sind genauer, und ich werde sie häufig anwenden; im Gegensatz dazu kann man sprechen von einer Wissenschaft der Sprachzustände oder einer statischen Sprachwissenschaft.

Um aber diesen Gegensatz und diese Kreuzung der auf den gleichen Gegenstand bezüglichen Erscheinungen von zweierlei Art noch deutlicher hervorzuheben, ziehe ich es vor, von synchronischer und diachronischer Sprachwissenschaft zu sprechen. Synchronisch ist alles, was sich auf die statische Seite unserer Wissenschaft bezieht; diachronisch alles, was mit den Entwicklungsvorgängen zusammenhängt. Ebenso sollen Synchronie und Diachronie einen Sprachzustand bzw. eine Entwicklungsphase bezeichnen.

§ 2. *Die innere Doppelheit und die Geschichte der Sprachwissenschaft*

Als erstes fällt einem beim Studium der Sprachtatsachen auf, daß für den Sprechenden das Sichforterben derselben in der Zeit nicht vorhanden ist: für ihn besteht nur ein Zustand. So muß auch der Sprachforscher, der diesen Zustand verstehen will, die Entstehung ganz beiseite setzen und die Diachronie ignorieren. Er kann in das Bewußtsein der Sprechenden nur eindringen, indem er von der Vergangenheit absieht. Die Hineinmischung der Geschichte kann sein Urteil nur irreführen. Es wäre absurd, das Panorama der Alpen zu zeichnen, indem man es von mehreren Gipfeln des Jura aus gleichzeitig aufnimmt; ein Panorama muß von einem einzigen Punkt aus aufgenommen werden. Ebenso ist es mit der Sprache: man kann sie weder beschreiben noch Normen für ihren Gebrauch geben, ohne sich auf den Standpunkt eines gewissen Zustandes zu stellen. Wenn der Sprachforscher die Entwicklung der Sprache verfolgt, so gleicht er einem in Bewegung befindlichen Beobachter, welcher von dem einen Ende des Jura zum andern geht, um die Veränderungen der Perspektive zu beobachten. [...]

Kapitel V
Syntagmatische und assoziative Beziehungen

§ 1. Definitionen

So beruht denn bei einem Sprachzustand alles auf Beziehungen. Wie funktionieren diese?

Die Beziehungen und die Verschiedenheiten zwischen sprachlichen Gliedern gehen in zwei verschiedenen Sphären vor sich, deren jede eine bestimmte Art von Werten hervorbringt: es wird die Natur dieser beiden Arten besser verständlich machen, wenn wir sie einander gegenüberstellen. Sie entsprechen zwei Arten unserer geistigen Tätigkeit, die für das Leben der Sprache unentbehrlich sind.

Einerseits gehen die Worte infolge ihrer Verkettung beim Ablauf irgendwelcher Aussagen Beziehungen unter sich ein, die auf dem linearen Charakter der Sprache beruhen, der es unmöglich macht, zwei Elemente zu gleicher Zeit auszusprechen (vgl. S. 82 [S.-45]). Sie reihen sich eins nach dem andern in der Kette des Sprechens an, und diese Kombinationen, deren Grundlage die Ausdehnung ist, können Anreihungen der Syntagmen genannt werden. Die Anreihung besteht also immer aus zwei oder mehr aufeinanderfolgenden Einheiten (z. B. *ab-reißen; für uns; ein langes Leben; Gott ist gut; wenn das Wetter schön ist, wollen wir ausgehen* usw.). In eine Anreihung hineingestellt, erhält ein Glied seinen Wert nur, weil es dem vorausgehenden oder dem folgenden oder beiden gegenübersteht.

Andererseits aber assoziieren sich außerhalb des gesprochenen Satzes die Wörter, die irgend etwas unter sich gemein haben, im Gedächtnis, und so bilden sich Gruppen, innerhalb deren sehr verschiedene Beziehungen herrschen. So läßt das Wort *Belehrung* unbewußt vor dem Geist eine Menge anderer Wörter auftauchen (*lehren, belehren* usw., oder auch *Bekehrung, Begleitung, Erschaffung* usw., oder ferner *Unterricht, Ausbildung, Erziehung* usw.). Auf der einen oder andern Seite haben alle diese Wörter irgend etwas unter sich gemein.

Man sieht, daß diese Zusammenordnungen von ganz anderer Art sind als die ersteren; sie sind nicht von der Zeiterstreckung getragen; ihr Sitz ist im Gehirn; sie sind Teile jenes inneren Schatzes, der bei jedem Individuum die Sprache bildet. Wir wollen sie assoziative Beziehungen nennen.

Die syntagmatische oder Anreihungsbeziehung besteht *in praesentia*: sie beruht auf zwei oder mehreren in einer bestehenden Reihe neben einander vorhandenen Gliedern. Im Gegensatz dazu verbindet die assoziative Beziehung Glieder *in absentia* in einer möglichen Gedächtnisreihe.

Unter dieser doppelten Betrachtungsweise ist eine sprachliche Einheit vergleichbar mit einem bestimmten Teil eines Gebäudes, z. B. einer Säule; diese steht einerseits in einer gewissen Beziehung mit dem Architrav, den sie trägt. Diese Gruppierung zweier gleichermaßen gegenwärtigen Einheiten im Raum erinnert an die syntagmatische Beziehung; andererseits, wenn eine Säule von dorischer Ordnung ist, dann ruft sie im Geist einen Vergleich mit andern Stilarten (jonisch, korinthisch usw.) hervor, welche im Raume nicht vorhandene Bestandteile sind: die Beziehung ist assoziativ.

Jede dieser beiden Arten von Zuordnung erfordert einige besondere Bemerkungen.

L. Bloomfield

Die Sprache

Kapitel 2
Die Verwendung der Sprache

2.1. Der schwierigste Schritt bei der Erforschung von Sprache ist der erste. Immer wieder hat sich die gelehrte Welt der Erforschung von Sprache zugewandt, ohne diese wirklich zu erfassen. Die Sprachwissenschaft entwickelte sich aus relativ praxisnahen Beschäftigungen wie dem Gebrauch der Schrift, dem Studium der Literatur, insbesondere älterer Aufzeichnungen, oder dem Aufstellen von Regeln für eine elegante Ausdrucksweise, doch kann man beliebig viel Zeit auf solche Dinge verwenden, ohne damit notwendigerweise bei sprachwissenschaftlichen Studien zu landen. Da jeder einzelne Student wahrscheinlich die Versäumnisse der Geschichte wiederholen wird, tun wir gut daran, von diesen Dingen zu sprechen, um sie vom eigentlichen Untersuchungsgegenstand abzugrenzen.

Schrift ist nicht Sprache, sondern nur eine Möglichkeit, Sprache durch sichtbare Zeichen festzuhalten. In einigen Ländern wie China, Ägypten und Mesopotamien wurde Schrift bereits vor Tausenden von Jahren verwendet; die meisten der heute gesprochenen Sprachen sind aber erst relativ spät oder noch überhaupt nicht verschriftet worden. Außerdem blieb vor der Erfindung des Buchdrucks die Kenntnis der Schrift nur sehr wenigen Menschen vorbehalten. Alle Sprachen wurden während ihrer nahezu gesamten Geschichte von Menschen gesprochen, die weder lesen noch schreiben konnten; die Sprachen dieser Völker sind ebenso stabil, regelhaft und reich wie die Sprachen von Nationen, die des Schreibens kundig sind. Eine Sprache bleibt dieselbe, unabhängig davon, mit welchen Schriftsystemen sie aufgezeichnet wird, so wie ein Mensch derselbe bleibt, ungeachtet dessen, womit er fotografiert wird. Die Japaner haben drei Schriftsysteme und sind dabei, ein viertes zu entwickeln.[62] Als die Türkei im Jahre 1928 das arabische Alphabet durch das lateinische ersetzte, sprach man danach genau so weiter wie zuvor. Um Schrift erforschen zu können, müssen wir einiges über Sprachen wissen,

---

62 Mit dem „vierten System" meint Bloomfield offenbar die seit dem 19. Jh. immer wieder unternommenen Vorstöße zu einer Romanisierung der japanischen Schrift (japan. *rōmaji*), vgl. COULMAS (1981, S. 57 ff.), HAARMANN (1991, S. 402 ff.).

umgekehrt gilt dies aber nicht. Natürlich beziehen wir unsere Kenntnisse über die gesprochene Sprache vergangener Zeiten größtenteils aus schriftlichen Quellen – und deshalb werden wir auch, in anderem Zusammenhang,[63] die Geschichte der Schrift erforschen –, doch empfinden wir dies eher als Nachteil. Wir müssen nämlich bei der Interpretation schriftlicher Symbole als Ausdruck tatsächlich gesprochener Sprache größte Vorsicht walten lassen; oft scheitern wir dabei, und stets sollten wir das gesprochene Wort als Datenquelle bevorzugen.

Literatur, sei es in mündlicher oder, wie dies nun bei uns üblich ist, in schriftlicher Form, besteht in ästhetisch schönen oder in anderer Hinsicht bemerkenswerten sprachlichen Äußerungen.[64] Der Literaturwissenschaftler studiert die sprachlichen Äußerungen bestimmter Personen (etwa die eines Shakespeare) und beschäftigt sich mit ihrem Inhalt und ihren außergewöhnlichen Formmerkmalen. Das Interesse des Philologen ist dagegen weiter gesteckt, da er sich auch mit der kulturellen Bedeutung und dem kulturellen Hintergrund des Gelesenen befasst. Dagegen erforscht der Sprachwissenschaftler die Sprache eines jeden Menschen; die individuellen Merkmale, in denen sich der Sprachgebrauch eines großen Schriftstellers von der allgemeinen Ausdrucksweise seiner Zeit und seiner Umgebung unterscheidet, interessieren den Sprachwissenschaftler nicht mehr als die individuellen Merkmale im Sprachgebrauch irgendeines anderen Menschen und weit weniger als die allen Sprechern gemeinsamen sprachlichen Eigenschaften.

Die Unterscheidung einer eleganten oder „richtigen" Ausdrucksweise ist eine Begleiterscheinung bestimmter gesellschaftlicher Gegebenheiten. Der Sprachwissenschaftler hat sie so zu beschreiben wie andere sprachliche Phänomene auch. Der Umstand, dass Sprecher eine sprachliche Form als „gut" bzw. „richtig" oder aber als „schlecht" bzw. „falsch" einstufen, bildet nur einen Teil der Informationen des Sprachwissenschaftlers zu dieser sprachlichen Form. Es versteht sich von selbst, dass ihn dies nicht berechtigt, Teile seines Datenmaterials zu vernachlässigen oder seine Aufzeichnungen zu verfälschen: Mit Unvoreingenommenheit hat er alle sprachlichen Formen zu studieren. Unter anderem muss er herausfinden, unter welchen Voraussetzungen die Sprecher eine sprachliche Form in der einen oder anderen Weise beurteilen, und für jede einzelne Form, warum gerade sie so beurteilt wird: Warum meinen etwa viele Leute, dass (*ich*) *habs* „schlecht" sei und (*ich*) *habe*

---

63 Gemeint ist Kap. 17.
64 Diese Kurzdefinition Bloomfields wird bis heute für ihre Prägnanz bewundert: In einer Rezension spricht etwa Andrew Sihler von „Bloomfields unübertrefflicher Definition" („Bloomfield's unimprovable definition «*beautiful or otherwise notable utterances*»", SIHLER 1999, S. 211).

es⁶⁵ „gut"? Dies ist jedoch nur eine der Problemstellungen der Sprachwissenschaft, und da es keine grundlegende ist, kann sie erst dann behandelt werden, wenn bereits viele andere Dinge erkannt sind. Sonderbarerweise unternehmen Personen ohne sprachwissenschaftliche Ausbildung größte Kraftanstrengungen für nutzlose Erörterungen zu diesem Thema, ohne dabei zu einer wissenschaftlichen Erforschung von Sprache, die ihnen allein den Schlüssel dazu geben könnte, vorzudringen. Ein Forscher, der sich mit Literatur, Philologie oder den Problemen einer korrekten Ausdrucksweise befassen möchte, dürfte wohl, sofern er ausdauernd und methodisch genug vorgeht, nach einigen vergeblichen Anstrengungen erkennen, dass er zuerst die Sprache studieren muss und erst danach auf diese Probleme zurückkommen sollte. Wir können uns diese Sackgasse ersparen, wenn wir uns von Anfang an der Betrachtung der Sprache im Alltag widmen. Dabei beginnen wir mit der Beobachtung einer sprachlichen Äußerung unter ganz einfachen Bedingungen.

2.2. Nehmen wir an, Jack und Jill gehen einen Weg entlang. Jill ist hungrig. Auf einem Baum sieht sie einen Apfel. Mit ihrem Kehlkopf, ihrer Zunge und ihren Lippen produziert sie ein Geräusch. Jack schwingt sich über den Zaun, klettert auf den Baum, pflückt den Apfel, bringt ihn her und überreicht ihn Jill. Jill isst den Apfel.⁶⁶

Dieser Ablauf der Ereignisse kann in vielfältiger Weise untersucht werden, aber wir, die wir die Sprache studieren, werden natürlich zwischen dem **Sprechakt** und den anderen Vorgängen unterscheiden, die wir **nichtsprachliche Vorgänge**⁶⁷ nennen wollen. So betrachtet besteht das Geschehen aus drei Abschnitten, und zwar (in zeitlicher Reihenfolge):

---

65 Originalbeispiel: *ain't : am not*.
66 Robert A. Hall Jr. (HALL 1990, S. 6) erzählt folgende Anekdote aus der Jugend Bloomfields: Einmal sah er seinen Bruder Grover einen wunderschönen Apfel essen. Als er ihn um ein Stück bat, antwortete dieser: „Weil du mich gefragt hast, nein!" Hall bringt nun diese kindliche Episode mit der Geschichte von Jill und Jack in Verbindung, aber dies ist eine reine Vermutung. Es wäre auch möglich, dass der Agnostiker Bloomfield hier auf die jüdisch-christliche Überlieferung von Adam und Eva und dem Apfel anspielt, was bei seiner Art von hintergründigem Humor durchaus vorstellbar ist; aber auch dies kann man letztlich nicht beweisen.
67 Im Original spricht Bloomfield hier und im Weiteren von *practical events*. Das Adjektiv *practical* bezeichnet für ihn letztlich alles Nicht-Sprachliche oder Außer-Sprachliche in der Welt, im Gegensatz zum sprachlichen Verhalten bzw. zu sprachlichen Phänomenen (*linguistic events* bzw. *linguistic phenomena*) im Allgemeinen. Dieses Sprachliche – und nur es allein – kann nach Bloomfields wiederholt geäußerter Meinung Gegenstand einer Wissenschaft von der Sprache sein. Zu weiteren, nicht immer eben leicht wiederzugebenden Bedeutungsnuancen von *practical* siehe auch Kommentar 244 bzw. 593.

A. nichtsprachliche Vorgänge, die dem Sprechakt vorangehen.
B. der Sprechakt.
C. nichtsprachliche Vorgänge, die dem Sprechakt folgen.

Wir untersuchen zunächst die nichtsprachlichen Vorgänge A und C. Die Vorgänge A betreffen hauptsächlich die Sprecherin, Jill. Sie war hungrig; das heißt, einige ihrer Muskeln haben sich kontrahiert, Körperflüssigkeiten wurden abgesondert, vor allem in ihrem Magen. Vielleicht war sie auch durstig: Ihre Zunge und Kehle waren trocken. Die vom roten Apfel reflektierten Lichtwellen trafen auf ihre Augen. Sie sah Jack an ihrer Seite. Nun sollten ihre bisherigen Beziehungen zu Jack ins Bild kommen; wir wollen annehmen, dass sie in einem normalen Verhältnis wie zwischen Bruder und Schwester oder zwischen Ehemann und Ehefrau bestanden. Alle diese Ereignisse, die Jills sprachlichen Äußerungen vorangehen und die sie betreffen, nennen wir den **Stimulus des Sprechers**.

Wir wenden uns nun C zu, den nichtsprachlichen Vorgängen nach Jills sprachlicher Äußerung. Diese betreffen in erster Linie den Hörer, Jack, und bestehen darin, dass er den Apfel gepflückt und Jill gegeben hat. Die nichtsprachlichen Vorgänge, die der Sprachäußerung folgen und in die der Hörer involviert ist, nennen wir die **Reaktion des Hörers**. Die Ereignisse nach der sprachlichen Äußerung betreffen aber auch Jill, und dies sogar in größtem Ausmaß: **Sie bekommt den Apfel überreicht und isst ihn**.

Es wird sofort klar, dass unsere ganze Geschichte von einigen indirekten Voraussetzungen von A und C abhängt. Nicht jede Jill und nicht jeder Jack würden sich so verhalten. Wenn Jill schüchtern wäre oder mit Jack schlechte Erfahrungen gemacht hätte, könnte sie hungrig sein und dennoch nichts sagen, selbst wenn sie den Apfel sähe; wenn Jack ihr übel gesinnt wäre, würde er ihr den Apfel nicht bringen, selbst wenn sie ihn darum bäte. Die Äußerung eines Sprechaktes (und, wie wir noch sehen werden, seine Formulierung) sowie der ganze Verlauf der nichtsprachlichen Vorgänge davor und danach hängen von der gesamten Lebensgeschichte des Sprechers und jener des Hörers ab. Im vorliegenden Fall werden wir annehmen, dass alle diese **vorbereitenden Faktoren** dergestalt waren, dass sie die Geschichte in der geschilderten Weise bewirkt haben. Unter diesen Voraussetzungen wollen wir wissen, welche Rolle die Sprachäußerung (B) in dieser Geschichte spielte. Wenn Jill allein gewesen wäre, hätte sie ebenso hungrig und durstig sein und denselben Apfel sehen können. Wenn sie genügend Kraft und Geschicklichkeit gehabt hätte, über den Zaun und auf den Baum zu klettern, hätte sie den Apfel pflücken und essen können; wenn nicht, hätte sie hungrig bleiben müssen. Auf sich allein gestellt, ist Jill in genau derselben Lage wie ein Tier ohne

Sprache. Wenn das Tier hungrig ist und Futter sieht oder riecht, wird es sich darauf zubewegen; ob das Tier dabei Erfolg hat, das Futter zu bekommen, hängt von seiner Kraft und Geschicklichkeit ab. Der Zustand des Hungers und das Sehen oder Riechen von Nahrung sind der **Stimulus** (symbolisiert durch S), und die Bewegungen darauf zu sind die **Reaktion** (symbolisiert durch R). Die einsame Jill und das sprechunfähige Tier verhalten sich nur auf eine einzige Weise, nämlich

$$S \rightarrow R$$

Wenn das funktioniert, bekommen sie die Nahrung, wenn nicht – falls sie nicht kräftig oder geschickt genug sind, um sie durch die Aktionen R zu bekommen – müssen sie hungrig bleiben.

Natürlich ist es für Jills Wohlbefinden notwendig, dass sie den Apfel bekommt. In den meisten Fällen geht es dabei nicht um Leben oder Tod, manchmal aber schon; auf lange Sicht aber hat diejenige Jill oder dasjenige Lebewesen, das den Apfel bekommt, die besseren Chancen, zu überleben und die Erde zu bevölkern. Deshalb ist jede Unterstützung, die Jills Chancen auf den Apfel erhöht, enorm wertvoll für sie. Die sprechende Jill verhalf sich selbst zu einer solchen Unterstützung. Sie hatte zunächst dieselben Chancen, den Apfel zu bekommen, wie die auf sich allein gestellte Jill oder das sprachlose Tier. Zusätzlich hat die sprechende Jill aber eine weitere Möglichkeit, die die anderen nicht haben. Anstatt sich mit dem Zaun und dem Baum abzumühen, führte sie nur ein paar kleine Bewegungen in ihrem Kehlkopf und Mund aus, die ein kleines Geräusch hervorriefen. Plötzlich führte Jack die Reaktion für sie aus; er übernahm Handlungen, die über Jills Kräften lagen, und am Ende erhielt Jill den Apfel. Die Sprache macht es möglich, dass eine Person eine Reaktion (R) ausführt, wenn eine andere Person den Stimulus (S) hat.

Im Idealfall verfügt in einer Gruppe, deren Angehörige miteinander sprechen, jede Einzelperson über dieselbe Kraft und Geschicklichkeit. Je mehr sich diese Personen aber in verschiedenen Fertigkeiten unterscheiden, desto größere Machtbereiche beherrscht jeder einzelne Gruppenangehörige. Nur ein Einziger muss ein guter Kletterer sein, dann kann er Früchte für alle Anderen auftreiben; nur Einer muss ein guter Fischer sein, um die Anderen mit Fisch zu versorgen. **Arbeitsteilung und im Zusammenhang damit die gesamte Arbeitsleistung der menschlichen Gesellschaft hängen von der Sprache ab.**

2.3. Wir müssen noch B untersuchen, den Sprechakt unserer Geschichte. Dies ist natürlich jener Teil der Geschichte, mit dem wir uns als Sprachwissenschaftler hauptsächlich zu befassen haben. Bei unserer gesamten Arbeit untersuchen wir B; A und C betreffen uns nur durch ihre Verbindung mit B. Dank der Physiologie und Physik wissen wir genug über den Sprechakt, um zu erkennen, dass er aus drei Teilen besteht.

(B1) Die Sprecherin, Jill, bewegte ihre Stimmbänder (zwei kleine Muskeln im Adamsapfel[68]), ihren Unterkiefer, ihre Zunge und so weiter auf eine solche Weise, dass die Luft die Form von Schallwellen annahm. Diese Bewegungen des Sprechers sind eine Reaktion auf den Stimulus (S). Anstatt die nichtsprachliche (oder tatsächliche) Reaktion durchzuführen – nämlich wirklich mit dem Pflücken des Apfels zu beginnen – vollzog Jill diese Lautgebärde, einen Sprechakt (oder eine Ersatzhandlung), welchen wir mit dem Kleinbuchstaben r symbolisieren. Insgesamt hat Jill als sprechender Mensch somit nicht eine, sondern zwei Möglichkeiten, auf einen Stimulus zu reagieren:

$S \to R$ (tatsächliche Reaktion)
$S \to r$ (sprachliche Ersatzreaktion)

Im vorliegenden Fall führte sie die zweite aus.

(B2) Die Schallwellen der Luft in Jills Mundhöhle versetzen die sie umgebende Luft in dieselbe Schwingung.

(B3) Diese Schallwellen in der Luft treffen auf Jacks Trommelfell und versetzen es in Schwingungen, die sich auf Jacks Nervenbahnen übertragen: Jack h ö r t e die Äußerung. Das Hören wirkte auf Jack als Stimulus: Wir sahen, wie er losrannte, den Apfel pflückte und ihn Jill gab, genau so, als ob Jills Hunger-und-Apfel-Stimulus auf ihn selbst gewirkt hätte. Ein Beobachter von einem anderen Planeten, der nichts über so etwas wie Sprache wüsste, würde schließen, dass es irgendwo in Jacks Körper ein Sinnesorgan geben müsse, das ihm mitteilt „Jill ist hungrig und sieht dort oben einen Apfel". Kurz und gut, Jack reagiert als sprachfähiger Mensch auf zwei Arten von Stimuli: N i c h t s p r a c h l i c h e Stimuli vom Typus S (so wie Hunger und der Anblick von Nahrung) und s p r a c h l i c h e (oder E r s a t z -) Stimuli, bestimmte Schwingungen seines Trommelfells, die wir mit dem Kleinbuchstaben s symbolisieren. Wenn wir sehen, dass Jack irgendetwas tut (z.B. einen Apfel pflückt), kann diese seine Handlung nicht nur wie bei Tieren Folge eines nichtsprach-

---

68 Gemeint ist der Kehlkopf: Als geschlechtsspezifisches Merkmal tritt der Schildknorpel, wie die volkstümliche Bezeichnung „Adamsapfel" zeigt, eher nur bei Männern sichtbar in den Vordergrund; daher erscheint diese Formulierung im Fall von Jill als nicht ganz passend (vgl. auch S. 65).

lichen Stimulus (wie des Hungergefühls in seinem Magen oder des Anblicks eines Apfels), sondern genauso gut die Folge eines sprachlichen Stimulus sein. Seine Reaktionen, R, können nicht nur durch einen, sondern durch zwei Arten von Reizen hervorgerufen werden:

(nichtsprachlicher Stimulus)   S → R
(sprachlicher Ersatzstimulus)   s → R

Offensichtlich unterliegt die Beziehung zwischen Jills sprachlichen Bewegungen (B1) und dem von Jack Gehörten (B3) sehr geringer Unsicherheit oder Variationsbreite, denn sie ist nur eine Frage von Schallwellen, die sich in der Luft fortpflanzen (B2). Wenn wir diese Beziehung durch eine Punktlinie darstellen, können wir die beiden menschlichen Arten, auf einen Stimulus zu reagieren, durch folgende Diagramme symbolisieren:

sprachunabhängige Reaktion   S → R
sprachvermittelte Reaktion   S → r .... s → R

Der Unterschied zwischen den beiden Arten liegt auf der Hand. Die sprachunabhängige Reaktion tritt wie der Stimulus bei immer derselben Person auf; die Person, die den Stimulus empfängt, ist die einzige, die auch darauf reagieren kann. Diese Reaktion ist demnach darauf beschränkt, was der Empfänger als Handlungsradius zur Verfügung hat. Im Gegensatz dazu kann die durch die Sprache vermittelte Reaktion bei einer Person auftreten, die den nichtsprachlichen Stimulus nicht selbst empfangen hat; die Person, die einen Stimulus erhalten hat, kann eine andere Person zur Reaktion darauf bringen, und diese andere kann zu Dingen fähig sein, die dem Sprecher nicht möglich sind. Die Pfeile in unseren Diagrammen verdeutlichen die Folge von Vorgängen im Inneren einer Person – eine Folge von Vorgängen, die bestimmten Eigenschaften des Nervensystems zuzuschreiben ist. Deshalb kann die sprachunabhängige Reaktion nur im Körper jenes Lebewesens erfolgen, das den Stimulus erhalten hat. In der durch die Sprache vermittelten Reaktion aber existiert die Verbindung, dargestellt durch die punktierte Linie, die aus den Schallwellen in der Luft besteht: Die sprachvermittelte Reaktion kann bei jeder Person eintreten, die das Gesprochene hört; die Reaktionsmöglichkeiten vermehren sich enorm, da verschiedene Hörer zu einer Vielzahl von verschiedenen Handlungen fähig sein können. Der Abstand zwischen dem Körper des Sprechers und jenem des Hörers – die Unterschiedlichkeit der beiden Nervensysteme – wird durch die Schallwellen überbrückt.

Auf biologischer Ebene sind die bedeutsamen Faktoren sowohl beim sprachunabhängigen als auch beim sprachvermittelten Vorgang dieselben, nämlich S (der Hunger und der Anblick der Nahrung) und R (Maßnahmen, die zum Erreichen der Nahrung führen oder nicht). Diese stellen die nichtsprachliche Seite der Angelegenheit dar. Der Einsatz der Sprache, s........r, ist nur ein Mittel, durch das S und R in verschiedenen Individuen auftreten können. Der gewöhnliche Mensch ist nur mit S und R befasst; auch wenn er die Sprache verwendet und durch sie Erfolg hat, beachtet er sie nicht weiter. Indem man das Wort *Apfel* ausspricht oder aussprechen hört, wird niemandes Hunger gestillt. Es ist, zusammen mit dem Rest der sprachlichen Äußerung, nur ein Weg, einen Mitmenschen zur Hilfe zu bewegen. Als Sprachforscher aber beschäftigen wir uns bis ins Detail mit den sprachlichen Ereignissen (s........r), die für sich selbst betrachtet wertlos, andererseits aber Mittel für großartige Zwecke sind. Wir unterscheiden zwischen Sprache, unserem Untersuchungsgegenstand, und realen oder nichtsprachlichen Ereignissen, Stimuli und Reaktionen. Wenn sich irgendetwas augenscheinlich Unbedeutendes als eng verbunden mit wichtigeren Dingen erweist, denken wir, dass es letztlich eine „Bedeutung" hat, es „bedeutet" nämlich genau diese wichtigeren Dinge. Genauso sagen wir, dass eine an sich unbedeutende sprachliche Äußerung wichtig ist, weil sie eine Bedeutung hat: Die Bedeutung besteht aus eben jenen wichtigen Dingen, mit denen die Sprachäußerung verbunden ist, nämlich den nichtsprachlichen Vorgängen (A und C).

2.4. Bis zu einem gewissen Grad antworten auch manche Tiere auf die Stimuli der anderen. Offenbar muss die unglaubliche Koordination in einem Ameisenvolk oder einem Bienenschwarm mit irgendeiner Form von Interaktion zusammenhängen.[69] Als ein Mittel dazu sind Laute weit verbreitet: Grillen etwa rufen andere Grillen durch Stridulation, indem sie mit einem lauten Geräusch ein Bein an ihren Körper reiben. Einige Tierarten erzeugen wie der Mensch Laute mit ihren Stimmbändern. Vögel erzeugen Schallwellen mittels ihrer Syrinx, einem stimmbandähnlichen Organ am oberen Ende ihrer Lunge.[70] Die höheren Säugetiere verfügen über einen Kehlkopf (Larynx), ein Knorpelgerüst (beim Menschen Adamsapfel genannt) am oberen Ende der Luftröhre. Im Inneren des Kehlkopfes verlaufen seitlich rechts und links zwei flache Muskelstränge; sind diese Muskeln, die so genannten Stimmbänder, straff gespannt, werden sie durch die ausströmende Luft in regelmäßige Schwingungen versetzt, die Schall erzeugen. Diesen Schall nennen wir Stimme.

---

69 Zu Bloomfields Zeiten hatte die Erforschung der tanzähnlichen Zeichensprache, mit der die Bienen sich über Nahrungsquellen u. dgl. verständigen, gerade erst begonnen (vgl. FRISCH 1927).
70 Bei allen Vögeln mit Ausnahme der Störche, Strauße und Neuweltgeier an der Gabelung der Luftröhre in die beiden Hauptbronchien.

Die menschliche Sprache unterscheidet sich durch ihr großes Differenzierungsvermögen von signalähnlichen Verhaltensweisen der Tiere (sogar jener Tiere, die ihre Stimme einsetzen). Hunde z.b. geben nur zwei oder drei Arten von Lauten von sich – etwa Bellen, Knurren und Winseln: Ein Hund kann einen anderen Hund allein durch den Einsatz dieser wenigen unterschiedlichen Signale zum Agieren bringen.[71] Papageien können zwar vielfältige Arten von Lauten hervorbringen, aber sie können offenbar auf verschiedene Laute nicht unterschiedlich antworten. Der Mensch produziert verschiedene Typen von Lauten und macht sich die Variation zu Nutze: Auf verschiedene Arten von Stimuli hin produziert er bestimmte Laute, und wenn seine Mitmenschen diese Laute hören, geben sie die passenden Antworten. Kurzum, in der menschlichen Sprache haben verschiedene Laute verschiedene Bedeutungen. Die Erforschung der Zuordnung bestimmter Laute zu bestimmten Bedeutungen macht letztlich die Erforschung der Sprache aus.

Diese Zuordnung ermöglicht es dem Menschen, mit seiner Umwelt mit großer Präzison zu interagieren. Wenn wir z.B. jemandem die Adresse eines Hauses, das er noch nie gesehen hat, mitteilen, machen wir etwas, was kein Tier tun kann.[72] Es hat damit nicht nur jeder Einzelne die Fähigkeiten vieler anderer zur Verfügung, sondern die Zusammenarbeit funktioniert auch sehr präzise. Das Ausmaß und die Genauigkeit dieser Zusammenarbeit ist das Maß des Erfolges unseres sozialen Gefüges. Der Ausdruck Gesellschaft oder soziales Gefüge ist keine Metapher. Eine soziale Gruppe von Menschen ist tatsächlich eine Einheit von höherer Ordnung als ein einzelnes Wesen, genauso wie ein mehrzelliges Lebewesen von höherer Ordnung ist als eine einzelne Zelle. In vielzelligen Organismen kooperieren die einzelnen Zellen mit Hilfe von Einrichtungen wie dem Nervensystem; die Individuen in einer menschlichen Gesellschaft kooperieren mit Hilfe von Schallwellen.

Die vielfältigen Möglichkeiten, wie wir durch Sprache profitieren können, sind so offensichtlich, dass wir nur ein paar erwähnen müssen. Wir können etwa Nachrichten weiterleiten. Wenn einige Bauern oder Händler sagen: „Wir wollen eine Brücke über diesen Fluss haben", könnte diese Neuigkeit durch eine Gemeinderatssitzung, eine Bundesversammlung, die Straßenmeisterei, ein Ingenieursbüro und eine Notariatskanzlei gehen, viele Reden und Sprachübertragungen durchlaufen, bis schließlich, als Reaktion auf den ursprünglichen Stimulus der Bauern, eine Arbeitstruppe die realen nichtsprach-

---

71 Zu Bloomfields Zeiten waren die beachtlichen Kommunikationssysteme mancher Primatenarten, wie z.B. der Grünen Meerkatzen (Cercopithecus aethiops), noch unerforscht (vgl. CHENEY – SEYFARTH 1994; DAWKINS 1996; TEMBROCK 1996).
72 Die Fähigkeiten der Bienen gehen allerdings weit über diese Aufgabenstellung hinaus (vgl. Kommentar 69 und FRISCH 1965).

lichen Arbeitsgänge für die Errichtung einer Brücke ausführt. In enger Verbindung mit dem Vermittlungseffekt von Sprache steht ihre **Abstraktion**. Die sprachlichen Überbrückungen zwischen dem nichtsprachlichen Stimulus und der nichtsprachlichen Reaktion haben keine unmittelbare faktische Auswirkung. Deshalb können sie in jede Erscheinungsform gebracht werden, vorausgesetzt, man wandelt sie vor der letzten nichtsprachlichen Reaktion wieder richtig um. Der Ingenieur, der die Brücke plant, muss die Balken oder Träger nicht selbst anfassen; er arbeitet nur mit sprachlichen Formen (wie den Zahlen in den Berechnungen); wenn er einen Fehler macht, zerstört er keine Materialien, er muss nur die falsch gewählten sprachlichen Formen (etwa eine falsche Zahl) durch eine genauere ersetzen, bevor er das reale Gebäude zu errichten beginnt. Darin liegt auch die Bedeutung von **Selbstgesprächen** oder von **Nachdenken**. Als Kind sprechen wir oft laut zu uns selbst, lernen aber durch das korrigierende Eingreifen unserer Eltern bald, diese Lautäußerungen zu unterdrücken und durch lautlose zu ersetzen: Wir „denken in Worten". Die Zielgerichtetheit des Denkens kann am Vorgang des Zählens veranschaulicht werden. Unsere Fähigkeit, Zahlen ohne den Gebrauch von Sprache einzuschätzen, ist äußerst beschränkt, wie jedermann bei einem flüchtigen Blick auf eine Reihe von Büchern in einem Regal sehen kann. Festzustellen, dass zwei Mengen von Dingen zahlenmäßig gleich sind, bedeutet, dass kein Gegenstand ohne Entsprechung bleibt, wenn wir einen Gegenstand aus der ersten Menge nehmen und ihn neben einen Gegenstand der zweiten Menge stellen und damit fortfahren, ohne je mehr als einen Gegenstand auf einmal zu nehmen. Nun können wir aber nicht immer so vorgehen. Die Gegenstände können zu schwer sein, um bewegt zu werden, oder sie können in verschiedenen Teilen der Welt oder zu unterschiedlichen Zeiten (wie eine Schafherde vor und nach einem Unwetter) existieren. Hier kommt die Sprache ins Spiel. Die Zahlwörter *eins, zwei, drei, vier* usw. sind schlicht und einfach eine Reihe von Wörtern, die wir in einer bestimmten Reihenfolge aufzusagen gelernt haben, als Ersatz für den oben beschriebenen Vorgang. Wenn wir sie verwenden, können wir jede Gruppe von Gegenständen „zählen", indem wir sie in eine 1:1-Relation (wie die Mathematiker dies nennen würden) mit den Zahlwörtern setzen und *eins* zu einem der Gegenstände, *zwei* zu einem anderen, *drei* zum nächsten und so weiter sagen, stets darauf bedacht, dass wir immer nur ein Objekt nehmen, bis alle Gegenstände der Gruppe aufgebraucht sind. Nehmen wir einmal an, dass, wenn wir *neunzehn* sagen, keine Gegenstände mehr übrig sind. Darauf aufbauend können wir jederzeit und an jedem Ort entscheiden, ob eine andere Menge von Gegenständen zahlengleich mit der ersten ist, einfach indem wir den Zählvorgang mit der neuen Menge wiederholen. Die Mathematik als der ideale Einsatz von Sprache besteht nur aus Weiterentwicklungen dieses Verfahrens.[73] Die Verwendung von Zahlen ist der einfachste und klarste Beleg für die Nützlichkeit von Selbstgesprächen, aber es gibt noch sehr viele andere. Wir denken nach, bevor wir handeln.

2.5. Die speziellen Sprachlaute, die Menschen auf bestimmte Stimuli hin äußern, unterscheiden sich von einer menschlichen Gruppe zur anderen; die Menschheit spricht in vielen verschiedenen Sprachen. Eine Personengruppe, die dasselbe System sprachlicher Zeichen verwendet, ist eine **Sprachgemeinschaft**. Offensichtlich besteht der Wert der Sprachen darin, dass sie die Menschen auf dieselbe Weise verwenden. Jedes Mitglied einer sozialen Gruppe muss bei passender Gelegenheit die passenden Sprachlaute von sich geben, und wenn es jemand anderen die Sprachlaute äußern hört, muss es die passende Antwort geben. Es muss verständlich sprechen und verstehen, was die anderen sagen. Dies gilt bis hin zu Gesellschaften auf niedrigstem Zivilisationsstand; wo immer man Menschen findet, sprechen sie.

Jedes Kind, das in eine Gruppe hineingeboren wird, übernimmt in den ersten Lebensjahren deren Sprachverhalten und deren Reaktionen auf sprachliches Verhalten. Dies stellt zweifellos die größte intellektuelle Leistung überhaupt dar, die jedem von uns abverlangt wird. Wie Kinder sprechen lernen, ist nicht genau bekannt; der Prozess des Spracherwerbs scheint aber etwa so abzulaufen:

(1) Auf verschiedene Reize hin äußert und wiederholt das Kind stimmliche Laute. Dies scheint eine angeborene Verhaltensweise zu sein. Angenommen, es produziert einen Laut, den wir als *ba*[74] wiedergeben wollen, obwohl sich Artikulation und die daraus resultierende Akustik natürlich von jeglichem Vergleichbaren der üblichen deutschen Sprechweise unterscheiden. Die Schallwellen treffen auf das Trommelfell des Kindes, während es die artikulatorischen Bewegungen wiederholt. Dies führt zur Herausbildung einer Verhaltensgewohnheit: Immer wenn ein ähnlicher Klang auf sein Ohr trifft, wird es wahrscheinlich dieselben Mundbewegungen vollziehen, um den Klang *ba* zu wiederholen. Dieses Plappern trainiert das Kind im Reproduzieren stimmlicher Laute, die ihm zu Ohren kommen.

---

73 Zur zeitgenössischen Diskussion des Zahlbegriffs in der Mathematik vgl. WAISMANN (1936/1996); weiterführendes zu den Zusammenhängen zwischen Zählen und Sprache bei IFRAH (1991).
74 Originalbeispiel: *da*.

(2) Irgendjemand, etwa die Mutter, äußert in Gegenwart des Kindes Laute, die einer vom Kind geplapperten Silbe ähneln. Sie sagt etwa *Ball*.[75] Wenn diese Laute auf das Ohr des Kindes treffen, kommt dessen Verhaltensgewohnheit (1) ins Spiel, und es sagt die ähnlichste der gestammelten Silben, *ba*. Wir sprechen vom Beginn des „Imitierens". Erwachsene scheinen dies überall beobachtet zu haben, da offenbar jede Sprache bestimmte Ammenwörter enthält, die dem Plappern eines Kindes lautlich nahe kommen – Wörter wie *Mama*, *Papa*:[76] Zweifellos erfreuen sie sich deshalb großer Beliebtheit, weil sie das Kind leicht zu wiederholen lernt.

(3) Die Mutter verwendet natürlich das Wort, wenn der dazu passende Stimulus vorhanden ist. Sie sagt *Ball*, wenn sie ihrem Baby wirklich einen Ball zeigt oder gibt. Der Anblick und das Berühren des Balls und das Hören oder Aussprechen des Wortes *Ball* (das heißt *ba*) treten wiederholt gekoppelt auf, bis das Kind eine neue Verhaltensgewohnheit erworben hat: Der Anblick und das Anfassen des Balls genügen, es *ba* sagen zu lassen. Es beherrscht nun den Gebrauch eines Wortes. Für die Erwachsenen mag es zwar wie keines ihrer Wörter klingen, aber das liegt nur an seiner Unvollkommenheit. Es ist nicht wahrscheinlich, dass Kinder jemals ein Wort erfinden.

(4) Die Angewohnheit, beim Anblick eines Balls *ba* zu sagen, lässt weitere Verhaltensgewohnheiten entstehen. Angenommen, das Kind bekommt Tag für Tag unmittelbar nach dem Baden seinen Ball (und sagt dabei *ba*, *ba*, *ba*). Es hat nun die Angewohnheit, nach seinem Bad *ba*, *ba* zu sagen; das bedeutet, dass es, falls eines Tages die Mutter vergessen sollte, ihm den Ball zu geben, trotzdem nach dem Bad *ba*, *ba* schreien wird. „Es will seinen Ball haben", sagt die Mutter, und sie hat Recht, da für einen Erwachsenen nach Sachen „verlangen" oder sie zu „wollen" zweifellos nur eine kompliziertere Variante derselben Situation ist. Das Kind hat also mit abstrakter oder übertragener Sprache Bekanntschaft gemacht: Es benennt ein Ding, selbst wenn dieses nicht präsent ist.

(5) Die Sprache des Kindes wird durch ihre Resultate vervollkommnet. Wenn es *ba*, *ba* gut genug ausspricht, werden seine Eltern es verstehen; das heißt, sie geben ihm seinen Ball. Sobald das geschieht, fungieren der Anblick und das

---

75 Originalbeispiel: *doll*.
76 Originalbeispiele: *mama*, *dada*. Die offenkundige Universalität gewisser kindersprachlicher Lautäußerungsformen wurde später in einem allgemein sprachtheoretischen Rahmen von Roman Jakobson thematisiert, vgl. vor allem JAKOBSON (1942/1969; 1960/1979) [in diesem Band].

Berühren des Balls als zusätzlicher Stimulus, und das Kind wiederholt seine erfolgreiche Version des Wortes und übt sie ein. Wenn es *ba, ba* andererseits undeutlich wiederholt – das heißt, mit einer größeren Abweichung von der üblichen Form *Ball* der Erwachsenen –, sind seine Eltern nicht geneigt, ihm den Ball zu geben. Anstatt den zusätzlichen Stimulus zu bekommen, den Ball sehen und angreifen zu können, ist das Kind nun anderen ablenkenden Stimuli ausgesetzt oder gerät in der ungewohnten Situation, nach seinem Bad den Ball nicht zu bekommen, vielleicht sogar in Wut, die seine jüngsten Eindrücke durcheinander bringt. Kurzum, seine besseren sprachlichen Versuche werden durch Wiederholungen bestärkt, und seine Fehlversuche werden in der Verwirrung ausgelöscht.[77] Dieser Vorgang hört nie auf. In einem späteren Stadium, wenn es *Papa bringte es*[78] sagt, erhält es nur eine enttäuschende Antwort wie *Nein! Du musst ‚Papa brachte es' sagen*; aber wenn es *Papa brachte es* sagt, wird es diese Form wahrscheinlich nochmals zu hören bekommen: *Ja, Papa brachte es* und auch eine erwünschte nichtsprachliche Reaktion erhalten.

Zugleich und durch denselben Vorgang lernt das Kind auch, in der Rolle eines Hörers zu agieren. Während es den Ball in die Hand nimmt, hört es sich selbst *ba, ba* und seine Mutter *Ball* sagen. Nach einiger Zeit reicht das Hören dieses Klanges aus, es den Ball angreifen zu lassen. Die Mutter wird sagen *Winke Papa mit dem Händchen*, wenn es das Kind entweder von selbst tut oder wenn sie seinen Arm hochhält und damit an seiner Stelle winkt. Das Kind gewöhnt sich so an, auf konventionelle Weise zu reagieren, wenn es sprachliche Äußerungen hört.

Dieses doppelseitige Wesen sprachlicher Gewohnheiten wird mehr und mehr vereinheitlicht, da die beiden Phasen immer zusammen vorkommen. In jedem einzelnen Fall, in dem das Kind die Verbindung S → r erlernt (z.B. *Ball* zu sagen, wenn es seinen Ball sieht), erlernt es auch die Verbindung s → R (z.B. nach seinem Ball zu greifen und mit ihm zu spielen, wenn es das Wort *Ball* hört). Nachdem es eine Reihe solcher Verbindungen erlernt hat, entwickelt es eine Verhaltensgewohnheit, durch die ein Glied immer auch das andere einschließt: Sobald es ein neues Wort zu sprechen gelernt hat, kann es auch darauf reagieren, wenn es von anderen ausgesprochen wird, und sobald es umgekehrt lernt, wie man auf ein neues Wort reagiert, ist es üblicherweise auch in der Lage, es bei passender Gelegenheit zu sagen. Die zweite Übertragung scheint die schwierigere von beiden zu sein; wir stellen fest, dass ein

---

77 Hier wird die mechanistische Sprachauffassung besonders deutlich, die den Menschen hauptsächlich als programmierbare „Maschine" versteht.
78 Originalbeispiel: *Daddy bringed it*.

Sprecher im späteren Leben viele sprachliche Formen versteht, die er in seiner eigenen Sprache selten oder nie verwendet.

2.6. Die in unserem Diagramm mit einer punktierten Linie dargestellten Ereignisse sind einigermaßen bekannt. Die Stimmbänder, die Zunge, die Lippen usw. des Sprechers wirken so auf seinen ausströmenden Atem ein, dass Schallwellen entstehen. Diese Schallwellen breiten sich in der Luft aus, treffen auf das Trommelfell des Hörers und versetzen es in korrespondierende Schwingungen. Die Vorgänge, die wir durch Pfeile dargestellt haben, sind dagegen sehr undurchsichtig. Wir verstehen die Mechanismen nicht, die Leute in bestimmten Situationen bestimmte Dinge sagen lassen, oder die Mechanismen, die sie angemessen antworten lassen, wenn diese Sprachlaute auf ihr Trommelfell treffen. Offensichtlich sind diese Mechanismen Teil unserer allgemeinen Fähigkeit, auf Stimuli zu reagieren, ob diese nun Sprachlaute sind oder nicht. Diese Mechanismen werden in der Physiologie und besonders in der Psychologie studiert. Um ihre besonderen Auswirkungen auf die Sprache zu untersuchen, muss man die Psychologie der Sprache studieren, die Psycholinguistik. In der wissenschaftlichen Arbeitsteilung beschäftigt sich der Sprachwissenschaftler nur mit dem Sprachsignal (r........s); er ist nicht in der Lage, Probleme der Physiologie oder Psychologie zu behandeln. Die Entdeckungen des Sprachwissenschaftlers, der die Sprachsignale untersucht, werden für den Psychologen umso wertvoller sein, wenn sie nicht durch irgendwelche psychologischen Vorurteile getrübt sind. Wir haben gesehen, dass viele der früheren Sprachwissenschaftler dies nicht beachtet haben;[79] sie haben ihre Berichte dadurch beeinträchtigt und verwässert, dass sie alles in den Termini irgendeiner psychologischen Theorie ausgedrückt haben. Wir sollten aber diesen Fehler gewiss nur umso mehr vermeiden, wenn wir einige der näherliegenden Bereiche der Sprachpsychologie genauer betrachten.

Der Mechanismus, der die Sprache lenkt, muss sehr komplex und fein strukturiert sein. Selbst wenn wir über einen Sprecher und die unmittelbar auf ihn einwirkenden Stimuli sehr viel wissen, können wir normalerweise nicht vorhersagen, ob er überhaupt sprechen oder was er sagen wird. Wir haben unsere Geschichte von Jill und Jack als etwas uns Bekanntes herangezogen, als vollendete Tatsache. Wären wir aber dabei gewesen, hätten wir nicht vorhersagen können, ob Jill beim Anblick des Apfels irgend etwas sagen würde oder, falls sie gesprochen hätte, welche Worte sie geäußert hätte. Selbst wenn wir annehmen, dass sie um den Apfel gebeten hätte, hätten wir nicht

---

79 Damit meint Bloomfield wahrscheinlich Sprachhistoriker wie Hermann Paul, vgl. die Einleitung von Joseph F. KESS zu BLOOMFIELD (1914), S. xxxii.

voraussagen können, ob sie ihren Wunsch mit *Ich bin hungrig* eingeleitet hätte oder ob sie *Bitte* sagen würde oder *Ich möchte diesen Apfel* oder *Bring mir diesen Apfel* oder *Ich wünschte, ich hätte einen Apfel* usw.: Die Möglichkeiten sind nahezu unbegrenzt. Diese enorme Variationsbreite hat zu zwei Theorien über das menschliche Verhalten einschließlich der Sprache geführt. Die mentalistische Theorie, bei weitem die ältere und noch immer vorherrschend in der populären und wissenschaftlichen Meinung, geht von der Annahme aus, dass Variabilität im menschlichen Verhalten auf die Wechselwirkung mit einer nichtphysischen Größe zurückgeht, einer Seele, einem Willen oder einer geistigen Kraft (griech. *Psyche*, daher der Terminus *Psychologie*), die in jedem menschlichen Wesen gegenwärtig ist. Diese Seele ist nach mentalistischer Ansicht vollkommen anders als die materiellen Dinge und folgt demnach anderen Arten von Kausalitäten oder vielleicht überhaupt keinen. Ob Jill sprechen wird oder welche Worte sie benutzen wird, beruht dann auf irgendeinem Vorgang in ihrem Geist oder Willen, und da dieser Geist oder Wille nicht den Abfolgemustern (Ursache und Wirkung) der materiellen Welt unterliegt, können wir ihre Handlungen nicht vorhersagen.

Die materialistische (oder besser mechanistische) Theorie nimmt an, dass die Variabilität des menschlichen Verhaltens einschließlich der Sprache bloß auf dem Umstand beruht, dass der menschliche Körper ein sehr komplexes System ist. Menschliche Handlungen sind nach materialistischer Ansicht genau so Teil von Ursache-und-Wirkungs-Abfolgen wie jene, die wir etwa in der Physik oder Chemie beobachten können. Der menschliche Körper ist aber eine so komplexe Struktur, dass sogar eine verhältnismäßig einfache Veränderung wie etwa das Auftreffen der von einem roten Apfel reflektierten Lichtstrahlen auf der Netzhaut eine sehr komplizierte Kette von Konsequenzen hervorrufen kann, und schon eine nur geringfügige Veränderung in der körperlichen Verfassung kann zu einem sehr großen Unterschied in seiner Reaktion auf die Lichtwellen führen. Wir könnten die Handlungen eines Menschen (z.B. ob ihn ein bestimmter Stimulus zum Reden bringt und, so dies der Fall ist, welche Worte er äußern wird) nur voraussagen, wenn wir den genauen Zustand seines Körpers zu diesem Zeitpunkt kennten, oder (was auf dasselbe hinausläuft) wenn uns die genaue Verfassung seines Organismus in einem früheren Zustand bekannt wäre – etwa bei seiner Geburt oder sogar noch früher – und wenn wir Aufzeichnungen über jede Veränderung in diesem Organismus hätten, jeden Stimulus eingeschlossen, der ihn jemals beeinflusst hat. Jener Teil des menschlichen Körpers, der für diese feine und regelbare Anpassung verantwortlich ist, ist das Nervensystem. Das Nervensystem ist ein sehr komplex funktionierender Mechanismus, der es möglich macht, dass eine Veränderung in einem Teil des Körpers (etwa ein

Stimulus im Auge) eine Veränderung in irgendeinem anderen Teil (etwa eine Reaktion durch Ausstrecken des Arms oder eine Bewegung der Stimmbänder und der Zunge) hervorruft. Außerdem ist klar, dass das Nervensystem durch ebendiesen Übertragungsprozess zeitweilig oder für immer verändert wird: Unsere Reaktionen hängen größtenteils von unseren früheren Erfahrungen mit denselben oder ähnlichen Stimuli ab. Ob Jill sprechen wird, hängt zum größten Teil von ihrer Lust an Äpfeln und ihren bisherigen Erfahrungen mit Jack ab. Wir erinnern uns an Handlungsweisen, übernehmen und lernen sie. Das Nervensystem ist offenbar ein Auslösungsmechanismus: Eine äußerst geringe Veränderung kann eine größere Menge explosiven Materials zur Zündung bringen. Um zu dem Fall zurückzukehren, der uns beschäftigt: Nur so können wir die Tatsache erklären, dass groß angelegte Bewegungen wie das Pflücken des Apfels durch Jack von sehr kleinen Veränderungen wie dem leichten Trommeln der Schallwellen auf seinem Trommelfell ausgelöst werden.

Das Funktionieren des Nervensystems ist der Beobachtung von außen nicht zugänglich, und der Mensch hat keine Sinnesorgane (wie etwa für das Anspannen der Muskeln seiner Hand), mit denen er selbst beobachten könnte, was in seinen Nerven vorgeht. Deshalb muss der Psychologe auf indirekte Methoden zurückgreifen.

2.7. Eine dieser indirekten Methoden ist das Experiment. Der Psychologe setzt eine Anzahl von Personen sorgfältig vorbereiteten Stimuli unter den einfachsten Bedingungen aus und zeichnet ihre Reaktionen auf. Üblicherweise bittet er diese Personen auch um „Selbstbeobachtung" – d.h., so viel wie möglich von dem zu beschreiben, was in ihrem Inneren vorgeht, wenn sie den Stimulus empfangen. An diesem Punkt gehen die Psychologen oft auf Grund mangelnder sprachwissenschaftlicher Kenntnisse in die Irre. Es ist z.B. ein Fehler anzunehmen, dass die Sprache einen Menschen dazu befähigt, Dinge zu beobachten, für die er kein Sinnesorgan hat, wie das Funktionieren seines eigenen Nervensystems. Der einzige Vorteil einer Person, die die Vorgänge in ihrem eigenen Inneren beobachtet, ist, dass sie über Reizeinwirkungen berichten kann, die von außen nicht zu entdecken sind – etwa einen Schmerz in ihrem Auge oder ein Kitzeln in ihrem Hals. Aber selbst hier dürfen wir nicht vergessen, dass die Sprache eine Sache von Übung und Gewöhnung ist; eine Person kann unfähig sein, bestimmte Reizeinwirkungen zu beschreiben, einfach weil ihr Inventar an sprachlichen Verhaltensmustern dafür keinen Wortlaut zur Verfügung stellt – dies ist der Fall bei vielen unserer weniger nützlichen Abenteuer wie den kleineren Vorgängen in unseren inneren Organen. Oftmals führt genau der Aufbau unseres Körpers zu einem falschen Bericht; wir zeigen dem Arzt genau die Stelle, an der wir Schmerzen spüren, und er findet die Verletzung etwas weiter entfernt davon, wo seine Erfahrung ihn gelehrt hat, sie sofort durch unsere falschen Angaben zu lokalisieren. In dieser Beziehung gehen viele Psychologen in die Irre, indem sie ihre Selbstbeobachter darin ausbilden, eine Reihe von technischen Ausdrücken für unklare Stimuli zu verwenden, und indem sie dann der Verwendung dieser Ausdrücke durch die Beobachter Bedeutung beimessen.

Abnorme Zustände, in denen die Sprechvorgänge gestört sind, scheinen generelle Dysfunktionen oder Läsionen widerzuspiegeln und werfen kein Licht auf die spezifische Funktionsweise von Sprache. Das Stottern geht möglicherweise auf eine unvollkommene Spezialisierung der beiden Gehirnhälften zurück: Beim normalen Sprecher kontrolliert die linke Hemisphäre (bei Linkshändern die rechte) eher feinmotorische Handlungen so wie jene der Sprache; beim Stotterer ist diese Spezialisierung unvollkommen.[80] Undeutliche Artikulation bestimmter Laute[81] (Stammeln) scheint dort, wo dies nicht auf anatomische Defekte der Sprechorgane zurückgeht, von ähnlichen Dysfunktionen herzurühren. Schädelverletzungen und Gehirnerkrankungen führen häufig zu Aphasie, das sind Störungen der Fähigkeit, sprachliche Äußerungen zu produzieren und auf solche zu reagieren. Dr. Henry Head, der außergewöhnlich viel Gelegenheit zum Studium von Aphasie bei verwundeten Soldaten hatte, unterscheidet vier Typen:

Typ 1 reagiert gut auf die Äußerung von anderen und verwendet, in leichten Krankheitsfällen, richtige Wörter für die entsprechenden Gegenstände, spricht sie aber falsch aus oder bringt sie durcheinander; in schweren Fällen kann der Patient dagegen nur wenig mehr als *Ja* und *Nein* sagen. So berichtet ein Patient mit einiger Mühe: „Ich weiß, es ist nicht ... die richtige ... Aussprache ... ich *korriere* [sic!] sie ... nicht immer ... weil ich es nicht richtig hinbekomme ... auch nicht beim fünften oder sechsten Mal ... solange es nicht jemand für mich sagt." In einem schweren Fall antwortet der Patient auf die Frage nach seinem Namen mit *Honus* statt „Thomas" und sagt *erst* für „first" ‚der Erste' und *hend* für „second", der Zweite'.

---

80 Hemisphärische Dyskoordination wird auch heute noch als eine der wichtigsten Ursachen des Stottersyndroms angesehen, doch gehen moderne Theorien eher in Richtung einer „multifaktoriellen Sicht" (vgl. VON ARENTSSCHILD – KOCH 1994, S. 115 ff.).

81 Als Sammelbegriff für Sprechstörungen, die nicht auf anatomische oder zerebrale Defekte zurückzuführen sind, sondern in der Regel auf Sprachentwicklungsstörungen beruhen, wird in der Logopädie der Ausdruck „Dyslalie" verwendet.

Typ 2 reagiert ganz gut auf einfache Äußerungen, er artikuliert passende Wörter und kurze Wendungen, aber nicht in den üblichen Bildungsweisen; er kann einen unverständlichen Jargon[82] sprechen, obwohl jedes einzelne Wort einigermaßen richtig ist. Auf die Frage „Haben Sie irgendein Spiel gespielt?" antwortet ein Patient: „Spielte Spiel, ja, spielte eins, bei Tag, Garten." Er sagt: „Hinausgehen, niederlegen, schlafen gehen, manchmal weggehen. Wenn in Küche sitzen, herumtun arbeiten, macht mich ärgern darüber." Er bemerkt dazu: „Lustige Sache, dieses Ärgern, diese Sache", und als Erklärung schreibt er die Wörter *wie* und *bei* auf. Wir werden später sehen, dass uns die Struktur normaler Sprache zwingt, zwischen lexikalischen und grammatischen Sprachverhaltensmustern zu unterscheiden; bei diesem Patienten sind letztere gestört.

Typ 3 reagiert mit Mühe auf die Bezeichnung von Gegenständen und hat Schwierigkeiten, die richtigen Wörter zu finden, insbesondere Bezeichnungen für Dinge. Seine Aussprache und Artikulation sind gut, aber er muss umständliche Umschreibungen für die Wörter, die er nicht finden kann, verwenden. Statt „Schere" sagt ein Patient „womit man schneidet", statt „schwarz" sagt er „Menschen, die tot sind – die anderen, die nicht tot sind, haben diese Farbe". Er verwendet manchmal das falsche Wort, wie *Knopf* statt „Schere". Die abhanden gekommenen Wörter sind in erster Linie Bezeichnungen für konkrete Gegenstände. Dieser Zustand erscheint wie eine Übersteigerung der Schwierigkeiten gesunder Sprecher, sich an die Namen von Personen und Bezeichnungen von Gegenständen zu erinnern, besonders bei Zerstreutheit, Aufregung oder Ermüdung.

Typ 4 reagiert oft nicht richtig auf die Äußerungen von anderen; er hat keine Schwierigkeit, einzelne Wörter zu artikulieren, aber er kann nicht zusammenhängend sprechen. Bezeichnenderweise leiden diese Patienten an A p r a x i e ; sie können sich nicht orientieren und sind verwirrt, wenn man sie auf der anderen Straßenseite zurücklässt. Ein Patient berichtet: „Ich glaube, ich verstehe nicht alles, was Sie sagen, und dann vergesse ich, was ich tun muss." Ein anderer Patient sagt: „Bei Tisch bin ich sehr langsam dabei, den Gegenstand zu nehmen, den ich möchte, etwa den Milchkrug. Ich entdecke ihn nicht sofort ... Ich sehe sie alle, aber ich kann sie nicht ausmachen. Wenn ich das Salz oder den Pfeffer oder einen Löffel möchte, geraten sie mir irgendwie in die Hand." Die Sprechstörungen werden in dieser Antwort einer Patientin offenbar: „Ah, ja! Ich kenne den Unterschied zwischen der Krankenpflegerin und

---

82 Daher der Terminus technicus „Jargon-Aphasie" für diesen Typus.

der Schwester am Gewand. Schwester blau, Pflegerin – Oh! Ich komme durcheinander, eben normale Pflegerinnentracht, weiß, blau ... ."[83]

Seit 1861, als Broca zeigte, dass eine Verletzung der dritten linken Stirnwindung in der linken Großhirnhälfte zu Aphasie führt, wird darüber diskutiert, ob entweder das Broca-Zentrum oder andere Bereiche der Großhirnrinde als Steuerungszentren für die Sprachaktivitäten fungieren. Head findet nun einige Zusammenhänge zwischen verschiedenen Verletzungsorten und jeder seiner vier Arten von Aphasie. Die nachweisbaren Funktionen einzelner Bereiche der Großhirnrinde betreffen immer ein bestimmtes Organ: Eine Verletzung an der einen Stelle ist begleitet durch eine Lähmung des rechten Fußes, eine Verletzung in einem anderen Bereich führt zu Verlust der Reaktionsfähigkeit auf einen Reiz in der linken Netzhaut usw. Nun ist Sprache eine sehr komplexe Angelegenheit, bei der Reize jeglicher Art zu hochspezialisierten Bewegungen in Hals und Mund führen; besonders letztgenannte sind keine „Sprechorgane" im physiologischen Sinn, da sie biologisch gesehen dem Menschen und dem sprechunfähigen Tier schon in früheren Phasen gedient haben. Viele Verletzungen des Nervensystems greifen demnach in die Sprachverwendung ein, und verschiedene Verletzungen führen zu verschiedenen Arten von Störungen, aber die Areale in der Großhirnrinde stimmen sicher nicht mit bestimmten sozialrelevanten Sprachmustern wie den Wörtern oder der Syntax überein; dies ergibt sich deutlich aus den fluktuierenden und widersprüchlichen Ergebnissen bei der Suche nach verschiedenen Arten von „Sprachzentren". Wir können von einem Physiologen bessere Ergebnisse erwarten, wenn er nach Zusammenhängen zwischen Arealen in der Großhirnrinde und bestimmten physiologischen Handlungsmustern sucht, die mit der Sprachproduktion verbunden sind, wie bestimmte Muskelbewegungen oder die Übertragung kinästhetischer Reize von Kehlkopf und Zunge. Dass es ein Fehler ist, Übereinstimmungen zwischen anatomisch definierten Teilen des Nervensystems und sozial definierten Handlungen zu suchen, wird klar, wenn wir einigen Physiologen dabei zusehen, wie sie ein für Lesen und Schreiben zuständiges „Visuelles Wort-Zentrum" entdecken wollen: Genauso gut könnte man ein bestimmtes Gehirnzentrum für das Telegraphieren oder Autofahren oder irgendeine andere moderne Erfindung suchen. Physiologisch gesehen ist Sprache keine funktionale Einheit, sondern besteht aus sehr vielen Aktivitäten, deren Verbindung zu einem einzigen weit reichenden Komplex

---

83 Eine profunde Darstellung sämtlicher Phänomene im Bereich aphatischer Sprachstörungen findet sich bei LEISCHNER (1987).

von Verhaltensgewohnheiten aus wiederholten Reizeinwirkungen während der frühen Lebenszeit jedes einzelnen Individuums resultiert.[84]

2.8. Ein anderer Weg, menschliche Reaktionen zu untersuchen, ist, sie in Massenvorkommnissen zu beobachten. Einige Handlungsweisen unterscheiden sich bei verschiedenen Einzelpersonen erheblich, sind aber konstant in großen Menschengruppen. Wir können nicht vorhersagen, ob sich irgendein bestimmter unverheirateter Erwachsener in den nächsten zwölf Monaten verehelichen wird, welche bestimmte Person Selbstmord begehen oder wer ins Gefängnis kommen wird, aber Statistiker können, wenn sie eine ausreichend große Gemeinschaft und die Zahlen der vergangenen Jahre (und eventuell bestimmte andere Daten wie jene über die wirtschaftlichen Verhältnisse) vorgegeben bekommen, die Anzahl der künftigen Hochzeiten, Selbstmorde, Verbrechen usw. vorhersagen. Wenn es uns möglich wäre und wir es für lohnend hielten, jede einzelne sprachliche Äußerung in einer großen Gemeinschaft aufzuzeichnen, könnten wir zweifellos vorhersagen, wie oft eine beliebige vorgegebene Äußerung wie *Guten Morgen!* oder *Ich liebe dich* oder *Was kosten die Orangen heute?* innerhalb einer bestimmten Anzahl von Tagen ausgesprochen werden wird. Eine genaue Untersuchung dieser Art würde uns weitreichende Aufschlüsse besonders über die Veränderungen, die in jeder Sprache andauernd vor sich gehen, geben.

Es gibt jedoch eine andere und einfachere Methode, menschliches Verhalten in der Masse zu studieren: die Untersuchung konventionalisierter Handlungen. Wenn wir ein fremdes Land besuchen, lernen wir bald viele der dort etablierten Verhaltensweisen und Mechanismen wie das Währungssystem, die Maße und Gewichte, die Verkehrsregeln (ob man rechts fährt wie in Amerika und Deutschland oder links wie in England[85]), gutes Benehmen, die richtigen Zeitpunkte für die Mahlzeiten usw. Der Reisende legt keine Statistiken an; einige wenige Beobachtungen führen ihn auf die richtige Fährte, und diese wird durch weitere Erfahrungen bestärkt oder korrigiert. Hier ist der Sprachwissenschaftler in einer glücklichen Lage: Nirgendwo sind die Verhaltensweisen innerhalb einer Gruppe so stark standardisiert wie bei den Formen ihrer Sprache. Große Menschengruppen bilden alle ihre Äußerungen aus ein- und demselben Vorrat an lexikalischen Formen und grammatischen Konstruktionen. Ein sprachwissenschaftlicher Beobachter kann daher die sprach-

---

84 Den aktuellen Forschungsstand zur Neuro- und Psycholinguistik referiert PINKER (1996; 1998).
85 Im Original führt Bloomfield hier noch Schweden an, wo man aber heute ebenfalls rechts fährt.

lichen Verhaltsmuster einer Gemeinschaft ohne Rückgriff auf Statistiken beschreiben. Natürlich muss er dabei gewissenhaft vorgehen und jede Form, die er finden kann, aufzeichnen, und er darf nicht versuchen, sich dieser Aufgabe zu entziehen, indem er an den gesunden Menschenverstand des Lesers, die Struktur einer anderen Sprache oder an irgendeine psychologische Theorie appelliert, und vor allem darf er die gewonnenen Daten nicht nach seinen Ansichten darüber, wie die Leute sprechen sollten, aussortieren oder verfälschen. Neben ihrem eigenen Wert für das Studium der Sprache dient eine einschlägige und unvoreingenommene Beschreibung dieser Art als Dokument von größter Wichtigkeit für die Psychologie. Die Gefahr liegt dabei in der mentalistischen Anschauung der Psychologie, die den Beobachter dazu verleiten kann, sich auf rein mentale Muster zu berufen, anstatt die Fakten darzulegen. Etwa zu behaupten, dass Wortverbindungen, die als Komposita „empfunden" werden, nur einen Hauptakzent tragen (z.B. *Gotteshaus* im Gegensatz zu *Gottes Haus*[86]), heißt, absolut nichts auszusagen, da wir keine Möglichkeit haben festzustellen, was der Sprecher „empfinden" kann: Die Aufgabe des Beobachters wäre, uns durch konkrete Kriterien oder, wenn er keine solchen findet, durch eine Auflistung klar zu legen, welche Wortverbindungen nur einen Hauptakzent tragen. Ein Forscher, der die materialistische Hypothese in der Psychologie anerkennt, gerät nicht in eine solche Versuchung: Es kann als Grundsatz aufgestellt werden, dass in allen Wissenschaftsdisziplinen, die wie die Sprachwissenschaft die besonderen Formen menschlichen Handelns beobachten, der Forscher genau so vorgehen muss, als nähme er den materialistischen Standpunkt ein. Diese Effizienz in der Praxis bildet eines der überzeugendsten Argumente für den wissenschaftlichen Materialismus.

Der Beobachter, der uns mittels solcher Massenanalysen Auskunft über die sprachlichen Verhaltensmuster einer Gemeinschaft gibt, kann uns nichts über die Veränderungen sagen, die in der Sprache dieser und jeder anderen Gemeinschaft vor sich gehen. Diese Wandlungen können nur mittels unverfälschter statistischer Dokumentation über einen beträchtlichen Zeitraum hinweg beobachtet werden. In Ermangelung dessen bleiben wir über viele Aspekte des Sprachwandels im Ungewissen. Auch in dieser Hinsicht ist die Wissenschaft von der Sprache allerdings begünstigt, da vergleichende und geographische Forschungsmethoden wiederum durch Massenanalysen zu einem großen Teil das liefern, was wir von der Statistik erhoffen können. Die in dieser Hinsicht glückliche Lage unserer Wissenschaft beruht auf der Tatsache, dass die Sprache die einfachste und grundlegendste unserer sozialen

---

86 Originalbeispiel: *blackbird* vs. *black bird*.

(d.h. spezifisch menschlichen) Tätigkeiten ist. In anderer Hinsicht aber profitiert die Erforschung des Sprachwandels von einem puren Zufall, nämlich vom Vorhandensein schriftlicher Aufzeichnungen gesprochener Sprache aus vergangenen Zeiten.

2.9. Der Stimulus, der sprachliche Äußerungen hervorruft, führt aber auch zu einigen anderen Reaktionen. Einige davon können von außen nicht gesehen werden; es sind Aktivitäten von Muskeln und Drüsen, die keine große Bedeutung für die Mitmenschen des Sprechers haben. Andere sind wichtige Tätigkeitsreaktionen wie Fortbewegung oder Hantieren mit Gegenständen. Wieder andere Reaktionen sind sichtbar, sind aber nicht unmittelbar von Bedeutung; sie ändern nicht die Gestalt der Dinge, sondern dienen, zusammen mit sprachlichen Äußerungen, als Stimuli für den Hörer. Diese Handlungen sind Gesichtsausdruck, Mimik, Stimmton (soweit nicht schon von den Konventionen der Sprache vorgeschrieben), untypische Handhabung von Gegenständen (wie das „Geigenspielen" auf einem Gummiband) und, am wichtigsten, die Gestik.

Gebärden begleiten jede Sprachäußerung; in Qualität und Menge sind sie bei jedem einzelnen Sprecher unterschiedlich, aber in einem großen Ausmaß werden sie von sozialen Konventionen gesteuert. Italiener verwenden mehr Gesten als Englischsprechende; in unserer Kultur gestikulieren Angehörige der Oberschicht weniger. Bis zu einem gewissen Ausmaß sind auch einzelne Gesten konventionalisiert und unterscheiden sich in verschiedenen Gemeinschaften. Beim Abschied winken wir mit der Handfläche, Neapolitaner dagegen mit dem Handrücken nach außen.

Die meisten Gebärden gehen kaum über ein reines Deuten und Zeigen hinaus. Nordamerikanische Plains- und Waldlandindianer werden eine Geschichte mit unaufdringlichen Gesten begleiten, fremd für uns, aber recht durchschaubar: Eine Hand, mit der Handfläche nach innen und dem Daumen nach oben unter die Augen gehalten, stellt Ausspionieren dar; eine Faust wird in die offene Hand geklatscht als Schuss, zwei Finger machen den Gang eines Menschen nach und vier den Lauf eines Pferdes. Selbst wenn Gebärden symbolisch sind, gehen sie kaum über das Augenscheinliche hinaus, so wenn man über seine Schulter zeigt, um die Vergangenheit anzudeuten.

Einige Gesellschaften verfügen über eine Gebärdensprache, die sie gelegentlich an Stelle von Sprache einsetzen. Solche Gebärdensprachen sind bei Unterschichtneapolitanern, bei Trappistenmönchen (die ein Schweigegelübde abgelegt haben), bei den nordamerikanischen Indianern der westlichen Plains (wo verschiedensprachige Stämme beim Handel und im Kampf aufeinander trafen) und bei Gruppen von Taubstummen zu beobachten.

Gesichert erscheint, dass diese Gebärdensprachen in der Hauptsache Weiterentwicklungen gewöhnlicher Gesten sind und dass alle komplexen oder nicht auf den ersten Blick verständlichen Gebärden auf den Konventionen der normalen Sprache aufbauen. Sogar eine offensichtliche Übertragung wie das Rückwärtszeigen als Ausdruck für Vergangenes stammt möglicherweise vom sprachlichen Muster, dasselbe Wort für ‚hinten' und ‚vorbei'[87] zu verwenden. Was immer ihrer beider Ursprung sein mag, die Gestik hat so lange unter der Herrschaft der gesprochenen Sprache eine Nebenrolle gespielt, dass sie alle Spuren von Selbständigkeit verloren hat. Erzählungen von Völkern, deren Sprache so unvollkommen ist, dass sie durch Gebärden ergänzt werden muss, sind reine Erfindungen. Zweifellos entstand die Lautproduktion, aus der dann die Sprache entstanden ist, bei Tieren als reflexartige Bewegung (etwa durch ein Zusammendrücken des Zwerchfells und das Schließen der Stimmbänder im Kehlkopf), die zufällig einen Laut erzeugte. Es erscheint aber gesichert, dass in der weiteren Entwicklung die Sprache immer der Gestik voranging.

Wenn man so gestikuliert, dass man einen Gegenstand bewegt, um damit auf einem anderen Gegenstand Spuren zu hinterlassen, beginnt man mit dem Markieren und Zeichnen. Diese Art der Reaktion besitzt den Wert, ein dauerhaftes Zeichen zu hinterlassen, das wiederholt und sogar nach Unterbrechungen als ein Stimulus dienen und auch von der Stelle bewegt werden kann, um auf weit entfernte Menschen einzuwirken. Zweifellos schreiben deshalb viele Völker Zeichnungen magische Kräfte zu, unabhängig von ihrem ästhetischen Wert, der uns darüber hinaus noch immer erhalten bleibt. In einigen Weltgegenden hat sich das Zeichnen dann zum Schreiben weiterentwickelt. Die Einzelheiten dieses Vorgangs werden uns später beschäftigen; das in diesem Zusammenhang Interessante ist, dass sich das Zeichnen von Umrissen der Sprache untergeordnet hat: Das Zeichnen einer bestimmten Anordnung von Linien verbindet sich, als Begleiterscheinung oder als Ersatz, mit der Äußerung einer bestimmten sprachlichen Form.

Die Kunst, bestimmte sprachliche Formen mit Mitteln eigener sichtbarer Zeichen zu symbolisieren, erhöht die Wirksamkeit der Sprache beträchtlich. Ein Sprecher kann nur über kurze Distanzen und nur ein oder zwei Augenblicke lang gehört werden. Eine schriftliche Aufzeichnung hingegen kann an jeden beliebigen Ort gebracht und beliebig lange aufbewahrt werden. Wir können mehr Dinge zur selben Zeit sehen als wir hören können, und wir können mit Sichtbarem besser umgehen: Karten, Diagramme, schriftliche Berechnungen und ähnliche Hilfsmittel versetzen uns in die Lage, mit sehr kom-

---

87 Originalbeispiel: *in the rear* und *in the past*.

plexen Sachverhalten zurechtzukommen. Die sprachlichen Stimuli räumlich entfernter Personen und besonders von Menschen aus der Vergangenheit sind uns nur durch die Schrift zugänglich. Das erst macht die Ansammlung von Wissen möglich. Der Mann der Wissenschaft (nicht immer aber der Amateur) überblickt die Ergebnisse früherer Forscher und beginnt mit seinen Anstrengungen dort, wo diese aufgehört haben. Anstatt immer wieder von neuem zu beginnen, schreitet die Wissenschaft ständig und mit zunehmender Geschwindigkeit voran.[88] Es wurde festgestellt, dass wir, indem wir immer mehr Aufzeichnungen von immer mehr Sprachreaktionen hochbegabter und hochspezialisierter Individuen aufbewahren, einmal als vollendetes Ergebnis einen Zustand erreichen, an dem alle Ereignisse des Universums, vergangen, gegenwärtig oder zukünftig, auf die Ausmaße einer gigantischen Bibliothek (in symbolischer Form, auf die jeder Leser reagieren kann) reduziert sind. Es ist kein Wunder, dass die Erfindung des Buchdrucks, die es ermöglicht, eine schriftliche Aufzeichnung in beliebig großer Anzahl zu vervielfältigen, in allen Bereichen unseres Lebens eine Revolution mit sich gebracht hat, die seit einigen Jahrhunderten andauert und noch immer in vollem Gang ist.

Wir müssen uns hier nicht ausführlich über die Bedeutung anderer Mittel zur Aufzeichnung, Übertragung und Vervielfältigung von Sprache wie Telegraph, Telefon, Phonograph und Radio verbreiten. Deren Bedeutung für die einfacheren Anwendungen von Sprache ist offensichtlich, so etwa die Nützlichkeit drahtloser Telegraphie bei einem Schiffbruch.

Auf lange Sicht übt alles, was die Durchschlagskraft der Sprache erhöht, auch einen indirekten, aber alles durchdringenden Einfluss aus. Selbst Sprechakte, die keine unmittelbare Reaktion hervorrufen, können die Bereitschaft des Hörers zu weiteren Reaktionen verändern: Ein schönes Gedicht etwa kann den Hörer für spätere Stimuli empfänglicher machen. Diese generelle Verfeinerung und Intensivierung menschlicher Verhaltensäußerungen bedarf eines hohen Maßes sprachlicher Interaktion. Und Bildung oder Kultur – oder welchen Namen wir auch immer dafür wählen – hängt von der Wiederholung und Veröffentlichung einer enormen Menge von einmal Gesprochenem ab.

---

88 Der Glaube an den kumulativen Charakter von Wissenschaft zählt zu den Grundlagen der Überzeugung und Lehre Bloomfields.

Anmerkungen

Kapitel 2

Psychologen behandeln Sprache im Allgemeinen nur nebenbei. Zur allgemeinen Diskussion vgl. MARETT 130; BOAS 1.5; WUNDT, *Sprache*; SAPIR; ALLPORT; de LAGUNA und besonders WEISS.[660]

2.1. Der Terminus *philology*, im britischen und im früheren Sprachgebrauch, wird nicht nur auf die Erforschung von Kultur (über die Vermittlung literarischer Dokumente), sondern auch auf Sprachwissenschaft angewandt. Es ist jedoch wesentlich, zwischen *philology* (dt. *Philologie*, fr. *philologie*) und *linguistics* (dt. *Sprachwissenschaft*, fr. *linguistique*) zu unterscheiden, da beide Wissenschaften nur wenig gemeinsam haben. Zum missverständlichen englischen Sprachgebrauch vgl. H. PEDERSEN in *Litteris* 5.150 (1928); G. M. BOLLING in *Lg* 5.148 (1929).

2.4. Die landläufige Meinung ist offensichtlich jene, dass wir letzen Endes beim Denken die artikulatorischen Bewegungen vollständig unterdrücken, so wie in der Geschichte vom Pferd, das letztlich auch ohne Futter zu laufen lernte.

Die Verwendung von Zahlen ist ein Beispiel für perfektioniertes sprachliches Verhalten. Wer aber wollte denn in einer Welt der reinen Mathematik leben! Mathematik ist bloß das Optimum, das sich mit Sprache erzielen lässt.

2.5. Zum kindlichen Spracherwerb: ALLPORT 132; WEISS 310.[661] Wir wissen im Grunde fast nichts, denn die Forscher halten zwar fest, was das Kind sagt, nicht aber, was es gehört hat – so STERN; PREYER; BÜHLER. Sprechenlernen als die größte Leistung eines jeden Individuums: JESPERSEN, *Language* 103.

2.8. Zu Sprechstörungen: KUSSMAUL; GUTZMANN, *Sprachheilkunde*; WILSON; HEAD; TRAVIS.[662]

2.9. Zur Geste und Gebärde: WUNDT, *Sprache* 1.14.3.[663]

2.10. Zum symbolisch auf Bibliotheksdimensionen reduzierten Universum: A. P. WEISS in *Lg* 1.52 (1925).[664]

Literaturverzeichnis (Bloomfield)

Allport, F.H. (1924) Social Psychology. Boston
Boas, F. (1911) Handbook of American Indian Languages. Washington
Bühler, Karl (1929⁵) Die geistige Entwicklung des Kindes. Jena
Gutzmann, H. (1924³) Sprachheilkunde. Berlin
Head, H. (1926) Aphasia and kindred disorders of speech. New York
Jespersen, O. (1923) Language. London/New York
Kussmaul, A. (1920⁴) Die Störungen der Sprache. Leipzig
Marett, R.R. (1911) Anthropology. New York
Preyer, W.T. (1908⁷) Die Seele des Kindes. Leipzig
Stern, C./Stern, W. (1907) Die Kindersprache. Leipzig
Travis, L.E. (1931) Speech pathology. New York
Weiss, A.P. (1924) A theoretical basis of human behavior. Columbus
Wilson, S.A.K. (1926) Aphasia. London
Wundt, W. (1900) Völkerpsychologie: Die Sprache. Leipzig

Literaturverzeichnis (Kommentar der deutschen Ausgabe)

Arentsschild, O. v./Koch, A. (1994) Sprach- und Sprechstörungen. In: Biesalski, P./ Frank, F. (Hg.) Phoniatrie – Pälaudiologie. Stuttgart/New York
Cheney, D.L./Seyfarth, R.M. (1994) Wie Affen die Welt sehen: das Denken einer anderen Art. München/Wien
Coulmas, F. (1981) Über Schrift. Frankfurt
Dawkins, M.A. (1996) Die Entdeckung des tierischen Bewusstseins. Reinbek
Frisch, K. v. (1927) Aus dem Leben der Bienen. Berlin
Frisch, K. v. (1965) Tanzsprache und Orientierung der Bienen. Berlin
Hall, R.A. (1990) A Life for Language. Philadelphia
Haarmann, H. (1992²) Universalgeschichte der Schrift. Frankfurt
Ifrah, G. (1991) Universalgeschichte der Zahlen. Frankfurt
Jakobson, R. (1942/1973) Kindersprache, Aphasie und allgemeine Lautgesetze. Frankfurt
Jakobson, R. (1960/1979) Warum Mama und Papa? (in diesem Band)
Leischner, A. (1987) Aphasie und Sprachentwicklungsstörungen. Stuttgart/New York
Pinker, S. (1994/1996) Der Sprachinstinkt. München: Kindler
Pinker, S. (1998) Wie das Denken im Kopf entsteht. München: Kindler
Sihler, A.L. (1999) Rezension von Calvert Watkins, How to Kill a Dragon: Aspects of Indo-European Poetics. In: Diachronica 16, 210–216
Tembrock, G. (1996) Akustische Kommunikation bei Säugetieren. Darmstadt
Waismann, F. (1936/1966) Einführung in das mathematische Denken. Wien

K. Bühler

Sprachtheorie:
- Das Organonmodell der Sprache
- Sprechhandlung und Sprachwerk; Sprechakt und Sprachgebilde
- Das Zeigfeld der Sprache und die Zeigwörter
- Die Origo des Zeigfelds und ihre Markierung

§ 2. Das Organonmodell der Sprache (A)

Das Sprechereignis hat vielerlei Ursachen (oder Motive) und Standorte im Leben des Menschen. Es verläßt den Einsamen in der Wüste und den Träumenden im Schlafe nicht völlig, verstummt aber dann und wann sowohl in gleichgültigen wie in entscheidenden Augenblicken. Und zwar nicht nur beim einsam Reflektierenden und sprachlos Schaffenden, sondern manchmal mitten im Zuge eines Geschehens zwischen Ich und Du oder im Wirverbande, wo man es sonst ganz regelmäßig antrifft. Gleichweit von der Wahrheit eines Gesetzes entfernt sind alle summarischen Regeln der Weisheitslehrer, die sich mit diesem wetterartig wechselnden Auftreten des menschlichen Sprechens beschäftigen. „Spricht die Seele", so spricht schon, ach, die Seele nicht mehr"; ebenso hört man: die tiefste Antwort des befragten Gewissens sei Schweigen. Wogegen andere ins Feld führen, Sprechen und Menschsein komme auf ein und dasselbe hinaus oder es sei das Medium, die Fassung der Sprache (genauer der Muttersprache), in der allein uns Außenwelt und Innenwelt gegeben und erschließbar werden; zum mindesten soll Denken und Sprechen dasselbe, nämlich Logos, und das stumme Denken nur ein unhörbares Sprechen sein.

Wir suchen am Ausgang keinen Konflikt mit den Weisheitslehrern, sondern ein Modell des ausgewachsenen konkreten Sprechereignisses samt den Lebensumständen, in denen es einigermaßen regelmäßig auftritt. Ich denke, es war ein guter Griff PLATONs, wenn er im Kratylos angibt, die Sprache sei ein *organum*, um einer dem anderen etwas mitzuteilen über die Dinge. Daß solche Mitteilungen vorkommen, ist keine Frage, und der Vorteil, von ihnen auszugehen, liegt darin beschlossen, daß man alle oder die meisten anderen Fälle aus dem einen Hauptfall durch Reduktion gewinnen kann; denn die sprachliche Mitteilung ist die an Grundbezügen reichste Erscheinungsform des konkreten Sprechereignisses. Die Aufzählung *einer – dem andern – über die Dinge* nennt nicht weniger als drei Relationsfundamente. Man zeichne ein Schema auf ein Blatt Papier, drei Punkte wie zu einem Dreieck gruppiert, einen vierten in die Mitte und fange an darüber nachzudenken, was dies Schema zu symbolisieren imstande ist. Der vierte Punkt in der Mitte symbolisiert das sinnlich wahrnehmbare, gewöhnlich akustische Phänomen, welches offenbar zu allen drei Fundamenten an den Ecken in i r g e n d e i n e r Relation stehen muß, sei es nun eine direkte oder eine vermittelte Relation. Wir ziehen gestrichelte Linien von dem Zentrum zu den Eckpunkten unseres Schemas und überlegen, was diese gestrichelten Linien symbolisieren.

1. Was heute jedem unbefangenen Ausbeuter dieser Punkt-Strich-Figur zuerst einfällt, ist eine direkte K a u s a l b e t r a c h t u n g. Der „eine" erzeugt das Schallphänomen und auf den „andern" wirkt es als Reiz, es ist also effectus und efficiens. Um auch der dritten gestrichelten Linie einen Sinn zu verleihen, kann man verschieden vorgehen. Das Einfachste ist, man deutet sie als einen komplexen, durch Zwischenfundamente vermittelten Kausalzusammenhang von Ereignissen um das Sprechen herum. Gesetzt, das Produzieren des Schallphänomens sei im Sprecher angeregt durch einen zeitlich vorausgehenden Sinnesreiz, der von einem Ding im Wahrnehmungsfelde herkommt, und das Hören des sprachlichen Schallphänomens stimuliere den Hörer zur Hinwendung der Augen auf dasselbe Ding. Also zum Beispiel: Zwei Menschen im Zimmer – der eine beachtet ein Prasseln, blickt zum Fenster und sagt: *es regnet* – auch der andere blickt dorthin, sei es direkt vom Hören des Wortes oder sei es vom Blick auf den Sprecher dazu verleitet[1]. Das kommt vor und dabei ist der Zirkel ja in der schönsten Weise geschlossen.

---

1 Dies Regenbeispiel ist erörtert in ALAN GARDINERS ansprechendem Buch „The theory of speech and language" 1932. Ich bestätige dem verehrten Autor gern, daß ich es 1931 in London am Dreifundamentenschema auf der Tafel durchgesprochen habe, ohne zu wissen, daß er es 10 Jahre vorher schon aufgezeichnet hatte. Vielleicht ist das Londoner Klima für die Gleichförmigkeit der Exempelwahl verantwortlich. Das Dreifundamentenschema selbst ist von keinem von uns beiden, sondern von PLATON zuerst soweit konzipiert worden, daß es ein Logiker aus PLATONS Ansatz herauslesen konnte. Als ich es 1918 in dem Aufsatz „Kritische Musterung der neueren Theorien des Satzes" (Indog. Jahrbuch 6) ausführte, dachte auch ich nicht an PLATON, sondern wie GARDINER an die Sache und sah das Modell vor mir. Die Titel meiner zwei Vorträge im University College in London waren 1. Structure of language, 2. Psychology of speech. Im Anschluß an sie hatte ich mit GARDINER jene von ihm erwähnten eingehenden Diskussionen, die uns beiden offenbarten, daß er vom Ägyptischen und ich vom Deutschen her „die" Sprache der Menschen übereinstimmend beurteilten.

86   K. Bühler

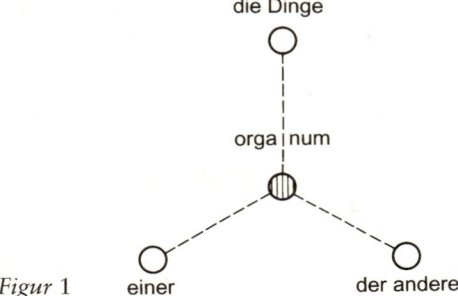

Figur 1

Wem's beliebt, der kann nun das Geschehen in dem so geschlossenen Kreise sogar fortlaufen lassen wie auf einer Schraube ohne Ende. Ist das Ding oder Ereignis reich genug für immer neue Anregungen, die abwechselnd der eine oder andere Partner aufnimmt, spricht der Vorfall die beiden ausgiebig an (wie man markant zu sagen pflegt), so werden sie sich eine Zeitlang im beobachtenden Abtasten und Bereden des Dinges oder der Affäre in Dialogform ergehen.

Vom illustrierenden Beispiel weg nunmehr wieder an das Modell gedacht, so wäre die Kausalkette in der primären, noch wahrnehmungsgestützten Mitteilung durch Laute im Schema der Figur 2 festzuhalten. Was sagt die Sprachtheorie dazu? Eine Kausalbetrachtung, i r g e n d e i n e Kausalbetrachtung ist im Gesamtrahmen der linguistischen Analyse der konkreten Sprechvorgänge ebenso unvermeidlich, wie z.B. in der Rekonstruktion eines Verbrechens. Der Richter muß im Strafprozeß nicht nur die Tat als dies Ver-

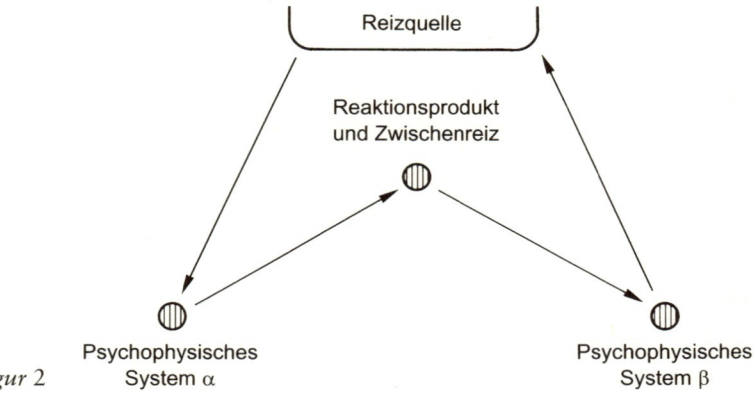

Figur 2

brechen, sondern auch den Angeklagten als Täter bestimmen, um ihn zu verurteilen. Das Zuschreiben der Tat wäre ohne den Kausalgedanken in irgendeiner Form ein (rein logisch gesehen) sinnloses Unterfangen. Allein das Zuendedenken der Kausalidee stößt in der Rechtssphäre auf wohlbekannte Schwierigkeiten. Ich behaupte, daß auf Schwierigkeiten derselben Art auch die zu primitive Vorstellung der alten Psychophysik vom „Kreislauf des Sprechens" (DE SAUSSURE) stößt; es sind noch einmal dieselben, wie sie im Kerngebiet der Psychologie ganz allgemein manifest werden. Wir beginnen heute zu ahnen, wo der Rechenfehler liegt: die Systeme α und β in der Kette fungieren als weitgehend autonome Stationen. Der Reizempfang gleicht im einfachsten Falle schon einer echten ‚Meldung' und die eigene Sendung ist stets eine ‚Handlung'.

Das Forschungsprogramm, welches der robuste Behaviorismus mit jugendlichem Elan zuerst an Tieren und am menschlichen Säugling zu verifizieren begann, enthielt noch die alte Formel und versuchte das Gesamtgeschehen in Reflexe aufzulösen; doch heute ist auf der ganzen Linie ein Umschwung im Gange. Ich formuliere hier einen einzigen Satz darüber, der genügt, um unsere Aufforderung, den Dingen ihr w a h r e s G e s i c h t abzugewinnen, auch von dieser Seite her vollauf zu rechtfertigen. Gleichviel, ob man die nach meiner Auffassung besten Ausgangswerke des amerikanischen Behaviorismus von JENNINGS und THORNDIKE oder den modernsten zusammenfassenden Bericht von ICHLONSKI über die Erfolge der Russen um PAWLOW und BECHTEREW oder die ausgeführte behavioristische Sprachtheorie der Philosophin G. A. DE LAGUNA aufschlägt, so springt dem, der den Blick für das e i g e n t l i c h e Problem nicht verloren hat, sofort in die Augen, daß die Forscher von Anfang an und bis heute von der Sache her zu *der* entscheidenden Programmentgleisung gezwungen waren.

Sie konnten und können nicht vorwärts kommen ohne einen *sematologischen* Grundbegriff in ihrer Rechnung, ohne den Begriff des Signals. Er wurde von JENNINGS theoretisch unbeschwert in Gestalt der „repräsentativen Reize" (unser: aliquid stat pro aliquo, über das in B Rechenschaft abgelegt wird) eingeführt, er erscheint bei ICHLONSKI wieder eingekleidet in eine als-ob-Betrachtung und ist bei DE LAGUNA von Anfang an und unabgeleitet im Konzept enthalten. Und dieser echte Zeichenbegriff hat seinen logischen Ort im Programm der Behavioristen nicht etwa irgendwo an der Peripherie des Erforschten, sondern ganz im Zentrum, derart, daß er z. B. zum Inventar jedes Theoretikers, der die Tatsachen des tierischen Lernens begreiflich machen will, faktisch gehört oder gehören sollte. Denn wo er nicht vorkommt, da wird eine Lücke oder ein Sprung sichtbar an der Stelle, wo er stehen müßte. Das ganze Steckenbleiben der behavioristischen Theorie, ihre Aufsplitterung in mehr als sieben Regenbogenfarben am L e r n p r o z e ß, über den die Bücher und Zeitschriften der amerikanischen Psychologen gefüllt sind, hätte vielleicht von einer umsichtigen Sematologie aus vorausgesagt werden können. Jedenfalls aber ist das bequemere Prophezeien post festum und etwas mehr noch, nämlich eine durchsichtige logische Ordnung der Meinungsdifferenzen über den Lernprozeß von hier aus möglich. Was ich sage, muß einstweilen ohne detaillierte Belege stehen bleiben; die Sprachtheorie muß ein eigenes Kapitel über die Signalfunktion der Sprache enthalten, dort ist der Ort für Einzelheiten. Dort wird auch zu zeigen sein, daß im Schoße der Biologie selbst wie eine Art HEGELsche Antithesis zum mechanistischen Behaviorismus der UEXKÜLLsche Ansatz entstanden ist, welcher von vornherein in seinen Grundbegriffen „Merkzeichen" und „Wirkzeichen" sematologisch orientiert ist. Paradigmatisch rein wird der Umschwung, von dem ich spreche, vollzogen in dem ausgezeichneten Werke von E.C. TOLMAN „Purposive behavior" (1932).

Das Kleingedruckte ist, so wie es dasteht, für europäische Sprachforscher nicht aktuell und hätte wegbleiben können; doch galt es am systematischen Ort, den konsequentesten Vorstoß des modernen Stoffdenkens zu erwähnen und die Schwierigkeiten, in denen er vorläufig stecken blieb, zu notieren. Sein Vorläufer in der Psychologie und Sprachforschung des ausgehenden 19. Jahrhunderts ist nur ein inkonsequentes und stammelndes Baby im Vergleich mit dem Programm des physikalistischen Behaviorismus, der den flatus-vocis-Nominalismus des beginnenden Mittelalters in moderner Form erneuert hat. Das einfachste und wahrhaft durchschlagende Argument eines Sprachforschers gegen ihn bietet z. B. der Tatbestand der Phonologie. Die psychologischen Systeme der Sprechpartner produzieren und verarbeiten faktisch die flatus vocis in ganz anderer Art und Weise, als es die zu einfache alte Formel voraussetzt. Die psychophysischen Systeme sind *Selektoren* als Empfänger und arbeiten nach dem Prinzip der abstraktiven Relevanz, worüber das Axiom B Aufschluß bieten wird, und die psychophysischen Systeme sind *Formungsstationen* als Sender. Beides gehört zur Einrichtung des Signalverkehrs.

2. Wir respektieren diese Tatsachen und zeichnen das Organon-Modell der Sprache ein zweites Mal in der Figur 3. Der Kreis in der Mitte symbolisiert das konkrete Schallphänomen. Drei variable Momente an ihm sind berufen, es dreimal verschieden zum Rang eines Zeichens zu erheben. Die Seiten des eingezeichneten Dreiecks symbolisieren diese drei Momente. Das Dreieck umschließt in einer Hinsicht weniger als der Kreis (Prinzip der abstraktiven Relevanz). In anderer Richtung wieder greift es über den Kreis hinaus, um anzudeuten, daß das sinnlich Gegebene stets eine apperzeptive Ergänzung erfährt. Die Linienscharen symbolisieren die semantischen Funktionen des (komplexen) Sprachzeichens. Es ist *Symbol* kraft seiner Zuordnung zu Gegenständen und Sachverhalten, *Symptom* (Anzeichen, Indicium) kraft seiner Abhängigkeit vom Sender, dessen Innerlichkeit es ausdrückt, und *Signal* kraft seines Appells an den Hörer, dessen äußeres oder inneres Verhalten es steuert wie andere Verkehrszeichen. [...]

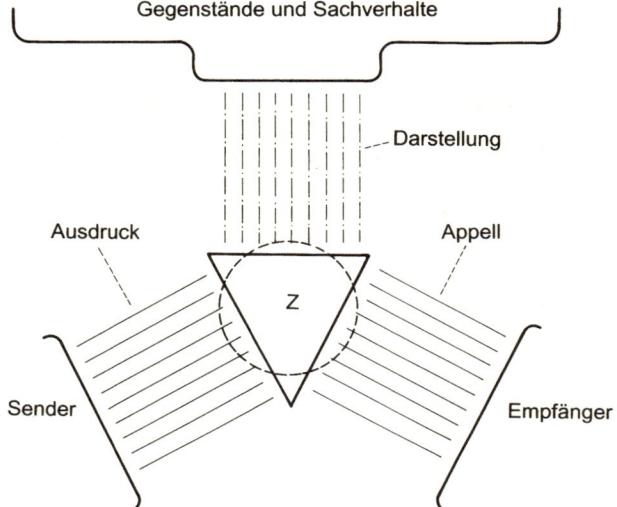

Figur 3

§ 4. Sprechhandlung und Sprachwerk; Sprechakt und Sprachgebilde (C)

[...] jedes konkrete Sprechen steht im Lebensverbande mit dem übrigen sinnvollen Verhalten eines Menschen; es **steht** unter Handlungen und **ist selbst** eine Handlung. In gegebener Situation sehen wir, daß ein Mensch das eine Mal mit den Händen zugreift und das Greifbare, die körperlichen Dinge, behandelt, sich an ihnen betätigt. Ein andermal sehen wir, daß er den Mund auftut und spricht. In beiden Fällen erweist sich das Geschehen, das wir beobachten können, gesteuert auf ein Ziel hin, auf etwas, was erreicht werden soll. Und genau das ist es, was der Psychologe eine Handlung nennt. Die deutsche Umgangssprache hat den wissenschaftlichen Terminus „Handlung" vorbereitet und nahegelegt. Wir verallgemeinern schon im täglichen Leben, wir nennen nicht nur die Manipulationen, worin die Hände tatsächlich im Spiele und tätig sind, Handlungen, sondern auch andere, wir nennen alle zielgesteuerten Tätigkeiten des *ganzen* Menschen Handlungen. Die vergleichende Psychologie verwendet den Terminus sogar für die Tiere, doch interessiert uns das vorerst nicht besonders.

Mich dünkt, es sei so etwas wie ein Ariadnefaden, der aus allerhand nur halb begriffenen Verwicklungen herausführt, gefunden, wenn man das Sprechen entschlossen als Handlung (und das ist die volle Praxis im Sinne des

ARISTOTELES) bestimmt. Im Vorblick auf Späteres sei angemerkt, daß der Einbau des Sprechens in anderes sinnvolles Verhalten einen eigenen Namen verdient; wir werden *empraktische* Reden, die unvollendet anmuten, als eine Hauptgruppe der sogenannten Ellipsen kennen lernen und von da aus die ganze Ellipsenfrage ordentlich bereinigen. Ist man aber überhaupt einmal auf das Faktum des Einbaus aufmerksam geworden, so empfiehlt es sich, die möglichen und bald so, bald anders *relevanten Umfelder* der Sprachzeichen systematisch aufzusuchen; das geschieht in § 10. Hier aber ist die Stelle, wo das Sprechen selbst als Handlung betrachtet werden muß. Dem antiken Denken, welches Sprache und Logos völlig oder fast völlig identifizierte, ist die Fruchtbarkeit gerade dieses Gesichtspunktes entgangen; abgesehen vielleicht von einem Restchen in der berühmten ‚Zustimmung' (συνκατάθεσις) der Stoiker. Doch lassen wir das Historische beiseite.

Zu einer begrifflich scharfen Abhebung der Sprechhandlung vom Sprachwerk liefert ARISTOTELES die Kategorien und das spielende Kind die durchsichtigsten Beobachtungsdaten. ARISTOTELES denkt uns im ersten Schritt einer wichtigen Begriffsreihe die Scheidung menschlichen Verhaltens in Theoria und Praxis vor, um dann im zweiten Schritt von der *Praxis* im engeren Sinn die *Poesis* abzusondern; was wir brauchen, ist die zweite Scheidung. Das Kind von 2–4 Jahren und darüber übt uns spielend erst Praxis und dann Poesis vor; das Kind kommt langsam Schritt für Schritt und abgestuft an verschiedenem Materiale zur Herstellung, zur „Werkreife" nach CH. BÜHLER. Die ersten I l l u s i o n s s p i e l e des Kindes haben zum Thema das Handeln der Erwachsenen, die späteren W e r k s p i e l e des Kindes haben zum Thema die Herstellung von dem, was Menschen machen. Es ist ein großer, greifbarer Unterschied zwischen Handlungsspielen und Werkspielen; denn bei jenen wird am Material nur flüchtig und symbolisierend angedeutet, was mit ihm und an ihm geschehen *sollte*. Dann aber kommt das Kind weiter und lernt (was gar nicht selbstverständlich ist) das Produkt seines Tuns als Werk zu sehen. Erste Andeutung, daß es geschehen wird, ist jenes erhebende Betrachten, Bestaunen und Bestaunenlassen post festum dessen, was beim Hantieren entstand; wobei das Kind (auf seiner Stufe natürlich) die Feiertagshaltung der SCHILLERschen Glocke einnimmt: ‚den schlechten Mann muß man verachten, der nie bedacht, was er vollbringt'. Es ist noch gar kein Mann oder schaffender Mensch, wer dies überhaupt nicht tut. Die Rückschau aufs Fertige, zufällig fertig Gewordene ist beim spielenden Kinde ein Anstoß, es folgt die entscheidende Phase, wo das in einer Konzeption vorweggenommene Resultat des Tuns schon p r o s p e k t i v die Betätigung am Material zu steuern beginnt und wo dann schließlich das Tun nicht mehr zur Ruhe kommt, bevor das Werk vollendet ist.

Genau so im Prinzip redet der Schaffende an einem Sprachwerk nicht wie der praktisch Handelnde redet; es gibt für uns alle Situationen, in denen das Problem des Augenblicks, die Aufgabe aus der Lebenslage redend gelöst wird: *Sprechhandlungen*. Und es gibt andere Gelegenheiten, wo wir schaffend an der adäquaten sprachlichen Fassung e i n e s gegebenen S t o f f e s arbeiten und ein *Sprachwerk* hervorbringen. Dies also ist das Merkmal, welches im Begriff ‚Sprechhandlung' unterstrichen werden muß und nicht wegzudenken ist, daß das Sprechen „erledigt" (erfüllt) ist, in dem Maße, wie es die Aufgabe, das praktische Problem der Lage zu lösen, erfüllt hat. Aus der Sprechhandlung ist demnach die Creszenz (im Weinberg des praktischen Lebens) nicht wegzudenken, sie gehört dazu. Beim Sprachwerk dagegen ist es anders.

Das *Sprachwerk* als solches will entbunden aus dem Standort im individuellen Leben und Erleben seines Erzeugers betrachtbar und betrachtet sein. Das Produkt als Werk des Menschen will stets seiner Creszenz enthoben und verselbständigt sein. Man verstehe uns recht: ein Produkt kommt stets heraus, wo ein Mensch den Mund auftut; ein Produkt entsteht auch im reinsten Handlungsspiel des Kindes. Doch sehe man sich diese Produkte näher an; es sind in der Regel Fetzen, die das Spielzimmer erfüllen, solange noch Praxis gespielt wird; erst wenn Poesis gespielt wird, dann sind die Produkte „Bauten" u. dgl. m. Genau so sind es nicht selten nur Redefetzen, die bei der rein empraktischen Rede herauskommen, Ellipsen, Anakoluthe usw. Sie erfüllen ihren Zweck vorzüglich; ein Dummkopf, wer sie ausrotten wollte. Sie blühen auf in jeder d r a m a t i s c h e n Rede, die ihren Namen verdient. Anders aber werden die Dinge (wieder wie im kindlichen Spiel), wenn diese Produkte *auf Entbindbarkeit* aus ihrer individuellen praktischen Creszenz hin *gestaltet werden*. Genau an diesem Punkte wird unsere Lehre vom Satz beginnen und nachweisen, wie die Erlösung des Satzsinnes aus der Sprechsituation vonstatten geht.

2. Man muß die Dinge nach den höchsten Ordnungsgesichtspunkten von Praxis und Poesis einmal soweit aufgespalten haben, um danach das faktische Ineinander der Leitfäden im Falle des hochgeübten kultivierten Sprechens nicht zu leugnen, sondern als ein eigenes Problem und Thema allererst richtig zu sehen. Es gibt eine Kunst des schlagfertigen und treffsicheren Fassens und Gestaltens im praktisch fruchtbaren Augenblick. Doch bleiben wir wissenschaftlich abstrakt und einseitig, um zuzusehen, wohin im weiten Reich der Sprachtheorie die Werkbetrachtung und wohin die Analyse der Sprechbehandlung führt.

Hervorragende Sprachwerke sind wie andere Geschöpfe des Menschen, wie die neunte Symphonie und die Brooklynbridge und das Kraftwerk am Walchensee der Forschung bedeutsam in e i n m a l i g e n Zügen von besonderer Qualität. Man kann am Werk Züge des Schöpfers und seines Schaffens, man kann noch vieles andere an ihm studieren. Wenn einem Kinde aus ungeheurer innerer Spannung zum erstenmal die sprachliche Fassung von dem und jenem, z.B. die Erzählung eines eindrucksvollen Vorgangs aus der Vergangenheit gelingt wie in *daten lalala* (Soldaten haben gesungen)[2], so sieht der Erforscher der Menschwerdung des Kindes eine bedeutsame Leistung in diesem „Sprachwerk". Es gibt einen Dichter, der einen bestimmten Stoff so faßte:

> Ich ging im Walde
> So für mich hin,
> Und nichts zu suchen,
> Das war mein Sinn.

Ob der Stoff ein äußeres Ereignis, Erlebnis oder sonst etwas ist, jedenfalls zielt die sprachliche Werkbetrachtung in allen Fällen auf die *Fassung* und in vielen Fällen minutiös auf die einmalige Fassung und Gestaltung als solche ab. Man sollte aber auch für die Erfassung des Einzelnen geeignete Kategorien haben; denn jede Wissenschaft ist auf „Prinzipien" fundiert. Eine umsichtige Sprachtheorie muß Platz haben in ihrem Systeme auch für diesen Zweig der Sprachforschung. Die neuen Bewegungen im Hause der Wissenschaft vom Sprachwerk sind, soweit ich sehen kann, eine Wiederaufnahme dessen, was die Alten begonnen und schon sehr weit geführt hatten, geneigter als die Forscher im 19. Jahrhundert. Aus guten Gründen, wie mir scheint. O. WALZEL läßt in seinem Buche „Gehalt und Gestalt" (S. 190) WILAMOWITZ zu Worte kommen, der schon 1905 den „unbestreitbar hohen und dauernden Wert der Stilistik des Hellenismus und ihrer viel älteren griechischen Vorarbeiten" rühmt. „In dem Buch über den sprachlichen Ausdruck habe THEOPHRAST auf dem Boden des wunderbar feinen aristotelischen Buches, das wir jetzt als drittes der Rhetorik lesen, ein festgefügtes System erbaut, namentlich durch die Anerkennung verschiedener Prosastile." Die Dinge liegen nicht auf unserem Wege; doch möchte ich in der Voranzeige schon darauf hinweisen, daß uns die Analyse der darstellenden Sprache völlig ungesucht an Stellen führen wird, wo zu sehen ist, wie die alten „genera dicendi oder orationis" in erweitertem Horizonte neu erstehen können. Es ist dort nicht die Lyrik und nicht die Rhetorik im engeren Wortsinn, es ist der Unterschied der dramatischen und der epischen Sprache, auf den ein erstes Streiflicht fällt; vorbereitet ist das dramatische Moment in jeder anschaulich präsentierenden Rede und begrifflich faßbar wird etwas von ihm in der ‚Deixis am Phan-

---

[2] Vgl. den Fundbericht in meiner Geistigen Entwicklung des Kindes, 5. Aufl., S. 309f.

tasma', die in etwas verschiedener Form vom Dramatiker und vom Epiker eingesetzt und ausgenützt wird. Soviel hier von Sprachwerk.

In ein anderes Geleise führt die Aufgabe, eine Theorie der *Sprechhandlung* aufzubauen; überschlagen wir summarisch, was die Psychologie von heute dafür vorbereitet, aber noch nicht vollendet hat. Die neueste Psychologie ist drauf und dran, die tierische und menschliche Handlung wieder einmal mit neuen Augen zu sehen, und wird auf alle Fälle mit einem umfassenden und sorgfältig vorbereiteten Apparat von Fragen, Gesichtspunkten, Untersuchungsmöglichkeiten diese Aufgabe bewältigen. Denn alle die sonst soweit auseinanderstrebenden Richtungen der modernen Psychologie konvergieren im Faktum der Handlung und tragen heute schon faßbar jede das ihre zu seiner Aufhellung bei. In meiner Fassung der Axiomatik in den KANT-Studien sind einige Belege zu dieser These erbracht; ich will sie hier nicht reproduzieren, sondern nur das eine daraus unterstreichen, daß ‚Handlung', wie immer man das Gemeinte wissenschaftlich fassen mag, ein *historischer* Begriff ist und auch in der Psychologie nichts anderes werden kann. Es gibt in jeder Handlung ein Feld; ich habe es vor Jahren schon *Aktionsfeld* genannt und in den KANT-Studien noch einmal die zwei Determinationsquellen jeder Handlung als *Bedürfnis* und *Gelegenheit* bestimmt. Daß es zwei sind, haben ARISTOTELES und GOETHE gewußt; derselbe Zweifaktoren-Ansatz, den ich für nötig halte, steht plastisch greifbar in GOETHES physiognomischen Studien[3]. Doch es bedarf neben der Aufgliederung des Aktionsfeldes in seine zwei p r ä s e n t e n Bestimmungsmomente (der inneren und der äußeren Situation) einer hinreichenden *historischen* Kenntnis des Handelnden selbst, um einigermaßen präzis vorauszusagen, was geschehen wird oder nachher wissenschaftlich zu begreifen, was geschehen ist. Die Duplizität im Aktionsfeld und die Tatsache der nur historisch faßbaren Reaktions- oder Aktionsbasis, das sind die zwei wichtigsten Einsichten, die ich prinzipienmonistischen Neigungen gegenüber für unentbehrlich halte. Ich habe vor allem die Berliner Gestaltpsychologie im Auge.

Ist die Handlung eine Sprechhandlung (Parole), so weiß der Sachverständige sofort, was in diesem Fall unter dem Titel des individuell Erworbenen zu bringen ist: der gesamte L e r n e r w e r b des Sprechenkönnens natürlich bis zu der Stufe von Fertigkeit (oder Unfertigkeit), auf der man ihn im Moment des Handelns antrifft. Was alles dazu gehört, gibt man im ersten Aufriß am besten per exclusionem an. Das letzte vor allem muß ausgenommen sein, was außerdem noch in die (historische) Exposition hineingehört. Jede menschliche Handlung (wenn man genau zusieht, wohl auch auf anderem Entwick-

---

3 K. BÜHLER, Ausdruckstheorie, S. 23 ff.

lungsplateau die tierische) hat, was man in einem spezifischen Sinn des Wortes ihre *Aktgeschichte* nennen kann. Versteht sich bald eine lange und reiche, bald eine kurze und arme Aktgeschichte. RASKOLNIKOW braucht Wochen vom ersten Auftauchen der Idee bis zur Handlung, eine lange und reichbewegte Aktgeschichte. Die Kriminalarchive, Romane und Dramen sind voll von anderen. Was es zu erfassen gilt, ist, daß von der Theorie Sekunden oder Bruchteile von Sekunden nicht vernachlässigt werden dürfen, wenn sie die denkbar kürzeste Aktgeschichte umschließen. Gleichviel, ob sie in der schlagfertigen Rede nach Bruchteilen von Sekunden oder sonstwo länger zu bemessen ist, so ist die Aktgeschichte ein Faktum, das die Denkpsychologen in ihren Protokollen so präzis als möglich zu fixieren und wissenschaftlich zu begreifen versuchten. In der Linguistik hatte man vor der Denkpsychologie nur ganz schematische Vorstellungen, z. B. von der Aktgeschichte eines Satzes, und formulierte dies schematische Wissen aus der unkontrollierten Alltagserfahrung so, wie es noch bei WUNDT und H. PAUL zu lesen ist. Die Diskussion zwischen beiden darüber, ob dies Geschehen eine Ausgliederung (Analysis) oder ein Aufbau (Synthesis) sei, entsprang aus einer sehr mangelhaften Kenntnis von der faktischen Mannigfaltigkeit der Aktgeschichten in konkreten Fällen.

3. An dritter Stelle etwas von dem ältesten Besitz der Sprachwissenschaft, von der Gebildelehre. Der logische Charakter der *Sprachgebilde* ist von keinem neueren Linguisten und direkt aus der eigenen erfolgreichen Forschungsarbeit heraus so treffend beschrieben worden wie von F. DE SAUSSURE. Nur ist es bei der „Beschreibung" geblieben und keine konsequente begriffliche Erfassung daraus entstanden. Geordnet aufgezählt sind es folgende Angaben über den Gegenstand der linguistique de la langue, die von DE SAUSSURE gemacht werden. Erstens, methodisch voran steht die Erkenntnis von der reinlichen Ablösbarkeit des „Objektes" der linguistique de la langue. „Die Wissenschaft von der Sprache (la langue) kann nicht nur der anderen Elemente der menschlichen Rede entraten, sondern sie ist überhaupt nur möglich, wenn diese anderen Elemente nicht damit verquickt werden." Da spricht die Weisheit des erfolgreichen empirischen Forschers und harrt nur einer logisch scharfen Auslegung, um des Scheins von Paradoxie, den sie mitbringen mag, entledigt zu werden; es ist die Erkenntnis von der Erlösung der Sprachgebilde (ihrem Funktionswerte nach) aus den Umständen der konkreten Sprechsituation. Das zweite ist die Anwendung des Schlüsselsatzes von der Zeichennatur der Sprache: „Die Sprache (la langue) ist ein System von Zeichen, in dem einzig die *Verbindung von Sinn und Lautzeichen* wesentlich ist." Man ersetze die unbrauchbare Deutung dieser „Verbindung"

als einer Assoziation durch etwas Besseres, und die Verstrickung in unlösbare Scheinprobleme wird behoben, ein wahres Rattennest von Unzulänglichkeiten wird getilgt sein. Bestehen bleibt die Erkenntnis, daß die *schematischen Relationen* in der Tat den Gegenstand ‚Sprache' konstituieren. Es fehlt auch d r i t t e n s nicht an einer konsequenten Durchführung dieses regulativen Grundsatzes an allen Sprachgebilden. DE SAUSSURE ist seiner Zeit vorausgeeilt und einer Konzeption der Phonologie so nahe gekommen, daß eigentlich nur noch eines in seinem Konzepte fehlte, nämlich die Angabe, wie sich die Phonologie zur Phonetik verhält. Warum die Phonetik daneben bestehen bleiben muß und warum sie den Weg einer exakten Naturwissenschaft zu seiner Zeit schon eingeschlagen hatte, das blieb DE SAUSSURE verborgen. Doch weiter: er hat v i e r t e n s den intersubjektiven Charakter der Sprachgebilde und im Zusammenhang damit ihre *Unabhängigkeit vom einzelnen Sprecher* einer Sprachgemeinschaft scharf, in einigem vielleicht sogar überspitzt herausgearbeitet. La langue „ist unabhängig vom Einzelnen, welcher für sich allein sie weder schaffen noch umgestalten kann; sie besteht nur kraft einer Art von Konvention zwischen den Gliedern der Sprachgemeinschaft". Das gilt überall nur bis an gewisse Grenzen; es gilt nicht mehr in jenen Freiheitsgraden, worin eine echte „Bedeutungsverleihung" an das Sprachzeichen stattfindet; es gilt nicht, wo Neuerungen von sprachschöpferischen Sprechern angeregt und von der Gemeinschaft angenommen werden. Davon später mehr in dem Abschnitt vom Sprechakte. Vorerst stehen noch die Sprachgebilde zur Diskussion.

Die Synopsis und ein Ausdenken der vier Angaben DE SAUSSUREs muß die Frage nach dem logischen Charakter der Sprachgebilde befriedigend zu beantworten imstande sein. Ausgeschlossen ist die von DE SAUSSURE noch nicht überwundene Metzgeranalyse, nach welcher la langue ein „Gegenstand konkreter Art" sei und daß er „lokalisiert" werden könne „in demjenigen Teil des Kreislaufs, wo ein Lautbild sich einer Vorstellung (= Sachvorstellung) assoziiert" (17). Schroff gegen diese verhängnisvollste aller Stoffentgleisungen wird von uns e r s t e n s die These von der *Idealität* des Gegenstandes ‚Sprache', wie er von der üblichen Sprachwissenschaft gefaßt und behandelt wird, zu vertreten und z w e i t e n s wird der prinzipielle Mißgriff aufzudecken und als Mißgriff zu entlarven sein, den all jene getan haben, die im Banne der klassischen Assoziationstheorie die zweifelsfrei nachzuweisenden Komplexions- und Verlaufsverkettungen in unserem Vorstellungsleben verwechseln mit dem *Bedeutungserlebnis*. [...]

II. Das Zeigfeld der Sprache und die Zeigwörter

Die Arm- und Fingergeste des Menschen, der unser Zeigefinger den Namen verdankt, kehrt nachgebildet im ausgestreckten „Arm" der Wegweiser wieder und ist neben dem Sinnbild des Pfeiles ein weit verbreitetes Weg- oder Richtungszeichen. Moderne Denker wie FREYER und KLAGES haben dieser Geste verdiente Beachtung geschenkt und sie als spezifisch menschlich charakterisiert. Es gibt mehr als nur eine Art gestenhaft zu deuten; doch bleiben wir beim Wegweiser: an Wegverzweigungen oder irgendwo im weglosen Gelände ist weithin sichtbar ein ‚Arm', ein ‚Pfeil' errichtet; ein Arm oder Pfeil, der gewöhnlich einen Ortsnamen trägt. Er tut dem Wanderer gute Dienste, wenn alles klappt, wozu vorweg nötig ist, daß er in seinem *Zeigfeld* richtig steht. Kaum mehr als diese triviale Einsicht soll mitgenommen und die Frage erhoben werden, ob es unter den lautsprachlichen Zeichen solche gibt, welche wie Wegweiser fungieren. Die Antwort lautet: ja, ähnlich fungieren Zeigwörter wie *hier* und *dort*.

Allein das konkrete Sprechereignis unterscheidet sich vom unbewegten Dastehen des hölzernen Armes im Gelände in dem einen wichtigen Punkte, daß es ein Ereignis ist. Noch mehr: es ist eine komplexe menschliche Handlung. Und in ihr hat der Sender nicht nur wie der Wegweiser eine bestimmte Position im Gelände, sondern er spielt auch eine *Rolle*, die Rolle des Senders abgehoben von der Rolle des Empfängers. Denn es gehören zwei nicht nur zum Heiraten, sondern zu jedem sozialen Geschehen und das konkrete Sprechereignis muß am vollen Modell des Sprechverkehrs zuerst beschrieben werden. Wenn ein Sprecher auf den Sender des aktuellen Wortes „verweisen will", dann sagt er *ich*, und wenn er auf den Empfänger verweisen will, dann sagt er *du*. Auch ‚ich' und ‚du' sind Zeigwörter und primär nichts anderes. Wenn man den üblichen Namen Personalia, den sie tragen, zurückübersetzt ins Griechische Prosopon gleich ‚Antlitz, Maske oder Rolle', verschwindet etwas von dem ersten Erstaunen über unsere These; es ist primär nichts anderes als die Rolle des Senders im aktuellen Signalverkehr, was den jeweils mit *ich* getroffenen Menschen charakterisiert, und primär nichts anderes als die Rolle des Empfängers, was den *du* charakterisiert. Das haben die ersten griechischen Grammatiker mit voller Klarheit erfaßt und die Personalia unter die deiktischen Sprachzeichen eingereiht.

Die ältesten Dokumente der indogermanischen Sprachgeschichte fordern genau so wie die Sache selbst von uns, daß wir beim Klassennamen ‚deiktische Sprachzeichen' zuerst an solche Wörter denken, die ob ihres Widerstandes gegen eine Aufnahme unter die beugsamen (z. B. deklinierbaren) Nennwörter von den Sprachgelehrten ‚Zeigpartikeln' mehr gescholten als genannt worden sind; was man nicht deklinieren kann, das sieht man als Partikel an. Die sematologische Analyse ist keineswegs blind für die Funktion der schließlich doch deklinierten, im Symbolfeld der Sprache pro nominibus zu stehen und damit in den Rang der Pronomina aufzurücken. Der Vorschlag des Sprachtheoretikers, eine distinctio rationis vorzunehmen und zuerst das deiktische Moment, das ihnen auch als deklinierten Wörtern noch verbleibt, ins Auge zu fassen, findet seine definitive Rechtfertigung in der Tatsache, daß alles sprachlich Deiktische deshalb zusammengehört, weil es nicht im Symbolfeld, sondern im *Zeigfeld* der Sprache die Bedeutungserfüllung und Bedeutungspräzision von Fall zu Fall erfährt; und *nur* in ihm *erfahren kann*. Was ‚hier' und ‚dort' ist, wechselt mit der Position des Sprechers genau so, wie das ‚ich' und ‚du' mit dem Umschlag der Sender- und Empfängerrolle von einem auf den anderen Sprechpartner überspringt. Der Begriff Zeigfeld ist berufen, diesen uns ebenso vertrauten wie merkwürdigen Tatbestand zum Ausgang der Betrachtung zu machen.

Daß es in der Sprache nur ein einziges Zeigfeld gibt und wie die Bedeutungserfüllung der Zeigwörter an sinnliche Zeighilfen gebunden, auf sie und ihre Äquivalente angewiesen bleibt, ist die tragende Behauptung, die ausgelegt und begründet werden soll. Die Modi des Zeigens sind verschieden; ich kann *ad oculos* demonstrieren und in der situationsfernen Rede dieselben Zeigwörter *anaphorisch* gebrauchen. Es gibt noch einen dritten Modus, den wir als *Deixis am Phantasma* charakterisieren werden. Phänomenologisch aber gilt der Satz, daß der Zeigefinger, das natürliche Werkzeug der demonstratio ad oculos zwar ersetzt wird durch andere Zeighilfen; ersetzt schon in der Rede von präsenten Dingen. Doch kann die Hilfe, die er und seine Äquivalente leisten, niemals schlechterdings wegfallen und entbehrt werden; auch nicht in der Anaphora, dem merkwürdigsten und spezifisch sprachlichen Modus des Zeigens. Diese Einsicht ist der Angelpunkt unserer Lehre vom Zeigfeld der Sprache.

Was ich Neues in diesen Dingen zu bieten vermag, soll als eine Vollendung dessen, was WEGENER und BRUGMANN begonnen haben, betrachtet werden. Vor ihnen schon und von den verschiedensten Erscheinungen her sind moderne Sprachforscher auf das Faktum gestoßen, daß die adäquate Analyse des konkreten Sprechereignisses ein weitgehendes Miterfassen der gegebenen Situationsmomente fordert. Aber erst WEGENER und BRUGMANN haben die Funktion der Zeigwörter sachentsprechend unter dem obersten Gesichtspunkt, daß sie *Signale* sind, beschrieben. Der Gattungsname ist diesen Forschern nicht, wohl aber der Bestimmungsgesichtspunkt geläufig. Doch verhält es sich mit ihrer neuartigen Beschreibung wie mit allem begrifflich zu Ordnenden, daß erst die Grenze des Verfahrens scharf erkennen läßt, was es zu bieten vermag. Genau so wie die Zeigwörter fordern, daß man sie als Signale bestimmt, verlangen die Nennwörter eine andere, den Signalen inadäquate Bestimmung; nämlich die herkömmliche. Die Nennwörter fungieren als *Symbole* und erfahren ihre spezifische Bedeutungserfüllung und -präzision im synsemantischen Umfeld; ich schlage den Namen Symbolfeld für diese andere, keineswegs mit den Situationsmomenten zu verwechselnde Ordnung vor. Es ist also rein formal bestimmt eine *Zweifelderlehre*, die in diesem Buche vorgetragen wird.

Es ist das Kernstück, es ist die bevorzugte Technik der *anschaulichen* Sprache, was wir als Zeigfeld beschreiben; ich beginne mit einer psychologischen Erläuterung des sprachhistorischen Befundes im Bereich des Indogermanischen, wie ihn BRUGMANN geschildert hat in seiner programmatischen Abhandlung über die Demonstrativa[4]. Die Personalia sind dort nicht behandelt; sie parallel dazu aufzureihen und die unentbehrliche Zeighilfe, deren sie in der konkreten Sprechsituation teilhaftig werden, nachzuweisen, ist das zweite. Dann folgt die phänomenologische Scheidung von Zeigwörtern und Nennwörtern, eine Trennung, welche grundständig ist und sachgemäß unterstrichen werden muß; es war mir eine Ermutigung nachträglich zu finden, daß sie von den ersten griechischen Grammatikern genau so und an derselben Stelle wie es mir notwendig erschien, bereits gezogen worden war. Später kam eine gewisse Verdunkelung und Verwischung auf durch die Dominanz des Interesses an der Mischklasse der Pronomina; niemand wird ihre Existenz bestreiten, aber daß sie semantische Mischlinge sind, den Nachweis müssen sie sich gefallen lassen. Besonders aufklärend über den Bereich des Indogermanischen hinaus wird die Angelegenheit, wenn es vergleichbar zu unseren Pronomina in anderen Sprachfamilien Wortklassen gibt, die man phänomenologisch korrekt nicht als Pronomina, sondern als *Prodemonstrativa* auffassen muß, weil sie kurz gesagt nicht ein zeigendes Nennen, sondern ein nennendes Zeigen vollbringen. Davon handelt der Schlußabschnitt des Kapitels.

Den Anfang mit dem Schluß zu verbinden ist die Psychologie berufen; ich traute meinen Augen kaum, als sich die Schlußfolgerungen, welche vom Tatbestand der Linguistik her gezogen werden mußten, bei genauerem Zusehen als identisch erwiesen mit einem mir längst vertrauten Ergebnis der Vorstellungslehre. Die Dinge stehen ungefähr so, wie wir sie brauchen, gedruckt in der von mir besorgten vierten Ausgabe des EBBINGHAUSschen Lehrbuches. Nur der Modus des anaphorischen Zeigens nicht, den man außerhalb der

---

[4] K. BRUGMANN, Die Demonstrativpronomina der indogermanischen Sprachen. Abh. der sächs. Ges. d. Wiss. 22 (1904).

Sprache kaum entdecken kann. Im übrigen hatten weder die Autoren, auf die ich mich damals stützte, noch ich selbst eine Ahnung davon, daß die beschriebenen Phänomene bei der Sprachwerdung von Mitteilungsbedürfnissen wichtig, ja grundlegend sind. Die gemeinten Phänomene sollen den Namen ‚die Deixis am Phantasma' erhalten. Sie waren, wie ich noch einmal später erkannte, vor uns von ENGEL und PIDERIT entdeckt und an zentraler Stelle in der Ausdruckstheorie (von ENGEL in der Pantomimik und von PIDERIT in der Minik) zur Deutung der Tatsachen herangezogen worden[5]. Freilich alles nur so halb geklärt und halb verstanden, daß man begreifen kann, warum weder Psychologen noch Linguisten auch nur die spärlichste Notiz von ihrer Erstentdeckung genommen haben.

§ 7. Die Origo des Zeigfeldes und ihre Markierung

Zwei Striche auf dem Papier, die sich senkrecht schneiden, sollen uns ein Koordinatensystem andeuten, O die Origo, den Koordinatenausgangspunkt:

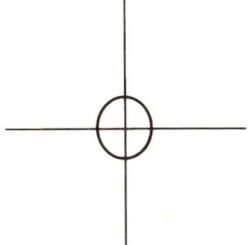

Figur 4

Ich behaupte, daß drei Zeigwörter an die Stelle von O gesetzt werden müssen, wenn dies Schema das Zeigfeld der menschlichen Sprache repräsentieren soll, nämlich die Zeigwörter *hier, jetzt* und *ich*. Der Sprachtheoretiker soll weder aus philosophischen Abgründen esoterisch zu sprechen anfangen, noch ein ehrfürchtiges Schweigen vorziehen, wenn ihm diese lautlich harmlosen Gebilde im Lexikon begegnen und eine Funktionsbestimmung verlangen. Sondern er soll nur bekennen, es sei zwar höchst merkwürdig, aber doch exakt angebbar, wie sie im konkreten Sprechfall fungieren. Wenn ich als Spielleiter eines Wettlaufs das Startsignal zu geben habe, bereite ich die Beteiligten vor: *Achtung!* und kurz darauf sage ich *los!* oder *jetzt!* Das astronomische Zeitzeichen im Radio ist nach geeigneter sprachlicher Vorbereitung

---
5 K. BÜHLER, Ausdruckstheorie, 1933, S. 44 und 74ff.

ein kurzer Glockenschlag. Das geformte Wörtchen *jetzt* an Stelle des Kommandos *los!* oder des Glockenschlages fungiert wie irgendeine andere *Augenblicks-Marke*; es ist *die* sprachliche Augenblicksmarke. So sprechen Wörter sonst nicht zu uns, sondern im Gegenteil: sie lenken uns ab von allem Lautstofflichen, aus dem sie gebildet sind, und vom Akzidentiellen ihres Auftretens; ihr Auftreten wird weder als Zeitmarke noch als Ortsmarke in den Sprechverkehr eingesetzt. Bleiben wir bei dem Begriffspaar Form und Stoff, das sich wie von selbst angeboten hat. An der Lautform der Wörtchen *jetzt, hier, ich,* an ihrem phonematischen Gepräge, ist nichts Auffallendes; nur das ist eigenartig, daß jedes von ihnen fordert: schau auf mich Klangphänomen und nimm mich als Augenblicksmarke das eine, als Ortsmarke das andere, als Sendermarke (Sendercharakteristikum) das dritte.

Und der naive Sprechpartner hat es gelernt und nimmt sie auch so. Problemlos; was sollte denn auch Besonderes dabei sein? Nur der Logiker stutzt, weil solche Verwendungsweise seine Zirkel wirklich oder nur scheinbar stört; der Logiker ist eben so, daß ihm dies und das an der Welt in die Quere kommt. Aber auf dem Umweg über die Koordinatenidee hoffen wir seine Bedenken zu zerstreuen; denn mit der „Setzung" eines Koordinatensystems hat es ja überall seine besondere Bewandtnis, wie der Logiker weiß. In unserem Falle ist es einfach hinzunehmen, das Koordinatensystem der „subjektiven Orientierung", in welcher alle Verkehrspartner befangen sind und befangen bleiben. Jeder benimmt sich wohlorientiert in dem seinigen und versteht das Verhalten des anderen. Wenn ich die Nase gegen Nase als Kommandant vor einer ausgerichteten Front von Turnern stehe, wähle ich konventionsgemäß die Kommandos ‚vor, zurück, rechtsum, linksum' adäquat nicht meinem eigenen, sondern adäquat dem fremden Orientierungssystem, und die Übersetzung ist psychologisch so einfach, daß jeder Gruppenführer sie beherrschen lernt. Daß das klappt, und zwar ohne Denkakrobatik klappt, ist Faktum, und daran wird keine Logik etwas ändern können; wenn sie ihre wahre Aufgabe versteht, versucht sie es auch gar nicht. Nehmen wir, was gute Logiker über die Zeigwörter gesagt haben, voraus und schicken die linguistischen Befunde nach.

1. Eigenartig, wie zwanglos sich im Hauptpunkt zusammenfügt, was die Logik der antiken Grammatiker und die moderne Logistik über die Zeigwörter lehren. Jene stellte fest, daß die deiktischen Wörter nicht wie die Nennwörter eine Wasbestimmtheit ($ποιότης$) angeben, und diese bestreitet, daß sie ebenso einfach objektiv definierbare Begriffszeichen sind wie die anderen Wörter. Mit vollem Recht, und beides gehört innerlich zusammen. Ein für den intersubjektiven Austausch brauchbares „Begriffszeichen" muß die Eigenschaft

haben, daß es im Munde jedes und aller als Symbol für *denselben* Gegenstand verwendet wird, und das ist (wenn wir vorerst von den Eigennamen absehen) nur dann der Fall, wenn das Wort eine Wasbestimmtheit des Gegenstandes trifft; d.h. wenn es dem Gegenstand beigelegt, für ihn verwendet wird, sofern er die und die nicht grundsätzlich mit dem Gebrauchsfall wechselnden Eigenschaften hat. Das gilt für kein Zeigwort und kann auch gar nicht gelten. Denn *ich* kann jeder sagen und jeder, der es sagt, weist auf einen anderen Gegenstand hin als jeder andere; man braucht so viele Eigennamen als es Sprecher gibt, um in der Weise, wie das Nennwörter vollbringen, die intersubjektive Vieldeutigkeit des einen Wortes *ich* in die vom Logiker geforderte Eindeutigkeit sprachlicher Symbole überzuführen. Und genau so ist es im Prinzip mit jedem anderen Zeigwort auch.

Wo es anders zu sein scheint, wie bei dem Worte *hier*, mit dem alle Wiener auf Wien und alle Berliner auf Berlin hinweisen, da liegt das nur an einer leicht durchschaubaren und den Logiker nicht befriedigenden Laxheit oder Unbestimmtheit der erweiterten Bedeutung dieses Positionszeigwortes. Strenggenommen wird mit *hier* die momentane Position des Sprechers angezeigt und diese Position kann mit jedem Sprecher und mit jedem Sprechakt wechseln. Ebenso ist es völlig dem Zufall anheim gegeben, ob ein zweimal verwendetes *du* zweimal auf den Träger desselben Eigennamens hinweist oder nicht; in dem Verwendungsstatus des Wortes *du* ist jedenfalls keine Garantie für ein derartiges Zusammentreffen enthalten. Und darauf allein kommt es bei der vom Logiker geforderten Zuordnungskonstanz von Sprachsymbolen und Gegenständen an. Wo sie vorhanden ist, liegen Nennwörter, wo sie nicht vorhanden ist, liegen keine Nennwörter vor. Das ist in der Tat eine klare Trennung und eine inappellable Entscheidung der Logik in der Frage, ob *ich* und *du* und alle anderen Zeigwörter zu den Sprachsymbolen im Sinne des Logikers gerechnet werden dürfen oder nicht. Die Logistik ist im Recht, wenn sie im ersten Anlauf die Zeigwörter aus der Liste der im intersubjektiven Verkehr brauchbaren Begriffszeichen (und damit aus der Liste der sprachlichen ‚Symbole') ausstreicht. Verachtet mir die Meister nicht! Zum Beckmesser braucht man darob noch lange nicht zu werden.

Es gibt in jeder Kunst und Wissenschaft Beckmessereien; ich will hier eine berühren, die im Schoße der neuesten Logik entstanden ist und rasch wieder von ihr abgestoßen werden sollte. Die neueste Entwicklung hat in der Logik imponierende Fortschritte gezeigt; man hat (ich denke vor allem an RUSSELL) eine Reinigung und Verallgemeinerung und damit eine Leistung vollbracht, die des Vergleiches mit der Schöpfung der Logik durch ARISTOTELES würdig ist. Die Dinge sind auch für die Sprachtheorie von hohem Interesse, wie wir sehen werden. Aber folgendes bedarf der Ausmerzung. Einige verdienstvolle Logistiker (nicht RUSSEL selbst) sind geneigt, nach der Entscheidung, die wir besprochen und gebilligt haben, dem *ich* und *du* (und, wenn sie konsequent genug sind, auch allen anderen Zeigwörtern) zum mindesten, soweit die Wissenschaft mit ihrer Höchstkultur der sprachlichen Darstellung reicht, so etwas wie eine Ausrottungsabsicht anzukündigen. Sogar die Psychologie müsse diese ‚sinnleeren' Wörter entbehren lernen, um eine echte Wissenschaft zu werden, das wird heute von einigen Psychologen und vielen Nichtpsychologen mit Pathos und Überzeugungskraft gelehrt. Ja sogar die Umgangssprache, angefangen von der Kinderstube, wo sie gelernt wird, sollte letzten Endes gereinigt werden von diesen vermeintlichen Überbleibseln aus einer überwundenen Phase der Menschheitsgeschichte; denn sie seien Schlupfwinkel der Metaphysik. Wozu denn noch das *ich* und *du*, wenn das sprechenlernende Kind selbst anfangs seinen Eigennamen an Stelle des viel schwierigeren *ich* verwendet?

Versteht sich, daß kein Denker von wissenschaftlichem Gewicht und einiger Menschenkenntnis, wenn er solche Gedanken über die Sprache im Busen hegt und gelegentlich auch laut werden läßt, sich einer Täuschung über den vorerst rein akademischen Charakter seiner Zukunftswünsche hingibt. Allein sie sind doch da, und es liegt ihnen eine im Grunde so einfache, aber radikale Verkennung der Mannigfaltigkeit praktischer Bedürfnisse, denen die Umgangssprache gerecht werden muß und faktisch gerecht wird, zugrunde, daß man es einem Psychologen und Sprachtheoretiker nachsehen muß, wenn er am systematischen Ort d. h. eben bei der Betrachtung der Zeigwörter eine Bemerkung einfügt, die wie ein Plädoyer für sie aussehen mag. Letzten Endes wird auch diese Bemerkung etwas zur Förderung der Sprachtheorie beitragen können.

Wo steht geschrieben, daß eine intersubjektive Verständigung über die Dinge, so wie sie die Menschen brauchen, nur auf dem *einen* Weg über Nennwörter, Begriffszeichen, sprachliche Symbole möglich ist? Ein solches Axiom ist das proton Pseudos der Logiker, die ich im Auge habe. Es soll hier kein Wort über die wissenschaftliche Sprache und ihren Aufbau gesagt sein; darin stimme ich weitgehend mit ihnen überein und will nur anmerken, daß sie sich die Sache mit dem ‚Ich' in der Psychologie doch wohl zu einfach vorstellen. Doch hier nicht mehr darüber; es geht nur um das Wörtchen *ich* und seine Artgenossen in der Alltagssprache. Die Neuzeit hat im Unterschied von den besten Sprachtheoretikern des Altertums faktisch in das Sprachzeichen *ich* etwas zu viel an philosophischen Spekulationen hineingedacht. Befreit davon steckt gar keine Mystik mehr darin. Die Theorie muß von der schlichten Tatsache ausgehen, daß eine demonstratio ad oculos und ad aures das einfachste und zweckmäßigste Verhalten ist, das Lebewesen einschlagen können, die im sozialen Kontakt eine erweiterte und verfeinerte Berücksichtigung der Situationsumstände und dazu Zeigwörter brauchen. Wenn A, der Partner von B, auf einer Jagd zu zweien das Wild nicht rechtzeitig sieht, was könnte da einfacher und zweckmäßiger sein als eine to-deiktische Geste des B und das dazugehörige Wort, welches den A akustisch erreicht? Wenn A den B aus dem Auge verloren hat, was könnte ihm dienlicher sein als ein *hier* aus dem Munde von B mit klarer Herkunftsqualität? usw.

Kurz gesagt: die geformten Zeigwörter, phonologisch verschieden voneinander wie andere Wörter, steuern den Partner in zweckmäßiger Weise. Der Partner wird angerufen durch sie, und sein suchender Blick, allgemeiner seine suchende Wahrnehmungstätigkeit, seine sinnliche Rezeptionsbereitschaft wird durch die Zeigwörter auf Hilfen verwiesen, gestenartige Hilfen und deren Äquivalente, die seine Orientierung im Bereich der Situationsumstände verbessern, ergänzen. Das ist die Funktion der Zeigwörter im Sprechverkehr, wenn man darauf besteht, diese Funktion auf eine einzige allgemeine Wortformel zu bringen. Diese Formel gilt für alle Zeigarten BRUGMANNs und für alle Modi des Zeigens; für das anaphorische und die Deixis am Phantasma genau so gut wie für die ursprüngliche Art, die demonstratio ad oculos.

Es gibt zum mindesten e i n e Zeigart, von der man sich kaum vorstellen kann, daß sie in irgendeiner Menschensprache ganz und gar fehlen sollte. Das ist die Dér-Deixis im Sinne BRUGMANNs. Im logistischen Symbolsystem, das ja auch eine Sprache ist, fehlt zwar die demonstratio ad oculos mit Hilfe to-deiktischer Zeichen, nicht aber deren anaphorischer Gebrauch. Denn Wörter wie *demnach, also* u. dgl. m. zurückverweisende Zeichen, die in jedem Beweisgang vorkommen, sind Zeigzeichen. Man kann irgendwelche optische Symbole für sie einführen, das ändert nichts an der Tatsache ihrer Unentbehrlichkeit. Und wenn man an irgendeine illustrative geometrische Figur, sagen wir an die Ecken eines Polygons, wie üblich, Buchstaben schreibt, so ist das eine echte Deixis ad oculos. Denn der Symbolwert dieser dann im Texte verwendeten Buchstaben kann immer nur durch einen Hinblick auf die Figur, also wahrnehmungsmäßig festgestellt werden. Jeder Buchstabe sagt ‚sieh her! ich meine dies'.

Die Umgangssprache demonstriert häufiger, mannigfaltiger, sorgloser als die Wissenschaft, das ist wahr. Aber sie erfüllt damit ohne allzuviele Mißverständnisse und auf kürzestem Wege die elementarsten praktischen Mitteilungsbedürfnisse der Menschen. Der Vorwurf einer unheilbaren Subjektivität, den man immer wieder gegen Wörter wie *ich* und *du* machen hört und konsequent von ihnen auf alle Zeigwörter ausdehnen darf, beruht auf einem mißverstandenen Anspruch, den man von den Nennwörtern her auch an die Zeigwörter stellt. Sie sind subjektiv in demselben Sinne, wie jeder Wegweiser eine ‚subjektive', d. h. nur von seinem Standort aus gültige und fehlerfrei vollziehbare Angabe macht. Die Wegweiser rund um eine Stadt zeigen alle eine objektive (geographisch) verschiedene Richtung an unter Verwendung eines und desselben Zeichens, nämlich eines ausgestreckten Armes. Und wenn sie *hier* sagen könnten, gäbe dies eine Wort wieder ebensoviele verschiedene Positionen an wie das *hier* aus Menschenmunde. Mit dem *ich* ist es genau so.

Wer kritisch gegen Wörter wie *hier* und *ich* und *jetzt* als Verkehrszeichen den Einwand einer unheilbaren Subjektivität vorbringt, muß von den Verkehrsvereinen auch die Entfernung sämtlicher Wegweiser alten Stils verlangen; oder er muß einsehen, daß er sich von einem unhaltbaren, weil zu engen Axiom eine voreilige Meinung über den Sinn jener Wörter hat eingeben lassen. Das sprachtheoretische Axiom, daß alle Sprachzeichen *Symbole* derselben Art sein müssen, ist zu eng; denn einige darunter wie die Zeigwörter erweisen sich als *Signale*. Und von einem Signal darf man nicht dasselbe verlangen wie von einem (reinen) Symbol, weil zwischen beiden ein sematologischer Unterschied besteht. Die Zeigwörter sind eine eigene Klasse von Signalen, nämlich Rezeptionssignale (verschieden von den Aktionssignalen, zu denen der Imperativ gehört). Ein *dér* oder *ich* löst eine bestimmte Blickwendung u. dgl. und in ihrem Gefolge eine Rezeption aus. Der Imperativ *komm* dagegen ist berufen, eine bestimmte Aktion im Hörer auszulösen. Psychologisch Subtileres über die Ordnung, das Koordinationssystem, in welchem die Zeigwörter als Signale klaglos fungieren, folgt im nächsten Paragraphen.

2. Von der Origo des anschaulichen Hier aus werden sprachlich alle anderen Positionen gezeigt, von der Origo Jetzt aus alle anderen Zeitpunkte. Es ist vorerst von nichts als vom *Zeigen* die Rede; selbstverständlich können Positionen, wie alles andere in der Welt, auch durch sprachliche Begriffszeichen angegeben werden. Eine Rede wie ‚die Kirche neben dem Pfarrhaus' bestimmt die Position des einen Dinges vom anderen aus und verwendet dazu ein waschechtes Begriffswort, die Präposition *neben*; die Präpositionen im Indogermanischen sind selbst keine Zeigwörter, gehen aber häufig eine Wortehe mit Zeigwörtern ein. So entstehen Komposita vom Typus ‚daneben, danach, hierbei' und freie Gruppen vom Typus ‚von jetzt an, auf mich zu'. In diesen Fügungen wird häufig eine Deixis am Phantasma vollzogen oder sie fungieren zeigend im Modus der Anaphora; es ist zweckmäßig, ihre Behandlung an die Stelle zu verschieben, wo nach einer psychologischen Untersuchung der Zeigmodi die Frage allgemein genug beantwortet werden kann, in welchen Formen Zeigen und Nennen zugleich, sei es durch ein einfaches Wort oder durch ein zusammengesetztes, vollbracht wird.

L. Wittgenstein

Philosophische Untersuchungen: Kap. 1, 2, 8–11, 17–18, 21, 23–25, 43, 65–67

1. *Augustinus*, in den Confessionen I/8: cum ipsi (majores homines) apellabant rem aliquam, et cum secundum eam vocem corpus ad aliquid movebant, videbam, et tenebam hoc ab eis vocari rem illam, quod sonabant, cum eam vellent ostendere. Hoc autem eos velle ex motu corporis aperiebatur: tamquam verbis naturalibus omnium gentium, quae fiunt vultu et nutu oculorum, ceterorumque membrorum actu, et sonitu vocis indicante affectionem animi in petendis, habendis, rejiciendis, fugiendisve rebus. Ita verba in variis sententiis locis suis posita, et crebro audita, quarum rerum signa essent, paulatim colligebam, measque iam voluntates, edomito in eis signis ore, per haec enuntiabam.

[Nannten die Erwachsenen irgend einen Gegenstand und wandten sie sich dabei ihm zu, so nahm ich das wahr und ich begriff, daß der Gegenstand durch die Laute, die sie aussprachen, bezeichnet wurde, da sie auf *ihn* hinweisen wollten. Dies aber entnahm ich aus ihren Gebärden, der natürlichen Sprache aller Völker, der Sprache, die durch Mienen- und Augenspiel, durch die Bewegungen der Glieder und den Klang der Stimme die Empfindungen der Seele anzeigt, wenn diese irgend etwas begehrt, oder festhält, oder zurückweist, oder flieht. So lernte ich nach und nach verstehen, welche Dinge die Wörter bezeichneten, die ich wieder und wieder, an ihren bestimmten Stellen in verschiedenen Sätzen, aussprechen hörte. Und ich brachte, als nun mein Mund sich an diese Zeichen gewöhnt hatte, durch sie meine Wünsche zum Ausdruck.]

In diesen Worten erhalten wir, so scheint es mir, ein bestimmtes Bild von dem Wesen der menschlichen Sprache. Nämlich dieses: Die Wörter der Sprache benennen Gegenstände — Sätze sind Verbindungen von solchen Benennungen. — In diesem Bild von der Sprache finden wir die Wurzeln der Idee: Jedes Wort hat eine Bedeutung. Diese Bedeutung ist dem Wort zugeordnet. Sie ist der Gegenstand, für welchen das Wort steht. Von einem Unterschied der Wortarten spricht Augustinus nicht. Wer das Lernen der Sprache so beschreibt, denkt, so möchte ich glauben, zunächst an Hauptwörter, wie „Tisch", „Stuhl", „Brot", und die Namen von Personen, erst in zweiter Linie an den Namen gewisser Tätigkeiten und Eigenschaften, und an die übrigen Wortarten als etwas, was sich finden wird.

Denke nun an diese Verwendung der Sprache: Ich schicke jemand einkaufen. Ich gebe ihm einen Zettel, auf diesem stehen die Zeichen: „fünf rote Äpfel". Er trägt den Zettel zum Kaufmann; der öffnet die Lade, auf welcher das Zeichen „Äpfel" steht; dann sucht er in seiner Tabelle das Wort „rot" auf und findet ihm gegenüber ein Farbmuster; nun sagt er die Reihe der Grundzahlwörter – ich nehme an, er weiß sie auswendig – bis zum Worte „fünf" und bei jedem Zahlwort nimmt er einen Apfel aus der Lade, der die Farbe des Musters hat. – So, und ähnlich, operiert man mit Worten. – „Wie weiß er aber, wo und wie er das Wort ‚rot' nachschlagen soll und was er mit dem Wort ‚fünf' anzufangen hat?" – Nun, ich nehme an, er *handelt*, wie ich es beschrieben habe. Die Erklärungen haben irgendwo ein Ende. – Was ist aber die Bedeutung des Wortes „fünf"? – Von einer solchen war hier garnicht die Rede; nur davon, wie das Wort „fünf" gebraucht wird.

2. Jener philosophische Begriff der Bedeutung ist in einer primitiven Vorstellung von der Art und Weise, wie die Sprache funktioniert, zu Hause. Man kann aber auch sagen, es sei die Vorstellung einer primitiveren Sprache als der unsern.

Denken wir uns eine Sprache, für die die Beschreibung, wie Augustinus sie gegeben hat, stimmt: Die Sprache soll der Verständigung eines Bauenden A mit einem Gehilfen B dienen. A führt einen Bau auf aus Bausteinen; es sind Würfel, Säulen, Platten und Balken vorhanden. B hat ihm die Bausteine zuzureichen, und zwar nach der Reihe, wie A sie braucht. Zu dem Zweck bedienen sie sich einer Sprache, bestehend aus den Wörtern: „Würfel", „Säule", „Platte", „Balken". A ruft sie aus; – B bringt den Stein, den er gelernt hat, auf diesen Ruf zu bringen. – Fasse dies als vollständige primitive Sprache auf.

8. Sehen wir eine Erweiterung der Sprache (2) an. Außer den vier Wörtern „Würfel", „Säule", etc. enthalte sie eine Wörterreihe, die verwendet wird, wie der Kaufmann in (1) die Zahlwörter verwendet (es kann die Reihe der Buchstaben des Alphabets sein); ferner, zwei Wörter, sie mögen „dorthin" und „dieses" lauten (weil dies schon ungefähr ihren Zweck andeutet), sie werden in Verbindung mit einer zeigenden Handbewegung gebraucht; und endlich eine Anzahl von Farbmustern. A gibt einen Befehl von der Art: „d-Platte-dorthin". Dabei läßt er den Gehilfen ein Farbmuster sehen, und beim Worte „dorthin" zeigt er an eine Stelle des Bauplatzes. B nimmt von dem Vorrat der Platten je eine von der Farbe des Musters für jeden Buchstaben des Alphabets bis zum „d" und bringt sie an den Ort, den A bezeichnet. – Bei anderen Gelegenheiten gibt A den Befehl: „dieses-dorthin". Bei „dieses" zeigt er auf einen Baustein. Usw.

9. Wenn das Kind diese Sprache lernt, muß es die Reihe der ‚Zahlwörter' a, b, c, ... auswendiglernen. Und es muß ihren Gebrauch lernen. – Wird in diesem Unterricht auch ein hinweisendes Lehren der Wörter vorkommen? –

Nun, es wird z. B. auf Platten gewiesen und gezählt werden: „a, b, c Platten".
– Mehr Ähnlichkeit mit dem hinweisenden Lehren der Wörter „Würfel",
„Säule", etc. hätte das hinweisende Lehren von Zahlwörtern, die nicht zum
Zählen dienen, sondern zur Bezeichnung mit dem Auge erfaßbarer Gruppen
von Dingen. So lernen ja Kinder den Gebrauch der ersten fünf oder sechs
Grundzahlwörter.

Wird auch „dorthin" und „dieses" hinweisend gelehrt? – Stell dir vor, wie
man ihren Gebrauch etwa lehren könnte! Es wird dabei auf Örter und Dinge
gezeigt werden, – aber hier geschieht ja dieses Zeigen auch im *Gebrauch* der
Wörter und nicht nur beim Lernen des Gebrauchs. –

10. Was *bezeichnen* nun die Wörter dieser Sprache? – Was sie bezeichnen, wie
soll ich das zeigen, es sei denn in der Art ihres Gebrauchs? Und den haben wir
ja beschrieben. Der Ausdruck „dieses Wort bezeichnet *das*" müßte also ein
Teil dieser Beschreibung werden. Oder: die Beschreibung soll auf die Form
gebracht werden. „Das Wort ... bezeichnet ...".

Nun, man kann ja die Beschreibung des Gebrauchs des Wortes „Platte"
dahin abkürzen, daß man sagt, dieses Wort bezeichne diesen Gegenstand.
Das wird man tun, wenn es sich z.B. nurmehr darum handelt, das Mißverständnis zu beseitigen, das Wort „Platte" beziehe sich auf die Bausteinform,
die wir tatsächlich „Würfel" nennen, – die Art und Weise dieses ‚*Bezugs*'
aber, d. h. der Gebrauch dieser Worte im übrigen, bekannt ist.

Und ebenso kann man sagen, die Zeichen „a", „b", etc. bezeichnen Zahlen; wenn dies etwa das Mißverständis behebt; „a", „b", „c", spielten in der
Sprache die Rolle, die in Wirklichkeit „Würfel", „Platte", „Säule", spielen.
Und man kann auch sagen, „c" bezeichne diese Zahl und nicht jene; wenn
damit etwa erklärt wird, die Buchstaben seien in der Reihenfolge a, b, c, d,
etc. zu verwenden und nicht in der: a, b, d, c.

Aber dadurch, daß man so die Beschreibung des Gebrauchs der Wörter
einander anähnlicht, kann doch dieser Gebrauch nicht ähnlicher werden!
Denn, wie wir sehen, ist er ganz und gar ungleichartig.

11. Denk an die Werkzeuge in einem Werkzeugkasten: es ist da ein Hammer,
eine Zange, eine Säge, ein Schraubenzieher, ein Maßstab, ein Leimtopf, Leim,
Nägel und Schrauben. – So verschieden die Funktionen dieser Gegenstände,
so verschieden sind die Funktionen der Wörter. (Und es gibt Ähnlichkeiten
hier und dort.)

Freilich, was uns verwirrt ist die Gleichförmigkeit ihrer Erscheinung,
wenn die Wörter uns ausgesprochen, oder in der Schrift und im Druck entgegentreten. Denn ihre *Verwendung* steht nicht so deutlich vor uns. Besonders
nicht, wenn wir philosophieren!

17. Wir werden sagen können: in der Sprache (8) haben wir verschiedene *Wortarten*. Denn die Funktion des Wortes „Platte" und des Wortes „Würfel" sind einander ähnlicher als die von „Platte" und von „d". Wie wir aber die Worte nach Arten zusammenfassen, wird vom Zweck der Einteilung abhängen, – und von unserer Neigung.

Denke an die verschiedenen Gesichtspunkte, nach denen man Werkzeuge in Werkzeugarten einteilen kann. Oder Schachfiguren in Figurenarten.

18. Daß die Sprachen (2) und (8) nur aus Befehlen bestehen, laß dich nicht stören. Willst du sagen, sie seien darum nicht vollständig, so frage dich, ob unsere Sprache vollständig ist; – ob sie es war, ehe ihr der chemische Symbolismus und die Infinitesimalnotation einverleibt wurden; denn dies sind, sozusagen, Vorstädte unserer Sprache. (Und mit wieviel Häusern, oder Straßen, fängt eine Stadt an, Stadt zu sein?) Unsere Sprache kann man ansehen als eine alte Stadt: Ein Gewinkel von Gäßchen und Plätzen, alten und neuen Häusern, und Häusern mit Zubauten aus verschiedenen Zeiten; und dies umgeben von einer Menge neuer Vororte mit geraden und regelmäßigen Straßen und mit einförmigen Häusern.

21. Denke dir ein Sprachspiel, in welchem B dem A auf dessen Frage die Anzahl der Platten, oder Würfel in einem Stoß meldet, oder die Farben und Formen der Bausteine, die dort und dort liegen. – So eine Meldung könnte also lauten: „Fünf Platten". Was ist nun der Unterschied zwischen der Meldung, oder Behauptung, „Fünf Platten" und dem Befehl „Fünf Platten!"? – Nun, die Rolle, die das Aussprechen dieser Worte im Sprachspiel spielt. Aber es wird wohl auch der Ton, in dem sie ausgesprochen werden, ein anderer sein, und die Miene, und noch manches andere. Aber wir können uns auch denken, daß der Ton der gleiche ist, – denn ein Befehl und eine Meldung können in *mancherlei* Ton ausgesprochen werden und mit mancherlei Miene – und daß der Unterschied allein in der Verwendung liegt. (Freilich könnten wir auch die Worte „Behauptung" und „Befehl" zur Bezeichnung einer grammatischen Satzform und eines Tonfalls gebrauchen; wie wir ja „Ist das Wetter heute nicht herrlich?" eine Frage nennen, obwohl sie als Behauptung verwendet wird.) Wir könnten uns eine Sprache denken, in der *alle* Behauptungen die Form und den Ton rhetorischer Fragen hätten; oder jeder Befehl die Form der Frage: „Möchtest du das tun?" Man wird dann vielleicht sagen: „Was er sagt, hat die Form der Frage, ist aber wirklich ein Befehl" – d.h., hat die Funktion des Befehls in der Praxis der Sprache. (Ähnlich sagt man „Du wirst das tun", nicht als Prophezeihung, sondern als Befehl. Was macht es zu dem einen, was zu dem andern?)

23. Wieviele Arten der Sätze gibt es aber? Etwa Behauptung, Frage und Befehl? – Es gibt *unzählige* solcher Arten: unzählige verschiedene Arten der Verwendung alles dessen, was wir „Zeichen", „Worte", „Sätze", nennen. Und diese Mannigfaltigkeit ist nichts Festes, ein für allemal Gegebenes; sondern neue Typen der Sprache, neue Sprachspiele, wie wir sagen können, entstehen und andre veralten und werden vergessen. (Ein *ungefähres Bild* davon können uns die Wandlungen der Mathematik geben.)

Das Wort „Sprach*spiel*" soll hier hervorheben, daß das Sprechen der Sprache ein Teil ist einer Tätigkeit, oder einer Lebensform.

Führe dir die Mannigfaltigkeit der Sprachspiele an diesen Beispielen, und anderen, vor Augen:

Befehlen, und nach Befehlen handeln –
Beschreiben eines Gegenstands nach dem Ansehen, oder nach Messungen –
Herstellen eines Gegenstands nach einer Beschreibung (Zeichnung) –
Berichten eines Hergangs –
Über den Hergang Vermutungen anstellen –
Eine Hypothese aufstellen und prüfen –
Darstellen der Ergebnisse eines Experiments durch Tabellen und Diagramme –
Eine Geschichte erfinden; und lesen –
Theater spielen –
Reigen singen –
Rätsel raten –
Einen Witz machen; erzählen –
Ein angewandtes Rechenexempel lösen –
Aus einer Sprache in die andere übersetzen –
Bitten, Danken, Fluchen, Grüßen, Beten.

– Es ist interessant, die Mannigfaltigkeit der Werkzeuge der Sprache und ihrer Verwendungsweisen, die Mannigfaltigkeit der Wort- und Satzarten, mit dem zu vergleichen, was Logiker über den Bau der Sprache gesagt haben. (Und auch der Verfasser der *Logisch-Philosophischen Abhandlung*.)

24. Wem die Mannigfaltigkeit der Sprachspiele nicht vor Augen ist, der wird etwa zu den Fragen geneigt sein, wie dieser: „Was ist eine Frage?" – Ist es die Feststellung, daß ich das und das nicht weiß, oder die Feststellung, daß ich wünsche, der Andre möchte mir sagen...? Oder ist es die Beschreibung meines seelischen Zustandes der Ungewißheit? – Und ist der Ruf „Hilfe!" so eine Beschreibung?

Denke daran, wieviel Verschiedenartiges „Beschreibung" genannt wird: Beschreibung der Lage eines Körpers durch seine Koordinaten; Beschreibung eines Gesichtsausdrucks; Beschreibung einer Tastempfindung; einer Stimmung.

Man kann freilich statt der gewöhnlichen Form der Frage die der Feststellung, oder Beschreibung setzen: „Ich will wissen, ob…", oder „Ich bin im Zweifel, ob…" – aber damit hat man die verschiedenen Sprachspiele einander nicht näher gebracht.

Die Bedeutsamkeit solcher Umformungsmöglichkeiten, z. B. aller Behauptungssätze in Sätze, die mit der Klausel „Ich denke", oder „Ich glaube" anfangen (also sozusagen in Beschreibungen *meines* Innenlebens) wird sich an anderer Stelle deutlicher zeigen. (Solipsismus.)

25. Man sagt manchmal: die Tiere sprechen nicht, weil ihnen die geistigen Fähigkeiten fehlen. Und das heißt: „sie denken nicht, darum sprechen sie nicht". Aber: sie sprechen eben nicht. Oder besser: sie verwenden die Sprache nicht – wenn wir von den primitivsten Sprachformen absehen. – Befehlen, fragen, erzählen, plauschen gehören zu unserer Naturgeschichte so wie gehen, essen, trinken, spielen.

43. Man kann für eine *große* Klasse von Fällen der Benützung des Wortes „Bedeutung" – wenn auch nicht für *alle* Fälle seiner Benützung – dieses Wort so erklären: Die Bedeutung eines Wortes ist sein Gebrauch in der Sprache.

Und die *Bedeutung* eines Namens erklärt man manchmal dadurch, daß man auf seinen *Träger* zeigt.

65. Hier stoßen wir auf die große Frage, die hinter allen diesen Betrachtungen steht. – Denn man könnte mir einwenden: „Du machst dir's leicht! Du redest von allen möglichen Sprachspielen, hast aber nirgends gesagt, was denn das Wesentliche des Sprachspiels, und also der Sprache, ist. Was denn diesen Vorgängen gemeinsam ist und sie zur Sprache, oder zu Teilen der Sprache macht. Du schenkst dir also gerade den Teil der Untersuchung, der dir selbst seinerzeit das meiste Kopfzerbrechen gemacht hat, nämlich den, die *allgemeine Form des Satzes* und der Sprache betreffend."

Und das ist wahr. – Statt etwas anzugeben, was allem, was wir Sprache nennen, gemeinsam ist, sage ich, es ist diesen Erscheinungen garnicht Eines gemeinsam, weswegen wir für alle das gleiche Wort verwenden, – sondern sie sind miteinander in vielen verschiedenen Weisen *verwandt*. Und dieser Verwandtschaft, oder dieser Verwandtschaften wegen nennen wir sie alle „Sprachen". Ich will versuchen, dies zu erklären.

66. Betrachte z. B. einmal die Vorgänge, die wir „Spiele" nennen. Ich meine Brettspiele, Kartenspiele, Ballspiel, Kampfspiele, usw. Was ist allen diesen gemeinsam? Sag nicht: „Es *muß* ihnen etwas gemeinsam sein, sonst hießen sie

nicht ‚Spiele‘ " – sondern *schau*, ob ihnen allen etwas gemeinsam ist. – Denn wenn du sie anschaust, wirst du zwar nicht etwas sehen, was *allen* gemeinsam wäre, aber du wirst Ähnlichkeiten, Verwandtschaften, sehen, und zwar eine ganze Reihe. Wie gesagt: denk nicht, sondern schau! – Schau z. B. die Brettspiele an, mit ihren mannigfachen Verwandtschaften. Nun geh zu den Kartenspielen über: hier findest du viele Entsprechungen mit jener ersten Klasse, aber viele gemeinsame Züge verschwinden, andere treten auf. Wenn wir nun zu den Ballspielen übergehen, so bleibt manches Gemeinsame erhalten, aber vieles geht verloren. – Sind sie alle ‚*unterhaltend*‘? Vergleiche Schach mit dem Mühlfahren. Oder gibt es überall ein Gewinnen und Verlieren, oder eine Konkurrenz der Spielenden? Denk an die Patiencen. In den Ballspielen gibt es Gewinnen und Verlieren; aber wenn ein Kind den Ball an die Wand wirft und wieder auffängt, so ist dieser Zug verschwunden. Schau, welche Rolle Geschick und Glück spielen. Und wie verschieden ist Geschick im Schachspiel und Geschick im Tennisspiel. Denk nun an die Reigenspiele: Hier ist das Element der Unterhaltung, aber wie viele der anderen Charakterzüge sind verschwunden! Und so können wir durch die vielen, vielen anderen Gruppen von Spielen gehen, Ähnlichkeiten auftauchen und verschwinden sehen.

Und das Ergebnis dieser Betrachtung lautet nun: Wir sehen ein kompliziertes Netz von Ähnlichkeiten, die einander übergreifen und kreuzen. Ähnlichkeiten im Großen und Kleinen.

67. Ich kann diese Ähnlichkeiten nicht besser charakterisieren als durch das Wort „Familienähnlichkeiten"; denn so übergreifen und kreuzen sich die verschiedenen Ähnlichkeiten, die zwischen den Gliedern einer Familie bestehen: Wuchs, Gesichtszüge, Augenfarbe, Gang, Temperament, etc. etc. – Und ich werde sagen: die ‚Spiele‘ bilden eine Familie.

Und ebenso bilden z. B. die Zahlenarten eine Familie. Warum nennen wir etwas „Zahl"? Nun, etwa, weil es eine – direkte – Verwandtschaft mit manchem hat, was man bisher Zahl genannt hat; und dadurch, kann man sagen, erhält es eine indirekte Verwandtschaft zu anderem, was wir auch *so* nennen. Und wir dehnen unseren Begriff der Zahl aus, wie wir beim Spinnen eines Fadens Faser an Faser drehen. Und die Stärke des Fadens liegt nicht darin, daß irgend eine Faser durch seine ganze Länge läuft, sondern darin, daß viele Fasern einander übergreifen.

Wenn aber Einer sagen wollte: „Also ist allen diesen Gebilden etwas gemeinsam, – nämlich die Disjunktion aller dieser Gemeinsamkeiten" – so würde ich antworten: hier spielst du nur mit einem Wort. Ebenso könnte man sagen: es läuft ein Etwas durch den ganzen Faden, – nämlich das lückenlose Übergreifen dieser Fasern.

Ch. Morris

Grundlagen der Zeichentheorie: Semiotik

II. Semiotik

Es ist angebracht, den Gebrauch einiger Grundbegriffe der Semiotik, die in diesem Text immer wieder vorkommen, anzugeben.

Als Zeichenprozeß (Semiose) bezeichnen wir jede Situation, in der etwas durch die Vermittlung eines Dritten von etwas, das nicht unmittelbar kausal wirksam ist, Notiz nimmt; jeder Zeichenprozeß ist also ein Prozeß des „mittelbaren Notiz-Nehmens-von". Ein Pfeifen bestimmter Art bringt jemanden dazu, so zu handeln, als ob sich ein Eisenbahnzug nähert, von dem er sonst nichts wahrnimmt; für die Person, die dieses Pfeifen hört, bezeichnet der Laut dann einen sich nähernden Zug. Das, was als Zeichen operiert (d.h. was die Funktion hat, etwas zu bezeichnen) nennt man *Zeichenträger*; die Handlung des mittelbaren Notiznehmens wird *Interpretant* genannt und von einem *Interpreten* ausgeführt; das, wovon mittelbar Notiz genommen wird, nennen wir *Designat*. Entsprechend dieser Definition muß jedes Zeichen designieren („ein Designat haben"), aber es braucht nicht aktuell irgendetwas zu denotieren („braucht keine Denotate zu haben"). Man kann von einem näherkommenden Zug Notiz nehmen (so handeln, als ob sich ein Zug näherte), selbst wenn in Wirklichkeit kein Zug kommt; in diesem Falle designiert der vernommene Laut, aber er denotiert nicht („hat ein Designat, aber keine Denotate"). Ein Designat ist also eine Klasse von Objekten, die durch bestimmte definierende Eigenschaften ausgezeichnet sind, und eine Klasse braucht keine Elemente zu haben; die Denotate sind die Elemente – falls es überhaupt welche gibt – der betreffenden Klasse.

Die Beziehungen der Zeichenträger zu dem, was designiert oder denotiert wird, sollen *semantische Dimension der Semiose* heißen und die Untersuchung dieser Dimension *Semantik*; die Beziehungen der Zeichenträger zu den Interpreten wollen wir *pragmatische Dimension der Semiose* und die Untersuchung dieser Dimension *Pragmatik* nennen; die semiotisch relevanten Beziehungen der Zeichenträger zu anderen Zeichenträgern bezeichnen wir als *syntaktische Dimension der Semiose* und ihre Untersuchung als *Syntaktik*. Als allgemeine Wissenschaft von den Zeichen enthält die Semiotik also die Teildisziplinen Syntaktik, Semantik und Pragmatik.

Ein Zeichen ist vollständig analysiert, wenn seine Beziehungen zu den anderen Zeichen, zu seinen aktuellen oder potentiellen Denotaten und zu seinen Interpreten bestimmt worden sind. Die Bestimmung dieser Beziehungen in konkreten Fällen von Semiose heißt *Zeichenanalyse*.

Eine gründlichere Diskussion dieser Dinge findet sich in den *Grundlagen der Zeichentheorie*; das folgende Diagramm soll den Gebrauch der Begriffe festigen helfen:

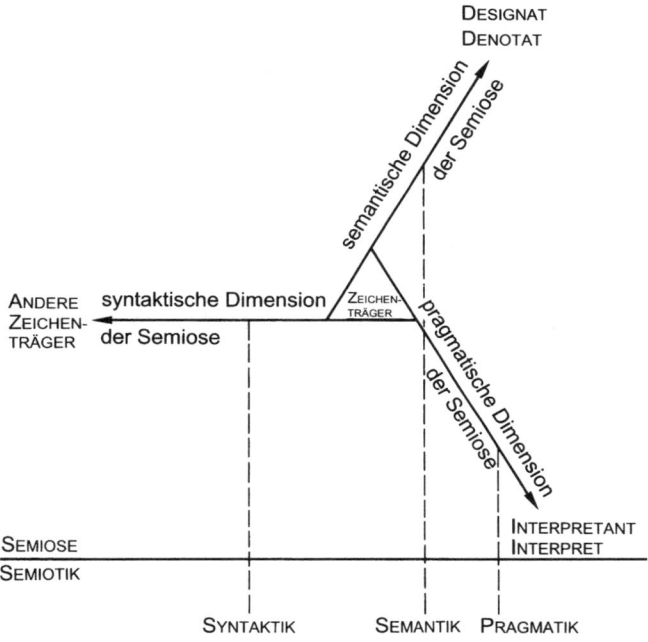

N. Chomsky

Probleme sprachlichen Wissens:
I. Ein Rahmen für die Diskussion

[...]
Eine Person, die eine Sprache spricht, hat ein bestimmtes Wissenssystem entwickelt, das irgendwie im Geist und letztlich in einer physischen Konfiguration im Gehirn repräsentiert ist. Wenn wir uns auf eine Untersuchung dieser Gegenstände einlassen, stehen wir demnach einer Reihe von Fragen gegenüber, darunter:

1. Was ist dieses Wissenssystem? Was befindet sich im Geist/Gehirn des Sprechers des Englischen, Spanischen oder Japanischen?
2. Wie entsteht dieses Wissen im Geist/Gehirn?
3. Wie wird dieses Wissen beim Sprechen (oder in sekundären Systemen wie dem Schreiben) verwendet?
4. Was sind die physischen Mechanismen, die als materielle Basis für dieses Wissenssystem und für den Gebrauch dieses Wissens dienen?

Dies sind klassische Fragen, wenn sie auch nicht in genau den Begriffen formuliert wurden, die ich benutzen werde. Die **erste** Frage war der zentrale Untersuchungsgegenstand der philosophischen Grammatik des siebzehnten und achtzehnten Jahrhunderts. Die **zweite** Frage ist ein spezieller und wichtiger Fall dessen, was wir die Fragestellung Platos nennen könnten. In seiner Umformulierung in Bertrand Russells späterem Werk ist das Problem dies: „Wie kommt es, daß die Menschen, deren Kontakte mit der Welt so kurz und persönlich und beschränkt sind, in der Lage sind, so viel zu wissen, wie sie tatsächlich wissen?" Plato illustrierte das Problem mit dem ersten überlieferten psychologischen Experiment (oder zumindest dem ersten „**Gedanken**experiment"). In **Menon** demonstriert Sokrates, daß ein ungebildeter Sklavenjunge die Prinzipien der Geometrie kennt, indem er ihn durch eine Reihe von Fragen zur Entdeckung der Theoreme der Geometrie hinführt. Dieses Experiment wirft ein Problem auf, vor dem wir immer noch stehen: Wie war der Sklavenjunge in der Lage, ohne Schulung und Information Wahrheiten der Geometrie herauszufinden?

Plato hatte, wie man weiß, eine Lösung für dieses Problem: Das Wissen stammte aus der Erinnerung an eine frühere Existenz und wurde im Geist des

Sklavenjungen durch die Fragen, die Sokrates ihm stellte, wiedererweckt. Jahrhunderte später vertrat Leibnitz die Ansicht, daß Platos Antwort im wesentlichen richtig sei, sie müsse allerdings „vom Irrtum der Präexistenz gereinigt" werden. Wie können wir diese Aussage in modernen Begriffen interpretieren? Eine moderne Spielart davon wäre, daß bestimmte Aspekte unseres Wissens und Verstehens angeboren sind, Teil unserer biologischen Ausstattung, genetisch determiniert, gleichrangig mit den Elementen der uns allen gemeinsamen Natur, die dafür verantwortlich sind, daß uns Arme und Beine wachsen und keine Flügel. Diese Version der klassischen Theorie ist meiner Ansicht nach im wesentlichen richtig. Sie ist ziemlich weit entfernt von den empiristischen Annahmen, die einen Großteil des westlichen Denkens während der letzten paar Jahrhunderte dominiert haben, aber andererseits den Auffassungen wichtiger empiristischer Denker wie Hume nicht gänzlich fremd, der von denjenigen Teilen unseres Wissens sprach, die „der ursprünglichen Hand der Natur" entstammen und „eine besondere Art des Instinkts" sind.

Platos Problem erhebt sich beim Studium der Sprache in ganz auffallender Weise, und eine Antwort der eben vorgeschlagenen Art scheint die richtige zu sein. Ich werde das im weiteren Verlauf veranschaulichen.

Die **dritte** der oben erwähnten Fragen kann in zwei Aspekte unterteilt werden: das Wahrnehmungsproblem und das Produktionsproblem. Das Wahrnehmungsproblem hat damit zu tun, wie wir interpretieren, was wir hören (oder lesen; ich lasse diese offenkundig zweitrangige Sache hier beiseite). Das Produktionsproblem, das bedeutend unklarer ist, hat mit dem zu tun, was wir sagen und warum wir es sagen. Wir könnten dieses letztgenannte Problem Descartes' Problem nennen. In seinem Kern liegt die Aufgabe, eine Erklärung für das zu liefern, was wir den „kreativen Aspekt des Sprachgebrauchs" nennen könnten. Descartes und seine Anhänger machten die Beobachtung, daß der normale Gebrauch von Sprache ständig innovativ ist; er ist unbeschränkt, anscheinend frei von Kontrolle durch äußere Anreize oder innere Zustände sowie kohärent und situationsangemessen. Er ruft Gedanken im Zuhörer hervor, die er oder sie unter denselben Umständen vielleicht auf ähnliche Weise zum Ausdruck gebracht hätte. Demnach wiederholt man beim normalen Sprechen nicht einfach, was man gehört hat, sondern bringt neue sprachliche Formen hervor – oft neu in der eigenen Erfahrung oder sogar in der Geschichte der jeweiligen Sprache –, und es gibt keine Grenzen für derartige Innovationen. Weiterhin besteht dieses Sprechen nicht in einer Reihe zufälliger Äußerungen, sondern entspricht der Situation, durch die es hervorgerufen, aber nicht verursacht wird – ein entscheidender, wenn auch unklarer Unterschied. Der normale Gebrauch von Sprache ist demnach frei und undeterminiert, aber dennoch situationsangemessen; und er wird von anderen Teilnehmern an der Gesprächssituation als angemessen erkannt, die auf ähnliche Weise hätten reagieren können und deren durch dieses Sprechen hervorgerufene Gedanken mit denen des Sprechers in Einklang sind. Für die Cartesianer stellte der kreative Aspekt der Sprache das beste Zeugnis dafür dar, daß ein anderer Organismus, der so aussieht wie wir, einen Geist wie den unsrigen besitzt.

Der kreative Aspekt des Sprachgebrauchs wurde außerdem als ein Kernargument benutzt, um die für das cartesianische Denken zentrale Schlußfolgerung zu begründen, daß Menschen auf fundamentale Art verschieden von allem sind, was sonst in der physischen Welt existiert. Andere Organismen sind Maschinen. Wenn ihre Teile in einer bestimmten Konfiguration angeordnet sind und sie in eine bestimmte äußere Umgebung versetzt werden, ist das, was sie tun, vollkommen determiniert (oder vielleicht zufällig). Aber Menschen sind unter diesen Bedingungen nicht „gezwungen", in einer bestimmten Weise zu handeln, sondern sind nur „angeregt und geneigt", dies zu tun, wie ein führender Interpret des cartesianischen Denkens erklärte. Ihr Verhalten mag vorhersagbar sein, insofern sie dazu tendieren werden, zu tun, was sie angeregt und geneigt sind, zu tun, aber sie sind dennoch frei, und das auf einzigartige Weise, insofern sie nicht tun müssen, was sie angeregt und geneigt sind zu tun. Wenn ich zum Beispiel jetzt ein Maschinengewehr hervorholen, es drohend auf Sie richten und Ihnen befehlen würde, „Heil Hitler!" zu rufen, würden Sie das vielleicht tun, wenn Sie Grund hätten, zu glauben, ich sei ein mordlüsterner Wahnsinniger, aber Sie hätten dennoch eine Wahl, es zu tun oder auch nicht, selbst wenn diese Wahl nicht zur Anwendung kommt. Die Situation ist in der Welt der Realität nicht unbekannt; unter der Nazibesatzung zum Beispiel wurden viele Leute – in einigen Ländern die große Mehrheit – zu aktiven oder passiven Kollaborateuren, aber einige widersetzten sich. Im Gegensatz dazu agiert eine Maschine in Übereinstimmung mit ihrer inneren Konfiguration und äußeren Umgebung, ohne daß es eine Wahl gibt. Der kreative Aspekt des Sprachgebrauchs wurde oft als eindrucksvollstes Beispiel dieses fundamentalen Aspekts der menschlichen Natur angeführt.

Die **vierte** Frage ist relativ neu, tatsächlich hat sie noch kaum Gestalt angenommen. Die ersten drei Fragen fallen in den Bereich der Linguistik und der Psychologie, zwei Gebiete, die ich eigentlich gar nicht trennen möchte, da ich Linguistik (oder genauer, diejenigen Bereiche der Linguistik, mit denen ich mich hier befasse) einfach als den Teil der Psychologie betrachte, der sich mit den besonderen Aspekten dieser Disziplin beschäftigt, die in den ersten drei Fragen skizziert wurden. Ich möchte ferner nochmals betonen, daß ich, hierin der traditionellen, wenn auch nicht der modernen Praxis folgend, weite Gebiete der Philosophie unter dieselbe Rubrik fassen würde. Soweit der Linguist Antworten auf die Fragen 1, 2 und 3 geben kann, kann der Neurowissenschaftler beginnen, die physischen Mechanismen zu erforschen, die die von der abstrakten Theorie des Linguisten enthüllten Eigenschaften aufweisen. Solange es keine Antworten auf diese Fragen gibt, wissen die Neurowissenschaftler nicht, wonach sie suchen; ihre Forschung ist dann in dieser Hinsicht blind.

Das ist ein in den Naturwissenschaften häufiger Hergang. So befaßte sich die Chemie des neunzehnten Jahrhunderts mit den Eigenschaften chemischer Elemente und lieferte Modelle für Verbindungen (zum Beispiel den Benzolring). Sie entwickelte Begriffe wie Valenz und Molekül sowie die periodische Tafel der Elemente. All das ging auf einer Ebene vor sich, die äußerst abstrakt war. Wie all das zu grundlegenderen physikalischen Mechanismen in Beziehung stehen könnte, war unbekannt, und tatsächlich gab es viele Debatten darüber, ob diese Begriffe irgendeine „physikalische Realität" besäßen oder nur zweckdienliche Mythen seien, die helfen sollten, Ordnung in die Erfahrung zu bringen. Diese abstrakte Untersuchung definierte Aufgaben für den Physiker: nämlich physikalische Mechanismen zu entdecken, die diese Eigenschaften aufweisen. Die bemerkenswerten Erfolge der Physik des zwanzigsten Jahrhunderts haben auf einem Weg, von dem einige glauben, daß er sich jetzt einer Art „letzter und vollständiger Antwort" nähern könnte, immer feinere und zwingendere Lösungen für diese Probleme geliefert.

Die heutige Erforschung des Geistes/Gehirns kann zweckdienlich in recht ähnlicher Art verstanden werden. Wenn wir vom Geist sprechen, sprechen wir auf einer gewissen Ebene der Abstraktion von bis jetzt noch unbekannten physischen Mechanismen des Gehirns, ganz ähnlich wie diejenigen, die von der Valenz von Sauerstoff oder dem Benzolring sprachen, auf einer gewissen Abstraktionsebene von damals noch unbekannten physikalischen Mechanismen sprachen. Ebenso wie die Entdeckungen des Chemikers die Voraussetzung für die weitere Untersuchung zugrundeliegender Mechanismen schufen, so liefern heute die Entdeckungen des Linguisten-Psychologen die Basis für die weitere Untersuchung der Mechanismen des Gehirns, eine Untersuchung, die ohne ein solches Verständnis auf abstrakter Ebene nicht wüßte, wonach sie eigentlich sucht und deshalb blind vorgehen müßte.

Wir können fragen, ob die Konstruktionen des Linguisten die Sachlage treffen oder ob sie modifiziert oder durch andere ersetzt werden sollten. Aber es gibt kaum sinnvolle Fragen hinsichtlich der „Realität" dieser Konstruktionen – ihrer „psychologischen Realität," um den gebräuchlichen, aber sehr irreführenden Ausdruck zu verwenden –, ebenso wie es kaum sinnvolle Fragen hinsichtlich der „physikalischen Realität" der Konstruktionen des Chemikers gibt, obwohl es immer möglich ist, deren Angemessenheit in Zweifel zu ziehen. In jedem Stadium der Untersuchung versuchen wir, Theorien zu konstruieren, die uns befähigen, Einsichten in die Natur der Welt zu gewinnen, wobei wir unsere Aufmerksamkeit auf diejenigen Phänomene der Welt konzentrieren, die erhellende Daten für diese theoretischen Vorhaben liefern. Bei der Erforschung der Sprache gehen wir auf abstrakte Weise vor, auf der Ebene des Geistes, und wir hoffen außerdem, daß es uns gelingt, Verständnis darüber zu gewinnen, wie die Gebilde, die wir auf dieser abstrakten Ebene konstruieren, ihre Eigenschaften sowie die diese beherrschenden Prinzipien mit Hilfe von Eigenschaften des Gehirns erklärt werden können. Wenn es den Neurowissenschaften gelingt, diese Eigenschaften des Gehirns zu entdecken, werden wir dennoch nicht aufhören, Sprache in den Kategorien von Wörtern und Sätzen, von Nomina und Verben und weiteren abstrakten Konzepten der Linguistik zu erörtern, ebenso wie der heutige Chemiker nicht aufhört, von Valenz, Elementen, Benzolringen und ähnlichem zu sprechen. Sie können sehr wohl die angemessenen Konzepte zur Erklärung und für Vorhersagen bleiben, nur daß sie dann durch ein Verständnis ihrer Beziehung zu grundlegenderen physischen Gebilden untermauert sind – oder die weitere Forschung kann zeigen, daß sie durch andere abstrakte Konzeptionen ersetzt werden sollten, die für die Aufgabe der Erklärung und Vorhersage besser geeignet sind.

Halten wir fest, daß an der Erforschung des Geistes, verstanden als eine Erforschung der abstrakten Eigenschaften von Mechanismen des Gehirns, nichts Mystisches ist. Im Gegenteil ist ein so begriffener zeitgenössischer Mentalismus ein Schritt zur Integration von Psychologie und Linguistik in die Naturwissenschaften. Ich möchte später auf dieses Thema zurückkommen, das meiner Ansicht nach in den Sozialwissenschaften und der Philosophie, einschließlich der marxistischen Tradition, oft mißverstanden wird.

II. Das Forschungsprogramm der modernen Linguistik

Gestern habe ich einige der grundlegenden Fragen der Wissenschaft von der Sprache diskutiert. Wir können das zentrale Problem dieser Untersuchung auf folgende Art fassen. Der Geist/das Gehirn des Menschen ist ein komplexes System mit unterschiedlichen miteinander interagierenden Komponenten, unter denen eine ist, die wir als das Sprachvermögen bezeichnen können. Letzteres System scheint in seinen wesentlichen Eigenschaften nur der menschlichen Art eigen und den Angehörigen der Spezies gemeinsam zu sein. Aufgrund seiner Konfrontation mit Daten legt das Sprachvermögen die jeweilige Sprache fest: Spanisch, Englisch, etc. Diese Sprache legt ihrerseits einen großen Bereich potentieller Phänomene fest, die weit über die präsentierten Daten hinausreichen. In schematischer Form haben wir demnach folgendes Bild:

(1)
Daten → | Sprach-vermögen | → Sprache → strukturierte Ausdrücke

Nehmen wir an, ein Kind mit dem menschlichen Sprachvermögen als Teil seiner angeborenen Ausstattung wird in eine soziale Umgebung versetzt, in der Spanisch gesprochen wird. Das Sprachvermögen wählt aus den in seiner Umgebung stattfindenden Ereignissen in Betracht kommende Daten aus; indem es von diesen Daten in einer durch die innere Struktur des Sprachvermögens bestimmten Weise Gebrauch macht, konstruiert das Kind eine Sprache, nämlich Spanisch, oder genauer gesagt, die Variante des Spanischen, der es ausgesetzt ist. Diese Sprache ist nun Bestandteil des Geistes. Sobald dieser Prozeß abgeschlossen ist, bildet die Sprache den nunmehr vom Sprachvermögen erreichten reifen Zustand. Die Person spricht und versteht nun diese Sprache.

Die Sprache bildet jetzt eines der vielen Wissenssysteme, die die Person im Verlauf der Zeit erworben hat, eines der kognitiven Systeme der Person. Die Sprache ist ein reiches und komplexes System bestimmter Art, mit spezifischen Eigenschaften, die von der Natur des Geistes/Gehirns bestimmt sind. Diese Sprache legt ihrerseits einen weitgespannten Bereich potentieller Phänomene fest; sie weist sprachlichen Ausdrücken, die weit über jegliche Erfahrung hinausgehen, eine Struktur zu. Wenn es sich bei der Sprache um Spanisch handelt, dann legt das kognitive System, das das Kind erworben hat, fest, daß *strid* kein mögliches Wort ist; dasselbe gilt, wenn die Sprache Arabisch ist, nicht aber im Fall von Englisch. In ähnlicher Weise legt die Sprache fest, daß die Phrase *el libro* in einem konkreten oder einem abstrakten Sinn oder in beiden gleichzeitig verwendet werden kann. Sie legt Beziehungen zwischen der Bedeutung des Wortes *persuadir* und der Phrase *tener intención* fest. Sie bestimmt ferner, daß *Juan se hizo afeitar* ein einwandfrei geformter Satz mit einer ganz spezifischen Bedeutung ist, daß aber dieser Status trotz des Vorhandenseins diverser Analogien verlorengeht, wenn wir *a los muchachos* dem Ende oder *a quién* dem Anfang des Satzes hinzufügen. Entsprechendes gilt für einen unbegrenzten Bereich möglicher Erscheinungen, die über die Erfahrung der Person, die die Sprache erworben hat oder der Sprachgemeinschaft, in die diese Person hineinwächst, bei weitem hinausgehen.

Ich sollte erwähnen, daß ich den Begriff „Sprache" verwende, um ein individuelles Phänomen zu bezeichnen, ein im Geist/Gehirn eines einzelnen Individuums repräsentiertes System. Wenn wir der Frage genau genug nachgehen könnten, würden wir herausfinden, daß keine zwei verschiedenen Personen, nicht einmal eineiige Zwillinge, die in derselben sozialen Umgebung aufwachsen, in diesem Sinn exakt dieselbe Sprache miteinander teilen. Zwei Personen können in dem Maß miteinander kommunizieren, in dem ihre Sprachen einander hinreichend ähnlich sind.

Im Gegensatz dazu haben wir, wenn wir im gewöhnlichen Sprachgebrauch von einer Sprache reden, eine Art von sozialem Phänomen im Sinn, ein Merkmal, das von einer Gemeinschaft geteilt wird. Von was für einer Gemeinschaft? Auf diese Frage gibt es keine klare Antwort. Wir sprechen von Chinesisch als einer Sprache, während Spanisch, Katalanisch, Portugiesisch, Italienisch und die anderen romanischen Sprachen verschiedene Sprachen sind. Aber die sogenannten Dialekte des Chinesischen sind ebenso verschieden voneinander wie die romanischen Sprachen. Wir nennen Holländisch eine Sprache und Deutsch eine andere Sprache, aber die Variante des Deutschen, die in der Nähe der holländischen Grenze gesprochen wird, kann von Sprechern des Holländischen, die ebenfalls in der Region leben, verstanden werden, nicht aber von Sprechern des Deutschen in weiter entfernten Gebieten. Der Begriff „Sprache", wie er im gewöhnlichen Gespräch verwendet wird, schließt unklare soziopolitische und normative Elemente ein. Es ist fraglich, ob wir eine kohärente Beschreibung davon geben können, wie der Begriff tatsächlich verwendet wird. Das ist für den normalen Sprachgebrauch kein Problem. Dieser erfordert als Bedingung lediglich, daß die Verwendung für gewöhnliche Zwecke ausreichend klar ist. Aber wenn wir eine ernsthafte Untersuchung der Sprache betreiben, benötigen wir eine gewisse begriffliche Präzision und müssen daher die Konzepte des gewöhnlichen Gebrauchs verfeinern, modifizieren oder einfach durch andere ersetzen, ebenso wie die Physik Begriffen wie „Energie", „Kraft" und „Arbeit" eine präzise technische Bedeutung zuweist, die von den ungenauen und reichlich unklaren Konzepten des alltäglichen Gebrauchs abweicht. Es mag möglich und lohnend sein, die Erforschung der Sprache in ihren soziopolitischen Dimensionen zu betreiben, aber diese zusätzliche Untersuchung kann nur in dem Maß Fortschritte machen, in dem wir ein Verständnis von den Eigenschaften und Prinzipien der Sprache in einem engeren Sinn haben, nämlich im Sinn der Individualpsychologie. Sie wird dann eine Erforschung der Frage sein, wie sich die im Geist/Gehirn verschiedener interagierender Sprecher repräsentierten

Systeme voneinander unterscheiden und wie sie innerhalb einer zumindest teilweise auf nichtsprachliche Weise charakterisierten Gemeinschaft zueinander in Beziehung stehen.

Außerdem sollten wir auch daran denken, daß das Sprachvermögen tatsächlich ein ausschließlicher Besitz des Menschen zu sein scheint. Andere Organismen haben ihre eigenen Systeme der Kommunikation, aber diese weisen von der menschlichen Sprache radikal verschiedene Eigenschaften auf. Außerdem ist die menschliche Sprache weit mehr als ein bloßes Kommunikationssystem: Sprache wird verwendet, um Gedanken auszudrücken, zur Herstellung zwischenmenschlicher Beziehungen ohne besonderen kommunikativen Belang, zum Spiel und für eine Reihe weiterer menschlicher Zwecke. In den letzten Jahren hat es zahlreiche Bemühungen gegeben, anderen Organismen (zum Beispiel Schimpansen und Gorillas) einige der Anfangsgründe menschlicher Sprache beizubringen, doch wird jetzt weithin anerkannt, daß diese Bemühungen fehlgeschlagen sind – eine Tatsache, die kaum jemanden überraschen wird, der ein wenig über die Sache nachdenkt. Das Sprachvermögen verleiht einer Spezies, die es besitzt, enorme Vorteile. Es ist kaum wahrscheinlich, daß eine Spezies diese Fähigkeit besitzt, aber nie darauf gekommen ist, sie zu benutzen, bis sie von Menschen darin unterrichtet wurde. Das ist ungefähr so wahrscheinlich wie die Entdeckung, daß es auf irgendeiner abgelegenen Insel eine Vogelart gibt, die alle Voraussetzungen zum Fliegen besitzt, aber nie darauf gekommen ist, zu fliegen, bis sie von Menschen in dieser Fertigkeit unterwiesen wurde. Wenn das auch keine logische Unmöglichkeit ist, so wäre es doch ein biologisches Wunder, und es besteht kein Grund zu der Annahme, daß es stattgefunden hat. Stattdessen deutet das Datenmaterial, genau wie wir es sowieso hätten erwarten sollen, darauf hin, daß noch die rudimentärsten Merkmale menschlicher Sprache weit über das Fassungsvermögen anderweitig intelligenter Affen hinausgehen, ebenso wie die Fähigkeit zu fliegen oder das Heimkehrvermögen von Tauben nicht zu den Fähigkeiten des Menschen gehören.

Das Sprachvermögen ist, soweit wir wissen, nicht nur in seinen wesentlichen Merkmalen einzigartig für die menschliche Art, sondern auch der Spezies gemeinsam. Wir kennen keinen Grund zu der Vermutung, daß es so etwas wie eine rassische Differenzierung in Bezug auf das Sprachvermögen gibt. Falls es genetische Unterschiede gibt, die den Erwerb und den Gebrauch von Sprache beeinflussen, liegen sie ein gutes Stück jenseits unserer gegenwärtigen Fähigkeit, sie auszumachen, wenn man von Defekten, die vieles andere ebenfalls in Mitleidenschaft ziehen, absieht. Das Sprachvermögen funktioniert bei Menschen sogar noch, wenn schwere krankhafte Schädigungen und Reizmangel vorliegen. Unter dem Downsyndrom leidende Kinder (d.h. Mongoloide), die zu vielen intellektuellen Leistungen nicht in der Lage sind, scheinen dennoch Sprache auf im großen und ganzen normale Art zu entwickeln, wenn auch mit geringerer Geschwindigkeit und im Rahmen gewisser Grenzen. Blinde Kinder erleiden einen ernsthaften Entzug an Erfahrung, aber ihr Sprachvermögen entwickelt sich auf normale Weise. Sie legen sogar eine bemerkenswerte Fähigkeit an den Tag, das visuelle Vokabular – Begriffe wie „stare" („starren"/„stieren"/„gaffen"), „gaze" („starren") und „watch" („beobachten") – auf großenteils dieselbe Weise wie normalsichtige Menschen zu verwenden. Es gibt Fälle von Leuten, die die Nuancen und Komplexitäten der normalen Sprache bis zu einem bemerkenswerten Grad an Ausgereiftheit erworben haben, obwohl sie seit früher Kindheit sowohl blind als auch taub waren, in einigen Fällen von einem Alter von unter zwei Jahren an, einer Zeit, als sie erst ein paar Worte sprechen konnten. Ihr Zugang zur Sprache ist auf die Daten beschränkt, die sie erhalten können, indem sie ihre Hand auf das Gesicht einer sprechenden Person legen (es mag jedoch bedeutsam sein, daß keine der Personen, denen es gelang, auf diese Weise Sprache zu erwerben, von Geburt an taub und blind war). Solche Beispiele illustrieren, daß sehr beschränkte Daten für das Sprachvermögen des Geistes/Gehirns genügen, um eine reiche und komplexe Sprache hervorzubringen, die einen Großteil der Details und Feinheiten der Sprache von Personen zeigt, bei denen keine derartigen Schädigungen vorliegen. Es gibt sogar Beispiele von Kindern, die ohne überhaupt irgendeine Erfahrung mit Sprache ein der normalen Sprache zum Großteil entsprechendes System geschaffen haben – taube Kinder, die keiner Verwendung von visuellen Symbolen ausgesetzt worden waren, aber dennoch ihre eigene Art von Zeichensprache entwickelten, eine Sprache, die die entscheidenden Eigenschaften gesprochener Sprachen besitzt, auch wenn sie ein anderes Medium benutzt.

Das sind faszinierende Themen, die in den letzten Jahren mit Gewinn erforscht worden sind. Die allgemeine Schlußfolgerung, die von diesen Untersuchungen, wie es scheint, unterstützt wird, ist die, die ich bereits erwähnt habe: Das Sprachvermögen ist offenbar eine Spezieseigenschaft, die der Spezies gemeinsam und in ihren Wesensmerkmalen nur ihr eigen ist sowie die Fähigkeit besitzt, eine reiche, hochgradig gegliederte und komplexe Sprache auf der Basis ziemlich rudimentärer Daten hervorzubringen. Die Sprache, die sich auf diese Weise – weitgehend gemäß der Richtung, die von der uns gemeinsamen biologischen Natur festgelegt ist – entwickelt, spielt im menschlichen Denken und Verstehen eine grundlegende Rolle und bildet einen wesentlichen Teil unserer Natur.

Um ein weiteres Verständnis dieser Fragen zu gewinnen, können wir zu der in (**1**) umrissenen schematischen Beschreibung des Spracherwerbs zurückkehren. Das Ziel unserer Untersuchung ist es, das Wesen und die Eigenschaften der erworbenen Sprachen zu bestimmen; sodann können wir uns Platos Problem zuwenden und fragen, wie diese Leistung möglich ist. Die Antwort wird in den Eigenschaften des Sprachvermögens liegen, des Systems in Schema (1), das die dem Kind zugänglichen Daten in die Sprache umsetzt, die schließlich zu einem Bestandteil des Geistes/Gehirns wird. Wir können uns dann weiteren Fragen zuwenden, die den Sprachgebrauch und die physischen Mechanismen betreffen, die an der Repräsentation, dem Gebrauch und dem Erwerb der Sprache beteiligt sind.

Ich habe eine Reihe von Beispielen diskutiert, die die Probleme illustrieren, die sich stellen, und ich werde im weiteren Verlauf auf einige mögliche Lösungen für diese Probleme zurückkommen. Halten wir uns zunächst noch etwas bei den Problemen auf, denen wir bei dieser Untersuchung gegenüberstehen. Sobald wir von einfachen zu komplexeren Fällen übergehen, werden Argument und Analyse ebenfalls komplexer werden, und es wird einige Sorgfalt und Aufmerksamkeit nötig sein, um ihnen zu folgen. Ich denke, daß dies unvermeidlich ist, wenn wir auf vernünftige Weise mit den allgemeinen Problemen umgehen wollen, die Sprache, Denken und Wissen betreffen und viele Jahrhunderte lang Gegenstand vieler Spekulationen, erhitzter Debatten und zuversichtlicher Behauptungen gewesen sind. Ich meine außerdem, daß diese Diskussionen oft an mangelnder Klarheit darüber kranken, worum es beim Wachstum und Gebrauch von Sprache überhaupt geht, und daß Vertrautheit mit den relevanten Tatsachen zeigen würde, daß ein Großteil der Diskussion in die Irre geht und auf ernstlichen Mißverständnissen beruht. Ich werde versuchen, dieses Urteil im weiteren Verlauf der Diskussion zu untermauern. Wenn es richtig ist, dann ist die manchmal mühselige und intellektuell fordernde Aufgabe, die in der Untersuchung liegt, deren Konturen ich hier – wenn auch nur ansatzweise – umreißen werde, den Aufwand wert und tatsächlich unumgänglich für jeden, der hofft, ein ernsthaftes Verständnis dieser allgemeinen Themen zu gewinnen.

Stellen wir uns einen Wissenschaftler vom Mars vor – nennen wir ihn John M. –, der die Physik und die anderen Naturwissenschaften kennt, aber nichts über die menschliche Sprache weiß. Nehmen wir an, daß er nun dieses seltsame biologische Phänomen entdeckt und versucht, es zu verstehen, indem er die Methoden der Wissenschaft anwendet, nämlich die Methoden der rationalen Untersuchung. Indem er Sprecher des Spanischen beobachtet oder mit ihnen experimentiert, entdeckt John M., daß diese Sätze wie (2) produzieren, und daß sie sie zu der komplexeren Struktur (3) kombinieren:

(2)
a. **El hombre está en la casa.**
   The man is in the house.
   Der Mann ist in dem Haus.
   „The man is at home." [1]
   „Der Mann ist zu Hause."

b. **El hombre está contento.**
   „The man is happy."
   „Der Mann ist glücklich."

[...]

(1)
Daten → Sprachvermögen → Sprache → strukturierte Ausdrücke

Auf diese Weise können wir ein bestimmtes Programm für die Erforschung der Sprache umreißen. Das Sprachvermögen ist eine Komponente des Geistes/Gehirns, Teil der menschlichen biologischen Ausstattung. Mit Daten konfrontiert, bildet das Kind, oder spezifischer, das Sprachvermögen des Kindes, eine Sprache aus, ein Berechnungssystem bestimmter Art, das strukturierte Repräsentationen sprachlicher Ausdrücke liefert, die deren Bedeutung und lautliche Form festlegen. Die Aufgabe des Linguisten besteht darin, das Wesen der Elemente in (1) zu entdecken: der Daten, des Sprachvermögens, der Sprache und der durch die Sprache festgelegten strukturierten Ausdrücke.

Wenn wir uns weiter an die schematische Darstellung halten, können wir uns die Forschungstätigkeit des Linguisten als einen Prozeß vorstellen, der am rechten Ende des Diagramms (1) beginnt und sich von dort zu einer Untersuchung der Natur des Sprachvermögens vorarbeitet. Die Forschung beginnt normalerweise mit Beispielen von strukturierten Ausdrücken, oder genauer, mit Urteilen von Sprechern (oder sonstigen Daten), die zumindest eine teilweise Beschreibung der Form und Bedeutung dieser Ausdrücke ermöglichen und so zumindest eine teilweise Beschreibung ihrer Struktur liefern. Zum Beispiel kann der Linguist, indem er das Verständnis des Spanischsprechers der hier wiederholten Sätze (8a) und (8b) untersucht, herausfinden, daß *lo* in (8b) von *Juan* gebunden[2] sein kann oder auch nicht, während *él* in (8a) nicht von *Juan* gebunden sein kann:

---

1 Je nach Dialekt kann der spanische Satz ebenso wie die wörtliche Bedeutung „Der Mann ist in dem Haus" auch die Bedeutung „Der Mann ist zu Hause" haben oder nicht. Ich verwende hier letztere Übersetzung.

2 „Bindung" bezeichnet die Relation zwischen einem Ausdruck wie *he, lo, er* („Anapher") und dem Vorgängerausdruck, der sich auf denselben Gegenstand bezieht, z.B. *the man, Juan, der Mann* [Anmn. L.H.].

(8)
a. **Él ama a Juan.**
   He loves to Juan.
   Er liebt zu Juan.
   „*He loves Juan.*"
   „*Er liebt Juan.*"

b. **Juan nos mandó [examinarlo].**
   Juan us-asked [to-examine-him].
   Juan uns-bat [zu-untersuchen-ihn].
   „*Juan asked us to examine him.*"
   „*Juan bat uns, ihn zu untersuchen.*"

Vergleichbares gilt für andere Fälle [...]

Anhand einer Vielzahl von Daten dieser Art kann sich der Linguist der nächsten Aufgabe zuwenden: die Sprache zu beschreiben, die für diese Tatsachen bestimmend ist. Auf dieser Stufe versucht der Linguist, eine Grammatik einer bestimmten Sprache, das heißt, eine Theorie dieser Sprache zu konstruieren. Wenn die Grammatik ausreichend explizit ist, also das, was wir eine generative Grammatik nennen, wird sie eine unbegrenzte Menge strukturierter Ausdrücke voraussagen und kann hinsichtlich ihrer empirischen Angemessenheit überprüft werden, indem die Richtigkeit dieser Voraussagen untersucht wird. Der Linguist wird diese Aufgabe für eine größtmögliche Bandbreite von Sprachen angehen und versuchen, für jede von ihnen eine Grammatik zu konstruieren, die die jeweils vorliegenden Phänomene erklärt. Das ist eine schwierige und anspruchsvolle Aufgabe. Es ist die Aufgabe, einen realen Gegenstand der wirklichen Welt zu beschreiben, nämlich die Sprache, die im Geist/Gehirn des erwachsenen Sprechers einer Sprache repräsentiert ist.

Die nächste Aufgabe besteht darin, zu erklären, warum die Tatsachen, beispielsweise Tatsachen der Art, wie wir sie besprochen haben, so sind, wie sie sind. Diese Aufgabe der Erklärung führt uns zur Untersuchung des Sprachvermögens. Eine Theorie des Sprachvermögens wird manchmal in Anwendung eines traditionellen Begriffs auf ein etwas andersartig konzipiertes Forschungsprogramm Universalgrammatik genannt. Die Universalgrammatik versucht, die Prinzipien zu formulieren, die am Funktionieren des Sprachvermögens beteiligt sind. Die Grammatik einer bestimmten Sprache ist eine Beschreibung des Zustands des Sprachvermögens, nachdem es mit Erfahrungsdaten konfrontiert worden ist; die Universalgrammatik ist eine Beschreibung des ursprünglichen Zustandes des Sprachvermögens vor jeglicher Erfahrung. Die Universalgrammatik würde zum Beispiel das Prinzip enthalten, daß Regeln strukturabhängig sind, daß ein Pronomen[3] innerhalb seiner Domäne frei sein muß, daß es eine Subjekt-Objekt-Asymmetrie gibt, einige der in der vorigen Vorlesung erwähnten Prinzipien und so weiter. Die Universalgrammatik liefert eine echte Erklärung beobachteter Phänomene. Wenn die ursprünglichen Daten, die das Sprachvermögen benutzte, um seinen gegenwärtigen Zustand zu erreichen, gegeben sind, können wir aus den Prinzipien der Universalgrammatik ableiten, daß die Phänomene einen ganz bestimmten Charakter und keinen anderen haben müssen. In dem Maß, wie wir eine Theorie der Universalgrammatik konstruieren können, haben wir auf unserem Gebiet eine Lösung für Platos Problem gefunden.

Natürlich ist diese Beschreibung bloß schematisch. In der Praxis entwickeln sich die verschiedenen Untersuchungsbereiche in wechselseitiger Abhängigkeit voneinander. So wird die Entwicklung von Ideen der einen oder anderen Art hinsichtlich der Universalgrammatik die Weise beeinflussen, in der wir den Ausdrücken, die das Datenmaterial für die Forschungsarbeit an der deskriptiven Grammatik bilden, Strukturen zuweisen, und es wird die Form dieser deskriptiven Grammatiken beeinflussen.

Die Prinzipien der Universalgrammatik gelten ohne Ausnahme, denn sie stellen das Sprachvermögen selbst dar, einen Rahmen für jedwede menschliche Einzelsprache, die Basis für den Erwerb von Sprache. Aber die Sprachen unterscheiden sich ganz offensichtlich voneinander. Wenn wir zu der schematischen Darstellung (1) zurückkehren, sehen wir, daß die beobachteten Tatsachen nicht aus den Prinzipien des Sprachvermögens allein folgen, sondern aus diesen Prinzipien zusammen mit den dem Sprachlernenden gebotenen Daten, durch die verschiedene von der Universalgrammatik offengelassene Optionen erst festgelegt worden sind. In der technischen Terminologie, die ich in Kapitel 1 eingeführt habe, enthalten die Prinzipien der Universalgrammatik bestimmte **Parameter**, die durch Erfahrung auf die eine oder andere Weise fixiert werden können. Wir können uns das Sprachvermögen als eine Art komplexes und feinverästeltes Netzwerk denken, das mit einem Schaltkasten verbunden ist, der aus einer Anordnung von Schaltern besteht, die sich in einer von zwei Positionen befinden können. Ohne daß die Schalter auf die eine oder die andere Weise eingestellt sind, funktioniert das System nicht. Wenn sie in einer der erlaubten Weisen eingestellt sind, dann funktioniert das System in Übereinstimmung mit seinem inneren Bau, aber je nach der Art der Schaltereinstellung auf unterschiedliche Art. Das feststehende Netzwerk ist das Prinzipiensystem der Universalgrammatik; die Schalter sind die Parameter, die durch

---

[3] Mit „Pronomen" sind hier Ausdrücke wie *I, ich, du* gemeint, die in dem Satz, in dem sie vorkommen, nicht durch andere Ausdrücke gebunden sind (vgl. S. 124) [L.H.].

Erfahrung fixiert werden müssen. Die dem Kind, das die Sprache lernt, gebotenen Daten müssen ausreichend sein, um die Schalter auf die eine oder andere Weise einzustellen. Wenn diese Schalter eingestellt sind, beherrscht das Kind eine bestimmte Sprache und kennt die Tatsachen dieser Sprache: daß ein bestimmter Ausdruck eine bestimmte Bedeutung hat und so weiter.

Jede zulässige Variante von Schaltereinstellungen legt eine bestimmte Sprache fest. Der Erwerb einer Sprache ist zum Teil ein Prozeß, bei dem die Schalter auf der Grundlage der gebotenen Daten auf die eine oder andere Weise eingestellt werden, ein Prozeß der Festlegung der Parameterwerte.[4] Sobald diese Werte bestimmt sind, funktioniert das ganze System, aber es besteht keine einfache Beziehung zwischen dem für einen bestimmten Parameter ausgewählten Wert und den Konsequenzen dieser Wahl in Bezug auf ihre Auswirkungen innerhalb des feingegliederten Systems der Universalgrammatik insgesamt. Es kann sich herausstellen, daß die Veränderung einiger weniger oder sogar eines einzigen Parameters eine Sprache ergibt, die ihrem Charakter nach von der ursprünglichen Sprache sehr verschieden zu sein scheint. Umgekehrt können Sprachen, die historisch ohne Verbindung sind, einander recht ähnlich sein, wenn sie zufälligerweise dieselben Parameterstellungen haben.

Dieser Punkt kann an den romanischen Sprachen illustriert werden. Die Zeit ihrer Trennung liegt noch nicht lang zurück, und sie sind einander strukturell ziemlich ähnlich. Das Französische unterscheidet sich jedoch von den anderen romanischen Sprachen in einem merkwürdigen Bündel von Eigenschaften. Im Spanischen gibt es zum Beispiel Konstruktionen wie:

(23)
a. Llega.
   Arrives.
   Kommt an.
   „He/she/it arrives."
   „Er/sie/es kommt an."

b. Llega Juan.
   Arrives Juan.
   Kommt an Juan.
   „Juan arrives."
   „Juan kommt an."

---

4 Man denke daran, daß dies nur einen Teil des Spracherwerbs darstellt. Zusätzlich müssen wir uns mit dem Erwerb der Elemente des Wortschatzes, von Idiomen, unregelmäßigen Verben usw. befassen. Die Diskussion beschränkt sich hier auf das, was im technischen Gebrauch manchmal Kernsprache [*core grammar*, L.H.] genannt wird.

c. **Lo quiere ver.**
   Him/it wants to-see.
   Ihn/es will sehen.
   „*He/she wants to see him/it.*"
   „*Er/sie will ihn/es sehen.*"

Dasselbe gilt für Italienisch und andere romanische Sprachen. Aber im Französischen sind die entsprechenden Formen nicht möglich. Das Subjekt muß immer explizit ausgedrückt sein. Es kann dem Verb auch nicht wie in (23b) folgen [...]. Und obwohl im Spanischen die Konstruktion *querer-ver* sich mehr oder weniger wie ein einziges, aber zusammengesetztes Verb verhält, so daß das klitische Objekt von *ver* sich in (23c) an *quiere* anlagern kann (ganz ähnlich wie im Fall von *hacer-afeitar, den wir schon diskutiert haben*), ist das im Französischen nicht möglich; dort muß sich das klitische Objekt an das Verb des Komplementsatzes anlagern. Diese Unterschiede zwischen dem Französischen und den anderen romanischen Sprachen entwickelten sich erst vor einigen Jahrhunderten und, wie es scheint, ungefähr gleichzeitig. Wahrscheinlich handelt es sich hier um Auswirkungen eines Wandels bei einem einzigen Parameter, eines Wandels, der vielleicht durch das Beispiel der angrenzenden germanischen Sprachen beeinflußt wurde. Um für diese Schlußfolgerung (vorausgesetzt, sie ist richtig) Geltung beanspruchen zu können, müßten wir zeigen, daß die Struktur der Universalgrammatik zwingend vorschreibt, daß eine Veränderung bei nur einem Parameter das beobachtete Bündel von Auswirkungen ergibt. Es sind einige Fortschritte dabei erzielt worden, diese Auswirkungen auf einen Parameter zurückzuführen, der **Nullsubjektparameter** genannt wird und der festlegt, ob das Subjekt eines Satzes wie in (23a) unausgedrückt bleiben kann, und es hat in letzter Zeit einiges an interessanter Arbeit zum Spracherwerb gegeben, in der untersucht wurde, wie der Wert dieses Parameters in der frühen Kindheit bestimmt wird. Aber vieles bleibt vorläufig ungeklärt. All das sind faszinierende und schwierige Fragen, die augenblicklich im Grenzbezirk der gegenwärtigen Forschung liegen und erst in jüngster Zeit mit dem Fortschritt unseres Verständnisses ernsthafter Untersuchung zugänglich geworden sind.

Die Logik der Situation ist nicht so viel anders als die, die der Festlegung der biologischen Spezies zugrundeliegt. Die Biologie des Lebens ist bei allen Arten, vom Hefepilz bis zum Menschen, ziemlich ähnlich. Aber geringfügige Unterschiede bei Faktoren wie dem Zeitablauf von Zellmechanismen können bedeutende Unterschiede bezüglich der Organismen hervorbringen, die dabei herauskommen, zum Beispiel den Unterschied zwischen einem Wal und einem Schmetterling. Ähnlich scheinen die Sprachen der Welt auf alle möglichen Arten radikal voneinander verschieden zu sein, aber wir wissen, daß sie Ausformungen ein- und desselben Grundmusters sein müssen, daß ihre grundlegenden Eigenschaften durch die invarianten Prinzipien der Universalgrammatik bestimmt sein müssen. Wenn das nicht so wäre, wäre es für das Kind nicht möglich, auch nur eine von ihnen zu lernen.

Die Aufgabe der Beschreibung ist schwierig genug, aber die Aufgabe der Erklärung, der Entwicklung einer Universalgrammatik, ist weit schwerer und anspruchsvoller. Auf der beschreibenden Ebene ist der Sprachwissenschaftler mit einer Vielzahl von Phänomenen konfrontiert und sucht danach, ein Berechnungssystem zu entdecken, das für diese Phänomene und weitere, die entsprechend vorausgesagt werden, eine Begründung liefert. Auf der erklärenden Ebene ist es notwendig, zu zeigen, wie diese Phänomene aus invarianten Prinzipien abgeleitet werden können, sobald die Parameter einmal festgelegt sind. Das ist eine viel schwierigere Aufgabe. In den letzten paar Jahren ist es möglich geworden, diese Herausforderung anzugehen und wirkliche Fortschritte zu machen, und zwar in einem Maß, das man sich noch bis vor kurzem kaum vorstellen konnte.

In der nächsten Vorlesung möchte ich mich einer näheren Untersuchung einiger der Prinzipien und Parameter der Universalgrammatik zuwenden und einen Versuch entwickeln, einige der Phänomene, die ich im Verlauf der Diskussion besprochen habe, zu erklären.

M. Tomasello

Die kulturelle Entwicklung des menschlichen Denkens: Kulturelle Kognition

> Wir können sagen, daß Denken im wesentlichen
> *eine Tätigkeit des Operierens mit Zeichen ist.*
> Ludwig Wittgenstein
>
> *Wir haben kein Vermögen, ohne Zeichen zu denken.*
> Charles Sanders Peirce
>
> *Nur durch Gesten qua signifikante Symbole*
> *wird Geist oder Intelligenz möglich.*
> George Herbert Mead
>
> *Das Denken wird nicht nur in Worten ausgedrückt;*
> *es vollzieht sich in ihnen.*
> Lev Vygotskij

Menschliche Kognition ist eigentlich eine Form der Primatenkognition. Menschen haben den größten Teil ihrer kognitiven Fertigkeiten und ihres Wissens mit anderen Primaten gemein. Das gilt sowohl für die sensu-motorische Welt der Gegenstände mit ihren räumlichen, zeitlichen, kategoriellen und quantitativen Beziehungen als auch für die soziale Welt der Artgenossen mit ihren vertikalen (Dominanz) und horizontalen (Verwandtschaft) Beziehungen. Außerdem setzen alle Primatenarten ihre Fertigkeiten und ihr Wissen dazu ein, kreative und einsichtsvolle Strategien zu entwickeln, wenn sie mit Problemen in der sozialen oder physischen Welt konfrontiert sind. Jede Primatenart kann jedoch auch über zusätzliche kognitive Fertigkeiten verfügen, die über jene hinausgehen, die sie mit anderen Arten derselben Ordnung gemein hat. Menschen bilden hier keine Ausnahme. Nach der hier vertretenen Hypothese besitzen Menschen tatsächlich eine artspezifische kognitive Anpassung, die in vielen Hinsichten besonders wirksam ist, weil sie den *Prozeß* der kognitiven Evolution grundlegend verändert.

Diese Anpassung trat an einem bestimmten Punkt der Evolution des Menschen auf, möglicherweise sogar erst in jüngster Zeit und vermutlich wegen bestimmter genetischer Ereignisse und eines bestimmten Selektionsdrucks. Sie besteht in der Fähigkeit und Tendenz von Individuen, sich mit Artgenossen so zu identifizieren, daß sie diese Artgenossen als intentionale Akteure wie sich selbst mit eigenen Absichten und eigenem Aufmerksamkeitsfokus verstehen, und in der Fähigkeit, sie schließlich als geistige Akteure mit eigenen Wünschen und Überzeugungen zu begreifen. Diese neue Weise des Verstehens anderer Personen veränderte die Eigenart aller Formen von sozialer Interaktion, einschließlich des sozialen Lernens, grundlegend. Über einen historischen Zeitraum hinweg begann so eine einzigartige Form kultureller Evolution, indem viele Generationen von Kindern von ihren Vorfahren verschiedene Dinge lernten und diese dann modifizierten, wobei sich diese Modifikationen, die typischerweise in einem materiellen oder symbolischen Artefakt verkörpert sind, akkumulierten. Dieser „Wagenhebereffekt" änderte die Beschaffenheit der ontogenetischen Nische, in der sich menschliche Kinder entwickeln, radikal, so daß moderne Kinder ihrer physischen und sozialen Welt fast ausschließlich durch die Vermittlung kultureller Artefakte begegnen, die etwas von den intentionalen Beziehungen zur Welt verkörpern, die die Erfinder und Benutzer zu diesen Artefakten hatten. In der Entwicklung begriffene Kinder wachsen also mitten unter den besten Werkzeugen und Symbolen auf, die ihre Vorfahren erfunden haben, um mit den Härten der physischen und sozialen Welt umzugehen. Wenn Kinder diese Werkzeuge und Symbole verinnerlichen, indem sie sie sich durch Prozesse kulturellen Lernens aneignen, schaffen sie dabei neue wirkungsvolle Formen der kognitiven Repräsentation, die in den intentionalen und mentalen Perspektiven anderer Personen gründen.

Von einer metatheoretischen Perspektive aus behaupte ich also, daß wir die menschliche Kognition nicht völlig verstehen können – zumindest nicht ihre spezifisch menschlichen Aspekte –, ohne im einzelnen zu betrachten, wie sie sich auf drei verschiedenen Zeitskalen entfaltet:

– die Zeit der Phylogenese, in der menschliche Primaten ihr spezifisches Verstehen von Artgenossen entwickelten;
– die geschichtliche Zeit, in der diese ausgezeichnete Form des sozialen Verstehens zu charakteristischen Formen kultureller Vererbung führte mit materiellen und symbolischen Artefakten, die Modifikationen über die Zeit hinweg akkumulieren;
– die Zeit der Ontogenese, in der Kinder alles aufnehmen, was ihre Kulturen zu bieten haben, und dabei spezifische Arten von perspektivischen kognitiven Repräsentationen entwickeln.

Zum Schluß möchte ich noch einige Gedanken zu den Prozessen anfügen, die auf der jeweiligen Zeitskala stattfinden, und einige kurze Überlegungen zu den wichtigsten theoretischen Paradigmen vorstellen, die konkurrierende Erklärungen dieser Prozesse anbieten.

Phylogenese

Eines der herrschenden Paradigmen bei der modernen Erforschung menschlichen Verhaltens und der Kognition nimmt an, daß Menschen eine bestimmte Anzahl angeborener kognitiver Module besitzen. Dieser Ansatz wurde ursprünglich von Philosophen wie Chomsky und Fodor vertreten[1], fand aber seither Eingang in verschiedene empirische Paradigmen, unter anderem in den Neonativismus in der Entwicklungspsychologie und Soziobiologie und außerdem in die evolutionäre Psychologie innerhalb der evolutionären Anthropologie.[2] Das Hauptproblem für Theorien der Modularität war jedoch immer folgendes: Welche Module gibt es, und wie können wir sie identifizieren? Da keine allgemein anerkannte Methode zur Verfügung steht, konzentriert sich die Mehrheit der Theoretiker einfach auf diejenigen, die sie für die eindeutigsten Fälle hält, obwohl selbst diese sich in den verschiedenen Ansätzen sehr unterscheiden. Die am häufigsten angenommenen Module sind (a) Wissen über Gegenstände, (b) Wissen über andere Personen, (c) Wissen über Zahlen, (d) Wissen über die Sprache und (e) Wissen über Biologie. Selbst innerhalb dieser Bereiche gibt es jedoch Kontroversen darüber, ob man konstitutive Minimodule annehmen soll. Baron-Cohen behauptet beispielsweise, daß das anfängliche Wissen über andere Personen in vier sehr spezifischen Minimodulen besteht, und viele Linguisten der Chomskyschule glauben, daß die Sprachfähigkeit ebenfalls verschiedene sprachliche Minimodule beinhaltet. Die Suche nach Antworten im Gehirn, die von manchen Modularitätstheoretikern empfohlen wird, ist alles andere als einfach, da die Lokalisierung von Funktionen im Gehirn eine Folge vieler verschiedener Entwicklungsprozesse sein kann, und es keine genetische Spezifikation von Wissensinhalten gibt. Beispielsweise könnte ein bestimmter Teil des Gehirns besonders komplexe Informationen verarbeiten, und die erste Entwicklungsfunktion, die eine solche Rechenkapazität benötigt, könnte einfach dort lokalisiert sein.[3]

Das zweite Hauptproblem für Modularitätstheoretiker ist, wie in Kapitel 1 angedeutet, ein zeitliches. Für kognitive Funktionen, die der Mensch mit anderen Säugetieren und Primaten teilt, stand viel Zeit zur Verfügung, in der die biologische Evolution ihre Wunder vollbringen konnte. Aber für die Entwicklung der meisten spezifisch menschlichen kognitiven Funktionen gab es nicht genügend Zeit – höchstens sechs Millionen Jahre, aber viel eher nur eine viertel Million Jahre. Viel plausibler ist daher eine Theorie, die sich auf

---

1 Chomsky, 1980; Fodor, 1983.
2 Z.B. Spelke und Newport, 1997; Tooby und Cosmides, 1989; Pinker, 1998.
3 Bates, im Druck; Elman et al., 1997.

Prozesse konzentriert, die deutlich schneller vonstatten gehen – die sich z.B. in einem geschichtlichen und ontogenetischen Zeitrahmen vollziehen –, und dann versucht, die Art und Weise zu bestimmen, durch die diese Prozesse tatsächlich spezifisch menschliche kognitive Funktionen erzeugen und aufrechterhalten. Gewiß gibt es kognitive Funktionen, für die geschichtliche und ontogenetische Prozesse nur eine untergeordnete Rolle spielen, z.B. grundlegende Prozesse der Kategorisierung in der Wahrnehmung. Aber solche Dinge wie sprachliche Symbole und soziale Institutionen sind soziale Erzeugnisse und können deshalb unmöglich in ihrer ganzen Komplexität mit einem Schlag in der Evolution des Menschen aufgetreten sein; bei ihrer Schaffung und ihrer Aufrechterhaltung müssen soziale Interaktionsprozesse eine Rolle gespielt haben. Das Grundproblem genetisch orientierter Modularitätsansätze – insbesondere, wenn sie sich auf spezifisch menschliche und sozial verfaßte Artefakte und gesellschaftliche Praktiken beziehen – ist im allgemeinen, daß sie versuchen, von der ersten Seite der Geschichte, nämlich der Genetik, zur letzten Seite der gegenwärtigen menschlichen Kognition zu springen, ohne einen Blick auf die dazwischenliegenden Seiten zu werfen. Diese Theoretiker lassen somit in vielen Fällen formgebende Elemente sowohl des geschichtlichen als auch des ontogenetischen Zeitrahmens außer Betracht, die zwischen dem menschlichen Genotyp und Phänotyp eingeschaltet sind.

Mein eigener Versuch besteht darin, eine einzige biologische Anpassungsleistung mit Hebelwirkung zu finden, und so bin ich auf die Hypothese gestoßen, daß Menschen eine neue Art der Identifikation mit Artgenossen und ein Verständnis dieser Artgenossen als intentionale Wesen entwickelt haben. Der ökologische Druck, der eine solche Anpassung begünstigt haben mag, ist uns zwar nicht bekannt. Wir können uns aber verschiedene Vorteile vorstellen, die diese Anpassung den Menschen verliehen hat. Nach meiner Theorie könnte jedes der vielen Anpassungsszenarien für die soziale Kognition des Menschen zum selben evolutionären Ergebnis geführt haben. Wenn ein Individuum seine Artgenossen als intentionale Wesen versteht, aus welchem Grund auch immer, ob zu Zwecken der Kooperation, des Wettbewerbs, des sozialen Lernens, etc., wird dieses Verständnis sich nicht einfach in Luft auflösen, wenn dieses Individuum unter anderen Umständen mit Artgenossen interagiert. Mit anderen Worten, solche Dinge wie Kommunikation, Kooperation und soziales Lernen bilden keine verschiedenen Module oder Wissensbereiche. Es handelt sich dabei vielmehr um verschiedene Bereiche von Tätigkeiten, von denen jeder durch eine neue Weise des Verstehens von Artgenossen, d.h. eine neue Form der sozialen Kognition, eine grundlegende Wandlung erfuhr. Wichtig ist, daß diese neue Form sozialer Kognition tiefgreifende Wirkungen hatte, wann immer Individuen miteinander interagierten, und zwar indem sie innerhalb des geschichtlichen Zeitrahmens soziale Tatsachen in kulturelle Tatsachen transformierten und innerhalb des ontogenetischen Zeitrahmens Fertigkeiten der Primatenkognition und kognitiven Repräsentation in spezifisch menschliche Fertigkeiten des kulturellen Lernens und der perspektivischen Repräsentation umwandelten.

Es ist ebenso wichtig, darauf hinzuweisen, daß diese spezifisch menschliche Form der sozialen Kognition nicht nur das Verstehen anderer als lebendige Quellen von Bewegung und Kraft betrifft, wie von Piaget und Premack angenommen wurde.[4] Denn anscheinend sind alle Primaten zu einem solchen Verstehen fähig. Vielmehr bezieht sich diese neue Form sozialer Kognition darauf, daß andere in ihren Wahrnehmungen und Handlungen Entscheidungen treffen und daß diese Entscheidungen von einer mentalen Repräsentation eines erwünschten Ergebnisses, d.h. eines Ziels, geleitet werden. Darin liegt viel mehr als nur ein Verstehen, daß etwas belebt ist. Andererseits haben viele Theoretiker gemeint, daß dasjenige, was menschliche Kognition von der anderer Lebewesen unterscheidet, eine „Theorie des Geistes" ist. Eine solche Position ist angemessen, wenn dieser Begriff auf generische Weise in der Bedeutung von sozialer Kognition im allgemeinen gebraucht wird. Wenn er sich jedoch nur auf das Verstehen falscher Überzeugungen beziehen soll, dann sollte man berücksichtigen, daß Kindern ein solches Verständnis bis zu ihrem vierten Lebensjahr fehlt. Menschliche Kognition beginnt aber schon im Alter von ein bis zwei Jahren, sich von nichtmenschlicher Primatenkognition zu unterscheiden, und zwar durch gemeinsame Aufmerksamkeit, Spracherwerb und andere Formen des kulturellen Lernens. Das Verstehen falscher Überzeugungen ist daher einfach nur die Spitze des sozio-kognitiven Eisbergs, der hauptsächlich aus dem Verstehen von Intentionalität besteht.

An dieser Stelle möchte ich ebenfalls betonen, daß die Vermenschlichung oder Romantisierung der kognitiven Fähigkeiten anderer Tierarten uns nicht dabei helfen wird, diese schwierigen Fragen zu beantworten. Damit will ich nicht andeuten, daß Wissenschaftler nur nach Unterschieden zwischen menschlicher und nichtmenschlicher Kognition von Primaten suchen sollten. Im Gegenteil, wenn wir herausfinden wollen, worin die spezifisch menschlichen Fähigkeiten bestehen oder was für Schimpansen und Kapuzineraffen eigentümlich ist, dann ist es von entscheidender Bedeutung, daß Wissenschaftler sowohl die Ähnlichkeiten als auch die Unterschiede erfassen. Die vielen populären Erklärungen, die auf anekdotische Beobachtungen des Verhaltens von Tieren zurückgehen, zusammen mit dem menschlichen Hang, andere Lebewesen als einem selbst sehr ähnlich aufzufassen, sind meiner

---

4 Piaget, 1974; Premack, 1990.

Meinung nach für dieses Unternehmen nicht hilfreich. Es liegt eine gewisse Ironie in der Tatsache, daß genau diejenige Fähigkeit, deren Vorzüge ich gepriesen habe, nämlich die Fähigkeit, andere als einem selbst ähnliche, intentionale Wesen zu verstehen, im Hinblick auf bestimmte Erkenntniszwecke eher hinderlich als nützlich sein kann. Ich glaube auch nicht, daß die Suche nach Modulen selbst schon die Antwort ist. Manche der in evolutionärer Hinsicht dringenden Probleme wie Inzestvermeidung (die zu einem sehr spezifischen und unflexiblen Mechanismus führt, der bei vielen Tierarten gleich sein könnte) und das Bedürfnis nach der Weitergabe der eigenen Gene (was zu verschiedenen Formen sexueller Eifersucht führt, die beim Menschen aufgrund der spezifischen Art, wie sich die Paarung vollzieht, besonders hervorstechend sind) könnten zwar gute Kandidaten für adaptive Spezialisierungen sein, die keine Beziehung zu anderen adaptiven Spezialisierungen haben.[5] Aber wirklich kognitive Anpassungen sind schon per definitionem viel flexibler. Obwohl sie sich entwickelt haben könnten, um ein spezielles Problem der Anpassung zu lösen, werden sie häufig für eine Vielzahl verwandter Probleme eingesetzt (z.B. kognitive Landkarten, die beim Auffinden von Nahrung, Wasser, Unterschlüpfen, Partnern, Nachkommen, Feinden etc. von Nutzen sind). Ich sehe also nicht, warum man die menschliche Kognition modularisieren sollte, und die vielen verschiedenen Vorschläge dafür, wie die Liste der menschlichen Module aussehen soll, belegen die praktischen Schwierigkeiten dieses Vorgehens.

Geschichte

Viele Theoretiker sind meiner Meinung nach viel zu schnell bei der Hand mit einer Erklärung spezifisch menschlicher kognitiver Fertigkeiten durch spezifische genetische Anpassungen. Man sollte hinzufügen, daß dies typischerweise ohne jegliche genetische Untersuchung behauptet wird. Das ist ein beliebtes Vorgehen, und zwar hauptsächlich deshalb, weil es so mühelos ist und weil eine Widerlegung durch empirische Daten unwahrscheinlich ist. Ein anderer wichtiger Grund für die Neigung vieler Theoretiker, zuallererst angeborene kognitive Module anzunehmen, ist jedoch ein Mangel an Verständnis für menschliche kulturell-historische Prozesse, d.h. Prozesse der Soziogenese. Das gilt sowohl für ihre unmittelbar schöpferische Kraft als auch für ihre indirekten Wirkungen bei der Schaffung einer neuen Art von ontogenetischer Nische für die kognitive Entwicklung des Menschen. Außerdem ist es von

---

5 Buss, 1994.

Bedeutung, daß geschichtliche Prozesse sich in einem ganz anderen Zeitrahmen vollziehen als Evolutionsprozesse.[6]

Betrachten wir etwa das Schachspiel. Kinder lernen dieses Spiel in der Interaktion mit erfahrenen Spielern, und manche entwickeln in diesem Zusammenhang ziemlich raffinierte kognitive Fertigkeiten, von denen viele äußerst bereichsspezifisch zu sein scheinen. Ein Kognitionspsychologe kann nur über die komplexen Planungsvorgänge und Vorstellungen staunen, die für die Durchführung eines Königsangriffs erforderlich sind, bei dem die Schutzbauern des gegnerischen Königs zunächst durch ein Läuferopfer eliminiert werden, anschließend der Bewegungsspielraum des Königs eingeschränkt und der Angriff schließlich durch das Zusammenspiel von Springer, Turm und Dame zu Ende gebracht wird. Trotz der erforderten kognitiven Komplexität und trotz der Bereichsspezifizität der beteiligten kognitiven Fertigkeiten hat nie jemand ein angeborenes Schachmodul postuliert. Das liegt daran, daß Schach ein sehr junges Produkt der menschlichen Geschichte ist. Es gibt sogar Bücher mit Illustrationen, die seine historische Entwicklung nachzeichnen. Schach war ursprünglich ein einfacheres Spiel, aber als die Spieler zu einem gegenseitigen Verständnis von Modifikationen gelangten, die das Spiel verbesserten, änderten sie manche Regeln oder fügten neue hinzu, bis das moderne Spiel entstand, bei dem heutige Kinder im Verlauf einiger Jahre Spielerfahrung recht beeindruckende kognitive Fertigkeiten entwickeln können. Natürlich erzeugt das Schachspiel bei Kindern nicht grundlegende kognitive Fertigkeiten wie Gedächtnis, Planen, räumliche Intelligenz oder Kategorisierung – das Spiel konnte sich nur deshalb entwickeln, weil Menschen diese Fertigkeiten schon besaßen –, aber es lenkt grundlegende kognitive Prozesse in neue Bahnen und trägt dadurch zur Schaffung neuer und sehr spezialisierter kognitiver Fertigkeiten bei.

Meine These ist einfach, daß die kognitiven Fertigkeiten der Sprache und komplexer Mathematik sich ähnlich wie die Fertigkeit, Schach zu spielen, verhalten: Sie sind Ergebnisse historischer und ontogenetischer Entwicklungen, die mit einer Vielfalt schon bestehender kognitiver Fertigkeiten operieren, von denen manche auch bei Primaten zu finden, andere dagegen spezifisch menschlich sind. Das läßt sich am leichtesten am Beispiel der Mathematik einsehen, weil (und darin besteht die Analogie zum Schachspiel) (a) wir einen großen Teil der historischen Entwicklung der modernen Mathematik über die letzten 2000 Jahre zurückverfolgen können, (b) die einzigen mathematischen Operationen, die in vielen Kulturen benutzt werden, ganz einfache Zählverfahren (und ihre arithmetischen Varianten) sind und (c) viele Indivi-

---

6 Donald, 1991.

duen in Kulturen, in denen es eine komplexe Mathematik gibt, nur ein paar einfache Verfahren lernen. Diese Tatsachen schränken die Möglichkeiten derart ein, daß Modularitätstheoretiker nur etwas als Mathematikmodul postulieren können, das lediglich die grundlegendsten quantitativen Begriffe enthält. Bei der Sprache ist es jedoch so, daß wir (a) wenig über ihre Geschichte wissen (wir kennen nur die relativ junge Geschichte der wenigen Sprachen, für die es schriftliche Zeugnisse gibt), (b) alle Kulturen komplexe Sprachen haben und (c) alle Kinder, die sich in einer Kultur auf normale Weise entwickeln, im Grunde die gleichen sprachlichen Fertigkeiten erwerben. Diese Tatsachen sprechen dafür, daß Sprache verschieden von der Mathematik und vom Schachspiel ist, aber sie geben den Grund für diese Verschiedenheit nicht an. Es könnte einfach sein, daß die Sprache, aus welchem Grund auch immer, zuerst ihre historische Entwicklung begann, und zwar zu einer frühen Zeit der Entwicklung des modernen Menschen vor etwa 200 000 Jahren, und das gegenwärtige Komplexitätsniveau erreichte, bevor die modernen Sprachen von ihrem Prototyp zu divergieren begannen. Wenn wir die Ontogenese als Leitfaden für die kognitive Komplexität benutzen, fangen heutige Kinder damit an, natürliche Sprachen mit großer Raffiniertheit zu gebrauchen, lange bevor sie komplexe Mathematik oder Schachstrategien beherrschen. Der Grund, warum Sprache kognitiv primär ist, liegt vermutlich darin, daß sie ein so unmittelbarer Ausdruck der menschlichen Fähigkeit zur Symbolisierung ist, die selbst unmittelbar auf Tätigkeiten der gemeinsamen Aufmerksamkeit und Kommunikation zurückgeht, welche das Verstehen von anderen als intentionale Akteure hervorbringt. Das heißt also, daß Sprache zwar besonders ist, aber nicht so überaus besonders.

Deshalb ist meine Erklärung dafür, wie eine einzelne kognitive Anpassung alle die vielen Unterschiede bei der menschlichen und nichtmenschlichen Primatenkognition zur Folge haben könnte, daß diese einzelne Anpassung eine aus evolutionärer Sicht neue Art von Prozessen ermöglichte, nämlich Prozesse der Soziogenese, durch die in der Menschheitsentwicklung vieles erreicht wurde, und zwar in einem viel kürzeren Zeitraum als durch die Evolution. Wahrscheinlich veränderte diese einzelne Neuerung die Art und Weise, wie Menschen miteinander interagierten, und diese neue Art der Interaktion verwandelte über einen großen geschichtlichen Zeitraum und durch große Anstrengungen solche bei Primaten anzutreffende Grundphänomene wie Kommunikation, Dominanz, Austausch und Explorationsverhalten und überführte sie in die menschlichen kulturellen Institutionen der Sprache, der Regierung, des Geldes und der Wissenschaft, und zwar ohne zusätzliche genetische Ereignisse. Die Umwandlungen in den verschiedenen Bereichen menschlicher Tätigkeit, die aus dieser neuen Anpassung resultierten, fanden gewiß nicht augenblicklich statt. Beispielsweise kommunizierten Menschen bereits auf komplexe Weise miteinander, als sie einander als intentionale Akteure zu verstehen begannen, und deshalb dauerte es einige Zeit, wahrscheinlich viele Generationen, bis dieses neue Verständnis von anderen spürbar wurde und symbolische Formen der Kommunikation entstanden. Dasselbe würde für die anderen Tätigkeitsbereiche gelten, wie z.B. für die verschiedenen Formen der Kooperation und des sozialen Lernens, indem diese neue Art des sozialen Verstehens allmählich neue Formen der sozialen Interaktion und der Herstellung von Artefakten ermöglichte. Tabelle 7.1 stellt eine vereinfachte und sicher unvollständige Liste einiger Bereiche menschlicher Tätigkeit und deren mögliche Umwandlung durch die spezifisch menschliche Anpassung der sozialen Kognition dar, die in sozialen Interaktionsprozessen über viele Generationen der Menschheitsgeschichte hinweg am Werke war.

Idealerweise sollten wir viel mehr über den Prozeß der Soziogenese in verschiedenen Tätigkeitsbereichen während der Menschheitsgeschichte wissen, als wir tatsächlich tun. Kulturpsychologen, die sich für diese Frage interessieren sollten, haben in den meisten Fällen keine großen Anstrengungen in empirische Untersuchungen der geschichtlichen Prozesse investiert, durch die sich bestimmte kulturelle Institutionen in bestimmten Kulturen geformt ha-

Bereich	Sozial	Kulturell
Kommunikation	Signale	Symbole (intersubjektiv, perspektivisch)
Blick der anderen	Verfolgen des Blicks	Gemeinsame Aufmerksamkeit (Intersubjektivität)
Soziales Lernen	Emulation, Ritualisierung	Kulturelles Lernen (Imitation intentionaler Akte)
Kooperation	Koordination	Zusammenarbeit (Rollenübernahme)
Lehren	Unterstützung	Unterricht (mentale Zustände der anderen)
Manipulation von Gegenständen	Werkzeuge	Artefakte (intentionale Angebote)

Tabelle 7.1. *Einige Bereiche sozialer Tätigkeit, die sich über einen geschichtlichen Zeitraum durch das spezifisch menschliche Verstehen von Artgenossen in Bereiche kultureller Tätigkeit verwandelt haben.*

ben, z.B. Prozesse der Grammatikalisierung in der Geschichte einzelner Sprachen oder Prozesse der gemeinsamen Erfindung in der Geschichte mathematischer Fertigkeiten, die für die jeweilige Kultur kennzeichnend sind.

Die wahrscheinlich aufschlußreichsten Untersuchungen dieser Prozesse sind Studien von Geisteshistorikern, die sich z. B. für die Geschichte der Technik, die Geschichte von Wissenschaft und Mathematik und für Sprachgeschichte interessieren [...]. Diese Gelehrten haben jedoch meist kein besonderes Interesse an kognitiven oder anderen psychologischen Prozessen per se, und daher sind die Informationen, die Psychologen aus solchen Untersuchungen ziehen können, sehr indirekt. Möglicherweise lassen sich manche relevanten Tatsachen aus Untersuchungen zur Kooperation entnehmen, wo es zwei Partnern, die zum ersten Mal mit einem bestimmten Problembereich konfrontiert sind, gelingt, gemeinsam ein neues Artefakt oder eine neue Strategie zu erfinden, und zwar auf eine Weise, die Prozessen der kulturellen Schöpfung innerhalb der geschichtlichen Zeit analog ist.[7]

Insgesamt können wir die Macht der Soziogenese dadurch illustrieren, daß wir uns eine Variation unseres wiederkehrenden Themas des wilden Kindes vorstellen, das auf einer einsamen Insel lebt. Nehmen wir diesmal an, daß ein riesiger Röntgenstrahl aus dem Weltraum auf die Erde herabkommt und alle Menschen, die älter als ein Jahr sind, zu extremen Autisten macht, und zwar so sehr, daß sie weder absichtlich miteinander noch mit den Kleinkindern kommunizieren können (obwohl sie wundersamerweise die Kleinkinder ernähren und versorgen können). Die Einjährigen sind also bei ihrer Interaktion miteinander auf sich selbst gestellt (wie in *Herr der Fliegen*), während die schwerfällige Infrastruktur moderner Technik im Hintergrund verrostet (wie bei *Mad Max)*. Die Frage ist nun: Wie lange würden die Kinder brauchen, um soziale Praktiken und Institutionen wie Sprache, Mathematik, Schrift, Regierungen etc. neu zu schaffen oder vielleicht andere, aber gleichwertige hervorzubringen. Ich bin sicher, daß manche Gelehrten denken, daß dieser Prozeß nahezu unverzüglich stattfinden würde, besonders was die Sprache angeht. Ich glaube jedoch, daß diese Ansicht naiv ist und daß sie die geschichtlichen Anstrengungen, die der Schaffung dieser Institutionen zugrunde liegen, ernsthaft unterschätzt, da sie über viele Generationen hinweg eine große Komplexität ausgebildet haben. (Außerdem gehen Untersuchungen von Kindern, die in der Interaktion mit spracherfahrenen Erwachsenen oder miteinander in einer Schule für Taube gestische Zeichen lernen, die Frage nicht direkt an, obwohl sie hier relevant ist, da es in diesen Fällen viele Möglichkeiten gibt, wie die intakten Kulturen, in denen diese Kinder leben,

---

7 Siehe Ashley und Tomasello, 1998.

den kulturellen Schöpfungsprozeß fördern können.) Die Sprache könnte zwar, wie oben angedeutet, aufgrund ihrer innigen Verbindung mit der in Frage stehenden spezifisch menschlichen sozio-kognitiven Anpassung eine Sonderstellung einnehmen. Aber die sozialen Konventionen, die eine natürliche Sprache ausmachen, können nur in bestimmten Formen sozialer Interaktion herausgebildet werden, und manche sprachlichen Konstruktionen können nur erzeugt werden, wenn andere schon etabliert sind. Meine Hypothese ist deshalb, daß die Schaffung von etwas, das den modernen natürlichen Sprachen ähnlich ist, viele Generationen benötigen würde, und zweifellos würden noch viel mehr Generationen für solche Dinge wie Schrift, komplexe Mathematik und Institutionen der Regierung etc. nötig sein.

Ontogenese

Die Ontogenese ist für verschiedene Tierarten ein sehr unterschiedlicher Prozeß. Um ihre Überlebenschancen bis zum fortpflanzungsfähigen Alter zu erhöhen, ist es für einige Arten wichtig, daß ihre Nachkommen nahezu vollkommen funktionstüchtig sind, wenn sie der Außenwelt zum ersten Mal begegnen. Für andere Arten ist dagegen eine lange Ontogenese mit intensivem individuellen Lernen die lebensgeschichtliche Strategie der Wahl. Lernen ist also ein Ergebnis der Evolution, eine ihrer Strategien, wenn wir den Prozeß etwas anthropomorph charakterisieren wollen, genau wie die Kultur und kulturelles Lernen Sonderfälle der evolutionären Strategie „ausgedehnter Ontogenese" sind. Die Frage kann also nicht sein, ob man die Natur den Umweltfaktoren gegenüberstellen soll; die Umweltfaktoren sind lediglich eine der vielen Formen, die die Natur annehmen kann. Die für Entwicklungstheoretiker interessante Frage kann deshalb nur sein, wie der Prozeß abläuft, wie die verschiedenen Faktoren ihre verschiedenen Rollen an verschiedenen Stellen der Entwicklung spielen. Bei der Geburt sind Menschenkinder darauf eingestellt, funktionsfähige erwachsene Menschen zu werden: Sie haben die nötigen Gene und leben in einer vorstrukturierten kulturellen Welt, die bereit ist, ihre Entwicklung zu unterstützen und sie bestimmte Dinge auch aktiv zu lehren. Aber an diesem Punkt sind sie noch keine Erwachsenen; bis dahin gibt es noch mehr zu tun.

Es ist wichtig, sich klarzumachen, daß die kognitive Ontogenese des Menschen keine Wiederholung der Ontogenese von Schimpansen mit einem „kleinen Zusatz" am Ende ist. Wie ich in Kapitel 3 gezeigt habe, ist die kognitive Ontogenese des Menschen schon sehr früh, möglicherweise schon von Geburt an, einzigartig, insofern Neugeborene verschiedene Dinge tun, die eine besondere Form der Identifikation mit Artgenossen anzeigen (Nachahmung und Protokonversationen). Das sind die spezifischen Fähigkeiten, aus denen sich alles andere ergibt, da sie es den Kindern gestatten, eine neue Quelle von Informationen über andere Personen auszunutzen, nämlich die Analogie mit dem eigenen Selbst. Mit etwa neun Monaten können Kinder durch die Analogie zwischen sich selbst und anderen Personen den anderen dieselben Arten von Intentionalität zuschreiben, die sie selbst anfangen zu erleben (und sie können auch, unkorrekterweise, in ihrem kausalen Denken darüber, warum unbelebte Gegenstände sich so und so verhalten, Analogien zum eigenen Selbst herstellen). Die neuen und wirkungsvollen Formen sozialer Kognition, die sich daraus ergeben, markieren den Beginn der kulturellen Linie menschlicher Entwicklung in dem Sinne, daß Kinder nun in der Lage sind, mit anderen Personen an Tätigkeiten gemeinsamer Aufmerksamkeit teilzunehmen und dadurch deren intentionale Handlungen, an denen materielle und symbolische Artefakte beteiligt sind, zu verstehen und zu reproduzieren. Diese Neigung, Handlungen anderer Personen durch Imitation zu lernen, ist in der Tat sehr ausgeprägt, da kleine Kinder manchmal Handlungen von Erwachsenen mit Gegenständen imitieren, wenn sie besser daran täten, diese Handlungen zu ignorieren, und beim Spracherwerb gibt es eine lange Periode, in der sie im wesentlichen genau die relationale Struktur der gehörten Äußerungen von Erwachsenen reproduzieren. Hier zeigt sich die kulturelle Linie der Entwicklung am stärksten, und das ist der Grund, warum Vierjährige in verschiedenen Kulturen so verschieden voneinander sind, nämlich im Hinblick auf ihre kulturspezifischen Verhaltensweisen. Aber während dieser ganzen Periode und stärker noch danach fällen Kinder auch Urteile, treffen Entscheidungen, kategorisieren, bilden Analogien und bewerten, und zwar auf individuelle Weise, d. h. mehr oder weniger von der individuellen Entwicklungslinie ausgehend. Es ist interessant, wie diese individuellen Kognitionen mit den Neigungen der Kinder innerhalb der kulturellen Entwicklungslinie interagieren, so daß sie schließlich das tun, was die anderen um sie herum tun.

Wenn Kinder ein ganz besonderes kulturelles Artefakt, nämlich die Sprache, beherrschen lernen, hat das tiefe Auswirkungen auf ihre Kognition. Die Sprache bringt natürlich keine neuen kognitiven Prozesse aus dem Nichts hervor, aber wenn Kinder mit anderen Personen intersubjektiv interagieren und deren Kommunikationskonventionen annehmen, erzeugt dieser soziale Prozeß eine neue Form der kognitiven Repräsentation, für die es kein Gegenstück bei anderen Tierarten gibt. Die Neuerung besteht darin, daß sprachliche Symbole sowohl intersubjektiv als auch perspektivisch sind. Das intersubjektive Wesen sprachlicher Symbole bedeutet, daß sie auf eine Weise sozial

„geteilt" werden, wie das bei Signalen von Tieren nicht der Fall ist, und dadurch entsteht eine pragmatische Matrix, anhand deren viele Schlüsse auf die kommunikativen Absichten anderer gezogen werden können, z. B. warum sie das eine anstatt das andere Symbol gewählt haben, das sie ebenfalls mit dem Hörer teilen. Die perspektivische Natur sprachlicher Symbole bedeutet, daß ein und dasselbe Phänomen für verschiedene Kommunikationszwecke auf verschiedene Weisen aufgefaßt werden kann, und zwar in Abhängigkeit von zahlreichen Faktoren des Kommunikationskontextes. Indem Kinder Wörter und Sprachkonstruktionen so, wie die Erwachsenen gebrauchen, lernen sie diese Perspektivität verstehen. Die so gebildeten sprachlichen Repräsentationen sind vom unmittelbaren Wahrnehmungskontext nicht nur in dem Sinne frei, daß Kinder mit diesen Symbolen über räumlich und zeitlich entfernte Dinge kommunizieren können, sondern auch in dem Sinne, daß sogar dieselbe wahrnehmungsmäßig gegenwärtige Entität sprachlich auf zahllose verschiedene Weisen symbolisiert werden kann. In unserem Computerzeitalter und im „Jahrzehnt des Gehirns" ist es vielleicht sonderbar, daß diese radikal neue und wirkungsvolle Form kognitiver Repräsentation nicht aus irgendwelchen neuen Speicheranlagen oder größerer Rechenkapazität innerhalb des Gehirns hervorgeht, sondern vielmehr aus den neuen Formen sozialer Interaktion, die durch neue Formen der sozialen Kognition zwischen Individuen in menschlichen Kulturen ermöglicht werden.

Die Sprache ist außerdem so strukturiert, daß sie auf komplexe Weise Ereignisse und ihre Mitspieler repräsentieren kann, und diese Struktur dient Kindern dazu, ihre Erfahrung von Ereignissen auf vielerlei Art zu „zerlegen". Abstrakte Sprachkonstruktionen können dann dazu verwendet werden, Erfahrungsszenen wechselseitig durch Analogien und Metaphern zu erhellen. Erzählungen fügen noch mehr Komplexität hinzu, indem sie einfache Ereignisse so miteinander verknüpfen, daß sie zu kausaler und intentionaler Analyse und darüber hinaus zur explizit symbolischen, kausalen und intentionalen Markierung auffordern, um sie kohärent zu machen. Längere Gespräche und andere Arten der sozialen Interaktion mit Erwachsenen eröffnen Kindern noch esoterischere kognitive Räume, indem sie sie in die Lage versetzen, widerstreitende Perspektiven auf Dinge zu verstehen, die irgendwie miteinander versöhnt werden müssen. Schließlich führt die Art von Interaktion, bei der Erwachsene die kognitiven Aktivitäten von Kindern kommentieren oder ihnen ausdrückliche Anweisungen geben, Kinder dazu, die Perspektive eines Außenstehenden auf ihre eigene Kognition in Akten der Metakognition, Selbststeuerung und repräsentationalen Neubeschreibung einzunehmen, woraus sich systematischere kognitive Strukturen in einem dialogischen Format ergeben. Ob verschiedene Sprachen diese Dinge in verschiedener Weise tun, wie von den klassischen Argumenten zum „linguistischen Determinismus" behauptet wurde, oder nicht, das Lernen einer Sprache oder einer vergleichbaren Form symbolischer Kommunikation (im Gegensatz dazu, keine Sprache zu lernen) scheint jedenfalls ein wesentlicher Bestandteil der menschlichen Intersubjektivität und perspektivischen Kognition, der Repräsentation von Ereignissen und der Metakognition zu sein.

Ich glaube, daß es dies ist, was alle Denker, die am Anfang dieses Kapitels zitiert wurden, jeweils auf ihre eigene Weise und mit Besonderheiten, die sich vom Gedankengang dieses Buches unterscheiden, damit zu sagen versucht haben, daß das menschliche Denken im wesentlichen ein Operieren mit Symbolen sei. Menschen können natürlich auch ohne Symbole denken, wenn wir unter „Denken" Wahrnehmen, Erinnern, Kategorisieren und intelligentes Handeln verstehen, wie man es bei anderen Primaten auch findet.[8] Aber die spezifisch menschlichen Formen des Denkens, z. B. diejenigen, die ich vollziehe, wenn ich dieses Argument formuliere und versuche, die dialogischen Reaktionen vorwegzunehmen, die es bei anderen Denkern auslöst (und vielleicht meine Antwort auf diese Reaktionen), hängen nicht einfach nur von dem interaktiven Diskurs ab, der im Medium intersubjektiver und perspektivischer sprachlicher Symbole, Konstruktionen und Diskursstrukturen stattfindet, sondern leiten sich von ihm ab oder werden vielleicht gar durch ihn konstituiert. Es ist nicht unwesentlich, daß ein Individuum nur durch eine mehrere Jahre dauernde, kontinuierliche Interaktion mit erfahrenen Sprachbenutzern lernen kann, den Gebrauch solcher Symbole und der damit verbundenen Denkweisen zu beherrschen.

So kommt es neben der Evolution und der Geschichte wirklich auch auf die Ontogenese an. Menschen haben sich auf eine solche Weise entwickelt, daß ihre normale kognitive Ontogenese von einer bestimmten kulturellen Umgebung abhängt. Die Bedeutung der biologischen Vererbung für den ontogenetischen Prozeß wird durch die Probleme von autistischen Kindern unterstrichen, die die biologische Anpassung für die Identifikation mit anderen nicht in voll entwickelter Form besitzen und deshalb nicht zu normal funktionierenden kulturellen Akteuren werden. Die Bedeutung der kulturellen Vererbung für die Ontogenese tritt dagegen durch die vielen kognitiven Unterschiede hervor, die zwischen Völkern verschiedener Kulturen bestehen, und durch die unglücklichen Fälle vernachlässigter oder mißhandelter Kinder, die unter kulturell mangelhaften Umständen aufwachsen.

---

8 Piaget, 1970; Tomasello und Call, 1997.

Aber diese Bedeutung wird noch klarer, wenn wir uns die kognitive Entwicklung von Kindern vor Augen führen, die ohne jede Kultur oder Sprache groß werden. Ein Kind, das auf einer einsamen Insel ohne menschliche Gefährten aufwüchse, würde nicht, wie Rousseau es sich vorstellte, zu einem „natürlichen" Menschen, frei von gesellschaftlichen Zwängen werden, sondern würde vielmehr im Sinne von Geertz zu einer Art Monster werden, zu etwas anderem als einem wirklich menschlichen, intentional und moralisch Handelnden.

Die Konzentration auf Prozesse

Wir sind, wie Wittgenstein und Vygotskij so deutlich gesehen haben, Fische im Wasser der Kultur. Als Erwachsene, die die menschliche Existenz erforschen und über sie nachdenken, können wir nicht einfach unsere kulturelle Brille abnehmen, um die Welt kulturunabhängig zu sehen und sie dann mit der Welt unserer kulturellen Wahrnehmung zu vergleichen. Menschen leben in einer Welt von Sprache, Mathematik, Geld, Regierungen, Bildung, Wissenschaft und Religion, d. h. von kulturellen Institutionen, die aus kulturellen Konventionen bestehen. Der Laut „Baum" steht genau deshalb für etwas Bestimmtes, weil wir denken, daß er für etwas Bestimmtes steht. Ich kann genau deshalb ein Auto im Tausch gegen ein Stück Papier bekommen, weil wir glauben, daß das Papier genausoviel wert ist wie das Auto.[9] Diese sozialen Institutionen und Konventionen werden durch bestimmte Formen der Interaktion und des Denkens innerhalb einer Gruppe von Menschen geschaffen und aufrechterhalten. Andere Tierarten interagieren und denken einfach nicht so.

Aber die menschliche Welt der Kultur ist deshalb nicht unabhängig von der biologischen Welt, und die Kultur des Menschen ist in der Tat ein sehr junges evolutionäres Produkt, das aller Wahrscheinlichkeit nach erst seit wenigen hunderttausend Jahren existiert. Die Tatsache, daß die Kultur ein Produkt der Evolution ist, bedeutet nicht, daß jedes ihrer besonderen Merkmale seine eigenen genetischen Grundlagen hat. Dafür stand nicht genügend Zeit zur Verfügung. Ein plausibleres Szenario wäre, daß alle menschlichen kulturellen Institutionen auf der biologisch vererbten, sozio-kognitiven Fähigkeit beruhen, soziale Konventionen und Symbole zu schaffen und zu benutzen. Diese sozialen Konventionen und Symbole sind jedoch kein Zauberstab, der nichtmenschliche Primatenkognition unmittelbar in menschliche Kognition

---
9 Searle, 1997.

verwandelt. Die heutige Kognition von erwachsenen Menschen ist nicht nur das Ergebnis von genetischen Ereignissen, die über viele Millionen Jahre hinweg in einem evolutionären Zeitraum stattfanden, sondern gleichfalls das Resultat von kulturellen Ereignissen, die über viele zehntausend Jahre hinweg in einem geschichtlichen Zeitraum auftraten, und von persönlichen Ereignissen, die sich über zehntausende von Stunden hinweg während der Ontogenese abspielen. Der Wunsch, die mühevolle empirische Arbeit zu umgehen, die notwendig ist, um den Verlauf dieser zwischengeschalteten Prozesse zu verfolgen, die zwischen dem menschlichen Genotyp und Phänotyp liegen, hat eine verführerische Kraft und führt zu den Formen des allzu einfachen genetischen Determinismus, der heute große Teile der Sozial-, Verhaltens- und Kognitionswissenschaften durchzieht. Gene sind ein wesentlicher Teil der Geschichte der kognitiven Evolution des Menschen. Von manchen Standpunkten aus gesehen sind sie vielleicht sogar der wichtigste Teil, da sie den Stein ins Rollen gebracht haben. Aber sie machen nicht die ganze Geschichte aus, und der Stein hat einen langen Weg zurückgelegt, seitdem er angestoßen wurde. Alles in allem sind die abgenutzten, alten philosophischen Kategorien von Natur versus Umwelt, angeboren versus gelernt oder etwa Gene versus Umgebung einfach ungeeignet – weil sie zu statisch und kategorisch sind –, wenn unser Ziel eine dynamische Darwinsche Erklärung menschlicher Kognition in ihren evolutionären, geschichtlichen und ontogenetischen Dimensionen ist.

Literatur

Ashley, J. & Tomasello, M. (1998). Cooperative problem solving and teaching in preschoolers. *Social development, 17,* 143–163.
Bates, E. (im Druck). Modularity, domain specifity, and the development of language. *Journal of Cognitive Neuroscience.*
Buss, D. (1994). *Die Evolution des Beginners.* Hamburg: Kabel.
Chromsky, N. (1980). Rules and Repräsentation. *Behavioral and Brain Sciences, 3,* 1–61.
Donald, M. (1991). *Origins of the modern Mind.* Cambridge: Harvard University Press.
Elman, J., Bates, E., Karmiloff-Smith, A., Johnson, M. & Plunkett, K. (1997). *Rethinking Innateness.* Cambridge, MA: MIT Press.
Fodor, H. (1983). *The Modularity of Mind.* Cambridge, MA: MIT Press.
Piaget, J. (1970). Piaget's theory. In: Mussen (Hg.), *Manual of child development* (703–732). New York: Wiley.
Piaget, J. (1974). *Der Aufbau der Wirklichkeit beim Kinde.* Frankfurt: Suhrkamp.
Pinker, S. (1998). *Wie das Denken im Kopf entsteht.* München: Kindler.

Premack, D. (1990). The infant's theory of self-propelled objects. *Cognition, 36,* 1–16.

Searle, J. (1997). *Die Konstruktion der gesellschaftlichen Wirklichkeit.* Reinbek: Rowohlt.

Speckle, E. & Newport, E. (1997). Nativism, empiricism, and the development of knowledge. In: R. Lerner (Hg.), *Handbook of Child Psychology,* Bd. 1.

Tomasello, M. & Call, J. (1997). *Primate cognition.* New York: Oxford University Press.

Tooby, J. & Cosmides, L. (1989). Evolutionary psychology – and the generation of culture, Part I. *Ethnology and Sociobiology, 10,* 29–49.

G. Lakoff / E. Wehling*

Auf leisen Sohlen ins Gehirn
Politische Sprache und ihre heimliche Macht:

Im Land der zwei Freiheiten:
Warum wir hören, was wir denken

13.1 Freiheit ist nicht Freiheit: Ein Wort, das keine (einzige) Bedeutung hat

„Im Namen der Freiheit!" schallt es bei jeder politischen Gelegenheit vom Dach des Weißen Hauses, handle es sich um den Krieg gegen den Irak, um die Einschränkung von Bürgerrechten durch den „Patriot Act" oder um den geplanten Abbau von Sozialprogrammen. Ist der Begriff „Freiheit" in den heutigen USA bedeutungslos geworden?

Ganz und gar nicht. Allerdings begehen Progressive in den USA oft den Fehler, über George W. Bush und die Konservativen als Lügner zu denken. Sie beschuldigen das konservative Lager, den Freiheitsbegriff unaufrichtig zu benutzen – das Wort „Freiheit" als eine Art rhetorischer Strohpuppe zu missbrauchen –, während man zugleich eine Politik verfolgt, die Freiheiten national und international einschränkt.

Es ist ein großer, wirklich großer Fehler, einfach davon auszugehen, dass das konservative Lager den Begriff „Freiheit" sprachlich missbraucht.

Damit macht die politische Opposition es sich viel zu leicht, denn sie verschließt die Augen gegenüber der Tatsache, dass George W. Bush weder lügt noch opportunistische Freiheitsrhetorik betreibt.

Ich werde Ihnen ein Geheimnis verraten: George W. Bush ist, was seine nationale und internationale Politik „im Namen der Freiheit" betrifft, aufrichtig. Er benutzt den Begriff absolut ehrlich. Er meint tatsächlich Freiheit – und wirklich nichts als Freiheit –, wenn er von Freiheit spricht.

Sie fragen mich, ob der Begriff „Freiheit" bedeutungslos geworden sei. Nein, er ist nicht bedeutungslos geworden, ganz im Gegenteil, er hat zumindest zwei Bedeutungen, eine für die Konservativen und eine für die Progressiven.

---

* Die kursiv gesetzten Teile sind von Elisabeth Wehling, die anderen von George Lakoff [L.H.].

Was kann Freiheit bedeuten, außer eben Freiheit?

Freiheit kann vieles – und sogar Gegensätzliches – bedeuten. Das, was von dem einen als Freiheit begriffen wird, kann von einem anderen – aufrichtig gemeint – als Unfreiheit verstanden werden. Worte sind nicht allgemeingültig und bezeichnen nicht objektive Gegebenheiten in der Welt.

Bill Clinton sagte im Wahlkampfjahr 2004: „Meine Freunde, uns wird ständig gesagt, dass Amerika zutiefst gespalten sei. Aber alle Amerikaner schätzen Freiheit und Glauben und Familie." [32] *Offensichtlich spricht er von Freiheit als einer gemeinsamen, von allen US-Amerikanern geteilten Idee.*

Nun, zu Beginn unseres Gesprächs haben wir darüber gesprochen, dass Menschen meist falsche Vorstellungen davon haben, wie sie denken und in welchem Maße unser Denken durch die Sprache beeinflusst wird, eben unter anderem durch Metaphern und Frames. Nun ist es vielleicht an der Zeit, uns mit einem weiteren Aspekt auseinanderzusetzen, nämlich der inneren Struktur eines Begriffes und der Frage, wie Kommunikation eigentlich genau funktioniert. Nur weil Bill Clinton sagte: „… *alle* Amerikaner schätzen Freiheit…", kann daraus nicht gefolgert werden, dass auch alle US-Amerikaner das Gleiche darunter verstehen. Worte haben keine allgemeingültige Bedeutung! Wir haben ein bestimmtes Verständnis von Kommunikation, weil wir in bestimmten Metaphern über Kommunikation denken. Und diese Metaphern für Kommunikation führen zu der Schlussfolgerung, dass Worte eine objektive Bedeutung haben. Dabei blenden sie aber aus, dass ein und dasselbe Wort für zwei Menschen etwas vollkommen Unterschiedliches bedeuten kann. Also stellt sich die Frage: Wie denken wir über Kommunikation?

13.2 Leere Worte und bedeutungsvolle Texte: Metaphern für Kommunikation

Ein Sender will eine bestimmte Information übermitteln, dazu codiert er sie mittels des Systems von Sprache und schickt sie an den Empfänger, der die Information wieder decodiert.

Vollkommen falsch.

---

32 W. J. Clinton (2004): 2004 Democratic National Convention Address. American Rhetoric Online Speech Bank (Internet). Verfügbar unter: http://www.americanrhetoric.com/speeches/convention2004/billclinton2004dnc.htm [2.9.2007].

Es ist die Struktur unseres gängigen Kommunikationsmodells.

Das in keiner Weise abbildet, wie Kommunikation tatsächlich funktioniert.

Wieso nicht?

Dieses Modell bildet nur die Metapher ab, durch die Menschen die abstrakte Idee „Kommunikation" gemeinhin begreifen: *Kommunikation* ist *Transfer*. Und für einen Transfer brauche ich Behälter, in die ich das, was ich versenden will, hineintue. Das führt uns zu den weiteren Metaphern *Worte* sind *Behälter* und *Ideen* sind *Objekte*.

In Ihr Kommunikationsmodell übertragen, heißt das, Kommunikation findet statt, indem der Sender bestimmte Objekte, seine Ideen, in passenden Behältern, seinen Worten, an den Empfänger schickt.

Die Metaphern *Ideen* sind *Objekte* und *Worte* sind *Behälter* sind allgegenwärtig: Wir sprechen von *leeren* Worten. Man sagt: „Denk mal über die *Inhalte* deiner Worte nach!", oder: „Ich kann diesem Text nicht viel *entnehmen*." Jemand kann viel Bedeutung *in* seine Worte *legen* oder darum bemüht sein, seine Ideen *in* Worte zu *fassen*.

Wenn wir in dieser Metapher über Kommunikation denken, dann müssten wir es nur schaffen, die jeweils passenden Behälter für die Objekte auszuwählen – also unsere Ideen in die richtigen Worte zu fassen –, und die Bedeutung wäre dem anderen in dem Moment zugänglich, in dem er die Worte hört oder liest – also die Objekte aus dem Behälter auspackt.

Genau. Wenn die Worte beim Empfänger ankommen – so die unbewusste metaphorische Schlussfolgerung –, dann versteht er automatisch auch ihren Inhalt, den er auspackt, denn es sind ja dieselben Inhalte, die der Sender eingepackt hat.

In dieser Metapher gedacht, haben Worte unabhängig vom Kommunikationskontext eine objektive Bedeutung.

Sie bringen es auf den Punkt. Wenn wir über Ideen als Objekte denken, dann existieren sie in einer bestimmten Form. Und diese Form ändert sich nicht durch das Übersenden: Was vom Sender in Worte *eingepackt* wird, das wird vom Empfänger aus den Worten *ausgepackt*.

Wenn ich ein Paket mit Pralinen an meine Tante schicke, dann packt sie genau die Pralinen aus, die ich zu Hause eingepackt habe.

Genau, wenn Sie Ihrer Tante Nougattrüffel schicken, dann packt sie keine Marzipantrüffel aus – sondern eben die von Ihnen liebevoll eingepackten Nougattrüffel.

Die Vorstellung, Kommunikation würde auf diese Weise funktionieren, ist aber schlichtweg falsch! Sehen Sie, schon allein die Vorstellung, man würde Ideen als Objekte *versenden*, ist unzutreffend. Wir entnehmen die Ideen ja nicht wirklich unserem Kopf und versenden sie dann. Die Ideen bleiben in unserem Kopf, auch wenn wir sie kommunizieren.

Nun, diese Metapher blendet einen wichtigen Teil der Wirklichkeit aus: Die Tatsache, dass ein Mangel in der Verständigung nicht an falscher Wortwahl oder fehlerhaftem Transfer liegen muss, sondern vor allem daran liegt, dass Worte für Menschen unterschiedliche Bedeutungs*inhalte* haben. Um im Bild zu bleiben: Der Empfänger *packt* eben nicht zwingend das *aus*, was der Sender *eingepackt* hat.

Aber wie könnte Kommunikation möglich sein, wenn auf das System „Sprache" kein Verlass wäre und Worte als Bedeutungsträger keine objektive Gültigkeit besäßen?

Die Bedeutung von Worten ist nie objektiv. Sie entsteht durch unser eigenes konzeptuelles System – durch die Beschaffenheit unseres Gehirns.

In der Realität kommunizieren weder Sie noch ich noch sonst irgendwer, indem wir uns gegenseitig Worte mit einer objektiven Bedeutung zusenden. Worte bezeichnen nicht die Welt, wie sie an sich existiert. Sie bezeichnen immer nur die Welt, wie wir sie begreifen, und zwar auf Grund unseres biologischen Funktionierens in dieser Welt.

13.3 Realistische Kommunikation: Die Welt in unserem Gehirn

Wie kommunizieren wir also?

Wir verwenden unser eigenes konzeptuelles System. Wir verwenden ein eigenes Set von Sprechregeln, Metaphern und Frames. Und wenn wir mit jemandem kommunizieren, dessen konzeptuelles System mit dem unseren übereinstimmt, wenn unser Gegenüber dasselbe Set von Sprechregeln, Metaphern und Frames hat, kann eine von beiden geteilte „Wahrheit" entstehen – wir verstehen uns.

Sie sprechen von Wahrheit, die wir miteinander teilen, nicht von objektiver Wahrheit?

Es gibt für uns Menschen keine Wahrheiten, die jenseits unseres Begreifens liegen. Und das hat einen ganz einfachen Grund: Alles, was wir von der Welt begreifen, begreifen wir mit Hilfe unseres Gehirns. Wie wir die Welt erfassen, ist also immer durch unser eigenes konzeptuelles System bedingt.

Bezweifeln Sie die Existenz einer realen Welt und schließen sich der relativistischen Denkschule an?

Überhaupt nicht. Ich bin alles andere als ein Relativist. Ich bin ein Realist. Und zwar in zweierlei Hinsicht: Ich bin ein Realist, was die Welt betrifft, und ich bin Realist, was die Funktionen unseres menschlichen Gehirns betrifft.

Ich zweifle die Existenz einer realen Welt nicht an, wir alle agieren ja in dieser Welt. Und unsere körperlichen, sozialen und zwischenmenschlichen Erfahrungen in dieser real existierenden Welt prägen zu einem erheblichen Teil unsere konzeptuellen Systeme. Da unsere Körper und Gehirne von derselben Art sind und wir viele physische und soziale Erfahrungen teilen, haben wir generell sehr ähnliche konzeptuelle Systeme. Es gibt aber ebendort erhebliche Unterschiede, wo wir unterschiedliche Erfahrungen machen, zum Beispiel auf Grund unserer Kultur oder bestimmter zwischenmenschlicher Beziehungen.

Und ich habe auch eine ausgesprochen realistische Auffassung davon, wie wir Menschen die Welt denkend begreifen: Menschen begreifen die Welt nicht durch irgendeine abstrakte universelle Instanz, die wir „Verstand" nennen und die jenseits unserer Körperlichkeit liegt. Menschen begreifen die Welt durch ihr Gehirn, das ein Teil des Körpers ist. Sie denken auf Grund von Konzepten, die physisch in ihrem Gehirn vorhanden sind. Denken ist physisch.

Und ich untersuche, wie unsere Interaktion mit der Welt unsere Konzepte beeinflusst und darüber mitbestimmt, wie wir denken können und werden.

Also ist die Theorie, dass Worte die Welt bezeichnen, wie sie ist, ein Mythos.

Wo bricht diese Theorie zusammen? Sehr offensichtlich: in Metaphern. Wenn ich sage: „Die Preise sind *gestiegen*", bezeichne ich damit nicht eine Gegebenheit in der Welt. Ich benutze eine Metapher. Und diese Metapher bezeichnet nicht die Welt, wie sie an sich existiert. Sondern sie ist das Ergebnis von Erfahrungen, die ich in dieser Welt gemacht habe.

Das alleine erklärt aber noch nicht, weshalb ein politischer Begriff wie „Freiheit" nicht Träger einer von allen US-Amerikanern geteilten Wahrheit ist, die Bill Clinton so gern reklamieren wollte, sondern unterschiedliche Bedeutungen haben kann.

Nun, auch was wir als Freiheit verstehen, ist das Ergebnis individueller gedanklicher Prozesse. Und Freiheit gehört zu den „Essentially Contested Concepts" – den notwendigerweise strittigen Konzepten.

13.4 Der notwendige Ideenstreit: Essentially Contested Concepts

Was ist ein „Essentially Contested Concept"?

Die ursprüngliche Idee geht auf eine Arbeit des britischen Sozialwissenschaftlers Walter Bryce Gallie von 1956 zurück, der damals erkannte, dass abstrakte Ideen wie „Demokratie" über eine Kernbedeutung hinaus notwendigerweise strittig sind, weil sie von Menschen unterschiedlich interpretiert werden. In den vergangenen 30 Jahren haben kognitive Wissenschaftler die Struktur von Essentially Contested Concepts weiter untersucht, und wir kennen heute diese Struktur.

Jede Idee hat einen zentralen Kern, hinsichtlich dessen Bedeutung alle Menschen übereinstimmen. Wir bezeichnen diesen Teil als das unstrittige Bedeutungsskelett einer Idee. Das Bedeutungsskelett besitzt eine bestimmte Struktur und lässt darüber hinaus Leerstellen, die von uns mit eigenen Ideen aufgefüllt werden, und zwar auf Grund von Werten. Da wir uns in unseren Werten unterscheiden, sind die Ideen notwendigerweise unterschiedlich und somit strittig.

Nun, die Idee von Freiheit, die ein Bedeutungsskelett mit gedanklichen Leerstellen hat, ist notwendigerweise strittig, da jeder die Leerstellen entsprechend seinen Werten ausfüllt – und damit haben wir recht unterschiedliche Bedeutungen des Wortes „Freiheit".

Stimmen aber hinsichtlich der zentralen Bedeutung überein?

Genau, was den Bedeutungskern von Freiheit angeht, sind sich die Menschen einig. Zum Beispiel gehört physische Freiheit zum unstrittigen Bedeutungskern.

Dann müsste jede Idee ein notwendigerweise strittiges Konzept sein – nicht nur abstrakte Ideen wie Freiheit oder Demokratie. Überhaupt alles, was wir wahrnehmen, wird doch von uns – über den zentralen Bedeutungskern hinausgehend – interpretiert, also individuell bewertet.

Nun, ursprünglich ging man davon aus, dass dies nicht der Fall sei, dass sich das Phänomen auf bestimmte abstrakte Ideen beschränke. Aber je intensiver wir uns damit befassen, desto berechtigter scheint Ihre Frage: Gibt es überhaupt Ideen, die nicht über ihren unstrittigen Bedeutungskern hinaus von Menschen auf Grund ihrer eigenen Werte gedanklich ergänzt werden?

Also ist tatsächlich jede Idee ein Essentially Contested Concept?

Ich kann Ihnen nur so viel sagen: Wir wissen heute noch nicht, ob jede einzelne Idee notwendigerweise strittig ist. Aber was mich persönlich betrifft, denke ich, dass es gut möglich ist. Als ich erstmals darüber nachdachte, sagte ich mir: „Okay, was ist mit einem Stuhl?" Und mir kam ein Möbelgeschäft in San Francisco in den Sinn. In diesem Geschäft standen eine Reihe von Objekten, die der Inhaber des Geschäfts Stühle nannte. Nun, ich würde sie nicht als Stühle bezeichnen. Wenn sie nicht als Stühle angeboten worden wären, wären sie für mich schlichtweg keine Stühle gewesen – in meiner Wirklichkeitsauffassung hätten, als ich dieses Geschäft betrat, keine Stühle vor mir gestanden. Bestimmte Möbeldesigner hingegen hätten diese Objekte sofort als Stühle erkannt, denn Möbeldesign hat eine komplexe Struktur und eigene Werte – die man als Laie nicht kennt. Die Idee „Stuhl" ist also ein strittiges Konzept.

Also sind nicht nur abstrakte Ideen notwendigerweise strittig – was Sie für einen Stuhl festgestellt haben, lässt sich verallgemeinern?

Ich kann es Ihnen nicht in dieser Absolutheit beantworten, aber es scheint mir wirklich so zu sein. Nehmen wir als weiteres Beispiel ein Zimmer. Bis heute befinde ich mich mit meiner Frau im Streit darüber, wie viele Zimmer unser Haus hat. Es gibt in unserem Haus einen Raum, von dem meine Frau denkt, er sei ein Zimmer, und ich denke das nicht. In den Raum gelangt man durch einen Bogengang, aber dort ist keine Tür, die den Raum abtrennt. Nun, wenn es dort keine Tür gibt, wie könnte es dann ein Zimmer sein! Aber für meine Frau ist es ein Zimmer, denn sie glaubt, dass der Türbogen den Raum abgrenzt. Meine Frau und ich haben also unterschiedliche Vorstellungen von der Idee „Zimmer". In der Wirklichkeit meiner Frau hat unser Haus ein Zimmer mehr, in meiner eines weniger.

Also, das ist normal, vollkommen normal. Aber wenn wir nun unser Haus verkaufen wollten, dann hätten wir ein Problem. Je nachdem, wer von uns beiden die Annonce schreiben würde, hätte das Haus ein Zimmer mehr oder weniger.

Nun, oft bemerken wir allerdings gar nicht, dass wir Dinge unterschiedlich begreifen. Wir gehen guter Dinge auseinander in der Vorstellung, die Kommunikation sei geglückt.

Weil wir gar nicht hören, was der andere sagt, sondern das hören, was wir denken – und damit von einer Übereinstimmung ausgehen?

So ist es. Die Welt, wie wir sie erfassen, hängt von unserem Gehirn ab. Immer. Für die Kommunikation bedeutet das: Wir verstehen nicht, was jemand an sich sagt, sondern wir verstehen immer nur das, was unser Gehirn daraus macht, indem es die Leerstellen wertend ausfüllt, die Idee interpretiert – also, wir verstehen, was wir denken.

Wie können wir es dann je schaffen, erfolgreich zu kommunizieren?

Wir kommunizieren sehr oft erfolgreich, weil jede Idee einen zentralen Bedeutungskern hat, der von uns allen gleich begriffen wird. Und darüber hinaus wird das Bedeutungsskelett einer Idee von uns auf Grund von Werten ergänzt, die mit unseren Metaphern und Frames zu tun haben. Wenn wir dieselben Metaphern haben, dann werden wir die Idee ähnlich interpretieren. Und wir haben viele Metaphern gemeinsam, denn unsere Körper funktionieren gleich, und wir machen mit ihnen viele gleiche Erfahrungen in der Welt. Und wenn wir in ein und derselben Kultur aufwachsen, dann kennen wir noch mehr gemeinsame Metaphern. Wenn wir aber nicht in derselben Kultur aufwachsen, dann können sich unsere Metaphern unterscheiden, und auch die Wahrscheinlichkeit, dass wir eine Idee ähnlich interpretieren, wird geringer.

B. Sprache und Handlung

Das Kapitel im Überblick

Zu unserem Alltagswissen gehört, dass Sprechen eine Form des Handelns ist, dass wir also *auffordern, behaupten, fragen, warnen* etc. indem wir etwas äußern; gleichwohl ist Sprache unter diesem Aspekt erst in diesem Jahrhundert systematisch untersucht worden. Der Hinweis von Aristoteles, der sich im Zusammenhang seiner Begründung der Logik nur für wahrheitsfähige Gebilde interessierte und Fragen, Bitten etc. explizit ausblendete, Bemerkungen von Stoikern wie Diokles, von W. v. Humboldt, Frege und vielen anderen blieben folgenlos. Es waren Sprachphilosophen (Wittgenstein, Carnap, Austin, Searle), Semiotiker (Peirce, Morris) und sprachpsychologisch orientierte Wissenschaftler wie Wegener und Bühler, die den Stein ins Rollen brachten und die Linguistik um eine pragmatische Sprachauffassung oder doch wenigstens um eine pragmatische Komponente bereicherten (dazu Kapitel A: Bühler, Wittgenstein, Morris, Tomasello).

In diesem Kapitel werden wichtige handlungstheoretische Ansätze zur Sprache vorgestellt.

Der englische Moralphilosoph John L. Austin (1911–1960) hat als erster eine Theorie sprachlichen Handelns ausgearbeitet. In seinen postum publizierten Vorlesungen („How to do things with words", 1962/1972 dt.) analysiert er Äußerungen als Handlungen und zerlegt sie in

a) den „lokutiven Akt", der darin besteht, dass man etwas sagt („Geräusche' erzeugt, Wörter benutzt und über etwas redet);
b) den „illokutiven Akt", der die eigentliche kommunikative Rolle bezeichnet (dass man, indem man etwas sagt, eine Behauptung, Drohung, Warnung etc. realisiert);
c) den „perlokutiven Akt", der in über die Illokution hinausgehenden (nichtkonventionellen) Wirkungen besteht, die auf Gefühle, Gedanken, Handlungen anderer ausgeübt werden (etwa, dass man jemanden von etwas überzeugt (Perlokution), indem man eine bestimmte Behauptung (Illokution) macht).

Die Kategorie „Perlokution" blieb in ihrem Verhältnis zur Illokution strittig und wurde in am *Zweck*, am illokutiven *Punkt*, an der kommunikativen *Aufgabe* orientierten Ansätzen zur Pragmatik aufgegeben.

156   B. Sprache und Handlung

Im abgedruckten Aufsatz geht Austin von der Beobachtung aus, dass eine große Klasse von Äußerungen nicht nach *wahr* oder *falsch* zu beurteilen ist, wie die „konstatierenden Aussagen" (*Otto schläft*), sondern dem Vollzug einer Handlung dient (*schlaf gut!*). Diese „performativen Äußerungen" unterliegen vielmehr Bedingungen des „Glückens" oder „Missglückens" und haben typische sprachliche Formen wie etwa die „explizit performative Formel" (*hiermit verspreche ich dir, dass ich morgen komme*).

Abschließend zeigt Austin, dass der Gegensatz „performativ-konstativ" aufzugeben ist, auch die „Konstative" sind Handlungen. Die Leiter, die er benutzt hat, um die Tradition zu überwinden, braucht Austin am Ende nicht mehr. Der Aufsatz zeigt argumentativ den Denkweg von der klassischen Logik hin zur Handlungstheorie der Sprache.

Der amerikanische Sprachphilosoph John R. Searle hat die Idee einer *Sprechakttheorie* nachhaltig und wirkungsvoll propagiert, dabei allerdings den Handlungsaspekt zu einem Aspekt der Bedeutung gemacht (die Pragmatik ‚semantisiert') und Handlungen (unzulässig) an das Satzformat gebunden. Sein Ebenenmodell umfasst

a) den „lokutiven Akt" des Äußerns;
b) den „propositionalen Akt", der einen Sachverhalt einführt und durch „Referenz" (Gegenstandsbezug) und „Prädikation" (Gegenstandscharakteristik) konstituiert wird;
c) den „illokutiven Akt" (kommunikative Rolle wie bei Austin);
d) den „perlokutiven Akt" (nicht weiter theoretisch ausgearbeitet).

Searle stellt im abgedruckten Beitrag sein Konzept vor und gibt eine Analyse des Versprechens mithilfe spezifischer Typen von Regeln. Ausführlicher ist sein Buch „Speech Acts" (1969/1971 dt.). Besonders einflussreich war seine Taxonomie von Sprechakten (Searle 1979/1982 dt.), die sich vor allem auf die Kriterien (a) illokutionäre Absicht (der Begriff „illocutionary point" weist aber auch auf den Zweck), (b) psychische Grundlage und (c) Anpassungsrichtung zwischen Sprache und Welt stützt. Vereinfacht ergibt sich (S = Sprecher, H = Hörer):

I.   *Assertive*: S sagt, was der Fall ist und legt sich auf die Wahrheit der Proposition fest (ASSERTIEREN, BEHAUPTEN, FESTSTELLEN…);
II. *Direktive*: S sagt, was H tun soll und versucht damit zu erreichen, dass H diese Handlung ausführt (AUFFORDERN, BITTEN, BEFEHLEN, WARNEN…);
III. *Kommissive*: S sagt, was S tun wird und legt sich darauf fest (VERSPRECHEN, VERTRAG SCHLIESSEN, GELOBEN…);

IV. *Expressive*: S sagt, was S oder H fühlen (DANKEN, KLAGEN...);
V. *Deklarative*: S sagt, was sozial oder institutionell gelten soll
(ERÖFFNEN, VERURTEILEN, BENENNEN. TRAUEN...).

Weiterhin hat Searle Untersuchungen zu *indirekten Sprechakten* (wie kann etwa eine Äußerung von *Es zieht* als Aufforderung, das Fenster zu schließen, verstanden werden?), zur *Intentionalität* als Basis sprachlicher Bedeutung (Searle 1983/1991 dt.), zur *illokutionären Logik* (Searle/Vanderweken 1985, vgl. auch Vanderweken 1990/1991), zur Philosophie des Geistes und zu den Verheißungen der Forschungen zur künstlichen Intelligenz (Searle 1984/1986 dt.) vorgelegt.

Der Logiker Paul H. Grice entwickelte eine intentionalistische Bedeutungstheorie: Ein Kommunikationsversuch zeichnet sich dadurch aus, dass jemand durch sein Tun eine Partnerhandlung dadurch auszulösen beabsichtigt, dass der Partner diese Absicht erkennt und aufgrund dieser Erkenntnis die Handlung ausführt (dazu: Meggle 1979, 1980; Searle, in diesem Kap.).

Berühmt wurde Grice durch die im vorliegenden Beitrag dargestellten „Konversationsmaximen". In Anknüpfung an Kant beschreibt er allgemeine Prinzipien, denen wir als rational Kommunizierende immer schon folgen und auf deren Hintergrund auch nicht wörtlich zu verstehende Äußerungen über Schlussprozesse („Implikaturen") verstehbar werden. In der Linguistik populär wurde der Rückgriff auf diese Prinzipien in Verbindung mit einem „Bedeutungsminimalismus" (Posner 1979): Man nimmt so wenig Grundbedeutung wie möglich an, der Rest ergibt sich durch die Prinzipien. So werden für das Präsens oft mehrere Varianten angesetzt, etwa ein futurisches (*Wann sind Ferien?*), historisches (*Das Kriegsende erleben die meisten Deutschen als Befreiung*), generelles (*2 × 2 ist vier, Rinder sind Wiederkäuer*), szenisch-vergegenwärtigendes (*Komm ich gestern nach Haus, wer steht vor der Tür?*); die Griceschen Maximen erlauben nun, aus einer Grundbedeutung durch Implikaturen die Varianten abzuleiten. Auf diese Weise können vergleichsweise ‚arme' semantische Bestimmungen oder logische Formalisierungen an den Bedeutungsreichtum natürlicher Sprachen adaptiert werden. Umstritten bleibt, ob solche Prinzipien auf faktische, sozial differenzierte Kommunikationsverhältnisse anwendbar sind oder ob komplexere semantische oder funktionale Analysen entwickelt werden müssen (zur Diskussion: Liedtke/Keller 1987, Rolf 1994). Eine verwandte Theorie, die „Relevanztheorie", haben Sperber und Wilson (1995^2) entwickelt.

Der Beitrag von Konrad Ehlich stellt die Richtung der Funktionalen Pragmatik vor, die auf einer handlungsbezogenen Sprachauffassung basiert. Sie verhält sich kritisch zur Saussureschen Tradition, zu Searles Sprechakttheorie

158 B. *Sprache und Handlung*

und zu einer additiven „Pragmalinguistik", bei der die Handlungsdimension nur eine ist, die zur syntaktischen und zur semantischen hinzukommt (so Morris, Kapitel A). Im Zentrum steht eine Theorie sprachlicher Handlungsmuster, die durch die Kategorie *Zweck* eine gesellschaftliche Fundierung erfährt, sprachpsychologisch die mentale Dimension einbezieht und mit dem Konzept der „Prozeduren" – elementaren Handlungseinheiten – funktionale Analysen einzelner sprachlicher Mittel erlaubt. Dazu wird Bühlers Felderlehre (vgl. Bühler, Kapitel A) fortgeführt. Es ergeben sich fünf Felder:

Feld	**Prozedur**	**Sprachliches Mittel**
Malfeld/ Expressives Feld	expressive/malende Prozedur	Gestisch-expressive, nuancierende Tonbewegung, Diminutivformen, Reduplikationen...
Zeigfeld/ deiktisches Feld	zeigende/deiktische Prozedur	Persondeixis (*ich, du, wir, ihr, I*), Lokaldeixis (*hier, da, there*), Temporaldeixis (*jetzt, dann, then*), Personalsuffixe,...
Symbolfeld	nennende/charakterisierende Prozedur	Substantiv-/Adjektiv-/Verbstämme (*Ball, cool, sing-*)
Lenkfeld	lenkende/expeditive Prozedur	Interjektion (*ná*), Imperativsuffix (*-e*), Vokativsuffix (lat. *-e* (*Brut-e*))
Operationsfeld	operative Prozedur	Anapher (*er/sie/es, she*), Determinativ (*der, ein, the*), Konjunktor (*aber, but*), Subjunktor (*weil, when*), Relativum (*der, who*), Kasussuffix (*-er, -s*)...

Abb. 1: Funktional-pragmatische Klassifikation sprachlicher Mittel: Felder und Prozeduren (Bühler, Ehlich)

Wie der Äußerungsaufbau in der Sicht der Funktionalen Pragmatik vorzustellen ist, zeigt Abb. 2. Sprachtheoretisch werden insbesondere *Welt/Realität* (abgekürzt ‚P'), mentale Verarbeitung im Sprecher-/Hörer-*Wissen* (‚Π') und ihr Niederschlag im *propositionalen Gehalt* (‚p') einer Sprechhandlung unter-

Das Kapitel im Überblick 159

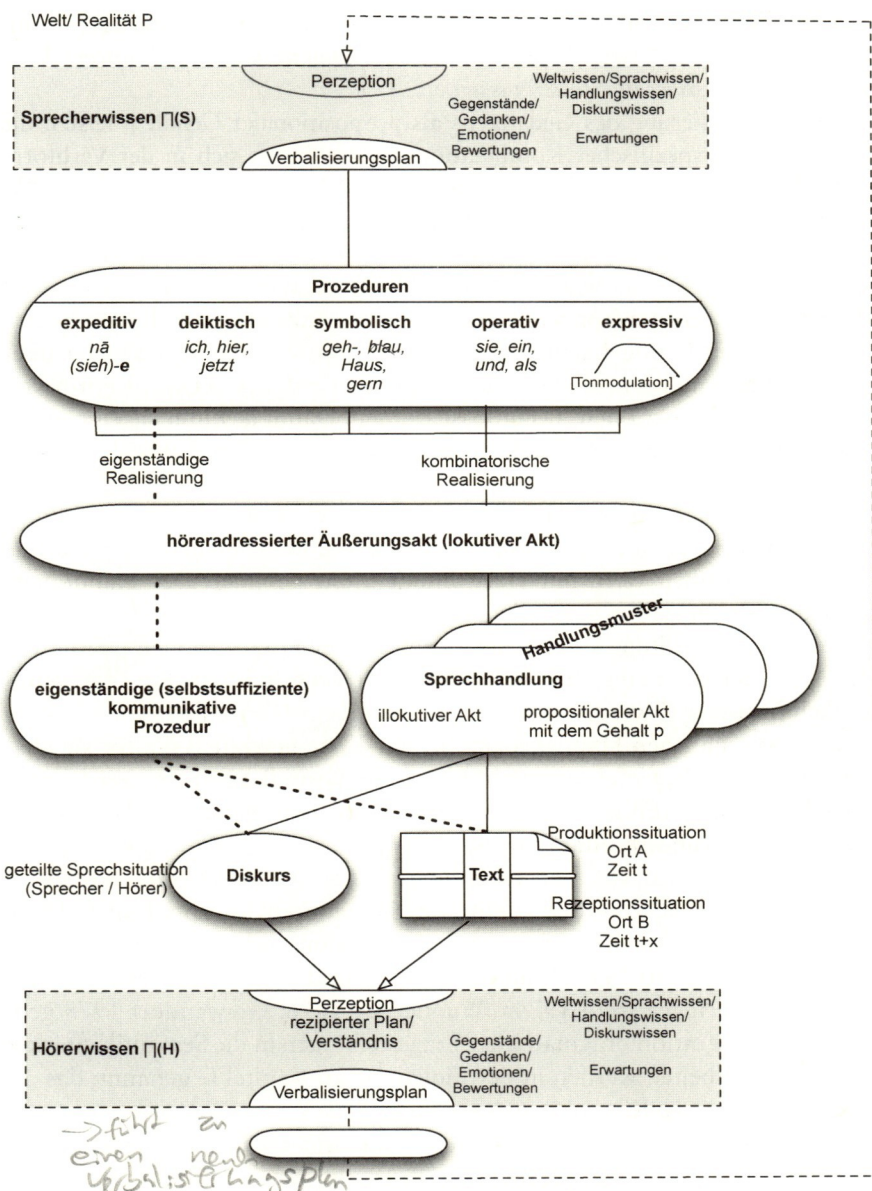

Abb. 2: Die Äußerung in der Sicht der Funktionalen Pragmatik

schieden. In der Abbildung ist die Wissenskomponente nur skizziert; zu unterscheiden wären etwa Wissensformen wie *Diskurswissen, Situatives Wissen, Handlungswissen, Sprachwissen* etc.

Die Verbalisierung des Gedankens als propositionaler Gehalt p leisten die Prozeduren in spezifischer Kombination. So verbinden sich in der Verbform *siehe* der Verbstamm *sieh* (Symbolfeld) mit der Imperativendung *-e* (Lenkfeld). In einem Satz wird ein (prozedural komplexer) Subjektausdruck mit einem (prozedural komplexen) Prädikatsausdruck verbunden und für kommunikative Zwecke aufbereitet (vgl. Hoffmann 1996). Selbständig – „selbstsuffizient" (Ehlich) – werden insbesondere Prozeduren des Lenk- und Zeigfelds realisiert.

Die Verbalisierung hat als Hintergrund (partiell geteiltes) Wissen über Diskurs und Situation, sie kann durch Hörer-Feedback (etwa in Form von steuernden Interjektionen) beeinflusst werden. Damit gewinnt sie eine in der Modellierung nur anzudeutende Dynamik. Die Prozeduren münden in den Äußerungsakt.

Der Äußerungsakt ist im komplexen Fall als Sprechhandlung mit illokutiver und propositionaler Dimension zu verstehen; im einfachen Fall wird eine interaktive Einheit (z.B. mit einer Interjektion) gebildet. Der Handlungszweck bestimmt selbstverständlich auch die vorgängige Planung.

Die Sprechhandlung kann in einer gemeinsamen (,face-to-face'-) Situation der Mündlichkeit realisiert („Diskurs"), aber auch in ihrem Resultat raumzeitlich transferiert werden („Text"). Der Textbegriff wird analytisch aus der Theorie sprachlichen Handelns entwickelt: Texte gewinnen die für sie charakteristische Überlieferungsqualität auf der Grundlage einer „zerdehnten Sprechsituation" (Ehlich). Kritisiert wird damit ein weiter Textbegriff, der jegliches Äußerungsresultat umfasst.

Zur Theorie sprachlicher Handlungsmuster vgl. auch Ehlich/Rehbein 1972, 1979, 1986; zur Anwendung des Prozedurenkonzepts Ehlich 1993. Wer sich mit der deutschen Pragmatik-Diskussion und ihrer Geschichte befassen will, kann auf Maas/Wunderlich 1972 und Wunderlich 1972 zurückgreifen; in Heringer 1974,1974a, Wunderlich 1976, Grewendorf 1979 geht es um die Integration pragmatischer Fragestellungen in die Semantik. Stärker empirische Arbeiten werden in der Einleitung zu Kapitel C genannt, das als Konkretisierung zu Kapitel B zu lesen ist.

Wichtig ist ferner eine Auseinandersetzung mit Theorien komplexen wie institutionellen Handelns (Rehbein 1978, 1979; Meggle 1977; Harras 1983; Ehlich/Rehbein 1994; Koerfer 1994). In die sprachanalytische Philosophie führen v. Savigny 1974, Tugendhat 1976, Runggaldier 1990 ein.

Der Zweig der Pragmatik-Diskussion, der an Phänomenen wie *Deixis, Präsupposition, Implikatur, Sprechakten* (i.S. Searles) festgemacht ist, an

‚Kontextabhängigkeit' im allgemeinen Sinne, wird in Levinson 1983, Meibauer 2001 dargestellt und ist im Reader von Davis 1991 gut repräsentiert.

Bibliographie

J. Verschueren (1978) Pragmatics: An Annotated Bibliography. Amsterdam: Benjamins [1978–1983 fortgeführt im Journal of Pragmatics].

Einführungen

K. Ehlich (1986) Funktional-pragmatische Kommunikationsanalyse. In: K. Ehlich (Hg.) Sprachtheorie und sprachliches Handeln. Bd. 1. Berlin/ New York: de Gruyter, 9–29
G. Hindelang (1994²) Einführung in die Sprechakttheorie. Tübingen: Niemeyer
S.C. Levinson (1983/1990dt.) Pragmatik.Tübingen: Niemeyer
J. Meibauer (2001²) Pragmatik. Tübingen: Stauffenburg

Klassische Arbeiten/ Grundlagentexte

J. L. Austin (1962/1972dt.) Theorie der Sprechakte. Stuttgart: Reclam
K. Ehlich (2007) Sprache und sprachliches Handeln. Bd. 1–3. Berlin/New York: de Gruyter
K. Ehlich/J. Rehbein (1979) Sprachliche Handlungsmuster. In: H.G. Soeffner (Hg.) Interpretative Verfahren in den Sozial- und Textwissenschaften. Stuttgart: Metzler, 243–274
H.P. Grice (1975/1979dt.) Logik und Konversation. In: G. Meggle (Hg.) Handlung, Kommunikation, Bedeutung. Frankfurt: Suhrkamp, 243–265
H.P. Grice (1989) Studies in the Way of Words. Cambridge: Harvard University Press
J. Rehbein (1978) Komplexes Handeln. Stuttgart: Metzler
J.R. Searle (1969/1971dt.) Sprechakte. Frankfurt: Suhrkamp
D. Sperber/D. Wilson (1995²) Relevance: communication and cognition. Cambridge: Harvard University Press
Ph. Wegener (1885) Untersuchungen über die Grundfragen des Sprachlebens. Halle: Niemeyer

Ausgewählte Literatur zur Pragmatik

G. Brünner/ G. Graefen (Hg.) Texte und Diskurse. Opladen: Westdeutscher Verlag
K. Bührig/Y. Matras. (Hg.) (1999) Sprachtheorie und sprachliches Handeln. Festschrift für Jochen Rehbein. Tübingen: Stauffenburg
S. Davis (Hg.)(1991) Pragmatics. A Reader. Oxford: University Press
K. Ehlich/J. Rehbein (1986) Muster und Institution.Tübingen: Narr
K. Ehlich (1986) Funktional-pragmatische Kommunikationsanalyse. In: D. Flader (Hg.) (1991) Verbale Interaktion, Stuttgart: Metzler, S. 127–143. Wieder in: L. Hoffmann (Hrsg.) (2000²) Sprachwissenschaft. Berlin/New York: de Gruyter, 183–203
G. Grewendorf (Hg.)(1979) Sprechaktthorie und Semantik. Frankfurt: Suhrkamp
G. Harras (1983) Handlungssprache und Sprechhandlung. Berlin/New York: de Gruyter

H.J. Heringer (1974a) Praktische Semantik. Stuttgart: Klett
H.J. Heringer (Hg.)(1974b)Der Regelbegriff in der Praktischen Semantik. Frankfurt: Suhrkamp
L. Hoffmann (1996) Satz. In: Deutsche Sprache 3, 193–223
L. Hoffmann (1997) Sprache und Illokution (C1) In: G.Zifonun/L.Hoffmann /B.Strecker Grammatik der deutschen Sprache. Berlin/New York: de Gruyter, 98–160
L. Hoffmann (Hg.) (2003) Funktionale Syntax. Die pragmatische Perspektive. Berlin/ New York: de Gruyter
A. Koerfer (1994) Institutionelle Kommunikation. Opladen: Westdeutscher Verlag
S.C. Levinson (1983/1990dt.) Pragmatik.Tübingen: Niemeyer
F. Liedtke/R. Keller (Hg.)(1987) Kommunikation und Kooperation.Tübingen: Niemeyer
U. Maas/D. Wunderlich (1972) Pragmatik und sprachliches Handeln. Frankfurt: Athenäum
G. Meggle (Hg.)(1977) Analytische Handlungstheorie, Bd.1–2. Frankfurt: Suhrkamp
G. Meggle (Hg.)(1979)Handlung Kommunikation Bedeutung.Frankfurt: Suhrkamp
G. Meggle (1980) Grundbegriffe der Kommunikation. Berlin: de Gruyter
R. Posner (1979) Bedeutung und Gebrauch der Satzverknüpfer in den natürlichen Sprachen. In: G. Grewendorf (Hg.)(1979), 345–385
J. Rehbein (1979) Handlungstheorien. In: Studium Linguistik 7, 1–25
E. Rolf (1994) Sagen und Meinen. Opladen: Westdeutscher Verlag
E. Rolf (1997) Illokutionäre Kräfte. Opladen: Westdeutscher Verlag
E. Runggaldier (1992) Analytische Sprachphilosophie. Stuttgart: Kohlhammer
E. v. Savigny (1974) Die Philosophie der normalen Sprache. Frankfurt: Suhrkamp
J.R. Searle (1979/1982dt.) Ausdruck und Bedeutung. Frankfurt: Suhrkamp
J.R. Searle (1984/1986dt.) Geist, Hirn und Wissenschaft. Frankfurt: Suhrkamp
J.R. Searle (1995/1997 dt.) Die Konstruktion der gesellschaftlichen Wirklichkeit. Reinbek: Rowohlt
J.R. Searle (1998/2001dt.) Geist, Sprache und Gesellschaft. Frankfurt: Suhrkamp
J.R. Searle (2004/2006 dt.) Geist. Frankfurt: Suhrkamp
J.R. Searle/D. Vanderweken (1985) Foundations of Illocutionary Logic. Cambridge: University Press
E. Tugendhat (1976) Vorlesungen zur Einführung in die sprachanalytische Philosophie. Frankfurt: Suhrkamp
M. Ulkan (1992) Zur Klassifikation von Sprechakten. Tübingen: Niemeyer
D. Vanderweken (1990/1991) Meaning and Speech Acts, Bd.1–2. Cambridge: University Press
D. Vanderweken/S. Kubo (Hg.)(2001) Essays in Speech Act Theory. Amsterdam: Benjamins
D. Wunderlich (Hg.)(1972) Linguistische Pragmatik. Frankfurt: Athenäum

Im Netz

http://home.edo.uni-dortmund.de/~hoffmann/Biblios/Pragma.html

J. L. Austin
Performative und konstatierende Äußerung

Man kann leicht eine Vorstellung von der „performativen Äußerung" gewinnen, obgleich dieser Ausdruck, wie mir wohl bewußt ist, weder in der deutschen noch in irgendeiner anderen Sprache existiert. Der Begriff ist eingeführt worden, um einen Gegensatz zur behauptenden oder, besser gesagt, konstatierenden Äußerung zu bezeichnen. Und das ist auch schon der Punkt, wo meine Frage ansetzt. Müssen wir diese Antithese Performativ-Konstatierend hinnehmen?

Die konstatierende Äußerung, unter dem bei Philosophen so beliebten Namen der *Aussage*, hat die Eigenschaft, wahr oder falsch zu sein. Demgegenüber kann die performative Äußerung niemals eins von beiden sein, sie hat vielmehr eine eigene Funktion: sie wird zum Vollzug einer Handlung gebraucht. Eine solche Äußerung tun, *ist* die Handlung vollziehen, eine Handlung, die man vielleicht kaum, zumindest nicht mit gleicher Präzision, auf andere Weise vollziehen könnte. Hier einige Beispiele:

>Ich taufe dieses Schiff „Freiheit".
>Ich bitte um Entschuldigung.
>Ich heiße Sie willkommen.
>Ich rate Ihnen, das zu tun.

Derartige Äußerungen begegnen uns ständig. Man findet sie beispielsweise stets bei Urkunden in den „operativen" Klauseln, wie es im juristischen Englisch heißt. (Es handelt sich um die Wendungen, in denen der juristische Akt eigentlich vollzogen wird, im Gegensatz zu denjenigen – der sog. Präambel –, welche die näheren Umstände der Rechtshandlung angeben.) Ersichtlich sind viele dieser Äußerungen für den Philosophen von Interesse. Wenn man sagt „Ich verspreche, zu...", also nach unserer Terminologie die performative Äußerung tut, dann *ist* eben dies der Akt des Versprechens, ein Akt, der nichts Mysteriöses an sich hat, wie man sieht. Es scheint sogleich ganz offenkundig, daß eine Äußerung dieser Art nicht wahr oder falsch sein kann – nicht *sein* kann, sage ich, weil sie durchaus *implizieren* oder *mitmeinen* kann, daß *andere* Sätze wahr oder falsch sind, aber das ist, wenn ich nicht irre, etwas ganz anderes.

Allerdings ist die performative Äußerung nicht von jeder Kritik ausgenommen; vielmehr läßt sie sich durchaus kritisieren, freilich in einer Dimension, die von der des Wahren und Falschen vollkommen verschieden ist. Die performative Äußerung muß in einer in jeder Hinsicht der fraglichen Handlung angemessenen Situation vorgebracht werden; erfüllt der Sprecher nicht die für den Vollzug erforderlichen Bedingungen, und es gibt deren nicht wenige, so mißlingt seine Äußerung oder „verunglückt", wie wir allgemein sagen wollen.

Zunächst einmal kann unsere performative Äußerung wie jedes andere Ritual, jede Zeremonie „null und nichtig" sein, um mit den Juristen zu sprechen. Wenn etwa der Redner nicht in der Lage ist, einen derartigen Akt zu vollziehen, oder wenn der Gegenstand, in bezug auf den er ihn zu vollziehen vorgibt, dafür ungeeignet ist, dann gelingt es ihm nicht, einfach durch Aussprechen der Wendung den gemeinten Akt zu vollziehen. Der Bigamist ist so nicht schon neu verheiratet, sondern hat sich nur der Form einer zweiten Eheschließung unterzogen. Ein Schiff vermag der nicht zu taufen, der nicht die eigens dazu autorisierte Person ist. Auch wird es mir kaum gelingen, Pinguine zu taufen, da diese Lebewesen für ein solches Unternehmen nicht vorgesehen sind.

Zum anderen kann eine performative Äußerung, auch ohne nichtig zu sein, noch auf andere Weise mißglücken, wenn sie nämlich *unaufrichtig* vorgetragen wird. Sage ich „Ich verspreche...", und habe nicht die geringste Absicht, das Versprochene auch zu tun, vielleicht nicht einmal die Überzeugung, daß die Erfüllung in meiner Macht liegt, dann ist das Versprechen leer. Man hat es zwar gemacht, aber die Sache behält etwas „Unglückliches": ich habe die Formel *mißbraucht*.

Nehmen wir einmal an, unsere Handlung sei vollzogen, alles sei normal verlaufen und, wenn Sie wollen, auch aufrichtig. In diesem Falle ist die performative Äußerung für gewöhnlich „wirksam". Ich meine damit nicht, daß ein soundso bestimmtes, zukünftiges Ereignis als Wirkung dieser verursachenden Handlung eintritt oder eintreten wird. Vielmehr ist gemeint, daß als Folge der vollführten Handlung ein soundso bestimmtes, zukünftiges Ereignis, *falls* es eintritt, in *Ordnung* sein wird und die und die anderen Ereignisse, falls sie eintreten, nicht in Ordnung sein werden. Wenn ich gesagt habe „Ich verspreche", dann ist es nicht in Ordnung, wenn ich mein Wort nicht halte. Wenn ich gesagt habe „Ich heiße Sie willkommen", dann ist es nicht in Ordnung, wenn ich Sie daraufhin wie einen Feind oder Eindringling behandle. In diesem Sinne sprechen wir, selbst wenn die performative Äußerung wirksam geworden ist, noch von einer dritten Weise möglichen Mißlingens, die wir „Bruch der Verpflichtung" nennen wollen. Dabei sei angemerkt, daß Verpflichtungen mehr oder weniger vage sein können und uns in höchst unterschiedlichem Maße binden.

Performative und konstatierende Äußerung 165

Wir haben also drei Arten des Mißlingens, die zur performativen Äußerung gehören. Nun kann man eine ganze Klassifikation solchen Mißlingens aufstellen; es muß freilich zugegeben werden, – was sich nahezu von selbst versteht – daß die Abgrenzungen nicht immer scharf sein können und Überschneidungen kaum zu vermeiden sind. Hinzu kommt, daß, was wir performativ nannten, *Handlung* und *Äußerung* zugleich ist, und also bedauerlicherweise den Maßstäben, die man an alle Arten von Handlungen bzw. von Äußerungen im allgemeinen legt, nicht stets genügen wird. Zum Beispiel kann die performative Äußerung erzwungen oder zufällig vorgebracht werden; sie kann syntaktische Mängel aufweisen oder Mißverständnissen unterliegen; sie kann in Zusammenhängen auftreten, wo sie nicht im Ernst gilt, in einem Theaterstück etwa oder einem Gedicht. All das lassen wir beiseite und behalten nur die spezifischeren Formen des Mißlingens performativer Äußerung im Gedächtnis, nämlich die Nichtigkeit, den Mißbrauch oder Mangel an Aufrichtigkeit und den Bruch der Verpflichtung.

Nun, da wir uns eine Vorstellung von der performativen Äußerung gebildet haben, hegen wir natürlich die Hoffnung, auch ein Kriterium, sei es in der Grammatik oder im Vokabular, zu finden, das für jeden Fall die Frage zu beantworten gestattet, ob eine bestimmte Äußerung performativ ist oder nicht. Indes ist diese Hoffnung übertrieben und wird sich kaum erfüllen lassen.

Zwar ist es wahr, daß zwei „Normalformen", wenn man so will, existieren, in denen die performative Äußerung sich ausdrückt. Auf den ersten Blick erscheinen beide, erstaunlich genug, wie konstatierende Äußerungen. Die eine dieser Normalformen ist diejenige, die ich schon bei der Bildung meiner Beispiele gebraucht habe: die Äußerung beginnt mit einem Verb in der ersten Person Singular des Präsens Indikativ Aktiv, z. B. „Ich verspreche, zu..." Die andere Form, die ganz gleichwertig ist, aber häufiger in Äußerungen schriftlicher Art vorkommt, verwendet im Gegensatz dazu ein Verb im Passiv und in der zweiten oder dritten Person des Präsens Indikativ, z. B. „Die Reisenden werden gebeten, beim Überqueren der Gleise die Fußgängerbrücke zu benutzen". Wenn man zweifelt – was mitunter geschehen kann –, ob irgendeine Äußerung dieser Form performativ oder konstatierend ist, so läßt sich der Fall dadurch entscheiden, daß man versucht, das Wörtchen „hiermit" oder etwas Vergleichbares einzusetzen.

Bei der Prüfung von Äußerungen, die man für performativ halten könnte, bedient man sich einer wohlbekannten Asymmetrie, die bei sogenannten „explizit performativen" Verben zwischen der ersten Person Singular Präsens Indikativ Aktiv und den übrigen Personen und Zeiten desselben Verbs vorliegt. „Ich verspreche" ist eine Formel, die zum Vollzug des Aktes eines Versprechens benutzt wird, wogegen „Ich versprach" oder „Er verspricht" Ausdrücke sind, die nur zur Beschreibung oder Wiedergabe eines Versprechensaktes gebraucht werden, nicht aber zu seinem Vollzug.

Freilich ist es keineswegs notwendig, daß eine Äußerung, soll sie performativ sein, in einer dieser sogenannten Normalformen ausgedrückt wird. „Schließ die Tür" ist offenbar ebenso performativ, ebenso Vollzug eines Aktes wie „Ich befehle Dir, die Tür zu schließen". Sogar das Wort „Hund" kann manchmal für sich allein (zumindest in England, wo man praktisch und weniger umständlich ist) an die Stelle einer ausgeführten und förmlichen, performativen Äußerung treten; mit diesem kleinen Wort vollzieht man denselben Akt wir mit der Wendung „Ich mache Sie darauf aufmerksam, daß der Hund im Begriff ist, uns anzugreifen", oder auch „Fremde werden darauf hingewiesen, daß es hier einen bissigen Hund gibt". Um unsere Äußerung performativ zu machen, und zwar ganz eindeutig, können wir anstelle der ausführlichen Formel eine ganze Reihe schlichterer Kunstgriffe anwenden, die Intonation etwa oder die Gebärde. Darüber hinaus vermag im besonderen der Zusammenhang, in dem die Worte geäußert werden, klar zu machen, wie sie zu verstehen sind, als eine Beschreibung z.B. oder als Warnung. Ist „Hund" eine Angabe zur lokalen Fauna? Diese Frage stellt sich im konkreten Zusammenhang, etwa angesichts einer Aufschrift am Hoftor, überhaupt nicht.

Alles, was man wirklich sagen kann, ist, daß unsere explizite, performative Formel („Ich verspreche..., Ich befehle Ihnen..." usw.) nur dazu dient, explizit und gleichzeitig deutlicher zu machen, welchen Akt man beim Aussprechen der Wendung zu vollziehen gedenkt. Ich sage „explizit machen" und das ist keineswegs dasselbe wie *aussagen*. Ich verbeuge mich z.B. vor Ihnen, ziehe meinen Hut oder sage auch „Salaam"; dann ist sicher, daß ich Ihnen Ehrerbietung bezeuge und nicht etwa gymnastische Übungen treibe. Jedoch stellt das Wort „Salaam" keineswegs, ebensowenig wie der Griff nach dem Hut, eine Aussage darüber dar, daß ich Sie begrüße. Auf dieselbe Weise *macht* unsere Formel das Vorbringen der Äußerung selbst zu dem Akt, der statt hat, ohne das eigens *auszusagen*.

Die anderen Ausdrucksweisen, die keine explizite, performative Formel enthalten, werden primitiver und ungenauer sein, ja sogar recht vage. Wenn ich einfach sage „Ich werde dort sein", so wird man den Worten allein kaum entnehmen, ob ich eine Verpflichtung eingehe oder eine Absicht bekunde oder eine fatalistische Voraussage mache. Man kann sich vorstellen, daß die präzisen Formeln eine verhältnismäßig späte Erscheinung in der Entwicklung der Sprache bilden und mit der Entwicklung komplizierterer Formen der Gesellschaft und Wissenschaft Hand in Hand gehen.

Demnach dürfen wir kein rein verbales Kriterium des Performativen erwarten. Gleichwohl können wir hoffen, daß jede Äußerung, die in der Tat performativ ist, sich (in irgendeinem Sinne des Wortes) auf eine Äußerung in der einen oder der anderen unserer Normalformen zurückführen lassen wird. Weiterhin wären wir mit Hilfe eines Wörterbuchs imstande, eine Liste all der Verben aufzustellen, die in einer unserer expliziten Formeln auftreten können. Damit würden wir zu einer nützlichen Einteilung all der Verschiedenheiten von Akten gelangen, die wir vollziehen, wenn wir etwas sagen (zumindest in einem Sinne dieses mehrdeutigen Ausdrucks).

Wir haben uns also eine Vorstellung von der performativen Äußerung, ihrem Mißlingen und ihren expliziten Formeln verschafft. Allerdings haben wir die ganze Zeit so getan, als müsse jede Äußerung *entweder* konstatierend *oder* performativ ein, und als sei jedenfalls klar und vertraut, was hier „konstatierend" heißt. Dem ist freilich nicht so.

Zunächst stellen wir fest, daß eine Äußerung, die zweifelsfrei die Aussage eines Faktums und mithin konstatierend ist, auf mehr als bloß eine Weise danebengehen kann. Sie kann natürlich falsch sein, aber sie kann auch absurd sein und zwar nicht notwendig auf eine so handgreifliche Weise wie bei grammatischen Fehlern. Ich möchte drei ein wenig subtilere Arten von Absurdität näher ins Auge fassen, von denen zwei erst kürzlich aufgedeckt worden sind.

1. Jemand sagt: „Alle Kinder von Hans sind kahlköpfig, aber (oder: und) Hans hat gar keine Kinder". Oder er sagt einfach: „Alle Kinder von Hans sind kahlköpfig", wenn Hans in Wirklichkeit keine Kinder hat.

2. Jemand sagt: „Die Katze ist auf der Matratze, aber (oder: und) ich glaube nicht, daß sie dort ist". Oder er sagt: „Die Katze ist auf der Matratze", wenn er in Wirklichkeit nicht glaubt, daß sie dort ist.

3. Jemand sagt: „Alle Gäste sind Franzosen, und einige unter ihnen sind es nicht". Oder er sagt vielleicht: „Alle Gäste sind Franzosen" und sagt dann später „Einige Gäste sind keine Franzosen".

In allen diesen Fällen empfindet man eine gewisse Anstößigkeit und wir können versuchen, das Empfinden jeweils mit Hilfe ein und desselben Wortes: „Implikation" zu artikulieren, oder auch mit dem Terminus des „Widerspruchs", der stets als besonders handlich gilt. Aber, wie ein englisches Sprichwort sagt, um die Katze zu töten, muß man sie nicht gleich in Butter ersäufen; ebenso bedarf es nicht immer gleich des Widerspruchs, um der Sprache Gewalt anzutun.

Wir wollen die drei Ausdrücke „voraussetzen", „zu verstehen geben" und „implizieren" jeweils für einen unserer drei Fälle gebrauchen.

1. Nicht nur „Die Kinder von Hans sind kahlköpfig", sondern gleichermaßen auch „Die Kinder von Hans sind nicht kahlköpfig" setzt voraus, daß Hans Kinder hat. Von diesen Kindern zu sprechen oder sich auf sie zu beziehen setzt ihre Existenz voraus. Im Gegensatz dazu gibt „Die Katze ist nicht

auf der Matratze" durchaus *nicht* gleichermaßen wie „Die Katze ist auf der Matratze" zu verstehen, daß ich sie dort glaube. Und ähnlich impliziert „Keiner der Gäste ist Franzose" *nicht* ebenso wie „Alle Gäste sind Franzosen", daß es falsch ist, daß einige der Gäste keine Franzosen sind.

2. Wir können sehr wohl sagen „Es kann sein, daß die Katze auf der Matratze ist, und ich gleichzeitig nicht glaube, sie sei dort". D. h. diese beiden Sätze sind nicht im mindesten unverträglich, beide können zusammen wahr sein. Unverträglich ist es jedoch, beide zu gleicher Zeit auszusagen; die *Aussage*, daß die Katze auf der Matratze ist, gibt zu verstehen, daß der Aussagende dies glaubt. Demgegenüber könnte man nicht sagen „Es kann sein, daß Hans keine Kinder hat, und zugleich, daß seine Kinder kahlköpfig sind"; gerade so, wie wir nicht sagen könnten, „Es kann sein, daß gleichzeitig alle Gäste Franzosen und einige von ihnen keine Franzosen sind".

3. Wenn „Alle Gäste sind Franzosen" impliziert „Es trifft nicht zu, daß einige Gäste keine Franzosen sind", dann impliziert „Einige Gäste sind keine Franzosen" auch „Es trifft nicht zu, daß alle Gäste Franzosen sind". Hier handelt es sich um Verträglichkeit und Unverträglichkeit von Sätzen. Anders steht es im Gegensatz dazu mit den Voraussetzungen: wenn „Die Kinder von Hans sind kahlköpfig" voraussetzt, daß Hans Kinder hat, so ist keineswegs wahr, daß „Hans hat keine Kinder" voraussetzt, daß die Kinder von Hans nicht kahlköpfig sind. Und wenn „Die Katze ist auf der Matratze" mitmeint und zu verstehen gibt, daß ich dies glaube, so ist wiederum durchaus nicht wahr, daß der Satz „Ich glaube nicht, daß die Katze auf der Matratze ist" zu verstehen gibt, daß die Katze nicht auf der Matratze liegt, jedenfalls nicht in demselben Sinne. Wie man sieht, hat unser „zu verstehen geben" nichts mit der Unverträglichkeit von Sätzen zu tun.

Das sind also drei Möglichkeiten, wie eine Aussage danebengehen kann, ohne deshalb falsch oder auch nur unverständlich sein zu müssen. Ich möchte darauf aufmerksam machen, daß diesen drei Fällen drei Arten des Mißlingens performativer Äußerungen entsprechen. Um den Vergleich zu ziehen, wollen wir zunächst zwei performative Äußerungen einführen.

4. „Ich vermache Dir meine Uhr, aber (oder: und) ich habe keine Uhr." Oder jemand sagt etwa: „Ich vermache Dir meine Uhr", wenn er gar keine Uhr hat.

5. „Ich verspreche, dort zu sein, aber (oder: und) ich habe nicht die Absicht, dort zu sein." Oder jemand sagt vielleicht: „Ich verspreche, dort zu sein", und hat gar nicht die Absicht, dort zu sein.

Wir vergleichen Fall 4 mit Fall 1, d. h. mit der Voraussetzung. Denn zu sagen „Ich vermache Dir meine Uhr" oder „Ich vermache Dir meine Uhr nicht", setzt in beiden Fällen voraus, daß ich eine Uhr habe. Daß eine Uhr existiert, ist Voraussetzung des Sprechens über sie oder der Bezugnahme auf sie, in der performativen Äußerung ebenso gut wie in der konstatierenden. Und ebenso wie wir hier Gebrauch machen können vom Begriff der „Voraussetzung", der in der Lehre von der konstatierenden Äußerung vorkommt, so können wir auch den Begriff der „Nichtigkeit" aus der Lehre vom Mißlingen performativer Äußerungen entlehnen und an dieser Stelle übernehmen. Die Aussage hinsichtlich der Kinder von Hans ist, wie wir sagen dürfen, „nichtig aus Mangel an Bezugsobjekten", was Juristen genau so von dem vorgeblichen Vermächtnis einer Uhr sagen würden. Damit haben wir einen ersten Fall, wo eine Schwierigkeit, die Aussagen anhaftet, sich als identisch mit einem für performative Äußerungen typischen Mißlingen erweist.

Wir vergleichen weiterhin Fall 5 mit Fall 2, d. h. dem Fall, wo man etwas „zu verstehen gibt". Geradeso wie meine Aussage, die Katze sei auf der Matratze, zu verstehen gibt, daß ich das glaube, gibt die Äußerung meines Versprechens, dort zu sein, zu verstehen, daß ich dies beabsichtige. Das Verfahren der Behauptung ist für diejenigen bestimmt, die wirklich glauben, was sie sagen, so wie das Verfahren des Versprechens Leuten mit einer bestimmten Absicht vorbehalten ist, nämlich der Absicht, das zu tun, was sie jeweils versprechen. Wenn wir nicht den mit dem Inhalt unserer Äußerung übereinstimmenden Glauben oder die entsprechende Absicht haben, dann liegt in jedem Falle ein Mangel an Aufrichtigkeit und ein Mißbrauch des Verfahrens vor. Wenn wir zusammen mit der Aussage oder dem Versprechen im gleichen Atemzug ankündigen, daß wir es nicht glauben und nicht vorhaben, dann annulliert sozusagen die Äußerung sich selber. Daher stammt auch der Anstoß, den wir gefühlsmäßig daran nehmen. Ein weiteres Beispiel also, wo eine den Aussagen eigentümliche Schwierigkeit identisch ist mit einer Art des Mißlingens, das performativen Äußerungen widerfährt.

Kehren wir nun zu Fall 3 zurück und der Frage der Implikation von Aussagen; gibt es möglicherweise auch dazu eine Analogie unter den performativen Äußerungen? Wenn ich z. B. die Aussage mache „Alle Gäste sind Franzosen", verpflichte ich mich dann nicht auf eine mehr oder weniger zwingende Art und Weise zu einem soundso bestimmten, zukünftigen Verhalten, und zwar besonders hinsichtlich der Aussagen, die ich machen werde? Würde ich in der Folge Dinge behaupten, die mit meiner Äußerung, daß nämlich alle Gäste Franzosen sind, unverträglich wären, so stellte das einen Bruch der Verpflichtung dar, recht gut vergleichbar dem Bruch, den ich begehe, wenn ich sage „Ich heiße Sie willkommen" und Sie dann wie einen Fremden oder Eindringling behandle; besser noch trifft vielleicht der Vergleich mit dem Bruch, dessen man sich schuldig macht, wenn man sagt „Ich definiere das Wort so" (eine performative Äußerung) und daraufhin das Wort in anderem Sinne gebraucht.

Demnach scheint mir die konstatierende Äußerung ganz und gar ebenso anfällig für Formen des Mißlingens zu sein wie die performative Äußerung und zwar nahezu für dieselben. Im übrigen können wir uns der Liste von Formen des Mißlingens, die für performative Fälle aufgestellt wurde, als eines Schlüssels zu der Frage bedienen, ob im Falle von Aussagen nicht noch mehr Formen des Mißlingens außer den drei erwähnten vorkommen. Beispielsweise geschieht es häufig, daß eine performative Äußerung nichtig ist, weil der Redner nicht in der Lage ist oder nicht den Status besitzt, den Akt zu vollziehen, den zu vollziehen er vorgibt. So hat es keinen Zweck zu sagen „Ich befehle Ihnen...", wenn ich Ihnen gegenüber dazu nicht autorisiert bin; ich kann Ihnen gar nichts befehlen, meine Äußerung ist nichtig, der Akt nur prätendiert. Nun herrscht bekanntlich der Eindruck vor, daß die Dinge bei einer Aussage, also einer konstatierenden Äußerung ganz anders lägen. Jeder Beliebige kann alles Beliebige aussagen. Und wenn er falsch informiert ist? Je nun, man kann sich irren, das ist alles. Wir genießen doch Meinungsfreiheit und auszusagen, was falsch ist, zählt zu den Menschenrechten. Allerdings kann dieser Eindruck zu Fehlschlüssen führen. Keine Erfahrung ist in Wahrheit alltäglicher, als daß man über irgendeine Sache absolut nichts aussagen kann, weil man einfach nicht imstande ist, auch nur irgendeine Aussage zu machen – und das aus mancherlei Gründen. In diesem Augenblick *kann ich nichts* aussagen über die Zahl der im Nebenraum anwesenden Leute; ich bin nicht dort gewesen, um mich zu vergewissern, ich habe nichts darüber festgestellt. Und wenn ich trotzdem sagte: „In diesem Augenblick sind fünfzig Personen im Raum nebenan"? Man würde mir vielleicht zugestehen, daß ich mit dem Satz eine Vermutung ausgesprochen habe; aber man würde mir nicht zugestehen, daß ich damit eine Aussage gemacht hätte, zumindest nicht ohne hinzuzufügen: „aber er war dazu keineswegs berechtigt". An diesem Punkte aber trifft sich mein „Ich behaupte" mit meinem „Ich befehle", das, wie wir uns erinnern, ohne jedes Recht zum Befehl ausgesprochen wurde. Ein weiteres Beispiel. Sie vertrauen mir an: „Ich langweile mich", und ich erwidere kühl: „Sie langweilen sich nicht". Darauf Sie: „Was wollen Sie damit sagen, daß ich mich nicht langweile? Was berechtigt Sie zu sagen, wie ich mich fühle?" Und ich: „Was heißt denn hier Berechtigung? Ich mache nur eine Aussage über Ihre Gefühle und mehr nicht. Ich kann mich natürlich täuschen, aber was heißt das? Ich denke, man kann doch immer eine schlichte Aussage machen, nicht wahr?" Nein, das kann man nicht immer; für gewöhnlich kann ich keine Aussage über Ihre Gefühl machen, sofern Sie sie mir nicht mitgeteilt haben.

Bislang habe ich die Aufmerksamkeit auf zweierlei gerichtet: nämlich daß es kein rein verbales Kriterium zur Unterscheidung zwischen performativen

Performative und konstatierende Äußerung 171

und konstatierenden Äußerungen gibt, und daß die konstatierende Äußerung derselben Gefahr des Mißlingens ausgesetzt ist wie die performative. Nun müssen wir uns aber fragen, ob das Vorbringen einer konstatierenden Äußerung nicht schließlich auch der Vollzug eines Aktes ist, des Aussageaktes nämlich. Ist Aussagen im gleichen Sinne ein Akt wie Heiraten, Entschuldigen, Wetten usw.? Ich kann dieser Frage hier nicht weiter nachgehen. Allerdings sieht man sogleich, daß die Formel „Ich sage aus" oder „Ich behaupte" der Formel „Ich mache aufmerksam auf..." ganz ähnlich sieht, wobei die letztere, wie wir sagen, dazu dient, explizit zu machen, welche Sprachhandlung wir vollziehen. Deutlich ist weiterhin, daß man niemals auch nur irgendeine Äußerung vorbringen kann, ohne eine Sprachhandlung dieser Art zu vollziehen. Was wir brauchen, ist wohl eine allgemeine Theorie dieser *Sprachhandlungen*; und in einer solchen Theorie wird unser Gegensatz zwischen performativen und konstatierenden Äußerungen allerdings kaum erhalten bleiben.

An dieser Stelle muß noch kurz jene Faszination durch den Unterschied von Wahr oder Falsch betrachtet werden, die da glaubt, er sei allein der Aussage eigentümlich und müsse auf ein besonderes Podest erhoben werden. Diesmal beginnen wir jedoch mit der performativen Äußerung: trifft es zu, daß sich in ihr nichts der Wahrheit Analoges findet? Fürs erste ist klar, daß eine solche Äußerung nicht jeder weiteren Kritik entzogen ist, wenn wir bloß feststellen, sie sei nicht mißlungen, d. h. der Redner habe seinen Akt glücklich und in aller Aufrichtigkeit vollzogen. Man kann sie stets noch in einer anderen Dimension kritisieren.

Gesetzt den Fall, ich sage jemandem: „Ich rate Ihnen, das zu tun", und gesetzt auch, die Umstände wären angemessen, alle Bedingungen des Erfolges gegeben. Indem ich so spreche, rate ich Ihnen in der Tat, es zu tun – und mache nicht etwa eine wahre oder falsche *Aussage* darüber, *daß* ich Ihnen rate. Es handelt sich also um eine performative Äußerung. Gleichwohl stellt sich noch eine kleine Frage: war der Rat gut oder schlecht? Zwar sprach ich ganz aufrichtig; ich glaubte, es sei in Ihrem Interesse, so zu verfahren, wie ich anriet; doch hatte ich Recht? War mein Glaube unter den gegebenen Umständen zulässig? Und hat sich – obwohl dieser Punkt geringeres Gewicht hat – im tatsächlichen Ablauf der Dinge herausgestellt, daß der Rat zu Ihrem Vorteil war? Meine Äußerung steht da der Situation gegenüber, in welcher und in bezug auf welche sie formuliert worden ist. Ich war wohl berechtigt, aber war ich auch im Recht?

Zahlreiche andere Äußerungen, die ein unbestreitbar performatives Aussehen haben, sind dieser zweiten Kritik ausgesetzt. Man mag auf korrekte Weise und in gutem Glauben zu dem Urteil gekommen sein, das den Angeklagten schuldig spricht; es bleibt dennoch offen, ob das Urteil gerecht oder angemessen war. Man mag das Recht zu einem Tadel gehabt und ihn ohne Böswilligkeit ausgesprochen haben, aber man kann sich immer noch fragen, ob der Tadel verdient war. Wiederum eine Konfrontation mit den Tatsachen, einschließlich der Umstände des Anlasses zu dem Ausspruch. Daß nicht alle performativen Äußerungen ohne jede Ausnahme dieser quasi-objektiven Bewertung unterliegen, die zudem hier recht unbestimmt und vielförmig bleiben muß, ist damit gar nicht ausgeschlossen.

Mancher wird freilich gegen jeden Vergleich zwischen dieser zweiten Beurteilung und der den Aussagen zukommenden Beurteilung Folgendes einwenden wollen: Diese Fragen des Guten, Gerechten oder Verdienten sind doch völlig verschieden von der Frage nach Wahrheit und Falschheit! Das letztere ist eine so einfache Angelegenheit wie Schwarz und Weiß: entweder entspricht die Äußerung den Tatsachen, oder sie entspricht ihnen nicht, und das ist alles.

Was mich betrifft, so halte ich das nicht für richtig. Selbst wenn eine wohldefinierte Klasse von Aussagen existiert, auf die wir uns beschränken können, so wird die Klasse immer noch ziemlich umfangreich sein. In dieser Klasse werden sich die folgenden Aussagen finden:

> Frankreich ist sechseckig.
> Lord Raglan gewann die Schlacht bei Alma.
> Oxford ist 60 Meilen von London entfernt.

Es ist wahr, daß man bei jeder dieser Aussagen die Frage „wahr oder falsch" stellen kann. Aber nur in besonders günstigen Fällen dürfen wir ein für allemal die Antwort „Ja" oder „Nein" erwarten. Wenn die Frage gestellt wird, versteht es sich, daß die Äußerung in der einen oder anderen Weise mit den Tatsachen konfrontiert werden muß. Schön und gut. Konfrontieren wir also „Frankreich ist sechseckig" mit Frankreich. Was sollen wir sagen, ist das wahr oder falsch? Die Frage simplifiziert offensichtlich die Dinge. Natürlich sieht man bis zu einem gewissen Punkt, was gemeint ist, sie ist also wahr für einen bestimmten Zweck oder in gewissen Zusammenhängen, ausreichend für den Mann auf der Straße, aber nicht für den Geographen. Und so weiter. Kein Zweifel, die Aussage ist grob, aber man kann sie nicht schlechthin falsch nennen. Wie steht es mit Alma, einer Schlacht des einfachen Soldaten wie kaum eine andere? Sicher hatte Lord Raglan das Kommando der alliierten Armee inne, und richtig ist auch, daß diese Armee bis zu einem gewissen Grade einen unklaren Sieg erfochten hat. Das Urteil ist also nicht ganz unberechtigt, und es hat sogar etwas für sich, vor einer Schulklasse so zu reden, wenn es in Wirklichkeit auch etwas übertrieben ist. Und schließlich Oxford, nun ja, es ist wahr, daß diese Stadt 60 Meilen von London entfernt ist, sofern nur ein gewisser Grad von Genauigkeit verlangt wird.

Unter dem Titel „Wahrheit" verbirgt sich keine einfache Qualität und auch keine Relation, überhaupt nicht *eine* Sache, sondern vielmehr eine ganze Dimension der Kritik. Wir können uns eine Vorstellung von dieser Kritik machen, vielleicht keine sehr klare Vorstellung. Klar ist nur, daß es eine ganze Menge von Dingen in dieser einen Dimension zu betrachten und zu wägen gibt – die Tatsachen sicherlich, aber auch die Situation des Sprechenden, die Absicht, die er beim Reden verfolgt, seine Zuhörer, Fragen der Genauigkeit usw. Wenn wir uns mit der Beschränkung auf Aussagen von einer idiotischen oder idealen Einfachheit zufrieden geben, dann wird es nie gelingen, das Wahre einerseits und dann das Gerechte, Angemessene, Verdiente, Genaue, Übertriebene usw. auseinanderzuhalten, den Überblick und das Detail, das voll Entwickelte und das Abgekürzte, und so fort.

Endlich fühlt man sich auch von dieser Seite, der Seite des Wahr oder Falsch, gedrängt, die Antithese von Performativ und Konstatierend erneut zu überdenken. Was wir brauchen, ist, so scheint mir, eine neue Theorie, die vollständig und allgemein darlegt, *was man tut, wenn man etwas sagt*, und zwar in allen Sinnvarianten dieses mehrdeutigen Ausdrucks; es müßte eine Theorie der „Sprachhandlung" in ihrer Gesamtheit sein, die nicht bloß den einen oder anderen Aspekt erfaßt und von den übrigen absieht.

J. R. Searle

Was ist ein Sprechakt?

I. Einleitung

In einer typischen Sprechsituation mit einem Sprecher, einem Hörer und einer Äußerung des Sprechers gibt es viele Arten von charakteristischen Akten, die mit der Äußerung des Sprechers verbunden sind. Der Sprecher wird spezifischerweise Gaumen und Zunge bewegen und Geräusche erzeugen. Außerdem wird er einige Akte vollziehen innerhalb der Klasse derjenigen Akte, welche Information, Irritation oder Langeweile des Zuhörers einschließen; er wird ferner einige Akte innerhalb der Klasse derjenigen Akte vollziehen, welche die Referenz auf Kennedy oder Chruschtschow oder den Nordpol einschließen; und er wird auch Akte vollziehen, die zur Klasse derjenigen Akte gehören, welche die Tatsache berücksichtigen, daß man Feststellungen trifft, Fragen stellt, Befehle erteilt, Berichte gibt, Grüße und Warnungen ausspricht. Es sind die Mitglieder dieser letzten Klasse, die Austin[1] illokutionäre Akte genannt hat, und es ist diese Klasse, mit der ich mich in diesem Papier beschäftige. So könnte dieser Aufsatz die Überschrift tragen: „Was ist ein illokutionärer Akt?". Ich versuche nicht, den Ausdruck „illokutionärer Akt" zu definieren, obwohl die folgende Analyse eines besonderen illokutionären Aktes, wenn sie gelingt, die Basis für eine solche Definition abgeben kann. Einige der mit illokutionären Akten verbundenen deutschen Verben und Verbphrasen sind: feststellen, behaupten, beschreiben, warnen, bemerken, kommentieren, befehlen, bestellen, fordern, kritisieren, sich entschuldigen, bewerten, bejahen, willkommen heißen, versprechen, Zustimmung und Bedauern äußern. Austin behauptet, daß es über tausend solcher Ausdrücke im Englischen gebe.

Einleitend möchte ich sagen, warum ich glaube, daß es für die Philosophie der Sprache von Interesse und Wichtigkeit ist, Sprechakte oder, wie sie manchmal genannt werden, Sprachakte oder linguistische Akte zu untersuchen. Ich glaube, daß es für jede Art von sprachlicher Kommunikation wesentlich ist, daß sie einen sprachlichen Akt enthält. Es ist nicht, wie dies allgemein angenommen wurde, das Symbol oder das Wort oder der Satz, oder gar das Zeichen für das Symbol oder das Wort oder den Satz, was die

---

1 J. L. Austin, How To Do Things With Words (Oxford, 1962).

Einheit der sprachlichen Kommunikation ausmacht, sondern vielmehr ist es die Produktion des Zeichens im Vollzug des Sprechaktes, was die Basiseinheit der sprachlichen Kommunikation konstituiert. Genauer ist die Produktion des Satzes unter bestimmten Bedingungen der illokutionäre Akt, und der illokutionäre Akt ist die minimale Einheit sprachlicher Kommunikation.

Ich weiß nicht, wie man beweisen kann, daß die sprachliche Kommunikation wesentlich Akte einschließt, aber ich kann mir einige Argumente vorstellen, die man ins Feld führen könnte, um einen Skeptiker zu überzeugen. Man könnte etwa die Aufmerksamkeit des Skeptikers auf die Tatsache lenken, daß, wann immer er ein Geräusch oder eine Markierung auf dem Papier als einen Fall sprachlicher Kommunikation, als eine Nachricht, auffaßt, diese seine Auffassung des Geräusches oder der Markierung u.a. impliziert, daß er sie betrachtet, als wenn sie von einem Lebewesen mit bestimmten Absichten produziert worden wären. Er kann sie nicht einfach als Naturphänomene, wie einen Stein, einen Wasserfall oder einen Baum behandeln. Wenn man sie als Fall sprachlicher Kommunikation betrachten will, muß man annehmen, daß ihrer Produktion das zugrunde liegt, was ich einen Sprechakt nenne. Es ist z.B. eine logische Voraussetzung gegenwärtiger Versuche, die Hieroglyphen der Mayas zu entziffern, daß wir wenigstens davon ausgehen, daß die Markierungen, die wir auf den Steinen sehen, von Lebewesen produziert wurden, die uns mehr oder weniger ähnlich sind, und daß diese Markierungen in bestimmter Absicht produziert wurden. Wenn wir sicher wären, daß die Markierungen ein Resultat von sagen wir Erosion des Wassers wären, dann könnte die Frage ihrer Entzifferung oder sogar ihrer Bezeichnung als Hieroglyphen gar nicht erst entstehen. Sie unter der Kategorie sprachlicher Kommunikation analysieren schließt notwendig die Analyse ihrer Produktion als Sprechakte ein.

Illokutionäre Akte vollziehen heißt, eine regelgeleitete Form von Verhalten ausführen. Ich werde argumentieren, daß solche Dinge wie „Fragen stellen" oder „Feststellungen treffen" regelgeleitet sind in ganz ähnlicher Weise, wie beim Baseball der Schlag von der Grundlinie oder beim Schach ein Springerzug regelgeleitete Handlungsformen sind. Ich beabsichtige deshalb, den Begriff des illokutionären Aktes zu erklären, indem ich eine Menge notwendiger und hinreichender Bedingungen für den Vollzug einzelner Arten von Sprechakten aufstelle, um dann an Hand dieser Bedingungen eine Menge semantischer Regeln für die Verwendung des Ausdrucks (oder des syntaktischen Musters) abzuleiten, durch die eine Äußerung als Sprechakt einer bestimmten Art gekennzeichnet wird.

Wenn es mir gelingt, die Bedingungen und die korrespondierenden Regeln für auch nur eine Art illokutionärer Akte festzustellen, dann wird das ein Muster abgeben für die Analyse anderer Arten von Akten und für die Erklärung des Begriffs im allgemeinen. Aber um den Ausgangspunkt zu gewinnen, der es erlaubt, konkret die Bedingungen festzustellen und die Regeln für den Vollzug eines illokutionären Aktes abzuleiten, muß ich drei andere einleitende Begriffe diskutieren: „Regel", „Proposition" und „Bedeutung". Ich werde die Diskussion dieser drei Begriffe auf diejenigen Aspekte beschränken, die hinsichtlich meines Hauptzweckes in diesem Papier wesentlich sind, aber selbst dann würde jeder Begriff eine besondere Untersuchung erfordern, wenn das was ich über ihn sagen will, vollständig sein soll; manchmal jedoch mag es gut sein, Gründlichkeit um des Gesamtziels willen hintenanzustellen, und ich werde mich deshalb sehr kurz fassen.

II. Regeln

In den vergangenen Jahren hat es in der Sprachphilosophie beträchtliche Diskussionen hinsichtlich des Begriffs von „Regeln" für die Verwendung von Ausdrücken gegeben. Einige Philosophen haben sogar gesagt, daß die Kenntnis der Bedeutung des Wortes lediglich eine Sache der Kenntnis der Regeln seines Gebrauchs oder seiner Verwendung ist. Ein beunruhigender Zug an diesen Diskussionen ist der, daß kein Philosoph, wenigstens nach meiner Kenntnis, jemals irgend etwas Ähnliches wie eine adäquate Formulierung von Regeln für den Gebrauch wenigstens eines Ausdrucks gegeben hat. Wenn Bedeutung eine Sache von Gebrauchsregeln ist, dann sollten wir sicherlich in der Lage sein, die Regeln für den Gebrauch von Ausdrücken in einer Weise festzustellen, die uns die Bedeutung dieser Ausdrücke erklären würde. Bestimmte andere Philosophen haben, wahrscheinlich entmutigt durch den Mißerfolg ihrer Kollegen bei der Aufstellung von Regeln, den bemerkenswerten Gedanken geleugnet, daß Bedeutung überhaupt eine Sache von Regeln sei, und sie haben behauptet, daß es gar keine semantischen Regeln der vorgeschlagenen Art gäbe. Ich bin geneigt zu glauben, daß dieser Skeptizismus verfrüht ist und in dem Mißerfolg wurzelt, zwischen verschiedenen Arten von Regeln in einer Weise zu unterscheiden, die ich jetzt zu erklären versuchen will.

Ich unterscheide zwischen zwei Sorten von Regeln: Einige regeln bereits bestehende Verhaltensformen; z.B. regeln die Anstandsregeln zwischenmenschliche Beziehungen, die unabhängig von diesen Regeln existieren. Einige Regeln auf der anderen Seite regeln nicht nur, sondern erzeugen oder prägen auch neue Formen des Verhaltens. Die Regeln für Football z.B. regeln nicht nur das Footballspiel, sondern sie schaffen überhaupt erst diese Möglichkeit und definieren solche Tätigkeiten. Die Handlungen beim Footballspielen sind dadurch konstituiert, daß sie in Übereinstimmung mit den entsprechenden Regeln ausgeführt werden; das Footballspiel hat keine Existenz außerhalb dieser Regeln. Ich nenne die letztere Art von Regeln konstitutive Regeln und die erstere Art regulative Regeln. Regulative Regeln regeln eine bereits existierende Tätigkeit, eine Tätigkeit, deren Vorhandensein von der Existenz der Regeln logisch unabhängig ist. Konstitutive Regeln konstituieren (und regeln auch) eine Tätigkeit, deren Vorhandensein von den Regeln logisch abhängig ist[2].

Es ist für regulative Regeln kennzeichnend, daß sie die Form von Imperativen haben oder als solche paraphrasiert werden können, z.B. „Wenn man Essen schneidet, soll man das Messer in der rechten Hand halten" oder „Offiziere haben beim Essen eine Krawatte zu tragen". Einige der konstitutiven Regeln haben eine ganz andere Form, z.B. „Ein König ist dann schachmatt gesetzt, wenn er so angegriffen wird, daß er keinen Zug machen kann, ohne angegriffen zu sein"; „Ein Punktgewinn ist dann erzielt, wenn ein Spieler während des Spiels im Ballbesitz die Torlinie des Gegners überschreitet". Solange unsere Paradigmen für Regeln in regulativen Regeln imperativischer Form bestehen, erscheinen solche konstitutiven Regeln nicht-imperativischer Form wahrscheinlich als sehr sonderbar und eigentlich als kaum zur Kategorie der Regeln gehörend. Es ist darauf hinzuweisen, daß sie in ihrem Charakter nahezu tautologisch sind, denn was die „Regel" hier zu sagen scheint, ist eine Teildefinition von „schachmatt" oder „Punktgewinn". Aber natürlich ist dieser quasi-tautologische Charakter eine notwendige Konsequenz der konstitutiven Regeln als solchen: Die Regeln für den Punktgewinn müssen den Begriff „Punktgewinn" im amerikanischen Football in derselben Weise wie die Footballregeln das „Footballspiel" definieren.

Daß z.B. ein Punktgewinn in der und der Weise erreicht werden kann und sechs Punkte zählt, mag zuweilen als eine Regel, zuweilen als eine analytische Wahrheit erscheinen. Und daß diese Regel als eine Tautologie aufgefaßt werden kann, ist ein Hinweis auf die Tatsache, daß die betreffende Regel eine konstitutive Regel ist. Regulative Regeln haben im allgemeinen die Form „Tu X" oder „Wenn Y, tu X". Einige Mitglieder aus der Gruppe der konstitutiven Regeln haben diese Form, aber einige haben auch die Form „X gilt als Y"[3].

Daß man dies nicht gesehen hat, ist von einiger Bedeutung in der Philosophie. So fragen z.B. einige Philosophen: „Wie kann ein Versprechen eine Ver-

---
2 Diese Unterscheidung kommt vor in J. Rawls „Two Concepts of Rules", Philosophical Review, 1955, und J.R. Searle, „How to Derive ‚Ought' from ‚Is' ", Philosophical Review, 1964.
3 Die Formulierung „X gilt als Y" wurde mir von Max Black vorgeschlagen.

pflichtung schaffen?" Eine ähnliche Frage würde sein: „Wie kann ein Aufsetzer sechs Punkte einbringen?" Diese beiden Fragen lassen sich in der Form nur dadurch beantworten, daß man eine Regel von der Form „X gilt als Y" angibt.

Ich bin geneigt zu glauben, daß sowohl der Mißerfolg einiger Philosophen bei dem Versuch, Regeln für den Gebrauch von Bedeutungen festzulegen, als auch der Skeptizismus anderer Philosophen hinsichtlich der Existenz solcher Regeln wenigstens z. T. in dem Mißerfolg wurzeln, den Unterschied zwischen konstitutiven und regulativen Regeln zu erkennen. Das Modell oder Paradigma einer Regel, welches die meisten Philosophen vor Augen haben, ist das einer regulativen Regel, und wenn man im Bereich der Semantik nach reinen regulativen Regeln sucht, dann wird man unter dem Gesichtspunkt logischer Analyse nichts Interessantes finden. Es gibt zweifellos gesellschaftliche Regeln der Form „Man sollte in formellen Versammlungen keine Obszönitäten äußern", aber das scheint kaum eine Regel von der Sorte zu sein, die wesentlich zur Erklärung der semantischen Struktur einer Sprache beiträgt. Die Hypothese, um die es in dieser Untersuchung geht, besteht darin, daß die semantische Struktur einer Sprache als eine Menge von Systemen konstitutiver Regeln aufgefaßt werden kann und daß illokutionäre Akte Akte sind, die in Übereinstimmung mit diesen Mengen konstitutiver Regeln vollzogen werden. Eines der Ziele dieser Untersuchung besteht darin, eine Menge konstitutiver Regeln für eine bestimmte Art von Sprechakten zu formulieren. Und wenn das, was ich in bezug auf konstitutive Regeln gesagt habe, richtig ist, dann sollten wir nicht überrascht sein, wenn nicht alle diese Regeln die Form imperativischer Regeln haben. Wir werden in der Tat sehen, daß die Regeln unter mehrere verschiedene Kategorien fallen, deren keine ganz den Anstandsregeln entspricht. Der Versuch, die Regeln für den Vollzug illokutionärer Akte anzugeben, kann auch als ein Prüfverfahren für die Hypothese angesehen werden, daß den Sprechakten konstitutive Regeln zugrunde liegen. Wenn wir nicht in der Lage sind, zufriedenstellende Formulierungen für die Regeln aufzustellen, dann kann dies als eine teilweise Widerlegung unserer Hypothese betrachtet werden.

III. Propositionen

Verschiedene illokutionäre Akte weisen oft gemeinsame Züge auf. Betrachten wir etwa Äußerungen der folgenden Sätze:

(1) Wird John den Raum verlassen?
(2) John wird den Raum verlassen.

(3) John, verlaß den Raum!
(4) Ich wünsche, daß John den Raum verläßt.
(5) Wenn John den Raum verläßt, werde ich ihn auch verlassen.

Äußerungen dieser Sätze bei passender Gelegenheit bedeuten in charakteristischer Weise den Vollzug verschiedener illokutionärer Akte. Die erste Äußerung ist bezeichnend für eine Frage, die zweite für eine Behauptung über die Zukunft, d. h. für eine Vorhersage, die dritte für eine Aufforderung oder einen Befehl, die vierte für den Ausdruck eines Wunsches und die fünfte für den hypothetischen Ausdruck einer Absicht. Im Vollzug jeder dieser Äußerungen wird der Sprecher aber in charakteristischer Weise einige subsidiäre Akte vollziehen, welche allen fünf illokutionären Akten gemeinsam sind. In der Äußerung eines jeden Satzes bezieht sich der Sprecher auf eine besondere Person „John" und schreibt dieser Person zu, daß sie den Raum verläßt. In keinem Fall ist dies alles, was er tut, aber in jedem Fall ist es ein Teil dessen, was er tut. Ich will deshalb sagen, daß in jedem dieser Fälle wenigstens einige der nicht-illokutionären Akte der Referenz und Prädikation dieselben sind, obwohl die illokutionären Akte selbst verschieden voneinander sind.

Die Referenz auf eine Person „John" und die Prädizierung derselben Sache von dieser Person in jedem dieser illokutionären Akte veranlaßt mich zu sagen, daß es einen gemeinsamen Inhalt in allen diesen Äußerungen gibt. Etwas, was man durch den Teil „daß John den Raum verlassen wird" ausdrücken kann, scheint das gemeinsame Merkmal aller Äußerungen zu sein. Wir könnten ohne allzugroße Verzerrungen jeden dieser Sätze in einer Weise schreiben, die das gemeinsame Merkmal isolieren würde: „Ich behaupte, daß John den Raum verlassen wird", „Ich frage, ob John den Raum verlassen wird", usw.

Ich schlage vor, diesen gemeinsamen Inhalt in Ermangelung eines besseren Wortes eine „Proposition" zu nennen, und ich will dieses Merkmal der illokutionären Akte beschreiben, indem ich sage, daß der Sprecher in der Äußerung der Sätze 1–5 die Proposition ausdrückt, daß John den Raum verlassen wird. Ich sage nicht, daß der Satz die Proposition ausdrückt; ich wüßte nicht, wie Sätze Akte dieser Art vollziehen könnten. Aber ich will sagen, daß der Sprecher, indem er den Satz äußert, eine Proposition ausdrückt. Es ist auch zu beachten, daß ich zwischen einer Proposition und einer Behauptung oder einer Feststellung dieser Proposition unterscheide.

Die Proposition, daß John den Raum verlassen wird, wird in der Äußerung der Sätze 1–5 ausgedrückt, aber nur in Satz 2 wird diese Proposition in Form einer Behauptung ausgedrückt. Eine Behauptung ist ein illokutionärer Akt, aber eine Proposition ist keineswegs ein Akt, obwohl der im Ausdrücken einer Proposition bestehende Akt Teil des Vollzugs bestimmter illokutionärer Akte ist.

Zusammenfassend möchte ich sagen, daß ich zwischen dem illokutionären Akt und dem propositionalen Gehalt eines illokutionären Aktes unterscheide. Natürlich haben nicht alle illokutionären Akte einen propositionalen Gehalt, z. B. Äußerungen wie „Hurra!" oder „Au!". In dieser oder jener Version ist diese Unterscheidung alt und in verschiedener Weise von so verschiedenen Autoren wie Frege, Scheffer, Lewis, Reichenbach und Hare gemacht worden, um nur wenige zu nennen.

Vom semantischen Standpunkt können wir zwischen dem propositionalen Indikator in einem Satz und dem Indikator der illokutionären Rolle unterscheiden. Wir können also für eine große Klasse von Sätzen, die zum Vollzug illokutionärer Akte notwendig sind, im Rahmen der Absicht unserer Analyse sagen, daß der Satz zwei (nicht notwendig verschiedene) Teile hat, den propositionalen Indikator und den Indikator der illokutionären Rolle[4]. Der Indikator der illokutionären Rolle zeigt, wie die Proposition aufzufassen ist oder, um es in anderer Weise zu sagen, welche illokutionäre Rolle die Äußerung haben soll, d. h. welche illokutionären Akte der Sprecher vollzieht, wenn er den Satz in dieser Form äußert. Zu den Mitteln, die im Englischen die illokutionäre Rolle anzeigen, gehören Wortfolge, Betonung, Intonation, Interpunktion, der Modus des Verbs und die Gruppe der sogenannten performativen Verben: Ich kann die Art des illokutionären Aktes, den ich gerade vollziehe, anzeigen, indem ich einen Satz beginne mit „Ich entschuldige mich" „Ich warne", „Ich stelle fest" usw. In der konkreten Sprechsituation macht jedoch oft der Kontext klar, welche illokutionäre Rolle der Äußerung zukommt, ohne daß es notwendig wäre, explizit einen Indikator der illokutionären Rolle zu benutzen.

Wenn diese semantische Unterscheidung von irgendeiner wesentlichen Bedeutung ist, dann sollte es zu ihr eine syntaktische Analogie geben, und gewisse jüngere Entwicklungen in der transformationellen Grammatik scheinen dies zu unterstützen. Im zugrundeliegenden phrase marker [Strukturdarstellung nach Wortgruppen, vgl. F, Einleitg.] eines Satzes gibt es eine Unterscheidung zwischen solchen Elementen, welche dem Indikator der illokutionären Rolle entsprechen, und solchen, welche dem propositionalen Gehalt korrespondieren.

---

4 In dem Satz „Ich verspreche, daß ich kommen werde" sind Indikator der illokutionären Rolle und propositionaler Indikator verschieden. In dem Satz „Ich verspreche zu kommen", welcher dieselbe Bedeutung hat wie der vorherige Satz und von ihm durch einige Transformationen abgeleitet wird, sind die beiden Elemente nicht voneinander verschieden.

Die Unterscheidung zwischen dem Indikator der illokutionären Rolle und dem Indikator des propositionalen Gehaltes wird sich als sehr nützlich erweisen, wenn es darum geht, eine Analyse eines illokutionären Aktes zu geben. Weil dieselbe Proposition allen Arten illokutionärer Akte gemeinsam sein kann, können wir unsere Analyse der Propositionen von unserer Analyse der Arten illokutionärer Akte trennen. Ich glaube, daß es Regeln für den Ausdruck für Propositionen gibt, Regeln für solche Dinge wie Referenz und Prädikation, aber diese Regeln können unabhängig von Regeln für die Indikation illokutionärer Rollen untersucht werden. In dieser Arbeit werde ich nicht versuchen, Regeln für Propositionen zu diskutieren, vielmehr werde ich mich auf Regeln für den Gebrauch bestimmter Arten von Indikatoren illokutionärer Rollen konzentrieren.

IV. Bedeutung

Es ist charakteristisch für den Vollzug von Sprechakten, daß Laute geäußert oder Zeichen verwendet werden. Was ist der Unterschied zwischen der bloßen Äußerung von Lauten oder Verwendung von Zeichen und dem Vollzug eines Sprechaktes? Ein Unterschied liegt darin, daß für den Laut und Zeichen, die man im Vollzug eines Sprechaktes verwendet, charakteristisch ist, daß sie eine Bedeutung haben. Ein zweiter damit zusammenhängender Unterschied liegt darin, daß von dem, der sie benutzt, gesagt wird, er meine etwas. Für den Vorgang des Sprechens ist bezeichnend, daß man mit dem, was man sagt, etwas meint, und daß das, was man sagt, die Kette von Morphemen, die man von sich gibt, eine Bedeutung hat. Hier ist übrigens ein weiterer Punkt, wo unsere Analogie zwischen dem Vollzug von Sprechakten und dem Spielen von Spielen versagt. Es ist charakteristisch für die Figuren eines Spiels wie etwa Schach, daß sie keine Bedeutung haben, und darüber hinaus meint der, der einen Zug macht, damit in der Regel nichts.

Aber was bedeutet das, daß jemand mit dem, was er sagt, etwas meint, oder daß das, was er sagt, eine Bedeutung hat? Um auf die erste Frage zu antworten, möchte ich einige Gedanken von Paul Grice aufgreifen und in einigen Punkten korrigieren. In seinem Artikel „Bedeutung"[5] gibt Grice die folgende Analyse der einen (natürlichen) Bedeutung des Begriffs „Bedeutung". Der Satz, daß ein Sprecher A mit X etwas meint, ist gleichbedeutend mit dem Satz, daß A X in der Absicht äußert, beim Zuhörer eine Wirkung dadurch hervorzurufen, daß dieser A's Absicht erkennt. Dies scheint mir ein nützlicher

---

5 Philosophical Review, 1957.

Ansatzpunkt für eine Analyse von Bedeutung zu sein, vor allem, weil er die enge Beziehung zwischen dem Begriff der Bedeutung und dem Begriff der Absicht zeigt, und zum zweiten, weil er einiges von dem miteinschließt, was, so glaube ich, wesentlich für das Sprechen einer Sprache ist: Indem ich eine Sprache spreche, versuche ich meinem Zuhörer Dinge mitzuteilen dadurch, daß ich ihn dazu bringe, meine Absicht, ihm gerade diese Dinge mitzuteilen, zu erkennen. Es ist z.B. charakteristisch für eine Behauptung, daß ich versuche, meinem Zuhörer die Wahrheit einer bestimmten Proposition mitzuteilen und ihn davon zu überzeugen; und die Mittel, die ich benutze, um dies zu tun, bestehen darin, bestimmte Laute zu äußern, und mit dieser Äußerung versuche ich, in meinem Zuhörer die gewünschte Wirkung zu erreichen, indem ich ihn dazu bringe, daß er meine Absicht, gerade jene Wirkung zu erzielen, erkennt. Ich werde dies an einem Beispiel illustrieren. Ich könnte auf der einen Seite versuchen glauben zu machen, daß ich ein Franzose bin, indem ich ständig französisch spreche, mich französisch kleide, wilden Enthusiasmus für de Gaulle zeige und französische Bekanntschaften kultiviere. Aber ich könnte auf der anderen Seite auch glauben machen, daß ich ein Franzose bin, indem ich einfach sage, daß ich ein Franzose bin. Was ist nun der Unterschied zwischen diesen beiden Arten des Versuchs, glauben zu machen, daß ich ein Franzose bin? Ein wesentlicher Unterschied besteht darin, daß ich im zweiten Fall versuche davon zu überzeugen, daß ich ein Franzose bin, indem ich den Zuhörer dahin bringe zu erkennen, daß es meine Absicht ist, ihn glauben zu machen, daß ich gerade dies bin. Dies ist eines der Dinge, die impliziert sind, wenn ich sage, daß ich ein Franzose bin. Wenn ich dies aber in der oben erwähnten Art versuche, dann ist natürlich das Faktum, daß der Zuhörer meine Absicht erkennt, ihn glauben zu machen, daß ich Franzose bin, nicht das Mittel, das ich benutze. In der Tat würde, so denke ich, in diesem Fall der Zuhörer eher mißtrauisch werden, wenn er meine Absicht durchschaut.

Wie wertvoll diese Analyse von Bedeutung auch immer ist, sie scheint mir in einigen Punkten unvollständig. Vor allen Dingen unterscheidet sie nicht zwischen den verschiedenen Arten von Wirkungen – perlokutionären vs illokutionären Wirkungen –, die der Sprecher in seinem Zuhörer hervorzurufen beabsichtigt, und sie zeigt ferner nicht die Art, in der diese verschiedenen Arten von Wirkungen mit der Bedeutung verbunden sind. Zweitens geht sie nicht darauf ein, in welchem Ausmaß die Bedeutung von Regeln oder Konventionen abhängt. Das heißt, daß sie nicht die Beziehung erfaßt zwischen dem, was jemand mit dem von ihm Gesagten meint, und dem, was das von ihm Gesagte innerhalb der betreffenden Sprache bedeutet. Um dies näher zu illustrieren, möchte ich jetzt ein Gegenbeispiel zu Grices Analyse der Bedeutung geben. Der Sinn dieses Gegenbeispiels ist es, die Beziehung zwischen dem zu zeigen, was ein Sprecher meint, und dem, was die von ihm geäußerten Wörter bedeuten.

Nehmen wir einmal an, ich sei ein amerikanischer Soldat im zweiten Weltkrieg und sei von italienischen Truppen gefangen genommen. Weiter nehmen wir an, daß ich diese Truppen glauben machen möchte, ich sei ein deutscher Offizier, damit sie mich freilassen. Ich würde ihnen also gern auf deutsch oder italienisch sagen wollen, daß ich ein deutscher Offizier bin. Aber angenommen, ich kann, um dies auszudrücken, nicht genügend Deutsch oder Italienisch. Dann versuche ich, ihnen vorzuspielen, als ob ich ihnen sagen würde, daß ich ein deutscher Offizier sei. Dies erreiche ich dadurch, daß ich das bißchen Deutsch vortrage, das ich kenne, wobei ich hoffe, daß meine Zuhörer nicht genügend Deutsch können, um meinen Plan zu durchschauen. Nehmen wir nun an, ich erinnere mich gerade an eine Zeile eines deutschen Gedichts, das ich im Deutschunterricht auf der höheren Schule habe auswendig lernen müssen. Also rede ich, ein gefangener Amerikaner, die Italiener, die mich gefangengenommen haben, mit dem folgenden Satz an: „Kennst Du das Land, wo die Zitronen blüh'n?". Wir wollen diese Situation nun in Grice'schen Begriffen beschreiben. Ich beabsichtige, bei meinen Zuhörern eine bestimmte Wirkung hervorzurufen, nämlich die, daß sie glauben, ich sei ein deutscher Offizier. Und ich möchte diese Wirkung dadurch hervorrufen, daß ich sie meine Intention erkennen lasse. Ich will, daß sie denken, ich versuche ihnen zu erzählen, ich sei ein deutscher Offizier. Aber folgt daraus, daß ich, wenn ich sage „Kennst Du das Land...", dann meine „ich bin ein deutscher Offizier"? Nicht nur folgt das nicht daraus, sondern es wäre sogar falsch anzunehmen, daß ich, wenn ich jenen deutschen Satz äußere, meine „Ich bin ein deutscher Offizier". Denn was diese Wörter bedeuten, ist „Kennst Du das Land, wo die Zitronen blüh'n?". Ich möchte natürlich die Italiener, die mich gefangengenommen haben, glauben machen, ich meinte „Ich bin ein deutscher Offizier", aber ein Teil dieser Täuschung besteht darin, daß ich sie dazu bringe, zu denken, daß es genau das ist, was die Wörter bedeuten, die ich äußere. Zu diesem Punkt schreibt Wittgenstein in den Philosophischen Untersuchungen[6]: „Sag ‚hier ist es kalt' und meine ‚hier ist es warm' ". Der Grund, weshalb wir nicht in der Lage sind, dies zu tun, besteht darin, daß das, was wir meinen können, eine Funktion dessen ist, was wir sagen. Bedeutung ist mehr als nur Sache der Intention, sie ist auch Sache der Konvention.

Die Bedeutungsanalyse von Grice kann mit Gegenbeispielen dieser Art angegriffen werden. Wir haben hier einen Fall, wo ich versuche, eine bestimmte

---

6 Philosophische Untersuchungen (Oxford, 1953) § 510.

Wirkung beim Zuhörer dadurch zu erzielen, daß ich ihn dazu bringe, zu erkennen, daß ich jene Wirkung bei ihm hervorrufen möchte. Aber das Mittel, das ich einsetze, um diese Wirkung hervorzurufen, wird konventionellerweise aufgrund seiner Verwendungsregeln für die Erzeugung ganz anderer illokutionärer Wirkungen gebraucht. Wir müssen deshalb die Grice'sche Bedeutungsdefinition neu formulieren, und zwar so, daß sie klarmacht, daß das, was jemand meint, wenn er einen Satz äußert, mehr als nur zufällig bezogen ist auf das, was der Satz in der Sprache, die der Betreffende spricht, bedeutet. In unserer Analyse der illokutionären Akte müssen wir uns sowohl auf die intentionalen wie auf die konventionellen Aspekte und insbesondere auf die Beziehungen zwischen ihnen beziehen. Beim Vollzug eines illokutionären Aktes intendiert der Sprecher, eine bestimmte Wirkung hervorzurufen, indem er den Hörer seine Absicht, diese Wirkung zu erzeugen, erkennen macht; und darüber hinaus intendiert er, wenn er die Wörter aufrichtig verwendet, daß das Erkennen seiner Absicht aufgrund der Tatsache geschieht, daß die Regeln für den Gebrauch der Ausdrücke, die er äußert, die Ausdrücke mit der Hervorbringung jener Wirkung verknüpfen. Es ist diese Kombination von Elementen, welche wir in unserer Analyse des illokutionären Aktes erklären müssen.

V. Das Versprechen

Ich werde nun versuchen, eine Analyse des illokutionären Aktes des Versprechens zu geben. Ich werde dabei danach fragen, welche Bedingungen notwendig und hinreichend sind, damit der Akt des Versprechens in der Äußerung eines gegebenen Satzes vollzogen wird. Ich werde versuchen, diese Frage dadurch zu beantworten, daß ich diese Bedingungen in Form einer Menge von Sätzen angebe, und zwar in der Weise, daß aus der Konjunktion der Mitglieder dieser Menge folgt, daß der Sprecher ein Versprechen gemacht hat, und daß umgekehrt aus dem Satz, daß der Sprecher ein Versprechen gemacht hat, eine solche Konjunktion folgt. So ist also jede Bedingung eine notwendige Bedingung für den Vollzug des Versprechensaktes, und die Menge der Bedingungen zusammengenommen ist eine hinreichende Bedingung für einen derartigen Vollzug.

Wenn wir eine solche Gruppe von Bedingungen erhalten, können wir daraus dann eine Menge von Regeln für die Verwendung der Mittel ableiten, die die illokutionäre Rolle einer Äußerung anzeigen. Die von uns verwendete Methode ist analog der, die zur Entdeckung der Schachregeln führt: Es wird nach den Bedingungen gefragt, die notwendig und hinreichend sind, damit man sagen kann, ein Springer sei richtig gesetzt, oder man habe richtig rochiert, oder ein Spieler sei korrekt schachmatt gesetzt worden usw. Wir sind in der Position dessen, der Schachspielen gelernt hat, ohne je die Regeln formuliert zu haben, und der diese nun formulieren möchte. Wir haben gelernt, wie man mit illokutionären Akten umgeht, aber im allgemeinen geschah dies ohne eine explizite Formulierung der Regeln, und der erste Schritt zu einer solchen Formulierung besteht darin, die Bedingungen für den Vollzug eines einzelnen illokutionären Aktes anzugeben. Unsere Untersuchung wird deshalb einem doppelten philosophischen Zweck dienen. Indem wir eine Menge von Bedingungen für den Vollzug eines besonderen illokutionären Aktes angeben, werden wir eine teilweise Erklärung dieses Begriffs anbieten, und wir haben damit auch den Weg geebnet für den zweiten Schritt, für die Formulierung der Regeln.

Ich fand die Aufstellung dieser Bedingungen sehr schwierig und bin noch nicht gänzlich zufrieden mit der Liste, die ich im folgenden vorlege. Ein Grund für diese Schwierigkeit liegt darin, daß der Begriff des Versprechens, wie die meisten Begriffe in der Umgangssprache, keine absolut verbindlichen Regeln kennt. Es gibt da alle Arten von merkwürdigen, abweichenden und marginalen Fällen von Versprechen; und mehr oder weniger bizarre Gegenbeispiele können gegen meine Analyse angeführt werden. Ich neige dazu zu glauben, daß es nicht möglich sein wird, eine Menge von schlagenden, notwendigen und hinreichenden Bedingungen zu finden, die exakt den umgangssprachlichen Gebrauch des Wortes „Versprechen" wiedergeben. Ich beschränke mich daher in meiner Diskussion auf die zentrale Bedeutung des Begriffs „Versprechen" und ignoriere die Grenzfälle und die partiell unvollständigen Fälle. Ferner beschränke ich mich auf explizite Versprechen und lasse alle Versprechen unberücksichtigt, die mittels elliptischer Ausdrücke, gewisser Andeutungen, Metaphern usw. gemacht werden.

Eine andere Schwierigkeit entsteht aus dem Wunsch, die Bedingungen anzugeben, ohne dabei in einen gewissen Zirkel zu kommen. Ich will eine Gruppe von Bedingungen für den Vollzug eines bestimmten illokutionären Aktes angeben, ohne daß diese Bedingungen selbst wiederum den Vollzug irgendeines illokutionären Aktes bereits voraussetzen. Ich muß diese Forderung erfüllen, wenn ich eine allgemeine Explikation des Begriffs „illokutionärer Akt" geben will; sonst hätte ich bloß die Beziehung zwischen verschiedenen illokutionären Akten beschrieben. Es werden jedoch bestimmte illokutionäre Konzepte im Analysans ebenso wie im Analysandum auftreten, obwohl kein Bezug zu illokutionären Akten vorliegt; aber ich glaube, diese Art von Zirkelschluß ist aufgrund der Natur der konstitutiven Regeln unvermeidlich.

Bei der Darstellung der Bedingungen werde ich zuerst den Fall eines aufrichtigen Versprechens behandeln und dann zeigen, wie die Bedingungen so zu ändern sind, daß auch der Fall unaufrichtiger Versprechen berücksichtigt wird. Da unsere Untersuchung eher semantischer als syntaktischer Natur ist, werde ich einfach voraussetzen, daß es grammatisch korrekt gebildete Sätze gibt.

Wenn ein Sprecher S einen Satz T in Gegenwart eines Hörers H äußert, dann verspricht S in einer aufrichtigen (und vollständigen) Äußerung von T dem Hörer H, daß p, wenn und nur wenn folgende Bedingungen erfüllt sind:

(1) *Normale Eingabe- und Ausgabe-Bedingungen.*

Die Termini „Eingabe" und „Ausgabe" werden hier verwandt, um mit ihnen die unbegrenzte Reihe von Bedingungen zu erfassen, welche als Bedingungen der Möglichkeit jeder ernsthaften sprachlichen Kommunikation aufzufassen sind.

„Ausgabe" beinhaltet die Bedingungen für sinnvolles Sprechen, „Eingabe" diejenigen für das Verstehen. In beiden sind Dinge wie etwa die folgenden eingeschlossen: Sprecher und Hörer wissen, wie die Sprache gesprochen wird; beide sind sich über das im klaren, was sie tun; der Sprecher handelt nicht unter Zwang oder Furcht; es gibt keine Kommunikationshindernisse wie etwa Taubheit, Aphasie oder Kehlkopfentzündung; Sprecher und Hörer sind nicht Teilnehmer eines Spiels, erzählen sich keine Witze usw.

(2) *In der Äußerung von T drückt S aus, daß p.*

Hier wird die Proposition von dem übrigen Teil des Sprechaktes isoliert; damit können wir den weiteren Verlauf der Analyse auf die besondere Art des Versprechens als eine Art des illokutionären Aktes konzentrieren.

(3) *Indem S ausdrückt, daß p, sagt S einen künftigen Akt A von S voraus.*

Das Mittel, das die illokutionäre Rolle anzeigt, zeigt auch bestimmte Merkmale der Proposition im Fall des Versprechens an. Es muß vom Sprecher ein Akt ausgesagt werden, der nicht in der Vergangenheit liegt. Ich kann nicht versprechen, etwas getan zu haben, und ich kann ebensowenig versprechen, daß ein anderer etwas tun wird. (Gleichwohl kann ich versprechen, dafür zu sorgen, daß er es tun wird). Es ist in diesem Verwendungszusammenhang auch das Unterlassen einer Handlung, der Vollzug einer Folge von Handlungen oder Zuständen oder Lagen eingeschlossen – ich kann versprechen, etwas nicht zu tun; ich kann versprechen, etwas mehrfach oder aufeinanderfolgend zu tun; und ich kann versprechen, in einem bestimmten Zustand oder einer bestimmten Verfassung zu sein oder zu bleiben. Die Bedingungen (2) und (3) nenne ich „Bedingungen des propositionalen Gehalts" („propositional content conditions").

(4) *H sieht lieber die Ausführung als die Unterlassung von A durch S, und S glaubt, daß H lieber seine Ausführung als seine Unterlassung von A sieht.*

Eine wesentliche Unterscheidung zwischen Versprechen auf der einen, Drohungen auf der anderen Seite ist insofern gegeben, als ein Versprechen eine feste Zusage enthält, etwas für jemanden zu tun, und nicht gegen ihn; demgegenüber ist eine Drohung ebenso eine feste Zusage, etwas gegen jemanden und nicht für ihn zu unternehmen. Unvollständig ist ein Versprechen dann, wenn der Inhalt des Versprechens etwas ist, was der Hörer, dem es versprochen wird, gar nicht wünscht; ferner ist ein Versprechen dann unvollständig, wenn der Sprecher, der das Versprechen äußert, von dem Hörer, dem er das Versprechen gibt, nicht glaubt, daß dieser das Versprochene auch wünscht, wenn anders ein vollständiges Versprechen als Versprechen und nicht als Drohung oder Warnung aufgefaßt werden soll. Beide Momente dieser Bedingung, so glaube ich, sind notwendig, damit sonst mögliche und sehr treffende Gegenbeispiele ausgeschlossen werden. Es sind aber noch andere und, wie ich meine, Schein-Gegenbeispiele zu dieser Bedingung möglich. Nehmen wir an, ich sagte zu einem faulen Studenten: „Wenn Sie Ihre Arbeit nicht termingerecht abgeben, so verspreche ich Ihnen, daß ich Ihnen eine Note geben werde, mit der Sie die Prüfung nicht bestehen werden." Ist diese Äußerung ein Versprechen? Ich glaube nicht; man würde sie vielmehr als eine Warnung oder sogar als eine Drohung bezeichnen können. Aber wie kann ich dann in diesem Zusammenhang den Ausdruck „Ich verspreche" benutzen? Ich glaube, wir benutzen diesen Ausdruck, weil „Ich verspreche" und „Ich verspreche hiermit" im Englischen (und Deutschen) zu den Indikatoren der illokutionären Rolle gehören, in denen am deutlichsten eine Verpflichtung zum Ausdruck gebracht wird. Wir benützen deshalb solche Ausdrücke oft, wenn wir Sprechakte vollziehen, die eigentlich keine Versprechen sind, in denen wir aber eine gewisse Verpflichtung hervorheben wollen. Dies mag an einem anderen scheinbaren Gegenbeispiel zu unserer bisherigen Beschreibung erläutet werden. Zuweilen, und häufiger in den Vereinigten Staaten als in England, hört man jemanden sagen „Ich verspreche", wenn dieser Person gegenüber eine ausdrückliche Behauptung geäußert wurde. Angenommen etwa, ich beschuldige Sie, Geld gestohlen zu haben, und sage dann: „Sie haben das Geld gestohlen, nicht wahr?" Sie könnten dann antworten: „Nein, das stimmt nicht, ich verspreche Ihnen, daß ich das nicht getan habe." Haben Sie nun in einem solchen Fall ein Versprechen gegeben? Ich käme wohl kaum auf die Idee, diese Äußerung von Ihnen als ein Versprechen zu bezeichnen. Eher würde ich sie als eine ausdrückliche Verneinung beschreiben. Wenn dabei „Ich verspreche" als Indikator der illokutionären Rolle gebraucht wird, so könnten wir das damit erklären, daß hier die abgeleitete Form eines wirklichen Versprechens in der Funktion auftritt, eine nachdrückliche Verneinung zu vollziehen.

Bedingung (4) soll, allgemein gesagt, ausdrücken, daß ein Versprechen vollständig nur dann ist, wenn das Versprochene etwas ist, was der Hörer wünscht, etwas, von dem er glaubt, daß es in seinem Interesse liegt, und daß es deshalb lieber getan als unterlassen sein sollte usw. Der Sprecher seinerseits muß erkennen oder glauben oder wissen usw., daß eben dies der Fall ist. Eine elegantere und präzisere Formulierung dieser Bedingung würde, so glaube ich, die Einführung einer Fachterminologie erfordern.

(5) *Für S und auch für H ist es nicht offensichtlich, daß S bei einem normalen Verlauf der Ereignisse A tun wird.*

Es ist dies eine Bedingung, die für viele Arten illokutionärer Akte gilt. Sie besagt, daß der Akt einen Sinn oder einen Zweck haben muß. Meine Aufforderung ist dann etwa ohne Sinn und unter diesem Aspekt also unvollständig, wenn ich jemanden auffordere, etwas zu tun, was er bereits tut oder was er ganz unabhängig von meiner Aufforderung sich anschickt zu tun. Die Zuhörer, die die Regeln für den Vollzug illokutionärer Akte kennen, setzen in einer konkreten Sprechsituation voraus, daß diese Bedingung der Vollständigkeit erfüllt ist. Wenn ich etwa im Verlauf einer Vorlesung zu einem meiner Zuhörer sagen würde: „Hören Sie zu, Schmidt; passen Sie auf, was ich da sage", dann müßten die Zuhörer, wenn sie meine Äußerung gehört haben, doch annehmen, daß Schmidt nicht aufgepaßt hat. Mindestens müssen sie annehmen, daß es nicht sicher war, ob Schmidt aufgepaßt hat oder daß sich irgendwie die Frage ergeben konnte, ob er aufpaßte oder nicht. Denn eine Bedingung für den Vollzug einer Aufforderung besteht darin, daß es nicht offensichtlich ist, daß der Zuhörer tut oder im Begriff ist, zu tun, was der Inhalt der Aufforderung ist. Ähnliches gilt für Versprechen. Es entspricht nicht den Regeln, etwas zu versprechen, von dem klar ist, daß ich es ohnehin tun werde. Wenn ich dennoch ein solches Versprechen abgebe, dann müssen meine Hörer diese Äußerung so verstehen, als ob ich der Auffassung sei, es sei nicht offensichtlich, daß ich den Inhalt des Versprechens ohnehin realisieren würde. Ein glücklich verheirateter Mann, der seiner Frau verspricht, sie in der nächsten Woche nicht zu verlassen, wird vermutlich eher Besorgnis als Beruhigung hervorrufen.

Im übrigen glaube ich, daß diese Bedingung ein Beispiel für das Phänomen ist, was in Zipfs Gesetz ausgedrückt ist. Wie für die meisten anderen menschlichen Verhaltensformen so gilt auch für die Sprache das Prinzip des geringsten Kraftaufwandes – in unserem Fall das Prinzip, größtmögliche illokutionäre Erfolge mit minimalen phonetischen Mitteln zu erreichen. Ich glaube, daß Bedingung (5) ein Beispiel für diese Aussage ist.

Bedingungen wie (4) und (5) nenne ich Einleitungsbedingungen („preparatory conditions"). Sie sind die Conditio sine qua non für ein erfolgreiches

Versprechen; gleichwohl sagen sie noch nichts Wesentliches über die Natur des Versprechens aus.

(6) *S beabsichtigt, A zu tun.*

Der sehr wichtige Unterschied zwischen aufrichtigen und unaufrichtigen Versprechen besteht darin, daß im Fall des aufrichtigen Versprechens der Sprecher intendiert, das Versprochene auch zu tun, während er dies bei einem unaufrichtigen Versprechen nicht tut. Es kommt hinzu, daß er in der Lage zu sein glaubt, die versprochene Handlung auszuführen (bzw. sie zu unterlassen). Dies stelle ich aber nicht als eine eigene Bedingung dar, da mir das bereits der Satz zu sagen scheint, wonach der Sprecher das Versprochene zu tun (oder zu unterlassen) beabsichtigt. Die 6. Bedingung nenne ich die Bedingung der Aufrichtigkeit („sincerity condition").

(7) *S. hat die Absicht, sich zur Ausführung von A zu verpflichten, wenn er T äußert.*

Das wesentliche Merkmal eines Versprechens liegt darin, daß eine Verpflichtung zum Vollzug einer bestimmten Handlung übernommen wird. Das Versprechen (und andere Mitglieder derselben Familie, wie z. B. das Gelübde) unterscheiden sich, so glaube ich, durch genau diese Bedingung von anderen Arten illokutionärer Akte. Es sei dabei darauf hingewiesen, daß in der obigen Bedingung nur von der Absicht des Sprechers die Rede ist. Diese Absicht ist jedoch ganz deutlich eine notwendige Bedingung für den Vollzug eines Versprechens. Wenn nämlich ein Sprecher zeigen kann, daß er, als er eine solche Äußerung machte, eine solche Absicht nicht im Sinn hatte, dann ist das als Beweis dafür aufzufassen, daß diese Äußerung gar kein Versprechen war. Wir wissen etwa, daß Mr. Pickwick der Frau nicht wirklich versprochen hatte, sie zu heiraten, weil uns bekannt ist, daß er nicht die dazu notwendige und ernsthafte Absicht hatte. Die obige Bedingung sei die wesentliche Bedingung („essential condition") genannt.

(8) *S beabsichtigt, mit der Äußerung von T H glauben zu machen, was Bedingungen (6) und (7) enthalten, indem er H seine Absicht, eine solche Überzeugung zu bewirken, erkennen macht. S intendiert, daß dies erreicht wird dadurch, daß der betreffende Satz als das konventionelle Mittel gebraucht wird, um eine solche Überzeugung zu bewirken.*

Diese Bedingung berücksichtigt unsere Analyse und Korrektur der Grice'schen Auffassung hinsichtlich des Inhalts des Satzes, daß ein Sprecher eine Äußerung als ein Versprechen versteht. Es liegt in der Absicht des Sprechers, einen bestimmten illokutionären Effekt dadurch zu erzeugen, daß er den Zuhörer erkennen läßt, daß er jenen Effekt hervorzurufen beabsichtigt. Und es liegt weiterhin in seiner Intention, daß dieses Erkennen dadurch geschieht, daß die Bedeutung des von ihm Geäußerten mittels Konventionen mit der Erzeugung jener Wirkung verbunden ist.

Genau genommen könnte diese Bedingung als Teil von Bedingung (1) formuliert werden, aber sie ist von genügendem philosophischem Interesse, um gesondert behandelt zu werden. Ich finde sie aus folgendem Grund etwas verwirrend. Wenn mein ursprünglicher Einwand gegen Grice wirklich stichhaltig ist, dann, könnte man sagen, sind all diese wiederholten Absichten überflüssig; notwendig ist allein, daß der Sprecher ernsthaft einen Satz äußert. Die Erzeugung all dieser Wirkungen ist lediglich eine Konsequenz, die aus dem Wissen des Hörers folgt, was der Satz bedeutet. Dieses Wissen ist seinerseits eine Konsequenz der Kenntnis der Sprache, welche vom Sprecher vorausgesetzt wird. Ich glaube, die richtige Antwort auf diesen Einwand liegt darin, daß Bedingung (8) erklärt, was es für den Sprecher bedeutet, „ernsthaft" einen Satz zu äußern, d.h. ihn zu äußern und ihn zu meinen. Aber weder dem Einwurf noch der Antwort kann ich mich voll anschließen.

(9) *Die semantischen Regeln der Sprache, die S und H sprechen, sind so, daß T korrekt und aufrichtig nur dann geäußert wird, wenn Bedingungen (1)–(8) erfüllt sind.*

Diese Bedingung soll deutlich machen, daß der Gebrauch des vom Sprecher geäußerten Satzes als Versprechen in den semantischen Regeln der Sprache begründet ist. Mit der 8. Bedingung zusammen genommen, schließt diese 9. Bedingung Gegenbeispiele wie das oben erwähnte vom gefangenen Soldaten aus. Was die Formulierung dieser Regeln genau besagt, werden wir später sehen.

Bislang haben wir den Fall des aufrichtigen Versprechens untersucht. Aber unaufrichtige Versprechen sind nicht weniger Akte des Versprechens, und wir müssen nun zeigen, wie sich die Bedingungen ändern, damit auch solche Arten von unaufrichtigen Versprechen berücksichtigt werden. Wenn ein Sprecher ein unaufrichtiges Versprechen gibt, hat er nicht dieselben Absichten und Überzeugungen, die er hat, wenn er ein aufrichtiges Versprechen gibt. Jedoch gibt er vor, sie zu haben. Gerade deshalb nennen wir seine Handlung unaufrichtig, weil er Absichten vorgibt, die er nicht hat. Wir brauchen also unsere Bedingungen, wenn wir auch unaufrichtige Versprechungen mit ihnen erklären wollen, bloß so zu verändern, daß wir behaupten: Der Sprecher muß anerkennen, daß die Intention zu einem Versprechen gehört. Oben haben wir dem gegenüber gesagt, der Sprecher müsse eine solche Intention wirklich haben. Ein Hinweis dafür, daß bei dem Sprecher eine solche Anerkennung wirklich gegeben ist, ist dem Faktum zu entnehmen, daß es z.B. sinnvoller Weise nicht möglich ist, folgenden Satz zu sagen: „Ich verspreche A zu tun, aber ich habe nicht die Absicht, A zu tun." Wenn man sagt: „Ich verspreche, A zu tun", dann erkennt man damit die Absicht an, A auch wirklich auszuführen, und diese Bedingung muß erfüllt sein, ob nun die Äußerung aufrichtig oder unaufrichtig ist.

Um also die Möglichkeit eines unaufrichtigen Versprechens in unsere Überlegungen einzubeziehen, müssen wir nur die Bedingung (6) so verändern, daß sie nicht mehr verlangt, daß der Sprecher intendiert, A zu tun, sondern daß er die Intention zur Ausführung von A anerkennt. Ich werde diese Bedingung, um einen Zirkelschluß zu vermeiden, folgendermaßen formulieren:

(6*) *S intendiert, die Intention zur Ausführung von A in der Äußerung von T anzuerkennen* [*that the utterance of T will make him responsible for intending to do A*].

Legt man diese korrigierte Form (unter Weglassung des „aufrichtig" im Analysandum und in der 9. Bedingung) zugrunde, dann gilt unsere bisher durchgeführte Analyse für das Versprechen überhaupt, unabhängig davon, ob es sich um ein aufrichtiges oder ein unaufrichtiges Versprechen handelt.

VI. Regeln für den Gebrauch der Mittel, die illokutionäre Rollen anzeigen

Unsere nächste Aufgabe ist es nun, aus der bislang aufgestellten Menge von Bedingungen eine Menge von Regeln abzuleiten, die für den Gebrauch des Indikators der illokutionären Rolle zutreffen. Es ist deutlich, daß nicht alle unsere Bedingungen in diesem Zusammenhang die gleiche Bedeutung haben. So gelten Bedingung (1) und Bedingungen wie (8) und (9) ganz allgemein für alle Arten normaler illokutionärer Akte; sie stellen nichts für den Akt des Versprechens Eigentümliches dar. Die gesuchten Regeln für den Indikator der illokutionären Rolle, bezogen auf den Akt des Versprechens, werden also aus den Bedingungen (2) bis (7) abzuleiten sein.

Die semantischen Regeln für den Gebrauch eines jeden Mittels V (= Indikator des Versprechens) sind:

Regel (1): V kann nur im Zusammenhang eines Satzes oder eines größeren Abschnittes einer Rede T geäußert werden, sofern deren Äußerung einen zukünftigen Akt A des Sprechers S prädiziert. Diese Regel sei „*Regel des propositionalen Gehalts*" („propositional content rule") genannt. Sie ist abgeleitet von den Bedingungen (2) und (3), den sogenannten Bedingungen des propositionalen Gehalts.

Regel (2): V darf nur geäußert werden, wenn der Hörer H die Ausführung der Unterlassung von A durch S vorziehen würde und wenn S glaubt, H würde die Ausführung der Unterlassung von A durch S vorziehen.

Regel (3): V darf nur geäußert werden, wenn es für S und H nicht klar ist, daß S unter normalen Umständen A ohnehin tun wird. Die Regeln (2) und (3) seien *Einleitungsregeln* („preparatory rules") genannt; sie sind abgeleitet von den Einleitungsbedingungen (4) und (5).

Regel (4): V darf nur geäußert werden, wenn S die Ausführung von A beabsichtigt. Diese Regel sei *Aufrichtigkeitsregel* („sincerity rule") genannt; sie ist abgeleitet von der 6. Bedingung, der Bedingung der Aufrichtigkeit.

Regel (5): Die Äußerung von V gilt als Übernahme der Verpflichtung, A zu tun. Diese Regel nenne ich die *wesentliche Regel* („essential rule").

Diese Regeln sind geordnet: Anwendung der Regeln (2) und (5) setzt Befolgung der 1. Regel voraus; und Regel (5) gilt ihrerseits nur, wenn ebenfalls den Regeln (2) und (3) entsprochen ist.

Es ist zu beachten, daß die Regeln (1) bis (4) die Form von Quasi-Imperativen haben, d.h. die Form: Äußere V nur, wenn X; demgegenüber ist Regel (5) von der Form: Die Äußerung V gilt als Y.

So entspricht die Regel (5) der Form konstitutiver Regeln, die ich in Abschnitt II diskutiert habe.

Die ziemlich ermüdende Spielanalogie kann hier noch einmal aufgenommen werden. Wenn wir uns fragen, unter welchen Bedingungen von einem Spieler gesagt werden kann, daß er seinen Springer richtig gezogen hat, dann finden wir Einleitungsbedingungen wie etwa die, daß er am Zuge sein muß, wie auch eine wesentliche Bedingung, die festlegt, wie der Springer in der gegebenen Situation richtig gezogen werden darf. Es gibt sogar eine Aufrichtigkeitsbedingung für Wettkampfspiele – nämlich die, daß man versucht zu gewinnen. Ich meine, daß die Mannschaft, welche ein Spiel aufgibt, sich in einer Weise verhält, die ziemlich genau derjenigen des Sprechers analog ist, der lügt oder falsche Versprechungen macht. [Üblicherweise gibt es natürlich keine Regeln des propositionalen Gehalts für Spiele, weil Spiele im großen und ganzen nicht Sachverhalte darstellen.] Wenn diese Analyse über den besonderen Fall des Versprechens hinaus Bedeutung haben soll, so müßte man die bislang getroffenen Unterscheidungen auch für andere Arten von Sprechakten anwenden können. Eine kurze Betrachtung wird, so glaube ich, zeigen, daß dies in der Tat möglich ist. Nehmen wir etwa den Fall des Befehlens. Die Einleitungsbedingungen schließen ein, daß der Sprecher sich dem Hörer gegenüber in einer höheren Position befindet; die Aufrichtigkeitsbedingung besteht darin, daß der Sprecher wünscht, daß das, was er befiehlt, auch getan wird; und die wesentliche Bedingung berücksichtigt, daß die Äußerung ein Versuch ist, den Hörer zu veranlassen, etwas zu tun. In bezug auf Behauptungen schließen die Einleitungsbedingungen die Tatsache ein, daß der Hörer einigen Grund zu der Annahme haben muß, daß die behauptete Proposition wahr ist; die Aufrichtigkeitsbedingung ist die, daß der Hörer den Satz für wahr halten muß; und die wesentliche Bedingung ist in diesem Fall, daß die Äußerung einen Versuch darstellt, den Hörer zu informieren und ihn von der Wahrheit des Gesagten zu überzeugen. Begrüßungen stellen eine einfachere Art von Sprechakten dar, aber auch hier kann man einige dieser Unterscheidungen anwenden. In der Äußerung „Hallo" gibt es keinen propositionalen Gehalt und keine Aufrichtigkeitsbedingung. Die Einleitungsbedingung besteht darin, daß der Sprecher gerade den Hörer getroffen haben muß, und die wesentliche Bedingung ist diejenige, daß die Äußerung den Ausdruck des höflichen Wiedererkennens des Hörers anzeigt.

Ein Vorschlag für weitere Forschungen liegt darin, ähnliche Analysen anderer Typen von Sprechakten durchzuführen. Das würde nicht nur von den verschiedenen Analyseprozeduren her interessant sein, vielmehr würde der Vergleich verschiedener Analysen unser Verständnis des ganzen Bereiches vertiefen und darüber hinaus die Basis für eine ernsthaftere Taxonomie abgeben, als dies mittels der üblichen oberflächlichen Kategorien wie etwa evaluativ vs deskriptiv oder kognitiv vs emotiv möglich erscheint.

H. P. Grice

Logik und Konversation

Es ist ein Gemeinplatz der philosophischen Logik, daß es, anscheinend, Bedeutungsunterschiede zwischen den von mir im folgenden so genannten *formalen* Mitteln – ⌐, ∧, ∨, ⊃, ∧, ∨, ɩx (in ihrer üblichen zweiwertigen Interpretation) – einerseits und ihren mutmaßlichen Entsprechungen oder Gegenstücken in der natürlichen Sprache andererseits gibt: solchen Ausdrücken wie „nicht", „und", „oder", „falls", „alle", „einige" (oder „wenigstens ein") und „der". Mancher Logiker war vielleicht gelegentlich gewillt, die Ansicht zu vertreten, in Wahrheit gebe es solche Unterschiede nicht; aber wo diese Ansicht überhaupt einmal vertreten wurde, geschah das ein bißchen vorlaut, und wer im Geruch stand, dies zu tun, sah sich einer recht ruppigen Behandlung unterworfen.

Wer das Bestehen solcher Unterschiede einräumt, hängt im wesentlichen der einen oder der anderen zweier rivalisierender Gruppen an, die ich für die Zwecke dieses Artikels als die formalistische bzw. die informalistische Gruppe bezeichnen werde. Eine nicht uncharakteristische formalistische Position läßt sich so umreißen: Insofern Logiker es mit der Formulierung sehr allgemeiner Muster gültigen Schließens zu tun haben, besitzen die formalen Mittel einen entscheidenden Vorzug vor ihren natürlichen Gegenstücken. Denn mit den formalen Mitteln läßt sich ein System sehr allgemeiner Formeln entwickeln, von denen sich beträchtlich viele als Schlußschemata auffassen lassen (oder mit ihnen eng zusammenhängen), deren Ausdruck einige oder alle Mittel umfaßt. Solch ein System mag aus einer gewissen Menge einfacher Formeln – die akzeptabel sein müssen, wenn die Mittel die ihnen zugeordnete Bedeutung haben – und aus unbestimmt vielen weiteren Formeln bestehen, von denen viele weniger offensichtlich akzeptabel sind. Jede dieser letzteren Formeln läßt sich allerdings unter der Voraussetzung als akzeptabel erweisen, daß die Elemente der ursprünglichen Menge es sind. Somit können wir mit Schlußschemata zu Rande kommen, die – was ihre Akzeptabilität angeht – fragwürdig sind. Manchmal können wir ein Entscheidungsverfahren anwenden, dann ist das ganze sogar noch besser. Weiterhin ist es von einem philosophischen Standpunkt aus als Unvollkommenheit natürlicher Sprachen zu betrachten, daß deren Gegenstücke Bedeutungsbestandteile enthalten, die sich bei den entsprechenden formalen Mitteln nicht finden; solche Bestandteile sind unerwünschte Auswüchse.

Denn dieser Bestandteile wegen können Begriffe, in denen sie vorkommen, nicht präzis/klar definiert werden, und zumindest einigen Feststellungen mit ihnen kann unter gewissen Umständen kein Wahrheitswert mit Bestimmtheit zugeordnet werden. Nicht nur an der Unbestimmtheit dieser Begriffe selbst ist Anstoß zu nehmen, sondern auch daran, daß durch sie der Metaphysik Tür und Tor geöffnet wird – wir können nicht sicher sein, daß keiner dieser Begriffe der natürlichen Sprache metaphysisch ‚belastet' ist. Aus diesen Gründen kann man die Ausdrücke – so, wie sie in der natürlichen Rede verwandt werden – nicht als endgültig akzeptabel betrachten; am Ende können sie sich sogar als nicht vollkommen verständlich herausstellen. Das angemessene Vorgehen besteht darin, mit den formalen Mitteln eine ideale Sprache zu konzipieren, deren Sätze klar, mit eindeutigem Wahrheitswert und garantierbar frei von metaphysischen Implikationen sind – und mit ihrer Konstruktion zu beginnen. Die Grundlagen der Wissenschaft werden dann philosophisch sicher sein, weil die Aussagen des Wissenschaftlers sich in dieser idealen Sprache ausdrücken lassen, auch wenn sie de facto nicht unbedingt in ihr ausgedrückt werden. (Ich will nicht behaupten, alle Formalisten würden alles akzeptieren, was ich hier skizzenhaft ausgeführt habe, aber alle würden wohl zumindest einen Teil davon akzeptieren).

Darauf könnte ein Informalist folgendermaßen antworten. Die philosophische Forderung nach einer idealen Sprache beruht auf gewissen Annahmen, die man nicht hinnehmen sollte. Es sind dies: Die Elle, nach der die Adäquatheit einer Sprache vornehmlich zu messen ist, ist ihre Eignung, den Bedürfnissen der Wissenschaft zu dienen; solange für einen Ausdruck keine Explikation oder Bedeutungsanalyse vorliegt, ist nicht gewährleistet, daß er vollkommen verständlich ist; und jede Explikation bzw. Analyse muß die Form einer präzisen Definition haben, mit der eine logische Äquivalenz ausgedrückt/behauptet wird. – Sprache dient vielen wichtigen Zwecken neben denen der wissenschaftlichen Untersuchung; wir können sehr wohl wissen, welche Bedeutung ein Ausdruck hat (und somit a fortiori, daß er verständlich ist), ohne seine Analyse zu kennen, und eine Analyse mag (und wird gewöhnlich) in Form von möglichst weitgehend verallgemeinerten Bedingungen angegeben werden, die für oder gegen die Anwendbarkeit des analysierten Begriffs sprechen. Darüber hinaus: obwohl es zweifelsohne wahr ist, daß die formalen Mittel der systematischen Behandlung durch den Logiker besonders zugänglich sind, ändert das doch nichts daran, daß es sehr viele in natürlicher Sprache – und nicht mit diesen Mitteln – ausgedrückte Schlüsse und Argumentationen gibt, die nichtsdestoweniger erkennbar gültig sind. Demnach muß für eine unvereinfachte – und mithin mehr oder weniger unsystematische – Logik der natürlichen Gegenstücke dieser Mittel ein

Platz da sein; diese Logik mag von der vereinfachten Logik der formalen Mittel unterstützt und geleitet werden, aber sie kann nicht durch diese ersetzt werden. Ja, diese beiden Logiken unterscheiden sich nicht nur voneinander, sondern geraten auch manchmal miteinander in Konflikt; Regeln, die für ein formales Mittel gelten, gelten möglicherweise nicht für sein natürliches Gegenstück.

Was nun die allgemeine Frage nach dem Platz der Erneuerung natürlicher Sprache in der Philosophie angeht, so werde ich, in diesem Artikel, nichts dazu zu sagen haben. Ich werde mich auf das am Disput beschränken, was mit den vermeintlichen Unterschieden zu tun hat, die eingangs erwähnt worden sind. Zudem habe ich nicht vor, mich zugunsten der einen oder andern Seite in den Streit einzumischen. Vielmehr möchte ich die Ansicht vertreten, daß die den beiden Seiten gemeinsame Annahme, es gebe diese Unterschiede tatsächlich, (grob gesprochen) ein gemeinsamer Fehler ist, der daher rührt, daß dem Wesen und der Wichtigkeit derjenigen Bedingungen nicht hinreichend Beachtung geschenkt wird, die Konversation regeln. Ich werde daher sofort mit einer Untersuchung der allgemeinen Bedingungen fortfahren, die – in der einen oder anderen Weise – auf Konversation als solche, unabhängig von ihrem Gegenstand, zutreffen.

Implikatur

Angenommen, A und B unterhalten sich über einen gemeinsamen Freund, C, der jetzt in einer Bank arbeitet. A fragt B, wie es C bei seinem Job so geht, und B antwortet „Oh, ganz gut, nehme ich an; er mag seine Kollegen und ist bislang noch nicht ins Gefängnis gekommen". Hier mag A nun wohl wissen wollen, was B damit zu verstehen geben wollte, was er damit angedeutet hat oder auch, was er damit gemeint hat, daß er sagte, C sei bislang noch nicht ins Gefängnis gekommen. Als Antwort könnten lauter solche Sachen kommen wie: C ist der Typ, der nicht gut der Verlockung widerstehen kann, die seine Beschäftigung mit sich bringt; Cs Kollegen sind wirklich sehr unangenehme und heimtückische Leute; und so weiter. Es könnte natürlich für A völlig unnötig sein, dies von B wissen zu wollen – wenn die Antwort darauf in diesem Zusammenhang im voraus klar ist. Es ist wohl klar, daß das, was B in diesem Beispiel zu verstehen gegeben, angedeutet, gemeint hat usw., etwas anderes ist als das, was er gesagt hat – das war ja einfach, daß C bislang noch nicht ins Gefängnis gekommen ist. Ich möchte, als Kunstbegriffe, das Verbum „implizieren" und die damit verwandten Nomina „Implikatur" (vgl. „imply" (andeuten)) und „Implikat" (vgl. „what is implied" (das Angedeutete)) einführen. Der Witz dieses Manövers ist es zu umgehen, daß jedesmal zwischen diesem oder jenem Mitglied der Familie von Verben gewählt werden muß, für die „implizieren" allgemeine Zuständigkeit übernehmen soll. Zumindest fürs erste werde ich in beträchtlichem Maß ein intuitives Verständnis der Bedeutung von „sagen" in solchen Kontexten voraussetzen und auch, daß einzelne Verben sich als Mitglieder der Familie erkennen lassen, mit der „implizieren" in Zusammenhang gebracht wurde. Allerdings kann ich ein oder zwei Bemerkungen machen, die vielleicht zur Klärung der problematischeren dieser beiden Annahmen – und zwar der, die mit der Bedeutung des Wortes „sagen" zusammenhängt – beiträgt.

Wie ich das Wort „sagen" hier benutze, soll das, was jemand gesagt hat, in enger Beziehung zur konventionalen Bedeutung der von ihm geäußerten Worte (des geäußerten Satzes) stehen. Angenommen, jemand hat den Satz „Er kommt von dem Laster nicht los" geäußert. Mit Kenntnis des Deutschen, aber ohne Kenntnis der Äußerungsumstände wüßte man – unter der Annahme, daß er gewöhnliches Deutsch und wörtlich gesprochen hat – etwas darüber, was der Sprecher gesagt hat. Man wüßte, daß er über eine bestimmte Person oder ein bestimmtes Tier männlichen Geschlechts x gesagt hat, daß zum Zeitpunkt der Äußerung (gleichgültig, wann das war) entweder (1) x unfähig war, sich selbst von einem schlechten Charakterzug zu befreien, oder (2) an einem Beförderungsmittel einer gewissen Art festhing (natürlich nur so in etwa dargestellt).[1] Um jedoch ganz und gar zu bestimmen, was der Sprecher gesagt hat, müßte man (a) die Identität von x, (b) den Zeitpunkt der Äußerung und (c) die bei dieser bestimmten Äußerungsgelegenheit vorliegende Bedeutung der Wendung „von dem Laster nicht loskommen" (eine Entscheidung zwischen (1) und (2)) kennen. Diese kurze Andeutung über eine Verwendung von „sagen" läßt offen, ob jemand, der (heute) sagt „Harold Wilson ist ein großer Mann", dasselbe gesagt hat wie einer, der (ebenfalls heute) sagt „Der britische Premierminister ist ein großer Mann" – vorausgesetzt, beide wüßten, daß die beiden singulären Terme dieselbe Referenz

---

1 Der Klammerzusatz gilt erst recht für die Übersetzung hier. Der geneigte Leser möge über diese Passage mit einem Augenzwinkern hinweggehen. Zum einen läßt sich dem hier als Übersetzung gewählten Beispielsatz nicht entnehmen, daß es in ihm um ein Lebewesen männlichen Geschlechts geht. (Anders als mit dem englischen „he" läßt sich ja mit dem deutschen „er" über Gott und die Welt reden – solange nur ein entsprechendes Maskulinum vorausging.) Und außerdem hat der Satz noch mehr Lesarten als die beiden hier angedeuteten. – Der Kompromiß zwischen einer Übersetzung, die möglichst eng an den mehrfachen Wortsinn des Originals sich hält, und einer, die auch in den Einzelheiten dessen Wahrheit bewahrt, scheint mir in Fällen wie diesem auch mit Fleiß nicht vermeidbar. (Anm. d. Übers.)

haben. Wie die Entscheidung in dieser Frage aber auch immer ausfallen mag, der von mir sogleich bereitgestellte Apparat wird beliebigen Implikaturen gerecht werden können, für die es etwas ausmachen könnte, ob der eine – und nicht der andere – singuläre Term im geäußerten Satz vorkommt. Solche Implikaturen würden bloß zu verschiedenen Maximen in Beziehung stehen.

In manchen Fällen wird die konventionale Bedeutung der verwandten Worte bestimmen, was impliziert ist, und nicht nur helfen zu bestimmen, was gesagt worden ist. Wenn ich (selbstgefällig) sage „Er ist ein Engländer; er ist mithin tapfer", so habe ich mich – kraft der Bedeutung meiner Worte – darauf festgelegt, daß seine Tapferkeit eine Konsequenz dessen ist (daraus folgt), daß er ein Engländer ist. Aber während ich gesagt habe, er sei ein Engländer, und gesagt habe, er sei tapfer, möchte ich nicht sagen, ich hätte (im bevorzugten Sinn) *gesagt*, seine Tapferkeit folge daraus, daß er Engländer ist – obwohl ich dies sicherlich angedeutet und somit impliziert habe. Ich möchte nicht sagen, meine Äußerung dieses Satzes wäre, *strenggenommen*, falsch, falls die fragliche Folgerung nicht gelten sollte. Mithin sind *einige* Implikaturen konventional, anders als diejenige, mit der ich diese Erörterung über Implikaturen begonnen habe.

Eine gewisse Teilklasse der nicht-konventionalen Implikaturen, die ich *konversationale* Implikaturen nennen werde, möchte ich als mit gewissen allgemeinen Diskursmerkmalen wesentlich verknüpft darstellen; somit werde ich als nächstes versuchen zu sagen, was für Merkmale das sind.

Das Folgende mag eine erste Annäherung an ein allgemeines Prinzip abgeben. Unsere Gespräche[2] bestehen normalerweise nicht aus einer Abfolge unzusammenhängender Bemerkungen, und wären so auch nicht rational. Sie sind kennzeichnenderweise, wenigstens bis zu einem gewissen Maß, kooperative Bemühungen; und jeder Teilnehmer erkennt bis zu einem gewissen Grad in ihnen einen gemeinsamen Zweck (bzw. mehrere davon) oder zumindest eine wechselseitig akzeptierte Richtung an. Zweck oder Richtung können von Beginn an festgelegt sein (z. B. durch einen Vorschlag einer zu erörternden Frage) oder sich während des Gesprächs herausbilden; sie können ziemlich bestimmt sein oder so unbestimmt, daß sie den Teilnehmern ganz beträchtlichen Spielraum lassen (wie bei zwangloser Konversation). Aber an jedem Punkt wären *einige* Züge im Gespräch als konversational unpassend ausgeschlossen. Wir können demnach ganz grob ein allgemeines Prinzip for-

---

2 „Gespräch" ist hier und im folgenden öfters auch als Übersetzung von Grices Wendung „talk exchange" genommen worden. Entsprechend möge der Leser berücksichtigen, daß unter einem Gespräch hier jede Form von Interaktion mit Sprachverwendung zu verstehen ist. (Anm. d. Übers.)

mulieren, dessen Beachtung (ceteris paribus) von allen Teilnehmern erwartet wird, und zwar: Mache deinen Gesprächsbeitrag jeweils so, wie es von dem akzeptierten Zweck oder der akzeptierten Richtung des Gesprächs, an dem du teilnimmst, gerade verlangt wird. Dies könnte man mit dem Etikett *Kooperationsprinzip* versehen.

Unter der Annahme, daß irgend ein allgemeines Prinzip wie dies akzeptabel ist, kann man vielleicht vier Kategorien unterscheiden, unter deren eine oder andere gewisse speziellere Maximen und Untermaximen fallen. Die folgenden darunter werden, im allgemeinen, zu Ergebnissen führen, die im Einklang mit dem Kooperationsprinzip stehen. In Anlehnung an Kant nenne ich diese Kategorien Quantität, Qualität, Relation und Modalität. Die Kategorie der *Quantität* steht in Beziehung zur Quantität der zu gebenden Information, und unter sie fallen die folgenden Maximen:

1. Mache deinen Beitrag so informativ wie (für die gegebenen Gesprächszwecke) nötig.
2. Mache deinen Beitrag nicht informativer als nötig.

(Über die zweite Maxime läßt sich streiten; es könnte gesagt werden, Überinformativität sei keine Überschreitung des KP, sondern bloß Zeitvergeudung. Darauf ließe sich allerdings entgegnen, daß solcherlei Überinformativität insofern verwirrend sein kann, als sie gerne dazu führt, daß Nebenthemen aufgeworfen werden; und es kann auch den indirekten Effekt geben, daß die Hörer dadurch in die Irre geführt werden können, daß sie denken, mit der Übermittlung der überschüssigen Information *habe es irgendetwas Bestimmtes auf sich*. Wie dem auch sei, vielleicht gibt es einen anderen Grund, die Hinzunahme dieser zweiten Maxime in Zweifel zu ziehen – eine spätere Maxime, die mit Relevanz zu tun hat, erreicht nämlich dasselbe).

Unter die Kategorie der *Qualität* fällt eine Obermaxime – „Versuche deinen Beitrag so zu machen, daß er wahr ist" – und zwei speziellere Maximen:

1. Sage nichts, was du für falsch hälst.
2. Sage nichts, wofür dir angemessene Gründe fehlen.

Unter die Kategorie der *Relation* setze ich eine einzige Maxime, und zwar: „Sei relevant". Die Maxime selbst ist zwar kurz und prägnant, aber ihre Formulierung verdeckt eine Menge von Problemen, die mich ganz schön plagen: Was für verschiedene Arten und Brennpunkte der Relevanz es geben kann; wie sie sich im Verlauf eines Gesprächs verschieben; wie dem Umstand Rechnung zu tragen ist, daß der Gesprächsgegenstand zu Recht geändert wird;

und so weiter. Die Behandlung solcher Fragen finde ich überaus schwierig, und ich hoffe, in einer späteren Arbeit auf sie zurückzukommen.

Die Kategorie der *Modalität* schließlich bezieht sich nach meinem Verständnis nicht (wie die vorausgegangenen Kategorien) darauf, was gesagt wird, sondern darauf, *wie* das, was gesagt wird, zu sagen ist. Unter sie nehme ich die Obermaxime – „Sei klar" – und verschiedene Maximen wie:

1. Vermeide Dunkelheit des Ausdrucks.
2. Vermeide Mehrdeutigkeit.
3. Sei kurz (vermeide unnötige Weitschweifigkeit).
4. Der Reihe nach!

Und möglicherweise braucht man noch andere.

Offensichtlich ist die Beachtung einiger dieser Maximen weniger dringend als die Beachtung anderer; wer sich übermäßig weitschweifig ausdrückt, wird im allgemeinen milderer Kritik ausgesetzt sein als jemand, der etwas sagt, das er für falsch hält. Ja, man könnte den Eindruck haben, zumindest die erste Maxime der Qualität sei von solcher Wichtigkeit, daß sie gar nicht in so ein System gehört, wie ich es gerade entwickele; andere Maximen kommen ja nur unter der Annahme zur Anwendung, daß dieser Maxime der Qualität genügt wird. Das ist zwar richtig, aber soweit es um die Entstehung von Implikaturen geht, spielt sie anscheinend keine völlig andere Rolle als die anderen Maximen, und zumindest für den Augenblick ist es wohl passend, sie als zur Liste der Maximen gehörig zu betrachten.

Natürlich gibt es alle möglichen anderen Maximen (ästhetischer, gesellschaftlicher oder moralischer Natur), wie etwa „Sei höflich", die von den Gesprächsteilnehmern normalerweise ebenfalls beachtet werden, und auch die können nicht-konventionale Implikaturen erzeugen. Gleichwohl stehen die Konversationsmaximen und die mit ihnen zusammenhängenden Implikaturen (wie ich hoffe) in besonderer Beziehung zu den besonderen Zwecken, für welche Rede (und mithin, Gespräch) geeignet ist und deretwegen sie vornehmlich statthat. Ich habe meine Maximen hier so formuliert, als bestünde dieser Zweck in maximal effektivem Informationsaustausch; diese Kennzeichnung ist natürlich zu eng, und das System gehört verallgemeinert, um so allgemeinen Zwecken wie der Beeinflussung oder Steuerung des Handelns anderer Rechnung zu tragen.

Wo es eines meiner erklärten Ziele ist, Rede als einen Spezialfall oder eine Spielart zweckhaften, ja rationalen Verhaltens zu sehen, mag es des Bemerkens wert sein, daß die spezifischen Erwartungen oder Annahmen im Zusammenhang mit zumindest einigen der obigen Maximen ihre Entsprechungen auch in der Sphäre solcher Interaktionen haben, die keine Gespräche sind. Ich führe ganz kurz für jede Konversationskategorie jeweils eine solche Entsprechung an.

1. *Quantität.* Wenn du mir dabei hilfst, einen Wagen zu reparieren, dann erwarte ich, daß du weder mehr noch weniger beiträgst, als erforderlich ist; wenn ich beispielsweise an einem bestimmten Punkt vier Schrauben brauche, dann erwarte ich von dir, daß du mir vier gibst, und nicht zwei oder sechs.

2. *Qualität.* Ich erwarte, daß du wirklich etwas beiträgst, und nicht bloß so tust. Wenn ich Zucker für den Kuchen brauche, bei dessen Zubereitung du mir hilfst, erwarte ich nicht, daß du mir Salz gibst; wenn ich einen Löffel brauche, erwarte ich keinen Tricklöffel aus Gummi.

3. *Relation.* Ich erwarte vom Beitrag des Partners, daß er dazu paßt, was an dem jeweiligen Punkt der Interaktion gerade vonnöten ist; wenn ich gerade die Zutaten für einen Kuchen verrühre, möchte ich kein gutes Buch und nicht einmal einen Topflappen gereicht bekommen (obwohl das zu einem späteren Zeitpunkt passend sein mag).

4. *Modalität.* Ich erwarte vom Partner, daß er klarmacht, was er beiträgt, und daß er es einigermaßen zügig tut.

Diese Analogien sind relevant für eine meines Erachtens fundamentale Frage bezüglich des KP und seiner Begleitmaximen: und zwar, welches die Grundlage der von uns offenbar gemachten Annahme ist – von der (wie ich hoffe, daß sich ergeben wird) ein großer Teil von Implikaturen abhängt –, daß Sprecher im allgemeinen (ceteris paribus und in Abwesenheit von Hinweisen aufs Gegenteil) in der von diesen Prinzipien vorgeschriebenen Weise vorgehen. Eine lahme, aber auf einer gewissen Ebene zweifellos adäquate, Antwort lautet: Es sei einfach ein wohlbekannter empirischer Sachverhalt, daß Menschen sich nun einmal so verhalten; das haben sie als Kinder so gelernt und diese Gewohnheit ist geblieben; und es würde ja auch ein gerüttelt Maß Anstrengung erfordern, von dieser Gewohnheit radikal abzugehen. Es ist beispielsweise viel einfacher, die Wahrheit zu sagen, als Lügen zu erfinden.

Ich bin allerdings Rationalist genug, um eine Basis finden zu wollen, die alldem unterliegt – und seien dies auch noch so unbestreitbare Tatsachen. Ich würde die normale Konversationspraxis gerne nicht nur als etwas auffassen können, woran sich die meisten oder alle *de facto* halten, sondern als etwas, woran wir uns *vernünftigerweise* halten, was wir nicht aufgeben *sollten*. Eine Zeitlang war ich von der Idee angetan, die Beachtung des KP und der Maximen beim Gespräch lasse sich als eine quasi-vertragliche Sache auffassen, mit Parallelen außerhalb des Bereichs der Konversation. Wenn ich mich mit meinem Wagen herumplage, mit dem ich steckengeblieben bin, und du kommst vorbei, dann habe ich zweifelsohne eine gewisse Erwartung, daß du mir Hilfe anbietest, aber sobald du mit unter der Haube herumfummelst, werden meine Erwartungen stärker und nehmen spezifischere Formen an (vorausgesetzt, nichts deutet darauf hin, daß du von so etwas nichts verstehst und nur deine Nase mal hereinstecken willst). Und Gespräche schienen mir charakteristischerweise gewisse Merkmale aufzuweisen, die zusammengenommen kooperative Interaktion kennzeichnen:

1. Die Beteiligten haben irgendein gemeinsames unmittelbares Ziel, etwa einen Wagen zu reparieren; ihre weiterreichenden Ziele können natürlich voneinander unabhängig und sogar miteinander im Konflikt sein – es kann sein, daß jeder den Wagen nur deshalb repariert haben will, um wegzufahren und den andern aufgeschmissen zurückzulassen. Im typischen Gespräch gibt es ein gemeinsames Ziel sogar dann, wenn – wie bei einem Plausch am Gartenzaun – es eines zweiter Stufe ist, und zwar, daß beide Seiten sich für den Moment mit den gerade gegebenen konversationalen Interessen der jeweils anderen Seite identifizieren mögen.

2. Die Beiträge der Beteiligten sollen zueinanderpassen, sollen wechselseitig voneinander abhängen.

3. Es besteht so eine Art Einvernehmen (möglicherweise explizit, oft aber stillschweigend) darüber, daß – ceteris paribus – die Interaktion in angemessenem Stil fortgesetzt wird, bis beide Seiten damit einverstanden sind, daß sie beendet werden soll. Man haut nicht einfach ab oder fängt mit etwas anderem an.

Aber während irgendsoeine quasi-vertragliche Grundlage auf einige Fälle zutreffen mag, gibt es doch allzu viele Gesprächsformen – wie Streiten und Briefeschreiben – auf die das nicht so recht paßt. Allemal hat man den Eindruck, daß Irrelevanz und Dunkelheit nicht vornehmlich zum Schaden der Zuhörerschaft, sondern zum Schaden des Sprechers selbst sind. Daher würde ich gern zeigen können, daß Beachtung des KP und der Maximen gemäß dem Folgenden vernünftig (rational) ist: Wem es um die für Konversation/Kommunikation zentralen Ziele geht (beispielsweise Information geben und empfangen, beeinflussen und von andern beeinflußt werden), dem muß – passende Umstände vorausgesetzt – ein Interesse daran unterstellt werden, an einem Gespräch teilzunehmen, das nur von Gewinn sein wird, falls es in allgemeiner Übereinstimmung mit dem KP und den Maximen verläuft. Ob man zu irgendsoeinem Ergebnis gelangen kann, ist mir unklar; jedenfalls bin ich ziemlich sicher, daß ich nicht dazu gelangen kann, solange ich mir nicht entschieden klarer darüber bin, was es mit der Relevanz und den Umständen, in denen sie erfordert ist, auf sich hat.

Es ist jetzt an der Zeit, die Verbindung zwischen dem KP und den Maximen auf der einen Seite und konversationaler Implikatur auf der anderen zu zeigen.

Es kann auf verschiedene Weisen geschehen, daß ein an einem Gespräch Beteiligter eine Maxime nicht erfüllt; zu diesen Weisen gehören:

1. Er mag ganz still und undemonstrativ eine Maxime *verletzen*; er wird dann in manchen Fällen sehr leicht irreführen.

2. Er kann *aussteigen*, die Geltung sowohl der Maxime als auch des KP außer Kraft setzen; er kann sagen, darauf hinweisen oder es klar werden lassen, daß er nicht willens ist, in der von der Maxime erforderten Weise zu kooperieren. Er kann beispielsweise sagen „Mehr kann ich nicht sagen; meine Lippen sind versiegelt".

3. Er mag vor einer *Kollision* stehen: Er mag beispielsweise nicht in der Lage sein, die erste Maxime der Quantität (Sei so informativ wie nötig) zu erfüllen, ohne die zweite Maxime der Qualität (Habe angemessene Belege für das, was du sagst) zu verletzen.

4. Er mag gegen eine Maxime *verstoßen*; d.h. es kann sein, daß er eine Maxime *flagrant* nicht erfüllt. Unter der Annahme, daß der Sprecher die Maxime erfüllen kann und dies auch, ohne (wegen einer Kollision) eine andere Maxime zu verletzen, daß er zudem nicht aussteigt und – angesichts der Offensichtlichkeit seines Tuns – nicht irrezuführen versucht, steht der Hörer vor keinem allzu großen Problem: Wie kann der Umstand, daß er das sagt, was er sagt, mit der Annahme in Einklang gebracht werden, daß er das umfassende KP beachtet? Diese Situation läßt charakteristischerweise eine konversationale Implikatur zustande kommen; und wenn eine konversationale Implikatur in dieser Weise zustande kommt, werde ich sagen, eine Maxime sei *ausgebeutet* worden.

Ich bin nun in der Lage, den Begriff der konversationalen Implikatur zu charakterisieren. Angenommen, jemand hat dadurch, daß er (indem er, wenn er) p sagt (oder so tut, als sagte er es), impliziert, daß q. Unter folgenden *Voraussetzungen* kann man dann von ihm sagen, er habe konversational impliziert, daß q: (1) von ihm ist anzunehmen, daß er die Konversationsmaximen oder zumindest das Kooperationsprinzip beachtet; (2) die Annahme, daß er sich bewußt ist oder glaubt, daß q, ist nötig, um den Umstand, daß er sagt oder so tut, als sagte er, daß p (bzw. daß er es auf *genau diese Weise* – anscheinend – tut), mit der in (1) erwähnten Annahme in Übereinstimmung zu bringen; (3) der Sprecher glaubt (und würde vom Hörer erwarten, daß er glaubt, daß er – der Sprecher – glaubt), daß der Hörer in der Lage ist dahinterzukommen oder intuitiv zu erfassen, daß die in (2) erwähnte Annahme wirklich nötig ist. Man wende dies auf mein ursprüngliches Beispiel an, auf Bs Bemerkung, C sei bislang noch nicht ins Gefängnis gekommen. In einem geeigneten Rahmen könnte A sich folgende Gedanken machen: „(1) B hat offensichtlich die Maxime „Sei relevant" verletzt, mithin hat er wohl gegen eine der Maximen verstoßen, die zur Klarheit gehören; dennoch habe ich keinen Grund anzunehmen, daß er die Geltung des KP außer Kraft setzt; (2) angesichts der Umstände kann ich die Irrelevanz seines Beitrags dann, und nur dann, als bloß scheinbar auffassen, wenn ich annehme, daß er C für potentiell unredlich hält; (3) B weiß, daß ich es schaffen kann, durch Überlegung auf Schritt (2) zu kommen. Somit impliziert B, daß C potentiell unredlich ist."

Es muß möglich sein, durch Überlegung dahinterzukommen, daß eine konversationale Implikatur vorliegt; denn auch wenn sie de facto intuitiv erfaßt werden kann, gilt sie (falls sie überhaupt vorliegt) nicht als *konversationale* Implikatur, solange die Intuition nicht durch eine Argumentation ersetzt werden kann; sie wäre sonst eine *konventionale* Implikatur. Um durch Überlegung dahinterzukommen, daß eine bestimmte konversationale Implikatur vorliegt, wird der Hörer auf die folgenden Daten zurückgreifen: (1) die konventionale Bedeutung der verwendeten Worte samt ihrem jeweiligen Bezug; (2) das KP und seine Maximen; (3) den sprachlichen und sonstigen Kontext der Äußerung; (4) anderes Hintergrundwissen; und (5) die Tatsache (oder vermeintliche Tatsache), daß alles, was vom bisher Aufgeführten relevant ist, beiden Beteiligten verfügbar ist, und daß beide Beteiligte wissen oder annehmen, daß dem so ist. Ein allgemeines Schema für den Gedankengang, mit dem man hinter eine konversationale Implikatur kommt, könnte folgendermaßen angegeben werden: „Er hat gesagt, daß p; es gibt keinen Grund anzunehmen, daß er die Maximen oder zumindest das KP nicht beachtet; er könnte sie nicht beachten, falls er nicht dächte, daß q; er weiß (und weiß, daß ich weiß, daß er weiß), daß ich feststellen kann, daß die Annahme, daß er glaubt, daß q, nötig ist; er hat nichts getan, um mich von der Annahme, daß q, abzuhalten; er will – oder hat zumindest nichts dagegen –, daß ich denke, daß q; und somit hat er impliziert, daß q."

Beispiele

Ich werde nun ein paar Beispiele geben, die ich in drei Gruppen unterteile.

Gruppe A: Beispiele, bei denen keine Maxime verletzt ist, oder es jedenfalls nicht klar ist, daß eine verletzt ist.

(1) A steht vor einem Auto, das sich offensichtlich nicht mehr von der Stelle rührt; B kommt hinzu, und es kommt zu folgendem Dialog:

    A: „Ich habe kein Benzin mehr."

    B: „Um die Ecke ist eine Werkstatt."

(Anmerkung: B würde der Maxime „Sei relevant" zuwiderhandeln, wenn er nicht dächte oder es für ausgeschlossen hielte, daß die Werkstatt aufhat und Benzin verkauft; mithin impliziert er, daß die Werkstatt zumindest möglicherweise aufhat, und so weiter.)

Anders als im Fall der Bemerkung „Er ist bislang noch nicht ins Gefängnis gekommen" ist die unausgesprochene Verbindung zwischen Bs Bemerkung und As Bemerkung derart offensichtlich, daß man in diesem Beispiel wohl auch dann kaum eine Zuwiderhandlung gegen die Obermaxime der Modalität, „Sei klar", sehen kann, wenn man diese Obermaxime so deutet, daß sie sich nicht nur darauf bezieht, wie das Gesagte gesagt wird, sondern auch darauf, in welcher Verbindung das Gesagte zu unmittelbar vorausgegangenen Bemerkungen steht. Was diesen Punkt betrifft, ist das nächste Beispiel vielleicht ein bißchen weniger klar:

(2) A: „Smith scheint derzeit keine Freundin zu haben."
B: „Er war in der letzten Zeit oft in New York."

B impliziert, daß Smith – möglicherweise – eine Freundin in New York hat (angesichts der für das obige Beispiel gegebenen Anmerkung ist hier keine nötig).

In beiden Beispielen impliziert der Sprecher gerade das, was man ihm als Überzeugung unterstellen muß, um die Annahme aufrechtzuerhalten, daß er die Maxime der Relation beachtet.

Gruppe B: Ein Beispiel, in dem eine Maxime verletzt wird, wo die Verletzung aber durch die Annahme einer Kollision mit einer anderen Maxime zu erklären ist.

A und B sind bei der gemeinsamen Planung einer Reiseroute für einen Urlaub in Frankreich. Beide wissen, daß A seinen Freund C treffen möchte, falls dies keine allzu große Verlängerung der Reise bedeuten würde:

A: „Wo wohnt C?"
B: „Irgendwo in Südfrankreich."

(Anmerkung: Es gibt keinen Grund für die Annahme, daß B aussteigt; seine Antwort ist, wie er selbst genau weiß, für As Zwecke nicht informativ genug. Diese Zuwiderhandlung gegen die erste Maxime der Quantität läßt sich nur durch die Annahme erklären, daß es B klar ist, daß er der Maxime der Qualität, „Sage nichts, wofür dir angemessene Belege fehlen", zuwiderhandeln müßte, um etwas Informativeres zu sagen. Mithin impliziert B, daß er nicht weiß, in welcher Stadt C wohnt.)

Gruppe C: Beispiele mit Ausbeutung, d. h. mit einem Verfahren, mit dem gegen eine Maxime verstoßen wird, um durch so etwas wie eine Redefigur zu einer konversationalen Implikatur zu gelangen.

Obwohl in diesen Beispielen auf der Ebene des Gesagten eine Maxime verletzt ist, darf der Hörer annehmen, daß diese Maxime oder zumindest das umfassende Kooperationsprinzip auf der Ebene des Implizierten beachtet ist.

(1a) *Ein Verstoß gegen die erste Maxime der Quantität.*

A schreibt ein Gutachten über einen Schüler, der sich für eine Stelle als Philosoph beworben hat, und sein Brief lautet folgendermaßen: „Sehr geehrter Herr So-und-so, Herr X spricht ein ausgezeichnetes Deutsch, und sein Besuch der Übungen war regelmäßig. Mit freundlichem Gruß, usw.".

(Anmerkung: A steigt ganz gewiß nicht aus, denn wenn er nicht kooperativ sein wollte, warum überhaupt schreiben? Er ist auch ganz bestimmt nicht auf Grund mangelnden Wissens außerstande, mehr zu sagen, denn der Betreffende ist ja sein Schüler; überdies weiß er, daß mehr Information erwünscht ist. Demnach muß ihm daran gelegen sein klarzumachen, daß er nicht willens ist, X schlechtzumachen. Diese Annahme läßt sich nur unter der Voraussetzung aufrechterhalten, daß er Herrn X für keinen guten Philosophen hält. Gerade das impliziert er demnach.)

Extremfälle eines Verstoßes gegen die erste Maxime der Quantität sind mit Äußerungen offenkundiger Tautologien gegeben, wie etwa „Frauen sind Frauen" und „Krieg ist Krieg". Meines Erachtens sind solche Bemerkungen auf der Ebene des – in dem von mir bevorzugten Sinn – Gesagten vollkommen uninformativ und müssen mithin auf dieser Ebene der ersten Maxime der Quantität in jedem Konversationskontext unweigerlich zuwiderlaufen. Auf der Ebene des Implizierten sind sie natürlich informativ; ob der Hörer hinter ihren Informationsgehalt auf dieser Ebene kommt, hängt von seiner Fähigkeit ab zu erklären, warum der Sprecher gerade diese *besondere* offenkundige Tautologie ausgesucht hat.

(1b) *Eine Zuwiderhandlung gegen die zweite Maxime der Quantität, „Gib nicht mehr Information als nötig", unter der Voraussetzung, daß man so eine Maxime überhaupt zulassen sollte.*

A möchte wissen, ob p, und B gibt nun aus freien Stücken nicht nur die Information, daß p, sondern auch die Information, es sei sicher, daß p, und es gebe die-und-die und solche-und-solche Belege dafür, daß p der Fall ist.

B mag ganz unbeabsichtigt so redselig sein, und wenn A dieser Ansicht ist, weckt dies vielleicht in ihm den Zweifel, ob B tatsächlich so sicher ist, wie er sagt („Die Dame, wie mich dünkt, gelobt zu viel"[3]). Aber wenn wir einmal annehmen, daß eine Absicht dahintersteckt, dann wäre das eine sehr verblümte Art, durchblicken zu lassen, daß es bis zu einem gewissen Grad strittig ist, ob p oder nicht. Man kann sich allerdings darüber streiten, ob so eine Implikatur nicht auch mit Rückgriff auf die Maxime der Relation erklärt werden kann, ohne eine vermeintliche zweite Maxime der Quantität in Anspruch zu nehmen.

---

3 Shakespeare, Hamlet, 3. Akt, 2. Szene; nach der Übersetzung von Schlegel und Tieck. (Anm. d. Übers.)

(2a) *Beispiele, in denen gegen die erste Maxime der Qualität verstoßen wird.*
1. *Ironie.* X, mit dem A bislang sehr eng stand, hat ein Geheimnis As an einen Geschäftsrivalen weiterverraten. Dies ist A und seinem Zuhörer bekannt. A sagt „X ist ein feiner Freund". (Anmerkung: Es ist A und seinem Zuhörer vollkommen klar, daß A nicht glaubt, was er damit – vorgeblich – gesagt hat; und der Zuhörer weiß, daß A weiß, daß dies dem Zuhörer vollkommen klar ist. Demnach muß A – damit seine Äußerung nicht vollkommen witzlos ist – irgendeine andere Proposition zu übermitteln versucht haben als die, die er anscheinend ausgedrückt hat. Er muß sich dabei um eine offensichtlich damit im Zusammenhang stehende Proposition handeln; die am offensichtlichsten damit im Zusammenhang stehende Proposition ist das Gegenteil dessen, was er vorgeblich ausgedrückt hat.)
2. *Metapher.* Beispiele wie „Du bist die Sahne in meinem Kaffee" enthalten kennzeichnenderweise einen Kategorienfehler; das Gegenteil dessen, was der Sprecher vorgeblich gesagt hat, ist demnach – streng genommen – eine Binsenwahrheit. *Das* kann es also nicht sein, was er ausdrücken will. Die wahrscheinlichste Vermutung ist, daß der Sprecher seiner Zuhörerin eine Eigenschaft, oder mehrere Eigenschaften, zuschreibt, in denen die Zuhörerin der erwähnten Substanz (bei mehr oder weniger strapazierter Phantasie) ähnlich ist. Metapher und Ironie lassen sich kombinieren, indem man den Hörer durch zwei Stadien der Interpretation schickt. Ich sage „Du bist die Sahne in meinem Kaffee" in der Absicht, daß die Hörerin zunächst zur Metapher-Interpretation „Du bist meine Zierde und Wonne" und dann zur Ironie-Interpretation „Du bist mein Verderben" gelangt.
3. *Litotes.* Jemand hat das gesamte Mobiliar zertrümmert, ein anderer, der dies weiß, sagt „Er war nicht ganz nüchtern".
4. *Hyperbel.* Jedes nette Mädchen liebt einen Seemann.
(2b) *Beispiele, in denen gegen die zweite Maxime der Qualität, „Sage nichts, wofür Dir angemessene Gründe fehlen", verstoßen wird*, sind möglicherweise nicht leicht zu finden, aber das folgende scheint so ein Fall zu sein. Ich sage über Xs Frau „Vermutlich ist sie heute abend gerade dabei, ihn zu betrügen". In geeignetem Kontext, oder mit geeigneter Geste und Tonlage, mag es klar sein, daß ich keinen passenden Grund habe, dies anzunehmen. Mein Gegenüber nimmt – um die Annahme, daß das Konversationsspiel immer noch gespielt wird, aufrechtzuerhalten – an, daß es mir um irgendeine verwandte Proposition geht, für die ich tatsächlich vernünftige Gründe habe. Die verwandte Proposition könnte ganz gut sein, daß sie für einen Seitensprung immer mal zu haben ist, oder möglicherweise, daß sie der Typ Mensch ist, der vor so etwas nicht zurückschrecken würde.

(3) *Beispiele, in denen eine Implikatur durch wirkliche – im Gegensatz zu scheinbarer – Verletzung der Maxime der Relation erreicht wird,* sind vielleicht selten, aber das folgende gibt wohl einen guten Kandidaten ab. A sagt auf einem distinguierten Kaffeekränzchen „Frau X ist eine alte Schachtel". Nach einem Moment entsetzten Schweigens sagt B „Das Wetter war diesen Sommer ganz entzückend, finden Sie nicht auch?". B lehnt es ganz unverblümt ab, mit dem, was *sie* sagt, auf As vorausgegangene Bemerkung einzugehen. Damit impliziert sie, daß As Bemerkung nicht erörtert werden soll und, vielleicht auch noch spezieller, daß A sich danebenbenommen hat.

(4) *Beispiele, in denen gegen verschiedene Maximen verstoßen wird, die unter die Obermaxime „Sei klar" fallen.*

(a) Mehrdeutigkeit. Wir dürfen nicht vergessen, daß es hier nur um beabsichtigte Mehrdeutigkeit geht, von welcher der Sprecher will oder erwartet, daß der Hörer sie bemerkt. Der Hörer steht vor folgendem Problem: Was veranlaßt den Sprecher – der das Konversationsspiel doch noch mitspielt – auf den Umweg einer mehrdeutigen Äußerung zu verfallen? Es gibt Fälle von zweierlei Art:

(α) Beispiele, wo es, was die Direktheit angeht, zumindest keinen augenfälligen Unterschied zwischen mehreren Äußerungsdeutungen gibt; keine Deutung ist deutlich subtiler, abweichender, abstruser oder weiterhergeholt als eine andere. Wir können Blakes Zeilen nehmen: „Never seek to tell thy love/Love that never told can be".[4] Um die durch den Imperativ hervorgerufenen Komplikationen zu vermeiden, werde ich mich an den verwandten Satz „Von meiner Liebe wollt ich reden/Liebe, die niemals gesagt kann sein" [halten]. Hier kann es sich um eine doppelte Mehrdeutigkeit handeln. „Meiner Liebe" kann sich sowohl auf einen Gefühlszustand als auch auf einen Gegenstand des Gefühls beziehen, und „Liebe, die niemals gesagt kann sein" kann entweder bedeuten „Liebe, die niemals gesagt werden kann" oder „Liebe, einmal gesagt, kann nicht weiterbestehen". Teils wegen der Subtilität des Dichters, teils wegen immanenter Belege (die Mehrdeutigkeit wird aufrechterhalten), scheint nur die Annahme übrig zu bleiben, daß die Mehrdeutigkeiten beabsichtigt sind, und daß der Dichter beides übermittelt. Nichtsdestotrotz sagt er keines davon explizit, sondern drückt beides nur aus bzw. legt beides nur nahe (vgl. „Since she (die Natur) pricked

---

4 *Poetry and Prose of William Blake, Complete in One Volume,* hrsg. von G. Keynes, London ⁴1967, S. 86/87. Dieses Gedicht hat keinen Titel und ist von einem Manuskript, das auf 1793 datiert wird; Paul Grice hat es übrigens für Klavier und Gesang vertont. (Anm. d. Übers.)

thee out for women's pleasure/mine be thy love, and thy love's use their treasure").⁵

(β) Beispiele, in denen eine Deutung deutlich indirekter ist als eine andere. Nehmen wir das vielschichtige Beispiel des britischen Generals, der die Stadt Sind eingenommen hatte und die Botschaft „Peccavi" zurückschickte. Die Mehrdeutigkeit („I have Sind" (Ich habe Sind)/„I have sinned" (Ich habe gesündigt)), die hier im Spiel ist, ist phonematisch und nicht morphematisch; der verwandte Ausdruck selbst ist unzweideutig, aber weil er aus einer dem Sprecher und Hörer fremden Sprache kommt, ist Übersetzung vonnöten, und die Mehrdeutigkeit ist in der Standardübersetzung ins Englische angesiedelt.

Ob die direkte Interpretation („I have sinned" (Ich habe gesündigt)) nun ausgedrückt wird oder nicht, die indirekte scheint ganz offensichtlich ausgedrückt zu werden. Es mag Gründe des Stils dafür geben, mit einem Satz nur seine indirekte Deutung auszudrücken, aber es wäre witzlos, und vielleicht auch vom Stil her kritisierbar, sich die Mühe zu machen, einen Ausdruck zu finden, der indirekt ausdrückt, daß p – und damit auch einer Zuhörerschaft die Mühe zu machen, diese Deutung zu finden –, wenn diese Deutung kommunikativ überflüssig wäre. Ob die direkte Deutung ebenfalls ausgedrückt wird, scheint davon abzuhängen, ob diese Annahme mit anderen konversationalen Erfordernissen konfligieren würde – es kommt beispielsweise darauf an, ob sie relevant wäre, ob man dem Sprecher unterstellen könnte, daß er sie akzeptiert, und so weiter. Falls solchen Erfordernissen nicht entsprochen wurde, dann wurde die direkte Interpretation nicht ausgedrückt. Wenn ihnen entsprochen wurde, dann wurde sie ausgedrückt. Hätte man Gründe, vom Schreiber des ‚Peccavi' anzunehmen, er glaube, irgendeinen Verstoß begangen zu haben – beispielsweise durch seine Eroberung von Sind seine Befehle mißachtet zu haben – und wäre Bezugnahme auf solch einen Verstoß für die der Zuhörerschaft unterstellten Interessen relevant, dann hätte er beide Deutungen ausgedrückt; ansonsten hätte er nur die indirekte ausgedrückt.

(b) *Dunkelheit*. Wie beute ich für die Zwecke der Kommunikation eine absichtliche und offene Verletzung der Forderung aus, ich solle Dunkelheit vermeiden? Wenn das Kooperationsprinzip in Geltung sein soll, dann muß

---

5 Shakespeare, Sonett 20. Die Mehrdeutigkeit, um die es geht, steckt in „she pricked thee out"; zum einen heißt das bloß „sie hat dich ausersehen (eigentlich: mit einem Kennzeichen versehen)"; da „prick" auch eine Bezeichnung für das Glied des Mannes ist, läßt diese Wendung hier aber noch eine recht drastische Deutung zu. (Anm. d. Übers.)

ich offensichtlich wollen, daß mein Partner trotz der Dunkelheit meiner Äußerung versteht, was ich sage. Angenommen, A und B führen ein Gespräch in Anwesenheit eines Dritten, beispielsweise eines Kindes. A mag dann absichtlich dunkel – wiewohl nicht zu dunkel – sein, in der Hoffnung, daß B ihn versteht und der Dritte nicht. Wenn A erwartet, daß B bemerkt, daß A absichtlich dunkel ist, dann liegt es weiterhin auch noch nahe, daß A damit, daß er seinen Gesprächsbeitrag in dieser Weise macht, impliziert, daß der Inhalt der Mitteilung nicht an den Dritten weitergegeben werden soll.

(c) *Mangelnde Kürze* oder *Bündigkeit*. Man vergleiche die Bemerkungen:

(1) „Frl. X sang ‚Home sweet home' ".
(2) „Frl. X erzeugte eine Lautfolge, die in enger Übereinstimmung mit der Partitur von ‚Home sweet home' stand."

Angenommen, ein Kritiker hätte mit Bedacht (2) und nicht (1) geäußert. (Anmerkung: Warum ist er statt des knappen und beinahe gleichbedeutenden Ausdrucks „sang" auf dieses Gefasel verfallen? Vermutlich um anzuzeigen, daß irgendein entscheidender Unterschied zwischen Frl. Xs Vortrag und solchen Sachen besteht, auf die normalerweise das Wort „singen" angewandt wird. Die nächstliegende Vermutung ist, daß mit Frl. Xs Vortrag irgendetwas ganz schrecklich im argen war. Der Kritiker weiß, daß sich diese Vermutung wahrscheinlich aufdrängt; mithin ist es das, was er impliziert.)

Bislang habe ich nur Fälle betrachtet, in denen bei einer bestimmten Gelegenheit gesagt wird, daß p, und in denen dies nur kraft spezieller Kontextmerkmale eine Implikatur mit sich bringt. In solchen Fällen – wo man nicht annehmen kann, daß p zu sagen *normalerweise* so eine Implikatur mit sich bringt – möchte ich von spezialisierten konversationalen Implikaturen sprechen. Es gibt aber auch generalisierte konversationale Implikaturen. Manchmal läßt sich von gewissen Wörtern und Wendungen sagen, ihre Verwendung in einer Äußerung bringe normalerweise (in *Abwesenheit* besonderer Umstände) die-und-die Implikatur bzw. Sorte von Implikatur mit sich. Unstrittige Beispiele sind vielleicht schwer zu finden, weil es ja allzu einfach ist, eine generalisierte konversationale Implikatur so zu behandeln, als wäre sie eine konventionale Implikatur. Ich stelle ein hoffentlich einigermaßen unstrittiges Beispiel vor.

Wer einen Satz der Form „X trifft sich heute abend mit einer Frau" verwendet, impliziert normalerweise, daß es sich bei der Frau nicht um Xs Ehefrau, Mutter, Schwester oder vielleicht sogar enge platonische Freundin handelt. Ganz ähnlich wäre mein Hörer, wenn ich zu ihm sagte „X ging gestern in ein Haus und fand drinnen eine Schildkröte", normalerweise überrascht, wenn sich ein bißchen später herausstellte, daß es sich dabei um Xs eigenes Haus gehandelt hat. Ähnliches ließe sich unter Verwendung der Ausdrücke „ein Garten", „ein Auto", „ein Institut" usw. erreichen. In manchen Fällen läge allerdings keine solche Implikatur vor („Ich habe den ganzen Morgen in einem Auto gesessen") und manchmal eine umgekehrte Implikatur („Ich habe letztes Jahr eine Sonnenbrille verloren"). Man hätte wohl nicht viel für einen Philosophen übrig, der für den Ausdruck „ein X" drei Bedeutungen ansetzte: eine, in der er etwa bedeutet „etwas, das die das Wort ‚X' definierenden Bedingungen erfüllt"; eine andere, in der er ungefähr bedeutet „ein X (im ersten Sinn), das in einer nur abgelegenen Beziehung irgendeiner Art zu einer durch den Kontext kenntlich gemachten Person steht"; und eine noch andere, in der er bedeutet „ein X (im ersten Sinn), das in einer engen Beziehung irgendeiner Art zu einer durch den Kontext kenntlich gemachten Person steht". Eine Darstellung nach dem folgenden Schema (das natürlich in den Einzelheiten inkorrekt sein mag) wäre uns doch wohl viel lieber: Wird durch die Verwendung der Ausdrucksform „ein X" impliziert, daß der oder das X nicht zu einer bestimmbaren Person gehört und auch ansonsten nicht eng mit ihr zusammenhängt, so rührt die Implikatur daher, daß der Sprecher nicht konkret war, wo man es von ihm hätte erwarten können; deshalb wird leicht die Annahme entstehen, daß er gar nicht in der Lage ist, konkret zu sein. Dies ist eine vertraute Implikatur-Situation und läßt sich – aus dem einen oder andern Grund – als Nichterfüllung der Maxime der Quantität klassifizieren. Die einzig schwierige Frage ist: Warum sollten wir unabhängig davon, was wir über die einzelnen Äußerungskontexte wissen, unterstellen, daß eine Angabe darüber von Interesse ist, ob die Verbindung zu einer bestimmten Person bzw. einem bestimmten Gegenstand und einer weiteren – in der Äußerung erwähnten oder durch sie kenntlich gemachten – Person entfernt oder eng ist? Die Antwort muß im Umkreis des Folgenden liegen: Wenn eine Person mit Sachen oder anderen Personen interagiert, zu denen sie in enger Verbindung steht, so ist das häufig hinsichtlich der Begleitumstände und Auswirkungen etwas ganz anderes, als wenn sie in Interaktionen derselben Art mit Personen oder Sachen verstrickt ist, zu denen sie in nur entfernter Verbindung steht. Wenn ich beispielsweise in *meinem* Dach ein Loch entdecke, so hat das vermutlich ganz andere Begleitumstände und Auswirkungen, als wenn ich eines bei jemand anderm im Dach entdecke. Informationen gibt man – wie Geld – häufig, ohne zu wissen, was der Empfänger damit wird anfangen wollen. Wenn jemandem von einer Interaktion berichtet wird, so wird er bei weiterer Überlegung wahrscheinlich auf weitere Fragen kommen, die der Sprecher vorab nicht im einzelnen kennen konnte. Wenn die passende Angabe (etwa über die Art der Beziehung des Interagierenden) den Hörer mit einiger Sicherheit in die Lage versetzt, sich allerlei solche Fragen selbst zu beantworten, dann ist zu unterstellen, daß der Sprecher diese Angabe in seine Bemerkung hineinnehmen sollte; andernfalls ist es nicht zu unterstellen.

Zum Schluß können wir nun zeigen, daß die konversationale Implikatur als solche gewisse Merkmale besitzen muß:

1. Wenn man eine konversationale Implikatur vermutet, muß man zumindest das Kooperationsprinzip für beachtet halten, und der Beachtung dieses Prinzips kann man sich durch Aussteigen entziehen. Mithin kann eine generalisierte konversationale Implikatur in einem Einzelfall storniert werden. Dies kann explizit geschehen – durch Hinzufügen einer Klausel, mit der gesagt oder zu verstehen gegeben wird, daß der Sprecher ausgestiegen ist. Eine generalisierte konversationale Implikatur kann aber auch kontextuell storniert werden, wenn der Äußerungsbestandteil, der gewöhnlich die Implikatur mit sich bringt, in einem Kontext verwandt wird, der klarmacht, *daß* der Sprecher aussteigt.

2. Insofern der Schluß auf das Vorliegen einer bestimmten konversationalen Implikatur neben Informationen über Kontext und Hintergrund nur Wissen darüber erfordert, was gesagt wurde (oder worauf der Sprecher mit der Äußerung konventional festgelegt ist), und insofern es für diesen Schluß keine Rolle spielt, wie der Sprecher sich ausgedrückt hat, läßt sich dasselbe nicht solchermaßen anders sagen, daß die fragliche Implikatur einfach wegfällt – es sei denn, irgendein spezielles Merkmal der ursprünglichen Fassung ist selbst (kraft einer Maxime der Modalität) für die Bestimmung der Implikatur relevant. Wenn wir das als *Unabtrennbarkeit* bezeichnen, so ist zu vermuten, daß eine generalisierte konversationale Implikatur im Gefolge einer geläufigen, unspezifischen Ausdrucksweise ein hohes Maß an Unabtrennbarkeit hat.

3. Ohne es ganz genau zu nehmen: Weil der Schluß auf das Vorliegen einer konversationalen Implikatur bereits vorhandene Kenntnis der konventionalen Rolle desjenigen Ausdrucks der Äußerung voraussetzt, der die Implikatur nach sich zieht, wird ein konversationales Implikat nicht in die ursprüngliche Angabe der konventionalen Rolle des Ausdrucks gehören. Obwohl es für etwas, das sozusagen als konversationale Implikatur zur Welt kommt, nicht unbedingt ausgeschlossen ist, konventionalisiert zu werden, bedürfte es doch besonderer Rechtfertigung, um in einem gegebenen Fall anzunehmen, daß es sich so verhält. Konversationale Implikate gehören – zumindest anfangs – nicht zur Bedeutung der Ausdrücke, an deren Verwendung sie geknüpft sind.

4. Die Wahrheit des Gesagten bedingt nicht die Wahrheit des konversationalen Implikats (das Gesagte mag wahr sein – das Implizierte falsch); der Träger der Implikatur ist daher nicht das Gesagte, sondern nur das Sagen des Gesagten, bzw. das „Es-mal-so-Sagen".

5. Hinter eine konversationale Implikatur zu kommen, heißt, auf das zu kommen, was zur Aufrechterhaltung der Annahme, daß das Kooperationsprinzip beachtet ist, unterstellt werden muß. Mehrere verschiedene Einzelerklärungen können möglich sein; deren Liste mag offen sein. In solchen Fällen wird das konversationale Implikat daher eine Disjunktion solcher Erklärungen sein, und wenn deren Liste offen ist, so wird das Implikat gerade die Art von Unbestimmtheit haben, die viele wirkliche Implikate offenbar in der Tat besitzen.

K. Ehlich

Funktionale Pragmatik – Terme, Themen und Methoden*

Jochen Rehbein sexagenario

1. Pragmatische Wende/pragmatische Addition

Das Stichwort „Pragmatik" ist heute in der Linguistik, so darf man ohne Übertreibung sagen, weltweit bekannt. Allerdings verbergen sich unter und hinter diesem Stichwort sehr unterschiedliche Einzelheiten, sehr unterschiedliche Herangehensweisen und eine ganze Reihe von Konzepten (vgl. Art. „Pragmatik" in Glück 1993). Manches von dem, was heute unter dem Stichwort „Pragmatik" behandelt wird, hatte von seiner Entstehung her diesen Bezug zur Pragmatik zunächst überhaupt nicht. „Pragmatik" ist zu einem diffusen Sammelausdruck geworden. Dies kann man besonders deutlich an der englischen bzw. angloamerikanischen „speech act theory" sehen, die die Beziehung zur Pragmatik sehr lange *nicht* hergestellt hatte. Inzwischen hat sich dies auch für die Vertreter dieser Theorie einigermaßen verändert. Gleichwohl, gerade an dieser bedeutenden Facette dessen, was heute Pragmatik heißt, läßt sich erkennen: „Pragmatik" wurde zu einer Art Schirm über sehr unterschiedliche Herangehensweisen an sprachliche Phänomene.

Diese Phänomene haben freilich eines gemeinsam: Sie wurden von der traditionellen Sprachwissenschaft weitgehend außer acht gelassen. Sie wurden zum Teil sozusagen geradezu methodologisch weggeschnitten – eine Bewegung, die wir in der Geschichte der Linguistik des 20. Jahrhunderts sehr deutlich mehrfach beobachten können. Eine erste solche und sehr zentrale Ruptur war das Verfahren von de Saussure, der das Objekt der Sprachwissenschaft ganz entschlossen von der Breite des „langage" (der Sprache und des Sprachvermögens im umfassenden Sinn) auf ein letztendlich intramentales Geschehen reduzierte, nämlich ein System von Zeichen und Werten, jene bekannte „langue", die für ihn die einzige Möglichkeit zu ergeben schien, wissenschaftsmethodologisch sauber eine Sprachwissenschaft überhaupt betreiben zu können.

Diese Reduktionsprozesse haben eine Reihe von Gegenbewegungen ausgelöst. Es kamen andere Entwicklungen, etwa der Philosophie – so mit Charles

Sanders Peirce in den USA –, dazu, die versuchten, Zeichen in ihren Verwendungszusammenhängen zu thematisieren. Allerdings ist für diese Art, Pragmatik zu betreiben, die mit den Namen Peirce und Morris verbunden ist, wiederum eines charakteristisch: Es bleibt eigentlich eine vorgängige Etablierung des Zeichenkonzeptes als der eigentlichen Basiskategorie vorausgesetzt.

Diese Art der Beschäftigung mit Zeichenverwendungen und *nur* mit ihnen hat zur Folge gehabt, daß in der Linguistik seit den sechziger und siebziger Jahren eine Entwicklung eintrat, die am besten mit dem Stichwort der *pragmatischen Addition* beschrieben werden kann: Neben dem sogenannten Kernbereich der Linguistik – Grammatik, Syntax und einer Reduzierung des lexikalischen Bereiches auf eine Zeichenlehre – kamen „Verwendungsbezüge" von Sprache hinzu. Für diese bildeten sich unterschiedliche Termini aus: der „Kontext", die „Situation" und gar – im Englischen – die Kombination des „context of situation". So versuchte man, die Eingrenzungen, die vorgängig, bewußt (z.B. bei de Saussure) oder unbewußt (durch die Tradition), vorgenommen worden waren, allmählich wieder ein wenig rückgängig zu machen.

Relativ selten wurde in diesem Prozeß darüber nachgedacht, was es eigentlich bedeuten würde, wenn man das Stichwort „Pragmatik" (das sich ja von der griechischen Wurzel „prag"/„handeln" herleitet) ernst nähme, wenn man also tatsächlich eine *Handlungstheorie von Sprache*, genauer: wenn man eine *Theorie des sprachlichen Handelns* entwickelte.

Die „pragmatische Wende" ist von ihren Anfängen her also durch eine eigenartige Ambivalenz gekennzeichnet. Die *„additive Pragmatik"*, die sich sozusagen als eine Art verlängerte Semantik versteht, sieht sich permanent mit der Tendenz konfrontiert, daß, je weiter die semantischen Strukturen ausgearbeitet werden, sozusagen der „Kompensationsbereich Pragmatik" immer kleiner wird; daß immer mehr aus der Pragmatik in die Semantik gleichsam „zurückgeholt" wird. Das läßt sich an einer Reihe von Arbeiten in den siebziger und achtziger Jahren sehr deutlich beobachten.

Dieser „additiven Pragmatik" stehen Versuche gegenüber, eine *„pragmatische Wende"* tatsächlich ernsthaft zustande zu bringen. Dies bedeutet dann,
– daß man eine neue Herangehensweise an Sprache und sprachliches Handeln insgesamt versucht;
– daß man die Handlung in den Mittelpunkt stellt und diese Handlung in das kommunikative Handeln insgesamt einzuordnen versucht;
– daß man zugleich versucht, von einer solchen Herangehensweise aus zu bestimmen, was eigentlich Sprache sei.

Eine Pragmatik in diesem ihr eigenen und eigentlichen Sinn betrifft also gerade *auch* das *sprachliche System* selbst und die vielfältigen Weisen, in denen Menschen sich seiner bedienen, indem sie miteinander kommunizieren.

2. Pragmatik als funktionale Sprachanalyse

Auf eine solche handlungstheoretische Weise analysiert, wird Sprache konsequent als etwas Funktionales behandelt. Dies bedeutet: Sprache wird behandelt als etwas, in dessen Mittelpunkt *Zwecke* entstehen.

Die Kategorie *Zweck* hat in den letzten hundert Jahren eine schwierige Geschichte gehabt, in der sie philosophisch zunehmend diskreditiert wurde, etwa (und nicht zuletzt) bei Nietzsche, aber auch bei anderen Denkern (so etwa Luhmann). Die „Dekonstruktion" dieser Kritikgeschichte steht an. Wenn man es mit sprachlichem Handeln zu tun hat, erreicht man gerade – und erst – in der Kategorie des Zweckes die spezifische Differenz zu tierischem Verhalten (obwohl es auch in der Sprachanalyse an Bemühungen nicht gefehlt hat oder fehlt, sozusagen gerade die Handlungsspezifik des menschlichen Handelns zu eliminieren und es im wesentlichen und nur als „linguistic behavior", als bloßes sprachliches Verhalten zu analysieren).

Funktionale Sprachanalyse versteht sich – bei aller Ambivalenz des Ausdrucks „Funktion" – also als eine Sprachanalyse, in der die Zwecke der Handelnden die zentrale Kategorie bilden, und zwar nicht die Zwecke der vereinzelten Handelnden, sondern die Zwecke der Handelnden in ihrer kommunikativen Gemeinschaft, d.h. also in einem Ensemble von Interaktanten. Diese Interpretation des Zweckes als einer gesellschaftlichen Größe führt dazu, daß die *individuellen Ziele* von diesen Zwecken differenziert werden können. In vielen Analysen werden die beiden Kategorien „Zweck" und „Ziel" sehr stark übereinander geblendet, so daß dann Zweckanalyse nur als Zielanalyse geschieht. Damit wird aber die Gesellschaftlichkeit und zugleich der Ressourcencharakter des sprachlichen Handelns verfehlt.

Die sprachlichen Zwecke realisieren sich als gesellschaftliche Größen, als das Ergebnis von konkreter und zugleich massenhafter *Interaktion* (vgl. Rehbein 1977). Sie resultieren in unterschiedlichen Mustern und Arten, auf die die gesellschaftlichen Aktanten zurückgreifen können, die sie fortschreiben und fortentwickeln: in den *Handlungsmustern*, den *Diskursarten* und den *Textarten*. Am meisten wurde zu den Handlungsmustern gearbeitet (vgl. z.B. Ehlich/Rehbein 1979, 1986; Rehbein 1972; Bührig 1996).

Weniger wurde hingegen zu Diskurs und Text gearbeitet (eine Aussage, die möglicherweise etwas erstaunt; schließlich gibt es ja seit kurzem Textgrammatiken wie die von Weinrich. Es stellt sich hier aber jeweils die Frage, in welchem Sinne in diesen Zusammenhängen der Ausdruck „Text" verstanden wird, vgl. gleich § 3).

3. Grundkategorien

Fragen wir uns etwas genauer nach der Struktur der beteiligten Kategorien (vgl. hierzu und weiter die Einträge des Verfassers in Glück 1993). Die *Sprechhandlung* in der klassischen Analyse zeigt eine ziemlich deutlich strukturierte Differenzierung dreier Typen von Akten unterschiedlicher Art, aus denen sie sich zusammensetzt: die *illokutiven Akte*, die *propositionalen Akte* und die *Äußerungsakte*. Es scheint mir wichtig zu sein, von dieser Kategorie der Sprechhandlung einen systematischen Schritt weiter zu gehen zu einer eigens entwickelten Kategorie, der des *Diskurses*, und von dort wiederum zu einer gleichfalls systematisch entwickelten Kategorie *Text*.

In der Literatur findet sich hinsichtlich der Verwendung dieser beiden Ausdrücke „Text" und „Diskurs" eine, gelinde gesagt, ziemliche Verwirrung. Häufig zeigt sich z.B., daß „Text" unisono für alle Äußerungen schlechthin steht – oder, umgekehrt, daß „Diskurs" für alles sprachliche Handeln und seine Ergebnisse gebraucht wird. (Bei einem der ersten Propagandisten der Textlinguistik, dem Niederländer Teun van Dijk, findet sich gar einmal, im Niederländischen, „tekst", im Amerikanischen „discourse".) Zusammenfassend ließe sich vielleicht sagen, daß hier eine Art expansiver Verwendung des Ausdrucks „Text" vorliegt, so etwa in der Textgrammatik Harald Weinrichs (1993), in der unter Text auf eine Weise jede Äußerung verstanden wird. Dieselbe Verwendungsweise zeigt sich auch in bezug auf den Ausdruck „Diskurs", besonders in der französischen Tradition, deren Konzept von „discours" mit dem eigentlich linguistischen nur schwer vermittelbar ist.

Mir scheint es demgegenüber sinnvoll zu sein, deutlich zu differenzieren (vgl. Ehlich 1983, 1984, 1994; Graefen 1997; Redder 2000 zu „Text") und klare Bestimmungen von dem, was Diskurse und was Texte sind, zu geben. Hier kann dies selbstverständlich nicht entwickelt werden, aber die Richtung für eine solche Analyse läßt sich andeuten.

Diskurse sind an die Mündlichkeit und an die konkrete Kopräsenz von Interaktanten in einem gemeinsamen Wahrnehmungsraum gebunden. Dies macht sich u.U. auch unmittelbar bemerkbar in bezug auf Teilbereiche des sprachlichen Systems, besonders für die *Deixis* und ihre kommunikative Verwendung (vgl. weiter § 6).

Texte sind demgegenüber Ergebnisse ganz spezifischer Handlungserfordernisse, nämlich solcher der *Überlieferung*. Texte können mündlich, sie können auch schriftlich sein. Sie haben nach meiner Auffassung eines gemeinsam. Sie dienen dazu, das in sich flüchtige sprachliche Handeln dauerhaft zu machen, es zu *verdauern*, d.h., über die Flüchtigkeit der konkreten Sprechhandlung, gebunden an den Äußerungsakt, hinauszukommen. Wir finden dafür eine Reihe von gesellschaftlichen Lösungen wie z.B. die Schrift. Die Schrift ist sicherlich die bedeutendste unter ihnen, die in der Geschichte der Menschheit entwickelt worden ist, offenbar unabhängig voneinander in drei verschiedenen Kulturkreisen. Aber wir tun – glaube ich – gut daran, Texte auch als mündliche ernstzunehmen, z.B. in vorschriftlichen Gesellschaften (wie sie die Ethnologie analysiert), wo sich unter dem Aspekt der Verdauerung sprachlichen Handelns durchaus angemessene Lösungsformen für die Zwecke der Überlieferung finden (vgl. weiter § 7).

4. Handlungsmuster

Der Zweck des sprachlichen Handlungsmusters ist in der Kategorie des illokutiven Aktes erfaßt. Darin wird die Handlungsqualität spezifisch benannt, also etwa die Handlungsqualität des *Versprechens* oder der *Warnung* oder der *Inaussichtstellung*, der *Verheißung*, – oder auch, als eine unter diesen konkreten illokutiven Strukturen, die Handlungsqualität der *Assertion*; ein für unsere Aufmerksamkeit sicherlich besonders prominentes Beispiel eines solchen spezifischen sprachlichen Handlungsmusters.

Was bedeutet es nun konkret, wenn wir fragen: Was ist der Zweck eines solchen Handlungsmusters? Der zentrale analytische Punkt ist dabei der Versuch zu rekonstruieren, was für eine spezifische *Ressource* für die Interaktion zwischen einem Sprecher und einem Hörer oder mehreren Sprechern und mehreren Hörern darin vorliegt. Dies stellt sich für die verschiedenen illokutiven Typen sehr unterschiedlich dar. Insgesamt haben wir es in den Sprachen, mit denen wir uns üblicherweise befassen, mit einer Vielzahl, wahrscheinlich mit mehreren Tausend solcher sprachlichen Handlungsmuster zu tun. Versucht man, dies in bezug auf das Deutsche etwas genauer zu spezifizieren, indem man die bekannte Liste der deutschen Verben von Mater (1966) zugrunde legt, so stößt man unschwer auf ungefähr 8000 Verben, die auf die eine oder andere Weise mit der Bezeichnung von sprachlichem Handeln zu tun haben, die Hälfte dabei im engeren Sinne auch illokutiv.

Dabei muß man sich freilich vor der Illusion hüten, es liege, wenn man einen sprachlichen Ausdruck hat, auch schon ein Handlungsmuster vor. Umgekehrt muß das „Fehlen" eines Ausdrucks nicht bedeuten, daß auch das sprachliche Handlungsmuster nicht besteht. Vielmehr zeigt sich hier ein sehr differenziertes Verhältnis. Offenbar gibt es auch in relativ nahe verwandten Kulturen sehr unterschiedliche derartige sprachliche Handlungsmuster bzw. Handlungsressourcen – und Bezeichnungen dafür. Ein Beispiel dafür ist etwa, daß es im Deutschen das Handlungsmuster *Begründen* gibt. Es wird durch den Ausdruck ‚Begründen' bezeichnet (vgl. Ehlich/Rehbein 1986). Für diesen Ausdruck fehlen Entsprechungen in einer ganzen Reihe von benachbarten Sprachen. Bedeutet dies, daß dort auch die Handlungsressource nicht in gleicher Weise besteht?

Solcher Differenzierungen bedarf es umso mehr, wenn man versucht, die Fragestellung *historisch* auszuweiten, also eine *historische Pragmatik* zu betreiben. Sie hätte eine Reihe interessanter Aufgaben wie – um nur ein Beispiel zu nennen – die, die Transformation des sprachlichen Handlungsmusters *Versprechen* in das heute so außerordentlich prominente des *Vertrages* zu analysieren.

5. Prozeduren

Wendet man den Blick von den größeren sprachlichen Einheiten, den sprachlichen Handlungen und den sie konstituierenden Akten, weg auf feinere sprachliche Strukturen, so findet sich in einem systematischen Sinne „unterhalb" der Akte eine weitere Kategorie, die *Prozeduren* (vgl. Ehlich 1979, 1982, 1992; Graefen 1997; Liedke 1994; Rasoloson 1994; Redder 1990; 2000; Rehbein 1979, 1995a).

Die Analyse der Prozeduren geht auf eine systematische Unterscheidung zurück, die von Bühler (1934) eingeführt wurde, nämlich die zwischen einem *Symbolfeld* und einem *Zeigfeld* der Sprache. Auch bei der Analyse der Prozeduren kommt es nach meinen Verständnis entscheidend darauf an, herauszufinden, was der jeweilige spezifische Zweck dieser sprachlichen Handlungsmittel ist, die Bühler zunächst einmal als Symbolfeld-Ausdrücke und Zeigfeld-Ausdrücke zusammengefaßt hat. Am Beispiel der *Deixis* und der deiktischen Ausdrücke wurde eine solche Analyse besonders intensiv vorangetrieben (vgl. Ehlich 1979, 1982, 1992; Redder 2000; Rehbein 1995b). Es läßt sich rekonstruieren, was die Leistung der Verwendung derartiger Ausdrücke in der Interaktion ist: die gemeinsame, synchrone Organisation der Aufmerksamkeit von Sprechern und Hörern innerhalb eines für beide gemeinsamen *Wahrnehmungsraumes*. In der Nutzung einer deiktischen Prozedur wird also für die konkrete Interaktion etwas sehr Wichtiges geleistet, ohne das Verständigung und Verstehen kaum möglich wären.

Verfolgt man die Bühlersche Trennung zwischen Zeigfeld und Symbolfeld weiter, um herauszufinden, ob damit die Gesamtheit der sprachlichen Mittel erfaßt werden kann, so ergibt sich, wenn man die Funktionalität der sprachlichen Ausdrucksklassen für das sprachliche Handeln im Blick hat, die Notwendigkeit, weitere solche Felder und dazugehörige Prozeduren zu unterscheiden.

Zunächst findet sich ein Bereich, der am besten als *operatives Feld* bezeichnet werden kann, ein Feld, für das die interaktionale Bearbeitung von Sprache selbst zentral steht (vgl. Eissenhauer 1999; Grießhaber 1999; Melián 1997; Redder 1990; Rehbein 1979). Hierzu gehört z.B. das System der *Artikel* in solchen Sprachen, die einen Artikel haben, im Deutschen etwa, dem Englischen, dem Spanischen. Andere Sprachen weisen ganz andere Verteilungen auf, indem sie zum Teil gar nichts Entsprechendes haben, zum Teil schon, aber in ganz anderen sprachlichen Strukturen (so wird eine Parallelität zwischen slawischen Aspekten am Verb und dem Artikel vermutet).
    Interessanterweise scheint dies sprachfamilienunabhängig zu sein. So verfügen das Russische oder das Lateinische nicht über ein Artikelsystem; trotzdem „funktionieren" sie kommunikativ offenbar in ähnlicher Weise wie die Sprachen Deutsch oder Griechisch, die ein Artikelsystem haben. Es ist ganz offensichtlich sehr spannend, herauszufinden, wie sich das zueinander verhält, und diese Frage hat zugleich eine zentrale Bedeutung für die Vermittlung der entsprechenden Sprachen. Für die Lernenden, die aus einem Nicht-Artikelsystem zu einem Artikelsystem wechseln, ist es eine sehr wichtige Aufgabe, sich ein Bewußtsein davon zu schaffen, wann interaktiv die Markierung als „bekannt" oder „nicht bekannt" erforderlich ist und wann nicht.

Das operative Feld ist in sich sehr differenziert. Ein sehr viel spezifischeres Feld ist das *Lenkfeld* (vgl. Ehlich 1986; Liedke 1994; Rasoloson 1994; Redder 1994). Es wird so genannt, weil der Sprecher durch Vermittlung der dort lokalisierten Ausdrucksmittel direkt lenkend in die Aktivitäten seines Kommunikationspartners eingreift. Es ist dies der Ort der vielgeschmähten, ja in vielen Grammatiken überhaupt nicht einmal behandelten *Interjektionen*; es ist aber auch der Ort der *Imperative* und der *Vokative* – alle, wie aus den grammatischen Behandlungen bekannt, Randsiedler in der grammatischen Analyse. Zum Teil, bei den Interjektionen, wurde derartigen sprachlichen Einheiten sogar ihre Sprachlichkeit insgesamt aberkannt, und sie wurden aus dem System der Sprache eliminiert. (Schon die Entstehung der Kategorie der Interjektion hat ja ihre besondere Pikanterie. Böse Zungen vermuteten bereits bei den Lateinern – die Griechen hatten die Kategorie der Interjektionen nicht –, daß diese Wortart eigentlich erfunden worden sei, weil man etwas zu kompensieren hatte. Man wußte zwar einerseits: „partes orationis sunt octo", „acht Redeteile gibt es", beim Zählen der im Lateinischen vorhandenen aber kam man leider nur auf sieben: Es fehlte der Artikel. Die Lösung sei gewesen, eine Unterklasse der Adverbien zur eigenen Wortart zu erheben; als Namen fand man den Ausdruck „interiectio" – „das Dazwischengeworfene".)

Gleichfalls eine recht spezifische Klasse bilden die Ausdrücke des *Malfeldes* (der Ausdruck des Malens für diesen Zusammenhang stammt von Wilhelm von Humboldt) (vgl. Redder 1994). Hier handelt es sich um etwas, was in europäischen Sprachen wenig realisiert, aber nach Auskunft von Afrikanisten in den afrikanischen Sprachen stark lexikalisiert ist. Ausdrucksweisen, die sich für das Malfeld im Deutschen finden, nutzen vor allen Dingen den *paralinguistischen* Bereich, die Intonation im weiteren Sinn. Malende Prozeduren dienen dazu, eine Gleichgestimmtheit zwischen Sprecher und Hörer zu erreichen.

Zwischen diesen verschiedenen Prozeduren und den dazugehörigen Feldern ergeben sich charakteristische Beziehungen (vgl. die Tabelle 1 in Ehlich 1991).* Die traditionellen Wortarten verteilen sich charakteristisch auf die Felder – kaum je in der Form einer Eins-zu-eins-Beziehung, aber doch mit deutlichen Schwerpunkten. Vor allem aber ergeben sich neue, präzisere Zuordnungen und dadurch genauere Einsichten in die funktionale Struktur der einzelnen sprachlichen Einheiten und ihrer Kombinationen. So wird etwa deutlich, daß die Wortart „Pronomen" gerade charakteristische Unterschiede zwischen den einzelnen Subklassen zudeckt, sie analytisch sozusagen zum Verschwinden bringt: Die „ich"-Deixis und die „er"/„sie"/„es"-Anapher leisten etwas je anderes für die Interaktion von Sprecher und Hörer. Erst die prozedurale Analyse macht

---

* Eine Übersicht gibt auch Abb. 1 in der Einleitung, S. 158 oben [L.H.].

diese Unterschiede erkennbar – und trägt so dazu bei, das sprachliche Handeln nicht nur nach seinen allgemeinen Zwecken, sondern auch im Detail der sprachlichen Formen und ihrer Verwendung zu verstehen. Eine handlungstheoretische Rekonstruktion wirkt sich mithin auch auf die Kategorisierung aus – und auf das nähere Verständnis der Kategorien, die aus der Antike auf uns gekommen sind und die wir ja zum Teil mit viel Nutzen weiter verwenden.

Es gibt offensichtlich einzelsprachlich-charakteristische Verteilungen der sprachlichen Ausdrucksmittel auf die verschiedenen Felder. Das Ergebnis sind unterschiedliche *Sprachstrukturtypen*, etwa in der Nutzung von isolierten Monemen*, von Morphemen und ihrer Kombinatorik oder im Einsatz von intonatorischen Mitteln für die verschiedenen Bereiche, für die es der eigenen Ausdrucksmittel bedarf.

6. Diskursmuster

Diskurse realisieren sich meistens in der charakteristischen Kombination unterschiedlicher Sprechhandlungen. Auch sie erfüllen spezifische Zwecke. Sie lassen sich analytisch angehen, wenn man sozusagen die Kompatibilität und Kombinationsmöglichkeit der Zwecke der einzelnen sprachlichen Handlungsmuster untersucht. Die Diskursmuster sind genau wie die sprachlichen Handlungsmuster eine Ressource für die Interaktion. Dies ist ein m.E. sehr wichtiger Punkt. Der Erwerb einer Sprache bedeutet, daß diese Potentiale, daß diese Ressourcen konkret angeeignet werden. Der kindliche *Spracherwerb* ist also nicht zuletzt der Erwerb von Potentialen für die Interaktion. Es ist ein langwieriger Prozess, bis sozusagen die ganze interaktionale Erstreckung dessen, was in einem solchen Muster, bezogen auf die zugrundeliegenden Zwecke, enthalten ist, von den Kindern auch konkret realisiert wird.

Bei den Diskursmustern ist systematisch zwischen zwei Grundtypen zu differenzieren, nämlich einmal der *Sprechhandlungssequenz* und zum anderen der *Sprechhandlungsverkettung*. Beide unterscheiden sich dadurch, daß in der Sprechhandlungssequenz der Sprecherwechsel systematisch mit dazugehört, also etwa im Diskursmuster *Frage-Antwort*, während in der Sprechhandlungsverkettung die Aneinanderschaltung von einzelnen sprachlichen Handlungsmustern ohne systematischen Sprecherwechsel charakteristisch ist, also z.B. beim *Vortrag*, einer Kette von *Assertionen*.

---

* Martinet bezeichnet als „Moneme" kleinste bedeutungstragende Einheiten. Das können lexikalische Einheiten sein oder grammatische („Morpheme") [L.H.].

Die Analyse von Diskursmustern geschieht im wesentlichen und sinnvollerweise *empirisch* – wie übrigens in all den Bereichen, die zuvor (§ 4ff.) zusammengefaßt wurden. Es liegt eine ganze Reihe von solchen Analysen vor (vgl. z.B. Becker-Mrotzek 1999; Brünner 1987, 1994; Brünner/ Becker-Mrotzek 1996; Ehlich 1981, 1997; Ehlich/Rehbein 1986; Grießhaber 1987; Hartog 1996; Koole/ten Thije 1994; Kügelgen 1994; Liedke 1997; Löning/Rehbein 1993; Menz 1991; Redder 1983, 1984; Rehbein 1995a, 1996b, 1997; Sauer 1994, 1998; Schlickau 1996). Gleichwohl: es ist dies ein verschwindender Teil in bezug auf die Faktizität dessen, was Diskurse und sprachliche Handlungsmuster insgesamt ausmachen. Viele dieser Diskurse sind eingebunden, sind spezifisch bezogen auf *Institutionen* als auf den Ort, an dem sie charakteristisch geschehen, an dem sie eingesetzt werden. Deswegen ist die institutionelle Kommunikation ein integraler Bestandteil der Gegenstände einer derartigen Analyse. Wir haben versucht, etwa in bezug auf die Kommunikation in der Schule und vergleichbaren Institutionen solche Untersuchungen vorzunehmen (Ehlich 1981; Ehlich/Rehbein 1986; Kügelgen 1994; Redder 1984; vgl. Brünner 1987 für eine andere Ausbildungsinstitution), indem Aufnahmen im Unterricht gemacht und dann diese Aufnahmen detailliert analysiert wurden. Dies geschah unter anderem mit dem etwas verblüffenden Ergebnis, daß diese Institution „Schule" offenbar in extremer Weise dadurch gekennzeichnet ist, daß die Zwecke der Institution die Zwecke der zugrundeliegenden und eingesetzten sprachlichen Handlungsmuster zum Teil geradezu zerbrechen, was für die daran Beteiligten eine ziemliche Kommunikationsproblematik mit sich bringt, insbesondere für die Schüler und Schülerinnen. Dies zeichnet sich dann auch sehr genau in den Einzelstrukturen der konkreten empirischen Daten ab. Der Unterschied zwischen dem *Unterrichtsdiskurs* und dem *Lehr-Lern-Diskurs* (vgl. Ehlich 1981) ist, so zeigt sich, ein wirklich systematischer – und ein problematischer zugleich.

Andere Bereiche, die inzwischen recht gut analysiert worden sind, sind z.B. die Verwaltungsinteraktion (Becker-Mrotzek 1999; Rehbein 1997) bzw. das Rechtswesen (Hoffmann 1983; Koerfer 1994; Sauer 1994) oder betreffen die Interaktionen zwischen Ärzten, Patienten, Pflegepersonal etc. im ganzen medizinischen Bereich (Löning/Rehbein 1993; Menz 1991; Rehbein 1996b; Sauer 1994). Noch relativ wenig untersucht worden ist z.B. die Kommunikation in Institutionen der Produktion und der Distribution (dabei in bezug auf den Handel noch etwas intensiver als in bezug auf die unmittelbare Produktion; vgl. Brünner 1994; Grießhaber 1987; Rehbein 1995a); aber es liegen doch mittlerweile einige Erkenntnisse vor, die übrigens gerade für die Vergleichungen interkultureller Art eine gute Grundlage abgeben können (vgl.

Ehlich 1996; Liedke/Redder/Scheiter 1999; Redder/Rehbein 1987a, 1987b; Rehbein 1985; s. auch Koerfer 1994).

7. Text und Literatur

Von einer pragmatischen Herangehensweise her ergeben sich, denke ich, auch Brücken zur Analyse von Literatur (vgl. Ehlich 1982). Dabei geht es selbstverständlich nicht darum, das, was das genuine Geschäft der Literaturwissenschaftler und Literaturwissenschaftlerinnen ist, etwa linguistisch zu „ersetzen". Vielmehr liegt die analytische Möglichkeit gerade darin, aus linguistischer Sicht die spezifischen sprachlichen Aktivitäten, die in der Interaktion zwischen dem Autor oder der Autorin und seinen oder ihren Lesern oder Leserinnen geschehen, zu rekonstruieren. Daraus ergeben sich zum Teil recht verblüffende Erkenntnisse, wenn man z.B. vergleicht, auf welche Weise Autoren wie Eichendorff und Goethe bestimmte sprachliche Strukturen in ihren Texten bei der Versprachlichung von Landschaft herstellen (vgl. Ehlich 1998b). Die Unterschiede machen sich in der Verwendung der sprachlichen Felder deutlich bemerkbar. Andererseits erweist sich eine Kategorie wie „Romantik" als recht brüchig, wenn man sie, literaturwissenschaftlich pauschal als Kategorisierung für ein europäisches Phänomen unterstellt, sprachlich im Textbereich dingfest zu machen sucht. Wäre man etwa geneigt, unter dem Stichwort „romantisch" Wordsworth mit Eichendorff sprachlich in Verbindung zu bringen, so zeigen die sprachlichen Verfahren, daß das „typisch Romantische" bei Wordsworth keine rechte sprachliche Entsprechung findet, daß vielmehr eine große Nähe seiner Prozedurenverwendungen zu denen Goethes zu beobachten ist. – Auch die Analyse einzelner literarisch eingesetzter Prozeduren verdient Beachtung (vgl. van Peer 1984; Riedner 1996; Ehlich 1998a, 1998b).

8. Zur Methode: Empirie und Reflexion

Die Analyse der Funktionalen Pragmatik hat sich von Anfang an sehr stark darum bemüht, mit realen, mit tatsächlichen, „authentischen" Daten zu arbeiten. Sie läßt also Kommunikation sozusagen nicht in der Gestalt von ausgedachten und ausgewählten Beispielen präsent werden; sie geschieht auch nicht in der Einschränkung auf literarische Texte, wie das ja lange Zeit der Fall war. Vielmehr macht sie eben „im Feld", „vor Ort" entsprechende Aufnahmen. Es wurde vor einiger Zeit schon ein spezifisches *Transkriptionsverfahren* dafür entwickelt, HIAT (vgl. Ehlich/Rehbein 1976; Ehlich 1993b), eine *Partiturschreibweise*, die inzwischen eine relativ weite Verbreitung gefunden hat, auch in anderen Ansätzen.

Diese Empirie ist äußerst heilsam. Sie führt – ohne natürlich ein Allheilmittel zu sein – dazu, daß man die Fülle der sprachlichen Strukturen wirklich auch an sich heranläßt und sie nicht methodologisch wegoperiert.

Allerdings kann die Empirie leicht blind werden. Man unterliegt dann der Gefahr, zu versuchen, die Wirklichkeit sozusagen in der Aufnahme zu verdoppeln. Damit wäre freilich gar nichts erreicht; was zurückbleibt, sind günstigstenfalls ein paar „Datenfriedhöfe" in den Archiven, mit denen niemand weiter etwas anfangen kann. Erfreulicherweise ist man inzwischen (gerade auch durch die Arbeit des Instituts für Deutsche Sprache oder des Bayerischen Spracharchivs) soweit, daß in der Dokumentation authentischer sprachlicher Daten der Weg zu nützlichem Handwerkszeug beschritten wird – was sich nicht zuletzt für die Lernenden wie für die Lehrenden im Zusammenhang der Vermittlung des Deutschen als fremder Sprache auswirken wird, dann nämlich, wenn authentisches Material sich wirklich einfach heranziehen läßt.

Wesentlich für die Methode ist *zugleich* die Reflexion als ein spezifisches Verfahren, die die Empirie gegenüber dem blinden Datensammeln sensibilisiert. So hat man – und dies ist ein Charakteristikum dieser Analyseweise – eine konkrete, letztendlich hermeneutische Interaktion zwischen Hypothesenbildung, Vorwissen-Analyse der am Kommunikationsprozeß immer potentiell oder real beteiligten ForscherInnen und den konkreten Aufnahmen der kommunikativen Wirklichkeit. Dies ist ein mehrfacher Prozeß, der seine Fruchtbarkeit und seinen Nutzen gerade im Durcharbeiten entfaltet. Es hilft methodologisch wenig, wenn man sozusagen abstrakt oder in nur historischen Kategorien vorab lediglich das eigene Sprachwissen analysiert, ohne das Ergebnis dann mit der Faktizität der Kommunikation zu konfrontieren. Man nehme etwa ein so triviales Beispiel wie die Verwendung der angeblichen performativen Formel „Ich verspreche dir das", auf deren Analyse Searle seine „speech act theory" gründete – und versuche, mit dem eigenen Sprachwissen zu bestimmen, wann man diese Formel sagt und wann damit in der kommunikativen Praxis tatsächlich ein Versprechen verbunden ist.

Die Probleme multiplizieren sich übrigens, sobald man Bereiche wie die nonverbale Kommunikation ernsthaft angeht, die ja gerade im Fremdsprachenkontext häufig als eine Art kommunikativer Passepartout und als letztes Refugium angesehen wird. Die nonverbale Kommunikation ist keineswegs, wie es Laien und Linguisten und Linguistinnen immer wieder unterstellen, international, und die konkrete Analyse dessen, was sich in der nonverbalen Kommunikation abspielt, erfordert, wenn es denn empirisch angegangen wird, einen nicht unerheblichen Datenaufwand.

(Die Transkriptionserfahrung bei verbalen Daten mit mehreren Sprechern geht von einem Zeitaufwand von 60 Minuten pro Minute Datum, also einer Stunde Transkriptionszeit aus. Bei nonverbaler Kommunikation vervierfacht sich diese Zeit; pro Minute Datum sind also ca. 240 Minuten Transkriptionszeit erforderlich. Dies mag zur Illustration des zu erbringenden Aufwandes dienen. Leider ist es nicht immer leicht, den forschungsfördernden Institutionen zu verdeutlichen, daß das so ist, warum es so ist und daß Qualität ohne solchen Aufwand nicht zu erreichen ist.)

Der in der PHONAI-Reihe bei Niemeyer herausgegebene Band „Gesprochene Sprache" enthält solche Transkripte und bietet einen Teil der transkribierten Daten auf einer kleinen CD auch in hörbarer Form (Ehlich/Redder 1994).

9. Pragmatik und Fremdsprache

In welcher Weise kann eine funktional-pragmatische Herangehensweise auch für die fremdsprachliche Vermittlung von Nutzen sein? Stichwortartig seien verschiedene Aspekte zusammengefaßt:

Ich denke, die Frage der *Authentizität* stellt sich neu, sobald man auf empirische Daten zurückgreift. Ich hoffe darauf, daß in Zukunft sehr viel mehr Menschen sehr viel mehr von der Arbeit, die bereits andernorts gemacht worden ist, konkret profitieren können.

Für eine kontrastive, interkulturell interessierte Diskurs- und Textanalyse können die funktional-pragmatischen Kategorien außerordentlich nützlich sein, weil man mit ihrer Hilfe sehr konkret angeben kann, wo in Sprachen Differenzen liegen, etwa im Blick auf die Muster und ihre kulturspezifischen Verteilungen.

Ich denke weiter, eine Prozedurenanalyse kann dazu verhelfen, notorische Problemfelder der *fremdsprachlichen Interaktion* spezifischer zu benennen, zu erfassen und dann vielleicht auch dafür Kategorien zu entwickeln, die einen frühzeitigen helfenden Eingriff gestatten (vgl. oben das Beispiel des Artikelsystems des Deutschen und die Vermittlungsproblematik für Lernende aus dem Bereich des Russischen).

In der Beziehung zwischen sprachlichen Prozeduren und den sprachlichen Handlungsmustern, die in den einzelnen Sprachen zur Verfügung stehen, bietet sich eine Möglichkeit, sich konkret und realistisch auf das einzulassen, was die Lernenden von ihrer Fremdsprache letztendlich haben wollen, nämlich den Zugang zu einer neuen Handlungsressource für neue Handlungen, seien sie nun restringierter als in ihrer Primärsprache oder seien sie expansiv; seien sie z.B. konzentriert auf das Lesen oder Verstehen oder seien sie so, daß man versuchen möchte, in der anderen Kommunikationsgesellschaft vollgültig interaktional mit tätig zu sein.

Schließlich ergeben sich vielfältige neue Einsichten in die *grammatischen Strukturen* (vgl. außer den schon genannten Werken, bes. zu § 5, die Grammatik des Instituts für deutsche Sprache (bes. Hoffmann 1997); Hoffmann 1996, 1998; Matras 1996; Redder 1998; Redder/Rehbein 1998; Rehbein 1996a).

Danksagung und editorischer Bericht

* Dank gilt den Veranstaltern und Teilnehmern des 26. Linguisten-Seminars der Japanischen Gesellschaft für Germanistik in Kyoto sowie Minoru Shigeto, Akio Ogawa und Shinji Watanabe für viele interessierte und interessante Gespräche und Anregungen.

Literatur

Becker-Mrotzek, Michael (1999): Die Sprache der Verwaltung als Institutionensprache. In: Hoffmann, Lothar / Kalverkämper, H. / Wiegand, H.E. (Hgg.): *Fachsprachen / Languages for Special Purposes*. Berlin, New York: de Gruyter, S. 1391–1402. [HSK 14.2].

Brünner, Gisela (1987): *Kommunikation in institutionellen Lehr-Lern-Prozessen. Diskursanalytische Untersuchungen zu Instruktionen in der betrieblichen Ausbildung.* Tübingen: Narr.

Brünner, Gisela (1994): „Würden Sie von diesem Mann einen Gebrauchtwagen kaufen?" Interaktive Anforderungen und Selbstdarstellung in Verkaufsgesprächen. In: Brünner, G. / Graefen, G. (Hgg.) (1994), S. 328–350.

Brünner, Gisela / Graefen, Gabriele (Hgg.) (1994): *Texte und Diskurse. Methoden und Forschungsergebnisse der Funktionalen Pragmatik.* Opladen: Westdeutscher Verlag.

Brünner, Gisela / Becker-Mrotzek, Michael (1996): Diskursanalyse und ihre Anwendung im Kommunikationstraining – am Beispiel einer Fortbildung im gewerblich-technischen Bereich. In: Rehbein, J. (Hg.): *Funktionale Pragmatik im Spektrum.* Dortmund: mimeo.

Bühler, Karl (1934): *Sprachtheorie. Die Darstellungsfunktion der Sprache.* Jena: Fischer.

Bührig, Kristin (1996): *Reformulierende Handlungen.* Tübingen: Narr.
Ehlich, Konrad (1979): *Verwendungen der Deixis beim sprachlichen Handeln. Linguistisch-philologische Untersuchungen zum hebräischen deiktischen System.* 2 Bde. Frankfurt am Main, Bern, Las Vegas: Peter Lang.
Ehlich, Konrad (1981): Schulischer Diskurs als Dialog? In: Schröder, P. / Sieger, H. (Hgg.): *Dialogforschung.* Düsseldorf: Schwann, S. 334–369. (2007) in: Ehlich, K.: *Sprache und sprachliches Handeln. Bd. 3,* S. 131–167.
Ehlich, Konrad (1982): Deiktische und phorische Prozeduren beim literarischen Erzählen. In: Lämmert, E. (Hg.): *Erzählforschung. Ein Symposium.* Stuttgart: Metzler. S. 112–129. (2007) in Ehlich, K.: *Sprache und sprachliches Handeln. Bd. 2.* S. 119–140.
Ehlich, Konrad (1983): Writing Ancillary to Telling. In: *Journal of Pragmatics 7.* Amsterdam: Elsevier, pp. 495–506. (2007) in Ehlich, K.: *Sprache und sprachliches Handeln. Bd. 3.* S. 551–563.
Ehlich, Konrad (1984): Zum Textbegriff. In: Rothkegel, A. / Sandig, B. (Hgg.): *Text – Textsorten – Semantik. Linguistische Modelle und maschinelle Verfahren.* Hamburg: Buske, S. 9–25. (2007) in: Ehlich, K.: *Sprache und sprachliches Handeln. Bd. 3,* S. 531–550.
Ehlich, Konrad (1986): *Interjektionen.* Tübingen: Niemeyer.
Ehlich, Konrad (1991): Funktional-pragmatische Kommunikationsanalyse – Ziele und Verfahren. In: Flader, D. (Hg.): *Verbale Interaktion. Studien zur Empirie und Methodologie der Pragmatik.* Stuttgart: Metzler, S. 127–143. Zugleich in: Hoffmann, L. (Hg.) (2000²): *Sprachwissenschaft. Ein Reader.* Berlin, New York: de Gruyter, S. 183–201.
Ehlich, Konrad (1992): Scientific texts and deictic structures. In: Stein, D. (ed.): *Cooperating with written texts.* Berlin, New York: de Gruyter, pp. 201–229. (2007) in: Ehlich, K.: *Sprache und sprachliches Handeln. Bd. 2,* S. 91–117.
Ehlich, Konrad (1993a): Deutsch als fremde Wissenschaftssprache. In: *Jahrbuch Deutsch als Fremdsprache 19.* München: iudicium, S. 13–42.
Ehlich, Konrad (1993b): HIAT – a Transcription System for Discourse Data. In: Edwards, J.A. / Lampert, M. D. (eds.): *Talking Data: Transcription and Coding in Discourse Research.* Hillsdale, NJ: Erlbaum, pp. 123–148.
Ehlich, Konrad (1994b): Funktion und Struktur schriftlicher Kommunikation. In: Günther, H. / Ludwig, O. (Hgg.): *Schrift und Schriftlichkeit / Writing and Its Use.* 1. Halbband. Berlin, New York: de Gruyter, S. 18–41. [HSK 10.1]. (2007) in Ehlich, K.: *Sprache und sprachliches Handeln. Bd. 3,* S. 749–792.
Ehlich, Konrad (1996): Interkulturelle Kommunikation. In: Nelde, P. H./ Goebl, H. u.a. (Hgg.): *Kontaktlinguistik.* Berlin, New York: de Gruyter, S. 920–931. [HSK 12.1]. (2007) in Ehlich, K. *Transnationale Germanistik.* München: iudicium. S. 131–149.
Ehlich, Konrad (1997): Religion als kommunikative Praxis. In: Binder, G. / Ehlich, K. (Hgg.): *Religiöse Kommunikation – Formen und Praxis vor der Neuzeit.* Trier: Wissenschaftlicher Verlag Trier, S. 337–355. (2007) in Ehlich, K.: *Sprache und sprachliches Handeln. Bd 3,* S. 281–298.
Ehlich, Konrad (1998a): Linguistisches Feld und poetischer Fall – Eichendorffs „Lockung". In: ders. (Hg.): *Eichendorffs Inkognito.* Wiesbaden: Harrassowitz, S. 161–194. (2007) in: Ehlich, K.: *Sprache und sprachliches Handeln. Bd. 2,* S. 369–397.

Ehlich, Konrad (1998b): Sehen und Zeigen – Zu einigen sprachlichen Verfahren bei Goethe und Eichendorff. In: *Dokumentation des 26. Linguisten-Seminars 1998*. Tokyo: Japanische Gesellschaft für Germanistik, S. 18–57. (2007) in: Ehlich, K: *Sprache und sprachliches Handeln*. Bd. 2, S. 323–367.
Ehlich, Konrad / Redder, Angelika (Hgg.) (1994): *Gesprochene Sprache. Transkripte*. Tübingen: Niemeyer.
Ehlich, Konrad / Rehbein, Jochen (1976): Halbinterpretative Arbeitstranskriptionen (HIAT). In: *Linguistische Berichte 45*, S. 21–41.
Ehlich, Konrad / Rehbein, Jochen (1979): Sprachliche Handlungsmuster. In: Soeffner, H.-G. (Hg.): *Interpretative Verfahren in den Sozial- und Textwissenschaften*. Stuttgart: Metzler, S. 243–274.
Ehlich, Konrad / Rehbein, Jochen (1986): *Muster und Institution: Untersuchungen zur schulischen Kommunikation*. Tübingen: Narr.
Eissenhauer, Sebastian (1999): *Relativsätze im Vergleich: Deutsch – Arabisch*. Münster: Waxmann.
Glück, Helmut (Hg.) (1993): *Metzler-Lexikon Sprache*. Stuttgart, Weimar: Metzler.
Graefen, Gabriele (1997): *Der Wissenschaftliche Artikel – Textart und Textorganisation*. Frankfurt am Main: Peter Lang.
Grießhaber, Wilhelm (1987): *Authentisches und zitierendes Handeln. Bd. I. Einstellungsgespräche. Bd. II. Rollenspiele im Sprachunterricht*. Tübingen: Narr.
Grießhaber, Wilhelm (1999): *Die relationierende Prozedur. Zu Grammatik und Pragmatik lokaler Präpositionen und ihrer Verwendung durch türkische Deutschlerner*. Münster: Waxmann.
Hartog, Jennifer (1996): *Das genetische Beratungsgespräch*. Tübingen: Narr.
Hoffmann, Ludger (1983): *Kommunikation vor Gericht*. Tübingen: Narr.
Hoffmann, Ludger (1996): Satz. In: *Deutsche Sprache 3*, S. 193–223.
Hoffmann, Ludger (1997): Teile A, Bl, B2, C, H2. In: Zifonun, G. / Hoffmann, L. / Strecker, B. / Ballweg, J. et al. (1997): *Grammatik der deutschen Sprache*. Berlin, New York: de Gruyter.
Hoffmann, Ludger (1998): Ellipse und Analepse. In: Redder, A. / Rehbein, J. (Hgg.) (1998), S. 69–90.
Koerfer, Armin (1994): Interkulturelle Kommunikation vor Gericht. In: Brünner, G. / Graefen, G. (Hgg.) (1994), S. 351–373.
Koole, Tom / ten Thije, Jan (1994): Der interkulturelle Diskurs von Teambesprechungen. Zu einer Pragmatik der Mehrsprachigkeit. In: Brünner, G. / Graefen, G. (Hgg.) (1994), S. 412–435.
Kügelgen, Rainer von (1994): *Diskurs Mathematik. Kommunikationsanalysen zum reflektierenden Lernen*. Frankfurt am Main: Peter Lang.
Liedke, Martina (1994): *Die Mikro-Organisation von Verständigung. Diskursuntersuchungen zu griechischen und deutschen Partikeln*. Frankfurt am Main: Peter Lang.
Liedke, Martina (1997): Institution und Interkultur. In: Knapp-Potthoff, A. / Liedke, M. (Hgg.): *Aspekte interkultureller Kommunikationsfähigkeit*. München: iudicium, S. 155–179.
Liedke, Martina / Redder, Angelika / Scheiter, Susanne (1999): Interkulturelles Handeln lehren – ein diskursanalytischer Trainingsansatz. In: Brünner, G. / Fiehler, R. / Kindt, W. (Hgg.): *Angewandte Diskursforschung*. Opladen: Westdeutscher Verlag, S. 148–179.

Löning, Petra / Rehbein, Jochen (Hgg.) (1993): *Arzt-Patienten-Kommunikation. Analysen zu interdisziplinären Problemen des medizinischen Diskurses*. Berlin, New York: de Gruyter.
Mater, Erich (1966): *Deutsche Verben. Bd. 1*. Leipzig: Bibliographisches Institut.
Matras, Yaron (1996): Prozedurale Fusion: Grammatische Interferenzschichten im Romanes. In: *Sprachtypologie und Universalienforschung 49*. Berlin: Akademie-Verlag, S. 60–78.
Melián, José Cárdenes (1997): *Aber, denn, doch, eben und ihre spanischen Entsprechungen. Eine funktional-pragmatische Studie zur Übersetzung deutscher Partikeln*. Münster, München: Waxmann.
Menz, Florian (1991): *Der geheime Dialog. Medizinische Ausbildung und institutionalisierte Verschleierungen in der Arzt-Patienten-Kommunikation. Eine diskursanalytische Studie*. Frankfurt am Main: Peter Lang.
van Peer, Willie (1984): Toward a pragmatic theory of connexity: An analysis of the use of the conjunction AND from a functional perspective. In: Petöfi, J. / Sözer, E. / Charolles, M. (Hgg.): *Research in Text Connexity and Text Coherence*. Hamburg: Buske.
Rasoloson, Janie N. (1994): *Interjektionen im Kontrast. Am Beispiel der deutschen, madagassischen, englischen und französischen Sprache*. Frankfurt am Main: Peter Lang.
Redder, Angelika (Hg.) (1983): Kommunikation in Institutionen. In: *Osnabrücker Beiträge zur Sprachtheorie OBST 24*.
Redder, Angelika (1984): *Modalverben im Unterrichtsdiskurs. Pragmatik der Modalverben am Beispiel eines institutionellen Diskurses*. Tübingen: Niemeyer.
Redder, Angelika (1990): *Grammatiktheorie und sprachliches Handeln: ‚denn' und ‚da'*. Tübingen: Niemeyer.
Redder, Angelika (1994): „Bergungsunternehmen"-Prozeduren des Malfeldes beim Erzählen. In: Brünner, G. / Graefen, G. (Hgg.) (1994), S. 238–264.
Redder, Angelika (1998): Sprachwissen als handlungspraktisches Bewusstsein – eine funktional-pragmatische Diskussion. In: *Didaktik Deutsch / Heft 5*. S. 60–76.
Redder, Angelika (2000): Textdeixis. In: Brinker, K. / Antos, G. / Heinemann, W. / Sager S.F. (Hgg.): *Text- und Gesprächslinguistik. Ein internationales Handbuch zeitgenössischer Forschung*. Berlin, New York: de Gruyter, S. 283–294. [HSK 16.1].
Redder, Angelika / Rehbein, Jochen (1987a): Arbeiten zur Interkulturellen Kommunikation. In: *Osnabrücker Beiträge zur Sprachtheorie OBST 38*.
Redder, Angelika / Rehbein, Jochen (1987b): Zum Begriff der Kultur. In: Redder, A. / Rehbein, J. (Hgg.) (1987a), S. 7–21.
Redder, Angelika / Rehbein, Jochen (Hgg.) (1998): *Grammatik und mentale Prozesse*. Tübingen: Stauffenburg.
Rehbein, Jochen (1972): Entschuldigungen und Rechtfertigungen. Zur Sequenzierung von kommunikativen Handlungen. In: Wunderlich, D. (Hg.): *Linguistische Pragmatik*. Frankfurt am Main: Athenäum, S. 288–317.
Rehbein, Jochen (1977): *Komplexes Handeln. Elemente zur Handlungstheorie der Sprache*. Stuttgart: Metzler.
Rehbein, Jochen (1979): Sprechhandlungsaugmente. Zur Organisation der Hörersteuerung. In: Weydt, H. (Hg.): *Die Partikeln der deutschen Sprache*. Berlin, New York: de Gruyter, S. 58–74.

Rehbein, Jochen (1985): Einführung in die Interkulturelle Kommunikation. In: Rehbein, J. (Hg.): *Interkulturelle Kommunikation*. Tübingen: Narr, S. 7–39.
Rehbein, Jochen (1995a): International Sales Talk. In: Ehlich, K. / Wagner, J. (eds.): *The Discourse of Business Negotiation*. Berlin, New York: de Gruyter, pp. 67–102.
Rehbein, Jochen (1995b): Über zusammengesetzte Verweiswörter und ihre Rolle in argumentierender Rede. In: Wohlrapp, H. (Hg.): *Wege der Argumentationsforschung*. Stuttgart, Bad Cannstatt: frommann holzboog, S. 166–197.
Rehbein, Jochen (1996a): Grammatik kontrastiv – am Beispiel von Problemen mit der Stellung finiter Elemente. In: *Jahrbuch Deutsch als Fremdsprache 21*, S. 265–292.
Rehbein, Jochen (1996b): Interkulturelle Mißverständnisse in der Arzt-Patienten-Kommunikation. In: *Curare 9*, 179–182.
Rehbein, Jochen (1997): Die Verwendung von Institutionensprache in Ämtern und Behörden. In: Hoffmann, L. / Kalverkämper, H. / Wiegand, E.H. (Hgg.): *Fachsprachen. Ein internationales Handbuch zur Fachsprachenforschung und Terminologiewissenschaft*. Berlin, New York: de Gruyter, S. 660–675. [HSK 14.1.].
Riedner, Ursula R. (1996): *Sprachliche Felder und literarische Wirkung. Exemplarische Analysen an Brigitte Kronauers Roman „Rita Münster"*. München: iudicium.
Sauer, Christoph (1994): Die Mühen des Anfangs. Eine Parteianhörung im Zivilprozeß. In: Rotter, F. (Hg.): *Psychiatrie, Psychotherapie und Recht*. Frankfurt am Main u.a.: Peter Lang, S. 115–132.
Sauer, Christoph (1998): *Der aufdringliche Text. Sprachpolitik und NS-Ideologie in der „Deutschen Zeitung in den Niederlanden"*. Wiesbaden: Deutscher Universitäts-Verlag.
Schlickau, Stephan (1996): *Moderation im Rundfunk. Diskursanalytische Untersuchungen zu kommunikativen Strategien deutscher und britischer Moderatoren*. Frankfurt am Main: Peter Lang.
Weinrich, Harald (1993): *Textgrammatik der deutschen Sprache*. Mannheim: Dudenverlag.

C. Diskurs und Konversation

Das Kapitel im Überblick

Dies Kapitel schließt eng an das vorhergehende an: Wurden dort die handlungstheoretischen Grundlagen vorgestellt, so folgt hier die praktische Analyse. Über die Jahrhunderte bildeten schriftliche Texte – besonders aus religiöser oder literarischer Tradition – den bevorzugten Gegenstand der Sprachwissenschaft. Sprachwissenschaft erschien als *Philologie*, verbunden mit der *Hermeneutik* (Auslegungslehre). Ziel war die sorgfältige Rekonstruktion der Textgestalt und möglicher Textverständnisse. Schriftfixiert war auch die Grammatiktradition, die Phänomene der Mündlichkeit kaum in den Blick bekam. Alle Aufmerksamkeit galt dem vollständigen Aussagesatz. Verb- oder subjektlose Ausdrücke (*alles okay; gut gemacht*), Interjektionen (*hm̄, ná*), Partikeln (*sei bloß still*), Linksanbindungen (***die Brigitte, die kommt nicht***), Exklamative (*bist du aber groß!*) etc. wurden kaum systematisch behandelt. Fragen der Gesprächsorganisation bzw. des Sprecherwechsels (*turn taking*) der thematischen Fortführung und der kommunikativen Gewichtung blieben erst recht außen vor. Dies schien sich zu ändern, als Strukturalisten den Primat des Gesprochenen postulierten und die Erforschung schriftloser Sprachen vorangetrieben wurde. Bis heute blieb aber der Schriftbezug in der Grammatikforschung dominant. Eine ernsthafte Beschäftigung mit Gesprächsphänomenen erfordert neue theoretische Konzepte, konfrontiert mit Code-Switching und Dialekten und setzt besondere Techniken der Datengewinnung und Analyse voraus. Das Verlassen des Lehnstuhls und die Aufgabe überkommener Idealisierungen (homogene Sprachgemeinschaft, vollständige Sprachbeherrschung, Absehen von Fehlern und Störungen etc.) haben in den letzten dreißig Jahren faszinierende Entwicklungen in der funktionalen Sprachwissenschaft eingeleitet.

Die Beschäftigung mit authentischer Alltagskommunikation leitet sich vor allem aus der Pragmatik-Tradition (vgl. Kapitel B) und der amerikanischen, soziologisch bestimmten *conversation analysis* ab, die im deutschen Sprachraum als *Konversationsanalyse* oder *Gesprächsanalyse* bezeichnet wird.

Die pragmatische *Diskursanalyse* untersucht Muster sprachlichen Handelns auf der Folie gesellschaftlicher Zwecke und Bedürfnisse und bezieht systematisch die mentale Dimension bzw. Formen des Wissens (vgl. Ehlich/ Rehbein 1977) ein. *Diskurs* wird hier verstanden als Form mündlicher Kommunikation mit Kopräsenz von Sprecher und Hörer in der Sprechsituation sowie der Möglichkeit eines Sprecherwechsels.

In der angloamerikanischen Linguistik wird mit *discourse* oft einfach die verbundene Rede ("connected speech" (Harris 1952)) bezeichnet. Französische Sozialwissenschaftler (Bachelard, Foucault u.a.) verwenden den Begriff *discours* zur Bezeichnung gesellschaftlicher Wissenssysteme, die sich historisch entwickeln. Daran knüpft hierzulande u.a. der Sprachwissenschaftler U. Maas an, der unter „Diskurs" die „Inszenierung einer bestimmten sozialen Praxis" (Maas 1984:32) versteht. Der Philosoph J. Habermas hat das Projekt einer kommunikationstheoretisch ansetzenden Gesellschaftstheorie entwickelt, in der der „Diskurs" das Medium ist, in dem widerstreitende universelle Geltungsansprüche (Wahrheit, Wahrhaftigkeit, normative Richtigkeit) mit dem Ziel eines rationalen Konsensus auszutragen sind.

Der Rekurs auf gesellschaftliche Bedingungen manifestiert sich in der Untersuchung unterschiedlicher Institutionen wie Schule, Gericht, Krankenhaus, Arztpraxis, Betrieb, öffentliche Verwaltung, Kirche etc. (vgl. Literaturverzeichnis). Die lange Zeit wenig empirische Pragmatik wurde durch konkrete Analysen zu *Handlungsmustern* wie *Frage-Antwort, Vorwurf-Entschuldigung/Rechtfertigung* und zu *Diskursarten* wie *Erzählen, Beschreiben, Argumentieren* vorangebracht.

Die Einbindung in die Tradition funktionaler Sprachanalyse (bes. Bühlers *Felderlehre*, vgl. Bühler, Kapitel **A**; Ehlich, Kapitel **B**) führte zu grammatiktheoretischer Neuorientierung und zu neuen Erkenntnissen über grammatische Phänomene wie Deixis, Interjektionen, Modalverben, Anakoluth, Satz, Wortstellung, Intonation im Diskurs.

Der das Kapitel eröffnende Beitrag von Konrad Ehlich führt in die Methode der Diskursanalyse ein. Er zeigt, wie die illokutive Qualität von Äußerungen zu erfassen ist und behandelt exemplarisch das Handlungsmuster *Aufgabe-Lösung* in der Schulkommunikation. Für die Weiterarbeit bieten sich Ehlich/Rehbein 1986, Ehlich 1993 (Prozeduren in der Arzt-Patient-Kommunikation) und v. Kügelgen 1994 (Diskursanalyse des Mathematikunterrichts) an, ferner u.a. Brünner/Graefen 1994, Ehlich 1980, 1984, 1986; Ehlich/Rehbein 1977, 1986; Grießhaber 1987; Hoffmann 1983, 1989; Löning/Rehbein 1993, Redder 1984, 1990,1994 (mit interessanten studentischen Arbeiten) und Rehbein 1985. Diskursanalytisch orientiert ist auch der Beitrag von Rehbein.

Basierend auf der Phänomenologie von Alfred Schütz, untersucht die von Harvey Sacks (1935–1975) begründete Konversationsanalyse die beobachtbaren Phänomene der Alltagskommunikation aus Sicht der Teilnehmer(innen), um die soziale Ordnung von Gesprächen aufzuzeigen. Sie behandelt nur das, was auch den Handelnden an Ressourcen zur Verfügung steht und eingesetzt wird, um lokale Aufgaben wie etwa den Sprecherwechsel, den Gesprächsabschluss oder Reparaturen zu bewältigen. Der soziale Kontext, gesellschaftliche Bedingungen, institutionelle Aufgaben, psychische Dispositionen und das Vorwissen der Handelnden gehen nicht als unabhängige Größen in die Analyse ein, vielmehr sind die Kategorien der Analyse aus ihr selbst heraus zu gewinnen. Es zählen nur die vorfindlichen Daten, die Kategorisierungen und Aushandlungsprozesse der Teilnehmer; sie erzeugen die soziale Ordnung. Die Detailgenauigkeit vieler Untersuchungen gehört zu den Vorzügen der Konversationsanalyse; eine Anbindung an die Grammatiktheorie wird in jüngster Zeit über die Konstruktionsgrammatik (Kapitel E) gesucht. Grundlegend waren die postum 1992 von Gail Jefferson herausgegebenen Vorlesungen von Sacks; wichtige Beiträge enthalten Atkinson/Heritage 1978, Schenkein 1978, Psathas 1979. Zur Einführung: Kallmeyer/Schütze 1976, Bergmann 1981, Streeck 1983, Jefferson 1983, Kallmeyer 1987.

In die phänomenologisch und soziologisch orientierte Konversationsanalyse führt der Text von Jörg Bergmann ein.

Der hier abgedruckte Artikel des Begründers dieser Richtung, Harvey Sacks, zeigt, welche Probleme es mit sich bringt, eine Erzählung in einem Gespräch zu plazieren und wie sie auf dem Hintergrund der Mechanismen des Sprecherwechsels (klassisch dazu: Sacks/Schegloff/Jefferson 1978) zu lösen sind. Zur Erzählforschung u.a.: Ehlich 1980, 1984; Quasthoff 1980, Hausendorf/Quasthoff 1995 (Erwerb).

Susanne Günthners Text wurde ihrem Buch über Strategien interkultureller Kommunikation entnommen und zeigt, wie mit diesem Ansatz interkulturelle Missverständnisse in chinesisch-deutscher Kommunikation bearbeitet werden können. Dazu nutzt sie das Konzept der „Kontextualisierungshinweise". Es wurde von John Gumperz in Anknüpfung an Konversationsanalyse und Ethnographie – und gegen die klassische, mit statistischen Korrelationen zwischen sprachlichen und sozialen Faktoren (Rolle, Status, Schicht, Alter, Geschlecht etc.) arbeitende – Soziolinguistik (dazu Labov, Kap. D) – entwickelt. Gumperz interessiert sich besonders für Verstehensprobleme und Interpretationsstrategien in einer sozial und sprachlich differenzierten Gesellschaft. Kontextualisierungshinweise sind sprachliche (bes. intonatorische) Indikatoren (Intonation, Wortwahl, Wechsel in einen Dialekt etc.), mit denen Sprecher das, was sie lokal zu verstehen geben wollen, signalisieren, indem sie es mit (kulturellem) Hintergrundwissen in Verbindung setzen. So schaffen sie einen spezifischen Kontext und erzeugen – als interaktive Leistung – soziale Bedeutung (vgl. Gumperz 1978, 1982; Auer 1986).

Eine funktional-pragmatische Analyse interkultureller Missverständnisse in der Arzt-Patient-Kommunikation gibt Jochen Rehbein. Er setzt Verfahren einer Institutionsanalyse ein, die zunächst das Handlungsmuster und dann seine Modifikationen in der Kommunikation mit einem türkischen Patienten herausarbeitet, die zu einer spezifischen „Asynchronie" führen. Schwierigkeiten entstehen zum einen in der Verarbeitung sprachlicher Formen, zum anderen im Durchlauf bestimmer Positionen des Handlungsmusters und in der Anwendung medizinischen Wissens. Ein Vergleich der Texte von Günthner und Rehbein vermittelt unterschiedliche Zugänge zur Interkulturalität.

Zur Vertiefung können die in diesem Kapitel wiedergegebenen Transkriptionen von Angelika Redder (Alltagserzählung) und Ludger Hoffmann (Ausschnitt aus einer Gerichtsverhandlung) analysiert werden; das Beispiel von Redder ist auf der CD, die Redder/Ehlich 1994 beilegt, auch zu hören, das Beispiel von Hoffmann unter http://home.edo.uni-dortmund.de/~hoffmann/Reader/Gericht1.mp3.

Praktische Umsetzungen der Gesprächsforschung bringen Fiehler/Sucharowski 1992, Ehlich/Noack/Scheiter 1984, Brons-Albert 1994. Zu hier nicht repräsentierten Ansätzen: Oevermann et al. 1979 („objektive Hermeneutik"), Fritz/Hundsnurscher 1994 („Dialoganalyse").

Zur Transkription von Diskursen sind unterschiedliche Verfahren entwickelt worden (vgl. die unten angeführten Transkriptbände) in der Pragmatik üblich ist das Verfahren HIAT (dazu: Ehlich/Rehbein 1977, Redder 1982, Redder/Ehlich 1994), dessen Anwendung durch Programme wie das kostenfreie EXMARALDA (http://www.exmaralda.org/index.html) und HIAT-DOS (http://www.ehlich-berlin.de/HIAT/) erleichtert wird.
Die deutschsprachige Konversationsanalyse verwendet meist das Verfahren GAT1/2: http://www.mediensprache.net/de/medienanalyse/transcription/gat/gat.pdf).
Viele Infos enthält das Gesprächsanalytische Informationssystem (GAIS) http://prowiki.ids-mannheim.de/bin/view/GAIS/

Ausgewählte Literatur

Bibliographien

M. Becker-Mrotzek (1992) Diskursforschung und Kommunikation in Institutionen, Heidelberg: Groos
V. Hinnenkamp (1995) Interkulturelle Kommunikation, Heidelberg: Groos
L. Hoffmann (1998) Grammatik der gesprochenen Sprache. Heidelberg: Groos

Einführungen

J. Bergmann (1981) Ethnomethodologische Konversationsanalyse. In: P. Schröder/ H. Steger (Hg.) Dialogforschung. Düsseldorf: Schwann, 9–52

K. Brinker/S.F. Sager (1989) Linguistische Gesprächsanalyse. Berlin: Schmidt

A. Deppermann (1999) Gespräche analysieren: eine Einführung. Opladen: Leske und Budrich

K. Ehlich (2000^2) Funktional-pragmatische Kommunikationsanalyse. In: L. Hoffmann (Hg.) Sprachwissenschaft. Berlin/New York: de Gruyter, 183–203

U. Flick/E.v. Kardorff/I. Steinke (Hg.)(2004^4) Qualitative Forschung. Reinbek: Rowohlt [Methoden, Theorien qualitativer Sozialforschung].

W. Grießhaber (2001) Verfahren und Tendenzen der funktional-pragmatischen Diskursanalyse. In: Z. Iványi/A. Kertész (Hg.) Gesprächsforschung. Frankfurt: Lang, 75–97

E. Gülich/L. Mondada (2008) Konversationsanalyse. Tübingen: Niemeyer

L. Hoffmann/W. Nothdurft (1989) Kommunikation und Kommunikationsprobleme in Institutionen. In: J. Förster/E. Neuland/G. Rupp (Hg.) Wozu noch Germanistik? Stuttgart: Metzler, 118–132

W. Kallmeyer (1987) Konversationsanalytische Beschreibung. In: U. Ammon/N. Dittmar/K.J. Mattheier (Hg.) Soziolinguistik. HSK 3. Berlin: de Gruyter, S. 1095–1108

J. Rehbein (2000^2) Ausgewählte Aspekte der Pragmatik. In: L. Hoffmann (Hg.) Sprachwissenschaft. Berlin/New York: de Gruyter, 106–132

J. Rehbein (2001) Konzepte der Diskursanalyse. In: K. Brinker et al. (2001) Text- und Gesprächslinguistik. HSK 16.2 2. Halbband. Berlin/New York: de Gruyter, 927–945

J. Rehbein/S. Kameyama (2004) Pragmatik. In: U. Ammon/N. Dittmar/K.J. Mattheier/ P. Trudgill (Hg.) Sociolinguistics/Soziolinguistik. HSK3.2. Berlin/ New York: de Gruyter, 556–588

E.A. Schegloff (2007) Sequence Organization in Interaction. Vol I. Cambridge: University Press

Handbücher

K. Brinker et al. (2001) Text- und Gesprächslinguistik. HSK 16.2 2. Halbband. Berlin/ New York: de Gruyter

T.A. van Dijk (Hg.)(1985) Handbook of Discourse Analysis. Bd 1–4. London: Academic Press

G. Fritz/F. Hundsnurscher (Hg.)(1994) Handbuch der Dialoganalyse. Tübingen: Niemeyer

Ausgewählte Literatur

M.J. Atkinson/J. Heritage (Hg.)(1984) Structures of Social Action. Cambridge: University Press

P. Auer (1986) Kontextualisierung. In: Studium Linguistik 19, 22–47

P. Auer/E. Couper-Kuhlen/F. Müller (1999) Language in Time: The rhythm and tempo of spoken interaction. New York: Oxford University Press

M. Becker-Mrotzek/R. Vogt (2004) Unterrichtskommunikation. Tübingen: Niemeyer (Germanist. Arbeitshefte)

M. Beißwenger/L. Hoffmann/A. Storrer (2004) Internetbasierte Kommunikation. Themenheft der Osnabrücker Beiträge zur Sprachtheorie, OBST 68/2

M. Beißwenger (2007) Sprachhandlungskoordination in der Chat-Kommunikation. Berlin/New York: de Gruyter

G. Brünner (1987): Kommunikation in institutionellen Lehr-Lern-Prozessen. Diskursanalytische Untersuchungen zu Instruktionen in der betrieblichen Ausbildung. Tübingen: Gunter Narr

G. Brünner/R. Fiehler/W. Kindt (Hg.)(1999) Angewandte Diskursforschung. 2 Bände. Opladen/Wiesbaden: Westdeutscher Verlag. Elektronische Neuauflage (2002) im Verlag für Gesprächsforschung (http://www.verlag-gespraechsforschung.de/buch.htm)

G. Brünner/E. Gülich (Hg.)(2002): Krankheit verstehen. Interdisziplinäre Beiträge zur Sprache in Krankheitsdarstellungen. Bielefeld: Aisthesis

G. Brünner/G. Graefen (Hg.)(1994) Texte und Diskurse. Opladen: Westdeutscher Verlag

K. Bührig (1996) Reformulierende Handlungen. Tübingen: Narr

K. Bührig/J. D. ten Thije (Hg.)(2006) Beyond Misunderstanding. Amsterdam: Benjamins

E. Couper-Kuhlen (1993) English Speech Rhythm: Form and function in everyday verbal interaction. Amsterdam: Benjamins

E. Couper-Kuhlen/M. Selting (Hg.)(1996) Prosody in Conversation: Interactional studies Cambridge: Cambridge University Press

E. Couper-Kuhlen/M. Selting (Hg.)(2001) Studies in Interactional Linguistics. Amsterdam: Benjamins

A. Deppermann/R. Fiehler/Th. Spranz-Fogasy (Hg.)(2006) Grammatik und Interaktion. Radolfzell: Verlag für Gesprächsforschung <http://www.verlag-gespraechsforschung.de>

U. Dorfmüller (2006) Verkaufsgespräche im Computer-Discounthandel. Tübingen: Narr

K. Ehlich (Hg.) (1980) Erzählen im Alltag. Frankfurt: Suhrkamp

K. Ehlich (Hg.) (1984) Erzählen in der Schule. Tübingen: Narr

K. Ehlich/J. Rehbein, J. (1977) Wissen, kommunikatives Handeln und die Schule. In: Goeppert, H. C. (Hg.) Sprachverhalten im Unterricht. München: Fink, 36–114

K. Ehlich/J. Rehbein (1982) Augenkommunikation. Methodenreflexion und Beispielanalyse. Amsterdam: Benjamins

K. Ehlich/J. Rehbein (Hg.)(1983) Kommunikation in Schule und Hochschule. Tübingen: Narr

K. Ehlich/J. Rehbein (1986) Muster und Institution. Untersuchungen zur schulischen Kommunikation. Tübingen: Narr

K. Ehlich/K.R. Wagner (Hg.)(1989) Erzählerwerb. Frankfurt: Lang

N. Enfield/T. Stivers (Hg.)(2007) Person Reference in Interaction. Cambridge: University Press

S. Forschner (2006) Visuelles im sprachlichen Ausdruck. Eine Studie zu Wahrnehmen, Denken und Sprechen anhand des sprachlichen Handelns Blinder. München: Iudicium

W. Grießhaber (1987) Authentisches und zitierendes Handeln. Einstellungsgespräche. Tübingen: Narr
J. Gumperz (1982) Discourse Strategies. Cambridge: University Press
A. Hakulinen/M. Selting (Hg.)(2005) Syntax and Lexis in Conversation. Amsterdam: Benjamins
H. Hausendorf (1992) Gespräch als System. Linguistische Aspekte einer Soziologie der Interaktion. Opladen: Westdeutscher Verlag. Neuauflage 2004 im Verlag für Gesprächsforschung. (http://www.verlag-gespraechsforschung.de/buch.htm)
H. Hausendorf/U. Quasthoff (1996) Sprachentwicklung und Interaktion. Eine linguistische Studie zum Erwerb von Diskursfähigkeiten. Opladen: Westdeutscher Verlag. Neuauflage 2004 im Verlag für Gesprächsforschung (http://www.verlag-gespraechsforschung.de/buch.htm)
H. Henne/H. Rehbock (1995³) Einführung in die Gesprächsanalyse. Berlin/New York: de Gruyter
L. Hoffmann (1983) Kommunikation vor Gericht. Tübingen: Narr
L. Hoffmann (Hg.)(1989) Rechtsdiskurse. Tübingen: Narr
L. Hoffmann (1997) Fragen nach der Wirklichkeit. In: D. Frehsee et al. (Hg.) Konstruktion der Wirklichkeit durch Kriminalität und Strafe. Baden Baden: Nomos, 200–221
L. Hoffmann (2000) Thema, Themenentfaltung, Makrostruktur. In: G. Antos/K. Brinker et al. (Hg.) Text- und Gesprächslinguistik Bd.1. HSK 16.1. Berlin/New York: de Gruyter, 344–356
L. Hoffmann (2001) Gespräche im Rechtswesen. In: G. Antos/K. Brinker et al. (Hg.) Text- und Gesprächslinguistik Bd.2. HSK 16.2. Berlin/New York: de Gruyter, 1540–1555
L. Hoffmann (2002) Rechtsdiskurse zwischen Normalität und Normativität. In: U. Haß-Zumkehr (Hg.) Sprache und Recht. Berlin/New York: de Gruyter, 80–100
L. Hoffmann (2009) Wissensgenerierung: der Fall der Strafverhandlung (erscheint)
J. House/J. Rehbein (Hg.) Multilingual Communication. Hamburg Studies on Multilingualism 3. Amsterdam: Benjamins
S. Kameyama (2004) Verständnissicherndes Handeln. Zur reparativen Bearbeitung von Rezeptionsdefiziten in deutschen und japanischen Diskursen. Münster u.a.: Waxmann
S. Kameyama/B. Meyer (Hg.)(2006) Mehrsprachigkeit am Arbeitsplatz. Forum Angewandte Linguistik. Frankfurt: Lang
A. Knapp-Potthoff/M. Liedke (Hg.)(1997) Aspekte interkultureller Kommunikationsfähigkeit. München: Iudicium
A. Koerfer (1994) Institutionelle Kommunikation. Opladen: Westdeutscher Verlag
P. Löning /J. Rehbein (Hg.)(1993) Arzt-Patienten-Kommunikation. Analysen zu interdisziplinären Problemen des medizinischen Diskurses. Berlin/New York: de Gruyter
G. Psathas (Hg.)(1979) Everyday Language. New York: Irvington
U. M. Quasthoff (1980) Erzählen in Gesprächen. Tübingen: Narr
A. Redder (Hg.)(1994) Diskursanalysen in praktischer Absicht, OBST 49
A. Redder/J. Rehbein (Hg.)(1987) Arbeiten zur interkulturellen Kommunikation, OBST 38

J. Rehbein (1980) Sequentielles Erzählen. Erzählstrukturen von Immigranten bei Sozialberatungen in England. In: K. Ehlich (Hg.) Erzählen im Alltag. Frankfurt: Suhrkamp, 64–108

J. Rehbein (1982) Biographisches Erzählen. In: E. Lämmert, (Hg.) Erzählforschung. Stuttgart: Metzler, 51–73

J. Rehbein (1985) Institutionelle Veränderungen. Fokustätigkeit, Fragen und sprachliche Muster am Beispiel einer Geschichts- und einer Biologiestunde. In: R. Kokemohr/W. Marotzki (Hg.) Interaktionsanalysen in pädagogischer Absicht. Bern: Lang, 11–45

J. Rehbein (1986) Sprachnoterzählungen. In: E.W.B. Hess-Lüttich (Hg.) Integration und Identität. Soziokulturelle und psychopädagogische Probleme im Sprachunterricht mit Ausländern. Tübingen: Narr, 63–86

J. Rehbein (1986) Multiple Formulae. Aspects of Turkish Migrant Workers' German in Intercultural Communication. In: K. Knapp/W. Enninger/A. Knapp-Potthoff (Hg.) Analyzing Intercultural Communication. Berlin: de Gruyter/Mouton, 215–248

J. Rehbein (1994) Rejective Proposals. In: Multilingua – Journal of Cross-Cultural and Interlanguage Communication (Special Issue on Intercultural Communication in the Professions) 13-1/2, 83–130

J. Rehbein (1995) International sales talk. In: K. Ehlich /J. Wagner (Hg.) The Discourse of Business Negotiation. Berlin/New York: Mouton de Gruyter, 67–102

J. Rehbein (1998) Austauschprozesse zwischen unterschiedlichen fachlichen Kommunikationsbereichen. In: L. Hoffmann/H. Kalverkämper/E. H. Wiegand (Hg.) Fachsprachen. Ein internationales Handbuch zur Fachsprachenforschung und Terminologiewissenschaft. HSK 14.2. Berlin/New York: de Gruyter, 689–710

H. Sacks (1992) Lectures on conversation. Cambridge: University Press

H. Sacks/E. Schegloff/G. Jefferson (1978) A Simplest Systematics for the Organization of Turn Taking for Conversation. In: J. Schenkein (Hg.), 7–56

J. Schenkein (Hg.)(1978) Studies in the Organisation of Conversational Interaction. New York: Academic Press

W. Schütte (1991) Scherzkommunikation unter Orchestermusikern. Interaktionsformen in einer Berufswelt. Tübingen: Narr

M. Selting (1995) Prosodie im Gespräch. Tübingen: Niemeyer

C. Spiegel (1995) Streit. Eine linguistische Untersuchung verbaler Interaktionen in alltäglichen Zusammenhängen. Tübingen: Narr

Transkriptbände

W. Boettcher/A. Limburg/D. Meer/V. Zegers (2005) Sprechstundengespräche an der Hochschule (http://www.verlag-gespraechsforschung.de/2005/boettcher.htm)

R. Brons-Albert (1984) Gesprochenes Standarddeutsch. Telefondialoge. Tübingen: Narr

H. Immesberger/R. Rath/J. Schu (Hg.)(1987) Kindersprache. Tübingen: Niemeyer

S. Maurer/R. Schmitt (1994) Small talk, Klatsch und aggressive Spiele. Tübingen: Narr

A. Redder (Hg.)(1982) Schulstunden I. Transkripte. Tübingen: Narr

A. Redder/K. Ehlich (Hg.)(1994) Gesprochene Sprache. Tübingen: Niemeyer [mit CD]
P. Schröder (Hg.)(1985) Beratungsgespräche. Tübingen: Narr
P. Schröder (Hg.)(1995) Schlichtungsgespräche. Berlin/New York: de Gruyter
Texte gesprochener deutscher Standardsprache I-IV (1971–1979) München: Hueber
K.R. Wagner/R. Schulz (1990) Teilkorpus Frederik (8;7) Essen: Die blaue Eule
S. Walther (2005) Erstgespräche zwischen Pflegepersonal und Patienten im Krankenhausalltag. (http://www.verlag-gespraechsforschung.de/2005/walther.htm)
http://www.ehlich-berlin.de/DTR/DTR.HTM (Ehlich: Deutsche Transkripte 1950 bis 1995)

Dokumentation von Aufnahmen

P. Wagener (1994) Tonaufnahmen des gesprochenen Deutsch. Tübingen: Niemeyer

Transkribieren

K. Ehlich (1993a) Methodische Anforderungen an die Erforschung der gesprochenen Sprache. In: Richter, 150–155
K. Ehlich/J. Rehbein (1976) Halbinterpretative Arbeitstranskriptionen (HIAT). In: Linguistische Berichte 46/ 1976, 21–41
K. Ehlich/J. Rehbein (1979) Erweiterte halbinterpretative Arbeitstranskriptionen (HIAT 2): Intonation. In: Linguistische Berichte 59, 51–75
K. Ehlich/J. Rehbein (1981) Zur Notierung nonverbaler Kommunikation für diskursanalytische Zwecke. In: Winkler, 302–329
A. Redder (2001) Aufbau und Gestaltung von Transkriptionssystemen. In: K. Brinker et al. (2001), 1038–1059
J. Rehbein et al. (2004) Handbuch für das computergestützte Transkribieren nach HIAT. Arbeiten zur Mehrsprachigkeit 56. SFB 538 Univ. Hamburg
G. Richter (Hg.)(1993) Methodische Grundfragen der Erforschung gesprochener Sprache. Frankfurt/Bern: Lang
P. Schlobinski (1996) Empirische Sprachwissenschaft. Opladen: Westdeutscher Verlag
T. Schmidt (2005) Computergestützte Transkription. Frankfurt: Lang
M. Selting/P. Auer (1998) Gesprächsanalytisches Transkriptionssystem (GAT). In: LB 173, 91–122
P. Winkler (Hg.)(1981) Methoden der Analyse von Face-to-face Situationen. Stuttgart: Metzler

Im Netz:

http://home.edo.uni-dortmund.de/~hoffmann/Biblios/Gespraech.html

K. Ehlich

Sprechhandlungsanalyse

Die Linguistik bewegt sich – trotz teilweise erheblicher theorietechnischer Innovationen – noch immer weitgehend in den Grenzen grammatisch-syntaktischer beziehungsweise semantischer Analyse von Sprache, die in der Antike gezogen wurden. Die wichtigsten Analysekategorien gehen auf jene Forschungstradition zurück. Diese Kategorien sind über die schulische Vermittlung zugleich Bestandteil des Standardwissens geworden. Kategorien wie die der Wortarten („partes orationis", beispielsweise „Verb", „Adjektiv") oder solche wie „Subjekt", „Prädikat" gehören dazu ebenso wie die elementaren Einheiten der Wort- und Formenlehre.

Die neueren linguistischen Bemühungen haben zu neuen Terminologien und zur Einbeziehung neuer Theoriehintergründe geführt, doch sind die Einsichten in die Strukturen der Sprache dadurch nur zum Teil wirklich weiterentwickelt worden. Daraus ist einerseits abzulesen, daß die antike Analyseweise von Sprache relativ erfolgreich war und für viele Zwecke der Beschäftigung mit Sprache ausreichte. Andererseits geht daraus aber auch hervor, daß es nicht gelungen ist, die Reduktion des Analyseobjekts rückgängig zu machen, die am Anfang dieser Analysetradition stehen.

Demgegenüber haben in diesem Jahrhundert verschiedentlich Nichtlinguisten, Wissenschaftler aus Disziplinen wie der Ethnologie (Malinowski), der Psychologie (Bühler), der Soziologie (Garfinkel) oder der Philosophie (Wittgenstein, Austin) bedeutende Anstöße für die Erforschung der Sprache jenseits jener traditionellen Grenzen gegeben. Die Reduktionen des Gegenstandes von Sprachwissenschaft zeigen sich vor allem in der Eingrenzung auf Laut (Phonem), Flexionsform (Morphem), Wort und Satz. Diese elementaren Einheiten von Sprache sind aus schriftlichen Texten unmittelbar zu entnehmen. Schriftliche Texte, insbesondere literarische, waren denn auch der hauptsächliche Gegenstandsbereich, mit dem sich Sprachwissenschaftler befaßten, es sei denn, sie produzierten die „Beispiele" für ihre Untersuchungen selbst nach Art von Ausschnitten aus schriftlichen Texten. WITTGENSTEINS (vgl. 1969) Überlegungen zum „Sprachspiel", BÜHLERS (vgl. 1934) Ausdifferenzierung von verschiedenen Funktionen von Sprache und vor allem AUSTINS programmatische Schrift „How to do things with words" (1962) sind Ausdruck einer Neubesinnung auf die Fülle und den Reichtum von Sprache und von ihren Funktionen innerhalb der menschlichen Gesellschaft. Auf dem Hintergrund solcher theoretischer Bemühungen ist in den letzten zwei Jahrzehnten in verschiedenen Ländern eine neue Art, Linguistik zu betreiben, entstanden, die vor allem in der sogenannten linguistischen Pragmatik (Handlungslehre) konzentriert ist (vgl. SCHLIEBEN-LANGE 1979). Ein zentraler Bereich davon ist die Sprechhandlungsanalyse. Sie bezieht sich auf das Verhältnis von Sprache und Handeln. Unter dieser Fragestellung ist auch die Kommunikation in der Schule in den letzten Jahren häufiger untersucht worden. (Ergebnisberichte aus verschiedenen deutschen Projekten finden sich in EHLICH/REHBEIN 1983.)

Anhand eines schulischen Beispiels sollen im folgenden wichtige Verfahrensweisen der Sprechhandlungsanalyse dargestellt werden.

Die Sprechhandlungsanalyse bezieht sich zunehmend mehr auf die konkrete, gesprochene Sprache. (Für einen Überblick über Verfahren der Analyse von gesprochener Sprache vgl. HENNE/REHBOCK 1982.) Diese wird mit Hilfe von mechanischen Aufnahmegeräten „vor Ort" aufgenommen und anschließend in einem meist recht arbeitsaufwendigen Prozeß verschriftlicht („transkribiert" – vgl. EHLICH/SWITALLA 1976, REDDER 1982). Das Beispiel (B1) gibt ein solches Transkript wieder, und zwar in einer weiter bearbeiteten Form, nämlich mit einer Einteilung in verschiedene kommunikative Einheiten oder „Segmente". (Die einzelnen Segmente werden in den Beispielen mit hochgestellten Ziffern [wie [1])], im Text mit „s 1" benannt.) An diesem „segmentierten Transkript" wird zunächst ein kommunikationstechnischer Aspekt beschrieben, der „turn-Apparat". Daran schließt sich die illokutive Analyse an, und zwar in zwei unterschiedlichen Formen. Schließlich wird der Bezug von sprachlichem Handeln und Institutionen, hier der Institution Schule, erörtert.

turn-Apparat

Eine Gruppe von Segmenten (s 4, s 6, s 9, s 10) gehört offenbar demselben funktionalen Typ zu: Es sind Formen, mittels derer sich Teilnehmer an der Kommunikation darum bemühen, das *Rederecht* zu erhalten. Bei jedem Diskurs, bei dem mehr als ein Sprecher aktiv beteiligt ist, ist der Übergang von Sprecher S_1 zu Sprecher S_2 alles andere als einfach.

Ein Blick auf das Transkript zeigt, daß sich lediglich solche Teilnehmer am Diskurs um das Rederecht bemühen, die mit „S" (Schüler) bezeichnet werden. Wenn hingegen der Lehrer „drankommt", müßte er sich vorher nicht eigens darum bemühen, das Rederecht zu erhalten; er beginnt einfach. Von einem analytisch-deskriptiven Gesichtspunkt aus zeigt schon so ein beliebig ausgewählter Transkriptausschnitt charakteristische Merkmale der Technik der Rederechtvergabe im Unterricht.

Beispiel 1 (B 1):

L	¹⁾ So,	²⁾ dann hörn wer uns gleich die nächste an!		⁵⁾ „Frau
S 1			³⁾ Hm̌	
S 2			⁴⁾ Darf ich?	

| L | Es zahlt für sechs Eier an der Kasse eine Mark vierundvierzig. | |
| SS | | ⁶⁾ ((Fingerschnalzen)) |

| L | Frau Em hat ebenfalls Eier gekauft, | sie bezahlt fünf Mark und |
| S 1 | ⁷⁾ Brr! | ⁸⁾ Leicht! |

L	vier."	¹¹⁾ Fragen wer uns erst ma alle, wie ha/ lautet
SS	⁹⁾ ((Fingerschnalzen))	
S 2	¹⁰⁾ Herr Kowalski!	

L	die Frage aus dieser Aufgabe?	((ca. 6 sec))	
S 1		¹²⁾ Ej, hast du dat aufgeschrieben?	
S 2			¹³⁾ Jǎ

| L | ¹⁴⁾ Andreas, keine Meinung? | ¹⁵⁾ ...Sabine! | |
| Sa | | | ¹⁶⁾ Für fünf Mark vier bekommt |

| L | | ¹⁷⁾ Já, | ¹⁸⁾ laß uns (das) nur n bißchen anders |
| Sa | man gleich ix Eier? | | |

| L | ausdrücken! | ¹⁹⁾ Gerlinde! | |
| G | | | ²⁰⁾ Wieviel Eier bekommt sie für fünf Mark |

| L | ²¹ Ganz genau! | So! | ²²⁾ |
| G | | | vier? |

(Quelle: REDDER 1982, S. 103 f.)

Das „Drankommen" in einem Diskurs (nicht allein in der Schule!) bezeichnet man mit dem englischen Ausdruck „turn". Die turn-Verteilung in der Schule weist also charakteristische Strukturen auf. Sie können mit der turn-Verteilung bei anderen, alltäglichen Gesprächen verglichen werden. Dabei zeigt sich, daß in der Schule ganz andere Regeln gelten als im Alltag (vgl. MAZELAND 1983). Daraus folgt auch die Fragestellung, wie Kinder sich solche Veränderungen ihrer kommunikativen Techniken aneignen, welchen Preis in ihrer Kommunikationsfähigkeit sie dafür bezahlen, welchen Nutzen sie davon haben, welche Konsequenzen sich für sie ergeben – bis hin zur kommunikativen Diskriminierung, wenn ein Kind den Erwerb des schulspezifischen turn-Apparates nicht innerhalb der vorgesehenen Zeit abgeschlossen hat und als „Störer" gekennzeichnet wird.

Der turn-Apparat hat selbstverständlich auch auf der Seite des Lehrers seine Entsprechung (s 14, s 15, s 19). Dabei ist die turn-Zuteilung häufig nicht allein die Zuweisung des Rede*rechts*, sondern vielmehr die Zuweisung einer Rede*pflicht* (vgl. besonders s 14). Die turn-Verteilung im Unterricht regelt das Auftreten der Schüler im kommunikativen Handlungsraum. In der Schule ist der turn-Apparat nicht einfach ein neutrales Instrument, sondern direkter Ausdruck der schulischen Machtverhältnisse.

Illokutive Analyse

Die Äußerung s 2 kann als „*Selbstaufforderung*" beschrieben werden. Eine solche Beschreibung bezieht sich zwar auf den Inhalt der Äußerung, aber sie geht eigentlich darüber hinaus. Mit dem Wort „Aufforderung" wird eine Art von *Handlung* bezeichnet, die ein Sprecher ausführt. Man nennt diese Dimension von Sprache die Illokution. Jede sprachliche Äußerung weist eine spezifische Illokution auf, etwa *Versprechen* oder *Frage*. Eine komplexe Sprechhandlungsanalyse hat eine zentrale Aufgabe darin, die illokutive Struktur sprachlicher Handlungen zu bestimmen; denn in ihr sind die gesellschaftlich ausgearbeiteten wie die individuellen Zwecke des sprachlichen Handelns gebunden. Diejenige Analyse, die die Bestimmung der illokutiven Qualität von sprachlichen Handlungen zum Gegenstand hat, wird illokutive Analyse genannt. Zwei Formen sind dabei zu unterscheiden. Die erste, einfache illokutive Analyse versucht, einen Zuordnungsmechanismus zu finden, der jeder beliebigen sprachlichen Äußerung eine illokutive Beschreibung zuordnet (vgl. B 3). Dieses Verfahren ist, obwohl sein Ziel sich von herkömmlichen sprachwissenschaftlichen Analysezielen unterscheidet, methodisch doch weitgehend orientiert an den Standards der traditionellen Sprachanalyse.

Die zweite, komplexe illokutive Analyse sieht die illokutive Qualität von Äußerungen als Teil ihres allgemeinen Handlungscharakters. Sie fragt: Welche sprachlichen Handlungsformen stehen den Sprechern einer Sprache zur Verfügung; welche Funktionen nehmen diese Formen wahr, und für welche Zwecke wurden sie gesellschaftlich entwickelt und individuell angeeignet? Eine solche Fragestellung beschränkt sich nicht auf die methodischen Vorgaben der traditionellen Sprachanalyse, sondern versucht, Sprachanalyse als Teil einer Gesellschaftsanalyse zu verstehen. Aus der allgemeinen Analyse menschlicher Handlungen lernt sie, daß häufig das, was an der Oberfläche sichtbar ist, noch keineswegs auch die Wahrheit über die Erscheinung zur Geltung kommen läßt, daß vielmehr die Oberflächenerscheinungen (zum Beispiel die konkreten Äußerungen) oft von einer Vielzahl von Bedingungen und Strukturen hervorgebracht werden, die erst durch sorgfältige Analyse deutlich werden können. Diese Analyse sprachlicher Handlungen versucht also zugleich, deren Zusammenhang und Stellenwert innerhalb größerer sozialer Umgebungen zu erkennen. Schuldiskurse sieht sie beispielsweise als Diskurse innerhalb einer Institution an, die ganz spezifische Bedingungen für die Kommunikation etabliert und die Unterordnung der sprachlich Handelnden unter diese Bedingungen verlangt. Die Kommunikation verläuft nach dieser Auffassung in Mustern, die die Handelnden aktualisieren, und die Sprechhandlungsanalyse hat die Aufgabe, die illokutiven Muster herauszuarbeiten und ihre Verwendungen zu beschreiben.

Transkriptvereinfachung

Die verschiedenen Segmente in (B 1) haben sehr unterschiedlichen Charakter und Stellenwert:

- s 6, s 9 und s 10 sind Äußerungen, die zur turn-Zuteilung führen sollen,
- s 14, s 15 und s 19 sind Äußerungen, mit denen der turn zugeteilt oder auch oktroyiert wird,
- s 2 hat es mit der Eingliederung des ganzen Abschnittes in ein größeres Gefüge zu tun,
- s 1 und s 22 („so") erweisen sich als Schaltelemente zwischen verschiedenen Abschnitten.
- Der Hauptteil des Abschnitts umfaßt die Segmente (s 3, s 4) s 5, (s 7, s 8) s 11, s 16, s 17, s 18, s 20, s 21. Die meisten dieser Äußerungen verteilen sich systematisch auf zwei Sprechergruppen: eine, die nur ein einziges Mitglied, den Lehrer, hat und eine mit mehreren Mitgliedern, den Schülern.

Dies läßt sich so darstellen:
(B 2):

L	S
„Frau Es zahlt für sechs Eier an der Kasse eine Mark vierundvierzig (s 5a) Frau Em hat ebenfalls Eier gekauft, (s 5b) sie bezahlt fünf Mark und vier." (s 5c) Fragen wer uns erst ma alle, wie lautet die Frage dieser Aufgabe? (s 11)	
	Für fünf Mark vier bekommt man gleich ix Eier? (s 16)
Já, (s 17) laß uns das nur n bißchen anders ausdrücken! (s 18)	
	Wieviel Eier bekommt sie für fünf Mark vier? (s 20)
Ganz genau! (s 21)	

(B 2) weist eine *Anordnung* auf, die sich vom segmentierten Transkript (B 1) unterscheidet. Außerdem ist (B 2) gegenüber (B 1) vereinfacht oder „gereinigt". Die Vereinfachung dient also einer schärferen Konturierung bestimmter Aspekte – sie bedeutet aber immer auch eine Verarmung und Reduktion gegenüber den im originären Transkript enthaltenen Informationen.

Sprechhandlungssequenzen

Das gereinigte Transkript (B 2) läßt eine kommunikative Struktur des Stundenausschnitts deutlich werden: Es handelt sich um eine Abfolge sprachlicher Handlungen, die in offenbar *systematisch bedingtem Wechsel* stattfindet. Daß die Verteilung der Äußerungen auf die zwei Sprechergruppen nicht beliebig ist, läßt sich leicht durch eine Vertauschungsoperation der Sprechersiglen feststellen, indem L durch S und S durch L ersetzt wird.

Eine Abfolge sprachlicher Handlungen, die systematisch bedingten Sprecherwechsel aufweist, wird Sprechhandlungssequenz genannt. (Der Ausdruck „Sequenz" wird in der Literatur zum Teil auch pauschal für *alle* Formen von Abfolgen verwendet.)

In der Abfolge als solcher ist jedes Segment durch ein Vorher und ein Nachher gegenüber anderen Segmenten bestimmt. Insofern sind alle Segmente einander gleich. Systematisch gesehen liegen die Dinge jedoch nicht so einfach: Der Übergang von s 5a zu s 5b oder von s 5c zu s 11 ist ein anderer als der Übergang von s 11 zu s 16. Andererseits ist die Beziehung von s 16 zu s 20 eine andere als die von s 20 zu s 21. s 16 und s 20 weisen große Parallelitäten auf – die im Widerspruch zu ihrem einfachen zeitlichen Nacheinander stehen. Beide Sprechhandlungen haben denselben Stellenwert, sie sind zwei Äußerungen, die systematisch an ein und derselben Stelle stehen.

Die illokutive Qualität von Äußerungen

Um die Unterschiede und Gemeinsamkeiten der verschiedenen Äußerungen genauer zu bestimmen, helfen die einfache Paraphrase oder das bloße Zitat aus dem Transkript oder seine neue Anordnung nicht mehr weiter. Vielmehr ist eine neue kategoriale Dimension erforderlich: Die illokutive Qualität der einzelnen Segmente muß bestimmt werden.

Dies geschieht im folgenden Beispiel nach Art der Zuordnungsverfahren, wie sie in der einfachen Form der illokutiven Analyse gebraucht werden. Die Schwierigkeiten dieses Verfahrens liegen darin begründet, daß es nur selten

(B 3):

Segment	illokutiver Typ	illokutiver Indikator, illokutives Merkmal
s 5a	Assertion	Aussagesatzform
s 5b	Assertion	Aussagesatzform
s 5c	Assertion	Aussagesatzform
s 11	Frage oder Selbstaufforderung	illokutive Selbstqualifizierung „fragen" 1. pl., Inversion plus fallende Intonation
s 16	Assertion? Frage?	Aussagesatzform Frageintonation
s 17	?	?
s 18	Aufforderung	Kohortativ
s 20	Frage	Frageintonation
s 21	Zustimmung	propositionaler Gehalt plus Ausrufform

möglich ist, die Zuordnung von Illokutionsbeschreibungen zu Äußerungen *an sich* vorzunehmen. Vielmehr ist die Bestimmung der illokutiven Qualität Teil eines hermeneutischen Prozesses: Die jeweiligen Interpretationen einer Äußerung bestimmen das Verständnis der anderen Äußerungen mit, dieses wirkt wieder auf die Interpretation der ersten Äußerung zurück und so weiter. In die Bestimmung der illokutiven Kraft einer Sprechhandlung geht also die analytische Gesamtleistung mit ein, und erst wenn diese zu einem gewissen Abschluß gebracht worden ist, ist jene hinreichend deutlich, und umgekehrt. Betrachten wir ein Beispiel: s 11 („Fragen wer uns erst ma alle, wie lautet die Frage aus dieser Aufgabe?"). s 11 erscheint auf den ersten Blick als Frage. Tatsächlich fragt L aber nicht; er will nur etwas erreichen, was gemeinhin durch eine Frage beim Adressaten ausgelöst wird, nämlich eine bestimmte mentale Aktivität, und zwar nicht bei allen, auf die er sich mit „wer" bezieht, sondern lediglich bei den Schülern. *Sie* sollen bestimmen, wie „die Frage aus dieser Aufgabe" lautet. Mit s 11 stellt der Lehrer den Schülern also in Wirklichkeit eine *Aufgabe*. Die Aufgabenstellung hat einen bestimmten propositionalen Gehalt. Dieser propositionale Gehalt von s 11 kann zugleich zur weiteren Analyse von s 5 herangezogen werden. Er weist nämlich der Äußerung s 5 explizit eine spezifische illokutive Qualität zu: auch s 5 ist eine *Aufgabe*.

Sprachliche Handlungsmuster

Der illokutive Typ der *Aufgabenstellung* verlangt normalerweise eine feste Fortsetzung auf der Seite des Angesprochenen. Darin liegt gerade der Zweck der *Aufgabenstellung*, den anderen vermittels der sprachlichen Handlung zur Ausführung von Tätigkeiten zu bewegen, die er nicht ohnehin tun würde, nämlich dazu, die Lösung zu finden und zu verbalisieren. Darin unterscheidet sich die *Aufgabenstellung* etwa von der *Mitteilung* oder dem *Dank*, denen sich keine Abschlußhandlung des Angeredeten systematisch anzuschließen braucht.

Aufgabenstellen und *Lösung-Verbalisieren* sind also zwei Sprechhandlungen, die eng aufeinander bezogen sind. Sie bilden zusammen ein komplexes sprachliches Handlungsmuster, das mindestens diese zwei einzelnen sprachlichen Handlungen umfaßt. (Auch diese können wiederum als Muster angesehen werden.) Das sprachliche Handlungsmuster ist eine gesellschaftlich erarbeitete Handlungsform, die der Bearbeitung von Zwecken dient, welche immer neu aktuell werden.

s 16 und s 20 erweisen sich nun unschwer als sprachliche Handlungen, die die Position des *Lösungs-Verbalisierens* einnehmen. Genauer: beide sind Lösungsversuche, s 16 ein nicht ganz gelingender, s 20 ein gelingender. Weil s 16 nicht ganz gelingt, ist der Zweck des Musters nicht erreicht, und das Muster wird ein weiteres Mal „abgearbeitet".

Da der Lehrer bestimmt, was richtig oder falsch ist, also was als Lösung gilt oder nicht, enthält das *Aufgabe-Lösungs-Muster* in der Schule eine weitere Position, nämlich die der *Bewertung*. Diese wird zweimal realisiert: in s 17 und in s 21. (Man könnte übrigens Argumente dafür anführen, daß mit s 17 das Muster einmal erfolgreich durchlaufen wäre und daß mit s 18 eine neue Aufgabenstellung erfolgt. Ob dies wirklich der Fall ist oder ob s 17 in Verbindung mit s 18 eine Nicht-Anerkennung des Lösungsversuchs ausdrückt, hängt von der intonatorischen Struktur des „ja" ab.)

Die elementaren Strukturen des *Aufgabe-Lösungs-Musters* können nun dargestellt werden [s. (B 4)].

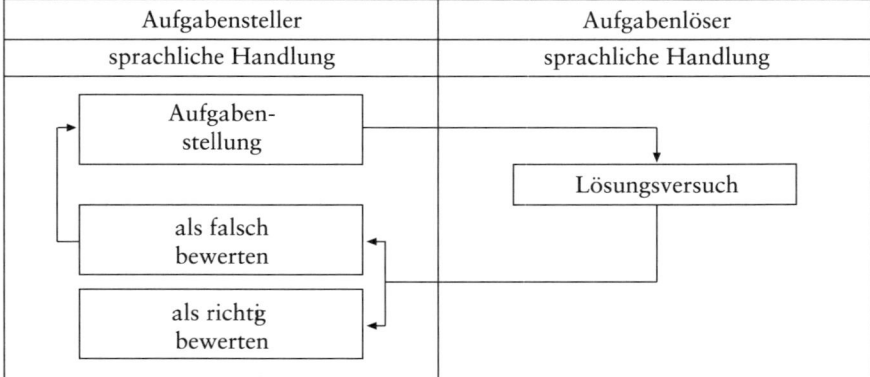

(B 6):

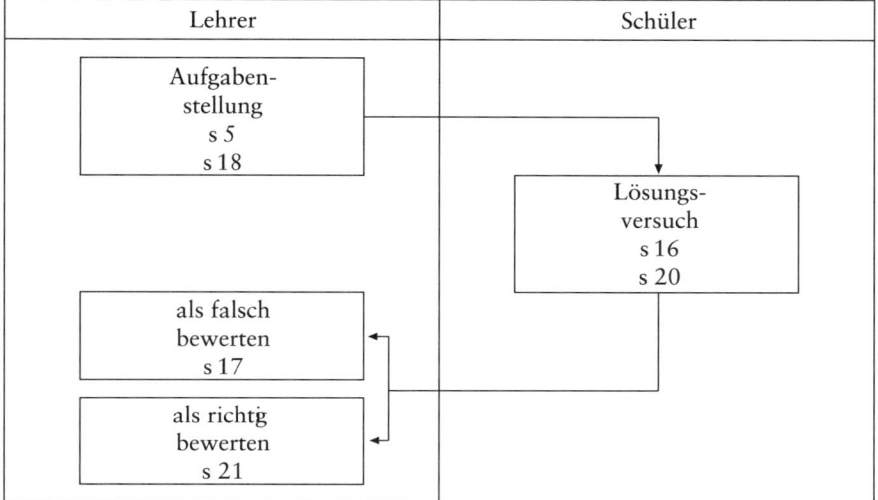

Wenn der propositionale Gehalt der Bewertung „falsch" lautet, so beginnt die ganze Abfolge von neuem, so daß das Muster so verbessert werden kann [s. (B 5)].

Die konkreten Äußerungen lassen sich nun unschwer dem Handlungsmuster zuordnen [s. (B 6)].

Diese Darstellung zeigt uns die Struktur der sprachlichen Handlungsabläufe in Beispiel (B 1) – und macht deutlich, daß das Beispiel in der Tat Beispiel für eine allgemeinere Handlungsstruktur ist.

Die mentale Dimension

(B 5) gibt die sprachlichen Handlungen und die systematischen Abfolgebeziehungen wieder, die innerhalb der Sequenz bestehen, ohne auf die mentalen Aktivitäten einzugehen, mit denen sprachliche Handlungen immer zugleich verbunden sind. Dies wird gerade beim *Aufgabe-Lösungs-Muster* besonders deutlich. Denn es zielt ja entscheidend darauf ab, beim Aufgabenlöser bestimmte Prozesse der Wissensverarbeitung in Gang zu setzen. Diese resultieren im *Lösungsversuch*. Gibt man in der Musterbestimmung lediglich dieses Resultat wieder, so bringt man den Zweck des Aufgabenstellens nur ungenau zum Ausdruck. Deshalb ist es sinnvoll, (B 5) zu (B 7) zu erweitern. Selbstverständlich sind die mentalen Vorgänge nicht unmittelbar sinnlich wahrnehm-

(B 7):

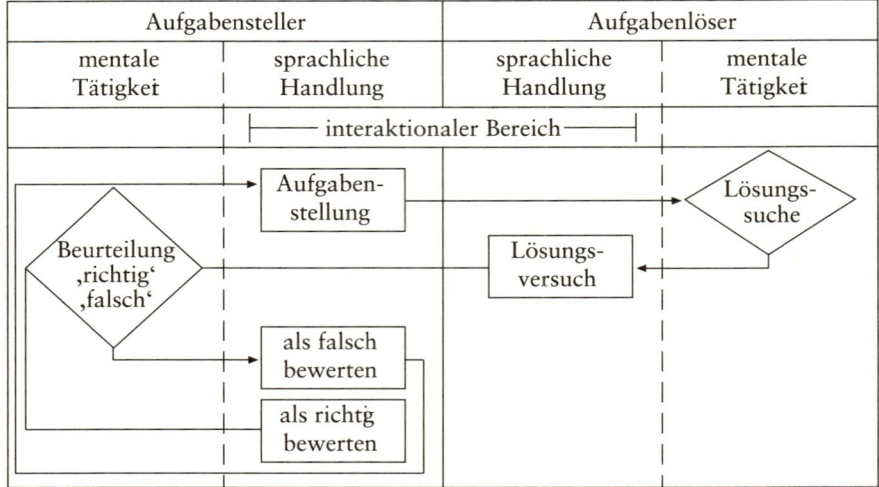

bar. Deshalb sind für ihre Rekonstruktion komplexere Analyseverfahren erforderlich. Bei der Angabe mentaler Tätigkeiten ist systematisch zwischen verschiedenen Typen zu unterscheiden, etwa denen, die routinemäßig beim Verbalisieren eingesetzt werden, und solchen, die für ein spezifisches Muster besonders wichtig oder charakteristisch sind. Nur mentale Handlungen vom zweiten Typ sind in die analytische Darstellung aufzunehmen. Die anderen verdienen eine eigene Behandlung, die teilweise von der Psycholinguistik vorgenommen wird.

Illokution, Proposition, Institution

Nachdem das sprachliche Handlungsmuster *Aufgabe-Lösung* beschrieben wurde, kann die Frage aufgenommen werden, wieso Teile von ihm in (B 1) gleich zweimal hintereinander vorkommen.

Die Antwort führt über die illokutive Analyse hinaus. Sie erfordert zunächst, auf die Inhalte, auf den propositionalen Gehalt, einzugehen. Illokutive wie propositionale Strukturen sind bezogen auf institutionelle Zwecke und Besonderheiten. Sie dienen der Bearbeitung gesellschaftlicher Probleme, hier des Widerspruchs von Praxisferne der wissensvermittelnden Institution Schule und dem Alltagswissen der Schüler.

Mit s 11 beginnt eine Realisierung des Musters *Aufgabe-Lösung*, mit s 21 endet sie. Diese Realisierung ist eingelagert in eine andere Aufgabenstellung, nämlich s 5, die Aufgabenstellung (a) genannt werden soll. Aufgabenstellung s 11 soll dagegen als Aufgabenstellung (b) bezeichnet werden.

Aufgabenstellung (a) hat ein mathematisches Problem zum Thema. Aufgabenstellung (b) unterscheidet sich davon. Die Aufgabe dient der Klarstellung einer Aufgabe, oder, anders gesagt, sie ist eine sprachliche Aufgabe: Die Schüler sollen in der Assertionsverkettung eine darin selbst nicht genannte Frage identifizieren und verbalisieren. Die Schüler sollen also eine Umformulierung von s 5 vornehmen, um die Aufgabenstellung von (a) schärfer herauszuarbeiten. Wieso ist das aber schwierig, wieso ist es eine Aufgabe eigener Art? Die Antwort ergibt sich aus der Lösung von Aufgabe (b), nämlich aus s 20, dem Lösungsversuch, der die Zustimmung des Lehrers findet. s 20 unterscheidet sich charakteristisch von s 5.

s 20 hat nämlich die Form einer rechnerischen Gleichsetzung:

5,04 DM entsprechen x Eiern
oder
5,04 a = x b

Erst in dieser Form ist der Aufgabentyp deutlich. Was liegt demgegenüber aber in s 5 vor? Nähme man s 5 für sich, wäre keineswegs sicher, daß es sich um eine Aufgabenstellung handelt. Die drei Untereinheiten s 5a, s 5b und s 5c könnten auch ganz anders weiterentwickelt werden, zum Beispiel zu einer kleinen Alltagserzählung. Daraus wird der unterschiedliche Status von Aufgabenstellung (a) gegenüber Aufgabenstellung (b) deutlich. (a) gibt sich als „Bericht aus dem Alltagsleben".

Die mathematische Aufgabenstruktur ist eingekleidet in die Form eines alltäglichen Vorfalls. Die mathematische Aufgabe tritt als Ausschnitt aus dem „wirklichen Leben" auf. Damit wird an das alltägliche Handlungswissen der Kinder angeknüpft. Nicht die relativ abstrakte mathematische Struktur, sondern eine konkrete alltägliche Erfahrung wird vorgegeben. Diese Vorgabe könnte eine Antwort der eigentlichen Aufgabensteller, der Schulbuchverfasser, auf die Praxisferne der Schule gegenüber der alltäglichen Wirklichkeit sein. Sie könnte auch einen didaktischen Zweck verfolgen, nämlich, deutlich zu machen, daß in alltäglichen Situationen mathematische Aufgabenstrukturen verborgen sein können, die herauszufinden sich lohnt und die durch die Anwendung mathematischer Kenntnisse (hier des Dreisatzes) gelöst werden können.

Die unterrichtspraktische Umsetzung stimmt damit jedoch nicht umstandslos überein. Die Behandlung der Aufgabe „aus dem Leben" vollzieht sich vielmehr gerade über den Schritt einer Transformation zur Aufgabe aus dem Mathematikunterricht. Die Aufgabenstellung (b) besagt ja: bevor die Schüler sich der Aufgabe (a) inhaltlich zuwenden können, müssen sie die mathematische Form aus der „alltäglichen" entwickeln. Auch dieser Umsetzungsprozeß *kann* als sinnvoller didaktischer Schritt gelten – solange den Schülern daran deutlich wird, wie sie die mathematischen Kenntnisse in die Alltagswelt übertragen können, indem sie *dort* den hier, im Unterricht, ausgeführten Schritt praktizieren.

Doch weist die Gesamtstruktur sowohl dieses Falles – wie der weiteren innerhalb dieser Stunde – in eine andere Richtung. Die Überführung von (a) zu (b) bekommt angesichts ihrer Häufigkeit in der Stunde und angesichts des Umgehens mit der „alltagsweltlichen" Aufgabe bei der Behandlung einen Untersinn. An das zitierte Beispiel (B 1) schließen sich 8 Minuten Unterrichtsdiskurs rein mathematisch-rechnerischen Charakters an. In ihnen ist noch *einmal* vom „Ei" die Rede, sonst geht es nur um Zahlen. Betrachtet man das Verhältnis von Aufgabe (a) und dem, was folgt, so frappiert die Ungleichgewichtigkeit zwischen beiden Teilen. Aufgabe (a) wird sozusagen zur Vorschaltung vor die – vom Arbeitsaufwand her gesehen – eigentliche Aufgabe, die rein mathematische. Die Bezüge zum Alltag erweisen sich – nachdem Aufgabe (b) einmal gelöst ist, die mathematische Form also zur Verfügung steht – als zumindest gleichgültig, wenn nicht gar als ausgesprochen störend, als Zutat, die den bearbeitungsfähigen Aufgabenstrukturen hindernd im Weg steht. Was vielleicht als Einkleidung in Alltägliches dazu bezweckt war, die Aufgabe „schmackhaft" zu machen (ihr Motivationskraft zu verleihen), erscheint demnach als Verschlüsselung, die rückgängig gemacht werden muß, um an die schulgemäße Aufgabe überhaupt erst heranzukommen. Diese Entschlüsselungsleistung ist die „Aufgabe in der Aufgabe", Aufgabe (b). Vom Resultat, der Lösung (b) und den folgenden acht Minuten Rechnen her, erweist sich die Umformulierung von s 5 zu s 20 als ein komplexer Prozeß, in dessen Verlauf eine relativ wirklichkeitsferne, „nackte", schulische Form hergestellt wird.

Diese Analyse läßt selbstverständlich die Frage aufkommen, wie die Gesamtlösung nach den acht Minuten aussieht. Da es bei der Unterrichtsstunde um die Besprechung einer Klassenarbeit geht, ist ein Nachdruck auf der richtigen sprachlichen Form zu vermuten.

In der Tat versucht der Lehrer, von der rechen-internen Aufgabe wieder zur ursprünglichen Textaufgabe zurückzukommen (B 8).

Der Übergang, der zwischen s 1, s 20 beziehungsweise s 22 in (B 8) liegt, illustriert deutlich die Schwierigkeiten, die eben herausgearbeitet wurden.

Mit s 3 bezieht L sich auf die Aufgabe (a). Er tut dies aber in einer Weise, die den unterrichts*internen* Charakter der Formulierung von (a) deutlich

Beispiel 2 (B 8):

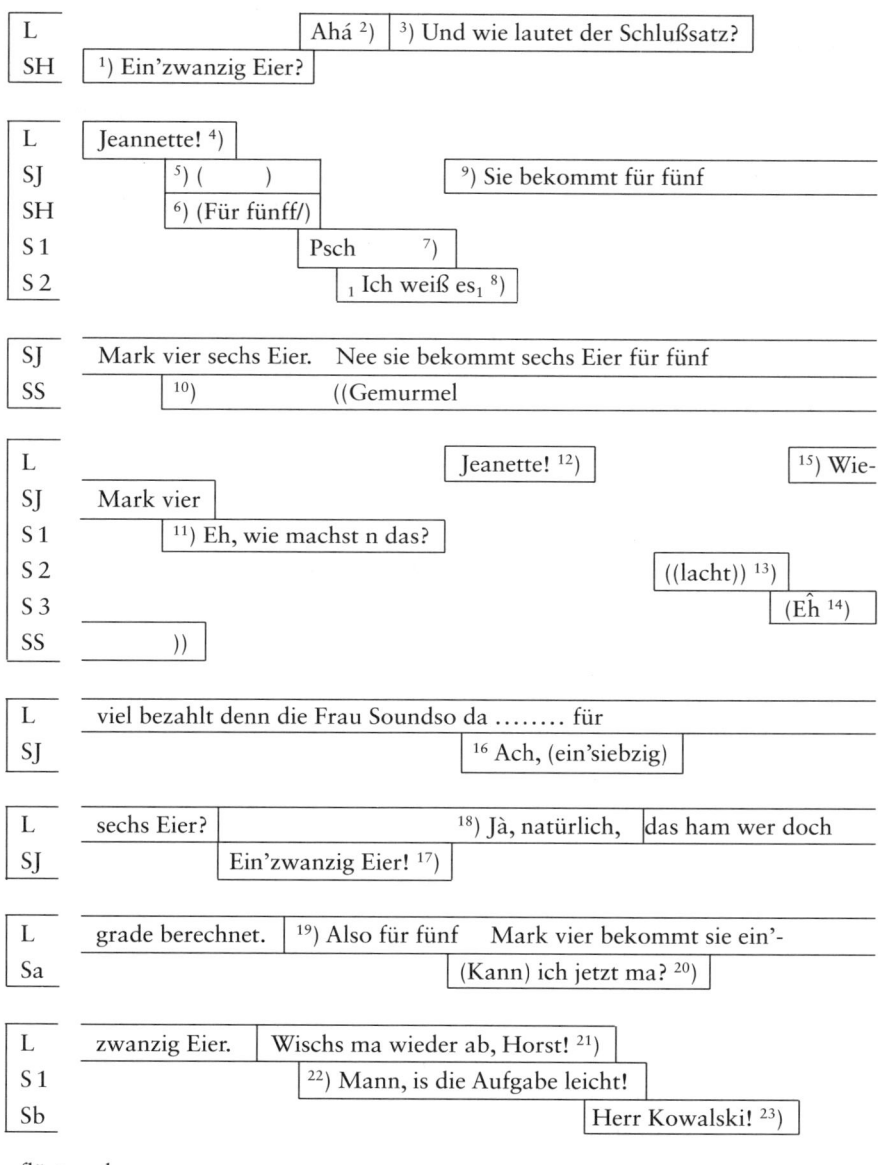

₁ flüsternd

(Quelle: REDDER 1982, S. 109)

werden läßt: es geht darum, den „Schlußsatz" zu finden. Rechenaufgaben haben, so steht im Hintergrund, eine feste Form mit einem Schlußsatz. Diese Form ist gleichgültig gegen den Inhalt, gegen die Alltagserfahrung der Kinder. Es kommt darauf an, die Formulierung zu finden, die der schulischen Form entspricht. Jeanette bewegt sich in ihrer Antwort auf diesem vorgegebenen Terrain – allerdings vergeblich. Sie bietet zwei „Kandidaten" als Lösung an. Beide scheinen ihren Anforderungen zunächst zu genügen – es sind eben wieder „Einkleidungen" des Satzes „x ist gleich y". Als das Gemurmel der anderen Schüler ihr zu verstehen gibt, daß s 9 a nicht stimmt, versucht sie es mit einer anderen Form; beide sind letztlich beliebig – und enthalten als Resultat eine Verschmelzung der beiden Angaben aus der Aufgabenstellung (a). Dort hatte es geheißen: ‚Frau Es zahlt für sechs Eier ... eine Mark vierundvierzig. Frau Em ... bezahlt fünf Mark und vier" (s 5 in B 1). Jeanette wandelt die Struktur von „bezahlen für" um zu „bekommen für", nimmt als Thema-Teil das Thema des zweiten Satzes, als Rhema-Teil (als „Satzaussage") hingegen das Rhema des ersten Satzes. Eine Überschlagsrechnung im Kopf hätte ihr zeigen können, daß das Ei nun beinahe eine Mark kostet – was ihr möglicherweise gerade aufgrund ihres Alltagswissens die Absurdität des Satzes, den sie formuliert, hätte deutlich machen können. Doch um Alltagswissen geht es längst nicht mehr, es geht um das Finden des Schlußsatzes in einer mathematischen Operation.

Erst die Antwort des Lehrers auf diese Formulierung, das in einem Seufzen endende „Jeanette" (s 12), macht deutlich, daß sie etwas Fundamentales falsch gemacht haben muß. Folglich bemüht sie sich weiter um eine Antwort – durch *Raten* (s 16). Der Lehrer geht nun stärker auf die „Textaufgabe" ein – aber auch hier macht er zugleich deutlich, daß es eigentlich auf die „konkreten" Personen nicht ankommt. Er spricht statt von Frau Em von Frau Soundso – für diesen Ausdruck könnte sowohl „Frau Es" wie „Frau Em" eintreten. Die Form mit der Unbestimmtheitsformel „soundso" zeigt also auch hier die Doppeldeutigkeit der „Einkleidung" an. Die schließliche Formulierung des Schlußsatzes muß der Lehrer dann sogar selbst geben. Auch in der Schlußphase des Lösungsprozesses wird also die Ambivalenz der „Einkleidung" nicht aufgelöst. Vielmehr wird sie in Richtung der schulinternen Merkmale noch deutlicher verschoben als bereits bei dem Verhältnis von Aufgabe (a) und Aufgabe (b).

Das Beispiel (B 1)/(B 8) wirft eine Reihe Fragen auf, die es mit der Funktion von sprachlichen Formen in der Institution Schule zu tun haben. Unter der Hand des Lehrers selbst verwandeln sich „lebensnahe" Aufgaben in einen mehr oder weniger „lebensfremden" Schulstoff. Die sprachlichen Handlungsstrukturen haben eine eigene Qualität, und diese wird unter anderem durch die Institution bestimmt. Die Handlungsstrukturen sind als solche zu beschreiben, zu erkennen, zu durchschauen. Gerade dem Lehrer, der selbst subjektiv am Widerspruch zwischen seinen pädagogischen Intentionen und dem, was in der Klasse dann „immer wieder" passiert, leidet, kann die sprachliche Handlungsanalyse dazu verhelfen, objektive Schwierigkeiten zu verstehen und so Einsichten in Bedingungen seines Handelns zu gewinnen, die für eine veränderte Praxis wesentlich sind. Zugleich aber lernt er, präzise zu unterscheiden zwischen solchen Handlungsresultaten, die er selbst durch andere Handlungsmöglichkeiten beeinflussen kann, und den anderen, die es mit der Struktur der Institution als ganzer zu tun haben und die deshalb auch über eine Veränderung von deren Strukturen verändert werden müssen. Dabei bedarf es keiner Betonung, daß die Schritte sinnvoll nur von der sprachbezogenen Institutionsanalyse und den sprachlich Handelnden kooperativ vollzogen werden können.

Literatur

AUSTIN, J.: How to Do Things with Words, hg. v. J.O. Urmson/M. Sbisâ, Oxford 1962.
BÜHLER, K.: Sprachtheorie, Jena 1934.
EHLICH, K./REHBEIN, J.: Sprachliche Handlungsmuster. In: SOEFFNER, H.-G. (Hg.): Interpretative Verfahren in den Sozial- und Textwissenschaften, Stuttgart 1979, S. 243ff.
EHLICH, K./REHBEIN, J. (Hg.): Kommunikation in Schule und Hochschule. Linguistische und ethnomethodologische Analysen, Tübingen 1983.
EHLICH, K./SWITALLA, B.: Transkriptionssysteme – Eine exemplarische Übersicht. In: Stud. Ling. (1976), 2, S. 78ff.
GARFINKEL, H.: Studies in Ethnomethodology, Englewood Cliffs (N.J.) 1967.
HENNE, H./REHBOCK, H.: Einführung in die Gesprächsanalyse, Berlin/New York ²1982.
MALINOWSKI, B.: Argonauten des westlichen Pazifik, Frankfurt/M. 1979.
MAZELAND, H.: Sprecherwechsel in der Schule. In: EHLICH, K./REHBEIN, J. (Hg.): Kommunikation…, Tübingen 1983, S. 77ff.
REDDER, A. (Hg.): Schulstunden 1. Transkripte, Tübingen 1982.
SCHLIEBEN-LANGE, B.: Linguistische Pragmatik, Stuttgart ²1979.
WITTGENSTEIN, L.: Schriften 1. Philosophische Untersuchungen, Frankfurt/M. 1969.

J. Bergmann

Ethnomethodologische Konversationsanalyse

1. Begriffsbestimmung
2. Entwicklungsgeschichte
3. Theoretischer Hintergrund
4. Methodische Prinzipien
5. Thematische Bereiche
6. Literaturhinweise

1. Begriffsbestimmung

Konversationsanalyse (= KA) bezeichnet einen Untersuchungsansatz, dessen Ziel es ist, durch eine strikt empirische Analyse ‚natürlicher' Interaktion die formalen Prinzipien und Mechanismen zu bestimmen, mittels derer die Teilnehmer an einem sozialen Geschehen ihr eigenes Handeln, das Handeln anderer und die aktuelle Handlungssituation in ihrem Tun sinnhaft strukturieren, koordinieren und ordnen. Der KA geht es um die formalen Verfahren, um die „Ethno-Methoden", welche die Interagierenden lokal einsetzen, um den für ihr Handeln relevanten Kontext zu analysieren, die Äußerungen ihrer Handlungspartner zu interpretieren und die Verständlichkeit, Angemessenheit und Wirksamkeit ihrer eigenen Äußerungen zu produzieren. Die KA beschäftigt sich, kurz gesagt, mit den kommunikativen Prinzipien der **(Re-)Produktion von sozialer Ordnung** in der situierten sprachlichen und nichtsprachlichen Interaktion.

Die KA ist aufgrund ihres Namens zwei möglichen Mißverständnissen ausgesetzt: Zum einen suggeriert die Bezeichnung „Konversationsanalyse", daß ausschließlich der Gesprächstyp „Konversation" Gegenstand der Untersuchung ist. Zwar wird in der KA dem informell-alltäglichen Gespräch eine zentrale Bedeutung als Grundform der sprachlichen Interaktion zugeschrieben (Heritage 1984, 238ff.). Doch beschränkt sich die Perspektive der KA seit ihren ersten Anfängen keineswegs auf Unterhaltungen, sondern erstreckt sich auch auf die Untersuchung ganz anderer – etwa institutionenspezifischer – Gesprächsarten. Zum andern dient der Begriff KA in der deutschsprachigen Literatur zuweilen als allgemeine Bezeichnung für die verschiedenen Untersuchungsansätze, die sich mit der empirischen Analyse von ‚natürlichen' sprachlichen Texten befassen (Kallmeyer/Schütze 1976). Damit drohen jedoch theoretische und methodologische Eigenarten, die für das Verständnis der KA wesentlich sind, aus dem Blick zu geraten oder mißverstanden zu werden. Deshalb wird der Begriff KA im folgenden in seiner engeren, ursprünglichen Bedeutung zur Bezeichnung der ethnomethodologischen „conversation analysis" gebraucht.

2. Entwicklungsgeschichte

Die KA hat sich in den 60er und 70er Jahren als eigene soziologische Forschungsrichtung aus der von Harold Garfinkel (1967) begründeten Ethnomethodologie entwickelt (Bergmann 1981). Für das theoretische und methodische Selbstverständnis der KA ist die Ethnomethodologie bis heute bestimmend (Heritage 1984). Einfluß auf die Entstehung der KA haben jedoch auch die interaktionsanalytischen Arbeiten Erving Goffmans (Goffman 1981; Bergmann 1991a), die kognitive Anthropologie, die Ethnographie des Sprechens sowie die Philosophie des späten Wittgenstein ausgeübt. Von grundlegender Bedeutung für die Konzeptualisierung der KA waren die Arbeiten von Harvey Sacks, insbesondere dessen „Lectures", die von 1964 bis 1972 an verschiedenen kalifornischen Universitäten gehalten wurden und die, nachdem sie lange Zeit nur in Form von Tonbandabschriften zirkulierten, jetzt in edierter Form zugänglich sind (Sacks 1989; 1992). Neben den paradigmatischen Arbeiten von Harvey Sacks waren es vor allem die Studien von Emanuel Schegloff (1968) und Gail Jefferson (1972), die der frühen KA ihr Profil verschafften.

Seit Anfang der 70er Jahre wurde die KA auch außerhalb der USA rezipiert. Zugleich mit dieser räumlichen Ausdehnung breitete sich die KA über ihre engeren soziologischen Fachgrenzen hinaus aus und faßte auch in anderen wissenschaftlichen Disziplinen Fuß. Insbesondere in der Linguistik (Streeck 1983) traf sich die KA mit zwei Entwicklungen: Zum einen wandte sich die sprachwissenschaftliche Forschung in den 70er Jahren zunehmend von dem idealisierten Sprecher-Hörer-Modell Noam Chomskys ab und befaßte sich mit real gesprochener Sprache. Zum andern etablierten sich in der Linguistik mit der Sprechakttheorie, der Pragmatik und der Diskursanalyse Ansätze, die sich der Analyse von Sprachhandlungen widmeten. Auf diese Entwicklungen in der neueren Sprachwissenschaft hat die KA, für die das soziologisch motivierte Interesse an der Struktur und Methodizität sprachlich realisierter sozialer Handlungen konstitutiv ist, einen nachhaltigen Einfluß ausgeübt (Levinson 1983). Mittlerweile hat die KA auch in andere Fachgebiete, etwa in die Rhetorik- und Kommunikationsforschung (Beach 1989) oder in die Psychologie (Edwards/Potter 1992), Eingang gefunden und wesentlich zur Begründung einer dialogisch-konstruktivistischen Sichtweise beigetragen.

Die KA gilt heute neben den „Studies of Work" (vgl. Bergmann 1991b) als die wichtigste Analyserichtung, die sich aus dem ethnomethodologischen Forschungsprogramm entwickelt hat. Ihre grundlegenden Arbeiten finden sich in einer Reihe von Sammelwerken aus den 70er Jahren (Sudnow 1972; Turner 1974; Schenkein 1978; Psathas 1979; Zimmerman/West 1980). Über ihre Entwicklung in jüngster Zeit informieren einige Sammelbände (Atkinson/Heritage 1984; Button/Lee 1987; Helm/Anderson/Meehan/Rawls 1989; Boden/Zimmerman 1991), Themenhefte von Zeitschriften (Button/Drew/Heritage 1986; Maynard 1987; 1988), Übersichtsartikel (Zimmerman 1988; Goodwin/Heritage 1990; Maynard/Clayman 1991) und Monographien (Nofsinger 1991). Im deutschsprachigen Raum ist die KA angesiedelt zwischen Mikrosoziologie einerseits und linguistischer Gesprächsanalyse andererseits.

3. Theoretischer Hintergrund

Die **Ethnomethodologie** ist entstanden als Versuch, auf die alte und für das Fach Soziologie zentrale Frage, wie soziale Ordnung möglich ist, eine neue Antwort zu finden (Weingarten/Sack/Schenkein 1976). Gemäß dem strukturfunktionalistischen Ansatz Talcott Parsons', der bis in die 50er Jahre hinein die sozialwissenschaftliche Theoriediskussion in den westlichen Ländern dominierte, konnte das **Problem der sozialen Ordnung** durch den Rekurs auf vorgegebene, geteilte und internalisierte kulturelle Wertsysteme als gelöst betrachtet werden. Gegen diesen Lösungsansatz sperrte sich Harold Garfinkel mit dem Argument, daß zwischen den immer nur allgemein formulierbaren Regeln und Werten einerseits und der immer einmaligen Situation des aktuellen Handelns andererseits ein erkenntnistheoretischer Hiatus liegt. Allgemeine Regeln, so Garfinkel, müssen notwendigerweise in das aktuelle Interaktionsgeschehen hinein vermittelt, sie müssen situiert werden, damit sie handlungsrelevant werden. Diese Vermittlung aber ist allein durch **Interpretation** der Regeln wie der Situation zu erreichen; nur durch Sinnzuschreibung und Deutung lassen sich Regeln (Werte) und Situation stimmig aufeinander beziehen. Damit trat für Garfinkel die Frage nach dem „Wie?" der **Sinnkonstitution** im alltäglichen Handeln in den Vordergrund. „This thesis", beginnt Garfinkel (1952, 1) seine bei Talcott Parsons entstandene Dissertation, „is concerned with the conditions under which a person makes continuous sense of the world around him." Mit dieser Fragestellung knüpfte Garfinkel explizit an die Bemühungen von Alfred Schütz (1932/1960) an, zum Zweck der philosophischen Begründung der Sozialwissenschaften auf phänomenologischem Weg zu klären, wie sich gesellschaftliche Wirklichkeit in der vorwissenschaftlichen Erfahrung konstituiert (Eberle 1984). Freilich war Garfinkels Interesse von Beginn an stärker empirischer Art. Seine Aufmerksamkeit richtete sich auf das operative Fundament der im alltäglichen Handeln als selbstverständlich hingenommenen sinnhaften Ordnung, d.h. auf die Techniken und Mechanismen – die Ethno-Methoden – ihrer Produktion.

Die ethnomethodologische Frage nach der Genese von sinnhafter Ordnung in der Alltagspraxis darf nicht „kognitiv" verkürzt und auf die Frage beschränkt werden, wie der Sinn einer Handlung in der subjektiven Wahrnehmung der Beteiligten hervorgebracht wird. Bei den Ordnungsleistungen, welche die Ethnomethodologen als Untersuchungsobjekt vor Augen haben, handelt es sich vielmehr um Sinnindikationen und -offenbarungen, welche die Handelnden in ihren Äußerungen dem Interaktionspartner als Verstehenshilfen mit auf den Weg geben. D.h., die Ethnomethodologie läßt sich von der Vorstellung leiten, daß im Vollzug alltäglicher Handlungen Methoden zur Anwendung kommen, mittels derer die gerade ablaufenden Handlungen und Handlungssituationen als „Zeichen-und-Zeugnisse-einer-sozialen-Ordnung" (Garfinkel) erkennbar gemacht werden.

Entsprechend ihrer ethnomethodologischen Grundhaltung geht die KA von der Prämisse aus, daß die Handelnden das, was sie im alltäglichen Handeln als vorgegebene soziale Tatsachen, als unabhängig von ihrem Zutun existierende Realität wahrnehmen und behandeln, erst in ihren Handlungen und Wahrnehmungen als solche hervorbringen. Gesellschaftliche Tatbestände erhalten ihren Wirklichkeitscharakter ausschließlich über die zwischen den Menschen ablaufenden Interaktionen. Erst in der sozialen Interaktion stellt sich die Objektivität von als „objektiv" wahrgenommenen Ereignissen, die Faktizität von als „faktisch" geltenden Sachverhalten her. Gesellschaftliche Wirklichkeit wird von Garfinkel verstanden als eine **Vollzugswirklichkeit,** d.h. als eine Wirklichkeit, die von den Interagierenden „lokal" hervorgebracht und intersubjektiv ratifiziert wird. Dieser Vorgang der sinnvermittelten Wirklichkeitserzeugung kann, da alle kompetenten Gesellschaftsmitglieder an ihm teilhaben, nicht in subjektiv beliebiger Manier ablaufen, er erfolgt vielmehr m e t h o d i s c h , was bedeutet: er weist einzelne formale und als solche beschreibbare Strukturmerkmale auf. Dazu zählen:

1. Was von den Handelnden als soziale Tatsache hingenommen wird, ist nicht ein für allemal fixiert; Wirklichkeit ist ein Geschehen in der Zeit und damit transformierbar und fragil. Die Handelnden stehen vor der Aufgabe,

ihre **Wirklichkeitsdefinitionen** in der aktuellen Interaktion aufeinander abzustimmen und durch entsprechende Markierungsleistungen fortlaufend zu bestätigen bzw. auf Modifikationen hinzuweisen.

2. Im Vollzug von Handlungen setzen die Akteure Techniken und Verfahren ein, um eben diese Handlungen als sinnvoll und vernünftig erscheinen zu lassen. Mittels dieser Techniken werden Handlungen noch während ihrer Ausführung identifizierbar, verstehbar, beschreibbar, erklärbar, „**accountable**" (Garfinkel 1967) gemacht. D.h., der Vorgang der sinnvermittelten Konstruktion von Wirklichkeit wird in der Ethnomethodologie als eine interaktive Leistung konzipiert, die in der Ausführung und Koordination szenischer Praktiken besteht.

3. Dieser Sinngebungsprozeß ist seinem Wesen nach **reflexiv**, da die Handlung durch den dargestellten Sinn erklärbar und – umgekehrt – der Sinn durch die vollzogene Handlung bestätigt wird. Die in einer Handlung erkennbar mitlaufende Wirklichkeitsdefinition sorgt ihrerseits dafür, daß diese Handlung als situationsangemessen, nachvollziehbar und rational erscheint. Die Praktiken der Sinngenerierung strukturieren eine Handlung nicht von außen, sondern sind ein konstitutiver Bestandteil jenes Geschehens, auf dessen sinnhafte Organisation sie gerichtet sind.

4. Interaktionsabläufe und Verstehensvorgänge in alltäglichen Handlungssituationen sind durch eine spezifische **Zeitökonomie** gekennzeichnet. Handelnde werden im Alltag von pragmatischen Handlungsmotiven geleitet und können die Voraussetzungen und Implikationen ihrer Entscheidungen immer nur in sehr begrenztem Maße im vorhinein abklären. Die Methoden der alltäglich-praktischen Sinnkonstruktion fungieren in dieser Situation als ökonomisierende Abkürzungsverfahren. Sie dienen dazu, unter prinzipiell unklaren Entscheidungsbedingungen rationales, d.h. angemessenes, vernünftiges, effizientes Handeln zu ermöglichen.

5. Die interaktive Erzeugung von sozialer Ordnung ist unausweichlich ein Prozeß der l o k a l e n Produktion, d.h., sie ereignet sich immer unter spezifischen situativen, kontextuellen Bedingungen. Die Handlungen und Interpretationen der Akteure sind prinzipiell auf diese kontextuellen Bedingungen bezogen, sie spiegeln in ihrer Ausführungsweise diese kontextuelle Orientierung wider – auf der sprachlichen Ebene etwa durch deiktische Elemente. Durch diese Situierung erhalten alle Äußerungen unvermeidlich einen „**indexikalen**" Charakter. Das aber bedeutet, daß vieles von dem, was ein Sprecher meint, in dem, was er faktisch sagt, unausgesprochen bleibt und nur als bloßer Verweisungshorizont präsent ist. Äußerungen sind immer im höchsten Maße voraussetzungsreich (Goffman 1983) und deshalb für einen Außenstehenden in vielerlei Hinsicht intransparent. Für einen wissenschaftlichen

Beobachter mag dies ein Ärgernis sein, für die Interaktionsteilnehmer dagegen sind die kontextuellen Bezüge der Äußerungen ihrer Handlungspartner unverzichtbare **Interpretationsressourcen.** Wird soziale Interaktion nur als Ausführung von Verhaltensmustern (Rollen etc.) konzipiert, wird ihr lokal produzierter, situierter Charakter ignoriert.

Die Ethnomethodologie setzt an vertrauten sozialen Szenen, intuitiv verständlichen kommunikativen Äußerungen an und fraktioniert aus ihnen diejenigen formalen Verfahren, vermittels derer sich im Handeln der Akteure die Gebilde und Ereignisse der sozialen Welt als Bestandteile einer sozialen Ordnung konstituieren (Patzelt 1987). Ihrem theoretischen Status nach handelt es sich bei diesen Verfahren um **generative Strukturen der menschlichen Sozialität.** Die Beherrschung dieser Verfahren macht die interpretativen und interaktiven Kompetenzen der Mitglieder einer Gesellschaft aus. Freilich dürfen diese Kompetenzen nicht betrachtet werden als quasi-natürliche Grundausstattung des Menschen, aus der sich erst im Umgang mit anderen Handelnden Gesellschaftlichkeit herstellte. Die Ethnomethodologie versteht vielmehr die Konstitution individuierter Subjekte selbst noch als Resultat der Teilhabe an der Selbstreproduktion sozialer Strukturen.

Die Leitfrage der KA, in der sich ihr ethnomethodologischer Charakter offenbart, lautet: Welches sind die generativen Prinzipien und Verfahren, mittels derer die Teilnehmer an einem Gespräch in und mit ihren Äußerungen und Handlungen die charakteristischen Strukturmerkmale und die „gelebte Geordnetheit" (Garfinkel) des interaktiven Geschehens, in das sie verwickelt sind, hervorbringen? Diese Frage nimmt zwar prinzipiell alle bekannten und identifizierbaren Gesprächsarten in den Blick, doch weist die KA dem Typus des alltäglichen, selbstzweckhaften, nicht von Satzungen beherrschten Gesprächs – eben der Unterhaltung, der Konversation – eine besondere Bedeutung als Grundform der Interaktion zu. Der genuine Charakter institutionenspezifischer Gesprächstypen (Schulunterricht, Gerichtsverhandlungen u. ä.) läßt sich dann u. a. als Transformation der Strukturen der alltäglichen außerinstitutionellen Kommunikation bestimmen (Sacks/Schegloff/Jefferson 1974, 730).

Die KA ist darauf aus, ein Interaktionsgeschehen „from within" (Garfinkel) zu beschreiben. Das bedeutet, daß sie es ablehnt, soziale Vorgänge unter externe, vorgegebene Kategorien zu subsumieren; statt dessen bemüht sie sich darum, soziale Formen und Prozesse in ihrer inneren Logik und Dynamik zu erfassen und als sich selbst organisierende, reproduzierende und explizierende Strukturen zu untersuchen. Die KA begnügt sich nicht damit, eine Äußerung als Exemplar eines bestimmten Sprechakttyps – als Vorwurf, als Kompliment o. ä. – zu identifizieren; sie vermeidet es auch, darüber zu spekulieren, welche Motive ein Sprecher für seine Äußerung hätte haben können. Ihr Erkenntnisziel ist vielmehr, die **Orientierungsmuster** und formalen Mechanismen zu rekonstruieren, die von den Interagierenden eingesetzt werden, um den Handlungs- und Sinngehalt einer Äußerung erkennbar zu machen bzw. zu erkennen. Was macht einen Witz durch die Art, wie er erzählt wird, für die Zuhörer auf erkennbare Weise zu einem Witz? Wie ist der „Apparat" beschaffen, der eine Unterhaltung ins Laufen bringt, in Gang hält und zu einem Abschluß führt? Welche (Ethno-)Methoden wenden die Teilnehmer an einer Interaktion an, wenn sie im aktuellen Fortgang eines Gesprächs auf ein Verständigungs- oder Koordinierungsproblem stoßen? Fragen dieser Art sind es, die für konversationsanalytische Arbeiten leitend sind.

Die KA macht es sich zur Aufgabe, aus einem sozialen Interaktionsgeschehen, das unvermeidlich indexikaler Natur ist – und d.h., in sich die spezifischen, einmaligen Handlungsumstände seiner Realisierung reflektiert –, formale Prinzipien zu extrahieren, die selbst keine Spuren mehr des spezifischen Kontexts, aus dem sie herausgefiltert wurden, aufweisen. Freilich ist es das Bestreben der KA, diese indexikale Qualität von Äußerungen und Handlungen nicht einfach wie eine lästige Verunreinigung ihres Untersuchungsobjekts zu beseitigen. Vielmehr geht sie davon aus, daß der Besonderungsprozeß, in dem dieses soziale Ereignis seine partikulare Gestalt erhält, selbst wiederum bestimmt ist von allgemeinen Strukturprinzipien, die als solche erfaßt und beschrieben werden können. Die KA operiert dazu mit einem Modell des Handelnden als einem kontextsensitiven Akteur, der den Kontext seines Handelns analysiert, mit Hilfe seines Alltagswissens interpretiert und seine Äußerungen auf diesen Kontext einstellt. Dieses Prinzip der „**lokalen Partikularisierung**" (Sacks/Schegloff/Jefferson 1974, 727) sorgt dafür, daß die nach situationsübergreifenden Regeln produzierten Äußerungen situativ adaptiert und damit „**kontextualisiert**" werden. Sprachliche Äußerung und Äußerungskontext werden von der KA nicht korrelativ aufeinander bezogen, statt dessen ist sie bemüht, den Kontext des Gesprächs als einen Kontext i m Gespräch zu bestimmen.

4. Methodische Prinzipien

Es ist ein charakteristisches Kennzeichen ethnomethodologischer Studien, das eigene methodische Vorgehen abhängig zu machen von dem spezifischen Gegenstandsbereich der Untersuchung. In der Nachfolge der Husserlschen Devise „Zu den Sachen selbst!" strebt die Ethnomethodologie danach, von ihrem Untersuchungsgegenstand her zu denken und sich den Blick auf ihre

Objekte nicht verstellen zu lassen von methodischen Vorgaben, deren korrekte Anwendung allein häufig bereits die Wissenschaftlichkeit der Untersuchung garantieren soll. Die Ethnomethodologie setzt darauf, aus der Einsicht in die methodische Qualität und den selbstexplikativen Charakter sozialer Handlungen zur **gegenstandsadäquaten Methodisierung** ihres Vorgehens zu gelangen. Ethnomethodologie und KA sind deshalb nur widerstrebend bereit, ihr Vorgehen in Gestalt allgemeiner methodischer Regeln zu kanonisieren (vgl. aber Sacks 1984; Zimmerman 1988; Wootton 1989).

Da für das Vorgehen der Ethnomethodologie von entscheidender Bedeutung ist, an der autogenetischen und selbstexplikativen Qualität sozialer Sachverhalte anzusetzen, muß sie dafür Sorge tragen, daß ihr Daten zur Verfügung stehen, bei denen diese Qualität nicht getilgt ist. Genau das aber ist überall dort der Fall, wo ein soziales Geschehen nicht mehr in der situativemergenten Gestalt, in der es sich über die Zeit entfaltet hat, vergegenwärtigt werden kann, sondern nur mehr als ein kodiertes Ereignis in der numerisch verdichteten Form einer statistischen Angabe vorliegt.

Die im folgenden beschriebenen methodischen Prinzipien wurden aus vorliegenden konversationsanalytischen Studien destilliert und haben insofern eher einen deskriptiven als einen präskriptiven Charakter. Sie wurden von der Gruppe um Sacks, Schegloff und Jefferson nicht theoretisch am Schreibtisch konzipiert, sondern entwickelten sich im Umgang mit Ton- und Bildaufzeichnungen von Allerweltshandlungen, die in ihrer rohen Form belassen, also noch nicht unter didaktischen oder ästhetischen Gesichtspunkten zu Lehr- oder Dokumentarzwecken geschnitten und montiert worden waren. Neuartig war diese Art von Daten insofern, als sie einen im Moment ablaufenden sozialen Vorgang auf direkt **registrierende** Weise konservieren, wogegen für die herkömmlichen Daten – nummerisch-statistische Angaben, Interviewaussagen oder Protokolle eines Beobachters – ein **rekonstruierender Konservierungsmodus** charakteristisch ist. In der Rekonstruktion wird ein unwiederbringlich vergangenes soziales Geschehen durch Umschreibung, Erzählung oder Kategorisierung erfaßt, wobei jedoch das Geschehen in seinem ursprünglichen Ablauf weitgehend getilgt ist: Es ist prinzipiell bereits von Deutungen überlagert, z. T. hochgradig verdichtet und nur mehr in symbolisch transformierter Gestalt verfügbar (Bergmann 1985). Erst Daten der registrierenden Art, die ein soziales Geschehen in seinem realen zeitlichen Ablauf fixieren, ermöglichen es dem Ethnomethodologen, die „lokale" Produktion von sozialer Ordnung zu verfolgen, also zu analysieren, wie die Interagierenden sich in ihren Äußerungen sinnhaft aneinander orientieren und gemeinsam, an Ort und Stelle, zu intersubjektiv abgestimmten Realitätskonstruktionen gelangen. Das ist nicht so zu verstehen, daß die KA **audiovi**-

suelle **Aufzeichnungen** von natürlichen Interaktionsvorgängen als reine Abbildungen von sozialen Tatsachen hernimmt, um aus ihnen im Sinn eines naiven Empirismus allgemeine Gesetzmäßigkeiten abzuleiten. Gerade die Entscheidung, Bild- und Tonaufzeichnungen von Interaktionsvorgängen als primäre Daten zu benutzen, ist ja ein theoretisch höchst voraussetzungsreicher Schritt und ohne Garfinkels konstitutionstheoretische Annahme von der Reflexivität von „accounts" nicht denkbar (Hausendorf 1992).

Der Punkt, an dem die KA sich vielleicht am deutlichsten von anderen dialoganalytischen Ansätzen unterscheidet, liegt in ihrem Beharren darauf, nicht Erinnerungen, imaginierte Beispiele oder experimentell induziertes Verhalten, sondern Aufzeichnungen von real abgelaufenen, ‚**natürlichen**' Interaktionen zum Gegenstand der Analyse zu machen. Dahinter steckt das Bemühen, die Analyse darauf zu verpflichten, sich auf den dokumentierten Ablauf dieser Vorgänge selbst zu stützen, anstatt idealisierte Versionen von sozialen Vorgängen als Daten zu benutzen. Denn die Prinzipien der Organisation von sprachlicher und nichtsprachlicher Interaktion können sich in Phänomenen und Details manifestieren, in denen die mit dem Commonsense arbeitende Intuition es nicht erwarten würde. Weil die Aufzeichnung ein Stück Wirklichkeit dokumentiert, kann sie gerade auch dort, wo das Gespräch einen unwahrscheinlichen und intuitiv nicht plausiblen Verlauf nimmt, der Ausgangs- und fortwährende Bezugspunkt der Analyse sein.

Das Bemühen der KA, so nah und sorgfältig wie möglich an den Interaktionsdokumenten zu bleiben, um die dort sich manifestierenden Interpretationsleistungen der Handelnden zur Grundlage der wissenschaftlichen Interpretation und Beschreibung zu machen, zeigt sich auch im nächsten Schritt der Datenbearbeitung, der Verschriftung des aufgezeichneten Interaktionsgeschehens. Im Vorgang der **Transkription** gilt es, das aufgezeichnete Rohmaterial nicht von scheinbar irrelevanten Bestandteilen zu reinigen, sondern in seinen Details zu bewahren, d.h., mit allen Dialektismen, Intonationskonturen, Versprechern, Pausen, Unterbrechungen etc. zu erhalten. Andernfalls würde der Informationsgewinn, den die Ton- und Bildaufzeichnung als Datum mit sich bringt, sofort wieder unbesehen verschenkt werden. (Für eine Übersicht über die in der KA üblichen Transkriptionszeichen siehe Atkinson/Heritage 1984.)

Das Bestreben der KA, das dokumentierte Interaktionsgeschehen in kontrollierter und schonender Weise als Daten zu konservieren, verweist auf eine ihrer grundlegenden analytischen Maximen. Entsprechend ihrer ethnomethodologischen Herkunft läßt sich die KA in ihrem Vorgehen von einer **Ordnungsprämisse** leiten, die besagt, daß kein in einem Transkript auftauchendes Textelement a priori als Zufallsprodukt anzusehen und damit als mögliches Untersuchungsobjekt auszuschließen ist. Mit dieser „Order at all points"-

Maxime (Sacks 1984) öffnet sich für die KA ein auf den ersten Blick kaum mehr eingrenzbares Beobachtungsfeld, verlangt diese Maxime doch, jedes Textelement potentiell als Bestandteil einer sich im Handeln der Beteiligten reproduzierenden Ordnung zu betrachten und in den Kreis möglicher Untersuchungsphänomene einzubeziehen.

So wenig im vorhinein festgelegt ist, welcher Art die Interaktionsphänomene sind, mit denen die KA sich befaßt, so streng sind demgegenüber die Anforderungen, denen Aussagen und Behauptungen über einzelne isolierte Objekte genügen müssen, um in der KA als sachhaltige Erkenntnisse akzeptiert zu werden. Hintergrund dieser restriktiven Haltung ist, daß die KA mit dem Anspruch auftritt, eine Entdeckungswissenschaft zu sein. Sie mißt sich selbst daran, ob es ihr gelingt, **formale Mechanismen** der Organisation von sprachlicher und nichtsprachlicher Interaktion zu identifizieren und zu rekonstruieren. Und an die Beschreibung dieser formalen Mechanismen sind besondere Forderungen geknüpft. Zum einen müssen diese Mechanismen ein generatives Prinzip beinhalten, das in der Lage ist, sowohl die Ausgangsdaten in ihrer jeweiligen Spezifität zu reproduzieren, als auch neue Fälle zu erzeugen, die als in der Realität mögliche Ereignisse erkennbar sind. Zum anderen darf es sich bei diesen formalen Mechanismen nicht einfach um die Beschreibung von Verhaltensgleichförmigkeiten handeln; die KA erhebt vielmehr den Anspruch, daß diese Prinzipien ihrem Status nach **reale Orientierungsgrößen** für die Akteure darstellen. Damit besteht eine wesentliche Aufgabe der Analyse darin, am Datenmaterial aufzuzeigen, auf welche Weise die Interagierenden sich in ihren Äußerungen und Handlungen an diesen formalen Prinzipien orientieren. Schließlich müssen diese Mechanismen, als generative Prinzipien formuliert, unabhängig sein von den spezifischen kontextuellen Bedingungen jeder Interaktion. Aufgabe der Analyse ist es also, den prinzipiell indexikalen Charakter jedes Gesprächs (und jedes einzelnen Datenstücks) auszufiltern. Gleichzeitig sind diese formalen Mechanismen jedoch so zu konzeptualisieren, daß sie den Interagierenden Raum lassen für die **Situierung** und **Kontextualisierung** ihrer Äußerungen.

Üblicherweise wird bei der konversationsanalytischen Arbeit am Material eine Reihe von Verfahrensregeln beachtet, die sich in der bisherigen Forschungspraxis bewährt haben. Im folgenden findet sich eine gedrängte Beschreibung dieser Regeln. Hierbei handelt es sich freilich nicht um eine „Methodologie" der KA im strengen Sinn des Wortes, sondern um eine Systematisierung von Erfahrungsregeln, die nicht mehr sein kann als eine Heuristik des konversationsanalytischen Vorgehens.

Bei der Arbeit mit Interaktionsdokumenten empfiehlt es sich, immer sowohl mit den Tonband- bzw. Videoaufzeichnungen als auch mit den davon angefertigten Transkripten zu arbeiten. Erst die Kombination von auditivem und visuellem Sinn, erst das Hin- und Herspringen zwischen der erlebbaren Flüchtigkeit und der schriftsprachlichen Fixiertheit eines sozialen Geschehens scheint die für die KA so charakteristische Verbindung aus intuitivem Verstehen und strukturellem Hören, von synthetischer und analytischer Wahrnehmung zu ermöglichen. (Daß es daneben erste Versuche gibt, der Verfahrenslogik der KA auch bei Analysen von schriftsprachlich konstituierten Texten zu folgen, sei hier nur am Rande erwähnt, siehe Knauth/Wolff 1991.)

Gleicherweise empfehlenswert ist es, in der ersten Phase exhaustiv an einem verhältnismäßig kleinen **Datensegment** zu arbeiten und nicht im Transkript nach vorne oder hinten zu springen oder rasch auf Ausschnitte aus vergleichbaren Gesprächen zuzugreifen. Gerade das intensive Durcharbeiten kurzer Datenstücke in einer **Interpretationsgruppe** ist für die Entwicklung, Verwerfung und Absicherung von Interpretationshypothesen unverzichtbar. In der Interpretationsarbeit selbst kommt alles darauf an, im Transkript bzw. in der Aufzeichnung eines Interaktionsgeschehens ein **Objekt** (eine sprachliche oder nichtsprachliche Äußerung bzw. Äußerungsabfolge) zu isolieren und als Bestandteil einer von den Interagierenden methodisch erzeugten Geordnetheit zu identifizieren. Ganz entsprechend den Regeln der allgemeinen **Hermeneutik** soll diese Geordnetheit verstanden werden als „Antwort auf eine vorgängige Frage", d.h.: als Resultat der methodischen Lösung eines strukturellen Problems der sozialen Organisation von Interaktion. Der nächste Schritt besteht darin, Hypothesen darüber aufzustellen, welcher Art dieses zugrundeliegende strukturelle Problem ist. Ausgehend von diesem Problem können dann die praktischen Methoden rekonstruiert werden, die den Handelnden als institutionalisierte Lösung für dieses Problem dienen und deren Verwendung die beobachtbare Geordnetheit eines Interaktionsgeschehens hervorbringt. Auch wenn es sich empfiehlt, diese Interpretationskaskade zunächst anhand eines einzelnen Datenstücks zu durchlaufen, ist es unvermeidlich, ab einem bestimmten Punkt aus dem verfügbaren Datenkorpus eine **Kollektion** von Fällen zusammenzustellen, in denen sich das identifizierte Objekt – in welcher Variation auch immer – manifestiert und an denen die Interpretationshypothese überprüft werden kann.

Dem Gesprächsanalytiker bleibt bei dieser Art des Vorgehens gar keine andere Wahl, als zumindest anfänglich von seiner Intuition und Kompetenz als Mitglied einer Sprachgemeinschaft Gebrauch zu machen. Doch kommt für ihn im folgenden alles darauf an, sein intuitives Verständnis zu methodisieren, d.h., sein implizites Wissen explizit zu machen und die formalen Mechanismen zu bestimmen, die ihm – wie den Interagierenden – die Interpretation bzw. die Ausführung des dokumentierten Handlungsgeschehens ermöglichen.

Schließlich sei noch kurz auf die Frage eingegangen, wie die KA die Gültigkeit ihrer Analysen nachzuweisen versucht. Ein Weg besteht darin, im Datenmaterial nach der **Kookkurrenz** funktional gleichartiger Phänomene zu suchen. Dem liegt die Überlegung zugrunde, daß den Handelnden in der Regel nicht nur ein, sondern ein Arsenal von formalen Verfahren zur Lösung eines strukturellen Problems der Interaktion zur Verfügung steht, und oft mehrere dieser Verfahren gleichzeitig eingesetzt werden (Schegloff/Sacks 1973). Ein anderer Weg besteht darin, im Datenmaterial nach „abweichenden Fällen" zu suchen (Schegloff 1968) und an ihnen den Nachweis zu führen, daß die Akteure diese Fälle selbst als Verstöße gegen das normativ erwartete Orientierungsmuster wahrnehmen und behandeln, etwa indem sie sie als dispräferierte Alternative markieren oder zu Korrekturmaßnahmen greifen (Pomerantz 1984). Als dritter Weg bietet sich schließlich an, die **Nachfolgeäußerung**, mit der ein Handelnder auf die Äußerung seines Interaktionspartners reagiert, als Validierungsressource zu benutzen. In ihr manifestiert sich ja, auf welche Weise ein Rezipient eine vorangegangene Äußerung verstanden hat, und dieses Verständnisdokument kann vom Gesprächsanalytiker als Bestätigung seiner Interpretation in Anspruch genommen werden. Auch in diesem Gedanken kommt zum Ausdruck, daß die KA ihre methodischen Prinzipien nicht autonom und formal setzt, sondern abhängig macht von ihrem Untersuchungsgegenstand: den praktischen Alltagsmethoden der sprachlichen Interaktion.

5. Thematische Bereiche

Da die KA von der ethnomethodologischen Konzeption einer sich in der Zeit herstellenden sozialen Ordnung ausgeht, nimmt sie alle Phänomene, die sie untersucht, als temporale Objekte in den Blick. Von zentralem Interesse sind für sie dementsprechend die Mechanismen, die die Ablauforganisation von sozialer Interaktion regulieren. Insbesondere die Analyse der „**turn-taking**"-Organisation – der Prinzipien des Sprecherwechsels – in Unterhaltungen (Sacks/Schegloff/Jefferson 1974) hat für die KA eine geradezu paradigmatische Bedeutung. Ein zweites ergänzendes Regulationsprinzip gilt ihr als ebenso elementar: das Prinzip der **sequentiellen** Organisation, das sich über den Beteiligungsmechanismus der „turn-taking"-Organisation legt und das zwei aufeinanderfolgende Äußerungen zu einer größeren sozialen Einheit – zu einer Interaktionssequenz – verschweißt. Die konversationsanalytische Forschung hat sich (etwa am Beispiel von Schweigephasen, Äußerungsüberlappungen, Präsequenzen, Einschubsequenzen, Sequenzexpansionen, Präferenz von Handlungsalternativen) nicht nur im einzelnen mit den konstitutiven Elementen, der Dynamik und den formalen Variationsmöglichkeiten dieser beiden Strukturkomponenten beschäftigt. Zahlreiche konversationsanalytische Arbeiten gibt es darüber hinaus über die Produktions- und Ablaufformate verschiedener **Aktivitätstypen** und **Interaktionssequenzen**, wie etwa: Bitten, Einladungen, Übermittlung von Neuigkeiten, Komplimente, Ablehnungen, Beschwerden, Vorwürfe, Streitigkeiten oder Lachen.

Konversationsanalytische Studien haben sich auch mit Objekten befaßt, die ihrer Größenordnung nach unter- bzw. oberhalb des einzelnen **Redezugs** anzusiedeln sind. Für den einen Bereich sind hier Arbeiten zu nennen, die sich mit den interaktiven Funktionen kleinster Äußerungseinheiten wie etwa Hörersignalen, Interjektionen, Partikeln oder idiomatischen Redewendungen befassen; ebenso ist hier auf die zunehmend bedeutsamer werdenden Untersuchungen zu verweisen, die sich der Frage widmen, welche Rolle intonatorisch-paralinguistische Vorgänge bzw. mimisch-gestische Verhaltensweisen (C. Goodwin 1981; Heath 1986) in der sprachlichen Interaktion spielen. In den anderen Bereich gehören Arbeiten, die sich mit kommunikativen Großformen, also etwa mit dem Erzählen von Geschichten – oder Witzen – innerhalb von Unterhaltungen, mit Problemgesprächen („trouble talk") sowie mit kommunikativen Gattungen (Kinderspielen, Abzählversen, Klatsch etc.) beschäftigen. Ein wichtiges Untersuchungsthema für die KA ist außerdem die Strukturierung des singulären Gesprächs, das durch besondere Manöver der Eröffnung und Beendigung gegenüber seiner Umwelt begrenzt, in seiner thematischen Kontinuität kontrolliert und auf diese Weise von den Interagierenden als soziale Einheit organisiert wird.

Ein weiterer thematischer Bereich der KA resultiert aus ihrem Bemühen, mit den eigenen analytischen Kategorien an den Deutungen der Handelnden anzuknüpfen. Da diese Deutungen sich in der Wahl von Deskriptoren, in Beschreibungs- und Kategorisierungspraktiken, in Formulierungsweisen manifestieren, hat die KA früh ein genuines Interesse an den **deskriptiven Praktiken** der im Alltag Handelnden entwickelt (Bergmann 1991c). Insbesondere hat sie sich mit dem formalen Apparat der Kategorisierung von Personen („Membership Categorization Devices") sowie mit anderen Referenzierungstechniken befaßt. Zwar ist dieser Untersuchungsbereich in der KA gegenüber der Sequenzanalyse zeitweise in den Hintergrund getreten, doch als Beitrag der KA zur Entwicklung einer wissens- und interaktionssoziologisch ausgerichteten Semantik kommt den Arbeiten zu diesem thematischen Bereich eine große Bedeutung zu (Jayyusi 1984).

Die Untersuchung deskriptiver Praktiken hat u.a. gezeigt, daß die Teilnehmer an einem Gespräch ihre Äußerungen spezifisch auf den jeweiligen Äußerungsadressaten und dessen Vorwissen zuschneiden. Dieses Partikularisierungsprinzip des „**Recipient Design**" ist seiner Funktion nach darauf angelegt, rasches Verstehen zu ermöglichen und gleichzeitig der Entstehung von Verständigungsproblemen vorzubeugen. Da sich aber derartige Probleme nicht immer vermeiden lassen, muß es eine komplementäre Einrichtung geben, die dort zum Einsatz kommt, wo Probleme des Sprechens, des Hörens und des Verstehens drohen oder eingetreten sind. Diese Einrichtung für die „Reparatur" von kommunikativen Störungen ist ein weiteres wichtiges Untersuchungsfeld der KA. Reparaturmechanismen gehören für die KA zum Arsenal jener Methoden, mittels welcher die Handelnden im Alltag intersubjektive Verständigung erzielen können (Schegloff/Jefferson/Sacks 1977; Schegloff 1992).

Ein Punkt, an dem die Kritik der KA vorzugsweise ansetzt, betrifft ihre Art der Berücksichtigung des **Interaktionskontexts**. Anspruch der KA ist es ja, Interaktion und Kontext nicht extern miteinander zu korrelieren, sondern als Kontext nur gelten zu lassen, was sich in der Interaktion nachweislich als Resultat der Kontextorientierung der Interagierenden manifestiert. Nur insofern der Kontext für die Handelnden relevant ist, ist er auch von Relevanz für die KA. Zu berücksichtigen ist, daß diese restriktiv erscheinende Maxime nicht ontologischer, sondern methodologischer Art ist; sie ist kein Plädoyer dafür, die Mechanismen der Gesprächsorganisation als autonome Strukturen oder gar Naturgesetze zu betrachten. Freilich bleibt als Frage, wie bei der Analyse von Gesprächsaufzeichnungen das verfügbare Kontextwissen (über die Situation, die soziale Beziehung der Interagierenden etc.) einbezogen werden soll, oder allgemeiner: in welchem Verhältnis KA und **Ethnographie** zueinander stehen (siehe Moerman 1988; Hopper 1990/91). Für die KA kann es hier nur die Antwort geben, den Kontext als ein in die Interaktion hineinvermitteltes Geschehen zu betrachten und letztlich das, was der Begriff Kontext bezeichnet, aufzulösen und selbst als ein Ensemble von kommunikativen Praktiken zu beschreiben (beispielhaft M.H. Goodwin 1990; Schmitt 1992). Wie dies im einzelnen aussieht, haben konversationsanalytische Studien über die Strukturmerkmale der Interaktion in pädagogischen, gerichtlichen und medizinischen Institutionen sowie Analysen von polizeilichen Vernehmungen, telefonischen Notrufen, Beratungen, Verkaufsgesprächen, journalistischen Interviews im Fernsehen und politischen Veranstaltungen gezeigt (Drew/Heritage 1992).

6. Literaturhinweise

Atkinson, J. M./Heritage, J. (eds.) (1984): Structures of social action: Studies in conversation analysis. Cambridge.

Beach, W. A. (ed.) (1989): Sequential organization of conversational activities. In: Western Journal of Speech Communication 53:2.

Bergmann, J. R. (1981): Ethnomethodologische Konversationsanalyse. In: Schröder, P./Steger, H. (Hg.): Dialogforschung: Jahrbuch 1980 des Instituts für deutsche Sprache. Düsseldorf 9–51.

Bergmann, J. R. (1985): Flüchtigkeit und methodische Fixierung sozialer Wirklichkeit: Aufzeichnungen als Daten der interpretativen Soziologie. In: Bonß, W./Hartmann, H. (Hg.): Entzauberte Wissenschaft. Sonderheft 3 der „Sozialen Welt". Göttingen. 299–320.

Bergmann, J. R. (1991a): Über Erving Goffmans Soziologie des Gesprächs und seine ambivalente Beziehung zur Konversationsanalyse. In: Hettlage, R./Lenz, K. (Hg.): Erving Goffman – ein soziologischer Klassiker der zweiten Generation. Bern/Stuttgart, 301–326.

Bergmann, J. R. (1991b): Studies of Work/Ethnomethodologie. In: Flick, U./Kardorff, E. v./ Keupp, H./Rosenstiel, L. v./Wolff, S. (Hg.): Handbuch Qualitative Sozialforschung. München, 269–272.

Bergmann, J. R. (1991c): Deskriptive Praktiken als Gegenstand und Methode der Ethnomethodologie. In: Herzog, M./Graumann, C. F. (Hg.): Sinn und Erfahrung: Phänomenologische Methoden in den Humanwissenschaften. Heidelberg, 86–102.

Boden, D./Zimmerman, D. H. (eds.) (1991): Talk and social structure: Studies in ethnomethodology and conversation analysis. Berkeley/Los Angeles.

Button, G./Drew, P./Heritage, J. (eds.) (1986): Interaction and language use. In: Human Studies 9:2/3.

Button, G./Lee, J. R. E. (eds.) (1987): Talk and social organisation. Clevedon.

Drew, P./Heritage, J. (eds.) (1992): Talk at work. Cambridge.

Eberle, T. (1984): Sinnkonstitution in Alltag und Wissenschaft: Der Beitrag der Phänomenologie an die Methodologie der Sozialwissenschaften. Bern.

Edwards, D./Potter, J. (1992): Discursive psychology. London/Newbury Park/New Delhi.

Garfinkel, H. (1952): The perception of the other: A study in social order. Ph. D. dissertation. Harvard University.

Garfinkel, H. (1967): Studies in ethnomethodology. Englewood Cliffs. N.J.

Goffman, E. (1981): Forms of talk. Oxford.

Goffman, E. (1983): Felicity's condition. In: American Journal of Sociology 89. 1–53.

Goodwin, C. (1981): Conversational organization: Interaction between speakers and hearers. New York.

Goodwin, C./Heritage, J. (1990): Conversation analysis. In: Annual Review of Anthropology 19, 283–307.

Goodwin, M.H. (1990): He-said-she-said: Talk as social organization among black children. Bloomington.

Hausendorf, H. (1992): Das Gespräch als selbstreferentielles System: Ein Beitrag zum empirischen Konstruktivismus der ethnomethodologischen Konversationsanalyse. In: Zeitschrift für Soziologie 21, 83–95.
Heath, C. (1986): Body movement and speech in medical interaction. Cambridge.
Helm, D. T./Anderson, W. T./Meehan, A. J./Rawls, A. W. (eds.) (1989): The interaction order: New directions in the study of social order. New York.
Heritage, J. (1984): Garfinkel and ethnomethodology. Cambridge.
Hopper, R. (ed.) (1990/91): Ethnography and conversation analysis after ‚Talking culture'. In: Research on Language and Social Interaction 24, 161–387.
Jayyusi, L. (1984): Categorization and moral order. Boston.
Jefferson, G. (1972): Side sequences. In: Sudnow, D. (ed.): Studies in social interaction. New York, 294–338.
Kallmeyer, W./Schütze, F. (1976): Konversationsanalyse. In: Studium Linguistik 1, 1–28.
Knauth, B./Wolff, S. (1991): Zur Fruchtbarkeit der Konversationsanalyse für die Untersuchung schriftlicher Texte – dargestellt am Fall der Präferenzorganisation in psychiatrischen Obergutachten. In: Zeitschrift für Soziologie 20, 36–49.
Levinson, S. C. (1983): Pragmatics. Cambridge (dt.: Pragmatik. Tübingen 1990).
Maynard, D. (ed.) (1987): Language and social interaction. In: Social Psychology Quarterly 50:2.
Maynard, D. (ed.) (1988): Language, interaction, and social problems. In: Social Problems, 35:4.
Maynard, D. W./Clayman, S. E. (1991): The diversity of ethnomethodology. In: Annual Review of Sociology 17, 385–418.
Moerman, M. (1988): Talking culture: Ethnography and conversation analysis. Philadelphia.
Nofsinger, R. E. (1991): Everyday conversation. Newbury Park/London/New Delhi.
Patzelt, W. J. (1987): Grundlagen der Ethnomethodologie: Theorie, Empirie und politikwissenschaftlicher Nutzen einer Soziologie des Alltags. München.
Pomerantz, A. (1984): Agreeing and disagreeing with assessments: Some features of preferred/dispreferred turn shapes. In: Atkinson, J. M./Heritage, J. (eds.): Structures of social action. Cambridge, 57–101.
Psathas, G. (ed.) (1979): Everyday language: Studies in ethnomethodology. New York.
Sacks, H. (1984): Notes on methodology. In: Atkinson, J. M./Heritage, J. C. (eds.): Structures of social action. Cambridge, 21–27.
Sacks, H. (1989): 1964–65 lectures. Ed. G. Jefferson. Dordrecht/Boston/London.
Sacks, H. (1992): Lectures on conversation. Ed. G. Jefferson. Oxford.
Sacks, H./Schegloff, E. A./Jefferson, G. (1974): A simplest systematics for the organization of turn-taking in conversation. In: Language 50, 696–735.
Schegloff, E. A. (1968): Sequencing in conversational openings. In: Gumperz, J. J./Hymes, D. (eds.): Directions in sociolinguistics: The ethnography of communication. New York, 346–380.
Schegloff, E. A./Sacks, H. (1973): Opening up closings. In: Semiotica 8, 289–327.
Schegloff, E. A. (1992): Repair after next turn: The last structurally provided defense of intersubjectivity in conversation. In: American Journal of Sociology 97, 1295–1345.

Schegloff, E. A./Jefferson, G./Sacks, H. (1977): The preference for self-correction in the organization of repair in conversation. In: Language 53, 361–382.

Schenkein, J. (ed.) (1978): Studies in the organization of conversational interaction. New York.

Schmitt, R. (1992): Die Schwellensteher: Sprachliche Präsenz und sozialer Austausch in einem Kiosk. Tübingen.

Schütz, A. (1932/1960): Der sinnhafte Aufbau der sozialen Welt. Wien.

Streeck, J. (1983): Konversationsanalyse: Ein Reparaturversuch. In: Zeitschrift für Sprachwissenschaft 2, 72–104.

Sudnow, D. (ed.) (1972): Studies in social interaction. New York.

Turner, R. (ed.) (1974): Ethnomethodology: Selected readings. Harmondsworth.

Weingarten, E./Sack, F./Schenkein, J. (Hg.) (1976). Ethnomethodologie: Beiträge zu einer Soziologie des Alltagshandelns. Frankfurt a. M.

Wootton, A. J. (1989): Remarks on the methodology of conversation analysis. In: Roger, D./Bull, P. (eds.): Conversation: An interdisciplinary perspective. Clevedon/Philadelphia, 238–258.

Zimmerman, D. H. (1988): On conversation: The conversation analytic perspective. In: Anderson, J. A. (ed.): Communication Yearbook. Vol. 11. Beverly Hills, 406–432.

Zimmerman, D. H./West, C. (eds.) (1980): Language and social interaction. In: Sociological Inquiry 50:3/4.

H. Sacks

Das Erzählen von Geschichten innerhalb von Unterhaltungen*

Wir versuchen, in diesem Artikel einen Sachverhalt zu analysieren, der ebenso offensichtlich wie scheinbar ohne Umschweife zu beobachten ist: Für die Darstellung von Geschichten, die *innerhalb von Unterhaltungen erzählt werden*, ist normalerweise mehr als eine Äußerung erforderlich [1].

Wir argumentieren folgendermaßen: Die Darstellung von Geschichten erfordert mehr als eine Äußerung, wenn beim Entwerfen oder Planen einer Geschichte abzusehen ist, daß dafür mehr als ein Satz nötig sein wird. Die Möglichkeit, daß das, was man sagen will – ob es sich nun um eine Geschichte handelt oder nicht –, mehr als einen Satz nötig macht, impliziert Planungsprobleme für diesen Gesprächsbeitrag, die die Organisation des Sprecherwechsels in einer Unterhaltung betreffen. Es sind diese durch einen geplanten Gesprächsbeitrag hervorgerufenen Probleme des Sprecherwechsels, die zu einer Lösung führen, die die Planung und dann die Ausführung einer Geschichte in mehr als einer Äußerung verlangen.

Wir behaupten also: Geschichten brauchen nicht schlechthin mehr als eine Äußerung; sie werden vielmehr so gestaltet, daß sie mehr als eine Äußerung erfordern. Und zwar werden sie so geplant, wenn ersichtlich wird, daß sie mehr als einen Satz erfordern. Warum sie so geplant werden und warum

---

* Da bei der Darstellung des Stoffes in diesem Artikel vor allem dessen Verständlichkeit für den Hörer/Leser berücksichtigt wurde, erscheint er in einer etwas vergröberten Form, die nicht dem Stand der Forschung über diese Probleme entspricht. Für eine ausführliche Betrachtung siehe die Kapitel 1–4 des Vorentwurfs zu „Aspects of Sequential Organization in Conversation". Exemplare dieser Arbeit sowie anderer ausgewählter Arbeiten stellt der Verfasser auf schriftliche Anfrage gerne zur Verfügung.
1 Zu der berechtigten Ausgangsfrage, wie entschieden wird, daß Gesprochenes eine Geschichte darstellt, können wir in diesem kurzen Bericht nur folgendes sagen. Unsere Diskussion wird die Bedeutung der Identifizierung einer Geschichte als Geschichte erbringen und wird darüber hinaus zeigen, daß Geschichten produziert werden können, die einen solchen Identifizierungsprozeß bewirken. Wir sprechen hier also von einer „Geschichte" wenn wir uns auf solche Darstellungen beziehen, denen dieser Status von den Teilnehmern, die sie produzieren, und denen, die sie erkennen, zuerkannt wird. Wir sagen also, wenn Geschichten mehr als eine Äußerung erfordern, ist es relevant, daß die Zuhörer herausfinden, daß eine Geschichte erzählt wird.

auch kundgetan wird, daß mehr als ein Satz erforderlich ist, können wir im folgenden zumindest grob und informell erklären, indem wir unsere Diskussion mit einer kurzen Erörterung der Strukturen des Sprecherwechsels in Unterhaltungen (bei Amerikanern) beginnen[2].

Es gibt eine Methodologie, die den Sprecherwechsel in Unterhaltungen regelt. Die Aufgabe dieses Verfahrens besteht darin, für jeden Fall von Sprecherwechsel festzulegen, *wann* ein Wechsel stattfinden soll und auf *wen* die Rolle des Sprechenden als nächstes übergehen soll. Eine grundlegende Einschränkung ihrer Wirkung besteht darin, daß diese selbst auf die Erhaltung einiger wesentlicher Merkmale von Unterhaltungen hinzielt. Eines dieser Merkmale lautet: Genau ein Partner, d.h. mindestens und nicht mehr als einer, spricht in einer Unterhaltung in einem bestimmten Augenblick.

Die Methodologie des Sprecherwechsels ruht auf der Basis der einzelnen Äußerungen, was zunächst für das Problem der Sprecherauswahl bei jeder Wechselgelegenheit bedeutet, daß für den bisherigen Sprecher *ein* anschließender Sprecher ausgewählt werden muß. (Im Vergleich etwa zur vorherigen Festlegung der Reihenfolge der Sprecher, wie z.B. bei Gesprächsrunden.) Bei der Produktion von Äußerungen wird nach einer Satzbildungsregel verfahren, nach der grob gesprochen, jedes Ende eines nächsten Satzes als Gelegenheit zum Übergang auf einen anderen Sprecher dienen kann.

Es gibt zwei Wege, um zu einem nächsten Sprecher zu gelangen. Der erste besteht darin, daß der bisherige Sprecher den nächsten auswählt. So kann er z.B. einen Partner als nächsten Sprecher auswählen, indem er ihm eine Frage stellt. Der zweite Weg ist der der Selbstselektion, wobei grundsätzlich gilt, daß derjenige, der zuerst nach einem etwaigen Ende einer Äußerung zu sprechen beginnt, das ausschließliche Recht zu einer Äußerung gewinnt. Es sollte zweifelsfrei sein, daß beide Techniken nicht gleichzeitig statthaft sein können, und daß von beiden Regeln diejenige, nach der der bisherige den folgenden Sprecher wählt, der der Selbstselektion vorzuziehen ist. Wenn die Auswahl durch den bisherigen Sprecher etwa gewährleisten soll, daß nur einer zur Zeit spricht, dann muß Selbstselektion ausgeschlossen sein, wenn die Wahl des nächsten durch den bisherigen Sprecher erfolgt.

Selbstselektion kann an etwaigen Gesprächsenden stattfinden, wenn der bisherige Sprecher noch nicht den nächsten gewählt hat. Wenn hingegen Selbstselektion bei jedem nur möglichen Ende, bei dem noch keine Auswahl des nächsten Sprechers stattgefunden hat, erlaubt ist, so bedeutet dies, daß

---

2 Eine ausführliche Darstellung findet sich in meiner demnächst erscheinenden Monographie über die Struktur des Sprecherwechsels in der Unterhaltung zwischen Amerikanern.

der bisherige Sprecher, wenn er vorhat, den nächsten zu bestimmen, dies in seinem ersten Satz tun muß, da er sonst nicht sicher sein kann, daß er noch Gelegenheit dazu haben wird, und folglich auch nicht sicher sein kann, daß er Gelegenheit haben wird, eine Äußerung mit mehr als einem Satz zu tun, ohne daß ihm das Wort streitig gemacht wird.

Während somit „Gegenwärtiger-wählt-Nächsten" der Selbstselektion vorgezogen wird, wirkt sich die letztere Regel nicht nur einschränkend darauf aus, wann die erstere gebraucht wird, sondern auch darauf, wie Äußerungen strukturiert werden müssen, wenn ein Sprecher sichergehen will, daß er eine nicht nur zufällige Chance hat, sie zum vorgesehenen Abschluß zu bringen. Ein Sprecher kann die Chance zu einer mehrere Sätze umfassenden Äußerung erhalten, wenn etwa niemand sich an möglichen Endpunkten zur Fortsetzung entscheidet, aber er kann dieser Chance *vor* etwaigen Endpunkten seiner Rede nicht sicher sein, eben weil er während seines Gesprächsbeitrages keinen anderen gewählt hat. (Anmerkung: Die Integration dieser beiden Regeln der Redefolge in der geschilderten Weise ist ein überzeugender Beleg für unsere Behauptung, daß es strukturierte Muster des Sprecherwechsels gibt.)

Wenn wir uns wieder dem Erzählen von Geschichten zuwenden, so sehen wir nunmehr, warum der Teilnehmer einer Unterhaltung, der eine Geschichte erzählen will, die Möglichkeit, daß dazu mehr als ein Satz notwendig sein wird, in seine Planung einbezieht. Wenn man weiß, daß *ein* Satz nicht ausreicht, sondern daß mehr als ein Satz benötigt wird, ist man mit einem Problem konfrontiert. Wenn man zu Wort kommt, hat man Gelegenheit zu einer Äußerung von mindestens einem Satz. Aber beim ersten potentiellen Schluß kann jemand anderes legitimerweise anfangen zu sprechen. Daraus folgt aber auch, daß man das Wort auf immer verlieren kann, wenn man es für eine Äußerung verliert – denn der nächste Sprecher kann nicht nur eine beliebige Äußerung tun, sondern er kann auch eine Äußerung machen, die den nächsten Sprecher auswählt etc. Wenn man das Wort also verliert, kann man bei mehr als zwei Gesprächspartnern nicht sicher sein, daß man es so bald zurückerhält. Wenn es auch denkbar ist, daß Geschichten so erzählt werden, daß ihre Einzelteile während des Gesprächs immer dann angebracht werden, wenn der Sprecher eine Chance dazu erhält, so geschieht dies in der Wirklichkeit doch nicht so.

Unter den genannten Ausgangsbedingungen gäbe es eine offensichtliche methodische Lösung, wenn die Sprecher eine Möglichkeit hätten, im *ersten* Satz eines geplanten Gesprächsbeitrages von mehreren zusammenhängenden Sätzen anzuzeigen, daß sie mehr als einen Satz sagen wollen. Wenn sie aber mehr als einen Satz ankündigen wollen, wie hat eine solche Ankündigung auszusehen, damit der geplante Umfang des Gesprächsbeitrags deutlich wird?

Lassen wir dieses Problem für einen Augenblick ruhen, um auf einen bedeutsamen Aspekt der Ankündigung einer aus mehreren Sätzen bestehenden Äußerung hinzuweisen. Die aus nur einem Satz bestehende Äußerung enthält gleichsam einen Mechanismus, der das Zuhören seitens der gerade nicht Sprechenden garantiert. Die Nichtsprechenden werden deshalb einer Äußerung zuhören, weil jede Äußerung potentiell den nächsten Sprecher bestimmen kann und jeder Nichtsprechende darauf achten muß, ob er als nächster Sprecher ausgewählt worden ist. Und selbst wenn sich herausstellt, daß niemand durch die gegenwärtige Äußerung bestimmt wird, ermöglicht das Zuhören den gerade Nichtsprechenden das Ende einer Äußerung zu bestimmen, so daß sie, wenn sie anschließend sprechen wollen, in der Lage sind, gleich nach dem Ende des bisherigen Sprechers als erste das Wort zu ergreifen. So ist das Zuhören eingebaut sowohl in die Bereitschaft der Partner zu sprechen, wenn sie dazu gewählt werden, als auch in ihrer Absicht, das Wort zu ergreifen, wenn der Vorredner seinen Nachfolger nicht auswählt. Dies trifft aber nur zu, wenn sie wissen, daß sie bei jedem Satzende an die Reihe kommen oder das Wort ergreifen könnten.

Wenn eine Gelegenheit zum Sprecherwechsel nicht mit dem Ende des laufenden Satzes gegeben und darüber hinaus offenbar ist, daß er erst bei irgendeinem viel späteren Satzende kommen wird, dann sind in der Tat einige Voraussetzungen für das Zuhören der Nichtsprechenden aufgehoben. Es sind also zwar Wege denkbar, wie eine Äußerung von mehr als einem Satz angekündigt werden kann, doch Partner, die eine solche Ankündigung machen, möchten auch, daß andere ihnen zuhören; und wenn es nicht nur um die Sprecherlaubnis geht, sondern auch um die Aufmerksamkeit der übrigen Teilnehmer, dann sind andere Mittel erforderlich als solche, mit denen man sich lediglich die Chance zum Sprechen sichert. Die Methode zur Erlangung des Wortes für einen längeren Gesprächsbeitrag sollte auch Verfahren einschließen, die andere zum Zuhören bringen. Eine bloße Bitte, sprechen zu dürfen, kann nicht beide Funktionen erfüllen.

Es scheint eine Technik zu geben, mit der die Erlaubnis zum Erzählen einer ganzen Geschichte gewonnen werden kann, und die sowohl die Erlangung des Wortes sichert, als auch die Voraussetzung für das Zuhören der übrigen Teilnehmer schafft – Voraussetzungen, die denen des Anhörens von Äußerungen aus nur einem Satz ähnlich sind. Diese Technik nennen wir den Gebrauch von „*Geschichten-Einleitungen*" (*story prefaces*). Typische Beispiele dafür sind etwa: „Ich muß euch etwas Schreckliches erzählen" oder „Heute ist mit etwas ganz Komisches passiert". Zu einer solchen typischen Einleitung ist erstens festzustellen, daß sie eine vollständige Äußerung darstellt: Am Satzende hört der Sprecher auf, und ein anderer sollte sprechen. Dieser andere kann dann den vorhergehenden Sprecher auffordern, die Geschichte zu erzählen – was charakteristischerweise durch den Gebrauch einer Äußerung geschieht, die den vorhergehenden Sprecher durch die „Bisheriger-Sprecher-wählt-nächsten-Sprecher"-Regel wiederwählt, etwa durch die Frage „was"?

Wir wollen zweitens feststellen, daß es für die Argumentation, die wir hier entwickeln, äußerst relevant ist, daß eine Gelegenheit zum Sprechen zur Ankündigung einer Geschichte benützt wird; denn wenn man eine solche Gelegenheit in der beschriebenen Weise nützt, dann bedeutet das, daß man auf das Wort verzichtet, bevor man die Geschichte erzählt hat. Man hofft zwar, das Wort zum Erzählen der Geschichte wiederzuerlangen, aber natürlich kann ein Angebot ausgeschlagen werden. Was deshalb zu erklären ist, ist die Tatsache, warum man jemand, der das Wort hat und eine Geschichte erzählen will, dieses Angebot nicht ausschlägt, sondern ihm das Wort dazu zurückgibt.

Eine derartige Einleitung einer Geschichte erfüllt nicht nur die Funktion einer Bitte um das Wort, obwohl diese Bitte bei Gewährung zur Konsequenz hat, daß das Erzählen der Geschichte mindestens drei Äußerungen erfordert, nämlich die Bitte selbst, deren Annahme und die Geschichte –, und dies gleichsam völlig planmäßig; eine solche Einleitung hat einige darüber hinausgehende Funktionen. Wir stellten oben fest, daß ein Problem von Gesprächsbeiträgen, die aus mehreren Sätzen bestehen und auf die die Zuhörer vorher hingewiesen wurden, darin besteht, daß sie einige Grundlagen für das Zuhören seitens der übrigen Gesprächsteilnehmer beseitigen können. Es zeigt sich, daß es ein Merkmal von *Einleitungen* – auch von denjenigen, die wir als Beispiele brachten – ist, daß sie einmal Informationen darüber enthalten, was zur Beendigung der vorgeschlagenen Geschichte erforderlich ist, und zum anderen auch darüber, was die Hörer zu tun haben, wenn sie deren Ende erkennen. Und der Gebrauch solcher Informationen läßt sich immer dann nachweisen, wenn ihre Verwendung zur Folge hatte, daß die anderen zuhören.

So fordert etwa eine Einleitung, die „etwas Schreckliches zu erzählen" ankündigt, die Zuhörer auf, etwas „Schreckliches" zu entdecken; sie zeigt weiter an, daß die Geschichte beendet ist, wenn die Zuhörer *das Schreckliche* gefunden haben, und impliziert ferner, daß sie dann auch zeigen können, daß sie die Geschichte für erkennbar beendet halten, indem sie Äußerungen tun, wie man sie üblicherweise antrifft, etwa: „Oh, wie schrecklich" oder „Wie furchtbar" etc. Die andere beispielhaft erwähnte Einleitung zeigt den Hörern, daß sie sich auf etwas Komisches einstellen sollen und daß sie, wenn sie etwas Komisches gefunden haben, durch Lachen anzeigen können, das Ende der Geschichte erkannt zu haben.

Wir halten fest: Die Tatsache, daß die Einleitung diese Reihe von Funktionen erfüllt, kann durch eine Analyse der Äußerungen der Zuhörer überprüft werden, und zwar genauer durch deren Plazierung und inhaltlichen Bezug auf die Einleitung der Geschichte. Wir wollen weiter festhalten: Die Tatsache, daß Einleitungen gemacht werden, daß ihnen die Erlaubnis zum Erzählen der Geschichte folgt, daß schließlich die Zuhörer eine Äußerung von sich geben, in der sie das Erkennen des möglichen Endes der Geschichte durch den Gebrauch von Aussagen kundtun, die Informationen aus dem „Vorwort" verwenden – dies alles bedeutet, daß die Probleme des Sprecherwechsels, die mit der Verwendung von Einleitungen gelöst werden, die Grundlagen abgeben für Geschichten, die in Unterhaltungen erzählt werden und die eine eigene Struktur besitzen.

Das Erzählen von Geschichten und das Erzählen von Geschichten innerhalb von Unterhaltungen sind deshalb zwei ganz verschiedene Vorgänge. Das Erzählen von Geschichten in Unterhaltungen ist ein spezifisch interaktionistischer Prozeß, d.h. es schließt die aktive Teilnahme anderer Partner ein. Das Erzählen von Geschichten in Unterhaltungen hat die Struktur eines sequenzartigen Prozesses, der unter anderem von der Organisation des Sprecherwechsels in Gesprächen bestimmt ist. Um eine planmäßige Chance zu bekommen, eine Geschichte bis zu ihrem Ende erzählen zu können, gibt ein Partner zunächst einmal das Wort ab, in der Hoffnung, es durch eine Aufforderung zum Erzählen der Geschichte zurückzuerhalten. Um nicht nur das Wort, sondern auch die Aufmerksamkeit der Zuhörer zu haben, gibt der Erzähler den Zuhörern Gelegenheit zu Aktivitäten während des Erzählgangs – zuerst haben sie seine Bitte zu akzeptieren, dann haben sie der Geschichte zuzuhören, um ihr Ende wahrzunehmen und um daraufhin diese Erkenntnis auf eine Weise mitzuteilen, die der Erzähler durch seine Einleitung vorgezeichnet hat. So schafft die Tatsache, daß das Ende der Geschichte nicht nach einer vorher genau angegebenen Anzahl von Sätzen zu erwarten ist und daß das Erkennen des Endes durch die Zuhörer in bestimmter Weise mitzuteilen ist, die Grundlagen sowohl dafür, daß die Zuhörer auf jeden Satz achten, als auch dafür, daß die Einleitung ihnen als Mittel beim Zuhören dient.

Der Versuch, eine Lösung für unser eingangs gestelltes Problem zu skizzieren, führte zur Erkenntnis, daß das Erzählen von Geschichten innerhalb von Unterhaltungen nach dem Muster eines sequenzartigen Interaktionsprozesses organisiert ist. Diese Organisationsstruktur (von der wir einige Teile auch nur erwähnt haben) kann unabhängig von unserer Identifikation ihrer Ursprünge beobachtet werden. Daß diese Organisation aber eine systematische – und nicht nur zufällige – Lösung von Problemen darstellt, die mit der Struktur des Sprecherwechsels in Gesprächen verknüpft ist, läßt auf die Macht solcher Strukturen schließen.

Es ist ganz offensichtlich in diesem Beitrag weder möglich, ausführlich Belege dafür beizubringen, daß das Erzählen von Geschichten innerhalb von Unterhaltungen so organisiert ist, wie wir es zu beschreiben unternommen haben – und es ist tatsächlich noch komplexer organisiert als dargelegt –, noch ist es möglich, Beweise dafür zu liefern, daß die Einleitungstechnik so funktioniert, wie wir behaupten. Da jedoch das Erzählen von Geschichten durchaus kein seltenes Ereignis ist, mögen diejenigen, die solchen Vorgängen beiwohnen, es bei passender Gelegenheit selbst beobachten.

Abschließend möchte ich feststellen: Obwohl es klar ist, daß nicht alle Geschichten, die tatsächlich mehr als einen Satz erfordern, von vornherein auch so angelegt waren, können sie dennoch nicht immer als Gegenbeispiele für die hier entwickelte Argumentation herhalten. Denn Geschichten sind nicht nur intern organisiert, es gibt ebenso eine Organisation für die Aufeinanderfolge von Geschichten. Und für *zweite* Geschichten, also für Geschichten, die als zweite gebracht werden – z. B. mit einem Anfangssatz wie: „Dasselbe ist mir passiert" –, braucht man keine besondere Erlaubnis; man braucht für sie auch keine Vorbereitungsgrundlage, wenn sie mehr als eine Äußerung beanspruchen. Außerdem geben sie in *ihrem* ersten Satz durch die Bezugnahme auf die letzte Geschichte Aufschluß über die Informationen, die man zur Identifizierung ihres Endes verwenden kann.

Anhang: Beispiel eines Gesprächsdialogs

Anmerkung der Herausgeber: Nachstehend drucken wir das Beispiel eines Dialogs, das der Analyse zugrunde gelegen hat, in der amerikanischen Originalfassung ab. Da es sich um das empirische Rohmaterial handelt, wollten wir seine Struktur nicht durch eine Übersetzung zerstören, sondern dem Leser die Möglichkeit geben, den Prozeß der theoretischen Analyse der Daten unmittelbar beobachten und nachvollziehen zu können. Die Probleme und Unsicherheiten von Rückübersetzungen rechtfertigen nach unserer Ansicht diese Entscheidung.

A: Say did you see anything in the paper last night or hear anything on the local radio, Ruth Henderson and I drove down to Ventura yesterday,
B: Mh hm
A: And on the way home we saw the:: most gosh-awful wreck.
B: Oh::::
A: – we have ev – I've ever seen. I've never seen a car smashed into sm – such a small space.
B: Oh::::

A: It was smashed from the front and the back both it must've been incaught in between two cars.
B: Mh hm uh huh
A: Must've run into a car and then another car smashed into it and there were people laid out and covered over on the pavement.
B: Mh
A: We were s-parked there for quite a while but I was going to listen to the local r-news and haven't done it.
B: No, I haven't had my radio on, either.
A: Well I had my televison on, but I was listening to uh the blastoff, you know.
B: Mh hm.
A: The uh ah– // astronauts.
B: Yeah
B: Yeah
A: And I – I didn't ever get any *local* news.
B: Uh huh
A: And I wondered.
B: Uh huh,
B: No, I haven't had it on, and I don't uh get the paper, and uhm
A: It wasn't in the paper last night, I looked.
B: Uh huh.
B: Probably didn't make it.
A: No, no you see this was about three o'clock in the afternoon.
B: Uh huh
A: Paper was already off the press.
B: Uh huh
A: Boy, it was a bad one, though.
B: Well that's too bad.
A: Kinda// (freak)–
B: You know, I looked and looked in the paper – I think I told you f – for that uh f-fall over at the Bowl that night. And I never saw a thing about it, and I // looked in the next couple of evenings.
A: Mh hm
   (1.0)
B: Never saw a th – a mention of it.
A: I didn't see that, either.
B: Uh huh.
B: Maybe they kept it out.
A: Mh hm, I expect.
B: Uh huh, deli // berately.
A: Well I'll see you at – at –
B: Tomorrow // night
A: – at six at – hehhehh

Aus dem Englischen übersetzt von Dipl.-Volksw. *Ursula Christiansen.*

S. Günthner

Strategien interkultureller Kommunikation. Das Konzept der Kontextualisierung. Kontextualisierungskonventionen und interkulturelle Kommunikation

Das 1976 von Cook-Gumperz und Gumperz entwickelte Konzept der **Kontextualisierung** wurde in den letzten Jahren zu einem Schlüsselbegriff innerhalb der interpretativen Soziolinguistik und erweist sich – wie u.a. Gumperz' Arbeiten verdeutlichen – als brauchbarer theoretischer und methodischer Ansatz zur Analyse interkultureller Kommunikation. Die Theorie der Kontextualisierung geht davon aus, daß Interagierende durch die Ausführung ihrer (verbalen und nonverbalen) Handlungen diese zugleich interpretierbar machen und dadurch den Kontext, in den die Handlungen eingebettet werden, selbst konstruieren. Kontext ist also nicht einfach als ein Aggregat materiell gegebener Entitäten vorhanden, sondern wird von den Interagierenden selbst aktiv aufgebaut.[58] D.h. Sprache gilt nicht mehr nur als semiotisches System, dessen aktueller Gebrauch kontextabhängig ist, sondern der Gebrauch dieses semiotischen Systems macht darüber hinaus einen bestimmten Kontext verfügbar, der wiederum notwendig ist, um die betreffende Information zu interpretieren.[59] Auf diesen **reflexiven** Kontextbegriff stützt sich Gumperz' Konzept der Kontextualisierung.[60]

Kontextualisierung bezeichnet nun das Verfahren, mittels dessen Interagierende in ihren Sprechhandlungen Kontext herstellen. Dabei stehen ihnen bestimmte kulturell geprägte, empirisch erfaßbare Zeichen, die sogenannten **Kontextualisierungshinweise** (contextualization cues) zur Verfügung, mit denen den Gesprächspartnern zugleich signalisiert wird, wie eine bestimmte Aktivität zu interpretieren ist:

> That is, constellations of surface features of message form are the means by which speakers signal and listeners interpret what the activity is, how semantic content is to be understood and how each sentence relates to what precedes or follows. These features are described as contextualisation cues. (...) the mea-

---

58 Vgl. die Ähnlichkeit zum Konzept der ‚Vollzugswirklichkeit' der Ethnomethodologie.
59 Auer (1990:26).
60 Die Ähnlichkeit mit dem ethnomethodologischen Prinzip der ‚Reflexivität' ist keineswegs zufällig.

nings of contextualisation cues are implicit. They are not usually talked about out of context. Their signalling value depends on the participants' tacit awareness of their meaningfulness. (Gumperz 1982:131–132)

Sprecher produzieren also nicht nur Äußerungen, um referentielle Bedeutungen und Informationen zu übermitteln, sie kontextualisieren ihre Redebeiträge auch und machen dadurch ihre sprachlichen Handlungen zugleich interpretierbar.[61] Kontextualisierungshinweise können sowohl durch bestimmte syntaktische und lexikalische Optionen zum Ausdruck gebracht werden als auch mittels bestimmter Idiomatik, durch Codeswitching-Techniken oder durch prosodische und paralinguistische Mittel, wie Lautstärke, Tonhöhenverlauf, Sprechtempo, Pausenstruktur, Rhythmus. Sie haben jedoch keine stabile referentielle Bedeutung, die außerhalb der sequentiellen Einbettung formuliert werden kann. Da der Ansatz der Kontextualisierung verdeutlicht, wie verschiedene verbale und nonverbale Phänomene die interaktive Bedeutungsaushandlung leiten und somit eine Gesamtperspektive zur integrativen Beschreibung von Einzelphänomenen (prosodischer, syntaktischer, lexikalischer etc. Art) anbietet, ist er für eine funktionale Sprachbeschreibung von großem Interesse.[62]

Im folgenden sollen einige Transkriptausschnitte zur exemplarischen Verdeutlichung des Kontextualisierungsansatzes herangezogen werden.

Im Gesprächsausschnitt YANG 28 diskutieren die Teilnehmenden, ob Mütter nach der Geburt eines Kindes zu Hause bleiben sollten. Hierbei werden prosodische Mittel der Kontextualisierung eingesetzt: Die Sprecherin D gibt die zitierte, gegnerische Position („das Kind braucht die Mutter") mittels extrem hoher Stimme und schneller Sprechgeschwindigkeit ‚verzerrt' wieder. Anhand dieser prosodischen Mittel liefert D zugleich bestimmte Signale, wie die betreffende Äußerung zu interpretieren ist:

Transkriptionszeichen [L. H.]

/.../	gleichzeitiges Sprechen	NEIN	laut
–	kurze Pause	NEIN	sehr laut
(0.5)	Pause von 0.5 Sekunden	((...))	Kommentar
(??)	unverständlich	haha	Lachen
a:	Längung	?	stark steigender Ton
+	schneller	'	leicht steigender Ton
++	sehr schnell	.	fallender Ton
		,	schwebender Ton

---

61 Hierzu auch Auer (1986:22–47).
62 Hierzu auch Gumperz (1982:208).

YANG 28
44D: /es is nor/malerweise so, daß du IMMER immer
45   eh: eh du kannst IMMER sagen
46   ((hohe Stimme)) <++ das Kind braucht die Mutter,
47   das Kind braucht die Mutter++>
48   und der Mann sagt auch ++ das Kind braucht
49   die Mutter++ und ER macht NIE was =
50A: = s' braucht au en Vater.

Die Theorie der Kontextualisierung geht nun davon aus, daß mit Hilfe von Kontextualisierungshinweisen Schemata des Hintergrundwissens verfügbar gemacht werden, die zum Aushandeln eines für die Interagierenden gemeinsamen Interpretationsrahmens erforderlich sind. Zur Konstituierung von Kontext stellen die Interagierenden folglich eine Beziehung zwischen zwei Bereichen her: einem empirisch gegebenen Datum (dem Kontextualisierungshinweis), das der/die kontextualisierende TeilnehmerIn aus ihrem Zeichenvorrat sprachlicher oder nichtsprachlicher Art auswählt und einer Komponente des Hintergrundwissens. Dieses Hintergrundwissen ist in Form von Schemata organisiert. Durch die Verwendung bestimmter Kontextualisierungshinweise werden zugleich Schemata aus dem Hintergrundwissen verfügbar gemacht.[63]

Im folgenden Gesprächsausschnitt berichtet Du ihren deutschen Gesprächspartnerinnen A und E, daß es während der Kulturrevolution illegal war, westliche Radiosender zu empfangen:

DU 7
1Du: man kann nur unter eh unter der Familie
2   in der Familie ja. etwa darüber reden.
3   auch sehr leise=
4E: =mhm.
5   (1.5)
6E: mhm.

7Du: und früher haben wir auch eh'
8   (richtige) ANGST gehabt, ja einmal eh
9   habe ich eh bei mei eh' bei meiner Eltern
10   auch diese amerikanische voice?

---
63 Auer (1986:24).

11   /american voice'/
12E: /ja voice of america/
13Du: ja. ja. empfangen=
14E: =mhm.
15Du: ahh und dann ehm' hat meine Mutter
16   GRO:ßE Angst ge: ‚eh' bekommen,
17   und sagt ((flüsternd))< schalt mal aus>

Dieser Textausschnitt verdeutlicht, wie den Rezipientinnen durch prosodische Mittel (Reduzierung der Lautstärke, Flüsterton) bestimmte Interpretationssignale gegeben werden: Die in Flüsterstimme zitierte Anweisung der Mutter ‚schalt mal aus' (17) verdeutlicht geradezu ikonisch die Gefährlichkeit der Situation. Der prosodische Kontextualisierungshinweis gibt gewisse Richtungen für den Inferenzprozeß vor, ohne jedoch die betreffende Interpretation explizit zu machen.

Die hier verwendeten prosodischen Mittel (leise Stimme, Flüstern) können jedoch in anderen Situationen eingesetzt werden, um dort einen andern Kontext hervorzurufen (beispielsweise zur Signalisierung von Hintergrundinformationen). Es ist also nicht möglich, bestimmten Kontextualisierungshinweisen wie beispielsweise ‚Erhöhung der Lautstärke', ‚Code-Switching ins Chinesische' oder ‚Wechsel in eine höhere Intonationskontur' eine stabile referentielle Bedeutung zuzuordnen. Dennoch gelangen wir häufig erst dann zu einer plausiblen Interpretation eines Gesprächsausschnitts, wenn wir die Kontextualisierungshinweise mit einbeziehen.[64] Beispielsweise können wir die Bedeutung des folgenden Lachens (als Auslachen, humorvolles Lachen, peinlich berührtes Lachen, zynisches Lachen ...) von Ma nur dann adäquat interpretieren, wenn wir die Art (Lautstärke, Tonhöhenverlauf, Lachpartikeln etc.) und Plazierung des Lachens mitberücksichtigen:

MA 7
17T: wo haben Sie das gehört(......)?
18Ma: ehm: ehm jemand eh von jemand
19T: + VON WEM?+
20Ma: hahaihihi
21T: ((scharf)) ++ VON WEM?++
22Ma: eh VIELE LEUTE – eh (......)
23T: ICH MÖCHTE NAMEN. SAGEN SIE MIR
24   VON WEM.
25Ma: hahahihihihi (von wem?) hihi vie((hi))le hihi Leute hihi

---

[64] Eine detaillierte Beschreibung der Kontextualisierungshinweise liefert Auer 1990.

Da Kontextualisierungshinweise selbst keine inhärente, referentielle Bedeutung haben, fungieren sie lediglich als Richtungshinweise für den situativen Inferenzprozeß. Doch wie beeinflussen sie den Inferenzprozeß, wenn sie keine referentielle Bedeutung haben? Levinson[65] stellt in diesem Zusammenhang den Vergleich mit einem Knoten im Taschentuch her, der uns an etwas Bestimmtes erinnern soll; doch anhand des Knotens ist der zu erinnernde Gegenstand nicht ersichtlich. Es läßt sich also keine 1:1 Zuordnung von Kontextualisierungshinweis zu einer kontextfreien Bedeutung herstellen. Trotz ihrer essentiellen Vagheit verhelfen uns Kontextualisierungshinweise dazu, gemeinsam mit unseren Gesprächspartnern einen Interpretationsrahmen auszuhandeln. Wie kann nun die Kontextherstellung analysiert werden, wenn ein einzelner Kontextualisierungshinweis in unterschiedlichen Situationen unterschiedliche Bedeutungen hervorruft? Wie willkürlich können Kontextualisierungshinweise gewählt werden? Im einfachsten Falle fungieren sie – ähnlich wie in Levinsons Beispiel – als reine Indikatoren, die auf etwas aufmerksam machen wollen. Sie haben dann die Funktion der Signalisierung von Kontrast: Der Wechsel der Lautstärke, die Veränderung der Tonhöhe, der Wechsel von einer sprachlichen Varietät in eine andere etc., all diese Phänomene lenken den Inferenzprozeß auf das Kontrastmoment. Die einzige Bedeutung dieser Kontextualisierungshinweise wäre somit das Indizieren von Differenz.[66] Bisherige Untersuchungen demonstrieren jedoch, daß Inferenzen aufgrund bestimmter Kontextualisierungshinweise, die – wenn auch vage – so doch nicht völlig willkürlich sind, gezogen werden. Die prosodische Verpackung einer Äußerung (beispielsweise Sprechgeschwindigkeit und Lautstärke) kann zwar je nach situativer Einbettung unterschiedliche Kontexte herstellen, dennoch existieren kulturelle Konventionen und kognitive Vorgaben bzgl. einer prototypischen Herstellung bestimmter situativer Kontexte. D.h. Kontextualisierungshinweise indizieren nicht nur einen Wechsel und lenken damit die Aufmerksamkeit darauf, daß etwas Neues kommt, sondern sie haben auch ein gewisses semantisches Potential, das dem Inferenzprozeß eine bestimmte Richtung vorgibt. Die Grundlage dieses semantischen Bedeutungspotentials basiert sowohl auf kulturellen Konventionen als auch auf gewissen kognitiven Aspekten (bzw. einer Mischung aus beiden Faktoren).[67] Beispielsweise werde ich zur Signalisierung einer „geheimnisvollen Nachricht" sicherlich nicht die Lautstärke erhöhen. Eine ähnliche ikonische Beziehung existiert bezüglich der prosodischen Prominenz und dem Grad an Wichtig-

---

65 Levinson (1988).
66 Auer (1990:39).
67 Auer (1990:40–41).

keit einer Information: Die neue Information (Fokus) wird meist prosodisch hervorgehoben.[68]

Die analytische Frage und der Forschungsschwerpunkt der interpretativen Soziolinguistik ist somit: **Wie** handeln Interagierende mittels Kontextualisierungshinweisen bestimmte Sprechaktivitäten aus, **wie** stellen sie soziale Beziehungen her und **wie** bauen sie gemeinsam einen Interaktionsrahmen auf?

Kontextualisierungskonventionen und interkulturelle Kommunikation

Wesentlich für die Analyse interkultureller Kommunikationssituationen ist nun, daß die Verwendung und Interpretation von Kontextualisierungshinweisen von soziokulturellen Konventionen geprägt ist. Um die Kommunikationsintentionen meiner Gesprächspartner situationsadäquat interpretieren zu können, muß ich die vorliegende Kommunikationssituation und die darin enthaltenen Kontextualisierungshinweise als Instanz typisierter Schemata wiedererkennen und in Verbindung zu meinem gespeicherten soziokulturellen Wissen setzen. Ein gemeinsames Repertoire an Kontextualisierungskonventionen stellt somit eine wesentliche Voraussetzung für die kommunikative Kooperation dar. Teilnehmer interkultureller Gesprächssituationen verfügen jedoch – wie ich anhand einzelner Beispiele skizzieren werde und wie die vorliegende Arbeit demonstrieren wird – unter Umständen über divergierende Kontextualisierungshinweise. Dies kann dazu führen, daß die Anwendung bestimmter, kulturell geprägter Kontextualisierungskonventionen zu unterschiedlichen Inferenzen führt. Das gemeinsame Aushandeln von Kontext und Bedeutung wird erschwert bzw. unter Umständen ganz verunmöglicht.[69]

Wie Auer (1986) verdeutlicht, lassen sich die Funktionen von Kontextualisierungsprozessen unter fünf Fragen subsumieren, deren Beantwortung unter den Gesprächspartnern einheitlich sein muß, um einen interpretationsrelevanten Kontext herzustellen:

1. Reden wir (gerade) miteinander?
2. Wer redet (gerade) mit wem?
3. Was tun wir (gerade) miteinander?
4. Worüber reden wir (gerade) miteinander?
5. Wie stehen wir (gerade) zueinander?

---

68 Lambrecht (1986:157).
69 Selbstverständlich können auch zahllose Schwierigkeiten in intrakulturellen Kommunikationssituationen auf Unterschiede im Bereich der Kontextualisierung zurückgeführt werden.

Ich werde diese fünf Bereiche kurz skizzieren und dabei anhand von Beispielen aus meinem Datenmaterial mögliche interkulturelle Konflikte verdeutlichen.

Die erste Frage „**Reden wir (gerade) miteinander?**" betrifft die Kontextualisierung fokussierter Interaktion: Es geht dabei also um die gegenseitige Signalisierung von Aufmerksamkeit. Das Rezipientenverhalten ist hierfür ein wichtiger Hinweis. Verschiedene Kulturen verfügen jedoch über unterschiedliche Konventionen hinsichtlich der Art und Häufigkeit der Signalisierung aktiver Zuhörerschaft. Maynard (1986) und White (1989) zeigen, daß in japanischen Konversationen dreimal so häufig Rezipientensignale produziert werden als im amerikanischen Kontext. Meine chinesischen Daten weisen darauf hin, daß chinesische Rezipienten sehr viel seltener ‚continuers' in Form von ‚mhm' produzieren, als ihre deutschen Gesprächspartner dies tun.[70] Zu ähnlichen Ergebnissen kommen auch Tao/Thompson (1990) bzgl. chinesisch-amerikanischer Interaktionen. Wie Kapitel 6 zeigen wird, signalisieren chinesische Rezipienten ihre aktive Zuhörerschaft häufig anhand sogenannter ‚Rezipienten-Echos'. Die unterschiedliche Handhabung von Rezipientensignalen (Art und Frequenz) kann in interkulturellen Kommunikationen der Auslöser für Mißverständnisse und Unsicherheiten sein. Die Analysen von Erickson/Shultz (1982:199) verdeutlichen, daß kulturspezifische Unterschiede in der Signalisierung aktiver Zuhörerschaft in Gesprächen zwischen weißen Amerikanern und Angehörigen ethnischer Minderheiten in den USA und Kanada zu Kommunikationskonflikten führen können: Weiße ‚councelors', die ein unterstützendes, solidarisches Verhalten gegenüber ihren Klienten kontextualisieren wollen und aktive Zuhörerschaft durch Kopfnicken und verbale Elemente (viele ‚mhm' etc.) signalisieren, wirken in den Augen von Amerikanern indianischer Abstammung häufig ‚hyperaktiv' und ‚penetrant'.

Die zweite Frage „**Wer redet (gerade) mit wem?**" bezieht sich auf die Kontextualisierung der Sprecher- und Adressatenrollen. Hierzu gehört neben der Sprach-, Dialekt- und Registerwahl auch der Aspekt des Rezipientendesigns[71], d.h. des Zuschnitts der Äußerung auf das Hintergrundwissen des/der betreffenden GesprächspartnerIn: Sprecher und Sprecherinnen produzieren in der Regel ihre Äußerung in Abhängigkeit des Rezipientenwissens, d.h. sie nehmen Rücksicht darauf, was den Rezipienten bereits bekannt ist und welche Informationen neu sind. Die Sprechenden sind also bestrebt, das „Wort mit seinem spezifischen Horizont am fremden Horizont des Verstehenden zu

---

70 Vgl. Kapitel 6.
71 Sacks/Schegloff/Jefferson (1975:727).

orientieren" und errichten somit ihre Äußerung „vor dem Apperzeptionshintergrund des Hörers" (Bachtin 1979:175).[72]

Auer/Kotthoff (1987) zeigen, daß non-native Sprecher im Vergleich zu Muttersprachlern dazu tendieren, die gleiche sprachliche Handlung zu elaboriert, zu umständlich und zu wenig mit dem Rezipienten kooperierend zu gestalten. Die Orientierung am Gesprächspartner „design your talk to another with an orientation to what you know they know" (Sacks 1972a) stellt eine wichtige Maxime der Interaktion dar: Wenn ich weiß, daß mein Gesprächspartner die betreffende Person oder den betreffenden Gegenstand kennt, so werde ich anders darauf referieren, als wenn ich weiß, daß keinerlei Kenntnisse darüber vorliegen. Doch für Interaktionspartner aus verschiedenen Kulturkreisen ist es schwierig abzuschätzen, welches Weltwissen vorausgesetzt werden kann und was spezieller Erläuterungen bedarf.[73] Der Zuschnitt einer Äußerung kann schnell inadäquat sein, da die Sprecherin das Wissen des Gegenübers über- bzw. unterschätzt. Im Fall einer Überschätzung wird meist eine Reparatur in Gang gesetzt:
A ist ein chinesischer Germanist. B eine deutsche Touristin in China:[74]

1A:	ja, Wang Meng hat das auch gesagt.
2B:	wer? WANG wer?
3A:	WANG MENG, ein ganz bekannter Schriftsteller in China, er ist
4	jetzt auch der Vorsitzende des chinesischen
5	Schriftstellerverbands.
6B:	ahja.

Im folgenden Gesprächsausschnitt zwischen M, einer Deutschen, die bereits neun Monate in China lebt und Qin, einem chinesischen Germanisten, tritt eine Unterschätzung des Vorwissens der Rezipientin auf:

QIN 1
14Qin:	wirtschaftliche Reform, die politische
15	Reformen auch die kulturelle Reform
16	auch die Studienreform.
17M:	mhm.
18Qin:	ich glaube vor der Kulturrevolution'
19	++ja Sie wissen sicher++ die Kulturrevolution
20M:	haha/ha ein weit ((HI)) verbreitetes ((HI)) Thema ((HI))/

---

72 Bachtin (1979:175) spricht in diesem Zusammenhang von einer Dialogizität auf der Basis der subjektiven Horizonte der Interagierenden.
73 Siehe hierzu Kapitel 1.5.
74 Dieser Konversationsausschnitt wurde unmittelbar nach dem Gespräch notiert.

21Q: /hi hahahahahahahahahahhhhhhaha/
22M&Q: hahaahahahahahahahhhahahahahah
23M: /wenn man/
24Qin: /ja vor/ der Kulturrevolution ja, dann
25   werden ja auch die Absolventen aus der
26   MittelSCHULE ja direkt – zur Universität

Qin führt hier den Begriff der ‚Kulturrevolution' ein, doch seine anschließende Nachfrage (18–19), die prosodisch durch Erhöhung der Sprechgeschwindigkeit markiert ist „++ja Sie wissen sicher++ die Kulturrevolution" verdeutlicht seine Unsicherheit bzgl. des Wissensrepertoires der deutschen Gesprächspartnerin. M reagiert auf die ‚Überthematisierung' lachend „haha/ ha ein weit ((HI)) verbreitetes ((HI)) Thema ((HI))". Für Deutsche, die sich für China interessieren und vor allem für diejenigen, die in China leben, wirkt diese ‚Überthematisierung', die ja impliziert, man wisse nichts über die chinesische ‚Kulturrevolution', geradezu absurd. Doch für Qin scheint es keine Selbstverständlichkeit zu sein, daß eine Ausländerin über dieses Wissen verfügt.

Mit der dritten Frage **„Was tun wir (gerade) miteinander?"** wird auf die Kontextualisierung der Interaktionsaktivität bzw. des Modus (Ernst, Spiel...) referiert.

Im folgenden Transkriptausschnitt zeigen sich Kommunikationsprobleme aufgrund von Mißverständnissen im Bereich der Interaktionsmodi: Scherz versus Ernst. Der Chinese Zheng kommt zu F, der Vertreterin einer deutschen Institution, in die Sprechstunde und unterhält sich mit ihr über seine anstehende Deutschprüfung. Da er große Probleme mit Hörverständnisübungen hat, schlägt er vor, heimlich einen Kassettenrekorder in die Prüfung mitzunehmen:

ZHENG 9
12Zheng: aber ich eine (...............) eh ich
13   könnte eine eh (mini) tape recorder
14   Kassettenrekorder eh nach eh mitnehmen =
15F: =((schnell, hohe Stimme)) zur Prüfung?
16Zheng: ja'hh
17F: ((hohe Stimme)) SIND SIE DES WAHNSINNS?
...
21F: Sie dürfen keinen eh,h bei der
22   Prüfung wissen Sie, Sie dürfen –
23   NU:R einen – Stift zum Schreiben mitbringen

24 Zheng: ja
25 F: und sonst – NICHTS
...
36 Zheng: ha /aber ich könne eine SEHR KLEINE/
37 F: /Sie dürfen NUR EINEN Stift/
38 Zheng: SEHR KLEINE eh Aufnahme eh hihihi hier /hhhh/
39 F: /ja/
40 F: wissen Sie daß das wissen Sie, daß das auffällt,
41 in dem Moment eh eh sind SEHR strenge Kontrollen,
42 in dem Moment, wo man Sie erwischt, sind Sie
43 DURCHGEFALLEN, fertig, keine DiskuSSION.
44 (0.5)
45 Zheng: DAS weiß nicht hihihihi hhh/hhhihhh/
46 F: /glauben/
47 F: /Sie es mir. glauben Sie es mir./
48 Zheng: /das ist nur ne das ist nur eine Spaß/
49 F: glauben Sie es mir, ich habe hier in
50 Shanghai zwei eh – PNDS::: eh Prüfungen
51 MITerlebt ne

An der Reaktion Fs ist zu erkennen, daß sie Zhengs Vorschlag (12–14) als ernsthaft interpretiert. Wie Sacks (1972a) ausführt, macht eine scherzhafte Bemerkung ein Lachen als nächste Handlung erwartbar. Doch hier zeigt F ihre Empörung und weist Zheng auf die Prüfungsvorschriften hin. In Zeile 36 setzt Zheng jedoch seinen Vorschlag fort, indem er ihn etwas modifiziert: „eine SEHR KLEINE SEHR KLEINE eh Aufnahme", und mit einem Kichern begleitet. Doch auch hier interpretiert F seine Äußerung als ernsthaften Vorschlag, ohne die von Zheng implizierte Scherz-Modalität zu bemerken. In Zeile 48 liefert Zheng nun eine Metaerklärung: „das ist nur ne das ist nur eine Spaß" und rahmt somit auf explizite Weise rückwirkend den Modus ‚Scherz'. Die Ursache für das Mißverständnis bzgl. der Interpretation der Interaktionsmodalität liegt darin begründet, daß F Zhengs Kontextualisierungshinweise (Prosodie, Kichern etc.[75]) nicht verstanden hat. Das Beispiel verdeutlicht ferner die Schwierigkeit herauszufinden, welches soziokulturelle Wissen (Wissen um die Prüfungsregeln und Wissen um Gesprächskonventionen: Wann ist ein Scherz über welches Thema angebracht?) in interkultu-

---

[75] Inwiefern auch nonverbale (gestische oder mimische) Kontextualisierungshinweise von Zheng verwendet wurden, kann nicht geklärt werden.

rellen Situationen als geteilt vorausgesetzt werden kann und was erklärungsbedürftig ist (F nahm an, daß Zheng die Prüfungsbestimmungen nicht kennt). Die Annahme der „Kongruenz der Relevanzsysteme"[76] erweist sich auch hier als problematisch.

Die vierte Frage „**Worüber reden wir (gerade) miteinander?**" betrifft Kontextualisierungshinweise im Bereich der Diskursorganisation. Hierzu gehören u.a. Strategien der Informationsverpackung, d.h. Techniken zur Signalisierung von ‚gegebener' und ‚neuer' Information, Kontrastfoki sowie Mittel zur Herstellung von Diskurskohärenz und -kohäsion. Während beispielsweise in der deutschen und amerikanischen Gesprächskultur eine gewisse ‚Direktheit' in der Themenentfaltung erwartet wird, wird in anderen Kulturen (z.B. in China) in ähnlichen Situationen eine stärkere Indirektheit und zirkuläre Bewegung auf die Hauptinformation hin verlangt. So kann eine scheinbar harmlose Frage wie „Wie gefällt es dir hier in Konstanz?" zu erheblichen Kommunikationsstörungen führen: Während der/die deutsche GesprächspartnerIn eine direkte Antwort erwartet (z.B. „Recht gut. Allerdings finde ich die Winter etwas triste."), stellt im chinesischen Kontext Indirektheit die unmarkierte Form dar: „Es gibt den Bodensee, auch ist die Landschaft wunderschön und die Menschen sehr nett. (...)". Unter chinesischem Blickwinkel gilt die direkte Äußerung einer persönlichen Meinung in zahlreichen Kontexten, in denen Direktheit bei uns erwartbar ist, als unhöflich und grob. Stattdessen knüpft der chinesische Sprecher bzw. die Sprecherin häufig bei einem Detailaspekt an und tastet sich langsam, das Thema umkreisend, an die zentrale Aussage heran. Dieses Verfahren wird jedoch von deutschen Gesprächsteilnehmern als langatmig und ausweichend empfunden: „Man weiß nie so recht, was Chinesen wirklich denken", so ein deutscher Informant. Kapitel 5 wird sich ausführlich mit unterschiedlichen thematischen Strukturierungs- und Kontextualisierungsverfahren befassen.

Die fünfte Frage „**Wie stehen wir (gerade) zueinander?**" bezieht sich auf die Kontextualisierung sozialer Rollen und ‚face-work'-Techniken. Kulturelle Unterschiede in der Kontextualisierung gesichtsbedrohender Handlungen können zu Mißverständnissen führen: Das chinesische Lachen bei Gesichtsbedrohungen fällt in diesen Bereich. Ein weiteres Beispiel, das ebenfalls unterschiedliche Kontextualisierungshinweise in Bezug auf ‚peinliche' Situationen betrifft, entstammt einem Gespräch zwischen der Chinesin Bao und den Deutschen F und A:

---

76 Hierzu 1.4.

BAO 2
1F: nu: wa was bedeutet des für dich, du warst
2   doch bevor du verheiratet warst sicherlich
3   auch mit irgendeinem andern Mann noch
4   zusammen –
5   oder?
6   (0.5)
7   oder oder bist du oder ist ER dein
8   erster Mann?
9 Bao: ja
10 F: ((hohe Stimme)) <ER ist dein erster Man/n?/>
11 Bao: /ja/
12   (0.6)

Die deutsche Gesprächsteilnehmerin überschreitet hier soziale Intimitätsgrenzen: Die Gesprächssituation wird zunehmend ‚peinlicher'. Mit Schweigen und Ausbleiben der erwartbaren Antwort kontextualisiert Bao, daß die Frage Fs die soziale Intimitäts- und Peinlichkeitsgrenze überschritten hat. Unter sequentiellem Gesichtspunkt ist auffallend, daß Baos entscheidende Äußerung, in der sie verdeutlicht, daß sie – im Gegensatz zu den Erwartungen ihrer deutschen Gesprächspartnerinnen – vor ihrem Ehemann mit keinem anderen zusammen war (vgl. die Minimalreplik ‚ja' in Zeile 9), nicht unmittelbar auf die erste Frage der Deutschen folgt, sondern auf vielfältige Weise verzögert ist: Bao reagiert auf Fs erste Frage (die als Annahme verpackt Bao zur Bestätigung vorgelegt wird; Zeile 1–4) nicht, und es entsteht eine kurze Pause. Doch auch auf die nachgeschobene Nachlaufpartikel ‚oder?' (Zeile 5) kommt keine Reaktion von Bao (eine Pause von 0.5 Sek. entsteht). F läßt jedoch nicht locker, sondern formuliert die Vermutung, die praktisch „in der Luft liegt". Baos Minimalreplik ‚ja' verdeutlicht nochmals, daß sie nicht gewillt ist, dieses Thema auszuweiten. Mittels extrem hoher Stimme (10) kontextualisiert F ihr völliges Erstaunen über Baos Reaktion und fragt erneut nach. Nach Baos zweiter Minimalreplik ‚ja' entsteht erneut eine Schweigephase, die als weiteres Zeichen der aufgekommenen ‚peinlichen Situation' betrachtet werden muß. Das explizite Nachhaken und Insistieren auf eine Antwort von F verdeutlicht, daß F die Peinlichkeit dieser Situation, und damit die Tabuverletzung, nicht erfaßt. Der Kontextualisierungshinweis ‚Schweigen' als Replik auf den ersten Teil einer Paarsequenz (Frage) und der damit ausbleibenden konditionell relevanten Folgeäußerung (Antwort) wird von der deutschen Gesprächspartnerin nicht verstanden. Im chinesischen Kontext dagegen ist das Ausbleiben einer erwarteten Antwort, d.h. die Produktion von Schweigen, ein Kontextualisierungshinweis dafür, daß das Thema nicht erwünscht ist. Wir haben hier ein Beispiel für eine ‚komplementäre Schismogenese' in der ‚Kulturberührung' (Bateson 1985:99–113): Die Interaktion zweier Subsysteme produziert im Laufe der Zeit eine größer werdende progressive Differenzierung und Distanz zwischen den Interagierenden: Während die chinesische Gesprächspartnerin Bao mittels Schweigen signalisiert, daß eine gesichtsbedrohende Situation vorliegt, zweifelt die deutsche Teilnehmerin an der Verstehensfertigkeit ihrer chinesischen Partnerin und reformuliert ihre gesichtsbedrohende Frage. Es kommt zu einer Expansion des Themas. Im Idealfall müßte die deutsche Fragende – hätte sie die Kontextualisierungshinweise von Bao verstanden – das Thema wechseln und ihre Frage ‚vergessen'. Die chinesische Gesprächspartnerin würde dann ebenfalls vorgeben, sie hätte die Frage nicht gehört.

Wei, eine chinesische Muttersprachlerin, der ich diesen Gesprächsausschnitt vorlegte, bemerkte:

> Wir Chinesen schweigen einfach, wenn so ein Thema wie Sexualität behandelt wird. Und noch stärker müssen wir schweigen, wenn man uns persönlich dazu fragt. Gerade vor zwei Tagen fragte ich einen deutschen Kommilitonen Hans nach Peter, einem Mitbewohner in unserem Wohnheim. Hans meinte, ja dieser Peter ist schwer zu erreichen, er geht zur Zeit immer schon um 8 Uhr ins Bett, jedoch schläft er nicht gleich. Daraufhin kicherte Hans ein bißchen, und ich wußte, daß er meinte, Peter hat eine Freundin, die dann bei ihm ist. Doch konnte ich nicht darauf reagieren. Ich schwieg einfach und dachte, Hans würde nun das Thema wechseln. Doch der wiederholte nochmals, was er gesagt hatte, weil er dachte, ich hätte den sexuellen Sinn nicht verstanden und wurde nun deutlicher und sagte, er ist mit seiner Freundin so früh im Bett. Dann reagierte ich immer noch nicht. Und schließlich redeten wir über etwas anderes, aber die Situation war sehr seltsam.

Xü, eine zweite chinesische Informantin, kommentierte den Gesprächsausschnitt folgendermaßen:

> Ja der Chinesin ist es peinlich zu antworten, dann schweigt sie. In China würden wir dieses Schweigen sofort verstehen. Es heißt, sie will darüber nicht reden, doch die Deutschen verstehen das nicht und fragen immer nach. Als ich im Sommer mit einer anderen Chinesin zusammen in einer deutschen Firma arbeitete, und wir mit einem deutschen Kollegen Spaß machten, fragte dieser die andere Chinesin, ‚Gibt es eigentlich auch Situationen, wo du rot wirst', daraufhin schwieg die andere Chinesin. Mir war sofort klar, daß es ihr peinlich war, und sie das Thema nicht hören wollte. Doch der Deutsche wiederholte seine Frage, da er dachte, sie hätte ihn nicht verstanden. Doch ihr Deutsch ist so gut. Natürlich hat sie verstanden. Als sie dann noch immer nicht reagierte und wegschaute, wiederholte er nochmals. Schließlich merkte er es und wurde still.

Da die Verwendung der Kontextualisierungshinweise meist unbewußt verläuft und ihre Bedeutung nicht explizit ist, sondern als Teil des Interaktionsprozesses übermittelt wird, werden die Quellen für eventuelle Mißverständnisse und Fehlinterpretationen von den Interagierenden meist nicht erkannt. Vielmehr werden, wie Gumperz (1982:132) zeigt, Fehlinterpretationen und Mißverständnisse, die auf (kulturell) divergierenden Kontextualisierungshinweisen beruhen, als Inkompetenz, Unhöflichkeit oder Unkooperativität des Gesprächspartners interpretiert. Das Resultat solcher Mißverständnisse bilden nicht selten stereotype Zuschreibungen, Gesprächsabbrüche oder – in ‚gatekeeping'-Situationen – sogar schwere soziale Nachteile für die Angehörigen der sprachlichen Minderheit.

Methodische Konsequenzen für die Analyse ‚fremdkultureller' Kontextualisierungskonventionen

Mit dem Ansatz der Kontextualisierung bietet die interpretative Soziolinguistik ein wichtiges theoretisches und methodisches Konzept zur Analyse interkultureller Kommunikation. Eine methodische Überlegung, die sich nun anschließt, lautet: Wie ist eine Studie fremdkultureller Kontextualisierungskonventionen überhaupt zu leisten, wenn in die Analyse stets das eigene kulturelle Wissen, die eigene Intuition und die Kompetenz als Gesellschaftsmitglied einfließt[77] und dabei die Interpretationen der Teilnehmenden als analytische Grundlage dienen sollen? In Hinblick auf die chinesischen Gesprächsdaten kann eine deutsche Analytikerin ihre fremdkulturelle Kompetenz nur sehr begrenzt geltend machen. Ist es dann überhaupt möglich, als deutsche Analytikerin interkulturelle Kommunikationssituationen zwischen Deutschen und Chinesinnen/Chinesen zu beschreiben und systematische Differenzen in den Kontextualisierungskonventionen herauszuarbeiten? Zur Beantwortung dieser Fragen muß zunächst hervorgehoben werden, daß Kulturen keine monolithisch vom Alltag und damit auch der Alltagsinteraktion abgekoppelte Entitäten sind, sondern vor allem in Interaktionen, im sozialen Handeln hergestellt und bestätigt werden.[78] Kultur kommt in der Art der Signalisierung von Bedeutung ebenso zum Tragen wie in den Inferenzen, die ich aufgrund bestimmter Kontextualisierungskonventionen ziehe. Eine Beschreibung derjenigen Strategien, die chinesische und deutsche Gesprächsteilnehmende im konkreten Sprachhandeln anwenden, um verbale Aktivitäten herzustellen sowie eine Analyse der kontextbezogenen Interpretation kommunikativer Signale berührt stets kulturspezifische Aspekte der Bedeutungsherstellung.

---

77 Siehe hierzu Kapitel 2.2.3.
78 Siehe Kapitel 1.

Ferner ist anzumerken, daß wir auch bei der Analyse deutscher Interaktionen trotz unserer Mitgliedschaft in der Kultur auf divergierende Wissensbestände und Interaktionskonventionen treffen können, wie beispielsweise wenn wir Kantinengespräche unter Arbeiterinnen, WG-Gespräche unter Punks oder Spielsituationen unter kleinen Kindern analysieren. Trotz des unterschiedlichen kulturellen bzw. subkulturellen Hintergrundwissens ist eine Analyse solcher Gespräche dennoch möglich.[79] In interkulturellen Situationen können gerade die entstehenden Mißverständnisse, die ‚uncomfortable moments'[80], die Verwirrungen und Klarifikationsaufforderungen beim Auffinden kulturspezifischer Kontextualisierungsverfahren hilfreich sein. Als Analytikerin kann ich diese Mißverständnisse und Störungen ‚ausnützen', um Hypothesen über Differenzen im Hintergrundwissen und in den Kontextualisierungstechniken der Interagierenden zu gewinnen. Ferner kann die Analyse durch die Inkorporation konversationsexterner Wissensbestände im Sinne ethnographischer Informationen über die Gesprächssituation verbessert werden.[81] Ein methodisches Verfahren, um bei interkulturellen Gesprächen die eigene Interpretation zu überprüfen, besteht darin, das Datenmaterial Informantinnen und Informanten aus dem ‚fremden' (chinesischen) Kulturkreis vorzuspielen und deren Interpretation in die Analyse einfließen zu lassen. Eine weitere Möglichkeit liegt in der Einbeziehung vorhandener Literatur zur chinesischen Rhetorik, zu chinesischen Interaktionskonventionen, zur Syntax des gesprochenen Chinesisch und zu Mißverständnissen zwischen Europäern bzw. Amerikanern und Chinesen. Ferner ist eine möglichst breite Vergleichsbasis verschiedener Gespräche für ein solches Unterfangen wertvoll. Anhand eines Einzelgesprächs ist selbstverständlich nicht entscheidbar, ob die darin dokumentierten Interaktionsstrategien der deutschen und chinesischen Sprecher auf individuelle oder systematische Differenzen zurückgeführt werden können. Diese Schwierigkeiten lassen sich reduzieren, wenn eine größere Anzahl von Gesprächen mit verschiedenen Teilnehmerinnen und Teilnehmern vorhanden ist und ferner chinesische Kontrolldaten verfügbar sind, die lernerspezifische Strategien ausschalten.

Aus diesen methodologischen Erwägungen heraus werden die meiner Arbeit zugrundeliegenden Analysen natürlicher – auf Tonband aufgenommer –

---

79 Hierzu auch Auer (1983:26ff.).
80 Erickson/Shultz (1982:104ff.).
81 Zwar besteht die Gefahr, daß die Analytikerin die von den InteraktionsteilnehmerInnen organisierten verbalen Handlungen auf dem Hintergrund ihres Zusatzwissens interpretiert, ohne zu zeigen, daß dieses Wissen auch von ihnen selbst eingesetzt wird. (Hierzu auch Schegloff 1987b.) Dennoch wäre es unangemessen, aufgrund dieser Gefahr die ethnographischen Hintergrunddaten zu ignorieren.

Gespräche zwischen ChinesInnen und Deutschen (sowie chinesischen Kontrollgesprächen) durch ethnographische Hintergrundinformationen, Originalaussagen und Interpretationen chinesischer InformantInnen, denen ich Ausschnitte aus dem Datenmaterial vorspielte, überprüft bzw. ‚angereichert'. Darüberhinaus werde ich Aufzeichnungen über interkulturelle Begegnungen während meines China-Aufenthalts, sozialpsychologische Abhandlungen zum westlichen und chinesischen Interaktionsverhalten sowie Interviewmaterial mit chinesischen Dolmetscherinnen, die Erfahrung in deutsch-chinesischen Verhandlungen haben, heranziehen. Diese ‚Zusatzdaten' liefern m.E. wertvolle Hinweise, die beim Verständnis und Zugang zu der ‚fremden' Kultur helfen können. Gleichzeitig bin ich mir darüber im klaren, daß diese Materialien – auch wenn sie wichtige ethnographische Hintergrundinformationen über Interaktionskonventionen in der betreffenden Gesellschaft liefern können – sehr viel stärker als Bandaufnahmen durch das Bewußtsein der betreffenden Personen gefiltert sind und sich mangels sequentieller Detailliertheit keineswegs für ‚in depth'-Analysen eignen.

Da die vorliegende Arbeit neben der Fragestellung nach Problemen der gemeinsamen Bedeutungsaushandlung in interkulturellen Interaktionen auch methodische Vorgehensweisen zur Erforschung interkultureller Kommunikation ins Zentrum der Analyse rückt und – in Anlehnung an das ethnomethodologische Vorgehen – die jeweiligen Methoden aus der einmaligen Gegebenheit des betreffenden Gegenstands zu entwickeln sind, werden methodische Reflexionen die gesamte Arbeit begleiten. Da interkulturelle Begegnungen nicht auf losgelöste, außerhalb des Interaktionsprozesses stehende Kategorien reduziert, sondern in ihrer Komplexität vorgeführt werden sollen, erachte ich die offene Darlegung des Forschungsprozesses, die ständige methodische Reflexion und die Thematisierung von Schwierigkeiten bei der Bewältigung solch eines Unterfangens für unabkömmlich. Denn wie Geertz (1987:26) schreibt:

> Nichts hat meiner Meinung nach mehr zur Diskreditierung von Kulturanalysen beigetragen als die Erstellung einwandfreier Abbildungen formaler Ordnungen, an deren Existenz niemand so recht glaubt.

Was die Darstellungsform der behandelten Interaktionsphänomene betrifft, so werden exemplarische Einzelfälle vorgeführt, die bestimmte im Korpus erkannte Strukturen repräsentieren. Hierbei ist jedoch anzumerken, daß die Repräsentativität der dargestellten Transkriptsegmente keine Frage der Quantität der Belege ist, die für das betreffende Phänomen herangezogen werden können.[82] Anhand der präsentierten Transkriptausschnitte soll viel-

---

82 Hierzu auch Auer (1983:47).

mehr – in Anlehnung an die Konversationsanalyse – die Systematizität der darin enthaltenen Strukturen verdeutlicht werden.

Literatur

Auer, J.C.P. (1983): Zweisprachige Konversationen. Code-Switching und Transfer bei italienischen Migrantenkindern in Konstanz. Papiere des SFB. Universität Konstanz.
Auer, J.C.P. (1990): „On contextualizing language". Manuskript. Universität Konstanz.
Bachtin, M.M. (1979): Die Ästhetik des Wortes. Frankfurt: Suhrkamp.
Bateson, G. (1985): Ökologie des Geistes. Frankfurt: Suhrkamp.
Erickson, F./Schultz, J.J. (1982): The counselor as Gatekeeper: social and cultural Organisation of communication in counselling Interviews. New York: Academic Press.
Gumperz, J.J. (1982): Discourse strategies. Cambridge: Cambridge University Press
Lambrecht (1986): Topic, Focus, and the Grammar of Spoken French. Dissertation. University of California at Berkeley.
Levinson, S. (1988): Remarks On Contextualization Cues. Vortrag gehalten auf der Konferenz „Contextualization of Language". Universität Konstanz.
Maynard, S. (1986): „On back-channel behavior in Japanese and English casual Conversation". In: Linguistics 24, 1079–1108.
Sacks, H./E.A. Schegloff/G. Jefferson (1975): „A simplest systematics for the Organization of turn-taking for Conversation". In: J. Schenkein (ed.): Studies in the Organisation of conversational Interaktion. New York: Academic Press, 7–55.
Tao, H./S.A. Thompson (1990): English Backchannels in Mandarin Conversations: A Case Study of Superstratum Pragmatic ‚Inference'. Manuskript. University of California, Santa Barbara.
White, S. (1989): „Backchannels across cultures: A study of Americans and Japanese". In: Language in Society 18,5 9–76.

J. Rehbein

Institutioneller Ablauf und interkulturelle Mißverständnisse in der Allgemeinpraxis. Diskursanalytische Aspekte der Arzt-Patient-Kommunikation*

ZUSAMMENFASSUNG. An mehreren Stellen in der Kommunikation zwischen Arzt und Patient können sich „Mißverständnisse" systematisch einstellen, so bei der Untersuchung, in der die „Symptome" festgestellt werden, so auch in den Erläuterungen des Therapievorschlags. Anhand der Transkriptionsausschnitte einiger Tonaufzeichnungen werden Beispiele für diese Problematik und deren Behandlung in deutsch-deutschen und deutsch-ausländischen Arzt-Patient-Dialogen diskursanalytisch untersucht. Es zeigt sich, daß der Arzt bei der Untersuchung ausländischer Patienten stärker, d.h. impliziter bzw. frühzeitiger im Kommunikationsprozeß, sich auf sein professionelles Vorwissen verläßt, so daß für die Verbalisierung der „Beschwerden" seitens der Patienten weniger verbaler Spielraum besteht. Ob dieser Sachverhalt als „professionelle Hilfestellung" oder als Strategie „professionalisierender Umstrukturierung" von Wahrnehmungswissen der Patienten in Symptomwissen des Arztes einzustufen ist, bleibe zunächst dahingestellt. Der deutsche Arzt ist bei ausländischen Patienten geneigt, sein professionelles Vorwissen permanent durch die Anforderungen expliziter Zustimmung oder Ablehnung seiner Äußerungen kommunikativ abzusichern. Durch beide Verfahrensweisen wird in der interkulturellen Arzt-Patienten-Kommunikation die Tendenz zur Zerlegung des „Patientenwissens" verstärkt. Die Mitteilungen und Fragen des Arztes enthalten sowohl im Dialog mit deutschen als auch mit ausländischen Patienten die sprachliche Transposition von fachinternem professionellen Wissen in fachexternes professionelles Wissen. Diese Transposition ist eine Adaptation des ärztlichen Wissens an umgangssprachlich bedingte Verstehensprozesse auf der Patientenseite. Zugleich enthält die Transposition die Kategorisierung des jeweils vorliegenden Falles nach bestimmten „Krankheitskonzeptionen". Die Kategorisierung wird nicht explizit begründet, kann es auch nicht, da sie ein wesentliches Element professionellen Wissens (gegenüber dem Patientenwissen) darstellt; aber sie ist eine Quelle des Mißverständnisses auf

---

* Vergleiche den Beitrag „Interkulturelle Mißverständnisse in der Arzt-Patienten-Kommunikation" in *Curare* 2/86, S. 179, der die Grundthese des Autors darstellt. Hier überarbeitete Fassung des Referates auf der 8. Internationalen Fachkonferenz Ethnomedizin „Krankheit und Migration in Europa", vom 4.–6. April 1986 in Heidelberg.
* See also the short version of the author's thesis „Interkulturelle Mißverständnisse in der Arzt-Patienten-Kommunikation" in *curare* 2/86, p. 181. Here the complete lecture held on the 8th int. Conference on Ethnomedizin at Heidelberg, 4th–6th April 1986.

der Seite insbesondere der ausländischen Patienten. Die möglichen Mißverständnisse in der interkulturellen Arzt-Patienten-Kommunikation sind also beidseitig; sie liegen weniger in der Gefahr einer Mißinterpretation des Gesagten als in der Implantierung professionellen Wissens auf den Einzelfall (durch den Arzt) unter Ausklammerung des (vom Patienten) Ungesagten. Dieses Problem wird deutlich, wenn anhand der Beispiele analysiert wird, auf welche Weise die sprachlichen Indikatoren des Nichtverstehens (der Patienten) durch den Arzt kommunikativ „verarbeitet" werden.

1. Ablaufstruktur der Arzt-Patient-Kommunikation in der Allgemeinpraxis

Im folgenden möchte ich den Ablauf der Kommunikation zwischen Arzt und Patient in einer deutschen Allgemeinpraxis skizzieren. Ich ziehe zur Illustration Beispiele aus einem Gespräch zwischen einem deutschen Arzt und einer deutschen Patientin heran (Beispiele (B1) bis (B4)).

Auf der Basis dieser Grundstruktur werden anschließend einige kommunikative Schwierigkeiten zwischen demselben deutschen Arzt und einem ausländischen Patienten systematisch bestimmt. Die Herausarbeitung der Grundstruktur beruht auf einer Voranalyse von ca. 50 deutsch-deutschen Arzt-Patienten-Gesprächen. Die institutionelle Struktur wird selbstverständlich nicht klar in jedem einzelnen Praxisgespräch verwirklicht. Bei der Analyse sind verschiedene Handlungstypen zu berücksichtigen: nonverbale Handlungen, Interaktionen verbaler und nonverbaler Art und Entscheidungen, Bewertungen, Wahrnehmungen, also Wissensprozesse. Die Grundstruktur wird in einem Diagramm zusammengefaßt, das der Leser aus Übersichtsgründen bereits während der folgenden Diskussion mitlesen kann (s.u. Diagramm A, § 1.9, S. 315).

1.0. Krankheit und Erkrankung

Dem einzelnen Diskurs voraus geht die Krankheit in der Wirklichkeit, über die in der ärztlichen Wissenschaft, der Medizin, professionell Kenntnisse erworben und in der Ausbildung weitervermittelt werden. Dies professionelle Wissen über die Krankheit, an dem der jeweilige Arzt partizipiert (s. unten), ist zwar an Einzelfällen gewonnen, jedoch notwendig typenhaft. Demgegenüber trifft den Patienten eine besondere Instanz der Krankheit: die Erkrankung. Die Erkrankung manifestiert sich bei einem Menschen mit der – notwendig subjektiven – Empfindung des Krankseins, d.h. mit Beschwerden. Erst mit dieser Position beginnt die jeweilige Vorgeschichte des Musters der Arzt-Patienten-Diskurse (1).

1.1. Beschwerden

Der Ablauf beginnt mit Beschwerden eines Menschen, die ihn die Leiden seines Körpers empfinden lassen. Es ist aber kulturspezifisch (und natürlich auch von Charakteristika der Person und anderen Umständen abhängig), wie hoch der Leidensdruck sein muß, damit der betreffende Mensch den Arzt um Hilfe aufsucht (2). Der Beginn der institutionellen Behandlung ist die Anmeldung beim Arzt.

1.2. Aufforderung zum Beschwerdenvortrag (Arzt)/Ankündigung (Patient)

Bei der Anmeldung wird vom Praxispersonal ein Krankenblatt angelegt oder das alte gezogen. Dadurch sind im anschließenden Gespräch einige Varianten danach zu unterscheiden, inwieweit der Arzt ein Vorwissen über den Patienten hat oder nicht (3). Dem Gespräch geht meist ein Aufenthalt im Wartezimmer voraus. Nach dem Eintreten des Patienten in den Ordinationsraum und nach der Begrüßung studiert der Arzt zunächst das Krankenblatt, dann eröffnet er den Diskurs mit einer Frage nach dem Befinden bzw. nach dem Grund des Besuchs (= Aufforderung zum Beschwerdenvortrag). Der Patient skizziert in seiner Antwort pauschal, was ihn bedrückt (zusammenfassende Vorwegnahme seiner Beschwerden und als Ankündigung seines Beschwerdenvortrags (4); die Ankündigungen sind ebenso wie die Beschwerdenvorträge kulturspezifisch (MECHANIC 1972, ZOLA 1966)). Daraufhin wird vom Arzt eine erste Bewertung vorgenommen, die zwar oft in einer Vordiagnose resultiert, jedoch dem Patienten nicht mitgeteilt, sondern als „im Gang befindlich" signalisiert wird (5). Betrachten wir ein Beispiel aus dieser Phase: (Die Beispiele werden im folgenden nummeriert und gezählt mit (B1), (B2) usw., die Ziffern am linken Rand geben die einzelnen Segmentnummern an; sie werden mit (s1), (s2) usw. gezählt.)

(B1) Dies wie die folgenden Beispiele (B2) – (B4) stammen aus einem Gespräch eines Arztes (=A) mit einer Patientin (=P), die an Asthma und Herzbeschwerden leidet. Es handelt sich um ein „Folgegespräch/Therapiekontrolle", in dem jedoch auch neue Beschwerden beklagt werden.
((Der Arzt studiert das Krankenblatt))

(S1) A: Sò.
(Sa)   ...Wie gehts denn so im Moment?
(S3) P: Och, im Moment ganz gut.
(S4)   ...Nur die <u>Luft,</u> Herr Doktor (), ne?
(S5) A: Hm̀.

Nach dem Studium des Krankenblattes (der schriftlichen Unterlagen) wendet sich der Arzt der Patientin zu: Dieser Tätigkeitseinschnitt und -übergang zum mündlichen Gespräch wird durch das Wörtchen „so" signalisiert (6). In (s2) stellt der Arzt zwar eine Frage allgemein nach dem Befinden, gemeint ist aber das „körperliche Befinden": Dieser Bezug der Äußerung wird durch die Institution „Ärztliche Praxis" immer schon unterstellt (d.h. präsupponiert) (7). Es ist übrigens charakteristisch, daß die sprachliche Formel „Wie gehts...?" bei Auffüllung mit verschiedenen sprachlichen Elementen in den Punkten eine standardisierte sprachliche Realisierungsform für die Aufforderung zum Beschwerdenvortrag ist. „Im Moment" signalisiert den Typus „Folgegespräch/Therapiekontrolle" (vgl. Anmerkung (7)).

Die Antwort von P besteht aus zwei Teilen: Im ersten (s3) wird eine Normalität formuliert, dieser entgegengesetzt jedoch der Leidenszustand zusammengefaßt (s4). Eine derartige antinomische Formulierung in zwei Antwortsegmenten habe ich in vielen Diskursanfängen in der Arzt-Patient-Kommunikation gefunden. Die Interjektion „och" nimmt diese antinomische Struktur der Patienten-Antwort einleitend vorweg. Das „nur" gibt die einschränkenden Effekte an, zum anderen werden die Beschwerden als ganze umrissen durch das Wörtchen „die Luft". Dieses Nomen gibt, einer sprachlichen Handlung des Ankündigens angemessen, in nuce den gesamten Beschwerdenvortrag an: „die Luft" steht metonymisch, d.h. pars-pro-toto, für den gesamten Beschwerdenkomplex – eine Abstraktion über die Krankheit als ganze, die allerdings kaum eine professionelle Begriffsbildung darstellt, sondern aus dem Alltagswissen stammt (8) und durch die Verwendung des bestimmten Artikels „die" die Vorkenntnisse des Arztes in Anspruch nimmt. Der Arzt gibt mit „hm" eine zustimmende Antwort, mit der er jedoch zugleich die Übereinstimmung mit den Informationen im Krankenblatt und der daraus ableitbaren Symptomatik bestätigt (also zweifach adressiert an die Patientin und sich selbst). In „hm" ist damit eine Konsultation des mentalen professionellen Wissens und der schriftlichen Daten des Krankenblattes signalisiert worden.

1.3. Beschwerden-Symptome

Die nächsten Phasen werden durch ärztliche Fragen eingeleitet und durchgeführt; es sind dies Anamnese bzw. Therapiekontrolle und (körperliche) Untersuchung. Allgemein gesprochen haben Fragen im Arzt-Patienten-Diskurs den Zweck, den Patienten zu einem geeigneten Vortrag seines Leidens (und der bereits vorgenommenen Behandlungen) zu bringen. Bei Betrachtung der konkreten Beispiele zeigt sich, daß die Fragen einem „Programm" zu folgen scheinen.

FISCHER 1982 sieht Arzt-Fragen als Strategien, Informationen aus Patienten herauszuholen, und als Möglichkeiten für den Patienten, seine fachliche Kompetenz zur Schau zu stellen – eine m.E. zu kurz greifende Analyse. Demgegenüber ist dem Sequenz-Charakter, also den Abfolge-Beziehungen der ärztlichen Fragen nachzugehen und zu sehen, daß in den ärztlichen Fragen die Informationen vorformuliert werden, die der Patient geben soll (9). Die Projektion des professionellen Wissens des Arztes in den Diskurs und damit die Aufnahme dieses Wissens als gemeinsames Diskurswissen vollzieht sich also mittels spezifischer Fragen (vgl. PAGET 1983, SHUY 1976, 1983, QUASTHOFF-HARTMANN 1982 zur weiteren Rolle von Fragen im Arzt-Patienten-Gespräch).

Die Fragen des Arztes folgen dem Symptomkatalog der (in der Vordiagnose) vermuteten Krankheit. Dieser Katalog ist Teil seines professionellen Wissens als Mediziner und zumeist fachterminologisch festgelegt. Da der Patient als „Klient" der Institution (vgl. zu dieser institutionsanalytischen Begrifflichkeit EHLICH & REHBEIN 1977, 1986) Terminologie, Inhalt und Struktur des ihr zugrundeliegenden professionellen Wissens nicht kennt, ist ihm der Zusammenhang zwischen den einzelnen einander folgenden Fragen undurchsichtig. Daher wirkt die jeweilige Thematisierung eines neuen Wissenselements in einer neuen Frage des Arztes abrupt, der Themenwechsel ist für den Patienten oft nicht nachvollziehbar, die Sequenz der Fragen für ihn nicht kohärent.

In den Antworten auf die Fragen wird nun deutlich, in welcher Weise die Patienten sprachlich bzw. nichtsprachlich ihre Leiden darstellen und in dieser Darstellung ein Verhältnis zu ihren Beschwerden entwickeln (können!). Meist bleibt es bei Versuchen (vgl. zu solchen in der Visite BLIESENER 1980), da lediglich die Verbalisierung einer vorgefaßten Menge von Eigenschaften seitens des Arztes erwünscht ist – denn mit im Symptomkatalog nicht erfaßten, also nichtkategorisierbaren Beschwerdenvorträgen kann der Arzt „nichts anfangen". Er muß also aus den Antworten jene „Beschwerden" herausselektieren, für die nicht nur eine Symptomatik existiert, sondern eine im professionalisierten Wissen vorgegebene institutionelle Verarbeitung (Diagnose, mögliche Behandlung). Das bedeutet, allein jene „Beschwerden" werden von ihm als „Symptome" wahrgenommen, die im professionellen Wissen sozusagen typenhaft vorformuliert sind (auch hier zeigt sich eine Kulturspezifik; vgl. PFLEIDERER & BICHMANN 1985).

Ich nenne diesen diskursiven Prozeß die Kategorisierung von Beschwerden als Symptome – es ist ein Prozeß der Institutionalisierung der Krankheit und m. E. einer der Zwecke des Arzt-Patienten-Diskurses. In den „Symptomen" drückt sich also die institutionelle Wahrnehmung von Beschwerden des menschlichen Körpers und die institutionell bearbeitbare Verbalisierung von Schmerzen aus; der nichtangemessene Ausdruck von Beschwerden wird in dem Frage-Antwort-Diskurs als institutionell kein Korrelat habend abgespalten (10). Wichtig für den Arzt ist, daß der Patient in den Symptomformulierungen die eigenen Empfindungen seiner Beschwerden und Leiden wiedererkennt (11) und dies dem Arzt in seiner Antwort deutlich macht; dadurch gewinnt der Arzt eine kontrollierte Überprüfung seiner Vordiagnose. Am Ende dieser diskursiven Rekonstruktion steht ein Katalog expliziter Symptome (12).

BRUCKS, V. SALISCH, WAHL 1984 sprechen davon, daß bei der Symptomerfragung sich häufig eine „naturwissenschaftliche Betrachtungsweise" von Krankheit durchsetze, nach der der „Körper als gestörter Mechanismus" erscheine (ebd., S, 23, S. 67).

1.4. Beschwerdenvortrag vs. Symptombeschreibung

Die Patienten formulieren die Wahrnehmungen ihrer Schmerzen, also ihre Beschwerden: So sagt die Patientin in dem deutschen Gespräch „Nur die Luft" (s4). Der weitere Verlauf des Gesprächs zeigt aber, daß sie nicht aufgefordert wird, dieses Gefühl der Atemnot weiter zu beschreiben, oder etwa zu erzählen, wie es ihr ergangen ist oder ihre körperlichen Selbsterfahrungen vorzutragen. Vielmehr wird sie durch Fragen des Arztes auf bestimmte zerlegte Teilaspekte der Krankheit hingelenkt und von der Gesamtdarstellung der Empfindungen abgezogen.

Die Frage-Sequenz im Arzt-Patienten-Gespräch wirkt damit auf die Wissensstruktur des Patienten so, daß sein Wissen über seine Beschwerden aufgespalten wird in thematisiertes/verbalisiertes Wissen (= Symptome) und nichtverbalisiertes Wissen, das sich häufig in „unausgesprochenen Ängsten" ausdrückt oder auch als „Beschwerden, die nicht zur Sprache kommen" (13), fungiert. An diesem Punkt wird deutlich, wie die sprachlichen Handlungen des Patienten aus der Sicht der Institution strukturiert sein müssen. Erwünscht sind gezielte Antworten auf gezielte Fragen, d.h. isolierte Beschreibungen des Patienten, so „objektiv", distanziert und präzise wie möglich. Entsprechend der Handlungsstruktur der Beschreibung muß der Patient zu seinen eigenen Beschwerden einen Beobachterstandpunkt einnehmen und aufgrund des sequentialisierten Beschreibens geht ihm dabei der Zusammenhang der einzelnen Beschwerdenaspekte „verloren": Er beschreibt nur das, wonach er gefragt wird. Dies ist eine eigentümliche Veränderung des sprachlichen Musters der Beschreibung (14), die die Institution in letzter Konsequenz erfordert.

1.5. Professionelles fachinternes und fachexternes Wissen

Beim Arzt liegen im allgemeinen mehrere Wissensstrukturen vor, die im Lauf der Kommunikation in der Allgemein-Praxis eine Rolle spielen. Es ist zu unterstellen, daß der Arzt permanent sein professionelles Wissen auf den jeweils vorliegenden Fall anwendet. Dieses professionelle Wissen kann er jedoch nicht direkt sprachlich äußern, sondern muß es übersetzen „in die Sprache des Patienten"; diese Übersetzung nenne ich – einer Ausdrucksweise von MÖHN 1979 folgend – „fachexternes" professionelles Wissen. Dieses bezieht sich in den verschiedenen Formulierungen des Arztes klar auf das zugrundeliegende fachinterne professionelle Wissen, umfaßt jedoch zugleich Ausdrücke der Alltagssprache, mit deren Hilfe bei den Patienten auch ein Wiederkennungsmechanismus in Gang gesetzt werden kann (15). So sagt A im folgenden Gespräch „Haben Sie gelben Auswurf, Fieber?" (s30) (s.u. § 1.8. (B2), im Gespräch mit dem türkischen Patienten heißt es „also dieses ... taube Gefühl hier, nicht?" (s54)(s.u. § 2.1., (B5)), Ausdrücke, die ganz offensichtlich auf fachinterne Symptomformulierungen verweisen.

Es ist nun bezeichnend, daß der Arzt nicht einfach die Beschwerden nach „Lehrbuchdiagnosen" zu Symptomen umformuliert – obwohl dies Verfahren auch vorkommt und zurecht kritisiert wird (v. FERBER 1971, BRUCKS, v. SALISCH, WAHL 1984). Neben einem Wissen über verschiedene Kommunikationsstrategien verfügt er über Handlungsmaximen, die er im Umgang mit Kranken, Krankheitsbildern, Diagnosen und Therapien im Laufe seiner praktischen Tätigkeit gewonnen hat. Der Allgemeinpraktiker ist deshalb auch nicht einfach als „Vollstrecker von Lehrbuchrichtlinien" anzusehen, sondern hat eigene Wissensstandards (16), die er bei der Versprachlichung fachexternen professionellen Wissens verwendet.

1.6. Die körperliche Untersuchung

Die körperliche Untersuchung ist zumeist eine eigene Phase im Arzt-Patienten-Diskurs der Allgemeinpraxis. Sie geschieht mittels kommunikativ-professioneller Handlungen wie Abtasten, Abhorchen usw. und mit verschiedenen medizinischen Hilfsmitteln und Geräten (bis hin zum Röntgenapparat, EKG, Bluttest usw.), ist also ein Prozeß (manuell und medizin-technisch) gesteuerter Perzeption bestimmter Erscheinungen an Körperteilen. Die Untersuchung wird begleitet durch Aufforderungen und Fragen des Arztes, die direkt auf unmittelbar wahrnehmbare Äußerungen des Körpers des Patienten bezogen sind (empraktisches sprachliches Handeln, BÜHLER 1934): Während der körperlichen Untersuchung reagiert der Patient mit der nonverbalen Präsentation von Körperteilen und -funktionen, mit Interjektionen und (organbezogenen) Symptombeschreibungen; der Organbezug wird zumeist durch den Arzt (oft mittels deiktischer Prozeduren) hergestellt. Diese Reaktionen dürften eine große Spannbreite in ihrer kulturspezifischen Phänographie haben (vgl. z.B. ZOLA 1966, ZBOROWSKI 1969, ESER 1984).

1.7. Sukzessive Entscheidungsfindung als Diskursartcharakteristik

Die endgültige Diagnose, die Sicherheit über eine bestimmte Therapie gibt, ist für den Arzt nicht am Beginn des Gesprächs sofort verfügbar; vielmehr dient sie ihm dazu, schrittweise erst dorthin zu kommen: Der Arzt-Patienten-Diskurs ist deshalb zu verstehen als ein Entscheidungsfindungsdiskurs (GRIEßHABER 1986 hat im einzelnen den Typ des Entscheidungsdiskurses am Beispiel von Bewerbungsgesprächen analysiert (17); vgl. unten Diagramm B).

Genau besehen kommt der Arzt zu einem Befund und zu einem Urteil über diesen Befund angesichts des Bildes, das er sich aufgrund eigener und apparativer Beobachtungen und der Patienten-Antworten macht (vgl. zur Wissensstruktur des Bildes EHLICH & REHBEIN 1977, § 2); durch deren Bezug auf sein professionelles Wissen (Konsultation) und die von dorther bezogenen Bewertungsmaßstäbe kommt er in einem schrittweisen Prozeß der Wahrnehmung, Vermutung, Nachfrage, Absicherung usw. zu einem solchen Befund, der durch Einordnung in das professionelle Wissen die „Diagnose" (18) ergibt. Die „Diagnose" entsteht also mittels eines permanent arbeitenden „bewertungsabwesend" klingenden „ja"s des Arztes beim Untersuchen, im Beispiel (B2) unten das „hm" (s60), und indem die „Reaktionen" des Patienten kontrolliert und auf die Vordiagnose hin abgefragt werden. Die Diagnose selbst wird dem Patienten oft nicht direkt mitgeteilt, sondern ist lediglich am Therapievorschlag ablesbar. Systematisch ist der kommunikative Verlauf bei positiver, negativer und nichtentscheidbarer Diagnose unterschiedlich.

Im professionellen Wissen sind bestimmte Diagnosen aufgrund bestimmter Befunde mit bestimmten Therapien bzw. nichtmöglichen Behandlungen standardmäßig verbunden (jedoch nach Ausbildung und Kenntniserweiterung veränderlich). Dieser standardmäßige Bezug zwischen Befund, Diagnose und Therapie bewirkt, daß die Fragen und Untersuchungshandlungen und -wahrnehmungen des Arztes letztlich die mentale Herstellung dieses Bezugs als Ziel (=Entscheidungsergebnis) haben. Von diesem Ziel her sind eigentlich die Handlungen des Arztes systematisch zu verstehen.

1.8. Analyse einer Frage-Sequenz; zur Struktur der Arztfrage

Erst jetzt, nachdem die Wissensstrukturen der Beteiligten benannt und die Phasen des Diskurses entwickelt sind, kann eine Einzelanalyse erfolgen. Das folgende Beispiel ist die Fortsetzung des oben (§ 1.1) gegebenen Beispiels (B1):
(B2) (Intonation: ` = fallend, ˇ = fallend-steigend, ¯ = gleichbleibend, unterstrichen _____ = betont, in einfachen Klammern () = schwer verständlich bzw. unverständlich. Notation nach EHLICH & REHBEIN 1976).

(S6)   A: Seit wann ... gehts wieder schlechter?
(S7)   P: Ich hab wieder diese Zeit/...
              Jò, ich konnte ne/wieder nicht schlafen.
(S8)   Ich hab n paarmal jetzt wieder măn Spray aufgenommen, eben, ...
              im Wartesaal, ne?
(S9)   A: Jà.
(S10)   Was nehmen Sie denn an Medikamenten zur Zeit für Ihre Luft?
(S11)   P: Die/die für er/äh für die Asthma eine für die Nacht und eine für den
              Tag muß ich nehmen.
(S12)   A: Ähm (Aponilon) ist das?
(S13)   P: Jà.
(S14)   A: Jà.
(S15)   P: Und dann nehm ich die Herztabletten.
(S16)   A: Wenn/ähm das war das, glaube ich, ( ).
(S17)   P: Und dann für Kreislauf...und Herz, ja.
(S18)   A: Hm̆
(S19)   (Beialglucon) auch, ne?
(S20)   P: Hm̆.
(S21)   A: Jà.
(S22)   Und wie oft müssen heute sprühen?
(S23)   P: Heute hab ich/im Warteraum hab ich heute viermal.
(S24)   A: Jà.
(S25)   Und nachts?
(S26)   P: Und zu Hause hab ich ... achtmal.
(S27)   A: Jà.
(S28)   Dann müssen wir äh...die Medikamentendosis n bißchen erhöhen.
(S29)   Haben Sie denn den Eindruck, daß Sie im Moment ne Bronchitis haben?
(S30)   Haben Sie gelben Auswurf, Fieber?

(S31) P: Ja, den hab ich... wieder jetzt, seit vor/gerad vorgestern, ne?
(S32) A: Haben Sie so n ähm Inha/Inhaliergerät zu Hause, so n/
(S33) P: Jä, ...hab ich, elektrische.
(S34) A: Dies elektrisches.
(S35) P: Hm̌.
(S36) A: Wie oft inhalieren Sie damit ... am Tag?
(S37) P: Jeden T/ähm n paarmal am Tag mach ich das.
(S38) A: Ja, also fünf, sechs mal mindestens müssen Sie das machen.
(S39) P: Jà...fünf, sechs Mal.
(S40) A: Hm̌.
(S41) ((2s)) Haben Sie mal Temperatur gemessen?
(S42) P: Nein, ha ich/
(S43) A: Machen Sie bitte mal!
(S44) Morgens und abends in'n Po, nicht?
(S45) P: Joa, ist gut.
(S46) A: Daß wir mitkriegen, falls Sie Fieber bekommen.
(S47) P: Joa, is gut.
(S48) A: ((Räuspern)) Möcht ich Sie... ganz gern mal eben einmal <u>ab</u>horchen, ja?
(S49) P: ((macht den Körper frei)).
(S50) A: ((2s)) Warten Sie mal, (ich helf Ihnen mal).
(S51) (Können es auch heute sein lassen).
(S52) (Jepp!)
(S53) ((3s)) Danke!
(S54) ((4s)) Sò.
(S55) S reicht, reicht!
(S56) P: Hm̌.
(S57) ((hustet))
(S58) A: Tief atmen!
(S59) P: ((atmet tief, 25s))
(S60) A: Hm̌.

Mit der Frage „Seit wann.. gehts wieder schlechter?" (6s) eröffnet der Arzt die Anamnese- und Kontrollsequenz und schneidet zugleich einen eigenständig-ungezielten Beschwerdevortrag der Patientin ab. Die Frage-Sequenz erstreckt sich von (s6) bis zur Phase der Untersuchung (ab (s48)). Wir sehen, daß die Fragen nach Wissenselementen fragen, die die Patientin ergänzen soll: (s6): „seit wann", (s10): „Was an Medikamenten"... für die Beschwerden, (s12): Entscheidungsfrage nach einem bestimmten Medikament (ebenso (s19)), (s22): „wie oft", (s25): zeitbezogene Entscheidungsfrage „nachts?".

Zu verallgemeinern ist, daß Entscheidungsfragen (:ja/nein-Antwort) zumeist im Gefolge von Ergänzungsfragen (:w...-Fragen) geäußert werden, d. h. die Information der Antwort soll – aus der Sicht des Arztes – vom Patienten präzisiert werden (z. B. „nachts?" (s25)). Erst in Segment (s29) stellt der Arzt eine annähernd „offene Frage" mit „Haben Sie denn den Eindruck, daß Sie im Moment ne Bronchitis haben?", auf die die Patientin ihre eigenen Empfindungen schildern könnte; alle anderen Fragen sind Ergänzungsfragen, deren Antwort durch ein bestimmtes Fragewort (W-Frage) vorgezeichnet ist. Ich vermute, daß es sich hier (in s29) aber um eine verkappte Alternativfrage handelt, der entsprechend der Arzt fortfahren müßte: ‚oder haben Sie den Eindruck, daß sich das Asthma verschlimmert hat?'.

Diese halb-offene Frage paraphrasiert der Arzt durch eine zweite (in (s30)), die die Antwort stark eingrenzt, nämlich eine Entscheidungsfrage: „Haben Sie gelben Auswurf, Fieber?". Dies sind eigentlich zwei Fragen, nämlich: „Haben Sie gelben Auswurf?" und „Haben Sie Fieber?" Das Phänomen, das soeben mit „Frageparaphrase" bezeichnet wurde, läßt der Patientin keine Möglichkeit zu einer freien Verbalisierung als Antwort auf die Frage (in s29), sondern die Antwortmöglichkeiten werden eingeschränkt durch die genannten beiden Entscheidungsfragen. Dieses Phänomen haben wir einmal „Frage-Batterien" genannt (EHLICH & REHBEIN 1977a). Charakteristischerweise hat der Hörer keine Zeit, eine adäquate Antwort zu formulieren, da der Sprecher sofort die nächste Frage anschließt, ohne die Antwort abzuwarten.

Die Frage (s32) thematisiert die bei Asthma erforderliche Benutzung eines Inhalators: „Haben Sie ein Inhaliergerät zu Hause?". Dieses ist auch das Thema der folgenden Ergänzungsfrage (s36). Sodann kommt das Thema „Fieber", bearbeitet mit den Fragen (s41), unterstrichen durch die Aufforderungen (s43), (s44) und der Begründung (s46).

Wir haben oben (§ 1.3) von einem „Programm" gesprochen, nach denen die Fragen gestellt werden. Kategorisiert man das Gespräch als „Folgegespräch mit Krankheitsverlauf/Therapiekontrolle", so stellt sich heraus, daß der Arzt „Symptome" und „Therapiekontrolle" erfragt, und zwar mit folgender sprachlicher Realisierung von Frageillokutionen: „Seit wann" das Symptom, „welches" Medikament, „gegen welches Symptom / für welches Organ", „wie oft" (auch nachts), Symptome von Bronchitis: „Auswurf?", „Fieber?" „Inhaliergerät?", „wie oft Temperatur gemessen?" All diesen Fragen liegt nicht nur ein einfaches Bedürfnis nach Information zugrunde, sondern ein ganz bestimmtes, durch das professionelle Wissen des Arztes vorgeformtes Wissensdefizit, das die Entscheidung, ob Asthmasymptome verstärkt sind oder eine Bronchitis bzw. eine andere Lungenerkrankung vorliegt, erfordert.

Das professionelle Wissen geht – in einer jeweils fachexternen Formulierung die Antwort vorweg steuernd – in den propositionalen Gehalt der Frage ein: (s10) „Medikamente für ...Luft", (s12) „Apolinon", (s19) („Beialglucon)", (s22) „sprühen", (s28) „Medikamentendosis erhöhen", (s30) „gelben Auswurf", „Fieber" (s32) „Inhaliergerät", (s36) „inhalieren", (s41) „Temperatur messen"; das professionelle Wissen geht auch in andere Aufforderungen und Aussagen ein: (s48) „abhorchen", (s61) „Lunge röntgen", (s82) „die ganze linke Lunge, die knistert", (s83) „Antibiotikum, Penicillin", (s84) „Röntgenaufnahme" usw. (19).

Derartige Formulierungen bestätigen die obige Annahme, daß der Arzt standardmäßig bestimmte Vermutungen, Krankheitsbilder, Folgerungen, Therapiemöglichkeiten und deren Konsequenzen im Kopf hat. Hinsichtlich dieses Wissens, das er absichern und überprüfen will, bestimmt sich das „Programm" seiner Fragen. Dieses Programm enthält als geheimes Frageziel die Absicherung der vermuteten Diagnose. Anders formuliert: Der Arzt hat ein Frageziel aufgrund seiner Vermutung; um dieses zu erreichen, ist die Ausfüllung eines Wissensdefizites erforderlich; dies sucht er durch eine Sequenz von Fragen mit vorentscheidenden propositionalen Gehalten zu erreichen. Die Patientin antwortet ihrerseits mit propositionalen Gehalten, aus denen der Arzt das für die Zuordnungsentscheidung (im professionellen Wissen) fehlende Wissenselement herausfiltern muß. Deshalb braucht also der Arzt nicht allgemeine unspezifische Wissenselemente seitens der Patientin, so sehr diesen auch deren Erfahrungen entsprächen, sondern ein bestimmtes Wissen; über die Einordnung und Bewertung dieses Wissens verfügt nur der Arzt, nicht der Patient.

(B3) Betrachten wir die Antworten der Patientin: siehe (s6) bis (s27).

Zunächst (in (s7)) beginnt sie mit einem Beschwerdenvortrag, jedoch bereits als Antwort auf die gezielte Frage des Arztes. Dabei sind ihre Schlafstörungen solche Beschwerden, nach denen nicht gefragt wurde. So ist (s7) denn auch eine relativ unpräzise Antwort auf die Frage „seit wann?", denn „diese Zeit" ist ein umfassender Begriff. In (s8) wird dann eine „medizin-nahe" Formulierung gegeben: „n Spray aufgenommen" – ohne daß dies jedoch erfragt worden ist. (Also keine gezielten Antworten).

Der Typ der eigentlich von der Patientin erforderten sprachlichen Handlungen wird am mißglückten Fall deutlich: Dies sind Beschreibungen von Krankheitserscheinungen und krankheitsbezogenen Vorkommnissen. Ich möchte diese Behauptung kurz diskutieren (s.o. Beispiel (B2)): Die Patientin verwendet viele deiktische Verweise wie „jetzt wieder" (s8), „die Nacht" (s11), „den hab ich wieder jetzt, ... seit gerad vorgestern" (s31), „das" (s37) usw.

Mittels solcher Ausdrücke verweist sie den Arzt auf Elemente ihres unmittelbaren Wahrnehmungsfeldes, ohne sie zu verbalisieren. Das eigentliche Kriterium für Beschreibungen sind jedoch die relationalen Ausdrücke. Die Patientin benutzt aber auch den temporalen Ausdruck der dauerhaften Erscheinungen: „ich konnte wieder nicht schlafen" (s7), „ich hab wieder ma n Spray aufgenommen", „dann nehm ich die Herztabletten" (s15) , „n paarmal am Tag mach ich das" (s37) usw. Hier werden Vorkommnisse wiedergegeben, entsprechend ihrer gewohnheitsmäßigen Abfolge, unter jeweils der Thematisierung durch den Arzt. In dessen thematisierenden Frage steht also der Begriff, zu dem eine Beschreibung der Patientin entweder als Symptombeschreibung oder als Therapiebeschreibung angefordert wird. Beschreibungen sind die institutionell adaptive Form des Beschwerdenvortrags, hier nur annähernd realisiert.

1.9. Der Therapievorschlag und seine Erläuterung

Nachdem der Arzt zu einem Urteil über den Befund bzw. Krankheitsverlauf und der damit verbundenen Therapiekontrolle gekommen ist, macht er einen Vorschlag zur Behandlung. Die Behandlung außerhalb der Arzt-Patienten-Kommunikation, die vor allem auf der Selbstverantwortung und Selbstbefolgung durch den Patienten beruht, nennt man auch „compliance". Die Befolgung des Therapievorschlags durch den Patienten hängt wesentlich ab von der Arzt-Patient-Kommunikation, vor allem von der Verständlichmachung der Vorschläge, d.h. deren Erläuterung durch den Arzt.

Im folgenden Beispiel – das an das vorhergehende anknüpft – liegt in den Segmenten (s80) – (s82) die Mitteilung eines Befundes vor, in (s83) und (s91/92) ein Therapievorschlag, in (s95), aber bereits in (s82) liegt eine Erläuterung der Therapie vor. Der der Patientin gegenüber geäußerte Befund in dessen fachexternem Verständnis ist auch Erläuterung der Therapie. Diese Verbalisierung zeigt, daß das Therapiewissen mit dem Diagnose-Wissen eine Einheit ausmacht: Mit einer bestimmten Diagnose ist standardmäßig ein Spektrum an bestimmten Behandlungsweisen bzw. -unmöglichkeiten gegeben, so daß Diagnose und Therapie in der Wissensstruktur des ärztlichen professionellen Wissens faktisch kaum zu trennen sind.

(B4)
(S61) A: *Wann hatten wir die Lunge zuletzt mal geröntgt?*
(S62) P: *Och, das war doch erst dies Jahr gewesen, wie ich wieder gekommen bin, ... nach die Kur, ne?*
(S63) A: *Hm̃.*
(S64) *Jà.*

(S65) P: *(Hab ich's da gemacht).*
(S66) *((2s)) Wir hatten doch, glaub ich, (ganz) gemacht.*
(S67) *(Die letztes Mal).*
(S68) A: *((20ss)) Will mal gucken.*
(S69) P: *Hm̂.*
(S70) A: *Da, ...sechster neunter dreiundachtzig war das.*
(S71) P: *Jao ( )*
(S72) A: *((blättert, 18s))*
(S73) P: *((Husten)).*
(S74) A: *Das wär also Herbst letzten Jahres gewesen, nich!*
(S75) P: *Ja.*
(S76) A: *Ist richtig, nich?*
(S77) P: *Jà, da war ich ja zum/*
(S78) A: *Gehen Sie bitte jetzt mal gleich rüber und lassen sich Ihre Lunge noch röntgen.*
(S79) P: *Jà.*
(S80) A: *Das gefällt mir nicht.*
(S81) *Ich möchte auch ganz gerne, daß wir /daß wir da heute noch eventuell Konsequenzen draus ziehen.*
(S82) A: *Die ganze linke Lunge, die knistert, nich?*
(S83) *Also, ich muß Ihnen wohl doch n Antibiotikum, Penicillin oder irgendsowas geben, nicht,*
(S84) *aber erstmal möcht ich nochmal ne Röntgenaufnahme drüber haben nich?*
(S85) P: *Ja, ist gut.*
(S86) *Hm̂.*
(S87) A: *Ja?*
(S88) P: *Hm̂.*
(S89) A: *Man gut, daß ich nochmal hingehorcht habe.*
(S90) P: *((2s, hustet))*
(S91) A: *Und <u>dann</u> gebe ich Ihnen noch Medikamente mit, ja?*
(S92) *Mit dem Aponilon gehen wir mit der Dosis n bißchen höher.*
(S93) P: *Jà.*
(S94) A: *Ja?*
(S95) *Ich hab da inzwischen ne etwas stärkere Sorte von.*
(S96) *Und dann schreib ich Ihnen inzwischen auch mal dieses Attest... ähm für/für die Sozialbehörde.*
(S97) P: *Joa.*
(S98) A: *((räuspert sich))*
(S99) *Wie gehts Ihrem Mann?*

Die Therapievorschläge gehen allgemein vom Verschreiben bestimmter Medikamente bis hin zur Operationsempfehlung usw. Sie stehen zwar nicht im Zentrum der folgenden Diskussion, allerdings soll darauf hingewiesen werden, daß der Patient selbständig für die Durchführung der Therapie gefordert ist, z.B. wenn er ein bestimmtes Medikament selbst kaufen und einnehmen, inhalieren muß, usw. Deshalb ist dem Patienten die Therapie zu erläutern. Dieses Erläutern enthält sprachliche Handlungen des Tröstens, Zusprechens, Bagatellisierens und Relativierens und ist eigentlich kein professionelles Wissen. An dieser Stelle kehrt vielmehr der Alltagshandelnde an der Stelle des professionell Handelnden auf der Agentenseite der Kommunikation ein: Hier werden vom Arzt kommunikative Qualitäten (=Alltagswissen) gefordert, für die er in seiner Ausbildung nicht vorbereitet wird, eben weil sie nicht zum professionellen Wissen gehören.

Soweit einige zentrale Schritte im Ablauf der Arzt-Patient-Kommunikation in der ärztlichen Allgemeinpraxis (20); diese Schritte können auch als Positionen einer zugrundeliegenden Struktur verstanden werden. Natürlich erfordert die Darstellung eine weitgehende Differenzierung nach verschiedenen Gesichtspunkten. Allein: Für die folgende Analyse erscheint es mir wichtig, diesen derart institutionellen Charakter der Gesprächsbasis zu betonen, durch den eine Reihe alltagssprachlich bedingter Handlungen (z.B. Fragen) substantiell verändert werden.

In **Diagramm A** sind die bislang diskutierten Positionen der Arzt-Patienten-Kommunikation zusammengefaßt. Beginnend mit der Erkankung 1 durchläuft ein Patient die Phasen der Eröffnung (von der Anmeldung 3 über die Aufnahme der Personalien 4 und das Warten im Wartezimmer bis zur Aufforderung zum Beschwerdenvortrag 8 durch den Arzt und die eigene Ankündigung des Beschwerdenvortrags 9).

Mit einer vermuteten Vordiagnose 14 beginnt die Hauptphase der Anamnese bzw. der Therapiekontrolle: Diese wird zumeist durch die Fragen des Arztes (Position 15) eingeleitet, die zu Symptombeschreibungen im Beschwerdenvortrag führen (Position 17). Diese werden einem Bewertungsprozeß durch den Arzt unterzogen, der sein professionelles Wissen befragt (mit 19); kommt er zu dem Ergebnis, daß die erhaltenen Informationen noch nicht ausreichen (Position 18), fährt er mit weiteren Fragen fort 15 Gewinnt er weitere Sicherheit über den Befund (Vordiagnose in 24) bzw. über den Erfolg/Nichterfolg der angewendeten Therapie, geht er über zur Phase der körperlichen Untersuchung (Position 25), die durch Gestik und konkrete Aufforderungen an den Patienten gekennzeichnet ist. Der Patient ist wiederum gehalten, seine Beschwerden (in den verschiedenen möglichen Reaktionen der körperlichen Präsentation der Körperpartie bzw.

Institutioneller Ablauf und interkulturelle Mißverständnisse 315

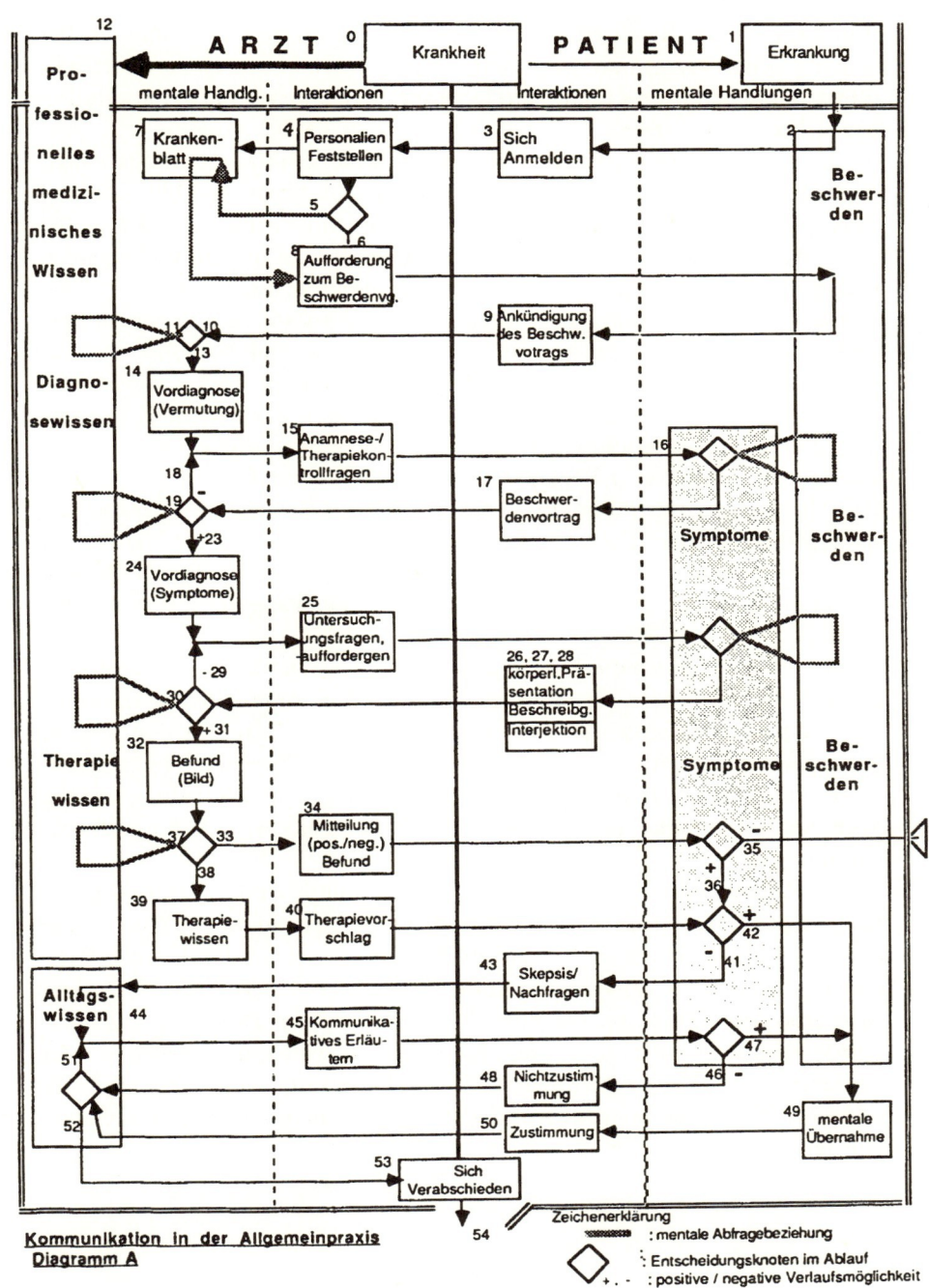

Kommunikation in der Allgemeinpraxis
Diagramm A

-funktion 26, der Beschreibung eigener Empfindungen bei bestimmten Bewegungen des Arztes bzw. bestimmter Geräte 27 bzw. durch eine Interjektion z.B. des Schmerzes in 28, durch Symptomangaben dem Arzt gegenüber deutlich zu machen.

Der Arzt unterzieht (durch Prozedur 30) diese Reaktionen des Patienten einer Bewertung durch sein professionelles Wissen bezüglich Diagnose und Therapie und kommt – wenn er nicht weitere Untersuchungsfragen stellen muß (Weg über 29 zu 25) – über 31 zu einem Befund in dem vorliegenden Fall: (er hat ein Bild über die Krankheit des Patienten) 32.

Der Befund kann (in einer Äußerung über 33 zu 34) dem Patienten mitgeteilt werden – ein Verfahren, das tendenziell zu einer Kooperation hinsichtlich späterer Übernahme seitens des Patienten führen kann (über 36 zu 42 und 49), jedoch nicht dazu führen muß, daß der Patient kooperiert (Ausgang 35). Der Befund wird oft einer weiteren Bewertungsprozedur hinsichtlich einer konkreten Therapie unterzogen 37, diese über die Gewinnung von Therapiewissen im konkreten Fall (Position 39) zu einem Therapievorschlag 40 verbalisiert. Dieser führt bei dem Patienten oft zu einer Übernahme (Weg über 42 nach 49), kann jedoch auch in einer tendenziellen Nicht-Kooperation münden (in Skepsis und Nachfragen des Patienten: Weg über 41 nach 43).

Der Arzt hat jedoch die Möglichkeit, durch den Einsatz von kommunikativem Alltagswissen 44 den Therapievorschlag kommunikativ zu erläutern und ihn so dem Patienten konkret verständlich zu machen (Position 45). Im positiven Fall gelingt es ihm (Weg über 47), bei dem Patienten eine mentale Übernahme zu bewirken (sogenannte „compliance"; in 49), jedoch besteht auch hier noch einmal die Möglichkeit des Mißlingens (Signale der Nichtzustimmung in 48).

Der Patient wird meistens zustimmen (Position 50), auch dann, wenn er faktisch das Muster früher verlassen hat bzw. nicht zustimmt(!). Daher ist die oberflächliche Zustimmung zu einem Therapievorschlag durch einen Patienten (also Position 50) keine Garantie für die mental tatsächlich vollzogene Musterposition. Denn ob Position 50 tatsächlich vom Patienten vollzogen wurde, zeigt sich erst später. – Die Kommunikation endet mit der – meist vom Arzt initiierten – Verabschiedung 52, 53, 54. **Diagramm B** zeigt graphisch die sukzessive Entscheidungsfindung des Arztes, die in § 1.7 oben geschildert wurde.

Institutioneller Ablauf und interkulturelle Mißverständnisse 317

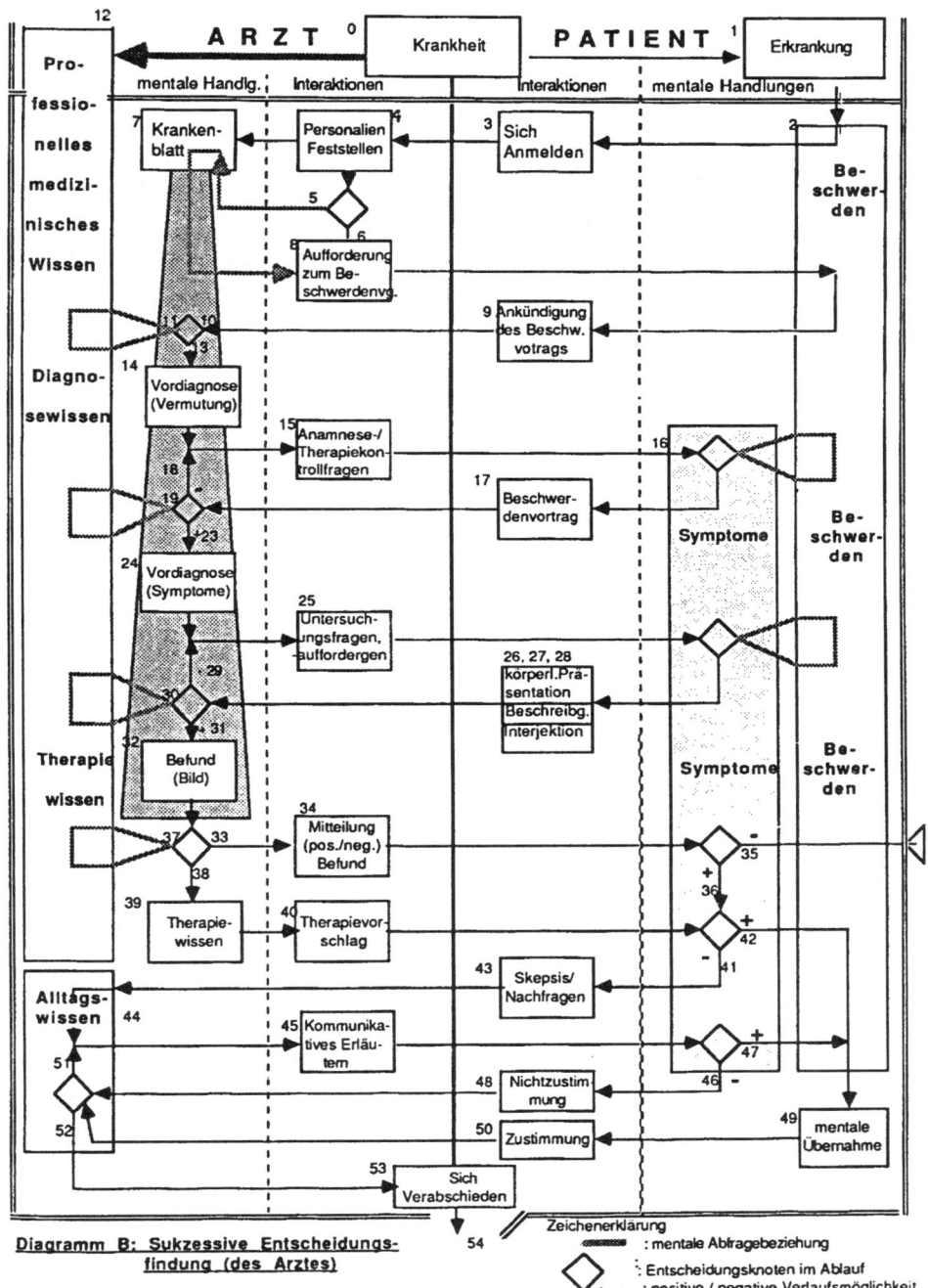

Diagramm B: Sukzessive Entscheidungsfindung (des Arztes)

2. Interkulturelle Mißverständnisse

Wir haben den normalen Ablauf der Kommunikation in der Allgemeinpraxis anhand eines Diskurses zwischen einem deutschen Arzt und einer deutschen Patientin rekonstruiert. Wir haben eine Grundstruktur herausgearbeitet und in einem Diagramm zusammengefaßt. Betrachten wir nun den Fall eines türkischen Patienten im Gespräch mit einem deutschen Arzt und versuchen, die auftretenden kommunikativen Probleme systematisch aus der Grundstruktur zu bestimmen (21). Zunächst präsentieren wir das Diskursmaterial. Es ist die bereits geordnete, d.h. segmentierte Fassung einer transkribierten Aufnahme.

2.1. Präsentation des Falles (B5)

Es handelt sich im folgenden um eine Mischform zwischen einem „Therapiekontrollgespräch" und einem „Erstgespräch mit Bekanntheit", da der Patient zwar neue Beschwerden hat, jedoch bereits vorher mit einem ähnlichen Leiden bei dem Arzt gewesen ist.

(S1)   A: *Dann will ich ma gucken, was wir ... das letzte Mal zu tun hatten.*
(S2)   *((studiert das Krankenblatt, 22s)).*
(S3)   *Wie gehts denn jetzt?*
(S4)   P: *Ganz lormal, Herr Doktor.*
(S5)   A: *Bitte?*
(S6)   P: *Ganz no/normal jes (=jetzt)).*
(S7)   A: *Normal jetzt.*
(S8)   P: *Ja, aber nich ganz genau wie füher.*
(S9)   A: *Jà!*
(S10)   *Sie hatten noch einmal <u>Rückenschmerzen</u>, nicht?*
(S11) P: *(Na, die hier mer ((=mehr?))/äh))*
(S12) A: *Rückenschmerzen.*
(S13) P: *Rückenschmerzen, Herr Doktor.*
(S14)   *((2s)) Geht nich heil.*
(S15)   *((5s)) ((Räuspern))*
(S16)   *((5s)) Nach mit/nach de de schwerere Zeiten ers (treten) ((=auftreten?)), nicht umdrehen das Bett.*
(S17) A: *Hm.*
(S18) P: *Nich <u>so</u> machen oder ... <u>diese</u> legen oder <u>diese</u> legen, das... geht nich.*

Institutioneller Ablauf und interkulturelle Mißverständnisse 319

(S19)   A: Hm̃.
(S20)   P: De die (eine) war das d'ganz schwer.
(S21)   ((Räuspern))
(S22)   A: ((17s)) Dann hatten Sie ja Schmerzen am Po, nicht?
        P: ((schweigt).
(S23)   A: ((2s)) <u>Hier</u> hatten Sie ja Schmerzen, nicht?
(S24)   P: Ja, das, die die(...)/Jes (=jetzt) Moment...
(S25)   A: Is weg jetzt, nich?
(S26)   P: Jes Moment, nee.
(S27)   A: Jà!
(S28)   P: (Wann zu lange die die... <u>so</u> bleiben/)
(S29)   A: ((1s)) Ich hatte Ihnen Zäpfchen gegeben.
(S30)   P: Ja.
(S31)   A: Ja...dann ist gut, ne?
(S32)   P: Jà, schön.
(S33)   Wann die zu lange so bleiben, i/is ((=ich)) komm, ja.
(S34)   A: Aha.
(S35)   ((10s...studiert das Krankenblatt)). Hm̃.
(S36)   Am/am zwanzigsten/zwanzigsten sechsten, da hatten wir... /da
            waren Sie, glaub ich, zuletzt bei mir gewesen, nich?
(S37)   P: Jà.
(S38)   A: S Schon ganze Zeit her.
(S39)   ...Und da hatt ich Ihnen so
(S39)   A: <u>Zäpfchen</u> gegeben, ne?
(S40)   P: Sepeb ((=Artikulationsversuch von „Zäpfchen")) w die/...Se ha
            was anderes ers (mir) gegeben, w die..die ((Telefon klingelt))
            (kelein) geht nich.
(S41)   A: Hm̃.
(S42)   Augenblick mal.
(S43)   ((Arzt telefoniert))
(S44)   Sò.
(S45)   Ich seh gerade, ((Arzt blättert in den Unterlagen)), daß... / ich
            hatte falsche Eintragung gelesen.
(S46)   Das ist schon lange her mit'm Po.
(S47)   Das ist wieder gut, ne?
(S48)   P: Jà.
(S49)   Aber hier ist nomal ((=normal)).
(S50)   A: Jà!
(S51)   Sò.

(S52)   *Denn war das hier ((der Arzt spricht leise vor sich hin – er studiert wahrscheinlich die Eintragungen (16s) auf dem Krankenblatt)).*
(S53)   *Ja.*
(S54)   *Also dieses...taube Gefühl hier, nicht?*
(S55)   P: *Wann, wann die, die so bleiben die, is komm die.*
(S56)   A: *Ja, wenn Sie stehen, nich?*
(S57)   P: *Jà.*
(S58)   A: *Jà.*
(S59)   P: *Genau wie – wie heißt das? – genau wie die...<u>hier</u>.*
(S60)   A: *Ach, das fühlt sich komisch an, nich?*
(S61)   P: *Ja, komisch an.*
(S62)   A: *So pelzig, nich?*
(S63)   P: *Ja.*
(S64)   A: *Ja.*
(S65)   P: *Mal bücken, geht, nich?*
(S66)   A: *Ja.*
(S67)   P: *Ah, nich Schmerzen.*
(S68)   A: *Hm̆.*
(S69)   P: *Genau so! ((macht Geste)).*
(S70)   A: *Jă, wie die Manschette da, nich, von dem Blutdruck/ja ja, das sind*
(S71)   P: *Das sind/*
(S72)   A: *Man nennt das so ein <u>pelziges</u> Gefühl.*
(S73)   P: *Jà.*
(S74)   A: *Da ist ein kleiner/ein kleiner Nerv ist gestört, nich?*
(S75)   P: *Jaja, das/*
(S76)   A: *Das ist aber nich schlimm.*
(S77)   P: *Geht. Nich schlimm.*
(S78)   A: *Nicht schlimm.*
(S79)   *Das geht langsam weg.*
(S80)   P: *Jaja.*
(S81)   A: *Sie müssen <u>einmal</u> in der Woche diese <u>Vitamin</u>spritze bekommen.*
(S82)   P: *Hm̆.*
(S83)   A: *Damit das sich erholt, nich?*
(S84)   P: *Jà.*
(S85)   A: *Aber...brauchen Sie keine Angst vor zu haben.*
(S86)   P: *(Ich weiß nich das.../)*
(S87)   A: *Was macht denn Ihr <u>Arm</u>?*

(S88)   ...Sie hatten doch Schmerzen im Arm gehabt.
(S89)   ((Arzt blättert kurz))
(S90)   P: Im Arm, Arm, ne?
(S91)   A: Ja?
(S92)   P: Arm...Arm is nix, nix.
(S93)   A: Arm. ist. besser?
(S94)   P: Besser.
(S95)   Nich besser, aber ...nicht genau wie früher.
(S96)   A: Jā ((leise))
(S97)   Wo haben Sie jetzt noch Schmerzen?
(S98)   Zeigen Sie mal!
(S99)   P: Hier.
(S100) A: Da noch, nich?
(S101) P: Hier oder d/die/die/diese(...) wann die die krieg ich Schmerzen.
(S102) A: Jà.
(S103) P: Nich so machen.
(S104) A: Hm̌.
(S105)   Machen Sie schon Krankengymnastik?
(S106) P: Ja, hab isch schon ganz viel (machen).
(S107)   ((3s Arzt blättert))
(S108) A: Äh, wer macht Krankengymnastik da?
(S109)   ...Wo ist das?
(S110) P: Kohlenstadt...straße dreißig Nummer, (Nummer) ((5s)) ja, (einfach)
(S111) A: Hm̌ ((leise)).
(S112)   Hm̌ ((leise)).
(S113)   ((8s)) Wenn Sie das nächste Mal dort sind, ...die möchte bitte mal hier anrufen, ja?
(S114) P: Ja.
(S115) A: Die Krankengymnastin, nich?
(S116) P: Ja ((leise)).
(S117) A: ((1s)) Ähm Sie waren krankgeschrieben bis heute, nich?
(S118) P: Heute zu Ende.
(S119) A: Jà.
(S120)   ...Dann verlänger ich das nochmal bis Dienstag.
(S121)   Ma gucken, wies dann ist...ja?
(S122) P: Jà.
(S123) A: Nich?
(S124) P: Ja.
(S125) A: Behandlung machen wir weiter.

(S126)   *((Arzt sieht in den Unterlagen nach – 20s))*
(S127) A: *Die Spritze ist auch wieder dran.*
(S128) P: *Hm̌.*
(S129)   *Einmal schon da.*
(S130) A: *Jà.*
(S131)   *S/sechster achter, und heute ham wer ... muß die ((liest für sich laut))*
(S132)   *Gut!*
(S133)   *Setzen Sie sich noch n kleinen Moment ins Wartezimmer.*
(S134)   *Wir holen Sie gleich wieder für die Spritze.*
(S135) P: *Hm̌.*
(S136) A: *Ja?*
(S137) P: *Ja.*
(S138) A: *Und ich schreib inzwischen den Zettel neu aus, nich?*
(S139) P: *Okey.*
(S140)   *((verläßt den Raum))*
(S141) A: *Tschüß, Herr Tüfek.*

2.2. Aufforderung zum Beschwerdenvortrag, Arzt-Fragen und interkulturelle Prävention

Wir betrachten zunächst das Gespräch bis zum Beginn der Frage-Sequenz (in Segment (s10)). Bevor der Patient aufgefordert wird zu sprechen, studiert der Arzt das Krankenblatt (Segment (s2)).

Mit dem „jetzt" in „wie gehts denn jetzt?" (s3) bezieht sich der Arzt auf einen früheren Besuch des Patienten, mit der Frage insgesamt fordert er ihn auf, seine Beschwerden vorzutragen. Die Antwort des Patienten geht insgesamt von (s4) bis (s8):

„Ganz lormal, Herr Doktor..(A: Normal jetzt) Ganz no/normal jes..Ja, aber nich ganz genau wie füher".

Die Antwort hat systematisch die Funktion einer Ankündigung eines Beschwerdenvortrags und ist ähnlich antinomisch strukturiert wie die der deutschen Patientin (s. oben Beispiel (B1, §1.3.)); hier ist die Wiederaufnahme des „jetzt" des deutschen Sprechers (s3) in der Antwort des ausländischen Patienten (s6) charakteristisch. Zunächst (s4/s6) bezieht sich der Patient auf die Konstatierung der Normalität, wie sie von der Frage nach dem Befinden allgemein unterstellt wird. Den zweiten Teil leitet P mit einem „ja, aber" ein: „Ja, aber nicht ganz genau wie füher" (s8). Diese Ankündigung wird nun nicht mit einer Aufforderung zu einem Beschwerdenvortrag beantwortet, sondern mit einem „Ja" (s9) (mit gleichbleibender Intonation), mit dem der Arzt eine Nichtbereitschaft, diesen angekündigten Beschwerdenvortrag abzufordern, indiziert. Es steht zu vermuten, daß der Arzt die Ankündigung für zu unspezifisch und unpräzise hält, zumindest macht er in der Frage, die er nun stellt (s10), eine präzise Vorgabe des propositionalen Gehalts, den er von der Antwort des Patienten erwartet. Es fehlt nämlich, im Gegensatz zu der Ankündigung der deutschen Patientin (oben hieß es „die Luft"), eine Angabe über ein spezifisches Symptom. Wir haben es also in (s8) mit einer unspezifischen Ankündigung eines Beschwerdenvortrags zu tun. Charakteristisch ist nun, daß der Arzt in (s 10) die Therapiekontrolle mit der Frage-Sequenz initiiert. In der ersten Frage formuliert er praktisch selbst die Beschwerdenankündigung des Patienten: „Sie hatten noch einmal Rückenschmerzen, nich?" (s10) und legt diese dem Patienten zu einer „ja/nein"-Entscheidung vor.

Auch in der weiteren Abfolge stellt der Arzt fast nur Entscheidungsfragen (s22), (s23), (s25), und Behauptungen zwecks Zustimmung: (s29), (s31), (s36), (s39), (s47), (s54), (s56), (s60), (s62), (s87), (s93); die einzigen Ergänzungsfragen sind (s97) und (s108), die weiteren Fragen sind wieder Entscheidungsfragen bzw. Behauptungen, die Zustimmung oder Ablehnung erfordern, wobei die Ablehnung jedoch zumeist die vorgesehene Alternative ist. Daher kann man sagen, daß die Antworten bereits in der Frage antizipiert sind, so daß von einer wirklichen Information seitens des türkischen Patienten kaum gesprochen werden kann. Wir können zwar sagen, daß der Arzt eine Verständigungsbarriere offenbar antizipiert, indem er den Entscheidungsprozeß über die spezielle Antwort des Hörers vorformuliert. Dennoch liegt das kommunikative Problem hier tiefer. Denn der Patient erhält durch die Struktur der verwendeten Fragetypen nicht einmal die Möglichkeit, seine Beschwerden in einer Symptombeschreibung vorzubringen. Eine Symptombeschreibung ist der Typ von sprachlicher Handlung, der von der deutschen Patientin als Beschwerdenvortrag gefordert wurde.

Faktisch nimmt der Arzt in der interkulturellen Kommunikation eine Veränderung des Fragemusters vor: Er verschiebt nämlich das Muster der Ergänzungsfrage, das wir bei der deutschen Patientin rekonstruieren konnten, in das Muster der Entscheidungsfrage und weiter in das Muster der Zustimmung-fordernden Symptom-Feststellung. Damit hat der Arzt die Verbalisierungsanforderung an seinen ausländischen Patienten und so die Möglichkeit von Mißverständnissen von vornherein auf ein Minimum reduziert (Strategie der Prävention).

Bei der Betrachtung der Frage-Sequenz und ihrer Behandlung durch den deutschen Arzt ergibt sich im Diagramm folgendes Bild (vgl. **Diagramm C**):

324 J. Rehbein

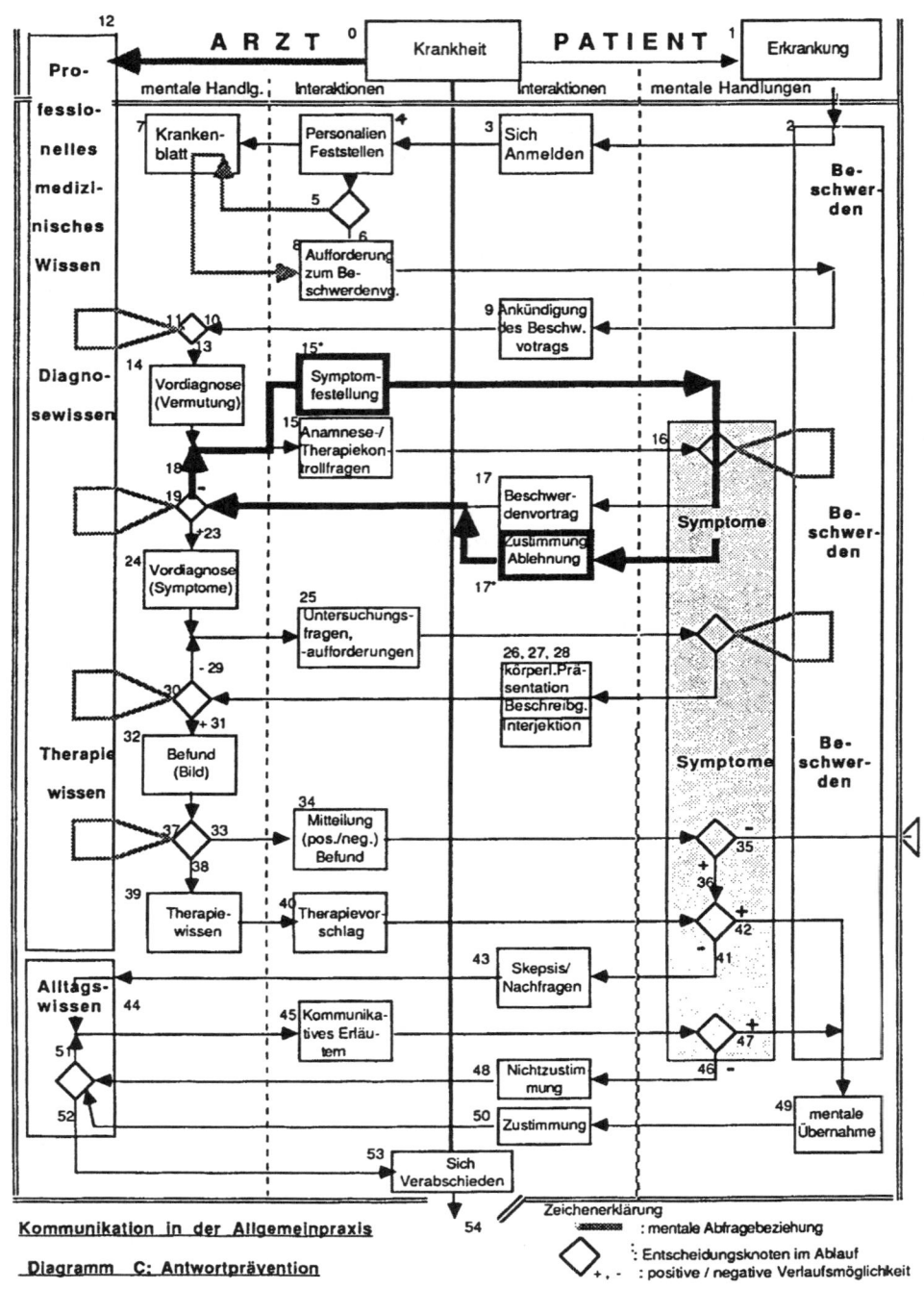

Kommunikation in der Allgemeinpraxis
Diagramm C: Antwortprävention

Die ursprüngliche Position des Beschwerdenvortrags 17 ist in ihrem propositionalen Gehalt größtenteils auf die Seite des Arztes verschoben und zwar so, daß an der systematischen Stelle der Anamnese/Therapiekontrollfragen, also Position 15, eine zusätzliche Position mit hinzukommt, nämlich die Symptomfeststellung (Position 15+), die wiederum so formuliert wird, daß der Patient lediglich zuzustimmen oder abzulehnen braucht (also 17+ macht). Tendenziell ist für den Arzt oft eine nonverbale Geste des Zustimmens/Ablehnens ausreichend.

Wir sehen im Schema, daß gerade die entscheidende Verbalisierung von Beschwerden zu 16 (Symptome) und 17 (deren Äußerung) in Richtung auf eine reine Oberflächendarstellung von Symptomen verschoben ist (systematische Verschiebung des Musters). Der Prozeß spielt sich vor allem in der Frage-Sequenz der Anamnese, aber auch der der Therapiekontrolle sowie der körperlichen Untersuchung ab. Er ist (oft) den Beteiligten nicht bewußt.

2.3. Asynchronie des interkulturellen Arzt-Patienten-Diskurses

Auf die Feststellung des Arztes in (s10) „Sie hatten noch einmal Rückenschmerzen, nich?" macht der Patient zunächst eine unklare Verbalisierung: „Na, die hier mer/äh"(s11), aus der die Absicht zu einem eigenen Beschwerdenvortrag gefolgert werden kann, nicht jedoch deren propositionaler Gehalt. Erst nachdem der Arzt repetitiv und abkürzend feststellt: „Rückenschmerzen" (s12), macht der Patient eine konkrete Aussage (s13)–(s21):

(s13) „Rückenschmerzen, Herr Doktor": Dies wird sehr leise geäußert, wiederholend; es bleibt unklar, ob der Patient „Rücken" versteht oder vor allem das Wort „Schmerzen" heraushört.
(s14) „Geht nich heil":
(Dies wird in traurigem Ton vorgebracht.)
(s15) wartendes Räuspern:(5 Sekunden)?
Es ist offensichtlich, daß der Patient hier eine Reaktion des Arztes erwartet, etwa daß der Arzt eine Frage nach dem Leiden stellt. Offenbar wartet aber auch der Arzt seinerseits ab, was der Patient vorzutragen hat, so daß die paradoxe Situation entsteht, daß Arzt und Patient von einander jeweils eine spezifischere Formulierung erwarten, die weiter bringt. (Vielleicht sind derartige Pausen zu Beginn der Unterhaltung spezifisch für interkulturelle Diskurse dieser Art).

(s16) „Nach mit/nach de de schwere (Zeichen) bzw. (Zeiten)": Diese Passage ist nicht exakt zu verstehen. „nicht umdrehen das Bett":
Hier werden die Beschwerden geschildert, wobei die mangelnden Kenntnisse der deutschen Flexion deutlich werden: Dies wird jedoch vom Arzt verstanden.

(s18) „Nich so machen oder ... diese legen oder diese legen, das... geht nicht":
In dieser Darstellung des Patienten seiner Beschwerden erkennen wir Paraphrasierungen (=Umschreibungsversuche) für die Bewegung des „Umdrehens" (sich auf die eine Seite oder die andere Seite legen).

(s20) „Die eine war das d' ganz schwer":
Hier wird sachlich dasselbe noch einmal geschildert: daß es nämlich schwer war, sich im Bett umzudrehen.

Damit formuliert der Patient also mindestens dreimal die Beschwerde, daß er sich nicht umdrehen kann. Dies ist seine Schmerzwahrnehmung. Sie erscheint mir jedoch nicht identisch mit den vom Arzt vorgegebenen „Rückenschmerzen", sondern ist die Schilderung, daß er bestimmte „normale Tätigkeiten im Alltag" nicht ausführen kann. Sein Fokus liegt nicht auf „Rückenschmerzen", sondern darauf, „etwas Normales nicht zu können" (vgl. hier die Krankheitskonzeptionen von Türkinnen, die in den Interviews von GROTTIAN 1985 deutlich werden, nämlich „Krankheit ist Nichtnormalität"). Der Arzt geht auf diesen dreimal vorgebrachten Beschwerdenvortrag nicht ein, sondern zieht zunächst das Krankenblatt zu Rate und macht sich aufgrund der dort vorliegenden Information ein Krankheitsbild (22).

Aus diesem Grund kommt er zunächst auf eine falsche Spur, nämlich auf die „Schmerzen am Po" (s22).

Die Passage von (s22) bis (s50) stellt aus der Sicht des Arztes eine Beendigung des Themas „Rückenschmerzen" dar. Während er aufgrund der Eintragungen einer bereits geheilten Krankheit nachgeht (die er seinerzeit mit „Zäpfchen" geheilt hatte), ist der Patient immer noch dabei, seine Beschwerden vorzutragen. Genauer: Während der Arzt bereits die Symptome einer anderen Krankheit zu elizitieren versucht, fällt der Patient wieder in Ankündigungen des Beschwerdenvortrags zurück.

Das Mißverständnis kulminiert, wenn der Arzt nach der Reaktion der „Zäpfchen" fragt: „Ich hatte Ihnen so Zäpfchen gegeben"(s29), der Patient mit „ja" bestätigt (s30), auf die Rückfrage des Arztes: „Dann ist gut, ne?"(s31) die Bestätigung unterstreicht mit „ja" (s32), und „schön"; diese Bestätigung interpretiert der Arzt als Erfolg der „Zäpfchentherapie"; diese sind aber für den Patienten nicht Thema des Gesprächs, vielmehr kündigt der Patient den

Beschwerdenvortrag mit (s28) erneut an, indem er sagt: (s28) „Wann zulange, die die.... so bleiben/"

Darin wird er vom Arzt unterbrochen, jedoch ist diese Äußerung unschwer zu beziehen auf die Aussage: „Geht nicht heil" (s16), daß also die Schmerzen schon lange anhalten, also auf das Thema, das er bereits zuvor mehrfach mit anderen Worten behandelt hat. Nach der Unterbrechung unternimmt er noch einen weiteren Versuch der Ankündigung seiner Beschwerden: „Wann die zu so lange bleiben, i/is (=ich) komm, ja" (s33).

Hier ist zunächst einmal zu sagen, daß es sich bei „wann" wahrscheinlich um eine multipel verwendete Konjunktion handelt im Sinne von „da, weil" oder „als" oder auch „wann": Die richtige Lesung kann und soll hier nicht entschieden werden, da die Verständigungsproblematik auf seiten des Arztes ja bestehen bleibt (23).

Der Patient bringt ein drittes Mal den Zweck seines Besuchs vor: Er kommt, weil die Schmerzen (damit sind nicht die „Schmerzen am Po" gemeint) „bleiben". Allerdings wurde nach genau diesen Schmerzen bis zu der vorliegenden Stelle des Gesprächs (s33) noch nicht gefragt, etwa durch eine entsprechende Ergänzungsfrage mit „wo?". Auch in Segment (s55) (nach Telefonat und erneutem Studium des Krankenblatts durch A) beharrt der Patient auf seinen Beschwerden: „Wann, wann die, so bleiben die, ich komm die", eine übrigens nahezu wortgetreue Wiederaufnahme seiner Ankündigung aus Segment (s33).

Daher läßt sich für den Patienten feststellen, daß eine ihn befriedigende Verbalisierung seines Beschwerdenvortrags offenbar trotz Repetition nicht geglückt ist (24). Es ist nun weiterhin charakteristisch, daß der Arzt eine Korrektur dieses Miß-, genauer Nicht-Verstehens nicht vornimmt, da er offenbar die Asynchronie des Gesprächs nicht bemerkt; so repariert er sich nicht interaktional durch eine Perzeption der Patientenäußerung, sondern durch einen Blick in das Krankenblatt: „Ich seh gerade, daß.../ich hatte falsche Eintragung gelesen" (s45). Erst diese zusätzlich aufgenommene Information bewirkt, daß er das Thema „Zäpfchen" fallen läßt und ein neues Thema anschneidet. Auch diese Information stammt – zumindest teilweise – aus dem Krankenblatt, ist also gewissermaßen intern.

Genauer betrachtet fragt der Arzt eine Reihe von Krankheitsbildern (Symptomatiken) ab, die bei Parästhesien (Nervenstörungen) in den verschiedenen Abschnitten der unteren Wirbelsäule auftreten, nämlich Lumbago („Hexenschuß"), Lumboischialgie und Ischialgie (26a). Mit der Symptom-Feststellung „Sie hatten noch einmal Rückenschmerzen" (s10) thematisiert er das Krankheitsbild Lumbago (bis (s21)). Die Feststellung „Dann hatten Sie ja Schmerzen am Po" (s22) leitet die Abfrage der Lumboischialgie-Symptome ein, die bis (s50) reicht und deren Ungültigkeitsfeststellung vom Patienten mit (s26) und (s49) bestätigt wird. Von (s54) bis (s86) erstreckt sich die Symptom-Abfrage der Ischialgie. Die (propositionalen) Gehalte der ärztlichen Fragen lassen sich relativ klar dem professionellen medizinischen Wissen zuordnen, da der Arzt hier in seiner Verbalisierung nichts anderes als fachexterne Formulierungen dieser Symptomatiken verwendet. Bevor ich die damit verbundenen Verstehensprobleme benenne, ist darauf zu verweisen, daß der Patient, der offenbar an Lumbago leidet, seine entsprechenden Beschwerden bereits im Abschnitt (s16) bis (s20) vorgetragen hat. Ungeachtet dieses Beschwerdenvortrags hat der Arzt seine Diagnose Schritt für Schritt (vgl. das Entscheidungsdiagramm B) erarbeitet – etwa nach dem Prinzip der Ausklammerung des nicht-gegebenen Krankheitsbildes verfahrend. Die durch die Struktur des professionellen Wissens solcherart diktierte Diskurs-Strategie bewirkt beim Patienten nicht den korrespondierenden Eindruck, sondern lediglich eine Repetition des Beschwerdenvortrags in verkürzter Version (s. die Segmente (s28), (s33), (s55), (s101/103)).

Wenn also der Patient mit „Wann, wann die so bleiben, die, ich komm die" (s55) auf seinen Beschwerden beharrt, so ist dies keine angemessene Antwort auf die Frage des Arztes: „Also, dieses taube Gefühl hier, nicht?" (s54).

Allerdings erscheint eine präzise Antwort auch nicht möglich, da der Patient kaum den Ausdruck „taubes Gefühl", noch „so pelzig" (s62), noch „pelziges Gefühl" (s72), noch die schließliche Diagnose: (s74) „Da ist ein kleiner/ein kleiner Nerv ist gestört, nich?" sprachlich verstehen kann. All diese Ausdrücke, die dem fachexternen Fachwissen entstammen und die einem deutschen Patienten geläufig sind – zumindest in den meisten Fällen –, werden vom ausländischen Patienten nicht nachvollzogen und auf seine Beschwerden nicht angewendet. Was der Patient jedoch versteht, ist, daß sein Leiden „nicht schlimm" sei (s76), denn er wiederholt die Äußerung des Arztes mit: (s77) „Geht. Nich schlimm"(25). Die Äußerungen (s74), (s76), (s78), (s79), (s83), (s85) sind Elemente des Trostes, Zuspruchs seitens des Arztes, also kommunikative, nicht direkt zweckgerichtete Handlungen des Erläuterns. Damit wird beabsichtigt, daß der Patient eine Vertrauensbasis in die Richtigkeit von Diagnose und Therapie und die Überwindbarkeit seiner „Symptome" erhält.

Der ausländische Patient hat demnach in dem Diskurs die Überführung von „Beschwerdenwissen" in „Symptomwissen" und damit den institutionellen Prozeß der Aneignung seiner Krankheit nicht vollzogen. Damit bleibt ihm auch seine eigene Krankheit – obwohl behandelbar – dennoch begrifflich fremd; er kann in der Tat kein institutions-adäquates Verhältnis zu seinem

Körper entwickeln; vielmehr wird ihm die anschließende Therapie zwar helfen, aber der (institutionsspezifische) Kausalzusammenhang wird ihm nicht deutlich. Er bleibt also in der institutionellen Kommunikation zwischen Arzt und seinem Körper ein Außenstehender. Aus der Perspektive des Kommunikationsablaufes gesprochen: Während der Patient noch versucht, einen Beschwerdenvortrag anzukündigen und vorzubringen, macht der Arzt schon Anamnese und Untersuchung und stellt den Befund fest. Die Antworten des Patienten wiederum dokumentieren (auch für den Arzt) eine Pseudokooperation. Es entwickelt sich ein kommunikativer Zirkel (s. ein solches Phänomen auch in REHBEIN 1985, § 3).

ESER (1984) hat offenbar in Situationen, in denen türkische Patienten keine Dolmetscher zur Verfügung haben, also sich nicht angemessen verständlich machen können, ähnliche Beobachtungen gemacht.

„Das aus mißlingender Verständigung resultierende gegenseitige Mißtrauen erschwert die Fortsetzung der Kommunikation; der sich mißverstanden fühlende Patient wird sich zurückziehen und den Versuch, seine Beschwerden zu beschreiben, aufgeben. Damit ist der Arzt in seiner Diagnose auf beobachtbare und meßbare Parameter angewiesen. Dies kann zur Folge haben, daß sich der technisch-diagnostische Aufwand und damit auch die Behandlungsdauer und -kosten erhöhen."
(ebd., S. 108/109)

Das (Wieder)Erkennen der fachexternen Symptombeschreibung des Arztes seitens des Patienten ist – wie gesagt – ein essentieller Prozeß für die Kontrolle der Diagnose des Arztes: Der Patient muß die Empfindungen seines Körpers in den Ausdrücken der ärztlichen Umschreibung wiedererkennen. Dadurch erfährt der Arzt die Kontrolle seiner Diagnose. Dieses Wiederkennen bleibt nun – ein Resultat des interkulturellen Nichtverstehens – für den Arzt aus; deshalb sucht er seine eigentliche Kontrolle dann in den schriftlichen Unterlagen (Studium des Krankenblattes) und – in dem erbetenen Telefonanruf der (deutschen) Krankengymnastin (vgl. (s113)). Der Griff des Arztes nach „beobachtbaren und meßbaren Parametern" sowie nach weiteren Absicherungen der Diagnose außerhalb und jenseits der Verbalisierungen des Patienten, also der tendenzielle Ersatz des Wortes durch den kostenaufwendigen Apparat, bestätigt in diesem vorliegenden Fall tatsächlich die zitierten Feststellungen ESERs.

Wir sahen im deutsch-deutschen Arzt-Patienten-Diskurs, daß die Patientin sich in ihren Antworten institutionsadäquat verhielt, indem sie Symptombeschreibungen liefern wollte, so daß sich die Fragen des Arztes problemlos weiter anschließen konnten.

Auch das Verstehen der fachexternen Ausdrücke wie „Medikamentendosis erhöhen" (s29), „gelben Auswurf", „Inhaliergerät", „inhalieren", „Temperatur messen" (s41), „einmal abhorchen" (s48), die „Lunge knistert" (s82), bereiteten in der Kommunikation keine Verständigungsschwierigkeiten: Das heißt also, die Überführung der Beschwerden in Symptomwissen seitens der Patientin gelingt reibungslos. Damit erfüllte sie ein entscheidendes Kriterium für die diskursive Kooperation, nämlich, daß die Thematisierung des dialogischen Beitrages synchron für Sprecher und Hörer ist.

Allerdings war es auch dort der Fall, daß die Patientin nicht breit erzählen kann, was mit ihr los ist, also keine breite Verbalisierungsmöglichkeit hat, sondern von vornherein dem Prozeß der „Umkategorisierung der Beschwerden" unterworfen wird. Dieser Prozeß geht in der deutsch-deutschen Kommunikation sprachlich problemlos und ist unter institutionellen Gesichtspunkten effektiv.

Versuchen wir, die diskutierten Mißverständnisse auf dem **Diagramm D** schematisch nachzuzeichnen, so ergibt sich, daß der türkische Patient offenbar während des Gesprächs versucht, seine Beschwerden anzukündigen (also Position 9 beabsichtigt); außerdem versucht er einen Beschwerdenvortrag zu machen, der an der Stelle der institutionell vorgesehenen Symptombeschreibung steht (also Position 17 durchzuführen). Dieser beabsichtigte Beschwerdenvortrag wird jedoch vom Arzt interaktional nicht mitvollzogen, d.h. A. geht – ohne dies selbst zu bemerken – aus dem von dem Patienten initiierten Muster an der Stelle der Position 10/11 (Entscheidungsknoten) bzw. an der Stelle 19 (weiterer Entscheidungsknoten) heraus und „besorgt" sich die nötigen Informationen auf andere Weise, vor allem durch Rückgang auf Position 7.

Der Arzt vollzieht sozusagen seinen Part, indem er möglichst viele Positionen, die der Patient ausfüllen müßte, selbst vorformuliert und mit durchführt – dies mittels der oben diskutierten Frage-Sequenzen. Dabei stellt sich heraus – Asynchronie des Geschehens –, daß der Arzt das Gesamtmuster bis zum Ende durchführt, während der Patient systematisch an Position 9 bzw. 17 stehen geblieben ist bzw. in einem kommunkativ nicht aufzubrechenden Zirkel verharrt. Dieser Tatbestand wird auch nach der Mitteilung des Befunds nicht verändert, zumal – wie durch die Interpretation deutlich wurde – auf der Seite des Patienten die Mitteilung des Befunds nicht auf eine kooperative Übernahme-Äußerung stößt, also Position 49 nicht vollzogen wird.

Institutioneller Ablauf und interkulturelle Mißverständnisse 331

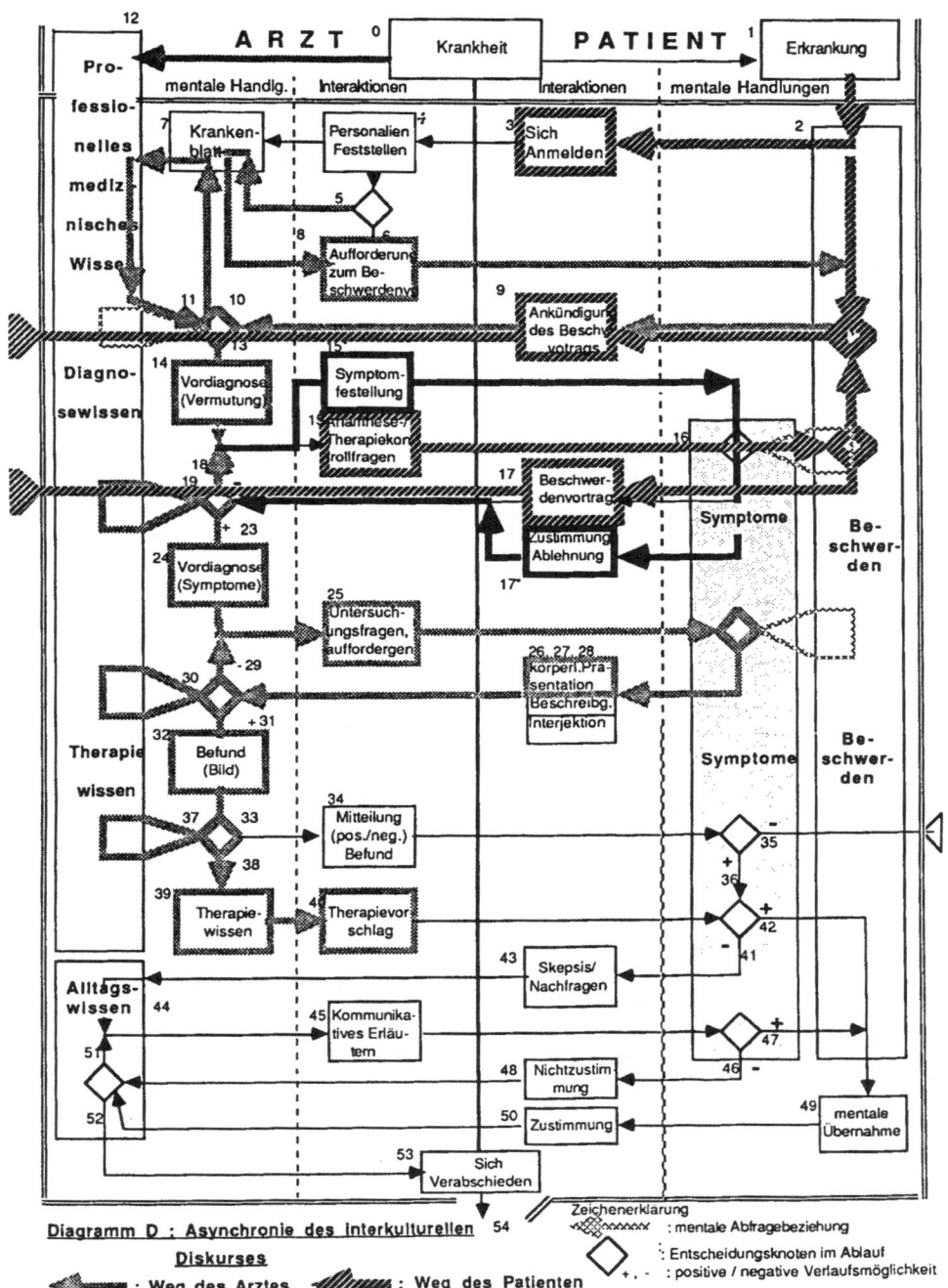

Diagramm D : Asynchronie des interkulturellen Diskurses

3. Weitere Domänen interkultureller Mißverständnisse

Im folgenden sollen einige Bereiche („Domänen") des Diskurses zwischen türkischem Patient und deutschem Arzt aufgelistet werden, die – aufgrund des mir vorliegenden transkribierten Materials – Potentiale von Mißverständnissen enthalten (zu der Problematik von Mißverständnissen in der (interkulturellen) Kommunikation vgl. GUMPERZ & TANNEN 1979, BECKER & PERDUE 1982 und MATTEL-PEGAMM 1985 für Klient-Anwalt-Gespräche usw.).

3.1. Ausdruck der Modalität

Der Patient kann oft nicht sagen, ob er etwas „nicht machen kann", „etwas machen muß" bzw. „mußte" oder „wollte" usw. Hier fehlen ihm die (von REDDER 1984 und EHLICH & REHBEIN 1972 pragmatisch analysierten) Angaben der Modalität im Deutschen.

3.2. Ortsangaben

Oft fehlen Präpositionen, z.B. Segment (s16) unten: „nicht umdrehen das Bett" für: „nicht umdrehen im Bett"; diese sind für Beschreibungen essentiell.

3.3. Aktantenangaben

Häufig fehlen die Personalendungen bei den verschiedenen Verbformen (Infinitivverwendungen), so in (s16), (s18), (s55), (s103)).

3.4. Tempus und Aspekt

„Mal bücken" (:Äußerung (s65) des türkischen Patienten) ist der Versuch, den Aspekt der Handlung auszudrücken; ebenso die anderen Angaben. Allgemein beziehen sich diese Schwierigkeiten des türkischen Patienten besonders auf die Darstellung und Wiedergabe von Bewegungen und Handlungen.

3.5. Der diskursive Einsatz der Deixis

Statt zu verbalisieren, wird seitens des Patienten viel mit Deixis gearbeitet; „genau wie die <u>hier</u>" (s59), (s69), „nich so machen" (s103), „<u>diese</u> legen oder <u>diese</u>" (s18): Die Deixis ist durch die Nicht-Einhaltung des Genus oft nichteindeutig. Die Eindeutigkeit des Verweises ist jedoch die Forderung an diese sprachliche Prozedur, da der Hörer sonst nicht weiß, worauf exakt er seine Aufmerksamkeit richten soll (vgl. EHLICH 1983; zu den Eigenschaften der situativen Rede als Prozedur im Deutschgebrauch der Migranten REHBEIN 1985b).

3.6. Der kommunikative Apparat der Sprecher-Hörer-Steuerung

Der Patient will ständig einen Beschwerdenvortrag vorbringen, jedoch ist ihm dies nicht möglich; er macht mehrere Ansätze: Offenbar funktioniert die Steuerung der Rezeption der Äußerungen nur scheinbar. (Zur Terminologie REHBEIN 1979, 1981, 1985a).

3.7. Thematische Organisation des Diskurses: Themenwechsel

Der Themenwechsel im interkulturellen Diskurs ist sprunghafter.

3.8. Artikulation im Deutschen

Der Patient artikuliert unklar, zugleich oft mit leiser Stimme; hier ergeben sich auf perzeptiver Ebene eine Fülle von Mißverständnissen bzw. es entsteht der Eindruck, der Patient wüsste nicht, was er will bzw. er könne sich nicht ausdrücken. Bisweilen wird diese Artikulation auch als „Wehleidigkeit" vom Arzt interpretiert oder als Angst. Im Vergleich zur deutschen Patientin sehen wir, daß die normalen out-put-Bedingungen einer Sprechhandlung nicht gegeben sind; daher macht der Arzt besondere Prozeduren der Unsicherheitsreduktion.

3.9. Klärungsversuche von Mißverständnissen: Reparaturen (Arzt)

Der Arzt verwendet fachexternes professionelles Wissen – wurde gesagt – in einer ungewöhnlichen Alltagsformulierung, die für einen deutschen Patienten, aber nicht für den ausländischen Patienten problemlos zu verstehen ist:

(s17)   A: Dann hatten Sie ja Schmerzen am Po, nicht?"
(s18)   P: (schweigt).
(s19)   A: Hier hatten Sie ja Schmerzen, nicht?
(s20)   P: Ja.

Der Arzt verwendet den Ausdruck „am Po", der dem Türken wahrscheinlich fremd ist, weil es ein alltagssprachlicher Ausdruck aus einem bestimmten Register ist (familiär-vertraut): Die Sprache am Arbeitsplatz bedient sich zur Bezeichnung des „Gesäßes" anderer Ausdrücke. Daher versteht der Patient die Frage nicht, dies wiederum bemerkt der Arzt und repariert seine ursprüngliche Äußerung, indem er an die Stelle der Körperbezeichnung eine Geste mit einem deiktischen Ausdruck („hier" in (s19)) setzt, symbolhaft auf die eigene Körperregion zeigend.

Derartige kommunikative Reparaturvorgänge (26) zur Klärung von Mißverständnissen findet man in der interkulturellen Arzt-Patient Kommunikation, da der Arzt den Gesprächsgegenstand, den Körper des Patienten, vor sich hat. Allerdings hat dieses Verfahren seine Grenze dort, wo die bezeichneten Körperteile nicht mehr extern an der Körperoberfläche abgebildet werden, wie Aorta, Hypophyse usw. Die Sachkenntnisse des Patienten gehen nur soweit, als sie die Wahrnehmung des Körpers in seinen Einzelteilen betreffen; diese Kenntnisse sind einerseits abhängig vom „Bildungsniveau", andererseits sind sie auch kulturspezifisch ausgeprägt bzw. abhängig von volksmedizinischen Kenntnissen.

Struktureller Ablauf der interkulturellen Arzt-Reparatur:

(1) Arztfrage (mit fachexternem Wissen) ergibt Verstehensproblem;
(2) Patient indiziert Nicht-Verstehen;
(3) Arzt verwendet deiktischen Ausdruck und Geste auf das entsprechende eigene Körperteil;
(4) Patient beantwortet die Frage.

4. Methodologische Perspektiven

Im Vorstehenden habe ich anhand zweier Fälle versucht, eine Institutionsanalyse der Kommunikation in der Allgemeinpraxis zu geben. Die im ersten Teil herausgearbeiteten intrakulturellen Probleme der Arzt-Patient-Kommunikation dienten als Folie für eine systematische Bestimmung der Rolle interkultureller Mißverständnisse zwischen deutschen Ärzten und Patienten mit nicht-deutscher Muttersprache. Ich möchte einige Thesen für die Weiterarbeit aus den vorstehenden Analysen herleiten:

1. Inhaltlich sollten weitere Abläufe der Arzt-Patient-Kommunikation mit „kontrollierter Variierung" untersucht werden: Die deutsch-deutsche Kommunikation mit unterschiedlichen Patienten-, Krankheits- und Diskurs-Typen, die Kommunikation in verschiedenen Subinstitutionen der

medizinischen Versorgung in Deutschland und im Vergleich dazu in der Türkei, dies sowohl aus der Patienten- als auch aus der Arzt-Perspektive.
2. Auszugehen ist von der dokumentierten Wirklichkeit der Kommunikation in Form von Aufzeichnungen und von den tatsächlich verwendeten Handlungsmitteln. Die Wirklichkeit der Kommunikation umfaßt nicht nur direkt beobachtbare Aktionen und Interaktionen, sondern auch mentale Handlungen und Prozeduren, die sich im Gespräch in unterschiedlicher Weise realisieren.
3. Den Wissenstypen und ihrer Systematik/Nichtsystematik im Gebrauch bei Ärzten und Patienten sowie ihrer sprachlichen und nicht-sprachlichen Realisierung ist nachzugehen. Vorgehensweise: Rekonstruktion der zugrundeliegenden Handlungsstruktur.
4. Die ausschließliche Verwendung von Interviewverfahren und Protokollierungen ist, da sie methodologisch eine Identität von Erfahrungs- und Handlungssituation einerseits, Verbalisierungssituation andererseits unterstellen, neu zu überdenken.
5. Dennoch ist jede Art von Dokumentarbezug – auch schriftlicher Art – in das Forschungsverfahren einzubeziehen.
6. Bei der Analyse der dokumentierten Wirklichkeit (auch: „Daten") ist die unreflektierte Verwendung vorgefertigter Kategorien und Kategoriensysteme unzulänglich. Vielmehr ist ein interpretatives Vorgehen methodologisch von Anfang an zu ermöglichen und zu gewährleisten. D.h. die Analyse der „Daten" ist im gesamten Forschungsprozeß bis hin zur Ergebnisfindung auf die erforschte Wirklichkeit an die „Daten" und ihren Zusammenhang zurückzubinden; so daß die Kategorisierung und Schematisierung der Analyse durch permanent mögliche Reinterpretation der „Daten" diese in ihrer Struktur und Funktionalität prozedural aufschlüsselt und die damit verbundene Praxis reflektierbar macht (vgl. dazu EHLICH & REHBEIN 1977b, EHLICH 1982, EHLICH & REHBEIN 1986).
7. Die sprachliche, fremdsprachliche und semiotische Verfaßtheit der „Daten" und deren damit verbundene unterschiedliche Konzeptualität ist als grundlegendes Element im Analyseverfahren zu reflektieren. Aus entsprechenden Unterschieden sind praktische Folgerungen zu ziehen, wie etwa Einsatz verbaler Verständigungshilfen, nicht etwa zusätzlicher Apparaturen.
8. Entsprechend ist eine diskursanalytische und funktional orientierte pragmatische Methodologie anzustreben. Von diesem Ausgangspunkt her sind die Verfahren der klassischen Konversationsanalyse als nicht-funktionale und oberflächenhaft-strukturalistisch orientierte Vorgehensweisen in ihrer analytischen Rolle neu zu bestimmen. Insgesamt ist auch von größeren Diskursabschnitten und Phasen des Diskurses auszugehen.

Anmerkungen

(1) Die einzelnen Phasen der Krankheitsbearbeitung und die mit ihnen verknüpften Wissensstrukturen habe ich in REHBEIN 1985, S. 400ff. diskutiert.

(2) Die tatsächliche Inanspruchnahme der ärztlichen Dienste scheint von den Erfahrungen der Patientengruppen mit den medizinischen Institutionen abzuhängen. Während in der Türkei vor dem Gang zum Arzt eine Phase der Selbstberatung und auch Selbstbearbeitung der Kranken vorgeschaltet ist (vgl. REHBEIN 1985, SCHIRRMACHER 1985), nehmen Türken in der Bundesrepublik offenbar sogar häufiger die ärztlichen Dienste für kurative Zwecke in Anspruch als deutsche Kranke (s. KROEGER, KOEN, STREICH, WEBER 1986). Die zuletztgenannten Autoren begründen diesen Unterschied so: „Durch die für die Türken relativ neue Erfahrung der kostenlosen und gut erreichbaren medizinischen Dienste einerseits und die durch das Wegfallen eines breiten sozialen Netzes entstandene Abkopplung von tradierten Erfahrungen andererseits werden (sc. die deutschen) Ärzte oft zur ersten Instanz, an die sich die türkischen Arbeitnehmerfamilien wenden" (ebd. S. 282). – GROTTIAN 1985 hat herausgefunden, daß bei der Gruppe der türkischen Frauen verschiedene Typen für das Aufsuchen eines Arztes, je nach Krankheitsvorstellung, zu unterscheiden sind.

(3) BRUCKS, v. SALISCH, WAHL 1984 unterscheiden sechs „Gesprächstypen": „Erstgespräch ohne Bekanntheit, Erstgespräch mit Bekanntheit, Folgegespräch/Krankheitsverlaufskontrolle, Folgegespräch/Therapiekontrolle, Beratungsgespräch und Bescheinigungskontakt" (S. 97f.). Die Unterscheidungen – getroffen nach dem Modus des gemeinsamen Vorwissens – geben vor allem der „Anamnese" und der „Diagnose" ihren Stellenwert im Diskurs-Ablauf.

(4) Zu den verschiedenen Formen und pragmatischen Funktionen diskursiver Ankündigungen s. REHBEIN 1981. Die Rolle von Ankündigungen in Visitengesprächen werden von BLIESENER 1982 untersucht.

(5) Der gesamte Abschnitt von der Anmeldung bis zur Vordiagnose läßt sich kategorial als Anfang des Arzt-Patienten-Diskurses zusammenfassen, die Eröffnung umfaßt einen Unterabschnitt von der Frage nach dem Befinden bis zur Vordiagnose des Arztes. Letzteren bezeichnet LÖNING 1985 als „Eröffnung des Dialogteils" (S. 63ff.).

(6) „So" ist charakteristisch für die Eröffnung der Kommunikation durch Agenten von Institutionen, etwa am Postschalter, vor Gericht, insbesondere in der Schule beim Übergang von der Pause zum Unterrichtsbeginn usw.

(7) LÖNING 1985 stellt fest, daß der Arzt voraussetzt, daß das, was er fragt, „körperliche Belange" betreffe; entsprechend erwartet er keine unspezifische Auskunft über das allgemeine Befinden. – Ich möchte hinzufügen, daß nach einer institutionsanalytischen Auffassung von Diskursanalyse derartige Inhalte nicht zu Beginn des Gesprächs etwa erst „ausgehandelt" werden, so daß also die Beteiligten eine Wahl in Bezug auf ihr Thema haben. – Nach HEATH 1981, strukturiert die Lektüre der Daten im Krankenblatt die Eröffnende Frage des Arztes; in Beispiel (B1) wird dies kenntlich durch den Zusatz „im Moment".

(8) Zur Bezeichnung der beabsichtigten sprachlichen Handlung des Patienten verwende ich „Beschwerdenvortrag", wobei „Vortrag" im Sinn von „etwa bei jemandem vortragen", nicht im Sinn von „eine Rede halten" verstanden wird. „Darstellung" würde zu große Professionalität bzw. Wissenschaftlichkeit beim Patienten unterstellen. – BRUCKS, v. SALISCH, WAHL 1984, S. 29/33 haben festgestellt, daß Ärzte um so spezifischer auf den Beschwerdenvortrag eingehen, je „medizinnaher" er vorgebracht wird. Sie haben so einen klassenspezifischen Unterschied, der sich vor allem in der Ausbildung der Patienten manifestiere, aufzeigen können.

(9) Frage-Sequenzen werden auch im Schulunterricht vom Institutionsvertreter (Lehrer) initiiert, um beim Schüler spezifische Zwecke zu erreichen; vgl. die allgemeine Analyse in REHBEIN 1984.

(10) ENTRALGO 1965 zeigt, inwieweit der Patient selbst an diesem Prozeß der Institutionalisierung seiner Beschwerden beteiligt ist.

(11) Die Wiedererkennung der eigenen Empfindungen aus den vorformulierten Symptomkennzeichnungen des Arztes ist für ausländische Patienten nur selten vollständig möglich (vgl. unten: wenn der deutsche Arzt von einem „pelzigen Gefühl" bei Sensibilitätsstörungen an den Gliedmaßen spricht, kann ihm der Patient nicht folgen; Beispiel (BS), Segmente (s62) und (s72)).

(12) PAGET 1982, 1983 spricht von einer „Konstruktion der Symptome" durch die Fragen des Arztes. Dies wird m.E. nicht dem tiefgreifenden, auch den Patienten mit einbeziehenden Gesamtverfahren gerecht. „Rekonstruktion" verweist demgegenüber als Begriff gerade auch auf die mentalen Bereiche der ärztlichen und der Patientenseite.

(13) Nach OTS 1986 wird von deutschen Ärzten oft nur nach selten mehr als zwei Symptomen gefragt, in der chinesischen medizinischen Versorgung häufig nach sechs und mehr.

(14) An anderer Stelle habe ich die innere Struktur des (alltäglichen) Beschreibens in Konfrontation mit dem Berichten und Erzählen, zunächst ähnlich erscheinenden sprachlichen Handlungen, analysiert (s. REHBEIN 1984b).

(15) Die sprachlich bedingte kommunikative (Verstehens)Kluft zwischen Arzt und Patient wird immer wieder festgestellt, vgl. z.B. SHUY 1976, 1983, v. FERBER 1973; zur Begriffs- und Wortschatzproblematik s. z.B. BOYLE 1970, MAHLER 1978, LÖNING 1981, REHBEIN 1985, MEEHAN 1981.

(16) In einer neuen Untersuchung heißt es: „Genauer diagnostizierten jene Allgemeinpraktiker, die z.B. Blickkontakt mit ihren Patienten herstellten, sich nicht in Notizen vergruben und direktive Techniken auf dem Hintergrund präziser Behandlungskonzepte benutzten" (LANGWIELER 1986, S. 520).

(17) In der Allgemeinpraxis besteht ein Entscheidungsdruck, der dazu führt, daß auch nach der Maxime vorgegangen wird „Im Zweifel Krankheit diagnostizieren", wie LANGWIELER 1986, S. 521, schreibt.

(18) HARTMANN 1984 diskutiert Merkmale und Wandel des „ärztlichen Denkens", u.a. die Rolle der Sprache bei der Erstellung der Diagnose. – Selbstverständlich gilt „Befund = Diagnose".

(19) Es ist klar, daß besonders diese fachexternen Formulierungen im interkulturellen Arzt-Patient-Diskurs für den Patienten erhebliche Verstehensprobleme schaffen (vgl. hierzu REHBEIN 1985).

(20) Zur Beschreibung der Institution „Allgemeinpraxis" aus medizinsoziologischer Sicht s. AHRENS 1979, der Kommunikation darin BAIN 1976 und NIEHOFF 1976.
(21) In die folgende Analyse habe ich – soweit dies räumlich möglich ist – die Literatur eingearbeitet. Eine Reihe wichtiger Arbeiten zum Thema insbesondere in den Sammelbänden von COLLATZ, KÜRSAT-AHLERS & KORPORAL 1985, GEIGER & HAMBURGER 1984, KENTENICH, REEG & WEHKAMP 1984, BOROFFKA & PFEIFFER 1977 sowie jetzt in *curare* 9/2, 1986, können leider nur pauschal benannt werden. Dies gilt auch für zahlreiche weitere wichtige Arbeiten aus der Medizinsoziologie, der Linguistik, der Medizin und der Ethnomedizin.
(22) In dem Nicht-Eingehen auf den eigentlichen Beschwerdenvortrag des türkischen Patienten ist keine interkulturell qualitative Differenz zu einem deutsch-deutschen Gespräch zu sehen; vielmehr verschärft sich eine Tendenz der diskursiven Verarbeitung von Informationsbedürfnissen auch bei deutschen Patienten; vgl. dazu SIEGRIST 1982, der als Antworttypen gegenüber Patienteninformationsbedürfnissen nennt: „Nichtbeachtung, Adressaten- und Themenwechsel, Beziehungskommentar, Mitteilung funktionaler Unsicherheit" (gilt jedoch für Visitengespräche).
(23) Zum Phänomen der Verwendung sprachlich mehrsinnig verwendeter Ausdrücke als systematische Sprecherstrategien in der interkulturellen Kommunikation, s. REHBEIN 1985b.
(24) Im Fall dieses Patienten können wir trotz (oder wegen) der kommunikativen Probleme, die eigentlichen Beschwerden in den Diskurs einzubringen, keine „Dramatisierung der Beschwerden" feststellen, wie dies als Charakteristikum der Mittelmeervölker oftmals hingestellt wurde (so etwa ZOLA 1966, ZBOROWSKI 1969), eher das Gegenteil, ein kommunikatives Herunterspielen. Andererseits liegt jedoch ein Insistieren auf dem „Schmerzenhaben" vor. Die „Diffusität der Schmerzangaben" scheint mir aus einem Zusammenspiel sprachlicher Schwierigkeiten und der Tendenz, generelles Kranksein zu präsentieren, herzurühren. Das „Dramatisieren" ist ohnehin eine Feststellung sehr äußerlicher Verhaltensweisen, zudem wohl eine recht ethnozentristische. Die verschiedenen Erscheinungsformen des Beschwerdenvortrags bei Türken sind allgemeiner zu formulieren. Es ist daher KROEGER, KOEN, STREICH & WEBER zuzustimmen, die von „Darstellungen des Unwohlseins in diffusen Körperbildern" sprechen (S. 281). Für diese Autoren liegt auch das Kulturspezifische des Beschwerdenvortrags in der „Unspezifik"; diese erklären sie folgendermaßen: „Die künstliche Trennung von Leib und Seele, die sich in der Medizingeschichte der Industriegesellschaften festgesetzt hat, führt auch zu einer organbezogenen, präzisierten Darstellung von Beschwerden durch Mitglieder solcher Gesellschaften. Hingegen erlebt eine türkische Frau, deren Sichtweise und Erlebnisspektrum sich nicht an dieser rationalen, organbezogenen Denkweise orientiert, die Krankheit viel stärker, aber auch viel unspezifischer" (ebd. 281). Allerdings sind Türken in der Muttersprache durchaus in der Lage, Schmerzen zu lokalisieren (s. ESER 1984, S. 103). Bei ausgeprägten „psychischen Belastungssituationen" wurde sogar eine „Somatisierung der Beschwerden" festgestellt, d.h. eine Projektion in verschiedene einzelne Organe

(s. ETE 1984, KROBGER u.a. 1986). ESER 1984 spricht davon, daß türkische Patienten häufig auch die Erfahrung gemacht haben, daß die „Ernsthaftigkeit ihres Anliegens" nicht zufriedenstellend akzeptiert werde, so daß sie ihre Beschwerden durch Gesten und Mimik unterstreichen: Dies könnte den Effekt der Dramatisierung auslösen – aufgrund jedoch der Erfahrung permanenten Mißverstandenwerdens. Andererseits – und dies zeigt sich auch im vorliegenden Fall – neigen „türkische Patienten dazu, sich als inkompetent und hilflos darzustellen" (ESER 1984, S. 104) – dies erscheint mir als der strategische Versuch, dem deutschen Arzt eine optimale Initiative zu ermöglichen, weniger als naturgegebene oder kulturspezifische Neigung. Es kann vielmehr als Angst interpretiert werden, durch eine mißverständliche Aussage die Untersuchung bzw. die Anamnese in eine falsche Richtung zu treiben. Wie dem auch sei: Im vorliegenden Fall ist eine Unspezifik der Beschwerden, also generell der „Schmerzen", festzustellen. – OTS 1986 berichtet von chinesischen Patienten, die je nach den an der Lebenssituation beteiligten Organbereichen sogar unterschiedlich wechselnde „unspezifische" Beschwerden aufweisen.

(25) Nach der Untersuchung von KROEGER, KOEN, STREICH, WEBER wird durch diese Formulierung zwar kein Mißverständnis bei dem türkischen Patienten hervorgerufen, jedoch eine Desorientierung, da er offenbar von dem Arzt erwartet, daß dieser seine Krankheit „benennt" (ebd., S. 280); die Benennung erfolgt tatsächlich, (in (s74) = Befunde und dessen Mitteilung) jedoch hatte er sie nicht verstanden.

Eine Analyse reparativer Handlungsmuster in der fremdsprachlichen Kommunikation der Institution Schule sowie in nicht-institutionellen Zusammenhängen wird in REHBEIN 1984a gegeben.

(26) Die genauere Analyse des professionellen Wissens, das dem vorliegenden Diskurs zugrundeliegt, verdanke ich der Diskussion mit M. SCHRÄDER (Hamburg).

Literatur

BAIN D.J.G. 1976. Doctor-patient communication in general practice consultation. *Medical Education* 10:125–131.
BECKER A. & PERDUE C. 1982. Ein einziges Mißverständnis. Wie die Kommunikation schieflaufen kann und weshalb. *Osnabrücker Beiträge zur Sprachtheorie (OBST)* 22:96–121.
BLIESENER T. 1980. Erzählen unerwünscht. Erzählversuche von Patienten in der Visite. In: EHLICH K. (Hrsg.) *Erzählen im Alltag.* Frankfurt: Suhrkamp.
BLIESENER T. 1982. *Die Visite – ein verhinderter Dialog.* Tübingen: Narr.
BOROFFKA A. & PFEIFFER W. (Hrsg.) 1977. *Fragen der transkulturell-vergleichenden Psychiatrie in Europa.* Münster: Medizinische Psychologie der Universität.
BOYLE C.M. 1970. Difference between patients' and doctors' interpretation of some common medical terms. *British Medical Journal* 2:286–289.
BRUCKS U., v. SALISH E. & WAHL W.-B. 1984. *Kommunikationsprobleme zwischen Arzt und Patienten – unter besonderer Berücksichtigung ausländischer Patienten* (Abschlußbericht). Univ. Hamburg: Psycholog. Inst.

BÜHLER K. 1934. *Sprachtheorie.* Jena: Fischer.
CICOUREL A. 1975. Discourse and text: cognitive and linguistic processes in studies of social structure. *Versus: Quaderni di Studi Semiotici* 12/2:33–83.
CICOUREL A. 1981. Language and medicine. In: FERGUSON Ch. & HEATH S.B. (Hrsg.) *Language in the USA.* Cambridge: Univ. Press, p. 407–429.
COLLATZ J., KÜRSAT-AHLERS E. & KORPORAL J. (Hrsg.) 1985. *Gesundheit für Alle. Die medizinische Versorgung türkischer Familien in der Bundesrepublik.* Hamburg: ebv Rissen.
CURARE 9/2, 1986. Schwerpunktheft „Kranksein und Migration in Europa".
EHLICH K. 1977. Schulbezogene Kommunikationsanalyse – reflektierte und geheime Wissenschaftspraxis. *Unterrichtswissenschaft* 4:346–360.
EHLICH K. 1982. „Quantitativ" oder „qualitativ"? Bemerkungen zur Methodologiediskussion in der Diskursanalyse. In: KÖHLE K. & RASPE H.-H.(Hrsg.) *Das Gespräch während der ärztlichen Visite.* München: Urban & Schwarzenberg, S. 298-312.
EHLICH K. & REHBEIN J. 1972. Einige Interrelationen von Modalverben. In: WUNDERLICH D. (Hrsg.) *Linguistische Pragmatik.* Frankfurt: Athenäum, S. 318–340.
EHLICH K. & REHBEIN J. 1972a. Zur Konstitution pragmatischer Einheiten in einer Institution: Das Speiserestaurant. In: WUNDERLICH D. (Hrsg.) *Linguistische Pragmatik.* Frankfurt: Athenäum, S. 209–254.
EHLICH K. & REHBEIN J. 1976. Halbinterpretative Arbeitstranskriptionen (HIAT). *Linguistische Berichte* 46:21–41.
EHLICH K. & REHBEIN J. 1977. Wissen, kommunikatives Handeln und die Schule. In: GOEPPERT H.C. (Hrsg.) *Sprachverhalten im Unterricht.* München: Fink, S. 36–114.
EHLICH K. & REHBEIN J. 1977a. Batterien sprachlicher Handlungen. *Journal of Pragmatics* 1:393–406.
EHLICH K. & REHBEIN J.1977b. Schulbezogene Kommunikationsanalyse – reflektierte und geheime Wissenschaftspraxis. *Unterrichtswissenschaft* 4:346–360.
EHLICH K. & REHBEIN J. 1986. *Muster und Institution. Untersuchungen zur schulischen Kommunikation.* Tübingen: Narr.
ENTRALGO P.L. 1956. *Heilkunde in geschichtlicher Entscheidung. Einführung in die psychosomatische Pathologie.* Salzburg.
ESER U. 1984. *Symptomrepräsentation und Krankheitsverhalten bei türkischen und deutschen Patienten.* Münster: Inst.f. med. Psych. (Diss.).
ETE E. 1984. Psychische Störungen von ausländischen Arbeitern in der Bundesrepublik Deutschland. In: KENTENICH H. u.a. (Hrsg.) *Zwischen zwei Kulturen.* Berlin: Verlagsgesellschaft Gesundheit, S. 148–154.
v. FERBER L. 1971. *Die Diagnose des praktischen Arztes im Spiegel der Patientenangaben.* Stuttgart.
v. FERBER L. 1973. Verstehen und Verständigung von Arzt und Patient. *Fortschritte der Medizin* 91:311–345.
FISHER S. 1982. The decision-making context: How doctors and patients communicate. In: DI PIETRO R.J. (eds.). *Linguistics and the professions.* Norwood,N.J: Ablex, p. 51–81.

GEIGER A., HAMBURGER F. (Hrsg.) 1984. *Krankheit in der Fremde*. Berlin: Express Edition.
GRIESSHABER W. 1986. *Einstellungsgespräche. Authentisches und zitierendes Handeln I*. Tübingen: Narr.
GRIESSHABER W. 1986a. Muttersprachliche Einflüsse im zweitsprachlichen Handeln. Univ. Hamburg, German. Seminar: Arbeiten zur Mehrsprachigkeit 1986/19.
GROTTIAN G. 1985. Vorstellungen von Gesundheit und Krankheit bei Frauen aus der Türkei. In: COLLATZ J. u.a. (Hrsg.) *Gesundheit für alle. Die medizinische Versorgung türkischer Familien in der Bundesrepublik Deutschland*. Hamburg: ebv Rissen, S. 280–291.
GUMPERZ J.J. & TANNEN D. 1979. Individual and social differences in language use. in: FILLMORE Ch. u.a. (ed.) *Individual differences in language ability and language behavior*. New York: Academic Press, p. 305–325.
HARTMANN F. 1984. *Patient, Arzt und Medizin*. Göttingen: Vandenhoek & Ruprecht.
HEATH C. 1981. The opening sequence in doctor-patient interaction. In: ATKINSON P. & HEATH C. (Hrsg.) *Realities and Routines*. Westmead: Gower, p. 71–90.
KENTENICH H., REEG P. & WEHKAMP K.-H. 1984. *Zwischen zwei Kulturen. Was macht Ausländer krank?* Verlagsgesellschaft Gesundheit.
KROEGER A., KOEN E., STREICH K. & WEBER W. 1986. *Der Umgang mit Krankheit in türkischen und deutschen Arbeitnehmerfamilien*. Heidelberg: Institut f. Tropenhygiene.
LANGWIELER G. 1986. Diagnostische und therapeutische Entscheidungsfindung von Ärzten. *Münchner Medizinische Wochenschrift* 28:33–37.
LÖNING P. 1981. Zur medizinischen Fachsprache. Stilistische Gliederung und Textanalysen. *Muttersprache* 2:79–92.
LÖNING P. 1985. *Das Arzt-Patienten-Gespräch. Gesprächsanalyse eines Fachkommunikationstyps*. Bern usw.: Lang.
MAHLER W. 1978. Der Labor- und Röntgenslang in medizinischen Praxen. *Muttersprache* 88:1–18.
MATTEL-PEGAM G. 1985. Ein italienischer Strafgefangener konsultiert einen deutschen Rechtsanwalt. In: REHBEIN J. (Hrsg.) *Interkulturelle Kommunikation*. Tübingen: Narr, S. 299–323.
MECHANIC D. 1972. Social psychological factors affecting the presentation of bodily complaints. *The New English Journal of Medicine* 21:1132–1139.
MEEHAN A.J. 1981. Some conversational features of the use of medical terms by doctors and patients. In: ATKINSON P. & HEATH C. (Hrsg.) *Medical work. Realities and routines*. Westmead: Gower, p. 107–127.
MÖHN D. 1979. Formen der fachexternen Kommunikation. *Der Deutschunterricht* 31:71–87.
NIEHOFF J.-U. 1976. Die Sprechstundentätigkeit des Facharztes für Allgemeinmedizin. *Zeitschr. f. ärztl. Fortbildung* 70:20–24.
OTS Th. 1986. Akupunktur und Psychosomatik. *Akupunktur. Theorie und Praxis* 2:80–94.
PAGET M.A. 1982. Your son is cured now: you may take him home. *Culture, Medicine and Psychiatry* 6:237–259.

PAGET M.A. 1983. On the work of talk: studies in misunderstandings. In: FISHER S. & TODD A. (eds.) *Social Organisation of Doctor-Patient-Communication*. Washington: Center for Applied Linguistics, p. 55–74.

PFLEIDERER B. & BICHMANN W. 1985. *Krankheit und Kultur. Eine Einführung in die Ethnomedizin*. Berlin: Reimer.

QUASTHOFF-HARTMANN U. 1982. Frageaktivitäten von Patienten in Visitengesprächen: Konversationstechnische und diskursstrukturelle Bedingungen. In: KÖHLE K. & RASPE H.-H. (Hrsg.) *Das Gespräch während der ärztlichen Visite*. München: Urban & Schwarzenberg, S. 70–101.

REDDER A. 1984. *Modalverben im Unterrichtsdiskurs. Pragmatik der Modalverben am Beispiel eines institutionellen Diskurses*. Tübingen: Niemeyer.

REHBEIN J. 1977. Komplexes Handeln. *Elemente zur Handlungstheorie der Sprache*. Stuttgart: Metzler.

REHBEIN J. 1979. Sprechhandlungsaugmente. Zur Organisation der Hörersteuerung. In: WEYDT H. (Hrsg.) *Partikeln der deutschen Sprache*. Berlin: de Gruyter, S. 58–74.

REHBEIN J. 1980. Sequentielles Erzählen – Erzählstrukturen von Immigranten bei Sozialberatungen in England. In: EHLICH K. (Hrsg.) *Erzählen im Alltag*. Frankfurt: Suhrkamp, S. 64–108.

REHBEIN J. 1981. Announcing – on formulating plans. In: COULMAS F. (ed.). *Conversational Routine*. Den Haag: Mouton, p. 215–258.

REHBEIN J. 1984. Remarks on the empirical analysis of action and speech. The case of question sequences in classroom discourse. *Journal of Pragmatics* 8:49–63.

REHBEIN J. 1984a. *Reparative Handlungsmuster und ihre Verwendung im Fremdsprachenunterricht*. Roskilde: Universitätscenter (ROLIG papir 30).

REHBEIN J. 1984b. Beschreiben, Berichten und Erzählen. In: EHLICH K. (Hrsg.) *Erzählen in der Schule*. Tübingen: Narr, S. 67–124.

REHBEIN J. 1985. Medizinische Beratung türkischer Eltern. In: ders. (Hrsg.) *Interkulturelle Kommunikation*. Tübingen: Narr, S. 349–419.

REHBEIN J. 1985a. Einführung in die interkulturelle Kommunikation. In: ders. (Hrsg.). *Interkulturelle Kommunikation*. Tübingen: Narr, S. 7–39.

REHBEIN J. 1985b. Multiple formulae. Aspects of Turkish workers' German in intercultural communication. In: KNAPP K. u.a. (eds.) *Empirical aspects of the analysis of intercultural communication*. Berlin: de Gruyter. (in press).

REHBEIN J. 1986. Sprachnoterzählungen. In: HESS-LÜTTICH E.W.B. (Hrsg.). *Integration und Identität*. Tübingen: Narr, S. 63–86.

SCHIRRMACHER G. 1985. Das soziale Netz und die Gesundheitsversorgung in der Türkei – eine historische Skizze. In: COLLATZ J.,KÜRSAT-AHLERS E. & KORPORAL J. (Hrsg.) *Gesundheit für alle. Die medizinische Versorgung türkischer Familien in der Bundesrepublik*. Hamburg: ebv Rissen, S. 40–66.

SHUY R.W. 1976. The medical interview: Problems in communication. *Primary Care* 3/3:365–386.

SHUY R.W. 1983. Three types of interference to an effective exchange of information in the medical interview. In: FISHER S. & TODD A. (Hrsg.) *Social organisation of doctor-patient-communication*. Washington: Center for Applied Linguistics, p. 189–202.

SIEGRIST J. 1982. Asymmetrische Kommunikation bei klinischen Visiten. In: KÖHLE K., RASPE H.-H. (Hrsg.) *Das Gespräch während der ärztlichen Visite*. München: Urban & Schwarzenberg, S. 16–22.

THEILEN I. 1985. Überwindung der Sprachlosigkeit türkischer Patienten in der Bundesrepublik Deutschland. Versuch einer ganzheitlichen Medizin als Beitrag zur transkulturellen Therapie. In: COLLATZ J. u.a. (Hrsg.) *Gesundheit für alle*. Hamburg: ebv Rissen, S. 292–322.

ZBOROWSKI M. 1969. *People in pain*. San Francisco: Jossey Bass.

ZOLA I.K. 1966. Culture and symptoms – an analysis of patients' presenting complaints. *American Sociological Review* 31:615–630.

L. Hoffmann

Transkriptbeispiel:
Kommunikation in der Strafverhandlung

Das Beispiel gehört zu einer Verhandlung vor dem Amtsgericht einer westfälischen Kleinstadt, die ich Ende der siebziger Jahre mit Erlaubnis der Betroffenen aufgezeichnet und transkribiert habe. Der Vorsitzende Richter (R) vernimmt den Angeklagten (A) zur Sache. Es geht um gemeinschaftlich begangenen Diebstahl in einem „besonders schweren Fall" (§§ 242, 243 StGB).

Notationszeichen in den Transkriptbeispielen

.	kurze Pause
. .	längere Pause
(( ))	Phänomenbeschreibung (z. B. Zeitangabe für lange Pausen)
abc	Gewichtungsakzent, assoziiert mit der Silbe *abc*
(...)	Auslassung
(so)	Konjektur
( )	akustisch unverständlich
hm̀	fallender Silbenton, hier auf der Interjektion *hm*
hḿ	steigender Ton
hm̂	steigend-fallender Ton
hm̌	fallend-steigender Ton
hm̄	ebener Ton
↓	fallendes Grenztonmuster
→	progredientes Tonmuster
↑	steigendes Grenztonmuster
/	Abbruch
▭	Die Partiturflächen symbolisieren die Zeitachse
%	punktuelles Ereignis (in der nonverbalen Kommunikation)
[1]	in eckige Klammern eingeschlossene Passage wird unter der Partiturfläche kommentiert

Literaturhinweis

L. Hoffmann (1983), Kommunikation vor Gericht, Tübingen: Narr.
L. Hoffmann (Hg.) (1989), Rechtsdiskurse, Tübingen: Narr.
L. Hoffmann (1992), Wie verständlich können Gesetze sein? in: G. Grewendorf (Hg.), Rechtskultur als Sprachkultur, Frankfurt: Suhrkamp, S. 122–157.
L. Hoffmann (2002), Rechtsdiskurse zwischen Normalität und Normativität. In: U. Haß-Zumkehr (Hg.), Sprache und Recht. Berlin/New York: de Gruyter, 80–100
L. Hoffmann (2010), Wissensgenerierung: der Fall der Strafverhandlung. In: Dausendschön-Gay, U./Domke, C./Ohlhus, S. (Hg.) Wissen in (Inter-)Aktion. Berlin/New York: de Gruyter

1	R	Ja und wie sind Sie denn in dieses/ Gaststätte <u>rein</u>gekommen ↓
	A	<u>Das</u>

2	R	Wa<u>rum</u> nich ↓
	A	kann ich nicht sagen ↓ Nein weil ich . keine

3	R	Ja wie sindse denn
	A	Gastwirtschaft mit Gewalt aufge/ öh macht hab ↓

4	R	<u>rein</u>gekommen ↓ Ham <u>Schlüs</u>sel gehabt ↓
	A	Ich wüßte überhaupt gar

5	R	. Wa<u>rum</u> nich ↓ Warum <u>wis</u>sen Sie
	A	nich daß ich da drin <u>war</u> → Nèin

6	R	das nicht ↓
	A	. Jahà Wie ge<u>sagt</u> weil ich . <u>ziem</u>lich be<u>trun</u>ken war ↓ ((2.4

7	R	Wo<u>von</u> ↑ Jà Tun
	A	Sek)) ((2.2 Sek)) Etliche . Liter Bier . mal sagen ↓

8	R	Sie das/ trinken Sie das nich <u>je</u>den Tag ↓
	A	J<u>a</u> so zwei drei Flaschen

9	R	Sie sind doch Alkohol ge<u>wöhn</u>t ↑
	A	aufer Baustelle → das stimmt ↓ ((2.3

10	R	Sie ham nämlich heute <u>auch</u> (wieder →) die
	A	Sek)) Kann man sagen ↓

| 11 | R | Fahne stinkt bis <u>hier</u> → Alkohol getrunken ↓ |
| | A | Jă Das kan ich Ihnen |

| 12 | A | auch sagen → ich habe nämlichn Underberg getrunken → und zwar |

| 13 | R | <u>Ei</u>nen Underberg ↑   <u>Fah</u>ne bis <u>hier</u> → . |
| | A | weil ichs mitm Magen hab ↓   Jă . |

| 14 | R | könnse uns doch nich erzählen ↓   Sie sollen also da mit |
| | A | Dòch (…) |

| 15 | R | <u>He</u>belwerkzeuch reingegangen sein → Tür aufgebrochen haben → . |

| 16 | R | nicht Sie al<u>lein</u> →   mit dem <u>Schu</u>lze und dem |
| | A | Jā glauben Sie vielleicht/ |

| 17 | R | <u>Fran</u>kensteiner ↓ |
| | A | Glauben Sie vielleicht ich trage/ . aufm |

| 18 | R | . . Weiß |
| | A | Pfingstmontach trage ich <u>Werk</u>zeuch mit inner Tasche rum ↑ |

| 19 | R | ich nich ↓ Wer/ hab ich von <u>Werk</u>zeuch gesprochen ↑ |
| | A | Na |

| 20 | R | <u>Auf</u>gehebelt ↓ Das kann man doch mit allen |
| | A | <u>He</u>belwerkzeuch ↓ |

| 21 | R | <u>mög</u>lichen Gegenständen machen ↓   Kann man mit |
| | A | Ja ich/ |

| 22 | R | <u>Schrau</u>benzieher machen → |
| | A | . . Ja sowas/ äh ich bin sowas nicht |

| 23 | R | |
| | A | gewohnt an Feiertagen <u>rum</u>zuschleppen ↓ |

A. Redder

Transkriptbeispiel:
Anruf in der Uni

250281/Privates studentisches Treffen/Alltagserzählung

6–7 Personen, die sich nur teilweise kennen; ein Teil der Anwesenden hört zu beim „Anruf aus der Uni"; Anna, die Erzählerin, ist Gastgeberin
  Aufnahme: Angelika Redder (Sony TCS 355)
  Transkription: Angelika Redder (1: 80) (Technics M 13)
  Dauer: 4 Minuten

Bei einem abendlichen privaten Treffen von KommilitonInnen und FreundInnen der Gastgeberin Anna entdeckt einer der Studenten im Regal sehr schöne alte Likörgläser – „von meiner Oma", wie Anna auf bewundernde Nachfrage erläutert. Die Gläser werden sodann praktisch zur Anwendung gebracht. Dies ist der Anlaß für Anna, von den Gewohnheiten einer Freundin zu berichten (Fl. 1f), was wiederum eine Anwesende, Angela, zu Vermutungen über die Identität dieser „Freundin" veranlaßt (Fl. 2f) – sei es aufgrund der Herkunftsangabe der Gläser, sei es durch die Erinnerung daran, daß ihr Anna früher einmal erzählt hatte, eine ihrer besten Freundinnen sei ihre Oma aus Hannover. Das löst nun die eigene Erinnerung einer Kommilitonin an ein spezifisches, an den Tod dieser Person geknüpftes Geschehen aus, das schlagwortartig als „wo die Dich aus der Uni rausgeholt haben" benannt wird (Fl. 3f). Damit ist eine erzählträchtige Situation – genauer: eine „Konstellation" für das Erzählen (Rehbein 1977) – gegeben.

Die Gastgeberin nutzt sie, zunächst ankündigend (Rehbein 1981) durch ihre schließlich lachende Antwort (Fl. 5), dann, motiviert durch das Lachen der „wissenden" Kommilitonin und das darin einfallende Lachen einer anderen, vermutlich „unwissenden", Studentin 1 (Fl. 5), mit der Erzählung für alle beginnend. Die Deixis ‚da' liefert eine raum-zeitliche Orientierung, die auf die zuvor (Fl. 3f) schlagwortartig angesprochene Situation verweist, weshalb sie als „Deixis im Rederaum" (Ehlich 1982) zu interpretieren ist. Durch die anschließende Situationsbeschreibung mit Teilvorwegnahme der Komplikation („in Verkennung der Tatsache") wird sie zugleich in den Vorstellungsraum hinein verlängert, so daß die gesamte erzählerische Orientierung schlagartig gelingt – wie nicht zuletzt das hohe Lachen der Studentin 1 (Fl. 7) und schließlich das gemeinsame Lachen mit mehreren Zuhörerinnen zeigt (Fl. 8).

Es schließt sich eine Alltagserzählung an, deren Besonderheit darin besteht, daß sie nicht nur von der faktisch erst bei der Auflösung der Komplikation involvierten Protagonisten ausgeführt wird (bis Fl. 21f), sondern unmittelbar anschließend aus der Perspektive einer anderen Beteiligten, eben der sich erinnernden Kommilitonin, um andere Geschehnisse komplettiert wird (bis Fl. 25). Insofern haben wir kein konkurrierendes „gemeinsames Erzählen" vorliegen, wie Quasthoff (1980a) es beschreibt, sondern ein komplementäres. Der Diskurs mündet in einem heftigen gemeinsamen Lachen aller Beteiligten und ZuhörerInnen (Fl. 25f) sowie einer stellvertretend formulierten Lehre („Seitdem kennt Dich die Uni, ne?") von Angela, die die Geschichte nicht kannte.

Über das Transkribierte hinaus mündet die gelungene Erzählung im gemeinsamen Ausspinnen weiterer Konsequenzen und künftiger Handlungsmöglichkeiten der „allseits bekannten" Anna auf dem Campus, die mehr oder minder erzählerisch ausgestaltet werden.

Diese Erzählung im nicht-institutionellen, sondern homileischen Diskurszusammenhang ist authentisch und in keiner Weise provoziert, wie Quasthoff (1980) dies zuweilen tat. Sie wurde unbeachtet aufgenommen. Etwa eine Stunde zuvor hatten zwar einige TeilnehmerInnen das Gerät bemerkt und das Aufnehmen zur Kenntnis genommen, doch das gemeinsame Essen und Klönen war längst in den Vordergrund getreten und hatte diesen Umstand vollständig vergessen lassen – übrigens auch bei der Aufnehmenden, Angela (= Angelika Redder).

Literatur

Brünner, G. (1989) Intonation und Diskurs. In: Linguistische Studien. Berlin (DDR): Akademie, Reihe A 199, 233–244.

Ehlich, K. (1982) Deiktische und phorische Prozeduren beim literarischen Erzählen. In: Lämmert, E. (Hg.) Erzählforschung. Stuttgart: Metzler, 112–129.

Ehlich, K. (1983) Alltägliches Erzählen. In: Sanders, W. & Wegenast, K. (Hrsg.) Erzählen für Kinder – Erzählen von Gott. Stuttgart: Kohlhammer, 128–150.

Ehlich, K. (1991) Funktional-pragmatische Kommunikationsanalyse – Ziele und Verfahren. In: Flader, D. (Hg.) Verbale Interaktion. Stuttgart: Metzler, 127–143.

Quasthoff, U. M. (1980) Erzählen in Gesprächen. Tübingen: Narr.

Quasthoff, U. M. (1980a) Gemeinsames Erzählen als Form und Mittel im sozialen Konflikt oder Ein Ehepaar erzählt eine Geschichte. In: Ehlich, K. (Hg.) Erzählen im Alltag. Frankfurt/M.: Suhrkamp, 109–141.

Redder, A. (1994), „Bergungsunternehmen" – Prozeduren des Malfeldes beim Erzählen. In: Brünner, G. & Graefen, G. (Hrsg.) Texte und Diskurse. Opladen: Westdeutscher Verlag, 238–265.
Rehbein, J. (1977) Komplexes Handeln. Stuttgart: Metzler.
Rehbein, J. (1981) Announcing – On Formulating Plans. In: Coulmas, F. (ed.) Conversational Routine. The Hague: Mouton, 215–258.

1	Anna	Da hat so ne Freundin so (ihrn Plan), vor dem Essen [1 (zu trinken),
		[1 *lachend*

2	Anna	zwei nach dem Essen.] ( )
	Angela	((lacht)) Is das die Oma aus

3	Anna	Nee, aus Kiel.
	Kommilitonin	Is das die, die gestorben is? Wo die Dich
	Angela	Hannover?

4	Anna	Das war
	Kommilitonin	(aus der Uni) rausgeholt haben? Von der (Meister-Sitzung)?

5	Anna	die aus Han[2nover, jà.] [3Da hat meine Mutter, in
	Studentin 1	((lacht laut))
	Kommilitonin	((lacht))
		[2 *schmunzelnd* [3 *leicht lachend*

6	Anna	Verkennung der Tatsache, wie groß die Uni nun mittlerweile schon

7	Anna	is], % in der Uni angerufen, in der Verwaltung, und sagt, sie möcht
	Studentin 1	[4 hehe]
		[4 *leise, hoch lachend* % räuspert sich

8	Anna	Frau Meier sprechen. ((lacht)) Daraufhin [6 warn (die
	Studentin 1	[5 Hɔhɔ Hɔ]
	Student	((lacht))
	Studentin 2	((lacht laut raus))
		[5 *lachend* [6 *mehr und*

9	Anna	doch bei der Vermittlung)n bißchen ratlos.] Denn ham die
	Student	((lacht))
		mehr lachend

10	Anna	aber, pfiffig wie die warn, gefragt „Was studiert ( )?" (Un) meine
	Studentin 1	((hustet))

11	Anna	Mutter „Geschichte und Philosophie." Geschichte war s Sekretariat/

12	Anna	da warn ja <u>drei</u> Sekretariate, da ham die (denn) gleich in Philosophie

13	Anna	angerufen. Daraufhin . is die Sek/Sekretärin von Tieker denn

14	Anna	angespitzt worden, von meiner Mutter, weil meine Mutter (so sagt, ja)

15	Anna	[7 „Is n ernster Fall. Also das is/] wär wirklich dringend. [8 Suchen Sie
		[7 imitiert ernsten Ton *[8 in ernstem*

16	Anna	bitte meine Tochter!"] Meine Mutter
	Kommilitonin	Hm̌ Find ich toll! (Irgendwie)
		Ton

17	Anna	dachte, wie inner Schule, über Lautsprecher irgendwie!
	Studentin 1	((lacht))
	Student	Hm̌

18	Anna	Daraufhin hat die Sekretärin den . <u>Rolf</u> . gefunden, irgendwie. Die

19	Anna	muß wohl los [9 gestocht sein.] (Die) hatte irgendwie unheimlich Glück
	Studentin 1	((lacht))
		[9 lachend

20	Anna	gehabt, ne? Der Rolf . stürmt in n ASTA, holt mich aus der ASTA –
	Studentin 1	Hm̌

21	Anna	Sitzung raus, [10 wußte jetzt nich, wie der mir das] [11 beibringen sollte,
		[10 ernster Ton *[11 bedeutsam*

22	Anna	ne?
	Kommilitonin	Jà, aber gleichzeitig war nämlich auch noch Sitzun/da war ich nämlich

23	Anna	Hm̌
	Kommilitonin	im <u>Fach</u>schaftsraum, un da kamen da diese Hausmeister auf mich zu,

24	Kommilitonin	ne? Und erzählten, ja, [12 „Wissen Sie, wo Frau] Meier/die hat doch
		[12 in erregtem Ton

25	Anna	[15(
	Kommilitonin	hier was mit der [13 Fachschaft zu tun".][14 Und so, ne?] ((lacht
	Student	[15 Hm̀
		[13 Lachen anbahnend [14 leicht lachend [15

26	Anna	)]
	Kommilitonin	zunächst tonlos, dann offen))
	Student	]
	Angela	[15 <u>Seit</u>dem kennt dich die ganze Uni,
		lachend

27	Anna	((lacht))
	Studentin 1	((lacht)
	Angela	ne?

D. Laute, Töne, Schriftzeichen

Das Kapitel im Überblick

Laute, Töne und Schriftzeichen bilden die harte Formseite, in der uns Sprache begegnet. Dynamik und Flüchtigkeit der gesprochenen Sprache bereiten spezifische Probleme, auch wenn die Laute aufgezeichnet, reproduziert und in spezifischen Notationsformen verschriftet werden können. Die Sprechbewegung ist kontinuierlich, die Schriftzeichen hingegen sind dem Medium fest aufgeprägt, bereits in minimale Einheiten zerlegt und so der Analyse unmittelbar zugänglich. Dies hat dazu verführt, der Sprechbewegung so etwas wie eine alphabetische Struktur zu unterstellen und das Sprechen als bloße Verkettung von Einzellauten zu sehen.

Traditionell zerfällt die Lautlehre in zwei Teildisziplinen: die *Phonetik* und die *Phonologie* (vgl. zur Trennung Trubetzkoy, in diesem Kapitel, kritisch: Tillmann/Günther 1986). Die Phonetik thematisiert

- die Produktion von Lauten und Tönen durch die menschlichen Sprechwerkzeuge (*artikulatorische Phonetik*);
- die physikalisch messbare Struktur von Lauten und Tönen (*akustische Phonetik*);
- die menschliche Wahrnehmung von Lauten und Tönen (*auditive Phonetik*).

Gegenstand sind die Faktoren und Komponenten einmaliger lautlicher Äußerungsereignisse. In der Forschung spielen der Einsatz technischer Aufzeichnungs- und Analyseapparaturen sowie Computerprogramme eine große Rolle. Das Verhältnis zwischen der (institutionell separierten) Phonetik und der linguistischen Phonologie ist bis heute nicht zufriedenstellend geklärt.

Gegenstand der Phonologie (*Phonemik*) ist das gegliederte System von Lauten, Silben und Tönen mit seinen einzelsprachlichen und universellen Eigenschaften, die es zur Übermittlung von Bedeutungen geeignet machen.

Für die Lektüre des vorliegenden Kapitels ist es gelegentlich hilfreich, auf die Supplemente (H) zurückzugreifen. Dort ist das phonetische Notationssystem der International Phonetic Association (IPA) abgedruckt, und es findet sich auch eine Skizze zu Artikulationsorganen und Artikulationsstellen sowie eine Übersicht zum Vokalsystem des Deutschen. Einen Überblick über die Notationszeichen in unterschiedlichen Systemen geben G. Pullum/W.A. Ladusaw 1986.

Das Kapitel beginnt mit einem einführenden Text von André Martinet. Ausgehend von seinem sprachtheoretisch wichtigen (an Humboldt anknüpfenden) Konzept der „zweifachen Gliederung der Sprache" stellt er die Grundeinheiten vor und beschreibt die artikulatorischen Merkmale, wie sie in der Phonologie zur Charakterisierung von Lauten genutzt werden.

Die Methode der Phonemanalyse geht in ihrer klassischen Ausprägung auf Nikolaj Sergejewitsch Trubetzkoy (1890–1938), der Phonembegriff auf Jan Baudouin de Courtenay (1845–1929) zurück. Hall (in diesem Band) führt phonologische Grundkonzepte ein. Der Text enthält Übungsaufgaben. Der Strukturalist Trubetzkoy, der Begründer der modernen Phonologie, bestimmt in seinem Beitrag das *Phonem* als ‚kleinste bedeutungsunterscheidende Einheit der Sprache'. Was immer man sich darunter vorzustellen hat, es handelt sich um eine abstrakte Einheit, die von ihren Realisierungsformen (*Phone*, bei Varianz: *Allophone*) zu trennen ist. Das System einer Einzelsprache wird durch die Menge der Phoneme angegeben, die für den Kontrast minimaler Ausdruckspaare mit Bedeutungsunterschied (*Hase – Hose; Riese – Reise*) verantwortlich sind. Die Phoneme selbst werden über artikulatorisch-phonetische Realisierungsmerkmale (vgl. den Text von Martinet) charakterisiert.

In manchen Arbeiten werden Phoneme nicht als linguistische Beschreibungskategorien gehandhabt, sondern es wird ihnen eine (erkenntnistheoretisch problematische) eigene Realität zugeschrieben.

Die Kontinuität der Sprechbewegung, wie sie die signalphonetische Analyse in Gestalt von nicht einfach in Segmente auflösbaren ‚Sprechkurven' zeigt, wird vernachlässigt; zugleich wächst die Distanz zur Phonetik. Ihr wurde die Suche nach den Invarianten in der Sprechbewegung aufgegeben, gesucht wurde zunächst im artikulatorischen Bereich (Artikulationsort, Artikulationsweise) dann im akustischen und im auditiven Bereich. Auch hier zeigte sich aber nicht die erwartete Einfachheit.

Das Problem ‚Kontinuität' versus ‚Diskretheit', das schon Jespersen (1907) zu einem interessanten nicht-alphabetischen Beschreibungssystem geführt hatte (vgl. dazu Tillmann 1980:90ff.), ist auch der Ausgangspunkt der Merkmalskonzeption, die der Strukturalist Roman Jakobson entwickelt hat (vgl. Jakobson/Fant/Halle 1952). Jakobson hat versucht, die aus theoretischen Gründen postulierte Diskretheit mit den unbestreitbaren Signaleigenschaften dadurch zu versöhnen, dass er das Phonemsystem als Matrix distinktiver Merkmale darstellt. Das Merkmalkonzept ist phonetisch nicht unbestritten geblieben, hat aber große Wirkung besonders in der generativen Phonologie gehabt, in der morpho-phonologische Regeln als Operationen auf Konfigurationen von Merkmalen dargestellt wurden (klassisch: Chomsky/Halle

1968; die Idee der *Morpho-Phonologie* oder *Morphonologie* – einer Zwischenebene, auf der phonologische Regularitäten beschrieben werden, die für die Konstitution von Wörtern und kleineren Bedeutungseinheiten verantwortlich sind – geht auf Trubetzkoy zurück. Als Beispiel sei die Regel der Auslautverhärtung im Deutschen (vgl. *Weges, Weg*) angeführt, die für stimmhafte *Obstruenten* ('geräuscherzeugende Enge-/Verschlußlaute') gilt; in der Standardnotation werden die Merkmale in eckige Klammern eingeschlossen, ihre Ausprägung wird mit ‚+' oder ‚–' (vorhanden/nicht vorhanden) gekennzeichnet, der Pfeil markiert die Veränderung, der Schrägstrich ‚/' trennt die Regel von ihren kontextuellen Anwendungsbedingungen, der horizontale Strich ‚_' gibt die Position des Segments an, das Doppelkreuz ‚#' eine Silbengrenze. Die Regel, dass vor einer Silbengrenze ein stimmhafter Obstruent [b, d, g, v, z] stimmlos [p, t, k, f, s] realisiert wird, ist so zu repräsentieren:

[+stimmhaft] → [–stimmhaft] / _#
[+obstruent]

Die jüngeren Entwicklungen in der Phonologie haben zu Theorien geführt, die sich nicht mehr damit begnügen, Äußerungen in einzelne Lautsegmente bzw. Merkmalsbündel zu zerlegen; vielmehr war die Untersuchung übergreifender Phänomene wie Ton, Akzent, Rhythmus und von Tonsprachen Anlass zur Entwicklung *nicht-linearer Phonologien* (einführend: Grewendorf/Hamm/Sternefeld 1987: Kap.III; Kenstovicz 1994). Wenn Töne in ihrem Verhältnis zu Lauten autonom, phonologische Merkmale unabhängig von der Segment-Ebene sind oder ein Merkmal wie das der Silbenzugehörigkeit für mehrere Segmente zutreffen kann, braucht es weitere Ebenen der Repräsentation, wie sie in der *autosegmentalen Phonologie* angesetzt werden (vgl. Goldsmith 1990). Dies wirft Fragen der Organisation der Ebenen und des Verhältnisses zueinander auf. Im Rahmen von Akzentuntersuchungen wurde die *Metrische Phonologie* entwickelt, in der die unterschiedliche relative Gewichtung von Silben durch ein *metrisches Gitter* repräsentiert wird (vgl. Giegerich 1985, Goldsmith 1990, v.d. Hulst/Smith 1982, zur Silbentheorie: Clements/Kayser 1983).

Auf der generativen Phonologie baut auch die *Lexikalische Phonologie* von P. Kiparsky auf, in der phonologische Regeln in spezifischer Anordnung (zyklisch) interagieren, um die Wortstruktur (Flexionsformen, Wortbildung) abzuleiten, während postlexikalische Regeln auf der Ebene von Wortgruppe (Phrase) und Satz (postzyklisch) operieren (vgl. Kiparsky 1982, 1985; Monahan 1987). In der *Optimalitätstheorie* (vgl. Müller in Kap. F.) werden Regeln durch Repräsentationen mit Beschränkungen für die Wohlgeformtheit ersetzt (Prince/Smolensky 1993).

Wichtige Aufsätze aus der Geschichte der Phonologie (bis Ende der 50er Jahre) enthält Heike 1974; die neuere Entwicklung wird kritisch diskutiert von Vennemann 1986. Einführungen in die Phonologie sind Clark/Yallop 1994, Lass 1984, Ramers/Vater 1991, Ternes 1999², Hall 2000, Maas 2006².

Der Phonetiker Bernd Pompino-Marschall (in diesem Kapitel) stellt knapp die Grundbegriffe der Intonationsforschung (Silbe, Ton, Akzent, Rhythmus) dar, die in jüngerer Zeit in der Phonologie große Bedeutung gewonnen hat.

Zum Text eine begriffliche Erläuterung: Tillmann bringt „den meist viele Silben übergreifenden Intonationsverlauf einer Äußerung unter den Begriff der **A-Prosodie**, die durch die Akzentuierung geregelte Ausprägung der einzelnen Silben unter den Begriff der **B-Prosodie**" (1980:109). Zur **C-Prosodie** gehören „all die Modulationen, die aufgrund ihrer Zeitcharakteristik eigene – neue – Wahrnehmungsqualitäten hervorrufen: Angefangen bei einem gerollten [r] (mit 20–30 Hz) über die durch die Formantlage bedingte Klangqualität der Vokale bis hin zur spezifischen Frequenzlage des Geräusches bei Frikativlauten (z.B. [s] mit Frequenzen ab ca. 4 kHz)" (Pompino-Marschall 1995:169).

In einer Silbe unterliegt die Abfolge der Laute spezifischen Regularitäten. Um sie zu erfassen, benötigen wir eine Vorstellung vom Aufbau der Silbe. Jede Silbe hat einen Nukleus (Kern), an dem sich ihre zentralen Eigenschaften festmachen. Meist ist dies ein langer, kurzer oder reduzierter Vokal (*Gas, Gast, Gäste*) oder ein Diphthong (*Graus*), es kann aber in besonderen Fällen auch ein Konsonant (etwa der Nasal in *habm* oder der Liquid in *Segl* nach Wegfall des letzten Vokals) sein. Dem Nukleus gehen in der Regel einer oder mehrere Konsonanten voran; sie bilden den *Einsatz* (*onset, Anfangsrand, Silbenkopf*). Folgt auf den Nukleus kein Konsonant, spricht man von einer *offenen Silbe*. In einer *geschlossenen Silbe* hingegen ist die *Koda* (*offset, Endrand*) durch Konsonanten besetzt. Sie bilden zusammen mit dem Nukleus den *Reim*, Koda und Einsatz bilden die *Schale* (vgl. Abb. 1).

Im Zentrum der Silbe steht also ein Laut mit starkem Stimmton, mit hoher *Sonorität*, denn hier wird artikulatorisch der höchste Öffnungsgrad erreicht. Die Öffnungsbewegung beginnt am Einsatz, die Schließbewegung endet mit der Koda. Dieser rhythmische Wechsel bestimmt zugleich die mögliche Abfolge von Lauten in der Silbenstruktur. Bereits Sievers (1881/1901⁵) hat eine *Sonoritätshierarchie* entwickelt. Für das Deutsche und viele andere Sprachen lässt sie sich wie in Abb. 2 ansetzen.

Das Kapitel im Überblick 357

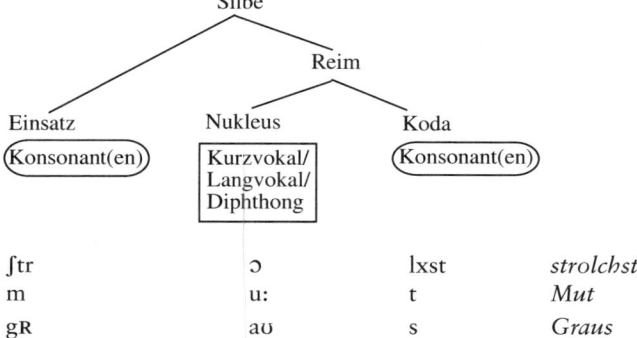

Abbildung 1: Aufbau der Silbe und Beispiele

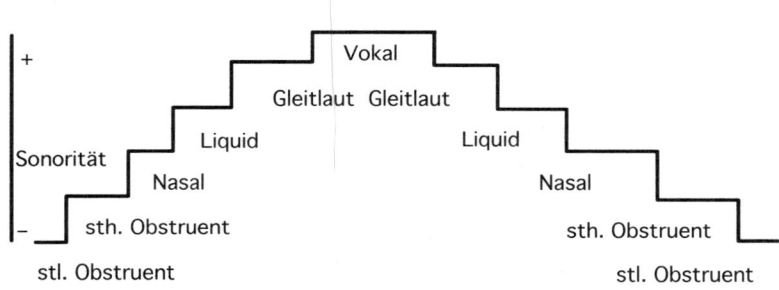

Abbildung 2: Sonoritätshierarchie

Obstruenten sind Geräuschlaute mit Engebildung im Ansatzrohr, zu denen

- *Plosive*, z.B. stimmhaft: [b,d,g]; stimmlos: [p, t, k],
- *Frikative*, z.B. stimmhaft: [v,z,ʒ]; stimmlos: [f, s, ʃ, x, h] und
- *Affrikaten*, z.B. [pf, ts], gehören.

Nasale sind z.B. [n, m, ŋ], Liquide [l, r, R].

Gleitlaute (*glides*) sind qualitativ nicht voll ausgebildete Laute, die zwischen benachbarten Lauten in der An- oder Abglittphase der Artikulation entstehen, etwa der zweite Bestandteil des Diphthongs [ɑɪ].

Die Abfolge sollte also so sein, dass die Sonorität bis zum Nukleus hin zunimmt, dann abnimmt (vgl. etwa [k+v+a+l+m+s+t] versus die im Standarddeutschen nicht erwartbare Folge [g+ʃ+a:+n+l]).

Zur Silbenphonologie ist auf Eisenberg/Ramers/Vater 1992 und Vennemann 1986 zu verweisen; in die Intonationsforschung führen Couper-Kuhlen

1986, Cruttenden 1986, Kohler 1995² sowie Heidolph/Flämig/Motsch 1981: Kap.6. ein.

Im zweiten Textauszug von Pompino-Marschall wird knapp die akustische Phonetik charakterisiert (wer sich näher dafür – besonders auch für die physikalischen Grundlagen – interessiert, sei auf Ladefoged 1971, 1993³ und Neppert 1998 verwiesen). Darüber sollten LinguistInnen mehr wissen als bisher üblich, zumal Computerprogramme wie PRAAT (http://www.fon.hum.uva.nl/praat/ [24.5.09]) zu eigenen Analysen einladen.

Zu den Repräsentationsformen: Das *Oszillogramm* ist eine Weg-Zeit-Darstellung der Schwingungen eines Signals, die für Schwankungen des Drucks sensitiv ist; die *Frequenz* ist die in Herz gemessene Geschwindigkeit, mit der eine Schwingung eine Periode durchläuft. Die Periodenfrequenz eines Klanges ist seine *Grundfrequenz* (f_0), ihr auditives Korrelat der Tonhöhenverlauf. Für die Darstellung vieler Teilschwingungen wird eine Amplituden-Frequenzmatrix benutzt, das *Spektrogramm* oder – für einen spezifischen Schall – *Spektrum*. Ein *Sonagramm* repräsentiert graphisch die spektrale Zusammensetzung eines analysierten Schalls, dabei „geben die Schwärzungsgrade die Intensität der Frequenzkomponenten (entlang der Ordinate) über die Zeit (entlang der Abszisse) wieder." (Metzler Lexikon Sprache: 561). Die Qualität der Vokale wird wahrgenommen aufgrund der Resonanz des Ansatzrohrs, des Raums zwischen der Glottis (Stimmritze) und den Lippen (Mund-, Nasen-, Rachenraum); diese Resonanz wird im Sonagramm durch die schwarzen Balken abgebildet, die Frequenzbänder mit erhöhter Energie im Signal zeigen. Die Zentren der Formanten stimmen mit den Resonanzfrequenzen des Ansatzrohrs überein. Die Formanten werden aufsteigend durchnumeriert (F1, F2 usw.). Mit der Lage besonders der drei untersten lassen sich die Vokale gut kennzeichnen.

Empfehlenswerte Einführungen in die Phonetik sind neben Pompino-Marschall 2003² Catford 1988, Clark/Yallop 1994², Kohler 1995²·, Ladefoged 1993³, 1995. Maddieson 1984 stellt die Lautsysteme von über 300 Sprachen vor (dazu existiert eine Computer-Datenbank). Phonetische Analysen lautlicher Differenzen in den Sprachen der Welt geben Ladefoged/Maddieson 1996.

Eingangs wurde festgestellt, dass die phonologische Analyse durch das bloße Vorhandensein der alphabetischen Schrift beeinflusst wurde. Die Untersuchung der Schriftstruktur ist ihrerseits dadurch behindert worden, dass man die Schriftzeichen nur in ihrer Relation zur Lautstruktur und die Schriftebene nicht in ihrer Eigengesetzlichkeit betrachtet hat. Dies hat sich mit der Renaissance der Schriftlichkeitsforschung in jüngster Zeit geändert. Der hier wiedergegebene Aufsatz von P. Eisenberg charakterisiert das Schriftsystem des Deutschen. Dem Phonem entspricht im Schriftsystem das *Graphem* als ‚kleinste, bedeutungsunterscheidende Einheit (in Alphabetschriften)', dessen Realisierung *Graph* und dessen Realisierungsvarianten *Allographe* heißen (zur Geschichte des von Baudouin de Courtenay eingeführten Graphembegriffs: Kohrt 1985; einführend zur *Schriftlichkeit*: Günther 1988, zur *Orthographie*: Maas 1992).

Die beiden abschließenden Beiträge des Kapitels sind anwendungsorientiert. Roman Jakobson (1896–1982) stellt seine bahnbrechende Theorie zu den Gesetzmäßigkeiten der kindlichen Lautentwicklung vor. Die Idee besteht darin, dass das Erkennen bestimmter Lautunterscheidungen das Wissen um andere Lautunterscheidungen voraussetzt, wobei Prinzipien wie das des „maximalen Kontrasts" relevant sind. Daher beginnt ein Kind mit /mama/ oder /papa/ und nicht etwa mit /kuku/. Im Rahmen seiner Aphasie-Untersuchungen hat Jakobson gezeigt, dass die Unterscheidungen, die zuerst erworben wurden, zuletzt verloren gehen (vgl. Jakobson 1972³; zum Spracherwerb vgl. die Literatur im Kapitel A).

William Labov (*1927), der als Begründer der modernen Soziolinguistik bzw. sozialen Dialektologie gelten kann, zeigt für Sprecher(innen) in New York City, wie Phonemrealisierungen sozial aufgeladen sein können. Seine Studien stehen im größeren Rahmen eines Projekts zu einer Theorie des Sprachwandels (Labov 1994, 2000). Labovs Untersuchungsmethoden sind von beispielhafter Raffinesse und suchen das „Beobachterparadoxon" zu überwinden: „Das Ziel (...) muss sein, herauszufinden, wie Menschen sprechen, wenn sie nicht systematisch beobachtet werden; wir können die notwendigen Daten jedoch nur durch systematische Beobachtung erhalten" (Labov 1971:135). Zur Vertiefung sei auf Labov 1978 und 1994 hingewiesen. In die Soziolinguistik führen ein: Dittmar 1973, 1982/83; Fasold 1984, 1990; Löffler 1994; zur Dialektologie: Besch et al. 1982, Mattheier/Wiesinger 1994. Für ein anderes Verständnis von Soziolinguistik – als „interpretative" Disziplin i.S. von Gumperz – steht der Beitrag von Günthner (C).

Literatur

Bibliographie

E. Ronneburger-Sibold (1989) Historische Phonologie und Morphologie des Deutschen. Tübingen: Niemeyer

Handbücher

J. A. Goldsmith (Hg.)(1995) The Handbook of Phonological Theory. Oxford: Blackwell

P. de Lacy (Hg.)(2007) The Cambridge Handbook of Phonology. Cambridge: University Press

Aussprachewörterbücher

E.-M. Krech u.a. (1982) Großes Wörterbuch der deutschen Aussprache. Leipzig: Bibliographisches Institut

A. Lerond (1980) Dictionnaire de la prononciation. Paris: Larousse

M. Mangold (2005[6]) Duden. Aussprachewörterbuch. Mannheim: Dudenverlag

B. Migliorini et al. (1981[2]) Dizionario d'ortografia e di pronunzia. Turin: ERI-Edizioni RAI

J. C. Wells (1990) Longman Pronunciation Dictionary. Harlow: Longman

Zur Physiologie der Artikulationsorgane

J. Schindelmeister (2005) Anatomie und Physiologie für Sprachtherapeuten. München/Jena: Urban und Fischer

Einführungen

H. Altmann/U. Ziegenhain (2007) Phonetik, Phonologie und Graphemik fürs Examen. Göttingen: Vandenhoek und Ruprecht

M. Ashby (2005) Introducing Phonetic Science. Cambridge: University Press

J. C. Catford (2001[2]) A Practical Introduction to Phoentics. Oxford: University Press

J. E. Clark/C. Yallop (1994[2]) An Introduction to Phonetics and Phonology. Oxford: Blackwell

J. Coleman (2005) Introducing Speech and Language Processing. Cambridge: University Press

B. Collins/I.M. Mees (2003) Practical Phonetics and Phonology. London/New York: Routledge (mit CD)

E. Couper-Kuhlen (1986) An Introduction to English Prosody. Tübingen: Niemeyer

T. A. Hall (2000) Phonologie. Berlin/New York: de Gruyter

K. J. Kohler (1995[2]) Einführung in die Phonetik des Deutschen. Berlin: Schmidt

P. Ladefoged (1993[5]) A Course in Phonetics. Boston: Thomson [Materialien im Netz].

P. Ladefoged (1996[2]) Elements of Acustic Phonetics. Chicago: The University of Chicago Press

U. Maas (2006²) Phonologie. Einführung in die funktionale Phonetik des Deutschen. Göttingen: Vandenhoek & Ruprecht
J. Neppert (1998⁴) Elemente einer akustischen Phonetik. Hamburg: Buske
J. Neppert/M. Petrusson (2002³) Elementarbuch der Phonetik. Hamburg: Buske
D. Odden (2005) Introducing Phonology. Cambridge: University Press
B. Pompino-Marschall (2003²) Einführung in die Phonetik. Berlin: de Gruyter
K. H. Ramers/H. Vater (1991) Einführung in die Phonologie. Hürth: Gabel
K. H. Ramers (2001) Einführung in die Phonologie. München: Fink
E. Ternes (1999²) Einführung in die Phonologie. Darmstadt: Wiss. Buchgesellschaft
M. Yip (2002) Tone. Cambrige: University Press

Transkribieren

IPA (1999) Handbook of the International Phonetic Association. Cambridge: University Press
G. Pullum/W.A. Ladusaw (1996²) Phonetic Symbol Guide. Chicago: The University of Chicago Press
B. Rues et al. (2007) Phonetische Transkription des Deutschen. Tübingen: Narr [mit CD].

Ausgewählte Literatur

D. Abercrombie (1967) Elements of General Phonetics. Edinburgh: Edinburgh University Press
H. Altmann (Hg.)(1988) Intonationsforschungen. Tübingen: Niemeyer
P. Auer (1990) Phonologie der Alltagssprache. Berlin/New York: de Gruyter
T. Becker (1998) Das Vokalsystem der deutschen Standardsprache. Frankfurt: Lang
W. Benware (1986) Phonetics and Phonology of Modern German. Washington: Georgetown University Press
D. L. Bolinger (1989) Intonation and its uses. London: Arnold
C. Browman/L. Goldstein (1992) Articulatory phonology: An overview. Phonetica. 49, 155–180
N. Chomsky/M. Halle (1968) The Sound Pattern of English. New York: Harper and Row
G. N. Clements/S. J. Kayser (1983) CV-Phonology. Cambridge: MIT Press
A. Cruttenden (1986) Intonation. Cambridge: University Press
P. Eisenberg/K.H. Ramers/H. Vater (Hg.)(1992) Silbenphonologie. Tübingen: Narr
H. Giegerich (1985) Metrical Phonology and phonological structure: German and English. Cambridge: University Press
P. Gilles (2005) Regionale Prosodie im Deutschen. Variabilität der Intonation von Abschluss und Weiterweisung. Berlin/New York: de Gruyter
J. A. Goldsmith (1990) Autosegmental and Metrical Phonology. Oxford. Blackwell
G. Grewendorf/F. Hamm/W. Sternefeld (1987) Sprachliches Wissen. Frankfurt: Suhrkamp
C. Gussenhoven (2004) The Phonology of Tone and Intonation. Cambridge: Cambridge University Press

E. Gussmann (2002) Phonology. Cambridge: University Press
K. E. Heidolph/W. Flämig/W. Motsch (Hg.)(1981) Grundzüge einer deutschen Grammatik. Berlin: Akademie: Kapitel 6
G. Heike (Hg.)(1974) Phonetik und Phonologie. München: Fink
H. v.d. Hulst/N. Smith (Hg.)(1982) The Structure of Phonological Representation. Dordrecht: Reidel
H. v.d. Hulst/N. Smith (Hg.)(1985) Advances in Nonlinear Phonology. Dordrecht: Reidel
L. M. Hyman (1985) A Theory of Phonological Weight. Dordrecht: Foris
R. Jakobson/C.G.M. Fant/M. Halle (1952) Preliminaries to Speech Analysis. Cambridge: MIT Press
R. Jakobson (1971²) Selected Writings I. Berlin: Mouton/de Gruyter
R. Jakobson (1972³) Kindersprache, Aphasie und allgemeine Lautgesetze. Frankfurt: Suhrkamp
M. Kenstovicz (1994) Phonology in Generative Grammar. Oxford: Blackwell
P. Ladefoged/I. Maddieson (1996) The Sounds of the World's Languages. Oxford: Blackwell
P. Ladefoged (2003) Phonetic Data Analysis. An Introduction to Fieldwork and Instrumental Techniques. Oxford: Blackwell
R. Lass (1984) Phonology. Cambridge: University Press
J. Laver (1994) Principles of Phonetics. Cambridge: University Press
W. U. S. van Lessen Kloeke (1982) Deutsche Phonologie und Morphologie. Tübingen: Niemeyer
I. Maddieson (1984) Patterns of Sound. Cambridge: University Press
J. McCarthy (Hg.)(2003) Optimality Theory in Phonology. Oxford: Blackwell
G. Meinhold/E. Stock (1982²) Phonologie der deutschen Gegenwartssprache. Leipzig: VEB
K. P. Monahan (1987) The Theory of Lexical Phonology. Dordrecht: Reidel
M. Neef (2005) Die phonologischen Einheiten des Deutschen. In: Linguistische Berichte 202, 207–249
A. Paeschke (2003) Prosodische Analyse emotionaler Sprechweise. Berlin: Logos
M. Philipp (1974) Phonologie des Deutschen. Stuttgart: Kohlhammer
K. L. Pike (1943) Phonetics. Ann Arbor: The University of Michigan Press
K. L. Pike (1947/1975) Phonemics. Ann Arbor: The University of Michigan Press
H. Reetz (2003²) Artikulatorische und akustische Phonetik. Trier: Wiss. Verlag Trier
E. Sievers (1901⁵) Grundzüge der Phonetik. Leipzig: Breitkopf & Härtel [Klassiker].
H. G. Tillmann mit Ph. Mansell (1980) Phonetik. Stuttgart: Klett
G. Trager/H.L. Smith (1951) An outline of English structure. Norman: Battenburg Press
N. S.Trubetzkoy (1977⁶) Grundzüge der Phonologie. Göttingen: Vandenhoek & Ruprecht
S. Uhmann (1991) Fokusphonologie. Tübingen: Niemeyer
Th. Vennemann (1986) Neuere Entwicklungen in der Phonologie. Berlin: Mouton/de Gruyter
H.-H. Wängler (1983⁴) Grundriß einer Phonetik des Deutschen. Marburg: Elwert
R. Wiese (1988) Silbische und lexikalische Phonologie. Tübingen: Niemeyer

R. Wiese (1996) The Phonology of German. Oxford: University Press
W. U. Wurzel (1970) Studien zur deutschen Lautstruktur. Berlin: Akademie

Im Netz:

http://home.edo.uni-dortmund.de/~hoffmann/Biblios/Phon.html
http://www2.hu-berlin.de/phonetik/Links/links.htm

Bibliographien zu Schrift und Orthographie

G. Augst (Hg.)(1992) Rechtschreibliteratur. Frankfurt: Lang
D. Nerius/I. Rahnenführer (1993) Orthographie. Heidelberg: Groos

Handbuch

H. Günther/O. Ludwig (Hg.)(1995) Schrift und Schriftlichkeit. HSK 10.1–2. Berlin/ New York: de Gruyter

Orthographietheorie, Schriftsysteme, Schriftlichkeit

G. Augst (Hg.)(1985) Graphematik und Orthographie. Frankfurt: Lang
G. Augst (Hg.)(1986) New Trends in Graphemics and Orthography. Berlin: de Gruyter
J. Baurmann/K. Günther/U. Knoop(Hg.)(1988) Aspekte von Schrift und Schriftlichkeit. Germanistische Linguistik Bd. 93–94. Hildesheim/Zürich/New York: Olms
F. Coulmas (1981) Über Schrift. Frankfurt: Suhrkamp
F. Coulmas/K. Ehlich (Hg.)(1983) Writing in Focus. The Hague: Mouton
F. Coulmas (1989) Writing Systems of the world. Oxford: University Press
F. Coulmas (2003) Writing Systems. Cambridge: University Press
Chr. Dürscheid (2006³) Einführung in die Schriftlinguistik. Göttingen: Vandenhoek & Ruprecht
P. Eisenberg/H. Günther (Hg.)(1989) Schriftsystem und Orthographie. Tübingen: NiemeyerH. Günther (1988) Schriftliche Sprache. Tübingen: Niemeyer
K. B. Günther/H. Günther (Hg.)(1983) Schrift, Schreiben, Schriftlichkeit. Tübingen: Niemeyer
M. Kohrt (1985) Problemgeschichte des Graphembegriffs und des frühen Phonembegriffs. Tübingen: Niemeyer
M. Kohrt (1987) Theoretische Aspekte der deutschen Orthographie. Tübingen: Niemeyer
U. Maas/M. Bommes (2005) Geschriebene Sprache. In: U. Ammon et al. (Hg.) Soziolinguistik. Ein internationales Handbuch. Bd. 1. Berlin/New York: de Gruyter, 633–645
Ch. Stetter (Hg.)(1990) Zu einer Theorie der Orthographie. Tübingen: Niemeyer
Ch. Stetter (Hg.)(1999) Schrift und Sprache. Frankfurt: Suhrkamp
Zeitschrift für Sprachwissenschaft (2007) Jubiläumsheft Orthographie und Sprachwissenschaft

Deutsche Orthographie

U. Bredel (2007) Das Interpunktionssystem des Deutschen. In: A.Linke/H.Feilke (Hg.) Oberfläche und Performanz. Tübingen: Niemeyer
U. Bredel (2008) Die Interpunktion des Deutschen. Ein kompositionelles System zur Online-Steuerung des Lesers. Tübingen: Niemeyer
N. Fuhrhop (2006^2) Orthographie. Heidelberg: Winter
J. Geilfuß-Wolfgang (2007) Worttrennung am Zeilenende. Über die deutschen Worttrennungsregeln, ihr Erlernen in der Grundschule und das Lesen getrennter Wörter. Tübingen: Niemeyer
K. Heller (2007) Die Regeln der deutschen Rechtschreibung. Hildesheim: Olms
J. Jacobs (2005) Spatien. Zum System der Getrennt- und Zusammenschreibung im heutigen Deutsch. Berlin: de Gruyter
M. Kohrt (1987) Theoretische Aspekte der deutschen Orthographie. Tübingen: Niemeyer
U. Maas (1992) Grundzüge der deutschen Orthographie. Tübingen: Niemeyer
M. Neef (2005) Graphematik des Deutschen. Tübingen: Niemeyer
D. Nerius et al. (1987) Deutsche Orthographie. Leipzig: Bibliographisches Institut
D. Nerius (2007^4) Deutsche Orthographie. Hildesheim: Olms
W. Sternefeld (2000) Schreibgeminaten im Deutschen. In: Ling. Berichte 181, 35–54
G. Zifonun/L. Hoffmann/B. Strecker (1997) Grammatik der deutschen Sprache. Berlin: de Gruyter. Bd. 1: Kapitel C3

Ausgewählte Literatur zu Graphemik und Schrift

J. Assmann/A. Assmann/Chr. Hardmeier (Hg.)(1983) Schrift und Gedächtnis. München: Fink
J. Baudouin de Courtenay (1984) Ausgewählte Werke. München: Fink
F. Coulmas (1981) Über Schrift. Frankfurt: Suhrkamp
F. Coulmas/K. Ehlich (Hg.)(1983) Writing in Focus. The Hague: Mouton
F. Coulmas (1989) Writing Systems of the world. Oxford: University Press
P. Eisenberg/H. Günther (Hg.)(1989) Schriftsystem und Orthographie. Tübingen: Niemeyer
E. Feldbusch (1985) Geschriebene Sprache. Berlin: de Gruyter
H. Glück (1987) Schrift und Schriftlichkeit. Stuttgart: Metzler
H. Günther (1988) Schriftliche Sprache. Tübingen: Niemeyer
K. B. Günther/H. Günther (Hg.)(1983) Schrift, Schreiben, Schriftlichkeit. Tübingen: Niemeyer
M. Kohrt (1985) Problemgeschichte des Graphembegriffs und des frühen Phonembegriffs. Tübingen: Niemeyer
Ch. Stetter (Hg.)(1990) Zu einer Theorie der Orthographie. Tübingen: Niemeyer
Ch. Stetter (1997) Schrift und Sprache. Frankfurt: Suhrkamp
J. Vachek (1973) Written Language. The Hague: Mouton

Im Netz:

http://home.edo.uni-dortmund.de/~hoffmann/Biblios/SchriftOrtho.html

Bibliographie zur Soziolinguistik

N. Dittmar (1996) Soziolinguistik. Heidelberg: Groos

Handbücher zur Soziolinguistik und zur Dialektologie

U. Ammon/N. Dittmar/K. Mattheier (Hg.)(2004, 2005, 2006²) Soziolinguistik. HSK 3.1–3.3Berlin/New York: de Gruyter
W. Besch et al. (Hg.)(1982) Dialektologie. HSK 1 Bd.1–2. Berlin/New York: de Gruyter

Ausgewählte Literatur zur Soziolinguistik

P. Auer/A. di Luzio (Hg.)(1984) Interpretive Sociolinguistics. Migrants – children – migrant children. Tübingen: Narr
J. Bechert/W. Wildgen (1991) Einführung in die Sprachkontaktforschung. Darmstadt: Wiss. Buchgesellschaft
D. Cameron/D. Kulick (2003) Language and Sexuality. Cambrige: University Press
F. Coulmas (2005) Sociolinguistics. The Study of Speakers's Choice. Cambridge: University Press
N. Dittmar (1997) Grundlagen der Soziolinguistik. Tübingen: Niemeyer
R. Fasold (1984) The Sociolinguistics of Society. Oxford: Blackwell
R. Fasold (1990) The Sociolinguistics of Language. Oxford: Blackwell
E. Finegan/J.R. Rickford (2004) Language in the USA. Cambridge: University Press
J. Fishman (1975) Soziologie der Sprache. München: Hueber
J. Gumperz/D. Hymes (Hg.)(1972) Directions in Sociolinguistcs. New York: Holt, Rinehart and Winston
W. Klein/D. Wunderlich (Hg.)(1972) Aspekte der Soziolinguistik. Frankfurt: Athenäum
W. Labov (1976) Sprache im sozialen Kontext, Bd.1–2. Kronberg: Scriptor
W. Labov (1994) Principles of Linguistic Change. Vol. I. Oxford: University Press
W. Labov(2000) Principles of Linguistic change. Vol. II II: Social Factors. Oxford: Blackwell
W. Labov/Sh. Ash/Ch. Boberg (2006) Atlas of North American English: Phonology and Phonetics. Berlin: Mouton/de Gruyter
W. Labov (2007²) The Social Stratification of English in New York City. Cambridge: University Press
H. Löffler (1994²) Germanistische Soziolinguistik. Berlin: Schmidt
A. di Luzio/P. Auer (Hg.)(1988) Variation and convergence. Berlin/New York: de Gruyter
K. J. Mattheier/P. Wiesinger (Hg.)(1994) Dialektologie des Deutschen. Tübingen: Niemeyer

C. M. Riehl (2004) Sprachkontaktforschung. Tübingen: Narr
P. Schlobinski (1987) Stadtsprache Berlin. Berlin: de Gruyter
P. Trudgill (1983) On Dialect. Oxford: University Press
U. Weinreich (1953/1977dt.) Sprachen in Kontakt. München: Beck

Im Netz:

http://home.edo.uni-dortmund.de/~hoffmann/Biblios/Sozio.html

A. Martinet

Grundzüge der Allgemeinen Sprachwissenschaft:
- Die zweifache Gliederung (double articulation) der Sprache
- Die sprachlichen Grundeinheiten
- Die artikulatorische Phonetik
- Die Transkriptionen
- Die Stimmritze (Glottis)
- Die Vokale
- Die Konsonanten
- Die Silbe

1–8. Die zweifache Gliederung (double articulation) der Sprache

Es wird oft gesagt, die menschliche Sprache sei gegliedert. Denen, die sich so ausdrücken, würde es wahrscheinlich schwerfallen, genau zu bestimmen, was sie damit meinen. Zweifellos aber entspricht dieser Ausdruck einer Eigenschaft, die in der Tat alle Sprachen kennzeichnet. Doch ist es nötig, diesen Begriff „Gliederung der Sprache" genauer zu bestimmen und festzustellen, daß sie sich auf zwei verschiedenen Ebenen zeigt: Es gehen nämlich aus einer ersten Gliederung Einheiten hervor, von denen jede wieder in Einheiten eines anderen Typs gegliedert ist.

Die erste Gliederung der Sprache ist diejenige, nach welcher jede Erfahrungstatsache, die übermittelt werden soll, jedes Bedürfnis, das man anderen zur Kenntnis bringen möchte, in eine Folge von Einheiten zerlegt wird, die jede eine lautliche Form und eine Bedeutung haben. Wenn ich unter Kopfschmerzen leide, so kann ich es durch Schreie anzeigen. Diese können unwillkürlich sein, dann gehören sie in den Bereich der Physiologie. Sie können auch mehr oder weniger beabsichtigt sein, dazu bestimmt, meine Umgebung von meinem Leiden in Kenntnis zu setzen. Das genügt aber noch nicht, sie zu einer sprachlichen Mitteilung zu machen. Jeder Schrei ist unzerlegbar und entspricht dem unzerlegten Ganzen der schmerzhaften Empfindung. Ganz anders ist es, wenn ich den Satz *ich habe Kopfweh* ausspreche. Hier gibt es unter den fünf aufeinanderfolgenden Einheiten *ich, hab-, -e,*

Kopf, Weh nicht eine, die dem Spezifischen meines Schmerzes entspräche. Jede von ihnen kann in ganz anderen Zusammenhängen auftreten, um andere Erfahrungstatsachen mitzuteilen: *Kopf* etwa in *das ist ein kluger Kopf*, *Weh* in *Ach und Weh*. Man sieht, welche Ersparnis diese erste Gliederung bedeutet: Es ließe sich ein Kommunikationssystem vorstellen, in dem einer bestimmten Situation, einer gegebenen Erfahrungstatsache ein besonderer Schrei entspräche. Aber man braucht nur an die unendliche Verschiedenheit dieser Situationen und dieser Erfahrungstatsachen zu denken, um einzusehen, daß ein solches System, sollte es dieselben Dienste wie unsere Sprachen leisten, eine so beträchtliche Anzahl verschiedener Zeichen aufweisen müßte, daß das menschliche Gedächtnis sie nicht fassen könnte. Einige tausend Einheiten wie *Kopf*, *ich*, *Weh* dagegen, vielfältig kombinierbar, erlauben uns, mehr mitzuteilen, als mit Hilfe von Millionen verschiedener unartikulierter Schreie möglich wäre.

Die erste Gliederung ist die Art und Weise, in der die Erfahrung geordnet ist, die alle Mitglieder einer bestimmten Sprachgemeinschaft miteinander gemein haben. Nur im Rahmen dieser Erfahrung, die sich notwendig auf das beschränkt, was einer beträchtlichen Anzahl von Individuen gemeinsam ist, geht sprachliche Mitteilung vor sich. Originalität des Denkens kann sich nur in einer unerwarteten Handhabung der Elemente äußern. Die persönliche Erfahrung, in ihrer Einzigartigkeit nicht mitteilbar, wird in einer Folge von Einheiten analysiert, die jede wenig spezifisch und allen Mitgliedern der Sprachgemeinschaft bekannt sind. Einen spezifischeren Charakter kann man nur durch Hinzufügung weiterer Einheiten anstreben, z. B. indem man einem Substantiv Adjektive, einem Adjektiv Adverbien, allgemein einer Einheit nähere Bestimmungen beifügt.

Jede dieser Einheiten der ersten Gliederungsebene (unités de première articulation) weist, wie wir gesehen haben, eine Bedeutung und eine lautliche Form auf. Sie läßt sich nicht in kleinere aufeinanderfolgende Einheiten mit einer Bedeutung zerlegen: *Weh* bedeutet als Ganzes „Weh", und man kann nicht den Teilen *W-* und *-eh* verschiedene Bedeutungen zuschreiben, deren Summe „Weh" ergäbe. Die lautliche Form aber läßt sich in eine Folge von Einheiten zerlegen, deren jede dazu beiträgt, z. B. *Weh* von anderen Einheiten wie *See*, *wo* zu unterscheiden. Dies werden wir als z w e i t e G l i e d e r u n g der Sprache bezeichnen. In *Weh* gibt es zwei dieser Einheiten; wir können sie mit Hilfe der Symbole v und e: wiedergeben, die nach einer üblichen Konvention zwischen Schrägstriche gesetzt werden, als /ve:/. Es ist deutlich, welche Ersparnis diese zweite Gliederung mit sich bringt: Müßten wir jeder kleinsten Bedeutungseinheit eine spezifische und unzerlegbare Lauthervorbringung entsprechen lassen, so hätten wir Tausende solcher Hervorbringungen zu unterscheiden, was sich mit den artikulatorischen Möglichkeiten des Menschen und den Fähigkeiten seines Gehörs nicht vereinbaren ließe. Dank der zweiten Gliederung kommen die Sprachen mit einigen Dutzend distinkter Lauthervorbringungen aus, deren Kombinationen die lautliche Form der Einheiten der ersten Gliederungsebene ergeben: *Weh* z.B. ist /v/ plus /e:/, ein Wort wie *Tat* verwendet zweimal nacheinander die lautliche Einheit, die wir als /t/ wiedergeben, und zwischen dies zweimal auftretende /t/ eingefügt eine andere Einheit, die wir /a:/ schreiben.

1–9. Die sprachlichen Grundeinheiten

Eine Äußerung wie *ich habe Kopfweh* oder ein Teil einer solchen Äußerung, der einen Sinn ergibt, wie *Kopfweh* oder *ich*, heißt ein sprachliches Z e i c h e n . Jedes sprachliche Zeichen hat ein S i g n i f i k a t (signifié): seine Bedeutung (sens) – oder sein Wert (valeur) –, dessen Bezeichnung wir in Anführungsstriche setzen werden („ich habe Kopfweh", „Kopfweh", „ich"), und einen S i g n i f i k a n t e n (signifiant), durch den das Zeichen manifestiert wird; diesen werden wir zwischen Schrägstrichen wiedergeben: /iç ha:bə kopfve:/. In der Umgangssprache würde man allein dem Signifikanten den Namen „Zeichen" geben. Die Einheiten, die sich aus der ersten Gliederung ergeben, sind Zeichen, da sie ein Signifikat und einen Signifikanten haben, und zwar kleinste Zeichen, denn keines von ihnen ließe sich in eine Folge von Zeichen zerlegen. Es gibt keinen allgemein gebräuchlichen Ausdruck zur Bezeichnung dieser Einheiten: Wir werden hier den Ausdruck M o n e m verwenden.

Wie jedes Zeichen ist das Monem eine doppelseitige Einheit, mit der Seite des Signifikats (Bedeutung oder Wert) und der Seite des Signifikanten, der das Signifikat lautlich manifestiert und aus Einheiten der zweiten Gliederungsebene (unités de deuxième articulation) besteht. Diese heißen P h o n e m e .

Die Äußerung, die wir hier als Beispiel anführen, besteht aus Monemen, von denen einige (*Kopf, Weh*) mit dem zusammenfallen, was umgangssprachlich als Wort bezeichnet wird. Daraus darf man nicht etwa den Schluß ziehen, „Monem" sei nichts anderes als ein gelehrtes Äquivalent für „Wort". Das Wort *habe* z.B. besteht aus zwei Monemen: *hab-*, /ha:b/, das „Besitz" bezeichnet, und *-e*, /e/, das sich auf den Sprechenden bezieht. Herkömmlicherweise unterscheidet man zwischen Monemen wie *hab-* und *e*, indem man das eine ein Semantem, das andere ein Morphem nennt. Diese Terminologie hat den Nachteil, daß sie den Eindruck erweckt, nur das Semantem habe eine

Bedeutung, nicht auch das Morphem; das stimmt aber nicht. Soweit die Unterscheidung von Nutzen ist, würde man besser diejenigen Moneme, die ihren Platz im Wörterbuch und nicht in der Grammatik haben, als einfache Lexeme bezeichnen und Morphem als Bezeichnung für diejenigen beibehalten, die wie -e in den Grammatiken erscheinen. Es sei erwähnt, daß ein Lexem wie *hab-* in Wörterbüchern herkömmlicherweise in der Form *haben* aufgeführt ist, daß man es dort also mit dem Infinitivmorphem *-en* versehen antrifft.

2–11. Die artikulatorische Phonetik

Wir werden uns im folgenden auf die Art der Hervorbringung durch die „Sprechorgane" beziehen, um die relevanten Lauteigenschaften zu identifizieren und die Varianten der phonologischen Einheiten zu beschreiben. Man könnte sich zum selben Zweck der Schallwellen bedienen, die durch die Tätigkeit dieser Organe entstehen. Aber die artikulatorische Phonetik ist noch immer den meisten Sprachwissenschaftlern vertrauter, und im allgemeinen läßt sie die Verursachung des Lautwandels besser erkennen. Für das Verständnis des Folgenden wird es nützlich sein, wenn wir kurz die Arbeitsweise der Organe in Erinnerung bringen, die zur Hervorbringung der gesprochenen Laute beitragen. Dabei werden wir nur das hervorheben, was von unmittelbarem Nutzen für die Leser dieses Leitfadens ist.

2–12. Die Transkriptionen

Die Laute der Sprache werden mit Hilfe verschiedener Buchstaben und Zeichen symbolisiert, denen ein konventioneller Wert zugeschrieben wird. Es gibt zahlreiche Systeme phonetischer Transkription, die im allgemeinen jeweils für eine andere Leserschaft gedacht sind. Die hier verwendeten Symbole sind zu einem großen Teil die von der *Association phonétique internationale* empfohlen. Eine phonetische Transkription hält alle Unterschiede fest, die der Aufzeichnende wahrnimmt, oder diejenigen, auf die er aus irgendeinem Grunde aufmerksam machen will. Sie wird meist in eckige Klammern gesetzt: [oštum]. Eine phonologische Transkription hält nur die Eigenschaften fest, die sich in einer Analyse der Sprache als distinktiv oder allgemein als mit einer sprachlichen Funktion versehen erwiesen haben. Sie wird zwischen schräge Striche gesetzt: /mučo/.

2-13. Die Stimmritze (Glottis)

Die gesprochenen Laute sind zum größten Teil Ergebnis der Einwirkung gewisser Organe auf einen von den Lungen herkommenden Luftstrom. Das erste dieser Organe, die Stimmritze (Glottis), befindet sich auf der Höhe des „Adamsapfels"; es wird von zwei Muskelfalten gebildet, den sogenannten Stimmbändern. Das plötzliche Verschließen oder Öffnen dieses Organs (wie es zu Beginn des Hustens geschieht) wird mit [ʔ] wiedergegeben und als Kehlkopfverschluß („Knacklaut") bezeichnet. Der Kehlkopfverschluß kann die Hervorbringung anderer Laute begleiten. Das Geräusch einer Reibung zwischen den Wänden der leicht geöffneten Stimmritze wird durch [h] wiedergegeben und „Aspiration" genannt. Einen Laut, der sich von einem [h] begleitet anhört, nennt man aspiriert. Die Stimme kommt zustande, wenn die Stimmbänder beim Durchgang der Luft vibrieren. Sie ist für gewöhnlich an der Hervorbringung der Vokale beteiligt und kennzeichnet die sogenannten stimmhaften Laute wie das [z] in *reisen*; ein Laut, der nicht von Schwingungen der Stimmbänder begleitet ist, wie z. B. [s] in *reißen*, heißt stimmlos. Die tiefere oder höhere Lage der Stimme hängt von der Länge der Stimmbänder und dem Grad ihrer Anspannung ab. Sie macht die Sprechmelodie aus.

2-14. Die Vokale

Die Vokale sind die Stimme, wie sie durch die Form der Mundhöhle auf verschiedene Weise gefärbt ist. Bestimmt wird diese Form, und damit die Art des Vokals, im wesentlichen durch die Stellung von Lippen und Zunge.

Ist der Vokal von merklicher Dauer, so bezeichnet man ihn als lang. Länge des Vokals wird angezeigt durch einen horizontalen Strich über dem phonetischen Symbol oder auch durch einen hochgestellten Punkt oder einen Doppelpunkt nach dem Symbol, z. B. [ō], [o·], oder [o:].

Ein Vokal wie der in *Kuh* [u:] oder *Mohn* [o:], der mit gerundeten und vorgeschobenen Lippen artikuliert wird, heißt gerundet; ein Vokal wie in *sie* [i:] dagegen wird mit gespreizten Lippen artikuliert. Bei der Aussprache der Vokale von *Kuh* ([u:]), von *Mohn* ([o:]) ist die Zunge im ganzen nach hinten gezogen, die Vokale heißen hintere. Vokale wie die in *sie* [i:]; *See* [e:] oder *kühn* [ü:], bei denen sich die Masse der Zunge in den vorderen Teil des Mundes verlagert, heißen vordere Vokale. Bei [i:], [u:], [ü:] nähert sich die Zunge stark dem Gaumen, sie heißen daher geschlossen. Der Vokal von *hat*, bei dem sich der Mund am meisten öffnet, heißt offen; er ist offener als der von *Herz* [ɛ]; dieser ist offener als der Vokal von *See* [e:], der wieder offener ist als der von *bin* [I], und dieser schließlich ist offener als der von *sie* [i:]. [a], [ɛ], [e:] [I], [i:] stellen also fünf verschiedene Grade der Öffnung (bzw. Geschlossenheit) dar. In analogen Beziehungen stehen das [ɔ] von *dort*, das [o:] von *Mohn*, das [ʊ] von *Kuß* und das [u:] von *Kuh* einerseits, das [œ] in *Hölle*, das [ö:] in *Höhle*, das [ü] in *Tüll* und das [ü:] in *kühn* auf der anderen Seite.

Der „neutrale" Vokal, [ə], ist weder sehr offen noch sehr geschlossen, weder ein vorderer noch ein hinterer Vokal, weder gespreizt noch gerundet. Diesen Vokal findet man im Deutschen z. B. in der zweiten Silbe von *hatte*.

Meist ist bei der Artikulation der Vokale das Gaumensegel gehoben. Ist es gesenkt, so entstehen zusätzlich zu den Resonanzen im Munde nasale Resonanzen. Der Vokal wird dann n a s a l genannt. Die Vokale in frz. *banc* [ã], *pont* [õ], *vin* [æ̃] u. a. sind nasale Vokale.

2–15. Die Konsonanten

Konsonanten heißen die Laute, die man ohne Hilfe eines vorausgehenden oder folgenden Vokals schwer wahrnimmt. Ein Konsonant, der einen Verschluß des Atmungskanals mit gesprengter Verschlußlösung vor folgendem Vokal voraussetzt, heißt V e r s c h l u ß l a u t. Ein Konsonant, bei dem sich der Atmungskanal verengt, heißt F r i k a t i v, wenn die durch die Luft hervorgebrachte Reibung deutlich wahrzunehmen ist, sonst S p i r a n s. Ein Konsonant ist (bi) l a b i a l, wenn er mit den Lippen artikuliert wird, wie [p] und [b] in *Purzelbaum*. Er ist a p i k a l, wenn er mit der Spitze (lat. apex) der Zunge artikuliert wird, wie [t] in *tausend* und [d] in *Dusche*. D o r s a l ist er, wenn er mit der Oberseite (dem Rücken) der Zunge hervorgebracht wird, wie [k] in *Katze* und [g] in *Gans*; man kann unterscheiden zwischen p r ä - d o r s a l e n, bei denen der vordere Teil des Rückens im Spiel ist, und p o s t - d o r s a l e n, die weiter hinten artikuliert werden. Je nach Artikulationsstelle ist ein apikaler Konsonant d e n t a l (a p i k o d e n t a l: Zungenspitze gegen Oberzähne, wie [t] in frz. *touche*), oder a l v e o l a r (a p i k o a l v e o l a r: Zungenspitze gegen oberen Zahndamm (Alveolen), wie [t] in engl. *touch*). Ein dorsaler Konsonant kann alveolar sein (d o r s o a l v e o l a r: vorderer Teil des Zungenrückens in Richtung auf den Zahndamm, wie [s] in dt. *Haß*), (p r ä) p a l a t a l (Artikulation nach vorn zu am harten Gaumen oder in Richtung auf ihn, wie [ç] in *ich*), v e l a r (nach hinten zu am weichen Gaumen oder Gaumensegel) oder sogar p o s t v e l a r oder u v u l a r (in der Gegend des Zäpfchens, lat. uvula, z. B. der erste Konsonant in *rot*).

Ein Frikativ, der zwischen der Unterlippe und den oberen Zähnen artikuliert wird, ist l a b i o d e n t a l: [f] in *viel* und [v] in *wie*. Die s - L a u t e (sifflantes ([s] und [z] in *reißen* und *reisen*) und die š - L a u t e (chuintantes) [š] in *Schale*, [ž] in *Garage*) sind energische, alveolar artikulierte Frikative, zu deren Unterscheidung ein verschiedenes Spiel der Lippen beiträgt. In dt. *reißen* ist der s-Laut dorsoalveolar; im Kastilianischen ist er apikoalveolar ([ṣ]) und klingt nicht unähnlich dem [š] in dt. *Schale*. Ein Frikativ (oder ein Spirans), der mit der Zungenspitze zwischen den Zähnen hervorgebracht wird, heißt i n t e r d e n t a l und wird meist durch [ø] wiedergegeben, wenn er stimmlos, durch [δ], wenn er stimmhaft ist. Etwa diese Laute werden im Anlaut von engl. *thin* und *this* gesprochen. Ein stimmloser postvelarer dorsaler Frikativ wird als [x] notiert (z. B. im Auslaut von dt. *Buch*). Seine stimmhafte Entsprechung steht im Anlaut von dt. *rot* („Zäpfchen-*r*"), wenn der Laut ganz ohne Schwingungen des Zäpfchens artikuliert wird.

Die V i b r a n t e n entstehen bei Schwingung eines Organs, die als eine Folge von kurzen Schlägen ausgeführt wird. Was man gerolltes *r* nennt, ist ein apikaler Vibrant [r]. Wenn die Luft zu beiden Seiten eines Hindernisses vorbeigeht, hat man es mit einem L a t e r a l zu tun; [l] im Anlaut von *Lupe* ist ein apikoalveolarer Lateral, das Hindernis in der Mitte wird mit der Zungenspitze am oberen Zahndamm gebildet.

Wenn man einen Verschlußlaut mit beliebiger Artikulationsstelle und eine Entspannung des Gaumensegels verbindet, die ein Resonieren der Luft in den Nasenhöhlen ermöglicht, so erhält man einen sogenannten N a s a l. Ist er labial, so wird er [m] notiert; ist er apikal, [n]; dorsopalatal, [ñ] (wie in frz. *Champagne*); dorsovelar [~] (wie im Auslaut von dt. *Ring*).

Ein Laut, bei dem auf eine Explosion eine Reibung folgt, heißt A f f r i k a t e. Die Affrikaten, bei denen die Reibung einem š-Laut entspricht, werden als [č] (stimmlos) bzw. [ǧ] (stimmhaft) wiedergegeben oder, analytisch, als [tš] bzw. [dž]. Im Anlaut von dt. *zu* steht eine stimmlose Affrikate mit *s*-Reibung, die man gewöhnlich [c̄] oder, analytisch, [ts] wiedergibt. Am Anfang von *Pferd* ist eine stimmlose Affrikate mit *f*-Reibung zu hören.

Man kann die Artikulation eines Konsonanten mit der eines Vokals kombinieren, z. B. die des bilabialen [p] mit der des geschlossenen, vorderen und gespreizten Vokals [i]. Hier kann man von einem [p] mit der Klangfarbe von [i] sprechen. Konsonanten mit der Klangfarbe des [i] heißen p a l a t a l i s i e r t, solche mit der Klangfarbe des [u] l a b i o v e l a r i s i e r t; von den Konsonanten, die sich am ehesten wie die gewöhnlichen Konsonanten anhören, kann man sagen, sie hätten die Klangfarbe von [a].

2–16. Die Silbe

Praktisch ist die Grenze zwischen Vokalen und Konsonanten nicht immer ganz deutlich. Wenn man den geschlossenen Vokal [i] lang aushält und dabei die Masse der Vorderzunge nach und nach dem harten Gaumen nähert, so wird schließlich die durch die Luft hervorgebrachte Reibung hörbar, man geht also von einem Vokal zu einem frikativen Konsonanten [j] über (z. B. im Anlaut von dt. *ja*). Der Frikativ, zu dem man auf analoge Weise von [u] aus gelangt, wird [w] geschrieben (vgl. den Anlaut von engl. *well*). Da die Vokale leichter wahrzunehmen sind als die Konsonanten, entspricht normalerweise jeder Vokal der Äußerung einem Gipfel in der Wahrnehmbarkeitskurve, und man nimmt im allgemeinen so viele Silben wahr, wie Vokale vorhanden sind. Aber es kann vorkommen, daß ein Konsonant wie [l] zwischen zwei Konsonanten von geringerer Wahrnehmbarkeit (wie [p] und [k]) die Rolle eines S i l b e n g i p f e l s spielt oder daß ein Vokal wie [i] in Berührung mit einem stärker geöffneten wie [a] in Kontexten wie [ia] oder [ai] keinen distinkten Silbengipfel bildet: im Französischen bildet [ia] in *tiare* eine einzige Silbe mit dem Gipfel [a] und wird oft [ja] wiedergegeben, [ai] in *ébahi* dagegen bildet zwei Gipfel.

T. Alan Hall (2000)

Phonologie:
- **Phonologische Grundbegriffe**
- **Das Phonem**

2 Phonologische Grundbegriffe

Man kann Sprachlaute unter mindestens zwei Gesichtspunkten untersuchen. Einerseits kann man sich mit den physikalischen Aspekten von Lauten beschäftigen, d.h. mit den artikulatorischen, auditiven und akustischen Eigenschaften. Sie sind – wie bereits in Kapitel 1 erwähnt – Gegenstand der Phonetik. Andererseits kann man die Systematik der Laute einer Sprache untersuchen, d.h. das Vorkommen bzw. Nichtvorkommen von Lauten in bestimmten Segmentfolgen. Diese Fragestellung ist Gegenstand der Phonologie.

2.1 *Das Phonem*

2.1.1 Kontrast

Die zwei Wörter *Tante* [tantə] und *Kante* [kantə] unterscheiden sich phonetisch in genau einem Laut. Das erste Wort enthält dort ein [t], wo das zweite ein [k] aufweist. Die beiden Laute [k] und [t] **kontrastieren**, d.h. sie können verschiedene Wörter bzw. Bedeutungen unterscheiden. Auch in anderen Positionen innerhalb eines deutschen Wortes können [k] und [t] Wörter unterscheiden. Sie treten also in demselben **Kontext** (oder in derselben **Umgebung**) auf, z.B. wortinitial in [kantə] vs. [tantə] oder wortintern zwischen zwei Vokalen in [matə] vs. [makə] oder wortfinal in [zat] vs. [zak]. Wenn zwei Laute im selben Kontext vorkommen, sagt man, daß sie einen **Kontrast** bilden. Wenn man die Kontexte ermittelt, in denen bestimmte Sprachlaute vorkommen, dann stellt man die **Verteilung** (oder **Distribution**) dieser Laute fest.

Wenn zwei Wörter sich in einem einzigen Laut unterscheiden, bilden sie ein **Minimalpaar** (engl. **minimal pair**). Das Wortpaar [tantə] vs. [kantə] ist ein Beispiel, ebenso [matə] vs. [makə] oder [zat] vs. [zak]. Wenn sich zwei Wörter durch mehr als einen Laut unterscheiden, spricht man dagegen nicht von einem Minimalpaar. In [zat] vs. [lak] kontrastiert zwar [t] mit [k], weil die beiden Laute im selben Kontext vorkommen, nämlich wortfinal nach [a], aber [zat] vs. [lak] ist kein Minimalpaar, weil hier zwei Lautpaare kontrastieren, nämlich [z] vs. [l] sowie [t] vs. [k].

Mann nennt Laute, die eine kontrastierende Funktion haben, **Phoneme** (engl. **phoneme**). Phoneme werden meist als ‚kleinste bedeutungsunterscheidene Elemente' definiert. Im Deutschen sind also [t] und [k] Phoneme, weil sie in denselben Kontexten auftreten und dabei Bedeutungen unterscheiden.

Um Phoneme zu sein, müssen zwei Laute nicht immer ein Minimalpaar bilden; entscheidend ist, daß sie kontrastieren, d.h. im selben Kontext vorkommen. Auch muß ein Laut nicht in *jeder* Position innerhalb eines Wortes mit anderen Lauten kontrastieren, um ein Phonem zu sein. Im Deutschen kontrastiert beispielsweise [h] mit anderen Konsonanten in wortinitialer Position, vgl. das Minimalpaar [haʊs] vs. [maʊs]. Man kann daraus schließen, daß [h] ein Phonem ist. In wortfinaler Position kommt [h] jedoch nicht vor; [h] kontrastiert also in dieser Position nicht mit anderen Konsonanten. Man sagt, weil dieser Laut nicht in allen Kontexten vorkommt, daß [h] eine **defektive Verteilung** hat.

Wenn man andere Wortpaare des Deutschen betrachtet, kann man aufgrund solcher Kontraste feststellen, daß z.B. [p b t d k g] Phoneme des Deutschen sind, vgl. [pas] vs. [bas] usw. Auch Vokale können kontrastieren. Minimalpaare wie [tantə] vs. [tɪntə] und [ʃoːn] vs. [ʃøːn] zeigen, daß z.B. [a ɪ] bzw. [oː øː] Phoneme sind. Das **Phoneminventar** des Deutschen besprechen wir in §2.5.

2.1.2 Komplementäre Verteilung

Im Englischen kontrastiert [l], wie die folgenden Minimalpaare zeigen, mit anderen Lauten in wortinitialer Position. Aus diesen Daten kann man folgern, daß ‚l' ein Phonem des Englischen ist.

(1) late [leɪt] ‚spät' mate [meɪt] ‚Kumpel'
     gate [geɪt] ‚Tor' date [deɪt] ‚Dattel'
     fate [feɪt] ‚Schicksal'

In vielen Dialekten des Englischen gibt es zwei verschiedene Aussprachen für das Phonem ‚l', wie die folgenden Daten illustrieren:

(2a) late [leɪt] ‚spät' (2b) feel [fiːɫ] ‚fühlen'
     leaf [liːf] ‚Blatt'   bell [bɛɫ] ‚Glocke'

Das ‚l' in (2a) ist ein alveolarer Lateral (= [l]), während das ‚l' in (2b) phonetisch ein velarisierter alveolarer Lateral ist, d.h. [ɫ]. Der erste Laut wird in der englischen Linguistik als ‚clear l' und der zweite als ‚dark l' bezeichnet.

Man ersieht aus den Daten in (2a), daß [l] in wortinitialer und [ɫ] in wortfinaler Position realisiert wird. [l] und [ɫ] kontrastieren aber nicht, weil sie nicht im selben Kontext auftreten: [l] kommt niemals am Ende und [ɫ] niemals am Anfang eines Wortes vor.[1]

Wenn zwei (oder mehr) Laute so verteilt sind, daß der erste Laut nur in einem, der zweite nur in einem anderen Kontext vorkommt, stehen die zwei Laute in **komplementärer Verteilung** (oder **komplementärer Distribution**). Im Englischen ist die Distribution von [l] und [ɫ] komplementär, weil es kein englisches Wort gibt, in dem [ɫ] am Anfang oder [l] am Ende steht.

Die Laute [l] und [ɫ] sind phonetisch sehr ähnlich, beide sind nämlich stimmhafte, alveolare Laterale. Der Unterschied zwischen [l] und [ɫ] besteht darin, daß [l] ein alveolarer nichtvelarisierter, [ɫ] ein velarisierter Laut ist. Phonetisch ähnliche Laute, die komplementär verteilt sind, stellen nicht verschiedene Phoneme, sondern Aussprachevarianten (oder **Allophone**) desselben Phonems dar.

Allerdings sind zwei oder mehr Laute, die in komplementärer Verteilung zueinander stehen, nicht immer Allophone desselben Phonems. Allophone sind notwendigerweise phonetisch ähnliche Segmente, wie z.B. die Laterale [l] und [ɫ]. Wenn zwei Laute, die *nicht* phonetisch ähnlich sind, in komplementärer Verteilung stehen, sind sie nicht Allophone eines Phonems. So gibt es im Deutschen die zwei Laute [h] und [ŋ], die (fast) in komplementärer Verteilung stehen: [h] kommt wortinitial vor ([haʊs], [haɪs]), aber niemals wortfinal, [ŋ] hingegen kommt am Ende eines Wortes vor ([laŋ], [dɪŋ]), aber niemals am Anfang. [h] und [ŋ] sind nicht Allophone desselben Phonems, weil [h] und [ŋ] nicht phonetisch ähnlich sind: [h] ist ein stimmloser glottaler Frikativ, [ŋ] ein stimmhafter velarer Nasal. Beide Laute haben eine defektive Verteilung, weil sie nicht in allen Kontexten auftreten.

Das Verhältnis zwischen Phonen bzw. Allophonen und Phonemen wird in (3) anhand einiger englischer Konsonanten illustriert. Zur besseren Unterscheidung setzt man Phoneme in schräge Klammern, Phone und Allophone in eckige Klammer.

(3)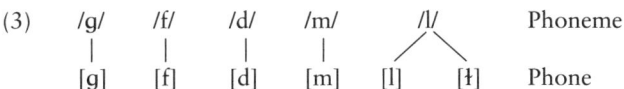

Die Phoneme /g f d m/ usw. haben im Englischen jeweils ein Allophon, das Phonem /l/ hat zwei, nämlich [l] und [ɫ]. Der Terminus ‚Allophon' bezieht

---

1 [l] und [ɫ] kontrastieren auch in anderen Positionen nicht. [l] kommt z.B. zwischen zwei Vokalen vor (*feeling* [fiːlɪŋ] ‚Gefühl'), [ɫ] aber nicht. Die Kontexte von [l] und [ɫ] sollen in Aufgabe 9 in Kapitel 8 genauer bestimmt werden.

sich also auf das Verhältnis zwischen Lauten (z.B. [l] und [ɫ]), während ‚Phon' lediglich ein Synonym für ‚Laut' ist.[2]

In der Regel empfinden Muttersprachler die Allophone eines Phonems als ‚einen Laut', zwei oder mehr Phoneme aber als ‚verschiedene Laute'. Diesem Befund entspricht auch, daß es Sprechern des Englischen nicht bewußt ist, daß in ihrer Sprache verschiedene ‚ls' existieren.[3]

Die Unterscheidung von Phonemen und Allophonen findet sich auch in manchen Schriftsystemen. Als Faustregel gilt, daß in Alphabetschriften die Allophone eines Phonems nicht unterschieden werden. Alphabetschriften richten sich also nach Phonemen. So werden im Englischen [l] und [ɫ] beide <l> geschrieben, weil [l] und [ɫ] Allophone desselben Phonems sind. Phoneme hingegen werden in der Regel mit verschiedenen Buchstaben notiert, z.B. /p/ und /b/ als <p> und <b>.

Die komplementäre Verteilung von Allophonen wird durch eine **phonologische Regel** erfaßt. Die Regel für die Distribution von [l] und [ɫ] gemäß (2) wird als l-Velarisierung bezeichnet:

(4)   *l-Velarisierung:* /l/ → [ɫ] / ___ #

Das Phonem /l/ bildet in (4) den **Input** (Eingabe) der Regel und [ɫ] den **Output** (Ausgabe). Der Pfeil ‚→' bedeutet ‚wird als ... realisiert' und der Schrägstrich ‚/' ‚in der Umgebung'. Der horizontale Strich ‚___' ist der Stellvertreter des Lautes, auf den die Regel angewendet wird, also in (4) der Input /l/. ‚#' bezeichnet eine Wortgrenze. Dieses Symbol steht rechts vom horizontalen Strich, weil [ɫ] nur davor vorkommt und nicht danach. Man kann die Regel (4) folgendermaßen lesen: ‚Das Phonem /l/ wird am Ende eines Wortes als [ɫ] realisiert', oder: ‚Das Phonem /l/ am Ende eines Wortes hat die Aussprachevariante [ɫ]'. (Details zum Formalismus von Regeln finden sich in §2.7).

Da die l-Velarisierung die Verteilung von Allophonen erfaßt, ist sie eine **allophonische Regel**. Nicht alle phonologischen Regeln sind allophonischer Natur, wie in §2.3 illustriert wird.

---

[2] Die Termini ‚Laut' bzw. ‚Phon' bzw. ‚Segment' können zweideutig sein. Auf der einen Seite beziehen sie sich auf ‚konkrete' Entitäten, die man hören und messen kann, z.B. [l] und [ɫ], aber auf der anderen Seite können sie sich auf die relativ ‚abstrakten' Phoneme beziehen. Um Unklarheiten zu vermeiden, werden die Termini ‚Laut', ‚Segment' und ‚Phon' in diesem Kapitel nur dann verwendet, wenn es sich um ‚konkrete' Entitäten handelt, d.h. Elemente in der phonetischen Repräsentation, also die Phone in (3). Wenn abstrakte Entitäten gemeint sind, wird der Terminus ‚Phonem' verwendet.

[3] Die hier zugrunde gelegte Definition des Phonems als ‚mentale' Einheit geht auf Baudouin de Courtenay (1895) und Sapir (1921) zurück.

Die l-Velarisierung besagt, daß die Distribution des Allophons [ɫ] **vorhersagbar** ist. Ein Laut ist vorhersagbar, wenn man einen Kontext festlegen kann, in dem dieser Laut vorkommt. [ɫ] hat eine vorhersagbare Distribution, weil es nur in wortfinaler Position auftritt.

In (3) wurde das Verhältnis zwischen einigen Phonemen und ihren Allophonen im Englischen illustriert. Zu beachten ist, daß zwei Sprachen denselben Phone bzw. Sprachlaute haben können, sich aber durch das Verhältnis zwischen Phonemen und Phonen unterscheiden. Eine solche Situation wird anhand der zwei Sprachen Marschalesisch und Plains Cree gezeigt.

In der austronesischen Sprache Marschalesisch gibt es (wie im Englischen) die zwei Laterale [l] und [ɫ] (Ladefoged & Maddieson 1996), vgl. die Beispiele in (5):

(5) [lale] ‚Check'
 [ɫaɫ] ‚klopfen'
 [laɫ] ‚Erde'

Anders als im Englischen kontrastieren [l] und [ɫ] im Marschalesischen, weil sie Wörter unterscheiden können, d.h. sie sind Phoneme. Die Beispiele [lale] und [laɫ] illustrieren, daß [l] am Anfang eines Wortes vor [a] stehen kann und das Beispiel [ɫaɫ], daß [ɫ] in derselben Position auftritt. Das Verhältnis zwischen Phonen und Phonemen im Marschalesischen ist in (6) dargestellt:

(6) /l/ /ɫ/ Phoneme
  | |
  [l] [ɫ] Phone

Ein weiteres Beispiel soll illustrieren, daß Laute, die z.B. im Deutschen Phoneme sind, in einer anderen Sprache Allophone eines Phonems sein können. Die Beispiele in (7) sind aus dem Plains Cree (zitiert nach Davenport & Hannahs 1998).

(7) [siːsiːp] ‚Ente' [tahki] ‚immer'
 [taːnispiː] ‚wann' [tagosin] ‚er kommt an'
 [paskuaːu] ‚Prärie' [nisida] ‚meine Füße'
 [asabaːp] ‚Faden' [miːbit] ‚Zahn'
 [naːbeːu] ‚Mann' [kodak] ‚einander'
 [aːbihtaːu] ‚Hälfte'

Man kann diesen Daten entnehmen, daß das Plains Cree über stimmhafte und stimmlose Plosive verfügt, nämlich [p b t d k g]. Im folgenden wird gezeigt, wie man die Verteilung dieser Laute bestimmt. Wenn man mit Daten einer unbekannten Sprache konfrontiert ist, sollte man zuerst eine Hypothese aufstellen, die aufgrund weiterer Daten entweder bestätigt, modifiziert oder widerlegt werden kann. Am Ende dieses Kapitels finden sich Aufgaben, die dies vertiefen.

Wenn man die Distribution von [p] und [b] in (7) betrachtet, wird man feststellen, daß [p] in drei Positionen vorkommt, nämlich wortinitial (z.B. [paskuaːu]), wortintern nach [s] (z.B. ([taːnispiː]) und wortfinal (z.B. [asabaːp]), [b] tritt dagegen nur in einer einzigen Position auf, nämlich zwischen zwei Vokalen (in [asabaːp], [aːbihtaːu] und [miːbit]). Die Qualität der Vokale (z.B. vorn, hinten, hoch, tief usw.) ist hier unerheblich, d.h. sie spielt für die Generalisierung zur Verteilung der stimmhaften und stimmlosen Plosive keine Rolle.

Versucht man, aufgrund dieser Daten einen einheitlichen Kontext zu ermitteln, in dem [p] auftritt, dann hat man Schwierigkeiten, weil die drei Umgebungen ‚wortinitial', ‚wortintern nach [s]' und ‚wortfinal' keine Gemeinsamkeiten haben. Man kann jedoch feststellen, daß [b] nur zwischen Vokalen, d.h. in der Umgebung ‚Vokal__Vokal', auftritt. Dieser Analyse zufolge hat also nur [b], aber nicht [p] eine vorhersagbare Distribution. Man kann außerdem die Hypothese aufstellen, daß nicht nur [b], sondern auch die anderen stimmhaften Plosive nur zwischen Vokalen auftreten. Diese Hypothese ist plausibel, weil in vielen anderen Sprachen die ganze Gruppe der stimmhaften Plosive die gleiche Distribution aufweist, also nur zwischen Vokalen vorkommt.

Die oben aufgestellte Hypothese wird durch die übrigen Beispiele in (7) bestätigt, d.h. die stimmhaften Plosive [d] und [g] kommen immer zwischen Vokalen vor. Man kann also die folgende Generalisierung zur Verteilung der Plosive machen: [b d g] treten im Plains Cree nur zwischen Vokalen auf, und [p t k] kommen niemals in dieser Stellung vor.

Somit illustrieren die Wörter in (7), daß die stimmhaften Plosive [b d g] in komplementärer Verteilung zu den stimmlosen Plosiven [p t k] stehen und das Auftreten der stimmhaften Varianten vorhersagbar ist. Im Plains Cree stellt sich das Verhältnis von plosiven Phonen und Phonemen wie in (8) dar.

(8)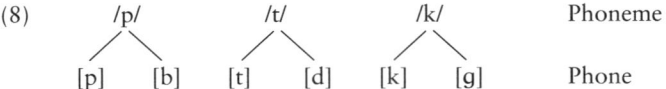

Vergleicht man die Distribution von stimmhaften vs. stimmlosen Plosiven im Plains Cree in (8) mit den entsprechenden Segmenten im Deutschen, dann sieht man, daß die beiden Sprachen die Gemeinsamkeit haben, über die sechs Phone [p b t d k g] zu verfügen. Zugleich unterscheiden sich die beiden Sprachen dadurch, daß im Deutschen [p b t d k g] den jeweiligen Phonemen /p b t d k g/ entsprechen, während im Plains Cree [p b t d k g] den drei Phonemen /p t k/ zugeordnet sind. Die Distribution von [b d g] im Plains Cree wird durch die allophonische Regel in (9) zum Ausdruck gebracht, die besagt, daß die drei Phoneme /p t k/ zwischen Vokalen als [b d g] ausgesprochen werden:

(9) /p t k/ → [b d g] / Vokal ___ Vokal

Wenn eine Liste von mehreren Segmenten im Input *und* im Output einer Regel vorkommt wie in (9), interpretiert man die Regel so, daß jedes Inputphonem durch sein ‚entsprechendes' Outputsegment realisiert wird, d.h. /p/ wird nach (9) als [b] (und nicht etwa als [g]) realisiert und /t/ als [d] (und nicht als [b]).

Wir haben angenommen, daß die drei Allophone [b d g] auf die jeweiligen stimmlosen Phoneme, nämlich /p t k/ zurückzuführen sind. Als Faustregel wird derjenige Laut als Phonem angesetzt, der eine ‚weitere' Verteilung hat, in diesem Fall /p t k/, weil [p t k] in drei verschiedenen Kontexten vorkommen, [b d g] nur in einem einzigen. Der Laut, der als Phonem angesetzt wird, ist folglich das Allophon, das in den meisten Kontexten auftritt. Diese Annahme wird dadurch gestützt, daß die stimmhaften Laute – wie bereits oben erwähnt – eine vorhersagbare Distribution haben, d.h. man kann einen Kontext festlegen, in dem diese Laute auftreten, nämlich zwischen Vokalen.

Rein logisch gäbe es auch die Möglichkeit, daß /b d g/ die Phoneme darstellen und daß die Aussprache als [p t k] durch eine phonologische Regel gewährleistet wird. Diese Möglichkeit wird hier jedoch aus verschiedenen Gründen verworfen. Wenn /b d g/ die Phoneme wären, würde man Regel (9) durch die umgekehrte Regel ersetzen müssen, d.h. /b d g/ → [p t k] / ..... Das Problem dabei ist, daß [p t k] in mindestens drei Kontexten auftreten, nämlich wortinitial, wortintern nach Konsonanten und wortfinal. Die alternative Regel müßte also auch diese Kontexte zusätzlich angeben, vgl. (10):

(10) /b d g/ → [p t k] / $\begin{Bmatrix} \#\_\_ \\ K\_\_ \\ \_\_\# \end{Bmatrix}$

Das Symbol ‚K' steht für einen Konsonanten. Die geschweiften Klammern um die drei Kontexte in (10) besagen, daß [p t k] entweder am Anfang eines Wortes, nach einem Konsonanten oder am Ende eines Wortes vorkommen; siehe §2.7.

Mehrere Argumente sprechen gegen (10) und für (9). Die drei Kontexte in (10) bilden eine **Disjunktion**, d.h. eine Liste unverwandter Elemente (z.B. Kontexte). Disjunktionen sind im allgemeinen in der Sprachwissenschaft sehr umstritten, weil man nicht erklären kann, was die verschiedenen Elemente (hier Kontexte) eint. Mit anderen Worten, warum sollten [p t k] ausgerechnet in den drei Kontexten in (10) auftreten? Regel (10) ist auch deshalb unplausibel, weil es für die Kontexte ‚nach K', ‚am Anfang eines Wortes' und ‚am Ende eines Wortes' keine einheitliche phonetische Erklärung gibt. Es ist also nicht überraschend, daß Regeln mit den drei Kontexten in (10) in den übrigen Sprachen der Welt unbekannt sind. Regeln wie in (9) mit einem stimmhaften Allophon in der Umgebung ‚zwischen Vokalen' sind hingegen in vielen Sprachen anzutreffen.[4]

Im Gegensatz zu (10) hat (9) eine phonetische Erklärung: Bei dieser Regel handelt es sich um eine **Assimilation**. Bei Assimilationen gleicht sich ein Segment einem benachbarten Segment in mindestens einer phonetischen Eigenschaft an. In (9) werden (stimmlose) /p t k/ zwischen (stimmhaften) Vokalen als (stimmhafte) [b d g] realisiert. Eine phonologische Regel ist eine Assimilation, wenn das Outputsegment, d.h. der Laut unmittelbar rechts vom Pfeil, mindestens eine phonetische Eigenschaft mit dem Laut bzw. den Lauten in seiner Umgebung teilt. Assimilationen wie (9) sind ‚natürlich' in dem Sinne, daß sie phonetisch erklärbar sind, aber auch, weil sie in verschiedenen Sprachen vorkommen. Kapitel 3 enthält eine kurze Übersicht über die verschiedenen Assimilationen und auch über andere Regeltypen, die den Sprachen der Welt vorkommen.

[...]

2.1.3 Freie Variation

Die im vorigen Abschnitt besprochenen Daten illustrieren zwei mögliche Zusammenhänge zwischen zwei Lauten ‚A' und ‚B'. ‚A' und ‚B' sind Phoneme, wenn sie kontrastieren, d.h. im selben Kontext vorkommen und dadurch Wörter unterscheiden. ‚A' und ‚B' sind dagegen Allophone eines Phonems, wenn sie in komplementärer Verteilung stehen (vorausgesetzt, die beiden Laute sind phonetisch ähnlich).

---

4 Die in diesem Absatz beschriebenen Probleme mit Regel (10) sollen als Faustregeln verstanden werden. Unter bestimmten Umständen sind Disjunktionen in Regeln unvermeidlich, wie unten in (33) gezeigt wird.

Eine dritte Möglichkeit, die unten illustriert werden soll, ist, daß ‚A' und ‚B' im selben Kontext innerhalb desselben Wortes auftreten, d.h. daß sie optionale Aussprachen darstellen. In diesem Fall spricht man von **freier Variation** (engl. **free variation**) zwischen den betreffenden Lauten.

In dem Dialekt des Irischen, der in Ulster gesprochen wird, können entweder lange oder kurze Vokale in derselben Position eines Wortes stehen. Die folgenden Daten sind aus Green (1997: Kapitel 3).

(11) ['eːnaxə]   ['enaxə]   ‚Hähnchen' (Plural)
      ['dʲaːrhər] ['dʲarhər] ‚Bruder'

In solchen Beispielen kommen die Phone [eː] und [e] bzw. [aː] und [a] im selben Kontext desselben Wortes vor. Man sagt, daß die langen Vokale in diesem Dialekt des Irischen in freier Variation zu den entsprechenden kurzen Vokalen stehen, weil sie untereinander austauschbar sind, ohne daß sich die Bedeutung des betreffenden Wortes ändert. Manche Soziolinguisten stellen freie Variation in Frage (Labov 1971), weil es häufig andere Faktoren gibt, die die Optionalität erklären; ‚freie Variation' ist also nach dieser Auffassung nicht immer ‚frei'. Im Deutschen scheint es beispielsweise eine freie Variation zwischen dem uvularen [ʀ] und dem alveolaren [r] zu geben, vgl. [ʀoːt] oder [roːt], aber die Wahl zwischen diesen Lauten ist nicht wirklich frei, weil die jeweilige Aussprache **dialekt**abhängig ist: [roːt] kommt in süddeutschen Dialekten vor und [ʀoːt] in vielen Dialekten im Norden.

Wenn innerhalb eines einzigen Dialekts freie Variation vorkommt, kann es andere Faktoren geben, die diese fakultativen Aussprachevarianten erklären, z.B. Sprechstil oder Sprechgeschwindigkeit. So können im Standarddeutschen Wörter, die auf [ən] auslauten, auch als [n̩] realisiert werden, vgl. § 1.7.1, z.B. [laːdən] oder [laːdn̩]. Die Aussprachevarianten [laːdən] und [laːdn̩] sind jedoch keine echten freien Varianten, weil sie von Sprechstil bzw. -geschwindigkeit abhängig sind. [laːdən] kommt eher in förmlichen Situationen oder in langsamer Rede vor, während [laːdn̩] in der Umgangssprache oder in schneller Rede gebräuchlich ist.

[...]

384 T. Alan Hall

Aufgaben

(1) • Die folgenden Beispiele (Halle & Clements 1983) sind Wörter aus dem Südkongo

[zenga]	‚schneiden'	[kunezulu]	‚zum Himmel'
[ʒima]	‚ausstrecken'	[nkoʃi]	‚Löwe'
[lolonʒi]	‚waschen'	[nzwetu]	‚unser Haus'
[kesoka]	‚schneiden lassen'	[aʒimola]	‚Almosen'
[kasu]	‚Ausmergelung'	[zevo]	‚dann'

(1a) Besprechen Sie die Distribution der vier koronalen Frikative [s z ʃ ʒ]. Sind alle vier Laute Phoneme? Begründen Sie ihre Entscheidung.

(1b) Stellen Sie eine Regel auf, die die Distribution von [s z ʃ ʒ] erfaßt.
[...]

(3) Die folgenden Beispiele sind aus dem Griechischen (Pearson 1977).

[xanɔ]	‚verlieren'	[çinɔ]	‚gießen'	[katɛxɔ]	‚besitzen'
[xali]	‚Teppich'	[ɔçi]	‚nein'	[xtipo]	‚schlagen'
[xufta]	‚handvoll'	[xrima]	‚Geld'	[ixa]	‚hatte'

Stellen Sie eine phonologische Regel auf, die die griechischen Daten erfaßt. Ist [ç] oder [x] zugrundeliegend? Begründen Sie Ihre Entscheidung.
[...]

(5) • In der Irokesensprache Mohawk (Kenstowicz & Kisseberth 1977) kommen kurze und lange Vokale vor. Die folgenden Daten sind repräsentativ.

['wisk]	‚fünf'	['keːsaks]	‚ich suche es'
[ra'jʌthos]	‚er pflanzt'	[ro'joʔteʔ]	‚er arbeitet'
['jekreks]	‚ich schiebe es'	['iːraks]	‚er ißt es'
[ra'keːtas]	‚er schabt'	[nika'nuhzakeh]	‚Häuser'
[reh'jaːraʔa]	‚er erinnert sich'	[waho'joʔdʌʔ]	‚er arbeitete'
['raːkʌs]	‚er sieht sie'	[ra'nuːweʔs]	‚er mag es'

Die Länge des Vokals ist aufgrund des Kontexts vorhersagbar. Beschreiben Sie den Kontext, in dem die langen Vokalen auftreten. [Hinweis: Beachten Sie den Akzent!]

4 Distinktive Merkmale

In Kapitel 3 wurde gezeigt, daß Phoneminventare aus kleineren Segmentklassen bestehen. Man kann beispielsweise die Vokale und die Konsonanten voneinander abgrenzen. Die Vokale und die Konsonanten lassen sich ebenfalls jeweils in kleinere Gruppen einteilen, z.B. hohe Vokale, vordere Vokale, Plosive, Frikative, alveolare Laute. Solche Gruppen sind Beispiele für natürliche Klassen.

Sprachlaute bestehen aus kleineren, phonetisch definierten Einheiten, die es ermöglichen, solche natürlichen Klassen zu erfassen. Man nennt sie **Merkmale**. Dieses Kapitel führt in die Theorie der Merkmale ein.

4.1 Warum braucht man Merkmale?

In Kapitel 2 wurde die folgende Regel für die Auslautverhärtung im Deutschen aufgestellt:

(1)   /b d g v z ʒ/ → [p t k f s ʃ]/ __#

Obwohl die Regel in (1) die deutschen Daten richtig erfaßt, hat sie eine offensichtliche Schwäche: Sie kann nicht zum Ausdruck bringen, daß die Eingabe /b d g v z ʒ/ eine natürliche Klasse ist, d.h. eine Gruppe von Lauten mit einer phonetischen Gemeinsamkeit [...]. Mit anderen Worten, man kann der Formulierung von (1) nicht entnehmen, daß sie eine Generalisierung über die stimmhaften Obstruenten des Deutschen macht und nicht etwa eine ‚arbiträre‘, also willkürlich ausgewählte Gruppe von Lauten.

Um Regeln zu formulieren, die sich auf natürliche Klassen beziehen, muß man Segmente in kleinere Einheiten zerlegen: Merkmale. Die sechs Phoneme des Deutschen /b d g v z ʒ/ haben jeweils eine Reihe von phonetisch motivierten Eigenschaften, die die Artikulationsstelle, die Artikulationsart, die Stimmhaftigkeit usw. ausdrücken. Dies wird in (2) dargestellt.

(2)
b	d	g	v	z	ʒ
bilabial	alveolar	velar	labiodental	alveolar	postalveolar
Plosiv	Plosiv	Plosiv	Frikativ	Frikativ	Frikativ
stimmhaft	stimmhaft	stimmhaft	stimmhaft	stimmhaft	stimmhaft
Obstruent	Obstruent	Obstruent	Obstruent	Obstruent	Obstruent

Man kann die Eigenschaften ‚stimmlos‘ bzw. ‚stimmhaft‘ und ‚Obstruent‘ bzw. ‚Sonorant‘* mit jeweils zwei **binären** Merkmalen ausdrücken. Wenn man vom Phoneminventar des Deutschen ausgeht, bilden die Laute in (2) sowie /m n ŋ l ʀ j/ und alle Vokale die [+stimmhaften] Segmente, während die stimmlosen Laute /p t k f s ʃ ç/ [−stimmhaft] sind. Das Merkmal [sonorantisch] erfaßt Obstruenten ([−sonorantisch]), nämlich /p b t d k g f v s z ʃ ʒ/ und Sonoranten ([+sonorantisch]), nämlich /m n ŋ l ʀ j/, sowie alle Vokale.

---

* Sonoranten sind Laute, die den Luftstrom ungehindert – ohne Verschluss- oder Engebildung – ausströmen lassen [L.H.].

Die sechs Laute /b d g v z ʒ/ bilden also aufgrund der Merkmale [–sonorantisch, +stimmhaft] die natürliche Klasse der stimmhaften Obstruenten. Die Eingabe der Regel (1) kann somit wie in (3) ausgedrückt werden:

(3) $\begin{bmatrix} -\text{sonorantisch} \\ +\text{stimmhaft} \end{bmatrix} \rightarrow \ldots\ldots$

In §4.3 wird auf Einzelheiten der Notation phonologischer Regeln mit Merkmalen eingegangen.

Die Hauptmotivation für Merkmale besteht darin, natürliche Klassen wie die in (3) zu erfassen. In vielen Sprachen kommen Regeln oder phonotaktische Beschränkungen vor, die sich auf Gruppen von Lauten beziehen. Diese Gruppen sind nicht ‚arbiträr', sondern sie bilden natürliche Klassen. [...].

Die meisten Merkmalstheorien basieren darauf, daß Merkmale artikulatorisch definiert sind, d.h. sie gehen von der Art und Weise, wie die Laute produziert werden, aus. Das Merkmal [stimmhaft] bezieht sich beispielsweise auf den Zustand der Stimmlippen. Eine andere Möglichkeit ist, Merkmale akustisch bzw. auditiv zu definieren. Hiernach beruht die Definition von Merkmalen auf den Geräuschen, die produziert werden. In §4.2 wird eine Reihe von Merkmalen dargestellt, die überwiegend artikulatorisch definiert werden. [...]

Das Merkmal [stimmhaft] ist ein Beispiel für ein **distinktives Merkmal** des Deutschen. Dies bedeutet, daß sich zwei (oder mehr) Phoneme einzig durch das Merkmal [stimmhaft] unterscheiden können. So teilen /p/ und /b/ alle Merkmale der Artikulationsstelle, Artikulationsart usw. und unterscheiden sich nur durch [stimmhaft]. Im Gegensatz dazu ist ein Merkmal wie [aspiriert] kein distinktives Merkmal des Deutschen, weil das Deutsche keinen Kontrast zwischen aspirierten und nichtaspirierten Lauten hat, z.B. /p/ vs. /pʰ/. In anderen Sprachen können die Verhältnisse umgekehrt sein. Im Koreanischen ist [aspiriert] distinktiv, weil es Kontraste zwischen /p/ und /pʰ/ usw. gibt, [stimmhaft] ist dagegen im Koreanischen nicht distinktiv, weil es keine Kontraste wie /p/ vs. /b/ gibt. In diesem Kapitel werden die wichtigsten Merkmale besprochen, die in den Sprachen der Welt eine distinktive Funktion haben können. [...] Dafür braucht man eine **Theorie der distinktiven Merkmale**, die in der Lage ist, alle Kontraste zwischen Sprachlauten in den Sprachen der Welt zu erfassen. Es gibt beispielsweise Sprachen wie das australische Nunggubuyu mit zwei ‚t'-Phonemen, einem dentalen und einem alveolaren, vgl. §3.1.1. In der Theorie der distinktiven Merkmale braucht man also ein Merkmal, um diesen Kontrast zu erfassen.

Die meisten Merkmalstheorien gehen davon aus, daß Merkmale binär sind, d.h. sie haben zwei **Werte**, ‚+' und ‚–', wobei sowohl Segmente, die mit dem ‚+' Wert, als auch die, die mit dem ‚–' Wert versehen sind, natürliche Klassen bilden können. Es gibt in den Sprachen der Welt sowohl Regeln, die sich auf [+sonorantisch] beziehen, als auch solche, die sich auf [–sonorantisch] beziehen. Die beiden Werte ‚+' und ‚–' dienen somit dazu, Segmente in zwei getrennte Kategorien einzuordnen.

Es gibt aber auch Theorien, die den Standpunkt vertreten, daß bestimmte Merkmale nicht binär sind, sondern **privativ**. Im Gegensatz zu binären Merkmalen haben privative Merkmale einen *einzigen* Wert. Das heißt, ein Segment hat dieses Merkmal, oder es hat es nicht. Viele Linguisten sind beispielsweise der Meinung, daß das Merkmal [labial] privativ ist. Laute wie /p b/ sind also [labial], während für Segmente wie /t d k g/ dieses Merkmal nicht einschlägig ist. Die formalen Unterschiede zwischen privativen und binären Merkmalen werden in §4.5 beschrieben.

Zusammengefaßt verfügen Merkmale über die folgenden Eigenschaften:

(4a)	Merkmale erfassen natürliche Klassen.
(4b)	Merkmale erfassen alle Kontraste in den Sprachen der Welt.
(4c)	Merkmale haben phonetische Definitionen.
(4d)	Merkmale sind entweder binär oder privativ.

Literaturverzeichnis

Baudoin de Courtenay, J. 1895. *Versuch einer Theorie phonetischer Alternationen.* Strasbourg: Trübner.
Davenport, M. & S.J. Hannahs 1998. *Introducing Phonetics and Phonology.* London: Arnold.
Green, A.D. 1997. *The Prosodic Structure of Irish, Scots Gaelic, and Manx.* Dissertation. Cornell University.
Halle, M. & G.N. Clements 1983. *Problem Book in Phonology.* Cambridge, Mass.: MIT Press.
Kenstowicz, M. & C. Kisseberth 1977. *Generative Phonology.* New York: Academic Press.
Ladefoged, P. & I. Maddieson 1996. *The Sounds of the World's Languages.* Oxford: Blackwell.
Pearson, B.L. 1977. *Workbook in Linguistic Concepts.* New York: Knopf.
Sapir, E. 1921. *Language.* New York: Harcourt, Brace & World.

N. S. Trubetzkoy

Grundzüge der Phonologie:
- **Einleitung**
- **Phonologie: Vorbemerkungen**
- **Phonologie: Die Unterscheidungslehre**

[...] Eine saubere Scheidung von Phonologie und Phonetik ist grundsätzlich notwendig und praktisch durchführbar. Sie liegt im Interesse beider Wissenschaften. Damit soll aber natürlich nicht verhindert werden, daß jede von beiden Wissenschaften sich die Ergebnisse der anderen zugute macht. Nur muß dabei das richtige Maß eingehalten werden, was leider nicht immer geschieht.

Der Schallstrom, den der Phonetiker untersucht, ist ein Kontinuum, das in beliebig viele Teile gegliedert werden kann. Das Bestreben gewisser Phonetiker, innerhalb dieses Kontinuums „Sprachlaute" abzugrenzen, beruhte auf phonologischen Vorstellungen (durch Vermittlung des Schriftbildes). Da eine Abgrenzung der „Sprachlaute" sich in Wirklichkeit schwer durchführen läßt, gelangten einige Phonetiker zu der Vorstellung von „Stellungslauten" und dazwischen liegenden „Gleitlauten", wobei die Stellungslaute, die den phonologischen Elementen entsprechen, ausführlich beschrieben wurden, während die Gleitlaute gewöhnlich unbeschrieben blieben, da man sie offenbar als weniger wichtig oder gar als ganz unwichtig betrachtete. Eine solche Einteilung der Elemente des Schallstromes läßt sich vom rein phonetischen Standpunkt aus nicht rechtfertigen und beruht auf falscher Übertragung phonologischer Begriffe ins Gebiet der Phonetik. Für den Phonologen sind gewisse Elemente des Schallstromes wirklich unwesentlich. Dies sind aber nicht nur die „Gleitlaute", sondern auch einzelne Eigenschaften und Merkmale der „Stellungslaute". Der Phonetiker darf hingegen einen solchen Standpunkt nicht einnehmen. Unwesentlich für ihn kann vielmehr nur der Sinn des Sprechaktes sein, während alle Elemente oder Teile des Schallstroms der menschlichen Rede für ihn gleich wesentlich und wichtig sind. Allerdings wird der Phonetiker immer gewisse typische Organstellungen bzw. die ihnen entsprechenden akustischen Phänomene als Grundelemente der Phonation betrachten und daher den Grundsatz der Beschreibung der aus dem lautlichen und artikulatorischen Kontinuum herausgegriffenen typischen Artikulations- und Schallgebilde beibehalten – jedoch nur in der Elementenlehre seiner Wissenschaft, an den sich ein anderer Teil, worin die Struktur größerer phonetischer Ganzheiten erforscht wird, anschließen muß. Dabei ist es ganz natürlich, daß bei der Beschreibung des phonetischen Baues einer Sprache die phonetische Elementenlehre gewisse Rücksicht auf das phonologische System dieser Sprache nimmt, indem die phonologisch wesentlichen Lautgegensätze ausführlicher als die ganz unwesentlichen besprochen werden.

Was die Phonologie betrifft, so muß sie selbstverständlich von gewissen phonetischen Begriffen Gebrauch machen. So gehört z. B. die Behauptung, daß der Gegensatz zwischen stimmhaften und stimmlosen Geräuschlauten im Russischen zur Wortunterscheidung verwendet wird, in den Bereich der Phonologie, die Begriffe „stimmhaft", „stimmlos" und „Geräuschlaute" sind aber an und für sich phonetisch. Der Anfang jeder phonologischen Beschreibung besteht in der Aufdeckung der in der betreffenden Sprache bestehenden bedeutungsdifferenzierenden Schallgegensätze. Dabei muß die phonetische Aufnahme der betreffenden Sprache als Ausgangspunkt und als Material genommen werden. Allerdings sind die weiteren, höheren Stufen der phonologischen Beschreibung, die Systematik und die Kombinationslehre, von der Phonetik ganz unabhängig.

Somit ist ein gewisser Kontakt zwischen der Phonologie und der Phonetik trotz ihrer grundsätzlichen Unabhängigkeit unvermeidlich und unbedingt notwendig. Dabei dürfen aber nur die Anfangsteile der phonologischen und der phonetischen Beschreibungen (die Elementenlehren) aufeinander Rücksicht nehmen, und auch da darf die Grenze des unbedingt Notwendigen nicht überschritten werden[1].[...]

Phonologie

Vorbemerkungen

Oben wurde gesagt, daß bei der Wahrnehmung der menschlichen Rede die einzelnen Eigenschaften der Schalleindrücke gleichsam auf drei verschiedene Ebenen – die Kundgabeebene, die Appellebene und die Darstellungsebene – projiziert werden, wobei die Aufmerksamkeit des Hörers sich auf jede

---

1 Über das Verhältnis zwischen Phonologie und Phonetik vgl. Karl Bühler, „Phonetik und Phonologie" (*TCLP* IV, 22 ff.), Viggo Brøndal, „Sound and Phoneme" (*Proceedings of the Second International Congress of Phonetic Sciences*, 40 ff.), J. Vachek, „Several Thoughts on Several Statements of the Phoneme Theory" (*American Speech* X, 1935), sowie die oben erwähnte Arbeit von Arvo Sotavalta, „Die Phonetik und ihre Beziehung zu den Grenzwissenschaften (*Annales Academiae Scienciarum Fennicae* XXXI, 3, Helsinki 1936).

von diesen drei Ebenen mit Ausschaltung der beiden anderen konzentrieren kann. Somit können die auf der Darstellungsebene liegenden Schalleindrücke ganz unabhängig von der Kundgabeebene und Appellebene wahrgenommen und betrachtet werden. Man darf aber nicht glauben, daß alle auf der Darstellungsebene liegenden Schalleindrücke die gleiche Funktion erfüllen. Gewiß dienen sie alle zur Bezeichnung der intellektuellen Bedeutung des vorliegenden Satzes (d.h. sie werden alle auf mit bestimmter intellektueller Bedeutung versehene Werte des Sprechgebildes bezogen). Nichtsdestoweniger lassen sich in diesem Bereich drei verschiedene Funktionen deutlich unterscheiden. Die einen Schalleigenschaften besitzen eine gipfelbildende oder kulminative Funktion, d.h. sie geben an, wieviel „Einheiten" (= Wörter, bzw. Wortverbindungen) im betreffenden Satze enthalten sind: hierher gehören z.B. die Haupttöne der deutschen Wörter. Andere Schalleigenschaften erfüllen eine abgrenzende oder delimitative Funktion, indem sie die Grenze zwischen zwei Einheiten (= enge Wortverbindungen, Wörter, Morpheme) angeben: im Deutschen gehört hierher z.B. der feste Vokaleinsatz. Noch andere Schalleigenschaften üben endlich bedeutungsunterscheidende oder distinktive Funktion aus, indem sie die einzelnen mit Bedeutung versehenen Einheiten voneinander unterscheiden: vgl. z.B. deutsch *List-Mist-Mast-Macht* usw. Jede sprachliche Einheit muß Schalleigenschaften mit distinktiver Funktion enthalten – sonst könnte sie ja von den anderen Spracheinheiten nicht unterschieden werden. Dabei wird die Unterscheidung der einzelnen sprachlichen Einheiten ausschließlich durch Schalleigenschaften mit distinktiver Funktion besorgt. Dagegen sind die Schalleigenschaften mit kulminativer und mit delimativer Funktion für die sprachlichen Einheiten nicht unentbehrlich. Es gibt Sätze, in denen die Abgrenzung der einzelnen Wörter durch keine speziellen Schalleigenschaften besorgt wird, und viele Wörter werden im Satzzusammenhang ohne ausdrückliche Gipfelbildung gebraucht. Die Möglichkeit einer Pause zwischen den einzelnen Wörtern eines Satzes ist immer vorhanden, und die Schalleigenschaften mit delimitativer und mit kulminativer Funktion dienen als eine Art Ersatz für solche Pausen. Somit bleiben diese zwei Funktionen immer nur bequeme Hilfsmittel, während die distinktive Funktion für die Verständigung nicht bloß bequem, sondern unbedingt notwendig und unumgänglich ist. Daraus folgt, daß unter den drei Schallfunktionen, die innerhalb der Darstellungsebene auseinandergehalten werden können, die distinktive die weitaus wichtigste ist.

Die synchronische (beschreibende) Phonologie kann, entsprechend den erwähnten, innerhalb der Darstellungsebene auftretenden drei Schallfunktionen, in drei Hauptteile eingeteilt werden. Dabei ist selbstverständlich, daß der Abschnitt, der die distinktive Funktion zu behandeln hat, viel umfangreicher sein muß als die beiden anderen, der kulminativen und der delimitativen Funktion gewidmeten Abschnitte.

Die Unterscheidungslehre

Die distinktive oder bedeutungsunterscheidende Schallfunktion

I. Grundbegriffe

1. Phonologische (distinktive) Opposition

Der Begriff der Unterscheidung setzt den Begriff des Gegensatzes, der Opposition, voraus. Ein Ding kann bloß von einem anderen Ding unterschieden werden, und zwar nur insofern beide einander gegenübergestellt, entgegengestellt werden, d. h. insofern zwischen den beiden ein Gegensatz- oder Oppositionsverhältnis besteht. Distinktive Funktion kann daher einer Lauteigenschaft nur insofern zukommen, als sie einer anderen Lauteigenschaft gegenübergestellt wird – d. h. insofern sie das Glied einer lautlichen Opposition (eines Schallgegensatzes) ist. Schallgegensätze, die in der betreffenden Sprache die intellektuelle Bedeutung zweier Wörter differenzieren können, nennen wir phonologische (oder phonologisch distinktive oder auch distinktive) Oppositionen[1]. Solche Schallgegensätze dagegen, die diese Fähigkeit nicht besitzen, bezeichnen wir als phonologisch irrelevant oder indistinktiv. Im Deutschen ist der Gegensatz *o-i* phonologisch (distinktiv), vgl. *so-sie, Rose-Riese*, aber der Gegensatz zwischen dem Zungen-*r* und dem Zäpfchen-*r* ist indistinktiv, weil es im Deutschen kein einziges Wortpaar gibt, das durch diesen Lautgegensatz differenziert würde.

Es gibt vertauschbare und unvertauschbare Laute. Die vertauschbaren Laute können in der gegebenen Sprache in derselben Lautumgebung stehen (wie z. B. deutsch *o* und *i* in den oben angeführten Beispielen); die unvertauschbaren kommen dagegen in der betreffenden Sprache

---

1 Im „Projet de terminologie phonologique standardisée" (*TCLP* IV) wird der Ausdruck „phonologischer Gegensatz", „opposition phonologique" vorgeschlagen, und dieser Ausdruck darf in allen jenen Sprachen beibehalten werden, wo das Wort „phonologisch" kein Mißverständnis hervorrufen kann. Für das Englische würden wir dagegen den Ausdruck „distinctive opposition" empfehlen, da sowohl „phonological opposition" als „phonemical opposition" Mißverständnisse hervorrufen könnten.

niemals in derselben Lautumgebung vor: im Deutschen gehören hierher z. B. der „*ich*-Laut" und der „*ach*-Laut", da der letztere nur nach *u, o, a, au* vorkommt, während der erstere in allen übrigen Stellungen, aber gerade nur nicht nach *u, o, a, au* erscheint. Aus dem oben Gesagten folgt, daß die unvertauschbaren Laute im Prinzip keine phonologischen (distinktiven) Oppositionen bilden können: da sie niemals in derselben Lautumgebung stehen, können sie niemals als einzige unterscheidende Elemente zweier Wortkörper auftreten. Die deutschen Wörter *dich* und *doch* unterscheiden sich voneinander nicht nur durch die zwei *ch*-Laute, sondern auch durch die Vokale, und während der Unterschied zwischen *i* und *o* in vielen anderen deutschen Wortpaaren als selbständiger und einziger differenzierender Faktor auftritt (z. B. *stillen-Stollen, riß-Roß, Mitte-Motte, bin-Bonn, Hirt-Hort* usw.), kommt der Gegensatz zwischen *ich*- und *ach*-Laut im Deutschen immer nur in Begleitung eines Gegensatzes der vorhergehenden Vokale vor und ist nicht imstande, als einziges Differenzierungsmittel zweier Wörter aufzutreten. So steht es mit allen Oppositionen von unvertauschbaren Lauten (vgl. jedoch unten S. 32).

Was die vertauschbaren Laute betrifft, so können sie sowohl distinktive als indistinktive Oppositionen bilden. Es hängt das ausschließlich von der Funktion ab, die solche Laute in der gegebenen Sprache erfüllen. Im Deutschen ist z. B. die relative Tonhöhe der Vokale in einem Wort für dessen Bedeutung (d. i. für seine Darstellungsfunktion) irrelevant. Die Tonhöhenunterschiede der Vokale können im Deutschen höchstens für die Appellfunktion ausgewertet werden, die intellektuelle Bedeutung eines zweisilbigen Wortes bleibt jedoch ganz unverändert, gleichviel ob die Tonhöhe des Vokals der zweiten Silbe höher oder tiefer als die des Vokals der ersten Silbe ist, oder ob beide Silben auf der gleichen Tonhöhe gesprochen werden. Wenn wir das tieftonige *u* und das hochtonige *u* als zwei besondere Laute betrachten, so können wir sagen, daß diese zwei Laute im Deutschen vertauschbar sind, dabei aber keine distinktive Opposition bilden. Dagegen sind die Laute *r* und *l* im Deutschen auch vertauschbar, bilden aber dabei eine distinktive Opposition – vgl. z. B. solche deutsche Wortpaare wie *Rand-Land, führen-fühlen, scharren-schallen, wirst-willst* usw., wo der Bedeutungsunterschied nur durch den Gegensatz *r-l* bewirkt ist. Ganz umgekehrt sind im Japanischen *r* und *l* zwar vertauschbar, aber unfähig, eine distinktive Opposition zu bilden: in jedem beliebigen Wort kann *l* durch *r* ersetzt werden und umgekehrt, ohne daß dadurch irgendeine Bedeutungsänderung entstehen würde. Dagegen ist die relative Tonhöhe der einzelnen Silben im Japanischen phonologisch relevant. Das tieftonige *u* und das hochtonige *u* sind hier vertauschbar und bilden eine distinktive Opposition, so daß z. B. ein Wort wie *tsuru* drei verschiedene Bedeutungen haben kann, je nach der relativen Tonhöhe der beiden *u*: es bedeutet „Ranke", wenn die Tonhöhe des ersten *u* tiefer als die des zweiten ist, „Kranich", wenn die Tonhöhe des ersten *u* höher als die des zweiten ist, und „angeln", wenn beide *u* die gleiche Tonhöhe aufweisen[1]. Somit können zwei Arten von vertauschbaren Lauten unterschieden werden: solche, die in der betreffenden Sprache distinktive Oppositionen bilden und solche, die nur indistinktive Oppositionen bilden.

Wir haben oben gesagt, daß die unvertauschbaren Laute keine distinktiven Oppositionen bilden. Diese Behauptung bedarf jedoch einer Einschränkung. Unvertauschbare Laute, die keine gemeinsame Schalleigenschaften besitzen, durch die sie sich von allen übrigen Lauten desselben Systems unterscheiden würden, bilden dennoch distinktive Oppositionen. Die Opposition zwischen dem deutschen *ich*-Laut und dem *ach*-Laut ist indistinktiv, weil diese Laute unvertauschbar sind und ihre gemeinsamen Schalleigenschaften stimmloser dorsaler Spiranten in keinem anderen Laut des deutschen Lautsystems wiederkehren. Aber die Opposition zwischen deutsch *h* und ŋ („*ng*"), die ja auch unvertauschbar sind (insofern *h* nur vor Vokalen außer den unbetonten *e* und *i* vorkommt, ŋ dagegen gerade nur vor unbetontem *e* und *i* und vor Konsonanten), ist trotzdem distinktiv, weil das einzig Gemeinsame, was diese zwei Laute besitzen, nämlich ihre konsonantische Eigenschaft, keineswegs ihnen allein eigen ist und sie dadurch nicht von den anderen deutschen Konsonanten unterschieden werden. Um solche distinktive Oppositionen von den normalen, zwischen vertauschbaren Lauten bestehenden, zu unterscheiden, nennen wir sie „indirekt-distinktive" (bzw. indirekt-phonologische) Oppositionen. Während nämlich die normalen, direkt-phonologischen Oppositionen (wie *o-i, r-l*) unmittelbar zur Wortunterscheidung verwendet werden können, ist dies bei den indirekt-phonologischen selbstverständlich unmöglich. Die Glieder indirekt-phonologischer Oppositionen können jedoch zu irgend einem anderen Laute in ein direkt-phonologisches Oppositionsverhältnis treten, und zwar zu einem solchen Laute, der dieselbe ihnen gemeinsame Eigenschaft aufweist. So stehen z.B. deutsch *h* und ŋ („*ng*") zu vielen deutschen Konsonanten in direkt-distinktivem Oppositionsverhältnis: z.B. zu *p* (*hacken-packen, Ringe-Rippe*), zu *l* (*heute-Leute, fange-falle*), usw.

2. Phonologische (distinktive) Einheit. Phonem. Variante

Unter (direkt oder indirekt) phonologischer Opposition verstehen wir also jeden Schallgegensatz, der in der gegebenen Sprache eine intellektuelle Bedeutung differenzieren kann. Jedes Glied einer solchen Opposition nennen

---

1 Allerdings verschiebt sich manchmal die Tonhöhe, wenn die einzelnen Wörter Komposita bilden: ása (Morgen) – – asá-meshi (Frühstück). samúrai (Ritter) – – ináka-zámurai (Landritter) usw.

wir **phonologische** (bzw. **distinktive**) Einheit[1]. Aus dieser Definition ergibt sich, daß die phonologischen Einheiten recht verschiedenen Umfangs sein können. Ein Wortpaar wie *bahne-banne* ist nur durch den Silbenschnitt (bzw. den damit verbundenen Unterschied in der Quantität des Vokals und des Konsonanten) differenziert, während in einem Wortpaar wie *tausend-Tischler* die Lautverschiedenheit sich auf den ganzen Wortkörper mit Ausnahme des Anlautes erstreckt, und in einem Wortpaare wie *Mann-Weib* beide Wortkörper vom Anfang bis zum Ende lautlich verschieden sind. Daraus folgt, daß es größere und kleinere phonologische Einheiten gibt, und daß man die phonologischen Einheiten einer gegebenen Sprache nach ihrer relativen Größe einteilen kann.

Es gibt phonologische Einheiten, die sich in eine Reihe von zeitlich aufeinanderfolgenden, noch kleineren phonologischen Einheiten zerlegen lassen. Die Einheiten [mɛː] und [byː] in deutsch *Mähne-Bühne* sind von dieser Art: aus den Oppositionen *Mähne-gähne* und *Mähne-mahne* ergibt sich die Zerlegung [mɛː] = [m] + [ɛː], und aus *Bühne-Sühne* und *Bühne-Bohne* ergibt sich [byː] = [b] + [yː]. Dagegen lassen sich die phonologischen Einheiten *m, b, ɛː, y*: nicht mehr als Reihen aufeinanderfolgender noch kürzerer phonologischer Einheiten darstellen. Phonetisch betrachtet, besteht jedes *b* aus einer ganzen Reihe artikulatorischer Bewegungen: zuerst werden die Lippen einander genähert, dann aufeinandergelegt, so daß der Mundraum von vorne ganz geschlossen ist; gleichzeitig wird das Gaumensegel gehoben und gegen die Rachenwand gestemmt, so daß der Eingang aus dem Rachen in den Nasenraum versperrt wird; gleich darauf beginnen die Stimmbänder zu schwingen, die aus der Lunge heraufströmende Luft dringt in den Mundraum ein und staut sich hinter dem Lippenverschluß; endlich wird dieser durch den Luftdruck gesprengt. Jede von diesen aufeinanderfolgenden Bewegungen entspricht einem bestimmten akustischen Effekt. Keines von diesen „akustischen Atomen" kann aber als phonologische Einheit betrachtet werden, weil sie immer alle zusammen, niemals isoliert auftreten: auf die labiale „Implosion" folgt immer die „Explosion", die ihrerseits immer von der Implosion eingeleitet ist, und der labial gefärbte „Blählaut", der zwischen der Implosion und der Explosion ertönt, kann ohne die labiale Implosion und die Explosion nicht vorkommen. Somit ist das ganze „*b*" eine phonologische, zeitlich nicht zerlegbare Einheit. Dasselbe darf auch von den anderen oben erwähnten phonologischen Einheiten gesagt werden. Das „lange" *y (ü)* kann nicht als eine Reihe „kurzer" *y* aufgefaßt werden. Gewiß ist dieses [yː],

---

1 Vgl. „Projet de terminologie phonologique standardisée" *TCLP* IV, 311); im Englischen ist wohl der Ausdruck „distinctive unit" zu empfehlen.

vom phonetischen Standpunkt aus betrachtet, eine mit *y*-Artikulation ausgefüllte Zeitspanne. Versucht man aber einen Teil dieser Zeitspanne durch eine andere vokalische Artikulation zu ersetzen, so bekommt man kein neues deutsches Wort (*Baüne, Büane, Biüne, Buüne* usw. – sind im Deutschen unmöglich). Das lange *ü* ist eben vom Standpunkt des deutschen phonologischen Systems zeitlich unzerlegbar.

Phonologische Einheiten, die sich vom Standpunkt der betreffenden Sprache nicht in noch kürzere aufeinanderfolgende phonologische Einheiten zerlegen lassen, nennen wir P h o n e m e [1]. Somit ist das Phonem die kleinste phonologische Einheit der gegebenen Sprache. Die bezeichnende Seite jedes Wortes im Sprachgebilde läßt sich in Phoneme zerlegen, als eine bestimmte Reihe von Phonemen darstellen.

Natürlich darf man nicht die Sache zu sehr vereinfachen. Man darf sich die Phoneme nicht etwa als Bausteine vorstellen, aus denen die einzelnen Wörter zusammengesetzt werden. Vielmehr ist jedes Wort eine lautliche Ganzheit, eine G e s t a l t , und wird auch von den Hörern als eine Gestalt erkannt, ebenso wie man etwa einen bekannten Menschen auf der Straße an seiner ganzen Gestalt erkennt. Das Erkennen der Gestalten setzt aber ihre Auseinanderhaltung voraus, und diese ist nur dann möglich, wenn die einzelnen Gestalten sich voneinander durch gewisse Merkmale unterscheiden. Die Phoneme sind eben die U n t e r s c h e i d u n g s m a l e der Wortgestalten.

---

[1] Im J. 1912 gab L.V. Ščerba in „Russkije glasnyje" (St. Petersburg 1912, 14) folgende Definition des Phonems: „die kürzeste allgemeine Lautvorstellung der gegebenen Sprache, die die Fähigkeit besitzt, sich mit Bedeutungsvorstellungen zu assoziieren und Wörter zu differenzieren, ... heißt Phonem." In dieser noch durchaus im Banne der Assoziationspsychologie stehenden Definition, sowie in Ščerbas „Court exposé de la prononciation russe" (1911, 2), scheint zum ersten Male die bedeutungsunterscheidende Funktion des Phonems deutlich hervorgehoben worden zu sein. Im J. 1928 gab N.F. Jakovlev im Artikel „Matematičeskaja formula postrojenija alfavita" (in der Zeitschrift *Kul'tura i pis'mennost' Vostoka* I, 46) eine von psychologistischen Elementen bereits gereinigte Definition: „unter Phonemen verstehen wir jene Schalleigenschaften, die sich als kürzeste zur Differenzierung von Bedeutungseinheiten dienende Elemente des Redeflusses aus diesem herauslösen lassen." Die von uns oben angeführte Definition des Phonems wurde zum ersten Male im Jahre 1929 von R. Jakobson in seinen „Remarques sur l'évolution phonologique du russe" (*TCLP* II, 5) formuliert: „Tous termes d'opposition phonologique non susceptibles d'être dissociés en sous-oppositions phonologiques plus menues sont appelés phonème." In einer etwas geänderten Fassung („...non susceptible d'être dissociée en unités phonologiques plus petites et plus simples") wurde diese Definition auch in den „Projet de terminologie phonologique standardisée" (*TCLP* IV, 311) aufgenommen.

Jedes Wort muß so viele Phoneme und in einer solchen Reihenfolge enthalten, daß es sich von jedem anderen Worte unterscheidet. Die ganze Phonemreihe ist nur dem einzelnen Worte eigen, jedes einzelne Glied dieser Reihe kommt aber auch in anderen Wörtern als Unterscheidungsmal vor. Denn die Zahl der als Unterscheidungsmale verwendeten Phoneme ist in jeder Sprache viel kleiner als die Zahl der Wörter, so daß die einzelnen Wörter immer nur eine bestimmte Kombination der auch in anderen Wörtern bestehenden Phoneme darstellen. Dem Gestaltcharakter des Wortes widerspricht dies keineswegs. Als Gestalt enthält jedes Wort immer etwas mehr als die Summe seiner Glieder (= Phoneme) – nämlich jenen Ganzheitsgrundsatz, der die Phonemreihe zusammenhält und dem Worte seine Individualität verleiht. Im Gegensatze zu den einzelnen Phonemen kann aber dieser Ganzheitsgrundsatz im Wortkörper nicht lokalisiert werden. Und daher läßt sich sagen, daß jeder Wortkörper sich in Phoneme restlos zerlegen läßt, daß er aus Phonemen besteht – ebenso wie man etwa sagen darf, daß eine in der Dur-Tonleiter komponierte Melodie aus den Tönen dieser Tonleiter besteht (obgleich jede Melodie außer den Tönen sicher noch immer etwas enthält, was sie zu einer bestimmten individuellen musikalischen Gestalt macht[1]).

Dasselbe Lautgebilde kann gleichzeitig Glied einer phonologischen (distinktiven) und einer indistinktiven Opposition sein. So ist z. B. die Opposition des *ach*-Lautes zum *ich*-Laute indistinktiv, aber die Opposition beider *ch*-Laute gegenüber *k*-Lauten distinktiv (vgl. *stechen-stecken, roch-Rock* usw.). Dies ist nur deshalb möglich, weil jedes Lautgebilde mehrere akustisch-artikulatorische Eigenschaften enthält und sich von jedem anderen Lautgebilde nicht durch alle, sondern nur durch einige von diesen Eigenschaften unterscheidet. So unterscheiden sich die *k*-Laute von den *ch*-Lauten dadurch, daß bei den ersteren ein vollständiger Verschluß, bei den letzteren nur eine Enge zwischen Zungenrücken und Gaumen gebildet werden; dagegen besteht der Unterschied zwischen *ich*-Laut und *ach*-Laut darin, daß die Enge im ersten Falle am mittleren Gaumen, im zweiten am hinteren Gaumen stattfindet. Wenn die Opposition *ch-k* distinktiv, die Opposition *ich*-Laut – *ach*-Laut dagegen indistinktiv ist, so beweist dies, daß die Tatsache der Engenbildung zwischen Zungenrücken und Gaumen für *ch* phonologisch relevant, die Lokalisierung dieser Bildung im hinteren oder mittleren Zungengaumenraum dagegen phonologisch irrelevant ist. An pho-

---

1 Vgl. darüber Karl Bühler, „Psychologie der Phoneme" (*Proceedings of the Second International Congress of Phonetic Sciences*, 162 ff.) und Verf., „Über eine neue Kritik des Phonembegriffes" (*Archiv für vergleichende Phonetik* I, 129 ff., besonders 147 ff.).

nologischen (distinktiven) Oppositionen nehmen die Lautgebilde nur durch ihre phonologisch relevanten Eigenschaften teil. Und da jedes Phonem ein Glied einer phonologischen Opposition sein muß, so folgt daraus, daß sich das Phonem nicht mit einem konkreten Lautgebilde, sondern nur mit seinen phonologisch relevanten Eigenschaften deckt. Man darf sagen, daß d a s Phonem die Gesamtheit der phonologisch relevanten Eigenschaften eines Lautgebildes ist[1]).

Jeder von den konkreten im Sprechakt erzeugten und wahrgenommenen Lauten enthält außer den phonologisch relevanten noch viele andere, phonologisch irrelevante Eigenschaften. Daher kann keiner von diesen Lauten kurzweg als Phonem betrachtet werden. Sofern aber ein solcher Laut unter anderem auch die phonologisch relevanten Eigenschaften eines bestimmten Phonems enthält, darf er als R e a l i s a t i o n dieses Phonems betrachtet werden. Die Phoneme werden durch Sprachlaute (genauer Sprechlaute, Redelaute) realisiert, aus denen jeder Sprechakt besteht. Diese Sprachlaute sind niemals die Phoneme selbst, weil ja ein Phonem keine phonologisch irrelevanten Züge enthalten darf, was für einen tatsächlich erzeugten Sprachlaut unvermeidlich ist. Vielmehr sind die konkreten Schälle, die beim Sprechen ertönen, nur materielle Symbole der Phoneme.

Der kontinuierliche Schallstrom eines Sprechaktes realisiert oder symbolisiert eine bestimmt Phonemfolge. An bestimmten Punkten jenes Schallstromes lassen sich die für die einzelnen Phoneme der entsprechenden Phonemfolge kennzeichnenden, phonologisch relevanten Schalleigenschaften erkennen. Jeder solche Punkt darf als Realisation eines bestimmten Phonems betrachtet werden. Außer den phonologisch relevanten Schalleigenschaften treten aber an demselben Punkt des Schallstromes noch viele andere, phonologisch irrelevante Schalleigenschaften auf. Die Gesamtheit aller, sowohl phonologisch relevanten als irrelevanten Eigenschaften, die an einem bestimmten Punkt des Schallstromes, an welchem ein Phonem realisiert wird, auftreten, bezeichnen wir als S p r a c h l a u t (bzw. S p r e c h l a u t , R e d e l a u t). Jeder Sprachlaut enthält also einerseits phonologisch r e l e v a n t e Merkmale, die ihn zur Realisation eines bestimmten Phonems machen, und andererseits eine ganze Menge phonologisch irrelevanter Merkmale, deren Wahl und Auftreten durch eine Reihe von Ursachen bedingt ist.

Daraus folgt, daß ein Phonem durch mehrere verschiedene Sprachlaute realisiert werden kann. Für das deutsche *g* sind z.B. folgende Merkmale phonologisch relevant: vollständiger Verschluß zwischen Zungenrücken und

---

1 Vgl. eine ähnliche Definition bei R. Jakobson in der tschechischen Enzyklopädie *Ottův Slovník Naučný*, Dodatky II, 1, 608 (s. v. „fonéma").

Gaumen bei Hebung des Gaumensegels, Entspannung der Zungenmuskeln und unbehauchte Sprengung des Verschlusses. Aber der Ort, wo der Zungengaumenverschluß gebildet werden soll, das Verhalten der Lippen und der Stimmbänder während des Verschlusses, – alles das ist phonologisch irrelevant. Daher gibt es im Deutschen eine ganze Anzahl von Sprachlauten, die als Realisationen des einzigen Phonems *g* gelten: es gibt stimmhafte, halbstimmhafte und ganz stimmlose *g* (selbst in jenen Teilen des deutschen Sprachgebietes, wo die Mediae in der Regel stimmhaft sind), gerundete velare *g*-Laute (z.B. in *gut, Glut*), eng-gerundete palatale (z.B. in *Güte, Glück*), ungerundete velare (z.B. in *ganz, Wage, tragen*), ungerundete stark-palatale (z.B. in *Gift, Gier*), mäßig-palatale (z.B. in *gelb, liege*) usw. Alle diese verschiedenen Sprachlaute, die dasselbe Phonem realisieren, bezeichnen wir als V a r i a n t e n (oder als phonetische Varianten) des betreffenden Phonems. [...]

II. Die Regeln für die Bestimmung der Phoneme

1. *Unterscheidung von Phonemen und Varianten*

Nachdem wir im vorhergehenden die Definition des Phonems festgestellt haben, müssen wir nunmehr praktische Regeln angeben, mit deren Hilfe ein Phonem einerseits von den phonetischen Varianten, andererseits von den Phonemverbindungen unterschieden werden kann[1].

Unter welchen Bedingungen dürfen zwei Sprachlaute als Realisationen zweier verschiedener Phoneme betrachtet werden, und unter welchen Bedingungen dürfen sie als zwei phonetische Varianten eines einzelnen Phonems gelten? Es lassen sich diesbezüglich vier Regeln aufstellen.

I. Regel: Wenn zwei Laute derselben Sprache genau in derselben lautlichen Umgebung vorkommen und miteinander vertauscht werden dürfen, ohne dabei einen Unterschied in der intellektuellen Wortbedeutung hervorzurufen, so sind diese zwei Laute nur fakultative phonetische Varianten eines einzigen Phonems.

Es können hier mehrere Unterarten unterschieden werden. Nach ihrer Beziehung zur Sprechnorm zerfallen die fakultativen Varianten in a l l g e m e i n g ü l t i g e und i n d i v i d u e l l e. Erstere sind solche, die nicht als Sprachfehler oder Abweichungen von der Norm gelten und daher alle von demselben Sprecher gebraucht werden können. So wird z.B. die Dehnung der Kon-

---

[1] Vgl. Verf., „Anleitung zu phonologischen Beschreibungen", Brno 1935.

sonanten von einem betonten Vokal im Deutschen nicht als Sprachfehler empfunden und derselbe Sprecher kann dasselbe Wort bald mit kurzem, bald mit langem anlautendem *s, sch* aussprechen, wobei dieser Unterschied in der Aussprache zur emotionellen Nuancierung der Rede verwendet wird (*ssoo? schschön!* nordd. *jja!*). Hingegen verteilen sich die individuellen Varianten unter den verschiedenen Mitgliedern der Sprachgemeinschaft, wobei nur eine bestimmte Art als die „normale", „gute" oder „mustergültige" Aussprache gilt, die übrigen dagegen als lokale, soziale, pathologische usw. Abweichungen von der Norm betrachtet werden. So steht es z. B. mit dem Zäpfchen-*r* und dem Zungen-*r* in verschiedenen europäischen Sprachen, wobei aber die Wertung dieser zwei Laute je nach der Sprache verschieden ist. In den slavischen Sprachen ebenso wie im Italienischen, Spanischen, Ungarischen und Neugriechischen gilt das Zungen-*r* als die Norm und das Zäpfchen-*r* wird als eine pathologische Abweichung oder als ein Merkmal einer snobistischen Affektation, seltener (z.B. im Slovenischen, wo es speziell in gewissen kärntnerischen Mundarten herrscht) als lokale Eigentümlichkeit gewertet. Im Deutschen und Französischen gilt umgekehrt das Zäpfchen-*r* (oder genauer: verschiedene Arten des Zäpfchen-*r*) als Norm und das Zungen-*r* als lokale Abweichung oder als archaisierende Affektation (z. B. das *r* der französischen Schauspieler). In allen solchen Fällen, die gewiß nicht selten sind, ist die Verteilung der Varianten selbst eine „Norm". Es kommt auch oft vor, daß zwei Varianten eines Phonems allgemeingültig sind, die Häufigkeit ihres Gebrauchs aber individuellen Schwankungen unterliegt: das Phonem A wird von allen bald als a', bald als a'' realisiert, das eine Individuum zieht aber die Realisation a' , das andere die Realisation a'' vor usw. Somit bestehen zwischen „allgemeingültigen" und „individuellen" Varianten allmähliche Übergänge.

Was die Funktion der fakultativen Varianten betrifft, so können sie von diesem Standpunkt aus in **stilistisch relevante** und **stilistisch irrelevante** eingeteilt werden. Die stilistisch relevanten drücken die Unterschiede zwischen verschiedenen Sprachstilen aus, z. B. dem aufgeregt-emotionellen und dem nachlässig-familiären usw. In dieser Funktion wird z. B. im Deutschen die Dehnung der vortonigen Konsonanten sowie die Überdehnung der langen Vokale, die spirantische Aussprache des intervokalischen *b* (z. B. im Worte *aber* beim nachlässigen, familiären oder müden Sprechen) usw. verwendet. Durch stilistische Varianten können nicht nur emotionelle, sondern auch soziale Redestile gekennzeichnet werden: es können z. B. in derselben Sprache eine pöbelhafte, eine vornehme und eine stilistisch neutrale Variante desselben Phonems nebeneinander bestehen, wobei man an diesen Varianten den Grad der Bildung bzw. die soziale Zugehörigkeit des

Sprechers erkennt. Somit können die stilistischen Varianten ihrerseits in emotionelle oder pathognomische und in physiognomische eingeteilt werden. Dagegen kommen für die stilistisch irrelevanten fakultativen Varianten alle diese Gesichtspunkte gar nicht in Frage. Den stilistisch irrelevanten fakultativen Varianten kommt überhaupt gar keine Funktion zu; sie ersetzen einander ganz willkürlich, ohne daß dabei die Kundgabefunktion oder die Auslösefunktion der Rede irgendwie geändert würde. So werden z. B. im Kabardinischen die palatalen Verschlußlaute bald als *k*-artige, bald als *tsch*-artige Laute ausgesprochen: derselbe Kabardiner spricht z. B. das Wort *gane* (Hemd) bald als *ĝane*, bald als *ž̌ane*, ohne dies zu bemerken und ohne dadurch irgendeine stilistische oder emotionelle Nuance zu erzeugen[1].

Die Unterscheidung und Systematisierung der stilistischen Varianten gehört zur Aufgabe der Lautstilistik, wie bereits oben (Einleitung 2) ausgeführt worden ist. Vom Standpunkt der Phonologie im engeren Sinne (d. i. der „Darstellungsphonologie") können die stilistisch relevanten und die stilistisch irrelevanten fakultativen Varianten alle unter dem gemeinsamen Begriff der fakultativen Varianten zusammengefaßt werden. Man darf ja nicht vergessen, daß vom Standpunkt der Darstellungsphonologie die „Variante" ein rein negativer Begriff ist: ein Variantenverhältnis besteht zwischen zwei Lauten, wenn diese nicht zur Differenzierung der intellektuellen Bedeutung verwendet werden können. Ob nun der Gegensatz zwischen diesen zwei Lauten irgendeine andere Funktion (Kundgabefunktion oder Appellfunktion) besitzt oder nicht – darüber hat nicht die Phonologie im engeren Sinne, sondern die Lautstilistik zu urteilen. Alle fakultativen phonetischen Varianten verdanken ihr Dasein dem Umstande, daß nur ein Teil der artikulatorischen Eigenschaften jedes Sprachlautes phonologisch distinktiv ist. Die übrigen artikulatorischen Eigenschaften des Sprechlautes sind in distinktiver Hinsicht „frei", d. i. sie können von Fall zu Fall v a r i i e r e n. Ob nun dieses Variieren für Kundgabe- und Auslösungszwecke ausgenützt ist oder nicht, bleibt vom Standpunkt der Darstellungsphonologie (speziell der Wortphonologie) gleichgültig.

II. Regel. Wenn zwei Laute genau in derselben Lautstellung vorkommen und nicht miteinander vertauscht werden können, ohne daß sich dabei die Bedeutung der Wörter verändern oder das Wort unkenntlich werden würde, so sind diese zwei Laute phonetische Realisationen zweier verschiedener Phoneme.

---

1 Vgl. N. F. Jakovlev, „Tablicy fonetiki kabardinskogo jazyka"(*Trudy podrazr'ada issledovanija severnokavkazskich jazykov pri Institute vostokovedenija v Moskve* I, Moskva 1923).

Ein solches Verhältnis besteht z. B. zwischen den deutschen Lauten *i* und *a*: in einem Wort wie *Lippe* würde der Ersatz des *i* durch *a* eine Bedeutungsänderung hervorrufen (*Lappe*), ein Wort wie *Fisch* würde durch einen solchen Ersatz unkenntlich gemacht (*Fasch*). Im Russischen kommen die Laute *ä* und *ö* ausschließlich zwischen zwei palatalisierten Konsonanten vor. Da nun ihre Vertauschung entweder die Wortbedeutung verändert (*t'ät'ə* „Papa" – *t'ötə* „Tante") oder die Wörter unkenntlich macht (*ĭd'öt'ĭ* „ihr geht" – *ĭd'ät'ĭ* ??, *p'ät'* „fünf" – *p'öt'* ??), so werden sie als Realisationen verschiedener Phoneme gewertet.

Der Grad der „Unkenntlichmachung" kann dabei recht verschieden sein. Durch die Vertauschung von *f* und *pf* im Anlaute werden im Deutschen die Wörter meistens nicht so unkenntlich gemacht wie etwa durch die Vertauschung von *a* und *i*. In einem großen Teil Deutschlands ersetzen die Schriftdeutschredenden systematisch das anlautende *pf* durch *f* und werden trotzdem von allen übrigen Deutschen ohne weiteres verstanden. Jedoch beweist das Vorhandensein solcher Wortpaare wie *Pfeil-feil, Pfand-fand- Pfad-fad* (*hüpfte-Hüfte, Hopfen-hoffen*), daß im Schriftdeutschen *pf* und *f* selbst im Anlaut als verschiedene Phoneme zu betrachten sind und daß folglich jene gebildeten Deutschen, die das anlautende *pf* durch *f* ersetzen, eigentlich kein korrektes Schriftdeutsch, sondern eine Mischung von Schriftdeutsch und ihrem Heimatdialekt sprechen.

III. Regel. Wenn zwei akustisch bzw. artikulatorisch miteinander verwandte Laute einer Sprache niemals in derselben Lautumgebung vorkommen, so werden sie als kombinatorische Varianten desselben Phonems gewertet.

Hier können drei typische Fälle unterschieden werden:

A. Es besteht in der betreffenden Sprache einerseits eine ganze Klasse von Lauten (*a′, a″, a‴* ...), die nur in einer bestimmten Stellung vorkommen, und andererseits nur ein Laut (*a*), der gerade in der genannten Stellung niemals vorkommt. In diesem Falle kann der Laut *a* nur zu demjenigen Laut der Klasse *a′, a″, a‴* in Variantenbeziehung stehen, der mit ihm akustisch, bzw. artikulatorisch am nächsten verwandt ist. Beispiel: im Koreanischen kommen *s* und *r* im Auslaute nicht vor, während *l* gerade nur im Auslaute auftritt; da nun *l* als Liquida offenbar mit *r* näher verwandt ist als mit *s*, so können hier nur *l* und *r* als kombinatorische Varianten eines einzigen Phonems gewertet werden.

B. Es besteht in der betreffenden Sprache einerseits eine Reihe von Lauten, die nur in einer bestimmten Stellung vorkommen, andererseits eine Reihe von Lauten, die gerade in dieser Stellung nicht stehen dürfen. In diesem Falle besteht ein kombinatorisches Variantenverhältnis zwischen jedem Laute der ersten Reihe und dem ihm akustisch bzw. artikulatorisch am nächsten verwandten Laute der zweiten Reihe. Beispiele: Im Russischen kommen die Laute ö und ä nur zwischen zwei palatalisierten Konsonanten vor, während die Laute o und a gerade in dieser Stellung nicht vorkommen; da ö als halboffener gerundeter Vokal mit o näher als mit a verwandt ist, und da andererseits ä als sehr offener ungerundeter Vokal näher zu a als zu o steht, so werden o und ö als kombinatorische Varianten eines Phonems („O"), a und ä aber als kombinatorische Varianten eines anderen Phonems („A") gewertet. Im Japanischen kommen die Laute c (ts) und f nur vor u vor, während die Laute t und h gerade vor u nicht geduldet werden; von diesen Lauten sind t und c (ts) die einzigen stimmlosen dentalen Verschlußlaute und h und f die einzigen stimmlosen Spiranten: daher müssen t und c als kombinatorische Varianten eines Phonems gewertet werden.

C. Es besteht in der betreffenden Sprache nur ein Laut, der ausschließlich in einer bestimmten Stellung vorkommt, und nur ein anderer Laut, der gerade in dieser Stellung nicht vorkommt. In diesem Falle können die zwei Laute nur dann als kombinatorische Varianten eines einzigen Phonems gelten, wenn sie nicht eine indirekte phonologische Opposition bilden. So z. B. sind die deutschen Laute h und ŋ („ng") keine kombinatorischen Varianten eines einzigen Phonems, sondern Vertreter zweier verschiedener Phoneme, obgleich sie niemals in derselben Stellung vorkommen (vgl. oben S. 32). Dagegen werden im Japanischen der Laut g, der nur im Wortanlaut vorkommt, und der Laut ŋ, der gerade im Anlaute nicht stehen darf, als kombinatorische Varianten eines einzigen Phonems gewertet: dies sind nämlich die beiden einzigen stimmhaften Gutturale des Japanischen, d. h. sie besitzen gewisse gemeinsame Eigenschaften, durch die sie sich von allen anderen japanischen Lauten unterscheiden[1]).

IV. Regel. Zwei Laute, die sonst den Bedingungen der Regel III entsprechen, dürfen trotzdem nicht als Varianten desselben Phonems gewertet werden, wenn sie in der betreffenden Sprache nebeneinander, d. i. als Glieder einer Lautverbindung stehen können, und zwar in solchen Stellungen, in denen auch einer von den beiden Lauten isoliert vorkommt. Beispiel: Im Englischen darf r nur vor Vokalen, dagegen ə nur nicht vor Vokalen stehen; und da r

---

1 Noch ein vierter Fall kommt vor. Manchmal tritt ein Laut (a) nur in solchen Lautstellungen auf, in denen zwei andere Leute (a' und a") niemals vorkommen, wobei a sowohl mit a' als mit a" gleich eng verwandt ist, so daß a als kombinatorische Variante sowohl von a' als auch von a" betrachtet werden muß. Es handelt sich hier um die Aufhebung eines phonologischen Gegensatzes, worüber wir weiter unten an geeigneter Stelle ausführlich sprechen werden (vgl. s. 69 ff.).

ohne Reibe- bzw. Explosionsgeräusch und ə mit recht unbestimmtem Öffnungsgrad und Färbung gesprochen werden, so könnte man geneigt sein, engl. *r* und *ə* als kombinatorische Varianten desselben Phonems zu betrachten; dies wird aber dadurch unmöglich gemacht, daß in Wörtern, wie *profession* (spr. *prəfešn*) die Laute *r* und *ə* nebeneinander stehen und daß in anderen Wörtern in derselben Lautumgebung ein isoliertes *ə* vorkommt (z.B. *perfection* – spr. *pəfekšn*).

Die phonetischen Varianten sind somit entweder fakultativ oder ständig, in welch letzterem Fall sie natürlich nur kombinatorisch sein können. Es gibt aber auch fakultative kombinatorische Varianten. So wird z.B. im Russischen das Phonem „*j*" nach Vokalen als ein unsilbisches *i̯* realisiert, nach Konsonanten dagegen bald als *i̯*, bald als spirantisches *j*, wobei diese zwei Varianten fakultativ sind. In gewissen mitteldeutschen Mundarten sind *t* und *d* phonologisch zusammengefallen, d.h. es besteht dort nur ein Phonem, das in den meisten Stellungen fakultativ bald als *t*, bald als *d* realisiert wird, wobei nach Nasalen immer nur *d* steht (also etwa: *tinde/dinde* = schriftspr. *Tinte*) usw.

Wir haben oben gesehen, daß ein Teil der fakultativen Varianten, nämlich die sogenannten „stilistischen Varianten", bestimmte Funktionen auf der Appellebene oder auf der Kundgabeebene erfüllen (vgl. oben S. 43). Was die kombinatorischen Varianten betrifft, so liegt ihre Funktion ganz auf der Darstellungsebene. Sie sind sozusagen phonologische Hilfsmittel. Sie signalisieren entweder ein Wort- (bzw. eine Morphem-)grenze oder das Nachbarphonem. Auf ihre Funktion als Grenzsignal kommen wir noch unten an geeigneter Stelle, bei der Besprechung der delimitativen Lautfunktion, zu sprechen (vgl. S. 244ff.). Was die von den kombinatorischen Varianten bewirkte Signalisierung der Nachbarphoneme betrifft, so ist dies eine gar nicht überflüssige (wenn auch nicht unentbehrliche) Leistung. Bei raschem und undeutlichem Sprechen kann die Realisation eines Phonems ihre Individualität ganz verlieren und es ist daher immer gut, wenn diese Individualität außerdem noch durch eine spezielle Eigentümlichkeit der Realisation des Nachbarphonems festgehalten wird. Dies kann aber nur dann geschehen, wenn die genannte besondere Realisation des Nachbarphonems nicht nur beim schnellen Sprechen, sondern auch sonst jedesmal dort auftritt, wo die betreffenden zwei Phoneme nebeneinander stehen, denn nur in diesem Falle prägt sich diese spezielle Realisation dem Bewußtsein ein und wird zu einem wirklichen Signal der unmittelbaren Nachbarschaft des betreffenden Phonems. So ist z.B. die Artikulation des japanischen *u* an und für sich sehr wenig kennzeichnend: die Lippenbeteiligung ist ganz schwach und die Dauer so kurz, daß bei schnellem Sprechen der Vokal überhaupt gar nicht mehr ausgesprochen wird. Unter solchen Umständen ist es für die Verständigung nur sehr willkommen, daß gewisse japanische Phoneme vor *u* eine spezielle kombinatorische Variante aufweisen (nämlich *t* die Variante *c* und *h* die Variante *φ*): sollte *u* nicht wahrgenommen werden, so würde man dennoch an der Realisation des vorhergehenden Phonems erraten, daß ein nachfolgendes *u* gemeint war [1].

---

1 Diese besondere Funktion der Andeutung des Nachbarphonems kann man als soziative oder auxiliär-soziative bezeichnen.

B. Pompino-Marschall

Einführung in die Phonetik:
- **Die suprasegmentale Struktur lautsprachlicher Äußerungen**
- **Das Deutsche**
- **Akustik der gesprochenen Sprache**

An dieser Stelle sollen – wiederum dem traditionellen Weg folgend – die segmentalen Eigenschaften der Silbe näher betrachtet werden, wobei aber sogleich angemerkt sei, dass auch die Silbe nicht per se eine – wenngleich gegenüber dem Einzellaut natürlichere – segmentale Einheit darstellt, sondern sich letztendlich nur im Rahmen der rhythmischen Gliederung zusammenhängender lautsprachlicher Äußerungen fassen lässt [...]. Unsere Sprechwerkzeuge erlauben uns, eine wahrnehmbare Gliederung unserer lautsprachlichen Äußerungen vorzunehmen, die jenseits von Einzellauten, aber noch diesseits von den globaleren Modulationen im Sinne der intonatorischen Sprechmelodie bzw. der dynamischen Akzentuierung liegen. In der Terminologie Tillmanns (1980) ist diese prosodische Eigenschaft lautsprachlicher Äußerungen als B-Prosodie zu fassen. Dies bedeutet einerseits, dass hier nicht – wie im Fall der C-Prosodie – die die Klangqualität betreffende Änderung des akustischen Signals perzeptiv dominiert, andererseits aber auch die kontinuierliche Änderung einer akustischen Eigenschaft (z.B. der Stimmmelodie) wahrnehmungsmäßig noch nicht gewährleistet ist. Sie prägt sich vielmehr als rhythmische Strukturierung aus.

Diese B-prosodischen – bzw. silbenprosodischen – Eigenschaften verdanken die lautsprachlichen Äußerungen wiederum den physiologischen Voraussetzungen unseres Sprechapparats, der ‚natürlicherweise' für eine alternierende Abfolge artikulatorischer Öffnungs- und Schließbewegungen prädestiniert ist. Auf der anderen Seite ist auch unser Gehör insbesondere für die relativ schnellen Änderungen einzelner akustischer Parameter besser ausgestattet als für gleichbleibende Reize. In diesem Sinn stellt die Silbe als Artikulationsbewegung vom konsonantischen oralen Verschluss bzw. von der artikulatorischen Engebildung zur vokalischen Öffnung – mit ggf. anschließender ambi- bzw. heterosyllabischer[7] erneuter konsonantischer Enge-/Verschluss-

---

7 Hier: zur betrachteten sowie zur nachfolgenden bzw. zur folgenden Silbe gehörig.

bildung – eine elementare phonetische Produktionseinheit dar. Dem entspricht die akustisch-auditive, durch eben diese vokalische Öffnungsgeste mit ggf. anschließender konsonantischer Verschlussgeste bewirkte, durch einen raschen Pegelanstieg/-abfall bzw. Lautheitsanstieg/-abfall gekennzeichnete rhythmische Einheit der phonetischen Silbe.

5.2.1 Silbenpräferenzen

Diese biologisch fundierten Gegebenheiten führen zu in bestimmten Grenzen universell gültigen Beschränkungen der phonologischen Silbenstruktur unter dem Aspekt der syntagmatischen, sequentiellen Abfolge einzelner Laute: Grundsätzlich ist davon auszugehen, dass alle Sprachen der Welt eine silbische Strukturierung aufweisen.[8] Die sich aus den biologischen Gegebenheiten heraus ergebende natürlichste Silbenstruktur ist die auch in den Sprachen der Welt am weitesten verbreitete segmentale Abfolge eines initialen Konsonanten und eines Vokals, d.h. die CV-Silbe.

Sowohl diese unmarkierte Silbenstruktur wie auch weitere Charakteristika der segmentalen Silbenstruktur ergeben sich aus der erstmals von Sievers (1881) postulierten Sonoritätshierarchie und den daraus abgeleiteten Silbenpräferenzgesetzen, wie sie in jüngerer Zeit von Vennemann (1988) formuliert worden sind.

Hiernach ist die Silbe aus den einzelnen Lauten in ihrer syntagmatischen Abfolge nach Maßgabe der intrinsischen Sonorität der Einzellaute strukturiert: Um den vokalischen, die höchste Sonorität aufweisenden Silbenkern sind im Silbenkopf (= Anfangsrand) und in der Silbencoda (= Endrand) die Konsonanten spiegelbildlich, d.h. mit ihrem Abstand vom Silbenkern nach abnehmender Sonorität gruppiert. Die Sonorität – wie die reziproke Skala der konsonantischen Stärke bei Vennemann (1988) – ist dabei als deskriptive, segmentbezogene, ordinalskalierte Kategorie zu verstehen: Stimmlose Plosive weisen, gefolgt von den stimmhaften Plosiven die geringste Sonorität (bzw. größte konsonantische Stärke) auf; in der Sonoritätshierarchie folgen diesen die stimmlosen und stimmhaften Frikative, die Nasale sowie die Liquide ‚l' und ‚r' (in sprachabhängig unterschiedlicher Reihenfolge) und die Approximanten oder Halbvokale; die größte Sonorität schließlich weisen die Vokale – die geschlossenen, gefolgt von den mittleren und offenen – auf. Als psychoakustische Entsprechung ist der Sonorität wohl – wie aus Untersu-

---
8 Die Gegenbeispiele aus der phonologischen Literatur sind hier m.E. wohl nur dem zugrundeliegenden Beschreibungsmodell geschuldet.

chungen zum Sprechrhythmus hervorgeht (vgl.u.) – der Lautheitsverlauf einer lautsprachlichen Äußerung zuzuordnen.

Die aus der syntagmatischen phonologischen Analyse ableitbaren Präferenzen der Sprachen der Welt für bestimmte Silbenstrukturen, die sich daran nahtlos anschließend auch in einem lautheitsbezogenen phonetisch-psychoakustischen Modell der Silbenprosodie (Pompino-Marschall 1993) darstellen lassen, sind nach Vennemann (1988) durch die folgenden – universell gültigen – Präferenzgesetze zu fassen:[9]

Silbenkopfgesetz

Der präferierte Silbenkopf besteht aus (a) möglichst nur einem Lautsegment, das (b) eine möglichst geringe Sonorität aufweist, wobei (c) die Sonorität zum folgenden Silbenkern hin möglichst rasch zunimmt.

Silbenkerngesetz

Der präferierte Silbenkern besteht aus einem (a) möglichst konstanten Sprachlaut, der (b) eine möglichst hohe Sonorität aufweist.

Silbencodagesetz

Die präferierte Silbencoda besteht (a) aus möglichst wenigen Lautsegmenten, die (b) eine möglichst große Sonorität aufweisen wobei (c) die Sonorität vom Silbenkern her möglichst stark abfällt.

Kontaktgesetz

Ein Silbenkontakt A $ B ist um so präferierter, je größer die Sonorität des Silbenendes A und je geringer die des folgenden Anfangsrandes B.

Unter dem Aspekt der lautheitsmäßigen C-prosodischen Modulation lautsprachlicher Äußerungen bedeutet dies, dass gerade diese segmentalen Silbenstrukturen präferiert werden, die einen sehr prägnanten Lautheitsverlauf mit schnellen Änderungen an den Silbenrändern nach sich ziehen und so zur B-prosodischen Rhythmisierung beitragen. Solchermaßen strukturierte Ereignisse entsprechen nun wiederum den Eigenschaften unseres Gehörs, das insbesondere auf Änderungen akustischer Eigenschaften besonders sensibel reagiert.

---

9 Die Vennemannschen Präferenzgesetze sind hier in Bezug auf die gängigere Sonoritätsskala umformuliert; Vennemann selbst verwendet in seinen Definitionen die reziproke Skala der konsonantischen Stärke.

5.2.2 Silbenschnitt

Ebenfalls unter dem silbenprosodischen Aspekt lassen sich gewisse segmentale Dauerphänomene betrachten, wie z. B. die Vokaldauer im Deutschen. So sind nach Vennemann, der hier wiederum Sievers folgt (vgl. Vennemann 1991), die deutschen Wortpaare wie *Miete/Mitte, Beet/Bett, Saat/satt, Ofen/ offen* nicht durch einen phonologischen Dauerkontrast bezüglich des Vokals gekennzeichnet, sondern durch einen kontrastiven Silbenschnitt: Bei *Miete, Beet, Saat* und *Ofen* haben wir es mit *sanftem*, bei *Mitte, Bett, satt* und *offen* hingegen mit *scharfem Silbenschnitt* zu tun. Sanfter Schnitt bedeutet dabei, dass der Energieverlauf des vokalischen Silbenkerns durch ein Ansteigen (Crescendo) und wieder Abfallen (Decrescendo) gekennzeichnet ist, während bei scharfem Schnitt der Silbenkern durch das Decrescendo des Folgekonsonanten abgeschnitten wird.[10] Die Vokaldauer im Deutschen – im Gegensatz zu den Dauerkontrasten in älteren germanischen Sprachstufen – ist nach dieser Auffassung eben keine segmentale phonologische Eigenschaft, sondern eine suprasegmentale, prosodische: Die Vokale sanft geschnittener Vollsilben werden dabei unter Betonung gelängt, während die Vokale scharf geschnittener Silben immer kurz sind. Im Rahmen dieser phonologischen Theorie ist zudem der Schwa-Laut kein eigenes Phonem des Deutschen, sondern stellt lediglich den – ebenfalls immer kurzen – Kern einer Reduktionssilbe dar.

5.2.3 Ton

Auf die phonetisch-phonologische Einheit der Silbe bezogen ist auch die – vor allem in afrikanischen, asiatischen und zentralamerikanischen Sprachen zu findende – bedeutungsdifferenzierende B-prosodische Funktion der Tonhöhe bzw. des Tonhöhenverlaufs, die von der in allen Sprachen der Welt suprasegmental auf der Ebene der A-Prosodie zu beobachtenden – und ggf. die tonal bedingte Modulation überlagernde – Intonation zu unterscheiden ist. Diese kontrastiven, auf signalphonetischer Seite durch die Grundfrequenz (f_0) gekennzeichneten Unterscheidungen bezüglich der Tonhöhe bzw. deren Verlaufs (engl. *pitch*) werden als Töne bezeichnet, die diese Töne wortbedeutungsdifferenzierend verwendenden Sprachen als Tonsprachen. Als klassisches Beispiel

---

10 Wobei Crescendo und Decrescendo hier als rein deskriptive Größen zu verstehen sind. Gerade das Phänomen des Silbenschnitts hat sich bisher – ähnlich wie die Fortis-Lenis-Unterscheidung – einer genaueren signalphonetischen Definition entzogen.

sei hier die bedeutungsunterscheidende Funktion der Töne bei gleicher segmentaler Silbenstruktur im Mandarin-Chinesischen angeführt:

Tonkontraste im Mandarin-Chinesischen:
hoch gleichmäßig	Ton 1	[˧ma]	‚Mutter'
hoch steigend	Ton 2	[˦ma]	‚Hanf'
tief-fallend-steigend	Ton 3	[ˇma]	‚Pferd'
hoch-fallend	Ton 4	[˥ma]	‚schimpfen'

Bei den Tonsprachen unterscheidet man zwischen sogenannten *Registertonsprachen*, deren Töne sich – als reine Tonhöhen oder auch als Tonhöhenverläufe – in Bezug auf je nach der individuellen Tonhöhenlage des Sprechers unterschiedlich gelegenen Tonhöhenstufen bezeichnen lassen und sogenannten *Konturtonsprachen*, bei denen es in erster Linie auf den Tonhöhenverlauf – ohne Bezug auf klar differenzierbare Tonstufen – ankommt, sowie *Sprachen mit einem gemischten Register- und Konturtoninventar* (vgl. Abb. 109).

Die Beschreibung der Töne in den Kategorien von Höhen und Tiefen ist als relational zu betrachten: Einerseits ist es nicht die absolute Frequenzlage, die einen Ton als ‚hoch' oder ‚tief' kennzeichnet, sondern seine relative Lage in Bezug zur Grundfrequenzmodulation des jeweiligen Sprechers, zum anderen ist er relativ in Bezug zur durch die Intonation (vgl.u. 5.3.2) bedingten Tonhöhe.

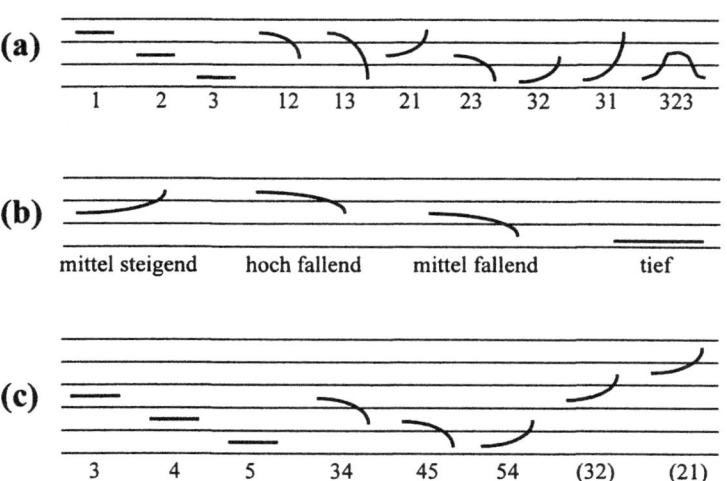

Abb. 109: Beispiele unterschiedlicher Tonsysteme: (a) Registertonsprache (Tlapanec), (b) Konturtonsprache (Texmelukanisch Zapotec), (c) gemischte Register-/Konturtonsprache (Copala Trique).

Bei der Transkription der Töne wird von den letztgenannten Einflüssen auf die tatsächliche Lage der Tonhöhe abstrahiert, so dass es teilweise ein nicht geringes Problem darstellt, die deskriptiven Kategorien signalseitig bestimmten gemessenen Grundfrequenzverläufen zuzuordnen. Oft sind einzelne ‚Töne' auch nicht so sehr in erster Linie durch eine – als f_0 messbare – bestimmte Tonhöhe bzw. einen bestimmten Tonhöhenverlauf gekennzeichnet, sondern zusätzlich durch eine gleichzeitige Veränderung der Stimmqualität (z.B. zu ‚behaucht' oder ‚creaky' im Kontrast zur modalen Tongebung).

5.3 Phonetik der Äußerung

5.3.1 Akzent

Unter Akzent oder Betonung wollen wir unter phonetischem Gesichtspunkt hier die Hervorhebung einer bestimmten Silbe gegenüber den anderen Silben eines Wortes – im Sinne von Wortakzent bzw. lexikalischem Akzent – verstehen. Daneben tritt die Hervorhebung einer betonten Silbe im Sinne von Satzakzent. Die betonte Silbe ist meist bezüglich verschiedener phonetischer Parameter ausgezeichnet. So erfolgt mit der Betonung normalerweise eine Änderung der Grundfrequenz,[11] der Lautstärke, der Dauer und teilweise auch der Artikulationsgenauigkeit. Der Einsatz der verschiedenen phonetischen Mittel zur Akzentuierung ist wiederum vom System der jeweiligen Einzelsprache abhängig: Bei Sprachen mit dynamischem Akzent (auch: Druckakzent; engl. *stress accent*) kommt es durch den erhöhten subglottalen Druck zu der kombinierten Variation entlang der oben genannten Parameter, während Sprachen mit sogenanntem musikalischen Akzent (engl. *pitch accent*) im Wesentlichen nur die Tonhöhe zur Markierung der betonten Silbe einsetzen. In der Transkription werden die hauptbetonten Silben mit einem hochgestellten Strich [ˈ], die nebenbetonten mit einem tiefgestellten [ˌ] gekennzeichnet.

Akzentkontrast im Pashto:
['guʈa] ‚Knoten'   [guˈʈa] ‚Tauchente'

In manchen Sprachen ist die Lage der Betonung im Wort aber auch generell festgelegt, wie z.B. auf die erste Silbe im Ungarischen oder aber die letzte Silbe des Wortes im Französischen.

Fester Wortakzent im Französischen:
[kyl̪ˈtyʁ]   [kyl̪tyˈʁɛl̪]   [kyl̪tyʁɛl̪ˈmã]
‚Kultur'   ‚kulturell' (adj.) ‚kulturell' (adv.)

---
11 Im Deutschen im Normalfall unter Betonung ansteigend.

5.3.2 Intonation

Mit Intonation bezeichnen wir den Verlauf der Sprechmelodie über die Äußerung hinweg. Das physikalische Korrelat der Tonhöhe (engl. *pitch*) ist die Grundfrequenz (f_0) der stimmhaften Abschnitte des akustischen Sprachsignals, die den Zeitverlauf des periodischen Schließens der schwingenden Stimmlippen widerspiegelt. Für die lautsprachliche Kommunikation ist nicht so sehr die absolute Tonhöhe von Bedeutung, als vielmehr die Form der Tonhöhenbewegung in Relation zur Frequenzlage des jeweiligen Sprechers.

Im Verlauf einer Äußerung – bzw. einer intonatorischen Phrase – bewegt sich die Grundfrequenz des akustischen Sprachsignals in Abhängigkeit von den jeweiligen Betonungsverhältnissen (vgl. o. 5.3.1) in einem Wechsel zwischen auf und ab zwischen einer oberen und unteren Grenzfrequenz, die beide über die Zeit hinweg absinken (vgl. Abb. 110). Dieses höchstwahrscheinlich universelle und wohl auf einen allmählichen Abfall des subglottalen Drucks sowie einen grundsätzlich sinkenden Tonus zurückfuhrbare Phänomen wird als *Deklination* bezeichnet.

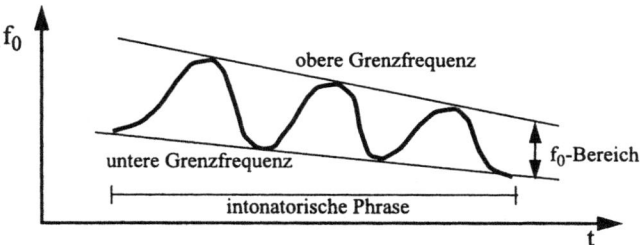

Abb. 110: Deklination: Schematischer Grundfrequenzverlauf innerhalb einer intonatorischen Phrase.

In ihrer linguistischen Funktion ist die Intonation nicht für sich isoliert zu betrachten. Sie geht normalerweise Hand in Hand mit syntaktischen Unterscheidungen wie z.B. der Wortstellung im Deutschen, wenn es um den Gegensatz von Aussage (*Phonetik ist interessant.*) – verbunden mit einer final fallenden Intonation – und Frage (*Ist Phonetik interessant?*) – verbunden mit final steigender Intonation – geht. Der jeweilige Intonationsverlauf kann aber je nach dem in der Kommunikationssituation gegebenen Zusammenhang sehr Unterschiedliches signalisieren. Wichtig ist er so auch für die Gesprächssteuerung: Eine progrediente,[12] d.h. auf gleicher Tonhöhe verweilende bzw.

---

12 Weiterweisende.

leicht ansteigende Intonation z.B. zeigt dem Gesprächspartner an, dass der Sprecher beabsichtigt weiter fortzufahren.

Gerade im Bereich der Intonationsforschung ist in den letzten Jahren von phonetischer wie linguistischer Seite eine Vielzahl neuer Erkenntnisse gesammelt worden, auf die aber im Rahmen dieses Überblickkapitels nicht näher eingegangen werden kann. Der Leser sei hier ausdrücklich auf die in der weiterführenden Literatur genannten Publikationen der neueren Zeit sowie auf den Abschnitt ‚Intonation' unter 6.2.3 zur phonetischen Beschreibung des Deutschen verwiesen.

5.3.3 Sprachrhythmus und Sprechtempo

Rhythmisches ‚Timing'

Unter Sprachrhythmus soll hier die bestimmten Regularitäten folgende zeitliche Abfolge wahrgenommener phonetischer Ereignisse verstanden werden. Für die verschiedenen Sprachen wurde bezüglich ihrer rhythmischen Eigenschaften die folgende typologische Unterteilung vorgeschlagen: betonungszählende (engl. *stress timed*), silbenzählende (engl. *syllable timed*) und morenzählende (engl. *mora timed*) Sprachen, die jeweils dadurch gekennzeichnet seien, dass die ausgezeichneten Einheiten, d.h. die betonten Silben, die einzelnen Silben bzw. die einzelnen Moren, in gleichmäßigem zeitlichen Abstand aufeinander folgen (= Isochroniehypothese).

In ihrer strengen Form ist diese sog. Isochroniehypothese messphonetisch am akustischen Signal allerdings nicht nachzuvollziehen. Dabei ist aber zu beachten, dass die Zuordnung eines bestimmten ‚Ereigniszeitpunktes' – z.B. des den wahrgenommenen Silbenbeginn markierenden – zu einem Zeitpunkt im akustischen Sprachsignal eine keinesfalls triviale Frage darstellt (vgl. Pompino-Marschall 1990). Dennoch zeigen die Sprachen der unterschiedlichen Rhythmustypen aber sehr unterschiedliche, die Dauer von Einzellauten bzw. von einzelnen Silben betreffende Effekte auf, die als Auswirkungen einer solchen Tendenz zur Isochronie bestimmter Einheiten verstanden werden können: So zeigen betonungszählende Sprachen wie das Deutsche oder das Englische z.B. eine starke Tendenz zur zeitlichen Verkürzung unbetonter Silben in um so stärkerem Maße, je mehr von diesen unbetonten Silben zwischen zwei betonten in der Äußerung vorkommen. Diese Verkürzung – oder Kompression – betrifft vor allem die vokalischen Silbenkerne, insbesondere den Schwa-Laut [ə] als Reduktionsvokal, der z.B. in fließender Rede im Deutschen so auch sehr häufig total ausfallen kann (vgl. detaillierter u. Kap. 6.2). Das Japanische als sogenannte morenzählende Sprache hingegen zeigt anhand akustischer Dauermessungen keine derartigen betonungsbedingten Variationen, dafür aber einen klaren und recht stabilen Dauerunterschied zwischen ‚schweren' (d.h. zweimorigen) und leichten (einmorigen) Silben. Die sogenannten silbenzählenden Sprachen – zu denen z.B. die romanischen Sprachen zu zählen sind – stehen ihrerseits sozusagen zwischen diesen beiden Extremen: Sie zeigen keine Kompressionseffekte wie die betonungszählenden Sprachen und die Variabilität der Silbendauer hält sich – sicherlich auch auf Grund der ihnen eigenen einfacheren Silbenstruktur – in gewissen Grenzen.

Rhythmus, Takt und ‚Pausen'

Von den im vorangegangenen Abschnitt beschriebenen Erscheinungen sind die allgemein rhythmische Gliederung von lautsprachlichen Äußerungen in sogenannte ‚Takte' sowie die mit der phrasalen Gliederung von Äußerungen verbundenen lautbezogenen Dauerphänomene zu trennen.

Die gegenüber der Silbe zeitlich größere und B-prosodisch komplexer strukturierte phonetische Einheit bildet der Takt oder ‚Fuß'. Aus einem oder mehreren Takten zusammengesetzt ergibt sich sodann die A-prosodisch kohärente intonatorische Phrase (vgl.o. 5.3.2).

Bezüglich des Taktrhythmus zeigen die einzelnen Sprachen ähnliche Präferenzen: Den unmarkierten Fall des sprachlichen Rhythmus stellt die Alternation von betonter und unbetonter Silbe im Metrum des Trochäus dar. Neben diese tritt in betonungszählenden Sprachen der Daktylus mit seinen zwei unbetonten Folgesilben. Die oben schon angesprochene und für das Deutsche unten (vgl. Kap. 6.2) noch näher zu behandelnden Reduktionserscheinungen bei zusammenhängender Rede spiegeln eben jene Tendenz wider.

Während das Einzelwort mit der Ausnahme von Einwortäußerungen in der normalen, fließend gesprochenen Sprache keine prosodisch abgrenzbare Einheit darstellt, sind einzelne Phrasierungseinheiten durch wahrnehmbare Grenzsignale, sogenannte Junktoren, dem Gehör als Einheiten zugänglich. Aus dem Blickwinkel des Signalphonetikers muss hier allerdings hervorgehoben werden, dass diese Abgrenzung nur in den wenigsten Fällen durch echte signalseitig gegebene Pausen – d.h. durch das Fehlen eines akustischen Signals über einen Zeitabschnitt – gekennzeichnet ist. Letzteres ist sogar oft dort der Fall, wo wir eine ‚echte' Pause wahrnehmen. Dies hat mit einem A-prosodischen Phänomen zu tun, das als *präpausale Längung* (engl. *prepausal lengthening*) bezeichnet wird und eigentlich eine lokale Verlangsamung der Sprechgeschwindigkeit (vgl.u.) darstellt: Vor einer Sprechpause – bzw. als ‚Ersatz' für diese Pause – erhöht sich die Dauer der Lautsegmente, insbesondere die Dauer des der Pause vorausgehenden vokalischen Silbenkerns. Allein diese Längung führt zur auditiven Wahrnehmung einer Pause, selbst wenn gar keine echte Signalpause vorliegt oder aber die Dauer des akustischen 0-Signals gegenüber der z.B. durch die Verschlussphase eines stimmlosen Plosivs verursachten „Signallücke" verschwindend gering ist. In dem einen Fall wird das A-prosodisch gesteuerte „Auslaufen" der Sprechbewegung wahrgenommen, im anderen Fall hingegen die C-prodische Auswirkung einer artikulatorischen Verschlussbildung.

Sprechgeschwindigkeit

Zum Abschluss des Kapitels zur suprasegmentalen Phonetik sei hier kurz auch noch auf mit der Veränderung der Sprechgeschwindigkeit einhergehende Phänomene eingegangen.

Als Maß für die Sprechgeschwindigkeit kommt auf Grund der Natur des Sprechbewegungsablaufs nur ein relationales Maß der Form Silben pro Zeiteinheit in Frage. Die normale Sprechgeschwindigkeit entspricht dabei ungefähr einer Rate von fünf bis acht Silben pro Sekunde, was – rein rechnerisch extrapoliert – etwa zehn bis fünfzehn Laute pro Sekunde ergibt. Bei sehr schnellem Sprechen kommen wir so bis auf eine Anzahl von 400 Wörtern pro Minute.

Signalphonetisch betrachtet kommt es bei einer Veränderung der Sprechgeschwindigkeit zu recht komplexen Umstrukturierungen: Insbesondere die vokalischen Silbenkerne werden bei Erhöhung der Sprechgeschwindigkeit zeitlich verkürzt und ggf. die Artikulationsbewegung nicht so ausgeprägt vorgenommen, so dass die Zunge ihre Zielkonfiguration (engl. *target*) gar nicht ganz erreicht (engl. *undershoot*), während die konsonantischen Artikulationsbewegungen zwar schneller ausgeführt werden, aber einen – in unterschiedlichem Grad – wesentlich geringeren zeitlichen Kompressionseffekt aufweisen.

Wie Intonation und Betonung variiert die Sprechgeschwindigkeit im Verlauf zusammenhängender Äußerungen, jedoch handelt es sich dabei um lokale Änderungen, die sich, wie wir oben z.B. für die präpausale Längung gesehen haben, in der Wahrnehmung der rhythmischen Strukturiertheit der Äußerung niederschlägt.

Abschließend sei hier noch darauf hingewiesen, dass gerade die Kontrolle der Sprechgeschwindigkeit für viele experimentalphonetische Messungen ein keineswegs triviales Problem darstellt.

5.4 Literatur

Weiterführende Literatur

Bolinger, D.L. (ed.) (1972), Intonation: Selected Readings. Harmondsworth.
Fromkin, V.A. (ed.) (1978), Tone: A Linguistic Survey. New York.
Gandour, J.T. (1993), Phonetics of tone. In: Asher, R.E. & Simpson, J.M.Y. (eds.), The Encyclopedia of Language and Linguistics. Oxford u.a., 3116–3123.
Lehiste, I. (1970), Suprasegmentals. Cambridge, MA.

Spezialliteratur

Bell, A. & Hooper, J.B. (eds.) (1978), Syllables and Segments. Amsterdam.
Cutler, A. & Ladd, D.R. (eds.) (1983), Prosody: Models and Measurements. Berlin.
Fowler, C.A. (1980) Coarticulation and theories of intrinsic timing control. Journal of Phonetics 8, 113–133.
Gårding, E. (1983) A generative model of intonation. In: Cutler, A. & Ladd, D.R. (eds.), Prosody: Models and measurements. Berlin, 11–26.
Isačenko, A. & Schädlich, H.J. (1970), A Model of Standard German Intonation. Den Haag.
Kohler, K.J. (1986) Invariance and variability in speech timing: From utterance to segment in German. In: Perkell, J. & Klatt, D.H. (eds.), Invariance and Variability in Speech Processes. Hillsdale, 268–289.
Marcus, S.M. (1981), Acoustic determinants of perceptual centre (P-centre) location. Perception and Psychophysiocs 30, 247–256.
Menzerath, P. & de Lacerda, A. (1933), Koartikulation, Steuerung und Lautabgrenzung. Eine experimentalphonetische Studie. Berlin u. Bonn: Dümmler.
Möbius, B. (1993), Ein quantitatives Modell der deutschen Intonation. Analyse und Synthese von Grundfrequenzverläufen. Tübingen.
Öhmann, S. (1966), Numerical model of coarticulation. Journal of the Acoustical Society of America 41, 310–320.
Öhmann, S. (1967), Coarticulation in VCV utterances: Spectrographic measurements. Journal of the Acoustical Society of America 39, 151–168.

6.2 Das Deutsche

Bevor wir uns der phonetischen Beschreibung des Deutschen zuwenden, soll in einem kurzen Unterkapitel vorab die heutige neuhochdeutsche Standardsprache in ihren systematischen und diachronen Zusammenhang mit den anderen indoeuropäischen Sprachen gestellt werden. Zudem ist – ebenfalls in aller Kürze – auf die Ausbildung einer gesprochenen Standardsprache auf der Grundlage einer dialektübergreifenden standardisierten Schriftsprache einzugehen.

6.2.1 Die historischen Wurzeln des Deutschen

Das heutige Standarddeutsche basiert auf dem neuhochdeutschen Dialekt, einer westgermanischen Sprache der indoeuropäischen Sprachfamilie. Von der Lautentwicklung her ist das Hochdeutsche durch die erste („germanische") Lautverschiebung von den anderen indogermanischen Sprachen abgetrennt und durch die zweite („hochdeutsche") Lautverschiebung vom Niederdeutschen und den anderen germanischen Sprachen unterschieden.

Die erste Lautverschiebung,[4] die im Zeitraum zwischen 1200–1000 v.Chr. und 500–300 v.Chr. stattgefunden haben dürfte, wandelte dabei einerseits die stimmhaften indogermanischen Plosive /b/, /d/, /g/ in stimmlose /p/, /t/, /k/ (lat. *labi* ‚gleiten' vs. engl. *sleep* ‚schlafen'), auf der anderen Seite wurden die mit diesen zusammenfallenden stimmlos behauchten Plosive /p^h/, /t^h/, /k^h/ zu den stimmlosen Frikativen /f/, /θ/, /χ/[5] verschoben (lat. *pater* vs. ahd. *father* ‚Vater'). Die idg. stimmhaft behauchten Plosive /b^h/, /d^h/, /g^h/ schließlich wurden über stimmhafte Frikative zu stimmhaften Plosiven (idg. *ghostis* vs. nhd. *Gast*).

Die zweite Lautverschiebung, die für die Zeit des fünften bis sechsten Jahrhunderts angesetzt wird und deren unterschiedliche Durchführung in den deutschen Dialekten in der Abbildung 113 schematisch wiedergeben ist, bewirkt eine Verschiebung der germanischen stimmlosen Verschlusslaute /p/, /t/, /k/ inlautend zu den stimmlosen Frikativen /f/, /s/, /χ/ (<f(f)>); <z(z)>; <h(h)>, <ch>) und anlautend zu den Affrikaten /pf/, /ts/, (/kχ/) (<pf>, <z>, <kh>).

Für die zeitliche Gliederung der Entwicklung werden allgemein die Epochen des *Althochdeutschen* (etwa 8. Jhdt. bis 1050), des *Mittelhochdeutschen* (etwa 1050 bis 1350) und des *Neuhochdeutschen* (ab dem 14. Jhdt.) angegeben.

6.2.2 Dialekt – Schriftsprache – Standardsprache

Für die heutige Standardsprache maßgeblich war die sich bis zum 16. Jhdt. als Form der schriftlichen Kommunikation herausbildende Varietät auf der dialektalen Grundlage des Ostmitteldeutschen. Ab dem 16. Jhdt. bildet sich

---

4 Nach Jacob Grimm auch Grimmsches Gesetz benannt.
5 Bzw. nach dem Vernerschen Gesetz in Abhängigkeit von den Betonungsverhältnissen zu stimmhaften Frikativen weitergewandelt.

das Deutsche als – im Jahr 1901 schließlich auch orthografisch normierte – Schrift- und Literatursprache heraus. Man kann aber bereits für das späte 18. Jhdt. von einer weitgehend normierten überregionalen Schriftsprache ausgehen. Eine an der Schrift orientierte Kodifizierung der deutschen Aussprache hingegen kam erst im Jahr 1898 durch die Normierung der deutschen Bühnenaussprache zustande (Siebs 1898).

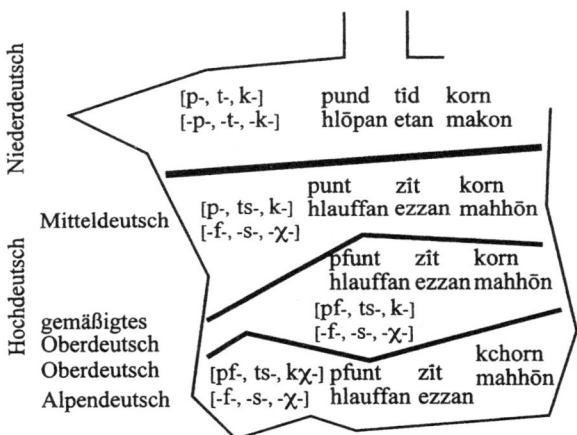

Abb. 113: Die Vennemann-Projektion der Hochdeutschen Lautverschiebung.

Wenn wir heute von der deutschen Standardsprache sprechen, so meinen wir damit – so auch im Folgenden – die gemäßigte Hochlautung (Siebs [19]1969), die – in teilweise etwas gelockerter Form – auf diese erste Festlegung zurückgeht.

Wenn wir im Folgenden über das gesprochene Deutsch reden, so sollte uns aber klar sein, dass wir es hierbei in keiner Weise mit etwas Einheitlichem zu tun haben, und dass wir selbst wohl je nach Situation auch sehr unterschiedliche Varietäten des Deutschen in unserer alltäglichen lautsprachlichen Kommunikation verwenden.

Die eine Extremform des gesprochenen Deutsch ist durch seine unterschiedlichen Dialekte gegeben, die in Abbildung 114 etwas vereinfachend bezüglich ihrer geografischen Verbreitung gekennzeichnet sind.[6] Wesentlich mehr Gewicht ist in der heutigen Zeit allerdings den Ausgleichsformen zwischen den einzelnen echten Dialekten bzw. dem Dialekt und der Standardlautung beizumessen, wie er uns in den Formen der sogenannten Umgangs-

---

6 Anhand der bis etwa 1930 erhobenen Dialektdaten.

Abb. 114: Die geografische Verbreitung der deutschen Dialekte in der ersten Hälfte des 20. Jahrhunderts (vereinfacht nach Wiesinger 1983).

sprache gegenübertritt, wobei die Grenzen zwischen Umgangssprache und Standardsprache – insbesondere im Bereich der Lautung – als fließend angesehen werden müssen.

6.2.3 Phonetik der deutschen Standardsprache

Das Lautsystem des Deutschen

Bei unserer folgenden Beschreibung des Deutschen lehnen wir uns eng an die IPA-Illustration von Kohler (1999) an.

Tab. XVII: Das Konsonanteninventar des Deutschen (modifiziert nach Kohler 1999; s.a. Text zu Erläuterungen)

	bilab.	lab.dent	dental	alv.	postalv.	retrofl.	palatal	velar	uvular	pharyng.	glottal
plosiv	p b			t d				k g			(ʔ)
nasal	m			n				ŋ			
frikativ		f v		s z	ʃ ʒ		ç	(x)	(χ)ʁ		h
ap-proxi-mant							j				
lateral approx.				l							

Die obige Tabelle listet die Konsonantenphoneme des Deutschen auf. Die geklammerten Laute [x] und [χ] hingegen sind – entgegen Kohler (1999); vgl. Hall (2000) – als allophonische Varianten von /ç/ zu betrachten, die aber im Deutschen transkribiert werden müssen, sofern nicht Morphemgrenzen [+] mit angezeigt werden: [x] und [χ] treten nur nach Hinterzungenvokalen auf ([x] dabei nur nach gespannten hohen Hinterzungenvokalen), [ç] hingegen tritt nach Vorderzungenvokalen, nach Konsonanten oder aber auch morpheminitial auf (z.B. [ɪç] ‚ich', [mɪlç] ‚Milch', [ˈfʁaʊçən] = /ˈfʁaʊ+çən/ ‚Frauchen' vs. [ˈʁaʊxən] ‚rauchen'). Ebenso nur durch die Markierung von Morphemgrenzen in der Transkription voraussagbar wäre der Glottisverschluss [ʔ] vor initialen Vokalen (so z.B. in ‚vereisen' [fəʁˈʔaɪzən] = /fɛʁ+ˈaɪzən/ vs. ‚verreisen' [fɛʁˈʁaɪzən]). Die einzelnen Laute sind in der folgenden Liste (bis auf den orthografisch nicht ausgedrückten Glottisverschluss [ʔ]) jeweils in ihren möglichen Positionen (initial, intervokalisch medial und final) durch Beispielwörter illustriert:

Tab. XVIII: Beispielwörter für die Konsonanten des Deutschen in initialer, medialer und finaler Position

p *Pass, Lippe, Lump*
b *Bass*[4], *Ebene*
m *Maß, Eimer, Leim*
f *fasse, laufen, Ruf*
v *Wasser, ewig*
ɔ *Chemie, stechen dich*
h *hasse, Ahorn*
l *lasse, Höhle, hohl*

t *Tasse, Leute, laut*
d *das*[4], *edel*
n *nasse, ohne, Sohn*
s *reißen, Reis*
z *Sonne, reisen*
x *suchen, Buch*
ʁ *Rast, Ehre, Herr*[5]

k *Kasse, Lake, Sack*
g *Gasse*[4], *Lage*
ŋ *lange, Gang*
ʃ *sch*on, *Masche, rasch*
ʒ *Genie, Garage*[6]
χ *machen, Dach*
j *ja, Ajax*

---

[4] Nur phonematisch, phonetisch entstimmt [b̥, d̥, g̊].

[5] Nur phonematisch (s.u. Interpretationskonventionen).

[6] Eingeschränkt.

Das Schema der Abbildung 115 listet (in Anlehnung an Kohler 1999) die deutschen Vokalphoneme in Bezug zum System der Kardinalvokale sowie die echten (phonologischen) Diphthonge. Der Neutralvokal [ə] wurde hier geklammert, da er nicht als Phonem des Deutschen angesehen werden muss.

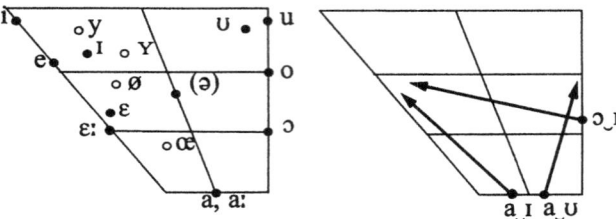

Abb. 115: Das Vokalsystem des Deutschen (modifiziert nach Kohler 1999; links, durch gefüllte Kreise gekennzeichnet: bezüglich Lippenform unmarkierte Vokale, durch offene Kreise gekennzeichnet: markierte (gerundete Vorderzungen-) Vokale; rechts: echte Diphthonge)

Die folgende Liste illustriert wiederum die obigen Vokale und Diphthonge in ihren möglichen Positionen durch Beispielwörter:

Tab. XIX: Beispielwörter für die Vokale des Deutschen in initialer, medialer und finaler Position

i *Igel, bieten, sie*	y *Übel, hüten, früh*	u *Uhr, sputen, Uhu*
ɪ *ich, bitten*	Y *üppig, Hütten*	ʊ *um, Butter*
e *Esel, beten, Tee*	ø *Öfen, Goethe, Bö*	o *Ofen, boten, froh*
ɛ *Ecke, Betten*	œ *öffnen, Götter*	ɔ *offen, Botten*
ɛː *äsen, bäten, säh*		
	aː *aber, baten, sah*	
	a *Acker, hatten*	
	ə *Beute*	
a͜ɪ *Eier, beiden, frei*	ɔ͜ɪ *Eule, Beute, neu*	a͜ʊ *aus, bauen, Frau*

Die obige Liste illustriert u.a. eine besondere Eigenschaft des deutschen Vokalismus, die es erlaubt, phonologisch das deutsche Vokalinventar weiter zu reduzieren (vgl. Vennemann 1988): Die offeneren, ungespannten Vokale eines Paares von – in traditioneller Ausdrucksweise – Lang- und Kurzvokal[7] treten nie in

---

[7] Auf Grund der im Deutschen bestehenden Korrelation zwischen Vokallänge und Öffnungsgrad bzw. Gespanntheit berechtigte Bezeichnung.

silbenfinaler Position auf, d.h. weiter, sie kommen nur in geschlossenen Silben mit sogenanntem ‚scharfen Schnitt' vor (zum Silbenschnitt vgl. o. 5.2.2).

2.2.3 ‚Visible speech' – Segmentation und visuelle Analyse des akustischen Sprachsignals

[...]

Die enttäuschte Hoffnung, im akustischen Sprachsignal klar abgrenzbare Sprachlaute ausmachen zu können, kommt deutlich in dem von dem amerikanischen Linguisten Charles Hockett kolportierten Ausspruch beim Anblick seines ersten Sonagramms zum Ausdruck: Hier sähen die Sprachlaute ja aus wie eine Reihe Ostereier, nachdem sie durch eine Mangel gedreht worden seien.

Eine Illustration kann dieses Dilemma verdeutlichen: Obwohl wir im Sonagramm klar vom spektralen Muster her unterschiedliche akustische Segmente zeitlich voneinander abgrenzen können, so stehen diese jedoch keineswegs in einem 1:1-Zusammenhang mit den angenommenen ‚Lautsegmenten' der transkribierten Äußerung.

So kann man im Sonagramm der Abbildung 64 die folgenden akustischen Segmente feststellen: (1) ein Geräuschsegment mit Frequenzen über 4 kHz ([s]-Friktion), (2) ein Segment, in dem sich die spektrale Lage des Geräusches verändert, (3) ein stimmhaftes, von schnellen Formantbewegungen gekennzeichnetes Segment (alveolare Öffnungstransition), (4) ein quasistationäres vokalisches Segment ([æ]), (5) ein wiederum durch schnelle Formantbewegungen gekennzeichnetes Segment (alveolare Schließungstransition), (6) ein stimmhaftes, nur niedrige Frequenzkomponenten aufweisendes Segment ([n]), (7) ein Verschlusslösungsgeräusch ([t]-‚burst'), (8) eine alveolare Öffnungs-, gefolgt von (9) einer velaren Verschlustransition, (10) eine Signalpause ([k]-Verschluss), (11) ein erneutes Verschlusslösungsgeräusch ([k]-‚burst'), (12) ein transientes Geräuschsignal ([kʰ]-Aspiration), (13) ein stimmhaftes Segment mit langsameren Bewegungen der höheren Formanten (laterale Verschließungstransition), gefolgt von (14) einer lateralen Öffnungstransition, (15) ein längeres quasistationäres vokalisches Segment ([ɔː]), (16) eine langsame (alveolare) Schließungstransition mit (durch die breiter werdende vertikale Striation erkennbar) sich erniedrigender Grundfrequenz, (17) ein stimmhaft frikativisches und (18) ein stimmlos frikativisches Geräuschsegment.

Dem Sonagramm ist in Abbildung 64 unter der darüber angezeigten Zeitachse die enge phonetische Transkription der englischsprachigen Äußerung „Santa Claus" zugeordnet. Die in der obigen Beschreibung vorgenommene Zuordnung der akustischen Segmente zur zugrundeliegenden Lautfolge und zu den einzelnen akustischen Merkmalen ist im Mittelteil bzw. im unteren Abschnitt der Abbildung nochmals schematisch dargestellt.

Das Sonagramm stellt trotz dieser nicht vorhandenen 1:1-Beziehung das wohl wichtigste Hilfsmittel des Phonetikers zur Veranschaulichung und Segmentation des akustischen Sprachsignals dar, wie anhand der Abbildung 65 und der dort dargestellten Äußerung *„Phonetik und sprachliche Kommunikation"* zu demonstrieren ist.

Während bei gleicher Zeitauflösung im akustischen Zeitsignal (dem Oszillogramm in der Abb. 65 oben) lediglich die einzelnen Silben voneinander klar abgrenzbar erscheinen, zeigt das Breitband-Sonagramm (unten)[10] deutlich sichtbare, sich gegenüber dem Zeitsignal langsamer verändernde (vgl. a. die folgenden Abbildungen) spektrale Strukturen, die z.B. eine Segmentation der Aspiration von Plosiven (z.B. beim medialen [k^h] von *„Kommunikation"*), das Auffinden von glottalen Plosiven (hier vor *„und"*) und eine erste Bestimmung der unterschiedlichen Vokale erlaubt (hier z.B. [o] mit zwei tiefen Formanten, [e:] und [ɪ] mit tiefliegendem ersten und hohen zweiten Formanten, [ʊ] mit ähnlicher, aber noch tieferer Formantlage wie [o], [a:] mit eng beieinanderliegenden mittleren Formanten, usw.; vgl. a. u.).

Die Formantstruktur der vokalischen Silbenkerne und die spektralen Eigenschaften von Verschlußlösungsgeräuschen sind in Abbildung 66 am Ausschnitt *„Phonetik"* der obigen Äußerung veranschaulicht.

Die im Breitband-Sonagramm (Abbildung oben) nachträglich eingezeichneten Verläufe der einzelnen Formanten (die beiden unteren – F1 und F2 – weiß, F3 und F4 schwarz) zeigen die für die jeweiligen angrenzenden Konsonanten typischen Transitionen (vom [o] zum [n], vom [n] zum [e:] und vom [e:] zum [t]). Die Transitionen vom aspirierten [t^h] zum [ɪ] (gepunktet) zeigen sich – wie für stimmlos aspirierte Plosive kennzeichnend – nur in den oberen Formanten, nicht in F1, und sind zudem nur geräuschhaft angeregt; vor ihrem Einsatz ist (durch Pfeil gekennzeichnet) der spektrale Schwerpunkt des Verschlußlösungsgeräusches erkennbar, der sich von dem des finalen [k^h] (ebenfalls mit Pfeil markiert) klar unterscheidet. Im unteren Abschnitt der Abbildung ist zusätzlich das Spektrum in Form einer ‚spectral section' zum im Oszillogramm (Abbildung Mitte) durch den senkrechten ‚Cursor' markierten Zeitpunkt des Vokals [ɪ] dargestellt: Die y-Achse repräsentiert hier die Intensität, die x-Achse die spektrale Frequenz; die Lage der Formanten ist durch Pfeile gekennzeichnet.

---

10 Hergestellt mit dem Programm ‚Signalyze' (InfoSignal, Lausanne; Eric Keller) für Apple MacIntosh; Filterbreite 200 Hz.

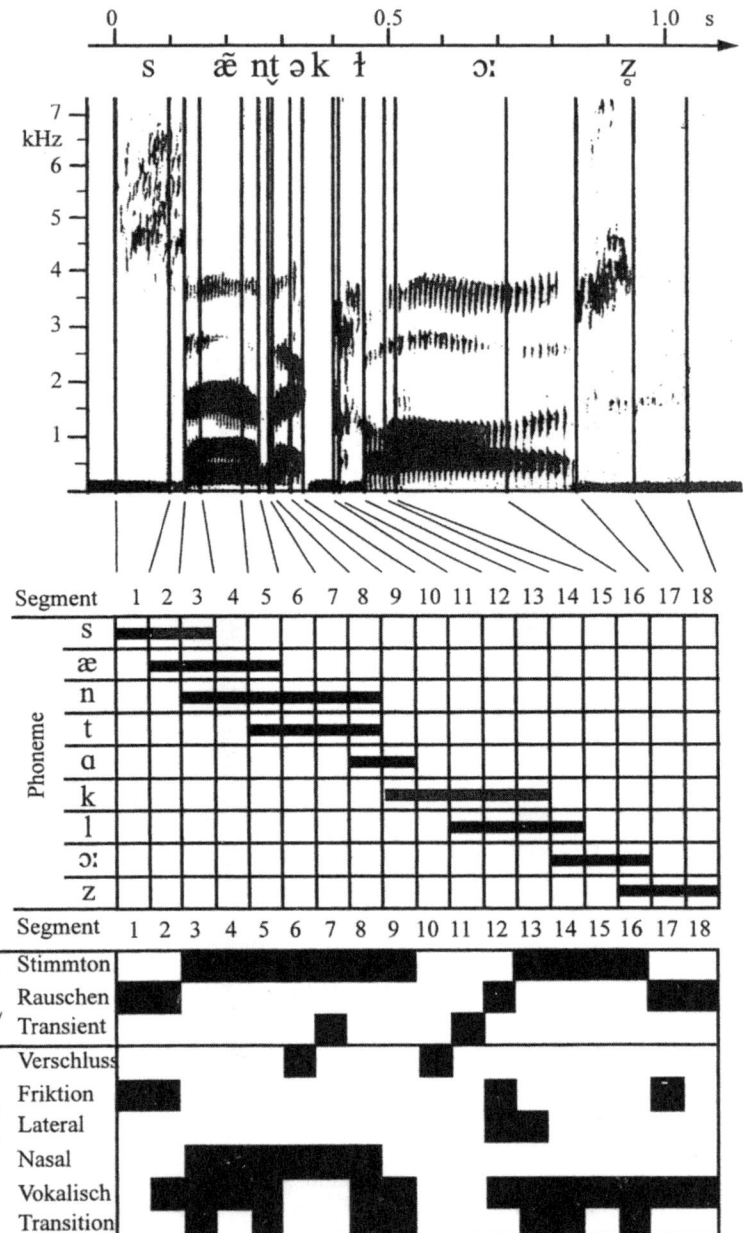

Abb. 64: Der komplexe Zusammenhang zwischen akustischen Segmenten und der transkribierten Lautfolge (Erläuterungen s. Text; nach Fant 1962).

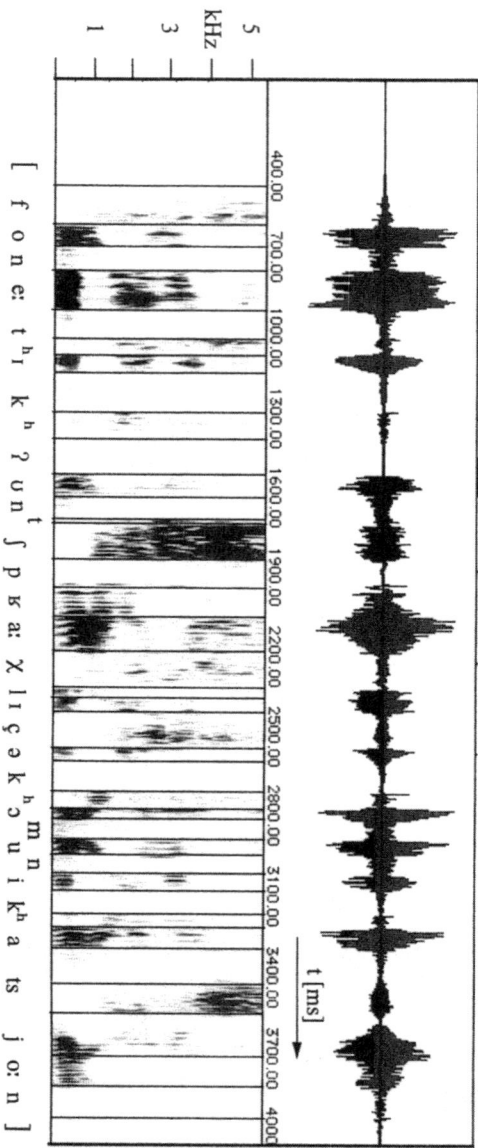

Abb. 65: Oszillogramm (oben) und Breitband-Sonagramm (unten) der Äußerung „*Phonetik und sprachliche Kommunikation*" mit zugeordneter Segmentation und Transkription.

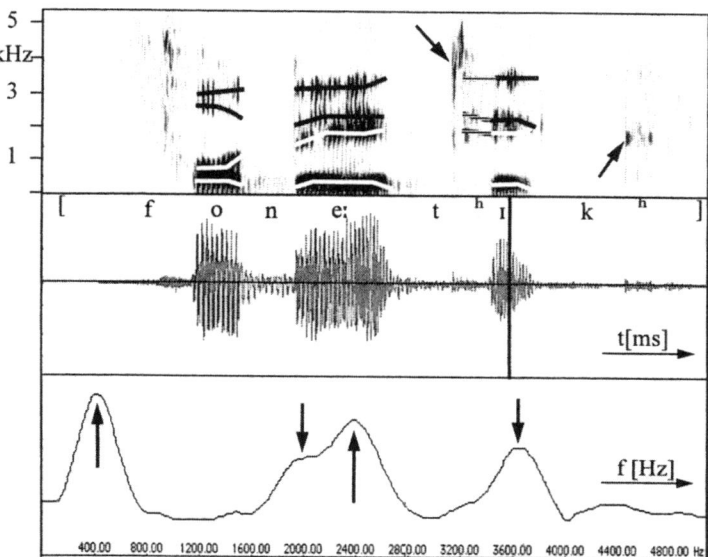

Abb. 66: Breitband-Sonagramm des Ausschnitts „Phonetik" (aus Abb. 65) mit nachgezeichnetem Formantverlauf (oben) mit zugeordneter Transkription und synchronem Oszillogramm (Mitte) sowie Spektrum zum im Oszillogramm markierten Zeitpunkt (unten; zur Erläuterung s.a. Text).

Die Abbildung 67 des akustischen Signals der Äußerung „*Was ist Phonetik eigentlich?*"[11] verdeutlicht den Unterschied zwischen einem Breit- und einem Schmalband-Sonagramm: Während im Breitband-Sonagramm (Abbildung Mitte) wie in den vorausgehenden Abbildungen die Formanten deutlich werden, zeigt das Schmalband-Sonagramm (hier Filterbreite 20 Hz; klassisch: 45 Hz) die einzelnen Harmonischen des akustischen Sprachsignals (in der Abbildung durch Pfeile markiert): Beim Äußerungsteil „*ist*" liegen sie weit auseinander, d.h. die Stimmtonfrequenz ist hier hoch, während wir in der Silbe „*Phon...*" eine mit dem Absinken der Sprachmelodie verbundene Abwärtsbewegung bei gleichzeitigem Engerwerden der Schwärzungen im Sonagramm beobachten.

---

11 Mit der Intonation einer Frage, was der Ausdruck ‚Phonetik' bedeutet (in der Abbildung schematisch oberhalb der orthographischen Repräsentation als Melodieverlauf angezeigt).

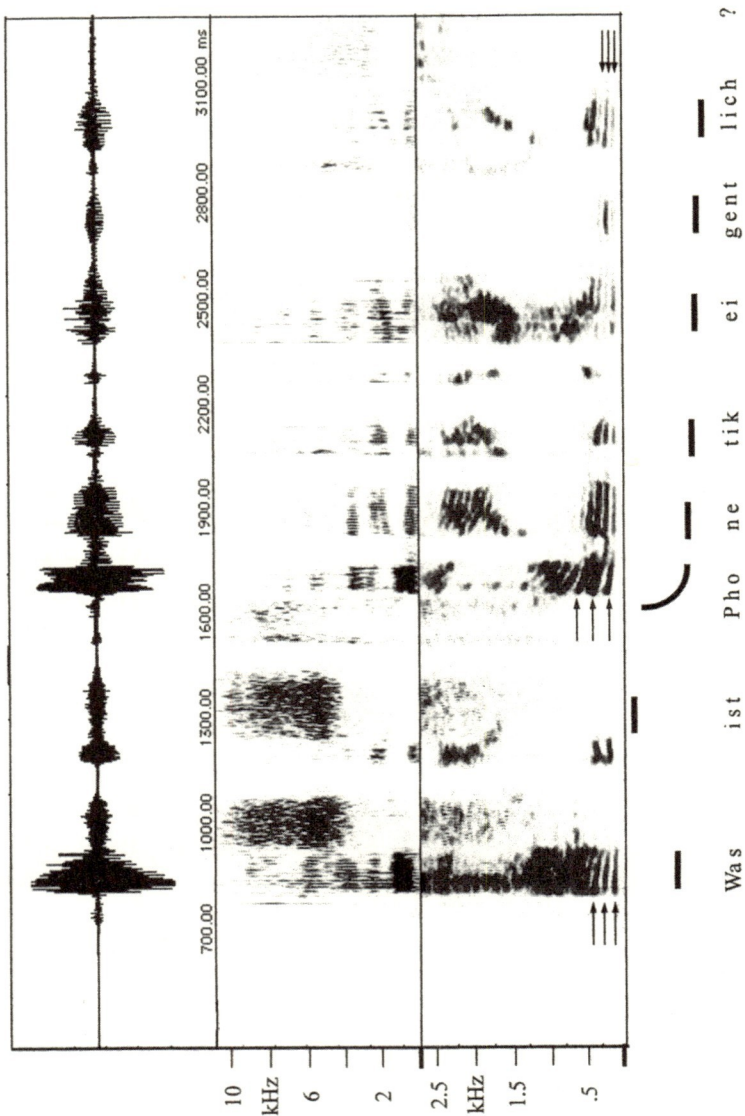

Abb. 67: Oszillogramm (oben), Breitband-Sonagramm (Mitte) und Schmalband-Sonagramm (unten) mit zugeordnetem Text und Intonationsnotation (Erläuterung s. Text).

Einführung in die Phonetik 427

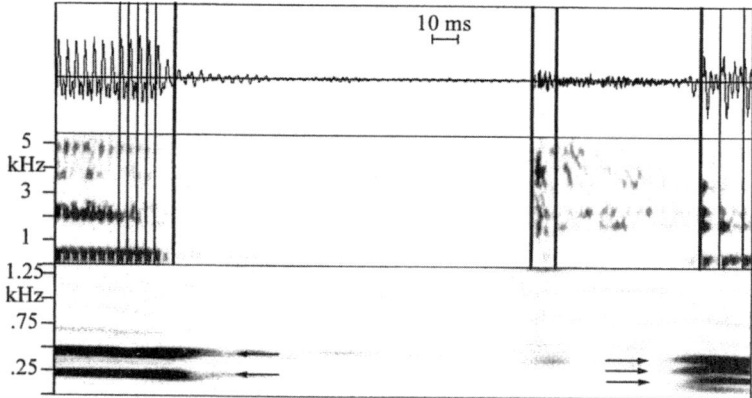

Abb. 68: Oszillogramm (oben), Breitband- (Mitte) und Schmalband-Sonagramm (unten) des Ausschnitts [eːtʰi] der Äußerung „Phonetik" (Erläuterungen s. Text).

Der Unterschied zwischen Breit- und Schmalband-Sonagramm wird nochmals in Abbildung 68 an dem zeitlich stark vergrößerten Ausschnitt [eːti] aus „Phonetik"[12] deutlich.

Im Oszillogramm sind bei dieser Zeitauflösung die einzelnen Stimmtonperioden erkennbar und in der Abbildung für den Transitionsteil von [eː] zum [t]-Verschluss einzeln segmentiert. Im Breitband-Sonagramm entspricht der einzelnen Periode ein klar abgrenzbares vertikales Schwärzungsmuster, wobei aus den Abständen zwischen diesen die Grundfrequenz errechenbar ist. Demgegenüber wird die Grundfrequenz im Schmalband-Sonagramm durch die einzelnen Harmonischen (in der Abbildung unten wiederum durch Pfeile gekennzeichnet) abgebildet. Deutlich wird in der Abbildung 68 auch das reziproke Verhältnis von Zeit- und Frequenzauflösung: Während durch die gute Zeitauflösung im Breitband-Sonagramm die einzelnen Stimmtonperioden erkennbar sind – und dieses sich daher gut als Segmentationshilfe für das synchrone Zeitsignal eignet – zeigt das Schmalband-Sonagramm die spektrale Feinstruktur der einzelnen Harmonischen bei großer zeitlicher Unschärfe.

---

12 Hier als anpreisender Ausruf mit Hochton auf [eː] und abfallend intoniert ausgesprochen.

Abbildung 68 zeigt uns deutlich die unterschiedlichen akustischen Phasen eines Plosivlautes: Den schon erwähnten Transitionsteil bis hin zur stärkeren Markierung, die im Oszillogramm dem Ende der letzten eindeutig erkennbaren Stimmtonperiode entspricht und im Breitbandsonagramm dem Zeitpunkt des Verschwindens der Energie in den höheren Formanten. Hierauf folgt die orale Verschlussphase von 175 ms Dauer,[13] gefolgt von dem – wiederum durch eine stärkere vertikale Markierung gekennzeichneten – Geräusch der Verschlusslösung, dem 10 ms dauernden ‚burst', der als Friktionsgeräusch an der Artikulationsstelle eine andere spektrale Struktur als die darauf folgende Aspiration aufweist. Während dieser Phase von 68 ms Dauer sehen wir wiederum nur die höheren Formanten, die durch das glottale Geräuschsignal angeregt sind. Die Dauer des Verschlusslösungsgeräusches und der Aspiration ergeben die sog. ‚Voice Onset Time' (VOT), d.h. die Verzögerung des Stimmtoneinsatzes gegenüber der Verschlusslösung (hier also 78 ms; ab ca. 20–30 ms VOT wird ein Plosiv als aspiriert wahrgenommen). An die Aspiration schließt sich der wieder stimmhafte vokalische Teil des Sprachsignals an, ggf. gegliedert in einen restlichen transitionellen Teil und einen quasi-stationären (‚steady state') Vokalteil.

In der Abbildung 69 schließlich sind die Langvokale [uː], [oː], [aː] [eː] und [iː] im Breitband-Sonagramm dargestellt: Neben den durch die unterschiedliche Schwärzung zum Ausdruck kommenden intrinsischen Lautheitsunterschieden (tiefe Vokale > hohe Vokale, Hinterzungenvokale > Vorderzungenvokale) ist klar das systematische Verhalten der ersten beiden Formanten zu erkennen, das in der Abbildung 70 als vereinfachtes Merkschema nochmals dargestellt ist.

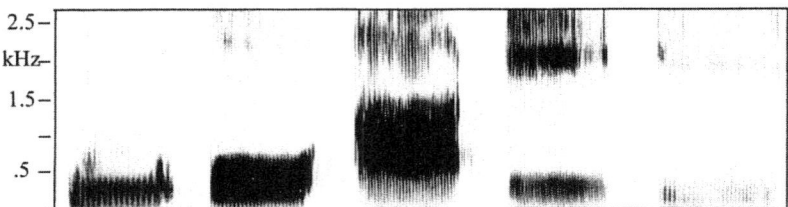

Abb. 69: Breitband-Sonagramme der Vokaläußerungen [uː], [oː],[aː], [eː], [iː].

---

13 Wobei in ihrer ersten Phase durchaus noch Stimmlippenschwingungen im Oszillogramm und im Breitband-Sonagramm erkennbar sind.

Einführung in die Phonetik 429

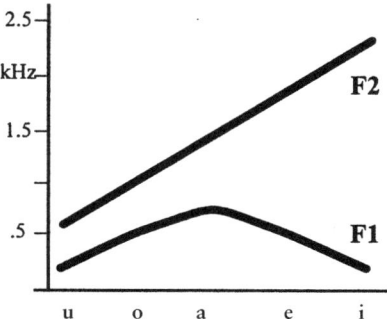

Abb. 70: Vereinfachtes Schema der Formantbewegung beim Übergang zwischen den verschiedenen Vokalen.

Der erste Formant, tief bei den hohen Vokalen [uː] und [iː], am höchsten beim [aː], bildet gewissermaßen den Öffnungsgrad (bzw. reziprok die Zungenhöhe) ab, während der zweite Formant sich vom Hinterzungenvokal [uː] zum Vorderzungenvokal [iː] stetig erhöht, d.h. mit der horizontalen Zungenposition korreliert.

In der Abbildung 71 sind abschließend die mittleren Formantfrequenzen der deutschen Vokale im F1-F2-Schema nochmals zusammenfassend aufgelistet.

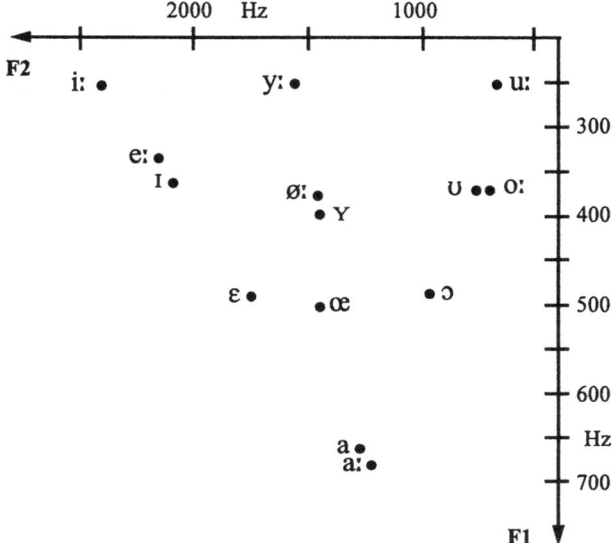

Abb. 71: Durchschnittliche Formantwerte deutscher Vokale (nach Rausch 1972).

Akustische Merkmale der verschiedenen Lautkategorien

Das Kapitel zum akustischen Erscheinungsbild der Sprachlautkategorien abschließend seien hier deren wichtigste Merkmale, wie sie in den verschiedenen Darstellungen des akustischen Sprachsignals sichtbar werden und auch bei der automatischen Sprachsignalverarbeitung Verwendung finden, kurz zusammengefasst. Diese Zusammenfassung versteht sich dabei in erster Linie als eine Zusammenstellung praktischer Hinweise für die Lautsegmentation – z. B. für die Dauerbestimmung einzelner Lautsegmente – am Zeitsignal und am Sonagramm, wie sie heute mittels verschiedener Spezialsoftware auch schon am heimischen PC bzw. am Laptop möglich ist.[14]

Die wichtigsten Merkmale am akustischen Zeitsignal in der Darstellung des Oszillogramms sind:

- Die **Amplitude** des Signals (ablesbar am Spitzenwert des Oszillogramms bzw. an den aus dem Zeitsignal extrahierten Pegelsignalen)
- die **Periodizität** (bei stimmhaften Signalteilen; als zeitlicher Abstand zwischen quasi gleichen Signalabschnitten, am besten als Abstand zwischen den jeweiligen Nulldurchgängen vor der Führungsamplitude*)

---

* Unter Führungsamplitude (einer Periode) versteht man den durch die periodische Glottisschließung verursachten ersten – meist maximalen – Amplitudenausschlag im Zeitsignal, der je nach Phasencharakteristik der analogen Aufnahme- und Überspielgeräte in positiver bzw. negativer Richtung erfolgt. (Jede Tonbandkopie der ursprünglichen Aufnahme dreht das Signal in der Regel um 90°, d.h. verändert genau die Polarität der Führungsamplitude.) Für die exakte Segmentation sollte man daher bei einer Aufnahme jeweils nur an den positiven (d.h. am Übergang zwischen einem negativen und einem positiven Signalwert) bzw. an den negativen Nulldurchgängen (d.h. am Übergang zwischen einem positiven und einem negativen Signalwert) schneiden.

---

14 Als umfassendes Hardware/Software-System der gehobeneren Preisklasse ist hier das *CSL* (Computerized Speech Lab) der Firma Kay zu nennen. Für den privaten PC-Benutzer ist wohl eher das sehr einfach zu bedienende und preiswerte Programm PCQuirer von Scicon R&D (http://sciconrd.com) von Interesse, sofern er nicht von Vornherein mit der Freeware PRAAT (vgl.u. 2.3) arbeitet.

P. Eisenberg

Das deutsche Schriftsystem

1. Allgemeine Charakterisierung
2. Groß/Kleinschreibung
3. Grapheme und Phonographie
4. Explizitform und silbische Schreibung
5. Morphologische Schreibung
6. Fremdwortschreibung
7. Literatur

1. Allgemeine Charakterisierung

Das Schriftsystem des Deutschen ist in seiner heutigen Form etwa seit der Mitte des 18. Jahrhunderts stabil. Es ist im deutschen Sprachgebiet weitgehend vereinheitlicht. Als Grundlage des überregionalen Standards im Geschriebenen hat es auch entscheidende Bedeutung für die Herausbildung der neuhochdeutschen Standardlautung gehabt.

Die Regularitäten des Schriftsystems, verstanden als grammatische Regularitäten im Sinne von Artikel 117, lassen sich übersichtlich ordnen in wortbezogene einerseits und satzbezogene andererseits. Zu den wortbezogenen gehören die Regularitäten der Graphemkombinatorik, der Silbentrennung, Getrennt-/Zusammenschreibung sowie der Groß/Kleinschreibung. Zu den satzbezogenen gehören vor allem die zur Interpunktion. Alle Gruppen von Regularitäten sind in jüngster Zeit Gegenstand linguistischer Analysen geworden. Es hat sich dabei gezeigt, daß der normale Schreibusus des Deutschen in hohem Maße grammatikalisiert ist. Bei der Interpunktion trifft dies vor allem für die Kommasetzung zu, die weitgehend syntaktisch geregelt ist (Behrens 1988; Baudusch 1989; Primus 1993; → Art. 128). Die Silbentrennung beruht auf silbenstrukturellen Faktoren einerseits und morphologischen andererseits (Kohrt 1988; Günther 1990). Bei der Getrennt-/Zusammenschreibung geht es um Idiomatisierung (Lexikalisierung) komplexer Wörter sowie um sekundäre Wortbildungsmechanismen wie die sog. Univerbierung (Schaeder 1985; Gallmann 1989).

Die Groß/Kleinschreibung gehört zu den Hauptcharakteristika des Deutschen. Konsequent grammatikalisiert ist sie im Bereich der Substantivgroßschreibung (Abschnitt 2).

Für die Graphemkombinatorik, also die eigentlichen Regularitäten der Wortschreibung, ist im Kernwortschatz des Deutschen ein strikter Bezug auf Einheiten der Wortstruktur gegeben. Basis der Wortschreibung ist ein einfaches und eindeutiges Graphem-Phonem-Bezugssystem (Abschnitt 3). Diesem überlagert sind silbenstrukturelle Bezüge. Ihre Funktion ist vornehmlich die Herstellung konstanter und quantitativ ausgeglichener segmentaler Einheiten im Umfang von Silben (Abschnitt 4). Diesem wiederum überlagert ist das Prinzip der Morphem- oder Schemakonstanz. Es wird mit großer Konsequenz durchgehalten und verleiht dem System des Deutschen einen ausgeprägten logographischen Zug (Abschnitt 5). In der Fremdwortschreibung dominiert, zumindest bei Entlehnungen aus dem neueren Englischen und Französischen, eine Mischung aus Fremdschreibung und Assimilation über die sog. Leseaussprache (Abschnitt 6).

Die folgende Darstellung kondensiert Grundzüge des Systems auf der Basis vorliegender Gesamtdarstellungen (vor allem Eisenberg 1995; Maas 1992; Nerius et al. 1987).

2. Groß-/Kleinschreibung

Groß geschrieben werden im Deutschen Satzanfänge, in Briefen Anredepronomina *(Du, Sie)* und adressatenbezogene Possessiva *(Dein, Ihr, Ihrer)*, Eigennamen *(Otto Könnecke, Basel, Freie Universität Berlin, Roter Main)* und Substantive. Bis auf die Substantivgroßschreibung finden sich alle Regeln zur Großschreibung auch in anderen Sprachen mit Alphabetschrift. Mit der Substantivgroßschreibung steht das Deutsche allein, sie wird deshalb im Folgenden etwas eingehender erläutert (dazu Mentrup 1979; Eisenberg 1981; Stetter 1990).

Die Substantivgroßschreibung ist im Usus weitgehend grammatikalisiert und in diesem Sinne regelhaft. Was sich nach den üblichen Kriterien zur Ermittlung grammatischer Kategorien als Substantiv erweist, wird in aller Regel groß geschrieben. Am einfachsten ist dies daran demonstrierbar, daß ein Kategorienwechsel zum Substantiv mit dem Übergang zur Großschreibung verbunden ist und daß ein Wechsel aus der Kategorie Substantiv mit einem Verlust der Großschreibung einhergeht. In beiden Richtungen des Überganges gibt es zahlreiche Bewegungen und damit einen ständigen Wechsel bezüglich der Großschreibung für große Klassen morphologischer Einheiten.

Grammatisch übersichtlich und für den Normalschreiber im allgemeinen gut nachvollziehbar sind Übergänge im Rahmen produktiver Wortbildungs-

und Konversionsmuster. Substantive im Sinne der Großschreibung sind selbstverständlich alle Nominalisierungen, einschließlich nominalisierter Infinitive *(das Lesen/Singen/Schlafen)* und Adjektive *(der/die/das Neue/Versprochene/Erlebte).*

Für den Normalschreiber schwerer handhabbar sind Übergänge, die sich im Zuge von Sprachwandelprozessen allmählich vollziehen. Solche Übergänge finden nicht in beiden Richtungen statt, sondern sie betreffen fast ausschließlich Einheiten, die die Kategorie Substantiv verlassen. Verbreitet sind beispielsweise Mechanismen zur Bildung komplexer Wörter mit substantivischem Bestandteil wie komplexe Präpositionen *(zu Gunsten → zugunsten, an Stelle → anstelle)* oder Verbstämme *(Staub saugen → staubsaugen, Autofahren → autofahren.** Da nicht immer leicht zu entscheiden ist, wie weit ein Prozeß dieser Art im Einzelfall fortgeschritten ist, ergeben sich Schreibunsicherheiten. Die ‚natürliche' und dem systematischen Wandel angemessene Reaktion der Schreiber führt zu Schreibvarianten. Wird in eine solche Situation normativ eingegriffen (z. B. Duden 1991: *er will radfahren,* aber *er fährt Rad),* sind systemwidrige Schreibungen unvermeidlich.

Die Substantivgroßschreibung gilt bei vielen Schreibern nicht nur als schwierig, sondern auch als willkürlich. Der Eindruck von Willkürlichkeit beruht meist darauf, daß systematisch wohlbegründete Schreibunsicherheiten als Schwäche der Regeln interpretiert werden. Zum Alltagsbewußtsein von Sprache gehört, daß das Geschriebene im Prinzip keine Formvarianz aufzuweisen habe. Man rechnet nicht mit einem Schriftsystem, sondern mit einer Rechtschreibung oder Orthographie. Der Konflikt zwischen Schreibusus und Normierungsanspruch tritt nirgendwo so klar hervor wie bei der Substantivgroßschreibung. Sie ist seit langem der umstrittenste Bereich bei den Bemühungen um eine Reform der Orthographie (→ Art. 56, 59).

3. Grapheme und Phonographie

Die meisten Grapheme des Deutschen sind Einzelbuchstaben des lateinischen Alphabets, die eindeutig auf ein kleinstes Lautsegment (Phonem) bezogen werden können. Die Grundbezüge der Graphem-Phonem-Korrespondenz sowie die wichtigsten Abweichungen von diesem ‚phonographischen Prinzip' der Alphabetschrift sind im Folgenden aufgeführt. Bezugsgrößen sind dabei jeweils die unmarkierten Schreibungen der Wörter im Kernbereich (Meinhold & Stock 1981; Eisenberg 1988).

---

* Aktuell: *Auto fahren* oder *das Autofahren* (Substantivierung) [L.H.].

3.1. Konsonantschreibungen

Für das Deutsche werden meist 18 oder 19 Konsonantphoneme angesetzt. 14 von ihnen sind durch eindeutige Korrespondenzregeln auf Einzelbuchstaben bezogen: [p]--<p>, [t]--<t>, [k]--<k>, [b]--<b>, [d]--<d>, [g]--<g>, [f]--<f>, [v]--<w>, [z]--<s>, [j]--<j>, [m]--<m>, [n]--<n>, [l]--<l>, [R]--<r>.

Von den Buchstaben des lateinischen Alphabets gehören <c>, <q>, <v> und <x> nicht zum Kernbestand der Grapheme. <c> und <q> erscheinen nur als Bestandteil von Mehrgraphen wie in <Schal, Qual>, <v> ist gegenüber der Normalopposition <f>--<w> markiert (vgl. <Fall – Wall>, aber sowohl <Vater> als auch <Vase>), und <x> taucht nur in einer kleinen Gruppe von Einheiten des Kernwortschatzes auf (<Hexe, Nixe>). Umgekehrt hat das Deutsche mit dem <ß> ein Konsonantgraphem, das nicht im lateinischen Alphabet vorhanden ist. Der phonographische Grundbezug von <ß> ist [s] wie in <Straße, Muße>.

Im konsonantischen Bereich gibt es vier Mehrgraphen. Die Art des phonographischen Bezuges ist bei diesen Mehrgraphen recht unterschiedlich. <qu> entspricht der Lautfolge [kv] wie in <Quitte> und kommt nur im Silbenanlaut vor; <ng> steht für [ŋ] wie in <Zange> und kommt nicht im Silbenanlaut vor. <sch> ist unmarkiert bezogen auf [ʃ] (<Schal, Asche>; markiert z.B. <Span, Stuhl>). <ch> schließlich ist bezogen auf die Varianten eines abstrakten Phonems [X], nämlich [x] <schwach>, [ç] <Milch> und [k] <Fuchs>.

3.2. Vokalschreibungen

Für die Vollvokale ergibt sich eine einfache phonographische Grundstruktur dann, wenn man zwei isomorphe Vokalreihen von gespannten und ungespannten Vokalen ansetzt. Unter dieser Voraussetzung ist ein Vokalgraphem sowohl auf den gespannten wie auf den ungespannten Vokal eines Paares bezogen. Sechs solcher Paare sind anzusetzen: [y],[Y]--<ü>; [e],[ɛ]--<e>; [ø],[œ]--<ö>; [ɑ], [a]--<a>; [o],[ɔ]--<o>; [u],[ʊ]--<u>.

Der gemeinsame graphematische Bezug eines Paares von Vokalen gilt nicht bei [i], [ɪ]. Für [i] steht als unmarkiert phonographische Entsprechung der Mehrgraph <ie> zur Verfügung wie in <Friede, schwierig>, [ɪ] ist bezogen auf <i>. Der Bezug von gespannten Vokalen auf Doppelvokalgrapheme hat als markiert zu gelten. Er tritt distributionell eng begrenzt auf bei [e] <Beet>, [ɑ] <Saat> und [o] <Boot>. Der Reduktionsvokal [ə] wird als <e> geschrieben.

Nicht zum Kernbestand der Vokalgrapheme gehört das <y>. Es ist auf den Fremdwortschatz beschränkt. Als Eigenheit gegenüber dem lateinischen Alphabet besitzt das Deutsche die Umlautgrapheme <ä>, <ö> und <ü>. Die beiden letzten weisen sowohl phonographischen Grundbezug (<schön, gönnen, müde, Hütte>) als auch Bezug auf morphologisch bedingten Umlaut auf (<größer, Hölzer, Brüder, Mütter>). Bei <ä> ist der morphologische Bezug am stärksten ausgeprägt. Das gilt sowohl für das Einzelgraphem (phonographisch nur wenige Wörter wie <Bär, Krähe>, morphologisch z. B.<Bach – Bäche, lachen – lächeln>) wie für die Diphthongschreibung (phonographisch stets <eu> wie in <Eule, heute>, morphologisch <äu> wie in <Haus – Häuser, rauben – Räuber>). Wegen seines fast ausschließlich morphologischen Bezuges wurde <ä> nicht in der Menge der Grundgrapheme aufgeführt.

4. Explizitform und silbische Schreibung

Für die Schreibung der Formen von Wörtern aus den offenen, flektierenden Wortklassen des Kernwortschatzes (Substantive, Adjektive und Verben) spielt eine Rolle, daß alle Flexionsparadigmen Formen aufweisen, die mit Schwasilbe enden. Alle Flexionsparadigmen enthalten also Formen mit mindestens zwei Silben. Im Standardfall ist eine solche Form bei nichtderivierten Wörtern zweisilbig und besteht aus einer betonten Silbe mit Vollvokal gefolgt von einer unbetonten Silbe mit Schwa, z. B.[ʀybə] <Rübe>, [edəl] <edel>, [laʊfən] <laufen>.

Formen dieser Art werden im Folgenden Explizitformen genannt. Explizitformen sind von größter Bedeutung für die Wortschreibung insgesamt. Auf silbenstrukturellen Merkmalen der Explizitformen beruhen einige der Hauptcharakteristika des deutschen Schriftsystems. Das wird an zwei typischen Beispielen gezeigt.

4.1. Doppelkonsonantgrapheme

Ein Konsonantgraphem wird verdoppelt, wenn es phonographisch auf ein Silbengelenk in der phonologischen Wortform bezogen ist. Ein Silbengelenk ist ein einzelner Konsonant zwischen einem betonten ungespannten und einem unbetonten Vokal (markiert durch einen Punkt, z. B.[vɔ.lə] <Wolle>). Der Terminus Silbengelenk drückt aus, daß der entsprechende Konsonant sowohl zur ersten als auch zur zweiten Silbe der Wortform gehört.

Auf Doppelgrapheme (Geminaten) sind genau die Konsonanten bezogen, denen phonographisch ein Einzelbuchstabe entspricht. Das sind [t] <Matte>, [p] <Pappe>, [d] <Kladde>, [b] <Robbe>, [g] <Bagger>, [f] <Koffer>, [s] <Wasser>, [ʀ] <Barren>, [m] <Kammer>, [n] <Sonne> und [l] <Wolle>. Die mehrbuchstabigen Grapheme werden nicht verdoppelt, z.B [aʃə] <Asche>, [kaxəl] <Kachel>, [zɪŋən] <singen>. Die als <tz> geschriebene Affrikate [t͡s] wird ebenfalls nicht geminiert [kat͡sə] <Katze>. Tritt [k] in der Position eines Gelenks auf, so ist es auf <ck> bezogen wie in [ak̯əʀ] <Acker>. Auch hier wird natürlich nicht verdoppelt.

Der Bezug von Doppelkonsonantgraphemen auf Gelenke (und nicht Kurzvokale) bringt systematisch wesentliche Vorteile mit sich. Der silbenstrukturelle Begriff Gelenk filtert die für die Verdoppelung relevanten Vorkommen von Kurzvokalen aus.

4.2. Das ‚stumme h'

Das Deutsche hat zwei Typen von *h*-Schreibung, bei denen das <h> nicht auf den Konsonanten [h] bezogen ist, nämlich das sog. Dehnungs-*h* und das silbeninitiale *h*.

Das Dehnungs-*h* steht in Explizitformen nur dann, wenn in der zugehörigen phonologischen Wortform ein einzelner Sonorant [ʀ, l, n, m] zwischen einem betonten gespannten und einem unbetonten Vokal steht, z.B.[manən] <mahnen>, [zolə] <Sohle>, [laməs] <lahmes>. Die genannten Bedingungen sind notwendige Bedingungen für das Auftreten des Dehnungs-*h*, hinreichend sind sie nicht. In zahlreichen Fällen, in denen es stehen könnte, wird es nicht geschrieben, z.B.<Blume, Lore> (August 1985). Damit ist auch deutlich, daß das Dehnungs-*h* nicht selbst einen Langvokal markiert. Es steht nur dort, wo der Vokal auch ohne <h> lang gelesen werden müßte.

Das silbeninitiale *h* steht genau dann, wenn in der phonologischen Explizitform ein gespannter betonter und ein unbetonter Vokal als Silbenkerne unmittelbar aufeinander folgen wie in [dʀo.ən] <drohen>, [fry.əʀ] <früher>, [na.əm] <nahem>. Auch das silbeninitiale <h> steht nur dann, wenn der Vokal der ersten Silbe lang gelesen werden muß.

5. Morphologische Schreibung

Die kleinsten morphologischen Einheiten (Morpheme) sind im Gesprochenen teilweise starker lautlicher Variation unterworfen. Diese Variation ist auf systematische Weise umgebungsabhängig. Die bestimmenden Kontextmerkmale sind teilweise phonologischer, teilweise morphologischer Art.

Ein Beispiel phonologischer Variation ist die Auslautverhärtung. Im Silbenendrand können keine stimmhaften Obstruenten stehen. Diese phonologische Restriktion führt dazu, daß die Obstruenten im Stammauslaut von

Formen wie [lebən] <leben> und [vɪndəs] <Windes> dann entstimmt werden, wenn sie aus morphologischen Gründen nicht wie in der Explizitform im Anfangsrand, sondern im Endrand der Silbe stehen, z. B. [lepst, vɪnt].

Unmittelbar morphologisch bestimmt ist die Stammvariation beispielsweise beim Umlaut. Bestimmte morphologische Strukturen sind fakultativ oder obligatorisch mit Frontierung des Stammvokals, also Umlautung verbunden, wenn der Stamm einen frontierbaren Vokal enthält. Der Konjunktiv des Präteritums etwa wird, wenn möglich, mit Umlaut gebildet: [zaŋ – zɛŋə] <sang – sänge>, [kɔntə — kœntə] <konnte – könnte>.

Diesen und weiteren lautlichen Variationen von morphologischen Einheiten folgt das Geschriebene nicht oder nur in begrenztem Umfang. Das Prinzip dabei ist, die Form der morphologischen Einheit, die sie in der Explizitform hat, zu konservieren. So wird bei Auslautverhärtung am phonographischen Bezug des Konsonanten im Zweisilber festgehalten, vgl. <leben – lebst, Windes – Wind>. Bei Umlaut ist die Ähnlichkeit der Stämme durch das Umlautgraphem gesichert, <sang – sänge, konnte – könnte>.

Alle in Abschnitt 3 besprochenen und viele weitere silbische Schreibungen unterliegen dem morphologischen Prinzip, z. B. Konsonantgraphemverdoppelung <wollen – wollt, Sinne – Sinn>, Dehnungs-*h* <Söhne – Sohn, dehnen – dehnst> und silbeninitiales *h* <Schuhe – Schuh, drehen – dreht>. Der markante morphologische Bezug des deutschen Schriftsystems ist unmittelbar funktional für morphembezogenes Lesen. Seine Bedeutung für die diachrone Stabilisierung morphologischer Zusammenhänge kann kaum überschätzt werden.

Auch das morphologische Prinzip überschreibt trotz seiner großen Bedeutung nicht sämtliche anderen Regularitäten. Beispielsweise greift es dann nicht, wenn Geminatenreduktion in der Flexion grammatikalisiert ist, z. B. <reisen – du reist>, nicht <du reisst> oder <raten – sie rät>, nicht <rätt>. Auch beim Rückumlaut greift es nicht, <brannte – brennen>, nicht <brännen>. Es gibt weitere Beschränkungen des morphologischen Prinzips, etwa bei der *s*-Schreibung und der Schreibung von Komposita (Zusammenstellung in Eisenberg 1995, 59 ff). Alle diese Beschränkungen sind eng begrenzt und gut motiviert. Sie stellen die Wirksamkeit des morphologischen Prinzips in keiner Weise in Frage.

6. Fremdwortschreibung

Die Schreibung der Fremdwörter hängt im Deutschen von recht unterschiedlichen Kriterien ab. Eine einfache Systematik läßt sich für die Mechanismen angeben, nach denen Integrationsprozesse ablaufen. Es läßt sich aber nicht vorhersagen, ob eine Integration überhaupt stattfindet und wo sie endet. In zahlreichen Fällen ist ein Integrationsprozeß bei gegebener morphologischer und phonologischer Wortstruktur graphematisch nicht abschließbar.

Die einfachste Form der Integration liegt natürlich dann vor, wenn bei gleichen Laut- und Lautstruktureigenschaften wie im Deutschen die Schreibung der Herkunftssprache durch Schreibung nach den Regularitäten des Deutschen ersetzt wird. Das geschieht besonders häufig für einzelne GPK-Regeln, z.B.Ersetzung des <qu> oder <c> in Gallizismen durch <k> wie in <Likör, Etikett, Kommode, Kommitee> oder des <sh> in Anglizismen durch <sch> wie in <Schampoo, Schock>. Welche Bedeutung lautstrukturelle Ähnlichkeiten insgesamt haben, ist dabei schwer abschätzbar. Jedenfalls gibt es viele Wörter, deren Lautstruktur in nichts von der nativer Wörter abweicht und die dennoch Elemente fremder Schreibungen konservieren. <Phase, These, Toile, Myrrhe, Crime, Cover> etwa würden sonst geschrieben <Fase, Tese, Teule, Mürre, Kreim, Kawwer>.

Die Schreibung von Fremdwörtern wird häufig dadurch an die Verhältnisse im Kernwortschatz angepaßt, daß die Lautung der Schreibung angeglichen wird (Leseaussprache). So ist <Frust> wahrscheinlich nicht direkt vom lateinischen *frustra*, sondern vom englischen *frustration* abgeleitet und in der Aussprache an die Schreibung angepaßt worden. Im Gallizismus <Galosche> ist die Anpassung durch Artikulation des ‚stummen *e*' im französischen [galɔʃ] und gleichzeitiges Ersetzen von <ch> durch <sch> erfolgt.

Interessante Anpassungsbarrieren zeigen sich an Wörtern wie <Salon, Beton>. Der französische Nasalvokal in [betɔ̃] etwa wird durch Ausspracheassimilation zu [ɔŋ]. Eine Schreibung <Betong> kommt dennoch nicht in Frage, wahrscheinlich weil [ŋ] im Deutschen an eine Gelenkposition gebunden ist wie in [zɪŋən]. Eine völlige Assimilierung von <Beton> wäre nur über die Leseaussprache [bɛton] möglich. Eine solche Aussprache kommt vor, ist aber nicht als Standard etabliert. In anderen Fällen wie beim Suffix <ion> hat sie sich durchgesetzt, vgl. <Nation, Union>.

7. Literatur

Augst, Gerhard. 1985. Dehnungs-h und Geminate in der graphematischen Struktur. In: Augst, 112–121.
–. (ed.) 1985. Graphematik und Orthographie. Neuere Forschungen der Linguistik, Psychologie und Didaktik in der Bundesrepublik Deutschland. Frankfurt/M.
Baudusch, Renate. 1989. Punkt, Punkt, Komma, Strich. Regeln und Zweifelsfälle der deutschen Zeichensetzung. Leipzig (3. Aufl.).
Behrens, Ulrike. 1988. Wenn nicht alle Zeichen trügen. Interpunktion als Markierung syntaktischer Konstruktionen. Frankfurt/M.

Duden. 1991. Rechtschreibung der deutschen Sprache. Mannheim (20. Aufl.).
–. 1995. Grammatik der deutschen Gegenwartssprache. Mannheim (5. Aufl.).
Eisenberg, Peter. 1981. Substantiv oder Eigenname? Über die Prinzipien unserer Regeln zur Groß- und Kleinschreibung. Linguistische Berichte 72, 77–101.
–. 1988. Die Grapheme des Deutschen und ihre Beziehung zu den Phonemen. Germanistische Linguistik 93–94, 139–154.
–. 1993. Linguistische Fundierung orthographischer Regeln. Umrisse einer Wortgraphematik des Deutschen. In: Baurmann, Jürgen, Günther, Hartmut & Knoop, Ulrich (ed.), homo scribens – Perspektiven der Schriftlichkeitsforschung. Tübingen, 67–93.
–. 1995. Der Buchstabe und die Schriftstruktur des Wortes. In: Duden, 56–84.
Eisenberg, Peter & Günther, Hartmut (ed.). 1989. Schriftsystem und Orthographie. Tübingen.
Gallmann, Peter. 1989. Syngrapheme an und in Wortformen. Bindestrich und Apostroph im Deutschen. In: Eisenberg & Günther, 85–110.
Günther, Hartmut. 1990. Die Worttrennung am Zeilenende. Zur Diskussion des Vorschlags zur Neuregelung der deutschen Rechtschreibung. Deutsche Sprache 18, 193–205.
Kohrt, Manfred. 1988. Phonotaktik, Graphotaktik und die orthographische Worttrennung. In: Nerius & Augst, 125–165.
Maas, Utz. 1992. Grundzüge der deutschen Orthographie. Tübingen.
Meinhold, G. & Stock, E. 1981. Untersuchungen zu einer Reform der deutschen Orthographie auf dem Gebiet der Phonem-Graphem-Beziehungen. In: Linguistische Studien, Reihe A. 83/I, 55–153.
Mentrup, Wolfgang. 1979. Die Groß- und Kleinschreibung im Deutschen und ihre Regeln. Historische Entwicklung und Vorschläge zur Neuregelung. Tübingen.
Nerius, Dieter et al. 1987. Deutsche Orthographie. Von einem Autorenkollektiv unter Leitung von Dieter Nerius. Leipzig.
Nerius, D. & Augst, G. (ed.). 1988. Probleme der geschriebenen Sprache. Beiträge zur Schriftlinguistik auf dem XIV. Internationalen Linguistenkongreß 1987 in Berlin. Berlin.
Primus, Beatrice. 1993. Sprachnorm und Sprachregularität: Das Komma im Deutschen. Deutsche Sprache 21, 244–263.
Schaeder, Burkhard. 1985. Die Regulierung der Getrennt- und Zusammenschreibung im Rechtschreib-Duden 1880–1980. Ein Beitrag zur Geschichte und Theorie der deutschen Orthographie. In: August, 129–194.
Stetter, Christian. 1990. Die Groß- und Kleinschreibung im Deutschen: Zur sprachanalytischen Begründung einer Theorie der Orthographie. In: Stetter, 196–220.
–. (ed.). 1990. Zu einer Theorie der Orthographie. Tübingen.

R. Jakobson

Warum „Mama" und „Papa"?

Im Frühjahr 1959 versuchte George Peter Murdock während eines linguistischen Seminars am *Center for Advanced Study in the Behavioral Sciences* in Standford, California, nachzuweisen, was man schon vermutet hatte, nämlich die Tendenz nicht miteinander verwandter Sprachen, „ähnliche Wörter für Vater und Mutter auf der Grundlage kindersprachlicher Formen zu entwickeln". Die Listen von Verwandtschaftsbezeichnungen, die Murdock (*10*) 1957 für sein „World ethnographic sample" angelegt hatte, stellten für die Untersuchung 1072 Ausdrücke (531 für Mutter und 541 für Vater) zur Verfügung. Der wertvolle Bericht über dieses Seminar ist 1959 von Murdock veröffentlicht worden (*11*). Wie der Autor schließt, „ist es nur das Ziel dieses Berichtes, die Daten zu liefern, die deutlich die in Frage stehende Hypothese stützen": d.h. eine überraschende Konvergenz in der Struktur dieser Bezeichnungen für das Eltern-Kinder-Verhältnis in historisch nicht verwandten Sprachen. Er stellt die Frage, ob nicht Linguisten – „nun, da die Fakten zusammengestellt seien, die theoretischen Prinzipien, die diese erklärten, klarlegen könnten". Am 26. Mai 1959 versuchte ich im Rahmen desselben Seminars, Murdocks Frage zu beantworten, und nun freue ich mich, diese Bemerkungen zu dem Heinz Werner gewidmeten Buch beitragen zu können.

„Das Kind", so sagte Heinz Werner (*16*)," wächst aus seiner Kinderwelt heraus in eine fremde Welt von Erwachsenen. Sein Verhalten ist das Ergebnis einer Wechselwirkung zwischen diesen beiden Welten". Man könnte hinzufügen, daß ebenso das Verhalten von Erwachsenen zu dem Kind, das sie versorgen und erziehen, das Ergebnis einer Wechselwirkung zwischen den beiden Welten ist. Besonders die sogenannte ‚Baby-Sprache', die die Erwachsenen benutzen, wenn sie mit Kleinkindern sprechen, ist eine Art *pidgin*, eine typische Mischsprache, in der der Sprecher versucht, sich dem Sprachgebrauch seines Gegenübers anzupassen und einen gemeinsamen Kode aufzustellen, der beiden Partnern in dem Dialog zwischen Kind und Erwachsenem angemessen ist. Die sozialisierten und konventionalisierten lexikalischen Prägungen dieser Baby-Sprache, die man auch Ammensprache nennt, sind absichtlich der Phonemstruktur der Sprache eines Kleinkindes und der üblichen Form seiner ersten Wörter angepaßt; und andererseits haben sie das Ziel, das Kind in Richtung auf eine schärfere Abgrenzung und eine höhere Stabilität der Wortbedeutung hin zu beeinflussen.

Einige solcher Formen überschreiten die Grenzen der Kinderstuben, gehen über in den allgemeinen Sprachgebrauch der Erwachsenengesellschaft und bilden eine bestimmte infantile Schicht im Standardvokabular. Besonders übernimmt die Erwachsenensprache gewöhnlich die Formen der Ammensprache, die die beiden erwachsenen Mitglieder der Kernfamilie bezeichnen. Sehr häufig stehen diese vertrauten, emotionalen, kindlich gefärbten Wörter neben allgemeineren und abstrakteren Verwandtschaftsbezeichnungen, die ausschließlich von Erwachsenen benutzt werden. So unterscheiden sich zum Beispiel im Englischen *mama (mamma, mammy, ma, mom, mommy)* und *papa (pap, pappy, pa, pop* oder *dada, dad, daddy)* im Gebrauch von den höheren Ausdrücken *mother* und *father*; ähnlich unterscheidet das Russische *mama* und *papa* oder *tjata* von *mat'* (gemeinslavisch *mati*) und *otec* (gemeinslavisch *otĭcĭ*). Im Indoeuropäischen wurden die intellektualisierten Verwandschaftsbezeichnungen **mātēr* und **pətēr* von den Formen der Ammensprache abgeleitet mit Hilfe des Suffixes *-ter*, das für die verschiedenen Verwandtschaftsnamen gebraucht wurde. Ich neige dazu, auf diese Prototypen nicht nur die zitierten englischen Substantive und das slavische *mati* zurückzuführen, sondern auch die Wurzel der slavischen Vaterbezeichnung *ot-* und ähnliche Formen in einigen anderen indoeuropäischen Sprachen: Man vergleiche Vasmers Angaben über russ. *otec* (15). Die Wurzel, um die es sich hier handelt, könnte das anlautende *p-* verloren haben durch eine in der Kindersprache übliche Eliminierung der konsonantischen Unterschiede in **pətēr*, als dieser Ausdruck aus der Erwachsenensprache in den kindlichen Bereich überging.

Als instruktives Beispiel für die verschiedenen formalen und funktionalen Eigenschaften auf den zwei Ebenen der Verwandtschaftsnamen kann man den Gebrauch der bulgarischen Wörter *mama* und *majka* „Mutter" zitieren. Die kindersprachlichen Formen wie *mama*, die nach E. Georgievas treffender Charakteristik (2) eine Zwischenstellung einnehmen zwischen Gattungs- und Eigennamen (*polunaricatelni, naricatelno-sobstveni imena*) können im Standardbulgarischen weder mit Artikel noch mit Possessivpronomen gebraucht werden. *Mama* – ohne irgendeinen Zusatz – bedeutet entweder „meine, des Sprechenden Mutter" oder „ich, die Mutter des Angeredeten". Der Ausdruck *majka* kann mit jedem „kurzen Possessivpronomen" (*ti, mu, ì, vi, im*) auftreten mit Ausnahme des Pronomens der ersten Person *mi*. Die eigene Mutter bezeichnet man im Bulgarischen als *mama* oder gelegentlich als *majka* ‚Mutter', soweit aus dem Kontext oder der Situation klar ist, wessen *majka* gemeint ist. Schließlich kann man distanzierend den Ausdruck *mojata majka* ‚meine Mutter' bzw. ‚die Mutter von mir' gebrauchen, während die Wendung *majka mi* ‚meine Mutter' normalerweise vermieden wird. Wenn man die Verwandtschaftsnamen, die Murdock zusammengestellt hat, in diese beiden Gruppen, die *mama-papa*-Klasse einerseits und die *Mutter-Vater*-Klasse andererseits, einteilen könnte, ergäbe sein statistischer Test noch eindrucksvollere Resultate.

Wortprägungen aus der Ammensprache werden in der Kommunikation zwischen Kind und Erwachsenem in größerem Umfang nur zugelassen, wenn sie den sprachlichen Bedürfnissen des Kleinkindes entsprechen und damit jener allgemeinen Linie einer jeden Mischsprache folgen, die z.B. in dem einheimischen Namen für Russenorsk, der hybriden Sprache *russischer* und *norwegischer* Fischer zum Ausdruck kommt; *moja på tvoja* „meines auf deine Weise" (vgl. *1*). Solche Formen aus der Ammensprache, die von der ganzen Sprachgemeinschaft unverändert übernommen werden, reflektieren deutlich die hervorstechenden Merkmale und Tendenzen in der Entwicklung der Kindersprache und ihre universale Gleichartigkeit. Vor allem stellt sich heraus, daß der phonematische Spielraum bei den Ausdrücken für die nächsten Verwandten „eng begrenzt" ist. Die Prinzipien, die dem kindlichen Spracherwerb in seinen aufeinanderfolgenden Stadien zugrundeliegen, erlauben es uns, die „durchgehenden Parallelen" in der Struktur solcher Termini in den verschiedensten Sprachen der Welt zu interpretieren und zu erhellen.

Konsonantverbindungen erscheinen nur bei 1,1% der 1072 Verwandtschaftsnamen, die Murdock gezählt hat. Die Kindersprache verwendet im Frühstadium keine Konsonantengruppen, sondern nur Konsonanten in Kombination mit Vokalen. Solche Kombinationen sind beinahe konstant in den *mama-papa*-Wörtern, und rein vokalische Wurzeln bilden die Ausnahme: nur drei unter den aufgeführten Beispielen.

Verschlußlaute und Nasale (also Konsonanten, bei denen der Mundraum vollständig geschlossen ist) überwiegen bei Verwandtschaftsnamen. Nach Murdocks Liste umfassen Verschlußlaute und Nasale beinahe 85% der nichtsilbischen Laute. Genauer kann man die Verteilung nicht berechnen, weil alle nichtsibilanten Reibelaute (Frikative) mit den entsprechenden Verschlußlauten zusammengefaßt wurden.

Labiale und dentale – kurz, nach hinten ausgekrempte oder, in akustischer Terminologie, diffuse Konsonanten – überwiegen über velare und palatale – kurz, nach vorn ausgekrempte (schalltrichterähnliche), akustisch kompakte Konsonanten. Mehr als 76% aller gezählten Termini enthalten einen Labial oder einen Dental gegenüber mehr als 10% mit Velaren und Palatalen. Eine genauere Aufstellung würde es erforderlich machen, daß man Murdocks Klasse der sibilanten Reibelaute aufteilte in *s*-Laute (diffuse) und *š*-Laute (kompakte Konsonanten).

Weite Vokale, besonders /a/, überwiegen offensichtlich, aber es ist unmöglich, die Daten aus Murdocks Tabelle in genauen Zahlen anzugeben, weil die engeren und die weiteren Vokale in jeder der drei Klassen – vordere, ungerundete hintere und gerundete hintere – zusammengefaßt sind, und das Verhältnis /e/ : /i/ = /a/ : /ə/ = /o/ : /u/, das vielen Vokalsystemen zugrunde liegt, nicht beachtet wird.

Der Kontrast zwischen einem bei einem Konsonanten vorhandenen und einem Vokal fehlenden Hindernis im Ansatzrohr findet seinen optimalen Ausdruck, wenn ein Konsonant mit vollständigem Verschluß des Mundraumes und besonders ein nach hinten ausgekrempter Konsonant mit einem Verschluß der vorderen Mundhöhle einem nach vorn ausgekrempten Vokal mit einer weiten frontalen Öffnung gegenübersteht. Auf akustischer Ebene unterscheiden sich Vokale von Konsonanten durch eine scharf umrissene Formantenstruktur und eine hohe Gesamtenergie. Der kompakte Vokal weist den höchsten Energieausstoß auf, während der diffuse Konsonant mit einem oralen Verschluß die stärkste Reduktion des Energieausstoßes darstellt. So beruhen in der Ammensprache die Namen für Mutter und Vater sowie die frühesten bedeutungstragenden Einheiten, die in der Kindersprache auftauchen, auf der Polarität zwischen dem optimalen Konsonanten und dem optimalen Vokal (Jakobson und Halle, 5, oder auch oben S. 91–93).

Das Prinzip des maximalen Kontrastes ist verantwortlich für die Bestandteile, die der Mehrzahl der *mama-papa*-Ausdrücke gemeinsam sind. Was die Reihenfolge dieser Bestandteile angeht, so scheint die Folge ‚Konsonant plus Vokal' beinahe obligatorisch zu sein; jedoch ist diese Frage in Murdocks Test nicht berücksichtigt worden. Während der Lallperiode in der Entwicklung des Babys bestehen viele der hervorgebrachten Silben aus einem vokalischen Laut, dem eine Konsonantbildung folgt. Die natürlichste Reihenfolge bei der Lautproduktion besteht darin, den Mund erst zu öffnen und ihn danach zu schließen. Unter den russischen Interjektionen beobachtet man solche kindlichen Lautgebärden wie [ᶜap] und [ᶜam]; wenn diese in verbale Wurzeln verwandelt werden, werden sie dem russischen Phonemsystem angepaßt, indem ein velarer Reibelaut anstelle der anlautenden Aspiration gesetzt wird: *chapat',chamat', chamkat'*. Sobald das Kind vom Lallen zum ersten Erwerb der konventionellen Rede übergeht, folgt es sofort dem Muster ‚Konsonant plus Vokal'. Die Laute nehmen phonematischen Wert an und müssen vom Hörer richtig identifiziert werden, und da man die Konsonanten am besten unterscheiden kann, wenn sie in einen nachfolgenden Vokal übergehen, erweist sich die Lautfolge ‚Konsonant plus Vokal' als optimal und ist deshalb die einzige überall verbreitete Spielart der Silbenstruktur.

Unter den 436 Dentalen und Palatalen, kurz: den medialen, akustisch hellen Konsonanten (den T-, N-, C- und S-Klassen in Murdocks Tabelle) gibt es 159 oder 39%, denen ein palataler, d.h. ein heller Vokal folgt, während nur

88 oder 17% der 507 Labiale und Velare, kurz, der peripheren, akustisch dunklen Konsonanten (Murdocks P-, M-, K- und ˜-Klassen) helle Vokale folgen. Der wesentlich höhere Prozentsatz von hellen Vokalen nach hellen statt nach dunklen Konsonanten spiegelt einen assimilativen Einfluß der Tonalität des Konsonanten auf die des anschließenden Vokals wider, und dieselbe Tendenz wird deutlich im Frühstadium der Kindersprache. In diesem Stadium besitzen die Vokalunterschiede noch nicht ihren eigenen phonematischen Wert, und der Konsonant fungiert allein als Träger wichtiger Distinktionen, er ist das einzige wirkliche Phonem. Wie die ersten Worteinheiten in der Sprache des Kleinkindes enthalten die *mama-papa*-Ausdrücke nicht verschiedene Konsonanten, und eine zweisilbige Form wiederholt gewöhnlich ein und denselben Konsonanten. Zunächst besitzt die Kindersprache keinerlei Hierarchie linguistischer Einheiten und folgt der Gleichung: eine Äußerung – ein Satz – ein Wort – ein Morphem – ein Phonem – ein distinktives Merkmal. Das Paar *mama-papa* ist ein Überbleibsel aus diesem Stadium von Ein-Konsonanten-Äußerungen.

Die Reduplikation der Silben wird zwar in Murdocks Test übergangen, ist jedoch die häufigste Technik bei den Formen der Ammensprache, vor allem bei Verwandtschaftsnamen, und in den ersten Worteinheiten der Sprache des Kleinkindes. Beim Übergang vom Lallen zum Sprechen kann die Reduplikation sogar obligatorisch auftreten, sie signalisiert, daß die hervorgebrachten Laute nicht ein Lallen darstellen, sondern ein sinnvolles, semantisches Ganzes. Die offenkundig linguistische Bedeutung solch einer Verdoppelung läßt sich leicht erklären. Im Unterschied zu den „wilden Lauten" der Lallübungen sollen die Phoneme erkennbar, unterscheidbar, identifizierbar sein; und entsprechend einem solchen Erfordernis muß man sie bewußt wiederholen können. Die Wiederholbarkeit findet ihren knappsten und kürzesten Ausdruck z. B. in *papa*. Die Wiederholungen derselben Konsonantphoneme, die jedesmal durch denselben Vokal gestützt werden, erleichtern das Verständnis und tragen dazu bei, daß die Nachricht korrekt aufgenommen wird (vgl. 13).

Die spektakulärsten Ergebnisse von Murdocks Test betreffen die Distribution von nasalen und oralen Konsonanten bei den Ausdrücken für Mutter und Vater: 55% der Wörter, die die Mutter bezeichnen, und nur 15% derer, die den Vater bezeichnen, gehören zu den Konsonantklassen M, N und ŋ. So wird die traditionelle Behauptung, daß „Mutter gewöhnlich mit einer *m*-Form, der Vater mit einer *p*-, *b*-, *t*- oder *d*-Form benannt wird" (9), instruktiv durch die Statistik bekräftigt. Den Ursprung und die Evolution der *m*-Form kann man leicht nachweisen, wenn man alle – wie Lewis (9) sagt – „mystischen" Vorstellungen verwirft: die Vorstellung nämlich von einem weichen *m*, „das geeignet ist, eine Frau zu bezeichnen", oder von der „zentripetalen" Eigenart der Nasale im Gegensatz zu der „zentrifugalen" Bedeutung der oralen Verschlußlaute und ebenso die gleichermaßen abergläubischen Spekulationen über die „bedeutungslosen" Silben des Kindes, die „willkürlich" interpretiert und „in allen Kinderstuben der Welt" von den Erwachsenen den Kindern beigebracht werden (6).

Oft wird das Saugen des Kindes begleitet von einem leisen nasalen Laut, der einzigen Lautbildung, die möglich ist, wenn die Lippen an die Brust der Mutter oder an die Flasche gepreßt sind und der Mund voll ist. Später wird dieser Laut, mit dem der Säugling auf das Nähren reagiert, reproduziert als antizipatorisches Signal beim bloßen Anblick der Nahrung und schließlich als Äußerung des Verlangens zu essen oder allgemeiner, als Ausdruck der Unzufriedenheit und der Ungeduld, wenn die Nahrung oder die Ernährerin ausbleiben, kurz: bei jedem unerfüllten Wunsch. Wenn der Mund nicht mehr durch die Nahrungsaufnahme in Anspruch genommen wird, kann der nasale Laut ergänzt werden durch ein orales, besonders ein labiales Lösen; er kann sogar fakultativ durch einen Vokal gestützt werden. Aufschlußreiches Material über Form und Funktion dieser nasalen Interjektionen ist von so scharfsichtigen Beobachtern der Sprache des Kleinkindes wie Grégoire (3), Leopold (7), Smoczyński (14) und anderen gesammelt worden. In diesem Zusammenhang sollte man darauf hinweisen, daß von den beiden russischen Interjektionen ['ap], ['am] die letztere und die entsprechende verbale Wurzel mit der Nahrungsaufnahme in Verbindung stehen.

Die Mutter ist – um Grégoires Formulierung zu gebrauchen – *la grande dispensatrice*, daher richten sich die meisten Wünsche des Kleinkindes an sie, und Kinder, die durch die vorhandenen Wörter der Ammensprache beeinflußt und angeregt werden, wandeln nach und nach die nasale Interjektion in eine Bezeichnung für einen Elternteil um und passen ihre expressive Lautform der üblichen Phonemstruktur an. Manche Forscher, z. B. Leopold (8), betonen jedoch, daß nicht selten der Übergang von der *m*-Interjektion zur Bezeichnung der Mutter aufgeschoben wurde und daß der eine der beiden Termini für die Eltern, das Wort *papa*, auftauchte, als die erste rein designative sprachliche Einheit, während z. B. die Form *mama* in der Sprache der Tochter Leopolds nur als Interjektion existierte: „Sie hatte keine eigentliche Bedeutung und kann nicht als semantische Alternative für *papa* betrachtet werden. *Papa* als wirklich bedeutungsvolle Äußerung wurde mit 1,0 gelernt. *Mama* in der Standardbedeutung wurde erst mit 1:3 gelernt."

Die Übergangsperiode, in der *papa* auf den anwesenden Elternteil hinweist, während *mama* anzeigt, daß irgendein Bedürfnis erfüllt werden soll oder daß die Person, die es erfüllen kann, zunächst und meistens, aber nicht notwendigerweise, die Mutter, nicht da ist, ist von Grégoire (3) sorgfältig beschrieben worden: „Edm. schien seine an diesem Tag abwesende Mutter mit der Äußerung [mam:am:am] zu verlangen; als sie kommt, sagt er [papa] bei ihrem Anblick (...) Edm. sieht, daß ich ihm eine Schnitte zubereite; er äußert [mamā] und nicht [papa]." Ebenso wandten sich Smoczyńskis Kinder in der Mitte des zweiten Lebensjahres mit [mama ma-ma ma:-ma:-ma:] an ihren Vater, wenn sie um etwas baten (14).

Die Priorität der *papa*-Äußerung mit ihrem oralen Verschlußlaut gegenüber den *mama*-Äußerungen mit Nasal ist sowohl im semantischen als auch im phonologischen Bereich wohl begründet. Parsons' Bemerkungen (12) über die präödipale Mutter-Kind-Identität in ihrem deutlichen Gegensatz zur Rolle des Vaters beantworten die Frage, warum die erste distanzierte, rein deiktische, rudimentär kognitive Haltung im sprachlichen Verhalten des Kindes sich in der Vaterbezeichnung konkretisiert, die „einfach den Übergang" vom affektiven Ausdruck zur designativen Sprache ankündigt (4), während in der *mama*-Äußerung der rein referentielle Wert in einem späteren (Parsons würde vermutlich annehmen – ödipalen) Stadium auftaucht. Es wäre interessant zu untersuchen, ob ein Unterschied darin besteht, wann *mama* „in der Standardbedeutung" in der Sprachentwicklung von Jungen einerseits und Mädchen andererseits endgültig eingeführt wird. Auf phonologischer Ebene kann man beobachten, daß der optimale Kontrast von Konsonant und Vokal durch den nach hinten ausgekrempten Vokal verwirklicht wird. Das Hinzutreten eines neuen, offenen Resonators nähert die nasalen Konsonanten den Vokalen an und verringert so den maximalen Kontrast. Die phonematische Bildung von Nasalkonsonanten setzt die Existenz des Kontrastes von Konsonant und Vokal voraus und stellt eine Superstruktur zu diesem dar.

Obwohl die *mama-papa*-Formen aus der Ammensprache stammen, sind sie der den Kleinkindern eigentümlichen Sprachentwicklung angepaßt, und diese grundlegende Übereinstimmung wird weder durch ihr Eindringen in die einzelnen Nationalsprachen, noch durch ihre internationale Verbreitung beeinträchtigt. Daher erscheint es unnötig streng, daß „Formen, die *mama* und *papa* ähneln", aus Murdocks Text ausgeschlossen wurden, „falls nicht vergleichbare Angaben über verwandte Sprachen deutlich ihren einheimischen Ursprung beweisen."

Der faszinierende Test, den der hervorragende Anthropologe durchgeführt hat, verdient es, fortgeführt und entwickelt zu werden. Die phonematische Beziehung zwischen den Bezeichnungen für Mutter und Vater müßte untersucht und tabellarisch aufgezeichnet werden. Wie häufig gehören beide Ausdrücke zur nasalen oder zur oralen Klasse? Wie oft enthalten beide Ausdrücke einen Labial oder beide einen Dental? Welche Kombinationstypen gibt es zwischen der Opposition labial-dental und nasal-oral innerhalb der

Paare von Verwandtschaftsnamen? Verstärkte, vielgestaltige Polarisierungen scheinen hier eine bedeutende Rolle zu spielen. Man vergleiche solche Paare wie russisch *mama-tjatja*, wo das Merkmal nasal-oral kombiniert ist mit den beiden Tonalitätsmerkmalen – dunkel-hell und erhöht (palatalisiert)-eben (nichtpalatalisiert). Das Zusammentreffen der beiden letzteren Merkmale schafft den optimalen Kontrast von hoher und tiefer Tonalität.

Unter den Verwandtschaftsnamen sind die Formen aus der Ammensprache nicht auf die Eltern beschränkt, und es wäre verlockend, aufzuzeigen, wie sich in den Bezeichnungen der verschiedenen Verwandtschaftsgrade die Entwicklung der kindlichen Sprache spiegelt. So führen die russischen Wörter *baba* ‚Großmutter' und *djadja* ‚Onkel' (vgl. *papa* und *tjatja*) die Stimmhaftigkeit der Konsonanten ein, ein Merkmal, das bei russischen (und allen slavischen) Kindern in der phonematischen Struktur später auftaucht. Die Formen *ded* ‚Großvater' und *tëtja* ‚Tante' zeigen eine Verschiebung von /a/ zu anderen Vokalen, die zu den Phonemen gehören, die die Kinder später erwerben. Die Kinderfrau heißt entweder *mamka*, eine Verkleinerungsform zu *mama*, oder *njanja*, vgl. engl. *nanny*; bei diesen Formen bildet die hohe Tonalität (erhöht und hell) der Nasale, ein für Diminutive typischer Klangsymbolismus, einen Gegensatz zu der tiefen Tonalität (eben und dunkel) der Nasale in *mama*.

Wir beobachten, daß nur Personen, die dem Kind infolge ihres Alters oder ihrer Funktion überlegen sind, mit Formen der Ammensprache benannt werden, und wir stehen vor einer wichtigen Frage: für welche Verwandte gibt es solche Namen in einer bestimmten Sprache der Sprachfamilie? Hier öffnet sich ein weites Feld für eine produktive Zusammenarbeit von Linguisten, Anthropologen und Psychologen, die sich mit der Entwicklung des Geistes und des Verhaltens beschäftigen.

Literaturverzeichnis

1. O. Broch, „Russenorsk", *Archiv für slavische Philologie*, 41 (1927) 209–262.
2. E. Georgieva, „Mama i majka", *Bălgarski ezik* 9 (1959) 287–289.
3. A. Grégoire, *L'apprentissage du langage*. Bibliothèque de la Faculté de Philosophie et Lettres de l'Université de Liège, Band 73, 1937.
4. R. Jakobson, „Kindersprache, Aphasie und allgemeine Lautgesetze", *Uppsala Universitets Årsskrift* 1942, S. 1–83.
5. R. Jakobson und M. Halle, „Phonology in relation to phonetics", *Manual of Phonetics*, hrsg. v. L. Kaiser. Amsterdam 1957, 215–251 = o.S. 54–106.
6. O. Jespersen, *Language, its nature, development and origin*, London-New York 1922.
7. W. F. Leopold, *Speech development of a bilingual child*. Band I: *Vocabulary growth in the first two years*, Evanston und Chicago 1939.

8. W. F. Leopold, *Speech development of a bilingual child*, Band II: *Sound learning in the first two years*, Evanston 1947.
9. M. M. Lewis, *Infant speech*, New York und London 1951.
10. G. P. Murdock, „World ethnographic sample", *American Anthropologist* 59 (1957) 664–687.
11. G. P. Murdock, „Cross-language parallels in parental kin terms", *Anthropological Linguistics* 1 (9) (1959) 1–5.
12. T. Parsons, „Family structure and the socialization of the child", *Family socialization and interaction process*, hrsg. von T. Parsons und R. F. Bales. Glencoe, Ill. 1955.
13. I. Pollack, „Message repetition and message reception", *Journal of the Acoustical Society of America* 31 (1959) 1509–1515.
14. P. Smoczyński, „Przyswajanie przez dziecko podstaw systemu językowego", *SocietasScientiarum Lodziensis*, Sectio 1, Nr. 19, 1955.
15. M. Vasmer, „otéc", *Russisches etymologisches Wörterbuch*, Band II, Heidelberg 1954, S. 290.
16. H. Werner, *Comparative psychology of mental development*. New York 1940, 2. Auflage 1957.

W. Labov

Die Widerspiegelung sozialer Prozesse in sprachlichen Strukturen

Den Verfahren der deskriptiven Linguistik liegt eine Auffassung von Sprache als strukturiertes Gebilde sozialer Normen zugrunde.[1] Es hat sich bisher als zweckmäßig erwiesen, diese Normen, die allen Angehörigen einer Sprachgemeinschaft gemeinsam sind, als invariant zu betrachten. Eingehendere Untersuchungen des sozialen Kontexts, in dem die Sprache gebraucht wird, haben indessen ergeben, daß viele Elemente der Sprachstruktur sich systematisch verändern, was sowohl zeitlichen Wandel als auch außersprachliche soziale Prozesse widerspiegelt. Die folgende Abhandlung bringt einige Ergebnisse dieser Untersuchungen, in denen ein enger Kontakt zwischen Linguistik und Umfrage-Methode sowie soziologischer Theorie hergestellt wird.

Als eine Form sozialen Verhaltens ist die Sprache für den Soziologen naturgemäß von Interesse. Die Sprache kann dem Soziologen aber speziell dadurch dienlich sein, daß sie ein empfindlicher Indikator vieler anderer sozialer Prozesse ist. Der Wandel im Sprachverhalten übt als solcher keinen mächtigen Einfluß auf soziale Entwicklungen aus; er beeinflußt auch nicht nachdrücklich die Lebenschancen des einzelnen; im Gegenteil, die Form des Sprachverhaltens ändert sich sehr schnell, wenn sich die soziale Stellung des Sprechers ändert. Diese Formbarkeit der Sprache ist der Grund für ihre außerordentliche Eignung als Indikator sozialen Wandels.

Phonologische Indikatoren – gestützt auf die Elemente des Lautsystems einer Sprache – sind in dieser Hinsicht besonders nützlich. Sie liefern ein großes Korpus quantitativer Daten, die aus relativ kleinen Sprechproben zu entnehmen sind; es lassen sich aus Gesprächen von nur wenigen Minuten Dauer über ein beliebiges Thema zuverlässige Indexwerte für verschiedene Variablen ableiten. Die Variationsbreite, in der diese Indikatoren gründen, ist weithin unabhängig von der bewußten Kontrolle der Versuchspersonen. Zudem zeigen phonologische Systeme von allen sprachlichen Systemen den höchsten Grad innerer Struktur, so daß ein einziger sozialer Vorgang von korrelierenden Verschiebungen mehrerer phonologischer Indices begleitet sein kann.

---

1 Diesem Aufsatz liegt ein Referat zugrunde, das in einer Podiumsdiskussion über Soziolinguistik auf einer Tagung der Eastern Sociological Society am 12. April 1964 in Boston gehalten wurde.

Die nachstehend angeführten Beispiele sind einer Studie über die soziale Schichtung des Englischen in New York City entnommen, insbesondere einer Sprachaufnahme in Lower East Side.² Diese Arbeit basiert auf einer davor durchgeführten Erhebung von sozialen Einstellungen der Bewohner von Lower East Side, die im Jahre 1961 von der Mobilization for Youth durchgeführt worden war.³ Die Ausgangsstichprobe der Population von 100000 Einwohnern bestand aus 988 Erwachsenen. Unsere Stichprobe enthielt 195 dieser Befragten, die repräsentativ waren für etwa 33000 Personen mit der Muttersprache Englisch und die innerhalb der letzten zwei Jahre nicht den Wohnsitz gewechselt hatten. Durch Mithilfe von Mobilization of Youth und der New York School of Social Work standen uns sehr viele Informationen über die sozialen Merkmale der Befragten zur Verfügung, so daß wir uns bei der zweiten Umfrage ganz auf das Sprachverhalten konzentrieren konnten. 81 Prozent unserer Stichprobe wurden in der Untersuchung der Sprache der Lower East Side erreicht.

In New York City stellen sich einer Untersuchung von Sprachsystemen einige außergewöhnliche Schwierigkeiten entgegen. New Yorker verfügen über eine erstaunliche Breite von stilistischen und auch sozialen Varianten, und zwar in solchem Ausmaß, daß frühere Forscher überhaupt keine Gesetzmäßigkeit entdecken konnten und zahlreiche Variablen dem reinen Zufall zuschrieben.⁴

Zur Untersuchung des sozialen Wandels war es zunächst notwendig, innerhalb des der Sprachanalyse dienenden Interviews eine Anzahl von kontext-

---

2 Ein vollständiger Bericht über diese Umfrage ist in meiner Dissertation an der Columbia University (1964) enthalten, mit dem Thema „The Social Stratification of English in New York City". Die Entwicklung phonologischer Indices und deren Korrelation mit einem Komplex von sozialen Variablen sind Weiterführungen der zuerst in „The Social Motivation of a Sound Change", Word 19, (1963), S. 273–309 entwickelten Technik. Die Arbeit behandelte den Sprachwandel auf der Insel Martha's Vineyard, Massachusetts.

3 Einzelheiten über Stichprobenentnahme und andere bei der Umfrage benutzte Verfahren sind enthalten in „A Proposal for the Prevention and Control of Delinquency by Expanding Opportunities" (New York, N.Y., Mobilization for Youth, Inc., 214 East Second St. 1961).

4 „Bei sehr vielen New Yorkern zeigt die Aussprache eine Regel, die recht genau als das Fehlen einer jeglichen Regelmäßigkeit bezeichnet werden könnte. Diese Sprecher sprechen manchmal das /r/ vor einem Konsonanten oder vor einer Pause aus, und manchmal lassen sie es aus, in völlig wahlloser Weise... Der Sprecher führt beide Aussprachen die ganze Zeit im Mund; beide scheinen für ihn gleich natürlich zu sein, und es hängt ganz vom Zufall ab, welche Aussprache ihm über die Lippen kommt." A.F. Hubbell, The Pronunciation of English in New York City (New York, Columbia University Press, 1950), S. 48.

bezogenen Sprechstilen zu definieren und zu isolieren. Im Kontext des standardisierten Interviews ist dem Interviewten gewöhnlich kein ungezwungenes oder spontanes Sprechen zu entlocken; die zur Überwindung dieser Schranke entwickelten Methoden waren für den Erfolg der Untersuchung entscheidend. Der Umstand, daß es uns tatsächlich gelang zu bestimmen, was ein ungezwungenes Gespräch ist, und daß es uns gelang, ein solches herzustellen, ergibt sich aus der Übereinstimmung dieser Ergebnisse mit denen anderer Untersuchungen, die anonyme Beobachtungen benutzten, sowie aus der Stabilität der gefundenen Gesetzmäßigkeiten in der stilistischen Variation.

Als ein besonderes Beispiel sei die phonologische Variable (r) in New York City[5] betrachtet. Nach der gängigen New Yorker Sprechweise wird /r/ in Endstellung und vor Konsonanten nicht gehört. Die Wörter *guard* und *god* sind homonym: [gɒːd] und [gɒːd]. Entsprechend sind auch *bared* und *bad* homonym: „I [bɛːəd] my [aːm]; I had a [bɛːəd] cut." Seit einigen Jahrzehnten ist in der Sprechweise einheimischer New Yorker eine neue Form prestigebesetzten Sprechens aufgekommen, bei der /r/ ausgesprochen wird. Der zur Messung dieser Variablen gebrauchte phonologische Index ist einfach der Prozentsatz der Wörter mit historischem /r/, wo dieses in Endstellung und vor Konsonanten ausgesprochen wird. So erhalten wir, wenn ein 22jähriger Mann aus der unteren Mittelschicht im gepflegten Gespräch 27 % /r/ ausspricht, einen (r) Index von 27. In weniger formellem Kontext, in zwangloser Rede, gebrauchte er überhaupt kein /r/: (r) –00. Mit zunehmender Förmlichkeit des Gesprächs erreichte er (r) –37 beim Vorlesen, (r) –60 beim Lesen von Wörterlisten und (r) –100 beim Vorlesen von Wortpaaren, bei denen er seine volle Aufmerksamkeit dem /r/ schenkt: *guard* vs. *god*, *dock* vs. *dark* usw. Eine Versuchsperson aus der oberen Mittelschicht zeigt unter Umständen dieselbe Gesetzmäßigkeit, nur mit höheren (r)-Werten, ein Sprecher aus der Arbeiterschicht dagegen mit sehr viel niederen Werten.

Wir wollen noch eine weitere Variable betrachten, und zwar eine, die nicht ausschließlich für New York City gilt: die Aussprache von *th* in *thing*, *think*, *through*, *bath* usw. Die Prestigeform ist überall in den Vereinigten Staaten ein Frikativ- oder Reibelaut: [θ]. In vielen Gegenden gebrauchen Sprecher gelegentlich an dieser Stelle einen Verschlußlaut, ähnlich dem *t*: „I [tːŋk] so;

---

5 Das hier benutzte Notationssystem sieht folgendermaßen aus: (r) repräsentiert die *Variable*, im Gegensatz zur phonemischen Einheit /r/ oder der phonetischen Einheit [r]. Ein bestimmter Wert der Variablen erscheint als (r-1) oder (r-o), wogegen der Index-Mittelwert als (r)-35 erscheint. In diesem Fall fällt (r-1) meist mit der phonemischen Einheit /r/ zusammen; die bekanntere Notation /r/ wird daher anstelle von (r-1) gebraucht.

[sʌmtːɪŋ] else." Noch häufiger ist eine Affrikate, eine Mischung aus Verschluß- und Reibelaut: „I [tːθɪŋk] so; [sʌmtθɪŋ] else." Nach dem phonologischen Index für (th) bekommt der Reibelaut „0", die Affrikate „1" und der Verschlußlaut „2"; ein Index von (th)–00 würde also den ausschließlichen Gebrauch von Frikativen anzeigen, ein Indexwert von (th)–200 ausschließlich Verschlußlaute. Ein Sprecher aus der Arbeiterschicht könnte also z. B. in ungezwungener Rede einen Indexwert von (th)–107, in gehobener Konversation von –69, beim Vorlesen von – 48 aufweisen. Eine Frau aus der Mittelschicht konnte in zwangloser Rede einen Wert von (th)–20 und in allen mehr formellen Redeweisen –00 aufweisen.

Obwohl bei New Yorker Sprechern ein großer Spielraum hinsichtlich der absoluten Werte dieser Variablen besteht, herrscht starke Übereinstimmung hinsichtlich der *Gesetzmäßigkeit* der stilistischen Variationen. Bei nahezu 80 % der Befragten zeigten sich diese Regelmäßigkeiten in einem Zusammenhang mit dem Status von /r/ als Prestigesymbol und – bei Verschlußlauten und Affrikaten – mit dem von /th/ als minderwertige Form.

Diese Regelmäßigkeit der stilistischen Variation ist in erster Linie für Forscher auf dem Gebiet der Linguistik und der linguistischen Ethnographie von Belang. Sie ist jedenfalls mit der sozialen Schichtung in New York City eng verflochten. Dieses stilistische pattern und das der sozialen Schichtung bilden miteinander die in der Abb. 1 dargestellte komplexe und regelhafte Struktur.

Abb. 1 ist eine graphische Darstellung der sozialen Schichtung von (th), abgeleitet aus dem Verhalten von 81 erwachsenen Befragten, die in New York City aufgewachsen waren.[6] Die Senkrechte gibt die durchschnittlichen (th) Indexwerte an, die Waagerechte die vier kontextbedingten Sprechstile. Der am stärksten informelle Stil, die ungezwungene Rede, erscheint links als A, gehobene Konversation; das Gros der Interviews als B; der Vorlesestil ist C, die Aussprache von Einzelworten ist D. Die Werte sind im Diagramm durch horizontale Linien verbunden, die die Zunahme der durchschnittlichen Index-Werte für die sozio-ökonomischen Gruppen angeben. Diese Gruppen

---

6 Die Hauptgruppe der Befragten, die aufgrund des linguistischen Fragebogens ausführlich interviewt wurden, bestand aus 122 Versuchspersonen. 41 derselben waren außerhalb der City geboren und in den entscheidenden Pubertätsjahren auch dort aufgewachsen, hatten aber jetzt ihren Wohnsitz in New York City. Diese Teilnehmer ermöglichten eine wertvolle Kontrolle bei der Untersuchung von Sprachwandel und Sprachmustern, wie sie typisch sind für New York City. Der hohe Grad von Regelmäßigkeit und Übereinstimmung, der bei den 81 Teilnehmern aus New York City zu verzeichnen war, stand in krassem Gegensatz zu den Unregelmäßigkeiten in den Reaktionen der Nicht-New-Yorker: in vielen Fällen verlief der bei New Yorkern festgestellte Trend bei den anderen in entgegengesetzter Richtung.

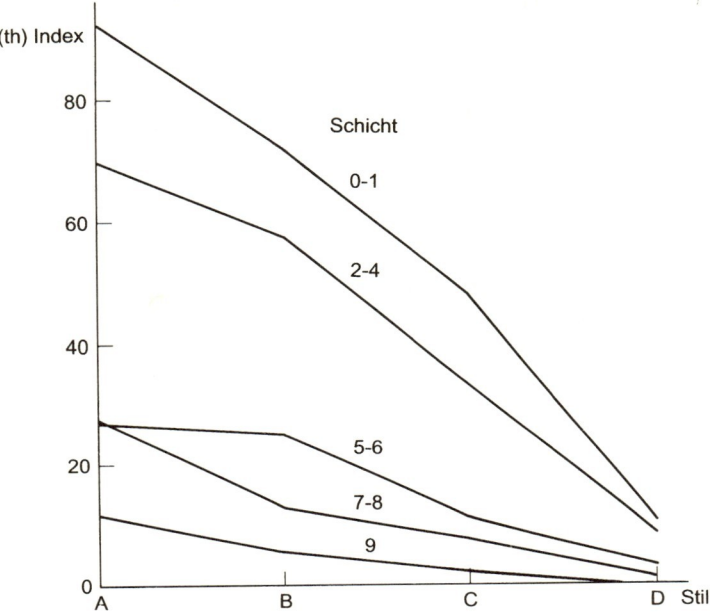

Abbildung 1: Soziale Schichtung einer sprachlichen Variablen mit stabiler sozialer Bedeutung: (th) in *thing, through* usw.

sind als Teile einer sozio-ökonomischen Zehn-Punkte-Skala definiert, die aufgrund der Ergebnisse der ersten Umfrage von Mobilization for Youth erstellt wurde. Der sozio-ökonomische Index basiert auf drei gleich bewerteten Indikatoren des Erwerbsstatus: Beruf (des Ernährers), Ausbildung (des Befragten) und Einkommen (der Familie).[7]

Abb. 1 ist ein Beispiel für das, was man als *scharfe Schichtung* bezeichnen kann. Die fünf Schichten der Bevölkerung sind zu zwei umfassenderen Schichten mit sehr unterschiedlichem Gebrauch der Variablen gruppiert. Abb. 2 ist ein Diagramm sozialer Schichtung, die eine etwas andere Art von

---

[7] Die ursprüngliche Umfrage benutzte die Ausbildung des Ernährers, und nicht die des Befragten. Man war der Ansicht, daß eine linguistische Umfrage den Bildungsstand des Befragten als Indikator benutzen sollte, da dieser wohl enger an das Sprachverhalten als an andere Verhaltensformen geknüpft sein dürfte. Die Gesamtkorrelationen von Sprachverhalten und sozio-ökonomischer Schicht wurden von dieser Änderung nicht beeinflußt: es wurden durch die Änderung ebensoviele Abweichungen von der regulären Korrelation hervorgerufen wie ausgeschaltet.

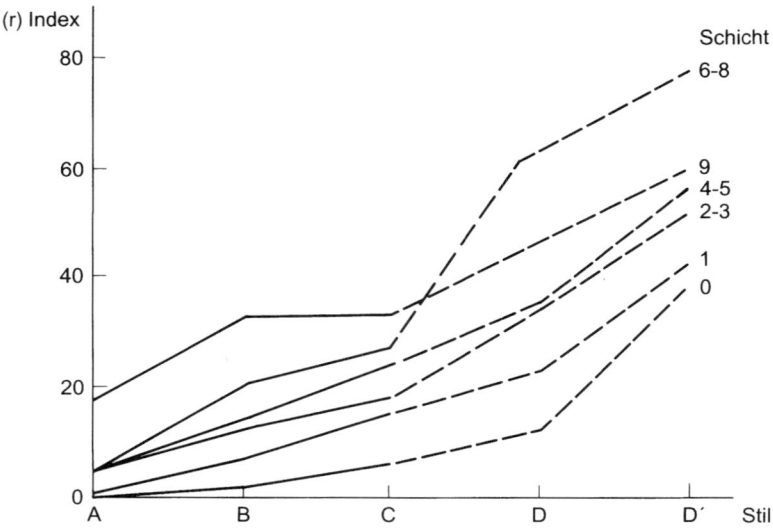

Abbildung 2: Soziale Schichtung einer sprachlichen Variable im Sprachwandel: (r) in *guard, car, beer, beard, board* etc.

Schichtung aufweist. Die Senkrechte ist der phonologische Index für (r), wobei 100 einen konsequent r-aussprechenden Dialekt bedeutete, und oo einen konsequent r-freien Dialekt. Die Waagerechte enthält fünf stilistische Kontexte, die sich von ungezwungener Rede bei A, über sorgfältige Rede bei B, Vorlese-Stil bei C, Einzelwörter bei D bis zu D′ erstreckt, wo Wörterpaare vorgelesen wurden, deren ausschließliche Aufmerksamkeit dem /r/ galt: *guard* vs. *god, dock* vs. *dark*. Diese Verteilung ist ein Beispiel für das, was als *Feinschichtung* bezeichnet werden kann: eine große Zahl von Unterteilungen des sozio-ökonomischen Kontinuums, wobei die Schichtung auf jedem stilistischen Niveau beibehalten ist. Weitere Untersuchungen des /r/, die in New York City durchgeführt wurden, stützen die folgende allgemeine Hypothese über die Feinschichtung von (r): *Jede Gruppe von New Yorkern, die in einer hierarchischen Skala nach nicht-sprachlichen Merkmalen eingeordnet ist, wird hinsichtlich ihres unterschiedlichen Gebrauchs von (r) denselben Rangplatz erhalten.*

Der Status von /r/ als Prestigeträger wird durch die allgemeine Aufwärtsrichtung aller Horizontallinien in der Richtung von den informellen zu den formellen Kontexten ausgewiesen. Auf dem Niveau der ungezwungenen, alltäglichen Rede zeigte nur die Gruppe 9 (obere Mittelschicht) eine signifikante Häufigkeit in der *r*-Aussprache. Aber in formelleren Stilen steigt der

Betrag der *r*-Aussprache bei den anderen Gruppen rasch an. Insbesondere die untere Mittelschicht zeigt einen äußerst raschen Anstieg, der in den zwei formellsten Stilen sogar die obere Mittelschicht übertrifft. Dieses Kreuzen scheint auf den ersten Blick eine Abweichung von der in Abb. 1 dargestellten regelhaften Kurve zu sein. Es handelt sich um ein Bild, das in anderen graphischen Darstellungen auch erscheint: ein ganz ähnliches Kreuzen der unteren Mittelschicht erscheint bei zwei anderen phonologischen Indices – offensichtlich bei all jenen linguistischen Variablen, die an einem sprachlichen Wandel unter sozialem Druck teilnehmen. Andererseits sind die sozialen und stilistischen Regelhaftigkeiten für (th) mindestens 75 Jahre lang stabil geblieben und lassen keine Anzeichen für ein derartiges Kreuzen erkennen. Daher muß das hyperkorrekte Verhalten der unteren Mittelschicht als derzeitiger Indikator eines im Fortgang befindlichen Sprachwandels angesehen werden.

Der lineare Charakter der Zehn-Punkte-Skala für den sozio-ökonomischen Status wird durch den Umstand bestätigt, daß sie für viele Sprachvariablen, grammatischer wie auch phonologischer Art, eine regelhafte Schichtung ergibt. Die Sprachvariablen wurden mit den sozialen Indikatoren des Produktionsstatus der Versuchspersonen – Beruf, Ausbildung und Einkommen – korreliert, und es erwies sich, daß kein einzelner Indikator so eng mit dem Sprachverhalten korreliert wie die Kombination aus allen dreien. Allerdings gibt ein Index, der Beruf und Ausbildung unter Nichtbeachtung des Einkommens kombiniert, eine regelhaftere Schichtung für die (th) Variable. Was die Ausbildung anbelangt, so besteht bei dieser Variablen ein scharfer Bruch im Sprechverhalten: nämlich nach Abschluß des ersten High-School-Jahres. Hinsichtlich des Berufs bestehen deutliche Unterschiede zwischen Arbeitern, Angestellten und Akademikern. Kombiniert man diese beiden Indikatoren, so ergeben sich vier Klassen, die die Bevölkerung in annähernd gleichgroße Gruppen teilen und für den (th) Gebrauch regelhafte Schichtung aufweisen. Diese Klassifikation scheint der sozio-ökonomischen Skala für die Analyse von Variablen wie (th), die in relativ frühem Alter erworbene Sprachgewohnheiten reflektieren, überlegen zu sein. Der kombinierte sozio-ökonomische Index, der das Einkommen berücksichtigt, zeigt dagegen tatsächlich eine regelhaftere Schichtung für Variablen wie (r). Da /r/ ein erst vor kurzem in die Sprache von New York City eingeführtes Prestigesymbol ist, scheint es folgerichtig – und fast vorhersagbar –, daß es eng mit einer sozio-ökonomischen Skala korreliert, die das derzeitige Einkommen berücksichtigt und so den gegenwärtigen sozialen Status der Versuchsperson genau repräsentiert.

Abb. 3 zeigt die Verteilung von (r) nach Altersstufen, eine Verteilung im *scheinbaren Zeitablauf*, die ein tatsächliches plötzliches Ansteigen der sozia-

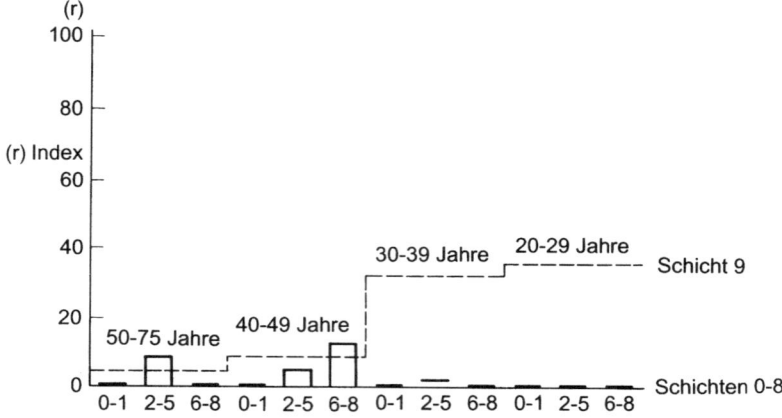

Abbildung 3: Entwicklung der sozialen Schichtung von (r) in ungezwungener Rede (im scheinbaren Zeitablauf)

len Schichtung von (r) in der Alltagsrede anzeigt. Der Gebrauch in der oberen Mittelschicht wird durch die horizontale gestrichelte Linie angegeben. Der Gebrauch anderer Schichten – 0–1: Unterschicht; 2–5: Arbeiter; 6–8 untere Mittelschicht – wird für jede Altersstufe durch eine Anzahl vertikaler Striche angegeben. Für die zwei höchsten Altersstufen bestehen nur geringe Anzeichen für eine soziale Bedeutung von /r/. Es liegt aber von den 40jährigen an abwärts eine völlig verschiedene Situation vor; hier wirkt /r/ als Prestigeträger für den Gebrauch allein in der oberen Mittelschicht. Dieser unvermittelte Wechsel des Status von /r/ scheint mit dem Zweiten Weltkrieg zusammengefallen zu sein.

Bis jetzt haben wir nur einen Aspekt der sozialen Schichtung behandelt: die Differenzierung des beobachtbaren Verhaltens. In den neueren Studien über New York City ist auch der komplementäre Aspekt der sozialen Schichtung untersucht worden: die soziale Bewertung. Es wurde ein subjektiver Reaktionstest entwickelt, um unbewußte soziale Reaktionen auf die Lautwerte individueller phonologischer Variablen zu isolieren. In diesen Tests schätzte die Versuchsperson anhand einer Anzahl kurzer Auszüge aus der Rede anderer New Yorker auf einer Skala deren Berufsposition ein. Kreuzvergleiche ermöglichen es, die unbewußten subjektiven Reaktionen der Befragten auf einzelne phonologische Variablen zu isolieren.

Abb. 4 gibt den Prozentsatz von Versuchspersonen an, deren Reaktion mit dem Status von /r/ als Prestigeträger übereinstimmen. Wir sehen, daß alle

Die Widerspiegelung sozialer Prozesse in sprachlichen Strukturen 457

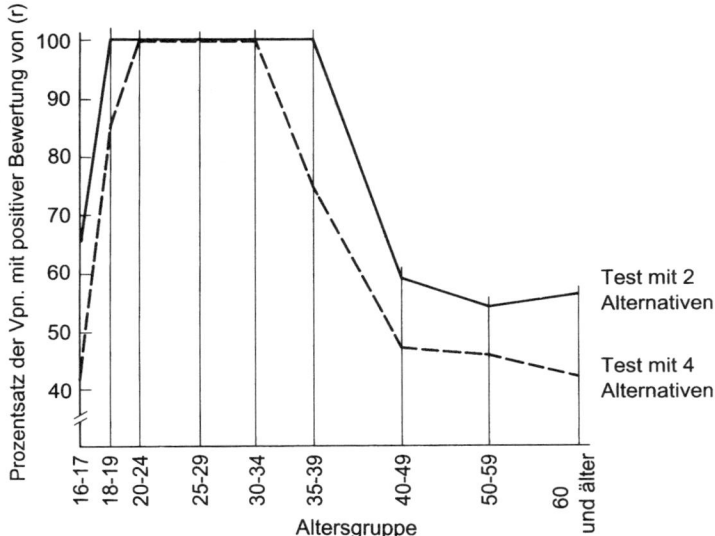

Abbildung 4: Entwicklung der sozialen Bewertung von (r) in zwei subjektiven Reaktionstests

Versuchspersonen zwischen 18 und 39 Jahren in der positiven Bewertung von /r/ übereinstimmen, trotz der Tatsache, daß die große Mehrheit dieser Versuchspersonen in ihrer Alltagsrede keinerlei /r/ gebraucht (Abb. 3). Somit wird die starke Streuung von (r) in der beobachtbaren Lautbildung von einheitlicher subjektiver Bewertung der sozialen Bedeutung dieser Erscheinung begleitet. Andererseits zeigen die über 40 Jahre alten Versuchspersonen, die keine Unterschiede in ihrem Gebrauch von (r) aufweisen, ein sehr gemischtes Bild der sozialen Bewertung von /r/.

Dieses Ergebnis ist typisch für viele andere empirische Befunde, durch die die Auffassung bestätigt wird, daß New York City eine einzige Sprechgemeinschaft bildet, die, durch eine einheitliche Bewertung sprachlicher Merkmale zusammengefaßt, zugleich aber durch zunehmende Schichtung im beobachtbaren Sprachverhalten eine Streuung erhält.

Die besondere Rolle der unteren Mittelschicht beim Sprachwandel ist hier nur durch ein Beispiel, das Kreuzen in Abb. 2, illustriert worden. Wenn Abb. 3 zur Darstellung zunehmend formeller Stile umgeschrieben wird, so sieht man, daß auf jeder Altersstufe die untere Mittelschicht die stärkste Tendenz zur Einführung der *r*-Aussprache aufweist und dabei in den formellsten Stilen die obere Mittelschicht weit übertrifft. Es liegt viel Beweismaterial dafür vor, daß Sprecher der unteren Mittelschicht die stärkste Tendenz zu sprachlicher Verunsicherung zeigen und deshalb in mittleren Jahren dazu neigen, die von den jüngsten Angehörigen der obersten Schicht gebrauchten Prestigeformen anzunehmen. Diese sprachliche Unsicherheit offenbart sich in dem sehr breiten Band stilistischer Variationen im Gebrauch von Sprechern der unteren Mittelschicht; durch ihr starkes Schwanken innerhalb eines bestimmten stilistischen Kontexts, durch ihr bewußtes Streben nach Korrektheit und durch ihre stark ablehnende Einstellung gegenüber ihren angestammten Sprechmustern.

Ein weiteres Maß für sprachliche Unsicherheit ergab sich aus einem hiervon unabhängigen Ansatz, der vom lexikalischen Verhalten ausging. Den Versuchspersonen wurden 18 Wörter mit Aussprachevarianten vorgelegt, die sich signifikant auf die einzelnen Sozialgruppen verteilten: vase, aunt, escalator usw. Jedes Wort wurde in zwei verschiedenen Aussprachen angeboten, z.B. [veɪz – vɑɪz], [aent – ɑ'nt], [ɛskeleɪtə – ɛskjuleɪtə]. Die Teilnehmer wurden aufgefordert, die ihrer Meinung nach korrekte Form zu bestimmen. Sodann wurden sie gefragt, welche Form sie selber gewöhnlich gebrauchen. Die Gesamtzahl der Fälle, in denen die beiden Entscheidungen verschieden ausfielen, wurde als Index für sprachliche Unsicherheit genommen. In dieser Messung zeigte die untere Mittelschicht den bei weitem höchsten Grad an sprachlicher Unsicherheit.

Die soziale Schichtung und ihre Auswirkungen sind nur ein Typus sozialer Prozesse, die sich in sprachlichen Strukturen widerspiegeln. Die Interaktion ethnischer Gruppen in New York City – Juden, Italiener, Neger, Puertorikaner – spiegelt sich ebenfalls in diesen und anderen sprachlichen Variablen wider. Bei einigen Variablen nahmen die Schwarzen von New York City an der gleichen sozialen und stilistischen Variation teil wie die weißen New Yorker. Bei anderen Variablen besteht eine strikte Trennung zwischen Weißen und Schwarzen, worin sich der für die Stadt charakteristische Prozeß der sozialen Segregation widerspiegelt. Es gibt zum Beispiel ein phonologisches Charakteristikum der südstaatlichen Aussprache, das die Vokale /i/ und /e/ vor Nasalen ineinander übergehen läßt: *pin* und *pen*, *since* und *sense* sind hier Homonyme: „I asked for a straight (pɪn) and he gave me a writing (pɪn)." In New York City hat diese phonologische Erscheinung sich über die ganze schwarze Bevölkerung ausgebreitet, so daß jüngere schwarze Sprecher diese Verschmelzung regelmäßig vornehmen, gleichgültig, ob sie in ihrer Rede noch andere Merkmale der Südstaaten zeigen oder nicht. Dieses sprachliche Merkmal wirkt damit als absoluter Trennfaktor für die Gruppe der Schwarzen, indem es die sozialen Vorgänge widerspiegelt, die diese rassische Gruppe als eine Einheit kennzeichnen.

Für die Gruppen der Puertorikaner lassen sich ähnliche kennzeichnende phonologische Merkmale finden.[8]

Die Segregation von Schwarzen und Weißen tritt auch in anderen Aspekten des Sprachverhaltens, die ganz außerhalb des phonologischen Systems liegen, zutage. Unsere Untersuchung der Sprechweise von New York City umfaßt eine Anzahl semantischer Studien: eine der ergiebigsten befaßt sich mit den semantischen Strukturen, die den Ausdruck *common sense* betreffen. Dieser Ausdruck liegt im Zentrum eines der Bereiche, die für die geistige Betätigung der meisten Amerikaner am wichtigsten sind. Es ist ein häufig gebrauchter und mit beträchtlichem Affekt geladener Ausdruck; über seine Bedeutung wird oft debattiert; Fragen über common sense rufen bei den meisten unserer Versuchspersonen erhebliche geistige Anstrengungen wach. Der Ausdruck common sense wird von Schwarzen gebraucht; sie gebrauchen aber auch einen gleichbedeutenden Ausdruck, der bei keinem weißen Sprecher in dessen angestammten Vokabular vorkommt. Dieser Ausdruck ist *mother-wit* oder *mother-with* [mʌðəwɪθ]. Für einige wenige weiße Sprecher gilt *mother-wit* als altertümlicher, gelehrter Ausdruck, aber für Schwarze ist es ein von den älteren Familienmitgliedern häufig gebrauchter, angestammter Ausdruck, der einen ganzen Komplex von Gefühlen und Vorstellungen umfaßt, der für sie von großer Bedeutung ist. Doch haben Schwarze keine Ahnung davon, daß Weiße das Wort *mother-wit* nicht gebrauchen, und die Weißen haben keinen Schimmer davon, daß Schwarze das Wort gebrauchen. Man muß einmal dieses völlige Fehlen von Kommunikation auf einem wichtigen Gebiet geistiger Betätigung in Kontrast zu der Art stellen, wie Slangausdrücke der Negermusiker von der weißen Bevölkerung als Ganzes glatt und richtig übernommen werden.

Der Prozeß der sozialen Segregation entspringt Ursachen und Mechanismen, die schon im einzelnen untersucht worden sind. Der gegenläufige Vorgang der sozialen Integration tritt weniger in Erscheinung, und auf der Ebene der Sprachstrukturen ist es keineswegs klar, wie er sich abspielt. Betrachten wir die semantische Stuktur von *common sense*. Analysiert man die semantischen Komponenten des Ausdrucks, seine Stellung in einer hierarchischen Taxonomie und seine Beziehung zu verwandten Ausdrücken eines semantischen Paradigmas, so erkennt man große Unterschiede in den von verschiedenen Sprechern gebrauchten semantischen Strukturen.

Diese Verschiedenheit läßt sich am besten veranschaulichen, indem man zwei Typen von Reaktionen auf unsere Frage über den common sense mit-

---

8 Die meisten New Yorker unterscheiden den Vokal von *can* in „tin can" von dem *can* in „I can". Keiner der befragten Puertorikaner gebrauchte diese phonemische Unterscheidung durchgehend.

einander konfrontiert; es sind Reaktionen, die gewöhnlich in zwei in sich konsistente Gruppen zerfallen. Der Teilnehmer A etwa hält *common sense* einfach für „vernünftiges Reden". Wenn er den kognitiven Inhalt einer Äußerung versteht, so ist das für ihn common sense. Teilnehmer B hält common sense für die höchste Form vernunftgemäßer Betätigung; es ist für ihn die Anwendung von Wissen zur Lösung der schwierigsten Probleme. Haben die meisten Menschen common sense? A sagt ja, B sagt nein. Wer hat viel common sense? B glaubt, daß Ärzte, Juristen, Professoren am meisten hätten. A meint, bei ungebildeten, einfachen Leuten finde man eher common sense, und er nennt sofort ein paar hochgebildete Leute, denen jede Spur von common sense fehlt. Wenn ich sage: „Zwei und zwei macht vier", ist das ein Beispiel von common sense? A sagt ja, B sagt nein. Kann man sagen, jemand sei intelligent, habe aber doch keinen common sense? A sagt nein, weil Intelligenz das gleiche sei wie common sense. B sagt ja, common sense sei etwas anderes als Intelligenz. A glaubt, wenn man jemand als gescheit bezeichnen könne, so habe er auch common sense. B sieht keinen Zusammenhang zwischen Gescheitheit und common sense. Kann man weise sein, ohne common sense zu haben? A sagt ja, B sagt nein.

Die extremen Unterschiede zwischen Typ A und dem Typ B, die von der sozialen Schichtung nicht unabhängig sind, legen es nahe, die Möglichkeit semantischer Integration zu bezweifeln. Kann man von Individuen, die völlig entgegengesetzte semantische Strukturen für *common sense* haben, sagen, sie verstünden einander? Kann der Ausdruck *common sense* zur Kommunikation von Bedeutung zwischen diesen Sprechern dienen? Manche Autoren (besonders die Anhänger der Allgemeinen Semantik) sind der Auffassung, daß Sprecher mit Englisch als Muttersprache einander gewöhnlich *nicht* verstehen, daß derartig gegensätzliche Strukturen unvermeidlich zu Mißverständnissen führen. Die bisherigen Ergebnisse unserer Untersuchungen führen mich zu dem gegenteiligen Schluß. Die Menschen verstehen einander eben doch: die semantische Integration scheint durch ein zentrales System von Äquivalenz- und Attributionsbeziehungen zu erfolgen, über das bei allen Englisch-Sprechenden Übereinkunft besteht. Mit nur wenigen Ausnahmen sind alle Sprecher darin einig, daß *common sense* unter den Oberbegriff *Urteilsfähigkeit* fällt: common sense ist „scharfes Urteil". Eine ähnlich hohe Übereinstimmung findet sich in der Beifügung von *practical* oder *every-day* zu *common sense*. Wir haben zwar kein Einzelwort für die Eigenschaft „nicht aus Büchern gelernt", doch gibt es einen sehr hohen Grad von Übereinstimmung bezüglich dieser Bedeutung von common sense.

Wenn semantische Integration stattfindet, so muß sie in einem sozialen Prozeß erfolgen, in dem extreme Varianten im Verlauf von Gruppeninteraktion zu Gunsten zentraler oder Kernwerte unterdrückt werden. Die fortlaufenden Untersuchungen dieser semantischen Muster sollen Licht in die Frage bringen, ob ein derartiger Mechanismus existiert und wie er abläuft.

In dieser Darstellung sind eine Anzahl von Aspekten des Sprachverhaltens aufgezeigt worden, in denen Sprachstrukturen als Widerspiegelungen sozialer Prozesse erscheinen. Insgesamt gesehen zeigt sich ein breites Band von Möglichkeiten, die Interaktion soziologischer und linguistischer Untersuchungen nutzbringend zu gestalten. Der Nutzen einer derartigen Interaktion läßt sich in drei Punkten zusammenfassen, die in der Reihenfolge zunehmender Allgemeingültigkeit angeordnet sind:

1. Sprachliche Indices liefern ein großes Korpus quantitativer Daten, die den Einfluß vieler unabhängiger Variablen reflektieren. Es dürfte nicht unmöglich sein, daß die auf Band aufgenommenen Daten dieser Art von Soziologen, die nicht in erster Linie Linguisten sind, gesammelt und analysiert werden. Wenn einmal die soziale Signifikanz einer bestimmten Sprachvariante, etwa mittels der oben angegebenen Methoden, festgestellt ist, kann diese Variable dann als Index zur Messung anderer Formen des Sozialverhaltens dienen: soziale Aufstiegsaspiration, soziale Mobilität und Verunsicherung, Wechsel der sozialen Schichtung und Segregation.
2. Viele der Grundbegriffe der Soziologie treten in den Ergebnissen der Untersuchungen sprachlicher Variationen anschaulich hervor. Die Sprachgemeinschaft wird nicht so sehr durch eine ausdrückliche Übereinstimmung im Gebrauch von Sprachelementen abgegrenzt als durch Teilnahme an einem System gemeinsamer Normen; diese sind in sichtbaren Formen wertenden Verhaltens und anhand der Gleichförmigkeit abstrakter Variationsmuster, die hinsichtlich bestimmter Ebenen des Sprachgebrauchs invariant sind, der Beobachtung zugänglich. In ähnlicher Weise ist es möglich, durch Beobachtung des Sprachverhaltens die Struktur der sozialen Schichtung in einer bestimmten Gemeinde detailliert zu untersuchen. Es zeigt sich, daß es einige sprachliche Variablen gibt, die mit einer abstrakten Messung der sozialen Position korrelieren, einer Messung, die sich aus einer Kombination mehrerer ungleichartiger Indikatoren herleitet, wo aber keine einzelne, weniger abstrakte Messung gleich gute Korrelationen ergibt.
3. Überdenkt man die Auffassung von Sprache als Form sozialen Verhaltens genau, so zeigt sich deutlich, daß jeder theoretische Fortschritt in der Analyse der Mechanismen der Sprachentwicklung unmittelbar zur allgemeinen Theorie der sozialen Entwicklung beiträgt. In dieser Hinsicht ist es für Linguisten notwendig, ihre Methoden der Strukturanalyse zu verfeinern

und auf den Sprachgebrauch in komplexen städtischen Gesellschaften auszudehnen. Zu diesem Zweck können sich die Linguisten der Methoden der Umfragetechnik bedienen; und was noch wichtiger ist: viele theoretische Ansätze der Linguistik können im Licht allgemeinerer Konzepte des sozialen Handelns, wie sie von anderen Sozialwissenschaften entwickelt worden sind, neu interpretiert werden. Der vorliegende Bericht ist als ein Beitrag zur Erreichung dieses allgemeineren Ziels gedacht. Es ist zu hoffen, daß die wichtigsten Leistungen der Linguistik, die vielen Soziologen früher als fremd und unbedeutend vorgekommen sein mögen, sich schließlich als Niederschlag von Aktivitäten entpuppen, die den gleichen Kurs verfolgen wie die heutige Soziologie, und einen wertvollen Beitrag zum Verständnis der sozialen Struktur und des sozialen Wandels leisten können.

E. Wortform und Wortstruktur

Das Kapitel im Überblick

Was ein Wort ist, wissen wir – oder nicht? Jedenfalls fällt eine Definition schwer. Auch die Linguistik hat Probleme, gute Abgrenzungskriterien anzugeben (vgl. Bergenholtz/Mugdan 1979: Kap. I; Wurzel 1998, Knobloch/Schaeder 2007). Die Schrift nimmt uns die Aufgabe scheinbar ab, da gibt es Leeräume (Spatien), aber wann setzen wir sie? Wir können langsam sprechen und Pausen machen, aber im Gespräch verschleifen, verkürzen wir, heben nicht jedes Wort hervor, bilden Akzentgruppen. Problematisch wie das Pausenkriterium ist auch die Verschiebeprobe: Einzelwörter sind nur dann verschiebbar (etwa an den Satzanfang) wenn sie grammatisch einer Wortgruppe entsprechen (*sie besucht ihn – ihn besucht sie; sie besucht ihren Freund – *ihren besucht sie Freund, *Freund besucht sie ihren*). Bloomfields Vorschlag war, Wörter seien „minimale freie Formen". Ist die Freiheit nicht beschränkt? Steckt in der *Himbeere* nicht wenigstens die *Beere*? Und: Zusammensetzungen wie *Haustür* oder *Rotwein* wären zwei Wörter? Lässt sich dies nur annehmen, wenn der Wortakzent herangezogen wird? Ein gutes Kriterium ist, dass ein echtes Wort genau eine Hauptakzentstelle aufweist (<u>Straßenbahnschaffner</u>). Dass Wörter nicht unterbrochen werden können (Bloomfield) stimmt schon meist; manche komplexen Wörter im Deutschen lassen so etwas aber zu (*Doppel- oder Einzelbett; ob ich schon wanderte im tiefen Tal* (Luther), *da will ich hin (dahin)*). Wie steht es mit *aufhören/hörte...auf*, das in manchen Ansätzen konsequent nicht als Wort, sondern als Gruppe betrachtet wird? Definiert man Wort als Einheit mit selbständiger Bedeutung, muss man mit komplexen Wörtern wie *Haustür* oder *Textverarbeitung* wie mit Redensarten, etwa dem *sauren Apfel, in den man manchmal beißen muss*, klar kommen. Nicht zuletzt gilt es zu wissen, was unter Bedeutung zu verstehen ist. Fragen über Fragen.

In diesem Kapitel geht es um das Wort als formale Einheit und seine Struktur. Wenn wir den Aufbau von Wörtern betrachten, können wir von Bedeutungen nicht absehen, so hat die Bedeutung komplexer Wörter mit der Bedeutung ihrer Teile zu tun. Sofern Wortbedeutungen in Satz- oder Äußerungsbedeutungen eingehen, im Blick auf die Bedeutungen anderer Wörter gleichen Typs zu betrachten sind, werden sie im Kapitel **G** behandelt. Damit halten wir uns an die übliche Unterscheidung zwischen Morphologie (‚Lehre von Wortformen und Wortbildung') und (Wort-)Semantik.

Der Text aus dem Lehrbuch Linguistik I (1970) ist eine didaktische Umsetzung der strukturellen Morphologie, der die Grundbegriffe einführt, und enthält Arbeitsaufgaben.

Leonard Bloomfield (1887–1949) führt argumentativ nicht nur in die strukturalistische Morphologie, sondern allgemein in die strukturelle Formanalyse ein, die auch für die heute geläufigen Analysemethoden grundlegend sind. Er setzt an bei dem entwickelten Konzept (Kapitel **A**), dass Sprache ein Zeichensystem ist und jedes Zeichen eine sprachliche Form mit einer Bedeutung. Bedeutung ist außersprachlich, sie liegt in situativen Reaktionen. Eine solche Form, soweit sie keine partiellen phonetischen oder semantischen Ähnlichkeiten mit einer anderen zeigt, nennt er *Morphem*. Viele Grundunterscheidungen der modernen Sprachwissenschaft sind in Bloomfields Text vorgeprägt.

Nur wenige (deutsche) Wörter sind einfach. Wörter wie *da, denn, gern, ja, vielleicht* haben nur eine Laut- bzw. Schriftform, andere bestehen aus einer Menge von Wortformen: {*Gast, Gastes, Gäste, Gästen*}, {*Frau, Frauen*}. Die Grundeinheit des Lexikons – auch als *Lexem* bezeichnet – wird also durch Elemente einer Menge von Wortformen realisiert. In den Beispielen handelt es sich um Flexionsformen. Die Flexionsform *Gästen* markiert den Kasus (Dativ) und den Numerus (Plural), die Flexionsform *kamst* das Tempus (Präteritum), die Person (zweite Person/Hörer) und den Numerus (Singular). Die Flexion des Verbs nach Tempus, Numerus, Modus (Indikativ, Konjunktiv, Imperativ etc.), Genus Verbi (Aktiv, Passiv, Medium), Aspekt (perfektiv, imperfektiv) nennt man *Konjugation*, die Flexion von Substantiven, Artikeln, Adjektiven, Pronomina heißt *Deklination*. Sprachen sind u.a. danach zu unterscheiden, ob sie von Flexion Gebrauch machen (*flektierende* Sprachen) oder grammatische Beziehungen durch selbständige, unveränderliche Wörter oder Wortstellung ausdrücken; als Beispiele für solche *isolierenden* Sprachen sind das klassische Chinesisch oder Vietnamesisch zu nennen. Die Flexion kann sich in der Abwandlung des Stammes (*reiten, ritt*), in der Anfügung von Endungen (*Mann-es*), in der Reduplikation (gotisch: *maitan* ‚schneiden' – *maímait* ‚Präteritum') manifestieren. Nicht selten kommt es zu Fusionen, hat eine Form mehrere grammatische Bedeutungen (*Gaumen* z.B. repräsentiert alle Kasus- und Numerusformen bis auf den Genitiv Singular), d.h. eine eineindeutige Zuordnung zwischen Form und grammatischer Bedeutung ist nicht immer möglich (vgl. *Hund – Hund-en* als Dativformen: Soll man -*e*- als Pluralmarkierer werten, -*n* als Dativendung, obwohl nur im Plural vorhanden? Haben wir es mit zwei Stämmen [hʊnt, hʊnd-] zu tun?). Derlei ist anders in *agglutinierenden* Sprachen: Hier werden die Endungen in geordneter Abfolge und mit individuell fester Bedeutung an den Stamm gebunden:

Türkisch: *okul*   + *lar*   + *ımız*   + *da*   ‚in unseren Schulen'
           ‚Schule'   + Plural   + Possessiv 1.Pers.Pl.   + Lokativ

Solche unselbständigen Formbildungselemente werden *Affixe* genannt; folgen sie einem Stamm, spricht man von *Suffixen* (*sag+en, Spiel+er*), stehen sie vorn, heißen sie *Präfixe* (*ver+sagen*), sind sie eingefügt, handelt es sich um *Infixe* (latein.: *ru+m+po* ‚ich breche', *ruptu*s ‚gebrochen'), umschließen sie den Stamm, sind es *Zirkumfixe* (*ge-sag-t*).

Analysiert man die Wortstruktur, so stößt man zwischen der Phonem- bzw. Graphemebene (mit den minimalen funktions- oder bedeutungsunterscheidenden Einheiten) und der Wortebene auf kleinste bedeutungs- oder funktionstragende Bauelemente, die im Blick auf ihre Funktion im System der Sprache als *Morpheme* bezeichnet werden. Ihnen können ein (*Morph*) oder mehrere Realisierungselemente (*Allomorphe*) entsprechen, denken wir etwa an die deutsche Pluralbildung (*Tag/Tage; Hahn/Hähne; Lehrer/Lehrer; Apfel/ Äpfel; Bild/Bilder; Haus/Häuser; Oma/Omas*). Es handelt sich um Laut- oder Buchstabensequenzen, die nicht unbedingt Silben entsprechen. In manchen Sprachen sind es stets Konsonant-Vokal-Folgen, in den *Tonsprachen* (Chinesisch, Vietnamesisch, Hausa, Thai u.a.) kommen die bedeutungs-/ funktionsunterscheidenden Töne hinzu (im Hausa bedeutet *sàbó* mit Tief+ Hochton ‚Bekanntschaft', mit zwei Hochtönen ‚neu').

Homonyme Morphe unterschiedlicher Bedeutung/Funktion bilden verschiedene Morpheme (*-s* als Genitiv- oder Pluralallomorph).

Allomorphe ergeben sich vor allem aufgrund lautlicher Regularitäten (vgl. [ve:k, ve:gəs]) oder morphologischer Variation (vgl. *denk+e, dach+te*) mit komplementärer Verteilung (die Verbstämme *dach-* und *denk* kommen nie in derselben Umgebung vor). Treten zwei Allomorphe in derselben Umgebung auf, zeigen sie keinen Bedeutungs-/Funktionsunterschied (*Staat+es, Staat+s*).

Hat ein Morphem mehrere Allomorphe, muss die Gesamtheit der Umgebungen, in denen sie erscheinen, der Gesamtheit der Umgebungen gleichen, in denen die Allomorphe eines anderen Morphems auftreten können. Wegen der Parallelität von *I am, we are, to be* zu *I walk, we walk, to walk* können *am, are, to be* als Allomorphe eines Morphems betrachtet werden. Manche sprechen, wenn ein Morphem in einem Paradigma ohne Ausdruck bleibt, von einem *Nullallomorph* (*der Lehrer, die Lehrer+ø*).

Ein *Portmanteau-Morphem* (‚Schachtel-Morphem') liegt vor, wenn ein nicht weiter zerlegbares Morph mehr als ein Morphem realisiert (beim: {bei} + {dem}).

Morpheme, deren Allomorph isoliert – als Wortform – erscheint, werden *freie* Morpheme genannt {Haus, schnell, und}. Werden sie nur in Kombination realisiert, heißen sie *gebundene* Morpheme {*ordn-, -er, -end-*}.

Dass die Grundbegriffe der Morphologie nicht unproblematisch sind, zeigen Joachim Jacobs und Theo Vennemann und diskutieren die einflussreiche Unterscheidung von Hockett zwischen Kombinationsmorphologie, Prozessmorphologie und Paradigmenmorphologie.

Der Text von Edward Sapir (1884–1939) aus dem klassischen Werk Language – einem Meilenstein der Sprachtypologie – behandelt Wortstruktur und Wortbildung aus sprachvergleichender Sicht und führt das Formpotential von Sprachen vor. Sapir ist dadurch bekannt geworden, dass er (wie schon Humboldt, vgl. **A**) auf Abhängigkeiten des Denkens von den Kategorien der jeweiligen Sprache aufmerksam gemacht hat. Er hat dies kenntnisreich und viel differenzierter als sein Schüler Whorf (1897–1941) getan, der die „Relativitätsthese" weiten Kreisen bekannt gemacht und den Hopi-Indianern sogar Zeit-Ausdruck und Zeit-Begriff im westlichen Sinne abgesprochen hat (1963); zur Widerlegung: Malotki 1983. Nach Sapir sind alle Sprachen – auch die steinzeitlicher Jäger und Sammler – in vergleichbarer Weise leistungsfähig und ausdrucksmächtig. Zum Sprachvergleich wie zur Konfrontation mit der Morphologie einer entfernten Sprache kann auch der Artikel von Heeschen (**H** Supplemente) herangezogen werden.

In die aktuelle Wortbildungsforschung führt der Text von Jean Aitchison ein. Sie wählt einen kognitiven Zugang und zeigt, wie neue Wörter in die Sprache kommen und wie sie zu verstehen sind. Wörter können komplex sein, insofern sie aus anderen zusammengesetzt (*Gast+Haus*) oder mithilfe von Präfixen oder Suffixen abgeleitet sind (un+glaub+lich). Sie können durch die Ableitung die Wortart wechseln (*staub-ig*). Die Haupttypen sind:

a) die *Komposition*: die Zusammensetzung von zwei oder mehr Wörtern (freien Morphemen) zu einer Worteinheit. Sie ist bei deutschen Substantiven äußerst produktiv. Der wichtigste Untertyp ist das

a1) *Determinativkompositum*: Im Deutschen ,bestimmt' das erste Glied (*Bestimmungswort*) das zweite Glied (*Grundwort*) semantisch näher (schränkt den Bezugsbereich ein, vergleicht, gibt den Zweck an etc., viele Relationen sind möglich); es erhält die Hauptakzentstelle (in Beispielen: Unterstreichung) als Markierung der Anbindung; das Grundwort legt die grammatischen Eigenschaften der Einheit fest (Wortart, Genus) und kann als *Kopf* der Konstruktion betrachtet werden. Das Bestimmungswort kann aus unterschiedlichen Wortarten stammen und selbst zusammengesetzt sein: <u>R</u>o<u>t</u>buche, <u>Sp</u>eiseapfel, <u>Tr</u>in<u>k</u>becher, <u>Saa</u>lmiete, <u>M</u>ogelpackung, Na<u>tur</u>schutzgebiet; <u>ra</u>benschwarz; <u>wie</u>vielmal.

a2) Das *Kopulativkompositum* verbindet die zusammengesetzten Wörter, die einer Wortart angehören, gleichberechtigt, sie können auch ihre jeweilige Hauptakzentstelle behalten: <u>Di</u>ch<u>t</u>erkompo<u>nist</u>, <u>Strumpfh</u>ose, <u>dumm</u>-<u>dreist</u>, <u>Schl</u>eswig-<u>Hol</u>stein; einen Typ wie türk. *anababa* ‚Eltern' (‚Mutter-Vater') gibt es im Deutschen nicht.

a3) Die *Kontamination* ist eine Verschmelzung von zwei Einheiten, die öfter ein gemeinsames Element haben: *Kur+Urlaub → Kurlaub; Schaf+Ziege → Schiege.*

a4) Bei der *Reduplikation* wird ein Element verdoppelt: *Film-Film, schnell-schnell.* Öfter finden sich Lautvariationen (Anlaut, vokalischer Kern): *Schickimicki, Krimskrams.*

b) die *Derivation (Ableitung)* ist eine als Prozess gesehene Wortbildungsart, die Affixe nutzt, um neue Wörter zu bilden: *feind+lich, herr+schaft+lich, arbeit-sam (mit Suffixen); be+reden* (mit Präfix); *ver+läss+lich (mit Präfix und Suffix).* Öfter wird die Wortart gewechselt. Von solchen *expliziten Derivationen* unterscheidet man *implizite (sitzen → setzen),* die u.a. kausative (Verursachung ausdrückende) Verben bilden.

c) die *Konversion* ist ein nicht durch Wortbildungsaffixe, wohl aber syntaktisch markierter Wortartwechsel: *das Ich, der Schlaf, der Ritt.* Sie kann sich mit einer funktionalen „Feldtransposition" (Ehlich) verbinden (*der* (Deixis/Pronomen, Zeigfeld) → *der* (bestimmter Artikel, Operationsfeld) in den germanischen Sprachen Althochdeutsch/Mittelhochdeutsch).

Wirkliche, dauerhafte Wortschöpfungen sind selten. Hingegen können neue, so noch nicht da gewesene Sätze gebildet werden. Die Analogie zwischen Wort- und Satzbildung sollte nicht überzogen werden, denn es finden sich jeweils spezifische Regularitäten. Wörter können im Ursprung wortgruppen- oder satzförmig sein, vgl. das Determinativkompositum *Dreitage+bart.* In polysynthetischen Sprachen können Verb+inkorporierte(s) Komplement(e) einen Satz bilden:

ni-naka-qua (Nahuatl/Aztekisch)(‚ich-Fleisch-essen'/‚ich bin Fleischesser'; vgl. Anderson 1985b:53).

Der Wortaufbau bestimmt auch die Flexion (vgl. *ringen/rang,* aber *umringen/ umringte (←Ring); Hausmänner* versus *Hausmanns* (Eigenname)).

Die Lehre von den Wortarten bildete einen Schwerpunkt traditioneller Grammatikdarstellung. Bis in die Gegenwart entfalten antike Entwürfe (wie der von Dionysios Thrax aus dem 1. Jh. v.Chr. oder das für Mittelalter und Schulgrammatik wirkungsmächtige System des Donatus aus dem 4. Jahrhundert

468   E. *Wortform und Wortstruktur*

n.Chr.) über die Schulgrammatik eine Wirkung, der sich kaum jemand entziehen kann.

Die geschichtliche Entwicklung der Wortartenlehre ist Gegenstand des hier abgedruckten Aufsatzes von Robert H. Robins, der schon zur Syntax (**F**) überleitet. Er kann zu neuem Nachdenken über Nutzen und Nachteil dieses Erbes anregen. Ergänzend können herangezogen werden: Hoffmann 2007, darin zur Geschichte der Beitrag von Ehlich, Robins 1979.

Je nach Sprachtyp und Theorie werden die Wortarten (*partes orationis, parts of speech*) unterschiedlich bestimmt: morphologisch, semantisch, syntaktisch, funktional. Für das Deutsche ergibt ein morphologischer Ansatz:

Unflektierbar: sog. „Partikeln" (Adverb, Konjunktor, Präposition etc.)
Flektierbar: (Flexion: Veränderungen in der Wortstruktur je nach der Rolle in der Äußerung)
➤ *Konjugierbar*: Verb (*Person, Numerus, Tempus, Modus, Genus Verbi*)
➤ *Deklinierbar*: Substantiv (*Kasus, Numerus*); Determinativ und Pronomen (*Kasus, Genus, Numerus*); Adjektiv (*Kasus, Genus, Numerus*)
➤ und *komparierbar*: Adjektiv (viele sind steigerungsfähig).

Jede Klassifizierung des Wortbestands ist theorieabhängig, es sind nicht die Sprachen, die diese Unterscheidungen machen (so noch Schachter 1985:3). Eine Klassifizierung muss der behandelten Einzelsprache gerecht werden und zugleich erlauben, Sprachen zu vergleichen und universelle Eigenschaften festzustellen. Auch bei morphologisch reichhaltigen Sprachen wird man um der Vergleichbarkeit (etwa mit Sprachen des isolierenden Typs) willen morphologische Merkmale nicht zur primären Klassifikationsgrundlage machen und andere (funktionale, syntaktisch, semantische) Kriterien verwenden.

Übungsaufgaben enthält der Text der Autorengruppe, Anregungen für die Weiterarbeit an Beispielen gibt auch der Text von Aitchison.

Exkurs: Übersicht zu den Wortarten des Deutschen[1]
(1) **Substantiv**
Substantive bringen symbolisch charakterisierend Gegenstände (Dinge, Personen, abstrakt Vergegenständlichtes) ins Spiel, indem mit ihnen
(a) auf die Kenntnis eines in einer Gruppe namentlich bekannten Gegenstands zugegriffen wird (Eigenname): *Paula, Indien, der Nil*;
(b) die Art benannt wird, der ein Gegenstand zugehört (Gattungsname): *Mensch, Blume, Tisch*;

---

1 Die Übersicht zu den Wortarten orientiert sich an Zifonun/Hoffmann/Strecker (1997: 28ff.) – ausführlich behandelt sind die Wortarten in Hoffmann (2007/2009).

(c) ein Stoff oder Substanzquantum gekennzeichnet wird (Stoff-/Substanzname): *Milch, Stahl*, für die eine Pluralbildung nicht als Ausdruck diskreter Vielfalt, sondern nur als Bezug auf Unterarten möglich ist.

Typische Merkmale der Form: bildet den Kopf einer Nominalphrase (*der neue Tisch*), erfordert als Gattungsname ein Determinativ für die Bezugnahme, hat ein spezifisches Genus (Maskulinum oder Femininum oder Neutrum), vier Kasusformen (Nominativ, Genitiv, Dativ, Akkusativ), meist zwei Numeri (Singular, Plural).

(2) **Adjektiv**
Das Adjektiv bezeichnet symbolisch eine Eigenschaft, die für die Identifikation eines Gegenstands – charakterisiert durch ein Substantiv – relevant ist (restriktiver Gebrauch). Es kann einen schon zugänglichen Gegenstand auch zusätzlich kennzeichnen (appositiver Gebrauch).

Typische Merkmale der Form: In der Nominalphrase zeigt das Adjektiv in seiner Form Korrespondenz von Genus, Numerus, Kasus mit dem Kopf der Nominalphrase; unterschiedliche Flexionsparadigmen (stark, schwach, gemischt), je nach Determinativ: *der/dieser/jeder klein-e Hanswurst – ein/mein/kein/manch/ø köstlich-er Wein*; ist nominalisierbar; kann Kopf einer Nominalgruppe sein (*die Schlauen*); viele Adjektive können in Verbindung mit einem Kopulaverb das Prädikat eines Satzes (*ist trickreich*) realisieren oder als Adverbial fungieren (*schnell fahren*); viele sind steigerungsfähig. Das Partizip I (*schlaf-end*), eigentlich eine Verbform, wird meist den Adjektiven zugeordnet.

(3) **Adkopula**
Die Adkopula bildet den inhaltlichen Kern eines Ausdrucks, der einen Zustand (Prozessresultat etc.) verbalisiert.

Typische Merkmale der Form: Die Adkopula verbindet sich mit einem Kopulaverb zu einem Prädikatsausdruck (*ist quitt*), sie kann nicht mit einem Substantiv kombiniert werden und wird nicht flektiert. Somit ist sie nicht den Adjektiven zuzurechnen, sondern eine eigene Wortart, deren Elemente oft substantivischen Ursprungs (*schuld sein*) sind.

(4) **Artikel und andere Determinative**
Das Determinativ ist eine Gruppe von Wortarten, die den Bezugsbereich (Referenzbereich) eines anderen, gegenstandsbezogenen, deskriptiven Ausdrucks beschränken und durch Markierung des Wissensstatus auf Hörerseite (dem Hörer zugänglich oder nicht) die Verarbeitung unterstützen.

Typische Merkmale der Form: verbindet sich mit Gattungsnamen zum Aufbau einer Nominalphase; Genus-, Numerus-, Kasuskorrespondenz mit dem Kopf-Nomen, Sichtbarmachen von phrasalen Merkmalen.

470   E. Wortform und Wortstruktur

Der **bestimmte (definite) Artikel** markiert Definitheit, d. h. dass das Gemeinte aus Sicht des Sprechers dem Hörer im Wissen oder perzeptiv zugänglich ist (*das Haus am Wallraffplatz, der Hund bellt, die Sonne*).

Der **unbestimmte (indefinite) Artikel** drückt aus, dass das Gemeinte für den Hörer neu ist (*ein Pferd betrat das Lokal*) bzw. exemplarisch aus der Menge möglicher Gegenstände einer Klasse herausgegriffen wird (*Ein Pferd ist ein Turngerät mit Lederpolster und zwei Griffen*). Der Hörer muss eine Vorstellung des Gemeinten oder beispielhaft Angeführten erst aufbauen.

Das **possessive Determinativ** markiert Definitheit und relationiert zu Sprecher, Adressat (deiktisch) oder zuvor Erwähntem: *mein, dein, sein Gedanke*.

Das **deiktische Determinativ** markiert Definitheit und setzt das Zeigen zur Determination ein: *diese, jener, solcher, derjenige, der* [betont].

Das **quantifizierende Determinativ** quantifiziert über einen gegebenen Bereich: *jeder, keiner, mancher, alle, einige, irgendein, mehrere*... (aus der im Wissen gegebenen Menge M).

Das **W-Determinativ** erlaubt die Bildung von Nominalphrasen für das Erfragen von etwas, das im Hörer-Wissen ist: *welcher, wieviel, was für ein X*.

(5) **Proterme/traditionell: Pronomina**
Dies sind Sammelbezeichnungen für eine nicht-charakterisierende Klasse im Bereich der Gegenstandskonstitution, zu der formal und funktional unterschiedliche Wortarten gehören. Typische Merkmale der Form: tendenziell kurze, oft einsilbige Ausdrücke; sie erscheinen bevorzugt zu Beginn des Mittelfelds („Wackernagelposition"): *sie hat ihm das Buch geschenkt/ hat das Buch ihm geschenkt*, sind beschränkt oder gar nicht im Rahmen einer Phrase ausbaufähig. Formal und funktional homogener sind die folgenden Wortarten:

Die **Persondeixis** (Zeigfeld) zeigt auf aktuelle Sprecher-/Hörer oder Sprecher-/Hörer(-gruppen): *ich, du; wir, ihr*. Sie ist nur appositiv erweiterbar (Relativsatz, Erweiterungsnomen).

Die **Anapher** (Operationsfeld) ist genussensitiv, beschränkt erweiterbar (Relativsatz) und führt in Gespräch oder Text Eingeführtes/Präsentes fort: *er, sie, es*; das **Reflexivum** leistet dies satzintern *(sich)*.

Das **Possessivum** (Zeigfeld) ist nicht zu einer Wortgruppe/Phrase erweiterbar und dient der Gegenstandsbestimmung durch Relationierung (Sprecher, Adressat, Gruppe, Erwähntes): *meiner, deiner, seiner*.

Die **Objektdeixis** (Zeigfeld) ist restriktiv wie appositiv erweiterbar und erlaubt das Zeigen auf ein Objekt in einem Verweisraum: *der, dieser, er* [betont].

Das Kapitel im Überblick 471

Das **Interrogativum** (Operationsfeld/Zeigfeld) ist nicht phrasal erweiterbar und umreißt etwas, was der Sprecher nicht weiß und vom Hörer wissen will: *wer, was*.

Mit dem **Indefinitum** (Symbolfeld) ist ein unspezifischer Bezug auf personale oder als personal vorgestellte Größen möglich, für die im Kontext ein Denotatbereich angegeben sein kann: *etwas, irgendeiner*. Es ist nicht phrasal erweiterbar.

Das **Quantifikativum** (Operationsfeld, Symbolfeld) ist nicht phrasal erweiterbar und dient dazu, über einem gegebenen Individuenbereich zu quantifizieren: *alle, einige, mehrere*.

(6) **Verb**
Das Verb charakterisiert symbolisch ein Ereignis oder einen Prozess (*wachsen*), eine Handlung (*singen*) bzw. eine Konstellation (*sich ähneln*) im Kern, aus dem im Rahmen der Verbgruppe ein Szenario zu entwickeln ist.

Typische Merkmale der Form: Das minimale Prädikat kann mit einem Vollverb allein realisiert werden (*schläft, geht, sieht*); oft besteht es aus mehreren Teilen (Verbalkomplex), von denen einer flektiert ist (ein Hilfsverb oder ein Modalverb). Flektierter (finiter) Teil und nichtflektierte (infinite) Teile bilden die Satzklammer (*hat...gesagt* (Partizip II); *wird...sagen* (Infinitiv), *kann...segeln* (Infinitiv), *hat...lieb* (Adjektiv), *geht...spazieren* (Infinitiv)).

Die einfachste Zeitform ist das Präteritum (*kam, sag-te*), es zeigt auf einen zurückliegenden (erzählten, wiedergegebenen) Zeitabschnitt. Das Präsens bringt eine Basiszeit (Sprechzeit, wenn der Kontext bzw. ein Adverb/Adverbialsatz nicht anders verankern) zum Ausdruck und kann in einer Zeitenfolge (z.B. in einer Erzählung) vergegenwärtigen. Andere Zeitintervalle sind vermittelt über die Kombination mit infiniten Formen erschließbar. Zu den Verbkategorien gehören Person, Numerus, Modus, Genus Verbi (Aktiv, Passiv). Kopulaverben (*sein, werden, bleiben*) bilden mit einem unflektierten Adjektiv, einer Adkopula (*quitt, schuld*) den Prädikatsausdruck (*ist...groß, sind...leid, war...gewillt*).

(7) **Adverb**
Adverbien operieren auf Prädikatsausdrücken unterschiedlicher Ausbaustufe bzw. satzförmigen Einheiten und spezifizieren das mit ihnen Gesagte in unterschiedlichen Dimensionen (Zeit, Ort, Art und Weise, Grund etc.) und mit unterschiedlichen Bezugsbereichen: Vgl. **Heute** <*sagt sie Gedichte auf*>; *weil sie Gedichte* **gern** <*aufsagt*>; *weil sie* **gern** <*Gedichte aufsagt*>. Einige Adverbien sind deiktisch (Zeigwörter): *hier, jetzt, dann*. Sie zeigen im Nah- oder im Fernbereich der Sprechsituation. Andere sind aus Zeigwörtern und Präpo-

sitionen zusammengesetzt, zeigen und relationieren: *dabei, daran, hierzu, hiermit*; sie werden auch „Präpositionaladverbien" genannt.

Typische Merkmale der Form: Adverbien sind unflektierbar, können den Kopf einer Phrase bilden, mit W-Fragen inhaltlich erfragt werden, sie können auch Adjektive oder Nomen als Bezugsbereich haben: *der oft <leichtsinnige> Klaus; das <Haus> dort.*

(8) **Partikeln**
Typische allgemeine Merkmale dieser Gruppe von Wortarten: Sie sind nicht flektierbar und bilden keine Phrase. Zu unterscheiden sind verschiedene Wortarten, die sich dem Operationsfeld zuordnen lassen:

Intensitätspartikeln stufen eine (prototypisch durch Adjektive verbalisierte) Eigenschaft ab: *sehr, recht, ungemein,* sie können auch Verbbezug haben.

Gradpartikeln dienen der Einstufung des Gesagten auf der Basis einer Erwartungsskala und interagieren mit der Gewichtung: *Sogar <Hans> sang.*

Die **Negationspartikel** *nicht* dient der Verneinung eines Sachverhalts und interagiert mit der Gewichtung (zum Zweck des Bestreitens, Korrigierens, Reparierens etc.): *nicht <dieses> Buch, sondern <jenes>.*

Die **Modalpartikel** schränkt die Geltung des Gesagten ein und kann explizit werten (*sicherlich, vielleicht, bedauerlicherweise*).

Abtönungspartikeln (auch: „Modalpartikeln", „Einstellungspartikeln") tragen zur Einpassung des Gesagten in Wissen und Erwartung der Gesprächsteilnehmer bei und können so auch werten; in der Regel haben sie Entsprechungen in anderen Wortarten: *ja, denn, bloß* [betont], *wohl, eh.*

Konnektivpartikeln verbinden als satzinterne Elemente Sätze und gliedern Satzfolgen: *gleichwohl, indessen, wenigstens, zwar, erstens.*

(9) **Junktoren**
bilden eine Gruppe von Wortarten, die die traditionelle „Konjunktion" differenzieren. Sie sind operativ, dienen der Sprachverarbeitung komplexer Einheiten. Typische Merkmale der Form: Es sind Ausdrücke, die Ausdrücke an andere anschließen und nicht selbst einen Kasus regieren.

Der **Konjunktor** verbindet funktionsäquivalente Ausdrücke unterschiedlicher Art zu einer Funktionseinheit: *und, oder, denn, aber.*

Der **Subjunktor** leitet Nebensätze (mit Verbendstellung) ein, die in der Regel keine eigenständigen Handlungen realisieren, und ordnet sie Hauptsätzen, Satzteilen, einer Nominalphrase oder einem Nomen unter: *dass, weil, als.*

Der **Adjunktor** macht aus einer Phrase oder einem Satz ein Adjunkt mit eigener Funktionalität, wobei insbesondere Gleichheit oder Andersartigkeit markiert werden: *wie, als.*

(10) **Präposition (Adposition)**
Die operative/symbolische Präposition (*an, auf, bei, in, wegen*) setzt verschiedene Größen im Satz ins Verhältnis: zum Beispiel einen Ort zu einem Ding (*das Buch auf dem Stuhl*), ein Zeitintervall zu einem Ereignis (*sie geht am Abend schwimmen*), einen Ort zu Personen (*die Zuschauer im Stadion*).
    Typische Merkmale der Form: Adpositionen im Deutschen sind zumeist vorangestellt, also Präpositionen, sie machen aus einer Phrase, deren Kasus sie regieren, eine Präpositionalphrase [*trotz* [*des Regens*]], sie sind meist aus Substantiven (*kraft*) oder Verben (*entsprechend*) abgeleitet.

(11) **Interjektionen**
Interjektionen sind selbständige Gesprächseinheiten des Lenkfelds ohne (Beitrag zum) propositionalen Gehalt (Sachverhaltswissen), die der Diskurssteuerung dienen, insbesondere aus der Hörerposition heraus.
    Typische Merkmale der Form: Sie erscheinen (analog zu Ausdrücken aus Tonsprachen) mit distinktivem Tonmuster (steigend (*ná*), fallend (*àh*), gleichbleibend, fallend-steigend, steigend-fallend), reduplizierten (*hmhm*), gelängten und gekürzten Formen; oft entsprechen sie nicht den phonologischen Kombinationsregeln (*hm̀*), sie sind syntaktisch kaum ausbaufähig. Ihre formalen Besonderheiten machen den Wortcharakter diskutabel.

(12) **Responsive**
Sie dienen als operative Antwortausdrücke nach Entscheidungsfragen, ohne einen eigenen propositionalen Gehalt auszudrücken: *ja, nein*. Typische Merkmale der Form: Kürze; Tonalität, auch wie Interjektionen (lenkend) einsetzbar.

Literatur

Bibliographien

R. Beard/B. Szymanek (1988) Bibliography of Morphology. 1960–1985. Amsterdam: Benjamins

L.M. Eichinger (1994) Deutsche Wortbildung. Heidelberg: Groos

Einführungen

H. Altmann/S. Kemmerling (2000²) Wortbildung fürs Examen. Göttingen: Vandenhoeck & Ruprecht

H. Bergenholtz/J. Mugdan (1979) Einführung in die Morphologie. Stuttgart: Kohlhammer

G. Booij (2007²) The Grammar of Word. Oxford: University Press

E. Donalies (2002) Die Wortbildung des Deutschen. Tübingen: Narr

E. Donalies (2007) Basiswissen Deutsche Wortbildung. Tübingen: Narr

L. M. Eichinger (2000) Deutsche Wortbildung. Tübingen: Narr
J. Erben (1993³) Einführung in die deutsche Wortbildungslehre. Berlin: Schmidt
H. J. Heringer (2009) Morphologie. München: Fink (UTB)
M. Haspelmath (2008²) Understanding Morphology. London: Hodder Arnold
P. H. Matthews (1991²) Morphology. Cambridge: University Press
S. Olsen (1986) Wortbildung im Deutschen. Stuttgart: Kröner
C. Römer (2006) Morphologie der deutschen Sprache. Tübingen: Francke

Forschungsberichte

J. Boase-Beier/J. Toman (1989) Wortstruktur und Grammatik. Tübingen: Niemeyer
W. Holly (1985) Wortbildung im Deutschen . In: Zeitschrift für Germanistische Linguistik (ZGL) 13, 89–108

Handbücher

G. Booij/Chr. Lehmann/J. Mugdan (Hg.)(2000 und 2004) Morphologie. HSK 12.1–12.2 Berlin/New York: de Gruyter
W. Fleischer/I. Barz (1992) Wortbildung der deutschen Gegenwartssprache. Unter Mitarbeit von M. Schröder. Tübingen: Niemeyer
L. Hoffmann (Hg.)(2007/2009) Handbuch der deutschen Wortarten. Berlin/New York: de Gruyter
W. Motsch (2004²) Deutsche Wortbildung in Grundzügen. Berlin/New York: de Gruyter

Ausgewählte Literatur

A. Aikhenvald (2007) Typological distinctions in word-formation. In: T. Shopen (Hg.) Language Typology and Syntactic Description. Vol III. Cambridge: University Press, 1–66
J. Aitchison (1994²) Words in the Mind. Oxford: Blackwell
S. R. Anderson (1985a) Typological distinctions in word formation. In: T. Shopen (Hg.) Language Typology and Syntactic Description. Vol III. Cambridge: University Press, 1–56
S. R. Anderson (1985b) Inflectional morphology. In: T. Shopen (Hg.) Language Typology and Syntactic Description. Vol III, 150–201
M. Aronoff (1976) Word Formation in Generative Grammar. Cambridge: MIT Press
M. Aronoff (1993) Morphology by Itself. Cambridge: MIT Press
C. M. Baker (1988) Incorporation: a theory of grammatical function changing. Chicago: University Press
C. M. Baker (2003) Lexical Categories: Verbs, Nouns, and Adjectives. Cambridge: University Press
L. Bauer (1983) English Word-Formation. Cambridge: University Press
E. Bense/H. Haberland/P. Eisenberg (Hg.)(1976) Beschreibungsmethoden des amerikanischen Strukturalismus. München: Hueber
B. J. Blake (1994) Case. Cambridge: University Press
L. Bloomfield (1935²) Language. New York: Holt, Rinehart and Winston [dt. (2000) Die Sprache. Wien: Edition Praesens]

G. Corbett (1991) Gender. Cambridge: University Press
A.-M. DiSciullo/E. Williams (1987) On the definition of word. Cambridge: MIT Press
D. Dowty (1979) Word meaning and Montague grammar. Dordrecht: Kluwer
W. Dressler (1985) Morphology. Ann Arbor: The University of Michigan Press
W. Dressler et al. (Hg.)(1990) Contemporary Morphology. Berlin: de Gruyter
K. Ehlich (2007) Zur Geschichte der Wortarten. In. L. Hoffmann (Hg.)(2007), 51–94
P. Eisenberg (2006^3) Grundriss der deutschen Grammatik. Bd.1: Das Wort. Stuttgart: Metzler
J. Erben (1993^3) Einführung in die deutsche Wortbildungslehre. Berlin: Schmidt
G. Fanselow (1981a) Zur Syntax und Semantik der Nominalkomposition. Tübingen: Niemeyer
G. Fanselow (1981b) Neues von der Kompositafront oder: Zu drei Paradigmata in der Kompositagrammatik. In: Studium Linguistik 11, 43–57
G. Fanselow (1985) Die Stellung der Wortbildung im System kognitiver Module. In: Linguistische Berichte 96, 91–126
W. Fleischer/I. Barz (1992) Wortbildung der deutschen Gegenwartssprache. Unter Mitarbeit von M. Schröder. Tübingen: Niemeyer
T.S. Givón (2001) Syntax. Vol 1–2. Amsterdam/Philadelphia: Benjamins
M. Haspelmath (2001) Word classes and parts of speech. In: P.B. Baltes/N.J. Smelser (Hg.) International Encyclopedia of the Social and Behavioral Sciences. Amsterdam: Pergamon, 16538–16545
G. Helbig (Hg.)(1977) Beträge zur Klassifizierung der Wortarten. Leipzig: VEB
W. Henzen (1965^3) Deutsche Wortbildung. Tübingen: Niemeyer
C.P. Herbermann (1981) Wort, Basis, Lexem und die Grenze zwischen Lexikon und Grammatik. München: Fink
H.J. Heringer (1984) Wortbildung: Sinn aus dem Chaos. In: Deutsche Sprache 12, 1–13
Ch. Hockett (1954/1976dt.) Zwei Modelle für die grammatische Beschreibung. In: E.Bense/P. Eisenberg/H. Haberland (1976), 303–321
T. Höhle (1982) Über Komposition und Derivation. In: Zeitschrift für Sprachwissenschaft 1, 76–112
B. Kaltz (2000) Wortartensysteme in der Linguistik. In: G.E. Booij/C.Lehmann/ J.Mugdan(Hg.)(2000), 693–707
P. Kern/H. Zutt (1977) Geschichte des deutschen Flexionssystems. Tübingen: Niemeyer
C. Knobloch/B. Schaeder (Hg.)(1992) Wortarten. Tübingen: Niemeyer
C. Knobloch (2000) Kriterien für die Definition von Wortarten. In: G.E. Booij/ C.Lehmann/J. Mugdan (Hg.)(2000), 674–692
C. Knobloch/B. Schaeder (Hg.)(2005) Wortarten und Grammatikalisierung. Perspektiven in System und Erwerb. Berlin/New York: de Gruyter
C. Knobloch/B. Schaeder (2007) Das Wort. In: L. Hoffmann (Hg.)(2007), 21–50
K.-M. Köpcke (1993) Schemata in der deutschen Pluralmorphologie. Tübingen: Narr
K.M. Köpcke (Hg.)(1994) Funktionale Untersuchungen zur deutschen Nominal- und Verbalmorphologie. Tübingen: Niemeyer
I. Kühnhold/H. Wellmann (1973) Deutsche Wortbildung. 1.Hauptteil: Das Verb. Düsseldorf: Schwann

I. Kühnhold/O. Putzer/H. Wellmann u.a. (1978) Deutsche Wortbildung. 3. Hauptteil: Das Adjektiv. Düsseldorf: Schwann
L. Lipka/H. Günther (Hg.)(1981) Wortbildung. Darmstadt: Wiss. Buchgesellschaft
E. Malotki (1983) Hopi Time. Berlin/New York: Mouton de Gruyter
H. Marchand (1969²) The Categories and Types of Present-day English Word-Formation. München: Beck
P.H. Matthews (1972) Inflectional Morphology. A Theoretical Study Based on Aspects of Latin Verb Conjugation. Cambridge: University Press
I.A. Mel'čuk (1963/1976dt.) Das Wort. München: Fink
W. Motsch (1970/1981) Analyse von Komposita mit zwei nominalen Elementen. In: L. Lipka/H. Günther (Hg.), 212–232
W. Motsch (1988) Zur Autonomie der Wortstruktur. In: M. Bierwisch et al. (Hg.) Syntax, Semantik und Lexikon, Berlin: Akademie, 147–170
E. Nida (1948/1976dt.) Die Identifikation von Morphemen. In: E. Bense/P.Eisenberg/ H. Haberland (1976), 144–180
E. Nida (1949) Morphology. Ann Arbor: The University of Michigan Press
L. Ortner/E. Müller-Bollhagen u.a. (1991) Deutsche Wortbildung. 4. Hauptteil: Substantivkomposita. Berlin: de Gruyter
F. Plank (1981) Morphologische (Ir-)Regularitäten. Tübingen: Narr
M. Pümpel-Mader et al. (1992) Deutsche Wortbildung. 5.Hauptteil: Adjektivkomposita und Partizipialbildungen. Berlin: de Gruyter
G. Rauh (2001) Wortarten und grammatische Theorien. In Sprachwissenschaft 26, 21–39
A. Redder (2005) Wortarten oder sprachliche Felder, Wortartenwechsel oder Feldtransposition? In: C. Knobloch/B. Schaeder (Hg.), 43–66
M. Reis (1983) Gegen die Kompositionstheorie der Affigierung. In: Zeitschrift für Sprachwissenschaft 2, 110–131
M. Rickheit (1993) Wortbildung. Opladen: Westdeutscher Verlag
R.H. Robins (1979²) A Short History of Linguistics. London: Longman
P. Schachter (1985) Parts-of-Speech-Systems. In: T. Shopen (1985) Vol. I, 1-61
L. Selkirk (1982) The Syntax of Words. Cambridge: MIT Press
J. Toman (1987²) Wortsyntax. Tübingen: Niemeyer
P.M. Vogel/B.S. Comrie (Hg.)(2000) Approaches to the typology of word classes. Berlin/New York: de Gruyter
H. Wegener (1995) Die Nominalflexion des Deutschen – verstanden als Lerngegenstand. Tübingen: Niemeyer
H. Wellmann (1975) Deutsche Wortbildung. 2.Hauptteil: Das Substantiv. Düsseldorf: Schwann
H. Wellmann (1984) Die Wortbildung. In: DUDEN. Grammatik der deutschen Gegenwartssprache. Mannheim: Bibliographisches Institut, 386–501
B.L. Whorf (1956/1963 dt.) Sprache, Denken, Wirklichkeit. Reinbek: Rowohlt
D. Wunderlich (1986) Probleme der Wortstruktur. In: Zeitschrift für Sprachwissenschaft 5, 209–252
W.U. Wurzel (1984) Morphologische Natürlichkeit. Berlin: Akademie
W.U. Wurzel (1988) Derivation, Flexion und Blockierung. In: Zeitschrift für Phonetik, Sprachwissenschaft und Kommunikationsforschung (ZPSK) 41, 179–198

W.U. Wurzel (1993) Morphologische Reanalyse in der Geschichte der deutschen Substantivflexion. In: Folia Linguistica XII/1-1, 279–307

W.U. Wurzel (1994) Gibt es im Deutschen noch eine einheitliche Substantivflexion? In: Köpcke (Hg.), 29-44

W.U. Wurzel (1998) Probleme mit dem Wort. In: K. Terzan-Kopecky (Hg.) Sammelband des II. Internationalen Symposions zur Natürlichkeitstheorie. Maribor: Pedagoska Fakulteta, 255-270

G. Zifonun/L. Hoffmann/B. Strecker et al. (1997) Grammatik der deutschen Sprache. Berlin: de Gruyter

Im Netz

Literatur zur Morphologie: http://home.edo.uni-dortmund.de/~hoffmann/Biblios/Morpho.html

Literatur zu den Wortarten: http://home.edo.uni-dortmund.de/~hoffmann/Biblios/Wortart.html

H. Bühler/G. Fritz/W. Herrlitz/F. Hundsnurscher/B. Insam/
G. Simon/H. Weber

Linguistik I: Einführung in die Morphemik

5.12 Das Morphem als kleinste bedeutungstragende Einheit

5.121 Die Sprache ist ein Zeichensystem zur Kommunikation zwischen Menschen. Wie jedes Zeichen besteht das Sprachzeichen aus einem sinnlich wahrnehmbaren Ausdruck – einer Lautfolge oder einer Folge von Schriftzeichen – und einem Inhalt, der Bedeutung. Die Morphemik hat die Aufgabe, die kleinsten Sprachzeichen, d.h. die kleinsten Einheiten mit Bedeutung, zu ermitteln und ihre strukturellen Eigenschaften anzugeben.

5.122 Die naheliegende Vermutung, die Phoneme seien diese kleinsten Einheiten, kann durch eine einfache Überlegung als unzutreffend erwiesen werden. Eine Sprache hat nur etwa 30 Phoneme. Würde sie jedem dieser Phoneme eine Bedeutung zuordnen, etwa dem /a/ die Bedeutung ‚Hund‘, dem /b/ die Bedeutung ‚beißen‘, dem /c/ die Bedeutung ‚Mann‘ und dem /d/ die Bedeutung ‚in der Gegenwart‘, so hätte die Phonemfolge *abcd* die Bedeutung ‚Der Hund beißt den Mann‘. Die Phoneme /a/, /b/, /c/, /d/ wären kleinste bedeutungstragende Einheiten dieser Sprache.

Ein solches Verfahren hätte den Vorteil der Kürze, scheitert aber an der Begrenztheit des Zeicheninventars. Die 30 Phoneme würden noch nicht einmal ausreichen, um all die Lebewesen zu bezeichnen, die von einem Hund gebissen werden können, z.B. ‚Hasen‘, ‚Kinder‘, ‚Katzen‘, ‚Schafe‘ usw., und auch damit hätten wir nur einen winzigen Ausschnitt aus dem Gegenstandsbereich erfaßt, der von den Benutzern einer Sprache gemeinhin bezeichnet werden muß.

Tatsächlich gibt es keine einzige natürliche Sprache, die mit einem so kleinen Zeicheninventar auskommt. Nur künstliche Sprachen, die einen begrenzten Gegenstandsbereich bezeichnen, können so verfahren. Die Verkehrsampel kommt mit den drei Zeichen *rot, grün, gelb* aus, und für die Grundrechnungsarten des Dezimalsystems genügen die 10 Zahlzeichen *0–9* und die 5 Verbindungszeichen *+, –, x, :, =*.

5.123 Als Sprachzeichen, d.h. als sprachliche Einheiten mit Bedeutung werden darum nicht Phoneme, sondern Phonemkombinationen verwendet. Phoneme sind nicht bedeutungstragend, sondern nur bedeutungsunterscheidend.

Betrachten wir folgende Reihe (in phonemischer Schreibung):

hun	t
hu:	t
wal	t
las	t

Das /t/ in den Wörtern *Hund, Hut, Wald, Last* trägt keine Bedeutung, die man aus den Gesamtbedeutungen dieser Wörter isolieren könnte, etwa die Bedeutung ‚Substantiv'. Denn es gibt auch Substantive, die nicht auf /t/ enden, und Wörter, die auf /t/ enden, aber keine Substantive sind, z.B. *oft, glatt, acht*. Die nach der Abspaltung des /t/ übriggebliebenen Phonemfolgen /hun/ und /hu:/ tragen überhaupt keine Bedeutung mehr, die Phonemfolgen /wal/ und /las/ tragen Bedeutungen, die keinerlei Gemeinsamkeiten mit den Bedeutungen der gesamten Phonemfolge mehr aufweisen, nämlich die Bedeutungen ‚Wall' und ‚laß!'.

Eine ganz ähnliche Form hat die folgende Reihe:

bais	t
su:χ	t
briŋ	t
laχ	t

Das /t/ in den Wörtern *beißt, sucht, lacht, bringt* verhält sich anders als das oben besprochene /t/. Wir erkennen es als Endung der 3. Person Singular Präsens des finiten Verbs, d.h. es trägt eine Bedeutung, die aus der Gesamtbedeutung der Wörter isoliert werden kann. Wir können sie umschreiben mit: ‚3. Ps.sg. Präs.' Auch die nach Abspaltung des /t/ übriggebliebenen Phonemfolgen tragen Bedeutung: Wir erkennen sie als den „Stamm" der Verben *beiß-, such-, bring-, lach-*, der seine Bedeutung auch beibehält, wenn er mit anderen Phonemfolgen als /t/ kombiniert wird, z.B. *sie beißen, die Suche, du bringst, gelacht*.

Fassen wir das Ergebnis zusammen: Die *Wörter Hund, Hut, Wald, Last* können nur noch in Phoneme zerlegt werden, die keine Bedeutung mehr tragen. Sie sind selbst kleinste bedeutungstragende Einheiten. Die Wörter *beißt, sucht, bringt, lacht* bestehen dagegen aus zwei bedeutungstragenden Einheiten: den „Stämmen" *beiß-, such-, bring-, lach-* und der „Endung" *-t*. Wir nennen diese kleinsten bedeutungstragenden Einheiten einer Sprache **Morpheme**.

5.13 Die Methode der Morphemik

5.131 Die Sprache ist uns unmittelbar gegeben nicht in Morphemen, sondern nur in Wörtern und Sätzen. Um die Morpheme, die kleinsten Einheiten des semantischen und syntaktischen Kodes, zu erkennen, bedarf es einer wissenschaftlichen Analysemethode. Sie auszuarbeiten und anzuwenden, ist Aufgabe der sprachwissenschaftlichen Disziplin der Morphemik. Ihre Methode ist deskriptiv. Sie geht von einem gegebenen sprachlichen Korpus aus und ermittelt die darin auftretenden Morpheme nach einem Analyseverfahren, das die Bedeutung der Morpheme weitgehend vernachlässigt (es werden nur Bedeutungsgleichheit und Bedeutungsverschiedenheit unterschieden) und auf die sprachliche Intuition (das Sprachgefühl) des Forschers verzichtet, da sie nicht der unmittelbaren empirischen Beobachtung zugänglich ist.

5.132 Die Morphemik verwendet wie die Phonemik die Methode des taxonomischen Strukturalismus. Die taxonomische Methode läßt nur zwei Grundoperationen zu:

1. Segmentierung
2. Klassifikation

Durch die Segmentierung wird eine komplexere sprachliche Einheit in ihre Bestandteile zerlegt. Wir haben z.B. die Einheit *sucht* in die Morpheme *such-* und *-t* segmentiert.

Die durch die Segmentierung gewonnenen Einheiten werden klassifiziert, d.h. in eine bestimmte Klasse von Einheiten mit gemeinsamen Eigenschaften eingeordnet. Das Morphem *such-* gehört z.B. zur Klasse der Morpheme, die mit dem Morphem *-t* kombiniert werden können: es ist ein Verbum. Das Morphem *-t* kann immer mit Verben kombiniert werden: es ist eine Konjugationsendung.

5.133 Nach der taxonomischen Theorie bestehen zwischen sprachlichen Einheiten nur zwei Arten von Beziehungen:

1. syntagmatische Beziehungen
2. paradigmatische Beziehungen

Syntagmatisch sind die Beziehungen, die zwischen den Elementen einer komplexen sprachlichen Einheit (eines Syntagmas) bestehen, z.B. die Beziehung zwischen *der* und *Hund* oder *beißt* und *den Mann* oder *beiß-* und *-t* in dem Satz *Der Hund beißt den Mann*.

Paradigmatisch sind die Beziehungen, die zwischen sprachlichen Einheiten bestehen, welche an der gleichen Stelle eines Syntagmas eingesetzt werden können, also zur gleichen Klasse gehören. Die Morpheme *Hund, Wolf, Dakkel, Spitz* stehen zueinander in paradigmatischer Beziehung (gehören zum gleichen Paradigma), da sie an der gleichen Stelle des Syntagmas *der ... beißt den Mann* eingesetzt werden können. (Syntagmatische und paradigmatische Beziehungen haben wir bereits in der Phonemik kennengelernt, wir haben nur andere Namen dafür verwendet. Die paradigmatische Beziehung wird dort als Opposition, die syntagmatische als Kontrast oder Kombination bezeichnet: So stehen /h/ in /hu:t/ und /m/ in /mu:t/ zueinander in Opposition: /h/ bzw. /m/ stehen in Kontrast (Kombination) zu /u:/.)

Im Schema können die syntagmatischen und paradigmatischen Beziehungen so dargestellt werden:

	syntagmatische Beziehungen					
	Der	*Hund*	*beiß-*	*t*	*den*	*Mann*
	Ein	*Wolf*	*lieb-*			*Postboten*
paradig-	*Dieser*	*Dackel*	*leck-*			*Jungen*
matische	*Jeder*	*Spitz*				
Beziehungen						

Durch Segmentierung werden die syntagmatischen Beziehungen ermittelt, durch Klassifikation die paradigmatischen.

5.14 *Aufgaben*

(1) Überlegen Sie, ob Phoneme Sprachzeichen sind, und begründen Sie Ihre Entscheidung.
(2) Geben Sie an, welche der folgenden Aussagen für das Phonem, das Morphem oder keines von beiden zutreffen:
  (a) kleinste segmentierbare Bestandteile der Sprache
  (b) bedeutungsunterscheidende Silben
  (c) kleinste Sprachzeichen
  (d) Bündel distinktiver phonetischer Merkmale
  (e) Stichwörter im Wörterbuch
  (f) sprachliche Formen, die nicht weiter geteilt werden können ohne Zerstörung oder Veränderung ihrer Bedeutung
  (g) Teil des Wortes, der seine grammatische Funktion angibt

(3) Geben Sie an, welche der unterstrichenen Buchstabengruppen Morpheme sind und welche nicht. Begründen Sie Ihre Entscheidung.

<u>ge</u>bäude	er sag<u>t</u>	vat<u>er</u>
<u>ge</u>kommen	er ba<u>t</u>	fahr<u>er</u>
<u>ge</u>stern	er lach<u>t</u>	bohr<u>er</u>
<u>ge</u>bet	gelieb<u>t</u>	mutt<u>er</u>
<u>ge</u>neral	gif<u>t</u>	meist<u>er</u>

(4) Suchen Sie fünf Morpheme, die zu dem Verb *arbeit-* in paradigmatischer Beziehung stehen, und fünf Morpheme, die zu ihm in syntagmatischer Beziehung stehen.

(5) Stellen Sie fest, ob die unten angegebenen sprachlichen Einheiten in syntagmatischer oder in paradigmatischer Beziehung zum kursiv geschriebenen Teil der folgenden Sätze stehen.
   (a) Der Direktor rannte *zur Schule*
       (1) schnell (2) ins Büro (3) an einen Laternenpfahl (4) über den Fußballplatz (5) jeden Morgen
   (b) Peter erwachte *um sieben Uhr*
       (1) gegen Mittag (2) am frühen Morgen (3) als der Wecker läutete (4) weil der Wecker läutete (5) nicht (6) fast jeden Morgen (7) gegen acht Uhr
   (c) Der General befahl *den Angriff*
       (1) auf die feindlichen Stellungen (2) den Rückzug (3) die Front zu begradigen (4) um die Front zu begradigen (5) wider besseres Wissen (6) um Mitternacht

(6) Ordnen Sie die folgende alphabetische Liste deutscher Morpheme zu Syntagmen und Paradigmen. Stellen Sie die Ergebnisse übersichtlich dar:

   1. *buch*   6. *heft*
   2. *das*   7. *kauf-*
   3. *ein*   8. *lies-*
   4. *er*   9. *sie*
   5. *es*   10. *-t*

(7) Ermitteln Sie aus dem folgenden Korpus eines mexikanischen (aztekischen) Dialekts die einzelnen Morpheme. Übertragen Sie dazu die Minimalpaaranalyse der Phonemik sinngemäß auf die Morphemik. Geben Sie die Bedeutung jedes Morphems an (aus: Nida, Morphology, S. 11).

1. *ikalwewe*   ‚sein großes Haus'
2. *ikalsosol*   ‚sein altes Haus'
3. *ikalci·n*   ‚sein kleines Haus'
4. *komitwewe*   ‚großer Kochtopf'
5. *komitsosol*   ‚alter Kochtopf'
6. *komitci·n*   ‚kleiner Kochtopf'
7. *petatwewe*   ‚große Matte'
8. *petatsosol*   ‚alte Matte'
9. *petatci·n*   ‚kleine Matte'
10. *ikalmeh*   ‚seine Häuser'
11. *komitmeh*   ‚Kochtöpfe'
12. *petatmeh*   ‚Matten'
13. *ko·yameci·n* ‚kleines Schwein'
14. *ko·yamewewe* ‚großes männliches Schwein'
15. *ko·yameilama* ‚großes weibliches Schwein'
16. *ko·yamemeh*   ‚Schweine'

5.2 Grundbegriffe der Morphemanalyse

5.21 Minimalpaare

Die Morphemanalyse hat die Aufgabe, die kleinsten bedeutungstragenden Einheiten (die Morpheme) zu unterscheiden. Sie bedient sich dabei – wie die Phonemik – der Methode des Vergleichs von Syntagmen mit teilgleichen Formen, d. h. sie stellt M i n i m a l p a a r e auf. Wir wenden diese Methode auf drei Syntagmen des Kekchi, einer Maya-Sprache in Guatemala (vgl. Nida, Morphology, S. 6) an:

1. *tinbeq*   ‚Ich werde wandern'
2. *tatbeq*   ‚Du wirst wandern'
3. *ninbeq*   ‚Ich wandere'

Wir wissen zunächst noch nicht, aus wievielen Morphemen die Syntagmen bestehen und welche Bedeutung sie jeweils tragen. Durch Bilden von Minimalpaaren können wir feststellen:

tinbeq	*t*......	‚Ich werde wandern'
ninbeq	*n*......	‚Ich wandere'

Die beiden Syntagmen unterscheiden sich formal nur durch *t* und *n* und in ihrer Bedeutung nur durch ‚Futur' und ‚Präsens', *t* und *n* sind also Morpheme mit den Bedeutungen ‚Futur' und ‚Präsens'.

tinbeq	.*in*.......	‚Ich werde wandern'
tatbeq	. *at*.......	‚Du wirst wandern'

Der formale Unterschied ist *in* und *at*, der Bedeutungsunterschied ist ‚ich' und ‚du'. Zu *beq,* dem noch nicht analysierten Rest des Syntagmas, läßt sich kein Minimalpaar bilden. Wir vermuten, daß *beq* die Bedeutung ‚wandern' trägt. Die drei Syntagmen der Kekchi-Sprache enthalten also folgende Morpheme:

n-	‚Präsens'
t-	‚Futur'
-in-	‚ich'
-at-	‚du'
-beq	‚wandern'

5.22 Morpheme, Morphe, Allomorphe, Homonyme

5.221 Mit der Minimalpaaranalyse können wir ein gegebenes sprachliches Korpus in kleinste bedeutungstragende Einheiten segmentieren. Wir wissen von diesen Einheiten noch nicht, ob es sich um Morpheme handelt, denen im sprachlichen Kode eine bestimmte Bedeutung zugeordnet ist. Unser Untersuchungsgegenstand ist zunächst eine von einer bestimmten Person gesprochene oder geschriebene Äußerung. Er ist „parole" (Rede) im Sinn der Dichotomie „langue" – „parole" de Saussures (vgl. oben 2.52). Unsre Aufgabe ist es jedoch, das System zu erkennen, das dieser Äußerung zugrundeliegt, die „langue". Nehmen wir als Beispiel die Äußerung *Ein Tief movet [mu:vt] heran.* Durch die Minimalpaaranalyse, z.B. durch Gegenüberstellung von *move-* und *zieh-* können wir *move-* als kleinste bedeutungstragende Einheit identifizieren. Die Äußerung gehört der „parole" an, d.h. sie ist tatsächlich gesprochen worden. Wir wissen aber noch nicht, ob zu ihrer Bildung Einheiten der „langue", d.h. des Kodes der deutschen Sprache, verwendet wurden. Unser Sprachgefühl sagt uns aber, daß es bei *move-* nicht der Fall ist. Woran liegt das?

Morpheme haben als kleinste bedeutungstragende Einheiten eine Form (die Phonemfolge) und eine Bedeutung. Form und Bedeutung bilden eine unauflösliche Einheit, die durch die Konventionen des Kodes, d.h. durch das System der „langue", bestimmt ist. Um die Einheiten der „parole" als Einheiten der „langue" beschreiben zu können, müssen wir herausfinden, welche Bedeutung einer Form in einer bestimmten Umgebung zugeordnet ist. Der Einheit *move-* können wir keine Bedeutung zuordnen, da sie im System, der „langue", des Deutschen nicht vorgesehen ist. Die Äußerung bleibt unverständlich. *move-* hat jedoch eine Bedeutung in einem andern Sprachsystem, dem des Englischen, nämlich ‚ziehen'. Nur wer beide Sprachen kennt, und es gewohnt ist, sie zu vermischen, kann die Äußerung bilden und verstehen – so können Piloten miteinander reden, wenn sie unter sich sind; bei ihnen ist sie beobachtet worden. Wir interessieren uns hier jedoch nicht dafür, was einzelne Personen oder kleine soziale Gruppen für ihre Äußerungen aus dem oder jenem Sprachsystem auswählen oder individuell neu bilden, sondern für das System einer bestimmten Sprache, die „langue". Wir schließen deshalb Einheiten wie *move-* von der weiteren Untersuchung aus, indem wir sagen: *move-* ist eine Einheit der „parole", aber keine Einheit der „langue" (des deutschen Sprachsystems), da ihr in ihr keine Bedeutung zugeordnet werden kann. Da Morpheme als Einheiten der „langue" definiert sind, ist *move-* kein Morphem. Die Einheit *Tief* in der Äußerung ist dagegen ein Morphem, da für sie in der „langue" die Bedeutung ‚Gebiet niedrigen Luftdrucks' vorgesehen ist. Sie darf aber nicht mit der Einheit *tief* in *Der See ist tief* verwechselt werden, da diese in anderer Umgebung (ohne Artikel, vor *ist*) vorkommt und eine andere Bedeutung hat. Die Bedeutung selbst beschreiben wir nicht – das ist die Aufgabe einer anderen sprachwissenschaftlichen Disziplin, der Semantik –, wir geben nur an, ob die Einheiten in Äußerungen verschiedene oder gleiche Bedeutung haben. Wir klassifizieren also die Einheiten der „parole" unter dem Gesichtspunkt der Bedeutungsgleichheit und Bedeutungsverschiedenheit in einer bestimmten Umgebung.

Die durch Segmentierung gewonnenen, aber noch nicht klassifizierten Einheiten der „parole" wollen wir M o r p h e nennen. Den Terminus M o r p h e m verwenden wir für Morphe, die wir als Einheiten der „langue" beschrieben haben.

5.222 Wir wenden uns nun der Frage zu, wie Morphe zu Morphemen klassifiziert werden und betrachten die Formen: *kind, schaf, bett, kinder, schafe, betten*. Durch Aufstellen von Minimalpaaren lassen sich folgende Morphe erkennen:

kind	.....	1. kind
kinder	....er	2. schaf
		3. bett
		4. -er
schaf	.....	5. -e
schafe	....e	6. -en
bett	.....	
betten	.....en	

Die Morphe *kind, schaf, bett* können wir als Träger der Bedeutungen ‚Kind‘, ‚Schaf‘, ‚Bett‘ und damit als Morpheme identifizieren. Die Morphe *-er, -e, -en* unterscheiden sich dagegen nur in ihrer Form voneinander, nicht in ihrer Bedeutung. Sie tragen alle die gleiche Bedeutung ‚Plural‘. Darum werden sie zu **einem** Morphem mit der Bedeutung ‚Plural‘ zusammengefaßt. Morphe, die zum gleichen Morphem gehören, heißen **Allomorphe**. Es sind also *-er, -e, -en* Allomorphe des Pluralmorphems.

5.223 Wir wenden uns der Analyse einiger anderer Syntagmen zu: *(ich) suche, (ich) liebe, (du) suchst, (ich) suchte, (die) suche*. Folgende Morphe lassen sich erkennen:

suche	such...	1. such-
liebe	lieb...	2. lieb-
suche	.....e	3. -e
suchst	.....st	4. -st
suche	......	
suchte	....t.	5. -t

Den Morphen *such-, lieb-, -st, -t-* lassen sich eindeutig Bedeutungen zuordnen, nämlich ‚suchen‘, ‚lieben‘, ‚2. Ps. sg.‘, ‚Präteritum‘. (Komplikationen, die sich ergeben, wenn man weiteres Material heranzieht, z.B. *er sucht, die sucht*, bleiben hier unberücksichtigt.) Das Morph *-e* trägt dagegen mehrere Bedeutungen:

1. ‚1. Ps. sg.‘ in: *ich suche, ich suchte, ich liebe*
2. ‚3. Ps. sg.‘ in: *er suchte*
3. ‚Substantivierung‘ in: *die suche*

Morphe, die mehrere Bedeutungen tragen, bilden verschiedene Morpheme bzw. Allomorphe verschiedener Morpheme. Sie werden durch Indizes unterschieden. Wir schreiben:

-e_1 ‚1.Ps. sg.'
-e_2 ‚3. Ps. sg.'
-e_3 ‚Substantivierung'

Wir bezeichnen Morphe, die mehrere Bedeutungen tragen und damit verschiedene Morpheme oder Allomorphe verschiedener Morpheme bilden, als homonyme Morphe oder als Homonyme.

5.224 Die Beziehung zwischen Form und Bedeutung bei Allomorphen und homonymen Morphen kann graphisch so dargestellt werden:

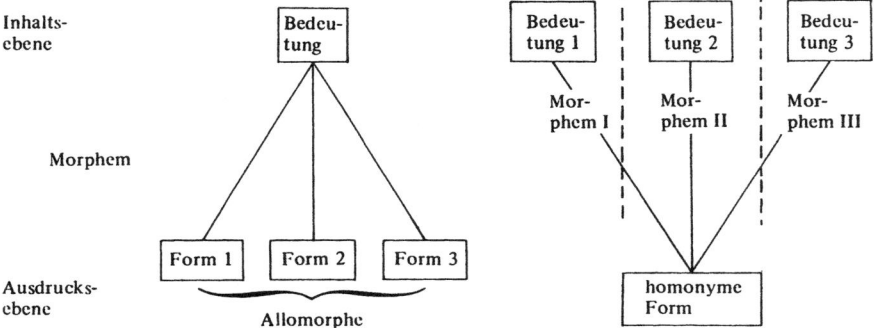

5.23 *Aufgaben*

(1) Überlegen Sie, welche der folgenden Definitionen jeweils für das Morph, das Morphem oder keines von beiden zutreffen:
(a) eine Phonemfolge mit mindestens einem Vokal
(b) eine Einheit mit bedeutungsunterscheidender Funktion
(c) die kleinste bedeutungstragende Einheit auf der Ebene der „langue"
(d) die kleinste graphemisch abgegrenzte Einheit
(e) eine Phonemfolge, die unter einem Akzent steht

(2) Überlegen Sie, welche der folgenden Definitionen jeweils für das homonyme Morph, das Allomorph oder keines von beiden zutreffen:
(a) eine Klasse bedeutungsgleicher Morphe
(b) eine Formvariante eines Morphems

(c) bedeutungsverschiedene Morpheme
(d) gleiche Phonemketten
(e) eines von bedeutungsverschiedenen Morphen mit gleichen Phonemketten

(3) Segmentieren Sie die folgenden lateinischen Verbformen in Morphe:

(1) *amat*   (4) *amavit*
(2) *amabat*   (5) *amaverat*
(3) *amabit*   (6) *amaverit*

Welche Schwierigkeiten treten auf, wenn das Korpus nur geringen Umfang hat und die Bedeutungen nicht bekannt sind?

(4) Die Formen *-e, -en, -s* in *tische, frauen, sofas* sind:
   (a) bedeutungstragende Phoneme
   (b) Deklinationsendungen
   (c) Allomorphe des Pluralmorphems
   (d) verschiedene Pluralmorpheme
   (e) homonyme Varianten eines Morphs
Stellen Sie fest, welche Definitionen zutreffen.

(5) Die Form *-en* in *sie singen, die frauen, das laufen* ist:
   (a) Allomorph eines Morphems mit verschiedenen Bedeutungen
   (b) ein bedeutungsgleiches Morph
   (c) eine Phonemfolge ohne segmentierbare Bedeutung
   (d) ein homonymes Morph
   (e) ein homonymes Morphem
Stellen Sie fest, welche Definitionen zutreffen.

(6) Streichen Sie die Formen, die nicht Allomorphe des gleichen Morphems sind:
   (a) *kaum, komm-, kam, kamm, käm-*
   (b) *nahm, nehm-, näh-, nimm, nomm-, numm-, nähm-*
   (c) *sag-, sagst, sagte, sage, sagt*

(7) Die folgenden Wörter enthalten /er/. Stellen Sie fest, ob es sich um bedeutungslose Phonemfolgen oder um Morphe handelt. Klassifizieren Sie die gefundenen Morphe zu Morphemen.

1. *glaser*   6. *größer*
2. *besser*   7. *großer*
3. *bohrer*   8. *kinder*
4. *bruder*   9. *schreiner*
5. *finger*   10. *welcher*

5.42 Morphem und Wort

5.421 Während Morpheme nur durch bestimmte Analysemethoden identifiziert werden können, sind die Wörter intuitiv erkennbar. Gerade deshalb bereitet es Schwierigkeiten, genau die Eigenschaft anzugeben, durch die Wörter sich von allen andern sprachlichen Einheiten unterscheiden. Ein oberflächliches, aber recht brauchbares Kriterium ist die Orthographie: Wörter sind die Einheiten, die zwischen Abständen geschrieben werden. Für gesprochene Sprache könnte man sagen: Wörter sind die Phonemfolgen, die für sich allein oder zwischen Pausen gesprochen werden können. So kann man bei nachdrücklicher und deutlicher Sprechweise, z.B. beim Diktat, zwischen die einzelnen Wörter eine Pause einschieben, z.B.: *Goethes – Faust – wird – nur – von – manchen – gelesen*. Es ist aber nicht möglich, die Morpheme isoliert zu sprechen: **Goethe – s – Faust – wird – nur von – manch – en – ge – les – en*. Wir können darum sagen, daß das Wort die kleinste sprachliche Einheit ist, die in Isolierung, d.h. zwischen Pausen oder als selbständige Rede, gesprochen werden kann: das Wort ist die kleinste freie Einheit der Sprache.

5.422 Die Morpheme können danach klassifiziert werden, in welchem Verhältnis sie zum Wort stehen: manche Morpheme können für sich allein ein Wort bilden, andere treten dagegen nur als Teile von Wörtern auf. In unserem Beispielsatz bestehen die Wörter *Faust, wird, nur* und *von* aus einem Morphem und die Wörter *Goethes, manchen, gelesen* aus zwei Morphemen. Die Morpheme *-s, -en, ge-... . -en* treten nie in Isolierung auf. Die Morpheme *Goethe, manch* und *les* können auch für sich allein als Wörter auftreten, *les* allerdings nur in Form des Allomorphs *lies!* /liːs/ beim Imperativ.

Morpheme, die in Isolierung auftreten bzw. auftreten können, d.h. die zugleich Wörter sind bzw. sein können, heißen freie Morpheme.

Morpheme, die niemals in Isolierung auftreten können, d.h. die nie für sich allein ein Wort bilden, heißen gebundene Morpheme.

5.423 Wörter bestehen aus freien Morphemen, aus Kombinationen von freien Morphemen, aus Kombinationen von freien und gebundenen Morphemen oder aus Kombinationen von gebundenen Morphemen. Wörter, die aus einem freien Morphem bestehen, sind z.B. *haus, baum, schön, dort, aus, daß* usw. Wörter, die aus freien Morphemen kombiniert sind, sind z.B. *hausbau, baumkrone, autobahn, ausgang, dorthin* usw. Aus einem freien und einem gebundenen Morphem bestehen die Wörter *schönheit, hauses, baumes, schöner, dortig* usw. Manche Verbmorpheme, z.B. *rechn-, ordn-* treten nie in Isolierung auf, sind also gebundene Morpheme. Die aus ihnen gebildeten Wörter bestehen aus zwei gebundenen Morphemen, z.B. *rechnen, rechnung, ordnet, ordner* usw.

5.424 Das freie Morphem bildet den Kern eines Wortes. Auch ein gebundenes Morphem kann Kern eines Wortes sein, wenn es zu einer paradigmatischen Reihe (Distributionsklasse) gehört, in der auch freie Morpheme auftreten, z.B. *rechn-, ordn-,* die in der gleichen Klasse auftreten wie das freie Morphem *kauf.*

Gebundene Morpheme treten als Affixe an den Kern. Affixe, die vor dem Kern stehen, heißen Präfixe, Affixe, die auf den Kern folgen, heißen Suffixe. Das gebundene Morphem *be-* in den Wörtern *be-such, be-gegn-en, be-fund* ist z.B. ein Präfix. Suffixe sind z.B. die Konjugationsendungen der Verben *such-en, er such-t, er such-t-e,* oder die Deklinationsendungen der Substantive und Adjektive *häus-er, bäum-e, schön-em, größ-er.* Suffixe sind auch die gebundenen Morpheme, die ein Morphem in eine andere Wortart überführen oder ihm eine andere Bedeutung geben, z.B. *les-ung, häus-lich, kind-isch, trag-bar, güt-ig.* Man nennt sie Ableitungssuffixe.

5.425 Oft besteht ein Wort aus mehreren Kernen und Suffixen. Die Beschreibung seiner Morphemstruktur bleibt unvollständig, wenn man nur die Zahl und Reihenfolge der Morpheme angibt und feststellt, ob es sich um Kerne oder Affixe handelt: strukturbildend sind nicht die Morpheme selbst, sondern die Beziehungen, die zwischen ihnen bestehen. Um sie zu finden, ist ein weiterer Arbeitsgang erforderlich: die Analyse in unmittelbare Konstituenten (immediate constituents, IC-Analyse). Ein Beispiel soll dies verdeutlichen. Das Wort *un-zer-brech-lich-keit* kann in fünf Morpheme segmentiert werden: 1. *un-* ‚Negation', 2. *zer-* Verbpräfix mit der Bedeutung ‚auseinander, entzwei', 3. *brech-* /brech ∞ brich ∞ bra:ch ∞ broch/, 4. *-lich* ‚Adjektivierung', 5. *-keit* ‚Substantivierung'. Die fünf Morpheme sind nicht direkt aus dem Morpheminventar der Sprache ausgewählt und völlig neu zu diesem Wort kombiniert worden. Die Kombination verläuft über mehrere Zwischenstufen. Man findet sie, indem man das Wort teilt unter dem Gesichtspunkt, daß die Teile möglichst vielfältig in anderen Umgebungen verwendet werden können oder sogar selbständige Wörter konstituieren. Bei der Teilung *unzerbrech- -lichkeit* gibt es nur wenige Umgebungen, in denen der Teil *unzerbrech-* oder der Teil *-lichkeit* verwendet werden kann. Nicht anders ist es bei der Teilung *unzer-* und *-brechlichkeit.* Die Teile des Wortes sind am vielfältigsten verwendbar, wenn wir folgendermaßen teilen: *unzerbrechlich-* und *-keit. unzerbrechlich* ist ein Adjektiv, das wir als Prädikativ oder als Attribut verwenden können: *der kamm ist unzerbrechlich, der unzerbrechliche* *kamm.* *-keit* ist ein Ableitungssuffix, das zur Bildung von Substantiven aus Adjektiven verwendet wird: *kostbarkeit, schäbigkeit, flüssigkeit, tapferkeit* usw. Das Adjektiv *unzerbrechlich* teilen wir unter dem gleichen Gesichtspunkt weiter. Wir erhalten die Negation *-un*, die mit sehr vielen Adjektiven und Substantiven kombiniert werden kann, und *zerbrechlich*, wiederum ein Adjektiv. *zerbrechlich* besteht aus dem Verbum *zerbrech-* und dem Ableitungssuffix *-lich*, das Verben (und Substantive) in Adjektive überführt, z.B. *sterblich, tauglich, förderlich, zerbrech* ist teilbar in das Verbpräfix *zer-* und das Verbmorphem *brech-* mit seinem Allomorphen.

Die Teilungen haben uns die Beziehungen zwischen den Morphemen gezeigt: es besteht eine direkte Beziehung zwischen *unzerbrechlich* und *-keit* oder zwischen *zer-* und *brech*, aber nicht zwischen *-lich* und *-keit* oder zwischen *brech-* und *-lichkeit*. Alle durch Teilung entstandenen Einheiten werden als Konstituenten bezeichnet, ob es sich nun um Morpheme oder um Morphemkombinationen handelt. Die Konstituenten, zwischen denen eine direkte Beziehung besteht, heißen unmittelbare Konstituenten. *unzerbrechlich* und *-keit* sind z.B. unmittelbare Konstituenten von *unzerbrechlichkeit*, *zer-* und *brech-* unmittelbare Konstituenten von *zerbrech-*.

Das Gefüge der Beziehungen (die Struktur) kann in einem Stammbaum dargestellt werden. An den Knoten stehen die durch Teilung gewonnenen Konstituenten; an ihrer Stelle kann auch die Klasse angegeben werden, zu der sie gehören. Die Äste des Stammbaums geben an, aus welchen unmittelbaren Konstituenten die größere Einheit besteht. Die beiden folgenden Stammbäume zeigen die Struktur von *unzerbrechlichkeit*. Links stehen an den Knoten die Konstituenten selbst, rechts ist die Klasse angegeben, zu der sie gehören.

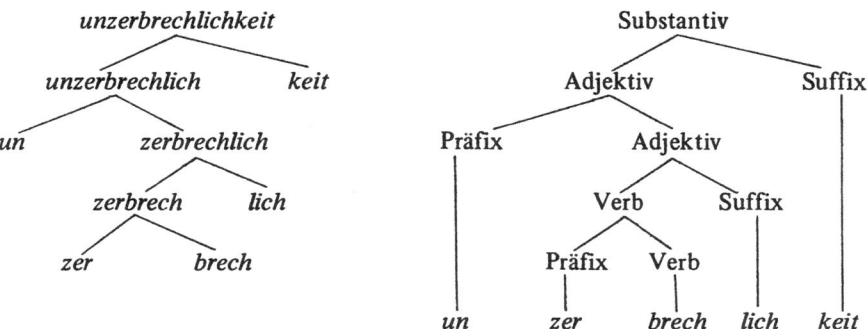

Anstelle des Stammbaums können wir auch indizierte Klammern verwenden. Die Wortkerne kürzen wir als ‚K' ab, die Suffixe als ‚S', die Präfixe als ‚P'. Die Wortklassenzugehörigkeit der Kerne und Morphemkombinationen bezeichnen wir durch Indizes: ‚A' für Adjektiv, ‚Av' für Adverb, ‚N' für Substantiv und ‚V' für Verb. Wir erhalten folgende Strukturformel für *unzerbrechlichkeit*:

$$((P((P + K_V)_V S)_A)_A S)_N$$

5.43 Die Bedeutung der Morpheme

5.431 In dem Satz *Monika wartet auf ihren freund* könnten wir die Morpheme *Monika, wart-* und *freund* relativ leicht bestimmten Gegenständen und Sachverhalten der Realität zuordnen. Anders ist es mit den Morphemen *-et, auf, ihr, -en*. Sie geben nur ganz allgemeine Beziehungen zur Realität (z.B. ‚Gegenwart' bei der Verbform *wartet*) oder Beziehungen zwischen den Morphemen an. *ihr-* gibt an, daß eine bestimmte Beziehung zwischen *freund* und *Monika* besteht, *auf* stellt eine Beziehung zwischen *wart* und *freund* her, *-en* schließlich gibt an, daß die Gruppe *auf ihren freund* im Akkusativ steht, eine Information, derer wir gar nicht mehr bedürften, um den Satz zu verstehen.

5.432 Wir unterscheiden zwei Gruppen von Morphemen:
(1) Morpheme, die bestimmte Gegenstände und Sachverhalte der Realität bezeichnen. Solche Morpheme gibt es in unbegrenzt großer Zahl; täglich können neue gebildet werden, um neu auftretende Gegenstände und Sachverhalte zu bezeichnen. Ihre Bedeutung kann sehr speziell und ihre Verwendung darum äußerst selten sein. Sie werden im Lexikon einer Sprache zusammengestellt. Man nennt sie lexikalische Morpheme oder Lexeme.
(2) Morpheme, die ganz allgemeine, häufig wiederkehrende Beziehungen bezeichnen oder die die syntaktischen Beziehungen zwischen den Morphemen regeln. Von diesen allgemeinen Beziehungen gibt es nur eine begrenzte Anzahl. Die Morpheme, die sie bezeichnen, gehören zu einem relativ kleinen Inventar, das in der Grammatik behandelt wird. Man nennt sie grammatische Morpheme. Grammatische Morpheme sind z.B. die Deklinations- und Konjugationssuffixe, die Ableitungssuffixe, die Pronomina, die Präpositionen und die Konjunktionen.

5.433 In der Literatur wird manchmal die Auffassung vertreten, daß die Klasse der lexikalischen Morpheme dieselben Elemente umfaßt wie die Klasse der freien Morpheme, d.h. daß jedes freie Morphem auch die Eigenschaft „lexikalisch" hat, und daß alle grammatischen Morpheme gebunden sind. Für sehr viele Morpheme trifft dies zu. Da es jedoch gebundene lexikalische Morpheme (z.B. *ordn-, rechn-*) und freie grammatische Morpheme gibt (z.B. *ich, du, die)*, beruht diese Auffassung auf einer unzulässigen Vermischung von formalen und inhaltlichen Klassifikationskriterien (vgl. 4.13). Man kann jedoch die beiden Kriterien zueinander in Beziehung setzen und erhält dadurch vier Morphemklassen:

	frei	gebunden
lexikalisch	*haus, hund kauf, gut,...*	*him-, ordn- rechn-,...*
grammatisch	*ich, du, er der, die, das wenn, daß,...*	*-er, -en, -e -st, -t, -end -ig, -isch,...*

5.434 Die lexikalischen Morpheme können nach semantischen Merkmalen weiter klassifiziert werden. Man könnte sie z.B. einteilen in Morpheme, die Gegenstände, die Vorgänge, die Zustände oder die Eigenschaften bezeichnen. Die Gegenstände könnten subklassifiziert werden in belebte und unbelebte Gegenstände usw. Welche Klassen jeweils gebildet werden, hängt vom Ziel der Beschreibung ab. Die Klassifikation der lexikalischen Morpheme nach ihrer Bedeutung ist Gegenstand der Semantik.

Die grammatischen Morpheme können eingeteilt werden in solche, die sich auf die durch die Sprache bezeichnete Realität beziehen (z.B. den Unterschied zwischen Einheit und Vielheit, den die Plural-Allomorphe bezeichnen, oder das Verhältnis von Zeit des Redeaktes und Zeit des bezeichneten Sachverhalts, der durch die Tempus-Morpheme ausgedrückt wird) und solche, die die Beziehungen zwischen den einzelnen Morphemen angeben (z.B. Personalendungen des Verbs und Deklinationsendungen des Adjektivs, die die grammatische Kongruenz herstellen). Auch hier ist die weitere Subklassifikation nicht mehr ausschließlich Gegenstand der Morphemik, sondern Gegenstand der Semantik, der Wortbildungslehre und der Syntax.

5.44 Distributionsklassen

5.441 Unmittelbare Konstituenten

Das eigentlich strukturalistische und wichtigste Kriterium für die Klassifikation von Morphemen und Syntagmen sind die **paradigmatischen Reihen** (Distributionsklassen), in denen sie verwendet werden. Morpheme bilden dann eine Distributionsklasse, wenn sie in gleicher Umgebung gegeneinander ausgetauscht werden können. Nun hat jedes Morphem, das in einem Satz verwendet wird, eine nähere und eine weitere Umgebung. So hat das Morphem *-t* in dem Satz *Peter erzählt einen Witz* die Umgebung *Peter erzähl-* und *einen Witz*. In dieser weiteren Umgebung können wir es nur gegen die Morpheme *-t-* ‚Prät.' und *-e* ‚3. Ps. sg.' (Allomorph von *-t*) austauschen, wenn wir einen korrekten Satz erhalten wollen: *Peter erzählte einen Witz*. Morpheme wie *-st, -en, -e* sind nicht möglich (der Stern ‚*' steht für ungrammatische Ausdrücke, d.h. für Ausdrücke, die im Sprachsystem nicht zugelassen sind.)

*Peter erzählst einen Witz
*Peter erzählen einen Witz
*Peter erzähle einen Witz

In dem Satz *Peter erzählt morgen einen Witz* sind auch die Morpheme *-t-* und *-e* nicht mehr möglich, d.h. wir können überhaupt nicht mehr austauschen. Wir können also nur noch eine Distributionsklasse bilden, die aus einem einzigen Element besteht. Dieses Ergebnis ist unbefriedigend, da es keinerlei systematische Gliederung des Morpheminventars mehr zuläßt.

Wir dürfen also nicht die gesamte Umgebung zur Bildung einer Distributionsklasse verwenden, sondern nur die nähere Umgebung. In näherer Umgebung von *-t* stehen die Morpheme *er-zähl* und *ein-en*. Es ist intuitiv sofort einsichtig, daß nur die Umgebung *erzähl-* klassenbildend wirkt, aber nicht *einen*. Die mit *erzähl-* kombinierten Morpheme, z.B. *erzähl-e, erzähl-st, erzähl-en, erzähl-t-e* bilden eine Distributionsklasse, die der Konjugationsmorpheme des Verbs. Mit *ein-en* können dagegen beliebige Morpheme kombiniert werden, die keine Klasse bilden, z.B. *oft* (*Peter erzählt oft einen Witz*), *ihm* (*Peter erzählt ihm einen Witz*), *ist* (*Peter erzählt, wenn er guter Laune ist, einen Witz*) usw.

Wie können wir nun die Umgebungen, die klassenbildend sind, von denen unterscheiden, die dafür nicht relevant sind? Wir teilen zu diesem Zweck den Satz zunächst nicht in kleinste Einheiten, in Morpheme, die unstrukturiert nebeneinanderstehen, sondern in möglichst große Einheiten. Wir wählen sie so, daß sie möglichst vielseitig in anderen Umgebungen verwendbar sind. Wir machen also eine Analyse in unmittelbare Konstituenten, wie wir sie bereits zur Feststellung der Morphemstruktur eines Wortes angewandt haben.

Wenn wir *Peter erzählt einen Witz* teilen, legen wir den Einschnitt nicht zwischen *Peter erzählt einen* und *Witz*, da wir die Teile nicht leicht weiter verwenden können, sondern zwischen *Peter* und *erzählt einen Witz*. Zur gleichen Distributionsklasse wie *Peter* gehören alle Konstituenten, die an seiner Stelle eingesetzt werden können, z.B.

$$\left\{\begin{array}{l} \textit{Peter} \\ \textit{Mein Freund} \\ \textit{Der Herr, der über uns wohnt,} \\ \textit{Wer guter Laune ist} \end{array}\right\} \textit{erzählt einen Witz}$$

Ebenso bilden alle Syntagmen, die für *erzählt einen Witz* eingesetzt werden können, eine Distributionsklasse:

$$\textit{Peter} \left\{\begin{array}{l} \textit{erzählt einen Witz} \\ \textit{liest ein Buch} \\ \textit{schläft} \\ \textit{ist Student} \end{array}\right\}$$

Die beiden Distributionsklassen, die wir gefunden haben, werden von der traditionellen Grammatik als Subjekt und Prädikat bezeichnet. (Es ist in der Forschung umstritten, ob ein Satz zunächst in (1) *Peter / erzählt einen Witz* oder in (2) *Peter / erzählt / einen Witz* zu teilen ist. Nach (1) teilen die traditionelle Grammatik, die amerikanischen Strukturalisten und die generative Grammatik, nach (2) die Dependenzgrammatik Tesnières und Heringers [vgl. Kap. F, L.H.]. Beide Verfahren führen zu sinnvollen Distributionsklassen.)

erzählt einen Witz teilen wir weiter in das Prädikatsverb *erzählt* und die Akkusativergänzung *einen Witz*, *erzählt* in das Verb *erzähl-* und das grammatische Morphem *-t*, *einen Witz* in Artikel und Substantiv, den Artikel in das Artikelmorphem *ein* und das Deklinationsmorphem *-en*.

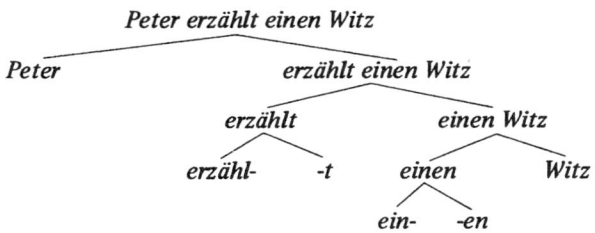

Der Stammbaum zeigt, daß die für -*t* relevante Umgebung *erzähl-* ist und nicht *einen*. Denn -*t* wird von *erzählt* unmittelbar dominiert, während *einen* zu einem andern Ast des Stammbaums gehört. Für die Bildung von Distributionsklassen ist also die Umgebung relevant, die unmittelbarer Konstituent des gleichen Konstituenten ist wie die Elemente der Distributionsklasse.

Literaturhinweise

Duden-Grammatik der deutschen Gegenwartssprache, hrsg. v. Paul Grebe, Mannheim ²1966.
Gleason, Henry A. Jr.: An Introduction to Descriptive Linguistics. New York u.a. 1955, ²1961.
Harris, Zellig S.: Structural Linguistics. Chicago/London 1951, ⁷1966.
Martinet, André: Grundzüge der Allgemeinen Sprachwissenschaft. Stuttgart 1963: Urban.
Nida, Eugene A.: The Identification of Morphemes, Language 24, 1948, S. 414–441.
Nida, Eugene A.: Morphology. The descriptive Analysis of Words, Ann Arbor 1949, ¹⁰1967.
de Saussure, Ferdinand: Grundfragen der allgemeinen Sprachwissenschaft. Berlin ²1967.

L. Bloomfield
Die Sprache: Kap. 10. Grammatische Formen

Kapitel 10
Grammatische Formen

10.1. Unsere bisherigen Ausführungen haben uns gezeigt, dass jede Sprache aus einer Menge von Zeichen, den sprachlichen Formen, besteht. Jede einzelne sprachliche Form ist eine feststehende Kombination von Zeichenbausteinen, den Phonemen. In jeder Sprache ist die Anzahl der Phoneme und die Anzahl der tatsächlich auftretenden Phonemverbindungen eng begrenzt. Durch die Äußerung einer sprachlichen Form bringt der Sprecher seine Hörer dazu, auf eine Situation zu reagieren; diese Situation und die Reaktionen darauf sind die sprachliche Bedeutung der Form. Wir setzen voraus, dass jede sprachliche Form eine gleich bleibende und feststehende Bedeutung hat, die sich von der Bedeutung jeder anderen sprachlichen Form derselben Sprache abhebt. So nehmen wir, wenn wir verschiedene Äußerungen von ein und derselben sprachlichen Form wie *ich bin hungrig* hören, an, dass (1) die Unterschiede in der Lautung irrelevant (unphonetisch)[351] sind, (2) dass die Äußerungssituationen der verschiedenen Sprecher einige gemeinsame Merkmale aufweisen und Unterschiede zwischen diesen Situationen irrelevant (unsemantisch) sind und dass (3) die sprachliche Bedeutung verschieden von der jeder anderen Form in dieser Sprache ist. Wir haben gesehen, dass diese Annahme unbeweisbar ist, weil die Situationen des Sprechers und die Reaktionen des Hörers nahezu alles auf der ganzen Welt beinhalten können und insbesondere größtenteils vom augenblicklichen Zustand ihres Nervensystems abhängen. Wenn wir uns außerdem mit dem geschichtlichen Wandel der Sprache beschäftigen, werden wir auf Tatsachen stoßen, für die unsere Annahme nicht gilt. Im Großen und Ganzen aber ist unsere Annahme durch den bloßen Umstand gerechtfertigt, dass die Sprecher mit Hilfe von Sprachzeichen auf eine sehr raffinierte Art interagieren. Bei der

---

351 Dieser Ausdruck Bloomfields ist nach dem heutigen Verständnis von Phonetik nicht mehr passend und sollte durch *unphonologisch* ersetzt werden. Da die Phonetik alles umfasst, was an einem Sprachsignal nach den Parametern *Frequenz, Amplitude* und *Zeit* quantifizierbar ist, können auch die minimalsten Unterschiede zwischen einzelnen Äußerungen nicht als „unphonetisch" bezeichnet werden.

Beschreibung einer Sprache befassen wir uns in erster Linie mit dem Funktionieren dieser Interaktion zu jeder beliebigen Zeit in jeder beliebigen Gemeinschaft und nicht mit ihren gelegentlichen Fehlleistungen oder ihrer Veränderung im Lauf der Geschichte.[352] Dementsprechend besteht in der Sprachwissenschaft die Stufe der Deskription aus einer einigermaßen strengen Analyse sprachlicher Formen unter der Annahme, dass diese sprachlichen Formen konstante und feststellbare Bedeutungen tragen (§ 9.5.).

Unsere Grundannahme muss aber bereits zu Beginn auf eine andere Art modifiziert werden. Wenn wir eine bestimmte Anzahl von Formen in einer Sprache aufgezeichnet haben, stoßen wir immer auf eine Eigenschaft, die wir bisher in unseren Erörterungen vernachlässigt haben: die partielle Ähnlichkeit sprachlicher Formen. Angenommen, wir hören, wie ein Sprecher

John lief

sagt, und wenig später hören wir, wie er oder jemand anderer

John fiel

sagt: Wir erkennen sofort, dass die beiden Formen, *John lief* und *John fiel*, lautlich zum Teil übereinstimmen, weil beide ein Element *John* [dʒɔn] enthalten, und unser Alltagswissen sagt uns, dass die Bedeutungen eine entsprechende Übereinstimmung aufweisen: Wann immer eine Form das lautliche Element [dʒɔn] enthält, betrifft die Bedeutung einen bestimmten Mann oder Jungen in der Gemeinschaft. Wenn wir Glück haben, können wir hören, wie irgendjemand die Form

John!

nur für sich allein, ohne irgendwelche Zusätze, äußert.

Nachdem wir eine Reihe solcher Fälle beobachtet haben, werden wir gezwungen sein, unsere sprachwissenschaftliche Grundannahme folgendermaßen zu modifizieren: In einer Sprachgemeinschaft sind einige Äußerungen in Lautung und Bedeutung gleich oder teilweise gleich.

Der gemeinsame Teil in teilweise gleichen Äußerungen (in unserem Beispiel *John*) besteht aus einer lautlichen Form mit einer gleich bleibenden Bedeutung: Er entspricht daher unserer Definition einer sprachlichen Form. Jene Teile, die den teilweise gleichen Äußerungen nicht gemeinsam sind (in

---

352 Aus Textstellen wie diesen wird deutlich, weshalb die Bloomfieldsche Lehre in der Folge als „(Amerikanischer) Deskriptivismus" etikettiert wurde, wenngleich Bloomfields Ansatz sich ohne den Einfluss Saussures wohl kaum in dieser Klarheit hätte herausbilden können.

unserem Beispiel *lief* in der einen Äußerung und *fiel* in der anderen), können sich genauso als sprachliche Formen herausstellen. Wenn wir die Form *John lief* gehört haben, können wir später die Form *Bill lief* hören, und vielleicht sogar (etwa als Antwort auf eine Frage) ein vereinzeltes *lief*. Dasselbe wird mit der Komponente *fiel* in *John fiel* geschehen: Wir können eine Form wie *Dan fiel* oder sogar ein isoliertes *fiel* hören.

In anderen Fällen werden wir vergeblich auf die isolierte Form warten.

Wenn wir die Formen *John*, *Bill* und *Dan* kennen, könnten wir die Formen *Johnny*, *Billy* und *Danny* hören und hoffen, des Weiteren ein vereinzeltes *-y* [-i] mit einer Bedeutung wie ‚klein' zu hören, doch werden wir in diesem Fall enttäuscht. Genauso können wir, wenn uns die Formen *play* ‚spielen' und *dance* ‚tanzen' vertraut sind, die Formen *playing* ‚spielend' und *dancing* ‚tanzend' hören, und dann vergebens darauf hoffen, ein isoliertes *-ing* [-ɪŋ] zu hören, das uns über die irgendwie unbestimmte Bedeutung dieser Silbe Aufschluss geben könnte. Trotz des Umstandes, dass manche Komponenten nicht alleine, sondern nur als Teile größerer Formen auftreten, können wir diese Komponenten als sprachliche Formen bezeichnen, da sie Lautformen mit konstanter Bedeutung sind, wie [i] oder [ɪŋ]. Eine sprachliche Form, die nie allein realisiert wird, ist eine gebundene Form; alle anderen (wie zum Beispiel *John lief* oder *John* oder *lief* oder *laufend*) sind freie Formen.

In noch anderen Fällen warten wir vergeblich darauf, dass eine Form auch nur als Teil irgendeiner anderen Form auftritt. Wenn wir etwa die Form *Himbeere*[353] gehört haben, erkennen wir bald die Komponente *Beere* in anderen Formen wie *Erdbeere*[354] und können sie sogar isoliert gesprochen hören, aber mit der anderen Komponente von *Himbeere* werden wir kein solches Glück haben. Nicht nur werden wir vergebens darauf warten, eine isolierte Form *him zu hören, sondern wir werden, solange wir auch zuhören mögen, dieses Element auch nie außerhalb der einen Kombination *Himbeere* hören, und wir werden den Sprechern keine andere Form entlocken können, die dieses Element *Him-* enthielte.[355] In der Praxis werden wir, wenn wir Sprachen in

---

353 Originalbeispiel: *cranberry*. In der englischsprachigen Fachliteratur hat sich aus Bloomfields Beispiel der Terminus *cranberry morph(eme)* kristallisiert für Teile von komplexen Wörtern, die weder eine inhärente Bedeutung noch eine grammatische Funktion haben, aber dennoch zur Unterscheidung von Wörtern dienen (vgl. z.B. SPENCER 1991, S. 40). Im Deutschen sind hierfür die Termini *unikales Morph(em)*, *blockiertes Morph(em)*, *Pseudomorphem*, *Himbeermorphem* gebräuchlich.
354 Originalbeispiel: *blackberry*.
355 Von Namen, in denen *Him-* vorkommt, wie etwa *Himberg* (Niederösterreich), einmal abgesehen.

Feldforschung untersuchen, bald lernen, dass es unklug ist, zu versuchen, solche Formen zu provozieren; unsere Fragen verwirren die Sprecher, und sie könnten uns durch falsche Zustimmung abwimmeln wollen, etwa indem sie sagen „Oh ja, ich denke, *him* bedeutet rot". Wenn wir diesen Fehler vermeiden, werden wir zum Schluss kommen, dass das Element *him-* nur in der Kombination *Himbeere* vorkommt. Da es aber eine gleich bleibende Lautform besitzt und seine Bedeutung insofern konstant bleibt, als *Himbeere* eine besondere Art von *Beere* und von allen anderen Arten von Beeren verschieden ist, können wir sagen, dass auch *him-* eine sprachliche Form ist. Die Erfahrung lehrt, dass wir gut daran tun, diesen Umstand allgemein auszudrücken: Unikale Elemente, die nur in einer einzigen Kombination vorkommen, sind sprachliche Formen.

Manchmal werden wir kaum entscheiden können, ob lautlich gleiche Formen auch in ihrer Bedeutung identisch sind. Das *Blau-* in *Blaubeere*[356] ist lautlich dasselbe wie das *Blau-* in *Blausäure*[357] und das isolierte *blau*, aber ob die Bedeutung „dieselbe" ist, können wir nicht sagen. Wenn wir die Sprecher danach fragen, werden sie manchmal so und manchmal so antworten; sie können nicht mehr sagen als wir. Diese Schwierigkeit ist Teil der grundlegenden Schwierigkeit mit der Semantik: Die nichtsprachliche Welt ist keine Welt der eindeutigen Abgrenzungen.

10.2. Wir sehen also, dass einige sprachliche Formen partielle phonetisch-semantische Ähnlichkeiten mit anderen Formen besitzen; Beispiele sind *John lief, John fiel, Bill lief, Bill fiel; Johnny, Billy; playing, dancing; Himbeere, Erdbeere; Blaubeere, Blausäure*. Eine sprachliche Form, die eine partielle phonetisch-semantische Ähnlichkeit mit irgendeiner anderen sprachlichen Form besitzt, ist eine komplexe Form.

Der (zwei oder mehr) komplexen Formen gemeinsame Teil ist eine sprachliche Form; er ist eine Konstituente (oder Komponente) dieser komplexen Formen. Wir sagen, dass die Konstituente in den komplexen Formen enthalten (oder in ihnen eingeschlossen) ist bzw. in ihnen aufgeht. Wenn eine komplexe Form, neben dem gemeinsamen Teil, einen Restbestandteil wie das *Him-* in *Himbeere* enthält, das in keiner anderen komplexen Form vorkommt, ist auch dieser Restbestandteil eine sprachliche Form; es ist eine unikale Konstituente der komplexen Form. Die Konstituenten in unseren obigen Beispielen sind: *John, lief, Bill, fiel, play, dance, Blau, Beere, Säure, Him-* (unikale Konstituente in *Himbeere*), *Erd-, -y* (gebundene Kon-

---

356 Originalbeispiel: *strawberry*.
357 Originalbeispiel: *strawflower*.

stituente in *Johnny, Billy*), *-ing* (gebundene Konstituente in *playing, dancing*). Ebenso sagen wir, dass in jeder komplexen Form eine jede einzelne Komponente die anderen Konstituenten begleitet.

Eine sprachliche Form, die keine solche partielle phonetisch-semantische Ähnlichkeit mit einer anderen Form aufweist, ist eine einfache Form oder ein Morphem. So sind *Haus, lief, Him-, -y, -ing* Morpheme. Morpheme können zwar eine partielle phonetische Übereinstimmung zeigen, wie etwa *Haus* und *Maus*,[358] oder sogar homonym sein wie *Waise, Weise* oder *Mohr, Moor*,[359] aber diese Ähnlichkeit ist eine rein lautliche und hat keine Entsprechung in der Bedeutung.[360]

Aus all dem wird deutlich, dass jede komplexe Form, was ihre phonetisch definierbaren Konstituenten betrifft, vollkommen aus Morphemen besteht. Die Zahl dieser grundlegenden Konstituenten kann sehr hoch sein. Die Form *Herr John bat darum*[361] enthält fünf Morpheme: *Herr, John, bat, dar-* (eine gebundene Form, die z.B. in *darauf, daraus, darein* wiederkehrt) und *um*. Die Struktur komplexer Formen ist aber bei weitem nicht so einfach; wir können nicht die Formen einer Sprache verstehen, indem wir einfach alle komplexen Formen auf ihre grundlegenden Konstituenten zurückführen. Jeder Sprecher, der sich mit dieser Materie beschäftigt, wird uns sicherlich sagen, dass die unmittelbaren Konstituenten von *Herr John bat darum* die zwei Formen *Herr John* und *bat darum* sind, dass jede davon selbst wieder eine komplexe Form darstellt, dass die unmittelbaren Konstituenten von *bat darum* das Morphem *bat* und *darum*, eine aus den Morphemen *dar-* und *um* bestehende komplexe Form, sind und dass die Konstituenten von *Herr John* die Morpheme *Herr* und *John* sind. Nur auf diese Weise wird eine saubere Analyse (das ist eine, die auch die Bedeutungen berücksichtigt) zu den grundlegenden konstituierenden Morphemen führen. Der Grund dafür wird uns später beschäftigen.

10.3. Ein Morphem kann lautlich beschrieben werden, da es aus einem oder mehreren Phonemen besteht, aber seine Bedeutung kann im Rahmen unserer Wissenschaft nicht analysiert werden. So haben wir gesehen, dass das Morphem *pin* ‚Stecknadel' eine phonetische Ähnlichkeit mit anderen Morphemen wie *pig* ‚Schwein', *pen* ‚Feder', *tin* ‚Zinn', *ten* ‚10' aufweist und auf

---

358 Originalbeispiele: *bird, burr*.
359 Originalbeispiele: *pear, pair, pare*.
360 Diese Definition des Morphems ist eine der berühmtesten und meistzitierten Stellen des Bloomfieldschen Werks. Sie wirkt noch heute auf die morphologische Theoriebildung, vgl. LUSCHÜTZKY (2000).
361 Originalbeispiel: *Poor John ran away*.

der Grundlage dieser Ähnlichkeiten als aus drei Phonemen bestehend analysiert und beschrieben werden kann (§ 5.4.); aber da diese Ähnlichkeiten nicht mit Bedeutungsähnlichkeiten verbunden sind, können wir den Phonemen keinerlei Bedeutung zuschreiben und im Rahmen unserer Wissenschaft die Bedeutung der Morpheme nicht analysieren. Die Bedeutung eines Morphems ist ein Semem. Der Sprachwissenschaftler nimmt an, dass jedes einzelne Semem eine konstante und festgelegte Bedeutungseinheit ist und sich von allen anderen Bedeutungen der Sprache, einschließlich aller anderen Sememe, unterscheidet, aber er kommt über diese Annahme nicht hinaus. Nichts in der Struktur von Morphemen wie *Wolf, Fuchs* und *Hund* könnte uns die Beziehung zwischen ihren Bedeutungen verraten; dies ist ein Problem für den Zoologen. Die wissenschaftliche Definition dieser Bedeutungen durch den Zoologen ist uns als praktische Hilfe willkommen, aber sie kann im Rahmen unserer Wissenschaft weder bestätigt noch verworfen werden.[362]

Ein funktionierendes System von Signalen, so wie eine Sprache, kann nur eine kleine Anzahl von Signaleinheiten umfassen, aber die Dinge, über die man sich Signale gibt – in unserem Fall der gesamte Inhalt der nichtsprachlichen Welt –, können unendlich vielfältig sein. Demzufolge bestehen die Signale (sprachliche Formen mit Morphemen als kleinsten Einheiten) aus verschiedenen Kombinationen der Signalbausteine (Phoneme), und jede einzelne dieser Kombinationen wird willkürlich irgendeinem Merkmal der nichtsprachlichen Welt (Semem) zugewiesen. Die Signale können analysiert werden, nicht aber die Dinge, über die Signale gegeben werden.

Das verhilft wieder dem Prinzip zur Geltung, dass die sprachwissenschaftliche Forschung immer bei der Lautform und nicht bei der Bedeutung anzusetzen hat. Lautformen – zum Beispiel der gesamte Bestand an Morphemen in einer Sprache – können als Phoneme und Phonemfolgen beschrieben und auf dieser Grundlage in einer beliebigen herkömmlichen Reihenfolge geord-

---

362 An dieser Stelle wird deutlich, wie es zu dem Missverständnis kommen konnte, dass Bloomfield die Bedeutung nicht als Teil der sprachwissenschaftlichen Analyse anerkannt hätte. Des Rätsels Lösung liegt in der Mehrdeutigkeit des Begriffs *Bedeutung:* Bloomfields Bedeutungsbegriff ist rein instrumentalistisch, indem er sich darauf beschränkt, Kriterien anzugeben, mittels derer festgestellt werden kann, ob gegebene sprachliche Zeichen gleiche oder verschiedene Bedeutung haben oder ob sie überhaupt bedeutungstragende oder bedeutungsunterscheidende Elemente sind. Ausgeschlossen, da mit linguistischen Methoden nicht eruierbar, bleibt die intensionale Bedeutung, der *Wortinhalt,* wie er etwa von Bloomfields Zeitgenossen Leo Weisgerber (1899–1985) ins Zentrum der linguistischen Betrachtung gestellt wurde (vgl. WEISGERBER 1929, siehe hierzu auch LEISI 1971, zur Sprachinhaltsforschung insgesamt GIPPER-SCHWARZ 1967).

net oder aufgezählt werden, z.B. alphabetisch; Bedeutungen – in unserem Beispiel die Sememe einer Sprache – könnten nur von einem quasi allwissenden Beobachter analysiert oder systematisch angeordnet werden.

10.4. Da jede komplexe Form zur Gänze aus Morphemen besteht, sollte eine vollständige Liste von Morphemen alle Lautformen einer Sprache erklären. Der vollständige Bestand an Morphemen in einer Sprache ist ihr Lexikon. Doch auch wenn wir das Lexikon einer Sprache kennten und eine halbwegs genaue Kenntnis von jedem Semem hätten, könnte das Verstehen der Formen dieser Sprache scheitern. Jede Äußerung umfasst nämlich einige bedeutungstragende Eigenschaften, die im Lexikon keine Berücksichtigung finden. Wir haben zum Beispiel gesehen, dass die fünf Morpheme *Herr, John, hat, um, dar-*, aus denen die Form *Herr John bat darum* besteht, der Bedeutung dieser Äußerung nicht voll gerecht werden. Ein Teil dieser Bedeutung hängt nämlich von der Anordnung ab – zum Beispiel von der Reihenfolge –, in der diese Morpheme in der komplexen Form aufscheinen. Jede Sprache bringt einen Teil ihrer Bedeutungen in der Anordnung ihrer Formen zum Ausdruck. So unterscheiden sich bedeutungsmäßig *John schlug Bill* und *Bill schlug John* nur auf Grund der unterschiedlichen Abfolgen, in denen die Morpheme geäußert werden.

Die bedeutungstragenden Anordnungen von Formen in einer Sprache stellen ihre Grammatik dar. Grundsätzlich scheint es vier Typen der Anordnung sprachlicher Formen zu geben:

(1) Die Reihenfolge ist die Abfolge, in der die Konstituenten einer komplexen Form ausgesprochen werden. Die Relevanz der Reihenfolge wird deutlich bei einer Gegenüberstellung von *John schlug Bill* und *Bill schlug John*. Andererseits ist **Bill John schlug* keine sprachliche Form, weil unsere Sprache diese Konstituenten nicht in einer solchen Reihenfolge anordnet;[363] analog dazu ist *darum* eine sprachliche Form, nicht aber **umdar*. Manchmal transportieren Unterschiede in der Reihenfolge bestimmte Konnotationen: So klingt *Fort lief John* lebendiger als *John lief fort*.

(2) Die Modulation besteht in der Verwendung sekundärer Phoneme. Sekundäre Phoneme sind, wie wir uns erinnern (§5.11.), Phoneme, die nicht in

---

363 Man vgl. jedoch *Maria durch ein' Dornwald ging, ein Jäger längs dem Weiher ging, die Dämmerung den Wald umfing* u. dgl., die im heutigen Deutsch strukturelle Anachronismen sind, aus einer früheren Sprachperiode mit Verbendstellung auch im Hauptsatz.

einem einzelnen Morphem auftreten, sondern nur in grammatischen Anordnungen von Morphemen. Ein Morphem wie *John* [dʒɔn] oder *run* [rʌn] ‚lief'
ist in Wirklichkeit eine Abstraktion, weil das Morphem in jeglicher Äußerung
von einem sekundären Morphem, das eine grammatische Bedeutung transportiert, begleitet wird. Im Englischen wird das Morphem, wenn es isoliert
ausgesprochen wird, von einem sekundären Phonem der Tonhöhe (§ 7.6.)
begleitet: Es heißt entweder *John!* oder *John?* oder *John* [.] – Letzteres mit
fallender Endintonation als Antwort auf eine Frage –, und es existiert keine
neutrale oder abstrakte Form, bei der das Morphem nicht von irgendeiner
Tonhöhe begleitet würde. In komplexen sprachlichen Formen des Englischen
werden manche der Konstituenten immer von sekundären Phonemen der
Betonung begleitet (§ 7.3.); so unterscheidet die Stellung des Akzents das
Substantiv *convict* ‚Sträfling' vom Verb *convict* ‚überführen'.

(3) Die lautliche Modifikation ist eine Veränderung der primären Phoneme einer sprachlichen Form. Wenn etwa die Formen *do* [duw] ‚tu(t)' und
not [nɔt] ‚nicht' zu einer komplexen Form vereint werden, wird das [uw] von
do normalerweise durch [ow] ersetzt, und sobald dies geschieht, verliert das
not seinen Vokal, so dass die zusammengesetzte Form *don't* [dow nt] ‚tu(t)
nicht' lautet. In diesem Beispiel ist die Modifikation optional, und wir haben
genauso die nichtmodifizierten Formen in *do not* ‚tu(t) nicht' mit unterschiedlicher Konnotation. In anderen Fällen jedoch haben wir keine Wahl. So
wird das Suffix *-ess* mit der Bedeutung ‚weiblich' wie in *count-ess* ‚Gräfin'
auch an *duke* [d(j)uwk] ‚Herzog' angefügt, doch wird in dieser Kombination
die Form *duke* zu *duch-* [dʌtʃ-] modifiziert, weil das Wort *duchess* [ˈdʌtʃis]
‚Herzogin' lautet.

Genau genommen müssen wir sagen, dass das Morphem in solchen Fällen
zwei (oder manchmal auch mehr) verschiedene Lautformen hat, wie *not* [nɔt]
und [nt], *do* [duw] und [dow], *duke* und *duch-*, und dass jede dieser Alternanten unter alternativen Bedingungen auftritt. In unseren Beispielen hat
allerdings eine der Alternanten einen viel größeren Anwendungsbereich als
die andere und ist daher die Basisalternante.

In anderen Fällen können aber die Alternanten einander ebenbürtiger sein.
So ist etwa in *run* ‚laufen' und *ran* ‚lief' keine der beiden Alternanten an das
Auftreten einer begleitenden Form gebunden, und wir werden daher zunächst
zögern, eine davon als Basisalternante zu bezeichnen. Allerdings stellen wir
dann weiter fest, dass in Fällen wie *keep* ‚halten' : *kept* ‚hielt' die Vergangenheitsform eine Alternante *(kep-)* enthält, die nur in Begleitung einer bestimmten Form *(-t)* auftritt. Um diese Faktenlage so generell wie möglich zu beschreiben, setzen wir die Infinitivform *(keep, run)* als Basis an und beschrei-

ben die präteritalen Alternanten *(kep-, ran)* als lautlich modifizierte Formen. Wir werden andere Beispiele kennenlernen, bei denen diese Entscheidung schwieriger ist; insgesamt versuchen wir natürlich, die Basisalternante so zu bestimmen, dass wir eine möglichst einfache Beschreibung der Fakten erhalten.

(4) Die Selektion von Formen steuert insofern zur Bedeutung bei, als dadurch verschiedene Formen, die ansonsten dieselbe grammatische Anordnung hätten, verschiedene Bedeutungen erhalten. So sind manche Morpheme, wenn sie mit ausrufender Endintonation ausgesprochen werden, an eine Person gerichtete Aufforderungen zur Anwesenheit oder Aufmerksamkeit *(John! Herr!)*, während andere, auf dieselbe Weise realisierte, Befehle sind *(Lauf! Schau!)*, und dieser Unterschied kann auch auf bestimmte komplexe Formen ausgeweitet werden (*Herr Smith! Fräulein!* gegenüber *Lauf weg! Schau her!*[364]). Von jenen Formen, die, wenn sie mit Ausrufe-Intonation ausgesprochen werden, die Bedeutung einer Ausrufs haben, kann man festhalten, dass sie auf Grund eben dieser Tatsache eine Formklasse der Sprache bilden; wir können sie die Formklasse der „persönlichen Substantivausdrücke" nennen. Analog konstituieren die Formen, die, mit Ausrufe-Intonation ausgesprochen, die Bedeutung eines Befehls haben, die Formklasse der „Infinitivausdrücke". Ob ein Ausruf ein Aufruf oder ein Befehl ist, hängt von der Selektion der Form aus der einen oder der anderen Klasse ab.

Die Bedeutung einer komplexen Form hängt zum Teil von der Selektion ihrer Konstituenten ab. So bezeichnen *drink milk* ‚Milch trinken' und *watch John* ‚John beobachten' Handlungen und sind, wie wir soeben gesehen haben, Infinitivausdrücke, wohingegen *fresh milk* ‚frische Milch' und *poor John* ‚armer John' Objekte bezeichnen und Substantivausdrücke sind. Die jeweils zweiten Konstituenten, *Milch* und *John*, sind dieselben; der Unterschied beruht auf der Selektion der ersten Konstituente. Auf Grund dieses Unterschieds gehören die Formen *drink* und *watch* einer bestimmten Formklasse an (jener der „transitiven Verben") und die Formen *fresh* und *poor* einer anderen (jener der „Adjektive").

Selektionseigenschaften sind normalerweise ziemlich kompliziert, mit Formklassen, die in Unterklassen aufgegliedert werden. Wenn wir im Englischen eine Form wie *John* oder *die Knaben* (Formklasse der „nominativen Substantivausdrücke") mit einer Form wie *lief oder ging nach Hause* kombi-

---

364 Originalbeispiele: *Run away! Backwater!* – Korrektur in der britischen Ausgabe: „*Backwater!* scheint eine unübliche sprachliche Form zu sein; *Dismount!* wäre besser."

nieren, bedeutet die resultierende komplexe Form, dass dieses Objekt die Handlung „vollzieht" *(John lief, die Knaben liefen, John ging nach Hause, die Knaben gingen nach Hause)*. Diese Merkmale der Selektion werden aber durch ein weiteres sprachliches Verhaltensmuster ergänzt: Wir sagen *John läuft schnell,* aber *die Knaben laufen schnell,* und wir stellen niemals die umgekehrte Verbindung von *John* mit *laufen schnell* oder *die Knaben* mit *läuft schnell* her. Die Formklasse der Nominativausdrücke, und ebenso die Formklasse der finiten Verbalausdrücke teilt sich in zwei Unterklassen („Singular" und „Plural"), so dass in den komplexen Formen, die die Bedeutung „Objekt vollzieht eine Handlung" tragen, die beiden Konstituenten in Bezug auf die Unterklasse von „Singular" oder „Plural" übereinstimmen. Im Lateinischen bedeutet die Form *pater filium amat (filium pater amat)* ‚der Vater liebt den Sohn', und die Form *patrem filius amat* (oder *filius patrem amat*) bedeutet ‚der Sohn liebt den Vater'; die Formen *pater* ‚Vater' und *filius* ‚Sohn' gehören einer Formklasse („Nominativ") an, deren Formen in Verbindung mit einem Verb wie *amat* ‚er liebt' den „Vollstrecker" der Handlung bezeichnen; die Formen *patrem* ‚Vater (Akk.)' und *filium* ‚Sohn' gehören dagegen zu einer anderen Formklasse („Akkusativ"), deren Formen in Verbindung mit einem Verb wie *amat* den „Erleider" („Objekt" oder „Ziel") der Handlung benennen.

Selektionseigenschaften sind oft höchst willkürlich und unvorhersagbar. Wir verbinden zwar *König, Autor, Bildhauer* mit dem Suffix *-in* zu *Königin, Autorin, Bildhauerin,* nicht aber *Prinz, Hauptmann, Herausforderer*.[365] Aufgrund eben dieser sprachlichen Besonderheit gehören die erstgenannten Wörter zu einer Formklasse, von der umgekehrt die letztgenannten ausgeschlossen bleiben.

10.5. Die Merkmale der grammatischen Anordnung treten in verschiedenen Kombinationen auf, können aber normalerweise ausgesondert und einzeln beschrieben werden. Ein einfaches Merkmal grammatischer Anordnung ist ein **grammatisches Merkmal** oder **Taxem**. Ein Taxem ist innerhalb der Grammatik das, was im Lexikon ein Phonem ist – nämlich die kleinste Formeinheit. Wie ein Phonem hat ein Taxem, für sich selbst genommen, also abstrakt, keine Bedeutung. Genauso wie Verbindungen von Phonemen oder – seltener – einzelne Phoneme als lexikalische Signale (Lautformen) vorkommen, treten auch Verbindungen von Taxemen oder – ziemlich häufig – einzelne Taxeme als herkömmliche grammatische Anordnungen, **taktische**

---

365 Im Original: „Wir verbinden zwar *prince, author, sculptor* mit dem Suffix *-ess* zu *princess, authoress, sculptress* (letzteres mit einer lautlichen Modifikation von [r̩] zu [r]), nicht aber *king, singer, painter.*"

Formen, auf. Eine phonetische Form mit ihrer Bedeutung ist eine sprachliche Form; eine taktische Form mit ihrer Bedeutung ist eine **grammatische Form**. Wenn wir Gelegenheit haben, den rein lexikalischen Charakter einer sprachlichen Form den Anordnungsmustern, denen sie unterliegt, gegenüberzustellen, müssen wir von ihr als einer **lexikalischen Form** sprechen. Bei lexikalischen Formen haben wir die kleinste bedeutungstragende Einheit als Morphem und ihre Bedeutungen als Sememe definiert; auf dieselbe Weise können die kleinsten bedeutungstragenden Einheiten grammatischer Formen als **Tagmeme** bezeichnet werden und ihre Bedeutungen als **Episememe**.

Die Äußerung *Lauf!* enthält beispielsweise zwei grammatische Merkmale (Taxeme), nämlich die Modulation der ausrufenden Endintonation und das selektive Merkmal, das in der Verwendung eines infiniten Verbs (im Gegensatz etwa zur Verwendung eines Substantivs wie bei *John!*) besteht. Jedes dieser beiden Taxeme ist im Englischen eine taktische Form, da jedes von ihnen ständig als Einheit bei der Signalgebung verwendet wird. Im Hinblick auf ihre Bedeutung beschreiben wir sie als Einheiten grammatischer Formen (Tagmeme). Das Tagmem der ausrufenden Endintonation tritt mit jeder beliebigen lexikalischen Form auf und verleiht ihr eine grammatische Bedeutung (ein Episemem), die wir vielleicht ungefähr als ‚starken Stimulus' beschreiben können. Das Tagmem der Selektion, mittels dessen Infinitivformen als eine eigene Formklasse abgegrenzt werden, hat eine grammatische Bedeutung (ist ein Episemem), die wir eine **Klassenbedeutung** nennen und etwa als ‚Handlung' festlegen können.

Ein Tagmem kann aus mehr als einem Taxem bestehen. So finden wir in Formen wie *John lief; der arme John lief davon; die Knaben sind hier; ich weiß* verschiedene Taxeme. Jeweils eine Konstituente gehört zur Formklasse der Nominativausdrücke *(John, der arme John, die Knaben, ich)*. Die andere Konstituente gehört zur Formklasse der finiten Verbalausdrücke *(lief, lief davon, sind hier, weiß)*. Ein weiteres Taxem der Selektion weist bestimmte finite Verbalausdrücke bestimmten Nominativausdrücken zu; so können die Konstituenten in den drei Beispielen *Ich bin, du bist, John ist* nicht gegeneinander ausgetauscht werden. Ein Taxem der Reihenfolge stellt den Nominativausdruck vor den finiten Verbalausdruck: Wir sagen nicht **lief John*. Weitere Taxeme der Reihenfolge, die zum Teil die grundlegende umkehren, treten in besonderen Fällen auf, wie *ob John lief? fort lief John; lief John?* Ein Taxem der Modulation kommt nur in besonderen Fällen vor, wenn der Nominativausdruck unbetont ist wie in *I know* [aj 'now] ‚ich weiß'. Taxeme lautlicher Modifikation treten auch in bestimmten Sonderfällen auf, wie *John's here* ‚John ist hier', mit [z] für *is* ‚ist', oder *I'd go* ‚ich würde gehen', mit [d] für *would* ‚würde'. Nun weist keines dieser Taxeme, für sich selbst genommen, irgendeine Bedeutung auf, aber alle zusammen bilden sie eine grammatische Form, ein Tagmem, dessen Bedeutung darin besteht, dass die eine Konstituente (der Nominativausdruck) die andere Konstituente (den finiten Verbalausdruck) ‚vollzieht'.

Wenn wir *John lief!* mit Ausrufe-Intonation aussprechen, haben wir es mit einer komplexen grammatischen Form mit drei Tagmemen zu tun. Das eine ist ‚starker Stimulus', das zweite ‚(Objekt) vollzieht (Handlung)', und das dritte transportiert das Episemem einer ‚vollständigen und neuen' Äußerung und besteht formal in dem selektiven Merkmal der Verwendung einer Agens-Aktion–Konstruktion als Satz.

10.6. Jede Äußerung kann zur Gänze als Menge lexikalischer und grammatischer Formen beschrieben werden; allerdings müssen wir daran erinnern, dass die Bedeutungen nicht sprachwissenschaftlich definiert werden können.

Jedes Morphem kann (abgesehen von seiner Bedeutung) vollständig beschrieben werden als eine Menge von einem oder mehreren Phonemen in einer bestimmten Anordnung. So besteht das Morphem *duke* ‚Herzog' aus den einfachen bzw. zusammengesetzten Phonemen [d], [juw], [k] (in dieser Reihenfolge), und das Morphem *-ess* aus den Phonemen [i], [s] (in dieser Reihenfolge). Jede komplexe Form kann – sofern man wiederum von ihrer Bedeutung absieht – zur Gänze durch Angabe der unmittelbaren Konstituenten und der grammatischen Eigenschaften (Taxeme), die die Anordnung dieser Konstituenten regulieren, beschrieben werden. So besteht die komplexe Form *duchess* ['dʌtʃis] ‚Herzogin' aus den unmittelbaren Konstituenten *duke* [djuwk] und *-ess* [is], die auf folgende Weise angeordnet sind:

Selektion: Die Konstituente *duke* gehört zu einer besonderen Klasse englischer Formen, die sich mit der Form *-ess* verbinden. Diese Formklasse beinhaltet zum Beispiel die Formen *count* ‚Graf' *prince* ‚Prinz', *lion* ‚Löwe', *tiger* ‚Tiger', *author* ‚Autor', *waiter* ‚Kellner', nicht aber die Formen *man* ‚Mann', *boy* ‚Knabe', *dog* ‚Hund', *singer* ‚Sänger'; sie ist die Unterklasse einer größeren Formklasse männlicher Personenbezeichnungen. Die Form *-ess* bildet eine kleine Formklasse für sich insofern, als sie (und nur sie) sich mit genau den Elementen der soeben beschriebenen Klasse verbindet. Alle diese Eigenschaften können zusammengenommen als ein einziges Taxem der Selektion angesehen werden.

Reihenfolge: Die Form *-ess* wird nach der begleitenden Form realisiert.

Modulation: Die Form *-ess* wird unbetont realisiert; die begleitende Form trägt einen Hauptakzent.

Phonetische Modifikation: Das [juw] von *duke* wird durch [ʌ] ersetzt und das [k] durch [tʃ].

Ausgehend von den Formen *duke* und *-ess* beschreibt eine Registrierung dieser vier grammatischen Eigenschaften die komplexe Form *duchess* vollständig.

Jede konkrete Äußerung kann zur Gänze durch Angabe der lexikalischen Form und der begleitenden grammatischen Merkmale beschrieben werden. So besteht die Äußerung *Duchess!* ‚Herzogin!' aus der lexikalischen Form *duchess* und den beiden Taxemen der ausrufenden Satzintonation und der Selektion eines Substantivausdrucks.

Wenn uns irgendeine Wissenschaft mit Bedeutungsdefinitionen dieser Einheiten versehen würde, indem sie für uns die Bedeutungen (Sememe) der beiden Morpheme *(duke* und *-ess)* und die Bedeutungen (Episememe) der drei Tagmeme (Anordnung von *duke* und *-ess;* Verwendung von ausrufender Endintonation; Selektion eines Substantivausdrucks) präzise festlegen würde, dann könnte auch die Bedeutung der Äußerung *Duchess!* vollständig analysiert und definiert werden.

10.7. Die grammatischen Formen stellen keine Ausnahme vom notwendigen Prinzip dar – genau genommen müssen wir es eine Annahme nennen –, dass eine Sprache nur solche Bedeutungen vermitteln kann, die einigen formalen Merkmalen zugeordnet sind: Die Sprecher können nur mit Hilfe von Zeichen signalisieren. Viele Sprachforscher sind in dieser Frage durch die Tatsache irregeleitet worden, dass die formalen Merkmale der Grammatik nicht Phoneme oder Phonemkombinationen sind, die wir aussprechen und transkribieren können, sondern nur Anordnungen lautlicher Formen. Dafür ist hauptsächlich wohl unsere Schultradition verantwortlich; ohne diese Tradition wäre es vielleicht überhaupt keine Schwierigkeit, dass etwa *John schlug Bill* und *Bill schlug John* zwei unterschiedliche Situationen markieren, dass sich *convict* ‚Sträfling', wenn es auf der ersten Silbe betont wird, von auf der zweiten Silbe betontem *convict* ‚überführen' unterscheidet oder dass es einen Bedeutungsunterschied zwischen *John!*, *John?* und *John* gibt.

Eine Form wie *John* oder *lief,* in abstracto geäußert und ohne irgendeine Auszeichnung etwa durch Endintonation, ist genau genommen keine wirkliche sprachliche Form, sondern nur eine lexikalische Form; eine sprachliche Form, wie sie tatsächlich geäußert wird, enthält immer eine grammatische Form. Ganz egal, wie einfach die Form auch sein mag, die wir nehmen, und wie wir sie auch äußern, wir haben bereits irgendeine Selektion vorgenommen, durch die die Äußerung eine grammatische Bedeutung zusätzlich zu ihrem lexikalischen Inhalt übermittelt, und wir haben einen Tonhöhenverlauf verwendet, der ihr, jedenfalls im Englischen, eine grammatische Bedeutung wie ‚Feststellung', ‚Entscheidungsfrage', ‚Ergänzungsfrage' oder ‚Ausruf' verleiht.

Die grammatischen Formen einer Sprache können in drei große Klassen eingeteilt werden:

(1) Wenn eine Form alleine ausgesprochen wird (d.h., nicht als Konstituente einer größeren Form), tritt sie in irgendeinem Satztypus auf. So ergibt im Englischen das Hinzutreten des sekundären Phonems [!] den Satztyp des Ausrufs, und die Verwendung eines Substantivausdrucks liefert uns den Typus eines Befehls (*John*!).

(2) Immer wenn zwei (oder seltener mehr) Formen zusammen als Konstituenten einer komplexen Form ausgesprochen werden, bilden die grammatischen Merkmale, durch die sie verbunden sind, eine Konstruktion. So bilden die grammatischen Merkmale, durch die *duke* und *-ess* zur Form *duchess* ‚Herzogin' verbunden werden, oder die grammatischen Merkmale, durch die *der arme John* und *lief davon* in der Form *der arme John lief davon* zusammengefügt werden, eine Konstruktion.

(3) Eine dritte große Klasse grammatischer Formen muss wahrscheinlich für jene Fälle angesetzt werden, bei denen eine Form als das übliche Substitut für irgendeine aus einer ganzen Klasse anderer Formen ausgesprochen wird. So muss das selektive Merkmal, durch das die Form *er* ein übliches Substitut für eine ganze Klasse anderer Formen ist, wie *John, armer John, ein Polizist, der Mann, den ich gestern sah, wer immer das getan hat* usw. (die auf Grund ebendieser Eigenschaft die Formklasse „männliche Substantivausdrücke im Singular" bilden), zweifellos als ein Beispiel für eine dritte Klasse grammatischer Formen angesehen werden, die wir als Substitute bezeichnen können.

Kapitel 10

Über die Struktur von Sprachen: SWEET, *Practical study*; SAUSSURE; SAPIR; HJELMSLEV; vgl. auch *Lg* 2.153 (1926). Das beste Beispiel einer deskriptiven Analyse bleiben die Arbeiten der altindischen Grammatiker zum Sanskrit, vgl. die Anmerkung zu Kapitel 1.6.

Zum Englischen: JESPERSEN, *Grammar; Philosophy*; KRUISINGA, *Handbook*; POUTSMA, *Grammar*. Zum Deutschen: CURME. Zum Französischen: BEYER – PASSY. Diverse Sprachen werden in BOAS und FINCK, *Haupttypen*, analysiert.

10.1. Das Sternchen vor einer Form wie in **cran* weist daraufhin, dass der Autor die Form weder selbst gehört noch in den Beobachtungen anderer bzw. in schriftlichen Quellen gefunden hat. Daher erscheint es einerseits sowohl vor Formen, die ein Autor als nicht existierend betrachtet (z.B. *ran John), sowie andererseits vor konstruierten Formen (z.B. vor *cran, dem postulierten freien Wort, das dem Kompositionsglied cran- in cranberry entspricht). Unter letzteren sind am wichtigsten frühere Sprachformen, die in unseren Schriftquellen nicht belegt sind, sondern vom Sprachwissenschaftler rekonstruiert wurden.[675]

Literatur (Bloomfield)

Beyer, F./Passy, P. (1893) Elementarbuch des gesprochenen Französisch. Cöthen
Boas, F. (1911) Handbook of American Indian Languages. Washington
Curme, G.O. (1922^2) A Grammar of the Modern German Language. New York
Finck, F.N. (1910) Die Haupttypen des Sprachbaus. Leipzig/Berlin
Hjelmslev, L. (1928) Principes de Grammaire générale. Copenhagen
Jespersen, O. (1924) The philosophy of grammar. London/New York
Kruisinga, E. (1931–32^4) A handbook of present-day English Groningen
Poutsma, H. (194–1926) A grammar of late modern English. Groningen
Sapir, E. (1921) Language. New York
Saussure, F. de (1922^2) Cours de Linguistique Générale. Paris
Sweet, H. (1900) The practical study of language. New York

Literatur (Kommentare der Herausgeber)

Gipper, H./Schwarz, H. (1962–1989) Bibliographisches Handbuch zur Sprachinhaltsforschung. Köln-Opladen
Leisi, E. (1971) Der Wortinhalt. Heidelberg
Luschützky, H. Chr. (2000) Morphem, Morph und Allomorph. In: Booij, G./Lehmann, Chr./Mugdan, J. (Hrsg.) Morphologie. Berlin/New York, 451–462
Spencer, A. (1991) Morphological Theory. Oxford
Weisgerber, L. (1929) Muttersprache und Geistesbildung. Göttingen

---

675 Die Konvention der Setzung eines Asterisk sowohl vor ungrammatische wie vor rekonstruierte Formen wird zwar von den meisten Linguisten gepflogen, ist aber insofern problematisch, als rekonstruierte Formen in der Regel nicht ungrammatisch sind (bzw. sein sollen). Ob eine Sprachform nicht bezeugt ist, weil sie nicht den Regeln eines bestimmten Sprachsystems folgt oder weil sie zufälligerweise nicht in schriftlicher Überlieferung erscheint, ist ein vom Standpunkt der linguistischen Methodik nicht ganz unbedeutender Unterschied. Um ihm Rechnung zu tragen, verwenden manche Linguisten den Asterisk ausschließlich für postulierte grammatisch korrekte Rekonstrukte, für *argumenti causa* postulierte ungrammatische Formen hingegen eine Crux (†), doch ist auch diese Vorgangsweise irreführend, weil ja *per definitionem* gerade die Rekonstrukte ausgestorben sind, während es sich bei den ungrammatischen Formen in der Regel um solche handelt, die gar nie ins Leben getreten sind bzw. nie hätten treten dürfen. Die Beurteilung dessen, was mit einem bestimmten metasprachlichen Symbol in einem konkreten Fall gemeint sein kann, bleibt daher, im Falle der Ermangelung expliziter Anweisungen des jeweiligen Autors, dem kontextsensitiven Interpretationsvermögen des Lesers überlassen.

Th. Vennemann / J. Jacobs

Sprache und Grammatik: Morphologie

3. Morphologie

Einige Aspekte der Morphologie sind in den vorangehenden Abschnitten bereits mitbehandelt worden. Wir können uns darum hier kurz fassen.

Nachdem die morphologische Beschreibung des Sanskrit am Ende des 18. Jh. in Europa bekannt wurde, wandte man die morphologische Analyse sehr bald auf zahlreiche Sprachen an, zunächst die idg. Sprachen, dann auch andere. Es entwickelte sich schnell ein Begriffsapparat, in dem Ansätze zu einer allgemeinen morphologischen Theorie zu erkennen sind und der dann auch zur Grundlage typologischer Spracheinteilungen wurde. So findet man schon 1822 bei W. von Humboldt (1963: 42f.) eine „Aufzählung der Mittel..., welche die Sprache [d.i. bei Humboldt die Gesamtheit der Sprachen der Welt] zur Bezeichnung dieser Formen [nämlich ‚der ächten grammatischen Formen'] besitzt":

[A] „Anfügung, oder Einschaltung bedeutsamer Silben, die sonst eigene Wörter ausgemacht haben, oder noch ausmachen,
[B] Anfügung, oder Einschaltung bedeutungsloser Buchstaben, oder Silben, bloss zum Zweck der Andeutung der grammatischen Verhältnisse,
[C] Umwandlung der Vocale durch Uebergang eines in den andren, oder durch Veränderung der Quantität, oder Betonung,
[D] Umänderung von Consonanten im Innern des Worts,
[E] Stellung der von einander abhängigen Wörter nach unveränderlichen Gesetzen,
[F] Silbenwiederholung."

Hierin erkennt man bereits fast alle Mittel des synthetischen Wortbaus, wie sie verstreut oder tabelliert in jeder Einführung oder Abhandlung zur Morphologie oder Typologie zu finden sind, z.B.[83]

„1. Komposition
2. Reduplikation
3. Affigierung
    Präfigierung

---

[83] Etwa Matthews 1974: Kap. 7, Bergenholtz und Mugdan 1979, Ineichen 1979; die folgende Übersicht aus Vennemann 1980c.

Infigierung
Suffigierung
4. Mutierung
Segmentwechsel
Vokalwechsel
Konsonantenwechsel
Akzentwechsel
Tonwechsel
5. Subtraktion."

Hier ist 1 in E enthalten (wenn man nämlich in E statt „Wörter" ‚Stämme' versteht); 2 ist F; 3 ist A in der Anwendung auf Derivation, B in der Anwendung auf Flexion; 4 umfaßt C und D; neu hinzugekommen ist nur 5.

Einige Erläuterungen und Beispiele, nach Möglichkeit aus dem Deutschen gewählt, sollen diese Begriffe verdeutlichen. Dabei verwenden wir eine prozeßmorphologische Sprechweise (s. u.), d. h., wir interpretieren die Begriffe als Namen für Verfahren zur Konstruktion von Stämmen und Wörtern aus Wurzeln (morphologisch nicht weiter zerlegbaren Elementen) bzw. aus anderen Stämmen und Wörtern. 1. Komposition ist die Erzeugung von Stämmen aus mindestens zwei anderen Stämmen: *Schönheit-s-preis, Schleswig-Holstein,-schwarz-weiß-rot*. 2. Reduplikation ist die totale oder partielle Verdoppelung eines Stammes, evtl. mit Veränderungen gemäß 3 und 4: *Pinke-pinke, Tingel-tangel, holter-di-polter;* lat. *pend-ō: pe-pend-ī* ‚(ich) hänge: habe gehangen', *cad-ō: ce-cid-ī* ‚(ich) falle: bin gefallen'. 3. Affigierung ist die Anfügung einer Sprachlautfolge (eines Affixes) vor (Präfigierung, Präfix), in (Infigierung, Infix) oder nach (Suffigierung, Suffix) einem Stamm: *fall-: be-fall;* lat. Wurzel *rup- (rūpī, ruptus)*, Präsensstamm *ru-m-p-* in *rump-ō* ‚(ich) zerbreche'; *komm-st, Schön-heit*. 4. Mutierung ist die Abwandlung von Stämmen (oder Affixen) durch Veränderung von Vokalen, Konsonanten, Akzenten oder Tönen (oft miteinander und mit 2 oder 3): *sing-: sang-; leid-: litt-; Dóktor: Doktóren,* Shona *mwàná ákàwúyá* ‚das Kind kam': *mwàná àkáwùyà* ‚das Kind, welches kam'(´Hochton, `Tiefton; vgl. Hyman 1975: 214). 5. Subtraktion ist die Erzeugung von Stämmen durch die Eliminierung von Teilen anderer Stämme: luxemburgisch *frənt: frən* ‚Freund(e)', *hɔnt: hɔn* ‚Hund(e)'.

Im einzelnen gilt für die morphologischen Begriffe, was auch über die phonologischen Begriffe und den Begriff des Wortes gesagt wurde, daß sie nämlich von der speziellen morphologischen Theorie abhängen, innerhalb deren sie gebraucht werden und die ihrerseits nur als Teil einer umfassenden Sprachsystemtheorie verstanden werden kann. Dies gilt insbesondere auch für den in der strukturalistischen Morphologie grundlegenden Begriff des Morphems, dem morphologischen Analogon des phonologischen Phonembegriffs. Ihm hat Bierwisch (1962) eine detaillierte Studie gewidmet. Er schreibt:

> „Eine Hauptschwäche vieler Morphemdefinitionen ist die Auffassung, daß das Morphem – und andere Grundeinheiten der Sprachwissenschaft – auf direktem Weg mit Hilfe von Begriffen aus der Lingua vernacula definiert werden kann. So etwa, wenn das Morphem als kleinste bedeutungstragende Einheit bestimmt wird. Solche Versuche, auch wenn sie sehr sorgfältig vorgenommen werden und nicht gänzlich unvermittelt auf der Alltagssprache aufbauen, zwingen zu zahlreichen ad-hoc-Entscheidungen und Notlösungen bei der Klassifikation von Beobachtungsdaten... Diese Schwierigkeiten sind nicht durch Änderungen oder Verfeinerungen der entsprechenden Definitionen zu überwinden, sondern nur dadurch, daß man alle Versuche aufgibt, Einheiten außerhalb einer zusammenhängenden Theorie zu definieren. Das Morphem muß als Einheit der Sprachtheorie aufgefaßt und innerhalb ihrer bestimmt werden" (51f.).

Einige Beispiele mögen das Problem verdeutlichen. Betrachten wir die folgenden abgekürzten Paradigmen.

Die Wörter mögen sämtlich maskuline nominativische Nomina im Singular bzw. Plural sein. Was könnten hier die Morpheme sein? Bei 1 bietet sich eine Antwort an, da es immerhin eine glatte Zerlegung des Plurals in einen Stamm

1	*Pfeil*	*Pfeile*
2	*Hund*	*Hunde*
3	*Bote*	*Boten*
4	*Grund*	*Gründe*
5	*Gaul*	*Gäule*
6	*Mund*	*Münder*
7	*Hammer*	*Hämmer*
8	*Bogen*	*Bögen*
9	*Hummer*	*Hummer*

Pfeil-, der mit dem Singular gleichlautet, und ein Suffix-*e* gibt.[84] Vielleicht haben wir hier also bereits zwei Morpheme dingfest gemacht, ein „Stammmorphem" und ein „grammatisches Morphem".

Schon bei 2 gibt es allerdings einen Schnörkel, denn wenn wir den Plural nach dem Muster von 1 in *Hund-* und *-e* zerlegen, so ist der Stamm *Hund-* [hund-] lautlich nicht mit dem Singular identisch, denn dieser lautet ja [hunt]. Haben wir hier also zwei Stammorpheme, [hund] und [hunt]? Vielleicht doch eher ein Stammorphem, z.B. [hund], mit zwei A l l o m o r p h e n , deren phonologische Form durch ihre Umgebung bestimmt ist.

---

[84] Gemeint ist hier und im folgenden immer die phonologische Entsprechung, auch wo nicht eigens transkribiert wird.

Der Plural in 3 zerlegt sich nach dem Muster von 1 (und 2) in *Bote-* und *-n*. Ist also *-n* ein zweites Pluralmorphem? Oder ist es neben *-e* ein zweites Allomorph eines einzigen Pluralmorphems? Was wäre dieses Pluralmorphem? Ein abstraktes Objekt neuer Art? Oder einfach die Menge aller Pluralallomorphe {*-i, -n, ...*}? Und würden hierzu auch die Pluralsuffixe bei anderem Genus gehören, z. B. das *-n* in *Dielen*? Vielleicht ist aber auch unsere Analyse falsch und *Bote* und *Boten* sind beziehentlich in *Bot-e* und *Bot-en* zu zerlegen – man denke an *Bot-schaft*. In diesem Fall hätten wir ein Singularmorphem (oder -allomorph) *-e* und ein Pluralmorphem (oder -allomorph) *-en*. Oder repräsentiert gar der Plural den Stamm? Es sind ja sieben der acht Formen des Paradigmas – darunter drei Singularformen! – mit der betrachteten Form lautgleich (und man denke auch an *Boten-lohn*, der ja auch schon einem Boten gebührt und nicht erst mehreren). In diesem Fall müßten wir den Singular aus dem Stamm durch Subtraktion von [n] gewinnen, so wie man im Luxemburgischen den Plural *hɔn* aus dem Singular (?) oder dem Stamm (?) *hɔnt* durch Subtraktion von [t] gewinnt. Und wäre dies dann auch ein Morphem, ein Subtraktionsmorphem, [n] → ø oder ähnlich? Oder ein Allomorph? Und welche der drei „Zerlegungen" ist richtig, indem wir doch für jede einen guten Grund angegeben haben? Wer entscheidet das für uns?

Betrachten wir nun 4. Das *-e* erkennen wir bereits. Aber seine Abtrennung läßt eine Form *Gründ-* zurück, die sich vom Singular nicht nur wie bei 2 hinsichtlich der Auslautverhärtung unterscheidet, sondern zudem durch einen Vokalwechsel. Ist dieses *ü* auch ein Pluralmorphem? Dann wäre *u* ein Singularmorphem. Oder haben wir hier eine neue Art von Morphem, ein Ersetzungsmorphem, *u → ü*? Und wenn ja, ist dann auch *au → äu* in 5 ein Ersetzungsmorphem? Oder sind sie bloß Manifestationen (vielleicht Allomorphe) eines Morphems V(V̱) → *Umlaut* o. ä? Und hätte dann *Gründe* zwei Pluralmorpheme bzw. -allomorphe, ebendieses und *-e*? Oder bilden die beiden zusammen ein einziges neues und neuartiges Morphem bzw. Allomorph, *u → ü* p l u s *-e*? Wäre dieses als Menge zu verstehen {*u → ü, -e*}, oder als ein anderes abstraktes Objekt höherer Art?

Bei 6 erkennen wir die Probleme bereits wieder. Der Vokalwechsel erscheint erneut, allerdings mit einem anderen Suffix. Dies verleiht ihm ein neuartiges Gewicht; vielleicht ist er doch eher ein eigenes Morphem oder Allomorph? Dafür sprächen auch 7 und 8 (übrigens wohl zugleich für den generellen Umlautwechsel); denn hier ist er der einzige Pluralanzeiger.

In 9 schließlich ist gar keine Zerlegung möglich. Ist das nun besonders einfach oder besonders problematisch? Ist (oder enthält) der Plural ein Morphem oder zwei? Wenn zwei, haben wir dann ein Nullsuffix? Oder einen Nullumlaut? Oder beides? Und ist dieses Element (-ø bzw. -ø- bzw. {-ø-, -ø}) ein eigenes Pluralmorphem oder nur ein weiteres Allomorph des Pluralmorphems?

Man möchte meinen, daß solche von jedermann leicht anzustellenden Betrachtungen – allein oder im Verein mit Bierwischs Erörterung – den Linguisten die Freude am Morphembegriff verdorben hätten. Dies ist jedoch nicht der Fall, wie fast jedes sprachliche und sprachwissenschaftliche Lehr- oder Unterrichtsbuch belegen kann.[85]

Man kann über Morphologie überhaupt nicht reden, ohne sich sofort in Widersprüche zu verwickeln, wenn man nicht von Anfang an die gesamte Sprachtheorie zumindest skizziert, in der die morphologische Theorie eine Teiltheorie sein soll. Immerhin lassen sich drei Typen morphologischer Theorien unterscheiden, denen sich jede morphologische Theorie zuordnen läßt. Diese heißen seit Hockett 1954 K o m b i n a t i o s m o r p h o l o g i e *(item and arrangement model)*, P r o z e ß m o r p h o l o g i e *(item and process model)* und P a r a d i g m e n m o r p h o l o g i e *(word and paradigm model)*.

Die Strukturalisten akzeptierten nur jeweils eins der erstgenannten beiden Modelle, weswegen Hocketts Aufsatz denn auch „Zwei Modelle für die grammatische Beschreibung" überschrieben ist. Die K o m b i n a t i o n s m o r p h o l o g i e stellt sich das Ziel, für jede gegebene Sprache die Morpheme und ihre sämtlichen Allomorphe festzustellen und Regeln für die Kombinierbarkeit der Allomorphe aufzustellen. So hätte in diesem Ansatz das engl. Präteritummorphem u. a. die Allomorphe /-əd/, /-d/ und /-t/. Ihre Kombinierbarkeit mit Stammorphemen bzw. -allomorphen wird in einer Regel von der Art der im vorigen Abschnitt aufgestellten festgehalten. Probleme hat dieses Modell vor allem mit Mutierungen und Subtraktionen, wie unsere obige Betrachtung gezeigt hat.

Die P r o z e ß m o r p h o l o g i e leitet die komplexen Formen aus einfachen Formen (Wurzeln) und abstrakten Markierungen ab. Sie hat es besonders leicht gerade dort, wo es die Kombinationsmorphologie besonders schwer hat, nämlich bei Mutierungen und Subtraktionen. Z. B. ist für sie /teyk/ + Prät → /tʊk/ nicht problematischer als /dīlayt/ + *Prät* → /dīlayt d/, und die Pluralisierung der luxemburgischen Stämme auf [nt] kommt auch gut weg: /Xnt/ + *Plur* → /Xn/. Probleme gibt es allerdings auch. Was wird z.B. aus /brʌðr/ + *Plur*? Die Kombinationsmorphologie kann sagen, daß das Allomorph /brɛðr/ von /brʌðr/ und das Allomorph / n/ des Pluralmorphems kombinierbar seien, u.dgl. /brʌðr/ und /z/. Aber was schreibt die Prozeßmorphologie rechts des Pfeils?

Die Transformationsgrammatik kombiniert beide Modelle. Eine prozeßmorphologische Behandlung der Derivation hat im großen und ganzen wenig Sinn, wie in Chomsky 1970 gezeigt wurde, da z. B. von einem abstrakten Nominalisierungsmorphem *Nom* fast für jeden Verbalstamm separat angegeben werden

---

85 Wir können hier keine solche Analysen durchführen, empfehlen aber als Beispiel die Abschnitte II.4, II.5, III.13 und III.14 in Band 1 des *Funkkollegs Sprache,* wo der Morphembegriff ganz ernsthaft definiert und verwendet wird.

müßte, in welches Allomorph es umzuschreiben ist; z.B. /rɪfyuz/ + *Nom* →
/rɪfyuz + ɪl/, /dīsayd + *Nom* → / dīsayd + iVn/, /lɪNk/ + *Nom* → lɪNk + ij̃ usw.
Da kann man gerade so gut die möglichen Morphem- bzw. Allomorphkombinationen im Lexikon aufführen. Hingegen machte man sich bei der Behandlung der Flexion die Vorteile der Prozeßmorphologie zunutze, wie bereits im vorigen Abschnitt deutlich wurde. Auf diese Weise erzielte dieser Ansatz zugleich eine interessante Rekonstruktion der traditionellen Unterscheidung zwischen Derivation und Flexion.[86]

Die Paradigmenmorphologie geht nicht von Morphemen aus, sondern vom Wort. Für sie ist das Wort der Gegenstand, auf den sich alle morphologischen Beschreibungen beziehen. Insofern ist sie nur sinnvoll im Rahmen von Sprachsystemtheorien, in denen der Begriff des Wortes eine Rolle spielt – und das sind nach dem in I.1 Gesagten nicht alle. Es sind aber – mit der singulären Ausnahme der aus pädagogischen Bedürfnissen erwachsenen Prozeßgrammatik Pāṇinis – alle traditionellen Theorien bis zum Beginn des Strukturalismus im 20. Jh. Für sie ist der natürliche Bezugsrahmen für die Explikation morphologischer Regularitäten die Paradigmenmorphologie, „die älter und ehrwürdiger als die beiden [anderen Modelle] ist..., der traditionelle Diskussionsrahmen des Latein, Griechisch, Sanskrit und einer ganzen Reihe bekannter moderner Sprachen" (Hockett in Bense et al. 1976: 303). Dabei ging es in der traditionellen Grammatik nicht, wie später so oft bei den Strukturalisten, nur um Fragen der deskriptiven Konvenienz, sondern es spielte durchaus auch der Gedanke der Verträglichkeit von Sprachsystembeschreibungen mit Hypothesen über die Sprechtätigkeit selbst eine Rolle, das in I.2 kurz behandelte Problem der „psychologischen Realität". Das kann man nicht nur aus der Praxis der Linguisten erschließen, sondern auch mit ausdrücklichen Stellungnahmen belegen, z. B.:

> „Die sprache, oder besser der sprechende operirt ja nicht mit wurzeln und suffixen, die er erst im fall des bedarfs nach gewissen phonetischen regeln zusammensetzt, sondern mit fertigen wörtern, die er durch hörensagen gelernt hat oder vorliegenden mustern unbewußt nachformt" (Bartholomae 1882; 5).

In jüngerer Zeit ist eine Wiederbesinnung auf die Paradigmenmorphologie festzustellen. Wir können diese hier nicht dokumentieren.[87] Statt dessen wol-

---

[86] Die transformationalistische Morphologie ist hier offenbar sehr reliefartig dargestellt. Genaueres, auch Kritisches, findet man z. B. in Matthews 1974: Kap. 12 und Juilland 1978. Eine neuere ausführliche Arbeit im Rahmen dieser Schule ist Aronoff 1976.
[87] Wir verweisen auf die ausführliche Diskussion in Matthews 1972: Kap. 7 und 9 sowie auf Matthews 1974: Kap. 8 und die dort angegebene Literatur.

len wir an einigen Beispielen zeigen, daß man sehr wohl Morphologie betreiben kann, ohne den Begriff des Morphems überhaupt zu verwenden, insbesondere also ohne das Wort aus Morphemen aufzubauen oder auch nur in Morpheme zu zerlegen.[88]

Kehren wir noch einmal zu den in Abschnitt 2 besprochenen regulären engl. Nominalpluralen zurück. Betrachten wir irgendeine der Pluralformen, z. B. *heaps*. Diese ist in einer Paradigmenmorphologie eine Einheit, eben ein Wort. Diese Einheit ist aber natürlich analysierbar, u.zw. sowohl intern als auch extern. In tern ist zunächst festzustellen, daß zu diesem Wort eine Lautgestalt gehört, [hi̭ps], und eine Menge von Informationen, die es dem Sprecher ermöglichen, das Wort syntaktisch, semantisch und pragmatisch richtig zu gebrauchen, sagen wir ‚heaps'; zu dieser Information gehört sicherlich, daß es sich um ein pluralisches Nomen handelt. Entsprechend können wir jedes Wort λ als ein Paar <φ, c> auffassen, wo φ die phonologische Form von λ und c die konzeptuelle Form von λ ist, worunter eben alle nichtphonologische Information zu λ zu verstehen ist; im Beispiel wäre also *heaps* <[hi̭ps], ‚heaps'>. Extern ist festzustellen, daß das Wort *heaps* in einer regulären Beziehung zu einem anderen Wort steht, nämlich *heap*, das sich von ihm konzeptuell nur dadurch unterscheidet, daß ‚heap' singularisch ist.[89]

Damit ergibt sich folgendes Analysediagramm:

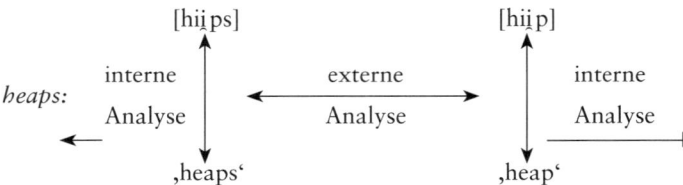

Hiermit ist es möglich, verschiedene Aspekte der phonologischen Form von *heaps* auf die konzeptuelle Form von *heaps* zu beziehen, insbesondere das Vorkommen des Sprachlauts [s] am Ende auf das konzeptuelle Element der Pluralität. Durch entsprechende Analysen anderer Nominalparadigmen dieser Art gelangt man dann zu der folgenden Regel:

Seien λ_1 und λ_2 zwei Wörter, seien φ_1 und φ_2 die phonologischen Formen von λ_1 bzw. λ_2, seien c_1 und c_2 die konzeptuellen Formen von λ_1 bzw. λ_2, und seien A_1 und A_2 die Sprachlautketten in φ_1 bzw. φ_2.[90]

---

88 Die folgende Besprechung orientiert sich an Vennemann 1974, 1979b.
89 Diese Information folgt nicht bereits aus der internen, denn es gibt ja Pluralia tantum, z.B. lat. *insidiae* 'Hinterhalt', engl. *trousers* 'Hose', dt. *Trümmer*.
90 Zur phonologischen Form eines Wortes gehört mehr als die Kette der Sprachlaute, nämlich auch eine Silbenstruktur, eine Akzentuierung und eine Tonstruktur, wie in I.2 erläutert. Die letzteren spielen aber in der obigen Regel keine Rolle.

λ_2 ist genau dann regulärer Plural zu λ_1 (und λ_1 regulärer Singular zu λ_2), wenn gilt:

I. c_1 und c_2 charakterisieren λ_1 bzw. λ_2 als Nomina und unterscheiden sich nur darin, daß sie λ_1 und λ_2 als singularisch bzw. pluralisch charakterisieren, und

II. es gibt Sprachlautketten B, C und D mit den folgenden Eigenschaften:
  1. $A_1 = BC$,
  2. $A_2 = BCD$ [$= A_1 D$],
  3. C ist ein einzelner Sprachlaut, und
  4. entweder
     a. C ist ein Zischlaut und $D = \textipa{@}z$,
     oder
     b. C ist kein Zischlaut und D ist ein mit C stimmtongleicher alveolarer Zischlaut.

Beispiele: In *heap/heaps* ist B = hi$\underset{\:}{\text{i}}$, C = p, D = s, also A_1 = hi$\underset{\:}{\text{i}}$p, A_2 = hi$\underset{\:}{\text{i}}$ps; in *rib/ribs* ist B = rɪ, C = b, D = z, also A_1 = rɪb, A_2 = rɪbz; in *kiss/kisses* ist B = kɪ, C = s, D = əz, also A_1 = kɪs, A_2 = kɪsəz.

Man erkennt gleich, wie man aufgrund solcher Regeln Begriffe wie Stamm, Wurzel, Suffix usw. definieren kann; wir wollen darum hier auf die Ausführung verzichten.[91] Man erkennt ferner, daß Reduplikationen, Mutierungen, Subtraktionen sowie Verbindungen dieser Typen im Prinzip nicht anders zu beschreiben sind als Affigierungen. Kombinationen und Prozesse kommen eben in einer Paradigmenmorphologie überhaupt nicht vor. Ein abschließendes Beispiel aus dem Deutschen mag dies verdeutlichen; wir wählen die pluralischen Nomina auf *-er* [r] wie *Mund/Münder*, *Ei/Eier* usw.

Seien λ_1 und λ_2 zwei Wörter, seien φ_1 und φ_2 die phonologischen Formen von λ_1 bzw. λ_2, seien c_1 und c_2 die konzeptuellen Formen von λ_1 bzw. λ_2, und seien A_1 und A_2 die Sprachlautketten in φ_1 bzw. φ_2.

λ_2 ist genau dann ein *-er*-Plural zu λ_1, wenn gilt:

I. c_1 und c_2 charakterisieren λ_1 bzw. λ_2 als (nichtfeminine) Nomina und unterscheiden sich nur darin, daß sie λ_1 und λ_2 als singularisch bzw. pluralisch charakterisieren, und

II. es gibt Sprachlautketten B, C_1, C_2, D, E_1, E_2, F mit den folgenden Eigenschaften:
  1. $A_1 = BC_1DE_1$,
  2. $A_2 = BC_2DE_2F$,
  3. C ist ein Vokal oder Diphthong,

---

91 Man beachte übrigens im obigen Beispiel die explizite Bezugnahme auf die Form des Singulars. Es richtet sich nämlich die Gestalt des Siffixes nicht nach dem vorhergehenden Sprachlaut, sondern nach dem letzten Sprachlaut des Singulars; das erkennt man an Ausprägungen des Englischen, in denen die regulären Plurale zu *test* [tɛst] und *print* [prɪnt] *tests* [tɛs] (nicht *[tɛsəz] oder *[tɛz]) bzw. [prɪns] (nicht *[prɪnz]) sind. Diese Beispiele unterstreichen noch einmal, daß die obige Regel eine morphologische und keine phonologische Regel ist.

4. C_2 ist gleich C_1, falls C_1 nicht ein hinterer Vokal oder der Diphthong a̯u ist, sonst die Umlautentsprechung zu C_1,

5. E_2 ist ein stimmhafter Obstruent und E_1 seine stimmlose Entsprechung, oder sonst $E_1 = E_2$,

und

6. $F = r$, und es ist in φ_2 zum Ausdruck gebracht, daß dieses r-Vorkommnis silbisch ist.

Beispiele: Bei *Mund/Münder* ist $B = m$, $C_1 = \upsilon$, $C_2 = \ddot{u}$, $D = n$, $E_1 = t$, $E_2 = d$, also $A_1 = $ munt, $A_2 = $ mündr: Bei *Ei/Eier* ist $B = D = E_1 = E_2 = \varnothing$, $C_1 = C_2 = $ a̯i, also $A_1 = $ a̯i, $A_2 = $ a̯ir.

Die obigen Formulierungen morphologischer Regularitäten machen zugleich deutlich, was im Rahmen einer reinen Paradigmenmorphologie eine morphologische Regel ist: die Konstatierung eines systematischen Zusammenhangs zwischen den konzeptuellen Formen und den phonologischen Formen von Wörtern ohne Bezugnahme auf die syntaktische Umgebung. (Letztere würde die Regel zu einer Sandhi-Regel machen.) Man erkennt zugleich, daß bei dieser Konzeption eine morphologische Theorie zumindest sowohl eine phonologische Theorie als auch eine syntaktische Theorie voraussetzt, letztere wenigstens insoweit, als sie die Kategorien festlegt, auf die in morphologischen Regeln Bezug genommen wird. Mit weiteren Beispielen, etwa aus der Diminution im Deutschen oder der Bildung der Höflichkeitsformen im Japanischen, ließe sich zeigen, daß eine morphologische Theorie auch eine semantische und eine pragmatische Theorie voraussetzt. Schließlich wird auch deutlich, daß diese anderen Theorien ihrerseits eine morphologische Theorie nicht voraussetzen.

Rückblickend können wir feststellen, daß die Entwicklungen der Disziplinen Phonologie und Morphologie, falls wir sie in ihrer Tendenz richtig beurteilen, konvergieren: Wie in der Zeit vor dem Strukturalismus und Transformationalismus werden wieder Sprachsystemtheorien angestrebt, in denen das Wort der Ausgangspunkt für die Formulierung von Regeln ist. Diese Entwicklungen konvergieren noch ein weiteres Mal, nämlich mit Entwicklungen in der Syntax: Sowohl die syntaktische Theorie Liebs (1974/76, 1977b) als auch bestimmte kategorialsyntaktische Theorien, z.B. die von Hausser (1980), betrachten, etwas vereinfacht ausgedrückt, das Wort als Atom der Syntax, wie dies in der traditionellen Syntax seit Aristoteles der Fall war. (Vgl. ferner II.1.)

Literatur

Aronoff, M. (1976), Word formation in generative grammar, Cambridge: Mass.
Bergenholtz, H. und J. Mugdan (1979), Einführung in die Morphologie, Stuttgart.
Bense, E., P. Eisenberg und H. Haberland (Hrsg.) (1976), Beschreibungsmethoden des amerikanischen Strukturalismus, München.
Bierwisch, M. (1962), Über den theoretischen Status des Morphems, In: Studia Grammatica I. 51–89.
Chomsky, N. (1970), Remarks on nominalization, In: Jacobs und Rosenbaum 1970, 184–221.
Funkkolleg Sprache: eine Einführung in die moderne Linguistik, 2 Bände, Frankfurt 1973.
Hausser, R. (1980), Surface compositional semantics, chapter I: Methodological deliberations. MS, Universität München, Institut für Deutsche Philologie.
Hockett, Ch. F. (1954), Two models of grammatical description. In: Word 10. 210–231. [...] dt. in Bense et al. 1976, 303–331.
Humboldt, W. von (1963), Werke in fünf Bänden, hrsg. von A. Flitner und K. Giel, Bd. 3: Schriften zur Sprachphilosophie, Darmstadt.
Ineichen, G. (1979), Allgemeine Sprachtypologie: Ansätze und Methoden, Darmstadt.
Jacobs, R. A. und P. S. Rosenbaum (Hrsg.) (1970), Readings in English Transformational Grammar, Waltham: Mass.
Juilland, A. (1978), In defense of structuralism: Transformational and structural morphology: About two rival approaches to the Rumanian verb system, Saratoga: Calif.
Lieb, H.-H. (1974/76), Grammars as theories: The case for axiomatic grammar. In: Theoretical Linguistics 1, 39–115; 3, 1–98.
Lieb, H.-H. (1977b), Outline of integrational linguistics (= Linguistische Arbeiten und Berichte, 9.) Berlin: Freie Universität, Fachbereich Germanistik.
Matthews, P. H. (1972), Inflectional Morphology: A theoretical study based on aspects of Latin verb conjugation, Cambridge.
Matthews, P. H. (1974), Morphology: an introduction to the theory of word-structure, Cambridge.
Vennemann, Th. (1974), Words and syllables in Natural Generative Grammar, In: A. Bruck et al. (Hrsg.), Papers from the Parasession on Natural Phonology, Chicago Linguistic Society, Chicago, 346–634.
Vennemann, Th. (1979b), An outline of universal phonology. MS, Universität München, Institut für Deutsche Philologie.
Vennemann, Th. (1980c), Isolation – Agglutination – Flexion? Zur Stimmigkeit typologischer Parameter. MS, Universität München, Institut für Deutsche Philologie.

E. Sapir
Die Sprache: Form und Sprache

[...]

Im folgenden wollen wir nun in mehr systematischer Form eine kurze Darstellung der verschiedenen grammatischen Kategorien geben, wie sie die Sprachforschung bisher zutage gefördert hat. Diese Kategorien lassen sich in die folgenden sechs Haupttypen einteilen: Wortstellung; Wortzusammensetzung; Gebrauch von Affixen, d.h. von Präfixen, Suffixen und Infixen; interne Veränderungen des Wurzelelements oder des grammatischen Elements, gleichgültig ob es sich um Vokale oder Konsonanten handelt; Reduplikation; schließlich Tonunterschiede sowohl dynamischer Art (Betonung) als auch melodischer Art (Tonhöhe). Es existieren außerdem Formkategorien, bei denen die Quantität der entscheidende Faktor ist, wie z.B. die Dehnung oder Verkürzung von Vokalen oder die Verdoppelung von Konsonanten. Doch kann man diese letzteren als Unterarten der Kategorie der internen Lautveränderung betrachten. Es ist möglich, daß es noch weitere Typen gibt, doch kaum von solcher Bedeutung, daß sie der Erwähnung in einer allgemeinen Übersicht wert wären. Bei alledem dürfen wir nun aber nicht vergessen, daß ein sprachliches Phänomen erst dann als eine Illustration einer grammatischen Kategorie angesehen werden kann, wenn ihm funktionelle Bedeutung zukommt. So ist z.B. im Englischen der Unterschied in den Auslauten der Wörter *books* und *bags* (stimmloses *s* im ersteren Fall, stimmhaftes im letzteren) ohne jede funktionelle Bedeutung. Es handelt sich hier um eine rein äußerliche mechanische Anpassung an den vorhergehenden Konsonanten: stimmlos (*k*) in *books*, stimmhaft (*g*) in *bags*. Objektiv betrachtet finden wir genau den gleichen Unterschied zwischen stimmlosem und stimmhaftem *s* in dem Substantiv *house* einerseits und dem Verb *to house* andererseits. In diesem Fall hat jedoch der Unterschied eine bedeutsame grammatische Funktion, da das stimmhafte *s* das Substantiv in ein Verbum verwandelt. Daher sind diese beiden Fälle psychologisch ganz verschieden zu werten. Nur im letzteren Fall kann die Änderung des Konsonanten als ein Beispiel für eine echte grammatische Kategorie angesehen werden.

Die einfachste, oder wenigstens die wirtschaftlichste Methode, einen grammatischen Begriff auszudrücken, besteht darin, zwei oder mehr Wörter in bestimmter Folge aneinanderzureihen, ohne dabei den Versuch zu machen,

Die Sprache: Form und Sprache 523

durch Formzusätze einen Zusammenhang zwischen ihnen herzustellen. Nehmen wir als ein Beisiel zwei beliebige englische Wörter: *sing praise* (auf deutsch etwa: *sing' Lob*). Daraus läßt sich weder ein fertiger, abgerundeter Gedanke ablesen, noch läßt sich klar erkennen, wie die Wörter zusammenhängen. Trotzdem wird man beim Lesen oder Hören der beiden Wörter unfehlbar dem Zwang unterliegen, zwischen ihnen einen Zusammenhang herzustellen oder ihnen irgendeinen Sinn beizulegen. Ein solcher Versuch wird kaum zu einem befriedigenden Ergebnis führen; worauf es uns hier ankommt, ist jedoch die Feststellung, daß der menschliche Verstand, sobald er mit zwei oder mehr sich unmittelbar folgenden Wurzelelementen konfrontiert wird, das Bedürfnis fühlt, zwischen ihnen irgendeine Verbindung herzustellen. Im Fall von *sing praise* werden verschiedene Individuen dabei zu einem verschiedenen Ergebnis kommen. Einige der latenten Möglichkeiten der Auslegung dieser Wortfolge würden in gangbarem Englisch so lauten: *sing praise (to him)* („singe (sein) Lob"); oder: *singing praise, praise be expressed in a song* („Lobsingen", „gesungenes Lob") oder: *to sing and praise* („singen und preisen"); oder: *one who sings a song of praise* („einer, der ein Loblied singt", „ein Lobsingender" – (man denke hierbei an englische Wortzusammensetzungen wie *killjoy*, wörtlich „Tötespaß", d.h. Spaßverderber, vgl. das deutsche: *Störenfried*); oder: *he sings a song of praise (to him)* („er singt (ihm) ein Loblied"). Es gibt theoretisch zahllose Möglichkeiten, aus diesen Wörtern einen Begriff, der einen Sinn ergibt, oder sogar einen abgerundeten Gedanken herauszuholen. Im Englischen – wie im Deutschen – wird solchen Versuchen kein voller Erfolg beschieden sein, doch gibt es zahlreiche Sprachen, bei denen die eine oder andere Methode einer derartigen Auslegung gang und gäbe ist. Es kommt ausschließlich auf den Genius der einzelnen Sprache an, welche Funktion in ihr einer gegebenen Wortfolge zukommt.

In einigen Sprachen, wie etwa im Lateinischen, werden so gut wie alle Beziehungen durch Veränderungen innerhalb des Wortkörpers selbst ausgedrückt. In solchen Sprachen wird die Wortstellung gewöhnlich rhetorischen und nicht im eigentlichen Sinn grammatischen Zwecken dienen. Es macht im Lateinischen wenig aus, ob ich sage *hominem femina videt* oder *femina hominem videt* oder *videt femina hominem*, der Unterschied hat höchstens rhetorische oder stilistische Bedeutung. Alle diese Sätze haben den gleichen Gedankeninhalt, nämlich *die Frau sieht den Mann*[1]. Im Chinook, der Sprache eines am Kolumbia-Fluß ansässigen Indianerstammes, besteht die gleiche

---

1 Im Deutschen, das ja im Gebrauch von Formveränderungen dem Lateinischen näherstäht als das Englische, kann das natürlich auch als *den Mann sieht die Frau* ausgedrückt werden. (Übers.)

Freiheit in der Wahl der Wortstellung, da hier die Beziehung zwischen dem Verb und den beiden Substantiven gleichfalls durch die Wortform bestimmt wird. Der Unterschied zwischen den beiden Sprachen besteht darin, daß das Lateinische es den Substantiven überläßt, ihre Beziehungen untereinander und mit dem Verbum zu regeln, während Chinook das Verbum die ganze Arbeit tun läßt; den Bedeutungsinhalt eines solchen Chinook-Verbums könnte man ungefähr mit *sie-ihn-sieht* wiedergeben. Denkt man die lateinischen Kasusendungen (*-a* und *-em*) und die Chinook Pronominalvorsilben (*sie-ihn-*) weg, dann wird es sofort deutlich, daß die Wortstellung nicht länger als etwas Nebensächliches behandelt werden kann. Es wird dann nötig werden, sparsamer mit den vorhandenen Mitteln umzugehen, anders ausgedrückt, die Wortstellung wird nun funktionelle Bedeutung annehmen müssen. Lateinisch und Chinook stehen an einem Ende der Stufenleiter. Am anderen Ende finden wir Sprachen wie Chinesisch, Siamesisch und Anamitisch, bei denen jedes einzelne Wort, wenn es richtig funktionieren soll, an seinem ganz bestimmten Platz stehen muß. Die große Mehrheit der Sprachen liegt jedoch in der Mitte zwischen diesen Extremen. Im Englischen wird es z. B. wenig ausmachen, ob ich sage *yesterday the man saw the dog* („gestern sah der Mann den Hund") oder *the man saw the dog yesterday* („der Mann sah den Hund gestern"); aber es ist gar nicht gleichgültig, ob ich sage: *yesterday the man saw the dog* („gestern sah der Mann den Hund") oder aber *yesterday the dog saw the man* („gestern sah der Hund den Mann"), und gleichfalls nicht, ob ich sage: *he is here* („er ist hier") oder: *is he here?* („ist er hier?"). Bei dem ersten Paar dieser Beispiele ist es im Englischen einzig und allein die Stellung bestimmter Wörter, die den Unterschied zwischen Subjekt und Objekt und damit den wesentlichen Sinn des Satzes bestimmt; bei dem zweiten Beispielspaar bezeichnet ein ganz geringer Unterschied in der Wortfolge den wichtigen Unterschied zwischen Behauptung und Frage. Hier wird es deutlich, daß in solchen Fällen die englische Methode der Wortstellung als sinnunterscheidendes Ausdrucksmittel dieselbe Rolle spielt, die im Lateinischen den Kasusendungen und Fragepartikeln zukommt. Das Bestimmende dabei ist keineswegs ein Mangel an Ausdrucksmitteln, sondern der wirtschaftliche Gebrauch von Formen.

Wir hatten bereits Gelegenheit, einige Erscheinungen zu beobachten, die in die Kategorie der Wortzusammensetzung gehören, d. h. derjenigen Methode, durch die ein oder mehrere Wurzelelemente zu einem einzigen Wort vereinigt werden. In einem psychologischen Sinn ist diese Kategorie derjenigen der Wortstellung nahe verwandt, insofern nämlich, daß in beiden Fällen die Beziehung zwischen den Elementen nur angedeutet und nicht deutlich ausgedrückt wird. Der Unterschied von dem bloßen Nebeneinanderstehen von Wörtern im Satz besteht darin, daß die verbundenen Elemente als Teile eines einheitlichen Wortganzen empfunden werden. Sprachen wie Chinesisch und Englisch, bei denen das Prinzip einer streng geregelten Wortfolge herrscht, neigen nicht selten auch dazu, der Wortzusammensetzung einen wichtigen Platz einzuräumen. Es ist nur ein Schritt von einer normalen chinesischen Wortfolge wie *jin tak*, „Mensch Tugend", d. h. „Tugend der Menschen" zu anderen Wortfolgen, die gewohnheitsmäßig als einheitliche Wörter anerkannt und als solche empfunden werden, wie *t'ien tsz* „Himmel Sohn", „Sohn des Himmels", d. h. „Kaiser", oder *schui fa*, „Wasser Mann", d. h. „Wasserträger". Dies letztere können wir ganz ruhig als einheitliches Wort *schui-fa* niederschreiben, entfernt sich doch die Bedeutung des zusammengesetzten Wortes als ganzes ebensoweit von der ursprünglichen Bedeutung seiner beiden Bestandteile wie das bei dem englischen Wort *typewriter* – verglichen mit seinen Bestandteilen *type* und *writer* – oder beim deutschen *Bahnhof* – verglichen mit seinen Bestandteilen *Bahn* und *Hof* – der Fall ist. Im Englischen wie im Deutschen wird in solchen Fällen die Einheit des Wortes noch dadurch besonders gesichert, daß die erste Silbe den Hauptakzent erhält und daß Endungen, wie z. B. das Pluralsuffix (-*s* im Englischen, -*e* im Deutschen) an das Wort als Ganzes angehängt werden. Auch das Chinesische benützt bei seinen zusammengesetzten Wörtern den Akzent als Bindemittel. Obzwar also zusammengesetzte Wörter ihren Ursprung in typischen Wortfolgen innerhalb des Satzes zu haben scheinen, stellen sie heute doch gewöhnlich eine selbständige Methode im Dienste des Ausdrucks bestimmter Beziehungen dar. Die Wortstellung des Französischen ist genau so strikt wie die des Englischen, trotzdem besitzt das Französische bei weitem nicht die Fähigkeit des Englischen zur Bildung zusammengesetzter Wörter. Andererseits hat das Altgriechische trotz seiner weitgehenden Freiheit im Arrangement von Wörtern innerhalb des Satzes eine starke Vorliebe für die Bildung zusammengesetzter Ausdrücke.

Es ist nun interessant zu beobachten, in welch verschiedenem Grade die einzelnen Sprachen dazu in der Lage sind, die Methode der Wortzusammensetzung auszunützen. Man sollte glauben, daß der einfache Prozeß, der zur Bildung von Wörtern wie *typewriter* und *Bahnhof* führt, den Grammatiken aller Sprachen angehöre. Das ist aber keineswegs der Fall. Es gibt eine große Menge von Sprachen, wie z. B. Eskimo, Nutka und – von ganz geringfügigen Ausnahmen abgesehen – die semitischen Sprachen, bei denen eine Zusammenziehung von Wurzelelementen unmöglich ist. Das ist um so merkwürdiger, als vielen dieser Sprachen komplizierte Wortbildungen keineswegs fremd sind, ja sie sogar zu Synthesen fähig sind, die weit über alles hinausgehen, was im Griechischen oder im Sanskrit möglich ist. Von einem Nutkawort wie

„als er, wie man hört, vier Tage lang fort gewesen war", würde man erwarten, daß es aus mindestens drei Wurzelelementen zusammengesetzt sei, entsprechend den drei Begriffen „fort", „vier" und „Tag". Tatsächlich aber sind Nutkawörter der Zusammensetzung in unserem Sinn ganz und gar unfähig. Sie bestehen in allen Fällen aus einem einzigen Wurzelelement und einer größeren oder kleineren Anzahl von Suffixen, von denen einige eine ebenso konkrete Bedeutung besitzen wie das Wurzelelement selbst. In dem oben angeführten Beispiel gibt das Wurzelelement die Idee „vier" wieder, während die Begriffe „Tag" und „fort" durch Suffixe ausgedrückt werden, die mit dem Wurzelkern des Wortes ebenso fest verbunden sind, wie etwa das englische – oder deutsche – Suffix *-er* mit der Wurzel *work – Arbeit –* in den Wörtern *worker* oder *Arbeiter*. Die Tendenz zu Wortsynthesen ist also keineswegs identisch mit der Tendenz zur Zusammensetzung von Wurzelelementen, obwohl diese letztere nicht selten ein geeignetes Objekt darbietet, an dem sich die Tendenz zur Synthese auswirken kann.

Es gibt eine verwirrende Vielzahl unterschiedlicher Typen der Wortzusammensetzung. Diese Typen wechseln je nach der Funktion, der Art der verbundenen Elemente und der Reihenfolge dieser letzteren. In sehr vielen Sprachen hat die Wortzusammensetzung lediglich eine „Bestimmungsfunktion", d. h. hier wird eines der zwei oder mehreren verbundenen Elemente durch die anderen in seiner Bedeutung näher bestimmt, ohne daß dabei der Satzbau in Mitleidenschaft gezogen wird. Im Englischen und im Deutschen z. B. bilden solche Elemente wie *white – weiß –* in *whitefish – Weißfisch –* oder *over – über –* in *overlook – übersehen –* lediglich eine nähere Bestimmung bzw. Einschränkung des jeweils grundlegenden *fish – Fisch* oder *look – sehen*, im übrigen haben sie keinerlei Anteil an der im Satz enthaltenen Aussage. In einigen Sprachen jedoch, wie in Irokesisch oder Nahuatl[1], hat die Methode der Wortzusammensetzung weit wichtigere Aufgaben zu erfüllen. Im Irokesischen dient die Zusammensetzung der Wurzelform eines Substantivs mit einem folgenden Verbum zur Darstellung von Kasusbeziehungen, insbesondere des Subjekts oder Objekts. *Ich-Fleisch-essen* z. B. ist die normale Methode des Irokesischen zum Ausdruck des Satzes *ich esse Fleisch*. In anderen Sprachen kommt es vor, daß ähnliche Formen die Funktion eines Lokativs oder Instrumentalis erfüllen. Auch solche Bildungen wie englisch *killjoy* („Freudetöter" = „Spaßverderber") und *marplot* („Planverderber") oder deutsch *Störenfried, Singvogel, Gehbahn* bieten Beispiele für die Zusammen-

---

[1] Irokesisch ist die Sprache einer nordamerikanischen Indianerstammesgruppe, Nahuatl ist die Sprache der Azteken, die noch heute in vielen Gegenden Mexikos gesprochen wird.

setzung von Substantiven mit Verben, doch hat hier das zusammengesetzte Wort keinerlei Verbalfunktion, es funktioniert ausschließlich als Substantiv. Man kann nicht sagen *he marplots* oder *er störenfriedet*. Manche Sprachen gestatten die Zusammenziehung in ein Wort von allen oder doch fast allen Arten von Elementen. Paiute z. B. kann Substantive durch Zusammenziehung von mehreren Substantiven, von Substantiven mit Adjektiven und von Substantiven mit Verben herstellen, es kann auch Verben aus der Verbindung von Substantiven mit Verben machen, und es kann Wörter aus Adverbien und Verben und aus verschiedenen Verben zusammensetzen. Yana, die Sprache einer in Kalifornien beheimateten Indianerstammesgruppe, kann Substantive mit anderen Substantiven und Verben mit Substantiven ohne weiteres in ein Wort zusammenziehen, nicht aber Verben und andere Verben. Andererseits kann das Irokesische nur Substantive mit Verben verbinden, aber nicht, wie das im Englischen und Deutschen möglich ist, Substantive mit anderen Substantiven und ebenfalls nicht Verben mit anderen Verben, eine in vielen Sprachen übliche Prozedur. Schließlich folgt in jeder Sprache die Reihenfolge der zu einem Wort verbundenen Elemente besonderen Regeln. Im Englischen und im Deutschen steht das bestimmende Element gewöhnlich am Anfang, in gewissen anderen Sprachen steht es am Ende. Hin und wieder kommen beide Arten der Zusammensetzung in derselben Sprache vor. In Yana heißt „Rindfleisch" „Bitter-wild", aber „Wildleber" heißt dort „Leber-wild". In Paiute steht das in der Zusammensetzung enthaltene Objekt eines Zeitworts vor diesem, während es in Yana, Tsimshian[1] und in den Algonkinsprachen dem Zeitwort nachfolgt.

Die bei weitem am häufigsten zur Anwendung kommende grammatische Kategorie bilden die Affixe. Es gibt Sprachen, wie das Chinesische und Siamesische, die in ihrer Grammatik nur solche Elemente verwenden, die gleichzeitig auch als selbständige Wurzelelemente vorkommen. Aber solche Sprachen bilden die Ausnahme. Von den drei Typen der Affixe – den Präfixen, Infixen und Suffixen – sind die Suffixe der am öftesten vorkommende Typ. Tatsächlich haben wir guten Grund zu der Annahme, daß Suffixe einen größeren Anteil am Formenbestand aller Sprachen haben als alle anderen Methoden zusammengenommen. In diesem Zusammenhang ist es bemerkenswert, daß es eine ganze Menge von affixierenden Sprachen gibt, die keinerlei Gebrauch von Präfixen machen, die aber eine hochentwickelte Apparatur von Suffixen ihr eigen nennen. Solche Sprachen sind Türkisch, Eskimo, Nutka und Yana. Einige von ihnen, besonders die drei letztgenannten,

---

1 Eine in Britisch-Kolumbien beheimatete und dem obenerwähnten „Nass" verwandte Sprache.

besitzen Hunderte von Suffixen, deren Bedeutungsinhalt zum Teil so hochgradig konkret ist, daß zu seiner Wiedergabe in den meisten anderen Sprachen Wurzelelemente notwendig wären. Der umgekehrte Fall, d.h. der ausschließliche Gebrauch von Präfixen und das vollständige Fehlen von Suffixen, ist weit weniger gebräuchlich. Ein gutes Beispiel für eine solche Sprache bietet Khmer, eine der Sprachen Indochinas. Zwar lassen sich sogar hier Spuren alter Suffixe finden, sie funktionieren aber nicht mehr als solche und werden heute als Teil des Wurzelelements empfunden.

Die große Mehrheit der uns bekannten Sprachen verwendet sowohl Präfixe als auch Suffixe, wobei natürlich enorme Unterschiede bestehen in der Wichtigkeit, die der einen oder der anderen dieser beiden Methoden zukommt. In einigen Sprachen, wie z.B. im Lateinischen und im Russischen, stellen ausschließlich die Suffixe eines Wortes dessen Beziehung zum Rest des Satzes her, während die Präfixe nur dazu dienen, die konkrete Bedeutung des Wurzelelements näher zu bestimmen, ohne seine Tragweite innerhalb des Satzganzen zu berühren. Die lateinische Verbform *remittebantur*, „sie wurden zurückgeschickt", soll uns als Beispiel für diesen Typus der Anordnung von Wortelementen dienen. Das Präfix *re-*, „zurück", dient hier nur dazu, die Grundbedeutung des Wurzelelements *mitt-*, „schick-", in gewisser Weise zu modifizieren, während die weniger konkreten Vorstellungen von Zeit, Person, Pluralität und Passivität durch die Suffixe *-eba-*, *-nt-*, *-ur* ausgedrückt werden.

Andrerseits gibt es Sprachen, wie die der Bantufamilie in Afrika oder die Athapaskischen Sprachen (Navaho, Apache, Hupa, usw.) in Nordamerika, in denen die grammatisch wichtigen Wortelemente vorangesetzt werden, während die dem Wurzelelement folgenden Elemente mehr oder weniger entbehrlich sind. Das Wort der Hupa-Sprache *te-s-e-ja-te,* „ich werde gehen", besteht z.B. aus dem Wurzelelement *-ja-* „gehen", drei sinnwichtigen Präfixen und einem nicht notwendig zur Verbform gehörigem Suffix. Die Silbe *te-* zeigt an, daß die Tätigkeit irgendwo im Raum stattfindet oder sich über einen bestimmten Raum hin erstreckt; sie hat eigentlich keine scharf umrissene Bedeutung außer im Zusammenhang mit den Verbalstämmen, mit denen sie herkömmlicherweise verbunden wird. Das dann folgende Präfix *-s-* ist noch schwerer zu definieren. Wir können nur das eine sagen, daß es in Verbalformen vorkommt, die eine „definitive" Zeit ausdrücken und daß es die Tätigkeit als etwas bezeichnet, das gerade vor sich geht und nicht als etwas, das beginnt oder zu Ende geht. Das dritte Präfix *-e-* gehört zum Typus „Fürwort" (Pronomen), bedeutet „ich", und kommt nur in den „definitiven" Verbalformen vor. Das Bedeutsame an alledem ist, daß der Gebrauch des *-e-* durch den eines *-s-* oder gewisser gleichartiger Präfixe bedingt ist und daß die Vorsilbe *te-* gleichfalls in engster Verbindung mit *-s-* steht. Die Form *te-s-e-ja* ist eine selbstgenügsame Einheit. Das Suffix *-te*, welches das Futur anzeigt, ist zur Vollständigkeit der Verbform ebensowenig nötig wie das Präfix *re-* in dem lateinischen Verbum; es kann zwar nicht für sich allein stehen, jedoch besteht seine Funktion nicht darin, die Form des Zeitwortes zu vervollständigen, sondern eher darin, die Wortbedeutung näher zu bestimmen[1].

Nicht immer heben sich indessen die Suffixe einer Sprache als eine Gruppe deutlich von den Präfixen ab. In den meisten Sprachen, die beide Typen von Affixen verwenden, dient jede der beiden Gruppen sowohl der Funktion der näheren Bestimmung als auch derjenigen, die Beziehung mit dem Satzganzen herzustellen. Es läßt sich aber wohl eine allgemeine Tendenz dahin erkennen, zum Ausdruck gleichartiger Funktionen entweder stets die eine oder stets die andere der beiden Methoden zu verwenden. Wenn daher ein bestimmtes Verbum eine bestimmte Zeit – z. B. die Vergangenheit – durch ein Suffix darstellt, dann spricht die Wahrscheinlichkeit dafür, daß es auch die übrigen Zeit-Formen in derselben Weise darstellen wird und daß darüber hinaus alle Verben dieser Sprache Suffixe zur Darstellung aller Zeiten verwenden werden. In gleicher Weise werden wir gewöhnlich die Pronominal-Elemente, soweit sie in der Verbform selbst zum Ausdruck kommen, entweder stets durch Präfixe oder stets durch Suffixe ausgedrückt finden. Doch gilt dies keineswegs absolut und überall. Wir haben bereits oben gesehen, daß das Hebräische zum Ausdruck seiner Pronominal-Elemente in gewissen Fällen Präfixe, in anderen Suffixe verwendet. Im Tschimariko, der Sprache einer kalifornischen Indianerstammesgruppe, hängt die Stellung der Pronominal-Affixe von dem in Frage stehenden Verbum ab; für gewisse Verben werden Präfixe verwendet, für andere Suffixe.

Es erscheint hier nicht angebracht, eine große Menge weiterer Beispiele für den Gebrauch von Präfixen und Suffixen anzuführen. Ein Beispiel für jede der beiden Kategorien sollte als Illustration für die Möglichkeiten der

---

1 Das klingt vielleicht merkwürdig für den englischen oder deutschen Leser. Wir haben gewöhnlich die Vorstellung, als ob die Idee der Zeit durch Formveränderungen ausgedrückt werden müßte. Diese Vorstellung geht auf die lateinische Grammatik zurück. Tatsächlich wird weder im Englischen noch im Deutschen das Futur (*I shall go, ich werde gehen*) durch eine Nachsilbe angezeigt; es kann sogar in beiden Sprachen auch durch die Gegenwartsform des Zeitworts ausgedrückt werden, wie etwa in dem Satz *to-morrow I leave this place, morgen verlasse ich diesen Ort*. Hier ist die Zeitkomponente in einem für sich stehenden Adverb enthalten. Die Hupa-Nachsilbe *-te* gehört so wenig – oder fast so wenig – zu dem Sinnwort, wie das *to-morrow* oder *morgen* von uns als Teil der grammatikalischen Form *I leave* oder *ich gehe* empfunden wird.

Formenbildung genügen. Die Idee, die im Deutschen durch den Satz ausgedrückt wird *Ich kann, um ihn ihr zu geben*, wird in Chinook, einem Wischram-Dialekt, durch *i-n-i-a-l-u-d-am* wiedergegeben. Dieses Wort – und es handelt sich hier um ein völlig in sich geschlossenes Wort mit dem Haupton auf dem ersten *a* – besteht aus einem Wurzelelement *-d-* „geben", aus sechs ihrer Funktion nach verschiedenen, obschon phonetisch nicht leicht unterscheidbaren Präfixen und einem Suffix. Das erste Präfix *-i-* steht für „jüngste Vergangenheit"; das folgende *-n-* für das Pronominal-Subjekt „ich"; das zweite *-i-* für das Pronominal-Objekt „ihn"; *-a-* steht für das zweite Pronominal-Objekt „ihr"; *-l-* für ein Präpositional-Element, das anzeigt, daß das vorhergehende Pronominal-Präfix als indirektes Objekt aufzufassen ist (eine Art Dativ-Endung „ihr"); und *-u-*, ein nicht leicht definierbares Element, das aber im allgemeinen eine vom Sprechenden wegführende Bewegung zum Ausdruck bringt[1]. Das Suffix *-am* enthält eine nähere Ortsbestimmung des Verbums, es erweitert die durch das Wurzelelement ausgedrückte Idee des „Kommens" oder „Gehens". Es ist danach ohne weiteres klar, daß in Chinook – ebenso wie in Hupa – der größere Teil der grammatischen Apparatur in den Präfixen verankert ist und nicht in den Suffixen.

Den umgekehrten Fall, wo – wie im Lateinischen – die grammatisch wichtigen Elemente sich am Ende des Wortes zusammenballen, finden wir im Fox, einer der bekannteren Algonkin-Sprachen des Mississippi-Tales. Wir wollen ein Beispiel aus dieser Sprache analysieren: *eh-kiwi-n-a-m-oht-ati-wa-tsch*(i) „dann hielten sie (ihn) zusammen auf der Flucht vor ihnen". Das Wurzelelement ist hier *kiwi*, ein Verbalstamm, der die allgemeine Idee einer „in unbestimmter Richtung rundherum verlaufenden Bewegung" ausdrückt. Das Präfix *eh-* ist kaum mehr als eine Adverbialbestimmung der Zeit, die etwa so viel bedeutet wie „dann". Von den sieben Suffixen dieses Wortgefüges scheint das erste, *-n-*, lediglich ein phonetisches Element zu sein, das dazu dient, den Verbalstamm mit dem folgenden *-a-* zu verbinden.[2] Das zweite

---

1 Das Chinook-Wort könnte vielleicht im Deutschen auch so ausgedrückt werden: „ich habe ihr ihn hingebracht". Überhaupt ist vom Deutschen aus gesehen das von Sapir hier als Beispiel gebrauchte Wort der Chinook-Sprache leicher zu verstehen als vom Englischen aus. Man denke nur an solche zusammengesetzten Verben wie „hinaufverlegen" und „heraufverlegen". Die hier zu einem Wort vereinten Elemente würden im Englischen als getrennte Wörter erscheinen. Der Unterschied zwischen „hin" und „her" würde normalerweise im Englischen überhaupt nicht ausgedrückt werden. Diese beiden Elemente sind vom Englischen aus „nicht leicht definierbar". (Übers.)

2 Dies ist nicht ganz sicher. Es ist durchaus möglich, daß *-n-* eine noch nicht geklärte Funktion hat. Die Algonkin-Sprachen sind außerordentlich kompliziert und bieten in einzelnen Phasen noch manches ungeklärte Problem.

Suffix, -*a*-, ist ein Sekundärstamm[1] und bedeutet „Flucht" oder „Fliehen"; das dann folgende -*m*- bezeichnet Kausalität in Bezug auf ein Lebewesen[2]; -*o*(*ht*)- bedeutet eine für das Subjekt ausgeführte Tätigkeit (die sog. „Mittelform" oder das „Medium" des Griechischen); -(*a*)*ti*- steht für Wechselseitigkeit, d. h. „einander"; -*wa-tsch*(*i*) ist die dritte Person Konjunktiv des „Lebewesen-Plurals" (-*wa*-, Plural, -*tsch*(*i*) auf „Lebewesen" bezüglich). Eine genauere Übersetzung dieses Wortes, die allerdings der grammatischen Struktur immer noch nicht ganz gerecht wird, würde etwa so lauten: „Da ließen sie (Lebewesen) ein Lebewesen auf der Flucht vor sich selbst gegeneinander herumwandern". Eskimo, Nutka, Yana und andere Sprachen benützen ähnlich arrangierte Suffix-Komplexe. Doch bestehen von Sprache zu Sprache bedeutende Unterschiede in deren Funktion und Arrangement.

Den sehr merkwürdigen Typus der „Infixe" oder Einschaltungen in den Wortkörper haben wir uns zu gesonderter Behandlung aufgespart. Dieser Typ ist im Englischen vollkommen unbekannt, es sei denn, man wolle das -*n*- in *stand* (Gegensatz: *stood*) als ein Infix ansehen. Die älteren indogermanischen Sprachen wie Lateinisch, Griechisch und Sanskrit benützen recht weitgehend Nasale als Infixe, und zwar zur Unterscheidung des Präsens von anderen Formen einer gewissen Klasse von Verben (vgl. lateinisch *vinco*, „ich siege" mit *vici*, „ich siegte" und griechisch *lamban-o*, „ich nehme" mit *e-lab-on*, „ich nahm"). Es gibt jedoch weit typischere Beispiele für diesen Vorgang, Beispiele, bei denen die Infixe eine schärfer umrissene Funktion besitzen, als dies im Griechischen und Lateinischen der Fall ist. Besonders bemerkenswert ist der Gebrauch solcher Infixe in vielen Sprachen Südost-Asiens und der Malaiischen Inseln. Typische Beispiele aus der Khmer-Sprache sind *tmeu*, „einer, der geht, ein Gehender" und *daneu*, „(das) Gehen" (Verbalsubstantiv), die beide von *deu* „gehen" abgeleitet sind. Weitere Beispiele bietet das Bontok-Igorot, eine Sprache der Philippinen. Hier wird das Infix -*in*- dazu verwendet, die Idee des Ergebnisses einer abgeschlossenen Tätigkeit auszudrücken, z.B. *kayu*, „Holz", *kinayu*, „gesammeltes Holz". Infixe finden auch bei den Verben dieser Sprache vielfache Verwendung; so ist das Infix

---

1 Sekundärstämme sind Elemente, die formal Suffixe sind, da sie niemals ohne Verbindung mit einem echten Wurzelelement auftreten, deren Funktion aber im übrigen gerade so konkret ist wie die des Wurzelelements selber. „Sekundäre" Verbalstämme dieser Art sind typisch für die Algonkin-Sprachen und Yana.
2 In den Algonkin-Sprachen werden Menschen u n d D i n g e entweder als „Lebewesen" oder „Nichtlebewesen" angesehen, etwa so, wie sie im Deutschen als entweder „männlich", „weiblich" oder „sächlich" erscheinen – ohne daß diese Unterscheidung notwendigerweise etwas mit dem natürlichen Geschlecht zu tun hätte (der Tisch, die Tür, das Kind).

-um- typisch für viele intransitive Verben mit Suffixen, die die Rolle von Personalpronomen übernehmen; z.B. *sad,* „warten", *sumid-ak,* „ich warte"; *kineg,* „schweigend", *kuminek,* „ich schweige". In anderen Verben dient dasselbe Infix zum Ausdruck des Futurs, z.B. *tengao,* „einen Feiertag haben", *tumengao-ak,* „ich werde einen Feiertag haben". Die Vergangenheit wird häufig durch eingeschaltetes -*in*- ausgedrückt; wenn dieses -*in*- mit einem bereits vorhandenen Infix -*um*- zusammentrifft, werden beide Elemente zu -*in-m*- zusammengezogen, z.B. *kinminek-ak,* „ich schweige". In dieser Sprache und in verwandten Sprachen ist der Prozeß der Einschaltung von Infixen von gleicher Bedeutung wie in anderen Sprachen der Prozeß der Anfügung von Prä- und Suffixen. Auch in einer Reihe der Eingeborenen-Sprachen Amerikas finden sich Infixe. Im Yana z.B. dienen sie gelegentlich zur Bildung des Plurals; so z.B. *k'uruwi,* „Medizinmänner" verglichen mit *k'uwi,* „Medizinmann". Im Chinook dient bei gewissen Verben ein eingeschaltetes -*l*- dazu, eine wiederholte Tätigkeit auszudrücken, z.B. *ksik-ludelk,* „sie schaut und schaut ihn an", während *iksik-lutk* bedeutet „sie schaute ihn an". (Wurzelelement: -*tk*). Ein besonders interessanter Typ der Einschaltung findet sich in den Sioux-Sprachen, wo gewisse Verben die Pronominal-Elemente den Wurzelelementen selbst einverleiben, z.B. Sioux *tscheti,* „Feuer machen", *tschewati,* „ich mache Feuer"; *schuta,* „versäumen", *schuunta-pi,* „wir versäumen".

Eine weniger häufige, aber deshalb keineswegs unwichtige grammatische Formkategorie ist die des Vokal- oder Konsonantenwechsels im Wortinnern. In einigen Sprachen wie im Englischen (*sing, sang, sung, song; goose, geese*) und im Deutschen (*schlagen, schlägt, schlug, schlüge; Mantel, Mäntel*) hat sich der „interne" Vokalwechsel zu einer der Hauptmethoden für die Darstellung wichtiger grammatischer Funktionen entwickelt. Diese Kategorie ist heute noch so aktiv, daß sie den unaufmerksamen Sprecher auf Abwege führen kann. Wir alle haben sogar gebildete Sprecher gelegentlich sagen hören *er frägt mich* oder *er frug mich* – in Analogie zu *trägt, trug* und *schlägt, schlug.* Eine noch größere Rolle als im Englischen oder im Deutschen spielt, wie wir oben gesehen haben, der Vokalwechsel im Hebräischen – und was für das Hebräische gilt, trifft natürlich auch für alle anderen semitischen Sprachen zu. Einige Formen des sog. „gebrochenen" Plurals im Arabischen[1] mögen hier die früher zitierten hebräischen Verbformen ergänzen: Das Substantiv *balad,* „Ort", wird im Plural zu *bilad*[2]; *gild,* „Haut" hat die Plural-

---

1 Ägyptischer Dialekt.
2 Dazu kommen Änderungen in Betonung und Lautfarbe, die wir hier der Einfachheit halber übergehen.

form *gulud*, *ragil*, „Mann" hat den Plural *rigal*; und *schibbak*, „Fenster" den Plural *schababik*. Ganz ähnliche Erscheinungen lassen sich in den hamitischen Sprachen Nordafrikas beobachten. So hat Shilh, eine marokkanische Berbersprache, Formen wie die folgenden: *isbil*, „Haar", *isbel*, „Haare"; *a-slem*, „Fisch", *i-slim-en*, „Fische"; *rmi*, „müde werden", *rumni*, „müde sein"; *ttss*[1], „einschlafen", *ttoss*, „schlafen". Eine auffallende Ähnlichkeit mit dem Vokalwechsel des Englischen, Deutschen und Griechischen – typische Beispiele: *sing-sang, schlag-schlug, leip-o* („ich verlasse") – *leleupa* („ich verließ") – findet sich in solchen Formen der Somali-Sprache wie *al*, „ich bin", *il*, „ich war"; *i-dal-a*, „ich sage", *i-di*, „ich sagte", *deh*, „sage!".

Auch in einer ganzen Reihe der amerikanischen Indianersprachen spielt der Vokalwechsel eine bedeutsame Rolle. In der Athapaskischen Sprachfamilie wechseln viele Verben die Qualität und Quantität – d.h. Lautfarbe und Länge – des Stammvokals zum Zweck des Ausdrucks der verschiedenen Zeiten (Tempora) und Redeweisen (Modi). Das Navaho-Verb für „ich schütte (Mais) in ein Gefäß" ist *bi-hi-sch-dscha*, wobei *dscha* das Wurzelelement ist; in der Vergangenheitsform *bi-hi-dscha* wird das *a* zu einem langen Vokal, gefolgt von einem Glottisschlag[2]; im Futur *bi-h-de-sch-dschi* tritt völliger Vokalwechsel ein. Bei anderen Typen des Navaho-Verbums gelten andere Grundsätze für den Vokalwechsel: *jah-a-ni-je*, „du trägst (einen Pack) in den Stall" wird in der Vergangenheit zu *jah-i-ni-jin* (mit langem *i* in *jin*; das *n* steht hier für die Nasalierung), im Futur zu *jah-a-di-jehl* (mit langem *e*). In einer anderen Indianersprache – dem Yokuts[3] – wird der Vokalwechsel sowohl für Substantive wie auch für Verben verwendet. So hat *butchong*, „Sohn" die Pluralform *botchang-i*; *enasch*, „Großvater" wird im Plural zu *inasch-a*; das Verbum *engtjim*, „schlafen" hat die „Dauerform" *ingetjm-ad*, „im Begriff des Schlafens sein" und die Vergangenheitsform *ingetjm-ash*.

Der Konsonantenwechsel ist als ein grammatischer Prozeß offenbar weit weniger verbreitet als der Vokalwechsel, doch ist er nicht gerade eine Rarität. Ein interessantes Beispiel bietet das Englische, wo gewisse Substantive sich von den ihnen entsprechenden Verben lediglich durch die Stimmlosigkeit bzw. Stimmhaftigkeit des Endkonsonanten unterscheiden. Das ist z.B. der Fall bei dem Wort *wreath*, „Kranz" (mit stimmlosem *th* wie in *think*) im Gegensatz zu *to wreath*, „bekränzen" (mit stimmhaften *th* wie in *then*) oder bei dem Wort *house*, „Haus" im Gegensatz zu *to house*, „behausen" (wo das *s*

---

1 Einige der Berbersprachen kennen Konsonantenverbindungen, die uns unaussprechbar vorkommen.
2 Siehe S. 51.
3 Im südlichen Zentral-Kalifornien gesprochen.

stimmhaft ausgesprochen wird). Ein Beweis dafür, daß man sich der Bedeutung dieses Lautwechsels als eines Mittels zur Unterscheidung zwischen Substantiven und Verben auch heute noch bewußt ist, ist darin zu finden, daß viele Amerikaner den Grundsatz auf andere Fälle ausdehnen, indem sie z. B. rise, „Wachstum", (wie in *the rise of democracy*, „das Wachstum der Demokratie") wie *rice*[1], „Reis" aussprechen im Gegensatz zu dem Verbum *to rise*, „wachsen", das ein stimmhaftes *s* hat).

In den keltischen Sprachen unterliegen die anlautenden Konsonanten Veränderungen unterschiedlichen Charakters je nach der grammatischen Beziehung, die jeweils zwischen dem Wort selbst und dem vorhergehenden Wort besteht. So kann im modernen Irischen ein Wort wie *bo*, „Ochs", unter gewissen Umständen die Formen *bho* oder *mo* annehmen; es heißt z. B. *an bo*, „der Ochs" (Nominativ), aber *tir na mo*, „Land der Ochsen" (Genitiv Plural). Beim Verbum kommt dieses Prinzip in besonders markanter Form in der „Behauchung" der anlautenden Konsonanten in den Formen der Vergangenheit zur Anwendung. Wenn ein Verb z. B. mit *t* beginnt, ändert es in der Vergangenheitsform das *t* zu *th* (heute als *h* gesprochen), beginnt es mit *g*, verwandelt sich analogerweise dieser Konsonant in ein *gh* (heute als stimmhafter Spirant[2] gesprochen, ähnlich unserem *j*). Im heutigen Irischen hat sich demnach das Prinzip des Konsonantenwechsels – entstanden in der ältesten Epoche der Sprache – als eine Konsequenz gewisser phonetischer Gegebenheiten zu einer der wichtigsten grammatischen Kategorien der Sprache entwickelt.

Vielleicht ebenso bemerkenswert wie diese Phänomene des Irischen ist der Konsonantenaustausch des Ful, einer Sprache des Sudan. Hier können wir feststellen, daß alle zur Personen-Klasse gehörenden Substantive ihren Plural dadurch bilden, daß sie die anlautenden Konsonanten *g, dsch, d, b, k, tsch* und *p* zu *dsch* (oder *w*), *dsch, r, w, h, s* und *f* verwandeln. So z. B.: *dschim-o*, „Begleiter" (Singular), *jim-'be* (Plural); *pio-o*, „Schläger" (Sing.), *fio-'be* (Plural). Merkwürdigerweise bilden Substantive, die zu der Ding-Klasse gehören, ihren Plural in genau der umgekehrten Art, z. B. *jola-re*, „grasüberwachsener Platz", *dschola-re*, „grasüberwachsene Plätze"; *fitan-du*, „Seele", *pital-i*, „Seelen". In Nutka, um nur noch eine andere Sprache zu erwähnen, in der diese Methode zur Anwendung kommt, verwandelt sich das *t* oder *tl*[3] vieler Verbal-Suffixe bei der Bildung der „Dauerform" zu *hl*; z. B. *hita-'ato*, „hin-

---

1 Der Unterschied zwischen *rice* und *rise* ist ähnlich dem zwischen den deutschen Wörtern *reißen* und *reisen*. (Übers.)
2 Siehe oben S. 53
3 Diese Schreibungen sollen jeweils einen einzigen Laut wiedergeben.

ausfallen", *hita-'ahl,* „dauernd hinausfallen"; *mat-atschischt-utl,* „zum Wasser hinfliegen", *mat-atschischt-ohl,* „ständig zum Wasser hinfliegen". Weiterhin verwandelt sich das *hl* gewisser Elemente im Plural in einen ganz spezifischen *h*-Laut, z. B. *jak-ohl,* „narbengesichtig", *jak-oh,* „die Narbengesichtigen".

Ganz natürlich ist die weite Verbreitung der Reduplikation, d. h. der vollständigen oder teilweisen Wiederholung des Wurzelelements. Diese Methode, der Ausdruck eines ohne weiteres verständlichen Symbolismus, wird gewöhnlich dazu angewandt, solche Betriffe wie Mehrzahl, Wiederholung, gewohnheitsmäßiges Handeln, Vergrößerung, Intensivierung, Fortdauer auszudrücken. Sogar im Englischen ist sie nicht ganz unbekannt, obwohl sie nicht als eine der typischen Form-Kategorien unserer Sprache angesehen zu werden pflegt. Solche Wörter wie *goody-goody,* „sehr gut", und *to poohpooh,* „verächtlich zurückweisen", „schief ansehen", sind in unseren normalen Wortschatz eingegangen[1]. Doch kann die Methode der Reduplikation gelegentlich in viel originellerer Weise zur Anwendung kommen als in solchen bereits festgeprägten Ausdrücken. Redensarten wie *big big man,* „ganz großer Mann" oder *let it cool till it's thick thick,* „laß es abkühlen, bis es ganz dick ist" kommen viel häufiger vor – besonders in der Sprache von Frauen und Kindern – als man es nach unseren Lehrbüchern annehmen sollte. Einen Typus eigener Art finden wir in der enormen Menge von Wörtern – viele davon ihrer Entstehung nach lautnachahmend und ihrer Absicht nach Verachtung ausdrückend – die eine Reduplikation bei gleichzeitiger Änderung eines Vokals oder des anlautenden Konsonanten enthalten – Wörter wie *sing-song, riff-raff, wishy-washy, harum-skarum, roly-poly.* Wörter dieser Art finden sich nahezu in allen Sprachen[2]. Als Proben zitieren wir das russische *Tschudo-Judo* (ein Drachen), das chinesische *ping-pong* (das Prasseln des Regens auf dem Dach)[3], das tibetische *kjang-kjong* (faul) und das Mandschu-Wort *porponparpan* (triefäugig); sie alle erinnern uns ihrer Form und ihrem Ton nach an Wörter, wie sie bei uns üblich sind. Doch läßt sich in der Art, wie das Englische[4] die Doppelung verwendet, kaum eine ausgesprochen grammatische Bedeutung finden. Für Beispiele dieser letzteren Art müssen wir zu anderen Sprachen gehen. Fälle wie Hottentott *go-go,* „hinaussehen" (von *go,* „sehen"), Somali *fen-fen,* „von allen Seiten benagen" (von *fen,* „be-

---

1 Vgl. im Deutschen: Töff-Töff; trapp-trapp; leise, leise! hört, hört! (Übers.)
2 Beispiele aus dem Deutschen: *tipptopp, schnick-schnack, Mischmasch, Techtelmechtel, Hokus pokus.* (Übers.)
3 daher unser Ping-Pong (Tischtennis).
4 und auch das Deutsche. (Übers.)

nagen"), Chinook *iwi iwi*, „sich genau umsehen" (aus *iwi*, „erscheinen"), Tsimshian *am'am*, „einige (sind) gut" (aus *am*, „gut") überschreiten noch nicht die Grenzen des natürlichen und ursprünglichen Sinnbereichs dieser Methode. Eine abstrakte Funktion erfüllt der Prozeß in Ewe, einer Sprache der afrikanischen Guinea-Küste, wo die Reduplikation dazu dient, die Infinitiv- und Adjektiv- (Partizipial-)form der Verben zu bilden; z. B. *ji*, „gehen", *jiji*, „gehend", *wo*, „tun", *wowo*[1], „getan"; *mawomawo*, „nicht zu tun, untunlich" (hier wird sowohl der Verbalstamm als auch die Negation verdoppelt). Verdoppelungen, die zum Ausdruck der Verursachung dienen, sind charakteristisch für Hottentott, z. B. *gam-gam*[2], „zum Sagen bringen, sagen machen" (aus *gam*, „sagen"). Oder dieses Verfahren wird dazu verwendet, Verben aus Substantiven zu machen, wie in Hottentott *khoe-khoe*, „Hottentott sprechen" (aus *khoe-b*, „Mensch", „Hottentott") oder wie in Kwakiutl *metmat*, „Muscheln essen" (Wurzelelement: *met*, „Muschel").

Die typischsten Beispiele für die Reduplikation bilden diejenigen Fälle, wo nur ein Teil des Wurzelelements wiederholt wird. Es wäre möglich zu zeigen, daß es eine große Anzahl von Formtypen dieser Teil-Reduplikation gibt, die sich danach einteilen lassen, ob die Reduplikation einen oder mehrere der Stammkonsonanten, ob sie den Wurzelvokal, oder ob sie den Anlaut, den Inlaut oder den Auslaut in Mitleidenschaft zieht. Die möglichen Funktionen sind hier von noch größerer Vielfältigkeit als bei der einfachen Doppelung, doch ist die zugrundeliegende Idee, wenigstens ihrem Ursprung nach, fast stets die der Wiederholung oder Dauer. Beispiele für diese grundlegende Funktion finden wir in allen Teilen der bewohnten Erde. Dem Verdoppelungsprozeß verdanken ihre Entstehung z. B. Shilh *ggen*, „im Begriff des Schlafens sein", „gerade schlafen" (aus *gen*, „schlafen"); Ful *pepeu'-do*, „Lügner" (d. h. „einer, der immer lügt"), Plural *fefeu'-be* (aus *fewa*, „lügen"); Bontok Igorot *anak*, „Kind", *ananak*, „Kinder"; *kamu-ek*, „ich beeile mich", *kakamu-ek*, „ich beeile mich mehr"; Tsimshian *gjad*, „Person", „Mensch", *gjigjiad*, „Leute"; Nass *gjabajuk*, „fliegen", *gjigjibajuk*, „einer, der fliegt", ein Fliegender". Vom psychologischen Standpunkt aus hierhergehörig, obschon die Verdoppelung am Wortende auftritt, sind Somali *ur*, „Körper", Plural *urar*; Hausa *suna*, „Name", Plural: *suuana-ki*; Wascho[3] *gusu*, „Büffel", Plural: *gususu*; Takelma[4] *himi-d*, „sprechen mit", *himim-d*, „gewohnheits-

---

1 In den Adjektiv-Formen hat die zweite Silbe einen von der ersten verschiedenen Ton.
2 Der anlautende „Schnalz" (s. o. S. 55) ist hier nicht wiedergegeben.
3 Wascho ist eine Indianersprache des Staates Nevada.
4 Takelma ist eine Indianersprache des Staates Oregon.

mäßig mit (jemandem) sprechen". Häufiger noch als die einfache Doppelung des Wurzelelements hat diese Teil-Reduplikation in vielen Sprachen Funktionen übernommen, die in keiner Weise etwas mit der Idee des „Mehr" oder „Öfter" zu tun zu haben scheinen. Wohl das bekannteste Beispiel liefert uns die Reduplikation am Wortbeginn in unseren älteren indogermanischen Sprachen, die dazu dient, das Perfekt vieler Verben zu bilden (z. B. Sanskrit *dadarscha*, „ich habe gesehen", griechisch *leleupa*, „ich habe verlassen", lateinisch *tetigi*, „ich habe berührt", Gotisch lelot, „ich habe gelassen"). In Nutka wird die Doppelung des Wurzelelements häufig in Verbindung mit gewissen Suffixen gebraucht; z. B. *hlutsch-*, „Frau" wird zu *hluhlutusch-'ituhl*, „von Frauen träumen", *hluhlutsch-k'ok*, „einer Frau gleichend". Ähnliche Fälle wie im Griechischen und Lateinischen finden wir bei denjenigen Verben des Takelma, die zwei Stammformen aufweisen, eine für die Gegenwart und Vergangenheit, die andere für das Futur und für gewisse Modi und für von Verben abgeleitete Wörter. Die erstere hat die Verdoppelung am Ende, bei der letzteren fehlt sie; z. B. *al-jebeb-i'n*, „ich zeige (oder zeigte) ihm", *al-jeb-in*, „ich werde ihm zeigen".

Wir kommen nun zu der am schwersten erfaßbaren aller grammatischen Formkategorien, nämlich dem Betonungswechsel, der entweder als Akzentwechsel oder als Tonhöhenwechsel auftritt. Es fällt nicht leicht, den Betonungswechsel als grammatisches Phänomen zu isolieren, da er so häufig mit einem Wechsel der Lautfarbe oder -länge oder mit dem Auftreten von Affixen Hand in Hand geht, wodurch er dann im grammatischen Sinn eher als eine Nebenfunktion erscheint. So ist es z. B. charakteristisch für echte Verbalformen des Griechischen, daß sie den Akzent soweit noch vorn verlegen, wie es die allgemeinen Betonungsgesetze gestatten, während Substantive keinen so strengen Regeln unterliegen. So besteht ein bemerkenswerter Unterschied zwischen einer reinen Verbalform wie etwa *elythemen*, „wir wurden freigelassen" – mit dem Akzent auf der zweiten Wortsilbe – und der Partizipialform *lytheis*, „frei[ge]lassen", die den Akzent auf der letzten Silbe hat. Die Anwesenheit der typischen Verbal-Elemente -e und -men im ersteren Fall und des substantivischen Elements -s im letzteren kann leicht zu einer Unterschätzung der Bedeutung des Betonungswechsels verleiten. Diese Bedeutung wird dagegen ganz deutlich in solchen englischen Wortpaaren wie to *refund* („zurückerstatten") – Akzent auf der zweiten Silbe – und a *refund* („Rückerstattung") – Akzent auf der ersten Silbe – to *extract* („herausziehen", „extrahieren") – Akzent auf der zweiten Silbe – an *extract* („Auszug", „Extrakt") – Akzent auf der ersten Silbe. Bei diesen Formen ist die Unterscheidung zwischen Verb und Substantiv ausschließlich Angelegenheit der Betonung. Auch in den Athapaskischen Sprachen hat der Betonungswechsel nicht selten die Aufgabe der Bedeutungsdifferenzierung, so in Navaho *ta-di-gis*, „du wäschst dich" – (mit dem Ton auf der zweiten Silbe) und *ta-di-gis*, „er wäscht sich" (mit dem Ton auf der ersten Silbe) [1].

Wechsel der Tonhöhe ist eine Funktion von gleicher, vielleicht sogar größerer Bedeutung wie Wechsel der Betonung. Doch bedeutet die bloße Tatsache, daß Tonhöhenänderungen für eine Sprache wesentlich sind – wie im Chinesischen (z.B. *feng*, „Wind" mit ebenem Ton, *feng*, „dienen" mit fallendem Ton) oder im Altgriechischen (z.B. *lab-on*, „genommen habend" mit einfachem oder Hochton auf dem Partizipial-Suffix -*on*, *gynaik-on* „der Frauen", mit gemischtem oder fallendem Ton auf dem Kasus-Suffix -*on*) – noch keineswegs, daß ihnen auch eine grammatische Funktion zukommt. In solchen Fällen bildet die Tonhöhe – nicht anders wie ein beliebiger Vokal oder Konsonant – einfach einen wesentlichen Bestandteil des Wurzel- oder des affixierten Elements. Anders verhält es sich jedoch mit solchen Tonänderunen des Chinesischen wie *tschung* (ebener Ton), „Mitte" und *tschung* (fallender Ton), „in die Mitte treffen"; *mai* (steigend), „kaufen" und *mai* (fallend), „verkaufen"; *pei* (fallend), „Rücken" und *pei* (eben), „auf dem Rücken tragen". Beispiele dieser Art sind aber im Chinesischen nicht so weit verbreitet, daß – im gegenwärtigen Moment – die Feststellung gerechtfertigt wäre, Chinesisch habe ein ausgesprochenes „Gefühl" für Tonveränderungen als Ausdrucksmittel für die Unterscheidung zwischen Substantiven und Verben.

Es gibt aber Sprachen, in denen solchen Tonunterschieden grundsätzliche grammatische Bedeutung zukommt. Das gilt besonders für die Sudan-Sprachen. So werden z.B. in Ewe von *subo*, „dienen" zweierlei reduplizierte Formen gebildet, ein Infinitiv *subosubo*, „dienen", mit Tiefton auf den ersten beiden Silben und Hochton auf den beiden letzten, und eine Adjektiv-Form *subosubo*, „dienend", bei der alle Silben Hochton haben. Noch bezeichnender sind Beispiele aus dem Shilluk, einer der Sprachen des Nilquellenlandes. Hier unterscheidet sich der Plural eines Substantivs durch seine Tonlage vom Singular, z.B. *jit* (Hochton), „Ohr", aber *jit* (Tiefton), „Ohren". Beim Pronomen können dreierlei verschiedene Formen lediglich durch die Tonhöhe unterschieden werden: *e*, „er", hat den Hochton und steht für den Nominativ, -*e*, „ihn" (z.B. *a tschwol-e*, „ich rief ihn") hat den Tiefton und ist Akkusativ, -*e*, „sein" (z.B. *wod-e*, „sein Haus") hat den Mittelton und steht für das Possessiv-Pronomen. Von dem Verbalelement *gwed-*, „schreib-" werden gebildet: *gwed-o*, „er schreibt" mit Tiefton, das Passiv *gwet*, „(es wurde) geschrieben" mit fallendem Ton, der Imperativ *gwet*, „schreibe!" mit steigen-

---

[1] Es ist jedoch nicht unwahrscheinlich, daß dieser Wechsel im Athapaskischen mehr die Tonhöhe betrifft.

dem Ton und das Verbal-Nomen *gwet*, „(das) Schreiben", „schreibend", mit Mittelton. Man weiß auch, daß in den Eingeborenensprachen Amerikas der Tonhöhenwechsel als grammatische Kategorie vorkommt. Ein gutes Beispiel für eine solche Tonhöhensprache bietet das Tlingit, das von den Indianern der Südküste Alaskas gesprochen wird. In dieser Sprache verändern viele Verben die Tonhöhe ihres Wurzelelements je nach der Zeitstufe; *hun*, „verkaufen", *sin*, „verbergen", *tin*, „sehen" und zahlreiche andere Wurzelelemente beziehen sich, wenn sie mit Tiefton gesprochen werden, auf vergangene Zeit, wenn mit einem Hochton gesprochen, auf die Zukunft. Ein anderer Typ läßt sich beobachten an den Takelma-Formen *hel*, „singe!' – mit fallendem Ton – im Gegensatz zu *hel*, „Gesang" mit steigender Stimmführung; Parallel-Formen sind: *sel* (fallend), „schwarze Farbe", sel (steigend), „streiche es an!". Wenn wir all dies in Betracht ziehen, erkennen wir, daß der Wechsel der Tonhöhe, ebenso wie der Wechsel der Betonung und der von Vokalen und Konsonanten, bei weitem nicht so selten als grammatische Kategorie funktionieren, wie wir dies – entsprechend unseren eigenen Sprachgewohnheiten – anzunehmen geneigt sein möchten.

J. Aitchison

Wörter im Kopf: Globbernde Matratzen.
Das Erzeugen neuer Wörter

> Die Matratze globberte. Das ist das Geräusch, das eine lebende, im Sumpf wohnende Matratze macht, die . . . tief bewegt ist. . .
> „Ich ahne eine tiefe Niedergeschlagenheit . . .", vollugte sie, „und das macht mich traurig. Du solltest etwas matratziger sein. Wir leben still und zurückgezogen im Sumpf und begnügen uns damit, zu flollopen und zu vollugen und der Nässe nur ziemlich flupiglich Beachtung zu schenken."
> Douglas Adams, *Das Leben, das Universum und der ganze Rest*

Der obige Text zeigt, daß Menschen extrem gute Wortschöpfer sind. Da es sich um ein literarisches Beispiel handelt, sind die Neubildungen möglicherweise sorgfältiger durchdacht als in der Alltagssprache. Dennoch machen sie eine Fertigkeit deutlich, die dem Menschen durchgängig eigen ist – die Fähigkeit, jederzeit neue Wörter zu prägen, sogar im Verlauf einer Unterhaltung.

Ständig tauchen Neuschöpfungen auf, obwohl die meisten nach kurzer Zeit wieder aus dem Sprachgebrauch verschwinden. Es kommt vor, daß sie nur einmal oder nur von einer einzigen Person verwendet werden. „Come and see my fishling", sagte ein Freund zu mir, der gerade einen winzigen Fisch erworben hatte. Ein Reisejournalist meldete, eine kleine Fluggesellschaft plane die *Jumbifikation* – sie wolle auch Jumbo-Jets fliegen lassen (Alex Hamilton).[1] Und in einer Anzeige erschien der *Autoguzzlosaurus Rex* – ein riesiges, vom Aussterben bedrohtes autoähnliches Tier mit einem unstillbaren Durst nach Benzin. Es kommt vor, daß diese Neubildungen in den allgemeinen Sprachgebrauch übergehen, doch das ist eher unwahrscheinlich. Die Zahl der Wörter, die erfunden werden, übersteigt bei weitem die Zahl der Wörter, die sich fest einbürgern und Eingang in ein gedrucktes Wörterbuch finden. Nur wenn eine Neuprägung nützlich genug ist und von einflußreichen Personen verwendet wird, hat sie eine Chance, weiterzuleben. Die wenigen, die ein breiteres Publikum erreichen und sich in der Sprache verwurzeln, sind wie Regentropfen, die in einen Eimer fallen. Sie machen nur einen verschwindend geringen Teil der gesamten Niederschlagsmenge aus. Die große Mehrheit der Tropfen versickert spurlos im Erdboden. Wie geht nun dieser Schöpfungsakt vor sich?

---

1 *Guardian* (November 1984).

Googols sind selten

Die Wortbildung stellt den „tiefsten geheimnisvollsten Teil der Sprachen" dar, wie es der Philosoph und Sprachwissenschaftler Wilhelm von Humboldt im letzten Jahrhundert ausgedrückt hat.[2] Diese Sichtweise ist vermutlich falsch, denn die Mechanismen, die der Wortbildung zugrundeliegen, lassen sich relativ leicht bestimmen. Die meisten neuen Wörter sind alles andere als neu; sie sind einfach Erweiterungen existierender Wörter oder Neuanordnungen ihrer Bestandteile. Wörter, die aus dem Nichts entstehen, sind extrem selten. So fand der Autor eines Buches über Wortbildung nur sechs Wörter dieser Art.[3] Das siebte ist *googol,* mit der Bedeutung ‚die Zahl 1 mit 100 Nullen',[4] angeblich geprägt von einem Mathematiker, der dem Gebrabbel seines kleinen Enkelsohnes gelauscht hatte. Es kommen jedoch noch einige hinzu, wenn man Handels- oder Produktbezeichnungen, wie *Kodak* und *Teflon* mitzählt; diese werden manchmal vom Computer erzeugt. Doch selbst diese Wörter sind nur teilweise neu, weil sie sich stets nach dem bestehenden Lautmuster der Sprache richten, das, wie wir in Kapitel 12 gesehen haben, nur eine begrenzte Zahl an Kombinationen zuläßt. So könnte man ein neues Reinigungsmittel namens *Woft* oder *Drillo* oder *Frud* erfinden, aber bestimmt keines mit dem Namen *Skfog* oder *Bdift* oder *Wozrfeh.*

Zu jeder Zeit gibt es in einer Sprache zahlreiche Wortbildungsmechanismen, von denen aber nur wenige allgemein genutzt werden. Jene „produktiven" Prozesse gehören, vielleicht als Sonderausstattung, zum mentalen Lexikon dazu.[5] Die Verwendung dieses „lexikalischen Werkzeugkastens" ist immer möglich und immer optional.[6] In gewisser Weise ist sie mit dem Anfertigen von Namensschildchen für Tagungen zu vergleichen. Normalerweise haben die Organisatoren für die Teilnehmer Namensschildchen vorbereitet, doch manchmal kommen unvorhergesehen andere hinzu, und für diese müssen dann neue Schildchen angefertigt werden. Der lexikalische Werkzeugkasten enthält demnach ergänzende Mechanismen, die zusätzlich zum existierenden Lexikon Anweisungen geben, wie nach Bedarf neue Wörter zu erzeugen sind.

Der Bedarf nach neuen Wörtern kann mehrere Gründe haben. Nehmen wir den englischen Satz: „Alexander decided to *unmurder* Vanessa, the *mur-*

---

2 Humboldt, zitiert in Motsch (1977: 201).
3 Bauer (1983).
4 *Merriam–Webster's Collegiate Dictionary,* 10. Auflage (1993).
5 Die Schwierigkeiten beim Definieren eines produktiven Prozesses beschreiben Kastovsky (1986) und Matthews (1991). Versuche, die Produktivität zu messen, finden sich bei Anshen, Aronoff (1988) und Baayen, Lieber (1991).
6 Aronoff (1976).

derée ‚Alexander entschloß sich, Vanessa, die Mörderatin, zu entmorden'", der zwei Wörter aus Romanen jüngerer Zeit enthält.[7] Der erste Ausdruck mußte eine lexikalische Lücke in einer Science-fiction-Geschichte ausfüllen, und mit dem zweiten sollte vielleicht Platz gespart werden – *murderee* ist ökonomischer als *murder victim* oder *person who was murdered*. Manchmal will man auch komisch wirken oder Aufmerksamkeit erregen.

Über die Art der Anweisungen zur Bildung neuer Wörter bestehen große Meinungsverschiedenheiten,[8] doch bestimmte Dinge sind wohl unstrittig. Die verwendeten Mechanismen sind von Sprache zu Sprache verschieden, obgleich einige weitverbreitet sind.[9] In diesem Kapitel betrachten wir einige, die im Englischen und teilweise auch im Deutschen üblich sind (Abbildung 14.1). Zuerst behandeln wir Komposita – die Verknüpfung existierender Wörter, wie in *Kuhbaum*, das die Bedeutung ‚Baum, unter dem Kühe Schutz suchen' haben könnte. Dann erörtern wir die Konversion, bei der eine Wortart in eine andere umgewandelt wird, wie in „Er honigtopfte die Wespe". Darauf wenden wir uns der Affigierung zu, bei der an den Beginn, in die Mitte oder an das Ende eines bestehenden Wortes ein Morphem angefügt wird, wie in *donald-duckhaft*. Schließlich untersuchen wir noch die Fähigkeit, existierende Wörter aufzuspalten und aus den Bestandteilen neue zu formen, wie *Flopnik* aus *Sputnik*. Dabei wollen wir die Mechanismen beim Erzeugen und Verstehen der neuen Wörter untersuchen. Dies gibt uns weitere Aufschlüsse über die Funktionsweise des „lexikalischen Werkzeugkastens" und seine Verbindung zum „Lexikon im eigentlichen Sinne".

Walschalen und Kürbisbusse

Kopfschmerztabletten beseitigen Kopfschmerzen, *Schlaftabletten* verhelfen zum Schlafen, und *Herztabletten* kräftigen das Herz. *Mottenpulver* soll Motten vertreiben, *Kakaopulver* besteht aus gemahlenen Kakaobohnen, und *Juckpulver* ruft Juckreiz hervor. Wörter können auf so viele scheinbar unlogische Weisen verknüpft werden, daß man sich fragt, wie Sprecher es bewerkstelligen, einander zu verstehen, wenn sie neue Verbindungen produzieren, wie „Du kannst die *Walschale* nehmen", was heißen soll ‚Du kannst die Schale nehmen, auf der der Wal abgebildet ist'.

---

7 Siehe Kastovsky (1986), der auf die Notwendigkeit hinweist, zwischen den verschiedenen Gründen für Wortbildung zu differenzieren.
8 Verschiedene, aber sich überschneidende Ansätze vertreten Aronoff (1976), Selkirk (1982b), Dressler (1985), Matthews (1991), S.R. Anderson (1992).
9 Cutler u.a. (1985)

Wörter im Kopf: Globbernde Matratzen. Das Erzeugen neuer Wörter 543

Abbildung 14.1: Gebräuchliche Verfahren zum Erzeugen neuer Wörter

Die Kombinationsmöglichkeiten für Wörter sind in der Tat äußerst vielfältig.[10] Die größte Gruppe existierender Komposita umfaßt Nomen in Verbindung mit anderen Nomen, und dies ist vermutlich auch die beliebteste Kategorie bei der Erzeugung neuer Komposita. Kinder sind ungefähr mit zwei Jahren in der Lage, solche Komposita zu bilden, wie z.B. *zugmann* ‚Eisenbahnschaffner' (24 Monate) oder *lochdiddi (= Lochschnitte)* ‚Brotschnitte mit einem Loch' (27 Monate).[11]

Für die Kombinationen von Nomen gibt es keine absoluten Beschränkungen, obwohl die Sprecher bestimmte Vorlieben zeigen und eine kleine Anzahl von Relationen bevorzugt benutzen.[12] Objekte tauchen meistens in Komposita auf, die ihre Verwendung bezeichnen, wie *Bananengabel* ‚Gabel für Bananen' oder *Spaghettitopf* ‚Topf zum Kochen von Spaghetti'. Tiere und Pflanzen erscheinen häufig in Komposita, die ihr Vorkommen oder ihren Lebensraum beschreiben, wie *Nilpferd* oder *Sumpfzypresse*, und bei Menschen wird häufig der Beruf oder die Geschlechtszugehörigkeit oder ethnische Herkunft genannt, wie *Feuerwehrmann* oder *Indianerhäuptling*.

---

10 Adams (1973), Bauer (1983).
11 Stern, Stern (1907; 1965).
12 Downing (1977).

Offensichtlich muß ein neues Kompositum auch neue Informationen enthalten. So wurde in einem Experiment die englische Wortfolge *egg bird* als unakzeptabel zurückgewiesen, weil alle Vögel aus Eiern schlüpfen, und *head hat* wurde abgelehnt, weil „alle Hüte auf dem Kopf getragen werden und somit alle Hüte Kopfhüte sind".[13] Überdies erwartet man üblicherweise von den beiden Gliedern eines Kompositums, daß sie eine feste oder eine gewohnheitsmäßige Beziehung verbindet: „Spricht jemand von einem *Eulenhaus*, so erwartet er von dem Hörer nicht, daß er dies als ‚Haus, auf das Eulen fallen' oder ‚das Haus, an dem meine Eule vorbeiflog' interpretiert. Häuser werden nicht dadurch gekennzeichnet, daß Eulen dazu neigen, auf sie herunterzufallen."[14] Entsprechend wurde für das englische Kompositum *pumpkin-bus* die Interpretation ‚Bus, der einen Kürbis überrollte' als unwahrscheinlich bewertet.[15] Die Versuchspersonen verstanden darunter eher einen Bus, der regelmäßig Kürbisse transportierte oder der wie ein Kürbis aussah.

Diese Präferenzen helfen somit, die wahrscheinlichen Lösungen einzugrenzen. Sie leiten die Sprecher unbewußt und helfen auch den Hörern bei ihrer Interpretation, so daß man sie als Bestandteil des lexikalischen Werkzeugkastens betrachten muß. Freilich hängt die richtige Interpretation vor allem vom Kontext sowie von der Intelligenz und Kooperation der Hörer ab – *plate-length hair* wurde somit als ‚Haare, die im Essen hängen,' gedeutet, und *the apple-juice seat* war der ‚Stuhl, vor den der Apfelsaft gestellt wurde'.[16] Auch hier zeigt sich wieder, daß das Wortverstehen aktives Vergleichen und Kombinieren verlangt, bei dem vorhandene Informationen mit Informationen, die der Kontext bietet, in Einklang zu bringen sind.

Es gibt übrigens interessanterweise Hinweise darauf, daß Menschen mit hohem Bildungsgrad der Umgang mit Komposita leichter fällt, zumindest solange der Kontext keine eindeutige Hilfe bietet. Sieben Doktoranden und sieben Büroangestellte wurden nach der mutmaßlichen Bedeutung von *house-bird glass* gefragt. Sechs Doktoranden glaubten, es handle sich um irgendeine Art von Glas, das mit Hausvögeln zu tun habe, doch nur ein Büroangestellter war ebenso dieser Meinung. Die sechs anderen warteten mit recht bizarren Deutungen auf, wie ‚Vogelhaus aus Glas', ‚Hausvogel aus Glas' oder ‚Hausvogel, der sich in einem Glas befindet'.[17] Dieses Ergebnis läßt vermuten, daß die Vertrautheit mit den besonderen Kompositionsprozessen einer Sprache

---

13 Ebd.: 832.
14 Gleitman, Gleitman (1970: 92).
15 Downing (1977).
16 Ebd.
17 Gleitman, Gleitman (1979).

eine Voraussetzung für das Verstehen weniger naheliegender Wortkombinationen ist – und außerdem weiterer Forschungen bedarf. Wir wenden uns nun der Konversion zu.

Ein neues Wort im Handumdrehen

„Marietta *zuckerte* den Kuchen", „Wer macht den *Abwasch*?", „*Kraft* der mir verliehenen Befugnis eröffne ich diesen Waschsalon". Dies sind Beispiele für Konversion, bei der eine Wortart in eine andere verwandelt wird. Dieses Verfahren ist im Englischen besonders beliebt,[18] weil die Grundform der Verben und Nomen oft identisch ist (so kann die Form *play* ein Nomen wie auch ein Verb bezeichnen). Im Deutschen vollzieht sich der Übergang meistens weniger unauffällig, weil die Verben im Infinitiv die Endung *-(e)n* tragen. Hier spricht man besser von einer Konversion der Wortstämme.

Konversionen sind produktiv und werden nicht nur von Erwachsenen, sondern auch von Kindern gern angewendet. So kommentierte ein knapp fünfjähriges Mädchen das Läuten der Glocken mit den Worten: „Die könnten jeden Tag glocken." Zwei Monate später meinte sie: „Günther lichtet mehr", als ihr Bruder stärker von einer Lampe beleuchtet wurde als sie. Und mit sechseinhalb Jahren sagte sie, als jemand blinzelte: „Du wimperst ja so schnell."[19]

Da es in einer Sprache sehr viel mehr Nomen als Verben gibt, werden weitaus mehr Nomen zu Verben konvertiert als umgekehrt. Man muß das Nomen lediglich mit einer Verbendung versehen. Erwachsene tun dies anscheinend, um Wörter zu sparen. „Marietta zuckerte den Kuchen" ist kürzer als „Marietta bestreute den Kuchen mit Zucker". Wie bei den Komposita, gibt es relativ wenige Beschränkungen für diesen Prozeß, doch auch hier lassen sich einige Vorlieben feststellen.[20] Er wird bevorzugt angewandt, wenn das Nomen irgendeine Art von Gerät betrifft; das entsprechende Verb beschreibt dann eine typische Nutzung des Geräts: „Harald tupperte den Obstsalat ein" oder „Henry moulinexed the vegetables". Manchmal drückt man damit auch aus, wohin etwas befördert wurde: „Heinz zwingerte den Hund" oder „Minna honigtopfte die Wespe".

Andere Relationen sind zwar möglich, werden von Erwachsenen aber seltener ausgedrückt. Normalerweise sagt man nicht „Ich brote" für „Ich esse ein Brot" – obwohl Kinder manchmal Handlungen auf diese Art und Weise

---

18 Adams (1973), Bauer (1983).
19 Stern, Stern (1907; 1965).
20 E.V. Clark, H.H. Clark (1979).

umschreiben. So sagte ein Zweijähriger: „I'm souping", als er seine Suppe aß. Und ein anderer, der mit einem Spielzeugrasenmäher hantierte, verkündete: „I'm lawning."[21]

Erwachsene verwenden Konversionen im allgemeinen also nach bestimmten konventionellen Mustern, was dem Hörer das Verständnis erleichtert. Allerdings muß der Hörer, wie in den vorher genannten Beispielen für erweiterte oder neuartige Wörter, den jeweiligen Kontext mit einbeziehen, da dasselbe Wort bei verschiedenen Gelegenheiten unterschiedliche Bedeutungen haben kann. „Friedrich omelettete den Teppich" könnte an einem Tag heißen ‚Friedrich ließ überall Omeletts auf den Teppich fallen', doch „Felix omelettete den Eierteig" könnte am nächsten Tag bedeuten ‚Felix machte Omeletts aus dem Eierteig'. Wieder sind aktive Berechnungen gefordert, bei denen bestehendes Wissen mit der aktuellen Situation in Einklang gebracht werden muß. Nun wollen wir auf die Affigierung eingehen.

Die Unentschnabelbarkeit von Donald Duck

„Die Unentschnabelbarkeit ist der Prüfstein wahrer Donald-Duckhaftigkeit." Obwohl dieser Satz „Wörter" enthält, die zuvor wahrscheinlich keiner jemals geäußert hat, wäre er für einen Sprecher des Deutschen durchaus verständlich; dies um so mehr, wenn er in einem Artikel auftauchte, der darlegt, daß Donald Duck von seinen Doppelgängern einfach dadurch zu unterscheiden sei, daß sein Schnabel sich nicht abdrehen läßt. Den neuen Wörtern liegen äußerst produktive Wortbildungsprozesse (Präfigierung und Suffigierung) zugrunde, die ihre Produktion erleichtern und sie leicht verständlich machen.

Die Suffigierung ist das verbreitetste Verfahren, neue (englische wie auch deutsche) Wörter zu erzeugen, wobei bestimmte Suffixe bevorzugt werden. Das englische Suffix *-ness* (das weitgehend dem deutschen *-heit/- keit* entspricht), ist so produktiv, daß in einem Artikel des Magazins *Time* bereits die Befürchtung laut wurde, es sei ein „furchtbarer Feind" des guten Englisch, wenn es sich ohne Unterschied über alle Arten von Wörtern ausbreiten würde.[22] In erster Linie wird es zur Erzeugung neuer Nomen an Adjektive gehängt, wie in *goodness, happiness* oder *reasonableness*; es kann aber auch an Phrasen treten, wie in *broken-heartedness, matter-of-factness, up-to-dateness, hump-backed whaleishness* oder *Donald Duckishness* und gelegentlich sogar an andere Wortarten, wie in *whyness, thusness, whereness* und *oughtness*.

---
21 E.V. Clark (1982).
22 *Time* (Mai 1962).

An dem Suffix *-ness* lassen sich mehrere wichtige Merkmale der Suffixe aus dem lexikalischen Werkzeugkasten festmachen.[23] Erstens werden sie normalerweise an ganze Wörter oder Phrasen und nicht an Wortstückchen angehängt. So heißt es *politeness*, nicht etwa *poliness, und *prettiness*, nicht etwa *prettness. (Ebensowenig würde man im Deutschen von *Höfkeit oder *Artkeit sprechen.) Zweitens werden sie meistens mit Vertretern der Hauptwortarten (Nomen, Adjektive oder Verben) verknüpft, um mit ihnen neue Nomen, Adjektive oder Verben zu bilden. Selten wird, wie in *this-ness* oder *aboutness*, eine Endung an eine der Nebenwortarten gehängt. Drittens besitzt jede Wortart ihre eigenen typischen Suffixe. Aus Nomen werden Adjektive mit einem Suffix wie *-al* oder *-ish* (im Deutschen *-al* , *-isch* oder *-haft*), wie in *jumbificational* oder *duckish*. Will man aber aus einem Verb ein Adjektiv machen, so braucht man ein anderes Suffix, wie beispielsweise *-able* in *debeakable* bzw. *-bar* in *entschnabelbar*.

Angesichts dessen, was wir bereits über das mentale Lexikon wissen, bieten diese drei Hauptmerkmale keine Überraschung. Wir haben festgestellt, daß Wörter als ganze aufgelistet sind; damit erscheint es plausibel, daß der produktivste Prozeß einfach ein Stück an ein vollständiges Wort anfügt. Wir wissen, daß Inhaltswörter von Funktionswörtern, die eng mit der Syntax zusammenhängen, getrennt behandelt werden; es ist daher nicht merkwürdig, daß im Normalfall nur erstere vom lexikalischen Werkzeugkasten Gebrauch machen. Und schließlich haben wir gesehen, daß Wörter nach ihren Wortklassen gespeichert werden; demzufolge ist es sinnvoll, daß jede Wortart ihre spezifischen Anhängsel besitzt.

Im Laufe der Zeit können Wörter mehrere Suffixe erhalten, wie *Eß-barkeit* oder *Instrument-al-isier-ung*. Diese Wörter scheinen sich wie Zwiebeln in immer mehr Hautschichten gehüllt zu haben. Im allgemeinen geht diese Anhäufung von Suffixen allmählich vor sich. Jedes Wort wird als lexikalische Einheit akzeptiert, bevor das nächste Suffix hinzukommt; dennoch kann es auch vorkommen, daß zwei Suffixe gleichzeitig angehängt werden, wie in *Donald-Duckhaftigkeit*. Ein langes Wort kann im Laufe seiner Entstehung mehrmals seine Wortart ändern, so wie *Donald-Duckhaftigkeit*, das sich von einem Nomen zu einem Adjektiv und dann wieder zu einem Nomen wandelt:

Donald Duck (NOMEN) -haft
donald-duckhaft (ADJ) -igkeit
Donald-Duckhaftigkeit (NOMEN)

---

23 Aronoff (1976).

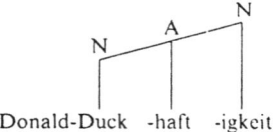

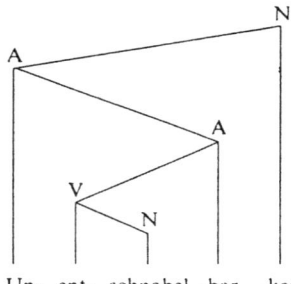

Abbildung 14.2: Schichten von Affixen

Diese Schichtung läßt sich gut in einem Baumdiagramm darstellen, dessen oberste Verzweigung oder „Knoten" das Endresultat mehrerer Suffigierungen wiedergibt, welche sich nacheinander abtrennen lassen (Abbildung 14.2).

Präfixe werden dagegen nicht oft kombiniert, obgleich dies nicht unmöglich ist, wie *Unentschnabelbarkeit* zeigt. Sie sind seltener als Suffixe, und im Deutschen verändern, wenn überhaupt, nur wenige die Wortart, wie z.B. *ent-*, das aus Nomen Verben machen kann, wie in *ent-kalken, ent-wurmen, ent-schnabeln*. Infixe kommen noch seltener vor. „Ain't that fantastic! Oh, Jeez, isn't that fangoddamtastic! . . . Ain't that fanfuckingtastic?" Dieser ekstatische Gefühlsausbruch einer Figur aus John Gordon Davis' Roman *Leviathan* verdeutlicht den Einsatz von Infixen, der im Englischen eine nur untergeordnete Rolle spielt und nie mit einer Veränderung der Wortart einhergeht. Dennoch unterliegt dieses Phänomen strengen rhythmischen Gesetzen – normalerweise werden die Infixe vor die betonte Silbe gesetzt.[24] Im Deutschen gibt es wohl keine Infixe; allerdings existieren literarische Übersetzungen von englischen Slangausdrücken dieser Art, wie beispielsweise *phanmisttastisch*, bei denen die gleichen Gesetzmäßigkeiten gelten.

Im Werkzeugkasten der Sprecher finden sich also offensichtlich Werkzeuge, die ihnen den ordnungsgemäßen Umgang mit Affixen ermöglichen. Darüber hinaus ist dieses Werkzeug nicht nur für Lautsegmente zuständig, es sorgt auch für die rhythmische Anpassung des Ursprungswortes, da sich der

---

24 McCarthy (1982).

Rhythmus mit der Anfügung eines Suffixes ändern kann. Auf ein weiteres Problem müssen wir noch eingehen. Sehr häufig bietet der Werkzeugkasten mehrere Suffixe zur Auswahl. Wie treffen die Sprecher ihre Entscheidung?

Frabilheit oder Frabilität?

Nehmen wir an, jemand wird mit dem neuen Wort *flank* konfrontiert, das so etwas heißt wie ‚flink und schlank', und sollte nun sagen, welches Nomen dazugehört. Was würde er wohl vorschlagen? *Flankheit?* Oder *Flankität?* Die meisten Personen würden beides für möglich halten, sich im allgemeinen aber für *Flankheit* entscheiden. Welche Faktoren könnten dieser Wahl zugrundeliegen?

Offensichtlich richten sich die Sprecher nach mehreren „Faustregeln".[25] Die naheliegendste ist die Häufigkeit. Im Deutschen existieren weitaus mehr Wörter auf *-heit/-keit* als auf *-ität*.[26] Demnach mag *-heit* hier „richtig klingen", weil es so gebräuchlich ist. Doch die Häufigkeit allein ist nicht ausschlaggebend.

Ein weiterer Faktor ist die Lautstruktur des Wortes. Sollen Versuchspersonen zu einem Phantasiewort wie *flaubil* ein Nomen bilden, so entscheiden sich die meisten für *Flaubilität*. *Flaubilheit* erscheint möglich, wird aber als unwahrscheinlich beurteilt. Und tatsächlich ist *-ität* im Wörterbuch das Suffix, das am häufigsten bei Adjektiven mit den Endungen *-il*, *-al* oder *-ibel* anzutreffen ist, wie in *Fragilität*, *Nationalität* und *Flexibilität*.[27] Es gibt im mentalen Lexikon demnach kleine Bereiche, die ganz bestimmte Endungen präferieren.[28]

Drittens spielt die Überlegung eine Rolle, wieviel von dem alten Wort verändert werden muß, um das neue zu bilden. Im allgemeinen versucht man, das Akzentmuster der Grundform beizubehalten.[29] Stellt man englischsprachige Personen vor die Wahl zwischen *tulsivity* und *tulsiveness* als Nomen zu dem Phantasieadjektiv *tulsive*, so neigen sie eher zu *tulsiveness,* und zwar nicht nur, weil *-ness* gebräuchlicher ist, sondern vermutlich auch, weil bei ihm der Akzent auf der ersten Silbe erhalten bleibt, während er bei *tulsivity* auf die zweite Silbe wandert. Dieses Ergebnis wird durch einen recht seltenen Versprechertyp unterstützt, bei dem im Sprechverlauf neue Wörter gebildet

---

25 Aronoff (1976), Romaine (1983).
26 Mater (1983).
27 Ebd.
28 Vgl. Romaine (1983).
29 Cutler (1980, 1981).

werden, weil der Zugriff auf die vorhandenen Wörter gestört ist. Dabei kommen dann Formen zustande wie *deduce-ful* für *deductive* oder *professor-al* für *professorial* (Kapitel 11). Der Sprecher versucht meistens, ein Wort zu prägen, in dem das Basiswort vollständig reproduziert ist. In einem Experiment, in dem die Versuchspersonen verwandte Wörter finden sollten, setzten sie manchmal selbst dann die Basisform ein, wenn sich längst eine Veränderung eingebürgert hatte; so sagten sie zunächst *pompous-ity* (mit dem Hauptakzent auf der ersten Silbe) statt *pomposity* (Hauptakzent auf der zweiten Silbe).[30] Und gibt es keine Möglichkeit, das Ursprungswort unversehrt zu lassen, so belassen die Sprecher einer Untersuchung zufolge lieber den ersten Teil des Wortes unverändert und modifizieren die Laute am Wortende.[31] So bevorzugten Versuchspersonen, die sich zwischen den abgeleiteten Verbformen *languidify* und *languify* zu dem Adjektiv *languid* entscheiden sollten, die Form *languify*. Dies begründete die Forscherin damit, daß *languidify* nicht mehr den Hauptakzent am Wortanfang besessen hätte und somit schwerer identifizierbar gewesen sei. Möglicherweise klingt das Akzentmuster von *languify* aber auch einfach nur vertrauter.

Ein weiterer Faktor bei der Suffixwahl ist die Bedeutung. Sprecher bevorzugen häufig Suffixe mit einer konsistenten Bedeutung, die eine eindeutige Relation zwischen dem alten und dem neuen Wort schafft.[32] Auch deshalb wird im Deutschen wahrscheinlich *-heit/-keit* gegenüber *-ität* im allgemeinen der Vorzug gegeben. Wörter auf *-heit/-keit* bezeichnen häufig abstrakte Eigenschaften, wie *Heiterkeit, Schüchternheit* oder *Albernheit*. Nomen auf *-ität* sind dagegen weniger konsistent. Viele sind abstrakt, wie *Stabilität* oder *Instrumentalität*, doch einige bezeichnen auch konkrete Personen oder Institutionen, wie *Spektabilität* und *Universität*.

Die beiden letztgenannten Faktoren (Bewahrung des Basiswortes und Konsistenz der Bedeutung) verdeutlichen auch eine allgemeinere Tendenz im Sprachgebrauch – die Vorliebe für Neubildungen, die „transparent" oder leicht zu analysieren sind, und die Vermeidung „opaker" oder schwer analysierbarer Formen.[33]

Diese Faktoren – die Häufigkeit des Vorkommens, die Lautstruktur der Basisform und das Bestreben, diese zu erhalten, sowie die Konsistenz der Suffixbedeutung – machen die wichtigsten „Faustregeln" aus. Möglicherweise gibt es noch andere, die hie und da von Bedeutung sind. Beispielsweise

---

30 Romaine (1983).
31 Cutler (1980).
32 Aronoff (1976), Romaine (1983).
33 Aitchison (1991).

scheint man Suffixe vermeiden zu wollen, die die vorangegangenen Laute wiederholen. Kein Sprecher des Englischen würde die Bildung *crot-chety-ity* akzeptieren; *crotchetiness* würde unangefochten den Sieg davontragen.[34] Andere sporadische Präferenzen sind weniger vorhersagbar; so meinte eine Gruppe von englischsprachigen Studenten, *-ity* klänge besser bei Phantasiewörtern mit einer lateinischen Note, wie *orbitality*, als bei nicht-lateinischen wie *plentifulity*.[35] Bei den englischen Infixen spielt auch der Rhythmus eine Rolle: *licketyfuckingsplit* ist möglich, **lickfuckingetysplit* dagegen nicht.[36] Die Sprecher müssen die Faktoren gegeneinander abwägen. Verstärken sie sich gegenseitig, was manchmal der Fall ist, so fällt die Wahl nicht schwer. Doch stehen sie im Widerspruch zueinander, treffen verschiedene Sprecher unterschiedliche Entscheidungen. Kurz gesagt: Der lexikalische Werkzeugkasten tut seine Arbeit nicht vollautomatisch. Häufig ist aktive Entscheidungsarbeit erforderlich – vor allem auf Seiten des Worterzeugers, aber auch auf Seiten des Hörers.

Die Schovität der Scheuen

> Mit dir, da wird die Welt ganz neu –
> welch eine Novität!
> Ach, wärest du nur nicht so scheu.
> Komm, laß die Schovität!
> Dann bleib' ich dir auf immer treu –
> ein Hoch der Trovität!

Dieses Gedicht macht Gebrauch von der Annahme, daß zu Adjektiven, die sich auf *neu* reimen, wie *scheu* und *treu*, auch Nomen gehören, die sich auf *Novität* reimen, wie *Schovität* und *Trovität*.

Hier haben wir es sicher mit einer ausgeklügelten Wortspielerei zu tun, aber phantasievolle Wortableitungen kommen auch in der Alltagssprache vor, wie der folgende englische Dialog beweist:

> Steven: This TV sure doesn't recept very well.
> Mutter: What do you mean, „recept"?
> Steven: You know, the reception's bad.

Diese Unterhaltung fand zwischen einer Frau und ihrem elfjährigen Sohn statt.[37] Sie zeigt, daß Sprecher zuweilen neue Wörter bilden, indem sie exi-

---

34 Menn, MacWhinney (1984).
35 Randall (1980).
36 Bauer (1983: 90), McCarthy (1982).
37 S.H. Taylor (1978: 352).

stierende in Segmente zerlegen; im vorliegenden Fall war dem Sprecher vermutlich aufgefallen, daß im Lexikon Wortpaare wie *select/selection* oder *adopt/adoption* vorkommen, und so war er zu dem Schluß gekommen, daß *recept/reception* wohl ein weiteres Paar in dieser Gruppe bilden.

Zahlreiche Wörter werden aufgrund solcher Analysen gebildet. Nachdem das Wort *sputnik* nach dem Start des gleichnamigen russischen Satelliten Eingang in die englische Sprache gefunden hatte, wurde *-nik* abgetrennt und mit diesem Quasi-Suffix eine Fülle neuer Wörter erzeugt. So wurde ein Satellit mit einem Hund an Bord als *dognik* bezeichnet, und ein amerikanischer Satellit, dessen Start mißglückte, war ein *flopnik*, ein *goofnik*, ein *oopsnik*, ein *pfftnik*, ein *sputternik* und ein *stayputnik*.[38]

Bei dieser besonderen Art der Wortbildung – dem Aufspalten von Wörtern und dem Konstruieren neuer Wörter – setzt der Sprecher in erster Linie voraus, daß der Hörer die Spur zum Ursprungswort, das die Vorlage lieferte, verfolgen und dessen Struktur analysieren kann. Kurz gesagt: „Wörter werden aus Wörtern gemacht."[39]

Literatur

Adams, Valerie (1973): An Introduction to Modern English Word-Formation. London: Longman.
Aitchison, Jean (1991²): Language Change: Progress or decay? Cambridge: University Press
Anderson, Stephen R. (1992): A-morphous morphology. Cambridge: University Press.
Anshen, Frank, Mark Aronoff (1988): „Producing morphologically complex words". In: Linguistics 26, 641–656.
Aronoff, Mark (1976): Word formation in generative grammar. Linguistic Inquiry Monograph 1. Cambridge: MIT Press.
Bauer, Laurie (1983): English Word Formation. Cambridge: University Press.
Baayen, Harald, Rochelle Lieber (1991): „Productivity and English Derivation: a corpusbased study". In: Linguistics 29, 801–845.
Clark, Eve V. (1982): „The young word maker: a case study of innovation in the child's lexicon". In: Wanner, Eric, Lila R. Gleitman (Hgg.): Language Acquisition: The state of the art. Cambridge: University Press, 390–418.
Clark, Eve V., Herbert H. Clark (1979): „When nouns surface as verbs". In: Language 55, 767–811.
Cutler, Anne (1980): „Productivity in word formation". In: Papers from the Sixteenth Regional Meeting, Chicago Linguistic Society, 45–51.
Cutler, Anne (1981): „Degrees of transparency in word formation". In: Canadian Journal of Linguistics 26, 73–77.

---

38 Bauer (1983: 255).
39 Aronoff (1976: 46).

Cutler, Anne, John A. Hawkins, G. Gilligan (1985): „The suffixing preference: a processing explanation". In: Linguistics 23, 723–758.
Downing, Pamela (1977): „On the creation and use of English compound nouns". In: Language 53, 810–842.
Dressler, Wolfgang U. (1985): Morphonology: The dynamics of derivation. Ann Arbor: Karoma
Gleitman, Lila R., Harald Gleitman (1970): Phrase and paraphrase: some innovative uses of language. New York: Norton.
Kastovsky, Dieter (1986): „The problem of productivity in word formation". In: Linguistics 24, 585–600.
Matthews. Peter (19912): Morphology. Cambridge: University Press.
McCarthy, John J. (1982): „Prosodic structure and expletive infixation". In: Language 58, 574–590.
Menn, Lise, Brian McWhinney (1984): „The repeated morph constraint". In: Language 60, 519–541.
Motsch, Wolfgang (1977): „Ein Plädoyer für die Beschreibung von Wortbildungen auf der Grundlage des Lexikons". In: Brekle, Herbert E., Dieter Kastovsky (Hgg.) Perspektiven der Wortbildungsforschung. Bonn: Bouvier, 180–202.
Randall, Janet H. (1980): „-*ity*: a study in word formation restrictions". In: Journal of Psycholinguistic Research 9, 523–533.
Romaine, Suzanne (1983): „On the productivity of word formation: rules and the limits of variability in the lexicon". In: Australian Journal of Linguistics 3, 177–200.
Selkirk, Elisabeth O. (1982b): The syntax of words. Linguistic Inquiry Monograph 7. Cambridge: MIT Press.
Stern, Clara, William Stern (1965): Die Kindersprache. Nachdruck der 4. Aufl. 1928. Darmstadt: WBG.
Taylor, S.H. (1978): „On the acquisition and completion of lexical items". In: Farkas u.a. (Hgg.) Papers from the Parasession on the lexicon. Chicago: Chicago Linguistic Society, 347–357.

R. H. Robins

The development of the word class system of the European grammatical tradition*

The two most significant predecessors of modern descriptive linguistics have been the work of ancient Indian scholarship in the fields of phonetics, grammar, and general linguistic theory, and the continuous western tradition of grammar established in all its essentials in ancient Greece.

The former became known to European scholarship only in the nineteenth century, though its influence thereafter was profound.[1] The latter has been constantly a part of the cultural tradition of the western world. Greek theory was taken over by the Romans, handed on with but slight modifications by the late Latin grammarians (notably Donatus and Priscian) to the mediaeval world, and, as a joint bequest from the middle ages and the 'rediscovered' treasures of classical antiquity, became the basis of language teaching and of much linguistic theorizing in European education and scholarship.

It has been customary to stress the excellence of Indian work to the disparagement of the Greco-Roman achievement. Pāṇini and his predecessors and successors in India well deserve the praise bestowed on them by modern linguists[2], and certainly contemporary phonetics and much of contemporary linguistic descriptive and analytical procedure, in particular the theory of morphemic analysis, owes more to India than to the west. It is, perhaps, a pity that the long tradition of western linguistic scholarship is judged by its relative failure in phonetics and its lack of any proper theoretical basis for etymology, rather than by its very real success in devising a system for the grammatical description of Greek and Latin. The attempted imposition of this grammatical system on numbers of other languages unrelated in structure to Greek and Latin is a charge against some rather unimaginative moderns, not one against the Greek and Latin scholars whose interests and circumstances never led them to venture outside the two western

---

* I am indebted to Professor J. Lyons for kindly reading a draft of this paper and making a number of very pertinent comments.
1 See, especially on the Indian contribution to phonetics and phonology in Europe, W. S. Allen, *Phonetics in Ancient India*, London, 1953.
2 E.g. L. Bloomfield, *Language*, London, 1935, 11: 'One of the greatest monuments of human intelligence'; cp. id., *Language* 5 (1929) 267–76.

classical languages, any more than the ancient Indians analysed languages other than Sanskrit.

It is, incidentally, noticeable that among some transformationalists the work of earlier European writers within the Greco-Roman tradition is now credited with insights and understanding from which the descriptivists of the 1930s and 1940s were by their own approach to the subject deliberately excluded.[3]

The linguistic achievement of western antiquity was in grammar, in the narrower sense of that term, excluding phonetics and phonology; in these latter branches the relative poverty of phonetic observation and failure adequately to maintain the distinction between letters and sounds prevented really significant work. But the descriptive grammar of Greek and Latin worked out in antiquity has survived with comparatively few alterations for nearly 2000 years, and such alterations as have been made and accepted can be accommodated in the system without fundamental changes.

Perhaps the principal infrastructure of the classical tradition of grammar has been the system of parts of speech (*mérē lógou, partes orationis*) or word classes and the grammatical categories (case, tense, number, gender, etc.) associated with them and serving to distinguish and define those classes whose members admit inflection. The Greek system of eight classes (noun, verb, participle, article, pronoun, preposition, adverb, conjunction) was established by Aristarchus (second century B.C.), and set out in the extant grammar of Greek by Dionysius Thrax, his pupil.[4] It was taken over

---

3 E.g. N. Chomsky, *Current Issues in Linguistic Theory*, The Hague, 1964, 15–27.
4 Text in I. Bekker, *Anecdota Graeca* 2, Berlin, 1816, 627–43, and G. Uhlig, *Dionysii Thracis ars grammatica*, Leipzig, 1883. The statements made in this paper assume the genuineness of the bulk of the text of the *Téchnē grammatikḗ* as we have it. Doubts on its rightful ascription to Dionysius Thrax were raised first by the scholiasts (Bekker, op. cit. 672); arguments in favour of its being the genuine work of Dionysius Thrax were set out in L. Lersch, *Die Sprachphilosophie der Alten* 2, Bonn, 1840, 64–76, and more fully by M. Schmidt, 'Dionys der Thraker', *Philologus* 7 (1852) 360–82; 8 (1953) 231–53, 510–20 and these were accepted by H. Steinthal, *Geschichte der Sprachwissenschaft bei den Griechen und Römern* 2, Berlin, 1891, and Pauly-Wissowa, *Realencyklopädie* 5.1, Stuttgart, 1903, s.v. 'Dionysius 134'. Recently the argument has been reopened by V. di Benedetto, 'Dionisio Trace e la techne a lui attribuita', *Annali della scuola normale superiore di Pisa*, serie 2, 27 (1958) 169–210; 28 (1959) 87–118; di Benedetto reexamines the earlier evidence together with recent discoveries of grammatical writings in papyri. In brief, his conclusions are that the text that we have from Section 6 on is a third or fourth century A.D. compilation tacked on to the introduction of a now lost work by Dionysius. Whether or not this conclusion is justified

unchanged as the basis of Apollonius Dyscolus's works on Greek syntax, and Priscian, expressly modelling his description of Latin on Apollonius's account of Greek[5], preserved the number of classes at eight, compensating for the absence of a definite article in Latin corresponding to *ho, hē, tó* in Greek by the recognition of Latin interjections as a separate class of words, a step taken at least as early as the first century A.D. by Remmius Palaemon.[6]

The importance of the word class system in grammatical description was recognized in antiquity. A scholiast makes it Thrax's most important contribution[7]; and in modern times one of the first systematic historians of linguistics, Laurenz Lersch, takes the evolution of the classical eight class system as the main theme in his exposition of the development of Greek and Latin grammatical theory and statement.[8]

Pāṇini's work on the grammar of Sanskrit, from its compactness and systematic economy (whence springs much of its difficulty) manifestly comes at the end of a long line of predecessors; but of these little is known. It is, however, possible in the Greek tradition to follow the growth of the Aristarchan word class system and observe the methods by which it was successively developed. It is clear from the form in which ancient writers put their statements that they saw the history of grammar as involving a word class system that was progressively expanded through the creation of new classes from the subdivision of classes previously recognized in earlier systems; and this may be fairly represented in the diagram at the end of this paper.

Some details remain in doubt or are the subject of controversy, but the resolution of these problems is a matter for classical scholarship rather than for general linguistics. The earliest attempts at a statement of Greek grammar are centred on the definition of sentence components, and the changes in their number and in the means by which they were established provide an interesting example of progressive linguistic research, research carried out by

---

case that the system set out in the *Téchnē* is the one assumed by Apollonius Dyscolus (except in some details) and largely reproduced by Priscian, modelling himself on Apollonius (cp. the lists and definitions of word classes in the *Téchnē*, Section 13 and in Priscian, *Institutiones grammaticae* 2.4.15–21). The course of development and the relative chronology of the system examined in this paper are not affected by the question of textual genuineness.

5 E.g. Priscian, *Inst. gram.* 12.3.13, 14.1.1, 17.1.1.
6 Charisius, *Ars grammatica* 2.212.
7 Bekker, *An. Graec.* 2, 676: ὀΘρᾷξ Διονύσιος, ὁπερὶ τῶν ὀκτὼμερῶντοῦ λόγου διδάξας ἡμᾶς (Dionysius Thrax, who taught us about the eight parts of speech): cp. ibid. 724.
8 Lersch, *Sprachphilosophie*, part 2.

speakers of Greek on Greek[9], and spread over several generations, but in some respects not unlike the course of development through which progresses the analytic framework set up by a modern linguist working in the field on a hitherto unanalyzed language.

As the Latin grammar of Priscian was so largely modelled on the Greek system taken over from Thrax by Apollonius and its theoretical basis was the same, this study may be confined in the main to the work of Greek scholars. It must be stressed that for the pioneers of Greek grammar, Greek was an unanalyzed language. It is hard to-day not to envisage Greek set out in the (largely Aristarchan) system of traditional grammar, and one is easily tempted to look on the work of Aristotle and the Stoics, the two main exponents of grammatical systems before Aristarchus, as the progressive 'discovery' or 'revelation' of an already existent set of classes and grammatical categories. There is no need to revive the controversy between what have been nicknamed 'hocus-pocus' and 'God's truth' attitudes to linguistic analysis, nor to ask the presumably unanswerable question whether grammatical structures and systems exist independently of a grammatical statement. Certainly Greek and Latin were predisposed towards the grammar imposed on them in a way that some other languages to which the system was unimaginatively applied were not. In this sense Thrax succeeded because Greek was 'like that', but we can hardly say that his was the only model of statement or that his system of eight word classes was the only satisfactory one. It may have been the best, and certainly the subsequent modifications, involving the separate recognition of the adjective from within the noun class and the inclusion of his separate class of participles within the forms of the verb, are in the nature of a rearrangement within an existing framework and rely on the same defining categories; but prior to the establishment of the system there will have been other ways in which a grammatical description of Greek could have been organized. The crucial decisions that led to the adoption of the system set out by Thrax are seen to have been taken as one follows the work of his predecessors.

---

9 But it has been pointed out that significant advances and refinements in grammatical observation and analysis were achieved by the Stoics, whose founder Zeno of Citium, like his successor Chrysippus, was said to have learned Greek as a second language (M. Pohlenz, 'Die Begründung der abendländischen Sprachlehre durch die Stoa', *Nachrichten von der Gesellschaft der Wissenschaften zu Göttingen, phil.-hist. Klasse Fachgruppe 1 Altertumswissenschaft*, N. F. Bd. 3 (1939) Nr. 6. On Stoic linguistics see further K. Barwick, 'Probleme der stoischen Sprachlehre und Rhetorik', *Abhandlungen der sächsischen Akademie der Wissenschaften zu Leipzig, phil.-hist. Kl.* 49 (1957) Heft 3.

One must bear in mind that, just as there was no preexisting grammar of Greek to be discovered in the form in which we now have it, so equally the purposes behind grammatical analysis changed along with changes in the conditions that fostered it. Plato was concerned with the structure of sentences as the vehicles of logical argument. Additionally, Aristotle set himself the task of classifying and defining the basic terms of the descriptive sciences in general. The Stoics made the study of language, including grammar, etymology, and rhetoric, a central part of their philosophical investigations. The Alexandrian literary critics saw grammar primarily as part of the equipment required for the appreciation of literature and the establishment of correct texts of earlier writers. From all of these points of approach grammar grew up to become a scholarly activity in its own right, almost as a by-product of other objectives.

Prior to the Stoics one can hardly speak of grammar as a separately recognized discipline in the west; but questions of grammar are discussed by both Plato and Aristotle, and there are references to pre-Socratic treatments of such grammatical categories as gender.[10] It is certain that Plato recognized two major components of the sentence (*lógos*): *ónoma* and *rhêma*.[11] At this period in the history of linguistic thought and before later developments had taken place it would be anachronistic and misleading to translate these terms as 'noun' and 'verb'. Whether the two components were regarded as chain-exhausting by Plato cannot be made definite, but one notices that their first identification was made as sentence parts, parts of *lógos* (*mérē lógou*), not as classes of words.

In previous non-technical usage *ónoma* was 'name', and *rhêma*, as well as meaning 'word', meant 'saying', 'proverb', and was used to refer to short independent and often 'elliptical' sentences.[12] Plato thus seems to bifurcate the sentence, *lógos*, into topic and comment, and would probably have assigned two stretches in it to *ónoma* and *rhêma* respectively, the NP and VP of the first rewrite rule of a generative grammar: *lógos*, S → *ónoma*, NP + *rhêma*, VP.

Certainly this is consistent with much of what he says elsewhere, and later grammarians recognized the special and fundamental significance of the binary *ónoma-rhêma* division in sentence structure, as the basis of the two-

---

10 Aristotle, *Rhetorica* 3.5, *De sophisticis elenchis* 14.
11 *Cratylus* 425 A, 431 B: λόγοι γάρ που ὡς ἐγῷμαι ἡ τούτων [sc. ὀνομάτων καὶ ῥημάτων] ξύνθεσίς ἐστι (Sentences, I think, are the combination of these (sc. *onómata* and *rhêmata*)), *Sophistes* 263 D.
12 E.g. *Protagoras* 342 E, 343 A, B.

word favourite sentence type and the two heads of further expansions (nodes of subsequent branching in phrase structure).[13]

Semantically Plato observed the broad correlation of *ónoma* with the actor and *rhêma* with the action in many sentences of this pattern.[14]

There has been considerable discussion on the inclusion by Plato, and later by Aristotle, of adjectives and adjectival phrases like *leukós* (white) and *Dií phílos* (beloved of Zeus) among the *rhêmata*. By the exercise of historical hindsight it is not difficult to accuse them of inconsistency and the failure to recognize the 'properly relevant criteria'. In another passage *léōn* (lion), *élaphos* (deer), and *híppos* (horse) are given as typical *onómata*, and *badídzei* (walks), *tréchei* (runs), and *katheúdei* (sleeps) as typical *rhêmata*[15]. But the first division of the Greek sentence into components had been in terms of syntactic function, not of morphological categories, and the specific identification of word classes as such had yet to be made; and in Greek adjectives and adjectival phrases served often as predicates without a part of *eînai* (the copula verb 'to be') necessarily present; that is, they could stand alone in the *rhêma* place in the structure of the sentence. Beyond this, at the stage represented by Plato, one need not, and perhaps should not, press the matter further. In particular it is to be remembered that one is not dealing here with questions of the use or misuse of an existing technical metalanguage, but with a very early period in the working out of just such a metalanguage from the material provided by Greek and not hitherto put to such a purpose. The 'relevant criteria' were only established at a later stage, as the development of Greek grammar proceeded.

It may be held that grammatical theory was developed by Aristotle beyond the point attained by Plato; but we still have to abstract his specifically grammatical observations from various places in treatises not themselves primarily concerned with grammatical exposition. Bearing this in mind and also the fact that to look for anything like a distinct discipline of grammar within *philosophía* before the Stoics is anachronistic, one need not be too much put out by apparent

---

13 Cp. E. Bach, *Introduction to Transformational Grammars*, New York, 1964, 34; Apollonius Dyscolus, *De constructione* 1.3 (ed. Bekker, Berlin, 1817, 22): τὰ ὑπόλοιπα τῶν μερῶν τοῦ λόγου ἀνάγεται πρὸς τὴν τοῦ ῥήματος καὶ τοῦ ὀνόματος σύνταξιν (The remaining parts of speech are referred to the syntax of the verb and the noun); Priscian, *Inst. gram.* 2.4.15.

14 *Sophistes* 262 A: τὸ μὲν ἐπὶ ταῖς πράξεσιν ὂν δήλωμα ῥῆμά που λέγομεν ..., τὸ δέ γ' ἐπ' αὖ τοῖς ἐκεῖνα πράττουσι σημεῖον τῆς φωνῆς ἐπιτεθὲν ὄνομα (The representation of actions we call *rhêma*, ... but the vocal sign assigned to those performing the actions we call *ónoma*).

15 Aristotle, *De interpretatione* 1, 10; Plato, *Cratylus* 399 B; *Sophistes* 262 B.

or actual inconsistencies between different passages in separate works, even apart from considerations of textual genuineness in some cases.

Certainly Aristotle faced the problem of formal word unity and of the selection of defining criteria for identification of different types of word from the three sources available in linguistics: word form, syntactic function, and (apparent) class meaning.[16] In Aristotle we find the first explicit treatment of grammatically relevant word form variations later to be collected and ordered in the familiar paradigms. At this stage *ptôsis* was used indifferently of any such variation in word form, on the model of a descriptively basic shape and *ptóseis* derived therefrom. Aristotle thus distinguished the oblique cases and non-present tenses, as *ptóseis onómatos* and *ptóseis rhḗmatos*, from the nominative forms, *onómata*, and present tense forms, *rhḗmata*; comparative and superlative forms of adjectives, and deadjectival adverbs ending in -$\bar{o}s$ are also referred to as *ptóseis*.[17]

That Aristotle, like Plato, made *onómata* and *rhḗmata* the main constituents of *lógos*, the sentence, specifically *lógos apophantikós* (declarative sentence), there is no doubt, and the Latin grammarians ascribed this binary system to him.[18] But he went further than Plato is known to have done in explicitly defining each. Both *onómata* and *rhḗmata* are semantically indivisible, and *rhḗmata* are distinguished from *onómata* by their function as predicates and their inclusion within themselves of time reference (tense), often relevant to the truth or falsity of a proposition. Morphological criteria (tense inflections) are thus brought into the defining criteria of words for the first time, and this has been felt to make the inclusion of adjectives such as *leukós* (white) and *díkaios* (just) among the *rhḗmata* more troublesome than was

---

16 *De interpretatione* 2: ὄνομα μὲν οὖν ἐστι φωνὴ σημαντικὴ κατὰ συνθήκην ἄνευ χρόνου, ἧς μηδὲν μέρος ἐστὶ σημαντικὸν κεχωρισμένον (An *ónoma* is a vocal sound having a meaning by convention, not involving time reference, such that no part of it taken separately has a meaning), ibid. 3. ῥῆμα δέ ἐστι τὸ προσσημαῖνον χρόνον οὗ μέρος οὐδὲν συμαίνει χωρίς, καὶ ἔστιν ἀεὶ τῶν καθ' ἑτέρου λεγομένων σημεῖον (A *rhêma* is that which in addition indicates time, but of which no part taken separately has any meaning, and it is always a sign of what is predicated of something else).

17 *De interpretatione* 2: τὸ δὲ Φίλωνος ἢ Φίλωνι καὶ ὅσα τοιαῦτα οὐκ ὀνόματα ἀλλὰ πτώσεις ὀνόματος (*Philōnos* ('of Philon') or *Philōni* ('to Philon') and similar forms are not *onómata* but *ptóseis* of an *ónoma*); ibid. 3: τὸ ὑγίανεν ἢ τὸ ὑγιανεῖ οὐ ῥῆμα ἀλλὰ πτῶσις ῥήματος (*hygíanen* ('he was healthy') or *hygianeî* ('he will be healthy') is not a *rhêma* but a *ptôsis* of a *rhêma*); *Topica* 5.7, 2.9, 1.15.

18 *Rhetorica* 3.2: ὄντων δ' ὀνομάτων καί ῥημάτων ἐξ ὧν ὁ λόγος συνέστηκεν (*onómata* and *rhḗmata* being the constituents of the sentence); Varro, *De lingua Latina* 8.11; Cledonius, *Ars secunda* (ed. H. Keil, *Grammatici Latini* 5, Leipzig, 1923, 34).

this same practice in Plato, mentioned above.[19] One may, however, note the statement by Aristotle that *rhḗmata* by themselves, when not forming part of a sentence, are *onómata* (i.e. such word forms, like any isolated word forms, can be hypostatized, as in citation, and treated as nouns).[20] Moreover, elsewhere Aristotle equates single verb predicates like *badídzei* (walks) with copulative phrases like *badídzōn estí* (is walking)[21]; *rhḗma*, then, refers to certain sets of words functioning in their capacity as the second component of a two part sentence; mostly *rhḗmata* are what were later distinguished as verbs, but when the later adjectives (*leukós* etc.) occur as predicates in a sentence like *ho ánthrōpos díkaios* (the man is just), some part of the copulative verb *eînai*, such as *estí* (is) could always be added without change of grammatical structure or meaning, and such a word carries time reference within its form (*prossēmaínei khrónon*). In transformational terms these verbless sentences can be generated by the deletion of some part of *eînai*.

In sum, the major membership of the sets of Greek words regularly serving as predicates carries time referance as an obligatory morphosemantic feature; but in this binary classification, without further subdivisions, one encounters the conflict between syntactic function and morphological form when these are both used as criterial in defining certain elements but do not in all cases converge.

Several writers attribute a further development of the sentence component (*mérōs lógou*) system to Aristotle, the recognition of a third class of *sýndesmoi*.[22] It is possible that Aristotle made some distinction in rank between *onómata* and *rhḗmata* on the one hand and the words he collectively designated *sýndesmoi* on the other.[23] The wide coverage of this third class, together with the assignment of adverbs in -*ōs* to the *ptṓseis onómatos* suggests that the tripartite classification was meant to be exhaustive of the

---

19 See note 15.
20 *De interpretatione* 3: αὐτὰ μὲ οὖν καθ' ἑαυτα λεγόμενα τὰ ῥήματα ὀνόματά ἐστιν (Uttered by themselves *rhḗmata* function as *onómata*).
21 *De interpretatione* 12; *Metaphysica* 5.7 (1017 a 26).
22 Dionysius of Halicarnassus, *De compositione verborum* 2, *De vi Demosthenis* 48, and Quintilian, *Institutio oratoris* 1.4 couple his pupil and successor Theodectes in this.
23 Priscian, *Inst. gram.* 11.2.6: Quibusdam philosophis placuit nomen et verbum solas esse partes orationis, cetera vero adminicula vel iuncturas earum (Some philosophers have preferred to say that the noun and the verb are the only parts of speech, the rest being there to support them and connect them).

components of sentences. *sýndesmos* included what were later classed as conjunctions (*sýndesmoi*), articles (*árthra*), and pronouns (*antōnymíai*), and it is, in consequence, misleading to translate the Aristotelian *sýndesmos* as 'conjunction' without further explanation.[24]

At this stage in the evolution of descriptive grammar, one need devote little wonder Aristotle's alleged 'failure' to distinguish between the different types of *sýndesmos*. This removes the force of Lersch's argument that a thinker of the status of Aristotle must have recognized the article as a separate class in its own right.[25] Such further specification was the work of later writers developing Aristotle's distinction between the classes of words essential to an independent and complete declarative sentence and those that serve subordinate functions in expansions of the basic type. Certainly this last statement does not well apply to the personal pronouns, *egṓ* (I), *sý* (you singular), etc.; but these words, used as substitutes for *onómata* in the binary declarative sentence, are much less frequent in such a use than are nouns, since their occurrence is not obligatory in Greek but only serves purposes of emphasis, contrast or the like, and so a pronoun-verb sentence is not precisely the grammatical equivalent of a noun-verb or *ónoma-rhêma* sentence, such as had been taken as the basic syntactic structure.

The separate recognition of the *árthron* to include all the inflected members of Aristotle's *sýndesmos* class (i.e. the later article and pronoun classes) was specifically the work of the Stoics; and their separation of it as a distinct *méros lógou* (or *stoicheîon* (element), as they referred to word classes[26]) is part of a wider reorganization of grammatical class defining categories undertaken by the Stoics. Only after this is it legitimate to assert that the European grammatical tradition was definitely set on the lines it was to follow to the present day. From the Stoic period on one is dealing with the establishment and definition of different word classes, each having several syntactic

---

24 *Rhetorica* 3.5; ibid 3.12 gives a general definition of the syntactic and semantic function of all *sýndesmoi*: ὁ γὰρ σύνδεσμος ἓν ποιεῖ τὰ πολλά (The *sýndesmos* makes a unity of the many (sentence elements)).
25 Lersch 2, 16–17. The probably spurious *Rhetorica ad Alexandrum* 25 distinguishes *sýndesmos* and *árthron*, and the corrupt Chapter 20 of the *Poetica* lists *árthron* in a set of eight very heterogeneous *mérē* (*lékseōs*) (parts of discourse). Steinthal, *Geschichte* 1, 264 well refers to *Analytica priora* 1.40, where the distinction made depends on the use of the Greek article, but no mention is made of *árthron*.
26 Diogenes Laertius, *Vitae philosophorum* 7.192-3; Lersch, *Sprachphilosophie* 2, 26–27.

functions, rather than with syntactic components themselves[27]; and the meaning of *méros lógou* comes nearer to that of the modern 'part of speech'.

The Stoics, whose philosophical attitude led them to give linguistic science, and specifically grammar, a place of its own in their system, restricted *ptôsis* to its subsequent limits, referring exclusively to the inflectional differences of nouns and of words inflected in comparable paradigms. From this point it is possible to translate *ptôsis* by the Latin *casus* and the English *case*. The Stoic *árthron* (covering the later article and pronoun) was case-inflected, *ptōtikón*; the *sýndesmoi* that remained from Aristotle's *sýndesmos* class were all uninflected, *áptōta*. The Stoics further extended *ptôsis* to cover the nominative forms of case-inflected words, and distinguished the *ptôsis orthḗ* (or *eutheîa*), the 'upright' case, from the *ptṓseis plágiai*, the oblique cases. This division was confirmed by their distinction between *rhḗmata* constructing minimally with a nominative case (e.g. *Sōkrátēs peripateî*, Socrates walks) and those constructing with an oblique case (e.g. *Sōkrátei metamélei*, Socrates regrets).[28] It was further recognized that the *ptṓseis plágiai* were mainly concerned in the extension of the verbal predicate (VP → V + NP$_{obl.}$), as in sentences like *Plátōn Díōna phileî* (Plato loves Dion) or *Plátōn akóuei Sōkrátous* (Plato listens to Socrates); and construction with the oblique cases provided syntactic criteria for the Stoic definition of active (transitive) verbs.[29]

The position of the vocative case in Stoic grammar is uncertain, and among the early Stoics it may have been excluded, their fifth case beside the nominative and the three oblique cases being derived adverbs ending in -ōs, which Aristotle had treated as *ptṓseis onómatos*.[30]

---

27 Cp. H. Koller, 'Die Anfänge der griechischen Grammatik', *Glotta* 37 (1958) 5–40. Koller (op. cit. 28-9) regards Aristotle's *sýndesmos* as the copula only, the third sentence component, uniting subject with predicate (*ónoma* with *rhêma*). This would fit the definition given in *Rhetorica* 3.12 (note 24, above) quite well, but (1) it cannot be reconciled with the illustration in *Rhetorica* 3.5, (2) it assumes that all the other passages exemplifying the *sýndesmoi* in the text of Aristotle as we have it are not only corrupt but thoroughly unaristotelian in doctrine, and (3) it implies, as Koller says, that Dionysius of Halicarnassus misunderstood the position when he speaks of the Stoics 'separating out the *árthra* from the *sýndesmoi* (χωρίσαντες ἀπὸ τῶν συνδέσμων τὰ ἄρθρα, *De compositione verborum* 2).

28 Diogenes, *Vitae* 7.43, 55–56; Steinthal, *Geschichte* 1, 305–6; Apollonius, *De constructione* 3.32.

29 Diogenes, *Vitae* 7.64: ὀρθὰ(sc. κατηγορήματα) μὲν οὖν ἐστὶ τὰ συντασσόμενα μιᾷ τῶν πλαγίων πτώσεων ... οἶον ἀκούει, ὁρᾷ διαλέγεται (Active (verbs) are those that are constructed with one of the oblique cases, for example *akóuei* (he hears), *horâi* (he sees), *dialégetai* (he talks with)).

30 So Steinthal, *Geschichte* 1, 302; L. Hjelmslev, *La catégorie des cas*, Aarhus, 1935, 4; *contra* Pohlenz, 'Begründung', 169.

The first Stoic system was fourfold, the two major classes *onóma* and *rhêma* being distinguished as *ptōtikón* and *áptōton* respectively. *Áptōton* is part of the Stoic definition of the *rhêma*; its opposite is implied, though not made explicit, in their definition of the *onóma*. The Aristotelian *sýndesmoi* were also divided into *ptōtiká* and *áptōta*, the former, *árthra*, being further specified as gender-marking and number-marking, and including the later personal pronouns, article, and interrogatives[31], and the latter, *sýndesmoi* being designated as syntactic connectors.[32] Though the Stoics made a considerable advance in the theory of Greek tenses, and distinguished within the semantics of Greek tense forms the two factors of time reference and completion-continuity[33], they did not apparently make tense part of the definition of *rhêmata*.

At a later stage, Diogenes and Chrysippus divided *onóma* into two classes, *onóma* (proper noun) and *prosēgoría* (common noun).[34] The distinction was based on the alleged semantic distinction between individual quality (*idía poiótēs*) and common quality (*koinḕ poiótēs*), though this was implausibly linked with a morphological criterion of different inflection, *Páris, Páridos* as against *mántis, mántios* (prophet).[35] The formal criterion obviously will not work; one need only think of *phróntis, phróntidos* (thought), but, once again, one is here seeing the process of trying out different possibilities that might suggest themselves.

In a further modification of the Stoic system, Antipater is said to have made a six class system by the recognition of *mesótēs* as a word class.[36] This class probably contained as its members the adverbs in *-ōs*; this was the sub-

---

31 Diogenes, *Vitae* 7.58: ἄρθρον δ'ἐστί στοιχεῖον λόγον πτωτικόν, διόριζον τὰ γένη τῶν ὀνομάτων καὶ τοὺς ἀριθμούς (The *árthron* is an element of speech with case inflection and distinguishing the gender and number of nouns); Priscian, *Inst. gram.* 2.4.16, 11.1.1.
32 Diogenes, *Vitae* 7.58.
33 Bekker, *An. Graec.* 2, 891; Steinthal, *Geschichte* 1, 307–17.
34 Diogenes, *Vitae* 7.57. That this was not a mere subclassification within a single class (the later position) is attested by the scholiast in *An. Graec.* 2, 842: οἱ δὲ Στωικοὶ ὀνόματα μὲν τὰ κύρια ἔλεγον, τὰ δὲ προσηγορικὰ οὐκ ὀνόματα (The Stoics called proper nouns *onómata*, and common nouns they did not call *onómata*). This is the Stoic system cited by Priscian, *Inst. gram.* 2.4.16: Secundum Stoicos vero quinque sunt eius (sc. orationis) partes: nomen, appellatio, verbum, pronomen sive articulum, coniunctio (According to the Stoics there are five parts of speech: noun, appellation (common noun), verb, pronoun or article, conjunction).
35 Diogenes, *Vitae* 7.58; Bekker, *An. Graec.* 2, 842.
36 Diogenes, *Vitae* 7.57: ὁ δὲ Ἀντίπατρος καὶ τὴν μεσότητα τίθησιν ἐν τοῖς περὶ λεξέως καὶ τῶν λεγομένων (Antipater also puts the *mesótēs* among the subjects treated in his *Speech and Meaning*).

sequent usage of the term, after *epírrhēma* had become the designation of the class of all adverbs.³⁷ The name *mesótēs* may be taken from the neutralization of masculine, feminine, and neuter gender in the adjective from which it is derived, or from the middle ground it occupies in Greek grammar in being morphologically formed from members of the *ónoma* class but having its principal syntactic function as part of the endocentric expansion of the *rhêma* class. If previously such adverbs had been regarded as a *ptôsis onómatos* by the Stoics, presumably the vocative case forms were now admitted as one of the five nominal cases, where they subsequently remained.

Other Stoics referred to adverbs by the term *pandéktēs*; the technical etymology of this is obscure³⁸, but conceivably it might be the result of widening the class to include all words syntactically equivalent to adverbs in -ōs (*pandéktēs*, the 'all-receiver'), the membership of the subsequent class of *epirrhémata*.

The next documented stage in the development of the Greek word class system is the one probably established by Aristarchus, but set out in the short Greek grammar of Dionysius Thrax.³⁹ This system was the basis of the syntactic works by Apollonius Dyscolus, and was passed on by him to Priscian (with the omission of the *árthron*, not represented in Latin, and the separate recognition of the interjection). During the final stage in the evolution of the Greek system, Alexandrian literary scholarship was the dominant context in which grammatical research was undertaken, and the study of classical literature was the channel whereby grammatical theory continued in the Latin speaking world and was transmitted through Priscian and Donatus to the early middle ages.

The final Greek system comprised eight word classes, with the recognition of three more distinct classes, the pronoun (*antōnymía*), the participle (*metochḗ*), and the preposition (*próthesis*) and the merging of the Stoic distinction between *onómata* and *prosēgóriai* back into the single *ónoma* class. It may be that the pronoun was first separated as a class by itself by the Homeric scholar Zenodotus⁴⁰; but one may consider the three additions to the system together.

---

37 Dionysius Thrax, *Téchnē*, Section 24.
38 Lersch, *Sprachphilosophie* 2, 45–6.
39 See further Steinthal, *Geschichte* 2, 189–327; Robins, 'Dionysius Thrax and the Western Grammatical Tradition', *TPS* 1957, 67–106.
40 Zenodotus paid particular attention to the pronouns in his Homeric textual criticism, and Apollonius Dyscolus, *De constructione* 2.22 refers to 'the writings of Zenodotus on pronouns' (τὰς ἀντωνυμικὰς γραφὰς τοῦ Ζηνοδότου).

All three additional classes arise from the splitting of a previously unitary class, though in two cases a subdivision within the earlier class is made into a definite division between two new classes, each separately defined.

In the Stoic *árthron* class, 'definite' *árthra hōrisména* (personal, reflexive, and possessive pronouns) were already distinguished from 'indefinite' *árthra aoristṓdē* (articles, interrogative and relative pronouns).[41] The definition given to the Stoic *árthra* as including the distinction of genders[42] is, in fact, better adapted to the words comprised by the *aorístōdes* subdivision than to the Stoic class as a whole. In the Aristarchan system personal concord with verbs was made the distinctive criterion of the pronouns, and the interrogative pronouns were reallocated as a subdivision of the *onóma* class.[43] The article and relative pronouns remained within the *árthron* class as *árthra protassómena* ('articles preceding their nouns') and *árthra hypotassómena* ('articles following their nouns'), respectively.

Within the Stoic *sýndesmoi* the later *prótheseis*, prepositions, were recognized as *prothetikoì sýndesmoi*, preposed conjunctions, one of a number of subclasses, the others of which remained as subclasses in the Aristarchan system.[44]

While we appear to have no direct references to participial forms in quotations from Stoic writers, Priscian tells us that they classed them with the verbs, as *participiale verbum vel casuale,* presumably *rhêma metochikón* or *rhêma ptōtikón*, an exception to their definition of *rhêma* as *áptōton* (not inflected for case) rather awkwardly annexed to it.[45]

The definitions of the eight Aristarchan classes, as set out by Thrax, are worth quoting, as his was taken as the final statement in antiquity of the *mérē lógou*[46]:

ónoma: a part of speech inflected for case, signifying a person or a thing; noun.

rhêma: a part of speech without case inflection, but inflected for tense, person, and number, signifying an action performed or undergone; verb.

metochḗ: a part of speech sharing the features of *rhêma* and *ónoma*; participle.

---

41 Apollonius, *De pronomine* 4 B; Priscian, *Inst. gram.* 2.4.16, 11.1.1.
42 Diogenes, *Vitae* 7.58.
43 Apollonius, *De pronomine* 1 C.
44 Apollonius, *De coniunctione* (Bekker, *An. Graec.* 2, 480); *De constructione* 4.1; Dionysius Thrax, *Téchnē*, Section 25.
45 Priscian, *Inst. gram.* 2.14.6.
46 Greek text in Steinthal, *Geschichte* 2, 210–1.

árthron: a part of speech inflected for case, preposed or postposed to *onómata*; article.

antōnymía: a part of speech serving as substitute for an *ónoma*, and marked as to person; pronoun.

próthesis: a part of speech placed before other words in compounding and in syntax; preposition.

epírrhēma: a part of speech without inflection, modifying or added to a *rhêma*: adverb.

sýndesmos: a part of speech binding together the discourse and filling gaps in its interpretation; conjunction.

One sees the basic categorial distinction of case-inflection and non-case-inflection used to define the two fundamental inflected classes, *ónoma* and *rhêma*. Given this, the separate recognition of the participle (*metochḗ*), though its universal derivative status was later noted[47], was logically entailed. One can also trace an awareness of the particular noun-like grammatical features of infinitival forms in Greek (*aparémphaton rhêma*, indeterminate verb, not formally specifying person and number). This can be seen in Stoic theory, in which infinitives were distinguished from all finite verb forms[48], and some grammarians are said to have regarded them as belonging to a separate class.[49] This, however, was not determined by the choice of defining criteria as was the status of the participle, since absence of case-inflection had been made the principal definiens of the verb, and infinitives do not exhibit overt case markers, though in Greek they are constructible with case-inflecting articles.[50]

The distinction between inflected words (*lékseis klitikaí*) and uninflected or invariable words (*lékseis áklitoi* or *ametakínētoi*) is the differentiating factor separating the first five classes from the last three. Thrax only makes this explicit in his definition of the adverb (*epírrhēma*), but the scholiasts add it to their definitions of the other two.[51]

---

47 Cp. scholiast, *An. Graec.* 2, 896: ἀεὶ ἐν παραγωγῇ ἐστίν. (The participle) is always a derived form); Priscian, *Inst. gram.* 11.1.2: Semper in derivatione est (It is always a derived form).
48 Apollonius, *De constructione* 1.8: οἱ ἀπὸ τῆς Στοᾶς αὐτὸ (το ἀπαρ ἐμφατον) μὲν καλοῦσι ῥῆμα, τὸ δὲ περιπατεῖ ἢ γράφει κατηγόρημα ἢ σύμβαμα. (The Stoics call the infinitive itself the verb, and forms like *peripateî* (he walks) or *gráphei* (he writes) they call predicates).
49 Priscian, *Inst. gram.* 2.4.17.
50 Scholiast quoted by Steinthal, *Geschichte* 2, 287: τὰ μετὰ ἄρθρου λεγόμενα ἀπαρ ἔμφατα ὀνόματα μᾶλλόν εἰσιν ἢ ῥήματα (Infinitives preceded by an article are nouns rather than verbs).
51 Bekker, *An. Graec.* 2, 924, 952.

In his exposition Thrax makes quite explicit the difference between distinct classes, each with a separate definition covering the entire membership of the class, and various subdivisions or subclasses within it. The Stoic *ónoma* (proper noun) and *prosēgoría* (common noun) are regrouped as subclasses within the *ónoma* class.[52] The later adjectives are similarly treated as a subclass of *onómata, onómata epítheta, nomina adiectiva*, whence the use, still sometimes found in modern linguistic literature of the terms *noun substantive* and *noun adjective*. One observes that the morphological criterion for distinguishing Greek (and Latin) adjectives, the existence of a paradigm of gradation (positive, comparative, and superlative forms), was excluded in the system set out by Thrax, by his allocation of such forms as *andreióteros*, braver, and *oksýtatos*, swiftest, to separate subclasses of the *ónoma*, along with others.[53]

The class of particle, recognized in some grammars of Greek to-day, though of indeterminate membership, falls within various subclasses of Thrax's *sýndesmoi* (e.g. *symplektikoí*, linking, *mén, dé*, etc., *paraplērōmatikoí*, expletive, *ár, án, ge*, etc.).[54]

To speak of the system set down by Dionysius Thrax as final is not to imply that in the ensuing tradition no further changes at all were made. Some of his definitions were criticized and some different ones were put forward[55], and the membership of the classes was in some cases altered. The Latin recognition of the interjection class and the necessary suppression of the article class have been mentioned. Morphological similarities had enabled the Greeks to group their relative pronoun *hós, hḗ, hó* with the definite article *ho, hē, tó*, as *árthra hypotassómena* and *árthra protassómena* respectively. The Latin equivalent to the *árthon hypotassómenon, qui, quae, quod*, along with its morphologically similar partner *quis, quae, quid*, was allocated either to the *nomen* class or to [the] *pronomen* class, in which latter it remains to-day.[56]

---

52 Dionysius Thrax, *Téchnē*, Section 13; Priscian, *Inst. gram*. 2.5.22–24.
53 Dionysius Thrax, *Téchnē*, Section 14: ὄνομα συγκριτικόν and ὄνομα ὑπερθετικόν; Priscian, *Inst. gram*. 3.1.1, 3.3.18: Nomen comparativum, nomen superlativum.
54 Cp. J.D. Denniston, *The Greek Particles*, Oxford, 1954.
55 E.g. Scholiast, Bekker, *An. Graec*. 2, 952 (on the conjunction): συνδεκτικὸν τῶν τοῦ λόγου μερῶν οἷς καὶ συσσημάινει (Binding together the other parts of speech to whose meaning it also contributes); so Priscian, *Inst. gram*. 16.1.1.
56 Greek τίς (who?) was an *ónoma erōtēmatikón* (interrogative noun) in Dionysius Thrax, *Téchnē* Section 14; see too Apollonius, *De pronomine* 33–5, where the assignment of τίς to the *ónoma* class is discussed and supported. Latin *qui* and *quis* as part of the *nomen* class, Priscian, *Inst. gram*. 2.4.16, 2.6.30, 13.3.11, 13.4.21; as part of the *pronomen* class, Probus, *Institutio artium* (ed. Keil 4, 133), Donatus, *Ars grammatica* (ed. Keil 4, 379).

But the descriptive framework of eight classes remained, and the grammatical categories that were taken as criterial were themselves unaltered, though they were differently applied in some details. Indeed, so much was Priscian's treatment of word classes in Latin accepted, that when in the later middle ages the speculative grammarians placed quite a different interpretation on Latin grammar, requiring among other things explanatory adequacy as against mere descriptive accuracy, it was never thought necessary to call in question the classes and categories that Priscian had used to make his grammatical system.[57] Nor do modern presentations of Greek and Latin grammar, though differing in their treatment of the adjective as a separate word class and of the participle as part of the inflection of the verb, depart radically from the systematic framework set down by Dionysius Thrax and Priscian.[58]

Throughout the course of its elaboration, and in its final form, ancient grammar relied on definitions of its classes in a basically Aristotelian form, in terms of generic and specific features, categories, and attributes. The definition of the word class adjective in Hill's *Introduction*, though framed for English alone and couched in modern morpheme distribution terminology, is of the same type as the definitions given by Thrax: 'Any word with the distribution of *slow* and capable of being modified by the addition of *-er* and *-est* is an adjective'.[59] These definitions are in a form that allows for words newly invented or encountered to be allocated to a given class on the basis of its explicit definition (hard or marginal cases may arise, as they have always arisen in any classificational system, but that is not the point here). Such

---

57 Cp. the complaint of William of Conches: 'Quoniam in omni doctrina grammatica precedit, de ea dicere proposuimus, quoniam, etsi Priscianus inde satis dicat, tamen obscuras dat definitiones nec exponit, causas vero inventionis diversarum partium et diversorum accidentium in unaquaque praetermittit.' (Since in all learning grammar takes precedence, we have set ourselves to deal with it, because, though Priscian states it adequately, his definitions are obscure and he does not explain them, and he passes over the causes of his setting up the various parts of speech and the various accidents to which each is subject) (H. Roos, 'Die *Modi Significandi* des Martinus de Dacia', *Beiträge zur Geschichte der Philosophie und Theologie des Mittelalters*, 37.2 (1952). 93).
58 Cp. C.D. Buck, *Comparative Grammar of Greek and Latin*, Chicago, 1933, 168; B.H. Kennedy, *Revised Latin Primer*, London, 1930, 12; R. Kühner, *Ausführliche Grammatik der griechischen Sprache* 1, Hannover, 1890, 355–6; id. *Ausführliche Grammatik der lateinischen Sprache*, Hannover 1912, 253–4. In these two last books, the separate chapters on the numerals (621 and 629, respectively) are merely a pedagogical rearrangement of certain members of the noun, adjective, and adverb classes.
59 A.A. Hill, *Introduction to Linguistic Structures*, New York, 1958, 168.

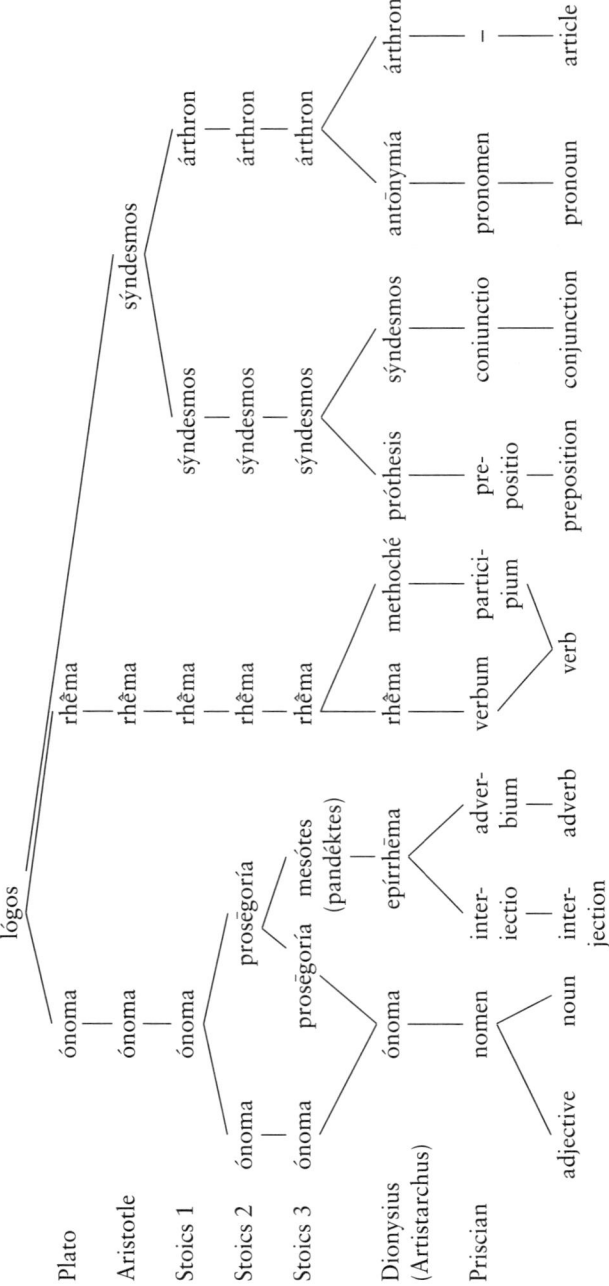

Diagram showing the development of the word class system.

definitions are not discovery procedure statements, in that one is not told why any particular categories or affixes are to be made criterial or why a particular set of classes is the most suitable. Such work has already been done. Nothing was said expressly on field methods by the ancients, though the testing and refining of rough categories and classes through successive stages (as with the Aristotelian *ptôsis* and *sýndesmos*) can be seen as an extended bit of field discovery spread over several generations. Bach contrasts Hill's definition, given above, with a generative definition in the form of a rewrite rule (*Adjective* → X), whose right hand component is a list (perhaps recursive).[60] Such an enumerative definition is a stage ahead, in as much as considerations of categories, distribution, and paradigms have already been taken into account in the decision to frame the rules in this way and with a given listing. Neither type of definition is strictly 'operational', nor concerned with the distinction between discovery by a flash of intuition and discovery by laborious sifting of material (presumably guided by some sort of intuition if it is to get anywhere).[61] The reasons for rules being framed in a given form must be recoverable, just as adequate criterial definitions can be rephrased as rules; and the reasons for a listing rule must be such that an existing grammar of a living language can take on new vocabulary creations and changes in the grammatical usage of words and incorporate them into its existing constitution.

This is not the place for a comparative evaluation of the grammar of formal definitions and the grammar of rules.[62] What one may legitimately stress is that, in tracing the genesis, development, and fixation of the word class system of classical grammar in western antiquity, we face problems and controversies very much at the forefront of contemporary linguistics, and at the same time follow the evolution of a categorial support that has upheld and guided some 2000 years of continuous and not inconsiderable linguistic scholarship.

---

60 Bach, *Introduction*, 28–9.
61 Ibid. 186.
62 Cp. W. O. Dingwall, 'Transformational Grammar: Form and Theory', *Lingua* **12** (1963) 233–75.

F. Grammatik von Satz und Äußerung

Das Kapitel im Überblick

Bereits im Kapitel E zum Wort ging es um die sprachliche Form (dazu besonders die Texte von Bloomfield, Sapir), hier nun werden in die Formbetrachtung auch die Wortgruppe, der Satz und satzübergreifende Strukturen einbezogen. Im Mittelpunkt stehen die zentralen Fragen der *Syntax* (‚Satzlehre') im Rahmen der *Grammatik* (‚Lehre von den Formen und Mitteln'). Forschungsfragen sind insbesondere:

- Wie und unter welchen Bedingungen werden Wortformen zu Wortgruppen oder Phrasen, diese zu Sätzen und Sätze miteinander kombiniert? Sind Konstruktionen Ansatzpunkt jeder grammatischen Beschreibung?
- Was sind die relevanten syntaktischen Beziehungen zwischen Ausdrücken: *Konstituenz*beziehungen (‚Teil-Ganzes', ‚A wird durch B und C konstituiert'), *Dependenz*beziehungen (‚A ist abhängig von B', ‚B bestimmt die Wahl von A'), *Operator-Operand*-Beziehungen (‚A operiert auf B, so dass C resultiert') oder andere? Müssen mehrere dieser Beziehungen in der Beschreibung kombiniert werden? Diesen Fragenkomplex hat schon der Strukturalismus (u.a. Bloomfield, Hockett, Harris, Tesnière) aufgeworfen.
- Nach welchen Aufbauprinzipien sind Sprachen organisiert und was sind universelle Eigenschaften menschlicher Sprachen, was ist sprachspezifisch? Das ist die Frage der Sprachtypologie (vgl. Greenberg).
- Gibt es – wie in der Chomsky-Syntax angenommen – reine Formprinzipien, die Syntax „autonom" machen, unabhängig von Aspekten wie Funktion, Bedeutung, Intonation, lautlicher Realisierung?
- Lassen sich Satzaufbau und Komposition von Bedeutungen im Grammatikaufbau parallelisieren? So sieht es die Kategorialgrammatik (Ajdukiewicz, Lewis, Montague).
- Wie ist die Systematik sprachlicher Mittel des Handelns zu beschreiben, wie lassen sich unter pragmatischer Perspektive Form und Funktion in Erklärungszusammenhängen aufeinander beziehen? Wie lässt sich der Äußerungsaufbau funktional und pragmatisch analysieren?
- Nach welchen funktionalen Prinzipien entwickeln sich Sprachen und sind sie aufgebaut? Wie entsteht eigentlich Grammatik – liegt eine einfachere, symbolische Sprachform zugrunde?

Die Grammatiktheorien erreichen heute oft ein hohes Maß an formaler Präzision, reduzieren dafür – verglichen mit etwa Grimm, Paul, Behaghel – den Gegenstandsbereich. Es bleibt ein Problem, ob die geläufige Aufteilung der Grammatik in Domänen wie Syntax, Morphologie, Semantik, Phonologie sachangemessen ist. Die Zeiten philologischer bzw. schriftfixierter Grammatik (aus griech. *grámma* ‚Buchstabe') oder blinden Faktensammelns scheinen heute vorbei zu sein. Die theoretischen Richtungen – von denen wichtige hier vertreten sind – entwickeln sich allerdings nicht in wünschenswertem Dialog. Der Weg zur aktuellen Diskussion führt daher über die Grundideen zur Grammatik und ihre Geschichte, um die Ansatzpunkte der Theorien, die Weggabelungen kennen zu lernen.

Das Kapitel beginnt mit der Tradition. Das sprachpsychologische Konzept Hermann Pauls (1846–1921) ist uns aus Kapitel A schon vertraut. Im abgedruckten Text aus seiner heute noch lesenswerten Grammatik stellt er zunächst das Inventar sprachlicher Mittel vor (dazu auch Jacobs/Vennemann und Sapir (Kapitel E)) und behandelt dann den Aufbau des einfachen Satzes. Wichtig geblieben – etwa für die Analyse des Passivs – ist auch sein Konzept eines „psychologischen Subjekts".

Otto Behaghel (1854–1936) hatte sich zum Ziel gesetzt, jene historische Syntax vorzulegen, die Jacob Grimm in seiner großen „Deutschen Grammatik" nicht geschrieben habe. Sein Vierbänder ist bis heute eine Fundgrube für alle, die historisch-syntaktisch arbeiten. Er beschränkt sich weitgehend auf „Tatsachen" und entwickelt kein theoretisches System; Erklärungen sind für ihn immer historische (eine Form F wird auf eine Vorgängerform F' zurückgeführt und es werden Bedingungen des Übergangs angegeben).

Behaghel stellt in dem Auszug aus seiner „Deutschen Syntax" die unter seinem Namen bekannten Gesetze der Wortstellung vor. Die Beschreibung der Wortstellung zieht seit Drach (1937) oft dessen Feldermodell mit der für das Deutsche sprachspezifischen Satzklammer heran. Es erlaubt eine übersichtliche Darstellung der Feldpositionen und vermag zu zeigen, wo im Deutschen gewichtet wird (vgl. S. 575).

Typ A zeigt die Zweitstellung des finiten/flektierten Verbs im Aussagesatz wie im W-Fragesatz, die ein Vorfeld eröffnet für eine Wortgruppe bzw. Konstituente. Im Nebensatztyp B ist das Merkmal die Endstellung aller Verbteile, wie im Typ C gibt es kein Vorfeld. Typ C hat Verberststellung (Imperativgruppe, Entscheidungsfragesatz, Wunschsatz). Im Vorfeld wird vor allem thematisch angeschlossen oder kontrastierend gewichtet. Im hinteren Teil des Mittelfelds werden bevorzugt die gewichtigen Elemente der Äußerung realisiert (*für uns ein Lied von Schubert*). Im Nachfeld finden sich Nebensätze oder Nachträge.

Das Kapitel im Überblick 575

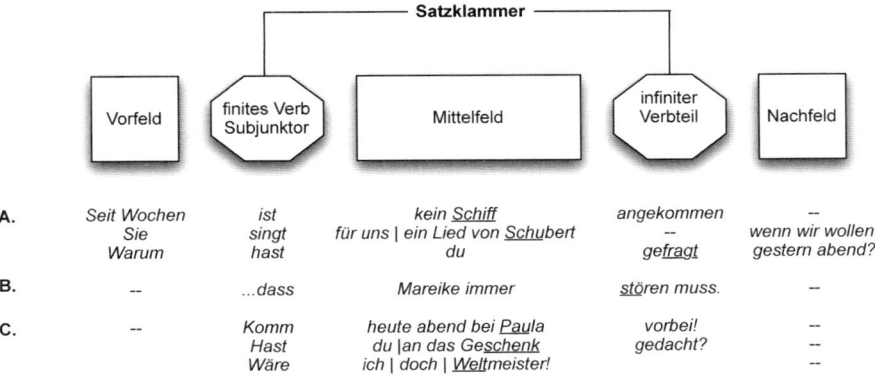

	Vorfeld	finites Verb Subjunktor	Mittelfeld	infiniter Verbteil	Nachfeld
A.	Seit Wochen	ist	kein <u>Schiff</u>	angekommen	--
	Sie	singt	für uns | ein Lied von <u>Schu</u>bert	--	wenn wir wollen.
	Warum	hast	du	ge<u>fragt</u>	gestern abend?
B.	--	...dass	Mareike immer	<u>stö</u>ren muss.	--
C.	--	Komm	heute abend bei <u>Pau</u>la	vorbei!	--
	--	Hast	du |an das Ge<u>schenk</u>	gedacht?	--
	--	Wäre	ich | doch | <u>Welt</u>meister!	--	--

Der Gewichtungsakzent ist durch Unterstreichung markiert.

Wie ist ein Satz aufgebaut? Ursula Klenk führt in die Konstituentengrammatik ein, Charles Hockett (1916–2000) stellt die im amerikanischen Strukturalismus durch Rulon Wells 1947 u.a. ausgearbeiteten Prinzipien der Analyse eines Satzes durch Zerlegung in seine „unmittelbaren Konstituenten" vor; diese Konstituenten werden dann wiederum in ihre Teile zerlegt, bis man bei den minimalen Einheiten angekommen ist. Die wichtigsten Grundsätze der klassischen Konstituentenanalyse sind:

1. Jeder Satz ist schrittweise und binär in unabhängige Wort-Sequenzen zu zerlegen.
2. Die Zerlegung erfolgt so, dass die Sequenzen als ‚Expansionen' kürzerer, möglichst einwortiger Einheiten erscheinen oder insgesamt durch ein Wort ersetzbar sind.

```
       Die    Präsidenten    trinken    ein  helles Bier.
  I.   Die    Präsidenten  | trinken    ein  helles Bier.
       Sie/...                          schlafen/...

  II.  Die   | Präsidenten | trinken    ein  helles Bier.
       Alle/...  Chefs/...

  III. Die   | Präsidenten | trinken  | ein  helles Bier.
                            lieben/...  Wein/...

  IV.  Die   | Präsidenten | trinken | ein | helles Bier.
                                       kein/... Wasser/...

  V.   Die   | Präsidenten | trinken | ein | helles | Bier.
                                             klares/... Gesöff/...
```

```
                Die Präsidenten trinken ein helles Bier
              ┌──────────┴──────────┐
         Die Präsidenten       trinken ein helles Bier
         ┌────┴────┐            ┌─────┴─────┐
        Die    Präsidenten   trinken   ein helles Bier
                                       ┌────┴────┐
                                      ein    helles Bier
                                             ┌────┴────┐
                                          helles      Bier
```

Verbreitete Darstellungsformen nutzen Ersetzungsregeln, Baumdiagramm (Graph) oder Klammerung.

Ersetzungsregeln:
a) X → Y Z (lies: ‚ersetze X durch Y')
b) Y → U V
c) Z → W

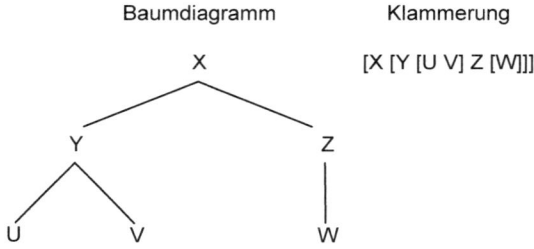

Die *Knoten* (X, Y, Z, U...) sind im Baum durch *Kanten* (X-Y, X-Z, Y-U usw.) verbunden. Liegt ein Knoten höher in einem Baum als ein anderer und sind sie durch Kanten verbunden, spricht man von *Dominanz*; so dominiert im Beispiel X alle anderen Knoten. Die Knoten Y und Z werden von X, die Knoten U und V von Y und W wird von Z *direkt dominiert*, d.h. auf dem Weg sind keine anderen Knoten zu passieren. U ist eine *Schwester(konstituente)* von V (und umgekehrt). *Terminale Symbole* (U, V, W) dominieren keine anderen, sie stehen für die Position von Wortformen in der Syntax.

Probleme bereiten diesen Modellen diskontinuierliche Konstituenten (z.B. deutsche Verbalkomplexe wie *fährt...ab, ist...gekommen*).

Phrasen spielen in neueren Syntaxmodellen eine entscheidende Rolle. Eine Phrase ist eine funktional selbstständige Wortgruppe, für die gilt:

(a) ihre Elemente gehören formal und funktional zusammen (so wirken alle Teile von *die kleine Schraube* an der Gegenstandsidentifikation mit; alle kongruieren im Numerus und Kasus);

(b) sie weist genau ein Zentralelement, den *Kopf* (engl. *head*) auf, das variable Formmerkmale in der Gruppe steuert (Das Genus des Kopfs *Schraube* (Femininum) regiert das Genus von Artikel und Adjektiv (*die kleine*)), Numerus und Kasus kongruieren. Der Kopf kann semantisch durch Gruppenelemente modifiziert (*kleine Schraube*) oder spezifiziert (*Schraube da*) werden und prägt die Funktion der Gruppe.
(c) ihre Elemente folgen im Deutschen in der Regel aufeinander (*Adjazenz*); nicht möglich wäre also *die passt kleine Schraube*.

Im Deutschen sind gute Tests, dass die Elemente einer Phrase durch ein Funktionsäquivalent ersetzt werden können (*Ersatzprobe*) (1) und dass sie gemeinsam – vorzugsweise in die Position vor dem finiten Verb (ins *Vorfeld*) – zu verschieben sind (*Verschiebeprobe*) (2). Ferner können Phrasen mit funktionsäquivalenten Phrasen (oder Sätzen) koordiniert werden (*Koordinationstest*) (3).

(1) Der amerikanische Präsident/Nixon/Er wurde des Amtes enthoben.
(1a) [Der amerikanische Präsident] wurde des Amtes enthoben.
(2a) Ich mag das Haus dort schon lange.
(2b) [Das Haus dort] mag ich schon lange.
(2c) [Schon lange] mag ich das Haus dort.
(3a) Der Bürgermeister ist im Stadthaus.
(3b) Der Bürgermeister ist [im Stadthaus] oder [im Erbprinzen] oder [wo es was zu trinken gibt].

Benannt werden Phrasen nach dem Kopf: Nomen: Nominalphrase, Adjektiv: Adjektivphrase, Verb: Verbalphrase, Präposition: Präpositionalphrase, Adverb: Adverbphrase.

Eine einfache Phrasenstruktursyntax sieht wie folgt aus:
Ersetzungsregeln:

1. S'   → S Kjk S
2. S   → NP (Aux) VP
3. NP   → (Det) (Adj) N (NP) (PP) (S)
4. VP   → (NP) (Adv) (NP) (PP) V
5. PP   → Präp NP
6. N   → *Hans, Meike-, Händler-, Kind-,...*
7. V   → *kommen, betrügen, sehen,...*
8. Aux   → *will, kann, wird,...*
9. Adj   → *groß-, klein-, schlau-...*
10. Adv → *gern, blindlings, damit...*
11. Präp → *vor, wegen, in...*
12. Det → *der, dies-, ein-,...*
13. Kjk → *und, aber, denn...*

Symbole: Satz (S), Konjunktor (Kjk), Nominalphrase (NP), Auxiliar (AUX), Determinativ (Det), Adverb (Adv), Präpositionalphrase (PP), Verbalphrase (VP), Verb (V), Adjektiv (Adj), Präposition (Präp), Nomen (N). Eingeklammerte Symbole: fakultative Kategorien

Baumdiagramm:

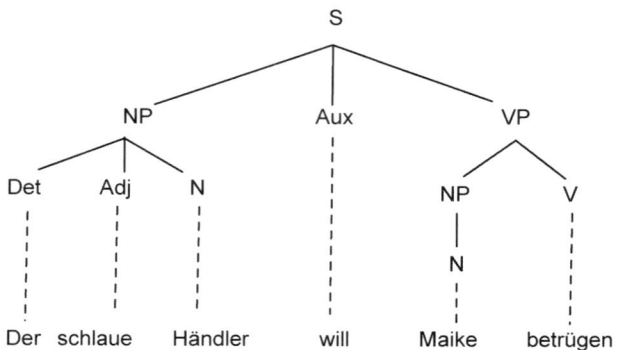

Klammerdarstellung:
[S [NP [Det *der*] [Adj *schlaue*] [N *Händler*]] [Aux *will*] [VP [NP [N *Meike*]][V *betrügen*]]]

Es sind Wortgruppen/Phrasen oder Nebensätze, denen Satzfunktionen wie Subjekt, Adverbial, Objekt, Attribut, Komplement, Supplement zugewiesen werden. Traditionell und in der Schulgrammatik wird auch gesagt, ein Satz werde durch Satzglieder wie Subjekt und Prädikat konstituiert – bei dieser Redeweise fallen Form und Satzfunktion zusammen, was problematisch ist. Man kann die Satzfunktionen rein grammatisch fassen (dem Subjekt entspricht in Person und Numerus das flektierte Verb (*du sing-st*); das Akkusativobjekt ist in seinem Kasus vom Verb bestimmt (*einen Treffer landen*)), funktional-semantisch oder – wie bei H. Paul (in diesem Kapitel) – sprachpsychologisch. Kennzeichnungen sind: Das *Subjekt* ist das dem Satz Unterworfene, Zugrundeliegende (lat. *subiectum*, griech. *hypokéimenon*), der Satzgegenstand, das wovon der Satz handelt (als *point of departure*) – also die Basis des ausgedrückten Gedankens, über die mit dem Prädikat etwas gesagt wird. In

(4) [Paulas Freundin] sucht [ein Buch über Rom]

hat [Paulas Freundin] die Funktion des Subjekts. Und [ein Buch über Rom] hat die Funktion des *Akkusativobjekts (Akkusativkomplements)*. Die Funktion des Subjekts hat die Phrase, die den Gegenstand des Gesagten, den Satzgegenstand ausdrückt (*Hanna schläft*). Das kann auch ein Teilsatz (*Subjektsatz*) sein:

(5) [Was passiert ist], ist passiert.

In vielen Sprachen ist der Kasus des Subjektausdrucks Nominativ.

Das, worauf sich mit dem Verb ausgedrückte Handlungen oder Ereignisse erstrecken, ist das *Objekt*, realisiert durch eine Phrase oder einen *Objektsatz*:

(6) Hanna sieht [**mich**] / [**was geschieht**].

Je nach vom Verb gefordertem Kasus spricht man vom *Akkusativobjekt* (*jemanden loben*), vom *Dativobjekt* (*jemandem vertrauen*), vom *Genitivobjekt* (*seines Vaters gedenken*); beim Präpositionalobjekt verbindet sich das Verb mit einer spezifischen Präposition (*an den lieben Gott glauben*).

Bestimmt man wie in der Dependenzgrammatik Satzelemente relativ zum Hauptverb, das sie erweitern, in dessen Bedeutung sie mitgedacht sind, spricht man auch von *Komplementen* (Ergänzungen). Einige Komplemente können auch unausgedrückt, implizit bleiben (*Paul isst Brot – Paula isst.*) Beim Gebrauch des Verbs *glauben* ist immer etwas mitgedacht, das man glaubt (die Auskunft des Arztes z. B.), jemand, dem man glaubt (seinem Freund z. B.) und einer, der glaubt (z. B. ich).

Die Funktion des *Prädikats* hat der Äußerungsteil, der das mit dem Subjekt Gesagte insgesamt in bestimmter Hinsicht charakterisiert.

(5) Paula Meyer aus Oberhof [**wird von allen Lehrern gelobt**].

Dies ist der – auch in der älteren Tradition zu findende – weitere Prädikatsbegriff („maximales Prädikat"[1]), der all dem, was charakterisierend in einem elementaren Gedanken über das Subjekt gesagt wird, die Prädikatsfunktion zuweist. Er ist von einem engeren („minimales Prädikat") zu unterscheiden, wie er in der logischen Analyse seit Frege verwendet wird. Aus dem elementaren Gedanken wird alles Gegenstandsbezogene – die „Argumente" in logischer Redeweise – ausgegliedert; das minimale Prädikat relationiert sie.

(6) Hannes [**schenkt**] Paula Blumen.

Diese Funktion erhalten also die verbalen Teile des Satzes zugewiesen (*wird spazieren gegangen sein, macht blau, zur Ehre gereichen* etc.)

---

1 Zu den Prädikatstypen: Zifonun/Hoffmann/Strecker 1997: 676ff.

Die Idee der *Abhängigkeit* (*Dependenz*) hat im Rahmen des Strukturalismus der französische Sprachwissenschaftler und Sprachdidaktiker Lucien Tesnière (1893–1954) zur Geltung gebracht. Sie ist seither in der Grammatikforschung heimisch geworden und bildet die Grundlage für viele Grammatiken, spielt aber auch eine bedeutende Rolle im muttersprachlichen wie im Fremdsprachenunterricht. Die Frage, welcher Ausdruck in einem Satz von welchem anderen in Ausdruckswahl, Form und Bedeutung abhängt, führt zu einer anderen Strukturierung des Satzes. Ein Ausdruck A ist von einem Ausdruck B abhängig, wenn B das Vorkommen von A verlangt oder den Gehalt von A impliziert. Was als *Ergänzung/Komplement* unbedingt notwendig ist, zeigt die *Weglassprobe* (4) (der Asterisk (*) bezeichnet grammatisch nicht wohlgeformte Sätze):

(4a) Sie wohnt in Hamburg.
(4b) *Sie wohnt.

Bestimmt werden auch Art und Formeigenschaften (etwa der Kasus) des Komplements. Man nennt das *Rektion*.

(4c) Sie wohnt in der Stadt.
(4d) *Sie wohnt in die Stadt.

Fakultative Komplemente können fehlen, sind aber als Typ im ‚Stellenplan' des dominierenden Elements vorgesehen oder semantisch impliziert:

(5) Die Stadt spart (einsetzbar: Geld/ Strom/ ..., aber nicht: *Wolken/ *Faulheit...).
(6) Sie isst gerade.
impliziert
(6') Sie isst gerade etwas.

Der dominierende Ausdruck muss grundsätzlich realisiert werden. Man spricht nach dem Vorbild der Chemie von *Valenz* und sagt, dass „Wörter einer bestimmten Wortklasse eine oder mehrere Leerstellen um sich eröffnen, die durch Wörter bestimmter anderer Wortklassen ausgefüllt werden müssen" (Bühler 1965: 179). Der Gedanke ist nicht neu. Wir finden ihn schon im Mittelalter, bei Petrus Helias (12. Jh.) oder Thomas von Erfurt (um 1300), dann in der Tradition der Universalgrammatik bei Johann Werner Meiner (1723–1789), der den Satz konzeptuell aus dem Prädikat entwickelt (Meiner 1781). Das Verdienst der ersten grammatiktheoretischen Ausarbeitung kommt aber dem französischen Strukturalisten und Didaktiker Lucien Tesnière zu (in diesem Kapitel). Sätze sind für ihn nicht durch die lineare Abfolge von Wörtern bestimmt, sondern durch die zwischen den Wörtern bestehenden „Konnexionen". Die Konnexionen ergeben eine hierarchische Organisation des Satzes, darstellbar in einem konkreten oder virtuellen Baumdiagramm („Stemma") mit einem Zentralknoten als Zentrum, aber auch (wie bei Hays 1964 und Heringer 1996) durch Klammerung (die Tilde ~ markiert die Position des dominierenden Ausdrucks):

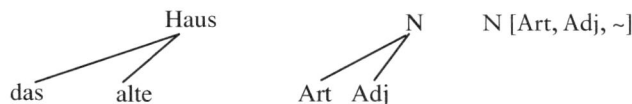

Das Verb wird als Satzzentrum betrachtet. Ein Verb wie *verkaufen* verlangt ein Nominativkomplement (**verkauft es/Sie verkauft es*) und ein Akkusativkomplement (**Sie verkauft/Sie verkauft es*), es erlaubt ein Dativkomplement (*sie verkauft es mir*). Dahinter steht eine *Szene* mit Mitspielern („actants") und Umständen („circonstants"), im Beispiel die Verkaufsszene mit Verkäufer, Verkaufsobjekt und Käufer, zu denen Umstände wie Ort und Zeit frei hinzukommen können. Die konkrete Baumdarstellung kann durch eine „virtuelle" ersetzt werden, in der die Knoten durch Kategoriennamen besetzt sind. Eine Hinführung zu Tesnière ist Weber 1992.

Die Abgrenzung zwischen obligatorischen und fakultativen Komplementen/Ergänzungen und Supplementen/Angaben im einzelnen war immer problematisch. Daher wird auch die Position vertreten, dass im Konzept der Valenz Verschiedenes zusammenfällt, etwa die Forderung nach einer bestimmten Zahl von Argumenten, nach bestimmten semantischen und formalen Eigenschaften der Argumentausdrücke etc. (Jacobs 1992). Mit Schumacher et al. 1986 und 2004 liegen mittlerweile ausgezeichnete Valenzwörterbucher mit expliziter Beschreibungssprache vor. Zur Valenz: Heringer/Strecker/Wimmer 1980: Kap. 3,4 (Einführung), Heringer 1978, 1993, 1993a, 1996; Kunze 1975; Engel 1994; Helbig/Schenkel 1991, Helbig 1992, Storrer 1992, Lobin 1993.

Offen bleibt u.a., in welchem Verhältnis die Satzstruktur, deren Zweck Tesnière im Ausdruck von Gedanken sieht, zur Bedeutungskomposition steht. Weiterhin fragt sich, wie man Koordination – von Tesnière mit dem Konzept der „Junktion" analysiert – in diesem Rahmen vernünftig beschreibt (dazu: Lobin 1993), ob und wie eine Phrasenebene zu integrieren ist (dazu Heringer 1996). Die Grundideen sind schon länger auch in anderen Ansätzen (z.B. bei Chomsky, Dik 1989, Hengeveld/Mackenzie 2008) zu finden.

Der Text von Chomsky beruht auf der *Prinzipien-und-Parameter-Syntax* und zeigt die Argumentationsweise dieser Richtung. Typisch für diese Syntax ist der Versuch, die Prinzipien des Phrasenaufbaus zu verallgemeinern und universell für alle Sprachen zu setzen, so dass möglichst wenige sprachspezifische Eigenschaften verbleiben, die zu lernen sind. Dazu wurde von Jackendoff die *X-Bar-Syntax* als stark eingeschränkte Variante der Phrasenstrukturgrammatik formuliert. Prinzipien sind:

(a) Jede Phrase (XP) hat genau einen *Kopf (head)* – Nomen (N) Verb (V) Adjektiv (A) Determinativ (D) Präposition (P) etc. – als strukturelles Zentrum, an dem die morphologischen Merkmale realisiert werden;

(b) Vom Kopf aus wird die Phrase in zwei Stufen hochprojiziert, so dass sich eine Schichtung mit *Komplement* (YP) als Schwester des Kopfes (X^0) und *Spezifizierer (specifier)* (YP) ergibt. Das Regelschema ist:

$$X^n \rightarrow \ldots X^m \ldots \text{ wobei: m = n-1 oder m = n}$$

Der Kopf regiert das Komplement, zwischen Kopf und Spezifizierer bestehen Formkorrespondenzen (z.B. Genus, Numerus, Kasus); möglich ist auch eine Rekursion (X' →...X'...) mit der *Adjunkte* (freie Angaben) (ZP) angefügt werden können:

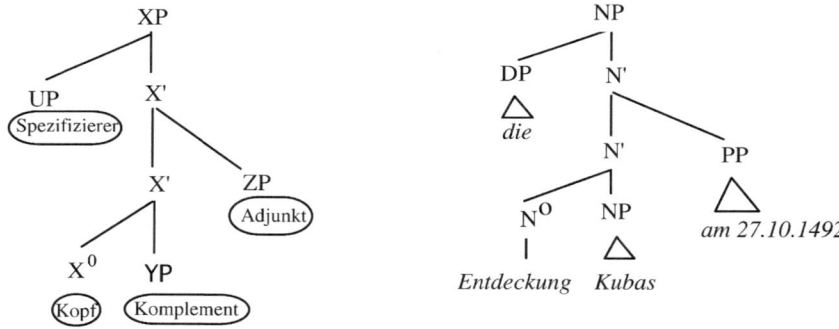

(c) Der Kopf steht (sprachspezifisch) immer am rechten oder linken Rand einer Konstituente;
(d) Alle Nicht-Köpfe sind Phrasen.

Solche Prinzipien gelten für alle Phrasen, einschließlich der Satz-Phrase. Sprachspezifische Phrasenstrukturregeln – wie früher üblich – sind unnötig. Das X-Bar-Schema gehört zu den universalgrammatischen Prinzipien. Zu lernen sind nur sprachspezifische Parameter, etwa wo der Kopf steht (am rechten oder linken Rand der Phrase). Ein restriktives System grammatischer Prinzipien gilt als bester Kandidat für die gesuchte Universalgrammatik. Das aber

Das Kapitel im Überblick 583

ist heute sehr umstritten, ebenso die formalen Eigenschaften (Kornai/Pullum 1990). Im aktuellen *Minimalismus-Programm* gibt bereits das Lexikon die Struktur vor und es wird eine Verkettungsoperation („*merge*") genutzt.

Schon aus Raumgründen können hier nicht der ganze methodische Apparat und die relevanten Teiltheorien vorgestellt werden. Lehrbücher: Fanselow/Felix 1987, Grewendorf/Hamm/Sternefeld 1988, Haegemann 1994, Ouhalla 1994, Radford 1988, v. Stechow/Sternefeld 1988. Grewendorf 2004 und Radford 2004 stellen die jüngste Phase der Chomsky-Syntax, das minimalistische Programm, vor. Zum Problem der Reduktion von Sprachtheorie auf Grammatiktheorie vgl. Kap. A.

Als Alternative zum Chomsky-Paradigma verstehen sich funktionale und kognitionsorientierte Ansätze. Dazu gehört z.B. die *Functional Grammar* – heute *Functional Discourse Grammar* –, die von dem früh verstorbenen Simon C. Dik begründet wurde (Dik 1989, 1997, Hengeveld/Mackenzie 2008). Die Perspektive der Funktionalen Pragmatik, die Sprache konsequent auf das Handeln gründet und die Grammatik strikt funktional aufbaut, repräsentiert der Text von Hoffmann (in diesem Kapitel), weitere Arbeiten dieser Richtung sind u.a. Ehlich (1986), Redder (1990), Rehbein (1992), Redder/Rehbein (1998), Hoffmann (2003, 2007) sowie die Teile A-C und H2 der Grammatik Zifonun/Hoffmann/ Strecker 1997. Grammatik erscheint hier als Systematik der Mittel sprachlichen Handelns.

Von „Konstruktionen" hat bereits Bloomfield gesprochen und sie als konstituiert durch zwei oder mehr Formen und grammatische Merkmale betrachtet (Kapitel E). Ein verallgemeinertes Konzept von Konstruktion hat die *Konstruktionsgrammatik/construction grammar*. Sie wurde in jüngerer Zeit in unterschiedliche Richtungen von Fillmore, Kay, Goldberg, Lakoff, Langacker, Croft entwickelt und hat stark an Bedeutung gewonnen. Außerhalb der engeren Grammatiktheorie wurde sie u.a. in der Spracherwerbsforschung (Tomasello) und in der Konversationsanalyse (Deppermann 2007) rezipiert. Einführend sind Wildgen (2008) und Fischer/Stefanowitsch (2006). Das Programm der Konstruktionsgrammatik hat Fillmore darin gesehen,

> „that it aims at describing the grammar of a language directly in terms of a collection of grammatical constructions each of which represents a pairing of a syntactic pattern with a meaning structure, and (2) that it gives serious attention to the structure of complex grammatical patterns instead of limiting its attention to the most simple and universal structures." (Fillmore 1987, zit. n. Wildgen 2008:147)

Der Text von Goldberg in diesem Kapitel charakterisiert die Programmatik, der Text von Tomasello zeigt, wie man mit einem gebrauchsorientierten, konstruktionsgrammatischen Ansatz den Erstspracherwerb erklären kann. Dabei greift er nicht auf angeborene Module oder Chomskys universalgrammatische Prinzipien zurück. Im gebrauchsorientierten („usage-based") Ansatz spielen Lernprozesse wie Induktion, Habitualisierung (dazu zeigt interessante Parallelen Bloomfield, Kapitel A), aber auch Analogie, mentale Modellierung und Verankerung („entrenchment") eine Rolle – Prozesse, die durch Vorkommensfrequenzen von Konstruktionen beeinflusst werden (vgl. dazu auch Diessel 2004). Grammatikerwerb ist eine Lerneraktivität im Rahmen sozialer Interaktionen, ausgehend von Mutter-Kind-Dyaden, erweitert auf Dritte und Objekte. Dabei werden Andere als intentional Handelnde erfahren, geteilte Intentionen fundieren sprachliche Kooperation. Dieser Beitrag von Tomasello ist mit seinem evolutions- und anthropologisch orientierten Text im Kapitel A (vgl. auch Tomasello 2009) sowie dem universalgrammatischen Ansatz von Chomsky (A) ins Verhältnis zu setzen.

Ausgehend von Problemstellungen der Phonologie haben Price/Smolensky (1993) die Optimalitätstheorie entwickelt. Sie wurde von der Silbenphonologie auch auf die Syntax übertragen. Im Zentrum stehen grammatische Regeln, ihre möglichen Konflikte und die dafür erforderlichen Beschränkungen. Die Beschränkungen der Realisierungsregeln sind geordnet und gelten als universell, sie können aber verletzt werden. Im Wettbewerb entscheidet sich aus äußeren Gründen, was optimal (grammatisch) ist. Müller zeigt in diesem Kapitel durch den Vergleich mit Straßenverkehrsregeln, wie diese Regelstruktur funktioniert; ausführliche Darstellungen sind Müller (2000) sowie Kager (1999), Sells (2001). Die Theorie setzt ein spezifisches Format grammatischer Regeln voraus, sie muss die Zahl möglicher Beschränkungen begrenzen und das Verhältnis zu anderen Theorien klären – kompatibel erscheint etwa die Lexical Functional Grammar von Bresnan (2001) et al., die das Lexikon und syntaktische Funktionen (Subjekt, Komplement) zentral stellt und auf Transformationen verzichtet.

Martin Haspelmath, der sich mit dem Sprachenvergleich unter dem Aspekt der Morphologie befasst, nimmt grundlegende Fragen dieses Kapitels wie auch des Kapitels A wieder auf und diskutiert an konkreten Beispielen und Simulationen zum Spracherwerb den Konflikt zwischen Universalgrammatik (Chomsky-Typ) und Konstruktivismus. Dabei fragt er, wo eigentlich Grammatik herkommt und bezieht sich auf die *Grammatikalisierungstheorie* (dazu: Lehmann 1995, Hopper/Traugott 1993, Diewald 1997, Heine/Kuteva 2002). Er argumentiert, dass grammatische Muster immer wieder neu (zyklisch) aus dem Sprechen, als Beiprodukte von Diskursen entstehen und Kompetenz aus Performanz resultiert, so dass eine angeborene Universalgrammatik nicht postuliert werden müsse.

Haspelmath plädiert für implikative Universalien, also: ‚Wenn eine Sprache Merkmal A hat, dann hat sie auch B', z. B.: ‚Hat sie Genus, hat sie auch Numerus'. Dies ist das Universale 36 von Joseph Greenberg, dessen bahnbrechender Aufsatz zu Universalien in der Grammatik in einem deutschen Auszug das Kapitel F abschließt. Der Afrikanist Greenberg (1915–2001) war der weltweit bekannteste Sprachtypologe und hat in Stanford große Universalienprojekte auf der Basis umfangreicher Korpora geleitet. Er hat versucht, für die wichtigsten Sprachgruppen der Welt Klassifikationen zu geben. Im vorliegenden Beitrag wie in anderen Arbeiten ist sein Ziel, Universalien empirisch zu fundieren, sie also nicht einfach aus philosophischen Annahmen über die Natur des Menschen etc. abzuleiten. Dabei bezieht er Wortfolge, Syntax und Morphologie ein. Der abgedruckte Auszug soll einen ersten Zugang zur nicht ganz einfachen Materie geben, so dass man dann (vielleicht in Verbindung mit Comrie 1992² oder Croft 2003²) zum Original greifen kann.

Greenberg unterscheidet absolute Universalien (jede Sprache besitzt Konsonanten und Vokale) von implikativen (wenn eine Sprache Flexion hat, hat sie auch Ableitung), die wechselseitig implikativ sein können (hat eine Sprache A, hat sie auch B, hat sie B, hat sie auch A), und statistischen (in Sprachen mit VSO-Stellung folgt meist das Adjektiv auf das Substantiv). Die implikativen Universalien haben sich als besonders geeignet erwiesen, ein sprachliches System in seinem Formaufbau generell zu charakterisieren. Sie besagen allerdings nicht, was überhaupt vorkommen kann und was nicht. Implikative Beziehungen spielen in der Typologie bis heute eine große Rolle. Wer sprachenvergleichend arbeiten möchte, wird sich mit Greenberg auseinandersetzen müssen (zu Greenberg: Haase 2001).

Ergänzend sei auf Einführungen zu anderen Ansätzen hingewiesen: zur *Generalized Phrase Structure Grammar (GPSG)*: Gazdar u.a. 1985, Bennett 1995; zur *Head-Driven Phrase Structure Grammar (HPSG)*: Pollard/Sag 1988, Kiss 1995; zur *Integrativen Sprachwissenschaft*: Lieb 1993; zur *Natürlichkeitstheoretischen Syntax:* Mayerthaler/Fiedl 1993; zur *Lexikalisch-Funktionalen Grammatik*: Kiss 1993; zur *Relationalen Grammatik*: Oppenrieder 1993.

Am Ende der Einleitung (s. 592 f.) finden sich Aufgaben zur Syntax.

Im Netz

http://home.edo.uni-dortmund.de/~hoffmann/Biblios/GrammSynt.html

Bibliographien

P. Eisenberg/A. Gusovius (1988²) Bibliographie zur deutschen Grammatik 1965–1986. Tübingen: Narr
P. Eisenberg/B. Wiese (1995³) Bibliographie zur deutschen Grammatik 1983–1994. Tübingen: Stauffenburg
H. Frosch/R. Schneider/B. Strecker (2004) Bibliographie zur deutschen Grammatik 1994–2002. Tübingen: Stauffenburg
H. Frosch/R. Schneider/B. Strecker (2008) Bibliographie zur deutschen Grammatik 2003–2007. Tübingen: Stauffenburg
Bibliografie zur deutschen Grammatik (BDG) des IDS: http://hypermedia.ids-mannheim.de/pls/public/bib.ansicht

Handbücher

D. Gerraerts/H. Cuyckens (Hg.)(2007) The Oxford Handbook of Cognitive Linguistics. Oxford: University Press
M. Haspelmath u.a. (Hg.) (2001) Language Typology and Language Universals. HSK 20.1–2. Berlin/New York: de Gruyter
L. Hoffmann (Hg.) (2007/2009) Handbuch der deutschen Wortarten. Berlin/New York: de Gruyter
J. Jacobs/A. v. Stechow/W. Sternefeld/Th. Vennemann (Hg.) (1993, 1995) Syntax, HSK 9.1 und 9.2. Berlin/New York: de Gruyter
A. Malchukow/A. Spencer (Hg.) (2008) The Oxford Handbook of Case. Oxford: University Press
H. Schumacher (Hg.) (1986) Verben in Feldern. Berlin: de Gruyter
H. Schumacher et al. (2004) VALBU – Valenzwörterbuch deutscher Verben. Tübingen: Narr
T. Shopen (Hg.)(1985) Language Typology and syntactic description. Volume I–III. Cambridge: University Press
T. Shopen (Hg.)(2007) Language Typology and syntactic description. Volume I–III. Cambridge: University Press

Einführungen, Überblicke, Kompendien

H. Altmann/S. Hahnemann (2002) Syntax fürs Examen. Wiesbaden: Westdeutscher Verlag
H. Altmann/U. Hofmann (2004) Topologie fürs Examen. Wiesbaden: Westdeutscher Verlag
P. Bennett (1995) A Course in Generalized Phrase Structure Grammar. London: University College Press
W. Boettcher (2009) Grammatik verstehen. Bd. I–III. Tübingen: Niemeyer
K. Brinker (1977) Modelle und Methoden der strukturalistischen Syntax. Stuttgart: Kohlhammer

B. Comrie (1992²) Language Universals and Linguistic Typology. Oxford: Blackwell
W. Croft (2003²) Typology and Universals. Cambridge: University Press
W. Croft/D. A. Cruse (2004) Cognitive Linguistics. Cambridge: University Press
C. Dürscheid (2006⁴) Syntax. Wiesbaden: Westdeutscher Verlag
U. Engel (1994³) Syntax der deutschen Gegenwartssprache. Berlin: Schmidt
B. Engelen (1984) Einführung in die Syntax der deutschen Sprache. Bd.1–2. Baltmannsweiler: Pädagog. Verlag
H.-W. Eroms (2000) Syntax der deutschen Sprache. Berlin/New York: de Gruyter
V. Evans/M. C. Green (2006) Cognitive Linguistics. An Introduction. Edinburgh: University Press
G. Fanselow/S.W. Felix (1993³) Sprachtheorie. Tübingen: Francke
K. Fischer/A. Stefanowitsch (Hg.)(2006) Konstruktionsgrammatik. Tübingen: Stauffenburg
K. Fischer/A. Stefanowitsch (Hg.)(2008) Konstruktionsgrammatik II. Tübingen: Stauffenburg
C. Gabriel/N. Müller (2008) Grundlagen der generativen Syntax. Französisch, Italienisch, Spanisch. Tübingen: Niemeyer
G. Gazdar et al. (1985) Generalized Phrase Structure Grammar. Oxford: Blackwell
A.E. Goldberg (1996) Construction Grammar. In: K. Brown/J.Miller(Hg.) Concise Encyclopedia of Syntactic Theories. Oxford: Pergamon, 68–71
G. Grewendorf (2002) Minimalistische Syntax. Tübingen: Francke (UTB)
H.J. Heringer/B. Strecker/R. Wimmer (1980) Syntax. München: Fink
N. Hornstein/J. Numez/K. Goldman (2005) Understanding Minimalism. Cambridge: University Press
O. Jungen/H. Lohnstein (2006) Einführung in die Grammatiktheorie. München: Fink
R. Kager (1999) Optimality theory. Cambridge: University Press
P. Kay (1997) Construction grammar. Stanford: CSLI, 123–131
T. Kiss (1995) Merkmale und Repräsentationen. Eine Einführung in die deklarative Grammatiktheorie. Opladen: Westdeutscher Verlag
P.R. Kroeger (2005) Analyzing Grammar. Cambridge: University Press
H.H. Lieb (1993) Integrational Linguistics. In: J. Jacobs et al. (1993), 430–468
H. Lohnstein (2006) Geschichte der Grammatiktheorie. Von Dionysius Thrax bis Noam Chomsky. München: Fink
P.M. Matthews (1993) Central Concepts of Syntax. In: J. Jacobs u.a. (1993) Syntax. Bd.1., 89–117
G. Müller (2000) Elemente der optimalitätstheoretischen Syntax. Tübingen: Stauffenburg
S. Müller (2007) Head-Driven Phrase Structure Grammar: eine Einführung. Tübingen: Stauffenburg
R. Musan (2008) Satzgliedanalyse. Heidelberg: Winter
W. Oppenrieder (1993) Relationale Grammatik. In: J. Jacobs et al. (Hg.) Syntax. Bd.1, 601–610
Th.E. Payne (1997) Describing Morphosyntax. Cambridge: University Press
Th.E. Payne (2006) Exploring Language Structures. Cambridge: University Press
J. Philippi (2007) Einführung in die generative Grammatik. Göttingen: Vandenhoek & Ruprecht

K. Pittner/J. Bermann (2004) Deutsche Syntax. Ein Arbeitsbuch. Tübingen: Narr
A. Radford (1988) Transformational Grammar. Cambridge: University Press
A. Radford (2004) Minimalist Syntax. Cambridge: University Press
A. Radford (2009) An Introduction to English Sentence Structure. Cambridge: University Press
K.H. Ramers (2007²) Einführung in die Syntax. München: Fink (UTB)
P. Schlobinski(2003) Grammatikmodelle. Positionen und Perspektiven. Göttingen: Vandenhoek und Ruprecht
W. Sternefeld (2006) Syntax. 2 Bd. Tübingen: Stauffenburg
R.D. van Valin (2001) An introduction to Syntax. Cambridge: University Press
Th. Vennemann/J. Jacobs (1982) Sprache und Grammatik. Darmstadt: Wiss. Buchgesellschaft
H.J. Weber (1992) Dependenzgrammatik. Tübingen: Narr
K. Welke (2007) Einführung in die Satzanalyse. Berlin/New York: de Gruyter
W. Wildgen (2008) Kognitive Grammatik. Berlin/New York: de Gruyter
A. Wöllstein-Leisten et al. (1997) Deutsche Satzstruktur. Tübingen: Stauffenburg

Ausgewählte Grammatiken

O. Behaghel (1928) Deutsche Syntax Bd.I–IV. Heidelberg: Winter
D. Biber/S. Johansson/G. Leech/S. Conrad/E.Finegan (2000) Longman Grammar of Spoken and Written English. London: Longman
H. Brinkmann (1962) Die Deutsche Sprache. Düsseldorf: Schwann
R. Carter/M. McCarthy (2006) Cambridge Grammar of English: A Comprehensive Guide. Spoken and Written English Grammar and Usage. Cambridge: University Press
Dudenredaktion (Hg.) (2009⁸) DUDEN. Grammatik der deutschen Gegenwartssprache. Mannheim: Dudenverlag
P. Eisenberg (2006) Grundriß einer deutschen Grammatik. Bd. 1–2. Stuttgart: Metzler
U. Engel (1988) Deutsche Grammatik. Heidelberg: Groos
H. Glinz (1973⁶) Die innere Form des Deutschen. Bern: Francke
S. Greenbaum (2006) Oxford English Grammar. Oxford: University Press
K.E. Heidolph/W. Flämig/W. Motsch et al. (1981) Grundzüge einer deutschen Grammatik. Berlin: Akademie
G. Helbig/J. Buscha (1991¹⁴) Deutsche Grammatik. Berlin: Langenscheidt
H.J. Heringer (1988) Lesen lehren lernen: Eine rezeptive Grammatik des Deutschen. Tübingen: Niemeyer
O. Jespersen (1909–1949) A modern English grammar on historical principles. Vol 1–7. London: Allen and Unwin
G. Leech/J. Svartvik (1994²) A communicative grammar of English. London: Longman
H. Paul (1920) Deutsche Grammatik Bd.I–V. Tübingen: Niemeyer
R. Quirk et al. (1985) A comprehensive grammar of the English language. London: Longman
Chr. Schwarze (1995²) Grammatik der italienischen Sprache. Tübingen: Niemeyer
H. Weinrich (1982) Textgrammatik der französischen Sprache. Stuttgart: Klett
H. Weinrich (1993) Textgrammatik der deutschen Sprache. Mannheim: Dudenverlag
G. Zifonun/L. Hoffmann/B. Strecker et al. (1997) Grammatik der deutschen Sprache. Berlin: de Gruyter

Grammatiktheorien

K. Ajdukiewicz (1935) Die syntaktische Konnexität. In: Studia Philosophica 1 (Warszawa), 1–28
J. Bresnan (2001) Lexical Functional Syntax. Oxford: University Press
K. Bühler (1934/1965) Sprachtheorie. Stuttgart: Fischer
N. Chomsky (1957/1973) Strukturen der Syntax. The Hague: Mouton
N. Chomsky (1965/1969) Aspekte der Syntax-Theorie. Frankfurt: Suhrkamp
N. Chomsky (1981) Lectures on Government and Binding. Dordrecht: Foris
N. Chomsky (1986/1996) Probleme sprachlichen Wissens. Weinheim: Beltz
N. Chomsky (1995) The Minimalist Program. Cambridge: MIT
N. Chomsky (2000) New Horizons in the Study of Language and Mind. Cambridge: University Press
N. Chomsky (2000a) The architecture of Language. Oxford: University Press
N. Chomsky (2002) On Nature and Language. Cambridge: University Press
W. Croft (2001) Radical Construction Grammar. Oxford: University Press
S.C. Dik (1989) The Theory of Functional Grammar. Part I. Berlin: Mouton de Gruyter
S.C. Dik (1997) The Theory of Functional Grammar. Part II. Berlin: Mouton de Gruyter
R.M.W. Dixon (2009) Basic Linguistic Theory. Vol I–II. Oxford: University Press
Ch. Fillmore/P. Kay/L.Michaelis(2008) Construction Grammar. Stanford: CSLI
G. Gazdar/E. Klein/I. Sag (1985) Generalized Phrase Structure Grammar. Oxford: Blackwell
T.S. Givón (2001/2002) Syntax. Vol I–II. Amsterdam: Benjamins
A. Goldberg (1995) Constructions: A Construction Grammar Approach to Argument Structure. Chicago: The University of Chicago Press
A. Goldberg (2005) Constructions at Work: The Nature of Generalization in Language. Oxford: University Press
D.G. Hays (1964) Dependency Theory. In: Language 40, 511–525
K. Hengeveld/J.L. Mackenzie (2008) Functional Discourse Grammar. Oxford: University Press
G. Lakoff (1987) Women, Fire and Dangerous Things. Chicago: University Press
R.W. Langacker (1987) Foundations of Cognitive Grammar. Bd. 1. Theoretical Prerequisites. Stanford: Stanford University Press
R.W. Langacker (1991) Foundations of Cognitive Grammar. Bd. 2. Descriptive Application. Stanford: Stanford University Press
R.W. Langacker (2001) Concept, Image, and Symbol. The Cognitive Basis of Grammar. Berlin: Mouton de Gruyter
R.W. Langacker (2008) Cognitive Grammar. An Introduction. Oxford: University Press
C.J. Pollard/I.A. Sag (1994) Head-Driven Phrase Structure Grammar. Chicago: University Press
A. Prince/P. Smolensky (1993/2004) Optimality Theory. Oxford: Blackwell
L. Tesnière (1980) Grundzüge der strukturalen Syntax. Stuttgart: Klett-Cotta
R.S. Wells (1947) Immediate Constituents. In: Language 23, 81–117

Ausgewählte Arbeiten zur Grammatik

M. C. Baker (2001) The Atoms of Language. New York: Basic Books
W. Buszkowski/W. Marciszewski/J. van Bentham (1988) Categorial Grammar. Amsterdam: Benjamins
A. Deppermann (2007) Grammatik und Semantik aus gesprächsanalytischer Sicht. Berlin/New York: de Gruyter
H. Diessel (2004) The Acquisition of Complex Sentences. Cambridge: Cambridge University Press
G. Diewald (1997) Grammatikalisierung. Tübingen: Niemeyer
R. M. W. Dixon (1994) Ergativity. Cambridge: University Press
R. M. W. Dixon/A. Y. Aikhenvald (Hg.)(2002) Word. A Cross-Linguistic Typology. Cambridge: University Press
E. Drach (1937/1963) Grundgedanken der deutschen Satzlehre. Darmstadt: Wiss. Buchgesellschaft
K. Ehlich (1986) Interjektionen. Tübingen: Niemeyer
N. J. Enfield (Hg.) (2004) Ethnosyntax: Explorations in Grammar and Culture. Oxford: University Press
T. S. Givón (2002) Bio-Linguistics. Amsterdam: Benjamins
G. Grewendorf (1988) Aspekte der deutschen Syntax. Tübingen: Narr
S. Günthner/W. Imo (Hg.)(2006) Konstruktionen in der Interaktion. Berlin: de Gruyter
M. Haase (2001) Sprachtypologie und Universalienforschung bei Joseph H. Greenberg. In: M. Haspelmath u.a.(Hg.) Language Typology and Language Universals, 280–283
H. Haider (1993) Deutsche Syntax – generativ. Tübingen: Narr
J. A. Hawkins (1983) Word order universals. New York: Academic Press
J. A. Hawkins (2004) Efficiency And Complexity In Grammars. Oxford: University Press
B. Heine/T. Kuteva (2002) World Lexicon of Grammaticalisation. Cambridge: University Press
G. Helbig (1992) Probleme der Valenz- und Kasustheorie. Tübingen: Niemeyer
G. Helbig/W. Schenkel (1991[8]) Wörterbuch zur Valenz und Distribution deutscher Verben. Tübingen: Niemeyer
H. J. Heringer (1996) Deutsche Syntax Dependentiell. Tübingen: Stauffenburg
L. Hoffmann (Hg.)(1992) Deutsche Syntax. Berlin: de Gruyter
L. Hoffmann (1996) Satz. In: Deutsche Sprache 3, 193–223
L. Hoffmann (Hg.)(2003) Funktionale Syntax. Berlin/New York: de Gruyter
P. J. Hopper/E. C. Traugott (1993) Grammaticalization. Cambridge: University Press
W. Imo (2007) Construction Grammar und Gesprochene-Sprache-Forschung: Konstruktionen mit zehn matrixsatzfähigen Verben im gesprochenen Deutsch. Tübingen: Niemeyer
R. S. Jackendoff (2002) Foundations of Language. Oxford: University Press
E. König/V. Gast (20082) Understanding English-German Contrasts. Berlin: Schmidt
J. Kunze (1975) Abhängigkeitsgrammatik. Berlin: Akademie
R. W. Langacker (1986) Foundations of Cognitive Grammar I. Stanford: University Press

R.W. Langacker (1991) Foundations of Cognitive Grammar II. Stanford: University Press
Chr. Lehmann (1995) Thoughts on Grammaticalisation. München: Lincom
P.H. Matthews (2007) Syntactic Relations. Cambridge: University Press
A. Redder (1990) Grammatiktheorie und sprachliches Handeln. Tübingen: Niemeyer
J. Rehbein/C. Hohenstein/L. Pietsch (Hg.)(2007) Connectivity in Grammar and Discourse. Amsterdam: Benjamins
J. Ries (1931/1967) Was ist ein Satz? Darmstadt: Wiss. Buchgesellschaft
R.G. Schneider/G. Uhlig u.a. (Hg.)(1961) Grammatici Graeci. 6 Bd. Hildesheim: Olms
M. Schwarz-Friesel/M.Consten/M. Knees (Hg.)(2007) Anaphors in Text. Amsterdam: Benjamins
P. Sells (2001) Formal and Empirical Issues in Optimality Theoretic Syntax. Stanford: CSLI Publications
J.R. Taylor (2002) Cognitive Grammar. Oxford: University Press
M. Tomasello (2009) Die Ursprünge der menschlichen Kommunikation. Frankfurt: Suhrkamp

Grammatikalisierung

G. Diewald (1997) Grammatikalisierung. Tübingen: Niemeyer
B. Heine/T. Kuteva (2002) World Lexicon of Grammaticalisation. Cambridge: University Press
P.J. Hopper/E.C. Traugott (2006²) Grammaticalization. Cambridge: University Press
C. Lehmann (1995) Thoughts on Grammaticalisation. München: Lincom
E. Leiss (2000) Artikel und Aspekt. Berlin/New York: de Gruyter
R. Szczepaniak (2009) Grammatikalisierung im Deutschen. Tübingen: Narr
E. Traugott/B. Heine (Hg.)(1991) Approaches to Grammaticalisation. Vol I–II. Amsterdam: Benjamins
I. Wischer/G. Diewald (Hg.)(2002) New Reflections on Grammaticalisation. Amsterdam: Benjamins

Sprachen der Welt, Sprachtypologie

B. Comrie (Hg.)(1987) The World's Major Languages. London: Routledge
B. Comrie (1991²) Language Universals and Linguistic Typology. Oxford: Blackwell
W. Croft (2003²) Typology and Universals. Cambridge: University Press
R.M.W. Dixon (1972) The Dyirbal language of North Queensland. Cambridge: University Press
R.M.W. Dixon (2002) Australian Languages. Cambridge: University Press
T.S. Givón (2001²) Syntax. Vol I-II. Amsterdam: Benjamins
J.H. Greenberg (1990) On Language. Stanford: University Press
H. Haarmann (2002²) Kleines Lexikon der Sprachen. München: Beck
H. Haarmann (2006) Weltgeschichte der Sprachen. München: Beck
B. Heine/T.C. Schadberg/E. Wolff (Hg.)(1981) Die Sprachen Afrikas. Hamburg: Buske

B. Heine/D. Nurse (Hg.)(2000) African Languages. Cambridge: University Press
B. Heine/T. Kuteva (2002) World Lexicon of Grammaticalisation. Cambridge: University Press
J.H. Holst (2005) Einführung in die eskimo-aleutischen Sprachen. Hamburg: Buske
A. Lyovin (1997) An Introduction to the Languages of the World. Oxford. University Press
M. Mithun (1999) The Languages of Native North America. Cambridge: University Press
T. Shopen (Hg.)(2007) Language Typology and syntactic description. Vol 1–3. Cambridge: University Press

Im Netz:

Atlas bedrohter Sprachen: http://www.unesco.org/culture/ich/index.php?pg=00139

The World Atlas of Language Structures online: http://www.livingreviews.org/wals/index

Aufgaben zur Syntax

1. Was unterscheidet zweite verbesserte Auflage von zweite, verbesserte Auflage?
2. Bestimmen Sie die eingeklammerten Ausdrücke:
   (1) [Peters] Auftritt [war] ein [großer] Erfolg.
   (2) [Leider] hat Hannes [in der Schule] [kein Latein gelernt].
   (3) [Als es regnete], nahm [sie] die S-Bahn.
   (4) Sie hat [sogar] grüne Tomaten gegessen.
   (5) Sie will [– soweit ich weiß –] in Hamburg studieren.
   (6) [Das Land [, aus dem sie kommt],] ist groß.
   (7) [Dieses Buch [von Bloomfield]] muss man lesen.
   (8) [Es] kam [ein Pferd] herein und ging [an die Theke].
   (9) [Seinem Freund] hat er [nichts] verraten.
   (10) Petra ist [Bäckerin], weil sie frische Brötchen mag.
   Welche Typen von Phrasen kommen vor? Können Sie Satzfunktionen (Satzglieder) zuordnen? Welche Ausdrücke sind vom Verb gefordert (Ergänzungen/Komplemente)?
3. Markieren Sie die Phrasen durch eckige Klammern:
   (11) Die Amerikanerin Heather Mills hat ihren vor 14 Tagen begonnenen Hungerstreik in Bagdad gegen das amerikanische Engagement auf Wunsch des Präsidenten beendet.
   (12) Gestern um drei Uhr beendeten sie im Raum 7 die Arbeit pünktlich.
   (13) Im Flur diskutierten sie stundenlang die Frage des Streiks.
4. Zeichnen Sie einen Konstituentenstrukturbaum und einen Dependenzbaum zu:
   (14) Der Briefträger brachte mir ein Einschreiben.
   (15) Am Ende vergaß er die Unterschrift.
   (16) ...weil Bayern das Spiel gewonnen hat.
   (17) Die Brigitte Meier, die kommt heute nicht zur ersten Stunde.

5. Sind die folgenden Sätze mehrdeutig? Inwiefern?
   (18) Man nehme Öl oder Butter und Sahne.
   (19) Wir möchten ihren Beitrag in den USA publizieren.
   (20) Hans hat bei Müller einen Computer gekauft. Der bringt es.
6. Untersuchen Sie die Varianten: Welche Bezüge ergeben sich?
   (21) Der Beamte verlangte den Ausweis zerstreut/ aufgeschlagen/ laut.
7. Was bestimmt die Stellungsfolge im Deutschen?
   (22) Sie geht zum Seminar.
   (23) Sie ist zum Seminar gegangen.
   (24) ...weil sie zum Seminar gegangen ist.
   (25) Geh bloß zum Seminar
   (26) Wär ich doch zum Seminar gegangen! Ich hätte die Klausur bestanden.
9. Was fällt Ihnen syntaktisch am Jiddischen – der dem Deutschen nächsten Sprache – auf?
   (27) Wir hobn geeffnt doss Fenster.
   (28) Er soll kennen main herz hejln?

H. Paul

Deutsche Grammatik III:
- **Einleitung**
- **Aufbau des einfachen Satzes**

Einleitung

§ 1. Die Syntax ist ein Teil der Bedeutungslehre, und zwar derjenige, was schon das Wort besagt, dessen Aufgabe es ist, darzulegen, wie die einzelnen Wörter zum Zwecke der Mitteilung zusammengeordnet werden. Durch solche Zusammenordnung wird erst der Zweck der Sprache erfüllt. Das einzelne Wort, ohne irgendwelche Beziehung ausgesprochen, kann nichts weiter leisten, als daß dadurch in der Seele des Hörenden die ihm schon vertraute Bedeutung, die früher an dasselbe angeknüpften Vorstellungen erregt und ev. ins Bewußtsein gerufen werden. Etwas Neues kommt dabei nicht hinzu. Damit eine Mitteilung zustande kommt, muß die durch ein Wort ins Bewußtsein gerufene Vorstellung erst an eine andere angeknüpft werden. Dies geschieht in der Regel dadurch, daß mindestens ein zweites Wort hinzugefügt wird, so daß nun durch die Verbindung der Wörter eine Beziehung zwischen den früher daran angeknüpften Vorstellungen hergestellt wird. Allerdings kann eine Mitteilung, wie wir noch weiterhin genauer sehen werden, auch durch das Aussprechen eines einzelnen Wortes gemacht werden. Aber auch dann muß die Vorstellung, welche die Bedeutung des Wortes ausmacht, an eine andere unausgesprochene angeknüpft werden, die durch die Situation gegeben ist. Wenn z.B. jemand den Angst- und Hilferuf *Diebe* ausstößt, so will er, daß der Allgemeinbegriff *Diebe* mit einer von ihm in dem Augenblick gemachten Wahrnehmung in Beziehung gesetzt werde. Wenn der Kommandoruf *Marsch* ertönt, so soll ihn eine bestimmte Gruppe von Menschen auf sich beziehen. Es darf überhaupt nicht übersehen werden, daß zum Verstehen des Gesprochenen die Situation vieles beiträgt und daß daher der Sprechende, weil er mit der Ergänzung durch die Situation rechnet, vieles unausgesprochen läßt. Zu der äußeren Situation kann Tätigkeit des Sprechenden hinzutreten, Mienen und Gebärden, besonders hinweisende. Es ist ein verhängnisvoller Irrtum, wenn man meint, daß der Sprachforscher sich um solche unausgesprochenen Momente nicht zu kümmern brauche. Ohne Berücksichtigung derselben ist nicht nur die Sprechtätigkeit, sondern auch die Sprachentwicklung nicht zu verstehen.

§ 2. Die Mittel, deren sich die Sprache bedient, um die Verknüpfung der Wörter und der an sie angeschlossenen Vorstellungsmassen zum Ausdruck zu bringen, sind die folgenden:

1. Die Aneinanderreihung der Wörter an sich, wobei es dem Hörer überlassen bleiben kann, die Art der Beziehung hinzuzudenken.

2. Die Stellung der Wörter. Diese ist ursprünglich nur durch psychologische Momente bedingt. Sie kann aber allmählich durch die Tradition mehr oder weniger an feste Normen gebunden werden, von denen keine Abweichung gestattet ist. Es können auch durch verschiedene Stellung verschiedene Beziehungen ausgedrückt werden, vgl. *du bist krank – bist du krank?*

3. Die Abstufung des Stimmtones. Diese ist nach Mundarten verschieden. Syntaktische Bedeutung hat sie im Deutschen wie in anderen Sprachen insofern, als sie den Abschluß eines Satzes, einer Periode durch Senken der Stimme bezeichnet. Nur beim Fragesatz wird die Stimme am Schluß erhoben, eben weil er so wenig wie der Vordersatz einer Periode einen Abschluß hat, den erst die Antwort bringen soll.

4. Die Abstufung in der Tonstärke. Es handelt sich für die Syntax, worauf schon II, § 16 hingewiesen ist, um die Abstufung zwischen den Sonanten der innerhalb des einzelnen Wortes stärkst betonten Silben. Die Abstufung der Stärke ist ebenso wie die der Höhe nur an lebenden Sprachen unmittelbar zu beobachten. In der schriftlichen Aufzeichnung sind ja mitunter Akzentzeichen angebracht, aber diese sind doch immer nur ein unvollkommener Behelf, am unvollkommensten zur Kenntlichmachung des Satzakzents. Für unsere ältere Sprache leistet die Akzentuation Notkers einiges Wenige. Mehr ergibt sich indirekt aus der Beobachtung der Lautentwicklung. Insbesondere erkennt man an der Lautreduktion die Proklisis und Enklisis. Außerdem kann man mit ziemlicher Sicherheit annehmen, daß zu allen Zeiten gewisse psychologische Bedingungen bestimmend gewesen sind. Immer wird das neu Hinzutretende stärker betont als dasjenige, was schon vorher im Bewußtsein des Sprechenden und Hörenden vorhanden oder wenigstens der Schwelle des Bewußtseins nahe ist. Ferner fällt ein stärkerer Ton auf die Wörter, die in Gegensatz zueinander gestellt werden. Daneben muß man aber damit rechnen, daß sich traditionelle Gewohnheiten gebildet haben, die nach Sprachen und Zeiten verschieden sind.

5. Das Tempo der Rede. Dies ist natürlich vom Temperament der Nationen und der Einzelnen abhängig und von der wechselnden Gemütsstimmung. Für die Syntax kommt es nur soweit in Betracht, als zwischen den einzelnen Teilen einer Äußerung, eine Abstufung in bezug auf Schnelligkeit stattfindet. Im allgemeinen ist das Tempo um so rascher, je geringer die Tonstärke ist. Unter das Tempo kann man auch die Pausen einbegreifen. Durch diese wird

nicht nur eine längere Rede, sondern auch eine Periode, ein einzelner Satz von einiger Länge gegliedert, in dem immer das näher Zusammengehörige von dem Übrigen abgesondert wird. Für die Niederschrift verwendet man zur Veranschaulichung der Gliederung Interpunktionszeichen. Unsere herkömmlichen Zeichensetzung entspricht aber keineswegs immer den in der gesprochenen Rede gemachten Pausen und der dadurch angedeuteten wirklichen syntaktischen Gliederung. Umfänglichere Sätze werden durch Pausen geteilt, die nicht durch die Interpunktion bezeichnet werden. Nehmen wir z. B. Uhlands Sängerliebe, so finden sich darin eine Anzahl solcher Pausen, die mit dem Versschluß zusammenfallen. *In den Talen der Provence Ist der Minnesang entsprossen. Blütenglanz und süße Stimme Konnt' an ihm den Vater zeigen* u. so f. Umgekehrt pflegt man Wörter, die kopulativ ohne ein *und* aneinander gereiht werden, durch ein Komma zu trennen, ohne daß zwischen ihnen eine Pause gemacht würde, vgl. *Männer, Weiber, Kinder* oder *alles rennet, rettet, flüchtet*. Insbesondere hat die falsche Lehre, daß der sogenannte zusammengesetzte Satz zunächst in Haupt- und Nebensatz zu zerlegen sei, einen Widerspruch zwischen Interpunktion und syntaktischer Gliederung hervorgerufen, infolge wovon Sprechpausen und Komma nicht zusammenfallen. So schließt sich ein Relativsatz, wenn er zur Bestimmung eines Nomens dient, ohne Pause an dasselbe an, vgl. *sie wußten es alle – außer dem Manne, der gestern nicht in der Versammlung war*.

6. Wörter, die wir als Verbindungswörter bezeichnen können. Es gibt solche, deren Funktion ausschließlich darin besteht, das Verhältnis zwischen zwei Wörtern oder Wortgruppen zu kennzeichnen, wie insbesondere Präpositionen und Konjunktionen, daneben solche, die außerdem noch einen selbständigen Begriff bezeichnen, wie demonstrative und relative Pronomina und Adverbia.

7. Flexion. Diese dient einerseits dazu, das Verhältnis eines Wortes zu anderen zu charakterisieren, anderseits die Zusammengehörigkeit mehrerer Wörter vermittelst der Kongruenz anzudeuten.

Die Mittel 6 und 7 sind immer erst das Ergebnis einer langen stufenweisen Entwickelung. Sie sind durch die Tradition festgelegt und verschieben sich nur langsam. Dagegen sind die Mittel 1–5 schon auf den primitivsten Entwickelungsstufen der Sprache wirksam; sie bleiben es auch auf den höheren Entwickelungsstufen, ohne daß die Tradition mitzuwirken braucht. Sie bringen daher in die syntaktischen Verhältnisse eine größere Beweglichkeit.

Zu den Ausdrucksmitteln der Sprache kann auch der Gefühlston gerechnet werden. Doch wie bedeutsam derselbe auch für den Eindruck auf den Hörer ist, wie sehr dadurch namentlich die Tonhöhe und das Tempo modifiziert werden, so kann man doch nicht sagen, daß darin die Beziehung der Wörter zueinander Ausdruck findet. Dagegen muß noch einmal hervorgehoben werden, daß in der Syntax neben der Beziehung zwischen Ausgesprochenem auch die Beziehung von Nichtausgesprochenem berücksichtigt werden muß.

§ 3. In neuerer Zeit hat man versucht, manches aus der Syntax auszuscheiden, was man ihr früher unbedenklich zugewiesen hat. Ich kann nicht finden, daß damit etwas gewonnen ist. Selbst wenn wirklich Einiges in der Syntax behandelt sein sollte, was streng genommen nicht hinein gehört, so wäre das doch kein großes Unglück, zumal wenn dasselbe sonst nirgends in der grammatischen Darstellung untergebracht werden kann. In Wahrheit aber sind die Ausscheidungen zumeist ganz ungerechtfertigt. Daß die Lehre von der Bedeutung der Kasus in die Syntax gehört, sollte doch nicht bestritten werden; sie haben ja gar keine andere als eine syntaktische Funktion. Der Numerus des Subst. ist zwar an sich nichts Syntaktisches, aber die Lehre von der Kongruenz im Numerus gehört zweifellos in die Syntax; und die Bildung der Pluralformen von Adjektiven hat nur einen syntaktischen Zweck. Soll man die Formen des Verb. fin., soweit sie für sich ohne ein besonders ausgedrücktes Subj. stehen, von der Behandlung in der Syntax ausschließen, weil es sich dabei um ein einzelnes Wort, nicht um eine Verknüpfung mehrerer Wörter handelt? Es wird doch nicht bezweifelt, daß die Personalendungen aus selbständigen Wörtern entstanden sind, die als Subjekte einem Prädikate enklitisch angefügt sind. Und die nämlichen Formen werden doch auch in der Verbindung mit selbständigen Subjekten gebraucht, worüber zweifellos in der Syntax zu handeln ist. Kann es zweckmäßig sein, die Betrachtung der einen Gebrauchsweise von derjenigen der andern zu trennen? Muß nicht vielmehr ihr wechselndes Verhältnis zueinander dargestellt werden? Der Unterschied zwischen Aktivum und Passivum oder Medium beruht auf einer verschiedenen Beziehung des Subj. zum Präd., ist also etwas durchaus Syntaktisches. Auch die Behandlung des Tempus kann nicht von der Syntax ausgeschlossen werden. Der Verbalbegriff an sich kann nicht in die Vergangenheit oder Zukunft verlegt werden, sondern nur die Verknüpfung desselben mit einem Subj. Außerdem wird durch die Zeitbestimmung ein Verhältnis zum Redenden ausgedrückt, dazu häufig noch ein Verhältnis zwischen mehreren einander beigeordneten oder zwischen einem über- und einem untergeordneten Satze. Ähnlich verhält es sich mit dem Modus. Wenn daher neuerdings in manchen angesehenen Grammatiken die Darlegung der Bedeutung der Flexionsformen in die Flexionslehre im alten Sinne eingereiht ist, so kann ich das nicht als einen Gewinn betrachten. Die Darstellung der äußeren Lautgestalt der Formen hat diese Verbindung nicht nötig, weil man ihr ein allerdings der Syntax entnommenes Schema mit fester Terminologie zugrunde legen kann. Eine Darstellung der Funktion aber kann nur dann befriedigend gegeben und verstanden werden, wenn vorher die Grundbegriffe der Satzbildung auseinandergesetzt sind.

> Anm. Vgl. J. Ries, „Was ist Syntax?" Marburg 1894; dazu R. Pestalozzi, „Systematik der Syntax", Leipzig 1903 (Teutonia, Heft 12); R. Blümel, „Einführung in die Syntax" (Idg. Bibliothek II, Bd. 6), Heidelberg 1914.

[...]

Kap. 1.
Aufbau des einfachen Satzes

Allgemeines

§ 6. Die sprachliche Mitteilung erfolgt in Sätzen. Der Begriff „Satz" ist freilich nicht so einfach zu bestimmen, und sehr verschiedene Definitionen sind aufgestellt. Es scheint mir noch immer am geratensten, die Definition zugrunde zu legen, die ich in meinen Prinzipien Kap. VI aufgestellt habe: Der Satz ist der sprachliche Ausdruck, das Symbol dafür, daß die Verbindung mehrerer Vorstellungen oder Vorstellungsmassen in der Seele des Sprechenden sich vollzogen hat, und das Mittel dazu, die nämliche Verbindung der nämlichen Vorstellungen in der Seele des Hörenden zu erzeugen. Man könnte noch hinzufügen, daß eine Äußerung, um als Satz anerkannt zu werden, etwas Abgeschlossenes, um seiner selbst willen Ausgesprochenes sein muß, da sonst die Definition auch auf die Verbindung eines Wortes mit einer Bestimmung wie *gute Leute* anwendbar wäre. Sobald man aber diesen Zusatz in die Definition aufnimmt, darf man nicht mehr von Nebensätzen reden. Denn der Nebensatz ist doch nichts Selbständiges, er hat keine andere Funktion als die eines Satzgliedes, das nur aus einem einzelnen Worte zu bestehen braucht, oder auch nur die eines Teiles von einem Satzgliede, innerhalb dessen er als Bestimmung dient. So hat in der Gruppe *der Mann, der mich gestern besucht hat* der Nebensatz die gleiche Funktion wie *gute* in der Gruppe *gute Leute*. Das Wort „Nebensatz" zeigt, daß hier ein anderer Begriff von Satz hineinspielt, wonach das Vorhandensein eines Verbums in einer zusammengehörigen Wortgruppe als Kennzeichen gilt. Es hängt dies mit dem Vorurteil zusammen, daß ein Verbum notwendiger Bestandteil eines Satzes sei. Hat man sich einmal von diesem Vorurteile befreit, so wird man um so klarer einsehen, daß zwischen einem Nebensatz und einem anderen Satzgliede oder einer anderen Bestimmung kein prinzipieller Unterschied ist, nur daß der Nebensatz eine reichere Entfaltung gestattet, indem er alle Bestandteile des selbständigen Satzes in sich aufnehmen kann. Das Wort „Nebensatz" hat noch zu einem andern Irrtum verleitet. Man stellt ihm den „Hauptsatz" gegenüber, und es ist eine verbreitete Ansicht, daß ein zusammengesetzter Satz zunächst in einen Hauptsatz und einen oder mehrere Nebensätze zu zerlegen sei. Das entspricht nicht nur oft nicht der wirklichen Gliederung, indem der Nebensatz in vielen Fällen nicht ein Glied, sondern nur eine Bestimmung innerhalb eines Gliedes ist; sondern der sogenannte Hauptsatz ist oft gar kein Satz. In dem Sprichwort *wer wagt, gewinnt* ist *gewinnt* nur ein Prädikat. Ebenso würde in einem Satze wie *daß es ihm leid tut, ist wahrscheinlich* dem *ist wahrscheinlich* das in einem Satze unbedingt nötige Subj. fehlen. Setzen wir dafür *glaube ich* ein, so wäre darin zwar grammatisches Subj. und Präd. enthalten, aber es wäre inhaltsleer, ohne den als grammatisches Obj. dienenden Nebensatz. Nehmen wir einen Satz wie *ich werde ihm verzeihen, wenn er mich darum bittet*, so würde zwar nach Abtrennung des Bedingungssatzes noch ein in sich geschlossener Satz übrig bleiben, aber dieser würde einen wesentlich andern Sinn haben als mit dem Bedingungssatze.

Anm. 1. Wundt behauptet, daß der Satzbildung immer eine Gesamtanschauung vorangehe, die dann im Satze gegliedert werde, eine Ansicht, die sich sogleich manche Sprachforscher angeeignet haben. Daß dieselbe für die wenigsten wirklich vorkommenden Sätze zutrifft, glaube ich in meinen Prinzipien a. a. O. gezeigt zu haben.

Anm. 2. Man hat behauptet, daß es außer dem Satze noch andere Formen sprachlicher Mitteilung gebe. Als Beweis dafür führt man z.B. den Titel eines Buches an. Hiergegen ist zu erinnern, daß der Titel an sich überhaupt keine Mitteilung sein würde, daß er zur Mitteilung erst durch die Beziehung auf den Inhalt des Buches wird. Titel und Inhalt verhalten sich nicht anders als wie Subj. und Präd. in dem § 7 auseinandergesetzten Sinne. Das Gleiche gilt natürlich von Kapitelüberschriften, Inhaltsangaben usw., auch für Aufzählung der Teile eines Ganzen.

§ 7. Ein Satz besteht daher mindestens aus zwei Gliedern. Diese verhalten sich nicht gleich. Das eine vertritt die Vorstellung oder Vorstellungsgruppe, die zuerst in der Seele des Sprechenden vorhanden ist, das andere die daran neu angeknüpfte. Die erstere bezeichnen wir als das psychologische Subjekt, die letztere als das psychologische Prädikat. Diese brauchen nicht mit dem grammatischen Subj. oder Präd. identisch zu sein. Die grammatischen Kategorien sind zwar aus den psychologischen entwickelt, aber jene können nicht mehr wie diese für jede Art von Beziehung verwendet werden, sondern sie sind auf eine Auswahl eingeschränkt, während für andere sich speziellere Ausdrucksformen ausgebildet haben. So sind in den Sätzen *mich friert* (vorher auch *ich friere*), *mir graut, aller guten Dinge sind drei* die verschiedenen Kasusformen *mich, mir, aller guten Dinge* die psychologischen Subjekte. Weiterhin brauchen, wie wir noch im einzelnen sehen werden, die grammatischen Subjekte oder Prädikate nicht psychologische Subjekte der Prädikate zu sein.

> Anm. Mit der Auffassung, daß zum Satze zwei Glieder erforderlich sind, stehen die aus einem Worte bestehenden Sätze wie die oben erwähnten *Diebe, Marsch* nur scheinbar im Widerspruch. In diesen ist das eine Glied aus der Situation zu entnehmen. Nur indem ein unausgesprochenes Glied hinzugedacht wird, erlangen derartige Äußerungen Satznatur.

§ 8. Das psychologische Präd. ist daran zu erkennen, daß es den stärksten Ton im Satze trägt. Das wird von jeher so gewesen sein. Das Subj. kann nur dadurch die gleiche Stärke erhalten, daß es zu dem Subjekte eines andern Satzes in Gegensatz gebracht wird. Die Stellung wird von Anfang an eine wechselnde gewesen sein. Denn wenn auch die Subjektvorstellung in der Seele des Sprechenden das Frühere ist, so kann es doch sein, daß sich ihm in dem Augenblicke, wo er zu reden beginnt, die Prädikatsvorstellung als das bedeutsamere Neue zuerst hervordrängt, was besonders bei erregter Stimmung der Fall sein wird.

§ 9. Wie die Wörter sich auf allgemeine Begriffe oder auf etwas konkretes Einzelnes beziehen können, so verhält es sich auch mit den Sätzen, die wir daher in abstrakte und konkrete einteilen können. Der Unterschied findet gewöhnlich keinen sprachlichen Ausdruck, vgl. *der Mensch ist sterblich, ein Säugetier – der* (= dieser) *Mensch ist mir widerwärtig, ein Lügner*. Dabei hängt die Natur des Satzes von der Natur des psychologischen Subjektes ab. Bezeichnet dasselbe etwas Konkretes, so kommt noch ein Unterschied in Betracht, der gleichfalls meist keinen sprachlichen Ausdruck findet, indem das Präd. einen vorübergehenden Zustand oder eine bleibende Eigenschaft, einen einmaligen Vorgang oder einen sich regelmäßig wiederholenden bezeichnen kann. So kann *Müller trinkt* bedeuten, daß M. eben jetzt eine Flüssigkeit zu sich nimmt, aber auch, daß er ein Gewohnheitstrinker ist.

§ 10. Wir teilen die Sätze in Aussage-, Aufforderungs- und Fragesätze. Unter der neutralen Bezeichnung Aufforderung begreifen wir Bitte, Gebot, Verbot, Warnung, Erlaubnis, Zugeständnis, die sich durch den Gefühlston, aber nicht durch die syntaktische Fügung unterscheiden. Auch bloßer Wunsch kann sich in die Form der Aufforderung kleiden, vgl. *dein Wille geschehe*. Unrichtig ist es, wenn man einen Satz wie *du sollst nicht töten* als Aufforderungssatz bezeichnet, weil er mit *töte nicht* synonym ist. Es wird zwar damit das Töten verboten, aber nicht das Sollen; dieses wird behauptet. Die Fragesätze zerfallen in zwei Klassen: *ist er da? – wer ist da?* Von den verschiedenen Bezeichnungen, die für diese beiden Arten vorgeschlagen sind, scheinen mir noch die angemessensten Satzfrage und Wortfrage. Die Wortfrage bedarf eines besonderen Fragepron. oder -adv. Auch für die Satzfrage wird in manchen Sprachen eine besondere Partikel verwendet. Im Nhd. wird sie durch die Wortstellung gekennzeichnet; doch fehlt auch dieses Kennzeichen in Sätzen ohne Verb. (*niemand da?*), sodaß also als durchgängiges Charakteristikum nur der Frageton übrig bleibt. Auch bei der Frage sind manche Modifikationen möglich, ohne daß dies in der Form des Satzes zum Ausdruck kommt. Man fragt zunächst, weil man etwas nicht weiß und von einem andern darüber belehrt sein will. Man kann aber auch nach etwas fragen, was man selber weiß, um sich zu überzeugen, ob ein anderer es weiß. Man kann auch Fragen stellen, von denen man von vornherein zu wissen glaubt, wie sie beantwortet werden müssen, die nur dazu dienen, den Angeredeten zur Anerkennung einer Tatsache zu nötigen (sogenante rhetorische Fragen). Man fragt ferner, ob etwas Neues, das man erfährt, sich wirklich so verhält, weil es einem schwer wird, dies Neue mit den Vorstellungen, in denen man bisher gelebt hat, zu vermitteln. So wird die Frage zum Ausdruck der Verwunderung. Aus der Frage mit feststehender Antwort hat sich auch der sogenannte Ausrufungssatz entwickelt: (*ist sie schön! – wie schön ist sie!*). Aussagesätze werden mit Frageton gesprochen, wenn der Redende noch an der Richtigkeit einer Behauptung zweifelt und von dem Angeredeten Bestätigung oder Verwerfung erwartet. Solche Sätze können auch zur entrüsteten Abweisung einer Zumutung dienen (*ich* [*soll*] *dir danken?*).

§ 11. Eine Erweiterung des Satzes über seine einfachste Form kann dadurch erfolgen, daß statt des Subjekts- oder Prädikatswortes eine kopulative Verbindung eingesetzt wird, vgl. *Karl und Fritz kommen – Karl ißt und trinkt*. Ferner dadurch, daß zu demselben Subjekte mehrere Prädikate oder zu demselben Prädikate mehrere Subjekte gesetzt werden. Beide Arten lassen sich nicht immer streng voneinander scheiden. Die letztere hebt sich am deutlichsten von der ersteren ab, wenn das gemeinsame Glied in die Mitte gestellt wird, wie dies im Mhd. möglich ist, vgl. z. B. *dô spranc von dëm gesidele hër Hagene alsô sprach* Nib. Weiterhin kann von zwei Prädikaten das eine dem andern untergeordnet werden, wobei es sich dann näher an das Subj. anschließt, mit diesem nur ein Glied bildet. So entsteht aus dem Prädikate eine Bestimmung. Ich meine dabei Prädikat nicht in dem gewöhnlichen engeren Sinne, sondern in dem allgemeineren Sinne, worunter sehr verschiedene logische Verhältnisse fallen. Ursprünglich fand die besondere Art des Verhältnisses keinen sprachlichen Ausdruck. Als Rest eines solchen Zustandes können wir nominale Zuss. betrachten wie *Hausvater, Landmann, Zugtier, Rabenmutter*, in denen der erste Bestandteil der reine Stamm ist. Weiterhin sind für verschiedene Verhältnisse besondere Ausdrucksformen geschaffen. So werden in den idg. Sprachen Substantiva und Adjektiva nach Analogie des Verhältnisses von Präd. zum Subj. als Attribute zu einem Subst. gestellt. Andere Verhältnisse werden vermittelst des Gen. bezeichnet, auf einer jüngeren Entwicklungsstufe auch mit Hilfe von Präpp. (*Reise nach Berlin, Furcht vor Strafe*). Wie selbst verbale Prädikate zu Bestimmungen herabgedrückt werden, wird § 406 gezeigt. Nachdem sich Bestimmungen eines Subst. zuerst an dem Subj. entwickelt hatten, konnten sie auch auf Substantiva in jeder anderen syntaktischen Funktion übertragen werden.

§ 12. Auch zum Präd. kann eine Bestimmung hinzutreten. Als solche dienen in den idg. Sprachen die obliquen Kasus eines Subst. ev. in Verbindung mit einer Präp., sowie die Adverbia. Diese verschmelzen aber nicht notwendig mit dem grammatischen Präd. zu einem Satzgliede, sondern sie können ihre Selbständigkeit bewahren, ja sie können vom psychologischen Standpunkte aus als Prädikate zu einem Präd. für die eigentlichen Prädikate gelten. Sätze wie *Karl spricht schnell – Karl ißt Äpfel* würden, wollte man die grammatische Form in möglichste Übereinstimmung mit der psychologischen Gliederung bringen, zu lauten haben: *Karls Sprechen ist schnell – was Karl ißt, sind Äpfel*.

§ 13. Zwischen Präd. und Attribut gibt es etwas Mittleres, das wir als prädikatives Attribut bezeichnen, vgl. *er kam gesund an.* Das prädikative Attribut bezieht sich auf das Subj., es hat aber auch ein Verhältnis zum Präd., und zwar ein zeitliches. Es bezeichnet den Zustand, in dem das Subj. sich in der Zeit befindet, für die ihm das Präd. beigelegt wird. Ob dieser Zustand auch schon vorher bestanden hat oder erst in dem betreffenden Moment eingetreten ist, macht für die Form des Ausdrucks keinen Unterschied. Im Gegensatz zu dem reinen Attribut bildet das prädikative ein besonderes Satzglied.

O. Behaghel

Deutsche Syntax IV:
- Die Wortstellung
- Allgemeines

1426. Die Anordnung der Wörter ist uns zu einem Teil überliefert; wir sind also durch eine Macht außer uns bestimmt. Zu einem andern Teil entspricht die Anordnung dem persönlichen Bedürfnis des Augenblicks; hier sind wir frei.

Die Überlieferung kann uns feste Regeln an die Hand geben: g e b u n d e n e   W o r t s t e l l u n g (habituelle, usuelle). Oder sie kann selbst noch eine gewisse Freiheit gestatten; aus dieser Tatsache, die durch die Überlieferung an uns herantritt, ergibt sich eine h a l b f r e i e Stellung. Es sind namentlich adverbielle Bestimmungen, die so verwandt werden, vgl. z. B. „erst jetzt" – „jetzt erst", „schon heute" – „heute schon".

Bei der gebundenen Wortstellung gibt es Regeln von sehr verschiedenem Geltungsbereich. Gewisse Regeln gelten in jeder Art von Satz: sowohl in Hauptsätzen – einerlei, ob Aussagesatz, Fragesatz, Aufforderungssatz, ob alleinstehend oder mit anderen Sätzen verbunden – wie auch in Nebensätzen. Hierbei gehören z. B. die Regeln über die Stellung des attributiven Genitivs und des attributiven Adjektivs, über die Anordnung von Dativ und Akkusativ beim Verbum. Oder es gilt eine Stellungsregel nur für den Hauptsatz, wie die, daß im selbständigen Aussagesatz dem Verbum die Stelle des zweiten Satzglieds zukommt. Oder nur für den Nebensatz, wo dem Verbum die Nichtzweitstellung zukommt. Oder eine Stellung erscheint als überliefert in bestimmten Satzgruppen, wie die Anfangsstellung des Verbs in einem durch „und" angeschlossenen zweiten Hauptsatz (vgl. § 1447 ff.). Weiter ist es in Satzgruppen die Regel, daß die nach rückwärts Anschluß schaffenden Glieder des zweiten Satzes, Konjunktionen, anaphorische Pronomina, Wörter, die eine unmittelbare oder mittelbare Aufnahme des Vorhergehenden (vgl. Synt. I, 276) enthalten, so nahe als möglich an den Anfang des Satzes treten.

Es sind nun verschiedene Mächte, die beim Zustandekommen der einzelnen Regelungen wirksam sind. Das oberste Gesetz ist dieses, daß das geistig eng Zusammengehörige auch eng zusammengestellt wird. So entsteht z. B. die Bindung von Substantiv und Genitiv, von Substantiv mit Adjektiv, von Adjektiv mit Adverb („sehr schön"), oder es wird ein Satzglied ans Ende gestellt, weil es durch einen folgenden Satz, meist einen Relativsatz, näher bestimmt wird. Notwendige Bestimmungen des Verbs sind enger mit diesem verknüpft als nicht notwendige, stehen also ihm näher: „*er will im Frühjahr mit seiner Mutter nach Ägypten reisen*".

Ein zweites machtvolles Gesetz verlangt, daß das Wichtigere später steht als das Unwichtige, dasjenige, was zuletzt noch im Ohr klingen soll. So steht das Substantiv hinter dem Artikel, den verschiedenen Arten des Pronomens. Es stehen die das Vorhergehende aufnehmenden Satzglieder vor den nichtaufnehmenden, d.h. es stehen die alten Begriffe vor den neuen. Es ist also ganz verfehlt, wenn immer wieder behauptet wird, voran stehe das Glied, das zuerst ins Bewußtsein trete; voran steht vielmehr das Glied, das bereits im Bewußtsein vorhanden ist. Es ergibt sich ferner, daß man den einzelnen Satz nicht für sich allein betrachten darf, sondern nur im Zusammenhang mit dem vorhergehenden.

Ein drittes Gesetz fordert, daß das unterscheidende Glied dem unterschiedenen vorausgeht: so steht ursprünglich der nicht partitive Genitiv vor dem regierenden Substantiv, das Adjektiv im allgemeinen vor dem Substantiv, das Adverb vor dem Adjektiv oder Adverb; wenn es neben *erst jetzt, schon heute* auch *jetzt erst, heute schon* heißen kann, so ist das keine Ausnahme vom Gesetz, denn *erst* und *schon* sind hier nicht unterscheidend.

Die beiden ersten der bis jetzt genannten Gesetze können zusammenwirken in derselben Richtung: die anaphorischen Begriffe stehen einerseits in enger geistiger Beziehung zum Vorhergehenden und sind anderseits das weniger Wichtige; so gebührt ihnen aus zwei Gründen der Platz nächst dem Satzeingang. Beide Gesetze können aber auch sich entgegenarbeiten: die sogenannten Enklitika, z.B. das Pronomen reflexivum, drängen als sachlich ganz unbedeutend nach dem Satzanfang, wie das Wackernagel dargetan hat, so daß das Reflexiv unter Umständen weit von dem zugehörigen Verbum entfernt steht. So heißt es bei Schiller: „er hatte sich jetzt mit dem größten Heerführer seiner Zeit gemessen", oder die enge Beziehung zum Verbum trägt unter Umständen den Sieg davon, so daß dieses das Reflexiv an sich zieht. Das bezeugt wiederum Schiller: „er kann durch die Kraft seines Willens aus jedem Zustande der Bedrückung sich reißen". Oder ein anderes: in dem Satz: „ich halte alles für richtig, was du gesagt hast", ist der Akk. „alles" notwendige Ergänzung zu „halte"; er ist aber zugleich Stütze für den nachfolgenden Relativsatz, und so kann es auch heißen: „ich halte für richtig alles, was du gesagt hast". Die erstere Verbindung ist im allgemeinen die stärkere, weil sie durch zahllose gleichartige Beispiele getragen wird.

In anderer Weise wirken die beiden Gesetze einander entgegen, wenn an die Stelle der Zusammenordnung des geistig Zusammengehörigen die Spaltung von *davon, was alles* tritt: *da weiß ich nichts von, was hat er alles gesagt*, vgl. 1616.

Gegenüber den Gesetzen, die auf dem Inhalt der Wörter sich aufbauen, stehen zwei andere, die auf physikalische Tatsachen sich gründen: bei dem einen spielt der Umfang der Satzglieder die entscheidende Rolle, beim anderen ihre Tonstärke. Das erste ist das von mir aufgedeckte Gesetz der wachsenden Glieder (vgl. IgF. 25, 110, Zs. f. Deutschkunde 1930, 86); es besagt, daß von zwei Gliedern, soweit möglich, das kürzere vorausgeht, das längere nachsteht. Es heißt also regelmäßig „Gold und edles Gestein", niemals „edles Gestein und Gold"; dieses bedeutsame Gesetz (das auch, fast mechanisch, die assyrisch-babylonische Wortstellung beherrscht, vgl. Eheloff, Leipziger Semitische Studien 6, 3) macht sich besonders im Satzschluß geltend; ein Satz, wie er sich in Alfr. Neumanns Rebellen findet: „weint der Prinz schon aufgeweicht vom Absynth und der späten Stunde, haltlos", schlägt dem Gesetz aufs gröbste ins Gesicht, ist für unser Empfinden unerträglich.

Zwischen diesem physikalischen Gesetz und dem Gesetz von der Zusammenordnung des geistig Zusammengehörigen ergeben sich nun mehrfach Zusammenstöße. Das dem Sinn nach Verbundene wird auseinandergerissen, damit dem Gesetz der wachsenden Glieder genügt werden kann (vgl. § 1611 ff.). So heißt es im Heliand: „wid strata endi bred", obwohl „wid" und „bred" sachlich eine Einheit bilden; mhd. „des küniges sun von Frankriche" = des Königs von Frankreichs Sohn; bei einem neuhochdeutschen Schriftsteller: „weil sie schöpferische Kraft ist eines primitiven Menschentums".

Das Tongewicht kann die Wortstellung in verschiedener Weise beeinflussen. Das Deutsche hat das Streben, stärker und schwächer betonte Glieder abwechseln zu lassen: das zeigt sich besonders in der Behandlung, die das ältere Deutsche den Verbindungen aus nominaler Verbalform mit Verbum finitum angedeihen läßt: es herrscht im älteren Deutsch die starke Neigung, nach Hochton das unbetonte Verbum finitum vorausgehen zu lassen: *do der vater was komen, do der vater wolte komen*; dagegen an unbetonte Redeteile schließt sich Partizip oder Infinitiv an: *do er komen was, do er komen wolte*. Diese rhythmische Neigung kann der geistigen Zusammengehörigkeit geradezu entgegenwirken. So kann *ein sehr schöner Mann* werden zu *sehr ein schöner Mann* (vgl. § 1615). Und aus *wie wir heim gekommen sind* kann die im Altdeutschen und noch heute in den Mundarten weit verbreitete Fügeweise entstehen: *wie wir heim sind gekommen*.[1] Ich möchte glauben, daß dieses Streben nach Tonwechsel auch da maßgebend wirkt, wo ein Substantiv durch zwei Adjektive bestimmt wird, wie „ein lieber alter Freund"; „lieber" und „Freund" nehmen das schwächer betonte „alter" zwischen sich (vgl. § 1573a).

---

1 Vermutlich hat diese Abneigung gegen das Zusammenprallen zweier Hochtöne auch mitgespielt bei der Verdrängung des früher noch möglichen *ein junc man* durch *ein junger Mann*.

Es gibt aber noch eine zweite Art von Wirkung des Rhythmus. Die unbetonten Silben drängen, wie wir seit Wackernagels Aufsatz IgF. 1, 333 wissen, im Igm. und so auch im Deutschen nach dem Satzeingang, vorausgesetzt, daß am Satzeingang ein Wort steht, das genug Ton besitzt, um anderen Wörtern eine Anlehnung zu ermöglichen. Ist das aber nicht der Fall, steht am Satzeingang ein Wort, das selber unbetont ist, so zeigt sich im Deutschen vielfach die Neigung, ihm nicht ein weiteres unbetontes Wort oder gar deren mehrere folgen zu lassen, eine Neigung, die ihr Seitenstück hat in dem Schwinden des mehrsilbigen Auftakts im Mhd. Diese Neigung wirkt mit bei der eben erwähnten Erscheinung, daß es im Altdeutschen nicht gerne heißt: *daz er sol komen*, sondern *daz er komen sol*. Sie erklärt die große Beliebtheit der „Inversion nach *und*"; sie hat den Wandel von mhd. *als er waere* zu nhd. *als waere er* verursacht, und sie spielt wohl auch eine Rolle, wenn *sich* aus der Nähe des Satzeingangs vielfach dem Satzende angenähert wird, wobei freilich auch noch das Streben eine Rolle spielt, sachlich eng Zusammengehöriges auch in der Stellung möglichst zusammenzubringen; vgl. auch Erscheinungen bei Otfrid und im Annolied, s. § 1462, Schluß von A; ferner § 1574 am Ende.

Dieses Nachgeben gegenüber rhythmischen Neigungen kann unter Umständen geradezu eine Zeitersparnis bedeuten, vgl. § 1543 und 1596.

Daß auch Rücksichten auf die Deutlichkeit des Gesprochenen bei der Regelung der Wortordnung eine Rolle spielen können, ist wohl zu erwarten. Ich vermute, daß die im Germ. anfangs zum Teil vorhandene Nachstellung des attributiven Adjektivs aufgegeben worden ist wegen der Gefahr, daß es als prädikativ mißverstanden werden konnte. Freilich kann auch das Vorbild der großen Masse der bereits igm. vorstehenden Adjektive gewirkt haben. In diesen mehr oder weniger fest überlieferten Regeln hat eine ganz ruhig, gleichmäßig dahinfließende Rede ihre stets wiederkehrende Gestalt gefunden.

Dem gegenüber bedarf auch der Augenblick seiner besonderen Ausdrucksform; so entstehen Bedarfsstellungen als Ausfluß von Seelenverfassungen, die kommen und gehen. Die wichtigste Form ist die Erregung, der Affekt, die bewirkt, daß auf einer bestimmten Vorstellung ein besonderer Nachdruck liegt; sie verlangt vor andern Verkörperung und drängt sich an die Spitze des Satzes: „*heute, heute* hat eine unsichtbare Macht unser Handwerk geadelt", heißt es in Schillers Räubern, oder in Mörikes Maler Nolten: „o himmelschreiend, in *einer halben Stunde* bin ich rein ausgebeutet". So mag der Schein entstehen, als könne das Wichtige nicht nur am Satzschluß, sondern auch am Satzeingang stehen. Aber die starke Betonung des Satzeingangs ist etwas ganz anderes als die des Schlusses. Die Anfangsstellung des Wichtigen gehört in das Gebiet der Bedarfsstellungen, die Endstellung in das Reich der überlieferten Stellungen.

Der Nachdruck kann aber auch auf rein verstandesmäßigem Wege erzeugt werden: durch das Bedürfnis des Gegensatzes, und es kann ein Satzglied aus einer überlieferten Stellung an den Eingang gerückt werden; so schreibt Lessing: „dieser natürliche Gang reizt das Genie und den Stümper schreckt es ab".

Man kann nun den Gegensatz zwischen diesen Bedarfsstellungen und den gebundenen Stellungen noch tiefer fassen. Daß das Wichtigere an das Ende drängt, geschieht in letzter Linie, damit es dem Hörenden möglichst fest im Gedächtnis bleibt; die Betonung des Satzeingangs aber entspringt der Erregung des Sprechenden; kurz gesagt: betonte Anfangsstellung entspringt dem Bedürfnis des Sprechenden, betonte Endstellung der Rücksicht auf den Hörer.

Im Gegensatz zu der gesteigerten Seelenverfassung, die nicht schnell genug einer Vorstellung Ausdruck verschaffen kann, steht ein Zustand des Zögerns, der sich über die Vollendung eines Satzes noch nicht klar ist und daher die zunächst notwendig gegebenen Teile des Satzes ausspricht, denen dann die mittlerweile gefundene Ergänzung erst nachfolgt: „wie weit ist es von X nach Y?" „Es werden sein ... 25–30 Kilometer."

Ein Bedürfnis noch anderer Art ist der ästhetische Wunsch nach paralleler Fügung sachlich entsprechender Glieder: Notker I, 156, 24 *den diu salda machota friunt, ten machota sar unsalda fient*; ohne die Rücksicht auf den Bau des zweiten Satzes würde der erste lauten: *den diu salda friunt machota*. Hierher gehört es ferner, wenn in Satzfügungen, die unserem *je – desto* entsprechen, die ältere Zeit dem Hauptsatz die Endstellung des Verbums verleiht, in Parallele zur Stellung des Nebensatzes, z.B. N. I, 256, 8 *so langor ubel ist, so note wenigora ist*, vgl. § 1443.

Es versteht sich von selbst, daß in der Wortstellung unter Umständen Wirkungen der Analogie sich bemerkbar machen (vgl. die Endstellung des Verbs in konjunktionslosen Nebensätzen § 1461) und daß fremde Einflüsse eine bedeutsame Rolle spielen.

Ob und wieweit etwa die Satzmelodie die Wortstellung beeinflußt habe, das ist eine Frage, an deren Beantwortung ich mich nicht herangewagt habe.

Die Fülle von Kräften, die in der Anordnung der Glieder ihre Wirksamkeit entfalten, ist die Ursache für die große Freiheit, die in der deutschen Wortstellung waltet. Die Freiheit ist allerdings um so geringer, je enger zwei Glieder verknüpft sind. Die Vorstellung des Adjektivs duldet in heutiger lebendiger Rede keine Ausnahmen. Umgekehrt ist für die Anordnung von mehreren unverbundenen adverbialen Gliedern ein erheblicher Spielraum gegeben.

Im allgemeinen jedoch kann man sagen, daß die Freiheit der Bewegung mit der Zeit abnimmt, und zwar nicht bloß in der Schriftsprache: zum Teil eine Folge von Gleichmachungsbestrebungen; die häufigere Weise gelangt zur Herrschaft über das Seltenere.

U. Klenk

Generative Syntax
1. Konstituentenstrukturen

1.1. Der Begriff „Syntax"

Unter einer *Syntax einer Sprache L* versteht man eine Beschreibung der Ausdrucksstruktur der Sätze von *L*, wobei Wörter oder Morpheme die Basiselemente sind. Eine *Grammatik der Sprache L* umfasst dazu auch die semantische Struktur der Sätze von *L*. Oft spricht man jedoch von einer Grammatik, auch wenn nur ihre syntaktische Komponente betrachtet wird.

Wenn wir im Folgenden von *Sätzen* sprechen, sind damit Hauptsätze gemeint. Wir sprechen explizit von *Nebensätzen*, wenn auf solche referiert wird.

Die Syntax befasst sich mit der Frage, wie Wörter zu Sätzen verknüpft werden. Zwei Aspekte sind dabei zu unterscheiden:

1. *Hierarchiebeziehungen und Vorkommensbeschränkungen*: Es geht um die Frage, welche Wörter miteinander Satzteile, welche Satzteile miteinander komplexere Satzteile und schließlich ganze Sätze bilden können.
2. *Abfolgebeziehungen*: Es geht darum, in welcher Abfolge Wörter und komplexe Satzteile in Sätzen auftreten.

So nehmen wir für den Satz *er kaufte dieses Buch* die hierarchische Struktur (1) an. Die Alternativen in den geschweiften Klammern zeigen Vorkommensbeschränkungen für Wörter: Ersetzen wir ein Wort ohne den Asterisk „*" durch ein Wort mit Asterisk in derselben Klammer, entsteht eine im Deutschen unkorrekte Struktur. So ergibt z.B. *schläft* im Kontext *er _ dieses Buch* keinen deutschen Satz.

(1)

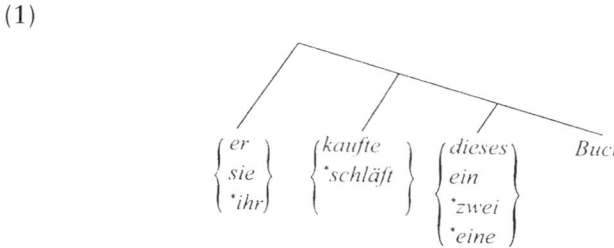

Dass zwischen Hierarchie- und Abfolgebeziehungen zu unterscheiden ist, zeigen Sätze wie *er hat dieses Buch gekauft* **und** *hat er dieses Buch gekauft?* Hier bilden *hat* und *gekauft* zusammen das Verb, sind aber durch andere Wörter getrennt. Doch kann (2) als hierarchische Struktur angenommen werden. Die Wortabfolge wird durch die Zahlen dargestellt.

(2)
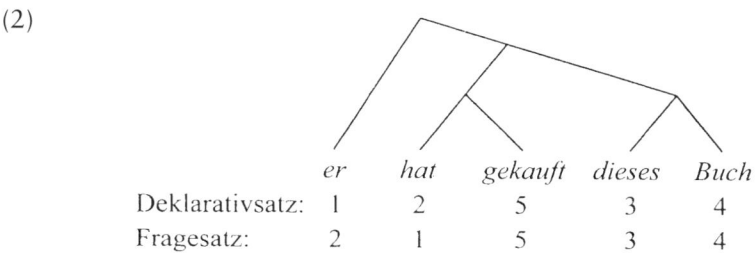

	er	hat	gekauft	dieses	Buch
Deklarativsatz:	1	2	5	3	4
Fragesatz:	2	1	5	3	4

Vollständigkeit und Korrektheit der Syntax: Eine Syntax einer Sprache L lässt sich als eine Vorrichtung denken, mit der Sätze von L produziert und in ihrer syntaktischen Struktur erkannt werden können. Dieses Erkennen ist ein Teil des Sprachverstehens, zu dem als weiterer Teil das Verstehen der Bedeutung kommt. Unter dem Aspekt der Produktion spricht man von einer *generativen Syntax*, unter dem des Erkennens von einer *Analyse-* oder *Erkennungssyntax*. Dabei sollen im Idealfall *alle* Sätze von L (Forderung der *Vollständigkeit*) und *nur* Sätze von L (Forderung der *Korrektheit*) produziert bzw. erkannt werden können. Es ergeben sich jedoch folgende Probleme:

a) Die Forderung nach Vollständigkeit ist nur annäherungsweise erfüllbar. Hauptproblem ist die jeder natürlichen Sprache innewohnende Inhomogenität, die sich in verschiedenen Arten von Variation zeigt: regionale und soziale Variation, diachrone Variation, situationsgebundene Variation, unterschiedliche Gewohnheiten verschiedener Sprecher und Sprechergruppen. Man kann daher nicht genau abgrenzen, welche Sätze korrekte Sätze einer Sprache sind und welche nicht. Für das Schreiben einer Syntax einer natürlichen Sprache impliziert dies die Begrenzung auf einen bestimmten, aber möglichst umfassenden Ausschnitt dieser Sprache.

b) Die Überprüfung der Korrektheit einer vorgeschlagenen Syntax erfordert ein Verfahren, das es erlaubt, eventuelle Nicht-Sätze, die von der Syntax erzeugt werden, zu entdecken, um die Syntax dann in geeigneter Weise zu korrigieren. Um dies zu leisten, bedarf es geeigneter Computerprogramme für die Analyse (sog. *Parser*) und Testverfahren. Voraussetzung ist, dass die Syntax in einem streng festgelegten Formalismus geschrieben ist.

Allgemeiner Aufbau einer Syntax: Eine Syntax beschreibt, wie die Wörter einer Sprache zu Sätzen verknüpft werden. Sie besteht daher mindestens aus zwei Teilen: einem *Lexikon,* das die Wörter mit ihren syntaktischen Verwendungsweisen erfasst, und *Regeln* für die Verknüpfung von Wörtern zu Satzteilen und weiter zu Sätzen. Die Erstellung einer Syntax erfordert folgende Schritte: Ermittlung der Satzteile, die Sätze konstituieren, Klassifizierung der Wörter und Satzteile, Konstruktion eines Lexikons und eines Regelsystems auf Grund dieser Klassifizierung.

1.2. Sätze und ihre Konstituenten

Unter einer *Konstituente* eines Ausdrucks *A* versteht man einen Ausdruck *B*, der Teil von *A* ist. *B* kann dabei wiederum aus mehreren Konstituenten bestehen. So sind in (1) *kaufte dieses Buch, kaufte* und *dieses Buch* Konstituenten des gesamten Satzes, *dieses Buch* und *kaufte* aber auch Konstituenten von *kaufte dieses Buch.* Ausdrücke werden zunächst in ihre längsten Konstituenten zerlegt, wobei diese den gesamten Ausdruck überdecken, aber sich nicht überlappen dürfen. Im Falle eines Satzes erhält man so die Konstituenten der ersten Zerlegungsebene. Diese werden ihrerseits in derselben Weise in ihre längsten Konstituenten zerlegt und so fort, bis man zu den kürzesten Konstituenten des Ausdrucks, je nach Beschreibungsansatz seinen Wörtern oder Morphemen, gelangt. Auf diese Weise ergibt sich ein hierarchischer Aufbau des Ausdrucks, den man als seine *Konstituentenstruktur* bezeichnet. Die erste Zerlegung eines Ausdrucks liefert seine *unmittelbaren,* alle weiteren Zerlegungen seine *mittelbaren Konstituenten.* Konstituentenstrukturen können in Form sich verzweigender Strukturen, sog. Baumdiagramme, dargestellt werden.

Unter Konstituenten verstehen wir nur bestimmte Teile von Sätzen und nicht beliebige Folgen von Wörtern, die in Sätzen auftreten. So ist *der Junge* in *der Junge kaufte das Buch* als eine Konstituente anzusehen, was durch seine Funktion als Subjekt des Satzes untermauert wird. Demgegenüber ist *Junge kaufte* als Konstituente schlecht zu rechtfertigen. Damit kommen wir zu der Frage, wie überhaupt erkannt werden kann, ob eine Wortfolge Konstituente eines Ausdrucks ist oder nicht. Zunächst soll gelten, dass jedes einzelne Wort eine Konstituente ist. Bei Konstituenten aus mehr als einem Wort wird angenommen, dass ihre unmittelbaren Konstituenten in einem engen syntaktischen Zusammenhang stehen. Als Test für die Adäquatheit einer vorgeschlagenen Konstituentenstruktur dienen dabei verschiedene Proben wie die Verschiebbarkeit von Wortfolgen und Ersetzungsproben, wie die Beispiele (3) und (4) zeigen. Viele Konstituenten erkennt man auch daran, dass sie allein Antwort auf eine Frage sein können (z. B. *dieses Buch* als Antwort auf *was kaufte er?*).

Beispiel für die Verschiebungsprobe:

(3)   (a) die Frau kaufte vor drei Tagen ein Auto
      (b) vor drei Tagen kaufte die Frau ein Auto
      (c) ein Auto kaufte die Frau vor drei Tagen
      (d) *Frau die kaufte vor drei Tagen ein Auto
      (e) *die Frau ein kaufte vor drei Tagen Auto

Die Frau, ein Auto und *vor drei Tagen* sind an verschiedene Positionen verschiebbar in dem Sinn, dass sich wieder ein korrekter deutscher Satz ergibt. Die alleinige Umstellung von *die* und *ein* in (3)(d) und (e) liefert hingegen keinen deutschen Satz. Daher ist es gerechtfertigt, zwischen *die* und *Frau* sowie *ein* und *Auto* jeweils einen engen syntaktischen Zusammenhang anzunehmen und sie in (3)(a) bis (3)(c) als Konstituenten einzustufen. Desgleichen ist dort vor *drei Tagen* ein Satzteil, wie man leicht nachprüft.

Beispiel für die Ersetzungsprobe durch ein Wort:

(4)

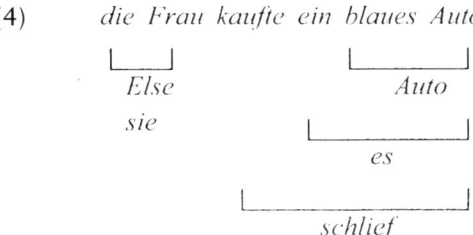

Das Resultat jeder Substitution in (4) liefert einen korrekten deutschen Satz (dabei braucht die Bedeutung der Sätze nicht übereinzustimmen). Dagegen fällt es schwer, passende Ein-Wort-Substitutionen für *Frau kaufte ein, kaufte ein* zu finden. Wir nehmen dies als Indiz, dass die Wörter in den in (4) ersetzten Folgen in einem engen syntaktischen Zusammenhang stehen und somit Konstituenten des Satzes sind. Als Konstituentenstruktur von (4) ergibt sich damit das Baumdiagramm (4').

(4')

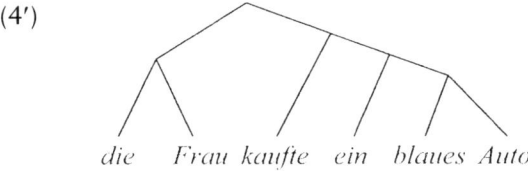

Diese und weitere Tests zur Ermittlung von Konstituentenstrukturen bilden keine strengen Verfahren, die immer eindeutige Lösungen hervorbringen, und in vielen Fällen sind alternative Konstruktionen möglich. Wir gehen auf diese Testverfahren nicht weiter ein, da sie nicht Thema dieses Buches sind. Als allgemeiner Orientierungsrahmen für Konstituentenstrukturen gelten auch die Vorgaben der traditionellen Grammatik.

1.3. Syntaktische Kategorien

Regeln einer Syntax für eine natürliche Sprache werden nicht *ad hoc* für einzelne Wörter und aus diesen gebildete Satzteile formuliert. So würde man die Aussage, dass die deutschen Wörter *ein* und *Buch* zu *ein Buch* verknüpfbar sind, nicht als syntaktische Regel angeben, sondern die generelle Aussage, dass ein Artikel und ein Substantiv, falls sie in Genus, Numerus und Kasus kongruieren, eine Nominalphrase bilden können. Auf diese Weise werden Klassen von Ausdrücken erfasst, was eine Klassifizierung voraussetzt (statt *Klassifizierung* sagt man auch *Kategorisierung*). In Konstituentenstrukturen sind es die Konstituenten, die in Klassen eingeordnet werden. Diese Klassen nennt man *syntaktische Kategorien*.

Eine syntaktische Kategorie ist eine Menge von Konstituenten, die innerhalb von Sätzen gleich oder ähnlich distribuiert sind. So pflegen Wörter derselben Wortart im Satz nur in bestimmten Kontexten aufzutreten, im Deutschen z. B. Artikelwörter vor einem Substantiv, transitive Verben mit einer Nominalphrase im Akkusativ, intransitive ohne eine solche. Distributionen können durch das Mittel der Ersetzungsproben festgestellt werden. Welche syntaktischen Kategorien in einer Syntax angenommen und welche Ausdrücke ihnen zugeordnet werden, hängt von der Art der syntaktischen Analyse ab. Syntaktische Kategorien sind somit immer linguistische Konstrukte, und verschiedene Syntaxen können durchaus ein verschiedenes Inventar von Kategorien zugrunde legen.

Wir gehen von folgenden syntaktischen Kategorien aus, wobei dieses Inventar in späteren Kapiteln modifiziert und vervollständigt wird.
1. Die Wortarten sind syntaktische Kategorien, z. B. Nomen (abgek. N, Substantiv, Personal-, Reflexivpronomen u. a.), Adjektiv (ADJ), Determinierer (DET, Artikel, Zahlwort u. a.), Verb (V), Adverb (ADV), Präposition (P), Konjunktion (KONJ).
2. *Die Nominalphrase* (NP): Nominalphrasen sind Konstituenten, deren zentraler Bestandteil, der sog. *Kopf* oder *Kern,* ein Nomen ist. Man erkennt sie daran, dass sie zumeist durch substantivische Pronomen ersetz-

bar sind. Substantivische Pronomen wie *er, ihm* usw. sind zugleich vollständige Nominalphrasen. Nicht-pronominale Nominalphrasen können bestehen aus:
   a) einem Substantiv ohne weitere Zusätze, z.B. Eigennamen (Vornamen u.a.),
   b) einem Substantiv und Artikel, determinierenden Pronomen oder Quantifizierern (z.B. Zahlwörtern): vgl. *die Kinder / eure Kinder / drei Kinder / viele Kinder / die drei Kinder / jene Kinder,*
   c) zusätzlich zu den in a) und b) genannten Komponenten aus erweiternden Konstituenten wie Adjektiven, Relativsätzen, genitivischen oder adverbialen Attributen: vgl. *der rote Hut / der Hut dieser Dame / der rote Hut dieser Dame / der Hut auf der Garderobenablage / der Hut, den er gekauft hat.*

In manchen Sprachen können Substantive im Plural als vollständige Nominalphrasen auftreten, vgl. *Kinder* in *der Hund beißt Kinder,* spanisch *manzanas* in *Ana come manzanas* ‚Ana isst Äpfel'. Artikel, determinierende Pronomen und quantifizierende Ausdrücke fasst man zur Klasse der *Determinierer* (DET) zusammen, erweiternde Konstituenten gemäß c) zu der der *Modifizierer* (MOD). Diese Oberklassenbildung ist sinnvoll, da die zugehörigen Ausdrücke syntaktisch ähnlich distribuiert sind. Modifizierer sind fakultative Konstituenten in dem Sinne, dass statt der Verbindung aus Substantiv und Modifizierer das Substantiv auch allein stehen kann, vgl. *der weiße Hund bellt / der Hund bellt.*

3. *Die Präpositionalphrase* (PP): Eine Präpositionalphrase besteht aus einer Präposition als Kopf und einem Komplement dazu. Dieses kann sein
   a) eine NP: vgl. die *Straße* in *auf die Straße,*
   b) eine Konstruktion mit nicht-finiter Verbform, wie Infinitiv-, Gerundial-, Partizipialkonstruktion: vgl. französisch *après avoir fini ses études* ‚nachdem er/sie sein/ihr Studium beendet hatte',
   c) einen Nebensatz einleitend: vgl. spanisch *en que se lo digamos* in *se empeña en que se lo digamos* ‚er/sie besteht darauf, dass wir es ihm/ihr sagen'.
4. *Die Verbalphrase* (VP): Der Kopf einer Verbalphrase ist ein Verb. Dieses tritt in finiter oder nicht-finiter Form auf. Eine Verbalphrase kann sein:
   a) ein einzelnes Verb, das ohne Objekt steht: z.B. *bellt* in *der Hund bellt,*
   b) ein Verb zusammen mit Nominal- oder Präpositionalphrasen, welche die syntaktische Funktion von Objekten haben: vgl. *isst die Äpfel* (Struktur: V + NP), *pocht auf ihr Recht* (V + PP), *dem Kind eine Puppe geben* (NP + NP + V),

c) ein Kopulaverb mit prädikativer Ergänzung: vgl. *ist rot / wird Lehrer / bleibt ruhig / scheint zu lügen.*
d) Statt Nominalphrasen und Präpositionalphrasen gemäß b) können auch Nebensätze (Objektsätze) und Infinitivkonstruktionen auftreten, vgl. *glaubt, dass sie kommt / verspricht zu kommen.*
e) Zusätzlich zu den bereits genannten Konstituenten kann eine Verbalphrase adverbiale Ergänzungen haben, vgl. *kam vor zwei Monaten.*

Die Annahme einer syntaktischen Kategorie „Verbalphrase" wirft die Frage auf, warum das Subjekt, das a) bis e) zufolge nicht Teil der Verbalphrase ist, gegenüber den Objekten eine Sonderstellung einnimmt. Der Grund ist, dass es syntaktisch als weniger stark mit dem Verb zusammenhängend betrachtet wird, wofür folgende Kriterien geltend gemacht werden:
1) Auf eine Kombination eines Verbs mit seinen Objekten ist die Ein-Wort-Ersetzung durch ein Verb anwendbar, vgl. (4). Dagegen ist eine solche Ersetzung von Subjekt und Verb zusammen problematisch. Durch welches Wort kann *die Frau isst* in *die Frau isst einen Apfel* ersetzt werden, so dass wir wiederum einen korrekten deutschen Satz erhalten? Es ist höchstens ein Imperativ möglich, z.B. *iss*. Doch ist diese Ersetzung nicht ganz gleichwertig der von *kaufte ein blaues Auto* durch *schlief* in (4). Der Unterschied ist ein funktionaler, nämlich dass ein Imperativ ein Argument, den Angesprochenen, implizit zum Ausdruck bringt (sozusagen ein „implizites Subjekt"), während *schlief* kein Argument als implizites Objekt hat. Analoges gilt für die subjektlosen Sätze in romanischen Sprachen, vgl. italienisch *il cane mangia la carne* ‚der Hund isst das Fleisch', *il cane viene* ‚der Hund kommt' und *mangia la carne* ‚er isst das Fleisch'. *Mangia* im dritten Satz verweist auf einen Essenden und hat als weiteres Argument das Fleisch, auf das Bezug genommen wird, während *viene* im zweiten Satz außer dem betreffenden Hund kein weiteres Argument hat.
2) Dass das Subjekt mit dem Verb weniger stark zusammenhängt als die Objekte, zeigt sich an Konstituenten mit verbalem Kopf, die kein Subjekt haben, wie z.B. Infinitivkonstruktionen: vgl. französisch *je promets de lire le livre* ‚ich verspreche, das Buch zu lesen' gegenüber **je promets de Jean lire le livre* (wörtlich: ‚ich verspreche zu Jean lesen das Buch'). Dagegen sind die obligatorischen Objekte Teil der Infinitivkonstruktion, vgl. *je promets de chercher le livre* ‚ich verspreche, das Buch zu suchen' gegenüber **je promets de chercher* (‚ich verspreche zu suchen'). Dies zeigt, dass in der Gesamtheit der verbalen Strukturen ein Subjekt häufiger fehlt als die obligatorischen Objekte, es ist leichter vom Verb trennbar, so dass man von einem schwächeren syntaktischen Zusammenhang mit dem Verb sprechen kann.

5. *Die Adjektivphrase* (AP): Der Kopf einer Adjektivphrase ist ein Adjektiv. Eine Adjektivphrase kann sein:
   a) ein einzelnes Adjektiv: vgl. *blaues* in *ein blaues Buch*, *blau* in *ein Buch ist blau*,
   b) ein Adjektiv mit Präpositionalphrase als Komplement: vgl. *stolz auf seine Mutter*, französisch *plein de vin rouge* ‚voll mit Rotwein'.
   c) Zusätzlich zu den unter a) und b) aufgeführten Konstituenten können Adverbien auftreten: vgl. *äußerst hässlicher* in *ein äußerst hässlicher Hund*.
6. *Die Adverbialphrase* (ADVP): Unter Adverbialphrasen verstehen wir
   a) ein einzelnes Adverb: vgl. *gestern* in *sie kam gestern*,
   b) ein Adverb zusammen mit einem oder mehreren es modifizierenden Adverbien: vgl. *sehr schön* in *er sang sehr schön*,
   c) Präpositionalphrasen in bestimmten Kontexten: vgl. *auf den Stuhl* in *Peter legt die Zeitung auf den Stuhl*.

Die Verwandtschaft der Präpositionalphrasen unter c) zu den Adverbien zeigt sich daran, dass sie häufig durch einzelne Adverbien ersetzbar sind, vgl. *Peter legt die Zeitung dorthin*. Daher werden sie zu den Adverbialphrasen gezählt. Adverbiale Präpositionalphrasen haben denselben syntaktischen Aufbau wie präpositionale Objekte des Verbs. Als Kriterium der Unterscheidung gilt das Verhalten der Präposition. Bei Präpositionalobjekten bestimmt das Verb die Präposition, es gibt entweder nur eine einzige, die passt, oder es kann nur unter sehr wenigen ausgewählt werden. So ist im Kontext *sie pocht _ ihr Recht* die Präposition *auf* zwingend, eine Ersetzung durch *in, unter* u.a. liefert keinen korrekten deutschen Satz. In diesen Fällen hat die Präposition so gut wie keinen semantischen Eigenwert, sie zeigt nur an, dass ihr Komplement in einer Objektbeziehung zum Verb steht. Bei adverbialen Präpositionalphrasen hingegen hat die Präposition eine eigenständige Bedeutung, die z.B. temporaler, lokaler, kausaler, konzessiver Art sein kann. In vielen Fällen ist die Präposition durch andere ersetzbar, wobei sich die Bedeutung verändert, vgl. *Peter legt das Buch auf/unter/neben/hinter/vor die Schreibmaschine*.

Bestimmt eine Adverbialphrase die Verbhandlung näher, wird sie üblicherweise als Teil der Verbalphrase betrachtet. Dies ist sinnvoll, da solche Adverbialphrasen auch in subjektlosen Infinitiv-, Gerundial- und Partizipialkonstruktionen auftreten, welche die Struktur von Verbalphrasen haben, vgl. *heute Abend* in *Anna versprach, heute Abend das Buch zurückzubringen*. Verschiedene Adverbien unterliegen aber stärkeren Vorkommensbeschränkungen, wie z.B. *wahrscheinlich, möglicherweise, notwendigerweise, glücklicherweise*. Vgl. (5).

(5)(a) Wahrscheinlich/möglicherweise bringt Anna heute Abend das Buch zurück.

(b) *Anna versprach, wahrscheinlich/möglicherweise heute Abend das Buch zurückzubringen

(5)(b) ist semantisch nicht akzeptabel. Die genannten Adverbien und einige weitere gelten als *Satzadverbien,* da sie eine Einstellung zu Sachverhalten (d.h. Satzbedeutungen) ausdrücken: inwieweit deren Wahrheit, notwendiges Eintreffen u.a. in einer gegebenen Situation behauptet werden kann. Sie können in vielen Fällen nur Bestandteil der Verbalphrase des Hauptsatzes sein oder unmittelbare Konstituente des gesamten Satzes.

7. *Satz und Nebensätze:* Sätze (S oder SATZ) zeichnen sich bis auf Ausnahmen dadurch aus, dass ihre Verbalphrase ein finites Verb als Kopf hat. Hauptsätze unterteilen sich in verschiedene Unterklassen wie Deklarativsätze, Fragesätze, Befehlssätze, Wunschsätze u.a. Nebensätze sind ebenfalls Satzstrukturen, da auch ihre Verbalphrase ein finites Verb als Kopf hat. Zugleich sind sie aber auch Konstituenten von Hauptsätzen oder anderen sie einbettenden Nebensätzen, wobei sie als Subjekt, Objekt (Subjektsätze, Objektsätze), attributive oder adverbiale Modifizierer fungieren (Relativsätze, adverbiale Nebensätze finaler, kausaler, temporaler u.a. Art).

Die Darstellung der syntaktischen Kategorien in durch Bäume dargestellten Konstituentenstrukturen erfolgt dadurch, dass man ihre Namen als *Etiketten* an die Verzweigungspunkte der Bäume, die *Knoten,* schreibt. Die resultierenden Bäume heißen *etikettierte Bäume.* Wir stellen im Folgenden einige Strukturen vor, wie sie in gängigen Modellen der generativen Syntax konstruiert werden. Nominalphrasen der Form 2 c) haben danach die Struktur (6), worin NOM (Nominalkomplex) das Substantiv mit seinen Modifizierern umfasst.

(6)

Bei mehreren Modifizierern erscheint NOM entsprechend auf mehreren Ebenen.

Beispiele:

(7) französisch: *le chaupeau rouge* ‚der rote Hut'
(8) französisch: *le chapeau rouge de mon ami* ‚der rote Hut meines Freundes'

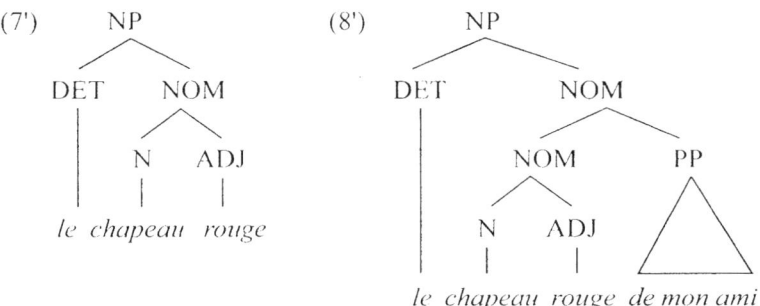

(7') und (8') zeigen die Ersetzbarkeit des gesamten NOM *chapeau rouge de mon ami* durch die Konstituente *chapeau rouge*. Konstituenten, die durch eine ihrer unmittelbaren Konstituenten ersetzbar sind, heißen *endozentrisch*, andere Konstituenten *exozentrisch*. Endozentrisch ist auch *chapeau rouge*, da durch *chapeau* ersetzbar. Exozentrisch sind z.B. viele Nominalphrasen mit Artikel. Endozentrizität wird als ein Indiz starken syntaktischen Zusammenhangs gewertet.

Präpositionalphrasen bestehen aus einer Präposition und einem Komplement dazu, vgl. (9) und (9').

(9) spanisch: *de mi amigo* ‚von meinem Freund'

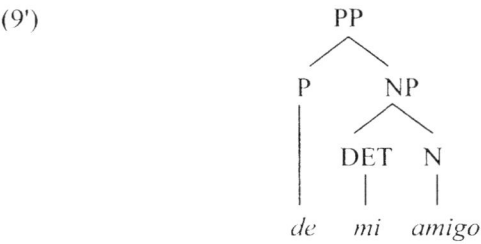

Beispiele mit Verbalphrasen:

(10) französisch: *le professeur recommande ces journaux* ‚der Professor empfiehlt diese Zeitungen'
(11) französisch: *le journal est recommandable* ‚die Zeitung ist empfehlenswert'

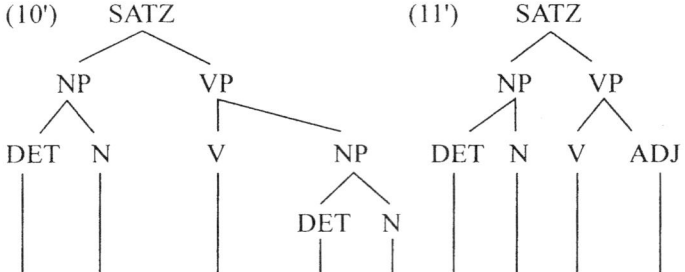

le professeur recommande ces journaux   le journal est recommandable

(12) italienisch: *il professore raccomanda l'esposizione a una studentessa*
‚der Professor empfiehlt einer Studentin die Ausstellung'

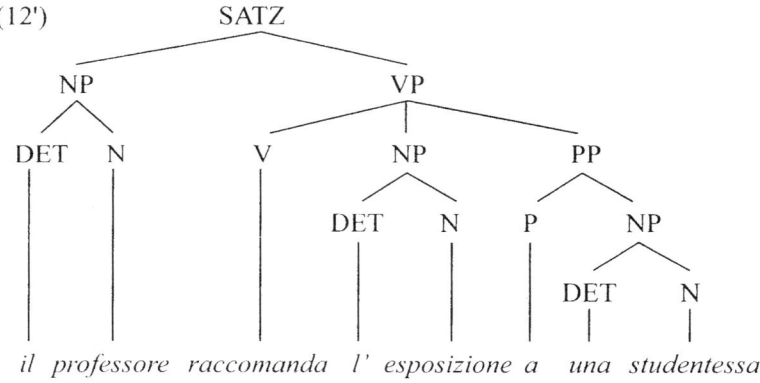

(13) spanisch: *Juan vino ayer* ‚Juan kam gestern'

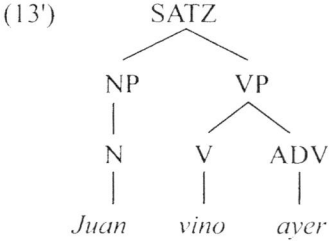

Beispiele mit Adjektivphrasen:

(14) spanisch: *una botella llena de vino tinto* ‚eine Flasche voll mit Rotwein'

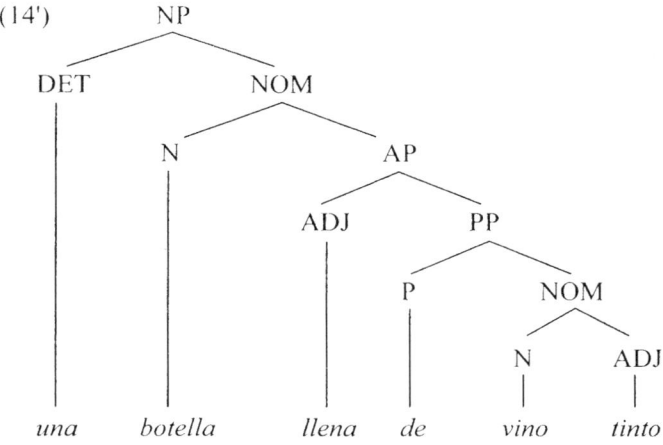

(15) französisch: *un livre très beau* ‚ein sehr schönes Buch'

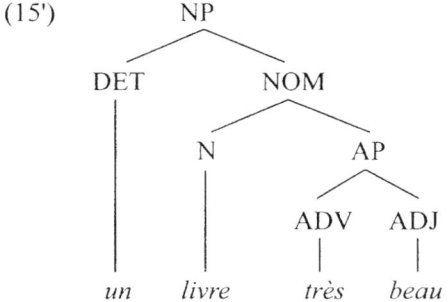

1.4. Syntaktische Funktionen

Eine syntaktische Kategorie ist eine Menge von Ausdrücken. Deren Konstituentenstruktur beschreibt ihre Bestandteile, die ebenfalls syntaktischen Kategorien angehören. Ein Ausdruck kann aber in Sätzen verschieden verwendet werden. So tritt z. B. die Nominalphrase *die Frau* als Subjekt, direktes Objekt oder als Komplement einer Präposition (vgl. *für die Frau*) auf. Verwendungsweisen dieser Art werden als *syntaktische Funktionen* bezeichnet. Konstituenten können je nach ihren spezifischen Eigenschaften die Funktion von Subjekten, direkten, indirekten, präpositionalen Objekten, Prädikaten, Modifizierern u.a. mehr haben.

Syntaktische Funktionen spielen eine Vermittler-Rolle zwischen Syntax und Semantik. Wir zeigen dies an Hand von Subjekt und Objekt. Die Verbform *sucht* erfordert die Referenz auf einen Suchenden und ein Gesuchtes, um einen vollständigen Satz zu bilden. So hat in *Hans sucht seinen Hund* der betreffende Hans die Rolle des Suchenden und der Hund von Hans die des Gesuchten. Verben beinhalten semantisch *Relationen*, die Gegenstände konkreter oder abstrakter Art wie Lebewesen, Sachen, Sachverhalte u.a. zueinander in Beziehung setzen oder eine Eigenschaft eines Gegenstandes beschreiben, wie z.B. in *der Vogel lebt*. Diese Gegenstände heißen die *Argumente* der Relation, welche je eine bestimmte *semantische Rolle* im Hinblick auf das Verb einnehmen. Dies sei an Hand der französischen Beispiele (16) bis (18) illustriert.

(16) Ausdruck: *Jean* *cherche* *Pierre*
  allg. semantische Struktur: Argument Relation Argument
  spezifische Bedeutungen: ‚Jean' ‚suchen' ‚Pierre'
  semantische Rollen: Suchender Gesuchtes

(17) *Jean* *dort*
  Argument Relation
  ‚Jean' ‚schlafen'
  Rolle: Schlafender

(18) *Jean* *est professeur*
  Argument Relation
  ‚Jean' ‚Professor sein'
  Rolle: Individuum mit der Eigenschaft, Professor zu sein

Das sprachliche Problem besteht nun darin, in Sätzen wie *Jean cherche Pierre* die semantischen Rollen unterscheiden zu können. Woher weiß ein kompetenter Sprecher des Französischen, dass Jean der Suchende und Pierre der Gesuchte ist und nicht umgekehrt? Die Lösung liegt darin, dass jedes Verb seine Komplemente (d.h. Subjekt und Objekte) in bestimmter Weise auszeichnet, so dass die semantischen Rollen der Argumente ersichtlich werden. Dabei wird nur eine kleine Anzahl von Mitteln verwendet, doch genügend, um die Verhältnisse bei jedem Verb, im Aktiv und im Passiv, eindeutig darzustellen. Solche Mittel sind:

a) die Stellung im Satz, wie z.B. Subjekt – Verb – Objekte im Französischen,
b) die Verwendung von Flexionskasus, z.B. Nominativ für das Subjekt, Akkusativ für das direkte Objekt, Dativ für das indirekte Objekt,
c) die Verwendung von Präpositionen, z.B. französisch *de, à*, spanisch *de, a*,
d) Arten der Pronominalisierung, z. B. im Französischen *à* + NP, eine Kombination, die als indirektes Objekt durch Dativpronomen *me, te, lui, leur* u. a. pronominalisiert wird, dagegen als präpositionales Objekt nicht: vgl. *Jean donne le journal à Marie, Jean lui donne le journal* („Jean gibt Marie/ihr die Zeitung') gegenüber *Jean pense à Marie, Jean pense à elle* („Jean denkt an Marie/an sie').

Je nach den verwendeten Ausdrucksmitteln aus a) bis d) ordnet man den Komplementen dann syntaktische Funktionen zu. Da die Ausdrucksmittel entscheidend sind, spricht man von *syntaktischen* Funktionen. So ist die Nominalphrase *Jean* sowohl in *Jean cherche Pierre* als auch in *Jean mange des pommes* „Jean isst Äpfel' das Subjekt, da sie beide Male ein Verbkomplement ist und ohne Präposition vor dem Verb steht. Die semantischen Rollen sind aber verschieden (der Suchende/der Essende). Dass sie trotzdem richtig erkannt werden, liegt an der spezifischen Komplement-Argument-Struktur des einzelnen Verbs, die von einem muttersprachlichen Sprecher gelernt wurde. Ebenso ist die Präpositionalphrase *à Claude* sowohl in *Marie donne l'argent à Claude* „Marie gibt Claude das Geld' als auch in *Marie recommande ce journal à Claude* „Marie empfiehlt Claude diese Zeitschrift' Verbkomplement und durch die Präposition *à* sowie mögliche Pronominalisierung durch *lui* als indirektes Objekt ausgewiesen.

1.5. Empfohlene Lektüre

Bechert, Johannes/Danièle Clément/Wolf Thümmel/Karl Heinz Wagner (1971): *Einführung in die generative Transformationsgrammatik*. München: Hueber. Mehrere Aufl. Kap. 1–2.
Matthews, Peter (1995): Central Concepts of Syntax. In: Jacobs, Joachim/Arnim von Stechow/Wolfgang Sternefeld/Theo Vennemann (Hg.), *Syntax. Ein internationales Handbuch zeitgenössischer Forschung*, 1. Halbband, S. 89–117.

1.6. Übungen

Geben Sie in Form etikettierter Baumdiagramme Konstituentenstrukturen für folgende Ausdrücke an! Welche Probleme treten auf? Schlagen Sie Lösungen dafür vor!

a) *Deutsch:*
   (1) die Katze ist im Haus
   (2) die weiße Katze
   (3) die Katze meiner Tante
   (4) die weiße Katze auf dem Dach
   (5) die Frau gibt einer Katze einen Fisch
   (6) diese Katze fängt gern Mäuse
   (7) ein sehr hässlicher Hund
   (8) Peter will dieses Bild kaufen

b) *Französisch:*
   (1) le chat est dans la maison
   (2) le chat blanc
   (3) le chat de ma tante
   (4) le chat blanc sur le toit
   (5) la femme donne un poisson à la chatte
   (6) la femme donne un poisson au chat
   (7) mon amie promet d'acheter ce tableau
   (8) Jean veut vendre cette voiture

c) *Spanisch:*
   (1) el gato está en la casa
   (2) el gato blanco
   (3) el gato de mi tía
   (4) el gato blanco sobre el tejado
   (5) la mujer da un pez a un gato
   (6) la mujer da un pez al gato
   (7) mi amiga comienza a hacer este trabajo
   (8) Juan promete vender este coche

d) *Italienisch:*
   (1) il gatto è bianco
   (2) il gatto bianco
   (3) il gatto di una studentessa
   (4) il gatto della studentessa
   (5) il gatto bianco sul tetto
   (6) la donna dà un pesce a un gatto
   (7) la mia amica inizia a fare il lavoro
   (8) Giovanni vuole comprare questo ritratto

Ch. Hockett

A Course in Modern Linguistics: Immediate Constituents

17. Immediate Constituents

17.1. In §§ 14–16 we outlined the essential nature of grammar and its relationship to other aspects of language. In this and the following fourteen sections we shall investigate grammatical systems in greater detail.

Specialists have been working for a long time on the problem of analyzing, describing, and comparing grammatical systems, and the degree of accuracy achieved is much greater than the layman would suspect. At the same time, there remain many points on which precision is still impossible. Some linguists like to believe that grammatical analysis has become a completely objective operation, but this is not true. Phonemic analysis has been brought much nearer such a state: complete precision is not always possible, but we can at least pinpoint the areas of indeterminacy and usually see why they remain indeterminate. But grammatical analysis is still, to a surprising extent, an art: the best and clearest descriptions of languages are achieved not by investigators who follow some rigid set of rules, but by those who through some accident of life-history have developed a flair for it.

Consequently, the reader will find in these sections many an example which the writer has handled in one way, but which might also be handled in some other way. The writer has not sought to be ambiguous or arbitrary, but he refuses to speak definitely in cases where he cannot. Indeed, the reader should be alert for possible instances where conciseness of statement has unintentionally concealed uncertainty.

In grammatical study we are concerned with morphemes and their arrangements, but not, save in an ancillary way, with the phonemic shapes which represent morphemes. Consequently, in the present sections we shall usually cite examples in their traditional orthography, provided the language in question has one and that it involves only the Latin alphabet. Classical Greek and Chinese examples are given in well-established *transliterations or Romanizations*. Genuine phonemic notation will be used only when advisable for some special reason, or for languages like Menomini which have no traditional orthography.

17.2. *Hierarchical Structure.* The man on the street is inclined to identify language with words, and to think that to study words is to study language. This view incorporates two errors. We obviate one when we realize that morphemes, rather than words, are the elementary building-blocks of language in its grammatical aspect, though this shift of emphasis in no sense implies that words are unimportant. The other error is more subtle: the notion, often unstated, that we need only examine words (or morphemes) as isolated units, longer utterances being simply mechanical combinations of the smaller units.

If this were the case, then all we would have to learn in studying a foreign language would be the individual morphemes and their meanings. The meaning of any whole utterance would be immediately obvious on the basis of the meanings of the ultimate constituents. Anyone who has actually studied a foreign language knows that this is not true. For a striking example of the falsity of the assumption, we turn to Chinese, which is better than French or German or Spanish for this purpose because it differs more drastically from English. Here is a commonplace Chinese sentence: *jèige yóutǔng dàgài dzài wǔfēn jūng yǐnèi néng lyóujìngle.* Apart from intonation, this sentence includes seventeen successive segmental morphemes, as follows:

(1) *j-* 'this, proximal, near the speaker';
(2) *-èi* 'thing or state';
(3) *-ge* 'discrete concrete object, animate or inanimate';
(4) *yóu* 'oil, grease';
(5) *tǔng* 'cylindrical container';
(6) *dà* 'large, great, greatly';
(7) *gài* 'generality, majority';
(8) *dzài* '(be) at, in, on';
(9) *wǔ* 'five';
(10) *fēn* 'division, section';
(11) *jūng* 'clock, hour';
(12) *yǐ* -marker of modification: indicates that something which precedes modifies something that follows;
(13) *nèi* 'interior, inside';
(14) *néng* 'can, physical ability';
(15) *lyóu* 'flow';
(16) *jìng* 'clean (not necessarily dry), empty';
(17) *le* marker of completed action or completed change of state.

As is evident, some of these Chinese morphemes have meanings which are not easy to describe precisely in English. One meets similar trouble in trying

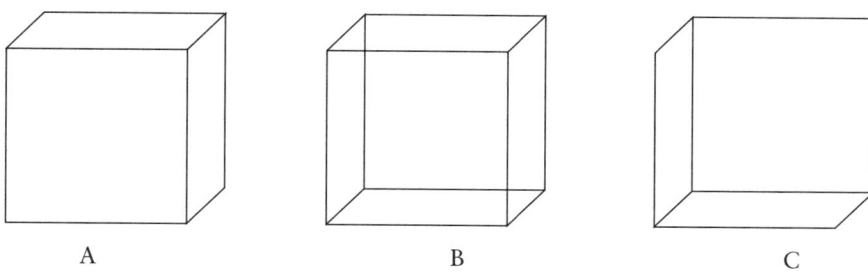

Figure 17.1

to describe the meanings of some English morphemes in Chinese – or, in general, the meanings of morphemes in any one language via any other language (§ 16.2).

A careful scrutiny of the meanings of the seventeen constituent morphemes of the sentence can at best yield some vague notion of what the whole sentence is about. The meaning of the whole sentence happens to be 'This oil drum can be emptied in about five minutes.'

No one – not even a native speaker of Chinese – could know this merely on the basis of the meanings of the ultimate constituent morphemes. Other types of information are also required – types of information which a speaker of Chinese carries around in his head, ready to add to the information carried by what he hears. By virtue of this advance orientation, the native speaker hears the sentence not as a linear string of morphemes, but, as it were, *in depth*, automatically grouping things together in the right way.

An analogy is in order. When we look at the middle line-drawing B of Figure 17.1, we see it either as more like A, to the left, or C, to the right. With a bit of effort, we can make B "jell" in either way. Physically, of course, B is an assemblage of line-segments on a flat surface. The depth that we perceive lies in us, not in the figure. Yet our experience in visual perception is such that it is hard to see B as a complicated plane figure rather than in three dimensions.

The "depth" which the native speaker of Chinese "reads in" as he hears our Chinese sentence is similar, though with one important difference. All human beings, in all societies, have much the same experiences in visual perception and so would tend to react in the same way to B in Figure 17.1, but the experiences by virtue of which we read "depth" into utterances are specific to the particular language.

Thus the Chinese hearer automatically groups morphemes (6) and (7) together, as depicted in Figure 17.2A. He knows that this particular combina-

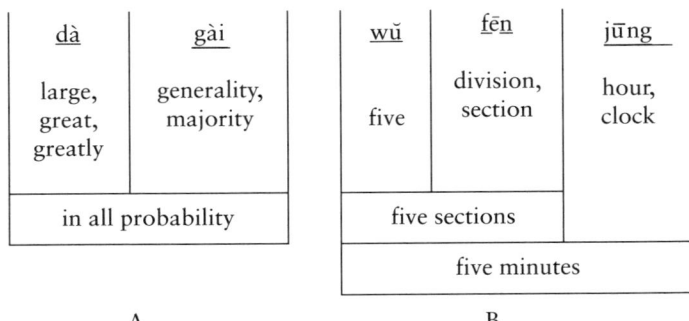

Figure 17.2

tion is common, and that it carries the rather special, partly unpredictable, meaning 'probably.' Likewise, he automatically groups (9), (10), and (11) together, as in Figure 17.2B, but in a more complicated way. If we were to ask him what *dàgài* (morphemes 6 and 7) means, he could tell us, and if we were to ask what *wǔfēn jūng* (9; 10, 11) means, he could tell us. But if we were to ask what *tǔng dà* (5, 6) means, he would be puzzled, for *tǔng dà* does not mean anything. He would probably be unaware that he had heard this particular morpheme sequence in the sentence, and the speaker of the sentence would scarcely realize that he had said it.

In Figure 17.3 we portray the organization of the whole Chinese sentence as the native speaker perceives it.

Diagrams of the sort shown in Figures 17.2 and 17.3 are designed to show the *hierarchical structure* or *immediate constituent structure* of composite grammatical forms. Thus the bottom box in Figure 17.2B represents the whole form *wǔfēn jūng* 'five minutes'. Working up from the bottom, we see that its *immediate constituents* (for short, *ICs*) are the two smaller forms *wǔfēn* 'five sections' and *jūng* 'clock, hour.' The latter is a single morpheme and thus also an *ultimate* constituent of the whole form. The former, however, consists in its turn of the ICs *wǔ* 'five'and *fēn* 'section,' each a single morpheme.

All of the above is applicable also to English or any other language. A meaningless sequence of morphemes like *a man are* can easily be found in normal speech. It occurs in *The sons and daughters of a man are his children*, diagrammed (omitting intonation) in Figure 17.4. The grammatical forms which occur in this sentence are the morphemes and sequences of morphemes for which boxes are provided: the whole sentence in the lowest box, the two segments *the sons and daughters of a man* and *are his children* in the

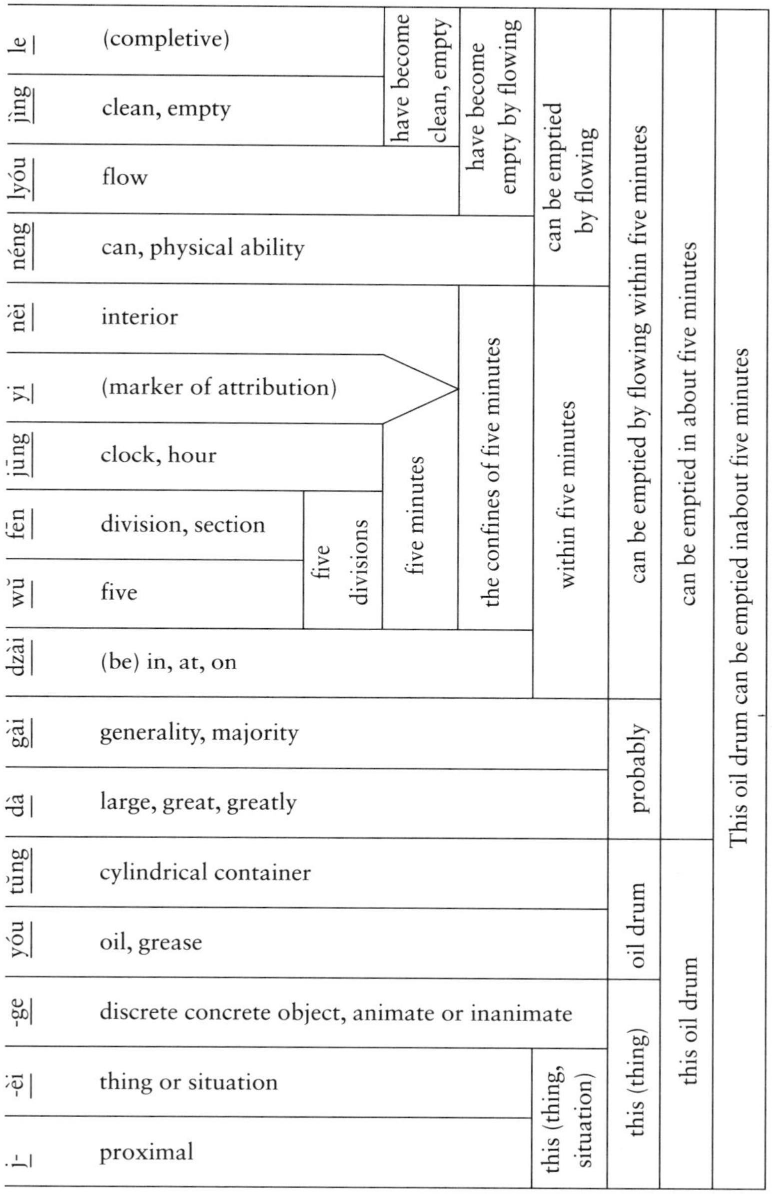

A Course in Modern Linguistics: Immediate Constituents   627

le	(completive)	have become clean, empty	have become empty by flowing	can be emptied by flowing			
jīng	clean, empty						
lyóu	flow						
néng	can, physical ability			can be emptied by flowing within five minutes			
nèi	interior						
yǐ	(marker of attribution)	the confines of five minutes	within five minutes		can be emptied in about five minutes		
jūng	clock, hour						
fēn	division, section	five divisions	five minutes				
wǔ	five						
dzài	(be) in, at, on					This oil drum can be emptied in about five minutes	
gài	generality, majority	probably					
dà	large, great, greatly						
tǔng	cylindrical container	oil drum	this oil drum				
yóu	oil, grease						
-ge	discrete concrete object, animate or inanimate	this (thing)					
-ei	thing or situation	this (thing, situation)					
j-	proximal						

Figure 17.3

628   Ch. Hockett

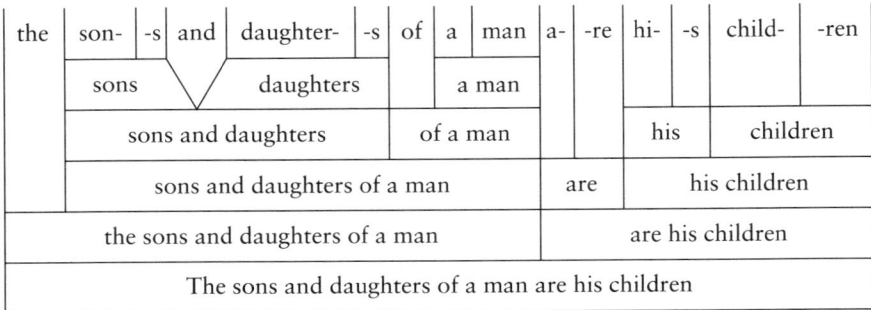

Figure 17.4 (Intonation is omitted)

next to the lowest row of boxes, and so on. Any combination of morphemes, in the sentence for which no box is provided, say *the sons and* or *daughters of*, has the same status as *a man are* or as Chinese *tūng dà*.

17.3. *Ambiguity.* It is possible for a single sequence of segmental morphemes to have two alternative hierarchical organizations, usually with a difference of meaning. Sometimes, but not always, the ambiguity is removed by intonation or other context. Ambiguity is not common. In *wild animal house*, for example, the ICs are clearly *wild animal* and *house*, rather than *wild* and *animal house*. But in the sentence *He was dancing with the stout major's wife* (with certain of the possible distributions of stress and intonation) we cannot tell whether the man's dancing partner is stout or not. The ambiguity of its IC-structure is shown in Figure 17.5, A and B. Likewise, the expression *old men and women* can have either of two meanings, and either of two corresponding IC-structures, as shown by Figure 17.6, A and B.

Ambiguity is often eliminated by context: *The stout major's wife is very thin, The stout major's wife has a very thin husband, The old men and women stayed at home while the young men went to war, The old men and women stayed at home while the young folks went dancing.*

Figure 17.5

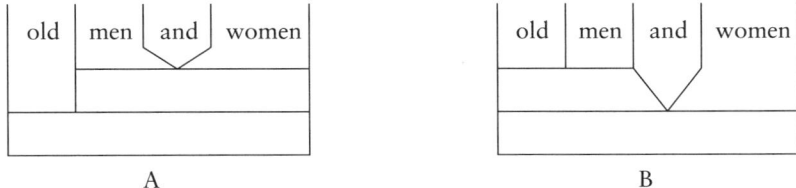

Figure 17.6

Such ambiguities remind us again of the analogy with visual perception: Figure 17.1B is ambiguous in that it looks now more like A and now more like C.

17.4. *Markers.* We must account for the slanting lines appearing in some of the diagrams. In Figure 17.4, for example, the diagram indicates that the ICs of *sons and daughters* are the two words *sons* and *daughters*. How about the *and*? How can a form participate in a larger form without being a constituent of it?

Of course, a different interpretation would be possible, but the one we have chosen indicates that *and*, rather than being one of the ICs of *sons and daughters*, is what we may call a *structural marker* or *signal*. Some morphemes, that is, serve not directly as carriers of meaning, but only as markers of the structural relationships between other forms. *And* marks the fact that something before it (here *sons*) and something after it (here *daughters*) are the ICs of a larger grammatical form, and *and* also marks that larger form as being of a certain type. We would choose a similar interpretation for the *or* of *sons or daughters*.

17.5. *Multiple ICs.* In all our diagrams so far, composite forms have been shown as consisting of just two ICs. Bipartite composite forms are extremely common, but there is no universal restriction to two ICs. English has a few cases of composite forms with three ICs; for example, *foot-pound-second* or *centimeter-gram-second*. Figure 17.7 shows the way of diagramming them.

17.6. *Discontinuous ICs.* Our examples so far have had another property which is common but not universal: forms which belong together as ICs of a larger form have been next to each other in linear sequence. But *discontinuous* constituents are not at all uncommon. For example, in the English sentence *Is John going with you?*, setting intonation aside, one IC is *John* and the other is the discontinuous sequence *Is ... going with you*.

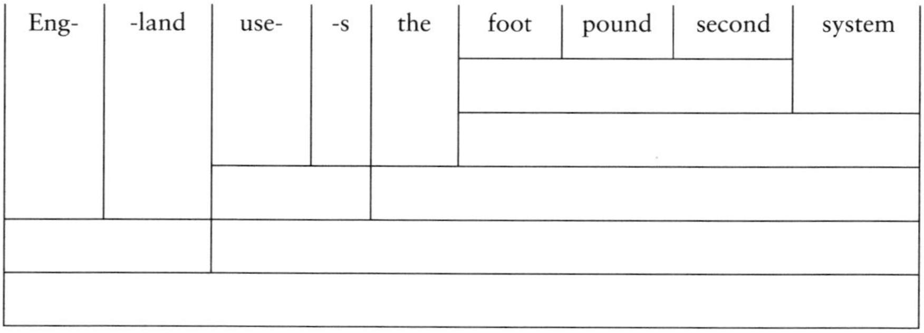

Eng-
-land
use-
-s
the
foot
pound
second
system

Figure 17.7

Figures 17.8 A and B show two graphic devices for handling this. In Figure 17.8 A, the form *John* is entered at the beginning to render diagramming easy, but is parenthesized to indicate that it is not actually spoken there; the empty parentheses after *is* indicate the position it actually occupies in the sequence. In Figure 17.8 B we avoid the duplication, but place a heavy line below the entry *John*, and mark with a dotted arrow the connection between *John* and the larger form of which it is one IC.

(John)
I-
-s
(-)
go-
-ing
with
you
?
A
I-
-s
John
go-
-ing
with
you
?
B

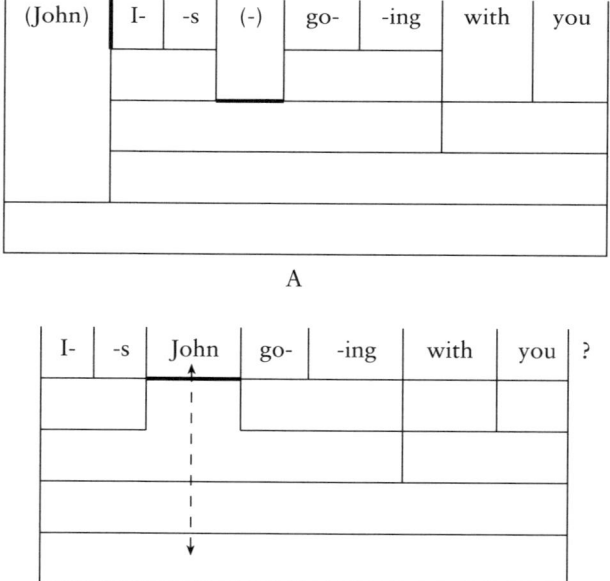

Figure 17.8

17.7. Simultaneous ICs. An intonation morpheme is probably always to be interpreted as one IC of the macrosegment which includes it, the remainder of the macrosegmet, no matter how complex, constituting the other IC. In order to show this diagrammatically we have to introduce another special device, illustrated in Figure 17.9. It is necessary to mark the positions of the PLs and TC correctly, since any alternation in their position might yield a different sentence (e.g., ^{2}He is ^{3}not here^1 ↓).

Diagramming is not an end in itself, but a convenient means of revealing hierarchical structure. For this, it is useful to have diagrammatic conventions. But where the structure is unusual, diagramming may become excessively complex. In such instances, we shall avoid diagrams and resort to verbal description. [...]

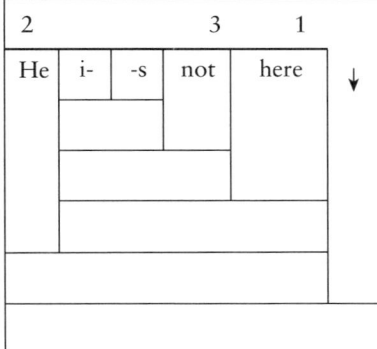

Figure 17.9

Notes:

New terms: *hierarchical structure, immediate constituents (=ICs), discontinuous ICs, simultaneous ICs, structural markers.*
For ICs we follow Bloomfield 1933, Language, New York, p. 161, as elaborated by Wells 1947, Immediate Constituents, Language 23, S. 81–117, and with modifications partly expounded in Hockett 1954, Two Models of Grammatical Description, Word 10, S. 210–231.

L. Tesnière

Grundzüge der strukturalen Syntax*:
- Konnexion
- Die Struktur des einfachen Satzes
- Junktion
- Translation

Erster Teil
Konnexion

Buch A
Einleitung

Kapitel 1. Konnexion

1. Gegenstand der strukturalen Syntax ist die Untersuchung des Satzes. Folgerichtig haben die deutschen Linguisten, als sie das Wort „Syntax" in ihre Sprache zu übersetzen hatten, dafür kein besseres Wort als „Satzlehre" gefunden.

2. Der Satz[1] ist ein organisiertes Ganzes. Seine Bestandteile sind die Wörter[2].

3. Jedes Wort ist, wenn es als Teil eines Satzes fungiert, nicht mehr isoliert wie im Wörterbuch[3]. Zwischen ihm und den benachbarten Wörtern stellt

---

* [Mit [ ] sind Auslassungen, mit „ ᵤ[ ]ᵤ" Umformulierungen des Übersetzers gekennzeichnet.]

1 Die Grammatiker haben verschiedentlich versucht, den Satzbegriff zu klären, indem sie den Satz mit dem aus der Logik stammenden Terminus „Proposition" bezeichneten (vgl. Kap. 20, § 18). Dieser unglückliche Versuch scheint sie nicht sonderlich befriedigt zu haben, wie O. Bloch bemerkt: „Die Autoren sind sich nicht einmal darüber einig, was man unter dem Terminus Proposition zu verstehen habe" (vgl. Rezension zu Bloch, Grammaire française, in BSL 37, 1936, S. 90).

2 Das bedeutet, daß wir den Standpunkt A. Sauvageots nicht teilen, der mit der Bemerkung „Eine Definition des Satzes ist vom Standpunkt der Syntax aus völlig uninteressant. Man kann sie allenfalls als Ziel ansehen, keinesfalls als Ausgangspunkt" (BSL 37, 1936, S. 162) die Flinte ins Korn wirft.

3 Wir lösen im übrigen die Wörter nur durch einen Akt der Abstraktion aus dem Satz, der für sie, wie das Wasser für den Fisch, die natürliche Umgebung bildet. Aus diesem Grunde ist das Wörterbuch – als Ergebnis des Bemühens, die Elemente der sprachlichen Wirklichkeit künstlich aus der natürlichen, lebendigen Umwelt, in der man sie vorfindet, herauszulösen – unweigerlich etwas Totes.

das Bewußtsein Konnexionen fest: Beziehungen, deren Gesamtheit das Gerüst des Satzes bildet.

4. Diese Konnexionen werden durch kein äußeres Merkmal angezeigt. Aber das Bewußtsein muß sie wahrnehmen, weil ohne sie der Satz nicht verständlich wäre. Wenn ich sage: *Alfred spricht* (s. St. 1), dann meine ich nicht einerseits ‚es gibt einen Menschen namens Alfred' und andererseits ‚jemand spricht', sondern ich meine, und zwar gleichzeitig, ‚Alfred vollzieht die Tätigkeit des Sprechens' und ‚der Sprecher ist Alfred'.

5. Daraus folgt, daß ein Satz vom Typ *Alfred spricht* nicht aus zwei Elementen – nämlich erstens *Alfred* und zweitens *spricht* – besteht, sondern aus drei Elementen: erstens *Alfred*, zweitens *spricht* und drittens der Konnexion, die sie verbindet und ohne die kein Satz bestünde. Wer sagt, daß ein Satz wie *Alfred spricht* nur zwei Elemente enthalte, der hat oberflächlich und rein morphologisch analysiert und das Wesentliche – die syntaktische Verbindung – übersehen.

6. Genauso verhält es sich in der Chemie, wo die Verbindung von Chlor (Cl) und Natrium (Na) etwas Neues ergibt, das Kochsalz oder Natriumchlorid (NaCl), das ein ganz neuer Stoff mit völlig anderen Eigenschaften ist als Chlor einerseits und Natrium andererseits.

7. Die Konnexion ist unerläßlich für den Ausdruck des Gedankens. Ohne Konnexion könnten wir keinen zusammenhängenden Gedanken ausdrücken; wir wären höchstens in der Lage, eine Folge voneinander isolierter und unverbundener Bilder und Vorstellungen zu äußern[4].

8. Erst die Konnexion macht also den Satz zu etwas Organischem und Lebendigem, sie ist so etwas wie sein Lebensprinzip.

9. Einen Satz bilden heißt, einer ungeordneten Menge von Wörtern Leben einhauchen, indem man zwischen ihnen eine Reihe von Konnexionen festlegt.

10. Umgekehrt: einen Satz verstehen heißt, die Gesamtheit der Konnexionen erfassen, die seine einzelnen Wörter verbinden.

11. Der Begriff der Konnexion gehört somit zur Grundlegung der gesamten strukturalen Syntax. Man kann daher seine Wichtigkeit nicht genug betonen.

---

4 Dies ist der normale Ablauf der geistigen Aktivität beim Kinde, bei dem verstandesgesteuertes Denken weniger entwickelt ist als beim Erwachsenen. Auf der anderen Seite sind die Bilder beim Kind lebendiger. Aber es fehlt die logische Verbindung zwischen ihnen, die im Grunde erst das Denken ausmacht. [ ]. Entsprechendes geschieht im Traum: Man schweift, geleitet von zusammenhanglosen Assoziationen, von Bild zu Bild, ohne daß die Gesamtheit der Bilder im allgemeinen ein sinnvolles Ganzes ergäbe.

12. Im übrigen bezeichnet das Wort „Syntax", (griech.) ‚Zusammenstellung, Anordnung', selbst den Begriff Konnexion. Und ebendiesem Begriff, der ja in den meisten Fällen keine eigene Ausdruckform hat, entspricht Wilhelm von Humboldts[5] „Innere Sprachform"[6].

13. Um der Klarheit willen stellen wir die Konnexionen zwischen den Wörtern graphisch durch Striche dar, die wir Konnexionsstriche nennen.

Kapitel 2. Die Hierarchie der Konnexionen

Oberstes Gesetz ist Unterordnung und Abhängigkeit
(Vauvenargues)

1. Auf Grund der strukturalen Konnexionen bestehen Dependenzbeziehungen (Abhängigkeitsbeziehungen) zwischen den Wörtern. Jede Konnexion verbindet im Prinzip einen übergeordneten mit einem untergeordneten Term.

2. Der übergeordnete Term soll Regens heißen, der untergeordnete Term Dependens. So ist in dem Satz *Alfred spricht* (s. St. 1) *spricht* das Regens und *Alfred* das Dependens.

---

5 Bedeutender Linguist mit genialen Ideen, dem die moderne Linguistik bei weitem noch nicht gerecht geworden ist, während sie gleichzeitig Bopp, den Vater der vergleichenden Grammatik, über den Schellenkönig lobt. Meillet vertrat die Ansicht, daß diese unterschiedliche Wertung der Linguisten berechtigt sei, was zum mindesten paradox klingt, wenn man bedenkt, welches Gewicht dem einen und dem anderen im allgemeinen zuerkannt wird. Die Geisteswissenschaftler jedenfalls unterliegen hier keiner Täuschung: sie haben keine Bedenken, Humboldt, den Freund Schillers und Goethes, weit über Bopp zu stellen, der nie mehr als ein guter, hochspezialisierter Techniker war. Wer einigermaßen über die Entwicklung der deutschen Wissenschaft im 19. Jahrhundert Bescheid weiß, wird sich zu recht darüber wundern, daß die Linguisten sich nicht darüber aufgehalten haben, wie man einen universellen und hochkultivierten, von wissenschaftlichem Geist durchdrungenen Denker vom Range Humboldts in der Wertungsskala – zumal der linguistischen – hinter einem bloßen Techniker der vergleichenden Grammatik wie Bopp eingestuft hat, den die deutsche Geistesgeschichte gewöhnlich nicht einmal erwähnt. Die Wissenschaft wird nicht umhin können, eines Tages auch Humboldt Gerechtigkeit widerfahren zu lassen, den ein Goethe zu seinem intellektuellen Vertrauten gemacht hat und der ein Geist von ganz anderem Zuschnitt war als Bopp (vgl. J. Vendryes, 1946, S. 7).

6 Wenn die Linguistik aus dem fruchtbaren Begriff der „Inneren Sprachform", obwohl er vor mehr als hundert Jahren geprägt wurde, immer noch keinen Nutzen gezogen hat, so ist das darauf zurückzuführen, daß sie – unter dem allzu ausschließlichen Einfluß der „Morphologisten" – als ihr quasi Euklidisches Prinzip die These verfocht, es komme nur auf die materiellen, mithin äußerlich erfaßbaren Fakten an. Dies implizierte, daß das Vorhandensein einer – per definitionem nichtäußerlichen – „Inneren Sprachform" a priori abgestritten wurde.

Grundzüge der strukturalen Syntax 635

3. Um die nach oben gerichtete Konnexion zu bezeichnen, sagt man, das Dependens hänge vom Regens ab; zur Bezeichnung der nach unten gerichteten Konnexion formuliert man, das Regens regiere das Dependens. So gilt für den Satz *Alfred spricht* (s. St. 1), daß *Alfred* von *spricht* abhängt, während *spricht* seinerseits *Alfred* regiert.

4. Ein Wort kann zu gleicher Zeit von einem übergeordneten Wort abhängen und ein untergeordnetes Wort regieren. So ist *Freund* in dem Satz *Mein Freund spricht* (s. St. 2) gleichzeitig Dependens von *spricht* und Regens von *mein*.

5. Die Gesamtheit der Wörter eines Satzes bildet also in der Tat eine Hierarchie. So hängt in dem Satz *Mein Freund spricht* (s. St. 2) *mein* von *Freund* ab und *Freund* von *spricht*, und umgekehrt regiert *spricht* das Wort *Freund* und *Freund* das Wort *mein*.

6. Die Untersuchung des Satzes, die den eigentlichen Gegenstand der strukturalen Syntax bildet (s. Kap. 1, § 1), besteht im wesentlichen in der Untersuchung seiner Struktur, und das heißt: der Hierarchie seiner Konnexionen.

7. Der Konnexionsstrich verläuft im Prinzip vertikal (s. St. 1 und 2), weil er die Verbindung zwischen einem übergeordneten und einem untergeordneten Term symbolisiert.

Stemma 1   Stemma 2

Kapitel 3. Nexus und Stemma

1. Im Prinzip[7] kann ein Dependens nur von einem einzigen Regens abhängen. Ein Regens hingegen kann mehrere Dependentien regieren, zum Beispiel: *Mein alter Freund singt dieses hübsche Lied* (s. St. 3).

2. Jedes Regens, das ein oder mehrere Dependentien regiert, bildet einen Nexus.

3. Wir definieren somit den Nexus als das Ganze, das aus dem Regens und seinen Dependentien beliebigen Grades besteht, Dependentien also, die di-

---

7 Einzige Ausnahme: die Verdoppelung, von der später (s. Kap. 135) die Rede sein wird.

rekt oder indirekt von diesem Regens abhängen und die von ihm gewissermaßen zu einem einzigen Bündel zusammengefaßt werden.

4. Aus der soeben formulierten Definition ergibt sich, daß jedes Dependens das Schicksal seines Regens teilt. Verändert man zum Beispiel den Satz *Mein alter Freund singt dieses hübsche Lied* (s. St. 3) durch Umstellung zu *Dieses hübsche Lied entzückt meinen alten Freund* (s. St. 4), so wechselt nicht nur das Substantiv *Freund* aus der Subjekts- in die Objektsfunktion über, sondern es nimmt auch die von ihm abhängigen Adjektive *mein* und *alt* in die neue Funktion mit.

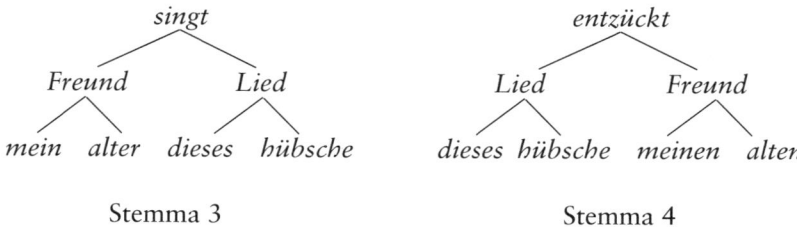

Stemma 3   Stemma 4

5. Wie die Konnexionen, so können auch die Nexus auf mehreren Ebenen vorkommen (vgl. Kap. 2, § 4). Es gibt somit eine Hierarchie der Nexus, so wie es eine Hierarchie der Konnexionen gibt. So hängt zum Beispiel in dem Satz *Mein alter Freund singt dieses sehr hübsche Lied* (s. St. 5) der Nexus *hübsche* von dem Nexus *Lied* ab.

6. Der aus dem Regens, das alle Dependentien des Satzes regiert, gebildete Nexus ist der Nexus aller Nexus oder der Zentralnexus. Er befindet sich im Zentrum des Satzes, er gewährleistet dessen strukturale Einheit, indem er seine verschiedenen Elemente zu einem einzigen Bündel zusammenfaßt. Er ist eins mit dem Satz.

7. Der Nexus aller Nexus ist gemeinhin ein verbaler Nexus, dies ergibt sich auch aus den bisher zitierten Beispielen. Aber nichts spricht dagegen, daß ein Satz als Zentralnexus auch einen substantivischen, einen adjektivischen oder einen adverbialen Nexus haben kann. Diese Form liegt besonders häufig in Alltagsgesprächen und in Titeln literarischer Werke vor (s. Kap. 47).

8. Da es jeweils mehrere nach unten gerichtete Konnexionen geben kann, muß man in der graphischen Wiedergabe den Grundsatz der Vertikalität der Striche auflockern und schräg nach unten verlaufende Striche verwenden (s. St. 3, 4, 5 und 6).

Grundzüge der strukturalen Syntax 637

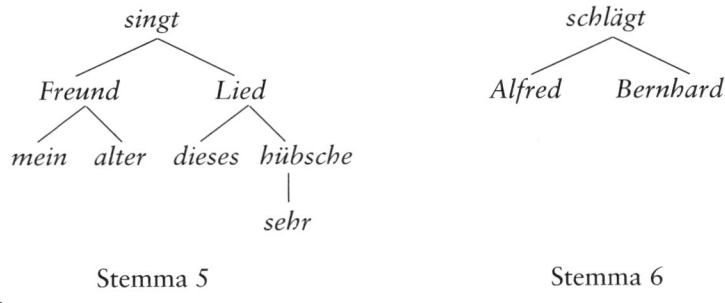

Stemma 5   Stemma 6

[...]

Buch B
Die Struktur des einfachen Satzes

Kapitel 48. Der verbale Nexus

1. Der verbale Nexus, der bei den meisten europäischen Sprachen im Zentrum steht, läßt sich mit einem kleinen Drama vergleichen. Wie das Drama umfaßt er notwendig ein Geschehen und meist auch noch Akteure und Umstände.

2. Wechselt man aus der Wirklichkeit des Dramas auf die Ebene der strukturalen Syntax über, so entspricht dem Geschehen das Verb, den Akteuren die Aktanten und den Umständen die Angaben.

3. Das Verb bezeichnet das Geschehen. So wird in dem Satz *Alfred schlägt Bernhard* (s. St. 6) das Geschehen durch das Verb *schlägt* bezeichnet.

4. Die Aktanten sind Wesen oder Dinge, die auf irgendeine Art, sei es auch nur passiv, gewissermaßen als bloße Statisten, am Geschehen teilhaben.

5. So sind *Karl* und sogar *Buch* in dem Satz *Alfred gibt Karl das Buch* (s. St. 77) – obwohl sie selbst gar nicht „handeln" – ebenso Aktanten wie *Alfred* (s. Kap. 64, § 15).

6. Die Aktanten sind immer Substantive oder Äquivalente von Substantiven. Umgekehrt nehmen die Substantive im Satz grundsätzlich immer die Funktion von Aktanten ein.

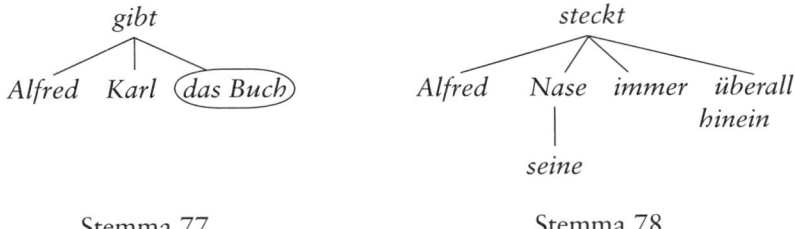

Stemma 77   Stemma 78

7. Die Angaben bezeichnen Umstände der Zeit, des Ortes, der Art und Weise usw., unter denen sich das Geschehen vollzieht. So enthält der Satz *Alfred steckt seine Nase immer überall hinein* (s. St. 78) eine Temporalangabe (*immer*) und eine Lokalangabe (*überall hinein*).

8. Die Angaben sind immer Adverbien (der Zeit, des Orts, der Art und Weise usw.) oder Äquivalente von Adverbien. Umgekehrt nehmen die Adverbien im Satz grundsätzlich immer die Funktion von Angaben ein.

9. Wir haben gesehen, daß das Verb das Zentrum des Verbalnexus und somit auch des Verbalsatzes bildet. Es ist folglich das Regens des gesamten Verbalsatzes.

10. Einige auf die Logik schwörende Grammatiker haben behauptet, jeder einfache Satz enthalte als Zentralnexus ein Verb. Andere haben, um diese Behauptung anzufechten, auf die Existenz von Substantivsätzen, Adjektivsätzen und Adverbialsätzen hingewiesen. Daraus scheint sich ein unauflösbarer Widerspruch zu ergeben.

11. Aber das Problem ist falsch und überdies zu absolut formuliert. Der Zentralnexus eines einfachen Satzes muß durchaus kein Verb sein. Wenn aber ein Verb vorhanden ist, so bildet es immer den Zentralnexus des Satzes.

12. Wenn die deutschen Grammatiker (Morhof 1682, Gottsched 1730) dem Substantiv den Namen „Hauptwort" gegeben haben, so liegt dem offensichtlich ein Irrtum zugrunde. Das Verb würde diese Bezeichnung viel eher verdienen als das Substantiv.

13. Aktanten und Angaben sind unmittelbare Dependentien des Verbs.

14. Graphisch wollen wir, soweit irgend möglich, im Stemma die Aktanten links und die Angaben rechts eintragen. [...]

Kapitel 49. Subjekt und Prädikat

1. Das Schema des Verbalsatzes, wie es im vorhergehenden Kapitel aufgestellt worden ist, unterscheidet sich grundlegend von dem in der traditionellen Grammatik üblichen.

2. Die traditionelle Grammatik, die von logischen Erwägungen ausgeht, möchte im Satz den logischen Gegensatz zwischen Subjekt und Prädikat wiederfinden, wobei das Subjekt das ist, worüber etwas ausgesagt wird, das Prädikat das, was darüber ausgesagt wird.

3. In dem Satz *Alfred spricht langsam* wäre nach dieser Auffassung *Alfred* das Subjekt und *spricht langsam* das Prädikat, wie es das Stemma 79 zeigt.

4. Aber diese Auffassung ist nichts als ein immer noch nicht ganz beseitigtes Überbleibsel jener von Aristoteles bis Port-Royal reichenden Epoche, in der alle Grammatik auf der Logik beruhte.

Grundzüge der strukturalen Syntax 639

5. In der Tat gehen alle Argumente, die gegen die Auffassung vom verbalen Nexus des Satzes und zugunsten der Subjekt-Prädikat-Opposition angeführt werden können, auf die apriorische formale Logik zurück, die in der Linguistik nichts zu suchen hat.

6. Wenn man sich auf die strikt linguistische Beobachtung der sprachlichen Fakten beschränkt, ergeben sich a posteriori ganz andere Schlußfolgerungen. In keiner Sprache gibt es irgendwelche wirklich linguistischen Fakten, die die Subjekt-Prädikat-Opposition nahelegten.

7. In dem lat. Satz *filius amat patrem* ‚der Sohn liebt den Vater' (s. St. 80) ist zum Beispiel das zum Prädikat gehörende Element *ama-* mit dem zum Subjekt gehörenden Element *-t* zusammen in dem einen Wort *amat* enthalten. Die Grenze zwischen Subjekt und Prädikat ist also nicht einmal durch eine Wortgrenze markiert. Und auf der anderen Seite gibt es eine solche Wortgrenze zwischen den subjektbildenden Elementen *filius ...-t* und ebenso zwischen den prädikatsbildenden Elementen *ama-... patrem*.

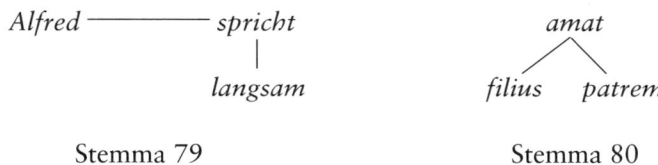

Stemma 79   Stemma 80

8. Diese Verzahnung der subjektbildenden und der prädikatsbildenden Elemente paßt schlecht zu der grundsätzlichen Gegenüberstellung der beiden Begriffe; dagegen ergibt sich keinerlei Schwierigkeit, wenn man den verbalen Nexus als Zentralnexus des Satzes ansetzt.

9. Auf der anderen Seite führt es zu Schwierigkeiten, wenn man das Subjekt, das oft nur aus einem einzigen Wort besteht, ja unter Umständen nicht einmal vollständig ausgedrückt zu werden braucht, auf eine Stufe stellt mit dem Prädikat, das obligatorisch ist und in der Mehrzahl der Fälle weit mehr Elemente als das Subjekt enthält.

10. Die im letzten Abschnitt vorgebrachte Einwendung erscheint besonders schwerwiegend, wenn man bedenkt, daß das Prädikat Elemente enthalten kann, deren Art und interne Struktur mit Art und interner Struktur des Subjekts durchaus vergleichbar sind.

11. Betrachten wir zum Beispiel den Satz *Euer junger Freund kennt meinen jungen Vetter* (s. St. 81). Hier sind *euer junger Freund* und *meinen jungen Vetter* völlig gleich gebaute substantivische Nexus, dies ergibt sich aus

der Gleichartigkeit ihrer virtuellen Stemmata (s. St. 82).* Aus den sprachlichen Fakten ergibt sich also keine Notwendigkeit, sie verschiedenen Ebenen zuzuweisen; das wird freilich unumgänglich, wenn man die Subjekt-Prädikat-Opposition anerkennt (s. St 81 und 82).

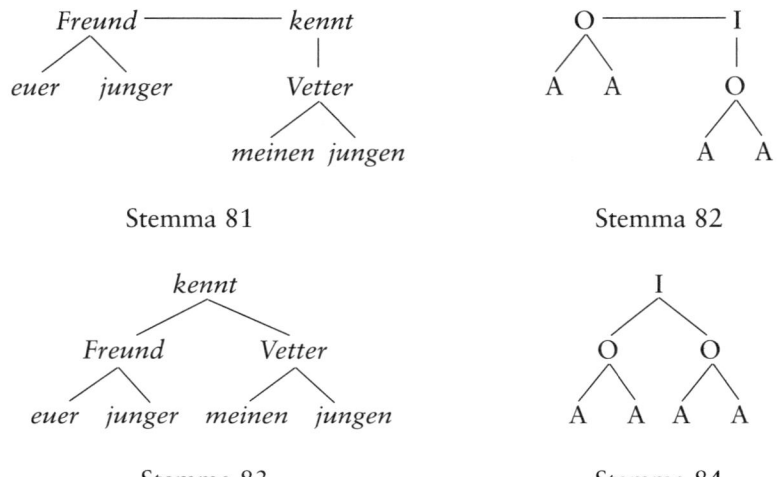

Stemma 81   Stemma 82

Stemma 83   Stemma 84

12. Diese Ungereimtheit erledigt sich von selbst, wenn man den verbalen Nexus als Zentralnexus des Satzes ansetzt und entsprechende Stemmata aufstellt. Der Parallelismus zwischen den beiden Substantivphrasen ist nun wiederhergestellt (s. St. 83 und 84).

13. Die Subjekt-Prädikat-Opposition verschleiert also das strukturale Gleichgewicht des Satzes, indem sie einen Aktanten im Gegensatz zu den andern als „Subjekt" isoliert und diese andern im „Prädikat" mit dem Verb und allen Angaben zusammenwirft. Auf diese Art wird einem Element des Satzes ein unverhältnismäßiges und durch keinerlei eigentlich linguistische Fakten gestütztes Gewicht zuerkannt.

14. Insbesondere verdeckt die Subjekt-Prädikat-Opposition die Austauschbarkeit des Aktanten, die der Aktiv-Passiv-Diathese zugrundeliegt.

15. So wird der lat. Satz *filius amat patrem* durch einfaches Auswechseln der Aktanten im Passiv zu *pater amatur a filio* ‚der Vater wird vom Sohn geliebt'; erster Aktant ist nun *pater* anstelle von *filius*, zweiter Aktant ist *a filio* anstelle von *patrem*, und beide verbleiben auf der gleichen Ebene (s. St. 85 und 86).

---

* [Symbole: O = Substantiv, A = Adjektiv, I = Verb, E = Adverb.]

16. Dagegen würde die Subjekt-Prädikat-Opposition eine Dissymetrie schaffen, wobei jeder Aktant – je nachdem ob er Subjekt ist oder nicht – verschiedenen Ebenen zugeordnet wird (s. St. 87 und 88).

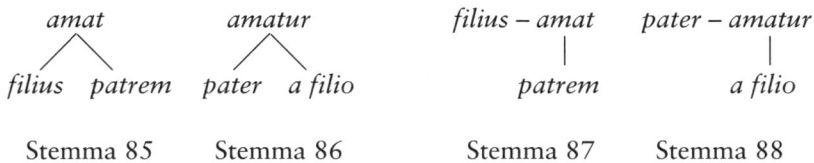

Stemma 85   Stemma 86   Stemma 87   Stemma 88

17. Überdies wird durch die Subjekt-Prädikat-Opposition nicht nur die Aktiv-Passiv-Beziehung verdeckt, sondern auch die gesamte Theorie der Aktanten und der verbalen Valenz.
18. Schließlich verhindert die Subjekt-Prädikat-Opposition die sachgemäße Erfassung von Junktion und Translation [s. u] – beide sind leicht zu verstehen, wenn man den verbalen Nexus als Zentralnexus des Satzes ansetzt.
19. Es ist somit kein Zufall, daß die traditionelle Grammatik die genannten Begriffe nie akzeptiert hat; sie konnte es nicht, weil sie schief gebaut war auf dem Fundament reiner Logik, die in der Grammatik nichts zu suchen hat.
20. Umgekehrt erlaubt es unsere Auffassung des verbalen Nexus, diese Begriffe in den folgenden Kapiteln weiterzuentwickeln; sie liefert uns damit a posteriori den besten Beweis für ihre Wohlfundiertheit.

Kapitel 50. Die Aktanten

1. Wir haben oben gesehen, daß die Aktanten die Personen oder Dinge sind, die auf irgendeine Art am Geschehen teilnehmen.
2. Außerdem haben wir gesehen, daß die Aktanten im Prinzip immer Substantive und gleichzeitig unmittelbare Dependentien des Verbs sind.
3. Die Aktanten lassen sich nach ihrer Art unterscheiden, die ihrerseits eine Funktion ihrer Anzahl innerhalb des Verbalnexus ist. Die Anzahl der Aktanten ist deshalb von grundlegender Bedeutung für die Struktur des Verbalnexus.
4. Nicht alle Verben haben dieselbe Zahl von Aktanten. Mehr noch: Dasselbe Verb hat manchmal eine verschiedene Zahl von Aktanten.
5. Es gibt Verben ohne Aktanten, Verben mit einem Aktanten, Verben mit zwei Aktanten und Verben mit drei Aktanten.
6. Die Verben ohne Aktanten bezeichnen ein Geschehen, das in sich selbst abläuft, ohne daß irgendwer daran teilhätte. Dies trifft im wesentlichen auf

die „Witterungsverben" zu. So bezeichnet in dem lat. Satz *pluit* ‚es regnet'
das Verb *pluit* ein Geschehen ohne Aktanten. Das Stemma enthält nur einen
einfachen Nukleus, weil keine Aktanten vorhanden sind und deshalb auch
keine Beziehung zwischen diesen und dem Verb aufgezeigt werden kann (s.
St. 89).

7. Nicht im Widerspruch zu dieser Auffassung stehen die Sätze *Es regnet,
Es schneit,* wo man in dem *es* einen Aktanten vermuten könnte: dieses *es* ist
in Wirklichkeit der Index der 3. Person und meint keineswegs eine Person
oder Sache, die auf irgendeine Art an der Erscheinung des Regens teilhätte.
Es regnet besteht lediglich aus einem Nukleus, das zugehörige Stemma ist mit
dem vorhergehenden identisch (s. St. 90). Die traditionelle Grammatik hatte
dies dadurch anerkannt, daß sie *es* in der angegebenen Verwendung als
Scheinsubjekt auffaßte.

Stemma 89 Stemma 90 Stemma 91

8. Wir nehmen unseren Vergleich des Satzes mit einem kleinen Drama (s.
Kap. 48, § 1) noch einmal auf: im Falle der Verben ohne Aktant hebt sich der
Vorhang vor einer Bühne ohne Akteure, auf die Regen oder Schnee fällt.

9. Die Verben mit einem Aktanten bezeichnen ein Geschehen, an dem nur
eine Person oder ein Ding teilhat. So hat in dem Satz *Alfred fällt* (s. St. 91) nur
Alfred an dem Vorgang des Falles teil, und es braucht, damit der Satz geäußert werden kann, niemand und nichts außer Alfred daran teilzuhaben.

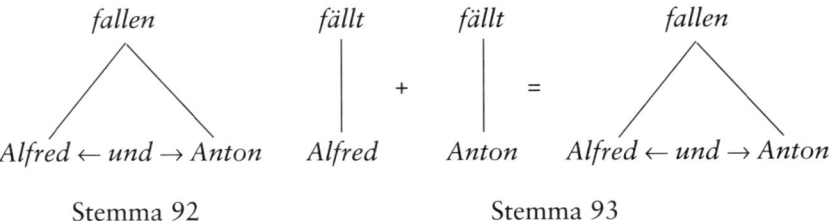

Stemma 92 Stemma 93

10. Man könnte auf Grund der soeben gegebenen Definition argumentieren, daß das Verb *fallen* in einem Satz wie *Alfred und Anton fallen* (s. St. 92)
zwei Aktanten habe. Aber nichts dergleichen: hier ist nur derselbe Aktant
mehrfach wiedergegeben, ist dieselbe Rolle von mehreren Personen übernommen. Anders ausgedrückt: *Alfred und Anton fallen = Alfred fällt* +

Anton fällt (s. St. 93). Es liegt hier ein einfacher Fall von Verdoppelung vor (s. Kap. 135). Und Verdoppelung wirkt sich nicht auf die Festlegung der Zahl der Aktanten aus.

11. Die Verben mit zwei Aktanten bezeichnen ein Geschehen, an dem zwei Personen oder Dinge (ungeachtet möglicher Verdoppelungen) teilhaben. So enthält der Satz *Alfred schlägt Bernhard* (s. St. 6) zwei Aktanten: 1. *Alfred*, der die Schläge austeilt, 2. *Bernhard*, der sie erhält. Das Geschehen mit zwei Aktanten könnte ohne die beiden, jeder in der ihm zugewiesenen Rolle, nicht statthaben.

12. Die Verben mit drei Aktanten bezeichnen ein Geschehen, an dem drei Personen oder Dinge (ungeachtet möglicher Verdoppelungen) teilhaben. So enthält der Satz *Alfred gibt Karl das Buch* (s. St. 77) drei Aktanten: 1. *Alfred*, der das Buch gibt, 2. das *Buch*, das Karl gegeben wird, und 3. *Karl*, der das Buch erhält. Das Geschehen mit drei Aktanten könnte ohne die drei, jeder in der ihm zugewiesenen Rolle, nicht stattfinden.

13. Bei den Verben mit drei Aktanten sind der erste und der dritte Aktant im allgemeinen Personen (*Alfred*, *Karl*), der zweite (*das Buch*) meist ein Ding.

14. Die Einführung eines (temporalen oder modalen) Auxiliarverbs ändert nichts an der Aktantenstruktur: Sie ist in dem Satz *Alfred kann Karl das Buch geben* (s. St. 94) dieselbe wie in dem Satz *Alfred gibt Karl das Buch* (s. St. 77).

15. Bei der stemmatischen Darstellung wird man zweckmäßigerweise immer den ersten Aktanten links vom zweiten und diesen links vom dritten anbringen (s. St. 77).

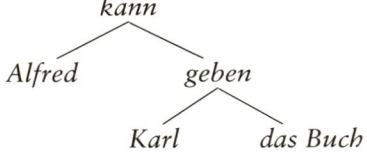

Stemma 94

[...]

Kapitel 63. Das attributive Adjektiv

1. Ebenso wie das Verb eine Anzahl von Dependentien – Aktanten und Angaben – regiert, so haben diese Dependentien des Verbs ihrerseits Dependentien verschiedener Art.

2. Wir haben gesehen, daß die Aktanten im Prinzip (persönliche oder andersartige) Substantive sind. Diese Substantive nun sind strukturell gesehen Verbindungspunkte für eine mehr oder weniger große Zahl von Konnexio-

nen und bilden folglich einen Nexus: den substantivischen Nexus. Es muß hier betont werden, daß die Fähigkeit des Substantivs, als Sitz eines Bündels von Konnexionen zu fungieren, nicht davon abhängt, ob es sich um einen ersten, zweiten oder dritten Aktanten handelt, sondern lediglich von der Tatsache, daß es ein Substantiv ist.

3. Das bedeutet: Wenn ein Substantiv, das einen Nexus regiert, den Wechsel vom ersten zum zweiten Aktanten vollzieht, ändern sich nur die Aktantenbeziehungen, also die nach oben gerichteten Konnexionen dieses Substantivs, während die nach unten gerichteten Konnexionen unverändert bleiben. Anders gesagt: Der substantivische Nexus teilt das Schicksal des Substantivs, von dem er abhängt.

4. Nehmen wir zum Beispiel den substantivischen Nexus *deine junge Kusine*, in dem das Substantiv *Kusine* sowohl das qualifikative Adjektiv *junge* als das possessive Adjektiv *deine* regiert (s. St. 132, vgl. St. 18). Das Substantiv *Kusine* kann zusammen mit den beiden Adjektiven, die es regiert und mit denen es einen substantivischen Nexus bildet, in gleicher Weise erster, zweiter oder dritter Aktant seien, ohne daß seine innere Struktur durch die nach oben zum Verb gerichteten Konnexionen in irgendeiner Weise berührt würde. Es kann erster Aktant (*Deine junge Kusine singt ein Lied*, s. St. 133), zweiter Aktant (*Jeder bewundert deine junge Kusine*, s. St. 134) oder dritter Aktant sein: *Alfred gibt das Buch Deiner jungen Kusine* (s. St. 135).

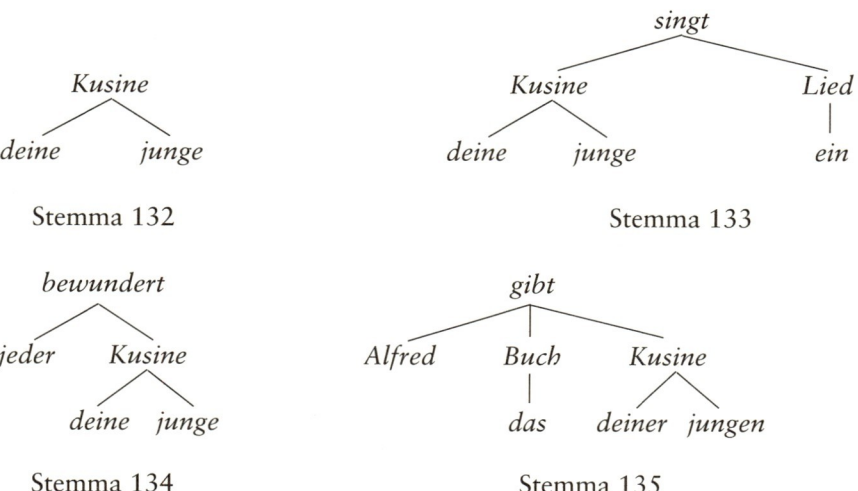

Stemma 132

Stemma 133

Stemma 134

Stemma 135

5. Unter den Dependentien des Substantivs, die als solche einen Teil des substantivischen Nexus bilden, ist vor allen anderen das Attribut zu nennen;

es hat das Substantiv, von dem es abhängt, qualitativ zu bestimmen. So bildet in dem Satz *Grünes Licht bedeutet freie Fahrt* (s. St. 19) *grünes* das Attribut, das *Licht* qualitativ bestimmt und ohne das der Satz nicht die praktische Bedeutung hätte, die man ihm zuschreiben möchte, weil man die Farbe des Lichts nicht kennen würde. Und wenn man das Attribut *grün* durch das Attribut *rot* ersetzen würde, bekäme der Satz eine ganz andere Bedeutung, er würde etwas Falsches besagen, weil rotes Licht nicht „freie Fahrt", sondern „Halt!" bedeutet.

6. Grundsätzlich wird die Funktion des Attributs vom Adjektiv wahrgenommen: *grünes Licht, rotes Licht, deine junge Kusine*.

7. Während die Zahl der Aktanten des Verbs drei nicht übersteigt, ist die Zahl der Attribute des Substantivs unbegrenzt: *deine hübsche kleine weiße Katze* (s. St. 136).

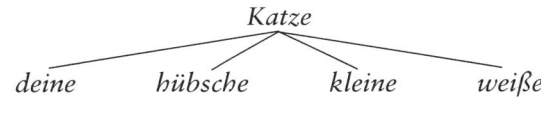

Stemma 136

8. In den Sprachen, die über ein Genus verfügen, wird die Konnexion zwischen Substantiv und von ihm abhängigem attributivem Adjektiv durch die Kongruenz markiert: das attributive Adjektiv stimmt in Genus, Numerus und Kasus mit dem Substantiv, von dem es abhängt, überein:

frz. *un grand arbre, une grande fabrique*;
dt. *ein großer Baum, eine große Fabrik, ein großes Haus*;
griech. ὁ εὐρὺς ποταμός ‚der große Fluß'.

9. Aber im Englischen gibt es keine solche Kongruenz, weil das Adjektiv immer unveränderlich ist: *a big tree, a big factory, a big house*.

10. Das unveränderliche Adjektiv kommt im Französischen nur ausnahmsweise vor: *feu mon père, feu ma mère* ‚mein verstorbener Vater, meine verstorbene Mutter'.

11. Im Stemma wird die Konnexion zwischen dem Substantiv und seinem Attribut prinzipiell durch einen vertikalen Strich markiert: *ein großartiges Buch* (s. St. 137). Falls es mehrere Attribute gibt, erscheinen statt des vertikalen natürlich schräge Striche. So hat zum Beispiel der Satz *Deine junge Kusine gibt das großartige Buch meinem armen Neffen* das folgende Stemma (138).

Es muß betont werden, daß lediglich die vertikale Komponente dieser schrägen Striche strukturellen Wert besitzt; ihre horizontale Komponente,

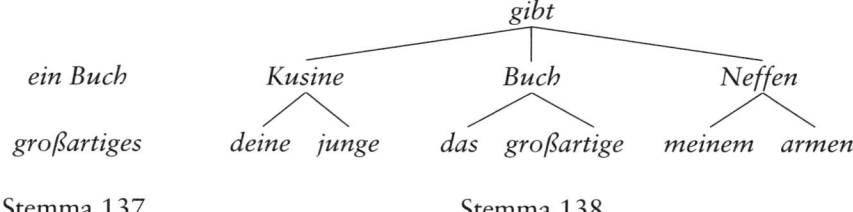

Stemma 137   Stemma 138

die ausschließlich auf den materiellen Erfordernissen der graphischen Darstellung beruht, hat somit überhaupt keine strukturelle Entsprechung.

12. Die unterschiedliche lineare Wiedergabe von Sätzen, die eine Konnexion zwischen Substantiv und Attribut enthalten, ist etwas vom Auffallendsten, das es gibt. In den Sprachen, in denen das attributive Adjektiv dem Substantiv, von dem es abhängt, folgt, liegt zentrifugale Wiedergabe vor, und somit folgt auf der gesprochenen Kette der abhängige Determinant dem regierenden Determinat. Umgekehrt liegt in den Sprachen, in denen das attributive Adjektiv dem Substantiv, von dem es abhängt, vorausgeht, zentripetale Wiedergabe vor, und somit geht auf der gesprochenen Kette der abhängige Determinant dem regierenden Determinat vorher.

13. Von diesem Gesichtspunkt aus sind die folgenden Sprachen zentrifugal:

Bantu:	*muntu uzo mubi*	‚dieser schlechte Mensch'
	‚Mensch dieser schlechte'	
Subiya:	*muntu mulotu*	‚ein schöner Mensch'
	‚Mensch Schönheit'	
Ägypt.:	*hrw nfr*	‚ein schöner Tag'
	Tag schön	
Samoan.:	*le funafuna pala'ai*	‚die feige Seegurke'
	‚die Seegurke feige'	
Arab.:	*el oued el kebir*	‚der große Fluß'
	‚der Fluß der große'	(vgl. span. *Guadalquivir*)
Rum.:	*un om bogat*	‚ein reicher Mann'
	‚ein Mann reich'	
Ital.:	*un uomo ricco*	‚ein reicher Mann'
Span.:	*un hombre rico*	‚ein reicher Mann'
Breton.:	*eun den pinvik*	‚ein reicher Mann' [ ]
Eskimo:	*ilu-totak*	‚altes Haus'
	‚Haus alt'	
Bask.:	*gizon aberats*	‚reicher Mann'
	‚Mann reich'	

14. Entsprechend sind folgende Sprachen zentripetal:

Chines.	*xao žen*	‚guter Mann'
	‚gut Mann'	
Russ.:	хороший человек	‚der gute Mann'
	‚gut Mann'	
[ ]		
Dt.:	*ein weißes Buch*	
Engl.:	*a white book*	‚ein weißes Buch'
Holl.:	*een wit boek*	‚ein weißes Buch'
Lit.:	*turtingas žmogus*	‚der reiche Mann'
	‚reich Mann'	
Lett.:	*bagats cilvēks*	‚der reiche Mann'
	‚reich Mann'	
Zig.:	*zeleno čarori*	‚der grüne Rasen'
	‚grün Rasen'	
Georg.:	*didi kac'i*	‚großer Mann'
	‚groß Mann'	
Armen.:	*harust mard*	‚reicher Mann'
	‚reich Mann'	

Das Gleiche gilt für die modernen skandinavischen Sprachen, für die finno-ugrischen Sprachen (speziell für das Zyrienische, das Tschuwaschische, das Tscheremissische und das Wotjakische), für das Tatarische, das Mongolische und das Tungusische.

15. Es sei noch darauf hingewiesen, daß im Ortsnamen Hennebont in der Basse-Bretagne eine sehr alte zentripetale Konstruktion erhalten zu sein scheint: *hen bont* [alte Brücke] – und dies in einer Gegend, in der heute noch als Muttersprache das Bretonische gesprochen wird; diese Stellung des Adjektivs *hen* zeigen die übrigen britannischen Sprachen zu allen Zeiten.
[...]

Zweiter Teil
Junktion
[...]

Kapitel 135. Verdoppelung und Junktion

1. Wenn zwei Nuklei der gleichen Art die gleiche Funktion in einem Satz haben, sprechen wir von Verdoppelung.

2. In dem Satz *Alfred und Bernhard fallen* fungieren *Alfred* und *Bernhard* jeweils als erster Aktant. Folglich ist der erste Aktant, da durch zwei verschiedene Personen verkörpert, hier verdoppelt.

3. Man sollte auf keinen Fall sagen, daß dieser Satz zwei Aktanten enthält, kann er doch, da *fallen* ein monovalentes Verb ist, nur einen Aktanten haben. Aber dieser eine Aktant ist eben verdoppelt. Man mag, so man will, auch sagen, der Satz enthalte zwei erste Aktanten.

4. Die Verdoppelung geht also letzten Endes auf die Addition zweier Sätze – hier: *Alfred fällt* und *Bernhard fällt* – zurück, so daß man formulieren kann: *Alfred fällt* + *Bernhard fällt* = *Alfred* und *Bernhard fallen*.

Man kann diesen Vorgang sogar in die Form der traditionellen arithmetischen Addition bringen:

```
        Alfred            fällt
  +                Bernhard fällt
        ─────────────────────────
        Alfred und Bernhard fallen
```

5. Die beiden Aktanten *Alfred* und *Bernhard* können nicht in den Plural gesetzt werden, weil es sich um zwei verschiedene Personen handelt, von denen jede nur einmal vorkommt und folglich nicht im Plural stehen kann. Aber da sie gemeinsam eine Handlung ausführen, steht das Verb im Plural. Dieser hervorstechenden Tatsache tragen die Elementargrammatiken Rechnung durch die Regel, das das Verb im Plural stehen muß, wenn zwei singularische Subjekte vorliegen, das heißt, daß zwei erste Aktanten im Singular ein Verb im Plural verlangen.

6. Die Glieder einer solchen Addition sind zahlenmäßig unbegrenzt. Möglich ist *Alfred fällt* + *Bernhard fällt* + *Karl fällt* = *Alfred und Bernhard und Karl fallen* und unbegrenzt so weiter. Man wird dann nicht von Verdoppelung, sondern von Verdreifachung usw. oder allgemeiner Vervielfachung sprechen.

7. Im Falle einer Verdoppelung haben die beiden verdoppelten Glieder die gleiche strukturale Funktion, dadurch stehen sie sich näher, weil die funktionale Übereinstimmung eine Verbindung zwischen ihnen herstellt. Diese Verbindung ist letzten Endes die Grundlage der Junktion. Und so gesehen kann man sagen, daß die Junktion die notwendige Konsequenz der Verdoppelung ist.

8. Zwei durch Junktion verbundene Nexus wollen wir als jungiert bezeichnen. So können wir sagen, daß in dem Satz *Alfred und Bernhard fallen* die Elemente *Alfred* und *Bernhard* jungiert sind; man kann ebensogut sagen, *und* jungiere *Alfred* und *Bernhard*.

9. Junktion ist nur zwischen zwei Nexus der gleichen – im übrigen beliebigen – Art möglich. So kann Junktion zwischen zwei Aktanten (*Die Menschen fürchten Hunger und Tod*), zwischen zwei Angaben (*Alfred arbeitet schnell und gut*), zwischen zwei verbalen Nexus $_U$[(*Gib mit den Rhabarber oder schneid ihn selbst*)]$_U$ oder zwischen zwei adjektivischen Nexus $_U$[(*ein alter und weiser Mann*)]$_U$ vorliegen.

10. Aber es muß sich unbedingt um zwei Nexus der gleichen Art handeln. Das bedeutet: so wenig man aus einem Apfel und einer Birne ein Ganzes machen kann, so wenig kann man einen Aktanten und eine Angabe oder einen verbalen Nexus und einen substantivischen Nexus miteinander jungieren.

11. Aus dem gleichen Grunde wird man im allgemeinen zwei disparate Nexus – das sind Nexus, die aus verschiedenen grammatischen Verfahren hervorgegangen sind – nicht miteinander jungieren. Man kann zwar sagen *Das Essen war karg und einfallslos zubereitet*, obwohl *einfallslos zubereitet*, anders als *karg*, das ein originäres Adjektiv ist, erst auf Grund einer grammatischen Umwandlung zum Adjektiv geworden ist. Aber die Puristen lassen Junktion zwischen Aktant und Nebensatz, wie sie im Französischen üblich sind, nicht zu [ ]; jedoch selbst Colette, die im allgemeinen einwandfreies Französisch schreibt, formuliert einmal *Il apprit son nom et qu'on l'appelait ‚Sido'* (wörtl.: ‚Er erfuhr ihren Namen und daß man „Sido" zu ihr sagte').

Kapitel 136. Graphische Wiedergabe

1. Graphisch wird die Junktion durch einen Strich zwischen den jungierten Elementen wiedergegeben; diesen Strich nennen wir Junktionsstrich.

2. Zwei Nexus sind nur jungierbar, wenn sie von gleicher Art sind und folglich auf derselben strukturalen Ebene liegen; der Junktionsstrich muß daher horizontal sein.

3. Wenn die Junktion durch einen Junktiv markiert wird, besteht der Junktionsstrich aus zwei Teilstücken, zwischen denen der Junktiv steht:

Alfred ———— *und* ———— *Bernhard*

4. Zwei jungierte Nexus verlieren durch die Junktion natürlich nicht ihre vertikalen Konnexionen. Die graphische Form eines Konstrukts mit zwei vertikalen Konnexionen und einem Konnexionsstrich muß deshalb ein Dreieck sein (s. St. 248).

5. Der Junktionsstrich ist formal mit dem Appositionsstrich identisch, denn beide sind horizontal. Trotzdem können beide nicht verwechselt werden. Denn die vertikalen Konnexionen treten immer mit dem Junktionsstrich

zusammen auf und bilden mit ihm ein Dreieck, in dem der Junktionsstrich die Grundlinie bildet.

Der Appositionsstrich dagegen kann nie die Grundlinie eines Dreiecks bilden, weil es sich aus dem Wesen der Apposition ergibt, daß die Konnexion zwischen der Apposition und dem Regens ihres Bezugswortes nur eine mittelbare sein kann.

Stemma 248   Stemma 249

6. Man sieht leicht, daß der Junktiv keinem der beiden Nuklei, die er zu jungieren hat, angehört. Wie der Mörtel, der zwei Steine verbindet, zu keinem von beiden gehört, wie die Kupplung zwischen zwei Wagen eigentlich keinem von beiden zugerechnet werden kann, so bleibt der Junktiv außerhalb der beiden Nuklei, deren Verbindung ihm obliegt. Folglich ist der Junktiv nicht intranuklear, sondern extranuklear.

7. Da sich der Junktiv per definitionem auf Grund seiner Funktion zwischen zwei Nuklei befindet, erscheint er ausnahmslos internuklear (s. Kap. 39, § 3). Der internukleare Charakter des Junktivs ist ohne weiteres aus dem Stemma ersichtlich, auch wenn man die Nukleuskreise gar nicht einzeichnet.

8. Wir werden noch sehen, daß der Translativ im Gegensatz zum Junktiv intranuklear ist. Daraus folgt, daß Junktive von Translativen, die sich notwendig nach deren Beschaffenheit richten, abweichend von den allgemeinen Verhältnissen auch intranuklear sind. Trotzdem sollte man sich bewußt sein, daß sie in solchen Ausnahmefällen intranuklear sind nicht weil sie Junktive sind, sondern weil sie ohnehin schon intranukleare Elemente jungieren.
[...]

Dritter Teil
Translation
[...]

Kapitel 152. Der Mechanismus der Translation

1. Ihrem Wesen nach besteht die Translation darin, daß ein Wort einer bestimmten grammatischen Kategorie in eine andere grammatische Kategorie überführt wird, das heißt, daß eine bestimmte Wortart in eine andere Wortart transformiert wird.

2. In der frz. Wortgruppe *le livre de Pierre* (wörtl.: ‚das Buch von Peter')
wird das Substantiv *Pierre* syntaktisch zu einem attributiven Adjektiv und
verhält sich gleich wie das Adjektiv in *le livre rouge* ‚das rote Buch'. Obwohl
es morphologisch kein Adjektiv ist, nimmt es so die syntaktischen Merkmale
des Adjektivs an, erhält also adjektivische Funktion. Das Dependens *de Pierre*
spielt in dieser Wortverbindung eine Rolle, die in allen Punkten der des
Dependens *rouge* gleicht.

3. In der Tat besteht kein strukturaler Unterschied zwischen den Syntagmen *das Buch von Hans* und *das rote Buch*. In beiden Fällen fungiert das Dependens als Attribut des Wortes *Buch*. Ob es sich um *das Buch von Hans* oder *das rote Buch* handelt, beide Male hat man es mit einer Bezeichnung einer Eigenschaft des betrachteten Buches zu tun, einer Eigenschaft, die es von anderen Büchern unterscheiden hilft (vgl. Kap. 65, § 4 und St. 32).

4. Der Wechsel der Kategorie bewirkt – mindestens: erlaubt – seinerseits einen Wechsel der Funktion, da die Funktion der verschiedenen Wörter an ihre Kategorie gebunden ist.

5. So ermöglicht es die Translation der Wortgruppe *von Hans* in ein Adjektiv im traditionell sogenannten determinativen Komplement, daß dieses Substantiv *Hans* die Rolle des Attributs eines anderen Substantivs spielt, gleich als ob es selbst ein Adjektiv geworden wäre. Es verhält sich somit nicht mehr wie ein Aktant, sondern wie ein Attribut.

6. Aber nicht dieser strukturale Effekt ist kennzeichnend für die Translation. Sie ist nur deren Folge, übrigens eine unmittelbare, aber andersartige (nämlich strukturale und nicht kategorielle) Folge.

7. Man muß deshalb die beiden Vorgänge sorgsam auseinanderhalten. Der erste besteht im Wechsel der Kategorie; er macht eigentlich die Transformation aus, und er löst den zweiten aus. Der zweite besteht im Wechsel der Funktion; er ergibt sich aus dem ersten und ermöglicht seinerseits die verschiedensten strukturalen Ausformungen.

8. Die Translation ist somit die bestimmten Konnexionen zugrundeliegende Bedingung, aber sie ist nicht die unmittelbare Ursache der Konnexion. Die Konnexion ist die Grundtatsache, auf der die Struktur des einfachen Satzes beruht. Sie besteht auf Grund einer Automatik zwischen bestimmten Wortarten und ist nicht weiter markiert. Sie ist so selbstverständlich, daß allein die Möglichkeit ihres Vorhandenseins ihre Realisierung bewirkt.

9. Der Translativ stellt also keine Konnexion her. Er beschränkt sich darauf zu transferieren, das heißt die Kategorie des Transferenden (s. Kap. 154) zu verändern. Sobald dieser mittels einer Translation in eine neue Kategorie übergegangen ist, stellt sich die Konnexion von selbst ein.

10. Will man das Wesen der Translation richtig verstehen, so darf man nicht übersehen, daß es sich um ein syntaktisches Phänomen handelt, das folglich über die morphologischen Gegebenheiten, mit denen wir leider üblicherweise Syntax zu betreiben pflegen, weit hinausgeht. Dies ist der Grund dafür, warum alle, die in den Wörtern durchaus nur morphologische Gegebenheiten sehen wollen, absolut nichts davon verstehen können.

11. Denn in der Tat behält das transferierte Wort alle morphologischen Merkmale der Kategorie, der es vor der Translation angehörte. Darum vermögen einige gescheite Leute, die sich nicht von der Morphologie trennen können und folglich Syntaxgegner sind, einfach nicht einzusehen, daß ein Substantiv durch Translation zum Adjektiv werden kann. Für die ist *Hans* nicht nur morphologisch, sondern auch syntaktisch ein Substantiv, das auch für alle Zeiten unverrückbar eines bleiben muß, ganz gleich in welcher Funktion es verwendet wird, denn in ihren Augen gilt nur die Form.
[...]

Kapitel 154. *Die Terminologie der Translation*

1. Die Bedeutung der Translation im Mechanismus der strukturalen Syntax macht die Festlegung einer präzisen Terminologie erforderlich.

2. Die beschriebene Operation als Ganzes nennen wir weiterhin Translation. Dieser Terminus hat den hier wesentlichen Vorteil, daß er bisher noch nicht als Bezeichnung für eine grammatische Erscheinung verwendet worden ist. Außerdem kann er ohne erhebliche Veränderung in die meisten anderen Sprachen übernommen werden, mit Ausnahme freilich des Englischen, wo man einen anderen Terminus suchen muß – zum Beispiel „transference" –, weil hier das Wort „translation" schon in der Bedeutung ‚Übersetzung' verwendet wird.

3. Das Wort, wie es sich vor Durchlaufen einer Translation darstellt, soll Transferend heißen. Der Transferend ist also der Nukleus, der eine Translation durchlaufen soll.

4. Das Wort hingegen, das eine Translation durchlaufen hat, soll Translat heißen. Das Translat ist also derselbe Nukleus, nachdem ihn die Translation in seine neue Kategorie überführt hat; Translat ist ein Wort oder eine Wortgruppe als Ergebnis einer Translation.

5. Der morphologische Markant der Translation – falls ein solcher vorhanden ist – soll Translativ heißen (s. Kap. 38, § 7, 10 und Kap. 134, § 5).

6. Transferend, Translat und Translativ sind somit die drei Hauptelemente der Translation.

7. Auf der anderen Seite muß auch angegeben werden können, von welcher Kategorie zu welcher Kategorie die Translation verläuft. Wir haben

oben (Kap. 32, § 21) gesehen, daß es vier Hauptwortarten gibt, die das grundlegende Viereck bilden, auf dem die gesamte strukturale Syntax beruht: Substantiv, Adjektiv, Adverb und Verb. Die Translation kann also den Transferenden aus jeder dieser Kategorien in jede dieser Kategorien überführen.

8. Eine Translation, die den Transferenden in die Kategorie des Substantivs bzw. des Adjektivs bzw. des Adverbs bzw. des Verbs überführt, nennen wir substantivale bzw. adjektivale bzw. adverbiale bzw. verbale Translation.

9. Umgekehrt sprechen wir, wenn der Transferend ursprünglich der Kategorie Substantiv bzw. Adjektiv bzw. Adverb bzw. Verb angehörte, von einer desubstantivalen bzw. deadjektivalen bzw. deadverbialen bzw. deverbalen Translation.

Kapitel 155. Die graphische Darstellung der Translation

1. Für die Bezeichnung der Translation verwenden wir das Zeichen >, dem das Symbol für den Transferenden vorausgeht und das Symbol für das Translat folgt (vgl. dazu Kap. 33, § 1 f.). So wird die in der Wortgruppe *von Hans* enthaltene Translation, die den Nukleus *Hans* aus der Kategorie Substantiv (Symbol: O) in die Kategorie Adjektiv (Symbol: A) überführt, als O > A wiedergegeben.

2. Das Zeichen > gibt also die Richtung der Translation an, indem es zum Beispiel hier besagt, daß es sich um eine desubstantivale und adjektivale Translation handelt. Es kann als Spitze eines die Richtung bezeichnenden Pfeils angesehen werden.

3. Auf Grund dieser Eigenschaften ist es auch möglich, das Zeichen >, falls der zu beschreibende Satz es erfordert, umzudrehen. Durch die Formel A < O kann man zum Beispiel angeben, daß von einem Adjektiv die Rede ist, das aus einer desubstantivalen Translation hervorging.

4. Man kann so für jede Translationsart eine Formel aufstellen, die die Kategorie des Transferenden, des Translats und die Richtung der Translation angibt und so in Kurzform die wesentlichen Merkmale dieser Translationsart enthält, so daß die Translationsart auf einfache Weise beschrieben werden kann.

5. Die Translationsformel und die Zeichen > und < gelten nur auf der linearen Ebene. Sie können deshalb nur auf die gesprochene Kette angewandt werden, also auf fortlaufende Texte, in denen es um Translation geht, oder auf ihre Überschriften. In diesem Sinne kann man von einer Translation A > O oder von einer Translation O < A sprechen.

6. Die streng auf den linearen Bereich festgelegten Zeichen > und < können im strukturalen Bereich nicht verwendet werden. Sie können deshalb auch nicht in den Stemmata erscheinen.

7. Für die graphische Wiedergabe der Translation im strukturalen Bereich brauchen wir also ein anderes Zeichen als > oder <. Wir bedienen uns hier der Sigle 𝈺, die annähernd dem Anfangsbuchstaben T des Wortes Translation entspricht.

8. Der Vorteil dieser Sigle ist, daß sie eine einfache schematische Darstellung der Translation und eine praktische Anordnung der drei Elemente Transferend, Translat und Translativ ermöglicht.

9. Transferend und Translativ werden unter dem Querbalken des 𝈺 eingetragen, das Translat über diesem.

10. Die Anordnung von Transferend und Translativ unter dem Querbalken des 𝈺 soll sich nach der Anordnung in der gesprochenen Kette richten; auf diese Weise wird im Stemma auch gleich die lineare Ordnung vermerkt.

11. Damit aber jede Verwechslung zwischen Transferend und Translativ ausgeschlossen wird, soll das untere Ende des Schafts der Sigle 𝈺 immer zum Translativ hin weisen.

12. Die Sigle der Translation hat also die Form 𝈺 oder 𝈺, je nachdem ob der Translativ als Markant der Translation dem Transferenden vorausgeht oder folgt. So erhält man unterschiedliche Stemmata für $\overline{von\rceil Hans}$ und $\overline{Peter\lceil s.}$

13. Das Prinzip dieser graphischen Darstellung kann also in den folgenden Schemata zusammengefaßt werden:

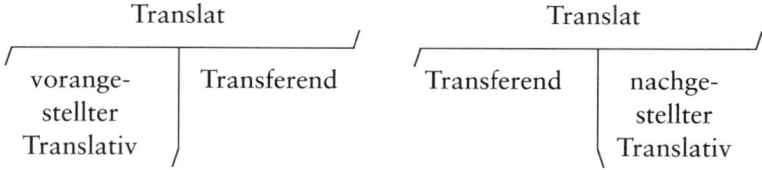

14. Die Rolle der Translation kann durch symbolische Darstellung besonders deutlich gemacht werden (vgl. dazu Kap. 33, § 1 f. und Kap. 134, § 7). So wird die in *Peters* enthaltene Translation durch das symbolische Schema $\frac{A}{O\lceil t}$ ausgedrückt.

15. Wenn man nun dieselbe Translation nicht durch ein symbolisches Stemma, sondern in der Form des realen Stemmas beschreiben will, muß man zunächst beachten, daß jedes Wort der gesprochenen Kette im Stemma nur einmal auftreten darf. Nun erfordert die hier vorgeschlagene graphische Wiedergabe aber, daß jedes von einer Translation betroffene Wort hier zweimal auftaucht, nämlich einmal in der Form von Transferend und Translativ, zum andern in der Form des Translats. Um diesem Mißstand zu begegnen,

wird man zweckmäßigerweise einen der beiden Terme der Translation – meist das Translat – nur symbolisch wiedergeben oder es einklammern.

16. Nehmen wir die Translation in der Wortform *Peters*. Im realen Stemma wird sie in der Form ⌐*Peter*⌐s.⌐ wiedergegeben. So steht der Translativ *s* unter dem Querbalken des ⌐T und das untere Ende des Schaftes weist in seine Richtung. Der Transferend *Peter* steht auf der anderen Seite des Schaftes. Die Abfolge von Transferend und Translativ im Stemma spiegelt somit ihre Abfolge in der gesprochenen Kette wider. Das Ergebnis der Translation schließlich wird durch das über dem Querbalken stehende A angegeben.

Kapitel 156. Die Translation im Stemma

1. Der Vorteil der von uns vorgeschlagenen graphischen Darstellung der Translation wird erkennbar, wenn man die Translation in das Stemma integrieren will.

2. Man kann nämlich feststellen, daß der von der Translation betroffene Nukleus in den nach unten weisenden Konnexionen als Transferend, in den nach oben weisenden Konnexionen aber als Translat erscheint. Dies hat zur Folge, daß über dem Querbalken stehende Wörter nur Konnexionen nach oben, unter dem Querbalken stehende Wörter aber nur Konnexionen nach unten haben.

3. Nehmen wir zum Beispiel den Ausdruck [ ] *das Buch meines Freundes*. Er ergibt das Stemma 281, und zwar auf folgende Weise:

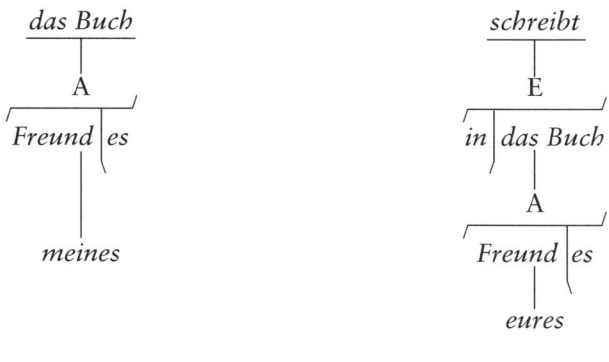

Stemma 281   Stemma 282

4. Diese Darstellung bietet den Vorteil, daß man auf einen Blick erkennen kann, daß der Transferend *Freund* ein Substantiv ist, das durch seine nach unten weisende Konnexion das abhängige Adjektiv *mein(es)* regiert, wäh-

rend das Ergebnis der Translation, nämlich *Freundes*, als attributives Adjektiv fungiert und auf Grund seiner nach oben weisenden Konnexion dem Regens *Buch* untergeordnet ist.

5. Die vorgeschlagene Anordnung macht es auch möglich, daß zwei Translationen übereinander angeordnet erscheinen, wenn das Translat der einen vom Transferenden der anderen abhängt. Dies ist der Fall in dem Satz *Schreibt in das Buch eures Freundes* (s. St. 282). Hier nimmt der Transferend der oberen Translation im Stemma einen Platz am oberen Ende der Konnexion ein, die ihn mit dem Translat der unteren Translation verbindet und umgekehrt.

6. Man versteht jetzt, wie die Translation konnexionelle Unverträglichkeiten zwischen verschiedenen Nuklei aufzuheben (s. Kap. 153, § 2-4) und nicht konnektierbare Kategorien konnektierbar zu machen vermag. In dem Satz *Schreibt in das Buch eures Freundes* gibt es neben dem Verb *schreibt* zwei Substantive – *Buch* und *Freund* –, die eigentlich nicht miteinander in Konnexion treten können, weil ein Substantiv nicht in vertikaler Konnexion mit einem anderen Substantiv stehen kann.

7. Aber die untere Translation bewirkt, daß der kategorielle Unterschied zwischen dem Substantiv *Freund* und dem Adjektiv A, das als Dependens des regierenden Substantivs *Buch* erforderlich ist, aufgehoben wird: die Translation macht das Substantiv *Freund* zum Adjektiv.

8. Und ebenso bewirkt die obere Translation, daß der kategorielle Unterschied zwischen dem Substantiv *Buch* und dem Adverb E, das als Dependens des Verbs *schreibt* – und zwar als Angabe – erforderlich ist, aufgehoben wird: die Translation macht das Substantiv *Buch* zum Lokaladverb, das die Stelle angibt, auf die geschrieben wird, also zur Angabe.

9. Nun wird erkennbar, daß das oben (Kap. 65) über den Aufbau solcher Stemmata Gesagte nur vorläufige Geltung haben konnte. Nachdem wir jetzt Eigenart und graphische Wiedergabe der Translation dargelegt haben, können wir auf die früher gegebenen Hinweise zurückkommen. ᵤ[Stemma 32, das im Grunde schon eine Translation enthielt, muß vervollständigt werden (s. St. 283). Die Stemata 284 und 285 enthalten die ebenfalls durch ein T vervollständigte Beschreibung von Ausdrücken, die bisher nur unvollkommen durch die einfacheren Stemmata beschrieben werden konnten.]ᵤ

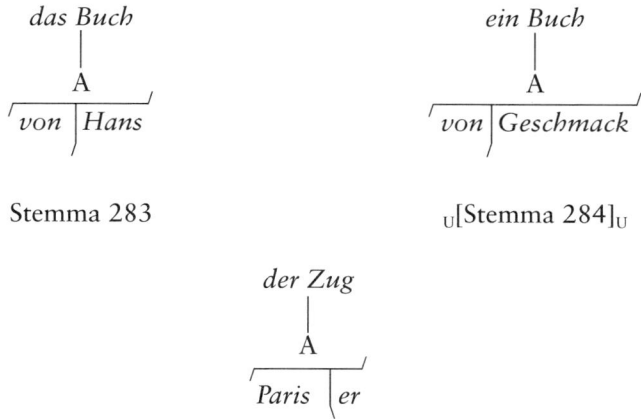

Stemma 283   ᵤ[Stemma 284]ᵤ

Stemma 285

Literatur

Bloch, O. und G.: Grammaire française, Paris 1936. Dazu Rezension in: Bulletin de la Société de linguistique de Paris 37, 1937, fasc. 3, S. 87–91

Sauvageot, A.: Rez. der Ung. Jahrbücher, Vol. XV, fasc. 4–5, Berlin 1936, in: Bulletin de la Société de linguistique de Paris 37, 1936, fasc. 3, S. 161–163

Vendryes, J.: La comparison en linguistique, in: Bulletin de la Société de linguistique de Paris 42, 1946, fasc. 1, S. 1–18

N. Chomsky

Probleme sprachlichen Wissens III:
Prinzipien der Sprachstruktur I

Ich habe das letzte Kapitel mit einigen Bemerkungen über die unterschiedlichen Ebenen der Untersuchung der Sprache geschlossen: erstens, die beschreibende Ebene, auf der wir versuchen, die Eigenschaften einzelner Sprachen aufzudecken, eine präzise Darlegung des Berechnungssystems zu geben, das die Form und Bedeutung sprachlicher Äußerungen in diesen Sprachen bestimmt, und zweitens, die erklärende Ebene, auf der wir uns auf die Natur des Sprachvermögens, auf seine Prinzipien und Variationsparameter konzentrieren. Auf der erklärenden Ebene versuchen wir, das ein für allemal feststehende und invariante System darzulegen, aus dem man die verschiedenen möglichen menschlichen Sprachen, sowohl die, die existieren, als auch viele weitere buchstäblich herleiten kann, indem man die Parameter auf eine der erlaubten Weisen einstellt und zeigt, welche sprachlichen Äußerungen aus diesen Parametereinstellungen folgen. Indem wir die Parameter auf die eine Weise einstellen, erhalten wir die Eigenschaften des Ungarischen; indem wir sie auf andere Weise einstellen, die Eigenschaften von Eskimo, und so weiter. Das ist eine aufregende Aussicht. Zum erstenmal befinden wir uns nun in einer Lage, wo wir sie ins Auge fassen und damit beginnen können, dieses Projekt ernsthaft in Angriff zu nehmen.

Ich erwähnte einige plausible Prinzipien der Universalgrammatik und einige Variationsparameter, darunter den Nullsubjektparameter*, der das Französische (und das Englische sowie viele andere Sprachen) vom Spanischen und den anderen romanischen Sprachen (und einer großen Vielfalt von weiteren) unterscheidet. Um das Thema weiterzuverfolgen, wollen wir nun die Natur der Kategorien und Ausdrücke, die in den strukturierten Äußerungen der einzelnen menschlichen Sprachen erscheinen, betrachten.

Die Universalgrammatik läßt bestimmte Kategorien lexikalischer Einheiten zu, und zwar im wesentlichen vier: Verben (V), Nomina (N), Adjektive (A) und Adpositionen (P; Präpositionen oder Postpositionen, je nachdem, ob

---

* Vgl. Kap. **A**; dieser Parameter bestimmt, ob das Subjekt ausgedrückt werden muss (wie im Deutschen: *Ich liebe*) oder nur in der Verbform markiert zu sein braucht (wie in der „Pro-Drop-Sprache" Latein *am-o* ‚ich liebe') [L.H.]

sie ihren Komplementen vorausgehen oder ihnen folgen). Diese Kategorien haben wahrscheinlich eine innere Struktur, aber lassen wir diese beiseite. Die grundlegenden Elemente des Lexikons fallen unter diese vier Kategorien, obwohl es noch weitere gibt. Für jede dieser vier Grundkategorien bestimmt die Universalgrammatik eine **Projektion**, von der die Grundkategorie jeweils der **Kopf** ist: Verbalphrase (VP), Nominalphrase (NP), Adjektivphrase (AP), Adpositionalphrase (PP). Im Spanischen haben wir zum Beispiel, genau wie im Englischen und Deutschen, die folgenden vier Arten von Phrasen:

(1)
a. VP: hablar inglés
   sprechen Englisch
   „speak English"
   „Englisch sprechen"

b. NP: traducción del libro
   translation of-the book
   Übersetzung von-dem Buch
   „translation of the book"
   „Übersetzung des Buches"

c. AP: lleno de agua
   voll von Wasser
   „full of water"
   „voll Wasser"

d. PP: a Juan
   „to Juan"
   „zu Juan"

Jede dieser Phrasen enthält einen Kopf und sein Komplement. In jedem dieser Fälle ist der Kopf eine lexikalische Kategorie des entsprechenden Typs. Das Komplement ist hier jedesmal eine NP, es gibt aber auch andere Möglichkeiten: wie wir gesehen haben, nimmt das Verb *hacer* („make"; „machen"/ „veranlassen") ein Satzkomplement, und das Verb *mandar* („ask"; „bitten") nimmt sowohl eine NP als auch ein Satzkomplement. Der Kopf der VP in (**1a**) ist das Verb *hablar*, und sein Komplement ist die NP *inglés*, die zufälligerweise hier aus einem einzelnen Nomen besteht. Der Kopf der NP in (**1b**) ist das Nomen *traducción*, und sein Komplement ist die NP *del libro*. Die Präposition *de* wird aus Gründen eingefügt, auf die wir noch zurückkommen, und die Sequenz *de-el* wird durch eine Regel des Lautsystems zu der einfachen Form *del*. Dasselbe finden wir auch bei der AP in (1c) mit dem Adjektiv *lleno* als Kopf und der NP *agua* als Komplement, wobei wieder *de* eingesetzt wird. Der Kopf der PP in (1d) ist die Präposition *a*, und ihr Komplement ist die NP *Juan*.

Ein auffälliges Merkmal dieser Konstruktionen im Spanischen ist, daß der Kopf dem Komplement vorausgeht. Dasselbe gilt für das Englische. In anderen Sprachen ist das nicht der Fall. Im Miskito zum Beispiel folgt der Kopf in jedem Fall dem Komplement, und dasselbe gilt für Japanisch und weitere Sprachen. [In den deutschen Beispielen in (1) steht im Fall der VP das Komplement vor dem Kopf, in den restlichen Fällen NP, AP und PP verhält es sich umgekehrt. A.d. Ü.] Aber von der Reihenfolge abgesehen stellt die in (1) dargestellte allgemeine Struktur einen invarianten Kern von Sprache überhaupt dar. Wenn wir *X* und *Y* als Variable verstehen, die mit jeder der lexikalischen Kategorien V, N, A, P als ihrem Wert belegt werden können, dann können wir die allgemeingültige Struktur der Phrase mittels folgender Formel ausdrücken:

(2)
XP = *X*-*YP*

Wir verstehen diese Formel so, daß es für jede Wahl von *X* (V, N, A, P) eine Phrase *XP* (VP, NP, AP, PP) gibt, deren Kopf die lexikalische Kategorie *X* und deren Komplement die Phrase *YP* ist (wobei *YP*, ebenfalls (2) entsprechend, die Projektion einer Kategorie *Y* darstellt). Wir verstehen dabei die allgemeine Formel (2) so, daß die Reihenfolge des Kopfs *X* und des Komplements *YP* freigestellt ist.

Prinzip (2) gehört zur Universalgrammatik. Zusammen mit einigen weiteren derartigen Prinzipien spezifiziert es die allgemeinen Eigenschaften der Phrasen einer menschlichen Sprache. Für sich genommen liefert das Prinzip keine tatsächlichen Wortfolgen; dazu ist noch erforderlich, die Reihenfolge von Kopf und Komplement festzulegen und die lexikalischen Elemente der verschiedenen lexikalischen Kategorien einzusetzen. Lexikalische Elemente müssen einzeln gelernt werden, obwohl, wie wir in der ersten Vorlesung sahen, die Universalgrammatik ihrem Charakter und ihrer Vielfalt enge Beschränkungen auferlegt. Die Reihenfolge von Kopf und Komplement ist einer der Parameter der Universalgrammatik, wie wir sehen können, wenn wir zum Beispiel Spanisch und Miskito vergleichen. Im Spanischen ist der Wert des Parameters „Kopf zuerst"; jeder lexikalische Kopf geht seinem Komplement voraus. Im Miskito ist der Wert des Parameters „Kopf zuletzt"; jeder lexikalische Kopf folgt seinem Komplement. Miskito und Spanisch verhalten sich in dieser Hinsicht spiegelbildlich zueinander. In einigen Sprachen [wie z.B. im Deutschen, *A.d. Ü.*] ist die Situation komplexer, und es mag in Wirklichkeit mehr als ein Parameter beteiligt sein, aber dies scheint im wesentlichen der Kern des Systems zu sein.

Der Wert des Parameters kann schon aus kurzen, einfachen Sätzen leicht gelernt werden. Um zum Beispiel den Wert des Parameters für das Spanische festzulegen, reicht es aus, sich Dreiwort-Sätze anzusehen wie:

(3)
Juan [habla inglés].
„*Juan speaks English.*"
„*Juan spricht Englisch.*"

Derartige Daten genügen, um zu bestimmen, daß der Wert des Parameters „Kopf zuerst" ist und außerdem, falls keine explizit gegenteiligen Daten vorliegen, um die Kopf-Komplement-Reihenfolge durch die ganze Sprache hindurch festzulegen. Die bedeutsamste Tatsache hinsichtlich des Lernens von Sprache besteht darin, daß es auf der Basis ziemlich einfacher Daten vonstatten geht, ohne irgendwelche Übungen, Unterricht oder auch nur die Korrektur von Fehlern seitens der Sprachgemeinschaft zu benötigen, und dies sind gerade einige der Merkmale, die Anlaß zu Platos Fragestellung [vgl. Chomsky in Kap. A., L.H.] geben. Der Kopfparameter hat also die Eigenschaften, die wir innerhalb des ganzen Systems zu finden erwarten: sein Wert wird ohne Schwierigkeit gelernt und erlaubt, sobald er einmal gelernt ist, einem System allgemeiner Prinzipien in Aktion zu treten und seinerseits eine große Vielzahl weiterer Tatsachen zu bestimmen.

Wir haben schon Belege dafür gefunden, daß es in einem Subjekt-Verb-Objekt-Satz eine Subjekt-Objekt-Asymmetrie gibt, insofern das Verb und das Objekt zusammen eine Phrase bilden, während das Subjekt eine separate Phrase darstellt. Die Struktur von Satz (3) ist also so, wie durch die Klammern angezeigt, die eine VP markieren. Die allgemeinen Prinzipien der Phrasenstruktur liefern weitere Hinweise abstrakterer Natur zugunsten der Schlußfolgerung, die wir bereits auf der Basis von Überlegungen in Bezug auf Bindungstheorie und Inkorporation gezogen haben. Wenn die Schlußfolgerung zutrifft, können wir das allgemeine Prinzip (2) aufrechterhalten. Wenn es dagegen, wie in gebräuchlichen formalen Sprachen, keine Subjekt-Objekt-Asymmetrie gäbe, würde das allgemeine Prinzip im Fall der Verben verletzt; darüber hinaus wäre es dann lediglich ein Zufall, daß Verben und Objekte in Sprachen wie dem Spanischen und Miskito jeweils eine bestimmte Kopf-Komplement-Anordnung aufweisen. Wir haben daher ein willkommenes Zusammentreffen von empirischen Daten und dem theoretisch erwünschten Resultat, ein allgemeines Prinzip aufrechterhalten zu können.

Einige Sprachen weisen die Verb-Subjekt-Objekt-Reihenfolge auf [vgl. Greenberg, in diesem Kap., L.H.], was Prinzip (2) zu verletzen scheint, weil Verb und Objekt getrennt sind. Wenn Prinzip (2) auch hier gilt, muß die Sache so liegen, daß das Verb und das Objekt auf einer abstrakteren Ebene der Repräsentation eine Phrase bilden. Tatsächlich gibt es Daten, die darauf hinweisen, daß in solchen Sprachen die Grundstruktur des Satzes NP-VP ist und daß das Verb sich an den Anfang des Satzes bewegt, ähnlich wie es das – wie wir früher schon gesehen haben – in spanischen Kausativen wie (4a) tut, oder auch in Sätzen wie (4b), wo *regaló* ebenfalls am Anfang des Satzes stehen muß, zu dem es gehört, oder wie in der einfachen Frageform (4c):

(4)
a. Juan hizo [salir a Pedro].
   Juan made [leave to Pedro].
   Juan machte [gehen zu Pedro].
   „Juan made Pedro leave."
   „Juan veranlaßte Pedro, zu gehen."

b. A quién no sabes qué libro [regaló Juan]?
   To whom not you-know what book [gave Juan]?
   Zu wem nicht du-weißt welches Buch [gab Juan]?
   „To whom don't you know what book Juan gave?" [1]
   „Wem, weißt du nicht, welches Buch Juan gab?"

c. Está Juan en la casa?
   „Is Juan at home?"
   „Ist Juan zu Hause?"

Die Regel, die das verbale Element an den Anfang bewegt, ist eine generelle Option, die von der Universalgrammatik gestattet ist. Sie wird in verschiedenen Sprachen in etwas unterschiedlicher Weise gebraucht, und die Lage im Spanischen ist ein wenig komplexer als hier angedeutet; so ist es in (4a) in Wirklichkeit die Verbalphrase, nicht einfach das Verb, die an den Anfang rückt, und in (4b) ist das bewegte Element ebenfalls komplexer als das bloße Verb, wie wir sehen, wenn wir komplexere Beispiele betrachten. Aber auch hier verhüllt die oberflächliche Vielfalt einen begrenzten Bereich möglicher Regeln und Strukturen, aus denen das Kind eine Lösung wählt, indem sein Geist/Gehirn die präsentierten Daten prüft und die Parameter festsetzt, und so ein Wissenssystem konstruiert, das das Kind befähigt, die Sprache seiner Sprachgemeinschaft in ihrer vollen Komplexität und Reichhaltigkeit zu sprechen und zu verstehen.

Einige der von der Universalgrammatik bereitgestellten Optionen kommen in einer jeweils bestimmten Sprache vielleicht nicht oder nur in begrenzter Weise zur Anwendung. Betrachten wir etwa, um das in einem anderen Bereich der Sprache zu illustrieren, den Lautunterschied zwischen den spanischen Wörtern *caro* („teuer") und *carro* („Wagen"). Weil das Englische von dieser von der Universalgrammatik erlaubten phonetischen Unterscheidungsmöglichkeit keinen Gebrauch macht, mag ein Sprecher des Englischen Schwierigkeiten haben, den Unterschied zu hören. Aus demselben Grund hat ein spanischer Sprecher vielleicht Schwierigkeiten, den Unterschied zwischen den englischen Wörtern *bat* („Fledermaus"; „Schläger") und *vat* („Faß") zu hören, weil das Spanische von dieser Unterscheidungsmöglichkeit keinen Gebrauch macht. Die Universalgrammatik stellt innerhalb eines ziemlich eng beschränkten Rahmens Optionen zur Verfügung. Nicht jede Option kommt in jeder Sprache vollständig, oder auch nur überhaupt, zum Zug.

Es gibt von der Universalgrammatik erlaubte Möglichkeiten der Wortreihenfolge, die über diejenigen, die ich bisher illustriert habe, hinausgehen. Die bis jetzt erwähnten Sprachen erfüllen die Bedingung, daß die Elemente einer Phrase aneinander angrenzen, zumindest in einer zugrundeliegenden abstrakten Struktur, die den in (2) niedergelegten Phrasenstrukturprinzipien entspricht, einer Struktur, die nachträglich durch Regeln wie z.B. Verbbewegung modifiziert werden kann. Aber einige Sprachen gehorchen dieser Bedingung der Nachbarschaft in der zugrundeliegenden Struktur nicht. Phrasen können von vornherein „verstreut" sein, wenn es auch gute Gründe zu der Annahme gibt, daß die Phrasen als solche sehr wohl existieren und von den gleichen allgemeinen Prinzipien bestimmt werden, wobei andere Formen des Zusammenhangs die der Nachbarschaft ersetzen.

Prinzipien der Phrasenstruktur wie (2) erleichtern die Aufgabe der Spracherlernung, weil nichts weiter getan werden muß, als den Wert für den Kopfparameter und weitere derartige Parameter festzulegen; der Rest des Systems ist dadurch automatisch bestimmt. Diese Prinzipien erleichtern außerdem die Aufgabe der Wahrnehmung und des Verstehens dessen, was man hört – der Wahrnehmungsaspekt von Frage 3, Kapitel 1, [S. 114, **A.**, L. H.]. Nehmen wir zum Beispiel an, daß ein Sprecher des Spanischen folgenden Satz hört:

(5)
El hombre quiere el agua.
„The man wants the water."
„Der Mann will das Wasser."

Wenn die Wörter und der Wert des Kopfparameters bekannt sind, ist es sofort möglich, dem Satz die Struktur (6) zuzuweisen, und zwar ohne auf irgendwelche spezifischen Regeln des Spanischen bezugzunehmen, lediglich unter Verwendung von Prinzipien der Universalgrammatik:

(6)
[NP el hombre] [VP quiere [NP el agua]]

Dasselbe gilt auch für weitaus komplexere Beispiele.

Die Prinzipien der Universalgrammatik sind Teil der von vornherein fixierten Struktur des Geistes/Gehirns, und man kann davon ausgehen, daß solche Mechanismen praktisch verzögerungsfrei operieren. In dem Maß, wie die Satzanalyse auf diesen Prinzipien beruht, sollte das Verstehen praktisch so schnell wie die Identifizierung der Elemente des Wortschatzes vor sich gehen. Dies scheint auch der Fall zu sein, eine Tatsache, die nahelegt, daß wir auf der richtigen Spur sind, wenn wir versuchen, die „erlernte" Komponente von Sprache auf das Lexikon und die Wahl der Werte für eine begrenzte Anzahl von Parametern zu reduzieren.

Kehren wir zum Pronominalsystem zurück. Wie wir gesehen haben, liefert die Universalgrammatik auch hier mehrere Möglichkeiten der Variation unter den verschiedenen Sprachen. So können Pronomina Klitika* sein, wie im Fall einer der Klassen der spanischen Pronomina, aber im Englischen wird von dieser Option kein Gebrauch gemacht. Etwas verwickeltere Fragen stellen sich, wie wir bereits gesehen haben, wenn wir die Bindung von Pronomina in Betracht ziehen. Kehren wir zu den Problemen bezüglich der Bindung des reflexiven Klitikons *se* zurück, die im ersten Kapitel illustriert wurden, dort aber gänzlich ungelöst blieben. Wir sind mittlerweile in der Lage, dieses Thema etwas näher zu untersuchen.

Betrachten wir den einfachsten Fall:

(7)
Juan se afeita.
Juan self-shaves.
Juan sich-rasiert.
„*Juan shaves himself.*"
„*Juan rasiert sich.*"

Wir wissen, daß der grundlegende Phrasenstrukturparameter im Spanischen auf „Kopf zuerst" festgelegt ist, so daß das Verb *afeitar* seinem Objekt *se* vorangehen muß. Daher muß die abstrakte zugrundeliegende Struktur von (7), die den Prinzipien der Phrasenstruktur und den Festlegungen der Parameter gehorcht, folgende sein:

---

* Klitika: an Nachbarausdrücke lautlich angelehnte Morpheme wie in *hast-e* [L.H.].

(8)
Juan [afeita se].
Juan [shaves himself].
Juan [rasiert sich].

Wenn wir anstelle des Reflexivs eine andere Nominalphrase gewählt hätten, würde die Reihenfolge in (8) erhalten bleiben; zusätzlich würde die Präposition *a* eingefügt – dies ist eine Besonderheit des Spanischen, wie wir gesehen haben. Aber *se* wird im Lexikon des Spanischen als Klitikon ausgewiesen, also muß es sich in (8) in die präverbale Position bewegen, wo es im Ergebnis Teil des Verbs wird, ein Prozeß, der Satz (7) ergibt. Es ist eine leicht erlernbare Eigenschaft des Spanischen, daß einige Pronomina, darunter auch *se*, Klitika sind; ihr Verhalten folgt dann aus allgemeinen Prinzipien der Universalgrammatik.

Es gibt ein allgemeines und wirkungsvolles Prinzip der Universalgrammatik, das **Projektionsprinzip** genannt wird und dem zufolge die lexikalischen Eigenschaften jedes lexikalischen Elements auf jeder Repräsentationsebene erhalten bleiben müssen. Aus dem Projektionsprinzip, das durch eine große Vielfalt an Daten gestützt ist, folgt, daß die Eigenschaften von *afeitar* auf jeder Ebene repräsentiert sein müssen. Die entscheidende lexikalische Eigenschaft von *afeitar* ist, daß es ein transitives Verb ist, das ein Objekt erfordert. Diese Eigenschaft ist in (8) repräsentiert, nicht dagegen in (7), wo das Verb ohne Objekt erscheint. Um dem Projektionsprinzip Genüge zu tun, muß (7) ebenfalls ein Objekt haben. Nehmen wir also an, daß die Universalgrammatik ein Prinzip einschließt, das besagt, daß ein Element, wenn es bewegt wird, eine **Spur** zurückläßt, eine Kategorie ohne phonetische Merkmale, die von dem bewegten Element gebunden wird, in ähnlicher Weise wie dies bei einem gebundenen Pronomen der Fall ist. Die vollständige Struktur von (7) ist demnach (9), wobei *t* die Spur von *se* ist:

(9)
Juan se [afeita *t*].

Hier ist die Spur *t* das Objekt von *afeitar*, so daß das Projektionsprinzip erfüllt ist. Es gibt gewichtige Belege dafür, daß derartige Spuren in der mentalen Repräsentation tatsächlich existieren, und einigen davon werde ich mich gleich zuwenden. Wie wir sehen werden, gibt es außerdem Belege für die Existenz weiterer sogenannter **leerer Kategorien**. All das braucht nicht gelernt zu werden, weil es sich dabei ja um Eigenschaften der Universalgrammatik handelt.

Anmerkung

1 In einigen Sprachen sind Sätze wie (**4b**) völlig akzeptabel, in anderen dagegen weniger. Englische Dialekte verhalten sich in dieser Hinsicht unterschiedlich. Wie es scheint, werden derartige Sätze im Spanischen und Italienischen normalerweise eher akzeptiert als in vielen englischen oder französichen Dialekten. Hier liegt anscheinend ein (weniger bedeutender) Variationsparameter vor, der in einigen jüngeren Arbeiten studiert worden ist. Es gibt diesbezüglich weitere Fragen, denen wir nicht nachgehen werden und die mit semantischen Eigenschaften des Verbs des Hauptsatzes zu tun haben.

G. Müller

Verletzbare Regeln in Straßenverkehr und Syntax

Einleitung

Grammatiken sind Regelsysteme. Üblicherweise wird angenommen, dass Regelsysteme für natürliche Sprachen mit Regeln arbeiten, die nicht verletzbar und nicht gewichtet sind; diese Standardgrammatiken gehen im Wesentlichen alle auf Noam Chomsky zurück. Seit Beginn der Neunzigerjahre ist jedoch mit der Optimalitätstheorie von Alan Prince, Paul Smolensky und John McCarthy ein neuer Grammatiktyp entwickelt worden, der ganz wesentlich auf verletzbaren und gewichteten Regeln beruht.[1] Ziel der folgenden Ausführungen ist es, die Optimalitätstheorie zunächst auf der Basis eines weithin bekannten nicht-sprachlichen Regelsystems, der Straßenverkehrsordnung (StVO), vorzustellen, und im Anschluss daran zu skizzieren, wie dieser Typ von Regelsystem für die deutsche Syntax genutzt werden kann.

Straßenverkehrsordnung

Die Urheber der StVO können von den jüngsten grammatiktheoretischen Entwicklungen in den USA noch keine Kenntnis gehabt haben; aber das von ihnen geschaffene Vorfahrtsregelsystem mit seinen verletzbaren und gewichteten Regeln ist nichtsdestoweniger bereits als optimalitätstheoretische Grammatik angelegt. Da die StVO allen Lesern vertraut ist, bietet sie sich für eine Darstellung der Grundkonzepte der Optimalitätstheorie an. Die Aufgabe der StVO (also, wenn man so will, der Grammatik des Straßenverkehrs) im Bereich der Vorfahrtsregelung ist es, für Situationen, die sich bei gleichzei-

---

[1] Vgl. Prince, Alan & Smolensky, Paul (1993), *Optimality Theory. Constraint Interaction in Generative Grammar*, Ms., Rutgers University; sowie McCarthy, John & Prince, Alan (1995), Faithfulness and Reduplicative Identity, in: *Papers in Optimality Theory*, hrsg. von Jill Beckman, Laura Walsh-Dickie & Suzanne Urbanczyk, Amherst. Massuchusetts: UMass Occasional Papers in Linguistics 18, 249–384. Eine gute Einführung auf der Basis der Phonologie ist Kager, René (1999), *Optimality Theory*, Cambridge: Cambridge University Press; zu einem Überblick über die Syntax vgl. Müller, Gereon (2000), *Elemente der optimalitätstheoretischen Syntax*, Tübingen: Stauffenburg.

tiger Ankunft von zwei oder mehr Verkehrsteilnehmern an einer Kreuzung (bzw. Einmündung) ergeben, eindeutige Strategien zur Auflösung dieser Situationen vorzugeben, also normalerweise einem Verkehrsteilnehmer die Vorfahrt zuzuweisen. Die Ausgangssituationen können wir *Inputs* nennen; die zunächst einmal denkbaren Strategien zur Auflösungen sind dann *Outputs*. Zwischen den Outputs besteht ein Wettbewerb. Derjenige Output, der aus dem Wettbewerb als Gewinner hervorgeht und somit die korrekte („grammatische") Strategie repräsentiert, heißt *optimaler Output*; alle nicht optimalen Outputs sind Verstöße gegen die StVO (somit gleichermaßen „ungrammatisch"). Wie gewinnt nun ein Output den optimalitätstheoretischen Wettbewerb? Er muss in optimaler Weise, d.h., besser als alle konkurrierenden Outputs (die auf denselben Input zurückgehen), die verletzbaren und gewichteten Vorfahrtsregeln der StVO erfüllen (genauer: im Vergleich mit jedem konkurrierenden Output bei der höchst-geordneten Regel, wo sich die beiden unterscheiden, besser abschneiden). Ein optimaler Output muss aber *nicht*, und dies ist entscheidend, alle Regeln erfüllen.

Die deutschen Vorfahrtsregeln sind im Folgenden aufgelistet und ihrer Wichtigkeit nach geordnet.[2] Als Ordnungssymbol wird das Zeichen ≫ verwendet.

Vorfahrtsregeln

a. V(ERKEHRS)-POL(IZIST) (StVO § 36):
Die Zeichen und Weisungen der Polizeibeamten auf der Kreuzung sind zu befolgen. ≫ („Sie gehen allen anderen Anordnungen und sonstigen Regeln vor.")
b. BL(AULICHT)-EIN(SATZHORN) (StVO §§ 35, 38):
Fahrzeuge des Rettungsdienstes und der Polizei dürfen blaues Blinklicht zusammen mit einem Einsatzhorn verwenden; dies ordnet an: „Alle übrigen Verkehrsteilnehmer haben sofort freie Bahn zu schaffen." ≫
c. L(ICHT)-ZEI(CHEN) (StVO § 37):
An Kreuzungen bzw. Einmündungen bedeuten Grün: „Der Verkehr ist freigegeben"; Gelb: „Vor der Kreuzung auf das nächste Zeichen warten"; Rot: „Halt vor der Kreuzung". ≫ („Lichtzeichen gehen Vorrangregeln [und] vorrangregelnden Verkehrsschildern ... vor.")

---

[2] Vgl. Janiszewski, Horst (1998), *Straßenverkehrsrecht*, München: Deutscher Taschenbuch Verlag & C.H. Beck; sowie zu einer auf die StVO Bezug nehmenden linguistischen Analyse (wenn auch mit anderem Schwerpunkt) Savigny, Eike von (1983), *Zum Begriff der Sprache*, Stuttgart: Reclam.

d. V(erkehrs)-Zei(chen)(a) (StVO § 39):
Verkehrszeichen auf einem Fahrzeug ist Folge zu leisten. Sie gelten auch, wenn das Fahrzeug sich bewegt. ≫ („Sie gehen den Anordnungen der ortsfest angebrachten Verkehrszeichen vor.")
e. V(erkehrs)-Zei(chen)(b) (StVO § 39):
Ortsfesten Verkehrszeichen ist Folge zu leisten. ≫ („Regelungen durch Verkehrszeichen gehen den allgemeinen Verkehrsregeln vor.")
f. S(trasse) v(or) F(eldweg) (StVO § 8):
Fahrzeuge, die aus einem Feld- oder Waldweg auf eine andere Straße kommen, haben Vorfahrt zu gewähren. ≫
g. R(echts) v(or) L(inks) (StVO § 8):
An Kreuzungen und Einmündungen hat die Vorfahrt, wer von rechts kommt.

Diese Regeln müssen verletzbar sein, denn es kommt schnell zu Situationen, wo sie Unvereinbares verlangen. Derartige Regelkonflikte werden dann durch Regelgewichtung aufgelöst: Die höher geordnete, stärkere Regel setzt sich durch; tiefer geordnete, schwächere Regeln können verletzt werden. Als erstes Beispiel betrachte man den folgenden Input: An einer Kreuzung ohne Ampel kommt Verkehrsteilnehmer A von links auf einer Straße mit Vorfahrtsschild, B kommt von rechts auf einer Straße mit Vorfahrt-Gewähren-Schild. Ein Regelkonflikt entsteht, denn V-Zei und RvL können nicht gleichzeitig erfüllt werden: V-Zei gibt A die Vorfahrt, RvL B. Dieser Konflikt wird durch die Ordnung V-Zei ≫ RvL aufgelöst: Der optimale, einzig korrekte Output ist der, dass A vor B die Kreuzung überqueren darf. Diese Strategie verletzt zwar die tief geordnete Regel RvL; diese Verletzung kann und muss aber in Kauf genommen werden, weil alle alternativen Strategien (z.B., dass B Vorfahrt erhält, oder dass beide gleichzeitig fahren) die höher geordnete Regel V-Zei verletzen müssen.

Optimalitätstheoretische Wettbewerbe lassen sich mit Hilfe von Tabellen darstellen. Den soeben skizzierten Wettbewerb illustriert Tabelle T_1.

T_1: V-Zei ≫ RvL

I: A(L,◊), B(▽)	V-Pol	Bl-Ein	Li-Zei	V-Zei	SvF	RvL
☞ O_1: A vor B						*
O_2: B vor A				*!		
O_3: A und B				*!		*

Hier entspricht die Reihenfolge der Vorfahrtsregeln von links nach rechts ihrer relativen Gewichtung. Die Optimalität eines Outputs (hier: von O_1)

670   G. Müller

wird durch eine zeigende Hand (☞) signalisiert. Eine Verletzung einer Regel wird in der Tabelle als Stern (*) eingetragen; ist eine Regelverletzung fatal für einen Output-Kandidaten O (also für seine Nicht-Optimalität verantwortlich), wird dem Stern ein Ausrufezeichen (*!) beigefügt. Die Optimalität eines Outputs lässt sich in Tabellen immer leicht ermitteln: Es ist derjenige Output optimal, der den ersten Stern am weitesten rechts in der Tabelle hat. Diese Notationskonventionen sind Standard. Zusätzlich gibt es in T_1 aber auch noch einige Abkürzungen, die ich auf die spezielle Anwendung des Modells hin gewählt habe: Der Input I, der die Ausgangssituation beschreibt, wird hier und im Folgenden für die Verkehrsteilnehmer mit Hilfe von Merkmalen wie L („kommt von links"), R („kommt von rechts"), ◊ („hat ein Vorfahrtsschild") und ▽ („hat ein Vorfahrt-Gewähren-Schild") erfasst.

Die Ausgangssituation in T_1 kann nun minimal modifiziert werden, etwa dergestalt, dass zusätzlich noch eine Ampel an der Kreuzung steht, die für A rot ist und für B grün. (Ampeln an Kreuzungen, an denen auch Verkehrsschilder stehen, sind keine Seltenheit.) Nun kommt es zum Konflikt der Regeln Li-Zei und V-Zei, und die oben angeführte Ordnung stellt sicher, dass V-Zei im Zweifelsfall verletzt werden und B vor A die Kreuzung überqueren muss. Dies zeigt Tabelle T_2. (Dass in T_2 vom optimalen Output O_2 auch wiederum die tiefstgeordnete Regel RvL erfüllt wird, ist ein Nebeneffekt, der jedoch im Prinzip irrelevant ist – man kann sich leicht klar machen, dass O_2 auch optimal wäre, wenn im Input B nicht von rechts, sondern von links käme.)

T_2: Li-Zei ≫ V-Zei

I: A(L,◊,rot), B(R,▽,grün)	V-Pol	Bl-Ein	Li-Zei	V-Zei	SvF	RvL
O_1: A vor B			*!			*
☞ O_2: B vor A				*		
O_3: A und B			*!	*		*

Wir können die Ausgangslage noch etwas komplizierter machen. Angenommen, alles ist so wie im Input von T_2, mit der einzigen Ausnahme, dass A ein Krankenwagen ist, der Blaulicht und Martinshorn eingeschaltet hat. Nun kommt es zum Konflikt zwischen Bl-Ein und Li-Zei. Die Auflösung des Konflikts zeigt Tabelle T_3: A erhält unter Verletzung von Li-Zei (und RvL) die Vorfahrt (⊕ soll hier für blaues Blinklicht und Einsatzhorn stehen.)

Bislang ist die höchst-geordnete Regel V-Pol noch nicht relevant gewesen. Es sei nun angenommen, dass A hinsichtlich der tiefer geordneten Regeln zunächst einmal wesentlich schlechter als B abschneidet: A kommt von links, ein Verkehrszeichen gebietet Halt, und die Ampel ist rot.

T_3: BL-EIN ≫ LI-ZEI

I: A(L,◇,rot,⊕), B(R,▽,grün)	V-POL	BL-EIN	LI-ZEI	V-ZEI	SvF	RvL
☞ O_1: A vor B			*			*
O_2: B vor A	*!		*			
O_3: A und B	*!		*	*		*

Soweit gibt es keinen Regelkonflikt, und wir erwarten Vorfahrt für B. Allerdings steht nun auch noch ein Verkehrspolizist auf der Kreuzung, und der signalisiert freie Fahrt für A und Halt für B. Damit entsteht ein Regelkonflikt, und die optimale und somit einzig korrekte Auflösung ist, dass A vor B die Kreuzung überquert; vgl. Tabelle T_4 (wobei ↓ für ein durch den Verkehrspolizisten erteiltes Haltegebot und ↑ für die Fahrtfreigabe steht).

T_4: V-POL ≫ andere Regeln

I: A(L,▽,rot,↑), B(R,◇,grün,↓)	V-POL	BL-EIN	LI-ZEI	V-ZEI	SvF	RvL
☞ O_1: A vor B			*	*		*
O_2: B vor A	*!					
O_3: A und B	*!		*	*	*	

Zugegebenermaßen ist die Ausgangssituation keine, mit der man alle Tage konfrontiert wird. Sie ist aber durchaus möglich (z. B., wenn die Ampelanlage in Betrieb ist, aber nicht mehr von Rot auf Grün bzw. Grün auf Rot wechselt und gerade auch nicht ausgeschaltet werden kann oder soll), und der entscheidende Punkt ist, dass die StVO eindeutig regelt, wie in einer solchen Situation zu verfahren ist. Grundsätzlich würde sich am Resultat auch nichts ändern, wenn B in T_4 noch dazu ein Krankenwagen mit Blaulicht wäre. Man könnte sich dann zwar fragen, warum der Verkehrspolizist B nicht sofort Vorfahrt einräumt; daran, dass A Vorfahrt hat, wenn nur so V-POL erfüllt wird, gibt es aber nichts zu rütteln. Die außergewöhnliche Situation in T_4 habe ich deshalb gewählt, weil sich damit besonders gut ein allgemeines optimalitätsgrammatisches Gesetz illustrieren lässt: Qualität geht vor Quantität; keine noch so große Zahl von Verletzungen tiefer geordneter Regeln wiegt auch nur eine einzige Verletzung einer höher geordneten Regel auf.

Ein gefährlicher Konkurrent muss in den bisherigen Wettbewerben noch als nicht optimal ausgeschlossen werden, und zwar der, der den Input überhaupt nicht als Output mit Handlungsanweisung realisiert, sondern als Unterlassung einer Handlung. Ein solcher leerer Output ∅ (ein sog. *Null-Parse*) zeigt zwar ein an sich hervorragendes Verhalten gegenüber den Regeln (wo kein Verkehrsteilnehmer losfährt, wird auch keine Vorfahrtsregel missachtet); wir müssen aber sicherstellen, dass er nicht allzu oft optimal werden kann, denn dann würde natürlich kein Verkehr mehr fließen können. Der leere Output Ø verletzt glücklicherweise eine hoch geordnete (wenn auch eher implizit vorausgesetzte) Regel V(ERKEHRS)-REAL(ISIERUNG), derzufolge jede Ausgangssituation im Straßenverkehr eine nicht-triviale klare Auflösung erhalten muss, d.h.: Ein Output führt auf eindeutige Weise zu fließendem Verkehr.

Wenn V-REAL in der StVO über BL-EIN geordnet ist, ist gewährleistet, dass die bislang diskutierten Ausgangssituationen jeweils wie angegeben aufgelöst werden und der Verkehr nicht zum Erliegen kommt. Eine interessante Konsequenz ergibt sich jedoch, wenn wir annehmen, dass die hoch geordnete Regel V-REAL ihrerseits nicht ganz undominiert ist, sondern immerhin noch unterhalb von V-POL angeordnet ist. Denn dann folgt, dass der leere Output O_4 wie in T_5 gezeigt optimal werden kann, wenn ein Verkehrspolizist – aus welchem Grund auch immer – A und B gleichermaßen Halt anordnet, und zwar ganz unabhängig davon, wie sich A und B hinsichtlich der tiefer geordneten Regeln verhalten. (Angenommen ist ansonsten derselbe Input wie in T_2.)

T_5: V-POL ≫ V-REAL

I: A(L,◇,rot,↓), B(R,▽,grün,↓)	V-POL	V-REAL	BL-EIN	LI-ZEI	V-ZEI	SvF	RvL
O_1: A vor B	*!			*			*
O_2: B vor A	*!				*		
O_3: A und B	*!	*		*	*		*
☞ O_4: Ø		*					

Aufgrund der Forderung nach *eindeutiger* Verkehrsauflösung bestraft V-REAL nicht nur den leeren Output Ø, sondern auch immer noch Outputs wie O_3 in T_5, bei denen mehr als ein Verkehrsteilnehmer losfährt; und dies ist natürlich auch nur gut so. (So, wie das System angelegt ist, könnte bei gleichzeitiger Fahrtfreigabe für A und B durch einen Verkehrspolizisten auch O_3 optimal werden. Tatsächlich tritt dieser Fall unter gewöhnlichen Umständen wohl aber nur als Versehen ein (zumal die konventionalisierte Körperhaltung des Verkehrspolizisten ein solches Gebot erschwert); und dann wird man als Verkehrsteilnehmer bemüht sein, sich über den optimalen Output hinwegzusetzen und eine „ungrammatische" Lösung zu verfolgen; ganz allgemein wird man nicht unbedingt die von den gewichteten Verkehrsregeln vorgegebene Auflösung einer Verkehrssituation wählen, wenn das zu einem Unfall o.ä. führt. Es manifestiert sich hier schlicht das Phänomen, dass man sich nicht notwendigerweise an das halten muss, was ein Regelsystem vorschreibt, und dass eine dem System zuwiderlaufende Strategie manchmal aus System-externen Gründen vorzuziehen ist.)

Das große Gewicht von V-REAL kann in ein Dilemma führen. Angenommen, vier Verkehrsteilnehmer A, B, C, D kommen gleichzeitig an eine Straßenkreuzung ohne Verkehrszeichen, Ampelanlage oder andere Gegebenheiten, die eine höher geordnete Regel aktivieren. Dann verletzt zunächst einmal jeder Output V-REAL, und zwar entweder, weil keiner fährt, oder weil mehr als einer fährt, oder weil, wenn z. B. A (unter Verletzung der tief geordneten Regel RvL) allein fährt, dies nicht auf eindeutige Weise zu fließendem Verkehr führt – denn wenn B oder C oder D fahren, wird dies ja als gleich gut klassifiziert.[3] Für dieses Dilemma lernt man in der Fahrstunde einen besonderen Typ der Auflösung: Hier, und nur hier, kann als *Reparatur*, als *letzter Ausweg*, angesichts eines ansonsten zu Inakzeptabilität führenden Inputs eine hoch geordnete (aber unter V-REAL stehende) Regel A(BSPRACHE)-VER(BOT) verletzt werden, derzufolge Vorfahrtsregelung nicht per Absprache erfolgen darf: Die Verkehrsteilnehmer einigen sich, wer zuerst fährt. Die danach folgenden Optimierungsschritte werden dann wieder ganz klassisch gemäß RvL durchgeführt. Generell gilt, dass in „normalen" Verkehrssituationen derartige A-VER verletzende Reparaturmaßnahmen ausgeschlossen sind: Wenn es nicht die einzige Möglichkeit ist, V-REAL zu erfüllen, ist eine Verletzung von A-VER fatal.

Fassen wir zusammen: Die StVO ist als optimalitätstheoretisches Regelsystem zu betrachten, weil es bei den Vorfahrtsregeln zu Regelkonflikten kommt. Diese Konflikte werden durch Regelgewichtung aufgelöst, und zwar so, dass im Zweifelsfall die Qualität von Regelverletzungen entscheidend ist, nicht die Quantität.[4] Als Nebeneffekt lässt sich das Konzept der Reparatur (des letzten Auswegs) gut erfassen: Wenn alle Alternativen noch schlechter sind, kann wie bei der Diskussion des Abspracheverbots gesehen ein Output, der normalerweise nicht vom Regelsystem toleriert wird, doch optimal werden. In Systemen mit unverletzbaren und nicht gewichteten Regeln ist für ein solches Reparaturkonzept kein Platz. Schließlich ermöglicht eine optimalitätstheoretische Herangehensweise, das Konzept des *unmarkierten Falles* (Normalfalles) zu erfassen, das in der Sprachwissenschaft von einiger Bedeutung ist (s. u.): Wenn nicht speziell etwas Gegenteiliges verlangt wird, tritt in

---

[3] Dieser Umstand macht V-REAL zu einer sog. *translokalen* Regel, weil bei der Überprüfung dessen, ob sie von einem gegebenen Output eingehalten wird, Information über andere Outputs wesentlich sein kann.

[4] Wollte man versuchen, die Vorfahrtsregeln so umzuformulieren, dass keine Konflikte entstehen, dann müsste man für jede Vorfahrtsregel sämtliche darüber stehenden Regeln als Ausnahmeklauseln formulieren. Auf diese Weise würde die Information vervielfacht, und die Regeln würden in einem Maße komplex, dass sie kaum noch zugänglich sind.

der StVO die tiefstgeordnete Regel RvL hervor; oder, in linguistischer Redeweise: Im unmarkierten Fall gilt in der StVO rechts vor links. Auch hierfür gibt es in Systemen mit unverletzbaren und nicht gewichteten Regeln kaum Raum. Regelkonflikt, Reparatur und unmarkierter Fall sind nun auch in der deutschen Syntax ganz wichtige Konzepte. Der folgende Abschnitt soll zeigen, dass ein optimalitätstheoretischer Ansatz auch in diesem Bereich gut motiviert ist.

Syntax

Die Optimalitätstheorie funktioniert in der Syntax im Prinzip genauso wie im Straßenverkehr. Wir müssen natürlich etwas andere Annahmen über die Natur von Input und Output machen. Angenommen sei, dass im syntaktischen Input die bedeutungstragenden Wörter versammelt sind, die im Satz verwendet werden sollen, und dass darüber hinaus die Bedeutung, die der Satz haben soll, vorgegeben ist. Auf der Basis des Inputs erzeugt zunächst eine primitive (Vor-) Grammatik, der sog. *Generator*, mögliche Sätze als Outputs. (Im Straßenverkehr gibt es einen solchen Outputgenerator zwar im Prinzip auch; seine Aufgabe ist jedoch trivial.) Die Zahl der konkurrierenden Outputs für einen gegebenen Input ist in der Syntax aufgrund der hier verfügbaren rekursiven Operationen sehr hoch und potenziell nicht endlich. In den Tabellen beschränkt man sich aber normalerweise auf einige wenige Kandidaten, nämlich die Outputs, die am ehesten eine Chance haben, optimal zu werden. Gemäß den verletzbaren und gewichteten Regeln wird dann aus den vom Generator erzeugten konkurrierenden Outputs der optimale, einzig grammatische Satz ermittelt.

Regelkonflikt

Beginnen wir mit den Regelkonflikten. Dass im Bereich der deutschen Syntax fast unvermeidlich Konflikte zwischen unabhängig begründeten Regeln entstehen, ist schon oft festgestellt worden. Ein einfaches Beispiel betrifft die *Fragesatzbildung*. Einerseits muss ein W-Element (also ein Fragewort wie *wem* oder eine Phrase mit einem Fragewort wie *welchem Mann*) in Ergänzungsfragen am Satzanfang stehen; wenn wir die klassische Felderlehre mit Vorfeld, Mittelfeld und Nachfeld zu Grunde legen, können wir (zumindest für die gegenwärtigen Zwecke) sagen: im Vorfeld. Dies ist die F(RAGESATZ)-REGEL. Andererseits ist auch eine potenziell konfligierende Regel gut bestätigt, dass nämlich Komplemente des Verbs im Mittelfeld zu stehen haben. Das ist die M(ITTELFELD)-REGEL. In Fragesätzen kommt es somit im Deutschen oft zum Regelkonflikt. Die empirische Evidenz sagt uns, dass die F-REGEL höher geordnet und die M-REGEL somit zugunsten der F-REGEL verletzbar ist, denn es heißt *Ich frage mich, wem er das Buch gegeben hat* und nicht **Ich frage mich, dass er wem das Buch gegeben hat*. Diesen Wettbewerb illustriert Tabelle T_6.

T_6: F-REGEL ≫ M-REGEL

I: er, wem, ...	F-REGEL	M-REGEL
☞ O_1: ... wem er das Buch gegeben hat		*
O_2: ... dass er wem das Buch gegeben hat	*!	

Was kann man angesichts dieser Evidenz in Standardgrammatiken tun, die nur nicht verletzbare und nicht gewichtete Regeln kennen? Man muss wohl entweder sagen, dass die M-REGEL nicht gelten darf; oder man muss die M-REGEL ad hoc um eine Ausnahmeklausel bereichern („gilt nicht für W-elemente"); oder, und das ist ein beliebter Ausweg in der Chomskyschen Tradition, man muss stipulieren, dass beide Regeln gelten, aber nicht auf derselben Ebene (die F-REGEL gilt dann z.B. auf der Oberflächenstruktur, die M-REGEL auf einer abstrakten Tiefenstruktur). Im Lichte dieser Alternativen erscheint die optimalitätstheoretische Herangehensweise als eleganter, um so mehr, als sich zeigt, dass die F-REGEL ihrerseits auch nicht unverletzbar ist. Betrachten wir den Fall, dass in einem Satz zwei W-Elemente auftreten, also z.B. *wem* und *welches Buch*, und eine Mehrfachfrage bilden. Dann fordert die F-REGEL, dass beide W-Elemente im Vorfeld stehen. In manchen Sprachen (z.B. dem Bulgarischen) tritt auch genau dies ein; im Deutschen jedoch nicht: Es heißt *Ich weiß nicht, wem er welches Buch gegeben hat* und nicht **Ich weiß nicht, wem welches Buch er gegeben hat*. In Standardgrammatiken muss man nun die F-REGEL aufgeben oder verkomplizieren. In einer optimalitätstheoretischen Grammatik ergibt sich die Beobachtung zwanglos aus dem großen Gewicht einer weiteren Regel, derzufolge im Vorfeld höchstens ein Element stehen darf. Diese V(ORFELD)-REGEL muss man ohnehin annehmen, um die Ungrammatikalität von Sätzen wie **Der Fritz das Buch hat gestern gekauft* zu erfassen. Bei einer Ordnung V-REGEL ≫ F-REGEL ≫ M-REGEL folgt, dass in Fragesätzen die F-REGEL unter Verletzung der M-REGEL erfüllt wird, aber nur soweit, wie es die höher geordnete V-REGEL zulässt. Dies veranschaulicht Tabelle T_7.

T_7: V-Regel ≫ F-Regel

I: er, wem, welches, ...	V-Regel	F-Regel	M-Regel
O_1: ... dass er wem welches Buch gegeben hat ...		**!	
☞ O_2: ... wem er welches Buch gegeben hat ...		*	*
O_3: ... wem welches Buch er gegeben hat ...	*!		**

Ein zweiter Bereich neben der Fragesatzbildung, an dem sich Regelkonflikte in der deutschen Syntax gut illustrieren lassen, betrifft die *Wortstellung im Mittelfeld*. Wie häufig festgestellt worden ist, ergibt sich die Abfolge der Nominalphrasen (NPs) im deutschen Mittelfeld aus der Interaktion sehr allgemeiner, aber konfligierender und relativ zueinander gewichteter Regeln.[5] Diese Beobachtung ist in Standardgrammatiken nur schwer integrierbar; sie fügt sich jedoch unmittelbar in einen optimalitätstheoretischen Ansatz ein. Drei Wortstellungsregeln seien betrachtet: Die Pron(omen)-Regel besagt, dass im Mittelfeld pronominale NPs vor nicht-pronominalen NPs stehen; die Bel(ebtheits)-Regel linearisiert belebte NPs vor unbelebten NPs; und die Dat(iv)-Regel fordert, dass Dativ-NPs vor Akkusativ-NPs kommen. Jede dieser Regeln ist an sich gut begründet; aber zusammen können sie von Sätzen sehr schnell Unvereinbares verlangen. Wenn Konflikte entstehen, werden sie auf der Basis der relativen Gewichtung Pron-Regel ≫ Bel-Regel ≫ Dat-Regel aufgelöst.

Angenommen sei z.B., dass im Input bei einem Verb mit zwei Objekten das eine ein belebtes Akkusativobjekt ist, das andere ein unbelebtes Dativobjekt. Dann kommt es zum Konflikt von Bel-Regel und Dat-Regel, und da erstere Regel per Annahme die höher geordnete ist, wird korrekt erfasst, dass es heißt *Maria hat die Kinder dem Einfluss entzogen* und nicht *??Maria hat dem Einfluss die Kinder entzogen*, d.h., dass hier das Akkusativobjekt dem Dativobjekt vorangeht; vgl. Tabelle T_8.

T_8: Bel-Regel ≫ Dat-Regel

I: Kinder, Einfluss, die, dem, entzogen, ...	Bel-Regel	Dat-Regel
☞ O_1: Maria hat die Kinder dem Einfluss entzogen		*
O_2: Maria hat dem Einfluss die Kinder entzogen	*!	

---

[5] Vgl. u.a. Lenerz, Jürgen (1977), *Zur Abfolge nominaler Satzglieder im Deutschen*, Tübingen: Stauffenburg; Hoberg, Ursula (1997), Die Linearstruktur des Satzes, in: *Grammatik der deutschen Sprache*, von Gisela Zifonun, Ludger Hoffmann, Bruno Strecker et al., Berlin: de Gruyter, 1495–1680; Choi, Hye-Won (1999), *Optimizing Structure in Context*, Stanford: CSLI Publications; Büring, Daniel (2001), Let's Phrase It! In: *Competition in Syntax*, hrsg. von Gereon Müller & Wolfgang Sternefeld, Berlin: Mouton de Gruyter, 69–105.

Vorausgesagt ist somit, dass bei identischem Belebtheitsstatus der beiden Objekte beim selben Verb die tief geordnete DAT-REGEL relevant werden und die Abfolge determinieren kann. Wie der Kontrast von ??*Maria hat die Kinder dem Fritz entzogen* gegenüber *Maria hat dem Fritz die Kinder entzogen* zeigt, ist genau dies der Fall; vgl. Tabelle T$_9$.

T_9: DAT-REGEL

I: Kinder, Fritz, die, dem, entzogen, ...	BEL-REGEL	DAT-REGEL
O$_1$: Maria hat die Kinder dem Fritz entzogen		*!
☞ O$_2$: Maria hat dem Fritz die Kinder entzogen		

Die BEL-REGEL ist zwar oft, aber längst nicht immer entscheidend für die Abfolge von Objekten im Mittelfeld: Eine höher geordnete Regel kann ihre Effekte außer Kraft setzen. Liegen im Input z. B. ein belebtes Dativobjekt und ein unbelebtes Akkusativobjekt vor (was die prototypische Situation bei ditransitiven Verben ist), dann favorisieren BEL-REGEL und DAT-REGEL zwar dieselbe Abfolge; ist jedoch das Akkusativobjekt ein Pronomen, setzt die PRON-REGEL wie in Tabelle T$_{10}$ gezeigt die umgekehrte Abfolge durch, unter Verletzung der tiefer geordneten Regeln; vgl. *Maria hat es dem Fritz entzogen* gegenüber **Maria hat dem Fritz es entzogen* (wobei das Pronomen für eine unbelebte Entität stehen soll, z. B. für ein Projekt).

T_{10}: PRON-REGEL ≫ BEL-REGEL

I: es, Fritz, dem, entzogen, ...	PRON-REGEL	BEL-REGEL	DAT-REGEL
☞ O$_1$: Maria hat es dem Fritz entzogen		*	*
O$_2$: Maria hat dem Fritz es entzogen	*!		

Diese Daten zeigen übrigens gut, dass es im Deutschen keine feste Grundabfolge der NP-Komplemente geben kann, weder allgemein noch verbspezifisch. Vielmehr ist die Grundabfolge variabel und jeweils Resultat der Optimierung. Bevor ich nun zum nächsten Punkt (Reparatur) komme, sei noch auf eine Komplikation hingewiesen, die sich aus den soeben betrachteten Wortstellungsdaten ergibt: Ein Grundsatz der Optimalitätstheorie ist, dass nicht-optimale Sätze alle gleichermaßen ungrammatisch sind. Dies ist zwar für viele Bereiche (z. B. die oben diskutierten nicht-optimalen Fragesatzvarianten) auch erwünscht; für die Abfolge im deutschen Mittelfeld lässt sich eine solch scharfe Vorhersage aber vielleicht nicht immer aufrechterhalten; hier sind dann Zusatzannahmen notwendig.

Reparatur

Ein klassisches Reparaturphänomen in der deutschen Syntax ist der nicht umsonst so genannte *Ersatzinfinitiv*. Dabei handelt es sich um die Erscheinung, dass, wenn z.B. ein Modalverb wie *wollen* unter dem Hilfsverb *haben* eingebettet ist und selbst wiederum einen Infinitiv einbettet, das Modalverb anstatt in der eigentlich zu erwartenden Partizipform im zunächst einmal überraschenden Infinitiv auftritt. Das heißt, während normalerweise der korrekten Form *dass sie das gewollt hat* die ungrammatische Variante **dass sie das hat wollen* gegenübersteht, wird der Ersatzinfinitv bei weiterer Infinitiveinbettung durch das Modalverb die einzige Möglichkeit: Anstelle des erwarteten **dass sie das Lied singen gewollt hat* erscheint *dass sie das Lied hat singen wollen*. Die Wahl der Ersatzinfinitivform ist eine Reparatur, die nur möglich ist, wenn ansonsten eine wichtigere Regel verletzt würde. Dies lässt sich optimalitätstheoretisch auf der Basis der folgenden zwei Regeln erfassen:[6] Die PART(IZIP)-REGEL setzt fest, dass Modalpartizipien selbst keine verbalen Satzglieder einbetten dürfen; und eine allgemeine SEL(EKTIONS)-REGEL verlangt, dass lexikalisch im Input vermerkte Selektionseigenschaften in der Syntax nicht geändert werden dürfen. (Diese Regel verlangt also „Treue" zum Input; der englische Fachterminus für diesen Regeltyp ist dementsprechend „faithfulness constraint.") Konkret besagt die SEL-REGEL für den vorliegenden Fall: Ein lexikalisch selegiertes Partizip Perfekt darf nicht zum bloßen Infinitv werden. Bei einer Gewichtung PART-REGEL ≫ SEL-REGEL ergibt sich die Optimalität des Ersatzinfinitivs wie in Tabelle T_{11} gezeigt.

Ist jedoch die PART-REGEL auch ohne Treueverletzung erfüllbar (weil das Modalverb kein weiteres verbales Element einbettet), wird die tiefer geordnete SEL-REGEL entscheidend und blockiert erfolgreich den Ersatzinfinitv; vgl. Tabelle T_{12}.

T_{11}: PART-REGEL ≫ SEL-REGEL

I: hat, gewollt, singen, ...	PART-REGEL	SEL-REGEL
O_1: ... singen gewollt hat	*!	
☞ O_2: ... hat singen wollen		*

T_{12}: SEL-REGEL

I: hat, gewollt, ...	PART-REGEL	SEL-REGEL
☞ O_1: ... das gewollt hat		
O_2: ... das hat wollen		*!

---

[6] Die hier vorgestellte Analyse geht im Kern zurück auf Schmid, Tanja (2000), Die Ersatzinfinitivkonstruktion im Deutschen, *Linguistische Berichte* 183, 325–351.

Auf diese Weise lässt sich in der Optimalitätstheorie gut die klassische Sicht auf den Ersatzinfinitiv nachzeichnen, die sich im Namen des Phänomens dokumentiert. Eine umfassende Analyse hat allerdings noch weitere Gesichtspunkte zu berücksichtigen, die hier ausgeblendet sind: Zum einen geht mit dem Formwechsel beim Ersatzinfinitiv auch ein Wortstellungswechsel einher (dies kann man so interpretieren, dass Verletzungen der SEL-REGEL in einer Position hinter dem Finitum weniger schwer wiegen als vor dem Finitum). Zum anderen ist die PART-REGEL in der oben angeführten Form nicht allgemein genug; sie wäre weiter aufzugliedern, sodass die Optionalität des Ersatzinfinitivs bei Perzeptionsverben wie *hören* und das Verbot des Ersatzinfinitivs bei Kontrollverben wie *versuchen* erfasst werden kann. Ungeachtet derartiger Komplikationen bleibt jedoch festzuhalten, dass eine Standardgrammatik in diesem Bereich an ihre Grenzen stößt; denn dass der Ersatzinfinitiv mit einer Regelverletzung einher geht, lässt sich kaum überzeugend leugnen.

Beim *Pronominaladverb* handelt es sich im Grunde um ein ganz ähnliches Reparaturphänomen. Ein in einer Präpositionalphrase (PP) erwartetes Personalpronomen erscheint zwar auch tatsächlich, wenn das Pronomen als belebt zu verstehen ist. Wird das Pronomen jedoch unbelebt interpretiert, tritt optional ein zunächst einmal unerwartetes sog. „R-Pronomen" *da* auf, das mit der Präposition zusammen ein Pronominaladverb bildet (R-Pronomen deshalb, weil bei vokalischem Anlaut der Präposition ein synchron epenthetisches *r* eingeschoben wird). Dieses R-Pronomen ist sogar obligatorisch, wenn es sich beim Personalpronomen um *es* handelt. So sagt man im Standarddeutschen zwar *mit ihr zufrieden*, nicht **damit zufrieden*, wenn es z. B. um Maria geht; handelt es sich jedoch beispielsweise um eine Ausstellung, stehen *mit ihr zufrieden* und *damit zufrieden* nur stilistisch unterschieden nebeneinander; und es heißt ganz systematisch nicht **für es gestimmt*, sondern *dafür gestimmt*.[7] Da das R-Pronomen *da* im Ursprung (und in allen anderen Kontexten, in denen es auftaucht) adverbial und nicht nominal ist, liegt es nahe, Pronominaladverbien als Reparaturformen anzusehen, zu denen nur als letzte Möglichkeit Zuflucht genommen werden kann.

Eine einfache Analyse kann nun wie folgt aussehen: Es gibt eine P/PRON-REGEL, derzufolge ein unbelebtes Personalpronomen (außer *es*) nicht von P regiert werden darf, und eine analoge P/ES-REGEL, derzufolge *es* nicht von P

---

[7] Vgl. Helbig, Gerhard (1974), Bemerkungen zu den Pronominaladverbien und zur Pronominalität, *Deutsch als Fremdsprache* 11, 270–279; Breindl, Eva (1989), *Präpositionalobjekte und Präpositionalobjektsätze im Deutschen*, Tübingen: Niemeyer.

regiert werden darf.[8] Dazu kommt wiederum die SEL-REGEL, die für die vorliegenden Phänomene die Konsequenz hat, dass ein von P selegiertes Personalpronomen nicht durch *da* ersetzt werden darf. Es sei nun die P/ES-REGEL höher geordnet als die SEL-REGEL; dann erfolgt unter Verletzung der SEL-REGEL im optimalen Output innerhalb einer PP (und nur hier) obligatorisch die Ersetzung von *es* durch *da*; vgl. Tabelle T_{13}. Für die Optionalität der Pronominaladverbbildung bei den anderen unbelebt interpretierten Pronomina kann man nun annehmen, dass P/PRON-REGEL und SEL-REGEL gleich wichtig, d.h., gekoppelt („tied") sind. (Dies lässt sich mit Hilfe des Symbols o sowie fehlender statt durchgezogener Linien in der Tabelle darstellen.) Dann erweisen sich die beiden Strategien als gleichermaßen optional; vgl. Tabelle T_{14}. Nichts motiviert jedoch eine Verletzung der SEL-REGEL im Falle der PP-internen belebt interpretierten Personalpronomina; daher bleibt Pronominaladverbbildung hier unmöglich. (In T_{14} würde in diesem Fall bei O_1 unter P/PRON-REGEL der Stern fehlen; die Verletzung der SEL-REGEL durch O_2 wird somit fatal.)

T_{13}: P/ES-REGEL ≫ SEL-REGEL

I: für, es, ...	P/ES-REGEL	SEL-REGEL	P/PRON-REGEL
O_1: ... für es gestimmt	*!		
☞ O_2: ... dafür gestimmt		*	

T_{14}: P/PRON-REGEL o SEL-REGEL

I: mit, ihr$_{unbel}$, ...	P/ES-REGEL	SEL-REGEL	P/PRON-REGEL
☞ O_1: ... mit ihr zufrieden			*
☞ O_2: ... damit zufrieden		*	

Wiederum ist die Analyse noch zu verfeinern. Insbesondere geht wie beim Ersatzinfinitiv auch beim Pronominaladverb mit dem Formwechsel ein Wortstellungswechsel einher; interessanterweise erfolgt der jedoch gerade in die andere Richtung (das R-Pronomen erscheint links von der Präposition). Man mag spekulieren, dass die geänderte Abfolge mit der typischen Rektionsrichtung korreliert (Verben regieren im Deutschen nach links, Präpositionen nach rechts). Ich möchte das Thema hier aber nicht weiter verfolgen und mich nun dem dritten oben erwähnten Konzept zuwenden, für das man die Optimalitätstheorie gut gebrauchen kann, nämlich dem des unmarkierten Falls.

---

[8] Diese Regeln sind u.U. phonologisch motivierbar. Vgl. zu einer Verallgemeinerung Müller, Gereon (2000), Das Pronominaladverb als Reparaturphänomen. *Linguistische Berichte* 182, 139–178.

Unmarkierter Fall

Eine bestimmte Eigenschaft einer Form gilt als unmarkierter Fall, wenn sie immer dann auftritt, wenn nicht speziell Gegenteiliges verlangt wird. In Standardgrammatiken ist die theoretische Erfassung dieses Konzepts nicht unproblematisch. In einer Optimalitätsgrammatik zeigt das Vorliegen eines unmarkierten Falles die Aktivierung einer tief geordneten Regel, die zwar immer da ist, aber normalerweise von höher geordneten, konfligierenden Regeln überlagert wird. Wir haben bereits gesehen, dass in der StVO die tief geordnete Regel RvL den unmarkierten Fall erfasst. Analoges gilt in der Syntax für die DAT-REGEL (im unmarkierten Fall geht im Mittelfeld des deutschen Satzes der Dativ dem Akkusativ voran), die SEL-REGEL (im Normalfall wird lexikalische Selektion in der Syntax respektiert) und letztlich auch die M-REGEL (im unmarkierten Fall steht ein Komplement im Mittelfeld). Ein klassischer Normalfall in der Syntax sei nun noch angesprochen: der des unmarkierten Kasus.

Für das Deutsche gilt, dass, wenn nicht explizit Gegenteiliges gefordert wird, eine NP den Nominativ trägt; dies ist der unmarkierte (oder „Default"-) Kasus. Der Default-Nominativ tritt zutage unter anderem in *als*-Konstruktionen ohne Kasuskongruenz: *die Ehrung des Kanzlers als großer Politiker/ *großen Politiker*; in Infinitivkonstruktionen mit Bezug auf das logische Subjekt des Infinitivs: *Wir baten die Männer, einer nach dem anderen/*einen nach dem anderen durch die Sperre zu gehen*; bei Linksversetzung ohne Kasuskongruenz: *Der Kaiser/*Den Kaiser, dem verdanken wir nichts*; sowie in prädikativen *und*-Konstruktionen: *Der/*Den und ein Buch lesen? (Dass ich nicht lache!)*. In anderen (wenn man so will, typischeren) Kontexten, in denen eindeutig eine Kasusrektion vorgegeben ist, ist der Default-Nominativ dagegen blockiert; vgl. **dass ich er getroffen habe, *dass man der Mann gedachte* oder auch **dass wir der Mann das Buch lesen sehen*. Eine optimalitätstheoretische Analyse kann diesem Umstand gut dadurch Rechnung tragen, dass zu Kasusregeln wie der GEN(ITIV)-REGEL (das Objekt eines lexikalisch als den Genitiv regierend markierten Verbs trägt den Genitiv), der AKK(USATIV)-REGEL (das Objekt eines transitiven Verbs trägt den Akkusativ) und der NOM(INATIV)-REGEL (das Subjekt eines finiten Satzes trägt den Nominativ) noch eine tief geordnete BASIS-REGEL (jede Nominalphrase trägt Nominativ) angenommen wird. Wie Tabelle T_{15} zeigt, wird die BASIS-REGEL zwar in den typischen Kasusrektionskontexten durch höher geordnete Regeln außer Kraft gesetzt; aber wenn diese höher geordneten Regeln alle leer erfüllt sind, tritt die tiefstgeordnete Regel in Aktion und sagt korrekt den unmarkierten Fall vorher; vgl. Tabelle T_{16}.

T_{15}: AKK-REGEL ≫ BASIS-REGEL

I: getroffen, habe, ...	GEN-REGEL	AKK-REGEL	NOM-REGEL	BASIS-REGEL
☞ O₁: dass ich ihn getroffen habe				*
O₂: dass ich er getroffen habe		*!		

T_{16}: BASIS-REGEL

I: und,...	GEN-REGEL	AKK-REGEL	NOM-REGEL	BASIS-REGEL
O₁: Den und ein Buch lesen?				*!
☞ O₂: Der und ein Buch lesen?				

Schluss

Ich habe zu zeigen versucht, dass die deutsche Syntax viele Eigenschaften mit der StVO gemein hat, und dass in beiden Fällen die Optimalitätstheorie ein geeignetes Instrument sein kann, richtige (grammatische) von falschen (ungrammatischen) Outputs zu unterscheiden. Es sieht so aus, als sei die Optimalitätstheorie für all solche Regelsysteme relevant, in denen Konzepte wie Regelkonflikt, Reparatur und unmarkierter Fall eine Rolle spielen, und zwar interessanterweise unabhängig davon, ob das Regelsystem wie die StVO per Konvention zustande gekommen oder kognitiv bzw. biologisch verankert ist, und ob es wie bei der Syntax um die menschliche Sprache oder einen anderen Gegenstandsbereich geht. Einschlägige nicht-konventionalisierte, nicht-sprachliche Regelsysteme gibt es im Bereich der Biologie (z. B.: Hierarchie der Instinkttätigkeiten), der Psychologie (z. B.: Appetenz- und Aversionskonflikte) und der Informatik (z. B.: Theorie der neuronalen Netze). Innerhalb der Sprachwissenschaft spielt die Optimalitätstheorie eine Rolle zuallererst noch für die Phonologie (für die sie tatsächlich ursprünglich entwickelt worden ist) und die Morphologie. Es gibt aber auch schon Argumente für eine optimalitätstheoretische Semantik, und eine Anwendung des Systems in anderen Bereichen der Sprachwissenschaft scheint zumindest nicht unplausibel.

Naturgemäß sind in dieser Darstellung viele wichtige Aspekte unberücksichtigt geblieben. Nicht einmal erwähnt habe ich z. B. die weit verbreitete und in der aktuellen Forschung prominente Annahme, dass die grammatischen Regeln im Bereich der Sprache alle universell sind, und dass Sprachvariation letztlich immer auf die unterschiedliche Gewichtung dieser invarianten Regeln zurückzuführen ist; Sprachtypologie wird somit per Regelumordnung betrieben. (Eine Übertragung dieser Idee auf die Straßenverkehrsordnung führt partiell zu interessanten Systemen – etwa solchen, bei denen das Absprache-Verbot leichter verletzbar ist, oder solchen, bei denen auch Krankenwagen mit Blaulicht an roten Ampeln halten müssen –, partiell zu weniger interessanten – etwa solchen, bei denen die Anweisungen von Verkehrspolizisten weniger schwer wiegen als Verkehrszeichen). Ebensowenig habe ich mich hier mit den vielen neuen Problemen beschäftigt, die die Optimalitätstheorie im Vergleich zu Standardgrammatiken mit sich bringt. Eines davon sei aber doch noch kurz erwähnt: Man kann sich leicht klar machen, dass in einer Grammatik, in der Regeln systematisch verletzbar sind und ein grammatischer Satz somit nicht perfekt, sondern eben nur besser als alle Konkurrenten sein muss, leicht die Situation entsteht, dass man für einen gegebenen Input nicht ohne weiteres einen grammatischen, optimalen Output finden kann. Ein Satz wie *Welches Buch ist Fritz eingeschlafen, nachdem er gelesen hat?* ist fraglos ungrammatisch, aber wie lautet dann der grammatische, optimale Satz, der diesen Satz blockiert? Eine mögliche Antwort könnte wiederum auf den bei den Verkehrsregeln bereits erwähnten leeren Output Ø Bezug nehmen: Bevor man etwas sehr Falsches sagt, ist es vielleicht besser, dass man schweigt.

L. Hoffmann

Funktionale Syntax:
Prinzipien und syntaktische Prozeduren[1]

Für eine funktionale und pragmatische Syntax schlage ich folgende Prinzipien vor:

(P1) Gegenstand der Syntax ist die Frage, in welcher Weise die Struktur von Äußerungen als Kombinatorik von Sprachmitteln ihren Beitrag zum Verständigungshandeln zwischen Sprechern und Hörern bestimmt. Das Verständigungshandeln koordiniert Handlungs- und Wissensräume der Beteiligten. Es ist erst als wechselseitiger Austausch angemessen verstanden, nicht als intentionaler, gerichteter Kommunikationsversuch eines Handelnden. Solche Symmetrie erst vermag Gedanken zur Sprache zu bringen.

(P2) Bedeutung und Funktionalität einer Äußerung sind durch die an ihr beteiligten Sprachmittel mit ihren Funktionen und ihr prozedurales Zusammenwirken (Synergetik) in Funktionseinheiten bestimmt. Die Komplexität im Aufbau nonverbalen Handelns gilt auch für das sprachliche Handeln.

(P3) Die Äußerungsstruktur ist mehrdimensional und nicht strikt hierarchisch aufgebaut. Der Aufbau resultiert nicht in einem ausgezeichneten Element (Satz, Satzknoten, CP-Knoten, V-Knoten etc.), sondern in einer komplexen Handlung.

(P4) Der Kern sprachlicher Funktionen ist universal. Er erlaubt als Tertium Comparationis den Vergleich von Sprachen. Jede Funktion realisiert sich in einer spezifischen Form, die der Sprachgemeinschaft Verstehen und Wissensverarbeitung erlaubt. Die funktionsspezifische Nutzung des Formenpotenzials kann für die Typologisierung von Sprachen genutzt werden.

(P5) Die Formen unterliegen eigenen Gesetzmäßigkeiten, die nicht aus ihrer Funktion abzuleiten sind. Wortformen als Teil des Repertoires sind prozedural komplex, d.h. in ihnen sind Prozeduren verknüpft. Die einer Form eingeschriebene Funktion ist ihr historisch-gesellschaftlich ausgeprägter Zweck.

(P6) Das Verstehen des Sinns einer Äußerung beruht auf dem Verstehen aller mit ihr gegebenen funktionalen Beziehungen, also der Kombinatorik, der empraktischen Verbindung zur situativen Konstellation, an der das Han-

---

1 Eine ausführliche Version ist Hoffmann 2003a.

deln ansetzt, der laufenden Wissensprozessierung, der Folie des aktuellen Diskurses/Textes.

2. Syntaktische Prozeduren

2.1 Allgemeine Charakteristik, Konstitution der Basiseinheiten

Sprachliche Mittel wie Ausdrucksgestalt, Kombinatorik, Tonverlauf, zeitliche Abfolge in der Realisierung lassen sich nicht nur nach ihrer Form ordnen, sondern auch nach ihrer Funktionalität. Ihre Funktion liegt in der Art ihrer Sprecher-Hörer-Koordination. Basis ist die Prozessierung von Wissen (Π), ausgehend vom Sprecherwissen (ΠS), rezipiert durch die aktiv teilhabenden Hörer und verarbeitet in ihrem Wissen (ΠH). Zentrales, aber nicht einziges Moment in diesem Wissensprozess ist der propositionale Gehalt p – der entworfene Sachverhalt – einer Äußerung. Die Verarbeitung des propositionalen Gehalts im Wissen verändert dessen Zustand und Verknüpfungen; sie kann einen Bezug auf die Realität (P) herstellen, an der auch der Sprecher teilhat und die mehr oder minder gemeinsam zugänglich ist. Die Verständigung wäre ohne gemeinsames Wissen, das bearbeitet werden kann, nicht möglich. Eine Wissensstruktur ist kein planer propositionaler Gehalt, sondern ein bewertetes Wissen W von Gegenständen g – zu notieren B:W(g), wobei W eine Menge prädikativer Wissenselemente ist.[3]

Die atomaren Prozeduren (Basisprozeduren) der Sprache haben, wie Bühler ausgeführt hat, Feldcharakter. Ehlich 1991 folgend unterscheidet die Pragmatik:

- die deiktische, zeigend den Hörer (H) in einem „Verweisraum" (Ehlich) orientierende Prozedur des **Zeigfelds** (*ich, da, jetzt, dann*)
- die operative, die Verarbeitung des verbalisierten Wissens durch H bestimmende Prozedur des **Operationsfelds** (z.B. Konjunktoren wie *und*, Anaphern wie *sie*)
- die symbolische, charakterisierende, für H die Verbindung zur Wirklichkeit herstellende Prozedur des **Symbolfelds** (Substantiv-, Verb-, Adjektivstämme wie *Kind-, schnell-, sing-*)
- die expeditive, unmittelbar bei H (Wissen/Handeln) eingreifende, nicht propositionale Prozedur des **Lenkfelds** (z.B. Interjektionen, Imperativendung, Vokativ)

---

3 Diese Ausführungen beziehen sich auf das sprachtheoretische Modell der Funktionalen Pragmatik, skizziert in Rehbein 1999:93.

- die expressive, H nuancierte Bewertungen bzw. Einstufungen (im allgemeinen Sinne) übermittelnde Prozedur des **Malfelds** (z. B. imitierende oder emotionsmarkierende Intonationsmodulation).

Eine atomare deiktische Prozedur mit *da* leistet situativ die Synchronisation von Wahrnehmungen. Verweisraum ist der Wahrnehmungsraum. Solche Verweisräume sind konstituiert durch Bewegung. Das elementare sinnliche Wahrnehmen (aísthesis) bildet – folgen wir Aristoteles (Metaphysik, Erstes Buch, Anfang 980a) – die erste Stufe des Wissens (eidénai). Ein differenzierter Wissensaufbau, wie er im Medium Sprache typisch ist, setzt Kombinationen mit symbolischen Ausdrücken voraus, die sprachabhängig kategorisieren, vgl. *ihr neues Kleid ist blaugrau*. Die Verbindung kategorisierenden Weltwissens mit Gegenstandswissen können operative Mittel leisten, z. B. Determinative, die den Wissensstatus auf Hörerseite markieren.

Die sprachlichen Mittel bringen ihre atomare Funktionalität in die Kombinationen, die sie eingehen, und tragen somit syntaktisch zum Wissensaufbau bei. Das entstehende Wissen übersteigt nicht selten die verbundenen Wissenselemente.

Die Kombinatorik lässt sich nicht auf einen Grundtyp – etwa bloße Konstitution (Teil – Ganzes) oder Dependenz – reduzieren. Es sind unterschiedliche Arten syntaktischer Prozeduren anzunehmen, die auf sich gestellt oder synergetisch die Äußerungsbedeutung schaffen. Den Vorbereich einer solchen Prozedur bilden die an die beteiligten sprachlichen Mittel gebundenen, einfachen oder komplexen Funktionen, den Nachbereich die Funktion der prozedural entstehenden, syntaktisch konstituierten Einheit.

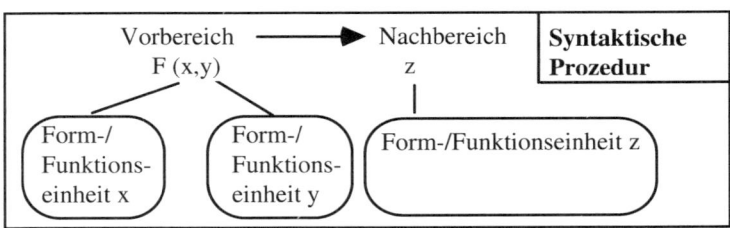

Die Verbindung von x und y resultiert in einer komplexeren Einheit z. Diese Einheit z kann vom Typ x oder y sein[4] (Integration, dazu 3.2.), aber es kann auch z≠x oder y gelten (Synthese, 3.3). Soweit Ausdrücke kompositional verbunden werden, kann man sagen, dass z als Resultat der Operation F ein

---

4 In der minimalistischen Theorie der Phrasenstruktur sind die Verkettungen („merge") nur von dieser Art, dazu etwa Grewendorf 2002:124ff.

syntaktisches Objekt ist, das x und y unmittelbar enthält. Weiter gilt, dass z Objekte u,v enthält, die in x oder y enthalten sind. Damit ist die Bildung von Formeinheiten erfasst. Es ist möglich, aber nicht erforderlich, parallel zum funktionalen Aufbau aus lexikalischen Elementen einen formalen Aufbau mithilfe einer Teil-Ganzes-Relation im Sinne herkömmlicher Phrasenstruktur zu etablieren. Dies ergäbe eine Parallelarchitektur wie sie Ray Jackendoff 2002 in seiner Abkehr vom „Syntaxzentrismus" vorschlägt.

Wir haben in der Kombinatorik mit zwei Seiten zu rechnen, einer formalen und einer funktionalen, die zu analytischen Zwecken getrennt betrachtet werden und je eigene Gesetzmäßigkeiten haben können: Erfordernisse der Oberflächenstruktur (etwa lautliche Regularitäten, Silbenstruktur etc.) wie kommunikative Notwendigkeiten.

Bestimmte Mittel können prozedural komplex sein, es können also mehrere Funktionen einer Form eingeschrieben und mit ihr ins Spiel gebracht werden; so gibt es im Türkischen ein Suffix, das zugleich den Akkusativ und die Definitheit markiert.

Da eine Funktion auf mehrere Einheiten angewandt werden kann, ist Binarität im Aufbau nicht vorausgesetzt. Eine Prozedur kann eine andere voraussetzen, etwa die Koordination, wir sprechen von einer Prozedur zweiter Stufe.

Bestimmte Mittel können ihren inhärenten Zweck nur kombinatorisch erreichen, ihre Funktion ist prinzipiell eine syntaktische, dies gilt für die operativen Mittel wie das Determinativ, aber etwa auch für die expressive Exklamativintonation. Die Basis der Äußerungskombinatorik bilden das Feld der symbolischen Ausdrücke aus Substantiv-, Verb-, Adjektivstämmen, das sich mit operativen Mitteln (Numerus-, Verbmodusmarkierung, lineare Abfolge etc.) verbindet, und das Zeigfeld. Die Synergie kann indiziert werden durch morphologische Prozesse, Position in der linearen Abfolge (z.B. Adjazenz: a wird unmittelbar vor b realisiert), eine gemeinsame Intonation, einen verknüpfenden Ausdruck (Konjunktor).

Das Wort als Form zeichnet sich durch eine Doppelfunktionalität aus. Zum einen hat es eine inhärente Funktion im Verständigungshandeln, zum anderen eine kombinatorische Funktionalität für Äußerungszusammenhänge. Die inhärente Funktion geht aus vom Stamm und verbindet sich mit weiteren Formelementen. Sie bestimmt die kombinatorische Funktionalität mit. Inhärent ist etwa die Funktion als Zeigwort oder als symbolischer Ausdruck. Das Wort erfüllt zugleich in der Kombination mit anderen oder nur durch das Vorkommen in einer Äußerung einen spezifischen Zweck, der erst in der Wissensverarbeitung manifest wird.[2]

---

2 Zur Typologie des Wortkonzeptes Dixon/Aikhenvald 2002.

Aus der Kombinatorik können feste, geronnene Konstruktionen entstehen, deren Elemente zum Teil ohne Bedeutungsveränderung nicht mehr verändert oder ausgebaut werden können, vgl. *den Löffel abgeben (x)*: (a) (*Er/sie/der Mann...*)$_x$ *gibt den Löffel ab.* [geronnene Konstruktion, nur der Subjektausdruck ist variabel[3]] (b) *Er gibt den kleinen Löffel ab* [kombinatorische Konstruktion, Ausbau der Objekt-Nominalphrase]. Festen Konstruktionen ist eine holistische Bedeutung zugeordnet (hier: ‚sterben' (nicht mehr essen, auf den individuell besessenen Löffel verzichten)), die aber die ursprüngliche Kombinatorik durchscheinen lässt.

2.2. Integration

Eine grundlegende Prozedur des syntaktisch funktionalen Aufbaus von Äußerungen ist die Integration. Sprachmittel verbinden sich zu einer Funktionseinheit, in der die Funktion des einen auf die Funktion des anderen Mittels hingeordnet ist und diese Funktion unterstützt, ausbaut oder ausdifferenziert. In der Integration erscheint eine Funktion auf mehrere Träger verteilt. Sie lässt einen bzw. den ursprünglichen Träger prägend bleiben. Die Funktion des Ganzen ergibt sich aus der dominant gesetzten Funktion eines Teils, der Basis der Konstruktion. In Phrasen wie *die kleinen Fische* ist es der Kopf *Fische*, der die Funktion der ganzen Einheit prägt und die Basis bildet. Es kann auch eine Proposition als Basis integrativ erweitert werden. Die Funktion des integrierten Mittels besteht darin, in der Funktion der Einheit aufzugehen und das Gemeinte zu konturieren oder adressatenspezifisch zugänglicher zu machen.

Die Sprachen haben Mittel ausgebildet, deren primärer Zweck die Integration ist, etwa die Wortarten Adjektiv, Determinativ, Adverb. Andere haben ihren Zweck vor allem in der Realisierung eines Kopfes, etwa das Substantiv, das Verb oder die Präposition.

Der Kopf als funktionale Basis der Phrase muss verbalisiert – oder wenigstens im Gehalt mental präsent sein –, wenn die Funktion der Einheit realisiert werden soll. Mit dem Kopf allein ist der Zweck der Funktionseinheit oft nicht zu erreichen. So kann die Hintereinander- oder Parallelschaltung integrativer Prozeduren erforderlich sein. Häufig verbinden sich Prozeduren desselben Felds, etwa symbolische zu einer Nominalphrase (*kleine+Fische*). Es können aber auch Prozeduren anderer Funktionalität kollaborativ integriert

---

[3] Subjekt- und Objektausdruck sind variabel besetzbar in: *über den Löffel barbieren (x,y)*.

werden (*der+ Fisch+da*). Phrasen enthalten Integrate, sie sind weiter auszubauen durch funktional anders gerichtete Installationen, insbesondere in der Form von Implementierungen (3.5.). Implementierte Ausdrücke teilen formale Kennzeichen der Integrate, können aber eigene haben (intonatorische Dissoziation in der Phrase, verzögerte, ausgelagerte Realisierung etc.).

(1)
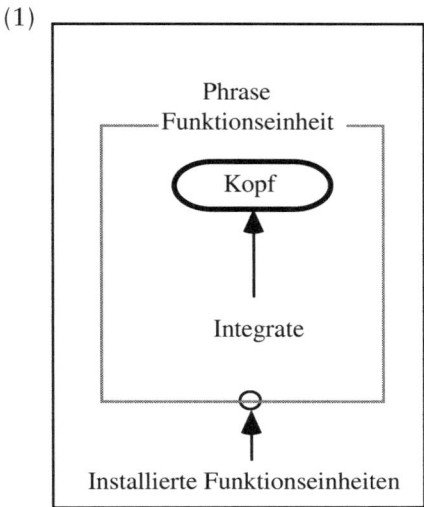 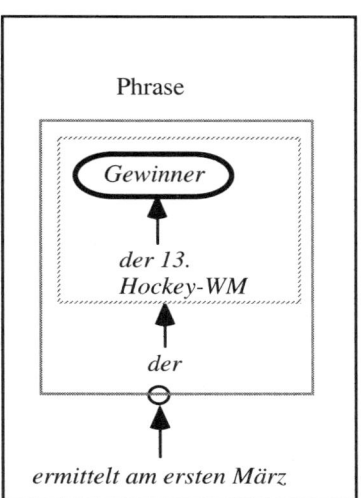

Für Phrasen als Formeinheiten gelten sprachspezifische Bedingungen wie

- die Adjazenz der Ausdrücke als Nacheinander in Realisierung und Wissensprozessierung; im Deutschen besteht – von Verbalphrasen/Verbgruppen[4] (*schlafen, Fisch fangen, jemanden zum Bahnhof fahren*) abgesehen – die Möglichkeit gemeinsamen Erscheinens im Vorfeld (*den Fisch hat der gefangen, Fische fangen mag er nicht*), vor dem flektierten Verb
- Zusammenschluss unter einer Intonationskontur mit Hauptakzent, evtl. Grenzpausen
- die formale Abstimmung des Integrats (z.B. Genus (gen), Numerus (num), Kasus (kas)) in integratmarkierenden[5] Sprachen mit dem Kopf (Rektion,

---

4 In Zifonun/Hoffmann/Strecker 1997 ist das, was hier Verbalphrase heißt, als (einstellige) Verbgruppe des Typs V1 bezeichnet, zu den Gründen ebd.: 84.
5 Zur Unterscheidung „head-marking" vs. „dependent-marking language": Nicols 1986. Die dichotomische Konzeption solcher Parameter in der Chomsky-Syntax erscheint sehr vereinfacht.

690 L. Hoffmann

Kongruenz) oder mit einem anderen Integrat (z.B. Festlegung der Flexionsklasse (flex) des Adjektivs durch das Determinativ im Deutschen oder Isländischen):

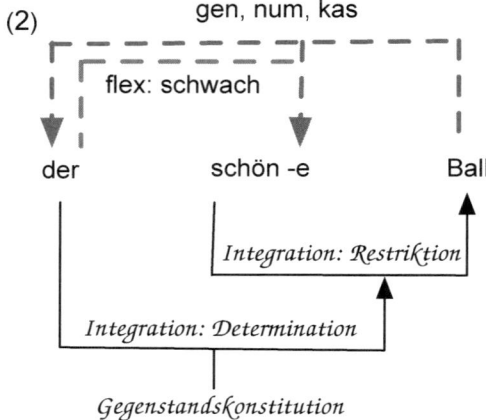

Im Deutschen regiert das Genus des Substantivs die Wahl der Genuskategorie von Adjektiv und Artikel, der Kasus wird als (im Satzrahmen zugewiesener) Kasus der gesamten Phrase (über den Kopf) weitergegeben, während für den Numerus eine funktional/semantisch begründete Abstimmung erfolgt. Im Schwedischen wird mit einem Adjektiv neben dem nominalen Artikelsuffix ein Integratartikel realisiert: *det röda hu-set* ‚das rote Haus+def. Ar.suffix'.

- die formale Anpassung des Kopfes in kopfmarkierenden Sprachen:

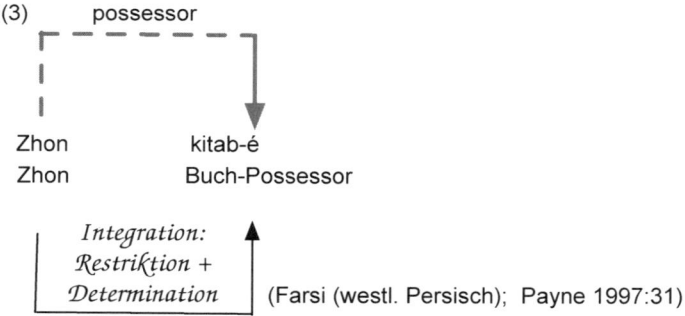

Es folgt ein Beispiel, in dem die formale Seite der Integration wie die korrespondierende Wissensverarbeitung angedeutet ist:

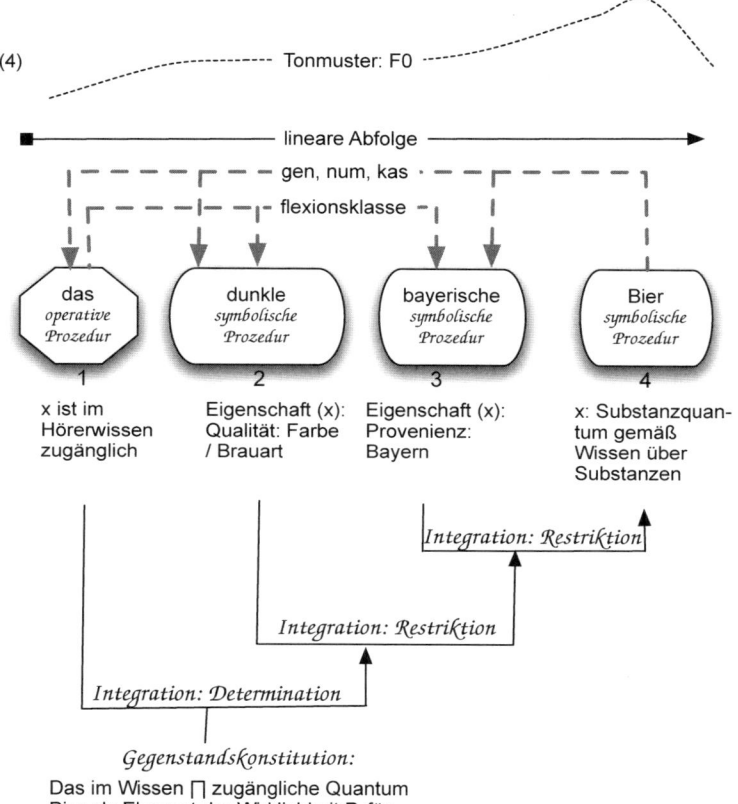

Je nach Funktionsbereich sind spezifische Arten der Integration zu unterscheiden. Dazu gehört die Determination. Sie markiert den Wissensstatus eines Gegenstands beim Hörer und unterstützt so die Verarbeitung. Mittel können Artikelformen sein, aber auch pränominaler Genitiv und Possessivsuffix (Türkisch), lineare Abfolge etc. (Hoffmann 2007a). Die Prozedur der Restriktion dient der Einschränkung des möglichen Gemeinten auf ein Singuläres (Gegenstand oder Sachverhalt), um das faktisch Gemeinte nachvollziehbar herauszukristallisieren. Nur Eigennamen, persondeiktische Ausdrücke und Anaphern erlauben einzügige Gegenstandsidentifikation.

Eine symbolische Basisprozedur setzt an bei einer allgemeinen Kategorisierung, die im Sprachwissen verankert ist. Gegenstände werden uns zugänglich durch das, was sie mit anderen gemeinsam haben, mit denen sie unter ein und dasselbe Prädikat fallen. Sie können prädikativ ohne Existenzbasis entworfen werden. Dazu stehen passende Konzepte natürlicher oder künstlicher Arten bereit, versprachlicht als Substantive; in ihnen hat die Sprache ihre bevorzugte Zugangsweise ausgeprägt, in ihnen ist Sprachwissen über mögliche Redegegenstände angelegt. Dies Wissen erlaubt Metaphorik, die Übertragung auf andere Gegenstandsbereiche in aktiver Wissensverarbeitung. Das Ergebnis kann wiederum fest (geronnene Metapher) oder auch weiter übertragen werden. Es sind die Basisausdrücke (i.S. der Prototypensemantik) des Symbolfelds, die primär verwendet werden: *Kind, Löwe, Haus* etc. Sie bilden eine breite Schicht im Symbolfeld, beherrscht von nahezu allen Sprachmächtigen. Ihr Fundament sind „sortale" (Strawson) Prädikate, mit denen Gegenstände hinsichtlich längerfristiger Eigenschaften zu erfassen sind. Dabei ist wichtig der Raum, den sie in Folgen von Zeitintervallen besetzen, der sie von anderen als diskret abhebt und zugleich zählbar macht. Temporal beschränkte Eigenschaften nutzen Substantive wie *Examenskandidatin, Ankömmling, Passant, Leserin*. Länger- oder kürzerfristige Eigenschaften, wie sie Adjektive verbalisieren, können die Gegenstandskonstitution im Verbund mit einem Basisnomen unterstützen.

Die Versprachlichung komplexer Ereignisse oder Szenen erfordert ausgebaute Prädikationen, um die Mitspieler einzubeziehen und mit dem Subjekt als Ausgangspunkt der Betrachtung zu verknüpfen. Dazu wird die minimale Prädikation des Vollverbs schrittweise expliziert.

2.2.1. Explikation

Mit der Explikation als Typ der Integration wird die genuine Funktion eines sprachlichen Mittels kombinatorisch und inkrementell entfaltet, so dass ein Aggregat entsteht, das ein komplexes Gemeintes erfassen lässt. Ein solches Aggregat verfügt über ein Zentrum, aber auch über eigenständige, mit dem Zentrum verbundene, zusammenwirkende Teile. Typische Anwendungsfälle sind die Ausdrücke der Prädikation und der Proposition. Im Fall von Verben wie *rascheln, regnen, schlafen* kann ein Ereignis mit einer Prädikation bereits komplett in einem Zug erfasst werden; die Prädikation wird mit einem (z.T. bloß formalen, nicht auf einen konkreten Gegenstand bezogenen) Subjekt synthetisch verbunden (*es regnet, Paula schläft*), es wird der Stamm verändert (*kam*), eine Flexionsendung appliziert (*schlaf-e, wein-st, lach-t-en*) oder sie werden mit einem Hilfs- oder Modalverb verbunden (*hat ge-lach-t, konnte lachen*). So entsteht im Deutschen der Ausdruck einer minimalen Prädikation.[6] Die meisten Konstellationen und Abläufe sind komplex zu konzeptualisieren und zu versprachlichen durch die Integration von Ausdrücken bzw. Phrasen in einen verbalen Prädikatsausdruck (*entdecken + ein Elementarteilchen, sorgfältig + arbeiten*), in vielen Sprachen auch in einen nominalen (altgriech. *érgon óneidos* ‚Arbeit (ist) Schande').

Wie andere syntaktische Prozeduren erlaubt die Explikation eine weitere Ausdifferenzierung.

Sofern ein Argument eingebaut wird, also das Integrat eine eigenständige, abgeschlossene Funktionalität aufweist, einen Gegenstandsbezug, auf dessen Basis Mitspieler/Partizipanten der Konstellation bzw. des Ablaufs eingebracht werden, sprechen wir von **Kollusion** bzw. kollusiver Explikation. Beispiele: *jemandem + vertrauen; über etwas + berichten; einen Brief + zerreißen*.

Funktional nicht eigenständige, nur integrativ zu nutzende Einheiten, die auf Prädikationen mit Kolludenten/Mitspielern oder Propositionen operieren, realisieren den Subtyp der **Spezifikation**. Beispiele sind *schnell + fahren, gewählt + sprechen, gern + [Briefe schreiben]; heute + [Fußball spielen (Peter)]*.

Eine **Kollustration** entfaltet eine bestimmte Dimension eines Charakteristikums durch weitere, perspektivreichere Ausleuchtung, so beim Ausbau zum Verbalkomplex: *kann+gewinnen, wird+verlieren*. Die Ausleuchtung kann z.B. einen größeren Abschnitt des Gesamtprozesses, ein Vorstadium (Bedürfnisabfrage, Prüfung des Könnens (Handlungsspielraum) und des Geforderten, Entschlussbildung), die Erstreckung oder das Ergebnis des Handelns umfassen (Ziehharmonikaeffekt).

Prädikationen realisieren ein Charakteristikum, das einen Gegenstand zum Ausgangspunkt, Fixpunkt einer prä-/postprozessualen Konstellation oder eines Ereignisses macht; sie basieren auf dem Sprachwissen, dem dort bereit stehenden Repertoire an generellen Konzepten zum Erfassen der Welt. Prädikationen konstituieren in synthetischer Verbindung mit einer Subjektion Gedanken; sie können aber auch in funktionaler Verschiebung (Vergegenständlichung einer Handlung etc.) ihrerseits eine Gegenstandsposition besetzen (als Subjekt oder integriertes Komplement). Gedanken sind gegliederte Einheiten, ihr Ausdruck ist komponiert.

Durch eine Explikation des mit dem Verb gegebenen elementaren Charakteristikums wird eine komplexe Prädikation aufgebaut, es entsteht in der Form eine Verbgruppe/Verbalphrase. Da solche szenischen Konstellationen

---

[6] Strecker unterscheidet in Zifonun/Hoffmann/Strecker 1997: 667ff. „minimales" und „maximales" (alle Argumente außer dem Subjektargument einschließendes Prädikat").

rekurrent versprachlicht werden, sind die Ausbaumöglichkeiten eines Verbs grammatikalisiert, dies aber unterschiedlich strikt.

Das ist der Kern der insbesondere auf Tesnière zurückgehenden Valenztheorie, die in viele grammatische Ansätze eingegangen ist und eine eigene Tradition ausgebildet hat. Sie ist eine Theorie des Satzaufbaus, in der dem Subjekt keine Sonderstellung zugewiesen ist und analog zur Prädikatenlogik alle Argumente als gleichrangig gelten. Die Fragen nach obligatorischem Ausbau und nach der Bestimmung und Unterscheidung von obligatorischen bzw. fakultativen Ergänzungen/Komplementen versus Angaben/Supplementen werden bis heute kontrovers diskutiert, ebenso der Status der Valenzbeziehung selbst, in der Verschiedenes zusammenfällt (Jacobs 1994). Eine kontextfreie Valenzbestimmung ist nicht möglich. Lexikographisch ist die Angabe der Verbkomplemente allerdings erwünscht. Was wirklich obligatorisch ist, ist Teil einer Fügung. Vor allem aber sind Valenzbeziehungen bilateral zu betrachten.

Die konkrete Auswahl eines Komplements hängt von der zu verbalisierenden Szene und von Parametern des aktuellen Sprecher-/Hörerwissens ab. Wie dies zu modellieren ist, hat Storrer (1992, 1996) überzeugend vorgeführt: Die Verbalisierung einer Situation erfolgt im ersten Schritt über die Auswahl von Situationsrollen (Filter wie: Ist die Rollenbelegung den Rezipienten bekannt? Ist sie relevant? Ist sie durch „Gesetzeswissen" vorhersagbar? etc.). Im zweiten Schritt wird dann ein geeignetes Verb gewählt, dessen „Perspektive" gemäß der Konzeptualisierung „fixiert" ist.

Ereignisse verlangen dynamische Perspektivierung, wie sie Verben bieten; statische Konstellationen können auch nominal – Nominal-/Adjektivphrase (+Kopulaverb) – gefasst werden. Die Verbbedeutung beinhaltet schon für sich mindestens im Ansatz die symbolisch-begriffliche Repräsentanz eines prozessualen Moments, so wie sie im Sprachwissen für diesen Zweck ausgeprägt ist. Mit dem Verb ist bereits die erste Explikation einer Szene als Prozess oder Moment eines Prozesses gegeben, zugleich aber kommt die sprachliche Vorprägung ins Spiel, nämlich wie mit diesem Verb und im Verbverbund was zu prädizieren ist. Dies kann nicht je neu konstituiert werden, die Bindung ans gemeinschaftliche sprachliche Wissen garantiert erst die Möglichkeit einer Verifikation an der Welt des Faktischen. Ein Ausbau ist also weniger unter dem Aspekt grammatischer Notwendigkeit – was muss realisiert werden/darf nicht fehlen, soll der Satz wohlgeformt sein –, sondern vielmehr im Blick auf die Erfordernisse kommunikativer Zwecke relativ zu sprachlich vorgeprägten Konstellationen zu sehen. Diese Zwecke haben sich schon in spezifischen prädikativen Kombinationen niedergeschlagen (wie sie Valenzwörterbücher zu fassen und lernbar zu machen suchen).

(5) So nahm er dem Prozeß die Spannung. Er hörte sitzend zu, sagte stehend: Ich beschloß, kaufte, übte, fuhr, wartete, fand, trat ein, saß, schoß fünfmal. (G. Grass, Im Krebsgang, 47)

Etwas wird zweckgemäß versprachlicht, geleitet durch die positiven Möglichkeiten des Aufbaus einer Prädikation, die die relevanten Momente, die Scheitelpunkte eines Ereignisses oder Zustands zu erfassen gestattet. Wird ein Ereignis oder Zustand versprachlicht, so werden einzelne Momente dieser Totalität abstrahiert, in salienten Eigenschaften charakterisiert, in einen Zusammenhang mit anderen gestellt und situiert. Hier liegt der Unterschied sprachlicher Gliederung in Propositionen zu Bildern. Eine Szene, ein Ereignis wird so ausgehend vom Subjekt als Gegenstand, von dem etwas – mit Weltbezug oder im Entwurf – gesagt wird, entfaltet durch die Angabe der Mitspieler/Partizipanten, auf die es ankommt, und in einem Rahmen, der eine sprachspezifische Vorstellung auszubilden erlaubt. Dabei kommen dann Verbbedeutung, das mit dem Verb gegebene Charakteristikum, und die Bedeutung der Integrate zusammen zur funktionalen Einheit der Prädikation. Der integrative Prozess ist erst mit der Bildung dieser Einheit abgeschlossen. Bereits entworfene Gegenstände werden integrativ einer weiteren Wissensbearbeitung unterzogen: ‚Käse' als Handelsgut, als Produkt, als Gegenstand der Lebensmittelchemie oder der Ernährungskunde, als Abschluss eines guten Essens oder als etwas, was man auf der Zunge schmeckt – das sind unterschiedliche kombinatorische Verarbeitungsergebnisse im Wissen. Die Integration expliziert in den folgenden Beispielen durch die Wahl eines Komplements jeweils ein anderes Ereignis, sie gibt der Grundbedeutung von *schneiden* – ‚vollständiges oder partielles Auflösen der Einheit eines Gegenstands mit einem zu gerader Auftrennung geeigneten Instrument oder Verfahren' – einen jeweils etwas anderen Sinn:

(6) Sie schneidet die Haare. (→ *Die Haare sind gekürzt.*)
(7) Sie schneidet den Käse. (→ *Der Käse wird in Scheiben/Würfel zerlegt.*)
(8) Sie schneidet die Salami. (→ *Die Wurst ist zerteilt.*)
(9) Sie schneidet die Kurve. (→ *Der Weg durch die Kurve wird verkürzt.*)
(10) Sie schneidet Gregor. (→ *Gregor wird nicht beachtet.*)

Haare, Rasenhalme oder Zweige haben eine Dimension, auf die sich die Auflösung erstrecken kann. Fraglicher – weil untypischer – ist dies für Kräne, Klaviere, Bücher, Autos, Wassertropfen. Die Übertragung in (10) bezieht sich auf die Auflösung einer gemeinsamen Praxis, indem getrennte Handlungslinien verfolgt werden.

Die Explikation eines Sachverhalts ist bestimmt durch den Verbund von Verb- und Objektkonzepten, die integrierten Objekte mit ihren Eigenschaften

(Oberfläche, Gestalt, Konsistenz etc.). Das Sprachwissen legt das Potenzial des Sagbaren fest und prägt den Zugriff auf die Dinge. Es sind die repetitiven Handlungen und Ereignisse, die in spezifischer Weise abstrahiert und einzelsprachlich ausgeprägt sind bis hin zu festen Fügungen. Der Grundbestand dessen, was expliziert werden kann, ist im Situationsbezug des verbalen Rahmens angelegt und wird bei einem Verbgebrauch mitgedacht, auch wo er nicht versprachlicht ist. Der harte Kern fixer Explikate wird versprachlicht, um den prädikativen Kern einer Ereignisdarstellung zu verdeutlichen, sofern Mitspieler nicht unexplizierbar oder abstrakt erschließbar sind: ihn zu ermitteln, wird in der Valenzforschung der „Weglasstest" genutzt:

(11) Paula besucht Peter/die Schule/mich – ? Paula besucht.
(12) Der Kandidat wohnt in Berlin – ?Der Kandidat wohnt.

Das sprachliche Wissen lässt Folgerungen auf die mit einem Prädikat aufgerufenen Szenen zu und weckt spezifische Erwartungen, auch wo Standardelemente nicht verbalisiert sind.

Größere Verbnähe oder Zentralität in der zu versprachlichenden Szene wird in der Grammatikforschung als Komplement/Ergänzung des Verbs konzeptualisiert; was über die Subklasse des Verbs hinaus zur Explikation vieler/ der meisten Prädikate einzusetzen ist, gilt als Supplement/freie Angabe.[7]

Will man über den Weglasstest hinaus entscheiden, was zum engeren explikativen Verbund gehört und Komplement ist, kann man sich fragen, ob der Komplementkandidat auch dann mitverstanden wird, wenn er nicht versprachlicht wurde (= Folgerungstest; vgl. Zifonun/Hoffmann/Strecker 1997: 1046ff.); die Verbszene besteht aus der minimalen Prädikation und ihren Partizipanten:

(13) Hans isst → Hans isst [etwas$_{akk}$].
(14) Hans schenkt ein Buch → Hans schenkt [jemandem$_{dat}$]. ein Buch.
(15) Hans fährt morgen → Hans fährt morgen [irgendwohin$_{Adv}$].

Unser Wissen enthält: Was als essbar in Frage kommt, seien es Kartoffeln oder Heuschrecken; wem etwas geschenkt zu werden pflegt (handlungsfähigen Personen) oder wohin man fahren kann (was mit Fahrzeugen erreichbar ist).

Wenn ein Charakteristikum sprachlich ausgebaut wird, um die mit ihm gegebenen Sachverhaltsdimensionen zu entfalten, bedarf es einer Ordnung, die Transparenz gewährleistet. Grammatisch wird diese Ordnung im Deutschen durch Kasus, die Selektion von Prä-/Postpositionen, Nebensatz- und Infinitivkonstruktionen sowie die Stellung hergestellt. Der Kasus wird einer

---

[7] Einzelheiten und Klärungsversuche bietet Zifonun in Zifonun/Hoffmann/Strecker 1997:1028ff. Für einen lexikographischen Zugang vgl. das Valenzwörterbuch von Schumacher 1986.

Nominalphrase zugewiesen und im Deutschen am Kopf, ggf. auch an Determinativen und Adjektiven realisiert. In Sprachen wie Somali oder Nubisch hingegen erhält die Phrase genau einen Kasusmarkierer in Endposition (Nubisch *mug* ‚Hund' *mug-ka* ‚Hund+akk', *mug uus-ka* ‚Hund+böse+akk' (vgl. Heine/Vossen 1981:426)).

Den Ausbau, ausgehend vom Vollverb als minimalem Prädikat, bis hin zum maximalen Prädikat und zur erweiterten Proposition können wir wie folgt darstellen:

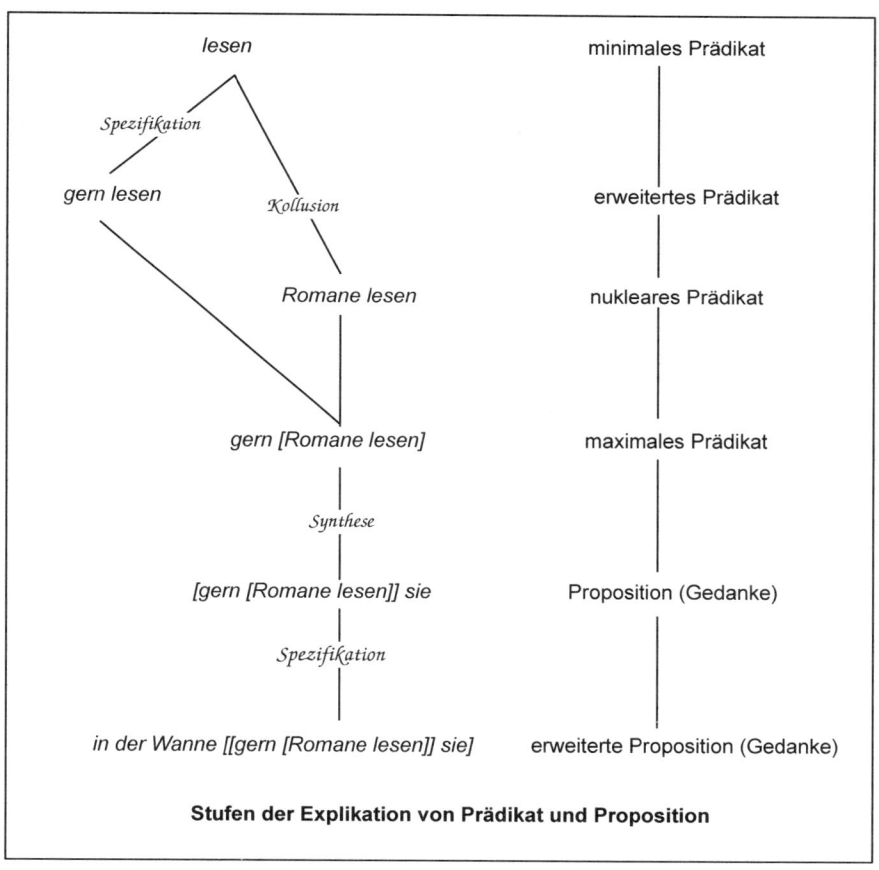

Stufen der Explikation von Prädikat und Proposition

Zu weiteren Prozeduren der Integration wie Konfiguration (*kündig-e*), Negation (*Gott würfelt **nicht***), Gradierung (***sogar** Einstein würfelte*), Modalisierung (*Gott würfelt **wahrscheinlich***), Kollation (*Päckchen **Kaffee***), Evaluation (***leider** regnet es*) vgl. Hoffmann 2003a.

2.3. Synthese

Viele sprachliche Verständigungshandlungen enthalten einen Gedanken, ein mentales Ganzes, an dem sich ein Gegenstand G und ein unabhängiges Charakteristikum C unterscheiden lassen. Gegenstand und Charakteristikum werden über eigenständige, ungleichartige und unterschiedlich gerichtete Funktionen ins Spiel gebracht, die in ihrer jeweiligen Funktionalität nicht aufeinander angewiesen, einander zugeordnet sind (wie im Fall der integrativen Prozeduren). Einen Gegenstand zugänglich machen, ein Charakteristikum verdeutlichen kann man zu unterschiedlichen sprachlichen Zwecken.

Die Rede von Unvollständigkeit (Valenztheorie; Strawson) macht hier wenig Sinn. Beide Teile sind durch einander ergänzungsbedürftig, soll ein Gedanke ausgedrückt werden. Beide können aber auch andere sinnvolle Verbindungen eingehen. Der gegenstandsbezogene Ausdruck kann z.B. auch als Explikat in eine Prädikation oder als Restriktor in eine Gegenstandskonstitution eingebunden sein (*das Radio einschalten; der Knopf des Radios*), das Charakteristikum vergegenständlicht werden (*Sich Regen bringt Segen*). Die Funktionen können synthetisch verbunden werden. Eine synthetische Prozedur bildet die Funktionseinheit, die im Wissen einem elementaren Gedanken, dem elementaren propositionalen Gehalt einer Äußerung entspricht. Sprachlich verbinden sich ein Ausdruck, der eine Prädikation konstituiert, und ein gegenstandsbezogener Ausdruck, der eine Subjektion konstituiert. Damit gehen in die Synthese bereits Funktionseinheiten zweiter Stufe ein: eine, die einen Gegenstand bereitstellt und als Subjektion funktionalisiert ist, eine andere, die eine Charakterisierung leistet und darüber hinaus als Prädikation eingesetzt wird.

„Wir fragen: Was ist ein Gedanke, welcher Art muß etwas sein, um die Funktion des Gedankens verrichten zu können? [...] Man kann etwa sagen: Er rechnet auf Grund von Gegebenem und endet in einer Handlung". (L. Wittgenstein, The Big Typescript, 151)

Der Gedanke in seiner Abgeschlossenheit repräsentiert eine minimale Totalität, er ist ein zentrales Moment im Wissenstransfer, den das Medium Sprache leistet. In einem Namen können Gegenstandszugang (zu der als *Gregor* bekannten Person) und Ansatzpunkt eines Gedankens (Subjektion) zusammenfallen (16); was da funktional zusammenfällt, kann durch eine Adjunktorphrase[8] partiell dissoziiert erscheinen (17):

(16) Gregor hat versagt.
(17) Gregor hat als Lehrer versagt.

---
[8] Zur Adjunktorphrase: Zifonun/Hoffmann/Strecker 1997, zu *als* und *wie* Eggs 2006.

Die Gegenstandskonstitution läuft über den Namen; die so im Wissen zugänglich gemachte Person hat im Beispiel (17) zwar auch versagt, aber nicht in ihrer ‚gesamten Identität', sondern nur in ihrem begrenzten Amt als Lehrer. Diese Dissoziation erfolgt prädikativ; soweit Gregor unter das Prädikat ‚Lehrer' fällt, hat er versagt. Die Adjunktorphrase leistet hier eine Mediation zwischen Subjektion und Prädikation, was sich auch in ihren grammatischen Eigenschaften manifestiert (Kasusabgleich mit Bezugsausdruck; Anschluss an die Verbalphrase/Verbgruppe). Eine andere Dissoziation zeigt das Deutsche in appositiven Relativkonstruktionen, in denen eine deiktische oder phorische Prozedur als Vorgänger neben der operativen wieder aufgegriffen, erneut realisiert und in der Subjektfunktion installiert (2.5.) wird, so dass die Synthese auch im Relativsatz einen ausbalancierten, gewichtigen Ausdruck findet:

(18) Wir, die wir hart gearbeitet haben, haben kein Glück gehabt.

Mit der Prozedur der Synthese wird eine geschlossene Funktionseinheit höherer Stufe gebildet, die gegenüber den Funktionen ihrer Teile eine eigene funktionale Qualität hat. Die Funktionen der Teile bleiben gleichwohl als eigenständige erhalten, die Einheit ist erweiterungsfähig. Das Subjekt (Subj) ist der Redegegenstand oder -Sachverhalt, der in einer Funktionseinheit F mit einer maximalen (maximal explizierten) Prädikation C den Ansatzpunkt bildet, für C exponiert wird, an dem die Prädikation ansetzt. Es liegt außerhalb der Prädikation mit ihren Explikaten und kann auch ein abstraktes, nur phorisch (am Verb) präsentes Ereignis sein.

(19) Der Sprecher exponiert für den Hörer ein Subj, so dass gilt:
 a) Subj ist durch C charakterisiert
 b) Subj ist nicht Mitspieler oder Moment an C
 c) Subj und C bilden einen elementaren Gedanken.

Um zu sagen, wie sich eine Sache verhält, muss diese Sache für die Rezipienten kommunikativ klargestellt werden. Wegener (1885:21ff.) spricht von einer Exposition, wie sie elementar in der „Situation der Anschauung" gegeben sei. Am Ansatzpunkt einer Konstellation wird die Prädikation festgemacht. Soll ein Gedanke auf seine Wahrheit hin beurteilt werden, so ist ist es die Gesamtheit dessen, was die Prädikation charakterisierend besagt, die auf das Subjekt anzuwenden ist. Die Schnittstelle Subjektion-Prädikation ist für das Urteil entscheidend.

Mit der Subjektion wird ein Gegenstand als etwas Gemeintes identifizierbar gemacht oder eingeführt, mit der Prädikation ein Charakteristikum dieses Gegenstands auf der Grundlage des sprachlichen Wissens gegeben.[9] Dies sind voneinander unabhängige Akte. Basis sind Ausdrücke des Symbolfelds. Sprachlich geschieht dies im Fall der Subjektion mit Eigennamen (*Hanna, Berlin*), mit (determinierten) (restringierten) Substantiven (*der amerikanische Freund aus Ohio*) oder propositional (*Wer wagt, gewinnt*). Die Subjektion kann im Text- oder Redezusammenhang allerdings auch themafortführend durch eine Anapher (*er/sie/es*) oder verweisend mit einer Person-/Objektdeixis (*der/die/das*) realisiert sein.

Das Subjekt wird in vielen Sprachen – bes. des indoeuropäischen Typs – im Satz mit einem Grundkasus (vielfach als Nominativ mit Nullendung) realisiert. Als Gegenstück werden seit Li/Thompson (1976) Sprachen angeführt, die „topikprominent" sind, d.h. in denen ein beliebiges Satzelement z.B. durch eine Partikel als „Topik" markiert werden kann. Hier haben wir es meist mit einer Markierung des Hintergrunds, in Abgrenzung vom Vordergrund/Fokus, zu tun, wie sich etwa am Japanischen zeigen lässt (Rickmeyer 1995:291).

Nicht alles, was funktional als Ansatzpunkt der Prädikation dient, hat die traditionellen Merkmale eines Subjektausdrucks, darunter sind auch kasusfreie Formen, u.a. der Term-Satz, der einen Gegenstand ausgibt:

(20) [Wer stört], fliegt raus.
 [Gemeint sind alle, denen das Charakteristikum ‚Stören' zukommt.]

(21) [Small] is beautiful
 [Gemeint ist, was klein ist.]

(22) a. Freunden wird geholfen. b. [Es] wird Freunden geholfen.
 [X+*Werden* kann über einen unspezifizierten Ausgangszustand (Möglichkeitsraum) prädiziert werden, der transformiert wird; dem Verb ist die phorische Prozedur (3.Ps) appliziert, die trägt die Synthese. Gemeint ist ein iterierbares, nicht weiter spezifiziertes Ereignis, das in a. gar nicht, in b. nur phorisch ausgedrückt ist.] Vgl. auch:

(23) a. Ich ekele mich vor der Ratte. b. Mich ekelt vor der Ratte. c. [Es] ekelt mich vor der Ratte.
 [Szenischer Ansatz ist in a. der Sprecher, in b. und c. ist von einem – in a. nicht verbalisierten – Zustand die Rede, an dem der Sprecher als szenisches Element (prädikatives Explikat) beteiligt ist. Das Deutsche hat peripher auch eigenständige Prädikationsausdrücke (b.).]

(24) [Morgen] ist Weihnachten.
 [Charakterisiert wird als Gemeintes das 24-stündige Zeitintervall, das auf das aktuelle unmittelbar folgt.]

---

9 Zum Satz: Hoffmann 1996; Ehlich 1999.

(25) [Out on the sea] will be great.
[Charakterisiert wird eine spezifische Erfahrung.]

(26) Schade, [dass ich sein Gesicht nicht sah.] (E. Schmitter, Frau Satorius, 49)
[Als bedauerlich wird ein nicht eingetretenes Wahrnehmungs-Ereignis charakterisiert.]

Das Subjekt als Basis, an der die Prädikation festgemacht ist, kann ein Thema des Textes oder Diskurses repräsentieren, über das Neues gesagt wird; die Prädikation fungiert dann als Rhema. In diesem Fall wird der Wissensverarbeitung eine Gewichtung vorgegeben, bei der das Subjekt (Thema) im Hintergrund bleibt, während die Prädikation (oder ein Teil von ihr) im Vordergrund steht (→3.2.).

Im Satz wird der Gedanke abgeschlossen, der entworfene Sachverhalt ‚finit' gemacht. Diese Eingrenzung realisieren Sprachen insbesondere durch Verzeitlichung. Sie wird im Deutschen mit Verbendung und ggf. Adverbialia realisiert, in manchen Sprachen durch ‚Partikeln'. Schließlich kann die Finitheit vom einbettenden Gedanken geerbt werden. Da ein eigenständiger Gedanke als Wissensstruktur transferiert wird, ist die einen Satz fundierende Synthese im Kern dreistellig. Allgemeiner – über die indoeuropäische Zeitlokalisierung hinaus – gesehen, wird jeder Gedanke mit einem spezifischen Wissensrahmen versehen, der ihn qualifiziert. Was gilt, gilt im Wissen stets für einen bestimmten Zeitraum, Zugangsraum, einen spezifischen Abschnitt der Wirklichkeit, der eng oder unspezifiziert und damit maximal weit sein kann, real oder projiziert, erschlossen, universell geltend, gedacht, gesetzt oder bloße Ereigniszeit. Dies kennzeichnen die Sprachen, selbst wenn sie nur eine Grunddifferenzierung Gegenwart + Vergangenheit (‚Realis') versus Zukunft + Hypothetisches (‚Irrealis') haben wie das Burmesische[10]. Grundlage ist die je aktuelle „Origo" (Bühler) des Sprechers. Temporal formuliert: Zur Zeit s (Sprechzeit) gilt für die Zeit t (gemeinte Zeit): p. In dieser Verbindung liegt der grundlegende, u. U. der einzige Realitätsbezug eines Satzes. Die zeitliche Perspektive geht stets von der Äußerungszeit, die räumliche vom Äußerungsort aus. Wer sagt *es regnet*, wird zunächst so verstanden, dass es zur Sprechzeit, am Äußerungsort regnet. Allerdings wird diese Finitheit in den Sprachen durchgehend temporal verankert. Selbst im Nominalsatz, dem der offene Zeitausdruck fehlt, gilt dies; das Prädikat verbalisiert „einen integrierenden Bestandteil des Seins des Subjekts" (Benveniste 1977:188), damit ist es angeschlossen an die gedachte oder die zeitliche Existenz des Gegen-

---

10 Vgl. Comrie 1985:50f.

stands, die in einigen Sprachen nominal markiert werden kann. Möglich wird die Formulierung eines Hintergrunds (Narration), eines situationsübergreifend Geltenden (Argumentation), definitorisch Festgelegten, eines prophetisch Vorhergesagten. Gibt es ein Kopulaverb neben dem Nominalsatz, kann die Differenz Variabilität/Invariabilität der zwischen der sprachlichen Aussage und der Ordnung der Dinge implizierten Beziehung (Benveniste 1977:188) direkt gekennzeichnet werden.

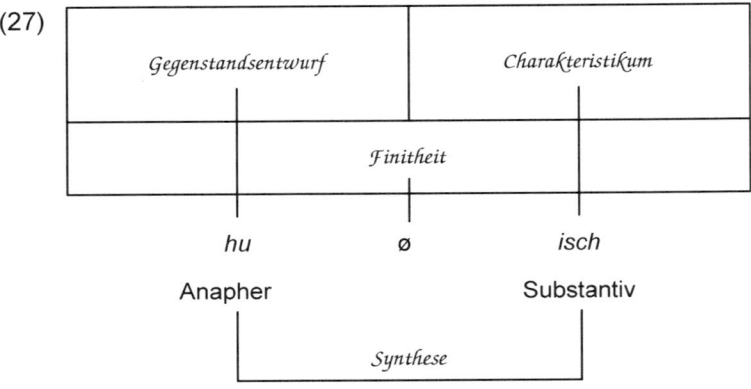

'Er <ist> ein Mensch', 'solange er existiert, kommt ihm die Eigenschaft >Mensch< zu'. (Hebräisch)'

Zeit und Raum stehen in engem Zusammenhang. Sprachen erscheinen raumfundiert und spezifizieren Zeit als Finitheit im Raum. Viele Zeitausdrücke sind ursprünglich räumlich, Zeit stellen Menschen sich primär räumlich vor (Zeitstrahl, Gerichtetheit). Wir verankern (lokalisieren) in bestimmten Wissensräumen, im Wahrnehmungsraum, Vorstellungsraum etc., wenn wir eigenständige Gedanken transferieren.

Der Gedanke muss im Satz – als Moment eines Verständigungshandelns – für das Adressatenwissen geformt und gewichtet sein. Dem Satz ist in der Form das kommunikative Potenzial eingeschrieben. Daraus entsteht das Kommunikat.

Der Gedanke ist im Kommunikat gewichtet. Er ist so formuliert, dass die Wissensstruktur als (i.a.S.) bewertete sichtbar gemacht werden kann. Neue, im Wissen zu etablierende, relevante, kontrastierende Information wird durch die Äußerung in den Vordergrund gerückt, Präsentes, Zugängliches, weniger Relevantes ist im Hintergrund. Der Hörer-Fokus wird gelenkt durch Sprachmittel wie Intonation (Akzent), lineare Abfolge, lexikalische Mittel wie *sogar, nicht, aber* etc. Die funktionale Prägung der Äußerungsform ist als Äußerungsmodus[11] zu fassen. Der Sinn eines Satzes umfasst seine zweckhafte kommunikative Gerichtetheit, basierend auf der durch seine spezifische Form ausgelösten Erkenntnisbewegung im Wissen. Die kommunikative Bewegung geht dem Adressaten, die gedankliche der Sache nach. Was wir als „Nebensatz" oder „Klausel" (clause) auffassen, im Deutschen mit Verbendstellung, Subjunktor (*dass, weil*) an der ersten Klammerposition und ohne Vorfeld, kann keine eigene Illokution realisieren. Dies gilt für integrierte Klauseln, nicht unbedingt für installierte (3.5.) und nicht für eigenständige Äußerungsformen, etwa Exklamative wie *dass du mir ja die Aufgaben machst!*

Die Satzform ist aber nicht die einzige Form, in der kommuniziert bzw. ein Äußerungsmodus realisiert werden kann (vgl. *Einmal waschen und legen bitte!*; *einen Kaffee!*[12]). Diese Formen bringen Handlungskonzepte zum Ausdruck, wobei der direktive Modus eine geeignete Intonation (Akzent, fallendes Grenztonmuster) voraussetzt.

Wir illustrieren das Gesagte an dem Beispiel (28): *Ich faulenze* (s. u.). Dem Gedanken wird als Gegenstand der aktuelle Sprecher/Schreiber durch die (funktional suffiziente) Sprecherdeixis unterlegt (Subjektion). Dieser Form wird vom Verb kein Kasus zugewiesen, sie hat den Nominativ. Der Anschluss der Verbendung an die Verbform läuft der Synthese parallel, die Sprecherdeixis an der Subjektstelle regiert die Besetzung des Person- und des Numerusmorphems. Der Verbstamm als Element des Symbolfelds hat (besonders in Sprachen, die Adjektive zum Ausdruck von Eigenschaften haben) i.d.R. prozessorientierten, dynamischen Charakter. *Suchen* z.B. bezeichnet eine orientierende Bewegung in mehreren Stadien, ohne (wie *finden*) einen Abschlusspunkt zu bezeichnen; *liegen* eine stadienüberdauernde, nicht grenzmarkierte Positionierung eines Dings/Sachverhalts (*Der Brief liegt auf dem Boden, das/die Entscheidung liegt bei der Behörde*).

Die Verbendung ist komplex konfiguriert.[13] Die Position der Personalendung ist deiktisch besetzt (-*e*), so dass wir mit der inneren eine doppelte Subjektion haben; häufig entfällt sie (das Schwa ist schwach) in der Umgangssprache (*ich mach-ø das*). Auf den Stamm schwacher Verben folgt eine Stelle für ein Tempusmorphem, die hier leer bleibt. Dies ist als Präsens, die unmarkierte zeitliche Grundform, funktional als deiktische Vergegenwärtigung (Geltung für das Sprechzeitintervall + x) zu interpretieren, während ein Mor-

---

11 Zum Modus von Äußerungen detailliert: Rehbein 1999.
12 Zu Ellipsen: Hoffmann 1999a, 2006.
13 Eine funktionale Analyse des Verbaufbaus bieten Redder 1992 und Bredel/Töpler 2007.

phem -t- (bzw. Ablaut bei starken Verben (k-a-m)) das Präteritum markieren würde. Die zeitliche Komponente macht das Verb finit. Dies wird in vielen Sprachen am Verb gemacht, das dann als „Finitum" bezeichnet wird. Auch Nomina können Finitheitsmarkierungen tragen, im Japanischen etwa durch ein dreistufiges Präfixsystem: gen-/zen-/rai- (Rickmeyer 1995:276).

Der Äußerung sind die funktionalen Dimensionen zugeordnet. Der propositionale Aufbau wird durch die Synthese bestimmt. In die Formbildung gehen die Funktionskomplexe Thematische Organisation (Thema/Rhema) (→ 3.1.), Wissensorganisation (Neues/Gewusstes) und Gewichtung (Vordergrund/Hintergrund) ein. Neu ist hier nicht der im Wissen der Sprachteilhaber niedergelegte Gehalt des Prädikats, sondern seine Zuordnung zum subjizierten Sprecher. Dem so eingerichteten Kommunikat ist ein bestimmter Äußerungsmodus, der ebenfalls einen Funktionskomplex darstellt, unterlegt; ihm entspricht auf der Formseite im Deutschen ein Komplex aus Ausdrücken, Abfolge und Intonation. Dieser Modus erlaubt auf der Basis einer spezifischen situativen Konstellation (Zweck: Wissenstransfer) und eines entsprechenden Wissens eine illokutive Interpretation (Assertion), mit der der Rahmen einer Musteranalyse eröffnet ist (z.B. Zweitposition im Handlungsmuster Frage-Antwort, nach der Frage: *Was machst du?*).

In den sog. „pro-drop- bzw. null-subject-Sprachen" (Italienisch, Griechisch, Latein etc.) finden wir eine kombinatorische Synthese in der Verbform. Innere

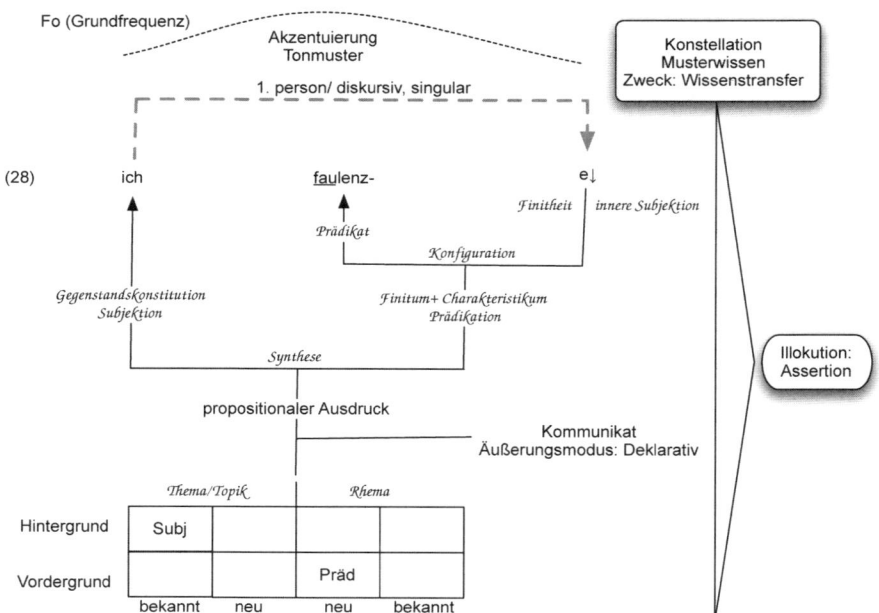

und äußere Subjektion fallen zusammen, wenn eine symbolische Verbalisierung nicht erfolgt. So kann eine Verbform mit Personmarkierung die Synthese realisieren (vgl. lat. *audi-o*). Hier bildet das Prädikat tatsächlich die komplette Satzaussage. In den polysynthetischen Sprachen bildet der Bereich des Wortes die Domäne für synthetische und integrative Prozeduren. Im Barbareño (29) wird am Verb das Subjekt als Präfix und das Objekt als Suffix markiert, so dass sich ohne nominale Form schon ein kompletter Satz ergibt:

(29) siy   -kutiy   -it   (Barbareño Chumash (aus: Mithun 1999: 207))
     Anapher-Verbstamm-Sprecherdeixis ,sie-sehen-mich'

Neben der satzfundierenden Finitheitssynthese findet sich die elementarere propositionale Synthese, die keine Verzeitlichung aufweist, vielmehr in den Rahmen eines Satzes eingebunden bzw. in eine andere Funktionseinheit integriert ist. Ein Beispiel sind Infinitivkonstruktionen: *Sie lässt [dich sitzen]*.

Die Finitheitskomponente wird in manchen Sprachen separat ausgedrückt, etwa im Chinesischen oder im Bambara, in dem der Futurmarker aus dem Symbolausdruck für ‚kommen' grammatikalisiert bzw. ins Operationsfeld transponiert ist (vgl. Payne 1997: 238):

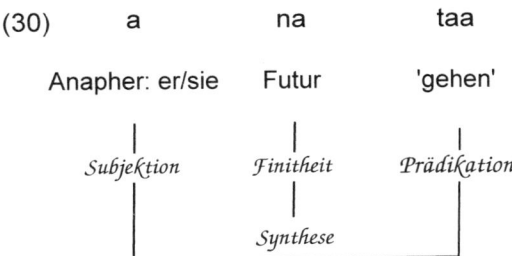

2.4. Koordination

Durch die Koordination werden Einheiten mit sich überschneidendem Funktionspotenzial unter einer einheitlichen Funktion kombiniert und bilden einen Funktionszusammenhang (komplexe Prädikation: *kommen und gehen*, komplexe Gegenstandskonstitution: *Paul und Paula*, komplexer Gedanke: *sie raucht, er hustet* etc.). Dies ist eine Prozedur, in die auch Konfigurationen der Konjunkte eingehen können:

(31) (a) *Paula, und + Paula, Paul und Paula gingen spazieren.*
    (b) *sie raucht, sie raucht + nicht nur; sie trinkt, sondern + sie trinkt + auch; sie raucht nicht nur, sondern sie trinkt auch.*

Ein Ausdruck kann mittels Konjunktor, Juxtaposition, Intonation in eine koprozedurale Funktion als Basis einer Koordination überführt werden. Die resultierende Funktion kann – je nach Prädikation – von den zusammengeschlossenen Teilen gemeinsam realisiert werden, etwa als Kollektiv von Personen (*Hanna und Mark tragen das Klavier die Treppe rauf*), als koordinativ konstituierte Handlungs- bzw. Ereignissequenz (*Sie kam, er ging*) oder Eigenschaftenkomplex (*Er war klein, aber frech*). Die Funktion kann auch auf die beteiligten Elemente distribuiert sein (*Hanna und Mark haben das Buch gelesen*).[14] Elementar dürfte die Erweiterung eines Gegenstandsbereichs (x → x und y) sein. Schließlich kann das mit Konjunkt A aufgebaute Wissen durch Konjunkt B bearbeitet werden. Ähnliche Effekte erzielt die Relationierung durch eine präpositionale Konfiguration (*Paul ging mit Paula spazieren*).

Die Koordination kann durch einen Konjunktor (Kjk) vor/im zweiten Konjunkt wie *und, denn, aber* gekennzeichnet und semantisch spezifiziert sein oder auch durch einen zusätzlichen Konjunktorteil vor/ im ersten Konjunkt (*weder....noch*); so wird die Art, in der die Verbindung im Wissen zu verarbeiten ist, markiert. Mündlich finden wir ein progredientes Tonmuster auf dem ersten Konjunkt und dann eine kurze Pause, das letzte Konjunkt wird mit dem der Funktionalität der Einheit entsprechenden Grenztonmuster (steigend/fallend/schwebend) ausgestattet. Bei bloßer Juxtaposition (Nebeneinanderstellung) wird die Verbindung nur intonatorisch, schriftlich durch Komma oder Semikolon, gekennzeichnet. Die Juxtaposition funktionsäquivalenter Elemente – die in der Regel nicht beide eine Stelle im Satz belegen können – kann ein Verständnis als Koordination unterstützen, in wenigen Sprachen scheint dies die einzige Möglichkeit (so im Maricopa/Yuman, Arizona).

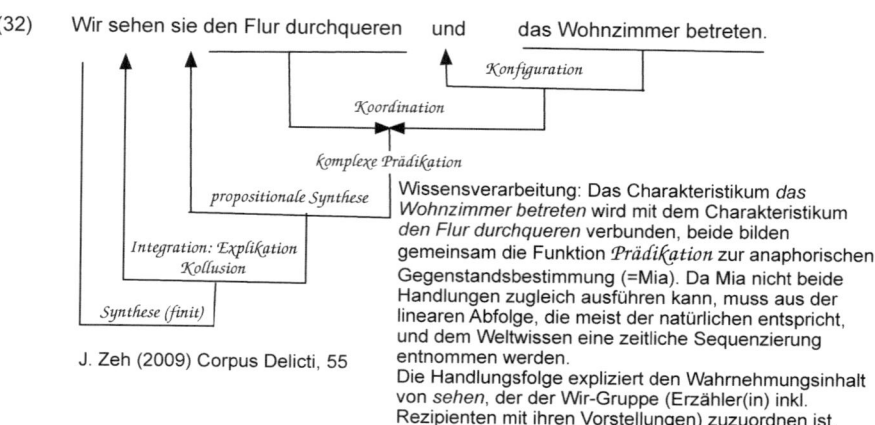

14 Genaueres: Hoffmann in Zifonum/Hoffmann/Strecker 1997:2359ff.

2.5. Installative Prozeduren: Delimitation, Migration, Insertion, Implementierung

Installative Prozeduren verbinden nicht wie die Koordination funktionsäquivalente Ausdrücke unter einem funktionalen Dach, sondern etablieren Funktionseinheiten in den Rahmen einer schon funktional geschlossenen, aber erweiterbaren Einheit. Die installierte Einheit geht sekundär mit der Trägereinheit oder einem Teil von ihr koprozedural eine funktionale Beziehung ein (Integration, Synthese etc.), ist aufgrund formaler Merkmale von der Umgebung abgehoben und wird separat verarbeitet (sekundär oder parallel). Das geschieht an einer spezifischen Position, einem spezifischen Zeitpunkt, in der linearen Verarbeitung. Besonders deutlich wird hier die Zeitlichkeit in Sprachproduktion und -rezeption, die bislang kaum systematisch berücksichtigt wurde. Die Installation kann eine spezifische Verdichtung von Wissen, eine Ausdifferenzierung der Gewichtung oder eine enge Verzahnung im Bereich des Handlungs- und Diskurswissens bewirken.

Die Grenze zur Trägerstruktur kann markiert sein: im Deutschen orthographisch durch paariges Komma oder Gedankenstriche, mündlich durch Pause und progredientes Tonmuster, eigenständige Intonation und Akzentuierung, Tempowechsel und reduzierte Lautstärke.

Installative Prozeduren bereiten der herkömmlichen Syntax Probleme, insofern sie sich den Formprinzipien des Äußerungsaufbaus entziehen, also Kompositionalität, Projektivität etc. gestört sind. Die traditionelle Grammatik kennt Parenthesen[15] sowie die Apposition als syntaktische Relation, bei der ein Element derselben Art juxtaponiert wird. Installiert sind auch appositive Relativsätze bzw. Adjektive, hier handelt es sich um ein grammatikalisiertes Verfahren, das den Weg restriktiver Relativsätze und Adjektive nutzt – ich spreche von **Implementierung**. Ein anderer Subtyp ist die **Insertion**, der Einschub eigenständiger Einheiten, die funktionale Autonomie und Gewicht behalten und im Rahmen einer Parallelverarbeitung (bei Endstellung des Insertierten auch sequenziell) mit der Trägereinheit verknüpft sind. Der Einschub ist auf die aktuelle Verarbeitung der Trägerstruktur hingeordnet. Er kann Skopus über das Folgeelement oder den Rest der Trägereinheit haben. In dieser lokalspezifischen Verarbeitung im Wissen besteht auch der Unterschied zu einer funktional eingliedernden Koordination oder einer – bei Verlust der illokutiven Kraft – funktional unterordnenden Nebensatzkonstruktion:

(33) Jeden Tag kam er zu spät, und ich erinnere mich genau daran.
(34) Ich erinnere mich genau daran, dass er jeden Tag zu spät kam.

---
15 Ausführlicher: Hoffmann 1998.

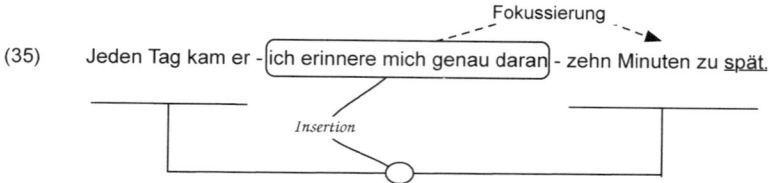

Wissensverarbeitung: Der im Rahmensatz assertierten Proposition wird eine weitere, formal autonome, zugefügt, mit der die Wissensqualität assertiert wird und die auch die Fokussierung übernimmt. Die Insertion ist parallel zu verarbeiten.

Insertiert wird primär zum Zweck der Verdichtung autonomer pragmatischer Strukturen, als Handlungsverzahnung (Einlagerung von Handlung A in die Positionsrealisierung von Handlung B) oder als Kombination selbständiger, suffizienter Prozeduren A und B, wobei A in der Gerichtetheit auf B zu verstehen ist. Dabei werden insbesondere Diskurs- und Handlungswissen in Anspruch genommen. Insertionen können den Verarbeitungsgang zur nachholenden oder vorgreifenden Bereitstellung von Wissen (mit anderem Status) unterbrechen und so äußerst komplexe Verstehensprozesse auslösen. Sie können lenkende Ausdrücke einlagern und beispielsweise die Aufmerksamkeit verstärken durch Einschub einer Anrede.

3. Komplexbildungen

Eine Komplexbildung ist die Bündelung verschiedener sprachlicher Mittel unterschiedlicher Art mit je eigener Funktionalität zu einem funktional geschlossenen Ganzen. Die Mittel realisieren einen Zweck für die gesamte Äußerung, sie arbeiten kooperativ und symmetrisch, also nicht nach Art integrativer Prozeduren. Der Funktionskomplex ist formal vielschichtig, seine Funktion lässt sich nicht aus der Funktion eines der Teile herleiten, sie wird auch nicht – jedenfalls nicht gänzlich – kompositional erzeugt, sondern kommt nur dem prozeduralen *Ensemble* insgesamt zu. Beispiele sind etwa der Äußerungsmodus (vgl. Rehbein 1999), die Bewertung des Gesagten, die Gewichtung, die thematische Organisation oder die Wissensorganisation in der Äußerung. Es folgt exemplarisch eine Darstellung zur thematischen Organisation.

3.1. Thematische Organisation[16]

Mit diesem Funktionskomplex wird die Anschlussfähigkeit einer Äußerung im Rahmen von Text und Diskurs hergestellt und die inhaltliche Kohärenz

---

[16] Ausführlicher zu den sprachlichen Details: Zifonun/Hoffmann/Strecker 1997: 518ff.

des Gesagten gesichert. Thema, Topik und Rhema sind diskursiv-textuelle, nicht satz- oder äußerungsbezogene Kategorien. Das Thema ist der kommunikativ konstituierte Gegenstand oder Sachverhalt, über den in einem Diskurs oder Text (-abschnitt) fortlaufend etwas gesagt wird. Es ist propositional im Wissen verankert. Thema können reale oder fiktive Dinge sein, Vergegenständlichungen von Handlungen oder Sachverhalte: [*Jemandem helfen*] *ist gut*, [*das*] *sollten alle machen* – Thema: [Helfen [x, jemandem]]. Das Thema muss den Handelnden in seiner Kontinuität präsent und somit bekannt sein. Sein sprachlicher Ausdruck ist in der Regel definit (definiter Artikel+Nomen; Eigenname, Anapher). Seine Zugänglichkeit ist kommunikativ bedingt. Nicht erforderlich ist eine Welt-Kenntnis des entsprechenden Dings. Das Diskurs-Thema erwächst aus dem, was aus Sprechersicht für den Hörer generell im Wissen neu ist (Novum) oder lokal einen neuen bzw. wieder aufgenommenen Redegegenstand bildet. Unter dem Topik verstehen wir den Startpunkt einer thematischen Kette im Diskurs oder Text. Sprachlich ist das Topik in der Regel indefinit und hervorgehoben (Teil einer Hervorhebungsdomäne), es wird in vielen Sprachen vor Satzbeginn oder am Satzanfang realisiert. Das Topik kann zum Rhema eines anderen Themas gehören.[17]

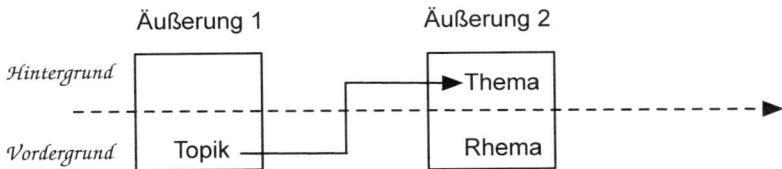

Das Rhema ist das, was lokal – in einem Satz oder einer Äußerung – über das jeweilige Topik bzw. Thema gesagt wird, ein einstelliges Prädikat zum Thema oder zum Topik. Es kann andere Themen oder auch ein weiteres Topik enthalten. Einen Gegenstand/Sachverhalt, von dem fortlaufend die Rede sein soll, kann man in vielen Sprachen vor oder nach dem Satz thematisieren. Das Introfeld[18] und das Retrofeld sind für spezifische, auf die Prä-/Post-Satz-

---

17 ‚Topik' ist ein schillernder Begriff und kann auch meinen: a) satzbezogen das logische Subjekt als Satzgegenstand gegenüber dem maximalen Prädikat, b) ein ‚links herausgestelltes' Satzelement, c) den Gegenbegriff zum ide. Subjektkonzept in Sprachen wie Tagalog, wo es als Element des Hintergrunds erscheint; Fragen danach wären *Was ist mit x?* „*What about x?*" (Gundel). Gegenstück ist das ‚comment'.
18 Die Besetzung des Introfelds wird in der Literatur als „left dislocation", „Linksanbindung" (Zifonun/Hoffmann/Strecker 1997), „Linksversetzung" (Altmann 1981) bezeichnet, die Besetzung des Retrofelds u.a. als „Rechtsanbindung" oder „Rechtsversetzung".

verarbeitung bezogene Funktionen reserviert. Aus pragmatischer Sicht haben wir es zu tun mit Verfahren der Hörersteuerung, die dem „kommunikativen Apparat" (Rehbein) zuzurechnen sind. Die Besetzung des Introfelds erlaubt vorgreifende Lenkung und Thematisierung (oft als Rethematisierung).

Die linksangebundene Thematisierung wird im Introfeld durch eine Nominalphrase, einen Nebensatz oder eine Formel (*Was x angeht...*) geleistet. Die Grenze zum Satz ist intonatorisch oder graphisch (Komma, Gedankenstrich) markiert. Das Topik wird im Vorfeld (in W-Fragesätzen postfinit) anadeiktisch wieder aufgegriffen.

(36) [Die Wahrnehmung einer Grenze zwischen Begriff und Gefühl]$_{+Th}$, [das]$_{Th}$ ist das Thema von Antun Tonci Cénic. (taz Hamburg 25.9.98, 23) (+Th: Topik; Th thematischer Ausdruck)

(37) Cla Und ist irgendwas noch passiert↑
Cle [ne Freundin]$_{+Th}$→ [die]$_{Th}$ is noch [umgekippt↓
(Treinies/Rest/Müller/Breuker 2002, 4 (Anmeldelisten für Studierende)
Die Pfeile ↑,↓, → markieren steigendes/fallendes/schwebendes Tonmuster, • eine kurze Pause.)

(38) S1 Entschuldigen Sie bitte • [die Grindelhochhäuser]$_{+Th}$, wo sind [die]$_{Th}$↓
A [Grindelhochhäuser]$_{Th}$, da müssen Sie hier runter...
(Hermann/Hoffmann 1996, 1 (Wegauskünfte I))

Mündlich finden sich strukturelle Verschränkungen, insbesondere durch Einbau einer Matrixkonstruktion, die die Anadeixis ebenfalls um eine Position verzögern:

(39) Also [Konzertgehen]$_{+Th}$ glaube ich nicht, daß [das]$_{Th}$ in unserer Altersstufe viel betrieben wird. (Anderson 1980 zit.n. Lötscher 1999:146)

Eine Thematisierung muss einen Gegenstand/Sachverhalt als solchen hinreichend und vollständig zugänglich machen, der unter die zu realisierenden Charakteristika fällt:

(40) *Schnell, das fährt der Porsche.   [kein Gegenstand]

(41) *Wo, da gibt es Kirschen.   [kein Gegenstand]

(42) *Niemanden, den hat er besucht.   [kein Gegenstand]

(43) *Jemand, den hat er besucht.   [kein Gegenstand definit zu etablieren]

(44) *Sich, den hat er gekämmt.   [keine eigenständige Einführung]

(45) [Kinder betreuen]$_{+Th}$, [das]$_{Th}$ mag sie.

(46) *Betreuen, das mag sie Kinder.   [Dissoziierte Einführung]

(47) [Arbeiten]$_{+Th}$, [das]$_{Th}$ kann sie gut.

Man kann zwar aussagen, dass unter eine Prädikation kein x fällt, aber ein solches x nicht als Gegenstand im Diskursgedächtnis etablieren. Manchmal wird die Linksanbindung von Autoren verwendet, um einen besonders komplexen Ausdruck außerhalb der Satzfelder zu verbalisieren.

Der freie Thematisierungsausdruck erscheint als eigenständige Äußerungseinheit und ist formal deutlich abgesetzt (Grenztonmuster und Pause bzw. Komma/Gedankenstrich); die Verbindung wird meist anaphorisch (*er/ sie/ es*) hergestellt, wie es für eigenständige kommunikative Einheiten typisch ist, seltener deiktisch (*der/ die/ das, da...*):

(48) [Gabriele d' Estrées]$_{+Th}$, er wußte wohl, daß [sie]$_{Th}$ praktischen Ratschlägen, nicht aber ihrem Herzen gefolgt war. (H. Mann, Die Vollendung des Königs Henri Quatre, 69)

(49) „[Die Sturmflut]$_{+Th}$", half ihm Iven, „ich hätte nicht gedacht, dass sich [dafür]$_{Th}$ noch jemand interessiert." (Paluch/Habeck, Hauke Haiens Tod, 36) [alternativ: ... für [sie]$_{Th}$ ...]

Eine Thematisierung ist auch im Vorfeld möglich, in der Mündlichkeit verbindet sie sich oft mit einer intonatorischen Zäsur (progredientes Tonmuster und Pause):

(50) [Ulrike]$_{+Th}$ hatte uns bekanntgemacht. [Sie]$_{Th}$ war jünger als ich, die künftige Erbin von Dr. Hermann... (E. Schmitter, Frau Sartoris, 21)

(51) [Haien]$_{+Th}$ war alles andere als ein barmherziger Mensch. Trina Jans hatte [er]$_{Th}$ schon als Junge geärgert... (Paluch/Habeck, Hauke Haiens Tod, 187)

Schließlich kann auch im hinteren Teil des Mittelfelds, an einer rhematischen Position, thematisiert werden; dies geschieht in der Regel mit einer indefiniten, durch Akzent hervorgehobenen Nominalphrase. Im folgenden Beispiel ist die thematische Fortführung nicht verbalisiert, sie geschieht implizit (Analepse):

(52) S Gibt [n neuen Film mit Jack Nicholson]$_{+Th}$. ((3,2s))
     D [ ]$_{Th}$ Hab ich gesehen... (Hermann 1996 (Kinoerzählungen), 1)

Ebenfalls im Mittelfeld finden sich Thematisierungen in Verbindung mit einem Existenzausdruck (*Es war einmal ein König, der...; es gibt ein Land, in dem...*).

Die nachholende Thematisierung nutzt das Retrofeld nach der Komplettierung des Satzes (ggf. einschließlich Nachfeld) und stellt einen im Satzrahmen kataphorisch oder katadeiktisch antizipierten Gegenstand der Äußerung klar.

(53) [Das]_Th habe er von Jugend auf gelernt: [allerlei Göttern Quartier zu machen]_+Th.
(G. Grass, Das Treffen in Telgte, 13)

(54) Cla Wo stehen [die]_Th denn sonst immer→. [die Listen]_+Th↓
(Treinies/Rest/Müller/Breuker 2002, 2 (Anmeldelisten für Studierende))

Lokal wird erst die Art der Teilhabe am propositionalen Aufbau verdeutlicht, dann dem Adressatenbedürfnis genügt, den Gegenstandsbezug in seinem Wissen zu verankern. Das Retrofeld ist intonatorisch abgesetzt. Es operiert retrograd auf dem zuvor verbalisierten propositionalen Gehalt.

In der Themafortführung wird das konstante Thema vorzugsweise mit einer Anapher, aber auch mit einer definiten Nominalphrase oder einer Anadeixis versprachlicht.

(55) [Mias]_Th1 Verhältnis zu [Kramer]_Th2 ist ambivalent. Es ist nicht einmal so, dass [sie]_Th1 [ihn]_Th2 nicht mögen würde. (J. Zeh, Corpus Delicti, 126)

Anaphorik und Anadeixis nutzen die Genus- und Numeruskorrespondenz. Die Anadeixis *der* lässt nach dem nächstgelegenen Punkt im Verweisraum von Text oder Rede suchen, an den sich thematisch anknüpfen lässt:

(56) Als Iven nach der Sturmflut ohne Geld und ohne Job bei [dem Slowaken]_Th auftauchte, hatte [der]_Th schon den Nachtklub am Laufen. (Paluch/Habeck, Hauke Haiens Tod, 24)

(57) [Paul]_Th1 traf [Harry]_Th2. [Der]_Th2 hatte [ihn]_Th1 mal betrogen. / [Er]_Th1 hatte [ihn]_Th2 mal betrogen.

Die Anapher verlängert bestehende Orientierungen in Parallelverarbeitung der Vorgängeräußerung. Zunächst wird, sofern Genus und Numerus korrespondieren, die Subjektposition des übergeordneten Satzes versuchsweise übernommen, dann weitere Folgepositionen, bis das zur Prädikation Passende gefunden ist:

(58) Auf der Dorfstraße fuhren [sie]_Th1+2 am [Postlaster]_+Th3 vorbei, [der]_Th3 halb auf dem Bürgersteig parkte. [Wienke]_Th2 drehte sich nach [ihm]_Th3 um. „[Das]_Th3 ist Stens Laster", sagte [sie]_Th2. (Paluch/Habeck, Hauke Haiens Tod, 88)

Der implementierte appositive Relativsatz nimmt das mit einer NP bzw. einem Eigennamen, einer Deixis oder Anapher Gesagte auf und führt es durch ein anadeiktisches Relativum thematisch fort:

(59) Er legte sich vor das Bett und deckte sich mit [ihrem Fellmantel]$_{+Th}$ zu, [der]$_{Th}$ dumpf nach Blut roch. (Paluch/Habeck, Hauke Haiens Tod, 32)

Auf diese Weise wird in eine Proposition eine zusätzliche Thema-Rhema-Einheit eingelagert. Dies kann zur Etablierung eines Neben-/Subthemas, aber auch zur narrativen Verdichtung genutzt werden, so dass der thematische Hauptstrang weiter im Zentrum der Handlungsverkettung bleibt und ausreichend gewichtet ist. Alternativ kann auch eine satzförmige Parenthese – allerdings mit Anapher – installiert werden.

Definite Kennzeichnungen werden eingesetzt, um einen Gegenstand über eine Auswahl seiner Eigenschaften identifizierbar zu machen. Dies Verfahren ist aufwändiger als die Nennung eines Namens, wenn einer vorhanden und bekannt ist. Eigenschaften können immer auch Eigenschaften anderer als der gemeinten Gegenstände sein; Namen sind individuenbezogen, auch wenn es Namen gibt, die nicht nur einem Gegenstand zugewiesen sind. Daher pflegen Namen definiten Kennzeichnungen – vor allem an Identifizierungsstellen – vorauszugehen:

(60) [Gustav Aschenbach]$_{th}$ (...) hatte an einem Frühlingsnachmittag (...) einen weiten Spaziergang unternommen. Überreizt von der schwierigen (...) Arbeit der Vormittagsstunden hatte [der Schriftsteller]$_{th}$ dem Fortschwingen des produzierenden Triebwerkes in seinem Inneren... (Th. Mann, Tod in Venedig, 493).

In einer nominalen Fortführung sind auch rekurrente (*Peter...Peter; ein Kind...das Kind*) oder changierende (z.B. Untergriff vor Oberbegriff: *eine Amsel...der Vogel*) nominal realisierte Prädikate zu finden, bei letzteren ist die Abfolge eines spezifischer kennzeichnenden vor einem unspezifischeren Ausdruck typisch. Es können aber auch in die changierende Nominalphrase weitere Prädikate installiert werden:

(61) Diese mittelalterliche Weltsicht (...) findet [Chuck Palahniuk]$_{Th}$ mehr oder weniger ungebrochen in der Gegenwart wieder. Es ist kein Wunder, dass in den Romanen [des 41-jährigen amerikanischen Schriftstellers]$_{Th}$ Selbsthilfegruppen eine wichtige Rolle spielen. (taz 20.3.2003, literataz I)

Prinzipien der Themafortführung sind:

(TFF1) Jede Äußerung gilt als Beitrag zum Thema der Vorgängeräußerung(en), wenn kein Themenwechsel angezeigt ist.

(TFF2) Solange die Rhemata einen Gesamtzusammenhang bilden (temporale Ereignisfolge im Erzählen; Abschreiten einer äußeren Oberfläche im Beschreiben; Sequenzierung einer Argumentationskette etc.), gilt: Thematische Ausdrücke minimieren den Aufwand an Gegenstands-/Sachverhaltsbestimmung oder sie führen über ein nominales Prädikat ein komprimiertes Rhema ein, wenn das Thema identifizierbar ist.

Richtungswechsel in der thematischen Gesamtstruktur führen in der Regel zu erhöhtem Bestimmungsaufwand bzw. größerer Spezifität, damit die Konstanz des Gegenstands/Sachverhalts nachvollziehbar bleibt.

(TFF3) Der deskriptive Gehalt eines thematischen Ausdrucks muss mit dem deskriptiven Gehalt des rhematischen Ausdrucks verträglich sein, so dass die Identität des Themas gewahrt bleibt, und sollte sich nicht mit ihm überschneiden.

Was schon eingeführt oder fortgeführt wurde, bleibt präsent, solange die zugeordnete Position nicht neu besetzt ist (TFF1). Den Grenzfall bildet die Analepse (*sie schloss die Tür, ø öffnete das Fenster*): Es findet keine Verbalisierung statt, weil klar ist, was an der betreffenden Position mitzudenken ist. Die Präferenz für Anaphern ergibt sich aus (TFF2), solange nicht Variation oder Komprimierung eines Rhemas oder Separierung von Thema-Rhema-Einheiten beabsichtigt sind. Der Übergang von Anaphern zu Eigennamen oder definiten Kennzeichnungen ist üblicherweise von einem Aufmerksamkeitsschwenk, einer textuellen Zäsur oder dem Erfordernis, die referentiellen Verhältnisse zu klären (Bezugsambiguität), begleitet.

(62) [Tadzio]$_{th}$ ging hinter den Seinen, [er]$_{th}$ ließ der Pflegerin und den nonnenähnlichen Schwestern in der Enge gewöhnlich den Vortritt... (Th. Mann, Tod in Venedig, 579)

(63) [Er]$_{th}$ ging hinter den Seinen, [der Junge]$_{th}$ ließ der Pflegerin und den nonnenähnlichen Schwestern in der Enge gewöhnlich den Vortritt...

(64) [Er]$_{th}$ ging hinter den Seinen, [Tadzio]$_{th}$ ließ der Pflegerin und den nonnenähnlichen Schwestern in der Enge gewöhnlich den Vortritt...

Das Minimierungsprinzip führt schließlich zu einer Abfolge spezifischerer vor unspezifischeren Kennzeichnungen, da letztere auf einen neuen Gegenstand schließen lassen:

(65) [Madame aus der Schweiz]$_{th}$ war eine calvinistische Pfarrerswitwe...
[Madame]$_{th}$ war ganz schwarz und weiß: ihr Häubchen war weiß und
schwarz ihr Kleid. (Th. Mann, Königliche Hoheit, 52)

(66) [Madame]$_{th}$ war eine calvinistische Pfarrerswitwe...[Madame aus der
Schweiz]$_{th}$ war ganz schwarz und weiß: ihr Häubchen war weiß und
schwarz ihr Kleid.

Zusammenfassend ergeben sich Hierarchien von Mitteln, die den unmarkierten Fall der Themafortführung bilden:

(a) Eigenname > definite Kennzeichnung > Anapher
(b) spezifischere > unspezifischere Kennzeichnung
(c) Anadeixis > Anapher.

4. Literatur

Aristoteles (1966) Metaphysik. Übers. von H. Bonitz. Reinbek: Rowohlt
Altmann, H. (1981) Formen der „Herausstellung" im Deutschen. Tübingen: Niemeyer
Benveniste, E. (1972/1977) Probleme der allgemeinen Sprachwissenschaft. Frankfurt: Syndikat
Bredel, U./Töpler, C. (2007) Verb. In: Hoffmann (Hg.)(2007), 823–905
Bühler, K. (1934/1965) Sprachthorie. Stuttgart: G. Fischer
Eggs, F. (2006) Die Grammatik von als und wie. Tübingen: Narr
Ehlich, K. (1991) Funktional-pragmatische Kommunikationsanalyse – Ziele und Verfahren. In: Hoffmann, L. (Hg.)(20002) Sprachwissenschaft. Ein Reader. Berlin/ New York, 183–202
Ehlich, K. (1997) Linguistisches Feld und poetischer Fall – Eichendorffs *Lockung*. In: Ehlich, K. (Hg.) Eichendorffs Inkognito. Wiesbaden: Harrassowitz, 163–194
Ehlich, K. (1999) Der Satz. In: Redder, A./Rehbein, J. (Hg.) Grammatik und mentale Prozesse. Tübingen: Stauffenburg, 51–68
Heine, B./Kuteva, T. (2002) World Lexicon of Grammaticalisation. Cambridge: University Press
Heine, B./Voßen, P. (1981) Sprachtypologie. In: Heine, B.& Schadberg, Th.C. & Wolff, E. (Hg.) Die Sprachen Afrikas. Hamburg: Buske, 407–444
Hoffmann, L. (Hg.)(1992) Deutsche Syntax. Ansichten und Aussichten. Berlin/New York: de Gruyter
Hoffmann, L. (1995) ‚Gegenstandskonstitution' und ‚Gewichtung': eine kontrastivgrammatische Perspektive. In: Jahrbuch Deutsch als Fremdsprache 1995, 104–133
Hoffmann, L. (1996) Satz. In: Deutsche Sprache 3, 193–223
Hoffmann, L. (1999) Eigennamen im sprachlichen Handeln. In: Bührig, K./Matras, Y. (Hg.) Sprachtheorie und sprachliches Handeln. Tübingen: Stauffenburg, 213–234
Hoffmann, L. (1999a) Ellipse und Analepse. In: Redder, A./Rehbein, J. (Hg.) Grammatik und mentale Prozesse. Tübingen: Stauffenburg, 69–91

Hoffmann, L. (2002) Zur Grammatik der kommunikativen Gewichtung im Deutschen. In: C. Peschel (ed.), Grammatik und Grammatikvermittlung. Frankfurt: Lang, 9–37
Hoffmann, L. (Hg.)(2003) Funktionale Syntax. Berlin/New York: de Gruyter
Hoffmann, L. (2003a) Funktionale Syntax. Prinzipien und Prozeduren. In: Hoffmann, L. (Hg.)(2003), 18–122
Hoffmann, L. (2006) Ellipse im Text. In: Blühdorn, H./Breindl, E./Waßner, U.H. (Hg.)(2006) Grammatik und Textverstehen. Berlin/New York: de Gruyter, 90–10
Hoffmann, L. (Hg.)(2007/2009) Handbuch der deutschen Wortarten. Berlin/New York: de Gruyter
Hoffmann, L. (Hg.)(2007a) Determinative. In: Hoffmann, Ludger (Hg.) (2007), 293–357
Jackendoff, R.S. (2002) Foundations of Language. Oxford: University Press
Kraft, B. (1999) Aufforderungsausdrücke als Lenkung. In: In: Bührig, K./Matras, Y. (Hg.) Sprachtheorie und sprachliches Handeln. Tübingen: Stauffenburg, 247–264
Nicols, J. (1986) Head-marking and dependent-marking grammar. In: Language 62.1, 56–119
Payne, Th.E. (1997) Describing Morphosyntax. Cambridge: University Press
Rehbein, J. (1999) Zum Modus von Äußerungen. In: Redder, A. & Rehbein, J. (Hg.) Grammatik und mentale Prozesse. Tübingen: Stauffenburg, 91–143
Storrer, A. (1992) Verbvalenz. Tübingen: Niemeyer
Storrer, A. (1996) Wie notwendig sind obligatorische Valenzstellen? In: Gréciano, G. & Schumacher, H. (Hg.) Lucien Tesnière – Syntaxe structurale et opérations mentales. Tübingen: Niemeyer, 225–238
Strawson, P. F. (1959) Individuals. London: Methuen
Strawson, P. F. (1974) Subject and Predicate in Logic and Grammar. London: Methuen
Wegener, Ph. (1885) Untersuchungen über die Grundfragen des Sprachlebens. Halle: Niemeyer
Wittgenstein, L. (2000/2002) The Big Typescript. Wiener Ausgabe Bd.11. Frankfurt: Zweitausendeins
Zifonun, G./Hoffmann, L./Strecker, B. et al. (1997) Grammatik der deutschen Sprache. Berlin/New York: de Gruyter

Adele E. Goldberg

Constructions: a new theoretical approach to language

A new theoretical approach to language has emerged in the past 10–15 years that allows linguistic observations about form-meaning pairings, known as ‚constructions', to be stated directly. Constructionist approaches aim to account for the full range of facts about language, without assuming that a particular subset of the data is part of a privileged ‚core'. Researchers in this field argue that unusual constructions shed light on more general issues, and can illuminate what is required for a complete account of language.

Constructions – form and meaning pairings – have been the basis of major advances in the study of grammar since the days of Aristotle. Observations about specific linguistic constructions have shaped our understanding of both particular languages and the nature of language itself. But only recently has a new theoretical approach emerged that allows observations about constructions to be stated directly, providing long-standing traditions with a framework that allows both broad generalizations and more limited patterns to be analyzed and accounted for fully. This is in contrast to the mainstream ‚generative' approach to language, which has held sway for the past several decades, beginning with Chomsky in 1957 [1].

Many linguists with varying backgrounds have recently converged on several key insights that have given rise to a new family of approaches, here referred to as ‚constructionist' approaches [2–23]. Constructionist approaches share certain foundational ideas with the mainstream generative approach. Both approaches agree that it is essential to consider language as a cognitive (mental) system; both approaches acknowledge that there must be a way to combine structures to create novel utterances, and both approaches recognize that a non-trivial theory of language learning is needed.

In other ways, constructionist approaches contrast sharply with the mainstream generative approach. The latter has held that the nature of language can best be revealed by studying formal structures independently of their semantic or discourse functions. Ever increasing layers of abstractness have characterized the formal representations. Meaning is claimed to derive from the mental dictionary of words, with functional differences between formal patterns being largely ignored. Semiregular patterns and unusual patterns are viewed as ‚peripheral,' with a narrow band of data seen as relevant to the ‚core' of language. Mainstream generative theory argues further that the complexity of core language cannot be learned inductively by general cognitive mechanisms and therefore learners must be hard-wired with principles that are specific to language (‚universal grammar').

Tenets of constructionist approaches

Each basic tenet outlined below is shared by most constructionist approaches. Each represents a major divergence from the mainstream generative approach and, in many ways, a return to a more traditional view of language.

Tenet 1. All levels of description are understood to involve pairings of form with semantic or discourse function, including morphemes or words, idioms, partially lexically filled and fully abstract phrasal patterns. (See Table 1)

Tenet 2. An emphasis is placed on subtle aspects of the way we conceive of events and states of affairs.

Tenet 3. A ‚what you see is what you get' approach to syntactic form is adopted: no underlying levels of syntax or any phonologically empty elements are posited.

Tenet 4. Constructions are understood to be learned on the basis of the input and general cognitive mechanisms (they are constructed), and are expected to vary crosslinguistically.

Tenet 5. Cross-linguistic generalizations are explained by appeal to general cognitive constraints together with the functions of the constructions involved.

Tenet 6. Language-specific generalizations across constructions are captured via inheritance networks much like those that have long been posited to capture our non-linguistic knowledge.

Tenet 7. The totality of our knowledge of language is captured by a network of constructions: a ‚construct-i-con.'

Each of these tenets is explained in a subsequent section below.

Constructions: what they are

Constructions are stored pairings of form and function, including morphemes, words, idioms, partially lexically filled and fully general linguistic patterns. Examples are given in Table 1.

Any linguistic pattern is recognized as a construction as long as some aspect of its form or function is not strictly predictable from its component parts or from other constructions recognized to exist. In addition, many

Table 1. Examples of constructions, varying in size and complexity; form and function are specified if not readily transparent

Construction	Form/Example	Function
Morpheme	e.g. *anti-, pre-, -ing*	
Word	e.g. *Avocado, anaconda, and*	
Complex word	e.g. *Daredevil, shoo-in*	
Idiom (filled)	e.g. *Going great guns*	
Idiom (partially filled)	e.g. *Jog (someone's) memory*	
Covariational-Conditional construction [10]	Form: The Xer the Yer (e.g. *The more you think about it, the less you understand*)	Meaning: linked independent and dependent variables
Ditransitive (double-object) construction	Form: Subj [V Obj1 Obj2] (e.g. *He gave her a Coke; He baked her a muffin*)	Meaning: transfer (intended or actual)
Passive	Form: Subj aux VPpp (PP_{by}) (e.g. *The armadillo was hit by a car*)	Discourse function: to make undergoer topical and/or actor non-topical

constructionist approaches argue that patterns are stored even if they are fully predictable as long as they occur with sufficient frequency [24–29].

Unlike mainstream generative grammar, the constructionist framework emphasizes the semantics and distribution of particular words, grammatical morphemes, and cross-linguistically unusual phrasal patterns. The hypothesis behind this methodology is that an account of the rich semantic, pragmatic, and complex formal constraints on these patterns readily extends to more general, simple or regular patterns.

As an example of an unusual pattern, consider the Covariational Conditional construction in Table 1 (e.g. ‚*The more you think about it, the less you understand*'). The construction is interpreted as involving an independent variable (identified by the first phrase) and a dependent variable (identified by the second phrase). The word *the* normally occurs at the beginning of a phrase headed by a noun. But in this construction it requires a comparative phrase. The two major phrases of the construction resist classification as either noun phrases or clauses. The requirement that two phrases of this type be juxtaposed without conjunction is another non-predictable aspect of the pattern. Because the pattern is not strictly predictable, a construction is posited that specifies the particular form and semantic function involved [10].

Other unusual constructions include those in Table 2. Although some of the patterns are primarily used colloquially, they are part of every native speaker's repertoire of English. (The stranded preposition construction is unusual not by virtue of its being prescriptively dispreferred, but in that it is found only in a few Germanic languages.)

More common patterns such as passive, topicalization and relative clauses are understood to be learned pairings of form and (semantic or discourse) function – that is, they are also constructions. Each pairs certain formal properties with a certain communicative function.

Even basic sentence patterns of a language can be understood to involve constructions. That is, the main verb can be understood to combine with an argument-structure construction (e.g. transitive, intransitive, ditransitive constructions, etc.) [7]. The alternative is to assume that the form and general interpretation of basic sentence patterns are determined by semantic and/or syntactic information specified by the main verb. The sentence patterns given in (1) and (2) indeed appear to be determined by the specifications of *give* and *put* respectively:

(1) Chris gave Pat a ball.
(2) Pat put the ball on the table.

Give is a three-argument verb: an act of giving requires three characters: a giver (or agent), a recipient, and something given (or ‚theme'). It is therefore expected to appear with three phrases corresponding to these three roles. In (1), for instances, Chris is agent, Pat is recipient, and a ball is theme. *Put*, another three-argument verb, requires an agent, a theme (object that undergoes the change of location) and a final location of the theme's motion. It appears with the corresponding three arguments in (2). However, whereas (1) and (2) represent perhaps the prototypical case, in general the interpretation and form of sentence patterns of a language are not reliably determined by independent

Table 2. Productive or semi-productive constructions that are unusual across languages and must be learned on the basis of the input

time *away* construction	*Twistin the night away* [13]
What's X *doing* Y?	*What's that fly doing in my soup?* [30]
Nominal Extraposition construction	*It's amazing the difference!* [31]
Mad Magazine construction	*Him, a doctor?!* [32]
Noun-Pronoun-Noun (N P N) construction	*house by house; day after day* [12]
Stranded preposition construction	*Who did he give that to?*

specifications of the main verb. For example, it is implausible to claim that *sneeze* has a three-argument sense, and yet it can appear as such in (3). The patterns in (4)–(6) are likewise not naturally attributed to the main verbs:

(3) ‚He sneezed his tooth right across town.' (Robert Munsch, Andrew's Loose Tooth)
(4) ‚She smiled herself an upgrade.' (Douglas Adams, Hitchhiker's Guide to the Galaxy, Harmony Books)
(5) ‚*We laughed our conversation to an end.*' (J. Hart. *Sin,* Ivy Books, New York)
(6) ‚*They could easily co-pay a family to death.*' (New York Times, 1/14/02)

Examples need not be particularly novel to make the point. Verbs typically appear with a wide array of complement configurations. Consider the verb *slice* and the various constructions in which it can appear (labeled in parentheses):

(7)
a. *He sliced the bread.* (transitive)
b. Pat sliced the carrots into the salad. (caused motion)
c. Pat sliced Chris a piece of pie. (ditransitive)
d. Emeril sliced and diced his way to stardom. (way construction)
e. Pat sliced the box open. (resultative)

In all of these expressions *slice* means to cut with a sharp instrument. It is the argument-structure constructions that provide the direct link between surface form and general aspects of the interpretation, such as something acting on something else (7a), something causing something else to move (7b), someone intending to cause someone to receive something (7c), someone moving somewhere (7d), someone causing something to change state (7e) [7,33].

Thus constructions can be seen to be essential to an effective account of both unusual or especially complex patterns, and of the basic, regular patterns of language.

The functions of constructions

Different surface forms are typically associated with slightly different semantic or discourse functions. Take for example, the ‚ditransitive' construction which involves the form, Subject-Verb-Object1-Object2, as in (1), (8b) and (9b).

(8)
a. Liza bought a book for Zach.
b. Liza bought Zach a book.

(9)
a. Liza sent a book to storage.
b. Liza sent Stan a book.
c. ??Liza sent storage a book.

The ditransitive form evokes the notion of transfer or ‚giving'. This is in contrast to possible paraphrases. For example, whereas (8a) can be used to mean that Liza bought a book for a third party because Zach was too busy to buy it himself, (8b) can only mean that Liza intended to give Zach the book. Similarly whereas (9a) can be used to entail caused motion to a location (the book is caused to go to storage), the ditransitive pattern requires that the goal argument be an animate being, capable of receiving the transferred item (cf. 9b, 9c). As is clear from considering the paraphrases, the implication of transfer is not an independent fact about the words involved. Rather the implication of transfer comes from the ditransitive construction itself.

Other interpretations for the ditransitive can also be systematically related to the notion of transfer, in that they imply that the transfer will occur if certain satisfaction conditions evoked by the main verb occur (10a), that transfer will *not* occur (10b), or that the antonymic relation of giving occurs – that of taking away (10c). Even examples such as ‚Cry me a river' can be related to the notion of giving via a metaphorical extension [7].

(10)
a. *Liza guaranteed Zach a book.* (If the guarantee is satisfied, Z. will receive a book)
b. *Liza refused Zach a book.* (Liza caused Zach not to receive a book)
c. *Liza cost Zach his job.* (Liza causes Zach to lose his job).

In addition to semantic generalizations there also exist generalizations about ‚information structure' properties of the construction, or the way in which a speaker's assumptions about the hearer's state of knowledge and consciousness at the time of speaking is reflected in surface form. In particular, there is a statistically reliable tendency for the recipient argument to have already been mentioned in the discourse (often encoded by a pronoun) as compared with prepositional paraphrases [9,34,35]. Facts about the use of entire constructions, including register (e.g. formal or informal), dialect variation and so on, are stated as part of the construction as well. Because they specify a surface form and a corresponding function, constructionist approaches provide a direct way of accounting for these facts.

The form of constructions

To capture differences in meaning or discourse properties between surface forms, constructionist theories do not derive one construction from another, as is commonly done in mainstream generative theory. An actual expression or ‚construct' typically involves the combination of at least half a dozen different constructions. For example, the construct in Fig. 1a involves the list of constructions given in Fig. 1b.

Note that ‚surface form' need not specify a particular word order, nor even particular grammatical categories, although there are constructions that do specify these features. For example, the ditransitive construction (in Fig. 1 and discussed in the previous section) is characterized in terms of a set of argument types. The overt order of arguments in the ditransitive construction in Fig. 1 is determined by a combination of a Verb-Phrase (VP) construction with the Question construction, the latter allowing the ‚theme' argument (represented by *What*) to appear in the sentence-initial position.

(a) [What did Liza buy the child?]

(b) 1. *Liza, buy, the, child, what, did* **constructions** (i.e. words)
2. **Ditransitive** construction (*what – buy the child*)
3. **Question** construction […]
4. Subject–Auxiliary inversion **construction** (*did Liza*)
5. VP construction (*buy the child*)
6. NP construction (*what, Liza, the child*)

TRENDS in Cognitive Sciences

Fig. 1. (a) An expression, or ‚construct', that is a combination of the constructions shown in (b) […] (VP, Verb-Phrase; NP, Noun-Phrase). See text for discussion.

Constructions can be combined freely to form actual expressions as long as they are not in conflict. For example, the specification of the ditransitive construction that requires an animate recipient argument conflicts with the meaning of *storage* in (9c) resulting in unacceptability. The observation that language has an infinitely creative potential [1,36] is accounted for, then, by the free combination of constructions.

Learning constructions

The fourth tenet states that constructions are understood to be learned on the basis of positive input and to vary across languages. This idea highlights a major difference between most constructional approaches and most mainstream generative approaches, as the latter have argued that learners must be hard-wired with principles specific to a language faculty, that is, to possess a ‚universal grammar' ([37]; see also [21]).

Crucially, all linguists recognize that a wide range of semi-idiosyncratic constructions exist in every language, constructions that cannot be accounted for by general, universal or innate principles or constraints (see examples in Table 2). Mainstream generative theory has taken the position that these constructions exist only on the ‚periphery' of language, and that therefore they need not be the focus of linguistic or learning theorists [37]. Constructionist approaches, on the other hand, have zeroed in on these constructions, arguing that whatever means we use to learn these patterns can easily be extended to account for so-called ‚core' phenomena. In fact, by definition, the core phenomena are more regular, and also tend to occur more frequently within a given language. Therefore if anything, they are likely to be easier to learn. Because every linguist would presumably agree that the ‚peripheral', difficult cases must be learned inductively on the basis of the input, constructionist theories propose that there is no reason to assume that the more general, regular, frequent cases cannot possibly be learned in this way.

In fact, constructionist theories argue that language *must* be learnable from positive input together with fairly general cognitive abilities [18,29,38], because the diversity and complexity witnessed does not yield to accounts that assume that cross-linguistic variation can be characterized in terms of a finite set of parameters [37]. Research in this area is quickly gaining momentum. Several constructionists have made good on the promise to explain how particular constructions are learned [26,27]. It turns out that the input need not be nearly as impoverished as is sometimes assumed [39]; analogical processes can be seen to be viable once function as well as form is taken into account [40,41]; there is good reason to think that children's early grammar is quite conservative, with generalizations emerging only slowly [29,42,43]; and the ability to record transitional probabilities and statistical generalizations in the input has proven a powerful means by which to learn certain types of generalizations [44].

This approach takes a somewhat different view from mainstream generative theory of what is universal about language. Linguists talk of certain constructions as existing in many languages, for example, the passive construction, relative clause construction, question construction, and so forth. However, two constructions in different languages can be identified as instances of the same construction if and only if their form and function is *identical* once other constructions in the language that might differ are factored out. In fact, this rarely occurs except in cases of shared diachronic history or language contact [20,45,46]. What is truly remarkable is the degree to which human languages differ from one another, given that all languages need to express roughly the same types of messages. Constructionist approaches anticipate such fairly wide variability across languages [47,48].

We can understand what is actually intended by references to the ‚same' construction in unrelated languages as *types* of constructions. Two constructions might be, for example, of the passive type in that they share certain functional and formal characteristics even if they are not identical. That is, two constructions in different languages can be identified as instances of the same type of construction if and only if they serve a closely related function and form.

Cross-linguistic generalizations

A driving question behind much of linguistic research is what is the typology of possible constructions and what constrains it? Constructionist approaches often turn to grammar-external explanations such as universal functional pressures, iconic principles, and processing and learning constraints to explain such empirically observable cross-linguistic generalizations. For example, certain generalizations about how form and meaning tend to be linked across languages can be explained by appeal to iconic and analogical processes [6,35,49–51]. Constraints on long-distance dependency constructions (traditional ‚island constraints') appear to yield to processing explanations that take into account the function of the constructions involved [19,52–54]. Processing accounts have also been suggested to account for certain alternative word-order options [55,56].

Even among generative linguists there has been a trend towards the view that many constraints on language that have traditionally been seen as requiring recourse to innate stipulations specific to language can actually be explained by general cognitive mechanisms. For example, the fact that all languages appear to have noun and verb (and, possibly, adjective) categories may be explained by the existence of corresponding basic semantic categories [57]. In a recent paper, Hauser, Chomsky and Fitch go so far as to suggest that the only language-specific innate ability that is absolutely required is recursion, and they raise the point that even that might turn out not to be specific to language [58] (see also Box 1. Questions for Future Research).

Intra-language generalizations

Inheritance hierarchies have long been found useful for representing all types of knowledge, for example, our knowledge of concepts. The construction-based framework captures linguistic generalizations within a particular language via the same type of inheritance hierarchies [2,59,60]. Broad generalizations are captured by constructions that are inherited by many other constructions; more limited patterns are captured by positing constructions at various midpoints of the hierarchical network.

Box 1. Questions for Future Research

- Do there exist generalizations about form that do not have even an abstract, family-resemblance or radial category type generalization about function associated with them?
- Does learning one construction facilitate learning other related constructions?
- What is the relationship between type and token frequencies in acquisition?
- If principles that are specific to language are not hardwired into our brains, how exactly do we differ from other primates who do not develop human-like languages?
- How great a role do general processing principles play in determining possible languages?

Exceptional patterns are captured by low-level constructions. For example, the ‚*What's X doing Y?*' construction, which has a fixed form and connotes some sort of unexpectedness, captures a pattern in English grammar. It inherits properties from several other more general constructions, including the Left Isolation, the Subject–Auxiliary Inversion, the Subject–Predicate and the Verb-Phrase constructions [30].

Constructions all the way down

What makes a theory that allows for constructions a ‚construction-based' theory is Tenet 7: the idea that the network of constructions captures our knowledge of language *in toto* – in other words, it's constructions all the way down.

Conclusion

Constructionist theories set out to account for all of our knowledge of language as patterns of form and function. That is, the constructionist approach does not assume that language should be divided up into ‚core' grammar and the to-be-ignored ‚periphery.' In identifying constructions, an emphasis is placed on subtle aspects of construal and on surface form. Cross-linguistic generalizations are explained by appeal to general cognitive constraints together with the functions of the constructions involved. Language-specific generalizations across constructions are captured via inheritance networks. The inventory of constructions, which includes morphemes or words, idioms, partially lexically filled and fully abstract phrasal patterns, is understood to be learned on the basis of the input together with general cognitive mechanisms.

Acknowledgements

I am grateful to Ray Jackendoff, Fritz Newmeyer, Devin Casenhiser, Mike Tomasello, Ali Yazdani and the anonymous referees for advice on an earlier draft. I am sure I will regret any I failed to heed.

References

1 Chomsky, N. (1957) *Syntactic Structures*, Mouton
2 Lakoff, G. (1987) *Women, Fire and Dangerous Things: What Categories Reveal About the Mind*, University of Chicago Press
3 Langacker, R.W. (1987/1991) *Foundations of Cognitive Grammar* (Vols I & II), Stanford University Press
4 Fillmore, C.J. *et al.* (1988) Regularity and idiomaticity in grammatical constructions: the case of *let alone*. *Language* 64, 501–538
5 Wierzbicka, A. (1988) *The Semantics of Grammar*, John Benjamins Publishing
6 Lambrecht, K. (1994) *Information Structure and Sentence Form*, Cambridge University Press
7 Goldberg, A.E. (1995) *Constructions: A Construction Grammar Approach to Argument Structure*, Chicago University Press
8 Gleitman, L. *et al.* (1996) ‚Similar‘ and similar concepts. *Cognition* 58, 321–376
9 Thompson, S.A. (1990) Information flow and dative shift in english discourse. In *Development and Diversity: Linguistic Variation Across Time and Space* (Edmondson, J., ed.), pp. 239–253, Summer Institute of Linguistics, Dallas
10 Culicover, P.W. and Jackendoff, R. (1999) The view from the periphery: the English comparative correlative. *Linguist. Inq.* 30, 543–571
11 Zwicky, A. (1994) Dealing out meaning: fundamentals of syntactic constructions. *Berkeley Linguist. Soc.* 20, 611–625
12 Williams, E. (1994) Remarks on lexical knowledge. *Lingua* 92, 7–34
13 Jackendoff, R. (1997) Twistin' the night away. *Language* 73, 534–559
14 Sag, I.A. (1997) English relative clause constructions. *J. Linguist.* 33, 431–484
15 Webelhuth, G. and Ackerman, F. (1998) *A Theory of Predicates*, CSLI Publications/Cambridge University Press
16 Iwata, S. (1998) *A Lexical Network Approach to Verbal Semantics*, Kaitakusha, Tokyo
17 Shibatani, M. (1999) Dative subject constructions 22 years later. *Stud. Linguist. Sci.* 29, 45–76

18 Culicover, P.W. (1999) *Syntactic Nuts: Hard Cases in Syntax*, Oxford University Press
19 van Valin, R. Jr (1998) The acquisition of WH-questions and the mechanisms of language acquisition. In *The New Psychology of Language: Cognitive and Functional Approaches to Language Structure* (Tomasello, M., ed.), pp. 221–249, Erlbaum
20 Croft, W. (2001) *Radical Construction Grammar*, Oxford University Press
21 Jackendoff, R. (2002) *Foundations of Language*, Oxford University Press
22 Bybee, J. (2001) Main clauses are innovative, subordinate clauses are conservative: consequences for the nature of constructions. In *Complex Sentences in Grammar and Discourse: Essays in Honor of Sandra A. Thompson* (Bybee, J. and Noonan, M., eds) pp. 1–17, John Benjamins
23 Booij, G. (2002) Constructional idioms, morphology, and the dutch lexicon. *J. Germanic Linguist.* 144, 301–329
24 Langacker, R.W. (1988) A usage-based model. In *Topics in Cognitive Linguistics* (Rudzka-Ostyn, B., ed.), pp. 127–161, John Benjamins
25 Barlow, M. and Kemmer, S. (2000) *Usage Based Models of Grammar*, CSLI Publications/Cambridge University Press
26 Israel, M. *et al.* (2000) From states to events: the acquisition of english passive participles. *Cogn. Linguist.* 11, 1–27
27 Diessel, H. and Tomasello, M. (2001) The acquisition of finite complement clauses in English: a usage based approach to the development of grammatical constructions. *Cogn. Linguist.* 12, 97–141
28 Verhagen, A. (2002) From parts to wholes and back again. *Cogn. Linguist.* 1, 13–14
29 Tomasello, M. (2003) *Constructing a Language: A Usage-Based Theory of Language Acquisition.* Harvard University Press
30 Kay, P. and Fillmore, C.J. (1999) Grammatical constructions and linguistic generalizations: the What's X doing Y? construction. *Language* 75, 1–34
31 Michaelis, L.A. and Lambrecht, K. (1996) Toward a construction-based model of language function: the case of nominal extraposition. *Language* 72, 215–247
32 Lambrecht, K. (1990) ,What, me worry?' Mad Magazine sentences revisited. *Proc. 16th Annu. Meet. Berkeley Linguist. Soc.*, pp. 215–228, University of California
33 Goldberg, A.E. (2005) Argument realization: the role of constructions, lexical semantics and discourse factors. In *Construction Grammar(s): Cognitive and Cross-Language Dimensions* (Fried, M. and Ostman, J.O., eds.), pp. 17–43, John Benjamins
34 Erteschik-Shir, N. (1979) Discourse constraints on dative movement. In *Syntax and Semantics* (Laberge, S. and Sankoff, G., eds) pp. 441–467, Academic Press
35 Wasow, T. (2002) *Postverbal Behavior,* CSLI Publications
36 Chomsky, N. (1965) *Aspects of the Theory of Syntax,* MIT Press
37 Chomsky, N. (1981) *Lectures on Government and Binding,* Foris, Dordrecht
38 Elman, J. et al. (1996) *Rethinking Innateness: A Connectionist Perspective on Development*, MIT Press
39 Pullum, G.K. and Scholz, B.C. (2002) Empirical assessment of stimulus poverty arguments. *Linguist. Rev.* 19, 9–50

40 Goldberg, A.E. (1999) The Emergence of argument structure semantics. In *The Emergence of Language* (MacWhinney, B., ed.), pp. 197–212, Erlbaum
41 Israel, M. (2002) Consistency and creativity in first language acquisition. *Proc. Berkeley Linguist. Soc.*, p. 29
42 Lieven, E.V.M. et al. (1997) Lexically-based learning and early grammatical development. *J. Child Lang.* 24, 187–219
43 Tomasello, M. (2000) Do young children have adult syntactic competence? *Cognition* 74, 209–253
44 Saffran, J.R. (2001) The use of predictive dependencies in language learning. *J. Mem. Lang.* 44, 493–515
45 Birner, B. and Ward, G. (1998) *Information Status and Noncanonical Word Order in English*, John Benjamins
46 Zhang, N. (1998) The interactions between construction meaning and lexical meaning. *Linguistics* 36, 957–980
47 Foley, W.A. and van Valin, R. Jr (1984) *Functional Syntax and Universal Grammar*, Cambridge University Press
48 Garry, J. and Rubino, C., eds. (2001) *Facts about the World's Languages: An Encyclopedia of the World's Major Languages Past and Present*. H.W. Wilson
49 Haiman, J. (1985) *Iconicity in Syntax*, Cambridge University Press
50 Givón, T. (1991) Isomorphism in the grammatical code: cognitive and biological considerations. *Studies Lang.* 1, 85–114
51 Kemmer, S. and Verhagen, A. (2002) The grammar of causatives and the conceptual structure of events. *Mouton Classics: From Syntax to Cognition, From Phonology to Text*, pp. 451–491, Mouton de Gruyter
52 Kluender, R. (1998) On the distinction between strong and weak islands: a processing perspective. *Syntax Semantics* 29, 241–279
53 Kluender, R. and Kutas, M. (1993) Subjacency as a processing phenomenon. *Lang. Cogn. Process.* 8, 573–633
54 Erteschik-Shir, N. (1998) The syntax-focus structure interface. In *Syntax and Semantics Vol. 29: The Limits of Syntax* (Culicover, P. and McNally, L., eds.), pp. 211–240, Academic Press
55 Hawkins, J. (1994) *A Performance Theory of Order and Constituency*, Cambridge University Press
56 Yamashita, H. and Chang, F. (2001) ‚Long before short' preference in the production of a head-final language. *Cognition* 81, B45–B55
57 Baker, M. (2003) *Verbs, Nouns, and Adjectives: Their Universal Grammar*. Cambridge University Press (in press)
58 Hauser, M.D. et al. (2002) The faculty of language: what is it, who has it, and how did it evolve? *Science* 298, 1569–1579
59 Pollard, C.J. and Sag, I. (1994) *Head-Driven Phrase Structure Grammar*, CSLI Publications/Cambridge University Press
60 Goldberg, A.E. (2003) Words by default: inheritance and the Persian Complex Predicate Construction. In *Mismatch: Form–Function Incongruity and the Architecture of Grammar* (Francis, E. and Michaelis, L., eds.), CSLI Publications, 117–146

M. Tomasello

Konstruktionsgrammatik und früher Erstspracherwerb

Übersetzt von Stefanie Wulff und Arne Zeschel[1]

Construction grammar and other cognitive-functional approaches provide developmentalists with a much more congenial framework than the traditional words-and-rules approach for dealing with a variety of aspects of children's early language, for example, the fact that virtually all children early in development learn expressions that from an adult point of view contain multiple words, or the fact that many of young children's early multi-word productions are not structured by abstract rules but rather by linguistic schemas of a much more concrete nature that are initially tied to concrete lexical content. Most importantly, constructional approaches enable us to talk about children's mastery of meaningful linguistic units of different shapes, sizes, and degrees of abstraction, and how these are gradually transformed into more adult-like linguistic constructions. In this paper I explicate some of the essentials of the construction grammar perspective on language acquisition, beginning with construction grammar in general, proceeding to the unique elements of radical construction grammar in particular, and ending with some usage-based processes by means of which children learn, generalize, and use their linguistic constructions.

1. Einleitung

In Lehrbüchern beginnt die Beschreibung früher Stadien von Kindersprache oft mit der Einwortphase, gefolgt von der Zweiwortphase, gefolgt vom Erwerb grammatischer Regeln. Diese Beschreibung setzt voraus, dass Kinder mit dem Erwerb von Wörtern beginnen und dann, sobald sie eine genügende Anzahl davon erworben haben, erlernen, wie sie diese Wörter anhand grammatischer Regeln kombinieren. Diese Regeln sind von Anfang an bedeutungsneutral und abstrakt; sie dienen niemals der Kombination konkreter Wörter wie *dog* ‚Hund' und *bark* ‚bellen', sondern operieren auf der Ebene

---

[1] Die Übersetzer danken Anatol Stefanowitsch für seine Beratung bei der Übersetzung, besonders bei der Eindeutschung der Fachterminologie.

lexikalischer Kategorien wie *Substantiv* und *Verb* oder auf der Ebene syntaktischer Relationen wie *Subjekt* und *Objekt*. Folglich müssen Kinder neben diesen Regeln auch die Kategorisierung von Wörtern und ihren syntaktischen Relationen erlernen. Dieser sog. „Wörter-und-Regeln"-Ansatz (*words-and-rules approach*) ist in jüngerer Zeit von Clahsen (1999) und Pinker (1999) vertreten worden.[2]

Für die Beschreibung vieler früher kindsprachlicher Äußerungen erscheint er jedoch ausgesprochen ungeeignet. Zum einen erlernen quasi alle Kinder – in einigen Sprachen mehr als in anderen (und auch individuell unterschiedlich) – in einem frühen Entwicklungsstadium Ausdrücke, die aus der Perspektive eines Erwachsenen aus mehreren Wörtern bestehen – so z.B. *Lemme-do-it*, *I-wanna-see* oder *Gimme-it* (von Lieven et al.: 1992 als „frozen phrases" bezeichnet). Aus Sicht des Kindes mögen solche Ausdrücke vielleicht tatsächlich den Status von zusammenhängenden Einheiten haben, also in gewissem Sinne Wörter sein; aus einer Verarbeitungsperspektive ist das Entscheidende jedoch, dass die sprachliche Weiterentwicklung von diesem Punkt aus nicht durch einen Prozess des Kombinierens, sondern durch einen des Aufspaltens erfolgt. Zweitens lassen nach allgemeiner Auffassung (und wie wir im Folgenden dokumentieren werden) viele Mehrwort-Äußerungen von Kindern nicht auf eine Anwendung abstrakter Regeln schließen, sondern auf eine Orientierung an weitaus konkreteren, auf einzelne sprachliche Elemente bezogene Schablonen – so genannte itemgestützte (*item-based*) Schemata oder Konstruktionsinseln (*constructional islands*), die an einen spezifischen lexikalischen Inhalt gebunden sind. Diese Schemata werden erst mit fortschreitender Entwicklung schrittweise abstrakter, und nach Auffassung (einiger Versionen) der Konstruktionsgrammatik und verwandter Ansätze erreichen sie selbst im Erwachsenenalter niemals den Status von gänzlich abstrakten, d.h. komplett bedeutungsfreien „Regeln".

Für Entwicklungspsychologen stellen sich die Konstruktionsgrammatik und andere kognitiv-funktionale Ansätze daher als wesentlich näher liegender theoretischer Rahmen zur Beschäftigung mit diesen und anderen Aspekten der frühen Kindersprache dar, als es der traditionelle „Wörter-und-Regeln"-Ansatz vermag (Tomasello: 1998, 2003). Insbesondere ermöglicht ein solcher Zugang ein einheitliches Verständnis davon, wie Kinder sprachliche Einheiten verschiedener Formen, Größen und Abstraktionsgrade meis-

---

2 *Anm. d. Übers.*: Im Folgenden werden die Übersetzungen kindsprachlicher Wörter, Ausdrücke und Phrasen jeweils direkt nachstehend in einfachen Anführungszeichen angegeben. Die Übersetzungen sind möglichst nah am Original und stellen nicht notwendigerweise die Wörter, Phrasen und Ausdrücke dar, die deutschsprachige Kinder an entsprechender Stelle tatsächlich verwenden würden.

tern, und wie diese graduell in zunehmend der Erwachsenensprache entsprechende Konstruktionen überführt werden. In diesem Beitrag erläutere ich einige Grundlagen der konstruktionsgrammatischen Perspektive auf den kindlichen Spracherwerb. Ich beginne mit der Konstruktionsgrammatik im Allgemeinen, erläutere dann die der radikalen Konstruktionsgrammatik eigenen Aspekte im besonderen und schließe ab mit der Diskussion einiger im konkreten Sprachgebrauch verankerter Prozesse, durch die Kinder sprachliche Konstruktionen erwerben, generalisieren und verwenden.

2. Konstruktionsgrammatik und Spracherwerb

Aus der gebrauchsgestützten *(usage-based)* Perspektive der Konstruktionsgrammatik ist Sprache zunächst im Kontext der grundlegenden Tatsache zu betrachten, dass sich Menschen zu bestimmten Anlässen mit bestimmten, aus konkreten sprachlichen Bausteinen bestehenden Äußerungen verständigen. Wenn Menschen wiederholt „ähnliche" Dinge in „ähnlichen" Situationen sagen, entwickelt sich daraus mit der Zeit ein sprachliches Verwendungsmuster, das in den Köpfen der Benutzer als neue Kategorie oder Konstruktion schematisiert wird – mit unterschiedlichen Abstraktionsgraden. Im Gegensatz zu einer Konzeption von sprachlichen Regeln als algebraische Verfahren zur Kombination von Symbolen, die selbst keine Bedeutung tragen, sind die sprachlichen Kategorien und Konstruktionen hier selbst bedeutungstragende sprachliche Symbole – sie sind nichts anderes als die Muster, in die bedeutungstragende sprachliche Symbole eingesetzt werden, um zu kommunizieren. Das Muster [X VERB*ed* Y *the* Z] ist in diesem Sinne eine Konstruktion des Englischen, die die Übertragung eines Besitzverhältnisses bezeichnet (entweder metaphorisch oder wörtlich); das Muster [*the* X] bezeichnet eine „Sache" *(thing*, im Sinne von Langacker: 1987); und [*the X-er they are the Y-er they are*] (etwa: ‚Je X-er sie sind, desto Y-er sind sie') ist eine idiosynkratische Konstruktion mit einer eigenen, idiosynkratischen Bedeutung.

Es gibt keine sprachlichen Elemente – ob lexikalische oder syntaktische, konkrete oder abstrakte, reguläre oder idiomatische – die nicht in diesem Sinne symbolisch sind; alle haben einen kommunikativen Bedeutungsgehalt, weil sie alle direkt aus dem Sprachgebrauch abgeleitet sind. Ein wichtiges Merkmal der Konstruktionsgrammatik ist, dass ihr Interesse Gebrauchsmustern jedweder Art gilt, d.h. auch solchen mit begrenzter Allgemeingültigkeit. Es wird also der Versuch unternommen, nicht nur die „Kerngrammatik" zu erklären, sondern alle sprachlichen Elemente und Strukturen – einschließlich idiomatischer Ausdrücke, irregulärer Muster, gemischter Konstruktionen und metaphorischer Extensionen – und zwar im Rahmen einer einzigen Theorie. Das Abstraktionsniveau, auf dem ein Sprecher in bestimmten Fällen arbeitet, kann mit dem höchsten Abstraktionsniveau, das ein Sprachwissenschaftler identifizieren kann, übereinstimmen oder auch nicht; dieses ist in jedem Fall eine empirische Frage, deren Klärung meist psychologische Experimente erfordert. Kognitive Linguisten und Konstruktionsgrammatiker wie Langacker (1987), Bybee (1995), Fillmore (1989), Goldberg (1995) und Croft (2001) betrachten daher die Menge bedeutungstragender Konstruktionen als ein Kontinuum, das sich von Morphemen über Wörter und Phrasen bis hin zu syntaktischen Anordnungen erstreckt, wobei auf allen Komplexitätsstufen unterschiedliche Schematisierungsgrade möglich sind.

Diese Perspektive erlaubt es, den Spracherwerb von Kindern auf eine Art und Weise zu erklären, die dem „(bedeutungstragende)-Wörter-und-(bedeutungsleere)-Regeln"-Ansatz einfach nicht möglich ist. Von besonderer Bedeutung ist dabei, dass jüngeren Erkenntnissen zufolge kleine Kinder ihre Sprache nicht durch irgend eine Art abstrakter Regeln strukturieren – mit der Ausnahme, dass sie von Anfang an einige itemgestützte Strukturen mit zwar noch unbesetzten, aber schon semantisch eingeschränkten „Platzhaltern" benutzen. Beispielsweise hat Tomasello (1992) in einer detaillierten Tagebuchstudie festgestellt, dass sich die Mehrzahl der frühen Mehrwort-Äußerungen seiner englischsprachigen Tochter um bestimmte Verben und andere prädikative Elemente herum gruppierte. Anders ausgedrückt wurde jedes Verb in jeder Entwicklungsstufe mit einem ihm eigenen Set von Konstruktionsschemata benutzt, und im Zuge der Entwicklung erweiterte sich dieses Schema-Repertoire (ebenso wie die unterschiedliche TAM[TAM: tense, aspect, mood (Tempus, Aspekt, Modus), L.H.]-Morphologie) nach einem verbspezifischen Zeitplan, d.h. völlig unbeeinflusst davon, was zur gleichen Zeit mit anderen Verben passierte. Es gab also keine Evidenz dafür, dass beispielsweise der abgeschlossene Erwerb einer Lokativkonstruktion in Verbindung mit einem bestimmten Verb automatisch dazu führte, dass diese Lokativkonstruktion auch mit anderen semantisch geeigneten Verben gebraucht werden konnte. Ausgehend von diesen Ergebnissen formulierte Tomasello (1992) die Hypothese, dass die frühen Grammatiken von Kindern aus einem Inventar so genannter Verb-Insel-Konstruktionen (*verb-island-constructions*) bestehen, die die ersten grammatischen Kategorien auf lexikalischer Grundlage bilden, also z.B. „Schlagender", „Geschlagenes" und „Mittel des Schlagens" (im Gegensatz zu Subjekt/Agens, Objekt/Patiens und Instrument; vgl. auch Tomasello/Brooks (1999)).

Im Hinblick auf ihren Bedeutungsgehalt sind frühsprachliche Äußerungen und Konstruktionen kognitiv verankert im kindlichen Verständnis bestimmter „Szenarien" von Erlebnissen. Ein Szenario ist ein kohärentes konzeptuelles Bündel, bestehend aus einem Ereignis oder einem Zustand mit einem oder mehreren Beteiligten (Fillmore: 1997a, 1977b; Langacker: 1987). So gibt es in diesem Sinne z.B. eine Vielzahl von Szenarien für manipulierende Aktivitäten wie etwa Situationen, in denen jemand ein Objekt schiebt, zieht oder zerbricht; verschiedene „Figur-Grund"-Szenarien wie z.b. sich aufwärts, abwärts oder in einen Behälter bewegende Objekte sowie verschiedene Szenarien aus dem Bereich der Besitzverhältnisse wie z.b. ein Objekt bekommen, weitergeben oder haben (Slobin: 1985; Tomasello: 1992). Im Laufe der Entwicklung lernen Kinder, (i) diese spezifischen Szenarien in ihre verschiedenen Komponenten aufzuspalten, wobei verschiedene sprachliche Symbole mit je bestimmten dieser Komponenten in Verbindung gebracht werden, und (ii) syntaktische Symbole wie z.B. Wortstellung oder Kasusmarkierung zu benutzen, um anzuzeigen, welche Rollen die verschiedenen Komponenten in dem Gesamtszenario spielen. Zu einem noch späteren Zeitpunkt werden dann diejenigen Szenarien, die auf ähnliche Weise sprachlich erfasst und markiert werden, zu Klassen zusammengefasst.

Frühe kindsprachliche Äußerungen und Konstruktionen sind eng an unmittelbare kommunikative Ziele des Kindes gebunden. Das betrifft sowohl die Bewirkungsabsicht des je spezifischen Sprechakts als damit auch die unterschiedlichen Perspektiven, die das Kind in unterschiedlichen Kommunikationssituationen zu einem gegebenen Szenario einnehmen kann: Da Kinder je nach Situation unterschiedliche kommunikative Ziele mit Blick auf dasselbe konzeptuelle Szenario verfolgen können, können sie zu einem gegebenen Anlass schlicht das Vorliegen des entsprechenden Sachverhalts konstatieren, alternativ aber auch eine Frage dazu stellen, eine Aufforderung formulieren oder auf das Geschehen mit einer Art performativem Sprechakt reagieren. Beispielsweise kann ein Kind mit Bezug auf ein Szenario JEMAND GEHT WEG eine entsprechende Situation sprachlich kommentieren (*Go-away!* ‚Geht weg'), jemanden auffordern zu gehen (*Go-away!* ‚Geh weg!'), fragen, wohin jemand geht (*Where-go?* ‚Wohin geht?') oder jemanden verabschieden (*Bye-bye* ‚Tschüss') – je nach seinen kommunikativen Zielen. Darüber hinaus lernen Kinder im Laufe ihrer sprachlichen Entwicklung auch, dass in unterschiedlichen Kommunikationssituationen Szenarien üblicherweise aus unterschiedlichen Perspektiven beschrieben werden, in Abhängigkeit von solchen Aspekten wie etwa dem vorher etablierten Diskursthema. Zum Beispiel kann ein Ereignis wie PAPAS KAPUTTMACHEN DER UHR entweder aus der Perspektive des Vaters, wie in *Daddy broke the clock* ‚Papa hat die Uhr kaputt gemacht', oder aus der Perspektive der Uhr, wie in *The clock got broken* ‚Die Uhr ist kaputt gegangen', beschrieben werden (Clark: 1997).

Für die allgemeinsten Konstruktionen auf Äußerungsebene lassen sich für das Englische die folgenden frühsprachlichen Haupttypen unterscheiden, zusammengruppiert nach Art der jeweils verwendeten Abstraktionen und syntaktischen Markierungen:[3]

- Den ersten Schritt (ungefähr im Alter von 14 Monaten) markieren so genannte **Holophrasen**: Kinder benutzen ein zusammenhängendes sprachliches Symbol (oft verbunden mit einer spezifischen Intonationskurve), um ihre Intentionen mit Blick auf ein bestimmtes Szenario auszudrücken (z. B. *Birdie!* ‚Vögelchen!', *Pick-up!* ‚Heb-auf', *Lemme-see!* ‚Lass-mich-sehen!' etc.). Syntaktische Markierung ist hier nicht vorhanden.
- In der zweiten Entwicklungsstufe (ungefähr im Alter von 18 Monaten) sind so genannte **Pivot-Schemata**[4] und andere Wortkombinationen zu beobachten, bei denen Kinder bereits mehrere Wörter benutzen, um ihre kommunikative Intention auszudrücken. Dabei wird das entsprechende Szenario in mindestens zwei Komponenten aufgeteilt, manchmal mit einem Platzhalter (z. B. *Birdie fly!* ‚Vögelchen flieg!', *Open box!* ‚Öffne Kiste!', *Where's-the X?* ‚Wo-ist-der/die/das X?', *X gone* ‚X weg', *More X* ‚Mehr X'). Syntaktische Markierung ist auch hier nicht vorhanden.
- Als drittes folgen **itemgestützte Konstruktionen** (wie z. B. Verb-Insel-Konstruktionen; ungefähr im Alter zwischen 18 und 20 Monaten), in denen Kinder syntaktische Markierungen wie z. B. Wortstellung oder grammatische Morphologie benutzen, um explizit die Rolle eines Beteiligten in einem Szenario anzuzeigen, dies aber je nach Schema unterschiedlich tun (z. B. *X hit Y* ‚X schlägt Y', *Y broken* ‚Y kaputt', *Put X in/on Y* ‚Pack X in/auf Y', *Hit with Z* ‚Schlag mit Z' etc.).
- Am Ende schließlich stehen **abstrakte Konstruktionen**, bei denen Kinder ihre Absichten in Äußerungen verpacken, die relativ abstrakte und der Erwachsenensprache ähnliche Konstruktionen (wie z. B. die Ditransitiv- oder die Passivkonstruktion etc.) verwenden und die beteiligten Komponenten in generalisierter Form syntaktisch markieren.

Zur selben Zeit, zu der Kinder Äußerungsebenen-Konstruktionen wie diese aufbauen, versuchen sie außerdem, die einzelnen Konstituenten innerhalb dieser Äußerungen und ihre jeweiligen kommunikativen Funktionen zu

---

3 Dies ist eine Typologie für Forscher, keine Beschreibung von irgendetwas in den Köpfen der Kinder – Kinder verfügen über ein großes und sehr vielgestaltiges Inventar spezifischer Konstruktionen für das Englische oder welche Sprache auch immer.
4 Anm. d. Übers.: „Angelpunktschemata", in denen variables Material um einen invarianten Bestandteil „kreist".

durchschauen. Sie erlernen dabei Konstruktionen auf der Ebene von Konstituenten wie NP, PP und verbaler Komplexe mit TAM-Markierung. Diese können ebenfalls sowohl eher konkret, eher abstrakt oder eine Mischung von beidem sein. Zusammengefasst liegt der wichtigste Beitrag der Konstruktionsgrammatik für die Erforschung des Erstspracherwerbs darin, dass sie eine einheitliche Beschreibung sprachlicher Elemente der unterschiedlichsten Komplexitäts- und Abstraktionsstufen erlaubt – und zwar innerhalb ein- und desselben theoretischen Rahmens. Damit lässt sich problemlos die schrittweise heranreifende Fähigkeit von Kindern erklären, zunehmend komplexere und abstraktere sprachliche Konstruktionen zu handhaben.

3. Radikale Konstruktionsgrammatik und Spracherwerb

Crofts (2001) radikale Version der Konstruktionsgrammatik liefert einige wichtige zusätzliche Einsichten für die Frage, wie Kinder abstrakte sprachliche Konstruktionen und Kategorien aufbauen. Crofts primäres Ziel ist die systematische Anwendung der Konstruktionsgrammatik auf verschiedene Sprachen. Auf der Grundlage einer sehr tiefschürfenden Analyse der Art und Weise, in der Linguisten üblicherweise einer beschriebenen Sprache Struktur zuweisen, schlussfolgert er, dass tatsächlich nur sehr wenige der angetroffenen Elemente und Strukturen natürlicher Sprachen universell sind (wenngleich natürlich vieles, was mit kognitiven Strukturen und kommunikativen Funktionen zu tun hat, für Sprecher aller Sprachen gleich ist). So scheint es zum Beispiel keine universellen syntaktischen Kategorien (grammatische Relationen) vom Typ Subjekt, direktes Objekt etc. zu geben. Darüber hinaus macht Croft jedoch noch einen viel radikaleren Vorschlag. Er behauptet, dass schon die bloße Idee von syntaktischen Kategorien als autonome sprachliche Entitäten in die Irre führt: Dinge wie Subjekt und direktes Objekt existieren nur in Konstruktionen, und die so bezeichneten Elemente sind eigentlich je unterschiedliche Dinge, wenn sie in unterschiedlichen Konstruktionen gebraucht werden.

Veranschaulichen lässt sich das mit den folgenden Beispielen, in denen traditionellerweise jedes Mal *John* als das Subjekt bezeichnet wird:

John *hit Bill* ‚John hat Bill geschlagen'.
John *was struck by a car* ‚John wurde von einem Auto angefahren'.
There is John ‚Da ist John'.

Aber die Eigenschaften des Subjekts in diesen drei Konstruktionen (Transitiv-, Passiv-, und *there*-Konstruktion) sind sehr verschieden – *John* ist entweder Agens, Patiens oder das lokalisierte Objekt – obwohl es natürlich auch einige Gemeinsamkeiten gibt. Croft versucht, die konstruktionsspezifischen Eigenschaften dieser Rollen zusammen mit ihren Gemeinsamkeiten zu erfassen, indem er die Subjekte in den obigen Beispielen als Transitiv-Subjekt, Passiv-Subjekt und *there*-Subjekt bezeichnet. Eine solche Auffassung von syntaktischen Relationen ermöglicht eine Erklärung sowohl der Kontinuitäten als auch der emergenten Abstraktionen im langwierigen Prozess der syntaktischen Entwicklung von Kindern.

Crofts Analyse bringt noch eine weitere Idee mit sich, die von großer Bedeutung für unsere Vorstellung davon ist, wie Kinder sprachliche Abstraktionen verschiedener Arten aufbauen. Croft ist sehr darauf bedacht, beispielsweise das „Transitiv-Subjekt" als syntaktische Rolle und nicht als grammatische Relation zu bezeichnen, wie es in den meisten (sowohl formalen als auch gebrauchsgestützten) Theorien der Fall ist. Er möchte damit unterstreichen, dass Dinge wie ein Subjekt und ein direktes Objekt ihre Definition aus der Rolle beziehen, die sie in größeren Konstruktionen spielen. Croft hält den Begriff „grammatische Relation" insgesamt für irreführend, denn er impliziert, dass Dinge wie z.B. ein Subjekt sich durch ihre Beziehung zu anderen Elementen in der Konstruktion definieren, anstatt (wie in seiner Analyse) durch ihre Rolle in der gesamten Konstruktion (wobei dann etwa „Transitiv-Subjekt" eine Rolle in einer komplexen sprachlichen *Gestalt* bezeichnet). Für Spracherwerbstheorien bedeutet dies, dass syntaktische Rollen wie „Subjekt" nicht als wortbezogene Kategorien oder Relationen betrachtet werden sollten, die einzeln mittels distributioneller Analysen oder welches anderen Kategorisierungsprozesses auch immer erworben werden, sondern vielmehr als Rollen, die auf natürliche (und in gewisser Weise epiphänomenale) Art aus dem Abstraktionsprozess hervorgehen, den Kinder auf ganze Äußerungsebenen-Konstruktionen anwenden. Dies kann nur durch einen komplexen Prozess wie den der Analogiebildung geschehen, der mehrere Komponenten gleichzeitig berücksichtigt (siehe unten).

In Hinblick auf die traditionellen Wortarten wie Substantiv oder Verb, die manchmal auch als paradigmatische oder lexikalische Kategorien bezeichnet werden, verhalten sich die Dinge anders. Im Gegensatz zu syntaktischen Kategorien sind paradigmatische Kategorien in einer Sprache nicht explizit markiert. Mit anderen Worten: Während z.B. das Subjekt in einer Konstruktion mittels Wortstellung oder grammatischer Morphologie symbolisch als solches ausgewiesen wird, gibt es keine entsprechende Markierung für Substantive oder Verben (wenngleich diese natürlich häufig indirekt über morphologische Markierungen identifiziert werden können, die eigentlich anderen Funktionen dienen – man denke etwa an die Pluralmarkierung bei Substantiven). Folglich kann die Kategorie nicht um ein spezifisches sprachliches Symbol herum organisiert sein, sondern sich nur auf Gemeinsamkeiten in der Art und Weise gründen, wie Elemente dieser Kategorie verwendet werden (d.h., auf deren Distribution). Und damit ist ein weiterer wichtiger Unterschied zwischen syntaktischen Rollen und paradigmatischen Kategorien angesprochen: Syntaktische Rollen wie Subjekt setzen sich nicht aus Mengen konkreter sprachlicher Elemente zusammen, wohingegen eine paradigmatische Kategorie wie etwa Substantiv eine Ansammlung spezifischer Einheiten wie z.B. *dog* ‚Hund', *tree* ‚Baum' und vieler konkreter Wörter mehr darstellt – was wiederum dafür spricht, dass Dinge wie Subjekt im Gegensatz zu Dingen wie Substantiv keine Kategorien sind. Diese Überlegungen legen nahe, dass paradigmatische Kategorien wie Substantiv und Verb (und Nominalphrase und Verbalphrase) im Verlauf der Entwicklung nur mittels distributioneller Analysen gebildet werden können, über die das Kind spezifische sprachliche Elemente, die sich identisch verhalten, als Mitglieder derselben Kategorie zu erkennen beginnt. Dies unterscheidet sich stark von dem Prozess der Analogiebildung über Konstruktionen und der Zuweisung funktionaler Rollen auf der Grundlage dieser Analogien.

Zusammenfassend macht die radikale Konstruktionsgrammatik zwei wichtige Zusatzannahmen, die über die allgemeine Konstruktionsgrammatik hinausgehen. Erstens sind syntaktische Rollen konstruktionsspezifisch und damit in einem sehr unmittelbaren Sinne durch die Konstruktion definiert. Zweitens zeigt die Markierung syntaktischer Rollen nicht die syntagmatische Beziehung zwischen Wörtern oder lexikalischen Kategorien an, sondern vielmehr die funktionale Verortung – die Rolle – der Konstituente in der Konstruktion als Ganzes.

4. Gebrauchsgestützte Spracherwerbsprozesse

Wenn wir uns nun wieder Erwerbsprozessen zuwenden, so stellen sich sprachliche Konstruktionen aus einer gebrauchsgestützten Sicht als Dinge dar, die Kinder aus der Sprache in ihrem Umfeld ableiten und erlernen, wobei sie sich derselben kognitiven und sozial-kognitiven Fähigkeiten bedienen, die sie auch in anderen Bereichen einsetzen. In diesem Zusammenhang sind vier Hauptprozesse (oder besser Klassen von Prozessen) zu unterscheiden: Intentionszuschreibung (*intention reading*)/kulturelles Lernen, Schematisierung/ Analogie, Beschränkung und distributionelle Analyse (für nähere Erläuterung vgl. Tomasello: 2003).

4.1 Intentionszuschreibung und kulturelles Lernen

Da natürliche Sprachen konventionell sind, besteht der grundlegendste Spracherwerbsprozess zunächst einmal darin, die Dinge so zu tun, wie andere Leute sie tun – das heißt in sozialem Lernen in seiner allgemeinsten Definition. Der Erwerb der meisten kulturellen Fähigkeiten, einschließlich der Fähigkeit zur sprachlichen Kommunikation, ist an eine für unsere Spezies charakteristische Form des sozialen Lernens gekoppelt, die ihrerseits auf Prozessen der Intentionszuschreibung beruht; eine Form dieses oft auch als „kulturelles Lernen" bezeichneten Vorgangs ist das imitierende Lernen (Tomasello et al.: 1993). Die Allgegenwart von Prozessen der Intentionszuschreibung erweist sich deutlich in Experimenten, in denen kleine Kinder die intendierten Handlungen eines Erwachsenen nachahmen, selbst wenn dieser sie tatsächlich gar nicht ausgeführt hat (Meltzoff: 1995) sowie in Anordnungen, in denen Kinder selektiv nur die willentlichen Handlungen, nicht aber unwillkürliche Verhaltensaspekte von Erwachsenen nachahmen (Carpenter et al.: 1988a).

Grundlegende Einheit intentionaler Handlung in der sprachlichen Kommunikation ist die Äußerung, die als relativ vollständiger und kohärenter Ausdruck einer bestimmten kommunikativen Intention fungiert. Die grundlegende Einheit des Sprachlernens sind daher memorierte Instanzen von Äußerungen, und genau das ist es auch, was Kinder in Gestalt von Holophrasen sowie anderen konkreten und relativ unveränderlichen sprachlichen Ausdrücken erlernen (so z. B. *Thank You* ‚Danke', *Don't mention it* ‚Keine Ursache'). Doch indem sie sich bemühen, die kommunikative Intention hinter einer Äußerung zu ermitteln, versuchen sich Kinder außerdem an einer Entschlüsselung der funktionalen Rollen der verschiedenen Äußerungskomponenten. Dabei läuft eine Art „Schuldzuweisungsprozedur" ab, bei der versucht wird, die funktionale Rolle einer Konstituente im Gesamtzusammenhang der kommunikativen Intention zu ermessen – etwas, was man als Segmentieren kommunikativer Intentionen bezeichnen könnte. Eine Identifikation der funktionalen Rollen einzelner Äußerungskomponenten ist nur möglich, wenn das Kind eine gewisse (vielleicht unausgereifte) Vorstellung von der übergreifenden Gesamtintention des Erwachsenen hat – die funktionale Rolle von X zu verstehen bedeutet schließlich, zu verstehen, wie sich X in einen größeren Kommunikationszusammenhang einfügt. Dies ist der grundlegende Prozess, über den Kinder die kommunikativen Funktionen von bestimmten Wörtern, Phrasen und anderen Äußerungsbestandteilen erlernen – und, dank ihrer Fähigkeit zur Mustererkennung, auch Kategorien solcher Elemente.

4.2 Schematisierung und Analogie

Zweitens hören und verwenden Kinder, und das mit zermürbender Regelmäßigkeit, immer wieder dieselben Äußerungen – allerdings mit systematischer Variation, veranschaulicht etwa durch itemgestützte Schemata wie *Where's-the X?* ‚Wo ist das X?', *I wanna X* ‚Ich will X', *Let's X!* ‚Lass uns X!', *Can you X?* ‚Kannst du X?', *Gimme X!* ‚Gib-mir X!', *I'm Xing it* ‚Ich Xe es'. Die Bildung solcher Schemata involviert das nachahmende Erlernen von sich wiederholenden, konkreten Versatzstücken von Sprache, die mit je konkreten Funktionen verbunden sind, gleichzeitig aber auch die Herausbildung eines relativ abstrakten Platzhalters für eine verhältnismäßig abstrakte Funktion. Dieser Prozess wird als Schematisierung bezeichnet, und seine Wurzeln können wir in einer Reihe von Primatenspezies beobachten, die Schemata für alles mögliche bilden, von Fähigkeiten zur Nahrungsaufbereitung bis hin zu arbiträren Handlungsabfolgen im Labor (vgl. Conway/Christiansen (2001) für einen Überblick).

Die variablen Elemente oder Platzhalter in sprachlichen Schemata entsprechen den variablen Größen in dem außersprachlichen Ereignis, für das das Schema verwendet wird. So deutet *Where's-the X* immer auf die Absicht des Sprechers hin, zu erfahren, wo sich ein bestimmtes Objekt befindet, die gesuchte Sache aber ist je nach Situation verschieden; mit *I'm Xing it* wird immer die Interaktion mit einem Objekt beschrieben, die Art der Handlung aber variiert. Die kommunikative Funktion eines Elements, das eine Leerstelle im Schema ausfüllt, wird also durch die kommunikative Funktion des Gesamtschemas beschränkt, jedoch nicht gänzlich determiniert – es handelt sich dabei um eine „Füllkategorie" (*slot-filler category*) im Sinne von Nelson (1985). Die geschilderte Vorgängigkeit des Schemas äußert sich auch in Fällen von erzwungener Reinterpretation, wie man sie in kreativem Sprachgebrauch antrifft, d.h. wann immer ein Element in einem Schema benutzt wird, das von dem Hörer eine ungewöhnliche Uminterpretation dieses Elements verlangt; so könnte ein Kind z.B. unter kommunikativem Druck so etwas sagen wie *Allgone sticky* ‚weg klebrig', während es seiner Mutter dabei zuschaut, wie sie sich Zucker von den Händen wischt. Der Punkt ist hier ganz einfach, dass die Platzhalter in itemgestützten Schemata funktional definiert sind (sie unterliegen so gut wie keinen phonologischen Restriktionen, wie es bei vielen morphologischen Schemata der Fall ist), aber diese funktionale Definition kann angepasst und ausgedehnt werden, um spezifischen Einzelfällen gerecht zu werden – was vielleicht die Hauptquelle syntaktischer Kreativität in der Sprache ein- bis zweijähriger Kinder darstellt.

Eine spezielle Form der Schematisierung ist die Analogiebildung – oder, ebenso gültig, eine spezielle Form der Analogiebildung ist Schematisierung. Beide Vorgänge sind Bestandteile des Kategorisierungsprozesses, den Kinder auf Äußerungen insgesamt sowie auf andere signifikante sprachliche Konstruktionen anwenden. Generell lässt sich festhalten, dass eine Analogie nur dann gebildet werden kann, wenn ein gewisses Verständnis vorliegt, welche funktionale Beziehung zwischen den einzelnen Bestandteilen der Strukturen besteht, die durch die Analogie verbunden werden – zumindest im Fall syntaktischer Analogien (morphologische Analogien können mitunter auch über Lautmuster gebildet werden). Um die Analogie „Ein Atom ist wie ein Sonnensystem" zu verstehen, muss man etwas über die verschiedenen Teile sowohl eines Atoms als auch eines Sonnensystems wissen und verstehen, wie diese konstituierenden Teile funktionieren und jeweils aufeinander bezogen sind; tatsächlich überdeckt die Analogie völlig die im einzelnen beteiligten Objekte (Gentner/Markman: 1997).

Im Falle syntaktischer Konstruktionen werden Analogien nicht auf der Grundlage von Oberflächenstrukturen, sondern auf der Basis der funktionalen Beziehungen zwischen den Komponenten zweier Konstruktionen gebildet. So sind *X is Y-ing the Z* ‚X Y-t das Z' und *A is B-ing the C* ‚A B-t das C' analog, weil sie dieselben grundlegenden relationalen Situationen bezeichnen, wobei X und A die Rolle des Agens, Y und B die der Aktivität und Z und C die des Patiens übernehmen. Auf diese Weise entwickeln verschiedene Konstruktionen ihre eigenen syntaktischen Rollen, zunächst lokal in itemgestützten Konstruktionen (z.B. „Werfer" und „Geworfenes"), dann globaler in abstrakten Konstruktionen (z.B. Transitiv-Subjekt, Ditransitiv-Rezipient). In einigen Sprachen kann sich zu einem späten Zeitpunkt in der Entwicklung auch eine noch weiter generalisierte Subjekt-Prädikat-Konstruktion herausbilden, eine Abstraktion über verschiedene abstrakte Konstruktionen, die eine sehr weit generalisierte syntaktische „Subjekt"-Rolle enthält. Obwohl nicht zwingend erforderlich, kommt konkrete perzeptuelle Ähnlichkeit (oder sogar Identität) der analogisch verbundenen Objekte dem menschlichen Vermögen zur Analogiebildung möglicherweise entgegen (die Befunde der Studie von Childers/Tomasello (2001) unterstützen diese Hypothese). Wenn dem so ist, dann erklärt es, warum Kinder mit der Schematisierung von Äußerungen beginnen, die konkretes sprachliches Material gemein haben, bevor sie zu völlig abstrakten Analogien auf der Grundlage eines Strukturabgleichs von zwei Konstruktionen übergehen, die wenig oder gar kein konkretes Material teilen.

Ein wichtiger Bestandteil von itemgestützten und abstrakten Konstruktionen sind syntaktische Markierungen verschiedener Art, insbesondere diejenigen, die die syntaktischen Rollen der Beteiligten in einer Szene oder einem gesamten Ereignis anzeigen. Englischsprachige Kinder lernen beispielsweise im Laufe der Zeit, dass *X's VERBing me* ‚X VERBt mich' bedeutet, dass X mir etwas antut, *I'm VERBing X* ‚Ich VERBe X' bedeutet, dass ich etwas mit X tue, und *X's getting VERBed* ‚X wird geVERBt' bedeutet, dass etwas mit X geschieht. Die Konstruktion strukturiert also die Beziehungen zwischen den einzelnen Ereigniskomponenten und den Beteiligten an dem beschriebenen Szenario, und Kinder erlernen diese Strukturierungen. In der Tat liegt eine der Hauptfunktionen bestimmter Muster grammatischer Morphologie in Konstruktionen („von denen einige Fälle nur eine sehr ausgeblichene eigene Semantik haben, wie im obigen Passiv) in einer Erleichterung der Identifizierung der jeweiligen Konstruktion als eigenständige symbolische Einheit mit einer bestimmten Rollenkonfiguration (Croft: 2001).

4.3 Generalisierungseinschränkungen

Drittens sind natürlich Einschränkungen des Schematisierungs- bzw. Abstraktionsprozesses notwendig. Diese entstehen durch das gebrauchsgestützte Prinzip der Einschleifung *(entrenchment)* und das pragmatische Prinzip des Wettbewerbs bzw. Kontrasts *(preemption)*. „Einschleifung" bezeichnet hier einfach die Tatsache, dass wenn ein Organismus eine Handlung auf eine bestimmte Art und Weise häufig genug mit Erfolg vollzieht, diese Handlungsweise routinisiert wird, wodurch es für alternative Vorgehensweisen, dasselbe Ziel zu erreichen, sehr schwierig wird, sich durchzusetzen. Das „Kontrastprinzip" ist ein kommunikativer Effekt, dessen Zustandekommen sich in etwa folgendermaßen erklären lässt: Wenn mir jemand etwas mitteilt und dafür Form X anstelle von Form Y wählt, dann gab es für diese Wahl vermutlich einen Grund, der mit der spezifischen kommunikativen Intention des Sprechers zusammenhängt. Diese Annahme motiviert den Zuhörer, nach diesem Grund zu suchen, um so die beiden Formen und ihre je adäquaten Kontexte genauer differenzieren zu können. Im Zusammenwirken können die Prinzipien der Einschleifung und des Kontrasts als Aspekte ein- und desselben „Wettbewerbsprozesses" aufgefasst werden, in dem verschiedene Formen zur Bewirkung verschiedener kommunikativer Funktionen auf der Grundlage einer Reihe von Prinzipien wie z.B. eben Häufigkeit/Einschleifung miteinander konkurrieren.

Nichtsdestotrotz bleibt festzuhalten, dass über die genaueren Einzelheiten solcher Beschränkungen des Generalisierungsprozesses sehr wenig bekannt ist. Aus diesem Grund weiß man auch nur sehr wenig über die Eigenschaften und die Häufigkeit von syntaktischen Übergeneralisierungsfehlern, die Kinder in verschiedenen Phasen ihrer Entwicklung machen (das meiste, was darüber bekannt ist, verdankt sich den Tagebuchaufzeichnungen von Bowerman (1982)).

Darüber hinaus gibt es nur eine einzige empirische Studie, in der die Auswirkung von Einschleifungseffekten auf die Verhinderung syntaktischer Übergeneralisierungen untersucht wird (Brooks et al.: 1999), und diese Studie liefert keine Daten zu den exakten Häufigkeiten der involvierten Verben. Ebenso gibt es nur eine einzige Studie zur Reichweite des Kontrastprinzips und semantischer Verbklassen als beschränkende Faktoren (Brooks/Tomasello: 1999), und diese Studie berücksichtigte nur eine enge Auswahl an Strukturen und Verben. Solange die erforderlichen empirischen Forschungsergebnisse nicht vorliegen und man nicht sicher sein kann, wie sich diese allgemeinen Prinzipien tatsächlich auf spezifische sprachliche Elemente und Strukturen in bestimmten Sprachen auswirken, bleiben Auseinandersetzungen mit der Frage, wie Kinder ausgerechnet zu genau den angetroffenen Generalisierungen kommen, daher einstweilen noch größtenteils im Bereich der Spekulation. Ohne Frage stellen Annahmen darüber, wie sprachliche Generalisierungen adäquat beschränkt werden, daher zurzeit auch das schwächste Bindeglied in konstruktions- und gebrauchsgestützten Theorien dar.

4.4 Distributionelle Analyse

Zu guter Letzt eröffnen paradigmatische Kategorien wie Substantiv und Verb dem Sprachlerner eine Vielzahl kreativer Möglichkeiten, denn sie ermöglichen es dem Kind, neu erlernte Elemente auf dieselbe Art zu verwenden, wie es „ähnliche" Einheiten bereits in der Vergangenheit benutzt hat, ohne dass direkte Erfahrung mit dem neuen Element nötig wäre. Diese Kategorien werden über einen Prozess funktional begründeter distributioneller Analyse gebildet, bei dem konkrete sprachliche Elemente (z. B. Wörter oder Phrasen), die in verschiedenen Äußerungen und Konstruktionen derselben Funktion dienen, im Laufe der Zeit zu einer gemeinsamen Kategorie zusammengefasst werden. In diesem Sinne ist „Substantiv" eine paradigmatische Kategorie, die auf den Funktionen beruht, die verschiedene Wörter dieser Art in nominalen Konstruktionen übernehmen, und sich darin von verwandten Kategorien wie etwa „Pronomen" unterscheiden, die über verwandte, aber dennoch andersartige Funktionen definiert sind. Paradigmatische Kategorien sind also funktional durch distributional-kombinatorische Eigenschaften definiert: Ein

Substantiv ist, was sich in größeren sprachlichen Strukturen wie ein Substantiv verhält. Diese funktionale Basis stiftet den inneren Zusammenhalt von paradigmatischen Kategorien.

Eine wichtige Beobachtung ist, dass funktional begründete Distributionsanalysen dieses Typs auch jenseits der Wortebene operieren. Was z.B. üblicherweise als Nominalphrase bezeichnet wird, kann durch alles von einem Eigennamen über ein Pronomen bis hin zu einem gewöhnlichen Substantiv mit einem Artikel und einem angehängten Relativsatz realisiert werden. In bestimmten syntaktischen Operationen können all diese unterschiedlichen Formen jedoch als Einheiten desselben Typs behandelt werden. Wie kann das sein – wo sie doch derart unterschiedliche Oberflächenstrukturen haben? Die einzig vernünftige Erklärung ist, dass sie einheitlich behandelt werden, weil sie in Äußerungen alle dieselbe Funktion übernehmen: Sie identifizieren ein Referenzobjekt, das in dem geschilderten Szenario eine bestimmte Rolle ausfüllt. In Anbetracht der äußerst unterschiedlichen Form dieser Nominale fällt es schwer, sich eine Alternative zu dieser funktional begründeten Erklärung auch nur vorzustellen.

Kategorisierung ist einer der am gründlichsten studierten Bereiche in den Kognitionswissenschaften, einschließlich der Entwicklungspsychologie. Dennoch sind die genauen Umstände des Prozesses, in dem Kinder natürlichsprachliche Kategorien bilden – ein Vorgang, bei dem nicht Wahrnehmungsgegenstände oder konzeptuelle Einheiten, sondern Elemente der sprachlichen Kommunikation zusammengruppiert werden – bislang sehr wenig untersucht worden. Gleichwohl stellen Untersuchungen der Art und Weise, wie Kinder die funktionalen Rollen sprachlicher Elemente in übergreifenden Konstruktionen identifizieren und gleichsetzen, den einzigen Weg zur Erforschung der Frage dar, wie sie die abstrakten Kategorien bilden, die zu so viel sprachlicher Kreativität führen.

5. Sprachproduktion

Wenn Kinder also kreative Äußerungen nicht aus bedeutungstragenden Wörtern und bedeutungsleeren Regeln erzeugen, was genau tun sie dann eigentlich, wenn sie eine Äußerung produzieren? Aus einer konstruktionsgrammatischen, gebrauchsgestützten Perspektive konstruieren sie Äußerungen aus einer Reihe bereits erworbener sprachlicher Bausteine von unterschiedlicher Größe, Form, interner Struktur und variablem Abstraktionsgrad – angepasst an die sich aus der aktuellen Verwendungssituation ergebenden Anforderungen. Dieser Prozess der symbolischen Integration, in dessen Verlauf z.B.

die Leerstelle einer itemgestützten Konstruktion mit einem neuen Element gefüllt wird, so dass sich ein kohärentes Ganzes ergibt, erfordert die Konzentration des Kindes sowohl auf Form wie auf Funktion.

Lieven/Behrens/Speares/Tomasello (2003) haben sich dieser Fragestellung im Rahmen einer naturalistischen Studie eines zweijährigen Englisch lernenden Kindes angenommen. Das Besondere an dieser Studie war, dass die Sprache des Kindes in extrem dichten Aufnahmeintervallen aufgezeichnet wurde – 5 Stunden in der Woche über einen Zeitraum von sechs Wochen, was etwa fünf- bis zehnmal dichter als die meisten existierenden Datensammlungen von Kindersprache ist und ungefähr 8–10% aller Äußerungen dieses Kindes in dem genannten Zeitraum abdeckt. Um die konstruktionelle Kreativität des Kindes zu untersuchen, wurden alle 537 Äußerungen der letzten einstündigen Aufnahme am Ende der sechs Wochen als Zielmuster definiert (295 davon waren Mehrwort-Äußerungen). Im nächsten Schritt wurde dann für jedes einzelne dieser Zielmuster nach „ähnlichen" Äußerungen des Kindes (nicht der Mutter) in den vorangegangenen Aufnahmen gesucht. Wichtigstes Ziel dabei war, für jede der am letzten Tag aufgezeichneten Äußerungen zu rekonstruieren, welche syntaktischen Operationen für ihre Produktion notwendig waren, d.h. zu ermitteln, in welcher Weise das Kind zuvor geäußerte Dinge (seine „memorierte sprachliche Erfahrung") modifizieren musste, um die jetzt getätigte Äußerung zu vollziehen.

Auf diesem Weg wurde folgendes festgestellt:

- 21% aller Äußerungen des Kindes am Zieltag (sowohl aus einem wie auch aus mehreren Wörtern bestehende) waren neuartige Äußerungen, 79% hatte es bereits vorher benutzt
- 37% der Mehrwort-Äußerungen am Zieltag waren neuartige Äußerungen; 63% waren Äußerungen, die das Kind in exakt derselben Form bereits vorher produziert hatte
- Von den neuartigen Mehrwort-Äußerungen bestanden 74% aus einer Wiederholung eines Teils einer bereits vorher verwendeten Äußerung mit nur einer minimalen Änderung – etwa das Einsetzen eines neuen Wortes in eine bestimmte Leerstelle oder das Anhängen eines Wortes an den Anfang bzw. das Ende der Äußerung. Beispielsweise hatte das Kind bereits einige hundert Male zuvor *Where's the _?* gesagt, bevor es in der abschließenden Aufnahme die neue Äußerung *Where's the butter?* ‚Wo ist die Butter?' produzierte. Die Mehrzahl der itemgestützten Konstruktionen auf Äußerungsebene, die das Kind am abschließenden Tag der Studie verwendete, hatte es bereits viele Male in den vorangegangenen sechs Wochen benutzt

– 26% der neuen Mehrwort-Äußerungen in der abschließenden Aufnahme (im Ganzen 5% aller Äußerungen in der letzten Stunde) wichen von den Dingen, die das Kind vorher gesagt hatte, in mehr als einem Punkt ab. Hier handelte es sich meistens um eine Kombination von „Einsetzen" und „Anhängen" in bzw. an ein etabliertes Konstruktionsschema, in mehreren Fällen schienen die Äußerungen jedoch auch auf komplexere Weise neuartig zu sein.

Anzumerken ist noch, dass die verschiedenen Äußerungsebenen-Konstruktionen mit sehr hoher funktionaler Konsistenz gebraucht wurden, d.h. das Kind füllte eine gegebene Leerstelle in einem Konstruktionsschema über den gesamten sechswöchigen Zeitraum der Studie hindurch stets mit Einheiten oder Phrasen desselben Typs.

Auf der Grundlage dieser Erkenntnisse können wir annehmen, dass Kindern drei grundlegende Wege offen stehen, eine für den gegebenen Anlass passende Äußerung zu produzieren:

– Erstens können sie einen funktional angemessenen konkreten Ausdruck aufrufen und in genau der Form wiederholen, in der sie ihn gehört haben (und gegebenenfalls auch vorher schon selbst gebraucht haben) – so z.B. *Up!* ‚Hoch!' und *There-ya-go* ‚Bitteschön'.
– Zweitens können sie ein Konstruktionsschema aufrufen und es ggf. so ummodellieren, dass es in die aktuelle Kommunikationssituation passt. Grundsätzlich stehen dafür folgende Möglichkeiten zur Verfügung:
  • das Einsetzen einer Konstituente in eine bestimmte Strukturposition des Schemas (so wird z.B. aus *I wanna _* und *ball* die Äußerung *I wanna ball* ‚Ich will Ball');
  • das Anhängen einer neuen Konstituente an Anfang oder Ende einer Konstruktion oder eines äußerungswertigen Ausdrucks (so wird z.B. aus *Throw it* und *here* die Äußerung *Throw it here* ‚Wirf es hierher');
  • das Einsetzen einer Konstituente in die Mitte einer Äußerungsebenen-Konstruktion oder eines entsprechenden konkreten Ausdrucks (wie beispielsweise ein deutschsprachiges Kind das Wort *auch* in eine Schemaposition einsetzen könnte, die zuvor noch nie besetzt war).
– Drittens schließlich ist denkbar, dass ein Kind eine Äußerung produziert, indem es Konstituentenschemata kombiniert, ohne dafür ein übergeordnetes äußerungswertiges Konstruktionsschema aufzurufen. In Abwesenheit eines etablierten Äußerungsschemas geschieht das dann vermutlich auf der Grundlage verschiedener pragmatischer Prinzipien, die beispielsweise die Anordnung neuer und alter Information regeln, aber zu dieser

Frage gibt es nur sehr wenige Untersuchungen. Die Idee ist der von Braines (1976) „groping patterns" sehr ähnlich.

Man könnte diese Vorgänge als „gebrauchsgestützte syntaktische Operationen" bezeichnen (Langacker (1987) verwendet den Begriff „symbolische Integration"), denn das Kind beginnt nicht mit Wörtern und Morphemen, die dann mittels bedeutungsleerer Regeln verbunden werden; vielmehr beginnt es mit bereits zusammengesetzten sprachlichen Bausteinen von unterschiedlichen Größen, Formen und Abstraktionsgraden (deren interne Komplexität es in unterschiedlichem Maße kontrolliert), die dann in einer Art *Cut-and-Paste*-Strategie so zusammengestoppelt werden, dass es der aktuellen Kommunikationssituation angemessen ist. Solche Prozesse sind auch auf der Ebene von Äußerungskonstituenten und ihrer internen Struktur am Werk.

Es kann individuelle Unterschiede in der Verwendung dieser drei Strategien geben, aber es ist wahrscheinlich, dass alle Kinder in einem frühen Entwicklungsstadium zumindest einige Konstruktionen und Ausdrücke auf Äußerungsebene als Produktionseinheiten erlernen, um damit kommunikative Intentionen flüssig und effizient en bloc zu verbalisieren (in jedem Fall Dinge wie *Thank you* und *Bye-Bye*, aber auch eine Vielzahl von Äußerangsschemata wie *I wanna X, Where's-the X* und ähnliches). Äußerungsebenen-Konstruktionen – sowohl itemgestützte als auch abstraktere – sind daher ein bedeutender (wenn nicht der bedeutendste) Meilenstein auf dem Weg des Kindes zu einer mehr Erwachsenen-ähnlichen Kompetenz. Konstruktionen auf der Ebene der NP oder des Teilsatzes – elementare Bausteine von Äußerungsebenen-Konstruktionen – sind ebenfalls wichtige Erwerbsziele im frühen Entwicklungsstadium, da sie eine Übertragung öfter auftretender Äußerungs-Unterfunktionen in neue Kontexte erlauben. Natürlich gibt es auch wichtige sprachspezifische Unterschiede, wie all das im Einzelnen abläuft – mitunter aber reduzieren sie sich auch schlichtweg darauf, dass das Kind statt mit Wörtern mit gebundenen Morphemen operiert, im Großen und Ganzen aber so verfährt wie oben geschildert. Mit anderen Worten gibt es keinen prinzipiellen Unterschied zwischen einem englischsprachigen Kind, das eine Äußerungsebenen-Konstruktion mit drei (Erwachsenen-) Wörtern und einer Leerstelle erwirbt, und einem Inuktitut lernenden Kind, das eine Äußerungsebenen-Konstruktion erwirbt, die aus einem freien Morphem, zwei gebundenen und einer unbesetzten Morphem-Position besteht (vgl. dazu auch Dabrowskas (2000) Charakterisierung syntaktischer Konstruktionen als „große Wörter" [*big words*]).

6. Schluss

Zur Zeit gibt es zwei Theorien zum Spracherwerb von Kindern. Die eine ist die generative Grammatik, nach deren Auffassung alle menschlichen Kinder über eine angeborene Universalgrammatik verfügen, die hinreichend abstrakt ist, um jede Sprache der Welt strukturieren zu können. Spracherwerb besteht in diesem Modell aus zwei Prozessen: (1) dem Erwerb aller Wörter, Idiome und gemischten Konstruktionen der jeweiligen Zielsprache (mittels „normaler" Lernprozesse); und (2) dem Verbinden der jeweiligen Zielsprache mit der abstrakten Universalgrammatik. Diese Herangehensweise wirft zwei grundsätzliche Probleme auf. Zum einen stellt sich die Frage, wie ein Kind, das welche konkrete Sprache auch immer erlernt, die abstrakten Kategorien der angeborenen Universalgrammatik mit den konkreten Eigenschaften der zu erlernenden Zielsprache verknüpft. Zum anderen ist unklar, wie Veränderungen in der Entwicklung der Sprache des Kindes erklärt werden sollen, da ja die Eigenschaften der angeborenen Universalgrammatik selbst sich nicht im Verlauf des Erwerbsprozesses verändern (dies ist die so genannte „Kontinuitätsannahme").

Die zweite Theorie – von der eine Version hier präsentiert wurde (siehe Tomasello, 2003 für Details) – verwirft einfach die Hypothese einer Universalgrammatik und ist damit eine Theorie, die mit nur einem einzigen Prozess auskommt. Kinder erwerben die stärker regulären und regelgestützten Konstruktionen einer Sprache auf dieselbe Art und Weise wie die stärker arbiträren und idiosynkratischen Konstruktionen: Sie erlernen sie. Und genau wie beim Erlernen aller anderen kognitiv komplexen Aktivitäten werden in der ersten Phase konkrete Dinge erlernt – einzelne Wörter (z.B. *cat* ‚Katze'), komplexe Ausdrücke (z.B. *I-wanna-do-it* ‚Ich-will-das-machen') oder gemischte (d.h. teils konkrete, teils abstrakte) Konstruktionen wie z.B. *Where's the X* – und erst danach werden aus diesen konkreten sprachlichen Versatzstücken abstrakte Kategorien und Konstruktionsschemata abgeleitet. Dieser Prozess braucht Zeit und vollzieht sich in kleinen Schritten, wobei einige Kategorien und Konstruktionen deutlich vor anderen auftreten können, die in formaler Hinsicht ganz ähnlich sind – dies hängt oftmals von den je besonderen Spracherfahrungen ab, die ein bestimmtes Kind in seiner Umgebung macht (dem so genannten „Input").

Der springende Punkt ist, dass selbst wenn es eine angeborene Universalgrammatik gäbe, Kinder dennoch – und dies bestreitet niemand – die hier geschilderten Vorgänge meistern müssten, um die vielen lexikalischen Symbole, feststehenden Ausdrücke, schematischen Idiome und grammatischen Konventionen ihrer spezifischen Sprache zu erwerben. Angesichts der Erklärungskraft dieses Ansatzes sowie des Erfolges konnektionistischer Modellierungen, die nur mit einem Teil der hier geschilderten Prozesse arbeiten, drängt sich die Frage auf, wozu überhaupt ein zweiter Erwerbsmechanismus oder eine angeborene Universalgrammatik postuliert werden sollte. Meine Antwort auf diese Frage lautet, dass es dazu in der Tat keine Veranlassung gibt, und dass es sich bei der Mehrzahl der sprachlichen Phänomene, die mutmaßlich eine Erklärung unter Einbeziehung einer Universalgrammatik erfordern (dabei ist an solche Chomskyschen Phänomene wie die Subjazenzbedingung, das Empty Category Principle oder die Bindungsprinzipien zu denken), um theorieinterne Konstrukte handelt, die in konstruktionsgestützten Sprachtheorien schlicht nicht existieren.

Verwendete Literatur

Bowerman, M. (1982), „Reorganizational processes in lexical and syntactic development", in: Gleitman, L./E. Wanner (Hgg.), *Language Acquisition: The State of the Art*, Cambridge: Cambridge University Press, 319–346.
Braine, M. (1976), *Children's First Word Combinations*. Chicago: The University of Chicago Press.
Brooks, P./M. Tomasello (1999), „How young children constrain their argument structure constructions", *Language*, 75, 720–738.
Brooks, P./M. Tomasello/L. Lewis/K. Dodson (1999), „Children's overgeneralization of fixed transitivity verbs: The entrenchment hypothesis", *Child Development*, 70, 1325–1337.
Bybee, J. (1995), „Regular morphology and the lexicon", *Language and Cognitive Processes*, 10, 425–455.
Carpenter, M./N. Akhtar/M. Tomasello (1998), „Sixteen-month-old infants differentially imitate intentional and accidental actions", *Infant Behavior and Development*, 21, 315–330.
Childers, J./M. Tomasello (2001), „The role of pronouns in young children's acquisition of the English transitive construction", *Developmental Psychology*, 37, 739–748.
Clahsen, H. (1999), „Lexical entries and rules of language: A multidisciplinary study of German inflection", *Behavioral and Brain Sciences*, 22, 980–999.
Clark, E. (1997), „Conceptual perspective and lexical choice in acquisition", *Cognition*, 64, 1–37.
Conway, C./M. Christiansen (2001), „Sequential learning in non-human primates", *Trends in Cognitive Sciences*, 5, 529–546.
Croft, W. (2001), *Radical Construction Grammar*, Oxford: Oxford University Press.
Dabrowska, E. (2000), „From formula to schema: The acquisition of English questions", *Cognitive Linguistics*, 11, 83–102.
Fillmore, C. (1977), „The case for case reopened", in: Cole, P. (Hg.), *Grammatical Relations* (Syntax and Semantics 8), New York: Academic Press, 59–81.

Fillmore, C. (1989), „Grammatical construction theory and the familiar dichotomies", in: Dietrich, R./C. Graumann (Hgg.), *Language Processing in Social Context*, North Holland: Elsevier Publishers, 17–38.

Gentner, D./A. Markman (1997), „Structure mapping in analogy and similarity", *American Psychologist*, 52, 45–56.

Goldberg, A. (1995), *Constructions: A Construction Grammar Approach to Argument Structure*, Chicago: University of Chicago Press.

Langacker, R. (1987), *Foundations of Cognitive Grammar*, Bd. 1, *Theoretical Prerequisites*. Stanford, CA: Stanford University Press.

Lieven, E./H. Behrens/J. Speares/M. Tomasello (2003), „Early syntactic creativity: A usage based approach", *Journal of Child Language*, 30, 333–370.

Lieven, E./J. Pine / H. Dresner Barnes (1992), „Individual differences in early vocabulary development", *Journal of Child Language*, 19, 287–310.

Meltzoff, A. (1995), „Understanding the intentions of others: Re-enactment of intended acts by 18-month-old children", *Developmental Psychology*, 31, 838–850.

Nelson, K. (1985), *Making Sense: The Acquisition of Shared Meaning*, New York: Academic Press.

Pinker, S. (1999), *Words and Rules*, New York: Morrow Press.

Slobin, D. (1985), „Crosslinguistic evidence for the language-making capacity", in: Slobin, D. (Hg.), *The crosslinguistic study of language acquisition*, Bd. 2: *Theoretical issues*, Hillsdale, NJ: Lawrence Erlbaum Associates, 1157–1256.

Tomasello, M. (1992), *First Verbs: A Case Study of Early Grammatical Development*, Cambridge: Cambridge University Press.

Tomasello, M. (1998), *The New Psychology of Language*, Bd. 1: *Cognitive and Functional Approaches to Language Structure*, Mahwah, NJ: Lawrence Erlbaum.

Tomasello, M. (1998b), „Reference: Intending that others jointly attend", *Pragmatics and Cognition*, 6, 219–234.

Tomasello, M. (1998c), „The return of constructions", *Journal of Child Language*, 75, 431–447.

Tomasello, M. (2003), *Constructing a Language: A Usage-Based Approach to Child Language Acquisition*, Cambridge, MA: Harvard University Press.

Tomasello, M./P. Brooks (1999), „Early syntactic development: A construction grammar approach", in: Barrett, M. (Hg.), *The Development of Language*, Psychology Press, 161–190.

Tomasello, M./A. Kruger/H. Ratner (1993), „Cultural learning", *Behavioral and Brain Sciences*, 16, 495–552.

M. Haspelmath

Grammatikalisierung: von der Performanz zur Kompetenz ohne angeborene Grammatik*

1. Positionen

Auf die Frage, ob es eine Sprache hinter dem Sprechen gibt, oder mit anderen Worten, ob es eine Kompetenz hinter der Performanz (gespeichertes Sprachwissen hinter der Sprachverarbeitung) gibt, antworte ich ebenso eindeutig wie praktisch alle meine Linguistenkollegen: Ja, selbstverständlich – ohne gespeichertes Sprachwissen ist systematisches Sprechverhalten kaum denkbar. Innerhalb der Linguistik kontrovers ist dagegen eine andere, verwandte Frage, die ich mit Nein beantworte:

(1) Gibt es eine angeborene Universalgrammatik hinter den 5500 verschiedenen lebenden Sprachen? Ist die Kompetenz zum großen Teil in den menschlichen Genen festgelegt?

Obwohl die Methoden der Linguistik allein kaum ausreichen, diese Frage zu beantworten, haben sich die Linguisten in den letzten Jahrzehnten viel mit dieser Frage beschäftigt. Man kann die Linguisten in zwei Gruppen einteilen, je nach der Antwort, die sie auf diese Frage[1] nach der Universalgrammatik geben: Mit Ja antworten die *Nativisten*, allen voran natürlich Noam Chomsky, der den Begriff der Universalgrammatik in diese Diskussion eingeführt hat. Für diejenigen, die die Universalgrammatik leugnen, gibt es keinen einheitlichen Terminus, aber man könnte sie z.B. *Konstruktivisten* nennen, weil sie

---

* Ich danke Ekkehard König und Sybille Krämer für die Einladung, an der Berliner Ringvorlesung teilzunehmen. R. Winter danke ich für Hilfe bei der Herstellung des Manuskripts, und Pierluigi Cuzzolin hat das Leibniz-Zitat aufgespürt.
1 Eine hervorragende allgemeinverständliche Darstellung der nativistischen Position ist Pinker (1994). Eine Kritik aus konstruktivistischer Perspektive ist Tomasello (1995). Natürlich gibt es nicht nur die extreme nativistische Position und die extreme konstruktivistische Position, sondern eine ganze Skala von Zwischenpositionen, die eine mehr oder weniger große Bedeutung der angeborenen Grundlagen der menschlichen Sprachfähigkeit annehmen: Die Darstellung hier ist stark vereinfacht zugespitzt.

meinen, dass das Kind sich beim Spracherwerb die Grammatik selbst aus dem Input konstruiert. Im Gegensatz zu den Nativisten haben die Konstruktivisten keine charismatische Führungsfigur, und die konstruktivistische Position ist deshalb möglicherweise außerhalb der Linguistik weniger bekannt, aber innerhalb der Linguistik ist diese Gruppe nicht weniger gewichtig.

Wenn wir Konstruktivisten also die angeborene Universalgrammatik leugnen, schließt sich naturgemäß die nächste Frage an: Woher kommt denn die Grammatik, die die Grundlage für das systematische Verhalten der Sprecher ist, wenn sie dem Menschen nicht als Teil seiner artspezifischen Ausstattung angeboren ist? Meine Antwort darauf ist:

(2) Grammatik entsteht als Nebenprodukt des Sprechens in der sozialen Interaktion.

Dieses Entstehen von Grammatik nennt man Grammatikalisierung. Es ist nicht leicht, das Entstehen von Grammatik zu beobachten; vor allem das Entstehen von Grammatik aus dem Nichts, das besonders überzeugend wäre, können wir praktisch nur im Gedankenexperiment verfolgen.

2. Gedankenexperimente

Es bietet sich an, mit unserem Gedankenexperiment an das berühmte Experiment des ägyptischen Königs Psammetich I. anzuschließen, von dem uns Herodot berichtet. Ich rufe es kurz in Erinnerung:

Psammetich wollte die Ursprache der Menschheit entdecken, und weil er viel Macht und wenig moralische Skrupel hatte, ließ er kurzerhand zwei Babys ihren Eltern wegnehmen und von einem stummen Hirten aufziehen, der die strikte Anweisung hatte, die Kinder nicht mit anderen Menschen in Kontakt zu bringen. Der Hirte sollte darauf achten, welches das erste gesprochene Wort der Kinder sein würde. Die Linguisten am Hofe Psammetichs I. hatten offenbar dieses Experiment vorgeschlagen, weil sie in der Eliminierung des Inputs die einzige Chance sahen, die angeborene Ursprache wiederaufzufinden, die anscheinend durch die Vielfalt der historischen Einzelsprachen überlagert worden war. Das erste Wort der Kinder war *bekos,* was im Phrygischen ‚Brot' bedeutete, und König Psammetich schloss daraus, dass das Phrygische die Ursprache der Menschheit gewesen sein musste. Soweit Herodot; spinnen wir nun diese Fabel ein wenig weiter.

Das Wissen über die Ursprache war ein großer Erkenntnisfortschritt für die damalige Linguistik, aber schon ein bis zwei Generationen später hatte sich der Interessenschwerpunkt der ägyptischen Sprachwissenschaftler verlagert: Der Wortschatz galt nun als ein relativ oberflächlicher Teil der Sprachkompetenz, und was man wissen wollte, war, ob auch die Grammatik angeboren sei, und wenn ja, welche Form diese Universalgrammatik hatte. Die Linguisten schlugen also dem König, Psammetich II., Nachfolger Psammetichs I., folgendes Experiment vor: Man solle ein Kind in Isolation aufziehen, ebenso wie im Experiment Psammetichs I., aber das Kind solle nicht völlig ohne sprachlichen Input aufwachsen, sondern nur ohne *grammatischen* Input. Die Nativisten am Hofe des Königs erwarteten, dass unter solchen Bedingungen die Versuchsperson zwar eine Sprache erwerben würde, aber nicht die grammatiklose Sprache ihrer Umgebung, sondern eine Sprache, deren Wörter zwar aus dem reduzierten Input stammen, deren Grammatik aber direkt die angeborene Universalgrammatik widerspiegelt. So könne man unter kontrollierten experimentellen Bedingungen die Entstehung von Grammatik aus dem Nichts beobachten. Die Konstruktivisten am Hofe des Königs dagegen machten die Vorhersage, das Kind werde die Sprache genau in der Form erwerben, in der es sie höre, also ohne Grammatik. Weil die Konstruktivisten der Auffassung waren, dass die Grammatik funktional bedingt ist, erwarteten sie allerdings eine gewisse Störung der Funktionalität; die grammatiklose Sprache werde dem Kind also einen weniger flexiblen, schwerfälligen Ausdruck seiner Ideen erlauben. Das praktische Problem an diesem Experiment war, dass es nicht so leicht war, jemanden zu finden, der eine grammatiklose Sprache mit dem Kind sprechen würde, obwohl die Grundidee einer grammatiklosen Sprache ziemlich einfach ist. Grammatik besteht aus grammatischen Elementen und grammatischen Schemata (bzw. Regeln), und all diese müssen eliminiert werden. Ein Beispiel dafür ist in (3a) zu sehen: der Beginn des Märchens vom Wolf und den sieben Geißlein, das schon im alten Ägypten bekannt gewesen sein mag. Ich habe in der gewöhnlichen deutschen Version (3b) alle grammatischen Elemente unterstrichen, und diese sind in der grammatiklosen Variante (3a) weggelassen. Auch die Wortstellung ist in (3a) völlig regellos.

(3a) Märchen / existier Geiß mal / Junge Geiß sieben / Geiß Junge lieb / Mutter lieb Kinder genauso / mal Wunsch Geiß rausgeh Haus / Zweck besorg Essen Junge / Geiß Junge warn Grund / schleich Wolf manchmal Haus rum / „ich fort Zeit immer nicht aufmach Tür / Zweck nicht reinkomm"

(3b) Es war einmal eine Geiß, die hatte sieben Junge. Sie liebte sie so, wie eine Mutter ihre Kinder lieb hatte. Eines Tages wollte sie aus dem Hause gehen, um ihren Jungen etwas zu essen zu besorgen. Aber weil manchmal der Wolf ums Haus schlich, warnte sie sie: „Macht niemandem die Tür auf, solange ich fort bin."

Man sieht: Obwohl wir es hier natürlich mit einer üblen Karikatur des Deutschen zu tun haben, ist der Text doch relativ gut verständlich. Alle Wörter, die wirklich einen substanziellen Beitrag zum Inhalt des Märchens leisten, sind da, und die Beziehungen der Wörter untereinander kann man im Wesentlichen aus dem Kontext erschließen.

Natürlich fand sich nicht so leicht ein Hirte, der ohne Grammatik zu den Kindern sprechen konnte. Dieses praktische Problem wurde gelöst, indem sich ein Linguistenpaar fand, das bereit war, eine solche grammatiklose Variante des Ägyptischen gründlich zu erlernen und dann bei der Kindererziehung zu verwenden. Praktischerweise war *er* überzeugter Nativist und *sie* überzeugte Konstruktivistin, so dass sich beide Linguisten gegenseitig kontrollierten und keiner mogeln konnte. Damit sich das aufwendige Experiment lohnte, ließ Psammetich II. fünf Babys gleichzeitig von diesem Linguistenpaar aufziehen.

Leider wissen wir nicht, was das Ergebnis dieses Versuchs war, denn alle Veröffentlichungen darüber sind beim Brand der berühmten Bibliothek von Alexandria vernichtet worden. Ich bin aber überzeugt, dass die Konstruktivisten Recht behalten haben: Nach einigen Jahren hatten alle fünf Kinder die grammatiklose Sprache ihrer Erzieher erlernt und konnten sie fließend miteinander sprechen.

Aber dieses aufsehenerregende Forschungsergebnis barg wieder ein Rätsel: König Psammetich II. – so können wir uns vorstellen – fragte seine Hoflinguisten, warum denn dann alle damals bekannten Sprachen eine Grammatik besaßen, wo doch eine grammatiklose Sprache auch erworben werden konnte und offenbar auch einigermaßen funktionierte. Die Linguisten – oder jedenfalls die Konstruktivisten unter ihnen – stellten die Hypothese auf, dass die Grammatik zwar kein biologisch notwendiger Teil der Sprache sei, dass sie sich aber unter normalen gesellschaftlichen Bedingungen quasi automatisch einstelle: Sie meinten, *Grammatik entstehe als Nebenprodukt des Sprechens in der sozialen Interaktion.*

Um diese Theorie zu überprüfen, schlugen sie dem König ein weiteres Experiment vor: Die fünf Kinder sollten auf einer einsamen Insel ausgesetzt werden und zu einem eigenen kleinen Völkchen werden. Nach etwa vier, fünf Generationen werde man sehen, ob sich wie erwartet eine Grammatik herausgebildet habe. König Psammetich II. stimmte zu, und so fuhr das Linguistenpaar mit den fünf Kindern hinaus auf den Ozean jenseits des Roten Meeres. Dort gab es eine unbewohnte Insel ohne wilde Tiere und mit einer Überfülle von Fischen, Vögeln und Früchten, von denen sie sich leicht ernähren konnten. Nach weiteren fünf Jahren waren die grammatiklosen Kinder groß genug, um für sich selbst zu sorgen, und das Linguistenpaar kehrte nach

Ägypten zurück. Hundert Jahre später, unter der Regierungszeit Psammetichs VIII., wollte man nachsehen, was aus der Sprachgemeinschaft geworden war, und schickte ein Schiff zu der Insel jenseits des Roten Meeres, um sich das Ergebnis des Experiments anzuschauen. Und wirklich, die Inselbewohner sprachen nun eine ganz gewöhnliche Sprache mit Grammatik – einer Grammatik, die völlig anders war als die damalige ägyptische Grammatik, aber doch ganz normal für eine menschliche Sprache.

3. Grammatikalisierung

Wie konnten die ägyptischen Linguisten zur Zeit Psammetichs II. in so genialer Weise die richtigen Vorhersagen machen? Das war nur möglich, weil sie eine so gründliche Kenntnis der Prinzipien der Sprachgeschichte hatten. Die ägyptische Schriftsprache war zu jener Zeit bereits zweieinhalbtausend Jahre alt, und die Grundprinzipien der Grammatikalisierungstheorie ließen sich davon abstrahieren.

Die entscheidende Erkenntnis ist die, dass grammatische Elemente und Schemata immer wieder neu aus lexikalischen Elementen und diskursiven Strukturen entstehen.[2] Am leichtesten zu illustrieren ist das für grammatische Elemente, die aus vollen Wörtern oder zumindest aus konkreteren, weniger grammatischen Elementen entstehen. Tabelle 1 zeigt eine Liste von grammatischen Elementen des Deutschen, Englischen und Französischen, deren Herkunft wir ziemlich genau kennen. Die Genitiv-Präpositionen *von*, *of* und *de* stammen ab von einer Präposition mit der räumlichen Bedeutung der Herkunft ('von ... her'), wie besonders deutlich bei französisch *de* zu sehen ist (lateinisch *de* hatte die Genitiv-Bedeutung noch nicht). Die Dativ-Präpositionen *to* und *à* haben sich aus Richtungs-Präpositionen entwickelt; noch im Altenglischen und Lateinischen hatten ihre Vorgänger nur diese konkrete Bedeutung. Die französischen und englischen Futur-Auxiliare (*aller, be going to, will*) waren ursprünglich normale lexikalische Verben mit den Bedeutungen 'gehen' und 'wollen'. Das französische Futur-Suffix *-er(-ai)* ist aus einer Konstruktion mit dem lateinischen Verb *habere* entstanden, die 'sollen' ausdrückte. Das deutsche *Haben*-Präteritum entstammt einer Konstruktion, die ursprünglich ein gegenwärtiges Resultat bezeichnete. Das englische Adverb-Suffix *-ly* geht letztlich auf das Substantiv *lic* 'Gestalt' (vgl. deutsch *Leiche*)

---

2 Allgemeine Darstellungen der Grammatikalisierungstheorie sind Lehmann (1995) und Hopper & Traugott (1993). Meine Darstellung hier beruht auf Haspelmath (1999a), wo ich versuche, eine allgemeine Erklärung für Grammatikalisierung und insbesondere ihre Gerichtetheit zu geben.

Tabelle 1: Die Herkunft einiger grammatischer Elemente

> Genitiv < ‚Herkunft'
> engl. *of*, dt. *von*, frz. *de* < lat. *de* ‚von ... her'
> Dativ < ‚Richtung'
> engl. *to* < altengl. *tô* ‚zu', frz. *à* < lat. *ad* ‚zu'
> Futur < ‚gehen'
> frz. *je vais le faire*, engl. *I'm gonna do it*
> Futur < ‚wollen'
> engl. *I will do it* ‚ich will es tun', *I'll do it*
> Futur < ‚sollen, haben zu'
> frz. *je fer-ai* < *ego facere habeo* ‚ich habe zu tun'
> Präteritum < ‚Resultat'
> dt. *ich habe geschrieben* < ‚mein Schreib-Resultat existiert'
> Art und Weise < ‚Gestalt'
> engl. *earnest-ly* < altengl. *eornost-lice* (cf. *Leiche*)
> definiter Artikel < Demonstrativ
> frz. *il loup* ‚der Wolf' < lat. *ille lupus* ‚jener Wolf'
> indefiniter Artikel < ‚eins'
> engl. *a book* < altengl. *ân bōc* ‚one book'
> Negation < Negationsverstärker
> frz. *je vais pas* < *je ne vais pas* ‚gehe keinen Schritt'

zurück. Der definite Artikel kommt von einem Demonstrativpronomen, und der indefinite vom Zahlwort ‚eins'. Die französische Negationspartikel *pas* geht auf lateinisch *passus* ‚Schritt' zurück, das ursprünglich nur als Negationsverstärker diente.

Nicht in allen diesen Fällen können wir eine wirklich lexikalische Quelle des grammatischen Elements identifizieren, so wie das im Fall der französischen Negationspartikel *pas* möglich ist. In vielen Fällen sind die Ausdrücke so alt, dass sich ihr Ursprung im Dunkel der Vorgeschichte verliert, auch wenn wir die Sprachgeschichte über viele Jahrhunderte hinweg verfolgen können. So geht z. B. die französische Präposition *à* auf lateinisch *ad* zurück, und wie erwartet ist die Bedeutung von *ad* konkreter, weniger grammatisch. Wir nehmen an, dass auch *ad* letztlich auf ein konkreteres Wort, vielleicht ein Substantiv mit der Bedeutung ‚Richtung' oder ‚Seite' zurückgeht, aber wir wissen nichts über die Vorgeschichte. Entscheidend ist, dass praktisch in allen Fällen, die wir beobachten können, ein Wandel von konkreter zu weniger konkret, von weniger grammatisch zu mehr grammatisch stattfindet.

Die Entstehung von grammatischen Schemata oder Konstruktionen ist in mancherlei Hinsicht problematischer und schwieriger zu rekonstruieren, aber auch hier ergibt sich aus vielen individuellen Mosaiksteinchen ein relativ klares Gesamtbild: Grammatische Konstruktionen entstehen aus losen Diskursverbindungen oder aus umständlicheren, komplexeren Konstruktionen.

Zum Beispiel können Relativsatzkonstruktionen aus nebeneinander gestellten Hauptsätzen entstehen, deren zweiter ein anaphorisches Pronomen enthält, wie wir in (4a-b) sehen (der Pfeil „→" ist als „wird zu" zu lesen).

(4a) *Ich suche den Jungen – Der wohnt im Haus nebenan.* →
(4b) *Ich suche den Jungen, der im Haus nebenan wohnt.*

Konditionalsätze können aus Fragesätzen entstehen:
(5a) *Gefällt dir das Geschenk nicht? – Dann gib es zurück.* →
(5b) *Gefällt dir das Geschenk nicht, so gib es zurück.*

Konzessive Konditionalsätze können aus Hauptsätzen entstehen, in denen Gleichgültigkeit ausgedrückt wird:[3]

(6a) *Es ist egal, wo du hingehst – Ich werde mit dir gehen.* →
(6b) *Egal wo du hingehst, ich werde mit dir gehen.*

Ganz allgemein kann man wahrscheinlich sagen, dass Nebensätze letztlich immer aus Hauptsätzen entstehen, die ursprünglich nur locker und ohne grammatische Regeln nebeneinander gestellt waren.

Einfache Prädikate entstehen typischerweise aus Kombinationen von Hauptprädikat und Nebenprädikat. Ursprünglich wird im Englischen Negation einfach durch *not* nach dem Verb ausgedrückt, wie in (7a); das finden wir so noch bei Shakespeare. Dann wurde zunehmend die Umschreibung mit dem Verb *do* verwendet (vgl. 7b) also eine syntaktisch komplexere Konstruktion mit Haupt- und Nebenprädikat, die aber dasselbe ausdrückt. Heutzutage ist die Umschreibung mit *do* die einzige Möglichkeit, und zumeist verschmilzt das Verb *do* mit dem Wort *not* zu *don't* (vgl. 7c). Der Satz hat damit nur noch ein Prädikat.

(7a) *They like not the gift.*
(7b) *They do not like the gift.* →
(7c) *They don't like the gift.*
‚Ihnen gefällt das Geschenk nicht.'

Ähnlich ist die Entwicklung der Fragesatzkonstruktion im Französischen: Ursprünglich wurde das Subjekt immer dem Verb nachgestellt, und in der gehobenen Sprache ist es auch jetzt noch möglich (8a) zu sagen. Umgangssprachlich wird aber viel häufiger eine Umschreibung mit dem Verb *être*

---
3 Diesen Prozess hat König (1992) beschrieben.

‚sein' verwendet. (8b) ist wörtlich übersetzbar als ‚Wohin ist es, dass du gehst?'

(8a) *Où vas-tu?*
(8b) *Où est-ce que tu vas?*
‚Wohin gehst du?'

Heutzutage ist die Kombination *est-ce que* praktisch zu einer speziellen Fragepartikel geworden, und die Fragekonstruktion wird nicht mehr als aus zwei Prädikaten, einem Hauptprädikat und einem Nebenprädikat, bestehend empfunden.

Wir sehen also eine generelle Bewegung von lockeren zu festen und von umfangreichen zu kompakteren Verbindungen: Hauptsatz und Hauptsatz wird zu Haupt- und Nebensatz und Haupt- und Nebenprädikat wird zu einem einfachen Prädikat. Ganz analog – von locker zu fest – ist auch die generelle Entwicklungsrichtung der Wortstellung, was man besonders schön in der Entwicklung vom Latein zu den romanischen Sprachen sieht. Während die lateinische Wortstellung sehr frei war, ist die Wortstellung in den romanischen Sprachen ziemlich streng grammatisch geregelt. Der französische Satz (9b) erlaubt nur diese Stellung der vier Wörter *je, te, le, ferai,* während der entsprechende lateinische Satz praktisch alle Permutationen erlaubt (vgl. 9a). Offenbar ist die im Lateinischen am häufigsten verwendete Stellung zur einzig möglichen geworden.

(9a) *(ego) tibi illud facere habeo/illud facere habeo ego tibi/ ego habeo facere tibi illud/habeo facere illud ego tibi/...* →
(9b) *je te le ferai*
‚ich werde es dir machen'

Diese Beispielliste ließe sich praktisch beliebig verlängern. Die Verallgemeinerungen, die in der Forschung eigentlich nicht umstritten sind, lauten:

(10a) Die überwältigende Mehrheit aller grammatischen Elemente aller Sprachen kann auf ein lexikalisches Ursprungsmodell zurückgeführt werden.
(10b) Die Mehrheit der grammatischen Schemata/Konstruktionen kann auf eine lockerere diskursive oder syntaktische Ausgangsstruktur zurückgeführt werden.

Grammatikalisierung ist also das allmähliche Entstehen von festen Mustern (= grammatischen Schemata) aus lockeren, diskursiven Strukturen und das gleichzeitige Entstehen von abstrakten Elementen (= grammatischen Elementen) aus konkreten Elementen. Metaphorisch könnte man also sagen:

Grammatik ist geronnener Diskurs. Oder, um einen berühmten Ausspruch von Gottfried Wilhelm Leibniz zu variieren: *Nihil est in competentia quod prius non fuerit in performantia.*[4]

Die Einsicht von der zentralen Bedeutung der Grammatikalisierung für das Verständnis der Grammatik ist ziemlich alt, nur ist sie leider verschiedentlich in Vergessenheit geraten. Ganz klar finden sich die zentralen Erkenntnisse der Grammatikalisierungstheorie in der schriftlichen Version eines Vortrags, den Wilhelm von Humboldt im Jahre 1822 in Berlin gehalten hat: „Ueber das Entstehen der grammatischen Formen, und ihren Einfluss auf die Ideenentwicklung".[5]

„Je mehr sich eine Sprache von ihrem Ursprung entfernt, desto mehr gewinnt sie, unter übrigens gleichen Umständen, an Form. Der blosse längere Gebrauch schmelzt die Elemente der Wortstellungen fester zusammen, schleift ihre einzelnen Laute ab, und macht ihre ehemalige selbständige Form unkenntlicher. Denn ich kann die Ueberzeugung nicht verlassen, dass doch alle Sprachen hauptsächlich von Anfügung ausgegangen sind.

... Ich habe bisher nur von grammatischen Formen gesprochen; allein es giebt auch in jeder Sprache grammatische Wörter, auf die sich das Meiste von den Formen geltende gleichfalls anwenden läßt. Solche sind vorzugsweise die Praepositionen und Conjunctionen... Alle haben vermuthlich, nach Horne Tooke's [1786–1805] richtigerer Theorie, ihren Ursprung in wirklichen, Gegenstände bezeichnenden Wörtern."

Allerdings gibt es einige Punkte, die Humboldt noch nicht gesehen hat. Am wichtigsten ist vielleicht die Tatsache, dass Grammatikalisierung ein *zyklischer Prozess* ist, der sich ständig wiederholt. Zu Humboldts Zeit war noch nicht so klar, dass die historische Epoche nur einen kleinen Teil der Menschheitsgeschichte ausmacht, und man meinte, durch ein maßvolles Extrapolieren in die Prähistorie dem Sprachursprung nahe zu kommen. Heute nehmen wir eher an, dass die Entstehung der menschlichen Sprache um die 100.000 Jahre zurückliegt, so dass es völlig unmöglich wird, mithilfe der historischen Linguistik an die Anfänge der Sprache zu gelangen. Die Veränderungen, die wir in den letzten 5.000 Jahren seit den ersten Sprachaufzeichnungen beobachten können, sind also nur ein kleiner Ausschnitt von dem, was sich seit vielen Tausenden von Jahren immer wieder von neuem abspielt.

Eine weitere Eigenschaft der Grammatikalisierung, die Humboldt nicht erwähnt, ist ihre *Gerichtetheit*. Der entgegengesetzte Prozess kommt so gut wie nicht vor. Man könnte sich ja vorstellen, dass zwar alle Affixe und gram-

---

4 *Nihil est in intellectu quod prius non fuerit in sensibus,* ‚Nichts ist im Verstand, was nicht vorher in den Sinnen war' (Gottfried Wilhelm Leibniz, Nouveaux essais sur l'entendement humain, 1765, Buch II.).
5 Humboldt (1822/1985).

matischen Wörter aus vollen konkreten Wörtern entstehen, dass aber umgekehrt auch volle konkrete Wörter aus Affixen entstehen können. Oder dass Konstruktionen mit fester Wortstellung lockerer werden, oder dass eine Unterordnungskonstruktion mit Nebensatz zu einer bloßen Aneihung von Hauptsätzen wird. Solche Veränderungen gibt es aber praktisch nicht – das müssen wir erklären.

Und schließlich ist wichtig, dass Grammatikalisierung in der Regel ein *allmählicher Prozess* ist, der sich über Jahrhunderte hinziehen kann, nicht etwas, das von heute auf morgen geschieht oder von einer Generation zur nächsten. Jede Generation trägt ihren Teil zu den großen Schwingungen des Rades der Sprachgeschichte bei, aber für die einzelnen Sprecher sind diese Veränderungen praktisch nicht wahrnehmbar. Die wirklichen Regularitäten erkennt nur der Sprachhistoriker aus seiner weiten Perspektive.

4. Der soziale Ursprung der Grammatik

Wie erklärt sich nun diese fortwährende Bewegung immer in dieselbe Richtung, der zyklische Wandel von konkret und locker zu abstrakt und fest? Meine These ist, dass die soziale Komponente bei der Grammatikalisierung eine entscheidende Rolle spielt und dass sich die Regularitäten der Grammatikalisierung also letztlich nur aus den Regularitäten der sozialen Interaktion erklären lassen.

Bevor ich zu meiner eigenen Erklärung für die Grammatikalisierung komme, möchte ich noch zwei Erklärungen erwähnen, die man oft hört, die ich aber nicht für überzeugend halte. Erstens heißt es nicht selten, Grammatikalisierung sei darauf zurückzuführen, dass die Sprecher sich in einem kreativen Akt die grammatischen Mittel schaffen, die sie für die effiziente Sprachverwendung brauchen. Das würde jedoch nur funktionieren, wenn die Sprecher sich ihrer grammatischen Bedürfnisse bewusst wären und Sprachwandel absichtlich herbeiführen könnten. Zudem haben ja alle Sprachen Grammatik, und nach der Erklärung vom Grammatikbedürfnis kann man die ständige zyklische Wiederholung der Grammatikalisierung nicht erklären. Eine zweite wenig überzeugende Erklärung ist, dass die Entstehung neuer grammatischer Elemente zur Kompensation des Verlustes der Elemente dient, die aufgrund lautlicher Reduktion verschwunden sind. So ist z. B. immer wieder gesagt worden, dass der Verlust der lateinischen Kasusunterscheidungen durch phonologische Veränderungen in den romanischen Sprachen bedingt ist. Nach dieser Erklärung wurde z. B. die Präposition *ad* nötig (*ad lupum* ‚dem Wolf'), weil sich nach dem Verschwinden des *-m* am Wortende der alte

Dativ *lupo* nicht mehr genügend vom Akkusativ *lupum* unterschied. Diese Erklärung funktioniert vielleicht in diesem speziellen Fall, aber Grammatikalisierung findet nicht nur dann statt, wenn eine frühere Unterscheidung verloren geht. Oft entstehen neue Formen, die ganz friedlich mit den alten koexistieren (z. B. das neue englische *gonna*-Futur mit dem *will*-Futur, vgl. Tabelle 1).

Meine eigene Erklärung ist ganz anders, und vielleicht überraschend. Ich möchte behaupten, dass Grammatikalisierung eine Art *sprachlicher Inflationsprozess* ist.[6] Solche Inflationsprozesse lassen sich auch außerhalb der Grammatik beobachten, wo sie leichter zu verstehen sind. Beginnen wir mit einem hypothetischen Beispiel von einem Königreich, in dem es nur eine Handvoll Großherzöge gibt, aber Dutzende Herzöge. Als die Dinge im Reich einmal nicht so gut laufen und sich unter den Herzögen Unzufriedenheit mit dem König breit macht, kommt der König auf eine geniale Idee: Er verleiht etlichen der Herzöge kurzerhand den Großherzogtitel, und diese sind mächtig stolz auf den neugewonnenen Status und stehen fortan loyal zum König. Das geht zehn Jahre lang gut so, aber dann merken die Großherzöge, dass jetzt, wo es zwei Dutzend Großherzöge gibt, der Großherzogtitel nicht mehr so viel wert ist wie früher. Und auch die verbliebenen Herzöge begehren auf, weil ihr Titel erst recht entwertet ist. Der König ergreift die Flucht nach vorn: Er lässt sich zum Kaiser krönen und macht die wichtigsten Großherzogtümer in seinem Reich zu Königreichen. Es hat sich also eine Spirale in Gang gesetzt, aus der es schwer ist zu entrinnen.

Die Parallelen zum monetären Inflationsprozess sind offensichtlich: Der Nennwert von gesellschaftlich akzeptierten Wertsymbolen wird erhöht, ohne dass der Gesamtsachwert steigt: Das ist genauso, wie wenn die Geldmenge steigt, ohne dass die Gesamtmenge an Waren und Dienstleistungen mitwächst. Das Ergebnis ist ein unaufhaltsamer Verfall des Wertes der Wertsymbole – seien es nun Geldscheine oder Adelstitel. Beide haben gemeinsam, dass man ihren Nennwert auf sehr billige Weise erhöhen kann, wozu die Versuchung immer groß ist. Ein anderes Beispiel, das unserer heutigen Realität entnommen ist, ist die Benennung von höheren Bildungsanstalten. In den 90er Jahren des 20. Jahrhunderts wurden in Großbritannien, in Russland und anderswo viele Fachhochschulen und Pädagogische Hochschulen zu Universitäten umbenannt. Was früher *polytechnic* hieß, heißt heute *university*, und viele der alten Universitäten haben das bis heute nicht verwunden. Angehörige der *University of Sussex* würden am liebsten verschweigen, dass ihre Uni in Brighton liegt, damit man sie ja nicht mit der *University of Brigh-*

---

6 Diese Idee geht auf Dahl (2001) zurück.

ton verwechselt, wie sich das ehemalige *Brighton Polytechnic* nun nennen darf. Und auch in der Bundesrepublik gibt es Kollegen an den Unis, die Wert darauf legen, als „Universitätsprofessor" tituliert zu werden, um sich von den zahlreichen Fachhochschulprofessoren zu unterscheiden.

Meine These ist nun, dass auch Grammatikalisierung sich als Inflationsprozess erklären lässt, bei dem der billige Griff nach einem „wertvolleren" Ausdruck letztlich zum Wertverlust führt, weil die „Warenmenge", d.h. in der Sprache die auszudrückenden Gedanken, gleich bleibt. Ein „wertvoller" Ausdruck ist dabei einer, der semantisch konkreter und formal komplexer ist. Natürlich sind die grammatischen Beispiele nicht so sinnfällig wie der Kontrast zwischen Herzog und Großherzog, oder *polytechnic* und Universität, aber letztlich ist dasselbe Prinzip am Werk, wenn die Sprecher sagen

ad lupum	statt	*lupo*	‚dem Wolf' (Latein),
je ne vais pas	statt	*je ne vais*	‚ich gehe nicht' (Französisch),
je vais le faire	statt	*je le ferai*	‚ich werde tun' (Französisch),
auf Grund von	statt	*wegen*	(Deutsch),
in an admirable fashion	statt	*admirably*	‚bewundernswert' (Englisch),
they do not like	statt	*they like not*	‚ihnen gefällt nicht' (Englisch).

Das Ziel der Sprecher, die einen „wertvolleren" Ausdruck wählen als nötig, ist offenbar, auf sich aufmerksam zu machen und Prestige zu gewinnen. Das ist besonders dann deutlich, wenn einer der Ausdrücke jetzt noch mehr Prestige mit sich trägt (vgl. *auf Grund von* vs. *wegen*, wo ersteres auf die prestigeträchtigere Schriftsprache beschränkt ist). Prestige spielt in allen sozialen Situationen eine wichtige Rolle.

Nun ist es aber so, dass *alle* Sprecher an dem Prestigegewinn partizipieren wollen. Wenn ein Sprecher zum ersten Mal *auf Grund von* sagt, dann klingt das eindrucksvoll, aber er findet ziemlich schnell Nachahmer, und nach einer gewissen Zeit wird der neue Ausdruck so häufig, dass er schon wieder wertlos wird. Was hier geschieht, ist also paradox: Jeder einzelne Sprecher möchte seine eigene Sprache ausdrucksstärker, auffallender, eben in gewisser Weise wertvoller gestalten – aber was dabei auf der Makroebene herauskommt, ist praktisch das Gegenteil: der fortgesetzte Wertverlust der neu eingeführten Wörter und Konstruktionen. Solche paradoxen Prozesse hat Rudi Keller in seinem berühmt gewordenen Buch *Sprachwandel* Invisible-hand-Prozesse genannt,[7] und er hat deutlich gemacht, dass solche Prozesse ohne die Regeln der sozialen Interaktion nicht verstanden werden können.

---

7 Keller 1994.

Auch die Tatsache, dass grammatische Elemente im Laufe der Grammatikalisierung einem drastischen Schrumpfungs- und Verschmelzungsprozess unterliegen, kann man auf diese Weise erklären: Die lautliche Reduktion ist eine natürliche Folge der gesteigerten Häufigkeit, und Häufigkeit von Elementen und Schemata führt automatisch zu stärkerer mentaler Einprägung und damit zur Bildung von festen grammatischen Mustern. Die psychologischen Gesetzmäßigkeiten, die solche Entwicklungen notwendig machen, sind ja hinreichend bekannt.

Mein Fazit ist also, dass Grammatikalisierung soziale Interaktion voraussetzt und dass man die beobachteten Phänomene des Sprachwandels nur auf diese Weise erklären kann. Wie wir bereits am Anfang sahen: *Grammatik entsteht als Nebenprodukt des Sprechens in der sozialen Interaktion.* Weil die Bedingungen, die zu Grammatikalisierung führen, überall präsent sind, ist Grammatikalisierung in allen Sprachen ständig zu beobachten. Die umgekehrte Entwicklung (von fest zu locker, von kompakt zu umfangreich) findet nicht statt, weil Sprecher keine Motivation haben, „wertlosere" Ausdrücke als normal zu verwenden.

Was haben nun die Nativisten zum Thema Sprachwandel und Grammatikalisierung zu sagen?[8] Grammatikentstehung hat aus nativistischer Perspektive nichts mit Sprachwandel zu tun, denn die Grammatik ist im Wesentlichen angeboren. Und Sprachwandel wird nicht mit sozialer Interaktion in Verbindung gebracht. Die Nativisten sehen die Ursache des Sprachwandels in der Diskontinuität der Weitergabe einer Sprache von einer Generation an die nächste. Die Elterngrammatik wird ja nicht direkt in der Grammatik ihrer Kinder abgebildet, sondern die Kinder müssen die Grammatik ihrer Sprache aus dem Sprachgebrauch ihrer Eltern und Umgebung erschließen. Schematisch ist das in (11) dargestellt:

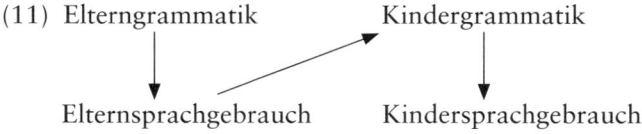

(11) Elterngrammatik   Kindergrammatik

    Elternsprachgebrauch   Kindersprachgebrauch

Bei der Weitergabe der Sprache auf die nächste Generation kann es nun vorkommen, dass die Kinder eine etwas andere Grammatik erschließen als die, die tatsächlich verwendet worden ist, und so kann es zu „Reanalysen" kommen. Ein bekanntes Beispiel aus der englischen Sprachgeschichte ist der Ver-

---

8 Der prominenteste Sprachwandeltheoretiker der Chomsky-Schule ist David Lightfoot, vgl. Lightfoot (1999) (dazu kritisch Haspelmath (1999b)).

lust des anlautenden *n* im Wort für Natter, das jetzt *adder* lautet, früher aber, ähnlich wie im Deutschen, *nadder*. Wenn man nur den Ausdruck *anadder* ‚eine Natter' hört, ist nicht offensichtlich, ob es *a nadder* oder *an adder* heißen muss. Solche Reanalysen sind ohne Zweifel möglich, aber insgesamt sind sie doch sehr selten – die allermeisten englischen Substantive haben noch ihr anlautendes *n-* (*a nail, a name, a nose* usw.).[9] Das gewichtigste Argument gegen dieses Sprachwandelmodell ist, dass sich so die Regularitäten des Sprachwandels nicht erklären lassen: insbesondere die Gerichtetheit der Grammatikalisierung, ihre zyklische Wiederholung, und die Tatsache, dass Grammatikalisierung ein langsamer Prozess ist, der sich über viele Generationen hinziehen kann und doch dieselbe Richtung beibehält. Das Grundproblem der nativistischen Betrachtungsweise ist, dass die sozialen Aspekte des Sprachwandels völlig ignoriert werden und Sprache ausschließlich aus der biologischen Perspektive gesehen wird. Eine solche selbstgemachte Verengung des Wahrnehmungshorizonts kann nur zu schweren Fehlinterpretationen führen.

5. Die Inseln jenseits des Roten Meeres: das reale Experiment

Nachdem ich jetzt meine Theorie der Grammatikalisierung skizziert habe, möchte ich auf die Insel jenseits des Roten Meeres zurückkommen, auf der das bemerkenswerte Experiment Psammetichs II. durchgeführt wurde. Durch eine merkwürdige Wendung der Geschichte traf es sich nämlich, dass auf eben dieser Inselgruppe etwa 2500 Jahre nach Psammetich ein weiteres „Experiment" durchgeführt wurde, über das wir sehr viel mehr wissen. Es übertraf das von Psammetich noch bei weitem an Grausamkeit, obwohl es von christlichen Europäern im Zeitalter der Aufklärung durchgeführt wurde. Und leider können wir es nicht als Legende oder Fabel abtun.

Sie haben es vielleicht schon geahnt: Bei der unbewohnten Inselgruppe jenseits des Roten Meeres handelt es sich natürlich um das Urlaubsparadies Seychellen, wohlbekannt aus den Reisebüro-Katalogen. Die Seychellen wurden um 1750 von Frankreich in Besitz genommen, und im Jahre 1770 landeten die ersten französischen Siedler dort mit afrikanischen Sklaven, um eine Plantagenwirtschaft aufzubauen. Die Afrikaner wurden aus verschiedenen Gegenden Afrikas brutal verschleppt und konnten ihre traditionellen Sprachen nicht bewahren. Die Kreol-Sprache, die sich in dieser Mischgesell-

---

9 Zum Verhältnis von Grammatikalisierung und Reanalyse vgl. Haspelmath (1998).

schaft entwickelte und die noch heute von den über 100.000 Seychellois als Muttersprache gesprochen wird, ist dem Französischen im Wortschatz sehr ähnlich, aber von der französischen Grammatik ist kaum etwas zu finden. In (12.)–(13) sehen wir zwei Beispielsätze, die das gut illustrieren.[10]

(12)   *Ler ou 'n met sa mayok sek, sa mayok*
       wenn du PERF tu den Maniok trocken der Maniok
       i vin lafarin
       PRÄS werd Mehl
       ‚Wenn man den Maniok trocken hineintat, wurde der Maniok Mehl.'
       (Französisch: Quand on mettait le manioc sec (dedans), le manioc devenait de la farine.)

(13)   *Zot pa ti vin isi, son manman ek son papa.*
       sie nicht PRÄT komm hier seine Mama und sein Papa
       ‚Sie kamen nicht hierher, seine Mama und sein Papa.'
       (Französisch: Ils ne venaient pas ici, sa maman et son papa.)

Wer mit dem Französischen vertraut ist, sieht sofort, dass die alte französische Grammatik verschwunden ist: Die alten Tempusendungen sind weggefallen (*met* statt *mettait*, *vin* statt *venaient*), es gibt keine Genus-Unterscheidungen mehr (*son manman* statt *sa maman*), keine Kongruenz am Verb, der alte definite Artikel (*le, la, les*) existiert nicht mehr, und ebenso gibt es keine Spur mehr von den alten klitischen Pronomina (*tu, ils* usw.). Dafür ist aber jede Menge neue Grammatik vorhanden. Tabelle 2 zeigt die neuen grammatischen Elemente, die in den Sätzen (12)–(13) vorkommen, zusammen mit ihrer Herkunft aus französischen Wörtern.

Tabelle 2: Neue grammatische Elemente im Seychellen-Kreol

ler	‚als'	< *l'heure* ‚die Stunde'
ou	‚du'	< *vous* ‚Sie'
'n, fin	Perfekt	< *finir* ‚beenden'
sa	definiter Artikel	< *ça* ‚das' (Demonstrativ)
i	Präsens	< *il*
zot	‚sie'	< *les autres* ‚die anderen'
ti	Präteritum < *était* ‚war'	(*ti vin* < *était à venir*, o. ä.)
ek	‚und'	< *avec* ‚mit'

---

10 Die Beispiele sind aus Michaelis (1993). Abkürzungen in der Interlinearübersetzung: PERF = Perfekt, PRÄS = Präsens, PRÄT = Präteritum.

Das Seychellenkreol und andere, noch bekannter gewordene Kreolsprachen wie etwa das Haiti-Kreol, das Jamaika-Kreol und das Hawaii-Kreol, spielten in den 80er Jahren des 20. Jahrhunderts eine wichtige Rolle in der nativistischen Argumentation für die Universalgrammatik, die vor allem mit dem Namen Derek Bickertons verbunden ist. Bickerton behauptete in seinem Buch *Roots of Language*,[11] dass Kreolsprachen aus Pidginsprachen entstehen, d.h. primitiven Behelfssprachen ohne Muttersprachler und ohne Grammatik. In einer solchen Pidginsprache hätten sich also nach 1770 auf den Seychellen die Franzosen mit den Afrikanern, und später auch die Afrikaner untereinander, unterhalten. Als dann die erste Generation von Kindern aufwuchs, die in ihrer Umgebung nur dieses grammatiklose Pidgin hörten, hätten diese aber nicht dieses grammatiklose Pidgin erworben, sondern eine vollgültige Sprache mit Grammatik, deren Wortschatz aus dem Pidgin entnommen war, deren Grammatik aber das angeborene „Bioprogramm" widerspiegelte (wie Bickerton die Universalgrammatik nannte). Bickertons interessantestes Argument dafür war, dass die verschiedenen Kreolsprachen sich in ihrer Grammatik sehr stark ähneln, was er darauf zurückführte, dass die Kreolsprachen bei ihrer Entstehung alle dieselbe Grammatik hatten. Wir hätten damit also ein reales „Experiment", bei dem wir die Entstehung von Grammatik aus dem Nichts beobachten können.

Das wäre tatsächlich ein hervorragendes Argument für die angeborene Universalgrammatik, aber leider stimmt Bickertons Theorie mit den bekannten Fakten nicht gut genug überein. Zum einen zeigen neuere Forschungen zur historischen Soziolinguistik der Kreolsprachen, dass der Traditionsbruch längst nicht so radikal war wie von Bickerton angenommen und dass man nicht generell davon ausgehen kann, dass Kreolsprachen aus primitiven, grammatiklosen Pidgins entstanden sind.[12] Zum anderen verschwinden viele der angeblich frappierenden Ähnlichkeiten unter den Kreolsprachen bei näherem Hinsehen, oder sie lassen sich durch gemeinsame Beeinflussung durch die afrikanischen Sprachen der Sklaven erklären. Und die neu entstandene Grammatik lässt sich sehr gut durch „beschleunigte Grammatikalisierung" beschreiben.[13] Die Veränderungsprozesse sind letztlich dieselben wie bei normalem Sprachwandel, und dass der Wandel schneller abläuft als normalerweise, ist bei den enormen demografischen Veränderungen, die die gewaltsame Verschleppung und Versklavung der Afrikaner mit sich brachte, auch kein Wunder. Die Veränderungen in Tabelle 2 sind qualitativ

---
11 Bickerton 1981.
12 Chaudenson (1992), Mufwene (2001).
13 Vgl. Plag (1994).

ganz parallel zu den Veränderungen in Tabelle 1: Grammatische Elemente entstehen aus lexikalischen (‚als' aus ‚Stunde', Perfekt aus ‚beenden') oder aus semantisch konkreteren (‚und' aus ‚mit', ‚sie' aus ‚die anderen', neuer definiter Artikel aus Demonstrativ). Auch das zweite Experiment auf den Inseln hinter dem Roten Meer lässt sich also gut als Argument für die Grammatikalisierungstheorie und nicht für die Theorie von der Universalgrammatik interpretieren.

Es gibt noch weitere reale historische Situationen, die sich als relevante Experimente deuten lassen. Eine davon möchte ich kurz erwähnen, weil sie auch in der Linguistik kaum bekannt ist. Es handelt sich um den Erwerb des Esperanto, einer künstlichen Sprache, als Muttersprache.[14] Natürlich wird Esperanto in erster Linie als Nichtmuttersprache verwendet, aber es gibt weltweit zwischen 200 und 400 Familien, in denen die Eltern miteinander Esperanto sprechen und in denen die Kinder Esperanto als eine ihrer Muttersprachen haben. Natürlich ist das Esperanto keine Sprache ohne Grammatik – insofern liegt der Fall hier ganz anders als bei unserem Gedankenexperiment und bei den hypothetischen Pidginsprachen in Bickertons Szenario für die Entstehung von Kreolsprachen. Interessant am Esperanto ist aber, dass seine Grammatik teilweise äußerst eigenartig ist: Das Esperanto hat eine Reihe von grammatischen Eigenschaften, die in keiner natürlichen Sprache zu finden sind, d.h. es verletzt eine Reihe von sprachlichen Universalien. Wenn die sprachlichen Universalien auf die angeborene Universalgrammatik zurückzuführen sind, wie von den Nativisten immer wieder behauptet worden ist, dann sollte man erwarten, dass diese merkwürdigen, unnatürlichen Aspekte der Esperanto-Grammatik nicht erworben werden *können*. Ein solcher Aspekt ist zum Beispiel die konsequente Ableitung von weiblichen Personenbezeichnungen von den entsprechenden männlichen Personenbezeichnungen. Das gilt auch im Fall des Wortes ‚Mutter', das von ‚Vater' abgeleitet ist (*patro* ‚Vater', *patr-in-o* ist ‚Mutter'), so dass man also sozusagen ‚Vaterin' für ‚Mutter' sagt. Eine solche Ableitungsbeziehung zwischen den Wörtern für Vater und Mutter ist aus natürlichen Sprachen nicht bekannt.[15] Ein Konstruktivist würde hier voraussagen, dass die Esperanto-Muttersprachler diese unnatürlichen Aspekte der Grammatik erwerben können, dass aber nach einigen Generationen ungestörter Sprachentwicklung das Esperanto durch Sprachwandel seine unnatürlichen Eigenschaften verlieren würde und zu

---

14 Versteegh (1993).
15 Das Beispiel ist insofern nicht sehr gut, als auch die Nativisten nicht behaupten, dass *alle* Universalien auf die angeborene Universalgrammatik zurückgehen, und das Universale, nach dem ‚Mutter' nie von ‚Vater' abgeleitet ist, würde kaum der Universalgrammatik zugeschrieben werden.

einer ganz normalen Sprache werden würde. Leider sind mir keine empirischen Untersuchungen zum Mutterspracherwerb des Esperanto bekannt, aber aus dieser Richtung könnte in Zukunft interessante Evidenz in der Debatte um die Universalgrammatik kommen.

6. Was ist universal in der Grammatik?

Wenn es nun keine Universalgrammatik gibt, wie ich behaupte, folgt daraus, dass es keine universalen Eigenschaften der Grammatik gibt? Nein, natürlich nicht! Die Universalienforschung hat ja bei der empirischen Suche nach Universalien der Grammatik durchaus Erfolg gehabt, aber diese Universalien sehen anders aus als die, die ein Nativist erwarten würde. Im Fall der grammatischen Elemente ist zum Beispiel oft daran gedacht worden, dass die Menge der grammatischen Kategorien wie Tempus, Präsens, Futur, Numerus, Singular, Plural, Kasus, Nominativ, Akkusativ (usw.) universal und angeboren ist, also zur Universalgrammatik gehört. Die Kategorien sind natürlich nicht in dem Sinne universal, dass alle Sprachen diese Kategorien haben – in dem Sinn ist keine einzige Kategorie universal, wie man leicht zeigen kann. Es gibt Sprachen, die keine Tempus-Unterscheidungen haben, oder keine Numerus-Unterscheidungen oder keine Kasus-Unterscheidungen (usw.), obwohl es wohl keine Sprache gibt, die überhaupt keine grammatischen Kategorien aufweist.

Die Menge der grammatischen Kategorien könnte aber angeboren und universal sein in dem Sinne, dass es eine feste Liste von Kategorien gibt, aus denen eine Sprache auswählen muss. Kategorien, die nicht auf dieser Liste stehen, sind nicht möglich: Sie können nicht erworben werden und können deshalb in keiner Sprache vorkommen. Das ist eine Annahme, die typischerweise von Nativisten gemacht wird.

Das Problem an dieser Auffassung ist, dass sie mit den beobachteten Fakten nicht übereinstimmt. Sicher gibt es eine relativ überschaubare Anzahl von Kategorien, die in den Sprachen der Welt sehr weit verbreitet sind, wie z. B. die Unterscheidung Singular/Plural, Präsens/Präteritum, Maskulin/Feminin. Aber es gibt darüber hinaus eine ziemlich große Anzahl von Kategorien, die sich nur in einer kleinen Minderheit der Sprachen finden. Wenn wir etwa beim Numerus bleiben, so finden wir außer einer Singular-Plural-Unterscheidung in einer ganzen Reihe von Sprachen auch noch einen Dual, also eine eigene Form für die Zweizahl. Eine kleine Gruppe von Sprachen in Ozeanien hat darüber hinaus auch noch einen Trial aufzuweisen, d. h. eine eigene grammatische Form für die Dreizahl. Wenn alle drei Kategorien zur angeborenen

Universalgrammatik gehören, dann fragt es sich, warum der Dual denn so viel seltener ist als der Plural und warum der Trial wieder so viel seltener ist als der Dual. Und damit noch nicht genug: In einer einzigen Sprache, dem Sursurunga in Neu-Guinea, ist bisher auch ein Quadral, eine Form für die Vierzahl, gefunden worden.[16] Auch ein Quadral müsste also zur angeborenen Kategorienliste der Universalgrammatik gehören. Aber wollen wir jetzt wirklich behaupten, dass ein Quinqual oder ein Sexal völlig unmöglich wären? Viel plausibler ist es, dass sie einfach so unwahrscheinlich sind, dass man zwar unter den 5.500 lebenden Sprachen kein Beispiel finden wird, aber dass, wenn es eine Million Sprachen gäbe, sich auch diese Kategorien irgendwo finden würden.

Ein ähnliches Beispiel bieten die Vergangenheitstempora: Neben der einfachen Unterscheidung „Gegenwart/Vergangenheit" hat eine Reihe von Sprachen noch Distanzunterscheidungen in ihrem Tempussystem, also etwa „nahe Vergangenheit/ferne Vergangenheit". Noch seltener sind Tempora, die sich auf spezifische Tage beziehen, also z. B. „heute/vor heute", „gestern/vorgestern". Einzigartig ist das Tempussystem im Kiksht, einer Sprache in Oregon:[17] Dort gibt es eine verbale Tempusunterscheidung zwischen „dieses Jahr" und „letztes Jahr". Wiederum ist es kaum plausibel zu sagen, dass ein solches Tempus in der Universalgrammatik vorgesehen ist, ein eigenes Tempus für „diesen Monat" vs. „letzten Monat" (das bisher noch in keiner Sprache gefunden wurde) jedoch nicht.

Statt noch mehr solcher Beispiele zu bringen, möchte ich schon jetzt die Schlussfolgerung ziehen: Die Annahme, es gebe eine begrenzte Liste von angeborenen grammatischen Kategorien, ist einerseits zu restriktiv, denn man wird immer vereinzelte Sprachen finden, die den gegebenen Rahmen sprengen. Andererseits ist diese Annahme zu wenig restriktiv, denn sie erklärt nicht, warum bestimmte Kategorien so viel häufiger sind als andere.

Um die sprachliche Variation bei grammatischen Kategorien zu erfassen, eignen sich am besten sogenannte „Implikations-Universalien", die dem folgenden Schema folgen: „Für alle Sprachen gilt: Wenn eine Sprache Kategorie B hat, hat sie auch A". In abkürzender Schreibweise sagt man auch einfach: „B > A". Es können auch mehr als zwei Kategorien in einer solchen Implikations-Sequenz vorkommen. Ein Beispiel für eine Implikations-Sequenz im Bereich des Numerus ist (14).

(14) Quadral > Trial > Dual > Plural

---

16 Corbett (2000).
17 Comrie (1985, S. 100).

Das heißt, wenn eine Sprache einen Quadral hat, hat sie auch einen Trial; wenn sie einen Trial hat, hat sie auch einen Dual; und wenn sie einen Dual hat, hat sie auch einen Plural. Das Sursurunga hat alle vier Kategorien; die anderen Sprachen Ozeaniens haben Trial, Dual und Plural; Sprachen wie das Arabische haben Dual und Plural; und Sprachen wie das Deutsche haben nur einen Plural (auch Sprachen ohne Plural gibt es). Was es nicht gibt, sind Sprachen, die nur einen Dual haben, aber keinen Plural, oder Sprachen, die einen Trial und einen Plural haben, aber keinen Dual.

Die weltweit vergleichende Linguistik hat eine ganze Reihe solcher Implikationssequenzen entdeckt, die alle analog funktionieren. Für die Markierung des Objekts gilt z.B. die Sequenz in (15).

(15) Objektmarkierung bei
Sachen > Personen > Namen > Pronomina

Wenn eine Sprache Objektmarkierung bei Sachbezeichnungen hat, dann auch bei Personenbezeichnungen, wenn bei Personenbezeichnungen, dann auch bei Namen und so weiter. Am wahrscheinlichsten ist Objektmarkierung also bei Pronomina, wo selbst das fast ganz kasuslose Englische spezielle Objektformen hat (*him* vs. *he, her* vs. *she*, usw.).

Grammatische Universalien begegnen uns generell nicht in der Form „möglich vs. unmöglich", sondern in der Form „wahrscheinlich vs. weniger wahrscheinlich". Die geeignete Darstellungsart für Universalien ist die Implikations-Sequenz. Je weiter links auf einer solchen Sequenz eine Kategorie steht, desto unwahrscheinlicher ist sie. Die unwahrscheinlichsten Kategorien sind zum Teil so unwahrscheinlich, dass sie noch in keiner Sprache gefunden worden sind. Aber weil die Anzahl der gründlich erforschten Sprachen nicht sehr groß ist, werden immer wieder Sprachen gefunden, die bisher nicht belegte Kategorien und Phänomene besitzen.

Die sprachliche Vielfalt der Erde gibt uns also in erster Linie Hinweise auf unterschiedliche Wahrscheinlichkeiten, nicht so sehr auf das, was in der Sprache möglich und unmöglich ist. Unterschiedliche Wahrscheinlichkeiten der Grammatikalisierung lassen sich aber viel besser durch Regularitäten des Sprachgebrauchs, also der Performanz, als durch eine angeborene Universalgrammatik erklären. Die Gesetzmäßigkeiten der typologischen Variation weisen also genauso wie die Gesetzmäßigkeiten des Sprachwandels auf den Sprachgebrauch als die letztliche Begründung für die Sprachstruktur.

Es gibt natürlich auch einige sehr abstrakte Eigenschaften, die wirklich alle menschlichen Sprachen teilen: Sie alle verwenden diskrete Artikulationen (Laute oder Gesten) als Symbole, haben hierarchische Strukturen, machen keinen Gebrauch von quantifizierenden Regeln und so weiter. Vielleicht sind diese Eigenschaften angeboren, und generell kann natürlich schlecht bestritten werden, dass die menschliche Sprachfähigkeit eine genetische Komponente hat: Menschen haben Sprache wohl nicht nur deshalb, weil sie (wie das Rad) irgendwann erfunden wurde und nicht wieder in Vergessenheit geriet. Irgendwie gehört die Sprache sicher auch zur menschlichen Natur, und nicht nur zu ihrer sozial vermittelten Kultur. Was aber hier bestritten werden soll, ist, dass spezifische grammatische Eigenschaften der Sprache angeboren sind.

7. Schluss

Ich komme also zu dem Schluss, dass Grammatik als Nebenprodukt des normalen Sprachgebrauchs entsteht, und zwar immer wieder von neuem. Kompetenz entsteht im Sprachgebrauch aus Performanz, und es ist nicht nötig, eine angeborene Universalgrammatik anzunehmen. Insofern ist Grammatik ähnlich wie andere mehr oder weniger universale Komponenten einer Sprache, z.B. Fluchwörter und Schimpfwörter.

In diesem Zusammenhang möchte ich nun noch ein letztes reales „Experiment" erwähnen, die Wiederbelebung des Hebräischen als gesprochene Sprache in Palästina und Israel im Laufe des 19. und 20. Jahrhunderts. Dieser Fall ist parallel zu dem schon erwähnten Fall des Esperanto, nur dass er natürlich viel erfolgreicher war und dass er insofern weniger interessant war, als das Hebräische von Anfang an natürlich eine völlig normale Grammatik hatte, die keine besonderen Probleme aufwarf. Was das Hebräische allerdings nicht hatte, waren Fluchwörter und Schimpfwörter, und einige fromme Juden hofften zu Anfang, so wird berichtet,[18] dass nun, wo ihre Kinder die Sprache der heiligen Schriften lernten und sprachen, all dieses schmutzige Vokabular ein für alle mal verbannt sein würde. Sie konnten sich nicht vorstellen, dass man in der heiligen Sprache Hebräisch fluchen und schimpfen könnte wie in den profanen Sprachen Jiddisch, Polnisch und Arabisch. Doch leider, je mehr die jüdische Gesellschaft in Palästina und Israel zu einer normalen Gesellschaft wurde, mit Ober- und Unterschicht, mit Schule und Armee, desto normaler wurde auch das Hebräische. Schon lange kann man auf Hebräisch genauso gut fluchen und schimpfen wie in anderen Sprachen auch. Man wird daraus allerdings nicht schließen wollen, dass es einen angeborenen universalen Fluchwortschatz gebe, und das ist auch gar nicht nötig. Unter den richtigen soziolinguistischen Umständen entsteht so etwas quasi auto-

---

18 Versteegh (1993).

matisch, durch die unbewusste Kreativität der Sprecher. Genauso ist es im Prinzip mit der Grammatik.

Wie konnte es dazu kommen, dass die Linguisten diese Einsicht vergessen konnten und die Kompetenz völlig losgelöst von der Performanz beschreiben und verstehen wollten? Vielleicht liegt ein Teil der Schuld bei Ferdinand de Saussure, der natürlich völlig zu Recht die wichtige konzeptuelle Unterscheidung zwischen *langue* und *parole* (also zwischen Kompetenz und Performanz) betonte, der dann aber auch suggerierte, die *langue* sei völlig unabhängig von der *parole*. So jedenfalls scheint es sich aus seinem Vergleich der Sprache mit einer Symphonie zu ergeben:

„On peut comparer la langue à une symphonie, dont la réalité est indépendante de la manière dont on l'exécute; les fautes que peuvent commettre les musiciens qui la jouent ne compromettent nullement cette réalité." (Saussure 1916/1972, S. 36)
(„Man kann die *langue* mit einer Symphonie vergleichen, deren Realität unabhängig ist von der Art und Weise, wie man sie aufführt; die Fehler, die die ausführenden Musiker machen können, kompromittieren diese Realität in keiner Weise.")

Der Vergleich ist schön, hinkt aber an einer entscheidenden Stelle: Die Aufführung einer Symphonie beeinflusst die Symphonie ja nicht, während, wie wir gesehen haben, die sprachliche Kompetenz ständiger Variation unterliegt und durch die Performanz praktisch kontinuierlich von neuem geschaffen wird. Das wusste auch schon Saussure – er kannte ja die Linguistik des 19. Jahrhunderts gut, die den Einfluss des Sprachgebrauchs auf die sprachlichen Regeln in vielfältiger Weise nachgewiesen hatte. So schreibt er eine Seite weiter im *Cours de linguistique générale*:

„la langue est à la fois l'instrument et le produit de la parole"
(„Die *langue* ist gleichzeitig das Instrument und das Produkt der *parole*").

Leider haben zu viele Sprachwissenschaftler des 20. Jahrhunderts diesen Satz von Saussure nicht beherzigt.

Literaturverzeichnis

Bickerton, Derek (1981), *Roots of language*, Ann Arbor.
Chaudenson, Robert (1992), *Des îles, des hommes, des langues*, Paris.
Comrie, Bernard (1985), *Tense*, Cambridge.
Corbett, Greville G. (2000), *Number*, Cambridge.
Dahl, Östen (2001), „Grammaticalization and the life-cycles of constructions."
    RASK: *Internationalt tidsskrift for sprog og kommunikation* 14 : 91–133.
Haspelmath, Martin (1998), „Does grammaticalization need reanalysis?", in: *Studies in Language* 22.2, S. 49–85.

- (1999a), „Why is grammaticalization irreversible?", *Linguistics* 37.6, S. 1043–68.
- (1999b), „Are there principles of grammatical change?" A review article of [Lightfoot, David, *The development of language: Acquisition, change, and evolution*, Oxford 1999.] *Journal of Linguistics* 35, S. 579–595.

Hopper, Paul und Traugott, Elizabeth C. (1993), *Grammaticalization*, Cambridge.

Humboldt, Wilhelm von (1822/1985), „Ueber das Entstehen der grammatischen Formen, und ihren Einfluss auf die Ideenentwicklung", in: *Über die Sprache: Ausgewählte Schriften*, hg. v. Jürgen Trabant, München 1985 (urspr. 1822), S. 46–73.

Keller, Rudi (1994), *Sprachwandel: von der unsichtbaren Hand in der Sprache*, 2. Auflage, Tübingen.

König, Ekkehard (1992), „From discourse to syntax: the case of concessive conditionals", in: *Who climbs the grammar-tree*, hg. v. Rosemarie Tracy, Tübingen, S. 423–433.

Lehmann, Christian (1995), *Thoughts on Grammaticalization*, München.

Lightfoot, David (1999), *The development of language: Acquisition, change, and evolution*, Oxford.

Michaelis, Susanne (1993), *Komplexe Syntax im Seychellen-Kreol*, Tübingen.

Mufwene, Salikoko (2001), *The ecology of language evolution*, Cambridge.

Pinker, Steven (1994), *The language instinct: How the mind creates language*, New York.

Plag, Ingo (1994), „Creolization and language change: a comparison", in: *Creolization and language change*, hg. v. Dany Adone und Ingo Plag, Tübingen, S. 3–21.

Saussure, Ferdinand de (1916/1972), *Cours de linguistique générale*, hg. v. Tullio de Mauro. Paris 1972 (urspr. 1916).

Tomasello, Michael (1995), „Language is not an instinct", *Cognitive Development* 10, S. 131–56.

Tooke, Home (1786–1805), *Epea pteroenta, or the Diversions of Purley*, 2 parts, London.

Versteegh, Kees (1993), „Esperanto as a first language: language acquisition with a restricted input", *Linguistics* 31, S. 539–555.

J. H. Greenberg

Typologie der grundlegenden Wortstellung
• Verteilung der Grund-Stellungstypen
• Weitere allgemeine Aussagen [Universalien]

Linguisten sind im allgemeinen mit der Tatsache vertraut, daß gewisse Sprachen die Tendenz haben, modifizierende oder beschränkende Elemente konsequent vor die modifizierten oder beschränkten zu setzen, während andere ebenso konsequent das Gegenteil tun. Das Türkische, als Beispiel für den ersten Typ, setzt Adjektive vor die Substantive, die sie modifizieren, stellt das Objekt des Verbs vor das Verb, den abhängigen Genetiv vor das regierende Substantiv, Adverbien vor die Adjektive, die sie modifizieren usw. Solche Sprachen haben außerdem im allgemeinen Postpositionen für Begriffe, die im Englischen durch Präpositionen ausgedrückt werden. Eine Sprache des entgegengesetzten Typs ist Thai, wo die Adjektive dem Substantiv folgen, das Objekt dem Verb, der Genetiv dem regierenden Substantiv folgt und es Präpositionen gibt. Die Mehrzahl der Sprachen ist in dieser Hinsicht nicht so deutlich gekennzeichnet, z.B. Englisch. Hier wie im Thai gibt es Präpositionen, und das nominale Objekt folgt dem Verb. Andrerseits ähnelt Englisch dem Türkischen, insofern das Adjektiv dem Substantiv vorangeht. Außerdem gibt es in der Genetivkonstruktion beide Reihenfolgen: *„John's house"* und *„the house of John"*.

Eingehendere Betrachtung dieser und anderer Stellungsphänomene zeigt bald, daß einige Faktoren in enger Beziehung zueinander stehen, während andere relativ unabhängig sind. Wie sich im weiteren Verlaufe zeigen wird, ist es praktisch, eine Typologie aufzustellen, die gewisse Grundfaktoren der Wortstellung umfaßt. Diese Typologie werden wir die Typologie der grundlegenden Wortstellung nennen. Wir werden drei Gruppen von Kriterien verwenden. Die erste ist die Existenz von Präpositionen im Gegensatz zu Postpositionen. Diese werden durch Pr bzw. Po symbolisiert. Die zweite ist die relative Stellung von Subjekt, Verb, Objekt in Aussagesätzen mit nominalem Subjekt und Objekt. Die große Mehrheit der Sprachen hat verschiedene Stellungen, aber nur eine dominierende. Logisch sind sechs Stellungen möglich: SVO, SOV, VSO, VOS, OSV, OVS. Von diesen sechs kommen aber normalerweise nur drei als dominierende Stellungen vor. Die drei, die überhaupt nicht vorkommen oder zumindest außerordentlich selten sind, sind VOS, OSV und

OVS. Diese haben gemeinsam, daß das Objekt dem Subjekt vorangeht. Dies gibt uns unsere erste allgemeine Aussage [Im Original: „universal" (Universale), L.H.] (A.A):

A.A 1   In Aussagesätzen mit nominalem Subjekt und Objekt ist die dominierende Stellung fast immer eine, in der das Subjekt dem Objekt vorangeht.

Somit verbleiben drei übliche Typen: VSO, SVO und SOV. Wir werden sie mit I, II und III bezeichnen, womit gleichzeitig die relative Stellung des Verbs markiert ist.

Die dritte Basis für die Klassifizierung ist die Stellung der qualifizierenden Adjektiva ... im Verhältnis zum Substantiv. Wie wir später sehen werden, weicht die Stellung der Demonstrative, Numerale, Artikel und der unbestimmten Pronomina wie ‚some' und ‚all' häufig von der der Eigenschaftsbezeichnungen ab. Auch hier gibt es manchmal mehrere Möglichkeiten, aber die ganz überwiegende Mehrheit aller Sprachen hat eine dominierende Anordnung. Wir wollen diejenige mit Adjektiv vor Substantiv mit A und diejenige mit Substantiv vor Adjektiv mit N bezeichnen. Wir kommen so zu einer Typologie, die 2 × 3 × 2, also zwölf logische Möglichkeiten umfaßt. Die für unsere Untersuchung herausgegriffenen dreißig Sprachen verteilen sich auf diese zwölf Klassen wie folgt:

Tabelle 1

	I	II	III	[I:VSO, II: SVO, III: SOV
Po-A	0	1	6	Po-A: Postposition+Adjektiv vor Substantiv
Po-N	0	2	5	Po-N: Postposition+Substantiv vor Adjektiv
Pr-A	0	4	0	Pr-A: Präposition+Adjektiv vor Substantiv
Pr-N	6	6	0	Pr-N: Präposition+Substantiv vor Adjektiv]

Die Tabelle ist so angelegt, daß die ‚extremen' Typen Po-A und Pr-N in der ersten und vierten Reihe stehen. Es ist klar, daß hinsichtlich dieser Extreme I und III polare Typen sind, da I eine starke Bindung an Pr-N und III an Po-A aufweist. Typ II ist stärker verbunden mit Pr-N als mit Po-A. Es ist ferner deutlich, daß die Adjektivstellung weniger eng an die Typen I, II und III gebunden ist als der Pr/Po Gegensatz. Die Tabelle ist, wie ich glaube, eine richtige Darstellung der relativen Häufigkeit dieser Alternativen auf einer weltweiten Basis. Typ II ist der häufigste; Typ III ist fast ebenso verbreitet; Typ I ist entschieden in der Minderheit. Das besagt, daß das nominale Subjekt in der überwältigenden Mehrheit der Sprachen der Welt regelmäßig dem Verb vorangeht.

Wenn wir uns nun einmal kurz der Stellung des Genetivs zuwenden, so ist zu bemerken, daß dieses Charakteristikum auch für die Typologie hätte verwandt werden können. Wir haben es nicht verwandt wegen seiner äußerst hohen Korrelation zu Pr/Po, eine den Linguisten allgemein bekannte Tatsache. Es wäre praktisch mit dem letztgenannten Kriterium zusammengefallen ... Von unseren 30 Testsprachen haben 16[a] Postpositionen, und in jeder von diesen geht der Genetiv dem regierenden Substantiv voran. Von den 14 präpositionalen Sprachen haben 13 den Genetiv hinter dem regierenden Substantiv. Die einzige Ausnahme ist das Norwegische, wo der Genetiv vorangeht. Somit entsprechen 29 von 30 Fällen der Regel; 1/30 ist im übrigen noch eine zu hohe Schätzung des Anteils der Ausnahmen auf weltweiter Basis.

Wir finden also folgende allgemeine Aussage:

A.A 2 In Sprachen mit Präpositionen folgt der Genetiv fast immer dem regierenden Substantiv, während er in Sprachen mit Postpositionen ihm fast immer vorangeht.

Es ist ein schlagender Beweis für die Gesetzmäßigkeit der Beziehungen zwischen den Variablen der Tabelle 1, daß von den 12 Möglichkeiten 5, also fast die Hälfte, in unserer Testgruppe überhaupt nicht vertreten sind. Alle diese Typen sind entweder selten oder nichtexistent. Bei Typ I sehen wir, daß alle 6 Sprachen Pr/N aufweisen. Dies gilt, mit äußerst wenigen Ausnahmen, auch auf weltweiter Basis. Es gibt jedoch ein paar Beispiele für I/Pr/A, sozusagen das Spiegelbild des recht häufigen III/Po/N. Andrerseits gibt es, soviel ich weiß, keine Beispiele für I/Po/A oder I/Po/N. Daher können wir folgende allgemeine Aussage formulieren:

A.A 3 Sprachen mit dominierender VSO-Stellung sind immer präpositional.

Sprachen vom Typ III sind, wie wir sahen, der polare Gegensatz zu Typ I. Ebenso wie es keine postpositionalen Sprachen in Typ I gibt, erwarten wir, daß es keine präpositionalen Sprachen in Typ III gibt. Dies ist ganz überwiegend richtig, aber ich kenne einige Ausnahmen. Da, wie wir sahen, die Genetivstellung weitgehend als Korrelat zu Pr/Po erscheint, werden wir erwarten, daß Sprachen vom Typ III normalerweise die Stellung GN haben. Hiervon gibt es

---

[a] Im Original steht hier fälschlich 14.

einige wenige Ausnahmen. Jedoch: Immer wenn die Genetivstellung abweicht, tut es die des Adjektivs auch, während die entsprechende Feststellung für Pr/Po nicht gilt. Wir kommen also zu folgenden allgemeinen Aussagen:

A.A 4 Mit überwältigend mehr als Zufallshäufigkeit sind Sprachen mit normaler SOV-Stellung postpositional.

A.A 5 Wenn in einer Sprache die SOV-Stellung dominant ist und der Genetiv dem regierenden Substantiv folgt, dann folgt auch das Adjektiv dem Substantiv.

Man kann zwischen Sprachen vom Typ I und III einen wichtigen Unterschied feststellen. Hinsichtlich der verbbezüglichen Adverbien und Phrasen wie auch der satzbezüglichen Adverbien widerstrebt es Sprachen vom Typ I nicht, sie vor das Verb zu setzen, so daß das Verb nicht unbedingt am Anfang des Satzes steht. Ferner haben anscheinend alle VSO-Sprachen alternative Grund-Wortstellungen, unter denen immer SVO vorkommt. In einem beträchtlichen Teil, vielleicht der Mehrzahl, der Sprachen vom Typ III jedoch folgt das Verb allen seinen Modifikanten, und wenn noch eine andere Grund-Wortstellung zugelassen ist, dann OSV. Somit steht das Verb, wenn man von ein paar Satzmodifikanten (z.B. Fragewörtern) absieht, immer am Ende in verbalen Sätzen. Es ist logisch natürlich nicht erforderlich, daß alle Sprachen, deren Grund-Wortstellungen das Verb an dritter Stelle haben, alle Verbmodifikanten vor dem Verb haben müssen, empirisch scheint dies aber zu gelten. Sprachen also, in denen das Verb immer am Ende steht, können wir den „starren" Subtypus von III nennen. Von unseren 30 Testsprachen[a] gehören Burushaski, Kannada, Japanisch, Türkisch, Hindi und Burmesisch zu dieser Gruppe, während Nubisch, Quechua, Baskisch, Loritja und Chibcha nicht dazugehören. Dies gestattet uns, folgende allgemeine Aussagen zu machen.

A.A 6 Alle Sprachen mit dominanter VSO-Stellung haben SVO als eine oder die einzige alternative Grund-Wortstellung.

A.A 7 Wenn in einer Sprache mit dominanter SOV-Stellung keine oder nur OSV als alternative Wortstellung vorhanden ist, dann gehen alle adverbialen Modifikanten des Verbs ebenfalls dem Verb voran. (Das ist der „starre" Subtypus von III).

---

[a] Außer den hier genannten sind es noch: Berber, Finnisch, Fulani, Griechisch, Guarani, Hebräisch, Italienisch, Malaiisch, Maori, Massai, Maya, Norwegisch, Serbisch, Songhai, Suahili, Thai, Walisisch, Yoruba, Zapotec.

[Indem Greenberg nun die verschiedenen einzelnen Stellungstypen I (VSO), II (SVO), III (SOV), Pr (Präposition), Po (Postposition), NG (Genetiv hinter seinem Substantiv), GN (Genetiv vor seinem Substantiv), NA (Adjektiv hinter dem Substantiv), AN (Adjektiv vor dem Substantiv) kombiniert, erhält er $3 \times 2 \times 2 \times 2 = 24$ Möglichkeiten *einheitlicher* Stellung, für die er dann – über das anfängliche „sample" von 30 Sprachen weit hinausgehend – die einzelnen Sprachen als Beispiele der Verwirklichung anführt. Hierbei zeigt sich, daß 9 Kombinationen nicht vorkommen und daß einige Sprachen nicht *einem* Typ zuzuordnen sind. Das Verfahren ist grundsätzlich dasselbe wie das Schleichers bei seiner „apriorischen" Entwicklung der Morphologie des Wortes. (Übers.)]
(...)

Verteilung der Grund-Stellungstypen

1. I/Pr/NG/NA. Keltische Sprachen; Hebräisch, Aramäisch, Arabisch, Altägyptisch, Berber; Nandi[4], Massai[4], Lotuko[4], Turkana[4], Didinga[4]; polynesische Sprachen und wahrscheinlich andere austronesische Sprachen; Chinook[1], Tsimschian[1]; Zapotec, Chinantec, Mixtec und wahrscheinlich andere Oto-Mangue-Sprachen[2].
2. I/Pr/NG/AN. Tagibili und wahrscheinlich andere philippinische austronesische Sprachen; Kwakiutl[1], Quileute[1], Xinca[2].
3. I/Pr/GN/AN. Milpa Alta Nahuatl[2].
4. I/Pr/GN/NA. keine Beispiele
5. I/Po/NG/NA. keine Beispiele
6. I/Po/NG/AN. keine Beispiele
7. I/Po/GN/AN. keine Beispiele
8. I/Po/GN/NA. keine Beispiele
9. II/Pr/NG/NA. Romanische Sprachen, Albanisch, Neugriechisch; westatlantische Sprachen, Yoruba[4], Edo-Gruppe[4], die meisten Sprachen der Benue-Kongo-Gruppe einschließlich aller Bantu-Sprachen; Shilluk[4], Acholi[4], Bari[4], die meisten Sprachen der Tschadgruppe des Hamito-Semitischen, außer Haussa; Neusyrisch; Khasi[5], Nikobarisch[5], Khmer[5], Vietnamesisch, alle Thaisprachen außer Khamti; viele austronesische Sprachen einschließlich Malaiisch; Subtiaba[1].
10. II/Pr/NG/AN. Deutsch, Holländisch, Isländisch, Slowenisch; Efik[4], Kredj[4], Maya[2], Papiamento[3].
11. II/Pr/GN/AN. Norwegisch, Schwedisch, Dänisch.
12. II/Pr/GN/NA. Arapesch (Neuguinea)
13. II/Po/NG/NA. keine Beispiele

14. II/Po/NG/AN. Rutulisch u. a. daghestanische Sprachen im Kaukasus.
15. II/Po/GN/AN. Finnisch, Estnisch; Ijo[4]; Chinesisch; Algonkin[1] (wahrscheinlich), Zoque[2].
16. II/Po/GN/NA. Die meisten Mandingo- und Volta-Sprachen[4], Kru[4], Twi[4], Gã[4], Guang[4], Ewe[4], Nupe[4], Songhai[4], Tonkawa[4], Guarani[3].
17. III/Pr/NG/NA. Persisch, Iraku[4] (Kuschitisch), Khamti (Thai), Akkadisch.
18. III/Pr/NG/AN. keine Beispiele
19. III/Pr/GN/AN. Amharisch[8].
20. III/Pr/GN/NA. keine Beispiele
21. III/Po/NG/NA. Sumerisch, Elamitisch, Galla[8], Kanuri[4], Teda[4], Kamilaroi u. a. südostaustralische Sprachen.
22. III/Po/NG/AN. keine Beispiele
23. III/Po/GN/AN. Hindi, Bengali u. a. arische Sprachen Indiens; Neuarmenisch, Finno-ugrisch außer der finnischen Gruppe; Altaisch, Jukagirisch[5a], Altsibirisch, Koreanisch, Ainu, Japanisch, Gafat[8], Harari[8], Sidamo[8], Chamir[8], Bedauye[8], Nama-Hottentottisch; Khinalug, Abchasisch u. a. Kaukasus-Sprachen; Burushaski[5b], Drawida[5c]; Newari u.a. sino-tibetische Sprachen; Marind-anim[7], Navaho[1], Maidu[1], Quechua[3].
24. III/Po/GN/NA. Baskisch, Churrisch, Urartäisch, Nubisch, Kunama[4], Fur[4], Sandawe[4], Burmesisch, Luschai[5], klassisches Tibetisch, Makassarisch, Bunak (Timor), Kate (Neuguinea), die meisten australischen Sprachen, Haida[1], Tlingit[1], Zuni[1], Chitimacha[1], Tunica[3], Lenca[2], Matagalpa[2], Cuna[2], Chibcha[3], Warrau[3].

Sprachen mit Objekt vor Subjekt

Cœur d'Alène[1]: VOS/Pr/NG/NA.
Siuslaw[1], Coos[1]: VOS und OVS/Po/GN/AN.

Sprachen mit wechselnden Konstruktionen

Geez[8], Bontoc[6], Igorot[6] 1, 2; Tagalog[6] 1, 2, 3, 4; Sango[4] 9, 10; Englisch 10, 11; Litauisch 11, 15 (die Präpositionen sind zahlreicher); Mangbetu[4], Araukanisch[3] 12, 13; Takelma[1] 12, 16 (die Präpositionen sind häufiger); Moru-Madi[4] 13, 16; Tabassaranisch[9] 14, 15; Luiseño[1] 15, 16; Tigre[8] 17, 18, 19, 20; Tigrinja[8] 18, 19; Somali[8], Maba[3] 21, 24; Afar[8], Ekari[7] 23, 24.

Anm.: [1] in Nord-, [2] in Mittel-, [3] in Südamerika, [4] in Afrika (Sudan-Guinea-Gebiet, außer Sandawe), [6] in Südostasien, [5a] in Nordasien, [5b] in Zentralasien, [5c] in Südasien, [6] auf den Philippinen, [7] auf Neuguinea, [8] hamito-semitische Sprachen, zumeist in Abessinien, [9] im Kaukasus.

Weitere allgemeine Aussagen [Universalien]

8. Wenn eine Entscheidungsfrage von der entsprechenden Aussage durch ein Intonationsmuster differenziert wird, dann zählen die distinktiven Intonationsmerkmale eher vom Ende des Satzes an als vom Anfang.
9. Mit weit mehr als Zufallshäufigkeit gilt, daß, wenn Fragepartikeln oder -affixe stellungsmäßig in bezug auf den ganzen Satz spezifiziert sind, solche Elemente am Anfang in präpositionalen, am Ende in postpositionalen Sprachen sich finden.
10. Fragepartikeln oder -affixe, die stellungsmäßig in bezug auf ein besonderes Wort im Satz spezifiziert sind, folgen fast immer diesem Wort. Solche Partikeln kommen nicht vor in Sprachen mit dominanter VSO-Stellung.
11. Inversion der Aussagestellung, so daß das Verb dem Subjekt vorangeht, kommt nur in Sprachen vor, in denen Fragewort oder -phrase normalerweise am Anfang steht. Dieselbe Inversion kommt in Entscheidungsfragen nur vor, wenn sie auch in Fragen mit einem Fragewort vorkommt.
12. Wenn in einer Sprache die Stellung VSO in Aussagesätzen dominant ist, setzt sie in Fragewortfragen die Fragewörter oder -phrasen immer an den Anfang; wenn aber in Aussagesätzen die Stellung SOV dominant ist, gibt es nie eine solche unveränderliche Regel.
13. Wenn das nominale Objekt immer dem Verb vorangeht, dann gehen dem Hauptverb untergeordnete Verbformen ihm auch voran.
14. In bedingten Aussagen ist die normale Ordnung in allen Sprachen, daß der Bedingungssatz der Folgerung vorangeht. (...)
16. In Sprachen mit dominanter VSO-Stellung geht ein flektiertes Hilfsverb immer dem Verb voran. In Sprachen mit dominanter SOV-Stellung folgt ein flektiertes Hilfsverb immer dem Hauptverb.
17. Mit überwältigend mehr als Zufallshäufigkeit haben Sprachen mit dominanter VSO-Stellung das Adjektiv hinter dem Substantiv.
18. Wenn das deskriptive Adjektiv dem Substantiv vorangeht, dann ebenfalls das Demonstrativum und das Numerale mit sehr viel mehr als bloßer Zufallshäufigkeit.
19. Wenn die allgemeine Regel ist, daß das deskriptive Adjektiv folgt, kann es eine Minderheit von Adjektiven geben, die gewöhnlich voranstehen; wenn aber die allgemeine Regel ist, daß deskriptive Adjektive vorangehen, gibt es keine Ausnahmen.
20. Wenn Demonstrativum, Numerale und deskriptives Adjektiv – alle drei oder nur zwei von ihnen – dem Substantiv vorangehen, finden sie sich

immer in dieser Reihenfolge; wenn sie ihm folgen, ist die Reihenfolge entweder dieselbe oder genau umgekehrt.
21. Wenn einige oder alle Adverbien dem Adjektiv, das sie modifizieren, folgen, dann folgt in dieser Sprache das qualifizierende Adjektiv auch dem Substantiv, und das Verb geht seinem nominalen Objekt voran in der dominanten Wortstellung. (...)
25. Wenn das pronominale Objekt dem Verb folgt, dann auch das nominale. (...)
29. Wenn eine Sprache Flexion hat, dann hat sie auch immer Ableitung.
30. Wenn das Verb die Kategorien der Person und Numerus oder des Genus hat, hat es auch immer Tempus und Modus-Kategorien. (...)
38. Wo es ein Kasussystem gibt, ist der einzige Kasus, der nur Null-Allomorphe hat, derjenige, der unter seinen Bedeutungen die des Subjekts eines intransiten Verbs hat. (...)
40. Wenn das Adjektiv dem Substantiv folgt, kennzeichnet das Adjektiv alle flexivischen Kategorien des Substantivs. In solchen Fällen kann dem Substantiv jede sichtbare Kennzeichnung einer oder aller dieser Kategorien fehlen.
41. Wenn in der dominanten Wortstellung einer Sprache das Verb dem substantivischen Subjekt und Objekt folgt, hat die Sprache fast immer ein Kasussystem.
42. Alle Sprachen haben pronominale Kategorien, die mindestens drei Personen und zwei Numeri umfassen.
43. Wenn eine Sprache Genuskategorien im Substantiv hat, hat sie sie auch im Pronomen.
44. Wenn eine Sprache Genus-Unterscheidung in der ersten Person hat, hat sie sie auch immer in der zweiten oder dritten Person oder beiden.

G. Bedeutung

Das Kapitel im Überblick

Die Frage nach der Bedeutung sprachlicher Ausdrücke schließt den Kreis zu den Sprachtheorien aus Kapitel **A**.

Sprachliche Ausdrücke *bedeuten* etwas. Etwas, das wir mehr oder weniger kennen, wenn wir eine Sprache können. Daher funktioniert die Verständigung. Auch wenn das, was die Ausdrücke üblicherweise bedeuten, sich von dem unterscheiden kann, was jemand *meint*, der sie unter bestimmten Umständen äußert. Andererseits lassen Ausdrücke nicht zu, dass mit ihnen Beliebiges gemeint sein kann. Gesagtes bedeutet etwas vor dem Hintergrund dessen, was nicht gesagt wurde und was anders hätte gesagt werden können. Sagen, was wir meinen, können wir nur, wenn wir uns in den ausgearbeiteten Formen und Strukturen der Sprache bewegen. Die Zuordnung oder Unterscheidung von Bedeutung oder Funktion ist das klassische Kriterium für die Konstitution von Formeinheiten.

Bedeutung ist der zentrale Begriff der Semantik. Es wird kaum überraschen, dass darunter Verschiedenes verstanden wird. Meist wird versucht, die Frage nach der Bedeutung indirekt anzugehen:

- Katz schlägt vor, sie durch Fragen nach Synonymie („Bedeutungsgleichheit‘), Ambiguität („Mehrdeutigkeit‘), Folgerung etc. zu ersetzen (Katz 1972: 4ff) (vgl. Wunderlich, in diesem Kapitel);
- Strukturalisten suchen die Bedeutung eines Ausdrucks durch seine Relationen im Netz der Bedeutungen verwandter Ausdrücke oder durch Zerlegung in kleinste semantische Einheiten – sprachintern also – zu klären (vgl. Bierwisch, in diesem Kapitel);
- Behavioristen wie Bloomfield sehen die Bedeutung als nichtsprachliche Vorgänge in der Äußerungssituation (Kapitel **A**);
- Wittgenstein sagt – von Namen ausgehend –, was ein Ausdruck bedeute, zeige sich in seinem Gebrauch in Sprachspielen (vgl. Kapitel **A**);
- Referenzsemantiker konzentrieren sich auf den Weltbezug der Sprache: Eigennamen (*Goethe*) und Kennzeichnungen (*der Autor des „Werther"*) referieren auf Individuen der realen oder einer möglichen Welt, Prädikatsausdrücke charakterisieren oder relationieren sie, Sätze beziehen sich auf mögliche/wirkliche Sachverhalte (ihre Bedeutung ist eine *Proposition*).

Präziser: Sprecher tun dies alles, indem sie die Ausdrücke verwenden. Man kennt die Bedeutung eines Satzes, wenn man weiß, wie die Welt aussieht, in der er wahr ist. Wer die Bedeutung eines Satzes über seine Wahrheitsbedingen konstruiert, muss über die faktische Wahrheit nichts sagen; die ältere einfachere Version bezieht Ausdrücke unmittelbar auf die Welt der Dinge (*res*), die wahrheitsfunktionale Semantik arbeitet mit Bezug und Bedeutung (vgl. Frosch, in diesem Kapitel).

Die skizzierten Versuche umgehen die philosophisch brisante Frage, ob es überhaupt etwas Außersprachliches, womöglich Sprachunabhängiges, gibt, was wir *Bedeutung* oder *Begriff* nennen können, und ob dies den bezeichneten Gegenständen entspricht. Seit dem Mittelalter bestreiten *Nominalisten*, dass es Allgemeinbegriffe gibt, in denen sich reale Objekteigenschaften abbilden – dies ist die den *Realisten* zugeschriebene Position.

Manche betrachten die Bedeutung als mentales Konzept. Frege sah darin das Problem der Intersubjektivität: Wie verständigen wir uns, wenn wir je eigene Vorstellungen ausbilden? Kognitive Semantik und Psychologie versuchen gleichwohl, diese Vorstellungen durch Introspektion und Befragung zugänglich zu machen und Theorien über die mentale Organisation von Kategorien zu entwickeln.

Das Bedeutungsproblem ist so grundsätzlich, dass es sich nicht in ein Kapitel (auch nicht in ein Buch) einsperren lässt. In den Rahmen der Diskussion sind auch die Texte von Wittgenstein (Kap. A), Austin und Grice (B) einzubeziehen, die Gebrauch und Handlung zentral stellen und den Weg zu einer genuin pragmatischen Bedeutungskonzeption bahnen.

Der einführende Text von John Lyons (*1932) skizziert die wichtigsten Bedeutungstheorien mit ihren philosophischen Grundlagen und gibt eine Einschätzung ihrer Relevanz.

In traditionellen wie in strukturalistischen Theorien (de Saussure, Louis Hjelmslev) findet sich die Auffassung, dass Bedeutungen vieler Ausdrucksarten sprachspezifisch in Feldern organisiert sind, d.h. ein Ausdruck wie *rot* im Verhältnis zu anderen Farbwörtern des *Wortfelds ‚farbig'* zu bestimmen ist. Im Strukturalismus wird ferner angenommen, dass Bedeutungen keine Ganzheit bilden (so de Saussure, für den Bedeutung eine mentale Größe ist), sondern in Komponenten (*Seme, semantische Merkmale*) zerlegt werden können (vgl. z.B. Hjelmslev 1972). Die Bedeutung einer lexikalischen Einheit besteht in einer (strukturierten) Menge semantischer Merkmale. Welchen Status diese Merkmale haben, in welchem Verhältnis sie zu natürlichsprachlichen Ausdrücken stehen („Merkmalesisch" (Lewis)) und wie sie in eine satzsemantische Beschreibung eingehen könnten, wurde heftig diskutiert.

Manfred Bierwisch (in diesem Kapitel) stellt den Ansatz der strukturellen Merkmalssemantik am Beispiel des Feldes der Verwandtschaftsbezeichnungen vor.

Der Text von Dieter Wunderlich präsentiert in konziser Form das Konzept der Sinnrelationen zwischen sprachlichen Ausdrücken. In jüngerer Zeit (bes. seit Lyons 1971: Kap.10) werden solche Relationen über die logischen Beziehungen zwischen Sätzen, die die Ausdrücke enthalten, expliziert.

In den Texten des Kapitels verwendete prädikatenlogische Symbole:	
Px	‚Prädikat P trifft auf Variable x zu';
∃ x	‚Es gibt mindestens ein x, für das gilt...';
(x)	‚Für alle x gilt...';
~ Px	‚Es ist nicht der Fall, dass P auf x zutrifft';
Px ∧ Qx	‚Px und Qx' (nur wahr, wenn beide Glieder wahr sind);
Px & Qx	‚Px und Qx' (nur wahr, wenn beide Glieder wahr sind);
Px ⊃ Qx	‚Px impliziert Qx'(die materiale Implikation: nur falsch, wenn der Vordersatz wahr und der Hintersatz falsch ist, sonst wahr);
Px ≡ Qx	‚Px und Qx sind logisch äquivalent'(nur wahr, wenn beide Glieder denselben Wahrheitswert haben);
Px ∨ Qx	‚Px und/oder Qx'(nur falsch, wenn beide Glieder falsch sind, sonst wahr).

Der zweite Text von Wunderlich zeigt, wie eine lexikalische Feldanalyse aussehen kann, nach der Lektüre sollte man die Aufgaben angehen.

Die Psychologin Eleanor Rosch und der Philosoph Hilary Putnam haben etwa Mitte der siebziger Jahre die herrschenden Grundvorstellungen der Semantiker angegriffen. Rosch hat mit sprachpsychologischen Untersuchungen gezeigt, dass die Bedeutung vieler Ausdrücke die Annahme einer Prototypenstruktur erfordert. Diese Struktur hat ein Zentrum mit typischen Vertretern und Randbereiche: Ein ganz bestimmtes Rot vertritt die Kategorie der Röte, typische Vögel sind für uns das Rotkehlchen oder der Spatz, weniger der Strauß und der Pinguin. In der Grammatik hat man Grade von Subjekthaftigkeit oder Nomenartigkeit unterschieden und auch grammatische Kategorien unter dem Aspekt von Prototypen betrachtet. In der *Prototypensemantik* wie in der *kognitiven Semantik* betrachtet man Bedeutungen nicht mehr als fest umrissene, abstrakte Objekte, sondern gibt das klassische Modell von Kategorien, die durch eine Menge gemeinsamer Eigenschaften ihrer Mitglieder bestimmt sind, auf. Stattdessen nimmt man Kategorien an mit mehr oder weniger zentralen Mitgliedern, mit Graden der Zugehörigkeit, „Familienähnlichkeiten" (Wittgenstein stand neben Austin 1968 auch hier Pate).

Eine systematische und kritische Einführung in die Prototypensemantik gibt in diesem Kapitel der Text von Löbner. Es wird deutlich, dass – so einleuchtend die Grundidee sein mag – dieser Ansatz in der Praxis semantischer Beschreibungen durchaus Probleme bereitet. Gerade abstrakte wie auch sehr spezifische Kategorien sind kaum erfassbar. Löbner zeigt auch, inwiefern sich das Modell des Prototyps (bestes Beispiel einer Kategorie (Pferd, Affe, Katze als Säugetier) im Verhältnis zu randständigen (Wal als Säugetier) mit Wittgensteins Konzept der „Familienähnlichkeiten" (Kapitel A) verbinden lässt.

Gottlob Frege (1848–1925) hat die moderne Logik und Referenzsemantik begründet, er steht am Anfang der *analytischen Philosophie* (Dummett 1973, 1988). Die Textauszüge enthalten in knapper Form seine Auffassung des „Gedankens", der Negation, des Konditionals und vor allem seine berühmte Unterscheidung zwischen „Sinn" und „Bedeutung".

Hier ist zu beachten: Frege nennt „Sinn", was heute *Bedeutung* oder *Intension* heißt, und „Bedeutung", was üblicherweise *Gegenstandsbezug*, *Extension* oder *Referenz* eines Ausdrucks genannt wird, vergleiche:

Bedeutung	*Sinn*	Frege
denotation	meaning	Russell
Extension	*Intension*	Carnap
reference	meaning	Quine
Bezug	*Bedeutung*	v. Kutschera

Mit *der Begründer der Generativen Grammatik* und *der Autor von „Counterrevolutionary Violence: Bloodbaths in Fact and Propaganda"* beziehen wir uns auf dieselbe Person (Noam Chomsky), die Ausdrücke haben denselben „Bezug" (Extension). Unterschiedlich ist aber der „Sinn" (Intension, Bedeutung) der Ausdrücke: Mit ihnen ergibt sich ein unterschiedlicher Zugang zum Gegenstand, so wie man mit 4, 8−4, 2^2, 2+2 auf unterschiedliche Weise zu 4 kommen kann. Oder um Freges berühmtes Beispiel zu nehmen: *Morgenstern* bezeichnet den morgens, *Abendstern* den abends besonders hell strahlenden Stern *Venus*. „Sinngleiche" Ausdrücke (*meines Vaters Haus, das Haus meines Vaters*) haben dieselbe „Bedeutung" (Extension). Sinngleichheit wird von Frege sehr eng verstanden. Die „Bedeutung" eines Satzes ist für Frege ein Wahrheitswert, sein „Sinn" ein Gedanke. In der natürlichen Sprache ist der „Sinn" (die Intension) der entscheidende Untersuchungsgegenstand: Der Sprecher kennt „den Sinn", selbst wenn er nicht weiß, welches Ding gemeint ist.

Der Gedanke (geläufiger ist heute die Bezeichnung *Proposition*) ist das, was als wahr oder falsch zu beurteilen, was zu behaupten, aber auch zu erfragen ist, was man in einem *dass*-Satz erwähnen kann (*Hanna lacht, lacht Hanna...* → *dass Hanna lacht*). Der Gedanke wird von Frege nicht als etwas Sprachliches betrachtet, er ist aber in seiner Struktur erst über die Sprache zugänglich; die Bedeutungseigenschaften eines Satzes zeigen die Struktur des Gedankens:

> „Der Satz kann als Abbildung des Gedankens betrachtet werden in der Weise, dass dem Verhältnis vom Teil zum Ganzen bei den Gedanken und Gedankenteilen im großen und ganzen dasselbe Verhältnis bei den Sätzen und Satzteilen entspricht." (Frege 1983:275)

Hier finden wir das *Kompositionalitäts-Prinzip der Bedeutung* (*Frege-Prinzip*) angelegt: Die Bedeutung eines Satzes ergibt sich aus der Bedeutung seiner Teile gemäß ihren syntaktischen Beziehungen. Die Idee ist sicher älter; eine Umsetzung in einer ausgearbeiteten Satzsemantik ist aber erst im zwanzigsten Jahrhundert möglich geworden. Es folgt eine Übersicht zur heutigen Sicht extensionaler und intensionaler Konzepte in der Referenzsemantik:

	Extension	*Intension*
Satz	Wahrheitswert	Gedanke/Proposition
Eigenname/ Kennzeichnung	Gegenstand	Individuenbegriff/ Individuenkonzept
Einstelliges Prädikat	Klasse von Gegenständen	Eigenschaft
mehrstelliges Prädikat	mehrstellige Relation	mehrstellige Eigenschaft

Der Gedanke, dass die Semantik auf den Wahrheitsbegriff oder die Angabe von Wahrheitsbedingungen zu fundieren sei, geht auf Aristoteles zurück; die moderne Konzeption hat der polnische Logiker Alfred Tarski Anfang der dreißiger Jahre begründet („Der Wahrheitsbegriff in den formalisierten Sprachen", in: Berka/Kreiser 1983; eine einfachere Version: „Die semantische Konzeption der Wahrheit und die Grundlagen der Semantik" in Sinnreich 1972).

Im vorliegenden Kapitel diskutieren Tugendhat und Wolf den Ansatz von Tarski, ohne den die logische Semantik nicht zu verstehen ist. Am Ende wird die sprachanalytische Auffassung von Tugendhat kurz vorgestellt (vgl. auch Tugendhat 1976). Zum Text noch eine Erläuterung: Unter *singulären Termini* oder *Termen* versteht man Ausdrücke, die auf individuelle Gegenstände Bezug nehmen: Eigennamen (*Hanna, der Rhein*), Anaphern (*er, sie, es*), persondeiktische Ausdrücke (*ich, du, wir*), Kennzeichnungen (*der höchste Berg Deutschlands, der Blumenladen am Eingang des Hauptbahnhofs*). Ge-

nerelle Termini sind Prädikatsausdrücke wie *rot, Bäcker, schläft;* Prädikate (als semantische Einheiten) charakterisieren Gegenstände: (*Pit*) *ist Bäcker/ schläft/ist blau...* Man kann auch – in Fregescher Redeweise – sagen, ein Gegenstand falle unter einen Begriff (Pit fällt unter den Begriff ‚Bäcker' etc.).

Der bedeutende amerikanische Logiker Richard Montague (1932–1971) hat dem Frege-Prinzip und der Wahrheitsfundierung in seiner Grammatiktheorie Geltung verschafft, indem er Ausdrücke der natürlichen Sprache durch ein System von Übersetzungsregeln mit einer erweiterten Logiksprache verbunden hat, der „intensionalen Logik", die Bedeutung mit *Möglichen Welten* relationiert. Jedem Ausdruck wird eine Intension zugewiesen, die in Abhängigkeit von Möglichen Welten seine Extension liefert. Syntax und Semantik werden parallelisiert. Montagues Aufsätze (vgl. Thomason 1974) erfordern logisches und mengentheoretisches Rüstzeug.

Einen Zugang zur Montague-Semantik eröffnet der Beitrag von Helmut Frosch (in diesem Kapitel).

Das syntaktische Fundament liefert die Kategorialgrammatik. Sie setzt das Kompositionalitätsprinzip um. Unterschieden wird zwischen Grundkategorien wie Nomen (N) oder Satz (S) und Funktorkategorien (als Bruch $\frac{x}{y}$ notiert; wir nehmen hier die üblichere Schreibweise X/Y, lies: „X über Y").

Die Funktorkategorie X/Y ist ungesättigt. Ihre Kategorie beinhaltet, dass sie sich mit einem Ausdruck der Kategorie Y verbindet und daraus ein Ausdruck der Kategorie X resultiert. Dies kann man sich als Kürzung eines Bruchs vorstellen. Die Kombination aus Verb (Funktorkategorie S/N) und Term (Ausdruck mit eigenständigem Gegenstandsbezug, Kategorie: N wie Eigenname oder Nominalphrase) ergibt einen Satz. Dabei handelt es sich um ein einstelliges, einwertiges Verb mit nur einem Komplement. Wir sehen, dass die kategorialgrammatische und die dependentielle Idee (dazu Kap. F, Tesnière) zusammengehen. Ein zweiwertiges Verb hat dann die Kategorie (S/N)/N. Es verlangt zwei Terme oder „Argumente". Ein Funktor, der einen Satz als Argument nimmt, um daraus wiederum einen Satz zu machen, hat die Kategorie S/S.

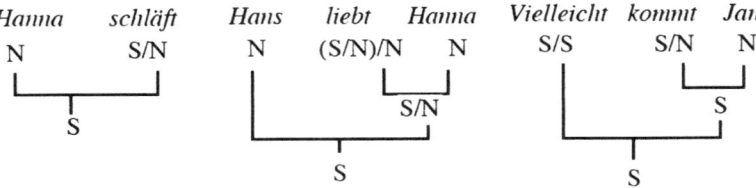

Das Regelschema dieser Syntax sieht so aus:

> Ist einem Ausdruck α die Kategorie X/Y zuzuweisen und einem Ausdruck β die Kategorie Y, so erhält ihre Verbindung α β die Kategorie X.

Die Reichweite des Kompositionalitätsprinzips ist aber begrenzt, denken wir etwa an die Wirkungsweise der Intonation oder an Abtönungspartikeln wie *eh* oder *halt*.

Eine gute Einführung in die Montague-Grammatik geben Dowty/Wall/Peters 1981; zu empfehlen sind ferner Lewis 1974, Cresswell 1979, 1994; Kratzer 1978, Cann 1993. Der Stand der Kunst ist im Handbuch v.Stechow/Wunderlich 1991 repräsentiert; eine einzelsprachlich-grammatische Anwendung findet sich in Zifonun/Hoffmann/Strecker 1997. Einführungen in die kategoriale Syntax sind: Bartsch/Lenerz/Ullmer-Ehrich 1977: Kap.3, Heringer/Strecker/Wimmer 1980: Kap. 5, Lyons 1971:230ff., Frosch 1993, Buszkowski/Marciszewski/van Bentham 1988. Der Klassiker ist Ajdukiewicz 1935.

Zu den logischen Grundlagen: Allwood/Andersson/Dahl 1977 (eher technisch), Tugendhat/Wolf 1983 (eher philosophisch argumentierend); klassische Texte enthalten Berka/Kreiser 1983 (Frege, Gödel, Hilbert, Schönfinkel, Tarski u.a.) und Sinnreich 1972 (u.a. Carnap, Quine, Tarski). Varianten der logischen Semantik sind *Situationssemantik* (Barwise/Perry 1987) und *Diskursrepräsentationstheorie* (Kamp/Reyle 1993).

Als Einführung in die Semantik ist besonders Löbner 2003 zu empfehlen. Weitere Einführungen sind Aitchison 1997, Croft/Cruse 2004, Cruse 1986, Heringer/ Öhlschläger/ Strecker/ Wimmer 1977, Lutzeier 1996, Miller 1994, Wunderlich 1980 (viele Aufgaben). Ein Panorama der Semantik bietet das Handbuch Lyons 1980.

Klassische Aufsätze zur Sprachphilosophie enthalten Harman/Davidson 1972, Sinnreich 1972, Skirbekk 1977 und Wolf 1993. Handbücher zur Lexikographie und Lexikologie sind Hausmann u.a. 1989ff., Schwarze/Wunderlich 1985. Einführend zur historischen Semantik: Fritz 1984; zur Etymologie: Seebold 1981. Wer historisch-semantisch arbeitet, greift auf die einschlägigen Großwörterbücher zurück, z.B. für das Deutsche auf das *Grimmsche Wörterbuch*, für das Englische auf das *Oxford English Dictionary*, für das Italienische auf das *Grande dizionario della lingua italiana* von Battaglia, für das Französische auf den *Trésor de la langue francaise*, für das Niederländische auf das *Wordenboek der Nederlandsche taal* von de Vries et al.

G. Bedeutung

Mit der Frage nach der Bedeutung sind wir zu den sprachtheoretischen Diskussionen zurückgekehrt, die unseren Ausgangspunkt im ersten Kapitel bildeten. Dass wir an ein Ende kommen, war nicht zu erwarten.

Im Netz

http://home.edo.uni-dortmund.de/~hoffmann/Biblios/Semantik.html

Einführungen

J. Aitchison (1987/1997dt.) Wörter im Kopf. Tübingen: Niemeyer
R. Cann (1993) Formal Semantics. Cambridge: University Press
R. Cann/R. Kempson/E. Gregoromichelaki (2009) Semantics. Cambridge: University Press
D.A. Cruse (1986) Lexical Semantics. Cambridge: University Press
D.R. Dowty/R.E. Wall/St. Peters (1981) Introduction to Montague Semantics. Dordrecht: Kluwer
G. Fritz (1998) Historische Semantik. Stuttgart: Metzler
I. Heim/A. Kratzer (1998) Semantics in Generative Grammar. Oxford: Blackwell
H.J. Heringer/G. Öhlschläger/B. Strecker/R. Wimmer (1977) Einführung in die Praktische Semantik. Heidelberg: Quelle und Meyer
R. Keller/I. Kirschbaum (2003) Bedeutungswandel. Berlin/New York: de Gruyter
S. Löbner (2003) Semantik. Eine Einführung. Berlin/New York: de Gruyter
P.R. Lutzeier (1985) Linguistische Semantik. Stuttgart: Metzler
P.R. Lutzeier (1996) Lexikologie. Tübingen: Stauffenburg
J. Lyons (1996) Linguistic Semantics: An Introduction. Cambridge: University Press
G.A. Miller (1994) Wörter. Heidelberg: Spektrum
M. Schwarz/J. Chur (2007^5) Semantik: ein Arbeitsbuch. Tübingen: Gunter Narr
D. Wunderlich (1980) Arbeitsbuch Semantik. Königstein: Athenäum

Handbücher

D.A. Cruse/F. Hundsnurscher/M. Job/P.R. Lutzeier (Hg.) (2002) Lexikologie. HSK 21.1–2. Berlin/New York: de Gruyter
F.J. Hausmann/O. Reichmann/H.E. Wiegand/L. Zgusta (Hg.) (1989–1991) Wörterbücher. HSK 5.1–5.3. Berlin/New York: de Gruyter
J. Lyons (1977/1980dt.) Semantik. Bd.1–2. München: Beck
Chr. Schwarze/D. Wunderlich (Hg.) (1986) Handbuch der Lexikologie. Königstein: Athenäum
A. v. Stechow/D. Wunderlich (Hg.)(1991) Semantik. HSK 6. Berlin/New York: de Gruyter

Wörterbücher

F. Dornseiff (2004[8]) Der deutsche Wortschatz nach Sachgruppen. Berlin/New York: de Gruyter
J. Grimm/W. Grimm (1854–1961) Deutsches Wörterbuch. Leipzig/Stuttgart: Hirzel (Nachdruck 1984, München: dtv)
F. Kluge (2002[24]) Etymologisches Wörterbuch. Berlin/New York: de Gruyter
J.A.H. Murray et al. (1989[2]) The Oxford English Dictionary. Oxford: University Press
H. Paul (2006[10]) Deutsches Wörterbuch. Tübingen: Niemeyer
W. Pfeifer u.a.(1989) Etymologisches Wörterbuch des Deutschen. Berlin: Akademie (Nachdruck 1994, München: dtv)
H. Schumacher (Hg.) (1986) Verben in Feldern. Berlin: de Gruyter

Ausgewählte Literatur

J.L. Austin (1940/1968 dt.) Die Bedeutung eines Wortes. In: R. Bubner (Hg.) Sprache und Analysis. Göttingen: Vandenhoeck und Ruprecht, 117–139
J. Barwise/J. Perry (1983/1987dt.) Situationen und Einstellungen. Berlin: de Gruyter
B. Berlin/P. Kay (1969) Basic Color Terms. Berkeley: University of California Press
R. Carnap (1947/1972dt.) Bedeutung und Notwendigkeit. Wien/New York: Springer
G. Chierchia/S. McConnell-Ginet (1990) Meaning and Grammar. Cambridge: MIT Press
E. Coseriu (1967) Lexikalische Solidaritäten. In: Poetica 1, 293–303
E. Coseriu (1973) Probleme der strukturellen Semantik. Tübingen: Narr
M.J. Cresswell (1973/1979dt.) Die Sprachen der Logik und die Logik der Sprache. Berlin: de Gruyter
M.J. Cresswell (1994) Language in the world. Cambridge: University Press
D. Davidson/G. Harman (Hg.) (1972) Semantics of Natural Languages. Dordrecht: Reidel
D. Davidson (1990) Wahrheit und Interpretation. Frankfurt: Suhrkamp
M. Dummett (1973) Frege: Philosophy of Language. London: Duckworth
K.O. Erdmann (1900/1966[4]) Die Bedeutung des Wortes. Darmstadt: Wiss. Buchgesellschaft
L. Hjelmslev (1958/1972 dt.) In welchem Ausmaß können die Wortbedeutungen als strukturbildend angesehen werden? In: L. Antal (Hg.) Aspekte der Semantik. Frankfurt: Athenäum, 179–196
R. Jackendoff (1990) Semantic Structures. Cambridge: MIT Press
H. Kamp/U. Reyle (1993) From Discourse to Logic. Dordrecht: Kluwer
J.J. Katz (1972) Semantic Theory. New York: Academic Press
F. Kiefer (Hg.) (1972) Semantik und generative Grammatik. Bd. 1–2. Frankfurt: Athenäum
A. Kratzer (1978) Semantik der Rede. Königstein: Scriptor
A. Kripke (1972/1981dt.) Name und Notwendigkeit. Frankfurt: Suhrkamp
G. Lakoff (1987) Women, Fire, and Dangerous Things. Chicago: The University of Chicago Press

R.W. Langacker (1986/1991) Foundations of Cognitive Grammar I–II. Stanford: University Press
E. Leisi (1975⁵) Der Wortinhalt. Heidelberg: Quelle und Meyer
D. Lewis (1972/1974dt.) Prinzipien der Semantik. In: S. Kanngießer/G. Lingrün (Hg.) Studien zur Semantik. Kronberg: Scriptor, 136–197
G. Link (1976) Montague-Grammatik. München: Fink
H. Lohnstein (1996) Formale Semantik und natürliche Sprache: einführendes Lehrbuch. Opladen: Westdeutscher Verlag
P.R. Lutzeier (1981) Wort und Feld. Tübingen: Niemeyer
P.R. Lutzeier (Hg.) (1993) Studien zur Wortfeldtheorie. Tübingen: Niemeyer
P.R. Lutzeier (1996) Lexikologie. Tübingen: Stauffenburg
J. Lyons (1969/1971dt.) Einführung in die moderne Linguistik. München: Beck
M. Mangasser-Wahl (Hg.) (2000) Prototypentheorie in der Linguistik. Tübingen: Stauffenburg
M. Metzeltin (2007) Theoretische und angewandte Semantik. Vom Begriff zum Text. Wien: Praesens
E. Nida (1975) Componential Analysis of Meaning. The Hague: Mouton
C.G. Ogden/I.A. Richards (1923/1974dt.) Die Bedeutung der Bedeutung. Frankfurt: Suhrkamp
M. Pinkal (1985) Logik und Lexikon – Die Semantik des Unbestimmten. Berlin/New York: de Gruyter
P. v. Polenz (1988²) Deutsche Satzsemantik. Berlin/New York: de Gruyter
W. Porzig (1934) Wesenhafte Bedeutungsbeziehungen. In: Beiträge zur Geschichte der deutschen Sprache und Literatur 58, 70–97
H. Putnam (1975) The Meaning of Meaning. In: K. Gunderson (Hg.) Language, Mind and Knowledge. Minneapolis: The University of Minnesota Press, 215–271
W.V. Quine (1960/1980dt.) Wort und Gegenstand. Stuttgart: Reclam
O. Reichmann (1984) Historische Lexikologie. In: W. Besch et al. (1984), 440–460
E. Rosch (1973) Natural categories. Cognitive Psychology 4, 328–350
E. Rosch (1975) Cognitive reference points. Cognitive Psychology 7, 532–547
E. Rosch (1975) Cognitive Representations of Semantic categories. In: Journal of Experimental Psychology: General 104, 192–233
E. Rosch (1978) Principles of categorization. In E. Rosch & B. B. Lloyd (Hg.) Cognition and categorization. Hillsdale, NJ: Erlbaum
L. Schmidt (Hg.) (1973) Wortfeldforschung. Darmstadt: Wiss. Buchgesellschaft
E. Seebold (1981) Etymologie. München: Beck
L. Talmy (2000) Towards a Cognitive Semantics. Vol I–II. Cambridge: MIT Press
R. Thomason (Hg.) (1974) Formal Philosophy: Selected Papers of Richard Montague. New Haven: Yale University Press
J. Trier (1931) Der deutsche Wortschatz im Sinnbezirk des Verstandes. Heidelberg: Winter
St. Ullmann (1957/1967dt.) Grundzüge der Semantik. Berlin: de Gruyter
U. Wolf (Hg.) (1993) Eigennamen. Frankfurt: Suhrkamp

Logik, sprachanalytische Philosophie

K. Berka/L. Kreiser (Hg.) (1983) Logik-Texte. Darmstadt: Wiss. Buchgesellschaft
D.R. Dowty/R.E. Wall/St. Peters (1981) Introduction to Montague Semantics. Dordrecht: Kluwer
G. Frege (1975⁴) Funktion, Begriff, Bedeutung. Göttingen: Vandenhoeck & Ruprecht
G. Frege (1983²) Nachgelassene Schriften. Hamburg: Meiner
G. Frege (1986³) Logische Untersuchungen. Göttingen: Vandenhoeck & Ruprecht
P.R. Halmos (1968) Naive Mengenlehre. Göttingen: Vandenhoeck & Ruprecht
P. Janich (2001) Logisch-pragmatische Propädeutik. Weilerswist: Velbrück
W. Kamlah/P. Lorenzen (1973²) Logische Propädeutik. Mannheim: Bibl. Institut
F. v. Kutschera/A. Breitkopf (1971) Einführung in die moderne Logik. Freiburg: Alber
B. Mates (1969) Elementare Logik. Göttingen: Vandenhoeck & Ruprecht
J.D. McCawley (1981) Everything that Linguists Wanted to Know about Logic. Oxford: Blackwell
A. Newen/E.v. Savigny (1996) Einführung in die Analytische Philosophie. München: Fink
P. Prechtl (1999) Sprachphilosophie. München: Metzler
H. Putnam (1991) Repräsentation und Realität. Frankfurt: Suhrkamp
W.V.O. Quine (1969) Grundzüge der Logik. Frankfurt: Suhrkamp
W.V.O. Quine (1973) Philosophie der Logik. Stuttgart: Kohlhammer
W.V.O. Quine (1976) Die Wurzeln der Referenz. Frankfurt: Suhrkamp
W.V.O. Quine (1960/1980dt.) Wort und Gegenstand. Stuttgart: Reclam
W.V.O. Quine (1987) Quiddities: An Intermittently Philosophical Dictionary. London: Penguin
H. Reichenbach (1947) Elements of Symbolic Logic. New York: Macmillan
E. Runggaldier (1990) Analytische Sprachphilosophie. Stuttgart: Kohlhammer
B. Russell (1971) Philosophische und politische Aufsätze. Stuttgart: Reclam
W. Salmon (1983) Logik. Stuttgart: Reclam
E. v. Savigny (1970) Grundkurs im wissenschaftlichen Definieren. München: dtv
E. v. Savigny (1976) Grundkurs im logischen Schließen. München: dtv
J. Sinnreich (Hg.) (1972) Zur Philosophie der idealen Sprache. München: dtv
M. Spies (2004) Einführung in die Logik. Heidelberg: Spektrum
P. Steckeler-Weithofer (1986) Grundprobleme der Logik. Berlin: de Gruyter
P.F. Strawson (1972) Einzelding und logisches Subjekt. Stuttgart: Reclam
E. Tugendhat/U. Wolf (1983) Logisch-semantische Propädeutik. Stuttgart: Reclam
R. Wall (1973) Einführung in die Logik und Mathematik für Linguisten Bd.1–2. Kronberg: Scriptor
L. Wittgenstein (1921/1963) Tractatus logico-philosophicus. Frankfurt: Suhrkamp
L. Wittgenstein (1953/1984) Philosophische Untersuchungen. Frankfurt: Suhrkamp
T. Zoglauer (2008⁴) Einführung in die formale Logik für Philosophen. Stuttgart: UTB

J. Lyons

Bedeutungstheorien:
- Die Referenztheorie
- Die Ideationstheorie
- Verhaltenstheorie der Bedeutung und behavioristische Semantik
- Strukturelle Semantik
- Bedeutung und Gebrauch
- Wahrheitsbedingungen-Theorien der Bedeutung

2.2 Die Referenztheorie

Die meisten Bedeutungstheorien, die von Linguisten, Philosophen, Psychologen und anderen vertreten wurden, können unter eine der folgenden Überschriften gruppiert werden: Referenztheorie, Ideationstheorie oder behavioristische Theorie (vgl. Alston 1964a). Wie wir gerade bemerkt haben, schließen sich die Kategorien nicht wechselseitig aus; ferner enthält jede von ihnen verschiedene mehr oder weniger gut entwickelte Varianten.

Die **Referenztheorie** hat eine lange Geschichte und wird, wie andere traditionelle Bedeutungstheorien, oft als Teil einer allgemeineren Theorie der Bezeichnung angesehen (vgl. 1.1, 1.5). Man kann sie, ebenso wie die konkurrierende oder komplementäre Ideationstheorie, anschaulich einführen mittels dessen, was in der Literatur unterschiedlich mal **semiotisches Dreieck**, zuweilen Referenzdreieck – beides Bezeichnungen von Gelehrten, die es in neuerer Zeit popularisiert haben, nämlich Ogden & Richards (1923) –, bei Ullmann (1957) dagegen Basisdreieck genannt wird. Das semiotische Dreieck wird hier jedoch in einer allgemeineren Form wiedergegeben als bei Ogden und Richards oder bei dem ihnen hier folgenden Ullmann (siehe Abb. 1.1).

A ist ein sprachlicher Ausdruck – allgemeiner: ein Zeichen –, der einerseits mit B, einer Idee, einem Gedanken oder Begriff und andererseits mit C, dem wofür A steht oder was es bezeichnet, d. h. seinem Referenten, verknüpft ist. Referenztheorien unterscheiden sich von Ideationstheorien darin, daß sie C als Bedeutung von A betrachten.

Die traditionell formulierten Referenztheorien können nach ontologischen oder erkenntnistheoretischen Gesichtspunkten in verschiedene Teilklassen unterteilt werden. Eine derartige Unterteilung basiert auf der alten, immer

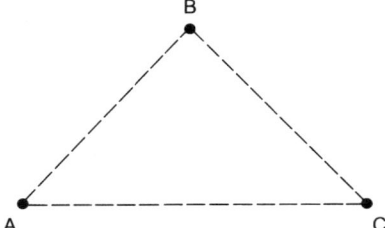

Abbildung 1.1: Das semiotische Dreieck

noch philosophisch und psychologisch kontroversen Unterscheidung von Nominalismus und Realismus. In seiner einfachsten und traditionellsten Form ist der **Nominalismus** die Lehre, daß sprachliche Ausdrücke lediglich Namen für ihre Referenten sind, wobei in dieser Formulierung „lediglich" implizieren soll, daß die Referenten eines Ausdrucks nicht unbedingt mehr miteinander gemeinsam haben als den Namen, den sie tragen. Im Gegensatz zum Nominalismus verwirft der Realismus das „lediglich", aber nicht unbedingt die Gleichsetzung von Bedeutung und Benennung: der **Realismus** vertritt die Ansicht, daß den Referenten eines Namens etwas gemeinsam ist, das über ihr Verknüpftsein mit demselben Ausdruck hinausgeht. Als philosophische Lehre spaltet sich der Realismus in verschiedene rivalisierende Richtungen auf, wobei der platonische Idealismus das eine und der Materialismus des 19. Jhs. das andere Extrem bildet. (Es ist wichtig, den philosophischen Gebrauch von *Realismus* und *Idealismus* nicht mit den populäreren untechnischen Bedeutungen zu verwechseln, die diese Wörter erhalten haben, oder mit den spezifischeren, oft tendenziösen Bedeutungen, die ihnen viele moderne philosophische Systeme zuschreiben.) Wir können hier nicht auf die verschiedenen Spielarten des Realismus eingehen.

Wir wollen lediglich nicht unerwähnt lassen, daß zwischen den beiden Extremen, die wir genannt haben, eine Lehre angesiedelt ist, die für die Entwicklung der modernen semantischen Theorie von großer Wichtigkeit gewesen ist: der **Konzeptualismus**. Er wird gewöhnlich als eine Alternative sowohl zum Nominalismus als auch zum Realismus dargestellt, und für diese Charakterisierung gibt es in der Tat eine gewisse historische Rechtfertigung. Man tut aber wohl besser daran, den Konzeptualismus als verträglich mit bestimmten Versionen sowohl des Nominalismus als auch des Realismus (bezogen auf die hier formulierte Unterscheidung zwischen den beiden Theorien) zu betrachten. Denn der Konzeptualismus lehrt, daß alle Referenten desselben Ausdrucks unter denselben Begriff subsumiert werden (gleichgültig, ob sie als solche etwas gemeinsam haben) und daß Begriffe, sowohl in Gedanken wie in Sprache, zwischen sprachlichen Ausdrücken und dem, was sie bezeichnen, vermitteln. Ein vielzitierter – übrigens sowohl realistischer wie idealistischer – mittelalterlicher Slogan drückt dies folgendermaßem aus: *Vox significat [res] mediantibus conceptibus.* In der hier verwendeten Terminologie kann dies so wiedergegeben werden: „Ein sprachlicher Ausdruck bezeichnet [seine Referenten] mithilfe von Begriffen." In der Terminologie von Abb. 1.1: A bezeichnet C mittels B.

Wir werden auf die Position B des semiotischen Dreiecks erst im folgenden Abschnitt näher eingehen. Bisher haben wir zwei Dinge über die Referenztheorie der Bedeutung gesagt:

(i) Sie unterscheidet sich von der Ideationstheorie nicht dadurch, daß sie B als nichtexistent oder als für den Sprachgebrauch irrelevant verwerfen würde, sondern darin, daß sie C (oder, in manchen Versionen, die Beziehung zwischen A und C) als Bedeutung von A definiert;

(ii) Sie ist neutral gegenüber Nominalismus und Realismus. Die Referenztheorie ist ebenfalls mit der ganz traditionellen Ansicht verträglich – wiewohl sie diese nicht unbedingt impliziert –, daß Ausdrücke ihre Referenten sowohl bezeichnen (sich auf sie beziehen) als auch benennen. Man wird bemerkt haben, daß ich das lateinische *significare* in dem oben zitierten mittelalterlichen Slogan als „bezeichnen" (oder „sich beziehen auf") übersetzt habe. In dem gegenwärtigen Kontext ist dies verteidigbar, aber es bedarf zusätzlicher Erläuterung im Lichte der modernen Referenztheorien.

Was nun aber die Gleichsetzung von **Referenz** und **Benennung** betrifft (und folglich in einer Referenztheorie der Bedeutung auch die Gleichsetzung von Bedeutung und Benennung), so ist heute allgemein anerkannt, daß diese auf einem Trugschluß beruht, trotz ihres Alters und der hervorragenden Bedeutung, der vielen Philosophen, die sie verteidigt haben. Namen sind ihren Trägern, zumindest in vielen Sprachen, willkürlich zugeordnet, nicht aber mittels dessen, was man sich normalerweise als ihre Bedeutung vorstellen würde, falls sie eine haben. Die Arbitrarität der Beziehung zwischen Namen wie z.B. *Johann* und seinem Träger oder seinen Trägern stellt natürlich kein Hindernis für die Gleichsetzung von Referenz (und Bedeutung) und Benennung dar, falls wir den nominalistischen Standpunkt akzeptieren. Aber Eigennamen wie *Johann* scheinen vortheoretisch sehr verschieden zu sein von dem, was traditionell Gattungsname genannt wird, wie zum Beispiel *Junge*. Sie verhalten sich verschieden bezüglich Übersetzung und Paraphrase, und insofern sie überhaupt eine Bedeutung haben, die durch einen standardisierten Wörterbucheintrag definiert werden kann, so ist diese (zumindest in vielen Kulturen) irrelevant für ihre Verwendung als bezeichnende Ausdrücke.

Zum Beispiel könnten wir *Johann* etymologisch glossieren als „Gott ist gnädig gewesen". Es ist schwierig zu sehen, welche andere als diese etymologische Antwort auf die Frage „Was ist die Bedeutung von *Johann*?" gegeben werden könnte. Dennoch hilft die Glosse „Gott ist gnädig gewesen" niemandem, wenn es darum geht, den Namen zu verwenden, ganz im Gegensatz zur Glosse „geschlechtsreifes Weibchen einer Rinderart" für *Kuh*. Tatsächlich ist es zweifelhaft, ob man von Eigennamen zurecht sagen kann, daß sie Bedeutung haben oder daß sie zum Vokabular einer Sprache in demselben Sinne gehören wie dies für Gattungsnamen und andere Lexeme der Fall ist. Wir wollen deswegen die Bedeutung-als-Benennung-Version der Referenztheorie beiseite legen und lediglich feststellen, daß sie historisch sehr einflußreich gewesen ist und ihre Spuren am terminologischen und begrifflichen Rüstzeug des Semantikers hinterlassen hat. Zum Beispiel haben Frege, Russell und Carnap zeitweise ihre Ansichten innerhalb des Rahmens der Bedeutung-als-Benennung-Version der Referenztheorie ausgedrückt.

Es gibt verschiedene unabhängige Gründe, weshalb die Referenztheorie der Bedeutung (zumindest in der einfachen Form, in der die Bedeutung eines Ausdrucks A als sein Referent C definiert wird) abgelehnt werden muß. Der erste und wichtigste Grund ist, daß sie zu einer unorthodoxen und kontraintuitiven Charakterisierung von Bedeutungsgleichheit und Bedeutungsverschiedenheit führt, da (i) derselbe Ausdruck dazu benutzt werden kann, um sich auf verschiedene Entitäten zu beziehen (ohne daß es zu einer Veränderung der Bedeutung des Ausdruckes käme) und (ii) verschiedene (nicht-synonyme Ausdrücke) dazu benutzt werden können, um dieselbe Entität zu bezeichnen. Zum Beispiel kann (i) *mein Vater* oder sogar der Eigenname *John Lyons* beliebig viele Referenten haben, und (ii) könnten *der Held von Verdun* und *der Chef der Vichy-Regierung* beide dazu benutzt werden, um Marschall Pétain zu bezeichnen. Wenn wir sagen, daß (i) *mein Vater* seine Bedeutung nicht mit jedem Wechsel des Referenten ändert oder daß (ii) *der Held von Verdun* eine andere Bedeutung hat als *der Chef der Vichy-Regierung*, dann können wir uns hier auf unseren *common sense* verlassen oder auf mehr oder weniger theorieneutrale Tests wie Paraphrase oder Übersetzung. Wenn sich die Bedeutung von *mein Vater* mit dem Wechsel des jeweiligen Referenten ändern würde, dann könnten wir diesen Ausdruck nicht konsistent durch einen einzigen Ausdruck in andere Sprachen übersetzen, dessen Bedeutung in gleicher Weise variiert, z. B. in *my father, mon père* usw. Und wenn *der Chef der Vichy-Regierung* synonym mit *der Held von Verdun* wäre, dann müßte jeder Ausdruck, der den einen angemessen übersetzt, auch den anderen angemessen übersetzen. Argumente dieser Art gegen die Referenztheorie kann man auf der Basis des gesunden Menschenverstandes entwickeln. Was die

Philosophen aber beeindruckt hat, ist ein verwandtes, erkenntnistheoretisch aber viel weiterreichendes Argument.

Es hat mit der Intersubstituierbarkeit von synonymen und nicht-synonymen Ausdrücken in sogenannten intensionalen oder opaken Kontexten zu tun. Beispielsweise stellt der Skopus von Verben der propositionalen Einstellung (*wissen, glauben* usw.) einen derartigen Kontext dar (vgl. dazu den Artikel 34). Es wird allgemein angenommen – und diese Annahme wird im Kompositionalitätsprinzip (1.4) explizit gemacht –, daß die Substitution von synonymen Ausdrücken füreinander in größeren Ausdrücken, deren Konstituenten sie sind, keinen Einfluß auf die Bedeutung der größeren Ausdrücke haben sollte. Aber Satz (1) hat zweifellos eine andere Bedeutung – und zwar sowohl nach den Kriterien des gesunden Menschenverstandes als auch nach dem Gesichtspunkt der Paraphrasierbarkeit – als Satz (2).

(1) Johann weiß nicht, daß der Held von Verdun der Chef der Vichy-Regierung war.
(2) Johann weiß nicht, daß der Held von Verdun der Held von Verdun war.

Nimmt man ferner an, daß Synonymie durch Wahrheitsbedingungen-Äquivalenz erklärt wird (vgl. 2.8), dann kann leicht bewiesen werden, daß (1) und (2) nicht dieselbe Bedeutung haben können, denn sie haben nicht dieselben Wahrheitsbedingungen.

Im Zuge dieses zweiten Argumentes kam Frege (1892) dazu, seine berühmte, aber terminologisch unglückliche Unterscheidung zwischen **Sinn** und **Bedeutung** zu treffen. Er wählte *Bedeutung* für die Relation, die heutzutage Referenz genannt wird, denn er vertrat eine Referenztheorie der Bedeutung. Anstatt die Theorie im Lichte von Beispielen wie (1) und (2) aufzugeben, verkomplizierte er sie, indem er eine Trennlinie zwischen direkter und indirekter (oder obliquer) Referenz zog. Andere, insbesondere Carnap (1947), haben eine im großen und ganzen vergleichbare begriffliche Trennung innerhalb der Referenztheorie der Bedeutung vollzogen, indem sie zwischen Extension und Intension unterschieden.

Ein dritter Grund, der dafür spricht, wenigstens die geradlinigsten Versionen der Referenztheorie zu verwerfen, ist erst in jüngster Zeit von Philosophen ernst genommen worden, und er ist auch in traditionellen Darstellungen der lexikalischen Semantik nicht mit gebührendem Nachdruck herausgestellt worden. Es geht darum, daß Lexeme – d.h. Worteinheiten der Art, die (in ihrer Zitierform) in konventionellen Wörterbüchern aufgelistet sind – nicht als solche referierende Ausdrücke sind. Diese Tatsache ist in manchen Sprachen (z.B. Latein, Russisch oder Malaiisch) nicht so offensichtlich wie in anderen (z.B. Deutsch, Englisch oder Französisch), wo solche Nomina wie

Kuh im Singular nicht ohne Determinator, Quantor oder Klassifikator benutzt werden können, sollen sie sich auf bestimmte Dinge beziehen. Ganz unabhängig von der grammatischen Struktur einer bestimmten Sprache müssen jedoch Lexeme auf jeden Fall von den referierenden Ausdrücken unterschieden werden, deren Komponenten sie sind oder sein können. Referierende Ausdrücke werden anläßlich bestimmter Äußerungsgelegenheiten nach den grammatischen Regeln einer Sprache gebildet. Sie sind prinzipiell nicht auflistbar, weil sie in einigen – vielleicht sogar allen natürlichen Sprachen – von unendlicher Zahl sind und ihre Referenz typischerweise je nach den Umständen der Äußerung und dem Redeuniversum variiert. Lexeme gibt es dagegen nur endlich viele (und zwar relativ wenige), und die Relationen, in denen sie zu Entitäten in der Außenwelt stehen, variieren nicht mit den Umständen der Äußerung.

Der gerade herausgearbeitete Punkt kann anhand der terminologischen Unterscheidung von **Denotation** und **Referenz** präzisiert werden. Wir wollen sagen, daß das Lexem *Kuh* die Klasse aller Kühe (die jetzt existieren, existiert haben und künftig existieren) denotiert, und daß seine Denotation ein Teil dessen ist, was mit Recht als seine Bedeutung angesehen wird. Ausdrücke wie *diese Kuh, fünf Kühe, diese Kuhherde, Kühe* usw. enthalten das Lexem *Kuh* (in der grammatisch und semantisch angemessenen Form). Kraft ihrer Denotation und der Bedeutung der anderen Komponenten, mit denen sie kombiniert sind, haben sie einen bestimmten Referenzbereich bzw. ein Referenzpotential. Worauf sie sich aber tatsächlich beziehen, wenn sie als referierende Ausdrücke verwendet werden, wird vom Kontext bestimmt. Es sei in diesem Zusammenhang darauf hingewiesen, daß *Kuh* zwar die Klasse der Kühe denotiert, aber dennoch nicht zur Referenz auf diese Klasse benutzt werden kann. Zu diesem Zweck müssen wir die Pluralform verwenden (die allerdings auch viele andere Verwendungen hat) oder zusammengesetzte Ausdrücke (wie etwa *die Klasse der Kühe*). Es ist ferner eine Feststellung wert, daß nicht einmal Eigennamen (in vielen natürlichen Sprachen und Kulturen, in denen sie fungieren) mit einem einzigen Referenten verknüpft sind, der durch alle möglichen Äußerungskontexte hindurch konstant ist.

Damit sollte deutlich geworden sein, daß die sogenannte Referenztheorie der Bedeutung in ihrer einfachsten und traditionellsten Form von einer Konfusion dessen, was wir bei der Interpretation der AC-Relation in Abb. 1.1 als Denotation und Referenz unterschieden haben, profitiert. Dies impliziert nicht, daß es prinzipiell unmöglich ist, eine elaboriertere Version dieser Theorie zu entwickeln, in der denotationelle und referentielle Bedeutung korrekt unterschieden und dann systematisch aufeinander bezogen werden. Jede Theorie dieser Art würde wahrscheinlich Referenz eher zur Äußerungsbedeutung (die vielleicht nicht vollständig kompositionell ist: vgl. 1.5) als zur Satzbedeutung rechnen.

Jede solche Theorie hätte sich auch dem Problemkreis zuzuwenden, für den Frege seine Sinn-Bedeutung-Unterscheidung eingeführt hat. Sowohl Referenz als auch Denotation sind, so wie sie hier eingeführt wurden, von ihrer Natur her extensional und nicht intensional. Im Zusammenhang mit solchen Tatsachen wie die der Nicht-Synonymie von denotationell äquivalenten, zusammengesetzten, nicht-referierenden Ausdrücken (wie etwa *ungefiederter Zweifüßler* und *vernunftbegabtes Lebewesen*, um ein Standardbeispiel zu benutzen) kann man sich deshalb nicht auf die Unterscheidung von Referenz und Denotation berufen. Eine elaboriertere Version der sogenannten Referenztheorie der Bedeutung könnte prinzipiell mit diesen und ähnlichen Phänomenen fertig werden, indem sie das, was traditionell als die **Intension** eines Ausdrucks beschrieben wurde, als Variation der **Extension** in den verschiedenen möglichen Welten interpretiert. Dies haben Montague und seine Nachfolger getan (siehe 2.8 und Artikel 7). Montagues Bedeutungstheorie ist nur eine verfeinerte Version dessen, was traditionell etwas ungenau Referenztheorie der Bedeutung genannt wurde.

2.3 Die Ideationstheorie

Der **Ideationstheorie** brauchen wir weniger Raum zu widmen. Dies nicht deshalb, weil sie weniger wichtig als die Referenztheorie ist oder gewesen ist, sondern einfach deswegen, weil sich vieles, was in 2.2 gesagt wurde, übertragen läßt. Ebenso wie die Referenztheorie tritt die Ideationstheorie in verschiedenen Gestalten auf. Sie unterscheidet sich von ihr darin, daß sie in Abb. 1.1 nicht C, sondern B als Bedeutung von A ansieht.

Die Ideationstheorie der Bedeutung ist nachweislich die traditionellste aller Theorien, sowohl in der Linguistik als auch in der Philosophie. Zahllose Generationen von Schülern sind über die Jahrhunderte hinweg mit Satzdefinitionen aufgezogen worden, die sich auf die Kriterien der grammatischen Wohlgeformtheit und der semantischen Vollständigkeit berufen und die den Begriff der semantischen Vollständigkeit – vollständig oder für sich sinnvoll zu sein – dadurch umschrieben, daß der Satz einen einzelnen selbständigen Gedanken, eine Idee, ausdrückt. In der westlichen Tradition können alle derartigen Definitionen auf die von Priscian und seiner griechischen Vorläufer zurückgeführt werden (vgl. 1.2, 1.5). Obwohl diese Definitionen nicht notwendigerweise die Satzbedeutung mit dem Gedanken oder der Idee, die der Satz ausdrückt, gleichsetzen müssen, so wird in der Tradition dennoch Satzbedeutung auf diese Weise erklärt. Was die lexikalische Bedeutung betrifft, so wird diese mit den einfacheren, unvollständigen Gedanken oder Ideen identifiziert, welche mit Wörtern oder Phrasen verknüpft sind. Diese Gedanken oder Ideen werden auch **Begriffe** genannt.

Auf den ersten Blick ist die Ideationstheorie der Bedeutung sehr viel attraktiver als die Referenztheorie, denn sie ermöglicht es uns, einerseits zwischen Bedeutung und Referenz, andererseits zwischen Intension und Extension zu unterscheiden. Wenn wir die konzeptualistische Betrachtungsweise der Bedeutung annehmen (die wir mit Nominalismus, Realismus oder einer dazwischen liegenden Mischung der beiden kombinieren können: vgl. 2.2) können wir die beiden Unterscheidungen in einer zusammenfallen lassen: Wir können sagen, daß die Bedeutung eines Ausdrucks die Intension der Klasse ist, die er bezeichnet, und daß die Intension der Begriff, Gedanke oder Idee ist, die mit dem Ausdruck im Geist des Sprechers der fraglichen Sprache verknüpft ist. Diese Betrachtungsweise ist, wie wir gesehen haben, in die scholastische Analyse der Referenz als Bezeichnung integriert. Diese Sehweise hat außerdem sowohl die linguistische Semantik als auch die Sprachphilosophie der nachscholastischen Periode bis in das 20. Jh. hinein beherrscht. In diesem Zusammenhang ist darauf hinzuweisen, daß „die klassische Formulierung der Ideationstheorie" des im 17. Jh. lebenden Empiristen John Locke – *The use, then, of words is to be sensible marks of ideas; and the ideas that they stand for are their proper and immediate signification* [„Der Gebrauch der Worte besteht darin, wahrnehmbare Zeichen von Ideen zu sein; und die Ideen, wofür sie stehen, sind ihre eigentliche und unmittelbare Bedeutung"] – nicht wesentlich verschieden ist von Formulierungen der mittelalterlichen Scholastiker oder von Lockes rationalistischen Zeitgenossen (vgl. Alston 1964a). Die Ideationstheorie der Bedeutung ist von Nominalisten und Realisten vertreten worden, und auch von Rationalisten und Empiristen.

Der Umstand, daß sie so lange überlebt hat (und wahrscheinlich noch immer die populärste Bedeutungstheorie unter Nicht-Spezialisten ist), ist der praktischen – wissenschaftlich aber nicht wünschbaren – Vagheit solcher Wörter wie *Idee*, *Gedanke* und *Begriff* zu verdanken. Wenn man unter **Idee** in diesem Zusammenhang etwas wie „Bild" versteht, dann kann man wenigstens die Vorstellung nachvollziehen, daß die Bedeutung von Wörtern wie *Baum*, *Tisch* oder *Berg* das verallgemeinerte oder schematische Bild von Bäumen, Tischen und Bergen ist, das von den Personen geteilt wird, die die Bedeutung dieser Wörter kennen. Tatsächlich sind die Verhältnisse selbst in bezug auf die Dinge, von denen wir uns ein mentales Bild machen können, wenn wir wollen oder müssen, nicht so selbstverständlich, wie wir gerade suggeriert haben. Auch ist keineswegs klar, daß solche Bilder eine Rolle beim

Erwerb, bei der Speicherung oder beim Gebrauch der fraglichen Wörter spielen. Wie dem auch sein mag, klar ist, daß die überwältigende Mehrzahl der Wörter in den Vokabularen von natürlichen Sprachen keine Klassen von mental visualisierbaren Entitäten wie Bäume, Tische und Berge darstellen. Wenn aber die Idee (oder der Begriff) kein mentales Bild ist, welche andere Art von mentaler Entität ist sie (bzw. er) dann?

Es fehlt nicht an Theorien dessen, was gemeinhin Begriffsbildung genannt wird, und einige dieser Theorien sind von Psychologen entworfen worden und durch experimentelle Ergebnisse gestützt worden. Das Problem besteht jedoch darin, daß solche Theorien lediglich das Wort *Begriff* anstelle von *Bedeutung* verwenden, ohne es unabhängig zu charakterisieren. Wenn die Ideationstheorie irgendeinen Erklärungswert haben soll, dann müssen zwei Bedingungen erfüllt sein: (1) es muß möglich sein, festzustellen, ob eine bestimmte Idee, [ein] Gedanke oder Begriff im Kopf ist, wenn ein Wort in einem bestimmten Sinn benutzt wird, ohne einfach zu schließen, daß diese Idee, dieser Gedanke oder Begriff deswegen im Kopf ist, weil wir wissen, was das Wort bedeutet; (2) es muß gezeigt werden, daß es ein notwendiger Bestandteil der Kenntnis der Bedeutung eines Wortes ist, die betreffende Idee (Gedanke oder Begriff) zu haben. Es ist bemerkenswert, daß die von Linguisten, Philosophen, Psychologen und anderen bisher entwickelten Ideationstheorieen der Bedeutung diese beiden Bedingungen nie erfüllt haben.

Aus dem gerade Gesagten folgt nicht, daß mentale Repräsentationen und mentale Prozesse der verschiedensten Art keine Rolle bei der Sprachverwendung spielen würden (obwohl, wie wir sehen werden, die Behavioristen und andere Antimentalisten diesen Schluß gezogen haben: 2.4). Sie spielen im Gegenteil ganz offensichtlich eine Rolle. Was zur Frage steht, ist, ob die Bedeutungen von Wörtern, Phrasen, Sätzen usw. mit mentalen Entitäten, seien sie mentale Bilder oder nicht, identifiziert werden können – im striktesten Sinne von „Identifikation" –, und, falls dies möglich ist, ob eine nicht zirkuläre Bestimmung der Rolle solcher mentalen Entitäten bei der Explikation von Denotation und Referenz einerseits und sprachinternen Erscheinungen wie Synonymie, Folgerung, Paraphrase usw. andererseits möglich ist. Nicht nur traditionelle Ideationstheorien der Bedeutung, sondern auch moderne generativistische Versionen, die auf der Zerlegung von Wörtern in ihre atomaren begrifflichen Komponenten beruhen – Theorien von der Art, wie sie von Katz & Fodor (1963) und Katz (1972) in die Linguistik eingeführt wurden – fallen den heute allgemein akzeptierten Standardeinwänden gegen die Ideationstheorie zum Opfer. Bis zu dem Zeitpunkt, wo die angeblich atomaren Begriffe explizit mithilfe der Begriffe Denotation und Referenz interpretiert worden sind – sofern dies möglich ist –, bleiben diese Zerlegungen sogar geheimnisvoller als die Bedeutungen von Wörtern und Phrasen, die sie erklären sollen (vgl. Lewis 1970 und Artikel 2 und 4).

Ein letzter Punkt sollte beleuchtet werden. Wir haben an früherer Stelle gesagt, daß die Ideationstheorie zunächst insofern attraktiv ist, als sie die Möglichkeit bietet, zwischen Bedeutung und Referenz (Freges *Sinn* und *Bedeutung*) zu unterscheiden und/oder zwischen Intension und Extension. Weiteres Nachdenken zeigt aber bald, daß die Theorie, so wie sie traditionell dargestellt wird, den obengenannten Unterschied zwischen der kontextunabhängigen referentiellen Bedeutung eines Lexems wie *Kuh* und der kontextabhängigen referentiellen Bedeutung von zusammengesetzten Ausdrücken wie *die Kuh* nicht zu behandeln vermag. Wenn es einen allgemeinen Begriff ‚Kuh' gibt, der als Intension des Lexems *Kuh* dient und auch seine Extension (d.h. seine Denotation) bestimmt, dann muß es auch einen besonderen Begriff ‚diese Kuh' geben, der als Intension der Phrase *die Kuh* dient und deren Extension (d.h. ihre Referenz) festlegt. Traditionelle Darstellungen der Ideationstheorie der Bedeutung machen den Fehler, daß sie nicht dem Umstand Rechnung tragen, daß die Unterscheidung zwischen dem Allgemeinen und dem Besonderen, dem Kontextunabhängigen und dem Kontextabhängigen, quer zu der Unterscheidung zwischen Bedeutung und Referenz auf der einen und der zwischen Intension und Extension auf der anderen Seite verläuft.

2.4 Verhaltenstheorie der Bedeutung und behavioristische Semantik

Unter **Verhaltenstheorie der Bedeutung** verstehe ich jede Bedeutungstheorie, die auf der Auffassung beruht, daß Sprache nichts anderes als Verhalten ist, das öffentlich beobachtbar und seinem Wesen nach vollständig physikalisch ist, das ferner ausreichend beschrieben werden kann, sowohl was seine Form als auch was seine Bedeutung betrifft, ohne die Existenz solcher nicht-physikalischen oder mentalistischen Entitäten wie Ideen, Begriffe oder Intentionen zu postulieren. Unter **behavioristischer Semantik** verstehe ich die speziellere Variante einer Verhaltenstheorie der Bedeutung, die explizit auf der psychologischen Theorie der Bedeutung beruht, die von J.B. Watson (1924) und seinen Anhängern entwickelt wurde.

Eine einflußreiche Verhaltenstheorie der Bedeutung, die allerdings nicht behavioristisch ist, war die von Ogden und Richards (1923), deren sogenanntes Basisdreieck in allgemeinerer Form in Abschnitt 2.2 wiedergegeben wurde. Wie die meisten Verhaltenstheorien der Bedeutung ist sie eine kausale Theorie der Bedeutung: dies bedeutet, daß sie behauptet, daß Wörter und

Äußerungen kausal mit den Situationen verbunden sind, in denen sie vorkommen und daß ihre Bedeutung von dieser kausalen Verbindung abhängt. Was die Referenz betrifft (die für Ogden und Richards eine Art von Bedeutung ist), so behauptet die Theorie, daß der Referent (d.h. C in Abb. 1.1) B verursacht (d.h. im Kopf des Sprecher/Hörers einer gegebenen Sprache den Begriff B hervorruft) und daß B A verursacht (d.h. eine Äußerung der Form A, beziehungsweise den Ausdruck A, hervorbringt).

Bemerkenswert an dieser Analyse der Bezeichnung oder Bedeutung ist, daß sie, obwohl sie hinreichend traditionell darin ist, daß sie die Beziehung zwischen A und C als indirekt und konventionell ansetzt, die Kausalitätsrichtung hinsichtlich der vermittelnden Relation, die zwischen B und C besteht, umkehrt. Traditionell wird die Sprache als Ausdruck oder äußerliche Kundgabe des Denkens angesehen; und von Gedanken oder Begriffen glaubt man, daß sie im Geist entstehen, und zwar entweder unverursacht oder durch andere Gedanken verursacht, nicht aber durch äußere Gegenstände, Ereignisse oder Situationen. Alle Verhaltenstheorien der Bedeutung tendieren dazu, die Sichtweise von Ogden und Richards zu teilen, worin sich ihre Verpflichtung zum Physikalismus zeigt. Der Umstand daß Ogden und Richards solche Termini wie *Idee* oder *Begriff* im Hinblick auf B benutzen, bedeutet nicht, daß ihre Theorie eine Ausnahme zu der gerade aufgestellten Generalisierung darstellt. Wenn man sie gedrängt hätte, würden sie ohne Zweifel argumentiert haben, daß scheinbar mentalistische Termini wie *Geist, Begriff* oder *Idee* bloße Platzhalter (oder intervenierende Variablen, um einen Begriff der späteren Behavioristen zu benutzen) sind, die man mit dem Fortschritt der Wissenschaft zu gegebener Zeit durch offensichtlich eher nicht-mentalistische Termini ersetzen könne, die sich auf Gehirnabläufe und Nervenaktivität beziehen würden. (Tatsächlich diskutieren Ogden und Richards Referenz aus einer psychologischen Sicht, die heutzutage als überholt und simplistisch angesehen würde, nämlich auf der Basis der von ihnen so genannten Engramme: hypothetische physikalische Gedächtnisspuren im Gehirn.)

Die Ansicht, daß die Sprache einfach eine bestimmte Art von kommunikativem Verhalten ist, war unter Linguisten der ersten Hälfte des 20. Jh. weit verbreitet. Wenige von ihnen sind allerdings so weit wie Bloomfield gegangen, der nicht nur für eine Verhaltenstheorie der Bedeutung, sondern für eine im engeren Sinne behavioristische Semantik plädiert hat. Für ihn besteht die Bedeutung einer Äußerung in ihren *Reiz-Reaktions-Merkmalen* (1926:155) oder, anders formuliert, in „der Situation, in welcher der Sprecher sie äußert und in der Reaktion, die sie bei dem Hörer hervorruft" (1933:139). Die Schlüsseltermini sind „Reiz" [*stimulus*] und „Reaktion" [*response*], beide aus der behavioristischen Psychologie übernommen. Hier wird die Ansicht vertreten, daß Be-

deutung in letzter Instanz durch bedingte Reaktionen auf Umweltreize erklärbar ist, die zwar komplexer als die bedingten Reflexe von Pawlows speichelproduzierendem Hund, in ihrer Art aber nicht verschieden davon sind. Jede behavioristische Lerntheorie beruht auf diesem Begriff von Konditionierung.
[...]

2.5 Strukturelle Semantik

[...]
Der Terminus **strukturelle Semantik** ist selbstverständlich nicht widersprüchlich, wenn man den allgemeineren Sinn von *strukturell* zugrunde legt. Er bezeichnet ganz einfach jeden Ansatz zur Erforschung der Bedeutung (in der Sprache), der auf dem Prinzip beruht, daß Sprache (genauer: Sprachsysteme – Saussures *langues*) abstrakte Strukturen sind, deren Elemente ihre Identität (ihr Wesen und ihre Existenz) von den substitutionellen und kombinatorischen Beziehungen herleiten, die zwischen ihnen bestehen (d.h. um die Saussuresche Terminologie zu benutzen, von ihren paradigmatischen und syntagmatischen Beziehungen). Wir müssen hier keine ausführliche Darstellung des Strukturalismus in der Linguistik liefern (vgl. Lyons 1980: 242–261; 1983b: 198–207). Es möge hier die Feststellung genügen, daß der strukturelle Standpunkt in der Semantik erst später eingenommen wurde als in anderen Zweigen der theoretischen und deskriptiven Linguistik wie etwa der Phonologie, daß aber sein Einfluß in einem großen Teil der interessantesten Arbeiten zur Semantik der letzten fünfzig Jahre sichtbar ist.

Was die zeitgenössische Forschung zur Semantik betrifft, so ist ein guter Teil davon *de facto* sowohl nach Methode als auch Geist strukturalistisch, obwohl die betreffenden Forscher vielleicht manchmal erstaunt wären, so charakterisiert zu werden. Zum Beispiel hat die lexikalische Komposition, wie sie von Katz & Fodor (1963) und ihren Anhängern innerhalb des Rahmens der Chomskyschen Grammatik praktiziert wurde oder wie sie von Dowty (1979) auf der Grundlage der Montague-Grammatik betrieben wurde, in den USA ihre historischen Vorläufer in den Schriften von Gelehrten wie Goodenough (1956) oder Lounsbury (1956) und in Europa in den Schriften von Hjelmslev (1956) oder Jakobson (1936) – um nur einige der herausragendsten und einflußreichsten zu nennen. [...]

Heutzutage ist weitgehend anerkannt, daß die komponentielle Analyse der lexikalischen Bedeutung und erst recht der grammatischen Bedeutung zu unüberwindlichen Schwierigkeiten sowohl theoretischer wie deskriptiver Art führt, wenn sie mit einer oder mehreren der folgenden Annahmen verknüpft ist:

(i) daß die letzten Komponenten der Bedeutung universell sind (d.h. sowohl sprach- wie kulturunabhängig);

(ii) daß die Bedeutung eines jeden beliebigen Wortes irgendeiner Sprache ausschließlich und präzise als mengentheoretische Funktion seiner letzten Komponenten dargestellt werden kann;

(iii) daß die komponentielle Analyse der Bedeutung eines Wortes eine intensionale Definition der Klasse der Entitäten liefert, die unter seine Extension fallen.

Jede dieser Annahmen war seit langem verdächtig, und besonders (iii) ist in jüngster Zeit auf sehr originelle Weise von Philosophen wie Putnam (1975) auf der einen und Psychologen wie Rosch (1974, 1976) auf der anderen Seite angegriffen worden. Sie haben mit starken Argumenten überzeugend nachgewiesen, daß die Wörter für sogenannte natürliche Arten wie *Tiger* oder *Zitrone* eher über ihre prototypische Bedeutung als über eine Reihe von notwendigen und hinreichenden Bedingungen, die ihre Extension definieren, verstanden werden (vgl. Lyons 1981a: 69–71). Ihre Argumente können für den Großteil des Vokabulars verallgemeinert werden.

Nicht alle strukturellen Semantiker sind Vertreter der Komponentenanalyse gewesen. Insbesondere scheint keiner von den Entdeckern des **Wortfeldbegriffes** – Ipsen (1924), Jolles (1934), Porzig (1934), Trier (1934) – die Möglichkeit ins Auge gefaßt zu haben, die Struktur solcher Felder komponentiell zu beschreiben. Es blieb ihren Nachfolgern vorbehalten, die Theorie in dieser Richtung zu entwickeln (vgl. Coseriu & Geckeler 1974; Lehrer 1974). Den Feldtheoretikern ging es mehr darum, den allgemeinen strukturalistischen Grundsatz zu betonen, daß die Bedeutung eines Wortes das Produkt seiner Beziehungen zu den Nachbarwörtern desselben Feldes ist: daß z.B. die Bedeutung von *Stuhl* das Produkt seiner Relationen zu solchen anderen Wörtern wie *Sessel, Hocker, Möbel, Sofa, Couch, Bank* usw. ist und nur mithilfe dieser Relationen analysiert oder beschrieben werden kann.

In den klassischen Formulierungen der Wortfeldtheorie gibt es vieles, was zurecht kritisiert werden kann: ihr Vertrauen auf hochgradig räumliche Metaphern; ihr exzessiver Relativismus; ihre konzeptualistische Ontologie usw. (vgl. Lyons 1980: 261–271). Es kann jedoch kaum bestritten werden, daß die Feldtheorie eine wesentlich anspruchsvollere Konzeption der semantischen Interdependenz von Wörtern in die Linguistik eingeführt hat – eine Konzeption von der Unmöglichkeit, die Bedeutung von Wörtern individuell und in Isolation von anderen Wörtern zu definieren –, als sie früheren Perioden geläufig war. Sie hat uns auch eine Fülle von detaillierten Untersuchungen verschiedener Bereiche der Vokabulare einiger der größeren europäischen Sprachen gebracht, welche die Vielfalt und den Reichtum der lexikalischen Bedeutung sowie das chimärische Wesen der allgemein angenommenen Übersetzungsäquivalenz illustrieren.

2.7 Bedeutung und Gebrauch

Eine der einflußreichsten Gestalten in der Sprachphilosophie und philosophischen Logik der ersten Hälfte des 20. Jhs. war Ludwig Wittgenstein. Interessanterweise war er jedoch zwei radikal verschiedenen Konzeptionen von Struktur und Funktion der Sprache verbunden.

Sein Frühwerk, der *Tractatus Logico-Philosophicus* (1921), ist ein Meilenstein in der Entwicklung der sogenannten **Wahrheitsbedingungen-Semantik** (siehe 2.8). Er beruhte auf der Auffassung, daß die einzige – oder zumindest primäre – Funktion der Sprache darin bestehe, „Sachverhalte" in der Welt zu beschreiben, abzubilden oder darzustellen; ferner beruhte er auf der Auffassung, daß jeder aktuale oder potentielle Sachverhalt darstellbar sei durch eine Menge von logisch unabhängigen und unanalysierbaren (atomaren) Aussagen, die zu ihm isomorph sind, oder – alternativ – durch eine zusammengesetzte Aussage, die sich in ihre atomaren Bestandteile mithilfe der wahrheitsfunktionalen Operationen der Negation, Konjunktion, Disjunktion usw. zerlegen läßt.

In seinem späteren Werk, insbesondere in seinen *Philosophischen Untersuchungen* (1953), verwarf Wittgenstein beide gerade skizzierten Teile seiner Auffassung von Sprache und vertrat stattdessen die Version eines Zugangs zur Semantik, die ich Bedeutung-als-Gebrauch-Ansatz nennen möchte. **Bedeutung-als-Gebrauch-Theorien** ähneln kontextuellen Theorien und können in der Tat unter diese subsumiert werden. Sie können ebenfalls als stark oder schwach klassifiziert werden, je nachdem, ob sie Bedeutung mit Gebrauch identifizieren oder ob sie lediglich sagen, daß die Bedeutung eines Ausdrucks durch seinen Gebrauch bestimmt und enthüllt wird. (Wittgenstein selbst scheint oft zwischen der starken und schwachen Variante der Bedeutung-als-Gebrauch-Theorie zu schwanken.)

Wittgenstein betonte die Verschiedenheit der kommunikativen Funktionen, zu denen Sprache benutzt werden kann, und die Unmöglichkeit, eine einheitliche Bedeutungsdefinition für die vielen verschiedenen Klassen natürlichsprachlicher Ausdrücke zu geben. Eine Sprache benutzen, sagte er, sei wie das Ausführen von Spielen, deren Regeln dadurch gelernt und sichtbar werden, daß man das Spiel tatsächlich spielt. Der Muttersprachler erwerbe seine Sprachbeherrschung nicht durch das Erlernen eines einzelnen Regelsystems, welches die Struktur seiner Sprache und die Bedeutung ihrer Ausdrücke für alle Gelegenheiten des Gebrauchs festlegt, sondern dadurch, daß er sich in eine Vielfalt von „Sprachspielen" einläßt, deren jedes auf eine bestimmte Art von sozialem Kontext beschränkt und durch besondere soziale Konventionen geregelt ist. Die Welt zu beschreiben ist nur eines von unbestimmt vielen solcher Sprachspiele, die wir als Mitglieder der Gesellschaft, der wir angehören, lernen; und diesem Sprachspiel sollte kein bevorzugter Status bei der Konstruktion einer allgemeinen Theorie der Struktur und Funktion von natürlichen Sprachen eingeräumt werden. Jedes Sprachspiel habe seine eigene Logik (oder Grammatik) und müsse in gleicher Weise berücksichtigt werden. Diese Einstellungen und Annahmen – die von denen des Tractatus sehr verschieden sind – stecken den Rahmen ab, vor dessen Hintergrund Wittgenstein seinen berühmten und kontroversen Ausspruch „Don't look for the meaning of a word, look for its use!" machte. Wie man bemerken wird, identifiziert dieser Ausspruch nicht Bedeutung mit Gebrauch; er ist mit einer stärkeren oder schwächeren Bedeutung-als-Gebrauch-Theorie verträglich.

Der Terminus *Gebrauch*, durch den Wittgenstein den Terminus *Bedeutung* ersetzt hat (ohne die beiden unbedingt zu identifizieren), erlangte einen technischen – oder halbtechnischen – Sinn in der **Ordinary-Language-Bewegung** in der Sprachphilosophie, die in den fünfziger Jahren unseres Jhs. besonders an der Universität Oxford in Blüte stand. (Wittgenstein selbst wirkte in Cambridge.) Das einigende Band unter den Anhängern der Ordinary-Language Bewegung war – trotz beträchtlicher Divergenzen in Einstellungen und Überzeugungen in bezug auf andere Aspekte – ihr Glaube, daß ein sorgfältiges Beachten der Nuancen und Feinheiten beim Gebrauch von Sprachäußerungen in den mannigfaltigen Situationen des täglichen Lebens produktiver sei als „Systembauerei", d.h. die Konstruktion von eleganten, aber empirisch inadäquaten und philosophisch verdächtigen, vorschnell formalisierten allgemeinen Theorien der Bedeutung. [...]

2.8 Wahrheitsbedingungen-Theorien der Bedeutung

[...]
Die moderne Wahrheitsbedingungen-Semantik hat ihren Ursprung nicht in der Linguistik, sondern in der mathematischen Logik, ihre Gründerväter Tarski und Carnap waren skeptisch bezüglich der Möglichkeit, sie auf die Beschreibung natürlicher Sprachen anzuwenden. Sie vertraten die Ansicht, daß sich natürliche Sprachen, die mit Vagheit, Inkonsistenz, Mehrdeutigkeit und Unbestimmtheit durchsetzt sind, nicht für dieselbe Art von präziser und vollständiger Analyse eignen würden wie konstruierte Sprachen, wie z.B. die

Aussagen- oder die Prädikatenlogik. Erst Ende der sechziger, Anfang der siebziger Jahre wurde diese Ansicht ernsthaft angegriffen, und zwar besonders von Richard Montague, der eine Reihe von einschlägigen Artikeln schrieb, von denen einer den programmatischen (und provokativen) Titel *English as a formal language* (1970a) trug. Montagues eigene Theorie der Semantik ist eine spezielle Version der Wahrheitsbedingungen-Semantik, die auf der modelltheoretischen Entwicklung des traditionellen Begriffs der möglichen Welt beruht, auf den wir hier nicht einzugehen brauchen (siehe Artikel 2). In diesem Zusammenhang geht es nur darum festzustellen, daß der Ansatz außerordentlich einflußreich gewesen ist, sowohl unmittelbar – insofern er eine beträchtliche Zahl von Anhängern unter Logikern und Linguisten gefunden hat – als auch mittelbar, insofern er andere Forscher inspiriert hat, ihre eigenen, etwas unterschiedlichen Varianten einer Mögliche-Welten-Semantik zu entwickeln (z.B. Cresswell 1973, 1985), oder sie zu Alternativen zur Mögliche-Welten-Semantik, wie z.B. die Situationssemantik (vgl. Barwise & Perry 1983) angeregt hat. Die folgenden Bemerkungen sind für die Wahrheitsbedingungen-Semantik im allgemeinen relevant.

Die beiden grundlegenden Begriffe der Wahrheitsbedingungen-Semantik sind bereits eingeführt worden, als im vorhergehenden Abschnitt auf Wittgensteins *Tractatus* eingegangen wurde. Der erste ist die Vorstellung, daß Bedeutung etwas wie Beschreibung, Abbildung oder Darstellung ist; der zweite ist das, was man heutzutage allgemein Kompositionalität nennt. Diese Begriffe werden nun in etwas anderer Form wieder eingeführt, wobei stillschweigend spätere theoretische und terminologische Verfeinerungen berücksichtigt sind. Wir werden jedoch zuerst – ebenso wie Wittgenstein einst und viele formale Semantiker noch heute – eine Definition der Satzbedeutung benutzen, die nicht zwischen einem Satz und seinem propositionalen Gehalt unterscheidet.

Die Bedeutung eines Satzes kann nach dem früheren Wittgenstein mit seinen **Wahrheitsbedingungen** identifiziert werden, d.h. mit den Bedingungen, die die Welt erfüllen muß, damit der fragliche Satz als wahre Darstellung des Sachverhaltes zählt, welchen abzubilden oder zu beschreiben er bezweckt. Daraus folgt, daß zwei Sätze genau dann synonym sind (d.h. daß sie dieselbe Bedeutung haben), wenn sie dieselben Wahrheitsbedingungen haben. Neben der Synonymie können andere traditionell anerkannte Begriffe der Semantik – etwa Widersprüchlichkeit, Tautologie, Analytizität und Folgerung – ebenfalls leicht auf der Grundlage von Wahrheitsbedingungen definiert werden, wie in späteren Artikeln erklärt werden wird. Die erste Grundvorstellung, auf der die Wahrheitsbedingungen-Semantik basiert, ist also, daß es einen engen Zusammenhang zwischen Bedeutung und Wahrheit gibt.

Die zweite Grundvorstellung ist, wie gesagt, der Begriff der **Kompositionalität**. Die Behauptung, daß die Satzbedeutung kompositional ist, impliziert, daß die Bedeutung eines beliebigen Satzes – sei er einfach, zusammengesetzt oder komplex – vollständig durch die Bedeutung seiner Teilausdrücke und durch die Art ihrer Verknüpfung bestimmt ist. So formuliert, scheint die Kompositionalitätsthese nichts weiter als eine Binsenwahrheit zu sein, der jeder klar Denkende sofort zustimmen würde. Die Hauptstoßrichtung der Wahrheitsbedingungen-Semantik besteht aber darin, ein Verfahren zu entwickeln, welches jedem der unendlich vielen Sätze einer Sprache eine Bedeutung zuweist, die sowohl empirisch plausibel als auch systematisch berechenbar ist, und zwar auf der Grundlage der lexikalischen Bedeutung der Bestandteile des Satzes sowie seiner grammatischen Struktur. Und diese Aufgabe ist keineswegs trivial. Tatsächlich ist bis heute unklar, ob sie überhaupt prinzipiell lösbar ist. So groß ist die Komplexität von natürlichen Sprachen, daß bisher niemand die grammatische Struktur von mehr als einem vergleichsweise kleinen Fragment von ihnen mit der Strenge und Präzision zu beschreiben vermochte, welche die formale Semantik erheischt. Was die lexikalische Struktur von natürlichen Sprachen betrifft, so ist diese sogar noch unvollkommener beschrieben. Es ist deshalb bisher immer noch unklar, ob es – wie Montague und seine Anhänger gesagt haben – keinen wesentlichen Unterschied zwischen natürlichen und nicht-natürlichen Sprachen gibt, was ihre Formalisierbarkeit und Bestimmtheit (*determinacy*) betrifft.

Was kann nun zusammenfassend über die Stärken und Schwächen der Wahrheitsbedingungen-Semantik gesagt werden? Ihre prinzipielle Stärke liegt zweifellos in der intuitiven Plausibilität der Vorstellung, daß Bedeutung (oder zumindest ein größerer Teil von Bedeutung) eine Sache der Korrespondenz mit Entitäten, Eigenschaften und Relationen in der Außenwelt ist, ferner in der Möglichkeit, diese einfache Vorstellung mithilfe der machtvollen und wohlverstandenen Techniken der modernen mathematischen Logik zu formalisieren und zu generalisieren. Sie hat dieselbe *prima facie* Attraktivität wie die Referenztheorie der Bedeutung, aber sie ist insofern allgemeiner, als sie der Unterscheidung zwischen Extension und Intension Rechnung tragen kann und unabhängig von den kontroversen ontologischen und erkenntnistheoretischen Annahmen formulierbar ist, die historisch mit der Referenztheorie der Bedeutung in Verbindung gebracht worden sind (vgl. 2.2). Ferner kann kein Zweifel darüber bestehen, daß – wie der zweite Teil dieses Bandes zeigen wird, – unser Verständnis eines weiten Bereiches von Phänomenen beträchtlich durch die Versuche gewonnen hat, die in den letzten fünfzehn Jahren unternommen wurden und immer noch unternommen werden, diese Phänomene erschöpfend und präzise im Rahmen der Wahrheitsbedingungen-Semantik zu beschreiben.

Aber die Wahrheitsbedingungen-Semantik hat ihre inhärenten Grenzen. Nach meiner Meinung (die nicht notwendigerweise mit derjenigen der Herausgeber oder der anderen Autoren übereinstimmt) ist sie zum Scheitern verurteilt, wenn sie als eine vollständige Theorie der semantischen Struktur von natürlichen Sprachen ausgegeben wird. Der Grund ist ganz einfach der, daß ein großer Teil der Bedeutung, die lexikalisch, syntaktisch, morphologisch oder phonologisch in den Sätzen einiger, wenn nicht aller natürlichen Sprachen, kodiert ist, nicht-propositional ist.
[...]

Literatur

Alston, W.P. (1964a) *Philosophy of Language*. Englewood Cliffs, N.J.: Prentice Hall.

Barwise, J./Perry, J. (1983) *Situations and Attitudes*. Cambridge, Mass: Bradford Books/MIT Press. – German edition: (1987) *Situationen und Einstellungen. Grundlagen der Situationssemantik*. Berlin: de Gruyter.

Bloomfield, L. (1926) A Set of Postulates for the Science of Language. In: *Language* 2, 153–164.

Carnap, R. (1947) *Meaning and Necessity*. (2nd ed. 1956) Chicago: University of Chicago Press.

Coseriu, E./Geckeler, H. (1974) Linguistics and Semantics. In: T.A. Sebeok (ed.) *Current Trends in Linguistics*, Vol. 12. The Hague: Mouton, 103–171.

Cresswell, M.J. (1973) *Logicis and Languages*, London: Methuen.

Dowty, D.R. (1979) *Word Meaning and Montague Grammar. The Semantics of Verbs and Times in Generative Semantics and in Montague's PTQ* (= Synthese Language Library Vol. 7). Dordrecht: Reidel.

Frege, G. (1892) Über Sinn und Bedeutung. In: *Zeitschrift für Philosophie und philosophische Kritik*, N.F. 100, 25–50 – Reprinted in: (1969) *Funktion, Begriff, Bedeutung*. Göttingen: Vandenhoeck & Ruprecht, 40–65.

Goodenough, W.H. (1956) Componental Analysis and the Study of Meaning. In: *Language* 32, 195–216.

Hjelmslev, L. (1959) *Essais Linguistiques* (= TCLC 12). Copenhagen: Akademisk Forlag.

Ipsen, G. (1924) Der alte Orient und die Indogermanen. In: *Festschrift Streitberg*, Heidelberg: Winter.

Jakobson, R. (1936/1971) Beitrag zur allgemeinen Kasuslehre. In: R. Jakobson, *Selected Writings II*. The Hague: Mouton, 23–71.

Jolles, A. (1934) Antike Bedeutungsfelder. In: *Beiträge zur deutschen Sprache und Literatur* 58, 97–109.

Katz, J.J./Fodor, J.A. (1963) The Structure of a Semantic Theory. In: *Language* 39, 170–210.

Lehrer, A. (1974) *Semantic Fields and Lexical Structure*. Amsterdam: North Holland.

Lewis, D.K. (1970) General Semantics. In: *Synthese* 22, 18–67. – Reprinted in: D. Davidson/G. Harman (eds.) *Semantics of Natural Language*. Dordrecht: Reidel (1972), 169–218.
Lounsbury, F.G. (1956) A Semantic Analysis of the Pawnee Kinship System. In: *Language* 32, 158–194.
Lyons, J. (1977) *Semantics* (Vols. 1–2), Cambridge: Cambridge University Press. – German edition: (1980) *Semantik* Band 1; (1983a) *Semantik* Band 2. München: Beck.
Lyons, J. (1981b) *Language and Linguistics: An Introduction*. Cambridge: Cambridge University Press. – German edition (1983) *Die Sprache*. München: Beck.
Montague, R. (1970) English as a Formal Language [= EFL]. In: B. Visentini et al. (eds.) *Linguaggi nella Societa e nella Tecnica*. Milan, 189–223. – Reprinted in: Montague (1974) *Formal Philosophy*. New Haven/London: Yale University Press, 188–221.
Ogden, C.H./Richards, I.A. (1923) *The Meaning of Meaning*. London: Routledge & Kegan Paul.
Oh, Ch.-K./Dinneen, D.A. (eds.) (1979) *Presupposition* (= Syntax and Semantics Vol. 11) New York: Academic Press.
Porzig, W. (1934) Wesenhafte Bedeutungsbeziehungen. In *Beiträge zur deutschen Sprache und Literatur* 58, 70–97.
Putnam, H. (1975) *Mind, Language and Reality*. Philosophical Papers Vol. 2. Cambridge, Mass.: MIT Press.
Rosch, E.H. (1976) Classification of Real World Objects: Origins and Representations in Cognition. In: P.N. Johnson-Laird/P.C. Watson (eds.) *Thinking, Readings in Cognitive Science*. Cambridge: Cambridge University Press, 501–519.
Trier, J. (1931) Der deutsche Wortschatz im Sinnbezirk des Verstandes: Die Geschichte eines sprachlichen Feldes. Heidelberg: Winter.
Ullmann, S. (1957^2) The Principles of Semantics. Glasgow: Jackson.
Watson, J.B. (1924) *Behaviourism*. New York: The People's Institute (W.W. Norton). – Reprinted: (1925) London: Kegan, Paul, Trench & Co./(1930) New York: Norton/(1967) New York: Holt, Rinehart & Winston. – German edition (1930) *Der Behaviorismus*. Berlin: Deutsche Verlagsanstalt.
Wittgenstein, L. (1921) *Logisch-Philosophische Abhandlung* = *Tractatus Logico-Philosophicus*. In: W. von Ostwald (ed). Annalen der Naturphilosophie. – Reprinted with English translation: (1922) London: Routledge & Kegan Paul (10th edition 1963). – Reprinted in: Wittgenstein (1969) *Schriften 1*. Frankfurt: Suhrkamp, 7–83.
Wittgenstein, L. (1953) *Philosophical Investigations*, Oxford: Basil Blackwell (2nd edition 1957). – German edition: *Philosophische Untersuchungen*. Frankfurt: Suhrkamp 1971. – Reprinted in: Wittgenstein (1969) *Schriften 1*. Frankfurt: Suhrkamp, 279–544.

M. Bierwisch

Strukturelle Semantik

1. Zur Entwicklung der Bedeutungsanalyse

Wegen der großen Kompliziertheit und scheinbar unbegrenzten Unregelmäßigkeit der Bedeutung von Wörtern und Sätzen natürlicher Sprachen hat sich deren Beschreibung lange Zeit auf intuitive Einzelbeobachtungen beschränkt. Die historische Sprachwissenschaft des 19. und beginnenden 20. Jahrhunderts interessierte sich nur für Etymologie, also die Bedeutungsentwicklung einzelner Wörter. Die strukturelle Linguistik sparte die Semantik wegen der Unübersichtlichkeit des Gebiets zumeist aus ihren empirischen Analysen und zum Teil auch aus ihren theoretischen Überlegungen aus. Einzelne Versuche, prinzipielle Gesichtspunkte in die Bedeutungsanalyse einzuführen, wurden vor allem im Anschluß an die Saussure gemacht. Zu nennen ist hier der von Trier (1931) entwickelte Begriff des Wortfelds, der von der Einsicht ausgeht, daß die Bedeutung eines Wortes zu verstehen ist aus seiner Abgrenzung von bedeutungsverwandten Wörtern, daß also nicht einzelne Wörter, sondern Gruppen aufeinander bezogener Elemente untersucht werden müssen, um so die ihnen zugrunde liegende Struktur zu finden.

Ein anderer, empirisch sehr ertragreicher Gedanke lag dem Versuch von Leisi (1953) zugrunde, die Bedeutung der Wörter durch die Struktur ihrer Anwendungsbedingungen zu erfassen. Französische Linguisten wie Greimas (1966) haben Einsichten der Phonologie, vor allem den Begriff der Opposition und der distinktiven Merkmale für die Bedeutungsanalyse fruchtbar gemacht. Verschiedene Wege, Strukturprinzipien des Wortschatzes zu ermitteln, gingen sowjetische Lexikologen. Allen diesen, nur beispielshalber genannten Ansätzen ist, von anderen Schwierigkeiten abgesehen, der Mangel gemeinsam, daß sie im Prinzip nur die Struktur von Wörtern oder lexikalischen Einheiten, nicht aber ihr Zusammenspiel im Satz erfassen. So werden etwa die Beziehungen zwischen *klug, weise, gescheit, witzig* usw. in einem Wortfeld ermittelt. Aber die Synonymie der folgenden Satzpaare kann nicht systematisch erklärt werden:

(1) (a) Die Nadel ist zu kurz.
    (b) Die Nadel ist nicht lang genug.
(2) (a) Peter ist noch nicht lange Doktor.
    (b) Peter hat erst vor kurzem promoviert.

Einen ersten Versuch, die Bedeutungsbeschreibung nicht auf die Analyse von Wortbedeutungen und gelegentliche Hinweise auf den Einfluß des Kontextes zu beschränken, sondern sie systematisch mit der syntaktischen Analyse zu verbinden und in die Gesamtbeschreibung der Sprache einzubeziehen, haben Katz und Fodor (1963) auf der Grundlage der von Chomsky (1957, 1965) entwickelten Theorie der Grammatik gemacht. Der damit gewonnene Ansatz befindet sich in rascher Entwicklung; verschiedene Modifikationen sind vorgeschlagen worden, u.a. von Weinreich (1966); erste Einzeluntersuchungen im provisorisch abgesteckten Rahmen liegen vor von Katz (1967), Bendix (1966) und Bierwisch (1967). Einen anderen, aber in wesentlichen Punkten verwandten Versuch zum Aufbau einer auf die Syntax bezogenen Semantik haben Mel'čuk und Apresjan (1967) gemacht. Insgesamt aber befinden sich die Vorstellungen in einem sehr vorläufigen Zustand, so daß im Folgenden nur gewisse Grundannahmen und vorsichtige Hypothesen, zusammen mit provisorischen Illustrationen, dargestellt werden können.

2. Aufgabenstellung der Semantik

Die Analyse der Bedeutungsstruktur einer Sprache muß erklären, wie die Sätze dieser Sprache verstanden, interpretiert, auf Vorstellungen und Sachverhalte der Umwelt bezogen werden. Diese Aufgabe umfaßt mehr als nur die Analyse der Wortbedeutungen, da sich die Bedeutungen von Sätzen nicht einfach aus der Summierung der Bedeutungen der auftretenden Wörter ergeben. Das zeigt sich keineswegs erst an den Sonderbedingungen phraseologisch festgelegter Wendungen wie *Der geht in die Binsen*. Bereits einfache, nichtidiomatische Sätze wie *Das zeugt von einem niedrigen Charakter* oder unsere Beispiele (1) und (2) machen das deutlich. Um die Bedeutung eines Satzes zu verstehen, muß man nicht nur die Bedeutung seiner lexikalischen Elemente kennen, sondern auch die Art, in der sie aufeinander bezogen sind. Diese wiederum hängt unmittelbar zusammen mit dem syntaktischen Aufbau des Satzes. Die in diesem Zusammenhang wesentliche Satzstruktur besteht aus sehr abstrakten Beziehungen, die sich nicht direkt in der Erscheinungsform des Satzes niederschlagen müssen. In den beiden Sätzen

(3) (a) Es war ungerecht, daß er verurteilt wurde.
    (b) Seine Verurteilung war ungerecht.

sind zum Beispiel die für die Bedeutungsstruktur wesentlichen syntaktischen Beziehungen gleich, obwohl die Oberflächenbeziehungen sehr unterschiedlich sind. Nur diese syntaktische Tiefenstruktur ist für die Bedeutung relevant. Die

Regeln, durch die die Tiefenstruktur eines Satzes auf seine Oberflächenform bezogen wird, bilden einen wesentlichen Teil der Syntax einer Sprache.

Eine semantische Analyse, die der angedeuteten Aufgabenstellung und allem, was aus ihr folgt, gerecht werden will, muß erstens auf die syntaktische Struktur in präziser Weise Bezug nehmen, sie muß zweitens die Wortbedeutungen in systematischer Weise darstellen, und sie muß drittens zeigen, wie die Struktur der Wortbedeutung und die syntaktischen Beziehungen zusammenwirken, um die Satzbedeutung zu konstituieren.

3. Wortbedeutungen als Merkmalkomplexe

Die Einsicht, daß Wortbedeutungen keine unanalysierbaren Ganzheiten sind, liegt allen Versuchen zur Erforschung der Semantik natürlicher Sprachen zugrunde. Die natürliche Konsequenz aus dieser Einsicht ist die Behandlung der Bedeutung von Wörtern – allgemeiner: von lexikalischen Einheiten – als Komplexe von Bedeutungskomponenten oder semantischen Merkmalen. Das Prinzip dieser Vorstellung soll am Beispiel der deutschen Verwandtschaftsnamen gezeigt werden. Verwandtschaftsbezeichnungen charakterisieren menschliche Lebewesen, die als Verwandte klassifiziert und dadurch von anderen Lebewesen und von Menschen mit anderen Eigenschaften – Freunden, Vorgesetzten usw. – unterschieden werden. Innerhalb dieser Klasse von Individuen, die durch die Merkmale ‚Lebewesen‘, ‚Mensch‘, ‚Verwandschaft‘ charakterisiert wird, werden dann die weiteren Unterscheidungen durch die Merkmale ‚direkte Verwandtschaft‘, ‚gleiche Generation‘, ‚älter‘, ‚männlich‘ und ‚weiblich‘ bestimmt. Wenn wir das Auftreten eines Merkmals durch ‚+‘ und seine Negierung durch ‚–‘ ausdrücken, läßt sich die Bedeutungsstruktur der Verwandtschaftsnamen etwa in folgender Matrix darstellen:

	Verwandter	Eltern	Vater	Mutter	Geschwister	Bruder	Schwester	Kind	Sohn	Tochter	Onkel	Tante	Cousin	Cousine	Neffe	Nichte
Lebewesen	+	+	+	+	+	+	+	+	+	+	+	+	+	+	+	+
Mensch	+	+	+	+	+	+	+	+	+	+	+	+	+	+	+	+
verwandt	+	+	+	+	+	+	+	+	+	+	+	+	+	+	+	+
dir. Verwandtschaft	(–)	+	+	+	+	+	+	+	+	+	–	–	–	–	–	–
gleiche Generation		–	–	–	+	+	+	–	–	–	–	–	+	+	–	–
älter		+	+	+				–	–	–	+	+			–	–
männlich			+	–		+	–		+	–	+	–	+	–	+	–
weiblich			–	+		–	+		–	+	–	+	–	+	–	+
Mehrzahl		+			+											

Jede Spalte in dieser Matrix charakterisiert die Bedeutung eines Verwandtschaftsnamens. Natürlich demonstriert sie nur eine erste grobe Annäherung, wir werden im nächsten Abschnitt eine wichtige Modifizierung vornehmen. Dennoch lassen sich an diesem Beispiel einige wichtige Probleme erörtern.

Zunächst ist die Rolle der unmarkierten Merkmale zu präzisieren. Das Merkmal ‚älter' z. B. findet nur unter der Voraussetzung der Angabe ‚nicht gleiche Generation' Anwendung, es gehört nicht zum Bedeutungsgehalt von *Bruder, Schwester* usw. Anders muß die Unmarkiertheit der Sexusmerkmale für *Eltern, Geschwister, Kind* usw. interpretiert werden. Sie besagt genau genommen, daß jedes der beiden Merkmale zutreffen kann. Logisch wäre das durch eine Disjunktion der beiden Merkmale für die entsprechenden Bedeutungen auszudrücken. In einer Wortbedeutung sind Merkmale also nicht nur durch ‚und'-Verbindungen, sondern auch durch ‚oder'-Verbindungen verknüpft. Für das Merkmal ‚Mehrzahl' heißt fehlende Markierung schließlich, daß entweder dieses Merkmal oder seine Negation auftreten kann, was dann jeweils entsprechende morphologische Konsequenzen hat.

Zweitens bestehen zwischen den Merkmalen hierarchische Beziehungen. Das Merkmal ‚direkte Verwandtschaft' setzt z. B. das Merkmal ‚Verwandtschaft' voraus, dieses das Merkmal ‚Lebewesen'. Solche Implikationen können durch Regeln etwa folgender Art ausgedrückt werden:

(4) (a) direkte Verwandtschaft → Verwandtschaft
    (b) Verwandtschaft → Lebewesen

Wenn solche Regeln gegeben sind, kann das Lexikon bedeutend vereinfacht werden. Die vollständige Bedeutungsangabe (5) (a) von *Vater* kann dann z. B. aus (5) (b) erschlossen werden:

(5) (a) *Vater*: ‚Lebewesen' und ‚Mensch' und ‚Verwandtschaft' und ‚direkte Verwandtschaft' und nicht ‚gleiche Generation' und ‚älter' und ‚männlich' und nicht ‚weiblich'
    (b) *Vater*: ‚Mensch' und ‚direkte Verwandtschaft' und nicht ‚gleiche Generation' und ‚älter' und ‚männlich' und nicht ‚weiblich'.

Regeln vom Typ (4) vereinfachen nicht nur die Lexikonangaben, sie drücken auch relevante Verallgemeinerungen über die Struktur des Wortschatzes aus.

4. Das Lexikon als System von Begriffen

Die Merkmale, aus denen die Wortbedeutungen bestehen, definieren gewisse Beziehungen zwischen diesen Bedeutungen. Synonyme sind Wörter, deren Bedeutungen aus genau den gleichen Merkmalen bestehen, Antonyme sind Wörter, deren Bedeutungen sich in genau einem semantischen Merkmal unterscheiden, wobei für den traditionellen Begriff der Antonymie nur ganz bestimmte Merkmale ausschlaggebend sind. Oberbegriffe sind Bedeutungen, für die ein oder mehrere Merkmale keine Festlegung enthalten, wo die zugehörigen Artbegriffe durch Merkmale bestimmt sind. Homonyme ergeben sich, wenn zwei oder mehr verschiedene Merkmalkomplexe mit der gleichen phonemischen Form gepaart sind.

Gruppen von Wörtern, deren Bedeutung eine bestimmte Merkmalverbindung gemeinsam haben, bilden ein semantisches Feld. Ein Beispiel dafür ist das eben betrachtete Wortfeld der Verwandtschaftsnamen mit dem gemeinsamen Merkmalkomplex ‚Lebewesen', ‚Mensch', ‚Verwandtschaft'. Es lassen sich aber auch Unterfelder, etwa das der direkten oder das der männlichen Verwandten aussondern, deren Elemente je ein weiteres Merkmal gemeinsam haben. Umgekehrt kann man übergeordnete Felder betrachten, z.B. das sehr weite der Lebewesen. Aus Feststellungen dieser Art folgt, daß der Begriff des semantischen Feldes keinen absoluten Charakter hat. Psychologische Untersuchungen von Luria (1959) und von Weigl (1969) zeigen aber, daß die Gruppierung von Wörtern zu semantischen Feldern nicht willkürlich ist. Deshalb muß die Frage geklärt werden, welche Arten von Merkmalverbindungen ein semantisches Feld in einem noch zu bestimmenden engeren Sinn konstituieren können.

Außer durch gemeinsame Merkmale sind die Elemente des Wortschatzes durch weitere Beziehungen miteinander verbunden. Eine dieser Beziehungen ist die Pertinenzrelation, ein Sonderfall davon die Beziehung Teil – Ganzes. *Arm* und *Hand* zum Beispiel bezeichnen Teile des menschlichen Körpers, sie müssen ein Merkmal erhalten, das sie zu allen Wörtern, die das Merkmal ‚Mensch' enthalten, in entsprechende Beziehung setzt. Ein anderer Fall der Pertinenzbeziehung ist das Verhältnis Element – Klasse. Durch ein Merkmal, das diese Beziehung ausdrückt, müssen Wörter wie *Mitglied* in Verbindung stehen mit Elementen wie *Verein, Klub, Partei*, kurz: mit allen Wörtern, die durch entsprechende Merkmale als organisierte menschliche Gruppe charakterisiert sind. Eine ganz andere Art der Beziehung zwischen Wörtern wird durch Beschränkungen der Kombinationsfähigkeit ausgedrückt. So verlangen Verben wie *sprechen, denken, träumen* ein Subjekt mit dem Merkmal ‚Mensch', Adjektive wie *blond, brünett, lockig* verlangen ein Subjekt mit den

Merkmalen, die menschliches Haar definieren. Wie Beziehungen dieser Art darzustellen sind, wird im nächsten Abschnitt angedeutet.

Man kann nun ganz allgemein einen Komplex von semantischen Merkmalen als einen Begriff definieren. Das Lexikon einer Sprache ist dann ein durch verschiedene Beziehungen strukturiertes Begriffssystem, in dem jedem Begriff eine phonologische Form sowie gewisse syntaktische und morphologische Charakteristiken zugeordnet sind. Ein Begriffssystem besteht jedoch nicht nur aus der Gesamtheit von Merkmalkomplexen, sondern auch aus Implikationsregeln der unter (4) angedeuteten Art, die generelle Eigenschaften der Begriffsstruktur ausdrücken. Diese Annahme erklärt die wichtige Tatsache, daß es viel leichter ist, einen neuen Begriff zu einem System hinzuzulernen, dessen generelle Struktureigenschaften bereits gegeben sind, als ein isoliertes Element eines ganz unbekannten Begriffssystems zu erlernen. Ein Teil dieser generellen Regeln sind überdies nicht an einzelne Sprachen gebunden, sondern haben universellen Charakter und drücken damit Grundstrukturen der menschlichen Denk- und Sprachfähigkeit aus. Sie müssen gar nicht eigentlich erlernt werden, sondern ermöglichen erst die Erlernung konkreter Einzelsprachen. Wir kommen auf diesen Aspekt in Abschnitt 8 zurück.

5. Relationale Merkmale

Bisher wurden semantische Merkmale so behandelt, als repräsentierten sie lediglich Eigenschaften. Das stimmt bereits für die Verwandtschaftsnamen nicht: Verwandtschaft ist nicht eine Eigenschaft, sondern eine Beziehung. Diese Tatsache muß aber auch formal ausgedrückt werden. Das ist möglich, indem man anstelle der drei Merkmale ‚Verwandtschaft' ‚direkte Verwandtschaft', ‚älter' ein einziges relationales Merkmal für die Beziehung Eltern – Kind einführt, etwa ‚X ist Elter von Y', oder als Eigenschaft von X kurz ‚Elter von Y'. Mit diesem Merkmal ist sofort die inverse Relation gegeben, die ‚Kind von Y' heißen und folgendermaßen definiert werden soll:

(6) Y ist Elter von X = X ist Kind von Y

Relationen dieser Art lassen sich zusammensetzen auf folgende Weise: ‚X ist Kind von Z und Z ist Elter von Y', kurz ‚Kind von Elter von Y'. Damit haben wir aus ‚Kind von X' und ‚Elter von Y' die für *Geschwister* wesentliche Relation gewonnen. Ähnlich lassen sich die weiteren direkten Verwandtschaftsbegriffe darstellen.

Wir ersetzen nun die Implikationsregeln (4) durch die Regeln

(7) (a) Elter von Y → Lebewesen
    (b) Kind von Y → Lebewesen

und können dann die Verwandtschaftsnamen so charakterisieren:

(8) *Vater*: ‚Mensch' und ‚männlich' und ‚Elter von Y'
    Mutter: ‚Mensch' und ‚weiblich' und ‚Elter von Y'
    Bruder: ‚Mensch' und ‚männlich' und ‚Kind von Elter von Y'
    Schwester: ‚Mensch' und ‚weiblich' und ‚Kind von Elter von Y'
    Onkel: ‚Mensch' und ‚männlich' und ‚Kind von Elter von Elter von Y'
    Cousine: ‚Mensch' und ‚weiblich' und ‚Kind von Kind von Elter von Elter von Y'
    usw.

Natürlich handelt es sich auch hier nur um Illustrationen, die der Korrektur bedürfen. Sie erfassen in dieser Form z.B. nicht angeheiratete Verwandte, die durch *Onkel, Tante* usw. ebenfalls bezeichnet werden. Sie zeigen aber, wie sich aus den relationalen Merkmalen mögliche Bedeutungsverknüpfungen ergeben: Auf das Y in der Bedeutungsangabe von *Vater* sind z.B. die Merkmale von *mein* zu beziehen in der syntaktischen Verbindung *mein Vater* oder die Merkmale von *der Matrose* in *der Vater des Matrosen*.

Ein anderes Beispiel für relationale Merkmale bilden Adjektive wie *lang, hoch, breit, schwer* usw. und deren Antonyme *kurz, niedrig, schmal, leicht*. Ein Satz wie *Die Tür ist hoch* bedeutet ‚Die Tür ist höher als normal'. Mit ‚normal' ist dabei der normale Erwartungswert gemeint, der mit dem als *hoch* bezeichneten Objekt verbunden wird. Bei dieser Analyse erweist sich der Positiv, die Grundform des Adjektivs, nach einer Einsicht Sapirs, als Sonderfall des Komparativs, in dem für die Vergleichsgröße einfach der Normalwert eintritt. Genauere Analyse zeigt allerdings, daß sich Adjektive wie *hoch, breit, schmal, dick* usw. gar nicht direkt auf die Objekte beziehen, die durch das zugehörige Subjekt bezeichnet werden, sondern auf eine bestimmte Dimension dieser Objekte. Der Satz *Die Tür ist hoch* bedeutet genauer: ‚X ist eine Tür und Y ist die Höhe von X und Y ist größer als der Normalwert von Y'. Die Bedeutung von *hoch* enthält also mindestens zwei relationale Merkmale: ‚Y ist Höhe von X' und ‚Y ist größer als Z', wobei im Positiv für Z der Normalwert eintritt, beim Komparativ die mit der Höhe von X verglichene Ausdehnung. Die aus ‚größer als' ableitbare inverse Relation ‚kleiner als' charakterisiert nun sofort die Antonyme *niedrig* zu *hoch, kurz* zu *lang* usw. Das Merkmal ‚Höhe von' ist noch weiter zu zerlegen in die allgemeine Relation ‚Y ist Dimension von X' und weitere Charakteristika der zueinander senkrecht stehenden drei Grunddimensionen des Raums. Diese Charakteristika verteilen sich auf ziemlich komplizierte Weise auf die verschiedenen Adjektive, wie die folgenden Beispiele für die Benennung der drei Raumdimensionen ausweisen:

(9) Brett   lang   breit   dick
    Tür   hoch   breit   dick
    Tisch   lang   breit   hoch
    Schrank tief   breit   hoch
    Graben   lang   breit   tief

    Nagel   lang   dick
    Mast   {hoch / lang}   dick
    Turm   hoch   dick

Die Merkmale, die die Dimensionen näher bestimmen, müssen also auf genau festgelegte Weise mit entsprechenden Dimensionsmerkmalen der durch die Adjektive bestimmten Substantive übereinstimmen, sie bilden Kombinations- oder Selektionsbeschränkungen. Die Bedeutungen von *lang* und *hoch* und ihren Antonymen sehen dann folgendermaßen aus:

(10) *lang*: ‚Y ist größer als die Norm'
     und ⟨‚Y ist Dimension von X'
     und ‚Y ist maximal'⟩
     kurz: ‚die Norm ist größer als Y'
     und ⟨‚Y ist Dimension von X'
     und ‚Y ist maximal'⟩
     hoch: ‚Y ist größer als die Norm'
     und ⟨‚Y ist Dimension von X'
     und ‚Y ist vertikal'⟩
     niedrig: ‚die Norm ist größer als Y'
     und ⟨‚Y ist Dimension von X'
     und ‚Y ist vertikal'⟩

Die in spitze Klammern eingeschlossenen Merkmale sind Selektionsbeschränkungen, die die Kombinationsbedingungen für die entsprechenden Adjektive angeben: Das bezeichnete Objekt X muß eine Dimension Y mit den entsprechenden Eigenschaften haben. Hier zeigt sich, daß auch die einfachen, nicht relationalen Merkmale wie ‚vertikal' ein Argument haben müssen, auf das sie sich beziehen, weil sonst die semantischen Verhältnisse nicht ausgedrückt werden können. Vertikal ist ja nicht die Tür, sondern die entsprechende Dimension. Diese in der Prädikatenlogik übliche Darstellung von

Bezugs- und Eigenschaftsträgern kann einheitlich auf alle Merkmale übertragen werden. Das Merkmal ‚Mensch' oder ‚Lebewesen' wird einfach ersetzt durch ‚X ist Mensch' und ‚X ist Lebewesen'.

Das Merkmal ‚maximal', das in der Bedeutung von *lang* und *kurz* auftritt, ist noch weiter aufzulösen durch folgende Definition:

(11) Y ist maximal = X hat keine Dimension Z, für die nicht gilt: Y ist größer als Z.

Diese Definition besagt, daß die Dimension Y die größte Ausdehnung von X ist. Damit ist das Merkmal ‚maximal' zurückgeführt auf das bereits benötigte Merkmal ‚größer als', und die Bedeutungen von *lang, hoch, kurz, niedrig* sind durch Verbindungen der Merkmale ‚größer als', ‚Dimension von' und ‚vertikal' völlig bestimmt.

6. Selektionsbeschränkungen

Ähnlich wie die oben als Beispiel angeführten Adjektive müssen nun auch Verben, Präpositionen – auch relationale Substantive – Selektionsbeschränkungen aufweisen. Verben wie *denken, wissen, ahnen, träumen* usw. verlangen z. B. ein Subjekt, das das Merkmal ‚Mensch' aufweist, und ein abstraktes Objekt, genauer ein Objekt, das die semantische Repräsentation nicht eines Dings oder Individuums, sondern eines Sachverhalts ist. Syntaktisch erscheint das Objekt dann als eingebetteter Satz oder als Reduktion eines Satzes: *Ich weiß, daß er kommt* oder *Er träumte, in einem Flugzeug zu sitzen*. Die Bedeutungsangabe eines lexikalischen Elements besteht demnach prinzipiell aus zwei Teilen: einem Merkmalkomplex, der den eigentlichen semantischen Beitrag dieses Elements zu einem Satz, in dem es auftritt, repräsentiert, und den Selektionsbeschränkungen, die festlegen, welche anderen Elemente auf welche Weise mit ihm kombiniert werden können. Die Selektionsbeschränkungen sind dabei integraler Bestandteil der Bedeutungsstruktur eines Wortes, sie hängen zumeist aufs engste mit seinen übrigen Merkmalen zusammen. Für die genannten Verben müssen die semantischen Merkmale z. B. die entsprechenden mentalen Prozesse charakterisieren. Dazu gehört unter anderem ein relationales Merkmal, das die Beziehung zwischen dem denkenden, träumenden, wissenden Subjekt und dem geträumten, gedachten, gewußten Sachverhalt herstellt, sowie weitere Merkmale, die die spezielle Art dieser cognitiven Relation charakterisieren. Aus dem relationalen Merkmal sind aber zugleich die erwähnten Selektionsbeschränkungen ableitbar.

Neben Wörtern, die Eigenschaften oder Relationen mit zwei Relaten ausdrücken, gibt es auch solche für Beziehungen mit drei und noch mehr Relaten. Die Verben *geben, wegnehmen, schenken* stellen eine Beziehung zwischen drei beteiligten Größen her, *kaufen, verkaufen* und andere haben sogar vier mögliche Relate: *Hans verkauft Magnus das Buch für einen Spottpreis*. Mehrstellige Relationen dieser Art ergeben sich aus der Kombination mehrerer zweistelliger Relationen. In *geben* zum Beispiel sind die Merkmale ‚X verursacht W' und ‚Y hat Z' folgendermaßen kombiniert: ‚X verursacht [Y hat Z]'.

Aus diesen Überlegungen folgt, daß sich ein großer Teil der syntaktischen Verhaltensweisen eines Wortes aus seiner semantischen Stuktur ergibt, sie sind zum Teil in den Selektionsbeschränkungen explizit ausgedrückt.

7. Beziehungen zwischen Syntax und Semantik

Wir haben bisher skizziert, welche Bedingungen die Struktur der Wortbedeutung erfüllen muß und welche Beziehungen sich daraus im Lexikon ergeben. Dabei hat sich gezeigt, daß gewisse syntaktische Aspekte in die Wortbedeutung selbst eingehen müssen oder aus ihr folgen. Es muß nun wenigstens angedeutet werden, wie die semantische Struktur insgesamt mit der syntaktischen zusammenhängt.

Die von Fodor und Katz entwickelte Vorstellung beruht auf Chomskys Konzeption der Syntax, in der es eine generative oder creative Basiskomponente gibt, die syntaktische Tiefenstrukturen erzeugt. Diese Tiefenstrukturen bestehen aus Ketten lexikalischer Einheiten mit allen ihren semantischen Merkmalen und ihrer phonologischen Form sowie einer Angabe der syntaktischen Hierarchie, durch die Beziehungen wie ‚Subjekt des Satzes', ‚Prädikat des Satzes', ‚Objekt des Verbs' usw. festgelegt sind. Die semantischen Merkmalkomplexe werden nun den syntaktischen Beziehungen entsprechend schrittweise zu größeren Komplexen zusammengefaßt. Das geschieht durch ganz generelle Regeln, die etwa zunächst das Objekt mit dem Verb zur Bedeutung des Prädikats zusammenfassen, dann die Bedeutung des Subjekts mit der des Prädikates zu der des Satzes usw. Diese Regeln nehmen in genau festgelegter Weise auf die Selektionsbeschränkungen Bezug, so daß eine semantisch normale Satzbedeutung nur entsteht, wenn alle diese Beschränkungen eingehalten werden. Sie sind generell gültig für alle Sprachen und brauchen nicht für jede Einzelsprache besonders formuliert zu werden. Durch diesen Prozeß werden die von der Syntax erzeugten Strukturen semantisch interpretiert. Die Einsetzung der primären Lexikoneinheiten in die syntaktische Hierarchie ist dabei ein Teil des creativen syntaktischen Prozesses. Nach der semantischen Interpretation werden die Tiefenstrukturen durch Transformationsregeln in die aktuelle Oberflächenstruktur umgewandelt.

Diesem Modell mit einem creativen syntaktischen und einem interpretativen semantischen Prozeß ist in jüngster Zeit eine andere Vorstellung gegenübergestellt worden. In ihr ist der creative Prozeß prinzipiell semantischer Natur. Er besteht aus dem Aufbau von komplexen Merkmalstrukturen, die die zu kommunizierenden Sachverhalte repräsentieren. Da die semantischen Merkmale den Charakter von ein- oder mehrstelligen Prädikaten im Sinn der symbolischen Logik haben müssen, also Eigenschaften und Relationen repräsentieren, können die Merkmalstrukturen nach den Regeln der Prädikatenlogik erzeugt werden, die dafür allerdings in geeigneter Weise modifiziert werden müssen. Auf Strukturen dieser Art treffen dann auch die Umformungs- und Schlußregeln der Logik zu und erklären, daß und wie in der natürlichen Sprache logische Operationen ausgeführt werden können. Die so gebildeten Merkmalverbindungen haben ihre eigene syntaktische Struktur, die freilich wesentlich abstrakter ist als die Strukturierung, die gewöhnlich als Syntax der natürlichen Sprachen betrachtet wird. Die syntaktische Struktur der Verbindungen semantischer Merkmale wird nun durch einen Umformungsprozeß in die gewohnte syntaktische Oberflächenstruktur überführt. In dieser Überführung spielt das Lexikon eine wesentliche Rolle. Jedesmal, wenn in einer semantischen Struktur ein Merkmalkomplex auftritt, der im Lexikon als Bedeutung eines Wortes verzeichnet ist, wird diesem Merkmalkomplex die phonologische Repräsentation dieses Wortes zugeordnet. So ergibt sich für jede semantische Struktur, die überhaupt durch die Wörter einer Sprache ausgedrückt werden kann, schließlich eine Kette von Wörtern. Diese Wörter sind durch die Beziehungen der semantischen Merkmalkomplexe untereinander zugleich in bestimmter Weise syntaktisch miteinander verbunden. Die strukturierte Wortkette wird durch die üblichen Transformationsregeln in die syntaktische Oberflächenstruktur überführt. Die Einzelheiten dieses Gesamtprozesses, das Ineinandergreifen von Lexikon und Transformationen, bedürfen noch der Klärung, der Zusammenhang konnte hier nur angedeutet werden. Es ist jedoch sehr wahrscheinlich, daß die formale Struktur der Semantik natürlicher Sprachen letztlich nichts anderes ist als eine geeignete Verallgemeinerung der formalen Logik und daß diese Grundstruktur für alle Sprachen gleichermaßen gilt. Nicht die Arten der Merkmale und die Grundbeziehungen zwischen ihnen unterscheiden sich von Sprache zu Sprache, sondern nur die speziellen Merkmalverbindungen, also die aus den Merkmalen gebildeten Begriffe, die das Lexikon ausmachen.

8. Interpretation der semantischen Merkmale

Die semantischen Merkmale, die wir bisher als rein formale Elemente betrachtet haben, müssen nun sinnvoll interpretiert werden. Unter diesem Aspekt repräsentieren sie die Gesichtspunkte, nach denen wirkliche und fiktive, wahrgenommene und vorgestellte Sachverhalte und Objekte strukturiert und klassifziert werden, wenn über solche Objekte und Sachverhalte gesprochen oder mit Hilfe der Sprache gedacht wird. Die Merkmale stellen aber keineswegs unmittelbar physikalische Eigenschaften dar, sondern die psychischen Bedingungen, gemäß denen die reale Umwelt durch den Menschen verarbeitet wird. Sie sind also nicht Symbole für physikalische oder andere außerhalb des menschlichen Organismus liegende Phänomene, sondern für psychische Gegebenheiten.

Auf dieser Tatsache gründet sich die sehr weitgreifende, aber plausible Hypothese, daß alle semantischen Strukturen letztlich zurückgeführt werden können auf Merkmale, die Grunddispositionen der Denk- und Wahrnehmungsstruktur des menschlichen Organismus repräsentieren. Das bedeutet, daß die semantischen Merkmale nicht beliebig von Sprache zu Sprache wechseln, sondern Bestandteil der generellen menschlichen Sprachfähigkeit sind, daß sie ein universelles Inventar bilden, von dem jede Sprache ihren eigenen Gebrauch macht. Grundmerkmale dieser Art sind etwa ‚X ist größer als Y', das die allgemeine Fähigkeit des Vergleichens repräsentiert, ‚X ist Dimension von Y', das auf der dreidimensionalen Raumorientierung beruht, ‚X ist vertikal', das sich auf der ausgezeichneten Rolle der Vertikaldimension für den Menschen gründet. Ähnliche Grundelemente – oder auf Grundelemente zurückführbar – sind auch ‚X ist Mensch', das heißt: X wird nach Analogie des eigenen Ich als personales, bewußtes Wesen verstanden, oder ‚X ist Lebewesen' das heißt, es wird als sich selbst organisierender und regenerierender Organismus aufgefaßt, ‚X ist Elter von Y' oder ‚X ist Teil von Y'. All diese Merkmale werden nicht eigentlich erlernt, sondern sie bilden die angeborene Voraussetzung für mögliche Lernprozesse, sie werden durch Erfahrung und Lernen freigesetzt oder ausgelöst, sind als mögliche Struktur aber bereits im Organismus angelegt. Die semantischen Merkmale repräsentieren damit einen Teilaspekt der spezifischen Struktur des menschlichen Organismus und der darauf gegründeten Funktionen, die sich in der phylogenetischen Entwicklung herausgebildet haben. Sie sind keine a priori existierenden Kategorien, sondern das Ergebnis der Adaption des Menschen an seine Umwelt.

Was ein Kind mit seiner Muttersprache oder ein Erwachsener mit einer Fremdsprache lernt, sind also nicht die Merkmale, sondern deren spezielle Verbindungen zu Begriffen und die Zuordnung zu entsprechenden Lautstrukturen. Sowohl die semantischen Merkmale wie die Art ihrer Kombinationsmöglichkeit sind damit als universelle, von den Einzelsprachen unabhängige Voraussetzungen der Spracherlernung anzusehen, sie charakterisieren insgesamt die menschliche Sprach- und Denkfähigkeit.

Die Unterschiede zwischen verschiedenen Sprachen bestehen nur in der Art, in der innerhalb dieses Rahmens aktuelle Begriffe gebildet und wie sie durch phonologische, morphologische und syntaktische Strukturen ausgedrückt werden. Durch die angedeutete Interpretation der semantischen Merkmale wird die zuerst als rein formale Struktur behandelte Bedeutung von Wörtern und Sätzen mit der Denk- und Wahrnehmungsstruktur des Menschen in Verbindung gebracht und erst auf diesem Weg auch mit der uns umgebenden Wirklichkeit, die durch diese Strukturen hindurch cognitiv und praktisch verarbeitet wird. Diese vermittelte Beziehung zwischen semantischer Struktur und Umwelt macht verständlich, wie wir über Sachverhalte sprechen können, die nicht präsent oder rein fiktiv sind, wie Begriffe gebildet werden können, denen in der Wirklichkeit nichts entspricht.

Es versteht sich nach diesen Überlegungen von selbst, daß die semantischen Merkmale abstrakte, theoretische Einheiten sind, die komplizierte, psychische Strukturen repräsentieren. Die Benennungen, die wir gewählt haben, dienen nur der Anschaulichkeit, sie dürfen nicht zu der Annahme verführen, daß die Merkmale selbst wieder lexikalische Einheiten irgendeiner natürlichen Sprache sind.

9. Heuristische Probleme

Aus den skizzierten Annahmen ergibt sich ein allgemeines heuristisches Prinzip, das folgendermaßen formuliert werden kann: Die semantische Analyse einer Lexikoneinheit ist erst dann abgeschlossen, wenn sie sich in das Gesamtsystem semantischer Strukturen einfügen läßt und wenn sie zu Grundelementen geführt hat, die einer plausiblen psychologischen Interpretation zugänglich sind.

Bei der großen Kompliziertheit der semantischen Verhältnisse steckt dieses Prinzip lediglich einen sehr allgemeinen Rahmen ab. Die Merkmale sind bei der Analyse natürlicher Sprache nicht im vorhinein gegeben, sie müssen Schritt für Schritt empirisch ermittelt und motiviert werden. Dabei müssen jeweils systematische Zusammenhänge im Lexikon und mögliche syntaktische Beziehungen im Satz im Blick bleiben. Schwierigkeiten ergeben sich dabei oft schon bei der Beurteilung der Fakten. Ob ein Satz als normal oder sinnvoll angesehen wird, ob zwei Sätze als synonym verstanden werden oder nicht, kann von bestimmten Bedingungen abhängen und mit diesen Bedingungen wechseln. Ausgangspunkt der Analyse müssen deshalb immer die normalen, wörtlichen Verwendungen sein. Im Märchen können Tiere sprechen, tote Dinge belebt sein. Solche Übertragungen, Metaphern, poetische Freiheiten müssen zuerst ausgeschlossen werden. In vielen Fällen läßt sich jedoch auch nicht absolut bestimmen, was ‚normal‘ ist. Ein hinlänglich präzises Kriterium läßt sich aber so formulieren:

Ein Satz A ist normaler als ein Satz B, wenn A weniger explizite oder implizite Kontextbedingungen voraussetzt. Der Satz (12) (b) ist zum Beispiel akzeptabel, wenn ihm der Satz (12) (a) vorausgeht. Ohne diese Voraussetzung ist er unnormal. (12) (c) dagegen ist auch ohne eine solche Voraussetzung akezptabel, er ist also normaler als (12) (b):

(12) (a) Emma hat den kürzesten Aufsatz geschrieben.
    (b) Ernas Aufsatz ist nur halb so kurz.
    (c) Ernas Aufsatz ist nur halb so lang.

Diese Beobachtung führt dann zu der für die semantische Beschreibung relevanten Festellung, daß primär nur *lang*, nicht aber *kurz* mit *halb so, doppelt so* verbunden werden kann.

Die systematische Analyse der Bedeutungsstruktur muß an überschaubaren Teilsystemen ansetzen und dabei die nötigen Voraussetzungen und Grundkonzepte entwickeln. Solche Inseln werden schrittweise zur Einsicht in größere Komplexe und differenziertere Zusammenhänge führen. Auf diesem Wege wird schließlich auch die Analyse der scheinbar verschwommenen und unbestimmten Erscheinungen in der Bedeutung natürlicher Sprachen zur Einsicht in die ihnen zugrunde liegende Struktur führen. Dieser Prozeß steht ganz am Anfang, er wird zu wichtigen Modifikationen der hier skizzierten Hypothesen führen. Aber es besteht guter Grund zu der Annahme, daß eine präzise Theorie der Bedeutung möglich ist und daß diese Theorie zugleich wesentliche Einsichten in die Natur cognitiver Leistungen ausdrücken wird.

Literaturhinweise

J. D. Apresjan, Eksperimental'noe Issledovanie Semantiki Russkovo Glagola, Moskau 1967.
E. H. Bendix, Componential Analysis of General Vocabulary: The Semantic Structure of a Set of Verbs in English, Hindi, and Japanese, The Hague 1966.
M. Bierwisch, Some Semantic Universals in German Adjectivals, in: Foundations of Language, 1967, Vol. 3, S. 1–36.
N. Chomsky, Syntactic Structures, The Hague 1957.
N. Chomsky, Aspects of the Theory of Syntax, MIT-Press 1965.

A. J. Greimas, Sémantique Structurale, Paris 1966.
J. J. Katz/J. A. Fodor, The Structure of a Semantic Theory, in: Language, 1963, Vol. 39, S. 170–210.
J. J. Katz, Recent Issues in Semantic Theory, in: Foundations of Language, 1967, Vol. 3, S. 124–194.
E. Leisi, Der Wortinhalt. Seine Struktur im Deutschen und Englischen, Heidelberg 1953.
A. R. Luria/O. S. Vingradova, An Objective Investigation of the Dynamics of Semantic Systems, in: The British Journal of Psychology, 1959, Vol. 50, S. 89–105.
J. Trier, Der Deutsche Wortschatz im Sinnbezirk des Verstandes. Die Geschichte eines sprachlichen Feldes, Heidelberg 1931.
E. Weigl, Neuropsychologische Beiträge zum Problem der Semantik, in: Bierwisch/Heidolph (eds.), Progress in Linguistics, The Hague 1969.
U. Weinreich, Explorations in Semantic Theory, in: Sebeok (ed.), Current Trends in Linguistics, The Hague 1966. Vol. 3, S. 395–477.

D. Wunderlich

Grundlagen der Linguistik:
Zur Explikation von Sinnrelationen

9.20 Zur Explikation von Sinnrelationen

Sinnrelationen bestehen zunächst einmal zwischen Ausdrücken der Umgangssprache und lassen sich dort an Hand von Beispielen vorläufig klären. Bestimmte Eigenschaften der Umgangssprache können innerhalb von Logiksprachen rekonstruiert bzw. expliziert werden; dies gilt nun auch für die Sinnrelationen. Mit der *Definition einer Sinnrelation im Rahmen einer Logiksprache* wird versucht, eine explizite Charakterisierung umgangssprachlicher Sinnrelationen zu geben. Dabei werden diese in bestimmter Hinsicht standardisiert und vereinfacht, d.h. nur unter jeweils einem Aspekt herausgearbeitet. Vorauszusetzen ist eine Übertragung der umgangssprachlichen Ausdrücke in eine Logiksprache (= Objektsprache); die Definition der Sinnrelationen selbst (als Relationen über Klassen objektsprachlicher Ausdrücke) erfolgt in der Metasprache. In diesem Sinne ist beispielsweise die in Kap. 9.17 angeführte Definition der Synonymierelation bei LYONS zu verstehen.

Die meisten Autoren verwenden als explikative Logiksprache eine Form der Prädikatenlogik (so z.B. CARNAP 1954, LYONS 1968); sie formulieren dann auch nur Sinnrelationen zwischen Klassen von Prädikaten. Diese Beschränkung ist nur gerechtfertigt, wenn man zunächst den Charakter bestimmter einfacher und genereller Sinnrelationen herausstellen will. Besonders aber das Problem der Kontextabhängigkeit von Sinnrelationen wird hiermit nicht erfaßt. Lediglich SCHNELLE (1973) stützt sich auf eine reichere Logik, nämlich die intensionale Logik in der Version von D. LEWIS (1970), jedoch nur in allgemeiner Weise; das meiste bleibt Programm.

Es gibt im wesentlichen zwei Vorgehensweisen, um die Sinnrelationen zwischen nichtsatzartigen Ausdrücken zu explizieren:

1. Zunächst werden Sinnrelationen zwischen Sätzen expliziert; sodann werden solche Sätze s_1 und s_2 miteinander verglichen, die strukturell identisch sind und sich nur im Vorkommen der Ausdrücke a bzw. b an derselben Position unterscheiden; die zwischen den Sätzen s_1 und s_2 bestehende Sinnrelation gilt dann auch für die beiden Ausdrücke a und b. Typische Sinnrelationen zwischen Sätzen sind:

die *Negation* (im semantischen Sinne genommen);

die *Hyponymie* (welche entweder als logische oder als intensionale Folgerung (,entailment') zu verstehen ist);

die *Synonymie* (als symmetrische Hyponymie verstanden: s_1 und s_2 sind genau dann synonym, wenn s_1 hyponym zu s_2 und s_2 hyponym zu s_1 ist; manchmal wird hier auch von der Äquivalenz gesprochen, ebenfalls im semantischen Sinne genommen);

die *Inkompatibilität* (aus der Konjunktion von s_1 und s_2 ergibt sich ein Widerspruch im semantischen Sinne; vgl. die Definition von Widerspruchsfreiheit innerhalb von Axiomensystemen in Kap. 5.5);

die *Präsuppositionsrelation* (s_1 präsupponiert s_2 genau dann, wenn die Wahrheit von s_2 notwendig ist, damit s_1 einen der beiden Wahrheitswerte Wahrheit oder Falschheit erhalten kann).

2. Man vergleicht zwei Sätze s_1 und s_2, die strukturell identisch sind und sich nur im Vorkommen der Ausdrücke a bzw. b an derselben Position unterscheiden (alle anderen Ausdrücke werden, da sie beliebig sein können, durch Variablen ersetzt, über die dann zu quantifizieren ist). Die Sinnrelation zwischen a und b wird dann auf der Basis der zwischen s_1 und s_2 bestehenden objektsprachlichen Relation (z.B. der materialen Implikation) definiert. Diesem Vorgehen ist LYONS bei der Definition von Synonymie gefolgt.

Manche Autoren verstehen Sinnrelationen ausschließlich als die Explikanda; die in der Theorie entwickelten Explikate erhalten eigene Namen. Zur Stabilisierung der Explikanda verwenden sie eine operationale Definition.

Beispiele:

„Die Relation, die für einen Sprecher zwischen den beiden Sätzen s_1 und s_2 dann und nur dann gilt, wenn er, unabhängig von der Situation, nicht zugleich s_1 in gewissen seinen ‚Bedeutungen' bejahen und s_2 in gewissen seinen ‚Bedeutungen' verneinen würde, ist die Relation der partiellen Hyponymie: s_1 ist partiell hyponym zu s_2"[1]

„s_1 präsupponiert s_2 dann und nur dann, wenn in jeder Situation, in bezug auf die der Sprecher bereit wäre, s_1 in einem Sinn zu bejahen, er auch bereit wäre, s_2 in einem bestimmten Sinn zu bejahen, und wenn er ferner in bezug auf jede Situation, in der er nicht bereit wäre, s_2 in diesem Sinn zu behaupten, er nicht bereit ist, den Satz s_1 in dem erwähnten Sinn anzuwenden."[2]

---

68 K. BROCKHAUS/A. v. STECHOW, On formal semantics: a new appraoch, in: Linguistische Berichte 1 (1971), 7–36, 8.

69 U. EGLI, Zweiwertigkeit und Präsupposition, in: Linguistische Berichte 13 (1971), 74–78, 75.

Derartige operationale Kriterien liefern – wie schon an anderer Stelle ausgeführt – natürlich nicht automatisch bestimmte Ergebnisse; sie stellen nur Anleitungen dar, wie man ein bestehendes Wissen explorieren könnte, z.B. geeignete Tests zur Stabilisierung der genannten Explikanda entwickeln sollte. Die verwendeten Formulierungen wie „Ein Sprecher würde unabhängig von jeder Situation einen Satz verneinen", „Ein Sprecher ist in keiner Situation bereit, einen Satz in einem bestimmten Sinne anzuwenden" sind klärungsbedürftig; sie beziehen sich auf Situationen tatsächlichen Kommunizierens oder auf Situationen, in denen darüber reflektiert wird. Sie sind allgemein erst in einer Pragmatiktheorie explizierbar; hier ist mindestens eine Präzisierung der vorausgesetzten Befragungssituationen zu verlangen.

9.21 Beispiele für Sinnrelationen

Aus Gründen der Einfachheit verwende ich hier als Explikationssprache die Prädikatenlogik. Demzufolge werden nur einige einfache Sinnrelationen aufgeführt[70] (man kann u.U. weitere Sinnrelationen als aus ihnen zusammengesetzte einführen); auch die Diskussion dieser Sinnrelationen ist keinesfalls abgeschlossen. Ich behaupte auch nicht, daß die als Beispiel angeführten Ausdrücke ausschließlich in der hier explizierten Weise verstanden werden.

Die aufgeführten Sinnrelationen sind in der Tat grundlegend. Die Synonymierelation führt zur Zerlegung eines vorliegenden Vokabulars in Klassen von jeweils äquivalenten Ausdrücken (diese können z.B. zu unterschiedlichen Teilsprachen bzw. Verwendungsbereichen gehören oder unterschiedlich komplex sein); die Hyponymierelation führt zu einer hierarchischen Gliederung des Vokabulars (besonders im Bereich der Allgemeinnamen, abhängig davon ergeben sich im Bereich der Adjektive und Verben sich überschneidende Gliederungen, je nach der Anwendbarkeit der Adjektive und Verben auf bestimmte Gruppen von Allgemeinnamen); die Polaritätsrelationen führen zu einer Zerlegung des Vokabulars (besonders der Adjektive) nach bestimmten Dimensionen und Gliederung innerhalb der Dimension; nur im Falle der Heteronymie gibt es für die gesamte Dimension normalerweise einen Überbegriff, auch Supernym genannt.

Ich formuliere die Sinnrelationen für einfache Prädikatsausdrücke, und zwar stütze ich mich auf objektsprachliche Relationen zwischen entsprechenden einfachen Sätzen der Prädikatenlogik (im Sinne der in Kap. 9.20 skizierten zweiten Vorgehensweise).

---
70 Vgl. dazu LYONS 1968, Kap. 10.

1. *Synonymie*
   ‚P' ist synonym zu ‚Q' = df ‚(x) (Px ≡ Qx)' bzw.
   ‚(x) (y) (Pxy ≡ Qxy)' usw.
   Beispiele: ⟨‚weibliches Pferd', ‚Stute'⟩
   ⟨‚Privileg', ‚Vorrecht'⟩
   ⟨‚verstecken', ‚verbergen'⟩

2. *Hyponymie*
   ‚P' ist hyponym zu ‚Q' = df ‚(x) (Px ⊃ Qx)'
   Beispiele: ⟨‚Fasan', ‚Vogel'⟩
   ⟨‚karmin', ‚Rot'⟩
   ⟨‚Onkel', ‚Verwandter'⟩

3. *Polarität*
   (zwischen einstelligen Prädikaten)
   (a) *Komplementarität*
   ‚P' ist komplementär zu ‚Q' = df ‚(x) (Px ≡ ~ Qx)'
   Beispiele: ⟨‚verheiratet', ‚unverheiratet'⟩
   ⟨‚männlich', ‚weiblich'⟩
   ⟨‚tot', ‚lebendig'⟩

   (b) *Antonymie*
   ‚P' ist antonym zu ‚Q' = df ‚(x) (Px ⊃ ~ Qx)'
   Beispiele: ⟨‚groß', ‚klein'⟩
   ⟨‚faul', ‚fleißig'⟩

   (c) *Heteronymie*
   ‚P_1', ..., ‚P_n' sind paarweise heteronym (bzw. gehören zu einem Antonymen-n-tupel)
   = df ‚(x) ($P_i x$ ≡ ~ ($P_1 x$ v ... v $P_{i-1} x$ v $P_{i+1} x$ v ... v $P_n x$))'
   für alle i = 1, ..., n
   Beispiele: ⟨‚grün', ‚blau', ‚rot',...⟩
   ⟨‚Schwein', ‚Pferd', ‚Schaf',...⟩

Komplementäre Ausdrücke werden häufig auch kontradiktorisch zueinander genannt, antonyme Ausdrücke konträr zueinander.[71] Komplementäre und an-

---

71 Die Unterscheidung von ‚kontradiktorisch' vs. ‚konträr' stammt ursprünglich aus der Syllogismuslehre und wurde dort auf Sätze angewandt: ‚Alle Menschen sind faul' ist konträr zu ‚Kein Mensch ist faul'; ‚Alle Menschen sind faul' und ‚Einige Menschen sind nicht faul' sowie ‚Kein Mensch ist faul' und ‚Einige Menschen sind faul' sind jeweils kontradiktorisch zueinander. Anhand der gegebenen Definitionen kann man das leicht nachprüfen (wobei natürlich nicht mehr zu quantifizieren ist).

tonyme Ausdrücke gehören in den meisten Fällen zur Klasse der Adjektive; die komplementären sind nicht graduierbar, die antonymen sind graduierbar (und steigerungsfähig). Die antonymen Ausdrücke bezeichnen jeweils Pole einer ganzen Skala; so erklärt sich, daß etwas, das nicht groß ist, deshalb noch nicht klein sein muß. Allerdings ist häufig einer dieser Ausdrücke gegenüber dem anderen ausgezeichnet: Man sagt ‚Otto ist 1,70 m groß', aber nicht ‚Otto ist 1,70 m klein'.[72] Bei den heteronymen Ausdrücken liegen entweder mehrere Dimensionen vor, nach denen sich die Bezeichnungen orientieren, oder aber innerhalb einer Dimension werden verschiedene Punkte bezeichnet (z. B. ‚schwarz', ‚grau', ‚weiß'): In allen drei Fällen wurde zur Definition der Sinnrelationen die Negation verwendet. Damit die Definitionen sinnvoll sind, muß die Negation in bestimmter Weise eingeschränkt verstanden werden. Zueinander komplementäre Ausdrücke und Antonymen-n-tupel müssen einen gewissen Bereich vollständig erfassen; auf Gegenstände außerhalb dieses Bereichs lassen sich die Ausdrücke sinnvoll nicht mehr anwenden. Es müssen also gleichzeitig entsprechende Selektionsbeschränkungen vorausgesetzt werden: ‚Mein Hund ist unverheiratet' ist genauso sinnlos wie ‚Mein Hund ist verheiratet'. Im Fall von ‚tot' und ‚lebendig' ist dies schon problematischer; man denke an Sätze wie ‚Der Bodensee ist tot', ‚Die Transformationsgrammatik ist tot'. Besonders problematisch ist dies im Fall der angeführten Haustiernamen. ‚Das ist kein Schaf, sondern ein bemooster Stein' ist ein ganz normaler Satz des Deutschen; nach der gegebenen Definition müßte etwas, das kein Schaf ist, jedenfalls ein Haustier (oder ein Lebewesen) sein; man müßte deshalb außerdem angeben, unter welchen Obergriff die heteronymen Ausdrücke gerechnet werden (d. h. in der Definition bestimmte Hyponymierelationen anführen).

4. *Konversion*
(auch Polarität zwischen zweistelligen Prädikaten)
‚P' ist konvers zu ‚Q' = df ‚(x) (y) (Pxy ≡ Qyx)'
Beispiele: ⟨‚jünger als', ‚älter als'⟩
⟨‚Mann von', ‚Frau von'⟩
⟨‚geben', ‚bekommen'⟩
⟨‚kaufen', ‚verkaufen'⟩

---

[72] Eine Darstellung der semantischen Eigenschaften solcher Adjektive im einzelnen findet man bei M. BIERWISCH, Some Semantic Universals of German Adjectivals, in: Foundations of Language 3 (1967), 1–36; P. TELLER, Some discussion and extension of Manfred Bierwisch's work on German Adjectivals, in: Fondations of Language 5 (1969), 185–217; D. WUNDERLICH, Vergleichssätze (1970), in: F. Kiefer/N. Ruwet, Generative Grammar in Europe, Dordrecht 1973, 629–672; R. BARTSCH/T. VENNEMANN, Semantic Structures, Frankfurt 1972, Kap. 2–4.

Man sieht, daß die beiden Argumente jeweils ihre Position vertauschen: Wenn Nina älter ist als Doro, dann ist Doro jünger als Nina, und auch das Umgekehrte gilt. Es gibt drei Bereiche, in denen solche Ausdrücke besonders häufig anzutreffen sind: generell bei allen Komparativen (sofern sie von polaren Adjektiven gebildet sind), dann bei den Verwandtschaftsnamen und schließlich bei allen Ausdrücken zur Bezeichnung menschlicher Tauschverhältnisse; in diesem Fall gibt es jeweils noch ein drittes Argument, das das getauschte Objekt bezeichnet, aber in seiner syntaktischen Funktion unberührt bleibt:

Nina gibt Emil einen Kuß (einen Lutscher).
Emil bekommt von Nina einen Kuß (einen Lutscher).

Eine analoge Vertauschung der syntaktischen Positionen findet beim Übergang eines Aktivsatzes zu einem Passivsatz statt:

Nina küßt Emil.
Emil wird von Nina geküßt.

Wir könnten also auch

⟨‚küssen‘, ‚geküßt werden‘⟩

als Beispiel für lexikalische Konversen aufführen. Jedoch ist dies wenig sinnvoll, weil es zahlreiche passivierbare Verben gibt und die Passivform jeweils mit ‚werden‘ zusammen mit dem Partizip II des Verbs konstruiert wird. Das Verhältnis von Aktivsätzen zu Passivsätzen ist also geeigneter (nämlich in genereller Weise, unabhängig von dem einzelnen Verb) innerhalb der Syntax zu erfassen. Dennoch ist nicht zu übersehen, daß es Analogien gibt: nicht nur in der gleichartigen Vertauschung der syntaktischen Positionen, sondern auch in der Interpretation als „Agent" und „Betroffener", schließlich in dem Umstand, daß Verben wie ‚bekommen‘, ‚kriegen‘ auch als sog. Passivverben fungieren:

Nina schenkt Emil Wunderkerzen.
Emil werden von Nina Wunderkerzen geschenkt.
Emil bekommt/kriegt von Nina Wunderkerzen (geschenkt).

Zum Fall der Synonymie sind noch drei ergänzende Bemerkungen anzufügen:
  1. Bei *Wörterbuchdefinitionen* (z.B. „mümmeln: ausdauernd und mit kleinen Bewegungen kauen") werden häufig nicht zwei gleichartige Ausdrücke zueinander in Relation gesetzt, sondern ein einfacher und ein komplexer. In den zur Definition herangezogenen Sätzen ist dann in dem komplexen Fall die zugewiesene syntaktische Position auch entsprechend komplex aufzubauen. Ähnliches gilt auch für Wörterbuchdefinitionen, in denen Hyponyme festgestellt werden (wie im Fall der kausativen Verben, z.B.

„etwas verflüssigen: verursachen, daß etwas flüssig wird": Wenn jemand etwas verflüssigt, dann verursacht er, daß etwas flüssig wird, während das Umgekehrte nicht unbedingt gilt).

2. Synonyme Sätze werden häufig auch als Paraphrasen bezeichnet. Im engeren wollen wir solche Sätze *syntaktische Paraphrasen* nennen, die im wesentlichen dasselbe lexikalische Material verwenden, d.h. sich nur in der Wortstellung, in den verwendeten Funktionswörtern und eventuell in den syntaktischen Kategorien für gleiches lexikalisches Material unterscheiden. Manchmal wird für syntaktische Paraphrasen auch nur Extensionsgleichheit und nicht Intensionsgleichheit verlangt; dann wird ein relativ schwacher Synonymiebegriff vorausgesetzt. Syntaktische Paraphrasen haben einen besonderen Stellenwert in der linguistischen Diskussion erhalten: In der Syntaxtheorie wird versucht, solche Paraphasen als transformationsverwandt zu charakterisieren; speziell ist nach der Konzeption CHOMSKYS jeder Klasse syntaktischer Paraphrasen genau ein abstrakter Repräsentant in Form einer syntaktischen Tiefenstruktur zuzuordnen, und aus dieser sind mit Hilfe von Transformationsregeln die einzelnen Mitglieder der Klasse zu konstruieren.[73] Eine Tiefenstruktur charakterisiert demnach keineswegs, wie manchmal angenommen wird, eine Paraphrasenklasse insgesamt (nämlich die allen Paraphrasen gemeinsame Bedeutung), sondern lediglich eine Teilklasse von Paraphrasen.

Beispiel für eine Klasse syntaktischer Paraphrasen:

Es ist zu hoffen, daß die Tagung zufriedenstellend besucht wird.
Die Tagung wird, so ist zu hoffen, zufriedenstellend besucht.
Hoffentlich wird die Tagung zufriedenstellend besucht.
Die Tagung wird hoffentlich zufriedenstellend besucht.
Der Besuch der Tagung wird hoffentlich zufriedenstellend sein.
Ein zufriedenstellender Besuch der Tagung ist zu hoffen.[74]

3. Daneben gibt es einen weiteren Paraphrasentyp, der relativ leicht in einer Grammatiktheorie behandelt werden kann, falls diese um Indizes zur Interpretation deiktischer Ausdrücke erweitert wird.[75] Wir wollen dann von *deiktischen Paraphrasen* sprechen. Wir können mindestens zwei Untertypen unterscheiden:

---

73 Vgl. Kap. 10.9 und 10.10.
74 Mindestens die beiden letzten Sätze haben auch noch andere Bedeutungen, d.h. sie sind nur partiell synonym mit den übrigen aufgeführten Sätzen.
75 Vgl. D. WUNDERLICH, Tempus und Zeitreferenz im Deutschen, München 1970, 69ff.; D. WUNDERLICH, Pragmatik, Sprechsituation, Deixis, in: Zeitschrift für Literaturwissenschaft und Linguistik 1 (1971), 153–190.

(a) Sätze, die von zwei verschiedenen Gesprächspartnern verwendet werden, z. B.

(S sagt zu H:) Du bist müde.
(H sagt zu S:) Ich bin müde.

(b) Sätze, die sich durch die Form der direkten bzw. indirekten Rede unterscheiden z. B.

Peter hatte fest versprochen: „Morgen bin ich pünktlich da."
Peter hatte fest versprochen, daß er heute pünktlich hier ist.

‚Ich' ist durch ‚er' ersetzt worden, ‚morgen' durch ‚heute', ‚da' durch ‚hier', d. h. im wesentlichen sind allein die deiktischen Ausdrücke verändert worden; allerdings sind die Ersetzungen von ‚morgen' und ‚da' nicht unabhängig von den raumzeitlichen Äußerungskontexten.[76] Wie man leicht bemerken wird, ist im Fall der deiktischen Paraphrasen im wesentlichen Extensionsgleichheit (unter den betrachteten Kontexten) zu verlangen: d. h. hier haben wir gerade einen für die Referenzsemantik und nicht einen für die Inhaltssemantik typischen Fall vor uns.

9.22 Sinneigenschaften

Bisher wurden nur *Sinnrelationen* zwischen Ausdrücken betrachtet, die sich aus Sinnrelationen zwischen Sätzen bzw. aus objektsprachlichen Relationen zwischen Sätzen bestimmen lassen. In ähnlicher Weise lassen sich aber auch *Sinneigenschaften* von Ausdrücken bestimmen. Z. B. besteht folgender Unterschied zwischen ‚Vater von', ‚älter als' und ‚ähnlich': ‚Vater von' ist asymmetrisch, intransitiv und irreflexiv; ‚älter als' ist asymmetrisch, transitiv und irreflexiv; ‚ähnlich' ist symmetrisch, nichttransitiv und

---

76 Die beiden folgenden Sätze mögen ebenfalls – in gewissen Kontexten – Paraphrasen voneinander sein; sie unterscheiden sich aber nicht allein in ihren deiktischen Ausdrücken.
Peter sagt: „Wieso bist du noch hier?"
Peter war überrascht, daß ich noch dort war.
Hier muß vorausgesetzt werden, daß der mit ‚wieso' beginnende Fragesatz zum Ausdrücken einer Überraschung verwendet werden kann (verwendet worden ist von dem zitierten Peter); dies kann nur in einer wesentlich erweiterten Theorie sprachlicher Äußerungen in ihren Kontexten behandelt werden (vgl. Kap. 9. III).

reflexiv.⁷⁷ Sei Adam Vater von Kain, älter als Kain und Kain ähnlich; und sei Kain Vater von Noam, älter als Noam und Noam ähnlich. Dann ist natürlich Kain nicht Vater von Adam (und Noam nicht Vater von Kain), ferner ist Adam nicht Vater von Noam und auch nicht Vater von sich selbst. Kain ist auch nicht älter als Adam (und Noam nicht älter als Kain), aber natürlich ist Adam auch älter als Noam, jedoch nicht älter als er selbst. Kain ist dem Adam ähnlich (und Noam dem Kain), aber nicht notwendig ist Noam dem Adam ähnlich (die jeweiligen Ähnlichkeiten könnten sich auf ganz unterschiedliche Züge erstrecken), jedoch sind (in einer Bedeutung dieses Wortes) Adam sich selbst, Kain sich selbst und Noam sich selbst ähnlich.

Man erkennt, daß die Angabe von Sinneigenschaften für Relationsausdrücke dieselbe Funktion hat wie die Angabe von Sinnrelationen: Wenn die Bedeutung einiger Sätze festlegt, dann ist damit auch die Bedeutung anderer Sätze bestimmt.

‚P' ist symmetrisch	= df	‚(x) (y) (Pxy ⊃ Pyx)'
nichtsymmetrisch	= df	‚~ (x) (y) (Pxy ⊃ Pyx)'
asymmetrisch	= df	‚(x) (y) (Pxy ⊃ ~ Pyx)'
transitiv	= df	‚(x) (y) (z) (Pxy & Pyz ⊃ Pxz)'
nichttransitiv	= df	‚~ (x) (y) (z) (Pxy & Pyz ⊃ Pxz)'
intransitiv	= df	‚(x) (y) (z) (Pxy & Pyz ⊃ ~ Pxz)'
reflexiv	= df	‚(x) ((∃y) (Pxy v Pyx) ⊃ Pxx)'
nichtreflexiv	= df	‚~ (x) ((∃y) (Pxy v Pyx) ⊃ Pxx)'
irreflexiv	= df	‚(x) ((∃y) (Pxy v Pyx) ⊃ ~ Pxx)'

Beispiele:

symmetrisch:	‚ähnlich', ‚gleich', ‚Zeitgenosse von'
nichtsymmetrisch:	‚Bruder von' ‚lieben'
asymmetrisch:	‚Vater von', ‚jünger als', ‚folgen'
transitiv:	‚gleich', ‚jünger als'
nichttransitiv:	‚ähnlich', ‚Bruder von', ‚Freund von', ‚sehen'
intransitiv:	‚Vater von', ‚gebären'
reflexiv:	‚gleich', ‚Zeitgenosse von'
nichtreflexiv:	‚umbringen', ‚rasieren'
irreflexiv:	‚Vater von', ‚Bruder von', ‚jünger als'

---

77 Für diese gilt dasselbe wie in Kap. 9.21 gesagt: Nicht alle als Beispiel angeführten Ausdrücke werden ausschließlich in der explizierten Weise verstanden. So bestreitet MAAS z.B., daß ‚ähnlich' als zweistellige Relation zu verstehen ist, mindestens sei sie nicht reflexiv (U. MAAS, Subjekt, Präsupposition, mein Freund Falk und das Ungeheuer von Loch Ness, in: Linguistics 93 (1972)).

9.23 Weitere Arten von Sinnrelationen

Der Begriff der Sinnrelationen kann auch noch weiter als bisher gefaßt werden. Z.B. sind spezielle *lexikalische Ableitungsverhältnisse* hierunter zu subsumieren (wie zwischen ‚aufführen' und ‚Aufführung', ‚lieben' und ‚Liebe', ‚kalt' und ‚Kälte', ‚wütend' und ‚Wut', ‚zerbrechen' und ‚zerbrechlich'). In diesem Fall besteht die Relation nicht zwischen Bedeutungskomponenten oder Gesamtbedeutungen der Ausdrücke, sondern zwischen semantischen Typen, die den jeweiligen syntaktischen Kategorien korrespondieren.

In syntagmatischer Hinsicht bestehende Sinnrelationen sind u.a. die folgenden: (a) *Selektionsbeschränkungen*, z.B. zwischen Verb und zugeordneten grammatischen Subjekten und Objekten, zwischen Adjektiv und zugeordneten Substantiven, zwischen Adverb und zugeordneten Verben oder Sätzen usw. (b) *Koreferenzen* zwischen Reflexivpronomina und zugeordneten grammatischen Subjekten, zwischen Pronomina und Nominalphrasen, Verbalphrasen, Sätzen usw. (c) Beziehungen der *Variablensubstitution*, z.B. bei Relativnebensätzen der Form ‚derjenige, der...', ‚jeder, der...', (d) Beziehungen zwischen Teilsätzen bei der Verwendung von *Koordinationen* wie ‚sowohl... als auch...', ‚zwar..., aber...', ‚obwohl..., ...', ‚nicht nur..., sondern auch...'.

Auch hier sind die Interpretationen nicht unabhängig voneinander vorzunehmen: Wenn das Verb eine bestimmte Bedeutung erhält, dann abhängig davon das grammatische Subjekt; wenn eine Nominalphrase eine bestimmte Referenzbedeutung erhält, dann abhängig davon ein (z.B. anaphorisch) zugeordnetes Pronomen usw.

Literatur

Carnap, R., Meaning and Necessity. 2nd ed. Chicago 1956.
Lewis, D., General Semantics. In: Davidson/Harman (eds.), Semantics of Natural Language, Dordrecht 1972, 169–98.
Lyons, J., Introduction to Theoretical Linguistics. Cambridge 1968.
Schnelle, H., Sprachphilosophie und Linguistik, Reinbek 1973.

D. Wunderlich

Arbeitsbuch Semantik
- Lexikalische Feldanalyse
- Lexikalische Felder
- Arbeitsaufgaben

5.5 Lexikalische Feldanalyse

Das vierte der genannten Verfahren zur Bedeutungsanalyse untersucht lexikalische Einheiten hinsichtlich ihres Stellenwertes in einem ganzen Feld lexikalischer Einheiten. Dabei kann sich die Untersuchung methodisch eines der drei anderen Verfahren bedienen. Wie wir gesehen haben, waren dabei auch schon lexikalische Zusammenhänge involviert, aber eher von Fall zu Fall und nicht systematisch.

Der Gedanke des lexikalischen Feldes geht besonders auf Trier (1931) zurück und wurde seitdem in verschiedenen Richtungen weiterentwickelt. Das soll hier aber nicht diskutiert werden. Vielmehr will ich mich auch hier auf die Diskussion einiger Beispiele beschränken.

Zunächst gibt es eine Reihe von Wortfeldern, bei denen sich die Wörter durch logische Beziehungen, besonders durch die Negation, voneinander unterscheiden.

(32) a. rechts, links
     b. und, oder
     c. möglicherweise, notwendigerweise

In diesen Fällen läßt sich das eine Wort immer durch das andere ausdrücken; es wäre aber völlig willkürlich, eines davon als Grundbegriff, das andere als abgeleiteten Begriff zu verstehen.

(33) Rechts ist das, was nicht links ist;
      links ist das, was nicht rechts ist.

Es kommt hier allerdings darauf an, wie die Negation verstanden wird; neben *rechts* und *links* könnte man auch *die Mitte* unterscheiden.

In (32b) sollen *und* und *oder* so verstanden werden, wie sie in der Aussagenlogik rekonstruiert werden. Dort gilt

(34) a. ~ (pvq) ≡ ~ p & ~ q
 b. Es ist nicht der Fall, daß es regnet *oder* schneit.
  Es regnet nicht *und* es schneit nicht.
  Weder regnet es *noch* schneit es.
 c. ~ (p & q) ≡ ~ pv ~ q
 d. Es ist nicht der Fall, daß es regnet *und* schneit.
  Entweder regnet es nicht *oder* es schneit nicht.

mit ~ für die Negation und ≡ für die logische Äquivalenz.

Die Sätze unter (34b) sind untereinander äquivalent, sie lassen sich durch die linke oder die rechte Seite von (34a) übersetzen. Entsprechendes gilt für die Sätze unter (34d), die sich durch einen der beiden Ausdrücke in (34c) übersetzen lassen.

Ein ähnlicher Zusammenhang besteht zwischen *möglicherweise* und *notwendigerweise* in der Modallogik.

(35) a. ~ Np ≡ M ~ p
 b. Nicht notwendigerweise (unbedingt) gibt es eine Lösung des Problems.
  Möglicherweise gibt es keine Lösung des Problems.

Etwas ist notwendigerweise der Fall, wenn es in Situation 1 *und* in Situation 2 *und* ... zutrifft; etwas ist möglicherweise der Fall, wenn es in Situation 1 *oder* in Situation 2 *oder* ... zutrifft. *Notwendigerweise* kann also auf *und*, *möglicherweise* auf *oder* bezogen werden.

Ganz anders sind die Verhältnisse bei kausativen Verben und ihren nicht kausativen Pendants, z.B.

(36) a. töten, sterben
 b. verflüssigen, flüssig werden

Hier besteht keine logische, sondern eine kausale Relation. Allerdings sind die Sätze

(37) a. Er tötete das Huhn.
 b. Er verursachte, daß das Huhn starb.

nicht bedeutungsäquivalent, wie dies manchmal in der linguistischen Literatur behauptet wurde. Vielmehr besteht eine logische Implikationsbeziehung:

Wenn jemand ein Huhn getötet hat, dann hat er dessen Tod bewirkt (verursacht, daß es starb); das Umgekehrte braucht aber nicht zuzutreffen. Mit *töten* kann nur ein einzelnes Ereignis bezeichnet werden, mit *den Tod verursachen* können u.U. zwei zeitlich getrennte und kausal zusammenhängende Ereignisse bezeichnet werden: z.b. hat er an einem Tag das Huhn angefahren, und anderntags starb es. Sätze mit kausativen Verben wie (37a) sind also wie (37b) analysierbar; das kann aber nicht heißen, daß die kausativen Verben entbehrlich sind. Es gibt Umstände, unter denen sie benötigt werden, weil man gerade einen Bedeutungsunterschied wie den zwischen (37a) und (37b) ausdrücken will.

Bisher wurden umfangmäßig sehr kleine Wortfelder betrachtet, an denen sich logische oder ähnliche Beziehungen untersuchen lassen. Dabei werden aber viele Probleme der Wortfeldanalyse noch gar nicht deutlich. Deshalb soll jetzt ein etwas umfänglicheres Wortfeld untersucht werden.

(38) Wörter des Besitzwechsels: *bekommen, geben, kaufen, verkaufen, leihen, mieten, stehlen, schenken, erben* usw.

Die Wörter beschreiben, daß eine Sache aus dem Besitz einer Person A in den Besitz einer anderen Person B übergeht; dabei kann dieser Besitzwechsel aus der Perspektive von A (A ist z.B. Subjekt von *geben, verkaufen, schenken*) oder aus der Perspektive von B (B ist z.B. Subjekt von *bekommen, kaufen, stehlen*) beschrieben werden. Weitere Merkmale zur Unterscheidung sind z.B.: ‚gegen Entgelt' oder nicht, ‚für eine beschränkte Zeitdauer' oder nicht, ‚mit aktiver Beteiligung des Nachbesitzers' oder nicht, ‚auf der Basis eines wechselseitigen Agreements' oder nicht, ‚an bestimmte Bedingungen gebunden' (wie Ableben einer Person) oder nicht.

Diese Unterscheidungen mithilfe **semantischer Merkmale** lassen sich auch tabellarisch darstellen.
+ heißt, daß das Merkmal zutrifft,
– heißt, daß es nicht zutrifft,
± heißt, daß das Merkmal zutreffen, aber auch nicht zutreffen kann,
0 heißt, daß das Merkmal irrelevant ist.

Angesichts dieser, eher intuitiv als systematisch erstellten Tabelle werden bereits einige Probleme sichtbar.
1. Sind die Merkmale überhaupt relevant? Ganz offensichtlich sind die meisten Merkmale für *bekommen* und *geben* irrelevant oder nicht zutreffend. Diese beiden Verben bilden eine eigene Untergruppe; sie haben eine wenig spezifische Bedeutung. Deshalb kann man sie auch in der Umschreibung anderer Verben des Wortfeldes verwenden, z.B.

(39) kaufen = eine Ware gegen Bezahlung bekommen
verkaufen = eine Ware gegen Bezahlung weggeben.

Auch für *stehlen* sind einige Merkmale irrelevant. Wie man leicht sieht, läßt sich dieses Verb auch mit anderen Verben, wie z. B.

(40) entwenden, beschlagnahmen, einziehen, entführen,
erobern, ausbeuten, ausplündern, ...

zu einem eigenen Wortfeld des Wegnehmens zusammenstellen. Es scheint so, daß für dieses Wortfeld ganz andere Merkmale relevant sind, z. B. ‚die Art und Weise des Wegnehmens', ‚die jeweils weggenommene Sache', ‚die Heimlichkeit des Wegnehmens' oder nicht. Bei einem Merkmal wie der ‚weggenommenen Sache' kann man nun nicht mehr sagen, daß das Merkmal entweder zutrifft oder nicht zutrifft, sondern man muß es inhaltlich spezifizieren. Ähnliches gilt auch innerhalb unseres Wortfeldes für die Unterscheidung z. B. von *mieten* und *pachten:* Man kann eine Wohnung, ein Fahrzeug, gewisse Dienstleistungspersonen mieten, aber Ländereien, Gaststätten usw. werden gepachtet. Eventuell ist hier aber die jeweilige Sache gar nicht das primäre Merkmal, sondern vielmehr der Umstand, ob die Sache für längere Zeit zum Zwecke des Erwerbs in Besitz genommen wird (*pachten*) oder nicht (*mieten*).

2. Sind die Merkmale unabhängig voneinander? Offensichtlich treffen einige Merkmale immer dann zu, wenn auch andere Merkmale zutreffen – deshalb sind die Merkmale nicht mehr unabhängig voneinander. Wenn eines der Merkmale ‚gegen Entgelt' oder ‚für eine beschränkte Zeitdauer' vorliegt, trifft auch immer das Merkmal ‚auf der Basis eines wechselseitigen Agreements' zu; dies einfach deshalb, weil die Vereinbarung oder Anerkennung eines Entgelts bzw. einer beschränkten Zeitdauer stets auf einem Agreement beruht. Und wenn ein Agreement vorliegt, dann gibt es auch eine aktive Beteiligung des Nachbesitzers. Es bestehen also logische Implikationsbeziehungen zwischen den Merkmalen. Aus diesem Grunde genügen für die Verben *kaufen, leihen, mieten* usw. die Merkmale ‚gegen Entgelt' und ‚für eine beschränkte Zeitdauer'. Eine Differenzierung der Merkmale ‚mit aktiver Beteiligung des Nachbesitzers' und ‚auf der Basis eines Agreements' tritt erst bei dem Verb *stehlen* auf, denn das erste kann natürlich ohne das zweite zutreffen, auch wenn das zweite niemals ohne das erste zutrifft. Aber sind, um dieses ausdrücken zu können, die genannten Merkmale wirklich erforderlich? Nach dem oben unter 1 Ausgeführten scheint es angemessener zu sein, *Stehlen* als ein ‚heimliches Wegnehmen einer Sache' zu charakterisieren.

	Der Nachbesitzer ist Subjekt des Verbs	Gegen Entgelt	Für eine beschränkte Zeitdauer	Mit aktiver Beteiligung des Nachbesitzers	Auf der Basis eines wechselseitigen Agreements	An bestimmte weitere Bedingungen gebunden
bekommen	+	0	0	−	0	−
geben	−	0	0	−	0	−
kaufen	+	+	−	+	+	−
verkaufen	−	+	−	+	+	−
leihen	±	±	+	+	+	−
mieten	+	+	±	+	+	+
stehlen	+	0	0	+	−	−
schenken	−	−	−	−	−	−
erben	+	−	−	−	−	+

3. Sind die erwähnten Merkmale ausreichend? Es sieht so aus, daß der Unterschied zwischen *leihen* und *mieten* noch gar nicht richtig erfaßt wird, sofern man nicht die weiteren Bedingungen näher spezifiziert. Z. B. könnte es einen Unterschied in der Zeitdauer geben oder darin, daß eine Leihgebühr einmalig, eine Mietgebühr u. U. in regelmäßigen Abständen fällig wird. (Allerdings scheint es keinen Unterschied zwischen einem Mietwagen oder einem Leihwagen zu geben.) Die Vollständigkeit einer Merkmalsmenge hängt zweifellos davon ab, wie umfangreich ein Wortfeld ausgewählt wird: je mehr Wörter es enthält, desto mehr Merkmale werden erforderlich, um je zwei Wörter voneinander unterscheiden zu können.

4. Wie wird das Wortfeld abgegrenzt? Bisher wurde nur ein kleiner Ausschnitt des Wortfeldes des Besitzwechsels betrachtet. Die Wortfeldanalyse gewinnt dann an Bedeutung, wenn ein Wortfeld möglichst umfassend erfaßt und analysiert wird. So wären unserem Wortfeld z. B. hinzuzufügen:

(41) *erbetteln, gewinnen, verdienen, pachten, verspielen, loswerden, belehnen, tauschen, ausliefern, verehren, spenden, ...*

und noch etliche Wörter mehr. Damit werden gleichzeitig auch weitere Unterscheidungsmerkmale nötig. Darüber hinaus gibt es verschiedene benachbarte Wortfelder. Neben dem des Wegnehmens z. B. die folgenden:

(42) Wörter des Besitzens: *besitzen, eignen, gehören, nutznießen, verfügen über, ...*
(43) Wörter des Rückgebens: *tilgen, erstatten, ersetzen, einlösen, wiederbringen, entschädigen, ...*

Für eine Reihe der von den Wörtern bezeichneten Tätigkeiten findet sich eine Bindung an rechtliche Normen oder an bürgerliche Vertragsverhältnisse. So ist der Unterschied zwischen Besitz und Eigentum im bürgerlichen Recht gefaßt, Handlungen des Kaufens, Leihens, Mietens sind oftmals von expliziten Vertragsabschlüssen begleitet oder unterliegen bestimmten Gesetzen, es findet sich ein Erbrecht, eine steuerliche Anerkennung von Spenden usf. All dieses findet seinen Niederschlag in den Bedeutungen bzw. Bedeutungsdifferenzierungen der Wörter. Die Wörter werden durchaus aber auch naiv erlernt und gebraucht. Deshalb kann man nicht erwarten, daß die objektive bürgerliche Vertragsstruktur in jedem Falle für das alltägliche Verständnis der Wörter ausschlaggebend ist, abgesehen davon, daß einige Wörter auch in vorbürgerlicher Zeit geprägt sind.

(Selbst *kaufen, leihen* und *mieten* gehen auf Wörter zurück, die sich ähnlich schon im Altnordischen oder Gotischen finden, z. B. got. *kaupōn* = ‚Handelsgeschäfte treiben', got. *leiwan* = ‚überlassen', got. *mizdō* = ‚Lohn, Kampfpreis'; sie änderten lediglich ihre Bedeutung gemäß den veränderten gesellschaftlichen Umständen.)

Bei einem Besitzwechsel gegen Entgelt ist es charakteristisch, daß ein Tausch stattfindet. Von einer Kaufsituation spricht man, falls als Tauschäquivalent Geld verwendet wird. In einer normalen Tausch- oder Kaufsituation sind mindestens vier Elemente involviert: eine Ware, ein Äquivalent für die Ware (der Preis der Ware, z.B. Geld), ein Vorbesitzer und ein Nachbesitzer der Ware. Beispiel:

(44) Peter kaufte (erwarb, . . .) von Fritz für 80 Mark das Fahrrad.

Wenn der Kauf zur Zeit t stattfand, dann *präsupponiert* der Satz (44), daß zu einer Zeit vor t Fritz ein Fahrrad und Peter 80 Mark besessen hat, und es *folgt* aus dem Satz (44), daß zu einer Zeit nach t Fritz die 80 Mark und Peter das Fahrrad besessen hat. Die Präsupposition bezieht sich also auf den Zustand vor dem Kauf, die logische Folgerung auf den Zustand nach dem Kauf.

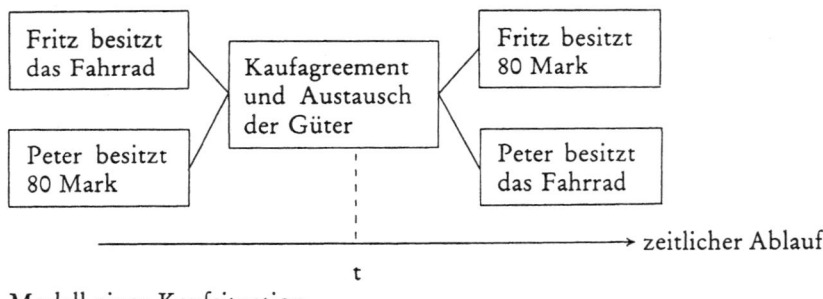

Modell einer Kaufsituation

Dieselbe Kaufsituation läßt sich auch in einer Reihe weiterer Sätze beschreiben:

(44) a. Peter kaufte von Fritz für 80 Mark das Fahrrad.
 b. Fritz kassierte von Peter 80 Mark für das Fahrrad.
 c. Fritz verkaufte an Peter für 80 Mark das Fahrrad.
 d. Peter zahlte an Fritz 80 Mark für das Fahrrad.
 e. Das Fahrrad kostete Peter 80 Mark.
 f. Peter spendierte 80 Mark für das Fahrrad.

Die hier verwendeten Verben bilden ihrerseits also ein Wortfeld des Kaufens; sie unterscheiden sich vor allem aufgrund syntaktischer Eigenschaften. *Kaufen* unterscheidet sich von *kassieren* so wie *verkaufen* von *zahlen*: sowohl die involvierten Personen wie auch die involvierten Güter vertauschen ihre syntaktischen Positionen. Bei der Gegenüberstellung von *kaufen* und *verkaufen* (*mieten/vermieten, erben/vererben* usw.) vertauschen aber nur die involvierten Personen ihre syntaktischen Positionen. Anders als die bisher genannten Verben beschreiben *kosten* und *spendieren* die Kaufsituation nur unvollständig, und zwar allein aus der Sicht des Käufers; es gibt keine Möglichkeit, im selben Satz den Vorbesitzer der Ware zu erwähnen. (Man kann auch sagen: *kaufen* ist ein Verb mit 4 Valenzen, *kosten* ein Verb mit 3 Valenzen).

Das Wortfeld des Kaufens läßt sich also durch **syntaktische Merkmale** differenzieren. Wir können folgende Tabelle aufstellen. Die Präpositionalobjekte und Dativ-Objekte können getilgt werden, aber nicht die Akkusativ-Objekte. Es sind also folgende Paraphrasen möglich:

(45) a. Peter kaufte das Fahrrad, Fritz kassierte 80 Mark (dafür).
 b. Fritz verkaufte das Fahrrad, Peter zahlte 80 Mark (dafür).

	Vorbesitzer der Ware	Nachbesitzer der Ware	die Ware	der Preis der Ware
kaufen	*von* +	Subjekt	Akk-Objekt	*für* +
kassieren	Subjekt	*von* +	*für* +	Akk-Objekt
verkaufen	Subjekt	*an* + oder Dativ-Objekt	Akk-Objekt	*für* +
zahlen	*an* + oder Dativ-Objekt	Subjekt	*für* +	Akk-Objekt
kosten	–	Dativ-Objekt	Subjekt	Akk-Objekt
spendieren I spendieren II	– Subjekt (?)	Subjekt Dativ-Objekt	*für* + Akk-Objekt	Akk-Objekt –

Der einheitliche Tauschvorgang wird in zwei getrennte Vorgänge aufgespalten. Beide Vorgänge lassen sich auch durch das Verb *bekommen (erhalten, kriegen)* bzw. das Verb *geben* wiedergeben.

(46) a. Peter bekam das Fahrrad, Fritz bekam 80 Mark.
 b. Fritz gab das Fahrrad, Peter gab 80 Mark.

In diesen Sätzen ist aber nicht mehr ersichtlich, daß es sich um die Bestandteile eines einzigen Kaufvorgangs handelt. In (46a) wäre möglich, daß der Vater dem einen das Fahrrad, dem anderen 80 Mark schenkte; in (46b) wäre möglich, daß Fritz ein Fahrrad spendete, Peter 80 Mark spendete. Zweimaliges Vorkommen von *bekommen* und *bekommen* bzw. *geben* und *geben* drückt keine Opposition mehr aus. Daher ist die naheliegende Interpretation, daß es sich um zwei parallele gleichartige Vorgänge handelt, nicht um die aufeinanderbezogenen Bestandteile eines Vorgangs.

5. Lexikalische Felder

79

Lexikalische Felder

(1) Ein paradigmatisches lexikalisches Feld ist eine Menge von Wörtern (Ausdrücken) mit ähnlicher Bedeutung. Die Wörter gehören zur selben grammatischen Kategorie und können füreinander in Sätzen eingesetzt (substituiert) werden, ohne daß sich deren Bedeutung dadurch wesentlich ändert. Das Feld kann oft durch einen einzigen Begriff aus der betreffenden Sprache charakterisiert werden.

(2) Ein syntagmatisches lexikalisches Feld ist eine Menge von Paaren von Wörtern (Ausdrücken), die in einer syntaktischen Konstruktion aufeinander folgen können. Die entsprechenden Wörter in den Paaren gehören zu derselben grammatischen Kategorie und zum selben paradigmatischen Feld.

Beispiele

zu (1): Tod: *sterben, entschlafen, hinweggerafft werden, unter den Rasen kommen, ersticken,* ...
zu (2): Tierlaute: *Hund/bellen, Löwe/röhren, Frosch/quaken,* ...

a Ergänze die beiden Felder.
b Überprüfe die Definitionen anhand der beiden Felder.
c Worin bestehen die Unterschiede innerhalb eines Feldes?
d Nenne je ein weiteres paradigmatisches und syntagmatisches Feld, zähle die zugehörigen Wörter (Ausdrücke) auf und analysiere deren Unterschiede.

e Untersuche die folgenden lexikalischen Felder:
   (3) *Kopf, Brust, Arm, Rücken, Fuß, Hüfte, ...*
   (4) *geboren werden, leben, reifen, altern, sterben, ...*
   (5) *sich treffen, sich begrüßen, sich verabschieden, sich trennen, sich zuwinken, sich unterhalten, ...*
   (6) *Papier, Schere, Stift, Klebstoff, Tipp-Ex, Lineal, Radiergummi, ...*
   Reicht eine Einteilung in paradigmatische und syntagmatische Felder? Welche strukturellen, funktionellen oder zeitlichen Relationen zwischen den Wörtern spielen unter Umständen eine Rolle?

85

Angeblich – scheinbar – anscheinend

Welchen Beitrag leisten diese Wörter zu den Wahrheitsbedingungen von Sätzen? Unter welchen Bedingungen sind z. B. die folgenden Sätze wahr:

(1) Das Referat enthielt angeblich Widersprüche.
(2) Das Referat enthielt scheinbar Widersprüche.
(3) Das Referat enthielt anscheinend Widersprüche.

Unterscheide dabei:
Unter welcher Beurteilung ergibt sich p (daß das Referat Widersprüche enthielt), unter welcher Beurteilung ergibt sich ~ p (daß das Referat keine Widersprüche enthielt)?

103

Gegensätze ziehen sich an

Drei Arten von Antonymen lassen sich unterscheiden:

(1) kontradiktorische oder komplementäre Paare:
    z. B. *lebend/tot, sterblich/unsterblich.*
(2) konträre oder graduierbare Paare:
    z. B. *dick/dünn, heiß/kalt.*
(3) konverse Paare oder relationale Gegensätze:
    z. B. *älter/jünger, Schüler/Lehrer.*

a Finde für die drei Arten weitere Beispiele.
  Wozu gehören z.B. die folgenden:
  mehr/weniger   *Arbeitgeber/Arbeitnehmer*
  legal/illegal   *verheiratet/unverheiratet*
  einschlafen/aufwachen *billiger/teurer*
  höflich/grob   *geben/erhalten*
  diskret/indiskret   *Konformist/Nonkonformist*
  Onkel/Nichte   *schnell/langsam*
  männlich/weiblich   *Vater/Mutter*
b Versuche, die drei Arten formal zu definieren. Beachte, daß die Definition spezifischer ausfallen muß als die für Antonymie.

104

Aber – sondern

(1) Das Wetter ist nicht warm, _____ heiß.
(2) Das Wetter ist nicht warm, _____ gesund.
(3) Das ist kein Tiger, _____ ein Löwe.
(4) Das ist kein Tiger, _____ ein Raubtier.
(5) Peter ist nicht 14 Jahre alt, _____ er wirkt so.
(6) Peter ist nicht 14 Jahre alt, _____ 12.
(7) Peter studiert nicht Medizin, _____ Psychologie.
(8) Peter studiert nicht Medizin, _____ besucht ein Praktikum.

a Setze an der freien Stelle entweder *aber* oder *sondern* ein.
b Welche Verwendungsbedingung gilt für *sondern*? Formuliere sie möglichst allgemein. Formuliere die Wahrheitsbedingung für Sätze der Form *x ist nicht A, sondern B*.
c Gibt es Fälle, in denen *aber* und *sondern* beide verwendbar sind? Worin besteht dann der Unterschied? Wann ist *aber* nicht verwendbar? Was ist die Bedeutung von *aber*?

105

Ungesund macht krank

gesund – krank
gesund – ungesund
hoch – tief

hoch – niedrig
gesetzlich – ungesetzlich
gesetzlich – gesetzlos
ruhig – laut
ruhig – bewegt
ruhig – nervös

a   Gib Kontexte an, in denen die genannten Gegensätze sinnvoll sind. Verwende z.B. Formulierungen der Form
    x ist nicht _____ , *sondern* _____ ,
    worin die Lücken durch die antonymen Adjektive ausgefüllt werden.
b   Was bedeuten die Wörter *gesund, hoch, gesetzlich* und *ruhig* in ihren jeweiligen Kontexten? Läßt sich jeweils eine gemeinsame Bedeutung finden?

Literatur

J. Trier (1931) Der deutsche Wortschatz im Sinnbezirk des Verstandes. Heidelberg: Winter

S. Löbner

Semantik: 9.2 Prototypentheorie

9.2 Prototypentheorie

9.2.1 Das traditionelle Modell der Kategorisierung

Die traditionelle Vorstellung von Kategorisierung ist durch das Modell der „notwendigen und hinreichenden Bedingungen" (NHB-Modell) geprägt, das auf Aristoteles zurückgeht. Nach diesem Modell ist eine Kategorie durch eine Menge von notwendigen Bedingungen definiert, die zusammen für die Kategorisierung hinreichend sind. Wenn wir zum Beispiel annehmen, dass die Kategorie FRAU durch die drei Bedingungen definiert ist, ein Mensch, weiblich und erwachsen zu sein, dann ist jede dieser drei Bedingungen notwendig. Denn wenn etwas entweder kein Mensch oder nicht weiblich oder noch nicht erwachsen ist, dann ist es keine Frau. Andererseits sind die drei Bedingungen aber auch hinreichend für die Zugehörigkeit zur Kategorie FRAU. Es spielt keine Rolle, welche zusätzlichen Eigenschaften die Mitglieder dieser Kategorie noch erfüllen. Ob etwas oder jemand eine Frau ist oder nicht, hängt genau von diesen drei Bedingungen ab.

Das aristotelische Modell lässt sich durch folgende Punkte kennzeichnen:

- Kategorisierung beruht auf einer festen Menge von Bedingungen.
- Jede dieser Bedingungen ist unabdingbar notwendig.
- Die Bedingungen sind binäre (Entweder-Oder-) Bedingungen.
- Zugehörigkeit zu einer Kategorie ist eine binäre Angelegenheit.
- Kategorien haben klare Grenzen.
- Alle Mitglieder einer Kategorie haben denselben Status.

Dass Kategorien klare Grenzen haben, ist eine direkte Folge davon, dass die Bedingungen (und damit die Mitgliedschaft) binär sind: jede beliebige Entität erfüllt entweder diese Bedingungen oder sie erfüllt sie nicht; wenn sie sie erfüllt, ist sie ein Mitglied der Kategorie, wenn nicht, nicht. Innerhalb der klar bestimmten Grenzen haben alle Mitglieder denselben Status, das heißt, sie sind gleich gute Mitglieder der Kategorie.

Sie haben wahrscheinlich schon gemerkt, dass sich das NHB-Modell, auch als ‚Checklist-Modell' bezeichnet, genau mit dem Ansatz der binären Merkmalsemantik deckt [...]. Die binären Merkmale der Merkmalsemantik entsprechen direkt den notwendigen Bedingungen im NHB-Modell.

Jeder einzelne Punkt des NHB-Modells wurde durch die Prototypentheorie in Frage gestellt; sie entwickelte sich aus den ersten umfassenden Untersuchungen zur Kategorisierung, die kognitive Psychologen und Semantiker in den siebziger Jahren unternahmen.

9.2.2 Prototypen

Die Befunde von Berlin und Kay zu Farbwortsystemen, die zugleich auch Befunde zur Kategorisierung von Farben waren, schienen den Vorstellungen des NHB-Modells ganz zuwider zu laufen. Die Probanden kategorisierten Farben offensichtlich nicht, indem sie eine Liste von Merkmalen überprüften, sondern orientierten sich an den Fokalfarben als Fixpunkten der Kategorisierung. Je näher eine bestimmte Farbe etwa an fokalem Blau liegt, desto eindeutiger wird sie der Kategorie BLAU zugeordnet. Das bedeutet umgekehrt, dass die Kategorisierung mit zunehmendem Abstand unsicherer wird und damit die Grenzen der Kategorie unscharf werden. „Kategoriengrenzen [...] sind nicht verlässlich, nicht einmal bei wiederholten Tests mit demselben Informanten."[4] Nehmen wir zum Beispiel eine Sprache, die Grundfarbwörter für Braun und für Rot besitzt. Das Rot-Wort trifft auf jeden Fall auf fokales Rot zu; bewegt man sich im Farbkontinuum von Fokalrot zu Fokalbraun, so verlässt man irgendwo das Gebiet der Farbtöne, die mit dem Rot-Wort bezeichnet werden und betritt den Bereich, der durch das Braun-Wort abgedeckt ist; wo genau die Grenze liegt, ist schwer zu sagen. Nach unserer Intuition gibt es keine klare Grenze; man würde eher sagen, dass sich die Kategorien ROT und BRAUN überlappen. Ein bräunliches Rot ist überwiegend rot, aber eben auch mehr oder weniger braun, bei einem rötlichen Braun ist es umgekehrt. Es scheint daher einleuchtend anzunehmen, dass eine gegebene Farbe dann zu einer bestimmten Farbkategorie gehört, wenn sie der Fokalfarbe hinreichend ähnlich ist. Da aber Ähnlichkeit eine Frage des Grades ist, wird damit auch die Zugehörigkeit zu einer Farbkategorie zu einer graduellen Angelegenheit.

Linguisten und Psychologen nahmen die Ergebnisse der Farbwortuntersuchungen zum Anlass, weitere Bereiche auf ähnliche Phänomene hin zu untersuchen. Sie stellten fest, dass sich auch für viele andere Kategorien experimentell absichern lässt, dass es so etwas wie beste Beispiele gibt. Es sind die Fälle, die einem als erste einfallen und die übereinstimmend als „bessere Bei-

---

4 „Category boundaries [...] are not reliable, even for repeated trials with the same informant." (Berlin & Kay 1969:15)

spiele" als andere, weniger typische angesehen werden. Für solche zentralen Beispiele wurde der Terminus **Prototyp** eingeführt. Es wurden Experimente durchgeführt, die überprüfen sollten, ob die Zugehörigkeit zu einer Kategorie eine Frage der Ähnlichkeit zum Prototypen und damit etwas Graduelles ist, ob Kategorien unscharfe Grenzen haben und ob die Bedingungen, die eine Kategorie definieren, binär sind und immer unabdingbar notwendig.

Es stellte sich bald heraus, dass viele Kategorien anscheinend eine „abgestufte Struktur" haben: sie enthalten prototypische Exemplare, die die Kategorie am besten repräsentieren, und andere Exemplare, die dies nicht so gut tun, aber immer noch ganz gute Beispiele sind, während andere nur einen marginalen Status haben. Eleanor Rosch, mit deren Namen die Prototypentheorie in ihren Anfängen verknüpft ist, hat experimentell eine Rangfolge innerhalb der Kategorie VOGEL ermittelt (das Experiment werden Sie in fast jeder Einführung in die Kognitive Psychologie zitiert finden). Die US-amerikanischen Versuchspersonen wurden gebeten, verschiedene Vogelarten auf einer Skala von 1 bis 7 einzuordnen je nachdem, ob sie ein besseres oder weniger gutes Beispiel für die Kategorie VOGEL abgeben. Das Ergebnis war erstaunlich übereinstimmend. Rotkehlchen wurden als die besten Beispiele eingestuft, gefolgt von Tauben, Spatzen und Kanarienvögeln; Eulen, Papageien, Fasanen und Tukane nahmen mittlere Ränge ein, Enten und Pfauen gelten als schlechte Beispiele; das Schlusslicht bildeten Pinguine und Strauße. Ähnliche Befunde ergaben sich aus Untersuchungen der Kategorien MÖBEL, OBST (genauer gesagt englisch FRUIT, was sich nicht genau mit OBST deckt), KLEIDUNGSSTÜCK usw. Es stellte sich außerdem heraus, dass der Rang auf dieser Skala in vielerlei anderer Hinsicht bedeutsam war; zum Beispiel war die Reaktionszeit auf Fragen wie „Ist ein x ein Vogel?" kürzer, wenn die Vogelart x als typischer eingestuft wurde.

Dass wir bei Kategorien wie VOGEL zuerst an die prototypischen Fälle denken, zeigt sich auch in unserem Sprachgebrauch: wir werden nämlich, wenn von einem „Vogel" die Rede ist, annehmen, dass auf einen prototypischen Vogel referiert wird, solange nichts gegen diese Annahme spricht. Prototypen spielen also eine wichtige Rolle bei dem so genannten Defaultschließen, das heißt dem Schließen auf der Grundlage von Standardannahmen („Defaults" oder „Defaultannahmen"): die Defaultannahme bei nicht näher spezifizierten Kategorien ist, dass es sich um ein prototypisches Exemplar der Kategorie handelt. Wenn zum Beispiel Angelika zu Klaus sagt:

(1) *Guck mal, da sitzt ein Vogel auf der Fensterbank!*

dann wird Klaus annehmen, dass es sich um einen prototypischen Vogel und nicht um einen Pinguin, Kondor, Strauß oder Pelikan handelt. Es wäre daher ohne besonderen Kontext irreführend, von einem „Vogel" zu sprechen, wenn man einen Pinguin meint; es wäre irreführend, aber nicht semantisch inkorrekt, denn natürlich sind Pinguine Vögel und können in geeigneten Kontexten auch problemlos so bezeichnet werden, wie etwa in den folgenden Beispielen:

(2) a. *Die einzigen Vögel in der Antarktis sind Pinguine.*
    b. *Pinguine brüten auf der Erde. Die Vögel legen ein bis drei Eier.*

9.2.3 Unscharfe Grenzen

Weitere Experimente wurden durchgeführt um nachzuweisen, dass Kategorien unscharfe Grenzen haben. Der amerikanische Linguist William Labov legte Studenten Zeichnungen ähnlich denen in Abbildung 9.2 vor und forderte sie auf anzugeben, ob sie die abgebildeten Gegenstände als „cup" (Tasse), „bowl" (Schale) oder „vase" (Vase) bezeichnen würden (Labov 1973). Die Probanden bezeichneten Gegenstände wie 3 als Tasse, 10 als Vase und 6 als Schale, gaben aber uneinheitliche Antworten für Vasen oder Schalen mit Henkel (1 und 5) oder für die Gegenstände mit einem Verhältnis von Durchmesser zu Höhe, das zwischen dem von Schalen und Tassen liegt (4 und 7) oder dem von Tassen und Vasen (2 und 9). Die Informanten wurden auch aufgefordert, sich vorzustellen, dass die Gefäße mit Kaffee gefüllt wären oder mit Blumen darin aufgestellt; das hatte starken Einfluss auf die Kategorisierung als Tasse bzw. Vase. Das Experiment zeigte, dass prototypische Tassen (cups) einen Henkel haben, so weit wie hoch sind und zum Kaffeetrinken benutzt werden können, während prototypische Vasen keinen Henkel haben,

Abbildung 9.2: Cups, bowls, vases

wesentlich höher als weit sind und für das Aufstellen von Blumen benutzt werden. Wenn man aber mit einem Gegenstand konfrontiert wird, bei dem diese Merkmale in anderer Weise kombiniert sind, geraten die Kriterien für die Kategorisierung als Tasse, Schale oder Vase in Konflikt. Ist zum Beispiel das Gefäß 1 eine Tasse, weil es einen Henkel hat, oder eine Vase, weil es so hoch ist? Wie sind die Gefäße einzuordnen, deren Höhe im Verhältnis zum Durchmesser genau zwischen der von typischen Schalen, Tassen oder Vasen liegt?

9.2.4 Familienähnlichkeit

Die Prototypenphänomene lassen die Merkmale, die eine Kategorie definieren, in einem anderen Licht erscheinen. Wenn eine Kategorie primär durch ihren Prototypen definiert ist, müssen die Bedingungen, die den Prototyp selbst definieren, nicht notwendig für alle Mitglieder der Kategorie gelten. (Wenn sie es täten, wären alle anderen Mitglieder der Kategorie gleichermaßen prototypisch.) Zum Beispiel gibt es henkellose Mitglieder der Kategorie TASSE, obwohl die prototypische Tasse einen Henkel hat; einen Henkel zu haben ist also ein Merkmal des Prototyps, aber nicht eine notwendige Bedingung für alle Elemente der Kategorie TASSE. Ebenso ist Flugfähigkeit sicherlich ein Merkmal des prototypischen Vogels, aber nicht alle Vögel müssen diese Eigenschaft besitzen. Nehmen wir einmal an, dass sich typische Tassen dadurch auszeichnen, dass sie (i) dazu dienen, daraus heiße Getränke wie Kaffee oder Tee zu trinken, dass sie (ii) einen Henkel haben und (iii) in etwa so weit wie hoch sind. In Abbildung 9.3 sind die zehn Gefäße nach diesen drei Merkmalen gruppiert. Wenn man akzeptiert, dass alle Gefäße außer der prototypischen Schale 6 und der prototypischen Vase 10 als Tasse durchgehen können (es geht nicht darum, ob das wirklich realistisch ist, sondern um eine solche Konstellation von Merkmalen), dann gibt es innerhalb der so konstruierten Kategorie TASSE kein gemeinsames Merkmal. Manche Gefäße erfüllen nur eine der drei Bedingungen (1, 5, 7 und 9), manche zwei (2, 4 und 8) und nur 3 alle drei. Was alle Objekte verbindet, ist eine so genannte **Familienähnlichkeit**.

Der Philosoph Ludwig Wittgenstein (Wittgenstein 1958) führte diesen Begriff in Zusammenhang mit einer Analyse der Kategorie SPIEL ein. Er behauptet, dass es keine definierende Eigenschaft gibt, die allen Spielen gemeinsam ist. Vielmehr teilen bestimmte Spiele gewisse Eigenschaften mit anderen und die wieder andere Eigenschaften mit noch anderen. Manche Spiele sind Brettspiele, andere Geländespiele; bei manchen geht es darum zu gewinnen,

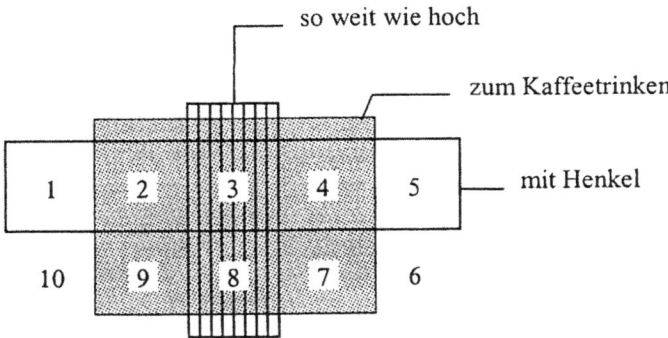

Abbildung 9.3: Merkmale von Tassen und Familienähnlichkeit

bei anderen nicht; die einen spielt man allein, andere zu zweit, wieder andere mit einer variablen Teilnehmerzahl usw. Es gibt Spiele, die so verschieden sind, dass sie gar keine Merkmale teilen; aber die gesamte Kategorie ist dadurch zusammengehalten, dass zwischen ihren Elementen Ähnlichkeiten bestehen (wie innerhalb einer Familie, in der sich alle Mitglieder ähneln, aber nicht unbedingt in denselben Punkten). Auf unser sehr vereinfachtes Beispiel angewandt ist hier die Kategorie TASSE dadurch zusammengehalten, dass 1 mit 2, 3, 4, 5 das Merkmal ‚mit Henkel' teilt, 2 mit 3, 4, 7, 8, 9 das Merkmal ‚zum Kaffeetrinken' und 3 mit 8 das Merkmal ‚so weit wie hoch'. Alle Mitglieder der Kategorie ähneln anderen in mindestens einem Punkt. Manche Mitglieder, zum Beispiel 1 und 9 haben nichts gemeinsam, aber sie sind durch andere (in diesem Fall 2, 3 und 4) verbunden, die mit jedem der beiden etwas gemeinsam haben.

9.2.5 Graduelle Zugehörigkeit

Auch wenn wir im vorigen Abschnitt bei der Zuordnung der Gefäße zur Kategorie TASSE recht großzügig waren, so steht doch fest, dass diese Objekte nicht einfach Tassen sind oder nicht. Wir können, wenn wir unbedingt wollen, Objekt 1 als Tasse kategorisieren, aber es ähnelt einer Vase mehr als einer Tasse. Objekt 7 fällt klar zwischen die Kategorien TASSE und SCHALE. Die jedem bekannten Fälle, in denen man sich nicht sicher ist, ob etwas zu einer bestimmten Kategorie gehört, und die erfolgreichen Einstufungsexperimente von Rosch und anderen, in denen die Probanden verschieden gute Beispiele auf einer Skala platzieren mussten, legen nahe, dass die Zugehörigkeit zu einer Kategorie keine Ja-oder-Nein-Angelegenheit, sondern graduell ist. Man kann versuchen, Grade der Zugehörigkeit experimentell zu ermitteln. Alternativ könnte man sie auf der Grundlage von prototypischen Merkmalen berechnen, indem man sie gewichtet und den Grad der Zugehörigkeit um einen bestimmten Betrag vermindert, wenn ein Merkmal fehlt. Man könnte, um bei unserem Beispiel zu bleiben, die prototypische Tasse 3 als 100%-Tasse einstufen und die Objekte 2, 4 und 8 als 80%-Tassen. 7 und 9 wären vielleicht 50%-Tassen (Halbtassen) und 1 und 5 sehr marginale 20%-Tassen. Aber die prototypische Vase 10 und die prototypische Schale 6 wären zu 0 Prozent Tassen, das heißt definitive Nichttassen.

9.2.6 Das Kategorisierungsmodell der Prototypentheorie

Das Modell der Kategorisierung, das sich aus der Prototypentheorie ergibt, lässt sich durch folgende Punkte charakterisieren:

- **Abgestufte Struktur der Kategorien**
  Mitglieder einer Kategorie haben nicht denselben Status.
- **Prototypen als beste Beispiele**
  Es gibt prototypische Fälle, die übereinstimmend als die besten Beispiele für die Kategorie betrachtet werden.
- **Keine feste Menge von notwendigen Bedingungen**
  Die Zugehörigkeit zu einer Kategorie ist nicht an die Erfüllung einer festen Menge notwendiger Bedingungen geknüpft. Der Prototyp einer Kategorie kann durch Eigenschaften definiert sein, die nicht alle Mitglieder der Kategorie teilen.
- **Familienähnlichkeit**
  Die Mitglieder einer Kategorie verbindet Familienähnlichkeit.
- **Prototypen als Referenzfälle der Kategorisierung**
  Prototypen dienen als Referenzfälle für die Kategorisierung; die Zugehörigkeit zu einer Kategorie ist eine Frage der Ähnlichkeit mit dem Prototyp.[5]
- **Graduelle Zugehörigkeit**
  Die Zugehörigkeit zu einer Kategorie ist graduell.
- **Unscharfe Grenzen**
  Kategorien haben unscharfe Grenzen.

Um die komplexe Argumentation im Folgenden durchsichtiger zu machen, ist in Abbildung 9.4 zusammengefasst, was die zentralen Annahmen der Pro-

---

5 Der Begriff ‚Referenzfall' hat nichts mit ‚Referenz' in dem eingeführten Sinne zu tun. Gemeint sind Fälle, die den Maßstab für die Kategorisierung abgeben.

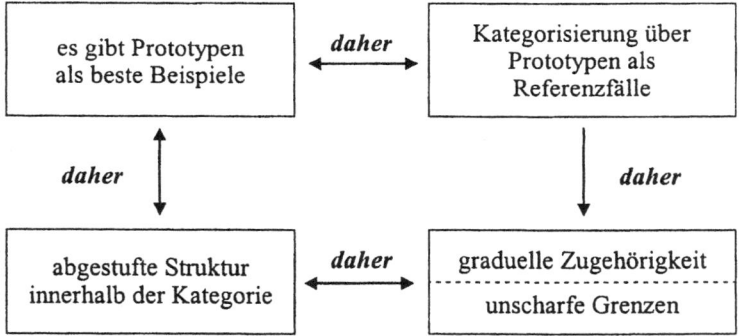

Abbildung 9.4: Annahmen der Prototypentheorie

totypentheorie sind und wie sie argumentativ zusammenhängen; dabei wurden die beiden Punkte Familienähnlichkeit und notwendige Bedingungen der größeren Übersichtlichkeit geopfert.

Prototypen haben zwei entscheidende Eigenschaften. Erstens sind sie die besten Beispiele für ihre Kategorie. Dass es beste (und damit auch weniger gute) Beispiele gibt, ist eine Folge der abgestuften Kategorienstruktur und umgekehrt bedeutet die Existenz von verschieden guten Beispielen eine abgestufte Struktur. Zweitens dienen Prototypen als Referenzfälle der Kategorisierung, indem das entscheidende Kriterium für die Zugehörigkeit zu einer Kategorie die hinreichende Ähnlichkeit mit dem Prototypen ist. Diese beiden Eigenschaften von Prototypen werden als wechselseitig bedingt betrachtet: Prototypen sind die besten Beispiele, weil sie als Referenzfälle der Kategorisierung dienen, und sie tun das, weil sie die besten Beispiele präsentieren. Aus der zweiten Eigenschaft von Prototypen ergibt sich unmittelbar, dass die Zugehörigkeit zu einer Kategorie eine graduelle Angelegenheit ist, weil die Ähnlichkeit zum Prototypen graduell ist. Damit geht wiederum einher, dass Kategorien unscharfe Grenzen haben. Unscharfe Grenzen bedingen eine abgestufte Struktur: Mitglieder in der Grenzregion sind schlechtere Mitglieder. Umgekehrt sorgen die schlechten Mitglieder an der Peripherie für unscharfe Grenzen, weil ihre Zugehörigkeit relativ unklar bzw. von niedrigem Grad ist. Abgestufte Struktur und graduelle Zugehörigkeit werden als zwei Seiten derselben Medaille angesehen: schlechtere Mitglieder sind dem Prototypen weniger ähnlich und haben damit einen geringeren Zugehörigkeitsgrad; umgekehrt bildet der Zugehörigkeitsgrad unmittelbar ab, wie gut ein Mitglied die Kategorie repräsentiert.

Wie wir in §9.4 und §9.5 sehen werden, sind die meisten dieser Annahmen nicht unproblematisch. Als die Prototypentheorie aufkam, erschien sie sehr überzeugend und plausibel und erwies sich als sehr einflussreich. Sie ist es tatsächlich immer noch, obwohl Rosch selbst und andere ihre anfänglichen Annahmen sehr bald revidierten. Bevor wir uns die Prototypentheorie kritisch vornehmen, werfen wir einen genaueren Blick auf den Begriff des Prototyps, wobei bereits erste Probleme mit der Prototypentheorie als allgemeinem Modell der Kategorisierung deutlich werden.

9.2.7 Was für Entitäten sind Prototypen?

Die informelle Definition von Prototypen als „beste Beispiele" einer Kategorie legt nahe, dass es sich dabei um Mitglieder der Kategorie handelt. Das ist in manchen Fällen zutreffend; zum Beispiel ist fokales Blau, der Prototyp der Farbkategorie BLAU, eine der Farben, die von dem Nomen *Blau* denotiert werden.[6] Aber wenn Prototypen nicht nur die besten Beispiele sind, sondern auch als Referenzfälle der Kategorisierung dienen, können sie in den meisten Fällen nicht individuelle Mitglieder der Kategorie sein. Wenn zum Beispiel ein ganz bestimmter individueller Hund als Prototyp für die Kategorie HUND herhalten müsste, müsste jeder diesen einen Hund kennen, um potenzielle Mitglieder der Kategorie HUND mit ihm abzugleichen und auf dieser Basis zu entscheiden, ob es sich um einen weiteren Hund handelt. Es ist vorstellbar, dass einzelne Mitglieder einer Kategorie, zum Beispiel der erste „Hund", dem man im Leben begegnet, in einem sehr frühen kindlichen Stadium der Kategorienbildung die Rolle eines Prototypen spielen. Aber selbst wenn dem so sein sollte (und nicht bereits von diesem ersten Exemplar ein abstrakter Prototyp abgeleitet wird), so wird die Vorstellung von diesem Hund früher oder später durch eine allgemeinere abstrakte mentale Repräsentation von „dem" prototypischen Hund abgelöst werden.

In den Experimenten von Rosch und anderen zur Einstufung verschiedenartiger Fälle innerhalb einer Kategorie wurden den Probanden nicht einzelne Exemplare, sondern Subkategorien zur Einstufung vorgegeben; zum Beispiel sollten die Probanden entscheiden, ob Eulen, Spatzen oder Strauße (jeweils als ganze Vogel-Subkategorie) bessere oder schlechtere Vögel sind, wobei Rotkehlchen am besten abschnitten. Mit einer Subkategorie kann der Proto-

---

6 Das Nomen *Blau* denotiert Farben als solche, den blauen Farbbereich. Folglich sind die Mitglieder der Kategorie BLAU (mit großem B) Farben. Dagegen denotiert das Adjektiv *blau* alles, was blau ist; die Kategorie BLAU (mit kleinem b), ist die Menge aller Dinge, die blau sind bzw. eine der Farben haben, die zu der Kategorie BLAU gehören. Prototypische Fälle für die Kategorie BLAU (mit kleinem b) wären Dinge mit einer fokalen Blaufarbe, zum Beispiel ein wolkenloser Himmel bei Tag.

typ indessen auch nicht gleichgesetzt werden. Erstens würde sich das Problem, was der Prototyp einer Kategorie ist, nur verschieben: Wenn ROTKEHLCHEN (die Subkategorie) der Prototyp der Kategorie VOGEL ist, was ist dann der Prototyp von ROTKEHLCHEN? Die meisten Leute kennen keine Subkategorien von Rotkehlchen; dennoch gibt es auch innerhalb dieser Subkategorie wieder bessere und schlechtere Beispiele. Sind nun alle Rotkehlchen prototypische Vögel oder nur die prototypischen Rotkehlchen? Wenn wir letzteres annehmen, ist der Prototyp von ROTKEHLCHEN zugleich der Prototyp von VOGEL; das würde aber bedeuten, dass die beiden Kategorien zusammenfallen, weil sich die Kategorisierung allein an dem Prototypen orientiert. Wenn dagegen alle Rotkehlchen, die gesamte Subkategorie, den Prototyp für VOGEL liefert, muss man auch ganz untypische Rotkehlchen als typische Vögel ansehen, Fälle, die vielleicht Besonderheiten aufweisen, die typische Vögel generell nicht haben können (zum Beispiel Rotkehlchenmutanten mit verkümmerten Flügeln). Zweitens haben Rotkehlchen wiederum besondere Eigenschaften, die bei der Kategorisierung als Vogel keine Rolle spielen, zum Beispiel eine rötliche Brust zu haben. Subkategorien als Prototypen sind also einerseits zu divers und andererseits zu spezifisch.

Sinnvoller erscheint es anzunehmen, dass der Prototyp ein abstrakter Fall ist, der durch ein Konzept repräsentiert wird, das bestimmte Eigenschaften fixiert und andere offen lässt. Das Konzept für einen prototypischen Vogel spezifiziert das Erscheinungsbild, den Körperbau und bestimmte Verhaltensweisen. Farbe und Zeichnung, Ernährungsweise oder geographische Verbreitung werden dagegen nicht festgelegt. Ein solches Prototypenkonzept unterscheidet sich sowohl von Konzepten für individuelle Vögel als auch für Subkategorien von Vögeln. In beiden Fällen enthält das Konzept mehr und individuellere Spezifikationen. Der Prototyp ist also weder eine spezielle Art von Fällen (Subkategorie) noch ein konkreter Einzelfall, der zu der Kategorie gehört. Ein Vogel ist prototypisch, wenn er alle Eigenschaften des abstrakten Prototyps verkörpert. Dabei können sich prototypische Fälle in Eigenschaften unterscheiden, die das Prototypenkonzept offen lässt. Wenn eine Subkategorie wie ROTKEHLCHEN alle erforderlichen Merkmale des Prototyps aufweist, kann sie grob mit dem Prototypen identifiziert werden, ist aber genau genommen nicht damit identisch.

Es muss jedoch hinzugefügt werden, dass für allgemeinere Kategorien wie die biologische Kategorie TIER, die nicht nur Vierbeiner umfasst[7], der Proto-

---

7 Neben der biologischen Kategorie TIER gibt es eine viel engere Alltagskategorie TIER, ungefähr deckungsgleich mit VIERBEINER, die Vögel, Fische, Insekten usw. nicht einschließt. Hier und im Folgenden ist TIER immer die biologische Kategorie.

typ wahrscheinlich nicht auf diese Weise definiert werden kann. Es gibt sicherlich prototypische Fälle für diese Kategorie, zum Beispiel Hunde und Katzen, aber Maulwürfe, Vögel, Fische, Dinosaurier, Würmer, Seeanemonen und Amöben sind auch Tiere. Die Kategorie ist viel zu umfassend, als dass sich irgendwelche gemeinsamen Gestalt- oder Verhaltensmerkmale zu einem Prototypenkonzept kombinieren ließen. Offenbar sind für solche sehr allgemeinen Kategorien die prototypischen Fälle nicht dadurch definiert, dass sie repräsentative Eigenschaften aufweisen, sondern dass sie besonders vertraut sind. Ob solche prototypischen Fälle als Referenzfälle für die Kategorisierung taugen, ist mehr als fraglich: man kann nicht verifizieren, dass eine Amöbe ein Tier ist, indem man sie mit einem Hund abgleicht.

9.2.8 Welche Eigenschaften machen den Prototyp aus?

Man ist versucht, diese Frage mit „Die typischen Eigenschaften" zu beantworten. Manche Eigenschaften von Vögeln betrachtet man intuitiv als typisch oder wesentlich, zum Beispiel, dass sie Flügel haben und fliegen können, dass sie gefiedert sind, Eier legen und ausbrüten, einen Schnabel haben usw. Andere, wie eine bestimmte Färbung oder Zeichnung, Gewicht, Größe und anatomische Proportionen sind wichtig für bestimmte Vogelarten, aber nicht für Vögel allgemein. Das Merkmal, Federn zu haben, ist ein „gutes" Merkmal für den Prototypen, weil es gut geeignet ist Vögel von Nichtvögeln zu unterscheiden. Bei solchen Merkmalen spricht man von einem hohen **Erkennungswert** (engl. cue validity): das Merkmal ‚hat Federn' hat einen hohen Erkennungswert für die Kategorie VOGEL, weil fast alle Mitglieder es haben, während es allen Nichtmitgliedern fehlt. Dagegen haben die Merkmale ‚hat Flügel', ‚kann fliegen', ‚das Weibchen legt Eier' einen geringeren Erkennungswert, weil sie zum Beispiel auch bei sehr vielen Insekten anzutreffen sind. Sie sind allerdings innerhalb des engeren Bereichs der Wirbeltiere wieder von höherem Wert. Am Ende ist es die Kombination von Merkmalen mit mehr oder weniger hohem Erkennungswert, die einen geeigneten Prototyp ausmacht. Für das Prototypenkonzept der Kategorie VOGEL müssen zur Unterscheidung zum Beispiel von Insekten Merkmale mit geringem Erkennungswert einbezogen werden, um so den Erkennungswert von Merkmalen wie ‚hat Flügel' zu steigern.

9.2.9 Ähnlichkeit zum Prototyp

Nach der Vorstellung der Prototypentheorie ist die Zugehörigkeit zu einer Kategorie eine Frage der Ähnlichkeit mit dem Prototyp. Das scheint ein klares und einleuchtendes Kriterium zu sein, aber bei näherem Hinsehen ist es das durchaus nicht. Wenn man sich Anwendungen dieser Konzeption vorstellt, denkt man zum Beispiel daran, verschiedene Sorten von Vögeln mit dem Prototypen abzugleichen, ob sie ihm äußerlich ähnlich sehen, das heißt in Gestalt, Größe, Farbe und anderen Aspekten des optischen Erscheinungsbildes. Aber Ähnlichkeit in diesem konkreten Sinn, der sich auf die äußere Erscheinung bezieht, ist in den meisten Fällen irrelevant, weil Kategorisierung in der Regel nicht allein auf der optischen Erscheinung beruht. Nehmen wir zum Beispiel einen Wolf, einen Husky und einen Pudel. Wölfe und Huskies sind äußerlich sehr ähnlich und beide sehr verschieden von Pudeln; aber Huskys und Pudel gehören zur Kategorie HUND, Wölfe nicht. Um zur Kategorie HUND zu gehören, muss ein Kandidat dem Prototypen in anderen Hinsichten ähnlich sein, oder entsprechen, als nur äußerlich. Es fragt sich dann, in welchen Hinsichten denn ein potenzielles Mitglied einer Kategorie dem Prototypen ähneln muss. Welche Eigenschaften sind für den Abgleich relevant? Diese Frage ist alles andere als trivial.

Betrachten wir einen weiteren Fall. Angelika hat zwei Vettern, Markus und Christian; sie sind Brüder und sehen sich sehr ähnlich. Nehmen wir an, Christian entspreche in seinem Erscheinungsbild ziemlich gut dem Prototypen der Kategorie MANN. Wir können dann aus der äußerlichen Ähnlichkeit der beiden Brüder darauf schließen, dass auch Markus zu dieser Kategorie gehört. Aber wenn Christian ein Metzger oder ein Mathematiker ist, hilft uns die äußerliche Ähnlichkeit in keiner Weise, Markus' Beruf (oder Ausbildung) zu erschließen. Dafür müssten wir die beiden in ganz anderer Hinsicht, das heißt in Bezug auf andere Merkmale vergleichen. Die Bestimmung der Zugehörigkeit zur Kategorie MANN erfordert einen Abgleich mit dem Prototypen in ganz anderen Hinsichten als bei Kategorien wie MATHEMATIKER, JUNGGESELLE oder FARBENBLIND.

Diese Überlegungen zeigen, dass der Prototyp, wenn er als Referenzfall für die Kategorisierung dienen soll, durch Spezifikation einschlägiger Merkmale definiert sein muss. Zum Beispiel muss der Prototyp von JUNGGESELLE (unter anderem) in Bezug auf den Personenstand spezifiziert sein, der von MATHEMATIKER in Bezug auf die fachliche Qualifikation und der von FARBENBLIND hinsichtlich der visuellen Fähigkeiten. Der Abgleich mit dem Prototyp muss dann in genau diesen Aspekten vorgenommen werden. Diese Merkmale können unterschiedlich gewichtet sein und in wechselseitiger Abhängigkeit stehen. Zum Beispiel gibt es in der Kategorie VOGEL eine Abhängigkeit des Merkmals ‚kann fliegen' von den Merkmalen Körpergewicht und relative Flügelgröße (Vögel, die zu schwer sind oder zu kleine Flügel haben, können nicht fliegen). Auf diese Weise erhält man ein Modell der Kategorisierung, das komplexer als das NHB-Modell ist, wo ja jedes Merkmal gleichgewichtig und für sich allein genommen notwendig ist, also unabhängig von dem Vorliegen anderer Merkmale. Aber auch das Prototypenmodell muss sich letztlich im Wesentlichen auf eine Menge von definierenden Merkmalen für jede Kategorie stützen.

Ein weiteres grundsätzliches Problem ist die zugrunde zu legende Ähnlichkeitsskala, die ja den Grad der Zugehörigkeit abbilden soll. Nehmen wir an, die Ähnlichkeit wird in Graden zwischen 0% (keine Ähnlichkeit) und 100% (vollkommene Übereinstimmung) gemessen. Wenn der Prototyp und die relevanten Vergleichskriterien festliegen, ist klar, welche Objekte den Wert 100% auf der Skala erhalten. Aber das andere Ende der Skala ist nicht klar definiert, genau genommen kann es gar nicht für alle Fälle festgelegt werden. Nehmen wir noch einmal das Beispiel der Kategorie HUND. Da Wölfe definitiv keine Hunde sind, müssten sie auf der Skala den Wert 0% erhalten. Aber manche Eigenschaften des prototypischen Hundes sind auch Eigenschaften von Wölfen. Wölfe sind Hunden ähnlicher als Kühe. Aus diesem Grund gehören Wölfe zusammen mit Hunden zu einer biologischen Gruppe, die Kühe nicht einschließt. Man muss daher Wölfen auf der Skala der Ähnlichkeit zum prototypischen Hund einen höheren Rang zuteilen als Kühen, nicht 0%, sondern sagen wir 30%: im Vergleich zu Kühen sind Wölfe 30-prozentige Hunde. Diese Überlegung lässt sich beliebig oft wiederholen: Kühe sind Hunden ähnlicher als Krebse, und Krebse sind hundehafter als Kartoffeln, die wiederum als Steine oder gar französische Personalpronomen. Verglichen damit sind Wölfe 99-prozentige Hunde. Je weiter der Kreis der zu überprüfenden Entitäten gezogen wird, desto näher rücken die Wölfe auf der Skala an Hunde heran. Zu einer gegebenen Kategorie lässt sich der Nullpunkt der Ähnlichkeitsskala nicht allgemein festsetzen, wodurch auch eine allgemeingültige Bewertung der Ähnlichkeit ausgeschlossen ist, da alle Werte relativ sind – außer dem Wert von 100% für die prototypischen Fälle. Offensichtlich hängt der Grad der Ähnlichkeit zum Prototypen und damit der Zugehörigkeit zur Kategorie vom Kontext ab, nämlich davon, wie viele andere Kategorien konkurrieren.

Diese Überlegungen dazu, was Prototypen sind, durch welche Eigenschaften sie sich definieren und was konkreter unter Ähnlichkeit zu verstehen ist, zeigen, dass die Prototypentheorie nicht so unproblematisch ist, wie sie auf den ersten Blick erscheinen mag. Die Annahme, dass die Zugehörigkeit

Abbildung 9.5

zur Kategorie eine Frage der Ähnlichkeit zum Prototypen ist, wirft schwierige grundsätzliche Fragen auf.

9.3 Die hierarchische Ordnung von Kategorien

9.3.1 Die Basisebene

Was ist das da oben? Ihre spontane Antwort ist höchstwahrscheinlich: „Ein Löwe." Obwohl diese Antwort nicht schwer zu prognostizieren ist, ist die Tatsache, dass das möglich ist, durchaus nicht trivial.[8] Die Voraussagbarkeit der Antwort ist insofern erklärungsbedürftig, als Sie das, was die Abbildung zeigt, auch auf viele andere Weisen hätten kategorisieren können, zum Beispiel spezifischer als „männlicher Löwe", „erwachsener männlicher Löwe", „typischer männlicher Löwe", „laufender männlicher Löwe mit einer großen Mähne", „laufender Löwe von der Seite gesehen" usw. Auch allgemeinere Kategorisierungen wären korrekt: als „Raubkatze", „Tier", „Lebewesen", „Entität". In dem gegebenen Kontext hätten Sie die Frage auch auf das Bild statt auf das, was es abbildet, beziehen und „Was ist das?" beantworten können mit: „Ein Bild", „Ein Bild von einem Löwen", „Eine Illustration", „Ein Beispiel" usw. Auch wenn wir solche Antworten ausschließen, bleibt das Phänomen, dass ein und dasselbe Objekt immer auf verschiedenen Ebenen der Allgemeinheit kategorisiert werden kann. Das kleine Experiment zeigt, dass wir spontan eine mittlere Ebene irgendwo zwischen sehr spezifischer und sehr allgemeiner Kategorisierung bevorzugen.

Berlin und andere untersuchten große Pflanzentermtaxonomien in einer mexikanischen Sprache und konnten belegen, dass es eine bevorzugte mittlere Ebene gibt, die so genannte **Basisebene**. Rosch untersuchte Taxonomien von Bezeichnungen für Kleidungs- und Möbelstücke. In Abbildung 9.6 wird ein kleiner Ausschnitt aus dem Kategoriensystem von Musikinstrumenten

---
8 Sie können das sehr leicht selbst testen: Zeigen Sie zwanzig deutschen Erstsprachlern eine Zahnbürste, fragen Sie sie: „Was ist das?" und zwanzig Leute werden antworten: „Eine Zahnbürste".

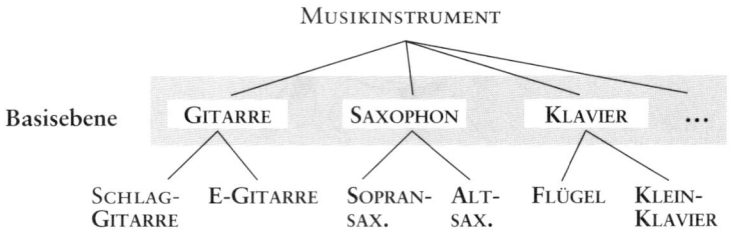

Abbildung 9.6: Kategorien von Musikinstrumenten und die Basisebene

anhand deutscher Instrumentenbezeichnungen gezeigt. Die Basisebene bilden die Kategorien GITARRE, SAXOPHON und KLAVIER und viele andere hier aus Platzgründen nicht einbezogene wie GEIGE, FLÖTE, TROMMEL, ORGEL, KLARINETTE, MUNDHARMONIKA, KEYBOARD usw.

Die Ebene unterhalb der Basisebene ist ebenfalls nur angedeutet: es gibt noch andere Arten von Gitarren, Saxophonen und Klavieren. Natürlich ist sie nicht die unterste Ebene; auf der nächsten werden zum Beispiel verschiedene Sorten von E-Gitarren, Sopransaxophonen und Flügeln unterschieden. Die Differenzierung setzt sich aber nicht endlos fort, da sie dadurch begrenzt ist, welche Ausdrücke tatsächlich im Lexikon vorhanden sind. Die erste Ebene unterhalb der Basisebene ist wohl die spezifischste für Nichtfachleute, und auch sie enthält schon Begriffe, die nicht jedem geläufig sind. Tabelle 9.1 gibt weitere Beispiele für die Basisebene in verschiedenen Taxonomien. Auch hier ergibt sich eine Verbindung zu Berlin und Kays Farbwortuntersuchungen: die Grundfarbwörter sind Bezeichnungen für Basiskategorien von Farben.

übergeordnet	KLEIDUNGS-STÜCK	FAHRZEUG	TIER	FARBE
Basisebene	HOSE, JACKE	FAHRRAD	MAUS, HASE	SCHWARZ
	HEMD, ROCK	AUTO, BUS	HUND, KUH	WEISS, ROT
	KLEID, HUT	LKW, BOOT	BIENE, WURM	GELB, GRÜN
	STRUMPF	KUTSCHE	QUALLE, BÄR	BLAU, BRAUN
	MANTEL	SKATEBOARD	FROSCH, AFFE	ROSA, GRAU
	FRACK, BH	DREIRAD	ELEFANT	LILA, ORANGE
untergeordnet	BLUEJEANS	RENNRAD	FELDMAUS	OCKERGELB
	FALTENROCK	PADDELBOOT	LAUBFROSCH	PETROL

Tabelle 9.1 Beispiele für die Basisebene

9.3.2 Eigenschaften der Basisebene

Der psychologische Aspekt: Eigenschaften von Basiskategorien

Die Basisebene ist in unserem kognitiven System in vielerlei Hinsicht privilegiert. Auf dieser Ebene arbeitet die Kategorisierung schneller als auf den höheren und niedrigeren Ebenen: bei experimentellen Kategorisierungsaufgaben sind die Reaktionszeiten für diese Ebene am kürzesten. Offensichtlich ist die Basisebene auch diejenige Ebene, auf der das meiste Wissen organisiert ist. Wir haben zum Beispiel Wissen darüber, wie sich die normale Bekleidung zusammensetzt, die man trägt, und dieses Wissen verwendet Basiskategorien: man trägt zum Beispiel Hose, Hemd, Jacke, Schuhe. Ebenso ist etwa die Zusammensetzung eines Jazzquartetts aus Saxophon, Klavier, Bass und Schlagzeug in Basiskategorien definiert. Die Farbzusammensetzung von Flaggen wird in Basiskategorien gefasst, zum Beispiel Blau-Weiß-Rot, selbst wenn die einzelnen Nationen für die genauen Farbtöne ihrer Flaggen viel präzisere Festlegungen getroffen haben.

Die Basisebene ist die höchste Ebene, auf der für uns alle Mitglieder einer Kategorie eine gemeinsame Gestalt haben. So haben zum Beispiel Trompeten eine gemeinsame Gestalt und auch Gitarren, aber nicht Musikinstrumente allgemein. Dabei ist unter Gestalt nicht nur die ungefähre Form zu verstehen, sondern vor allen Dingen die Zusammensetzung der Entität aus ihren funktionalen Teilen. Ausdrücke, die Basiskategorien denotieren, haben jeweils eine eigene Mereologie [...], das heißt eine spezielle Terminologie für die Teile dieser Art von Entitäten. Zum Beispiel hat ein Klavier eine „Tastatur", die ihrerseits wieder aus „weißen Tasten" und „schwarzen Tasten" besteht; mit einer Taste bewegt man einen „Hammer", der die „Saiten" anschlägt, auf die sich, sobald die Taste losgelassen wird, ein „Dämpfer" legt, sofern nicht das rechte „Pedal" getreten ist. Jeder dieser Teile und Teilesteile hat eine bestimmte Funktion und macht damit das Ganze zu dem, was es ist: die Teile sind in diesem Sinne konstitutiv. Dasselbe gilt auch für Kategorien von belebten Dingen. Zum Beispiel hat ein „Vogel" einen „Schnabel", mit dem er Nahrung aufnimmt; er hat „Flügel" zum Fliegen und sein Körper ist mit „Federn" bedeckt. All diese gemeinsamen Charakteristika gelten nicht mehr für Kategorien auf höheren Ebenen wie TIER oder MUSIKINSTRUMENT. Im Falle von Basiskategorien sichtbarer Dinge haben die gemeinsamen Gestalteigenschaften zur Folge, dass man ein (schematisches) Bild von dieser Art von Entität zeichnen kann, zum Beispiel ein Bild von einem Schwein oder einem Klavier; ein unspezifisches Bild von einem Tier oder einem Musikinstrument kann man nicht zeichnen.

Ein wichtiger Bestandteil der Definition von Basiskategorien ist eine Spezifikation der Art und Weise, wie wir mit Dingen dieser Art zu tun haben, wie wir sie benutzen oder wie wir mit ihnen interagieren. So werden zum Beispiel ein Klavier, eine Trompete oder eine Gitarre jeweils auf andere Weise gespielt und für verschiedene Arten von Musik verwendet. Strümpfe zieht man auf andere Weise an als Jacken und man trägt sie auch anders. Bei Artefakten wie Kleidungsstücken oder Musikinstrumenten korrespondieren die Teile mit bestimmten Funktionen und Benutzungsweisen; das Mundstück der Trompete dient zum Anblasen, die Manschette am Ärmel der Jacke verhindert, dass der Ärmel hoch- oder herunterrutscht.

Belebte Kategorien kategorisieren wir ebenfalls danach, wie wir mit ihnen zu tun haben, zum Beispiel wie sich bestimmte Tiere dem Menschen gegenüber verhalten, wie wir mit ihnen interagieren bzw. wofür wir sie benutzen. Daher ist, wie bereits erwähnt, in westlichen Kulturen ein Bestandteil des Konzepts ‚Schwein', dass Schweine als Haustiere gehalten, gemästet, geschlachtet und in vielfältiger Form verzehrt werden. Für die Kategorie KATZE gilt das nicht; Tiger wiederum sind als wilde Tiere kategorisiert, die es bei uns nicht frei gibt, anders als Kaninchen; Mücken stechen einen, Spinnen bauen Netze und sind für viele Objekte großen Abscheus.

Der sprachliche Aspekt: Eigenschaften von Basisbegriffen

Die Bevorzugung der Basisebene in unserem kognitiven System zeigt sich auch in der Sprache: die Ausdrücke für Basiskategorien, nennen wir sie **Basisbegriffe**, werden in der Kommunikation bevorzugt. Basisbegriffe sind in aller Regel einfache, kurze, nicht entlehnte und alte Wörter, mit Ausnahme von Begriffen für neuartige Artefaktkategorien [...]. Wenn Basisbegriffe zusammengesetzt, lang oder aus anderen Sprachen übernommen sind, werden sie meist schnell verkürzt und assimiliert; Beispiele gibt es viele, in Form von Kurzwörtern (*Bus* < *Omnibus*, *Auto* < *Automobil*, *Rad* < *Fahrrad*, *U-Bahn* < *Untergrundbahn* oder engl. *bra* < *brassiere*, *pram* < *perambulator* ‚Kinderwagen') oder von Abkürzungen (*PC* < *personal Computer*, *BH* < *Büstenhalter*). Im Gegensatz dazu sind Begriffe auf niedrigeren Ebenen häufig Komposita mit einem Basisbegriff als Kopf [...]: *Tenorsaxophon, Jogginghose, Rennrad, himmelblau* usw.; oft sind sie auch aus anderen Sprachen entlehnt (*Sneaker, Notebook, Keyboard, Prosecco*).

Basisbegriffe machen den größten Teil des Grundwortschatzes aus; sie werden als erste gelernt und später am meisten benutzt. Sie eignen sich besonders gut für die Kommunikation; wegen ihres mittleren Allgemeinheitsgrads steht ihre Verwendung in Einklang mit einer der grundlegenden „Spielregeln" der Kommunikation, die fordert, dass man nicht mehr und nicht weniger Information als nötig geben soll.[9] Dass Basisbegriffe in der Kommunikation so bevorzugt werden, hängt natürlich auch mit den genannten psychologischen Aspekten zusammen: auf die Konzepte der Basisebene kann besonders schnell zugegriffen werden, und sie sind so vielfältig mit praktischen Aspekten verknüpft, dass dadurch die Interpretation im Kontext erleichtert wird.

Basiskategorien und Prototypen

Das theoretische Konzept des Prototypen funktioniert auf der Basisebene am besten. Die Gestalteigenschaften und die Konzeptualisierung der Art und Weise, in der wir mit Vertretern einer Basiskategorie zu tun haben, machen im Wesentlichen den Prototyp aus. Basiskategorien bündeln viele Eigenschaften und sind dadurch gut voneinander zu unterscheiden; die komplexen Merkmalkonstellationen, die sie auf sich vereinigen, haben einen hohen Erkennungswert.

9.4 Schwierigkeiten mit der Prototypentheorie

In diesem und dem folgenden Abschnitt werden wir uns näher mit einigen Fragen befassen, die Probleme für die Prototypentheorie (im Folgenden kurz PT) darstellen. Das gibt die Gelegenheit, eine Reihe von grundlegenden Fragen anzusprechen. Die problematischen Punkte der Prototypentheorie sind die in Abbildung 9.4 auf der rechten Seite dargestellten: Kategorisierung über Prototypen als Referenzfälle, graduelle Zugehörigkeit und unscharfe Grenzen. Ich werde argumentieren, dass diese Punkte nicht so gut begründet sind und nicht so eng zusammenhängen, wie in der frühen PT angenommen wurde. Die Phänomene, mit denen sich die PT befasst, können auch anders interpretiert und erklärt werden. Diese Kritik betrifft jedoch nicht die Befunde zur Basisebene, die im vorigen Abschnitt besprochen wurden.

9.4.1 *Abgestufte Struktur und graduelle Zugehörigkeit*

Einer der Kernpunkte der PT ist die Annahme, dass die empirisch belegbare abgestufte Binnenstruktur von Kategorien (dass es bessere und schlechtere Beispiele innerhalb der Kategorie gibt) gleichzusetzen ist mit gradueller Zu-

---

9 Die so genannte „Quantitätsmaxime" von Paul Grice [vgl. Grice, Kap. B., L. H.].

gehörigkeit und unscharfen Grenzen (§9.2.6); der Grund dafür liegt, nach der PT, darin, dass die Kategorisierung über den Vergleich mit dem Prototypen läuft. Manche Experimente haben indessen ergeben, dass auch Kategorien mit vollkommen scharfen Grenzen eine abgestufte Struktur haben können. Zum Beispiel wurde experimentell nachgewiesen, dass für die Kategorie UNGERADE ZAHL die Zahlen 1, 3, 5, 7 und 9 als die besten Beispiele angesehen werden und mithin die prototypischen Fälle darstellen. Aber es gibt für diese Kategorie keine Grenzfälle, und die Zahl 18764098376542141 ist in keiner Weise weniger ungerade als 3. Für die Kategorie UNGERADE ZAHL gibt es zwei definierende Bedingungen: eine ungerade Zahl muss eine natürliche Zahl[10] größer als 0 sein und sie darf nicht durch 2 teilbar sein. Beide Bedingungen sind notwendig. Es gibt daher keinerlei Spielraum für eine größere oder geringere Ähnlichkeit mit den prototypischen Fällen. Die Zahl 4 ist in gewisser Hinsicht einer ungeraden Zahl ähnlich, weil sie nicht durch 3 teilbar ist (statt durch 2), aber das zählt nicht. Die Zahl 12,99999999 ist fast identisch mit der ungeraden Zahl 13, aber sie ist genauso wenig ungerade wie die Zahl 2 oder π. Ähnlichkeit mit dem Prototypen reduziert sich damit auf den trivialen Fall der vollkommenen Äquivalenz: dass die entscheidenden Eigenschaften des Prototyps alle vorliegen. Was das anbetrifft, könnte absolut jede ungerade Zahl als Referenzfall der Kategorisierung dienen. Der springende Punkt ist natürlich, dass der Vergleich mit gegebenen Fällen bei der Kategorisierung überhaupt keine Rolle spielt. Wenn wir entscheiden, ob eine Zahl gerade oder ungerade ist, denken wir uns diese in ihrer Dezimaldarstellung (wenn sie nicht ohnehin in diesem Format gegeben ist), und überprüfen, ob die letzte Ziffer 1, 3, 5, 7 oder 9 ist. Diese fünf Fälle können also tatsächlich eine Schlüsselrolle bei der Kategorisierung spielen, jedoch nicht die Rolle, die für die besten Beispiele in der PT vorgesehen ist, nämlich die von besonders typischen Fällen als Vergleichsobjekten. Dennoch sind die ersten fünf ungeraden Zahlen in anderem Sinne durchaus Prototypen: es sind mit Sicherheit diejenigen Fälle, die einem als erste in den Sinn kommen, und es sind gute Beispiele, weil sie mit nur einer Ziffer geschrieben werden können; aus diesem Grunde kann man auch ihre Ungeradheit bei dezimaler Zifferndarstellung am einfachsten erkennen. Aber obwohl prototypisch, spielen sie bei der Kategorisierung nicht die Rolle, die die PT dem Prototypen zuschreibt. Und die Kategorie UNGERADE ZAHL hat offensichtlich eine abgestufte Struktur und dennoch scharfe Grenzen.

---

10 Die natürlichen Zahlen sind die unendlich vielen Zahlen der Zählreihe; in der Mathematik ist es üblich, in diese Reihe die Null als Anfangsglied einzuschließen: 0, 1, 2, 3, ...

Ähnlich liegen die Verhältnisse bei dem so viel zitierten Beispiel der Kategorie VOGEL. Pinguine sind zwar recht merkwürdige Mitglieder dieser Kategorie, aber sie gehören doch eindeutig dazu, ebenso wie alle anderen Sorten von Vögeln; sie sind keine Halbvögel oder dergleichen. Dass für allgemeinere Kategorien wie TIER die Kategorisierung nicht über einen Ähnlichkeitsvergleich mit den prototypischen Fällen erfolgen kann, hatten wir auch bereits festgestellt (§ 9.2.7). Es gibt keine Ähnlichkeit zwischen einer Amöbe und einem Hund, bis auf das sehr abstrakte, wahrscheinlich nur Fachleuten bekannte Kriterium, das auch Amöben zu Tieren macht. Dennoch sind auch Amöben hundertprozentige Fälle von Tieren. Für solche Kategorien ist die Kategorisierung eine Frage der Definition, das heißt einer Menge von notwendigen Bedingungen, auch wenn es prototypische Fälle als beste Beispiele gibt. Daraus ergeben sich folgende Korrekturen an den Annahmen der Prototypentheorie:

- Eine Kategorie kann prototypische Fälle enthalten, aber sie brauchen nicht die Rolle von Referenzfällen bei der Kategorisierung zu spielen.
- Zugehörigkeit zu einer Kategorie ist nicht notwendig eine Frage der Ähnlichkeit mit dem Prototypen.
- Wie beim NHB-Modell angenommen, kann die Zugehörigkeit zu einer Kategorie durchaus eine Frage von notwendigen Bedingungen sein.
- Abgestufte Binnenstruktur geht nicht notwendig mit gradueller Zugehörigkeit einher.

Fälle wie die der Kategorien UNGERADE ZAHL und TIER zeigen, dass die beiden zentralen Eigenschaften von Prototypen, die in der PT angenommen werden – dass sie die besten Beispiele sind und dass sie als Referenzfälle der Kategorisierung fungieren – tatsächlich voneinander unabhängig sind. Infol-

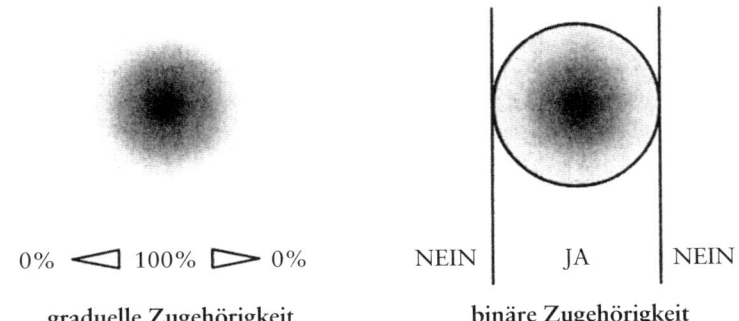

0% ◁ 100% ▷ 0%   NEIN | JA | NEIN

graduelle Zugehörigkeit   binäre Zugehörigkeit

Abbildung 9.7: Graduelle und binäre Zugehörigkeit bei abgestufter Struktur

gedessen sind abgestufte Struktur und graduelle Zugehörigkeit doch nicht die beiden Seiten derselben Medaille: auch wenn nicht alle Mitglieder eine Kategorie gleich gut repräsentieren, können doch alle hundertprozentige Mitglieder sein und durch eine scharfe Grenze (sprich: klare Kriterien) von den Nichtmitgliedern getrennt sein. Abbildung 9.7 soll den Unterschied illustrieren. Sie zeigt links eine Kategorie mit gradueller Zugehörigkeit und daher auch abgestufter Struktur und unscharfen Grenzen. Rechts sehen Sie eine Kategorie mit binärer (Ja-oder-Nein)Zugehörigkeit und daher scharfen Grenzen, aber dennoch mit abgestufter Struktur.

Literatur

Berlin, Brent & Paul Kay. 1969. Basic Color Terms. Berkeley, Los Angeles: University of California Press.
Labov, William. 1973. ‚The Boundaries of words and their meanings.‘ In: Charles-James Bailey & Roger Shuy, Hrsg. *New Ways of analysing variation in English.* 340–373. Washington: Georgetown University Press.
Rosch, Eleanor. 1973. ‚Natural categories.‘ *Cognitive Psychology* 4: 328–350.
Rosch, Eleanor. 1975. ‚Cognitive reference points.‘ *Cognitive Psychology* 7, 532–547.
Rosch, Eleanor. 1975. ‚Cognitive representations of semantic categories.‘ In: *Journal of Experimental Psychology:* General 104, 192–233.
Rosch, Eleanor et al. 1976. ‚Basic objects in natural categories.‘ *Cognitive Psychology* 8: 382–439.
Wittgenstein, Ludwig (1958) *Philosophische Untersuchungen/Philosophical Investigations.* (zweisprachige Ausgabe). Oxford: Blackwell

G. Frege

Einleitung in die Logik

Die Ablösung der behauptenden Kraft vom Prädikate

Man kann einen Gedanken ausdrücken, ohne ihn zu behaupten. Doch fehlt es in den Sprachen an einem Worte oder Zeichen, das allein die Aufgabe hätte zu behaupten.[2] So wird auch in den Logiken, wie es scheint, das Prädizieren verquickt mit dem Urteilen. So weiß man nicht recht, ob das, was die Logiker Urteil nennen, ein Gedanke sein soll mit oder ohne das Urteil, daß er wahr ist. Dem Worte nach sollte man denken *mit* dem Urteil; aber der Sprachgebrauch ist vielfach so, daß die eigentliche Urteilsfällung, die Erkenntnis der Wahrheit, nicht mitgenommen wird. *Ich gebrauche das Wort „Gedanke" ungefähr so wie die Logiker „Urteil".* Denken ist Gedankenfassen. Nachdem man einen Gedanken gefaßt hat, kann man ihn als wahr anerkennen (*urteilen*) und dieses Anerkennen äußern (*behaupten*). Auch von der Verneinung ist die urteilende Kraft abzulösen. Jedem Gedanken steht ein entgegengesetzter gegenüber, so daß die Verwerfung des einen immer mit der Anerkennung des anderen zusammenfällt. Man kann sagen, daß das Urteilen die Wahl zwischen Entgegengesetztem ist. Die Verwerfung des einen und die Anerkennung des andern ist eine Tat. Man braucht also für die Verwerfung keine besondere Benennung, kein besonderes Zeichen. Man kann von der Verneinung sprechen, bevor man Teile im Gedanken unterschieden hat. Der Streit, ob die Verneinung zum Ganzen oder zum prädikativen Teile gehöre, ist ebenso unfruchtbar, wie der, ob der Mantel den schon bekleideten Menschen bekleide oder ob er mit den übrigen Bekleidungsstücken zusammengehöre. Indem der Mantel den schon bekleideten Menschen umhüllt, schließt er sich von selbst den übrigen Kleidungsstücken an. Der prädikative Bestandteil des Gedankens kann, bildlich gesprochen, als Hülle des Subjektsbestandteils angesehen werden. Weiter hinzukommende Hüllen vereinigen sich von selbst mit den schon vorhandenen.

---

2 Im begriffsschriftlichen Aufbau der Logik hat Frege zu diesem Zweck den „Urteilsstrich" [⊢] eingeführt. Cf. *Begriffsschrift* [Halle 1879, Neudruck Darmstadt 1964], p. 2 und *Grundgesetze der Arithmetik I* [Jena 1983, Neudruck Darmstadt 1962], § 5.

Hypothetische Satzverbindung

Wenn man sagt, daß im hypothetischen Urteile zwei Urteile in Beziehung zueinander gesetzt werden, so gebraucht man das Wort „Urteil" so, daß die Anerkennung der Wahrheit nicht mitgemeint ist. Denn wenn man auch das ganze Satzgefüge mit behauptender Kraft ausspricht, so behauptet man doch weder die Wahrheit des Gedankens im Bedingungssatze, noch die des Gedankens im Folgesatze. Die Anerkennung der Wahrheit erstreckt sich vielmehr auf einen im ganzen Satzgefüge ausgedrückten Gedanken. Und bei einer genaueren Prüfung wird man in vielen Fällen finden, daß der Bedingungssatz allein keinen Gedanken ausdrückt und ebensowenig der Folgesatz (uneigentliche Sätze). In diesen Fällen hat man meist die Beziehung der Unterordnung von Begriffen. Man vermischt dabei wohl gewöhnlich zweierlei, was ich wohl zuerst geschieden habe: die Beziehung, die ich mit dem Bedingungsstriche bezeichne, und die Allgemeinheit. Jene entspricht ungefähr dem, was die Logiker mit „Beziehung zwischen Urteilen" sagen wollen. Es verbindet nämlich das Beziehungszeichen (*der Bedingungsstrich*) Sätze miteinander und zwar eigentlich, so daß jeder von beiden einen Gedanken ausdrückt.[3]

Wenn wir nun von Sage und Dichtung absehen und nur solche Fälle in Betracht ziehen, in denen es sich um Wahrheit im wissenschaftlichen Sinne handelt, so können wir sagen, daß *jeder Gedanke entweder wahr oder falsch ist*, *tertium non datur*. Es ist Unsinn, von Fällen zu sprechen, in denen ein Gedanke wahr ist und von andern, in denen er falsch ist. Derselbe Gedanke kann nicht bald wahr, bald falsch sein, sondern in den Fällen, die man bei solchen Aussprüchen im Auge hat, handelt es sich immer um verschiedene Gedanken, und daß man denselben zu haben glaubt, liegt daran, daß man denselben Wortlaut hat, und dieser Wortlaut wird dann ein uneigentlicher Satz sein. Man unterscheidet nicht immer genug zwischen dem Zeichen und dem, was es ausdrückt.

Wenn man zwei Gedanken hat, so sind nur vier Fälle möglich:

1. der erste ist wahr und desgleichen der zweite;
2. der erste ist wahr, der zweite falsch;
3. der erste ist falsch, der zweite ist wahr;
4. beide sind falsch.

Wenn nun der *dritte* dieser Fälle *nicht* stattfindet, so besteht die Beziehung, die ich durch den *Bedingungsstrich* bezeichnet habe. Der Satz, der den ersten

---

3 In diesem Fall spricht Frege später von „hypothetischem Gedankengefüge". Cf. p. 166 und insbes. Anm. 2, p. 185 zu *Logische Allgemeinheit*.

Gedanken ausdrückt, ist der Folgesatz; der Satz, der den zweiten Gedanken ausdrückt, ist der Bedingungssatz. [...]

Sinn und Bedeutung

Die Eigennamen sollen Gegenstände bezeichnen, und wir nennen den Gegenstand, den ein Eigenname bezeichnet, seine Bedeutung. Der Eigenname ist andrerseits Bestandteil eines Satzes, der einen Gedanken ausdrückt. Was hat nun der Gegenstand mit dem Gedanken zu tun? Daß er nicht Teil des Gedankens ist, haben wir an dem Satz „der Montblanc ist über 4000 m hoch" gesehen. Ist der Gegenstand dann überhaupt nötig, damit der Satz einen Gedanken ausdrücke? Man sagt wohl, Odysseus ist keine geschichtliche Person, und meint mit diesem widerspruchsvollen Ausdrucke, daß der Name „Odysseus" nichts bezeichne, keine Bedeutung habe. Nimmt man dies an, so wird man deshalb doch nicht allen Sätzen der Odyssee, in denen der Name Odysseus vorkommt, jeden Gedankeninhalt absprechen. Denken wir nun einmal, wir überzeugten uns, daß der Name „Odysseus" in der Odyssee, entgegengesetzt unserer bisherigen Meinung, doch einen Mann bezeichne. Würden dadurch die Sätze, die den Namen „Odysseus" enthalten, andere Gedanken ausdrücken? Ich glaube nicht. Die Gedanken würden eigentlich dieselben bleiben; sie würden nur aus dem Gebiete der Dichtung in das der Wahrheit versetzt. Demnach scheint der Gegenstand, den ein Eigenname bezeichnet, ganz unwesentlich zu sein für den Gedankeninhalt eines Satzes, der den Eigennamen enthält. Für den Gedankeninhalt! Im übrigen freilich ist es für uns durchaus nicht einerlei, ob wir uns im Gebiete der Dichtung oder in dem der Wahrheit bewegen. Aber das können wir wohl hieraus entnehmen, daß mit dem Eigennamen noch etwas verbunden sein muß, was verschieden ist von dem bezeichneten Gegenstand und was für den Gedanken des Satzes wesentlich ist, in dem der Eigenname vorkommt. Ich nenne es den Sinn des Eigennamens. Wie der Eigenname Teil des Satzes ist, ist sein Sinn Teil des Gedankens.

Andere Wege führen zu demselben Ziele. Vielfach hat derselbe Gegenstand verschiedene Eigennamen; aber diese sind doch nicht durchweg vertauschbar. Dies ist nur dadurch zu erklären, daß Eigennamen von derselben Bedeutung verschiedenen Sinn haben können. Der Satz „Der Montblanc ist über 4000 m hoch" drückt nicht denselben Gedanken aus wie der Satz „Der höchste Berg Europas ist über 4000 m hoch", obwohl der Eigenname „Montblanc" denselben Berg bezeichnet wie der Ausdruck „der höchste Berg Europas", der nach der hier angenommenen Redeweise ebenfalls ein Eigenname[13]

---

13 Cf. Anm. 3, p. 175 zu *Ausführungen über Sinn und Bedeutung*.

ist. Die beiden Sätze „Der Abendstern ist derselbe wie der Abendstern" und „Der Abendstern ist derselbe wie der Morgenstern" unterscheiden sich nur durch einen Eigennamen von derselben Bedeutung. Dennoch drücken sie verschiedene Gedanken aus. Es muß also der Sinn des Eigennamens „der Abendstern" verschieden sein von dem Sinne des Eigennamens „der Morgenstern". Es ergibt sich so: mit dem Eigennamen ist etwas verbunden, was von dessen Bedeutung verschieden ist, was auch bei verschiedenen Eigennamen derselben Bedeutung verschieden sein kann, und was wesentlich ist für den Gedankeninhalt des Satzes, der den Eigennamen enthält. Ein eigentlicher Satz, in dem ein Eigenname vorkommt, drückt einen singulären Gedanken aus, und in diesem unterscheiden wir einen abgeschlossenen Teil und einen ungesättigten. Jener entspricht dem Eigennamen, ist aber nicht dessen Bedeutung, sondern dessen Sinn. Auch den ungesättigten Teil des Gedankens fassen wir als einen Sinn auf, nämlich des außer dem Eigennamen vorhandenen Teils des Satzes. Und es liegt in der Richtung dieser Festsetzungen, daß wir auch den Gedanken selbst als Sinn auffassen, nämlich des Satzes. Wie der Gedanke Sinn des ganzen Satzes ist, ist ein Teil des Gedankens Sinn eines Satzteiles. So erscheint denn der Gedanke als gleichartig dem Sinne eines Eigennamens, aber ganz verschieden von dessen Bedeutung.

Nun ist die Frage, ob nicht auch dem ungesättigten Teile des Gedankens, der als Sinn des entsprechenden Satzteils anzusehen ist, etwas entspricht, was als Bedeutung dieses Satzteils aufzufassen ist. Daß der Eigenname eine Bedeutung habe, ist zwar für den bloßen Gedankeninhalt gleichgültig, ist aber sonst von der größten Wichtigkeit, wenigstens sofern wir uns wissenschaftlich verhalten. Es hängt davon ab, ob wir uns im Gebiete der Dichtung oder in dem der Wahrheit befinden. Nun ist es doch unwahrscheinlich, daß der Eigenname sich so verschieden von dem übrigen Teile eines singulären Satzes verhalten sollte, daß nur bei ihm das Bestehen einer Bedeutung von Wichtigkeit wäre. Vielmehr müssen wir annehmen, daß auch dem übrigen Teile des Satzes, der als Sinn den ungesättigten Teil des Gedankens hat, etwas im Reiche der Bedeutung entsprechen müsse, wenn der ganze Gedanke sich im Gebiet der Wahrheit befinden solle. Dazu kommt, daß auch in diesem übrigen Teile des Satzes Eigennamen vorkommen können, deren Bedeutung wichtig ist. Wenn in einem Satz mehrere Eigennamen vorkommen, so kann der zugehörige Gedanke in verschiedener Weise in einen abgeschlossenen und einen ungesättigten Teil zerlegt werden. Der Sinn jedes dieser Eigennamen kann als abgeschlossener Teil dem übrigen Teile des Gedankens als dem ungesättigten gegenübergestellt werden. Auch die Sprache kann ja denselben Gedanken in verschiedener Weise ausdrücken, indem sie bald diesen, bald jenen Eigennamen zum grammatischen Subjekt macht. Man sagt wohl, daß diese ver-

schiedenen Ausdrucksweisen nicht gleichwertig seien. Das ist richtig. Es ist aber zu beachten, daß die Sprache den Gedanken nicht nur ausdrückt, sondern ihm auch eine besondere Beleuchtung oder Färbung gibt.[14] Und diese kann verschieden sein, auch wenn der Gedanke derselbe ist. Es ist undenkbar, daß es nur bei den Eigennamen auf eine Bedeutung ankommen könne, nicht bei den sie verbindenden übrigen Satzteilen. Wenn wir sagen „Jupiter ist größer als Mars", wovon sprechen wir da? Von den Himmelskörpern selbst, von den Bedeutungen der Eigennamen „Jupiter" und „Mars". Wir sagen, daß sie in einer gewissen Beziehung zueinander stehen, und das tun wir mit den Worten „ist größer als". Diese Beziehung findet statt zwischen den Bedeutungen der Eigennamen, muß also selbst dem Reiche der Bedeutungen angehören. Demnach wird man auch den Satzteil „ist größer als Mars" als bedeutungsvoll anerkennen müssen, nicht [nur] als sinnvoll. Wenn wir einen Satz zerlegen in einen Eigennamen und den übrigen Teil, so hat dieser übrige Teil als Sinn einen ungesättigten Gedankenteil. Seine Bedeutung aber nennen wir Begriff. Damit machen wir freilich einen Fehler, den uns die Sprache aufnötigt. Indem wir nämlich das Wort „Begriff" einführen, geben wir die Möglichkeit von Sätzen der Form „A ist ein Begriff" zu, wo A ein Eigenname ist. Damit haben wir das zu einem Gegenstand gestempelt, was gerade dem Gegenstand als völlig ungleichartig gegenübersteht. Auch der bestimmte Artikel im Anfang der Worte „Die Bedeutung des übrigen Teils des Satzes" ist eigentlich aus demselben Grunde fehlerhaft. Aber die Sprache nötigt uns zu solchen Ungenauigkeiten, und so bleibt uns nichts übrig, als uns ihrer immer bewußt zu bleiben, damit wir nicht in Fehler verfallen, und damit sich uns die scharfe Grenze zwischen Gegenstand und Begriff nicht verwischt. Auch den Begriff können wir, bildlich sprechend, ungesättigt nennen, oder wir können auch sagen, er habe prädikativen Charakter.
[...]

---

14 Cf. *Einleitung*, pp. XXIVff.

E. Tugendhat/U. Wolf

Logisch-semantische Propädeutik: Wahrheit

13.2 Die Redundanztheorie; Wahrheit und Verifikation

Die beiden wichtigsten Erklärungen der Wahrheit von Aussagen in der analytischen Philosophie sind die auf Ramsey zurückgehende Redundanztheorie[2] und die sogenannte semantische Wahrheitstheorie von Tarski; die wichtigste traditionelle Erklärung von Wahrheit ist die sogenannte Übereinstimmungs- oder Korrespondenztheorie. Diese drei Auffassungen stehen in einem gewissen Zusammenhang. Sowohl Ramsey wie Tarski berufen sich auf die ursprüngliche Formulierung der Übereinstimmungstheorie bei Aristoteles. Diese Erklärung von Aristoteles lautet folgendermaßen:

(1) „Zu sagen, daß das, was ist, nicht ist, oder das, was nicht ist, ist, ist falsch; hingegen (zu sagen), daß das, was ist, ist, oder das, was nicht ist, nicht ist, ist wahr" (*Metaphysik* IV, 7, 1011b 26f.).

Aristoteles geht hier von der Voraussetzung aus, daß man zwischen positiven Aussagen (in denen gesagt wird, daß etwas der Fall ist) und negativen Aussagen (in denen gesagt wird, daß etwas nicht der Fall ist) unterscheiden müsse. Da diese Voraussetzung (wie wir in Kap. 12 gesehen haben) nicht zutrifft, können wir die zwei Teile seiner Erklärung so zusammenfassen:

(1a) Eine Aussage, daß etwas der Fall ist, ist wahr genau dann, wenn es der Fall ist (und falsch genau dann, wenn es nicht der Fall ist).

Diese Formulierung läßt sich noch stärker verkürzen, indem wir einfach sagen:

(2) (Eine Aussage) daß p, ist wahr ≡ p.

Mit (2) ist nun eine Äquivalenz zum Ausdruck gebracht, die sich uns schon in Kap. 12 ergeben hat. Diese Äquivalenz ist analytisch wahr: wir können jede Aussage „p", ganz gleichgültig welche Struktur sie hat, umformen in „daß p, ist wahr".

---

[2] Vgl. Ramsey, „Tatsachen und Propositionen". Zur Diskussion um die Redundanztheorie vgl. den von Pitcher herausgegebenen Sammelband (*Truth*).

Die sogenannte Redundanztheorie behauptet nun, in der Äquivalenz (2) erschöpfe sich die Bedeutung des Wortes „wahr": immer, wenn wir von einer Aussage sagen, sie sei wahr, können wir statt dessen einfach die Aussage selbst verwenden. Das Wort „wahr" ist daher redundant, überflüssig.

Dagegen kann man einwenden, daß man die Äquivalenz (2) nicht einfach hinnehmen könne, sondern fragen müsse, worin sie gründet. [...]

Wenn jemand sagt „p", dann beansprucht er, daß es sich in der Wirklichkeit so verhält, wie er es sagt. Dieses „so – wie" fällt unter den Tisch, wenn man die aristotelische Erklärung nur im Sinn einer analytischen Ersetzbarkeit von „p" durch „daß p, ist wahr" interpretiert. [...]

13.4 Tarskis sogenannte semantische Wahrheitsdefinition

Hier können nur einige Grundzüge von Tarskis Theorie [9] vorgeführt werden. Auch Tarski geht explizit auf die aristotelische Definition (1) zurück. Im Gegensatz zur Deutung der Redundanztheorie kommt er jedoch zu folgender Deutung:

(6)   „p" ist wahr ≡ p.

Tarski setzt also voraus, daß das, wovon wir sagen, daß es wahr oder falsch ist, der *Satz* ist (daher „p" auf der linken Seite) und nicht die Aussage bzw. der Sachverhalt (daß p). (Vgl. zu dieser Frage Kap. 2.) Der Ausdruck „p" ist ein Name – eine Bezeichnung – des entsprechenden Satzes. Nun ist es eine bloße Konvention, die im übrigen nur in der schriftlichen und nicht in der gesprochenen Sprache zu befolgen ist, ein Zeichen dadurch zu bezeichnen, daß man dieses Zeichen selbst in Anführungszeichen setzt. Tarski kann daher, was mit (6) intendiert ist, allgemeiner formulieren durch:

(7)   X ist wahr ≡ p,

wobei „X" jeweils durch (irgendeine) Bezeichnung des Satzes und das auf der rechten Seite stehende „p" durch diesen Satz selbst zu ersetzen ist. Während (2) trivial war und (6) jedenfalls trivial scheint, ist (7) offenbar nicht mehr

---

9 Vgl. Tarskis Abhandlung „Der Wahrheitsbegriff in den formalisierten Sprachen". Eine kurze Darstellung seiner Konzeption hat Tarski 1944 in seinem Aufsatz „Die semantische Konzeption der Wahrheit und die Grundlagen der Semantik" gegeben. Eine vereinfachte Darstellung der Theorie Tarskis findet sich in Stegmüller, *Das Wahrheitsproblem und die Idee der Semantik*.

trivial. Dies wird besonders deutlich, wenn die Sprache, in der (7) formuliert ist, nicht dieselbe Sprache ist, zu der der jeweils durch „X" bezeichnete Satz gehört. Man nennt dann die Sprache, zu der „X" gehört, die Objektsprache und die Sprache, in der (7) formuliert ist, die Metasprache. Die eben gegebene Erklärung muß dann so abgewandelt werden, daß in (7) „X" für eine metasprachliche Bezeichnung eines Satzes der Objektsprache steht und „p" für eine Übersetzung dieses objektsprachlichen Satzes in der Metasprache. Nehmen wir an, die Objektsprache ist Englisch und die Metasprache Deutsch! Dann wäre ein Beispiel für (7):

(8)   Der Satz im Englischen, der aus den zwei Wörtern „it" und „rains" besteht, ist genau dann wahr, wenn es regnet.

Man kann sagen, daß in (8) die *Wahrheitsbedingung* eines bestimmten einzelnen englischen Satzes in der deutschen Sprache formuliert wird. (8) sagt, was es für diesen Satz heißt, wahr zu sein, oder genauer: unter welcher Bedingung dieser Satz wahr ist. Nun wird aber an (8), das ein Beispiel für (7) ist, auch deutlich, daß (7) nicht beanspruchen kann, eine allgemeine Erklärung des Wortes „wahr" für eine bestimmte Sprache zu sein. (7) macht keine Angabe darüber, unter welchen Bedingungen alle Sätze der Sprache wahr wären. Tarski bezeichnet daher (7) als ein bloßes Schema, an dem man sich zu orientieren hat. An die Wahrheitsdefinition, die er sucht, stellt er die Forderung, daß sich aus ihr die für alle einzelnen Sätze der Sprache geltenden Äquivalenzen gemäß (7) ableiten lassen müßten. Die simpelste Möglichkeit könnte darin gesehen werden, die Wahrheitsbedingungen für alle Sätze einzeln anzugeben und diese in einer umfassenden Disjunktion aneinanderzureihen. Aber das ist unmöglich, weil eine Sprache zwar nur endlich viele Wörter, aber unendlich viele Sätze enthält (da die Zusammensetzung in komplexe Sätze beliebig iterierbar ist).

Die Lösung, die Tarski findet, sieht ungefähr so aus:
1. Die Sätze werden durch grammatische *Strukturbeschreibungen* bezeichnet. Dabei wird unterstellt, daß es sich um eine künstliche Sprache handelt, bei der die grammatische Struktur in eindeutiger Weise der semantischen Struktur entspricht (vgl. dazu Kap. 6, S. 95).
2. Auf dieser Grundlage ist es möglich, eine *rekursive Definition* von „wahr" zu geben. Wir haben schon in Kap. 6 und 7 gesehen, daß die Wahrheit von bestimmten strukturell komplexeren Sätzen auf die Wahrheit bestimmter anderer Sätze zurückverweist. Das macht eine schrittweise, rekursive Erklärung der Wahrheitsbedingung aller Sätze möglich („aller Sätze": Tarski beschränkt sich auf die für die Logik allein relevanten ‚extensionalen' – wahrheitsfunktionalen – Sätze, d.h. auf Sätze, deren Wahrheit nur von der

Wahrheit anderer Sätze abhängt; vgl. dazu Kap. 7, S. 105 ff.). Diese sieht ungefähr so aus:

(1) Hat ein Satz die Struktur „p ∧ q", so ist er wahr genau dann, wenn „p" wahr ist und auch „q" wahr ist.

(2) Hat ein Satz die Struktur „~ p", so ist er wahr genau dann, wenn „p" falsch ist.

(3) Hat ein Satz die Struktur „∃xφ[x]", wobei „φ[x]" besagen soll, daß in dem Ausdruck „φ" die Variable „x" vorkommt, so ist er wahr genau dann, wenn mindestens einer der Sätze wahr ist, der sich von „φ[x]" dadurch unterscheidet, daß statt „x" ein singulärer Terminus vorkommt.

Diese Sätze entsprechen den Erklärungen, die in Kap. 6, S. 98, und Kap. 7, S. 107, gegeben wurden. Die übrigen Satzkonnektive und der Allquantor brauchen nicht berücksichtigt zu werden, weil die ersteren sich durch „∧" und „nicht" definieren lassen und „(x) Fx" äquivalent ist mit „(~ ∃x)~ Fx". Die Formulierung des dritten Punktes ist so gewählt, daß „φ[x]" seinerseits noch weitere Quantoren und Variable enthalten kann. Man kommt dann letztlich auf singuläre prädikative (oder relationale) Sätze. Für diese gilt folgende Erklärung:

(4) Ist ein Satz so strukturiert, daß er aus einem singulären und einem generellen Terminus zusammengesetzt ist, dann ist er genau dann wahr, wenn der Gegenstand, der durch den singulären Terminus bezeichnet wird, unter den Begriff fällt, für den der generelle Terminus steht.

Dieser vierte Punkt wird ergänzt durch zwei Listen: in der einen werden alle singulären Termini der Objektsprache den (metasprachlich bezeichneten) Gegenständen zugeordnet, in der anderen werden alle generellen Termini der Objektsprache den (metasprachlich bezeichneten) Begriffen zugeordnet.

Diese vier Erklärungen zusammen mit den zwei Listen stellen die rekursive Wahrheitsdefinition der betreffenden Sprache dar (vorausgesetzt, daß sie extensional ist; sonst: ihres extensionalen Teils). Aufgrund dieser Definition läßt sich für jeden einzelnen Satz in einer endlichen Reihe von Schritten angeben, unter welcher Bedingung er wahr ist.

Es stellt sich jetzt die Frage, was mit einer solchen Erklärung von „wahr" erreicht ist und ob sie das leistet, was die Übereinstimmungstheorie zu leisten beabsichtigte, nämlich den Wirklichkeitsbezug, der in dem Wort „wahr" zu liegen scheint, herauszustellen.

Auf den ersten Blick scheint Tarskis Definition nur sehr wenig zu leisten. Folgende Bedenken liegen nahe: Tarski war selbst der Meinung, daß seine

Definition nur für formalisierte Sprachen – also logische Kalküle – durchführbar sei, und man könnte ergänzen: sie scheint auch nur für einen logischen Kalkül sinnvoll zu sein. Denn bei einem logischen Kalkül wird vorausgesetzt, daß es sich um ein zunächst uninterpretiertes Zeichensystem handelt. Was die verschiedenen Schritte in Tarskis Definition leisten, ist, daß sie den zunächst als uninterpretiert vorausgesetzten Sätzen eines Kalküls schrittweise Bedeutung zuordnen, indem sie ihre Wahrheitsbedingungen angeben. Der Kalkül erhält dadurch, wie man das inzwischen in der Logik nennt, eine ‚Interpretation'. Diese Interpretation erfolgt in einer Metasprache, die natürlich nichts anderes ist als unsere eigene Umgangssprache. Dann scheint aber Tarskis Definition nicht mehr zu leisten als eine Übersetzung: sie ordnet den objektsprachlichen Zeichen die schon verstandenen Zeichen unserer Sprache zu. Daß diese Definition nicht trivial ist, läge also nur daran, daß wir es mit zwei Sprachen zu tun haben. Und für die Frage, was wir mit „wahr" mit Bezug auf unsere eigene Sprache meinen, wären wir so klug wie zuvor. Diese Bedenken scheinen auch zu zeigen, daß Tarskis Wahrheitstheorie in Wirklichkeit nur eine Bedeutungstheorie ist: sie ordnet den Zeichen nur Bedeutungen zu, und die Frage, wie die interpretierten Zeichen sich nun auf die Wirklichkeit beziehen, bleibt offen.

Diese Überlegungen [10] sind jedoch nur zum Teil richtig. Beginnen wir mit dem letzten Punkt! Die Alternative zwischen Wahrheitstheorie und Bedeutungstheorie, die in ihm unterstellt wird, besteht in Wirklichkeit nicht. Wir haben schon in Kap. 6 gesehen, daß die Bedeutung eines assertorischen Satzes verstehen eben nichts anderes heißt als wissen, unter welcher Bedingung er wahr ist. Und wenn betont wird, daß wir mit der Wahrheit eines Satzes irgendwie seinen ‚Wirklichkeitsbezug' meinen, so muß man sehen, daß eben dieser ‚Wirklichkeitsbezug' schon im Verstehen eines Satzes liegt (Wittgenstein: „Einen Satz verstehen, heißt, wissen was der Fall ist, wenn er wahr ist"; *Tractatus* 4.024). Es ist weiterhin auch nicht richtig, daß Tarskis Definition nur deswegen nicht trivial ist, weil sie die Unterscheidung zwischen Objektsprache und Metasprache enthält, und es ist ebenfalls nicht richtig, daß sie nur sinnvoll für uninterpretierte Kalküle ist. Das wird sofort deutlich, wenn man die vier Teildefinitionen der rekursiven Definition so formuliert, daß die Objektsprache und die Metasprache zusammenfallen: wir erklären dann für die verschiedenen Satzstrukturen unserer eigenen Sprache, wovon jeweils für einen Satz dieser Struktur seine Wahrheit abhängt. Genau das ist es, was in

---
10 Sie entsprechen ungefähr der Auffassung, die in Tugendhat „Tarskis semantische Definition der Wahrheit und ihre Stellung innerhalb der Geschichte des Wahrheitsproblems im logischen Positivismus" vertreten wird.

Kap. 6–8 über die Bedeutung der Sätze der verschiedenen Strukturen gesagt worden war (vgl. die ersten zwei Teildefinitionen mit Kap. 7, S. 107, die dritte Teildefinition mit Kap. 6, S. 98, die vierte Teildefinition mit Kap. 8, S. 128). Wir können uns auch über die Bedeutung der Sätze unserer eigenen Sprache nur in der Weise klarwerden, daß wir angeben, unter welcher Bedingung sie wahr sind. Daß Tarskis rekursive Definition (trotz gewisser Schwierigkeiten, vor allem a) weil die Umgangssprache keine so einfachen Entsprechungen zwischen grammatischer und semantischer Struktur aufweist, und b) weil sie nur zum Teil extensional ist) auch auf die natürliche Sprache anwendbar ist, ist zum ersten Mal von Davidson in seinem Aufsatz „Truth and Meaning" (1976) gezeigt worden.

Man wird jetzt immer noch wissen wollen: wo wird nun in dieser Definition der Wirklichkeitsbezug greifbar? Die Antwort lautet: in der Bezugnahme auf Gegenstände in der vierten Teildefinition. Diese Antwort kann die Gegenfrage provozieren: Also haben nur singuläre prädikative Sätze einen Wirklichkeitsbezug? Nein, aber sie sind die einzigen, die einen direkten Wirklichkeitsbezug haben; der Wirklichkeitsbezug der anderen Sätze besteht darin, daß und wie die ersten drei Teildefinitionen auf die vierte zurückweisen. Das ist gerade der Sinn davon, daß Wahrheit ein nur rekursiv zu definierender Begriff ist. Jetzt erst kann der eigentliche Gewinn von Tarskis Wahrheitsbestimmung gegenüber der Übereinstimmungstheorie in ihrer traditionellen Fassung sichtbar werden. Der Grund, warum die traditionelle Auffassung sogar in ihren relativ vertretbaren Formulierungen (3) und (4)* gescheitert war, liegt darin, daß sie den Wirklichkeitsbezug der Aussage an ihrer Übereinstimmung (3) oder Identität (4) mit einer *Tatsache* zu fassen versucht. Tatsachen sind jedoch keine Gegenstände, die in der raumzeitlichen Welt vorkommen, sondern wir *nennen* einfach einen Gedanken dann eine Tatsache, wenn er wahr ist. Der Begriff der Tatsache ist deswegen ungeeignet, als Wahrheitskriterium zu dienen. Um das Wahrheitskriterium eines singulären prädikativen Satzes zu formulieren, können wir nicht sagen: „Fa" ist wahr, wenn der Sachverhalt, daß a F ist, wirklich ist, sondern nur: „Fa" ist wahr, wenn a wirklich F ist. Wir untersuchen a daraufhin, ob das Prädikat „F" darauf wirklich zutrifft, und nicht den Sachverhalt, daß a F ist, daraufhin, ob er wirklich ist. Aber auch diese Formulierung ist natürlich nur für die letzte Teildefinition möglich. Bei

---

* [(3) Der von einer Aussage behauptete Sachverhalt (der Gedanke), daß p, ist wahr dann und nur dann, wenn er übereinstimmt mit dem entsprechenden wirklichen Sachverhalt (der entsprechenden Tatsache).

(4) Der behauptete Sachverhalt (daß p) ist wahr dann und nur dann, wenn er ein wirklicher Sachverhalt (eine Tatsache) ist.]

den Aussagen höherer Struktur, die nicht Aussage über einen Gegenstand sind, sieht die Sache anders aus. Es war der Fehler der traditionellen Übereinstimmungstheorie, daß sie eine einheitliche Formulierung für Aussagen aller Strukturen geben wollte. [...]

Man kann jetzt immer noch folgende Frage stellen: Wenn auch in der vierten Teildefinition der Wirklichkeitsbezug faßbar wird, ist doch in ihr keine Anzeige enthalten, wie zu erkennen ist, daß eine Aussage wahr ist. Das beansprucht diese Wahrheitsdefinition aber auch nicht. Tarski gehört zu jenen Theoretikern, die meinen, daß man die Bedeutung von „wahr" völlig unabhängig von der Frage klären könne, wie man eine Aussage als wahr erkennen kann. Es ist aber am Ende (von 13.2) die Forderung erhoben worden, daß eine befriedigende Erklärung von „wahr" eine Anzeige enthalten muß, wie man die Aussage als wahr erkennen kann. Daß dies bei Tarski fehlt, hängt damit zusammen, daß er auch für die singulären und generellen Termini nicht angibt, wie man erkennen könne, für welchen Gegenstand bzw. welchen Begriff sie stehen. Statt dessen rekurriert eine Wahrheitsdefinition in Tarskis Sinn an dieser Stelle auf die hinter der vierten Teildefinition angeführten Listen, in denen den singulären und generellen Termini der Objektsprache die Gegenstände bzw. Begriffe durch metasprachliche Formulierungen einfach zugeordnet werden (z.B. „the sun" steht für die Sonne; „red" steht für Rot usw.). Während nun die vier Teile der rekursiven Wahrheitsdefinition ihren Sinn behielten, als wir die Unterscheidung zwischen einer Objekt- und einer Metasprache fallenließen, trifft dies offenkundig auf die zwei Listen nicht zu. Es wäre sinnlos zu sagen: „Die Sonne" steht für die Sonne. Wir wissen dann immer noch nicht, für welchen Gegenstand der Ausdruck steht, es sei denn, wir wußten es auch schon vorher. Wir müssen also die beiden Listen fallenlassen und eine andere Erklärung der singulären und generellen Termini geben.[11] Was hier erforderlich ist, ist bereits in Kap. 8, S. 140, und Kap. 9 gezeigt worden: Wir müssen, um zu wissen, für welchen Gegenstand ein singulärer Terminus steht, diesen Gegenstand identifizieren können, und bei raumzeitlichen Gegenständen heißt das: ihn raumzeitlich identifizieren können. Wissen, für welchen Gegenstand der singuläre Terminus steht, heißt, seine *Identifizierungsregel* kennen. Bei den generellen Termini haben wir gesehen, daß man weiß, was ein genereller Terminus bedeutet, wenn man an Hand von Beispielen gelernt hat, wie er verwendet wird, und d.h. dann zugleich: man verfügt über ein Kriterium, wie zu entscheiden ist, ob der generelle Terminus auf einen Gegenstand zutrifft. Den generellen Terminus verstehen heißt, über seine *Verwendungsregel* verfügen. Jetzt

---

11 Die im folgenden skizzierte Auffassung ist ausführlicher dargestellt in Tugendhat, *Vorlesungen zur Einführung in die sprachanalytische Philosophie*, S. 484 ff.

können wir die vierte Teildefinition in Tarskis rekursiver Wahrheitsdefinition so umformulieren:

(4a) „Fa" ist genau dann wahr, wenn, sofern die Identifizierungsregel von „a" befolgt worden ist, mit Bezug auf das Ergebnis dieser Regelbefolgung „F" gemäß seiner Verwendungsregel anwendbar ist.

Damit ist jetzt eine Erklärung des Wortes „wahr" für singuläre prädikative Sätze gewonnen, die zugleich angibt, wie man erkennen kann, daß ein solcher Satz wahr ist. (Der Satz „Das Schöneberger Rathaus ist rot" ist z.B. wahr genau dann, wenn der generelle Terminus „rot" gemäß seiner Verwendungsregel auf denjenigen Gegenstand anwendbar ist, der als das Schöneberger Rathaus identifizierbar ist.)

Auf dieser Basis ist auch eine Reformulierung der Übereinstimmungstheorie möglich, in der das Wort „übereinstimmt mit" wieder aufgenommen wird:

(9) Ein Aussagesatz „p" ist wahr genau dann, wenn, sofern die von seinen Bedeutungsregeln geforderte Prozedur befolgt wird, dies zu einem Ergebnis führt, das mit dem in der Behauptung vorweggenommenen Ergebnis übereinstimmt (identisch ist).

(9) gilt für alle Teile der rekursiven Wahrheitsdefinition, aber (9) steht nicht auf eigenen Füßen, weil es in seiner Bezugnahme auf die Bedeutungsregeln auf die Wahrheitsdefinition zurückweist.

Literatur

Davidson, D., „Truth and Meaning", in: *Synthese* 17 (1967), S. 304–323.
Pitcher, G. (Hrsg.), *Truth,* Englewood Cliffs 1964.
Ramsey, F.P., „Facts and Propositions" (1927), dt. „Tatsachen und Propositionen", in: (auszugsweise) Skirbekk (Hrsg.), *Wahrheitstheorien,* S. 224–225.
Skirbekk, G. (Hrsg.), *Wahrheitstheorien,* Frankfurt 1977.
Stegmüller, W., *Das Wahrheitsproblem und die Idee der Semantik,* Wien 1957.
Tarski, A. „Der Wahrheitsbegriff in den formalisierten Sprachen" (1936), abgedr. in K. Berka/L. Kreiser (Hrsg.), *Logik-Texte,* Berlin 1971, S. 447–559.
Tarski, A. „Die semantische Definition der Wahrheit und die Grundlagen der Semantik" (1944), abgedr. in: Skirbekk (Hrsg.), *Wahrheitstheorien,* S. 140–188.
Tugendhat, E., „Tarskis semantische Definition der Wahrheit und ihre Stellung innerhalb der Geschichte des Wahrheitsproblems im logischen Positivismus", abgedr. in: Skirbekk (Hrsg.), *Wahrheitstheorien,* S. 189–223.
Tugendhat, E., *Vorlesungen zur Einführung in die sprachanalytische Philosophie,* Frankfurt 1976.

H. Frosch

Montague- und Kategorialgrammatik[1]

Unter dem Stichwort *Montague-Grammatik* (im folgenden ‚MG') kann ein ganzer Zweig der logisch und mathematisch orientierten Linguistik zusammengefaßt werden, der mit den Arbeiten des Logikers Richard Montague zur Analyse der natürlichen Sprache zu Beginn der 70er Jahre begründet wurde. MG knüpft dabei einmal an die Tradition der von Chomsky und anderen etablierten mathematischen Linguistik an, indem sie natürliche und künstliche Sprachen einheitlich als mit mathematischen Methoden beschreibbare Objekte ansieht. Andererseits steht sie in der Tradition der analytischen Philosophie, indem sie die Bedeutung natürlichsprachlicher Ausdrücke und damit logische und ontologische Fragen ins Zentrum des Interesses rückt. MG geht jedoch über diese früheren Ansätze hinaus, indem sie ein Verfahren anstrebt, mit dem die Semantik und Pragmatik dieser Sprachen ebenso rigoros formalisiert werden können, wie dies vorher nur für die Syntax (sowie Morphologie und Phonologie) durchgeführt wurde, und mit dem diese Bereiche aufeinander bezogen werden können.

Das Problem der Formalisierung

Der Begriff *formalisieren* steht oben für zwei im Grunde unterschiedliche Aspekte der Sprachanalyse. Einmal kann man darunter verstehen, daß eine natürliche Sprache als ein formales System, z.B. eine formale Grammatik, rekonstruiert wird. Andererseits bezeichnet man damit das in der Logik schon immer verwendete Verfahren, natürlichsprachliche Sätze in annähernd bedeutungsgleiche Sätze einer formalen Logiksprache zu übersetzen. Der Zweck dabei ist vor allem, intuitiv gültige Schlüsse in eine Form zu bringen, die es erlaubt, solche Schlüsse auch formal zu beweisen.

Die übliche Formalisierung (in letzterem Sinn) eines einfachen Satzes, wie

(1) Maunz miaut.

---

[1] Ich danke Ludger Hoffmann für zahlreiche Anregungen, die zur Verdeutlichung der hier entwickelten Gedanken beigetragen haben.

in prädikatenlogischer Sprache wäre etwa die folgende Formel:

(1') **miaut(Maunz)**

Dabei erscheint der Eigenname ‚Maunz' als die Individuenkonstante **Maunz** und das Verb ‚miaut' als die einstellige Prädikatskonstante **miaut**; der syntaktischen Gliederung des deutschen Satzes in Nominalphrase und Verbalphrase entspricht in (1'), daß **Maunz** Argument von **miaut** wird. (1') erlaubt dann die prädikatenlogisch gültigen Schlüsse auf die Formeln

$\exists x[\text{\textbf{miaut}}(x)]$ und $\exists x[x = \text{\textbf{Maunz}}]$,

die ihrerseits Formalisierungen von ‚Etwas miaut' und ‚Maunz existiert' darstellen. Beide Schlüsse sind auch intuitiv gültig, denn jeder kompetente Sprecher des Deutschen weiß, daß Maunz existieren muß und daß etwas miauen muß, falls der Satz ‚Maunz miaut' stimmt.

Andererseits ist die Formalisierung des im Deutschen kaum komplizierteren Satzes

(2) Eine Katze miaut.

mithilfe der prädikatenlogischen Formel

(2') $\exists x[\text{\textbf{Katze}}(x) \land \text{\textbf{miaut}}(x)]$

schon alles andere als trivial, denn der offensichtlichen Gliederung des Satzes in ‚Eine Katze' und ‚miaut' sowie von ‚Eine Katze' in ‚Eine' und ‚Katze' entspricht nichts in der Formel. Insbesondere der Artikel ‚Eine' erscheint als Existenzquantor, der sich auf die ganze folgende Teilformel bezieht, so daß es in (2') keinen Teil gibt, der insgesamt der Nominalphrase ‚Eine Katze' entspricht.

Was ist durch eine solche Formalisierung erreicht? Die Intuition des kompetenten Sprechers über Folgerungen, die sich aus den deutschen Sätzen ergeben, und damit über einen Teilaspekt der Bedeutung dieser Sätze, ist partiell expliziert. Aber eben nur partiell, denn Formalisierungen dieser Art bleiben ihrerseits der Intuition des Logikers bzw. einem tradierten Wissen überlassen, das etwa darin besteht, daß Sätze der Form (2) mithilfe des Existenzquantors und der Konjunktion zu formalisieren seien. Damit ist das Problem sozusagen nur um einen Schritt verschoben: Die fehlende Explikation der Bedeutung natürlichsprachlicher Ausdrücke wird durch die fehlende Explikation ihrer Formalisierung abgelöst. Hier setzt nun Montague an, indem er den Formalisierungsschritt – wir nennen ihn im Anschluß am Montagues Terminologie jetzt *Übersetzung* – ebenfalls explizit macht und so zu einer vollständigen formalen Explikation des intuitiven Folgerns kommt.

Die Voraussetzung dafür ist aber, daß die zu übersetzenden natürlichsprachlichen Ausdrücke in analysierter Form vorliegen, d.h. man benötigt eine formale Syntax der zu analysierenden Sprache. An diesem Punkt treffen sich also die Anliegen des linguistischen Syntaktikers und des Logikers bzw. Philosophen, wobei ein charakteristischer Unterschied bestehen bleibt: Unter den verschiedenen möglichen syntaktischen Analysen eines Satzes müssen nicht alle geeignet sein, um als Grundlage für eine Übersetzung – oder allgemeiner für eine semantische Analyse – dienen zu können.

Montagues Anspruch an eine Sprachanalyse ist tatsächlich noch allgemeiner als oben skizziert. Er formuliert eine allgemeine Theorie der Syntax, Semantik und Pragmatik beliebiger Sprachen, wodurch es möglich wird, das Formalisierungsproblem noch auf eine ganz andere Weise zu lösen: Die Ausdrücke der natürlichen Sprache selbst können mit denselben semantischen Methoden interpretiert werden, die ursprünglich für formale Logiksprachen entwickelt wurden.

Die Syntax der MG

Wir betrachten ein sehr einfaches Fragment der englischen Sprache, EF, das Sätze wie (1) beinhalte:

(1) necessarily John talks

Dieser Satz kann nach strukturalistischen Methoden syntaktisch in Konstituenten zerlegt werden, wobei hier die Klammerung die jeweiligen Konstituenten anzeigt:

(2) [necessarily [John talks]]

Die Neuerung der generativen Grammatik Chomskys bestand darin, solche Strukturen nicht nur zu beschreiben, sondern eine – im technischen Sinn des Wortes – generative Grammatik anzugeben, die diese erzeugt. MG verwendet hier ein etwas anderes Verfahren, sie rekonstruiert die Syntax einer Sprache algebraisch, d.h. daß an die Stelle von Phrasenstrukturregeln (oder Transformationsregeln) algebraische Operationen treten.

Sei nun L eine Sprache im Sinn von MG, dann heißen die zu L gehörigen Strukturen *eigentliche Ausdrücke von L*. Diese sind entweder *Grundausdrücke* (im Fall von EF sind das bestimmte Wörter des Englischen) oder zusammengesetzte Ausdrücke, die durch sogenannte *Strukturoperationen* aus anderen eigentlichen Ausdrücken aufgebaut werden, wobei diese Grundausdrücke sind oder selbst schon zusammengesetzte Ausdrücke. Für das Englischfragment EF verwenden wir die Strukturoperationen F_1–F_3, die folgendermaßen definiert sind:

(OP 1) $F_1(\alpha, \beta) = [\beta \; \alpha^*]_1$, wobei α^* aus α gemäß (i) oder (ii) entsteht:
(i) wenn β ein Term (d.h. ein Eigenname oder ein Pronomen) ist, dann wird das erste Verb in α durch diejenige Form des Verbs ersetzt, die mit β kongruiert;
(ii) sonst ist $\alpha^* = \alpha$.
(OP 2) $F_2(\alpha, \beta) = [\alpha \; \beta]_2$
(OP 3) $F_3(\alpha, \beta) = [\beta \; \alpha^*]_3$, wobei α^* aus α gemäß (i) oder (ii) entsteht:
(i) wenn β ein Eigenname ist, dann ist $\alpha^* = $ **does not** α;
(ii) sonst ist $\alpha^* = $ **do not** α.

Mithilfe der Operationen F_1 und F_2 kann nun z.B. der dem Satz (1) entsprechende eigentliche Ausdruck von EF gebildet werden:

(3) $F_1(\text{talk}, \text{John}) = [\text{John talks}]_1$
       $F_2(\text{necessarily}, [\text{John talks}]_1) = [\text{necessarily } [\text{John talks}]_1]_2$

Man sieht, daß die Operation F_2 einfach ihre Argumente verkettet und indizierte Klammern um das Verkettungsresultat setzt. Sie entspricht damit ziemlich genau einer Phrasenstrukturregel der generativen Grammatik. Die Operation F_1 verkettet ihre Argumente dagegen in umgekehrter Reihenfolge, setzt ebenfalls indizierte Klammern um das Resultat und stellt darüber hinaus Kongruenz zwischen Subjekt und Verb her. Diese Operation entspricht nicht einer einfachen Phrasenstrukturregel, sondern eher einer Kombination aus einer solchen und Transformationsregeln.

Eine Besonderheit von F_3 – in MG durchaus zulässig – ist, daß diese Operation lexikalisches Material (Hilfsverb und Negationspartikel) einführt, das nicht als Grundausdruck von EF vorliegt:

(4) $F_3(\text{talk}, \text{you}) = [\text{you do not talk}]_3$

Damit wird hier – in Kombination mit den unten besprochenen „kategorialen" Syntaxregeln – verhindert, daß mehrfach negierte Sätze erzeugt werden. Dagegen können Satzadverbiale, wie hier **necessarily**, beliebig oft mithilfe von F_2 eingeführt werden.

In den EF-Ausdrücken sind die Klammern jeweils mit dem Index der Strukturoperation versehen, die zu dem jeweiligen Teilausdruck geführt hat. Dies geschieht, um EF zu einer *disambiguierten Sprache* im Sinn von MG zu machen. Das heißt, daß jeder eigentliche Ausdruck nur auf eine einzige Weise mithilfe der Grundausdrücke und Strukturoperationen bildbar sein darf. Damit ist garantiert, daß aus jedem eigentlichen Ausdruck selbst ersichtlich ist, wie er entstanden ist. Beispielsweise unterscheiden sich $F_1(\textbf{talk}, \textbf{you}) = [\textbf{you talk}]_1$ und $F_2(\textbf{you}, \textbf{talk}) = [\textbf{you talk}]_2$ nur in ihren Indices; würden diese fehlen, wäre nicht mehr klar, durch welche Operation der Ausdruck erzeugt worden ist. Entsprechend könnte nicht mehr *allein aufgrund der Form* des Ausdrucks entschieden werden, welche semantische Interpretation bzw. welche Übersetzung in eine Logiksprache er erhalten soll.

Neben den Strukturoperationen gehören zwei weitere Komponenten zur Syntax einer MG: erstens eine Relation R, die den eigentlichen Ausdrücken einer disambiguierten Sprache L ihre syntaktisch ambigen „Oberflächenformen" zuordnet. Die Relation R tilgt im vorliegenden Fall einfach die Klammern, so daß z. B. gilt:

(5)   [necessarily[John talks]$_1$]$_2$ R necessarily John talks

Zweitens müssen die eigentlichen Ausdrücke von L kategorial bestimmt sein: Ausdrücke, die syntaktisch und semantisch dieselbe „Rolle" spielen, werden jeweils zu einer Menge P_δ zusammengefaßt, die eine *syntaktische Kategorie* bildet und mit einem entsprechenden Kategorienindex δ indiziert ist. Zunächst ist in jeder Kategorie P_δ die Menge B_δ der *Grundausdrücke (basic expressions)* dieser Kategorie als Teilmenge enthalten; die Beispielsprache EF habe dabei die folgenden Mengen von Grundausdrücken:

B_T = {**John, Mary, I, you**}
B_{IV} = {**talk**}
B_{TV} = {**see, love**}
B_{AS} = {**necessarily**}
B_t = ∅

Die Kategorienindices sind hier ‚T' für ‚Term' (traditionell ‚NP'), ‚IV' für ‚intransitive Verbphrase', ‚TV' für ‚transitive Verbphrase', ‚AS' für Adsententialphrase' (traditionell ‚Satzadverbial') und ‚t' für ‚truth value expression', d. h. Deklarativsätze. Da EF keine Deklarativsätze als Grundausdrücke enthält, ist B_t die leere Menge ∅.

Neben den Grundausdrücken enthält jede Kategorie P_δ alle durch Strukturoperationen gebildeten Ausdrücke, die P_δ durch eine *Syntaxregel* genannte Vorschrift zugeordnet werden. Jede Syntaxregel ist eine Folge, bestehend aus einer Strukturoperation, den Kategorienindices der Argumente dieser Operation und einem Kategorienindex, der angibt, zu welcher Kategorie der Wert dieser Operation gehört. Für EF sind das die folgenden:

⟨F_1, IV, T, t⟩
⟨F_2, AS, t, t⟩
⟨F_2, TV, T, IV⟩
⟨F_3, IV, T, t⟩

Die erste dieser Syntaxregeln besagt, daß ein mit F_1 gebildeter eigentlicher Ausdruck immer dann ein Element von P_t (ein Deklarativsatz) ist, wenn das erste Argument von F_1 ein Element von P_{IV} (eine intransitive Verbphrase) und das zweite Argument ein Element von P_T (ein Term) ist, z. B.:

(6) F_1(talk, John) = [John talks]$_1$
  talk $\in B_{IV}$ (d.h. ein Element aus B_{IV}), daher auch: **talk** $\in P_{IV}$
  John $\in B_T$, daher auch: **John** $\in P_T$
  also: [**John talks**]$_1 \in P_t$

Die zweite und die dritte Syntaxregel beziehen sich beide auf die Strukturoperation F_2, da diese Ausdrücke unterschiedlicher Kategorien bilden kann: Einmal verbindet sie Satzadverbiale mit Deklarativsätzen zu Deklarativsätzen, zum anderen transitive Verbphrasen mit Termen zu intransitiven Verbphrasen. Die vierte Syntaxregel schließlich besagt ebenso wie die erste, daß F_3 intransitive Verbphrasen mit Termen zu Deklarativsätzen verbindet, wobei im Unterschied zu diesen, Deklarativsätze negiert sind.

Eigentliche Ausdrücke von EF sind in der Terminologie der MG nur dann *bedeutungsvoll*, wenn sie entweder Grundausdrücke sind oder gemäß einer der Syntaxregeln einer Kategorie P_δ zugeordnet sind. Die Syntaxregeln wirken damit sozusagen als Filter auf der Menge der eigentlichen Ausdrücke von EF, der die nicht bedeutungsvollen Ausdrücke aussondert. Das Zusammenspiel von Strukturoperationen und Syntaxregeln sei an Beispiel (4) erläutert, das hier noch einmal wiederholt wird:

(4) F_3(talk, you) = [**you do not talk**]$_3$

Da **talk** $\in P_{IV}$ und **you** $\in P_T$, ist [**you do not talk**]$_3 \in P_t$, also ein bedeutungsvoller Ausdruck von EF. Nun kann zwar [**you do not talk**]$_3$ wieder als Argument irgendeiner der Strukturoperationen verwendet werden, z.B.

(7) F_2(love, [**you do not talk**]$_3$) = [**love** [**you do not talk**]$_3$]$_2$

aber dieser eigentliche Ausdruck von EF ist kein bedeutungsvoller Ausdruck von EF (auch wenn er gesprochen vielleicht gutes *Englisch* ist), da es keine „passende" Syntaxregel gibt, die ihn einer Kategorie zuordnet. In der Tat ist $\langle F_2, AS, t, t\rangle$ die einzige Syntaxregel, die auf Deklarativsätze als Argument einer Operation bezug nimmt (als zweites Argument von F_2, das erste Argument muß dabei ein Satzadverbial sein), daher kann es keinen *bedeutungsvollen* Ausdruck von EF geben, der doppelte Negation enthält. Dagegen können Satzadverbiale beliebig oft am Beginn von Deklarativsätzen vorkommen. (Es ist zu betonen, daß dieses Beispiel nur zu illustrativen Zwecken so konstruiert wurde. Es wird damit nicht der Anspruch erhoben, eine in jeder Hinsicht realistische Analyse der englischen Negation bzw. Satzadverbiale zu liefern.)

Die Semantik der MG

Die semantische Interpretation einer Sprache L geschieht in MG entweder *direkt*, indem den bedeutungsvollen Ausdrücken von L auf systematische Weise Denotate zugewiesen werden, oder *indirekt*, indem L zunächst in eine zweite Sprache L' übersetzt wird, wobei zunächst nur die bedeutungsvollen Audrücke von L' Denotate erhalten. Man kann dann definitorisch festlegen: Ein bedeutungsvoller Ausdruck α von L hat indirekt das Denotat *d* g.d.w. (genau dann, wenn) α in α' übersetzt wird und α' das Denotat *d* hat. Im folgenden wird eine direkte Interpretation der Sprache EF angegeben.

Hierfür ist ein *Modell* **M** für die Sprache EF zu definieren, das festlegt, welche Denotate den bedeutungsvollen Ausdrücken von EF zugeordnet werden, insbesondere legt **M** fest, ob ein Deklarativsatz wahr bezüglich **M** ist: **M** repräsentiert sozusagen die außersprachliche Welt, über die mit der Sprache EF geredet wird. Nun ist EF zwar syntaktisch ziemlich einfach, enthält aber den Modalausdruck **necessarily** und die deiktischen Ausdrücke **I** und **you**, die ein nichttriviales Modell für EF erzwingen. Um festzustellen, ob der Deklarativsatz [**John talks**]$_1$ wahr ist, muß man nachprüfen, ob das **John** genannte Individuum eines der Individuen ist, die tatsächlich sprechen. Anders gesagt, es genügt ein Modell, in dem angegeben ist, ob John Element der Menge der Sprechenden ist. Wenn man dagegen feststellen will, ob [necessarily [**John talks**]$_1$]$_2$ wahr ist, reicht es nicht aus, nachzusehen, ob John spricht. Selbst wenn John tatsächlich spricht, kann der Satz falsch sein, denn er besagt, daß John mit Notwendigkeit spricht. Das heißt aber, *daß es gar nicht anders sein kann*, als daß John spricht. Es ist in diesem Fall also nachzuprüfen, ob es „Umstände" geben kann, in denen John nicht spricht; nur wenn dies nicht der Fall ist, ist dieser Satz wahr. Wenn wir die Umstände mit dem Terminus *mögliche Welten* bezeichnen, wie dies heute üblich ist, muß ein Modell, das angibt, ob der Satz wahr ist, für jede Welt angeben, ob John in dieser Welt spricht oder nicht. Etwas formaler: Das Modell muß eine Menge von möglichen Welten enthalten und zu jeder möglichen Welt die Menge der Individuen, die darin sprechen.

Um andererseits festzustellen, ob [**you talk**]$_1$ wahr ist, muß eine ganz andere Strategie gewählt werden. Zunächst ist **you** kein Eigenname wie **John**, der (idealiter) fest mit einem Individuum verbunden ist, sondern das mit **you** angesprochene Individuum wechselt von Kontext zu Kontext, z. B. kann jemand zuerst zu Person A sagen: ‚You talk' und danach zu Person B: ‚You do not talk', ohne daß dies widersprüchlich wäre, ganz im Unterschied zu ‚John talks' und ‚John does not talk'. Daraus ergibt sich, daß [**you talk**]$_1$ nicht relativ zu möglichen Welten, sondern relativ zu möglichen Kontexten in ein und derselben Welt zu interpretieren ist. Mehr noch: Nicht der Satz als solcher ist in einem Kontext wahr oder falsch, sondern die Äußerung des Satzes, sonst müßte er in der oben geschilderten Situation sowohl wahr als auch falsch sein.

Nach all dem besteht ein Modell **M** für EF aus den Komponenten A, I, J und INT$^{\langle i,j \rangle}$. Dabei ist A eine nichtleere Menge, der Individuenbereich des Modells; I ist eine nichtleere Menge von möglichen Welten; J ist eine nichtleere Menge von Gebrauchskontexten. INT$^{\langle i,j \rangle}$ ist für jeden Referenzpunkt $\langle i,j \rangle$ (das ist ein geordnetes Paar, bestehend aus einer Welt i und einem Kontext j) eine sogenannte *Interpretationsfunktion*, die jedem bedeutungsvollen Ausdruck von EF ein Denotat zuordnet.

Für die Grundausdrücke von EF (mit Ausnahme von **necessarily**) ist INT$^{\langle i,j \rangle}$ folgendermaßen definiert:

(IN 1)   Wenn $\alpha \in B_T$, dann gilt:
(i) Wenn α = **John** oder α = **Mary**, dann ist INT$^{\langle i,j \rangle}(\alpha) \in A$, und für alle i' $\in$ I und j' $\in$ J gilt: INT$^{\langle i',j' \rangle}(\alpha)$ = INT$^{\langle i,j \rangle}(\alpha)$;
(ii) INT$^{\langle i,j \rangle}$(**I**) ist der Sprecher in j, und INT$^{\langle i,j \rangle}$(**you**) ist der Angesprochene in j, wobei für alle i' $\in$ I gilt: INT$^{\langle i',j \rangle}$(**I**) = INT$^{\langle i,j \rangle}$(**I**), und INT$^{\langle i',j \rangle}$(**you**) = INT$^{\langle i,j \rangle}$(**you**);
(IN 2)   wenn $\alpha \in B_{IV}$, dann ist INT$^{\langle i,j \rangle}$ eine Funktion, die jedem Element von A einen der Wahrheitswerte 0 (‚falsch') oder 1 (‚wahr') zuordnet, wobei für alle j' $\in$ J gilt: INT$^{\langle i,j' \rangle}(\alpha)$ = INT$^{\langle i,j \rangle}(\alpha)$;
(IN 3)   wenn $\alpha \in B_{TV}$, dann ist INT$^{\langle i,j \rangle}$ eine Funktion, die jedem Element von A eine Funktion von Elementen von A in Wahrheitswerte zuordnet, wobei für alle j' $\in$ J gilt: INT$^{\langle i,j' \rangle}(\alpha)$ = INT$^{\langle i,j \rangle}(\alpha)$.

Damit werden den Eigennamen unabhängig von Kontexten und möglichen Welten diejenigen Individuen zugeordnet, die im Modell **M** Träger dieser Namen sind, den Personalpronomina werden dagegen je nach Kontext unterschiedliche, aber in allen Welten dieselben Individuen zugeordnet. Namen und Pronomina sind daher im Sinne Kripkes *starre Designatoren (rigid designators)*. Daß dies sinnvoll ist, ergibt sich daraus, daß durch eine Äußerung von [**necessarily** [**you talk**]$_1$]$_2$ zuerst die im Kontext angesprochene Person fixiert wird und dann von *dieser Person* behauptet wird, daß sie notwendigerweise spricht. Intransitive und transitive Verben denotieren grob gesprochen einstellige oder zweistellige Relationen zwischen Individuen, wobei diese Relationen hier äquivalenterweise als entsprechende Funktionen definiert sind. Da diese in Abhängigkeit vom Weltzustand (nicht jedoch vom Kontext) wechseln können, werden den Verben für unterschiedliche Welten unterschiedliche Denotate zugeordnet.

Die zusammengesetzten Ausdrücke von EF erhalten durch $\text{INT}^{\langle i,j\rangle}$ folgende Denotate:

(IN 4) Wenn $[\beta\ \alpha^*]_t \in P_t$, dann ist:
$\text{INT}^{\langle i,j\rangle}([\beta\ \alpha^*]_1) = \text{INT}^{\langle i,j\rangle}(\alpha)(\text{INT}^{\langle i,j\rangle}(\beta));$

(IN 5) wenn $[\alpha\ \beta]_2 \in P_{IV}$, dann ist:
$\text{INT}^{\langle i,j\rangle}([\alpha\ \beta]_2) = \text{INT}^{\langle i,j\rangle}(\alpha)(\text{INT}^{\langle i,j\rangle}(\beta));$

(IN 6) wenn [**necessarily** $\beta]_2 \in P_t$, dann ist:
$\text{INT}^{\langle i,j\rangle}([\textbf{necessarily}\ \beta]_2) = 1$ g.d.w. für alle i' $\in$ I gilt: $\text{INT}^{\langle i',j\rangle}(\beta) = 1;$

(IN 7) wenn $[\beta\ \alpha^*]_3 \in P_t$, dann ist:
$\text{INT}^{\langle i,j\rangle}([\beta\ \alpha^*]_3) = 1$ g.d.w. $\text{INT}^{\langle i,j\rangle}(\alpha)\ (\text{INT}^{\langle i,j\rangle}(\beta)) = 0;$

(IN 8) Die *Äußerung eines Deklarativsatzes α an dem Referenzpunkt ⟨i,j⟩ ist wahr* (bezüglich **M**) g.d.w. $\text{INT}^{\langle i,j\rangle}(\alpha) = 1$.
Ein Deklarativsatz α ist wahr in der Welt i (bezüglich **M**) g.d.w. für alle Kontexte j' $\in$ J gilt: $\text{INT}^{\langle i,j'\rangle}(\alpha) = 1$.

Damit ist die Semantik von EF *kompositional*, d.h. nach dem sogenannten *Frege-Prinzip der Semantik* angelegt; denn die Interpretation eines komplexen Ausdrucks ist in Abhängigkeit von den Interpretationen der darin vorkommenden Teilausdrücke und seinem syntaktischen Aufbau abgeleitet. Daher wird in den Interpretationsregeln (IN 4)–(IN 7) auf die Form des zu interpretierenden Ausdrucks Bezug genommen, wobei jeweils sichergestellt sein muß, daß dieser Ausdruck bedeutungsvoll, also Element einer syntaktischen Kategorie ist. Speziell folgt aus der kompositionalen Anlage der Semantik von EF, daß sich die kontextabhängige Interpretation eines Pronomens und die starre Interpretation von Eigennamen und Pronomina in die Interpretation eines Deklarativsatzes „vererbt", in dem solche Ausdrücke vorkommen.

(IN 8) zeigt, daß es möglich ist, auch formal zwischen der Wahrheit einer Äußerung eines Satzes und der Wahrheit eines Satzes tout court zu unterscheiden, wenn man den Äußerungskontext, also ansatzweise pragmatische Gesichtspunkte, in die Semantik miteinbezieht. Dies sei an einem Beispiel erläutert:

Nach (IN 8) ist *eine Äußerung von* [**Mary** [**loves you**]$_2$]$_1$ an dem Referenzpunkt ⟨i,j⟩ (bezüglich **M**) wahr g.d.w. $\text{INT}^{\langle i,j\rangle}([\textbf{Mary}\ [\textbf{loves you}]_2]_1) = 1$.
Nach (IN 4) gilt: $\text{INT}^{\langle i,j\rangle}([\textbf{Mary}\ [\textbf{loves you}]_2]_1) = 1$ g.d.w.
$\text{INT}^{\langle i,j\rangle}([\textbf{love you}]_2)(\text{INT}^{\langle i,j\rangle}(\textbf{Mary})) = 1$.

Nach (IN 5) gilt weiterhin: $\text{INT}^{(i,j)}([\textbf{love you}]_2) = \text{INT}^{(i,j)}(\textbf{love})\ (\text{INT}^{(i,j)}$ (**you**)). Da nach (IN 3) $\text{INT}^{(i,j)}(\textbf{love})$ eine Funktion ist, die *kontextunabhängig* Individuen in Funktionen von Individuen in Wahrheitswerte abbildet, und nach (IN 1) $\text{INT}^{(i,j)}(\textbf{you})$ der Angesprochene im Kontext j ist, ist *für jeden Kontext j* $\text{INT}^{(i,j)}([\textbf{love you}]_2)$ diejenige Funktion, die den Wert 1 für jedes Individuum liefert, das den Angesprochenen im Kontext j liebt.

Nun gilt nach (IN 1) in allen Kontexten: $\text{INT}^{(i,j)}(\textbf{Mary}) = \text{Mary}$, weshalb $\text{INT}^{(i,j)}([\textbf{Mary [loves you]}_2]_1) = 1$ g.d.w. Mary den in j Angesprochenen (in der Welt i) liebt.

Dagegen ist nach (IN 8) *der Satz* [**Mary [loves you]**$_2$]$_1$ in der Welt i genau dann wahr, wenn Mary den in jedem Kontext Angesprochenen liebt.

Ein Satz wie [**Mary [loves John]**$_2$]$_1$ ist (in der Welt i) ebenfalls genau dann wahr, wenn er in jedem Kontext wahr ist. Da er aber keine deiktischen Ausdrücke enthält, ist das gleichbedeutend mit: er ist in der Welt i wahr (oder falsch), unabhängig davon, in welchem Kontext er geäußert wird; er ist in i sogar wahr (oder falsch), wenn er nie geäußert wird. Diese auf den ersten Blick vielleicht unplausibel erscheinende Konsequenz aus der Definition (IN 8) ist jedoch leicht zu rechtfertigen: Selbst wenn der Satz ‚Jeder Wolpertinger frißt Montague-Grammatiken' nie geäußert worden wäre, wäre er – vermutlich – in unserer Welt falsch.

Kategorialgrammatik

Unter dem Terminus *Kategorialgrammatik* (‚KG') wird eine ganze Reihe miteinander verwandter Formalismen zur Beschreibung natürlicher Sprachen zusammengefaßt, die teilweise schon in den 30er Jahren von dem polnischen Logiker Ajdukiewicz und anderen entwickelt wurden. Im Unterschied zu MG und der generativen Grammatik war die Idee dabei zunächst nicht, einen Formalismus zur Erzeugung von Sätzen zu entwickeln, sondern einen, der prüfen kann, ob eine beliebige Wortfolge ein Satz ist oder nicht. Inzwischen werden Kategorialgrammatiken aber ebenso zur Satzerzeugung eingesetzt wie andere Grammatiktypen.

Ein Anlaß, die KG zu entwickeln, war wohl die Beobachtung, daß bestimmte Ausdrücke einer Sprache nur mit bestimmten anderen kombinierbar sind. Das kann so interpretiert werden, daß in natürlichen Sprachen Funktor-Argument-Strukturen existieren, ähnlich wie in Logiksprachen Satzfunktoren und Prädikate Argumente zu sich nehmen. In Satz

(1)   necessarily John talks

kann **necessarily** als Funktor betrachtet werden, der als Argument den **Satz John talks** nimmt, **talks** seinerseits ist ein Funktor mit dem Eigennamen **John** als Argument. Ausdrücke, die auf diese Weise dieselbe Rolle spielen, können zu sogenannten *Kategorien* zusammengefaßt werden. Hier sind dies (Deklarativ-)Sätze, Namen und intransitive Verbphrasen.

Eine KG entsteht, wenn die Kategorien mit Symbolen bezeichnet werden, aus deren Form schon hervorgeht, welche Rolle ein Ausdruck einer bestimmten Kategorie spielt. Ausschließlich als Argumente kommen Namen und Sätze vor, sie heißen *Grundkategorien*. Für Grundkategorien verwendet man einfache Kategoriensymbole, z. B. ‚N' für Namen und ‚S' für Sätze. Kategorien von Ausdrücken, die als Funktoren vorkommen können, heißen *abgeleitete Kategorien*. Kategoriensymbole für abgeleitete Kategorien sind zusammengesetzt, z. B. ‚S/N' für intransitive Verbphrasen. Entsprechend erhalten Satzadverbiale das Symbol ‚S/S', weil sie zusammen mit einem Satz als Argument wieder einen Satz ergeben. Der entscheidende Punkt ist dabei, daß das Symbol schon ausdrückt, daß eine intransitive Verbphrase einen Namen (oder allgemeiner: eine Nominalphrase) als Argument nimmt und daß der daraus resultierende Ausdruck ein Satz ist. Wenn in Analogie zur Arithmetik S/N und S/S als Bruch aufgefaßt werden und das Funktor-Argument-Verhältnis als Multiplikation, ergibt sich: S/N · N = S und S/S · S = S (*kategorialgrammatisches Kürzungsprinzip*).

Aufbauend auf den Grundkategorien können beliebige abgeleitete Kategorien durch folgende rekursive Definition gebildet werden:

(K)   S und N sind Kategorien.
   Wenn σ und τ beliebige Kategorien sind, dann ist auch (σ/τ) eine Kategorie.
   Sonst gibt es keine Kategorien.

Da nach (K) S und N Kategorien sind, sind nach (K) auch (S/N), (S/S), ((S/N)/N), ((S/S)/((S/N)/N)) usw. Kategorien. Wegen der besseren Lesbarkeit werden dabei gewöhnlich die äußeren Klammern der Kategoriensymbole weggelassen, man schreibt also z. B. ‚S/N' anstelle von ‚(S/N)'.

Eine Kategorie, wie (S/N)/N, ist nun dadurch charakterisiert, daß ein Ausdruck (Element, wenn wir Kategorien als Mengen von Ausdrücken auffassen) dieser Kategorie (**loves**) zusammen mit einem Ausdruck der Kategorie N (**John**) einen Ausdruck der Kategorie S/N (**loves John**) ergibt. Ein Ausdruck der Kategorie S/N (**loves John**) ergibt mit einem weiteren Namen (**Mary**) einen Ausdruck der Kategorie S (**Mary loves John**). Da die Anbindungsreihenfolge in beiden Fällen verschieden ist, muß diese explizit geregelt werden. Die übliche Methode ist, ein *zweiseitiges Kategoriensystem* einzuführen, bei dem sich aus der Form des Kategoriensymbols zusätzlich ergibt, ob das jeweilige Argument rechts oder links angebunden wird. Man hat dann die Symbole ‚(σ/τ)' für Kategorien, deren Ausdrücke ihr Argument rechts anbinden und ‚(τ\σ)' für solche, die es links anbinden. Der SVO-Wortstellung des Englischen entsprechend gehören transitive Verbphrasen dieser Sprache zur Kategorie (N\S)/N, d.h. das direkte Objekt wird zunächst an die transitive Verbphrase rechts angebunden und das Subjekt an die resultierende intransitive Verbphrase links. Dies kann folgendermaßen durch einen *Analysebaum* veranschaulicht werden, dessen Knoten durch die jeweiligen Ausdrücke etikettiert sind (ihre Kategorien sind in eckigen Klammern zugefügt):

(2)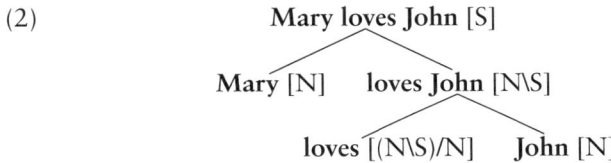

Formal besteht jede KG aus zwei Teilen: erstens den Kategorien und zweitens einem „Mechanismus" als Umkehrung des Kürzungsprinzips, der die Ausdrücke einer Sprache erzeugt. Als solcher wird meist eine kontextfreie Phrasenstrukturgrammatik verwendet, wobei die Kategoriensymbole die nichtterminalen Symbole und die Elemente der Kategorien die terminalen Symbole der Grammatik sind. Da durch jedes Kategoriensymbol der Form (σ/τ) bzw. (τ\σ) die Anbindungsreihenfolge eindeutig festgelegt ist, genügen die beiden Regelschemata

σ → (σ/τ) τ
σ → τ (τ\σ)

um alle möglichen Phrasenstrukturregeln der Grammatik zu charakterisieren, die auf ihrer rechten Seite nichtterminale Symbole haben. Für jedes Element α einer Kategorie σ wird darüber hinaus eine Regel der Form

σ → α

mit α als terminalem Symbol gebraucht. Der in (2) analysierte Satz kann dann z.B. durch folgende Instanzen dieser Schemata erzeugt werden:

S → N (N\S)
(N\S) → ((N\S)/N) N
N → **John**
N → **Mary**
((N\S)/N) → **loves**

Die Erzeugung des Satzes durch diese Grammatik wird durch den *Strukturbaum* (3) wiedergegeben, dessen Knoten durch (terminale und nichtterminale) Symbole der Phrasenstrukturgrammatik etikettiert sind.

(3)
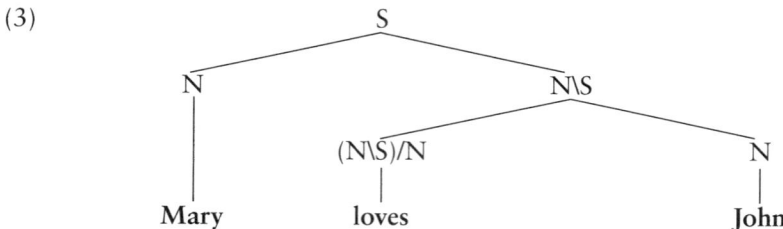

Jede KG kann aber auch als Spezialfall einer MG angesehen werden. Für die hier skizzierte Kategorialgrammatik des Englischen genügt es, die Kategoriensymbole ‚N‘, ‚N\(S/N)‘, ‚S/N‘, ‚S/S‘ und ‚S‘ anstelle der Kategorienindices ‚T‘, ‚TV‘, ‚IV‘, ‚AS‘ und ‚t‘ von EF zu nehmen. Dann können die Syntaxregeln von EF durch die folgenden einheitlichen Schemata charakterisiert werden, die dem Kürzungsprinzip für Kategorialgrammatiken entsprechen:

$\langle F_\gamma, (\sigma/\tau), \tau, \sigma \rangle$
$\langle F_\gamma, (\tau\backslash\sigma), \tau, \sigma \rangle$

Die sich aus den Schemata $\sigma \rightarrow (\sigma/\tau)\ \tau$ bzw. $\sigma \rightarrow \tau\ (\tau\backslash\sigma)$ ergebenden Phrasenstrukturregeln sind dann ebenfalls durch jeweils entsprechende Strukturoperationen F_γ zu ersetzen.

Umgekehrt kann nicht jede MG als KG aufgefaßt werden: z.B. hat die Strukturoperation F_3, die die Negation einführt, kein kategorialgrammatisches Gegenstück; denn in EF sind ‚does not‘ und ‚do not‘ keine eigentlichen Ausdrücke, und damit erst recht nicht Elemente einer syntaktischen Kategorie. Diese Ausdrücke könnten zwar kategorialgrammatisch als Elemente der Kategorie S/S eingeführt werden, dann wäre die resultierende Sprache aber in einem wesentlichen Punkt anders als EF, denn sie würde mehrfach negierte Sätze enthalten.

Literatur

Ajdukiewicz, K. 1935. Die syntaktische Konnexität. Studia Philosophica, Vol. 1, 1–27. 1935.
Bar-Hillel, Y., C. Gaifman, E. Shamir. 1960. On categorial and phrase-structure grammars. Bulletin of the Research Council of Israel 9F, 1–16. Wieder in: Language and Information, hgg. von Y. Bar-Hillel, 99–115. Reading, Mass.: Addison-Wesley. 1964.
Cresswell, M.J. 1973. Logics and Languages. London: Methuen.

Dowty, D.R., R.E. Wall, S. Peters. 1981. Introduction to Montague Semantics. (Synthese Language Library, 11). Dordrecht: Reidel.

Frosch, H. 1993. Montague-Grammatik. In: Jacobs, von Stechow, Sternefeld, Vennemann (1993, 413–429).

Gazdar, G., E. Klein, G.K. Pullum, I. Sag. 1985. Generalized Phrase Structure Grammar. Oxford: Blackwell.

Jacobs, J., A. von Stechow, W. Sternefeld, T. Vennemann. 1993. Syntax: Ein internationales Handbuch zeitgenössischer Forschung/An International Handbook of Contemporary Research, 1. Halbband/Volume 1. (Handbücher zur Sprach- und Kommunikationswissenschaft, vol. 9/1). Berlin: de Gruyter.

Kripke, S.A. 1980. Naming and Necessitiy. Cambridge. Massachusetts: Harvard University Press.

Lewis, D. 1970. General Semantics. Synthese Vol. 22, 18–67.

Link, G. 1979. Montague-Grammatik: Die logischen Grundlagen. (Kritische Informtion, 71). München: Fink.

Löbner, S. 1976. Einführung in die Montague-Grammatik. (Monographien Linguistik und Kommunikationswissenschaft, 27). Kronberg/Ts.: Scriptor.

Montague, Richard. 1970a. English as a Formal Language. Linguaggi nella Società e nella Tecnica, hgg. von Bruno Visentini et al., 189–224. Milano: Edizioni di Communità. Wieder in: Thomason (1974, 188–221).

Montague, Richard. 1970b. Universal Grammar. Theoria 36, 373–98. Wieder in: Thomason (1974, 222–46).

Montague, Richard. 1973. The Proper Treatment of Quantification in Ordinary English. Approaches to Natural Language: Proceedings of the 1970 Stanford Workshop on Grammar and Semantics, hgg. von J. Hintikka, J. Moravcsik, P. Suppes, 221–42. Dordrecht: Reidel. Wieder in: Thomason (1974, 247–70).

Partee, B.H. (Hg.). 1976. Montague Grammar. New York: Academic Press.

Steedman, M. 1993. Categorial Grammar. In: Jacobs, von Stechow, Sternefeld, Vennemann (1993, 395–413).

Thomason, R.H. (Hg.). 1974. Formal Philosophy: Selected Papers of Richard Montague. New Haven: Yale University Press.

H. Supplemente

Artikulationsorgane, Artikulationsstellen, exemplarische Lautklassifikationen

Artikulationsorgane:
1. Unterlippe (labium inferiore)
2. Zungenspitze (apex)
3. Vorderzunge/Zungensaum (corona)
4. Zungenrücken (dorsum)
5. Zungenwurzel (radix linguae)
6. Stimmbänder (ligamenta vocales) mit Stimmritze (glottis)

Artikulationsstellen:
7. Oberlippe (labium superiore)
8. Oberzähne (dentes superiores)
9. Unterzähne (dentes inferiores)
10. Zahndamm/Zahnfach des Kiefers (alveolum)
11. Harter Gaumen (palatum)
12. Weicher Gaumen/Gaumensegel (velum)
13. Zäpchen (uvula)
14. Mundraum/Oralraum (cavum oris)
15. Rachenraum (pharynx)
16. Kehlkopf (larynx)
17. Nasenraum/Nasenhöhle (cavum nasi)

Lautklassifikationen
Artikulationsorgane/-stellen:
Bilabiale (1 → 7): [b]uch, [m]ast, [b]ook, [p]ost, [p]ie, [m]y
Dentale (→ 8): [θ]riller, [ð]in
Labiodentale (1 → 8): [f]later, [v]ase, [f]ast, [v]ast
Alveolare (→ 4): [d]a, [n]u[n], [t]ag, [z]agen, Rei[s], [l]ieh, [s]ex, türk. [r]amazan (Zungenspitzen-r)
Palatale (→ 11): [ç]emie, [j]a, ital. ba[ɲ]o, Kr[i:]se, [j]ou
Palato-Alveolare (→ 10/11): [ʃ]au, [ʃ]ow, [tʃ]eap, [dʒ]ump

Velare (→ 12): [g]as, [k]ahl, Da[x], [o:]der, [u:]fer, ha[k], ha[ŋ]
Uvulare (→ 13): [R]and, [R]ouge (Zäpfchen-R)
Dorso-Velare (→ 4): Tu[x], Spanisch: [x]amás
Koronale (→ 3): [ʃ]ö[n], [l]ead
Glottale/Laryngale (→ 6/16): [h]and, [h]ouse; Glottisverschluss/glottal stop: [ʔ]ich, ya[ʔ]muru (Arabisch)
Pharyngale (→ 15): Arabische Frikative (ʕ,ħ]

Nasale (17): [m]a[n], Ri[ŋ], parf[œ̃]
Orale (14): alle Nicht-Nasale (gehobenes Velum)

Artikulationsmodi:
Plosive/Verschlusslaute: [k]ind, [p]ost, [b]ost, [b]är, [d]ach, [t]oy
Frikative/Engelaute: Rei[s], [ʃ]arf, [f]it, [v]a[z]e, [ʃ]ip, [s]aid
Affrikaten (Plosiv + Frikativ): [pf]laume, Ka[ts]e, Kla[tʃ], [tʃ]ess, lar[dʒ]
Liquide: { Laterale: [l]uft, [l]augh
         { Vibranten: [r]egen, [r]oma
Approximanten/Öffnungslaute: [j]a
Gleitlaute/Halbvokale/glides: [w]ait

Artikulationsorgane, Artikulationsstellen, Lautklassifikationen 899

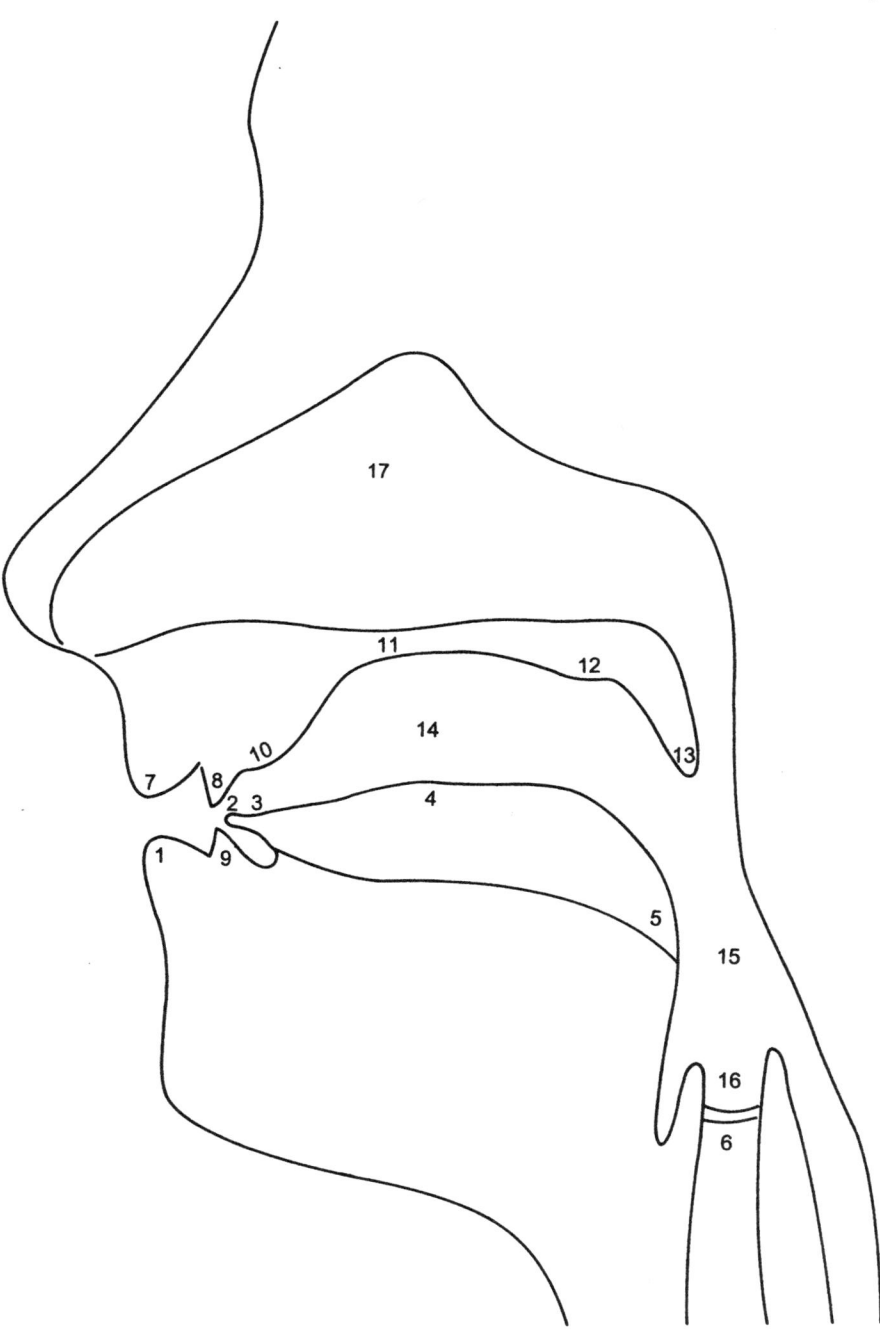

Das Zeicheninventar des IPA (Stand 1993, korr. 1996)

KONSONANTEN (Pulmonal)											
Organ	bilabial	labio-dental	dental	alveolar	post-alveolar	retroflex	palatal	velar	uvular	paryngal	glottal
plosiv	p b		t d			ʈ ɖ	c ɟ	k g	q ɢ		ʔ
nasal	m	ɱ	n			ɳ	ɲ	ŋ	ɴ		
vibrant	ʙ		r						ʀ		
getippt/geschlagen			ɾ			ɽ					
frikativ	ɸ β	f v	θ ð	s z	ʃ ʒ	ʂ ʐ	ç ʝ	x ɣ	χ ʁ	ħ ʕ	h ɦ
lateral-frikativ			ɬ ɮ								
approximant		ʋ	ɹ			ɻ	j	ɰ			
lateral-approximant			l			ɭ	ʎ	ʟ			

Bei paarweisen Symbolen kennzeichnet das rechte den stimmhaften Konsonanten. Schattierte Flächen kennzeichnen unmögliche Artikulationen

KONSONANTEN (nicht-pulmonal)					
Clicks		stimmhafte Implosive		Ejektive	
ʘ	bilabial	ɓ	bilabial	ʼ	Diakritikum, wie in:
ǀ	dental	ɗ	dental/alveolar	pʼ	bilabial
ǃ	(post)alveolar	ʄ	palatal	tʼ	dental/alveolar
ǂ	palatoalveolar	ɠ	velar	kʼ	velar
ǁ	alveolar lateral	ʛ	uvular	sʼ	alveolar frikativ

DIAKRITIKA Diakritika können bei Zeichen mit Unterlänge auch über dem Symbol notiert werden n̥							
̥	stimmlos	n̥ d̥	̈	behaucht	b̈ ä	̪	dental	t̪ d̪
̬	stimmhaft	s̬ t̬	̰	laryngalisiert	b̰ ḁ	̺	apikal	t̺ d̺
ʰ	aspiriert	tʰ dʰ	̼	linguolabial	t̼ d̼	̻	laminal	t̻ d̻
̹	gerundeter	ɔ̹	ʷ	labialisiert	tʷ dʷ	̃	nasaliert	ẽ
̜	weniger gerundet	ɔ̜	ʲ	palatalisiert	tʲ dʲ	ⁿ	nasale Lösung	dⁿ
̟	vorverlagert	u̟	ˠ	velarisiert	tˠ dˠ	ˡ	laterale Lösung	dˡ
̠	zurückverlagert	e̠	ˤ	pharyngalisiert	tˤ dˤ	̚	ungelöst	d̚
̈	zentralisiert	ë	̴	velarisiert oder pharyngalisiert	ɫ			
̽	mittelzentralisiert	ê	̝	erhöht	e̝ ɹ̝ (ɹ̝ = sth. alveolarer Frikativ)		
̩	silbisch	n̩	̞	erniedrigt	e̞ β̞ (β̞ = sth. bilab Approximant)		
̯	nichtsilbisch	e̯	̟	vorverlagerte Zungenwurzel	e̟			
˞	rhotaziert	ɚ ɝ	̠	zurückverlagerte Zungenwurzel	e̠			

Das Zeicheninventar des IPA (Stand 1993, korr. 1996)

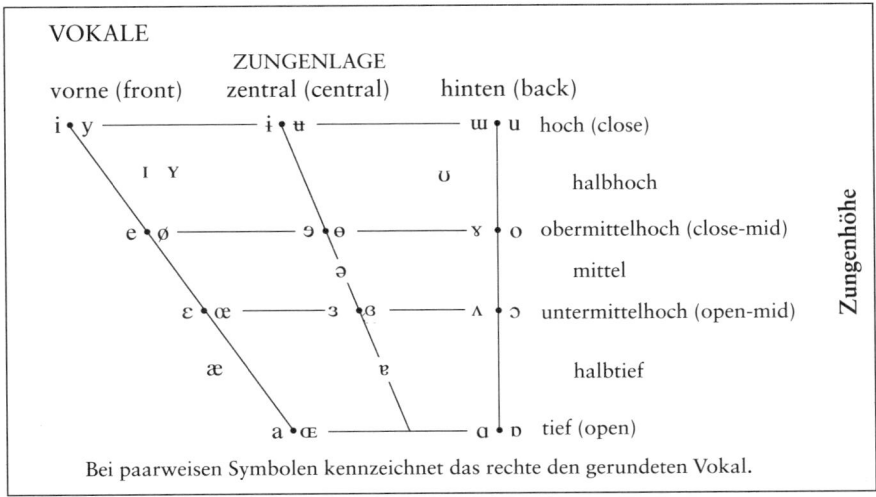

VOKALE

ZUNGENLAGE
vorne (front) zentral (central) hinten (back)

- hoch (close)
- halbhoch
- obermittelhoch (close-mid)
- mittel
- untermittelhoch (open-mid)
- halbtief
- tief (open)

Zungenhöhe

Bei paarweisen Symbolen kennzeichnet das rechte den gerundeten Vokal.

ANDERE SYMBOLE

ʍ	stl. labial-velarer Frikativ	ɕ ʑ	alveolopalatale Frikative
w	sth. labial-velarer Approximant	ɺ	alveolarer lateral geschlagener Laut
ɥ	sth. labial-palataler Approximant		
ʜ	stl. epiglottaler Frikativ	ɧ	gleichzeitiges ʃ und x
ʢ	stl. epiglottaler Frikativ		Affrikaten und Doppelartikulationen
ʡ	epiglottaler Plosiv		können durch Klammerung als eng verbunden gekennzeichnet werden k͡p t͜s

SUPRASEGMENTALIA TÖNE UND WORTAKZENTE

	STUFEN		KONTUREN	
ˈ Hauptbetonung				
ˌ Nebenbetonung ˌfoʊnəˈtɪʃən	e̋ or ˥	extra-hoch	ě or ˦˥	steigend
ː lang eː	é ˦	hoch	ê ˥˩	fallend
ˑ halblang eˑ	ē ˧	mittel	e᷄ ˧˥	hoch steigend
̆ extra kurz ĕ	è ˨	tief	e᷅ ˩˧	tief steigend
| kürzere (Takt-/Fuß-)Gruppe	ȅ ˩	extra-tief	e᷈	steigend-fallend
‖ größere (Intonations-)Gruppe	↓	Downstep	↗	globaler Anstieg
	↑	Upstep	↘	globaler Abfall
. Silbengrenze ɹi.ækt				
‿ verschliffen (fehlende Grenze)				

W. Klein

Typen und Konzepte des Spracherwerbs

1. Einleitung
2. Komponenten des Spracherwerbs
3. Der Prozess des Spracherwerbs
4. Die wesentlichen Theorien
5. Abschließende Bemerkung
6. Literatur in Auswahl

1. Einleitung

Zu den verschiedenen Gaben, mit denen die List der Natur den Menschen bedacht hat, zählt auch die Fähigkeit, eine Sprache zu erlernen und zu gebrauchen: ein jeder eignet sich als Kind eine Sprache, die Muttersprache, an und macht bald mit unterschiedlichem Glück und Geschick Gebrauch von ihr. Zwar ist dieser Prozess nicht, wie gelegentlich angenommen wird, schnell und mühelos. Er erstreckt sich über viele Jahre. Dies ist offenkundig für den Bereich des lexikalischen Erwerbs: neue Wörter oder auch nur neue Gebrauchsweisen bekannter Wörter lernt man das ganze Leben. Es gilt aber durchaus auch für strukturelle Eigenschaften, etwa aus der Syntax oder der Morphologie. Selbst Acht- bis Zehnjährige beherrschen manche Konstruktionen ihrer Sprache noch nicht. Dennoch: mit der Pubertät ist dieser Teil des Erstspracherwerbs im Wesentlichen abgeschlossen, und das Ergebnis ist in aller Regel eine ‚perfekte' Beherrschung der Sprache. Mit „perfekt" ist hier nicht gemeint, dass das Sprachvermögen schon seinen denkbaren Höhepunkt erreicht hätte; nicht jeder Deutsche schreibt mit vierzehn Jahren wie Goethe mit vierzig; gemeint ist, dass ein jeder normale Mensch etwa mit der Pubertät über eine Sprachbeherrschung verfügt, die sich von jener seiner sozialen Umgebung nicht auffällig unterscheidet. In diesem Sinne ist also die Sprachbeherrschung eines Hilfsarbeiters mit einem Wortschatz von 500 aktiv gebrauchten Wörtern und schlichter, aber klarer Syntax ‚perfekt', nicht hingegen die Sprachbeherrschung eines ausländischen Goetheforschers mit 5000 aktiv gebrauchten Wörtern und höchst komplexer, wenn auch bisweilen falscher Syntax und merklichem Akzent. In einem Satz: der Erstspracherwerb ist ein natürlicher Prozess, er wird nicht systematisch und planvoll von außen gesteuert, dauert recht lange und führt in der Regel zur ‚perfekten' Beherrschung der zu lernenden Sprache.

Die meisten lernen eine zweite, viele eine dritte oder vierte Sprache. Verlauf und Endergebnis des Zweitspracherwerbs (oder „Mehrspracherwerbs") sind, verglichen mit dem Erstspracherwerb, relativ uneinheitlich. Dafür sind viele Faktoren verantwortlich, von denen zwei besonders wichtig sind: *Alter* und *Art* des Erwerbs variieren beträchtlich. Der Erstspracherwerb setzt praktisch mit der Geburt ein (es gibt sogar Vorstellungen, dass schon pränatale Einflüsse eine Rolle spielen). Der Zweitspracherwerb beginnt zu sehr unterschiedlichen Zeitpunkten. Zum Ersten ist möglich, dass von Anfang an zwei Sprachen gelernt werden – ein Fall, den man sinnvollerweise nicht als ‚Zweitspracherwerb', sondern als ‚bilingualen Erstspracherwerb' bezeichnet (Meisel 1994). Eine zweite Sprache kann aber zu jedem beliebigen späteren Zeitpunkt hinzutreten, im frühen Kindesalter, wenn kaum die ersten Strukturen der Muttersprache vorhanden sind, bis zum fortgeschrittenen Erwachsenenalter, in dem das Lernvermögen nicht nur für die Sprache nach allgemeiner Erfahrung nachgelassen hat: der Übergang ist daher gleitend. Das Lernalter führt, so sollte man zumindest annehmen, zu verschiedenen Formen des Zweitspracherwerbs. Ebenso wichtig ist aber die besondere Art des Erwerbs. Der Erstspracherwerb erfolgt in der alltäglichen Kommunikation, ohne systematisch steuernde Intervention von außen. Kinder haben zwar ein außerordentlich feines Ohr für sprachliche Eigenschaften, aber sie sind gegenüber korrigierenden Einflüssen auf ihre Art zu reden zumindest bis ins Schulalter sehr widerborstig. Sie verlassen sich nicht nur in dieser Hinsicht lieber auf das, was sie selber hören, als auf das, was man sie heißt. Der Zweitspracherwerb kann in derselben Weise, nämlich in der alltäglichen Kommunikation, erfolgen – etwa bei Kindern, die mit geringer zeitlicher Verzögerung eine zweite Sprache lernen, weil ihre soziale Umgebung dies erfordert, oder beim Spracherwerb ausländischer Arbeiter im Erwachsenenalter. Er kann aber auch das Produkt einer systematischen Intervention, also des Sprachunterrichts, sein und je nach Art dieses Unterrichts wiederum sehr unterschiedliche Formen annehmen. Dementsprechend spricht man von *ungesteuertem* und *gesteuertem* Zweitspracherwerb; für letzten sagt man oft auch *Fremdspracherwerb*. Je nach Alter und nach Art des Unterrichts gibt es hier wiederum sehr unterschiedliche Unterformen. Wenn man daher von „Typen" des Spracherwerbs redet, so muss man sich vor Augen halten, dass es sich um ein reiches Spektrum von Erscheinungsformen handelt, die gleitend ineinander übergehen und unter denen die eine oder andere besonders häufig, aus praktischen Gründen besonders wichtig oder unter wissenschaftlichen Gesichtspunkten besonders aufschlussreich ist. Drei in diesem Sinne ‚typische'

Exponenten sind

- der monolinguale *Erstspracherwerb*; er ist insofern von besonderer Bedeutung, weil jeder normale Mensch eine erste Sprache lernt; so liegt denn die Annahme nahe, dass er am reinsten die naturgegebenen Gesetzlichkeiten des menschlichen Sprachvermögens widerspiegelt;
- der *ungesteuerte Zweitspracherwerb* im Erwachsenenalter, wie wir ihn bei ausländischen Arbeitern beobachten; nicht jeder lernt im Erwachsenenalter eine zweite Sprache, und insofern ist die Form des Spracherwerbs weniger „natürlich"; sie ist es aber insofern, als sie ganz von naturgegebenem Umgang mit neuem sprachlichem Material bestimmt ist und nicht zugleich die Auswirkungen einer gezielten, mehr oder minder sinnvollen Intervention – eben des Unterrichts – reflektiert;
- der traditionelle grammatikorientierte *Fremdspracherwerb* in der Schule, wie wir ihn in besonders ausgeprägter Form im klassischen Lateinunterricht finden; kein Mensch lernt von Natur aus eine Sprache auf diese Weise; aber er kann sie auf diese Weise lernen, und in vielen Fällen, wie eben im Lateinunterricht, ist es sogar die einzige Möglichkeit.

Diese drei Ausprägungen des Spracherwerbs haben charakteristische Gemeinsamkeiten und Verschiedenheiten, unter denen die folgenden besonders augenfällig sind:

A. Zweitspracherwerb und Fremdspracherwerb ist gemeinsam, dass (a) der Lerner bereits eine Sprache beherrscht, (b) er im Alter vorangeschritten ist, und (c) das Ergebnis in aller Regel nicht, wie beim Erstspracherwerb, eine ‚perfekte' Beherrschung der zu lernenden Sprache ist (obwohl dies auch wiederum nicht ausgeschlossen ist).

B. Erstspracherwerb und Zweitspracherwerb sind gleichsam „natürliche" Prozesse, d.h. sie beruhen auf den uns von der Natur gegebenen Mechanismen der Sprachverarbeitung und den Prinzipien, die sie steuern. Der Fremdspracherwerb ist demgegenüber ein Versuch, auf diesen Prozess auf Grund gewisser Überlegungen oder auch praktischer Erfahrungen steuernd von außen einzuwirken, um ihn so zu optimieren.

C. Der Erstspracherwerb ist nur eine Komponente in der gesamten kognitiven und sozialen Entwicklung des Kindes; bei Zweitspracherwerb wie bei Fremdspracherwerb ist diese Entwicklung hingegen in wesentlichen Teilen abgeschlossen.

Nun sind, wie gesagt, diese drei Formen Extremfälle, zwischen denen es zahlreiche Zwischenstufen gibt – etwa den bilingualen Erstspracherwerb (weltweit gesehen vielleicht sogar der häufigere Fall als der monolinguale Erstspracherwerb), den Zweitspracherwerb im Kindesalter, den Fremdspracherwerb im kommunikativ orientierten, vielleicht gar monolingualen Unterricht, usw. usw. Ein weiterer Grenzfall ist der „Wiedererwerb" einer Sprache, die einmal gelernt worden war, dann aber mehr oder minder vergessen wurde.

Es ist nach all dem kein Zufall, dass es in der Forschung keine einheitliche Terminologie für die verschiedenen Formen des Spracherwerbs gibt. Sinnvoller als der Versuch, feste „Typen" voneinander abzugrenzen, ist daher die Frage, welche Züge den unterschiedlichen Formen des Spracherwerbs gemeinsam sind und in welchen sie sich unterscheiden. Dies wollen wir im folgenden Abschnitt systematisch betrachten.

2. Komponenten des Spracherwerbs

Der Spracherwerb gleich welcher Art ist immer ein sehr komplexer Prozess, der sich beim Kind wie beim Erwachsenen über viele Jahre erstreckt und dessen Verlauf wie dessen Endergebnis von einer Reihe von interagierenden Faktoren bestimmt wird. Bei aller Unterschiedlichkeit im Einzelnen müssen jedoch immer drei Komponenten gegeben sein. Der Lerner muss über ein bestimmtes, im Gehirn gespeichertes *Sprachlernvermögen* verfügen, das wiederum ein Teil seines angeborenen und im Laufe des Lebens entfalteten Sprachvermögens ist. Für Letzteres sage ich hier mit einem hässlichen, aber in der Forschung gängigen Wort *Sprachverarbeiter* (‚language processor'); das Sprachlernvermögen ist nichts als die Anwendung des Sprachverarbeiters auf neues Material. Zweitens muss der Lerner Zugang zu diesem neuen Material, also zu Äußerungen der zu lernenden Sprache haben; diesen *Input* kann er auf unterschiedliche Weise erlangen, und die unterschiedliche Form des Zugangs spielt für Verlauf und Endresultat des Erwerbsprozesses eine wesentliche Rolle. Drittens muss es einen besonderen Grund, ein Motiv, einen *Antrieb* geben, den Sprachverarbeiter auf den ihm zugänglichen Input anzuwenden; dieser Antrieb ist bei Erstspracherwerb, Zweitspracherwerb und Fremdspracherwerb sehr unterschiedlich, und auch dies hat Konsequenzen für den Erwerbsprozess.

2.1. Der Sprachverarbeiter

Wir alle werden mit der Fähigkeit geboren, eine Sprache zu lernen und zu gebrauchen. Ob diese Fähigkeit bereits bei der Geburt voll ausgebildet ist, ist offen: das menschliche Hirn erfährt in den ersten zwei bis vier Lebensjahren zahlreiche massive Veränderungen, und es mag sein, dass diese Veränderungen auch den Sprachverarbeiter, oder zumindest Teile davon, betreffen. Man muss daher das speziesspezifische angeborene Sprachvermögen scharf trennen vom Lernvermögen zu einem bestimmten Zeitpunkt, sei es in der Kindheit, im Jugendalter oder als Erwachsener. Wie der „Sprachverarbeiter" eines Menschen in einem bestimmten Alter funktioniert, hängt von zweierlei ab, nämlich (a) von gewissen biologischen Determinanten, und (b) von dem gesamten Wissen, über das der Lerner zu dieser Zeit verfügt.

2.1.1. Biologische Determinanten

Hierzu zählen zum einen einige periphere Organe, insbesondere der Artikulationsapparat vom Kehlkopf bis zu den Lippen und der gesamte Gehörtrakt (bzw., bei geschriebener Sprache, das Sehvermögen). Zum andern hat man einige Teile der zentralen Verarbeitung im Gehirn hierhin zu stellen, also höhere Aspekte der Wahrnehmung, Gedächtnis, Kognition, vielleicht auch – wie von manchen Sprachtheoretikern angenommen – ein eigenes „Sprachmodul", d.h. ein ausschließlich für die Sprache verantwortliches Teil in dem Kortex. Hierfür gibt es allerdings bislang wenig empirische Belege, und es ist sicherlich ökonomischer, wenn man ohne eine solche Annahme auszukommen versucht.

Beide Arten biologischer Determinanten sind dem Menschen angeboren; beide verändern sich im Laufe des Lebens in gewissen Grenzen, und solche Veränderungen sind sicher von großer Bedeutung für den unterschiedlichen Verlauf des Spracherwerbs in verschiedenen Lebensaltern. Möglicherweise erklären sie sogar den oben erwähnten zentralen Umstand, dass der Erwerb einer zweiten Sprache im Erwachsenenalter selten zu perfekter Beherrschung führt. Viele naturgegebene biologische Prozesse, von der Prägung der Graugänse auf ihre „Mutter" bis auf die Fähigkeit, ein Kind zu gebären, sind auf eine bestimmte Spanne, eine „kritische Periode", beschränkt. Der Biologe Eric Lenneberg (1967) hat auch für den Spracherwerb eine solche kritische Periode postuliert, die etwa bis zur Pubertät reicht; danach kann auf Grund von Veränderungen in dem Kortex zwar immer noch eine Sprache gelernt werden, aber nur in jenem Sinne, in dem man sich auch Kenntnisse über die Algebra oder die großen Schlachten der Geschichte aneignet. Diese in der Erwerbsforschung oft unbesehen geglaubte Theorie hat den bestechenden Charme einfacher Erklärungen, freilich auch den Mangel, dass alle bekannten Veränderungen im Hirn des Kindes wesentlich früher liegen – etwa bis zum Abschluss des vierten Lebensjahres; Kinder im Alter von acht oder zehn Jahren haben aber in der Regel keinerlei Probleme, eine weitere Sprache perfekt zu lernen. Dies spricht nicht gegen die Relevanz von biologischen Veränderungen für das Erlernen einer Sprache, wohl aber gegen die einfache Vorstellung einer „kritischen Periode" (für eine Würdigung und einen Überblick über die verschiedenen Alterseffekte siehe Singleton 1989).

2.1.2. Verfügbares Wissen

Die biologischen Determinanten setzen gleichsam den Rahmen, innerhalb dessen sich der Spracherwerb vollziehen kann. Dieser Prozess ist aber nicht momentan, er dauert lange Zeit – in der Regel viele Jahre –, und in dieser Zeit verändert sich fortwährend das dem Lerner jeweils zu Verfügung stehende Wissen. Zu diesem Wissen zählt zum ersten das gesamte *Welt- und Faktenwissen* des Lerners zum jeweiligen Zeitpunkt. Dieses Wissen erlaubt ihm überhaupt erst, bestimmte Elemente des Schallstroms, der ihm aus seiner sozialen Umgebung entgegentönt, in kleinere Segmente aufzubrechen und diese mit einer Deutung zu versehen. Zum zweiten zählt dazu seine mehr oder minder begrenzte Kenntnis der zu lernenden Sprache (der *Zielsprache*) zum gegebenen Zeitpunkt. Der Spracherwerb ist immer ein kumulativer Prozess, bei dem Wissen auf Grund bereits vorhandenen Wissens aufgebaut wird. Drittens schließlich zählt beim gesteuerten wie beim ungesteuerten Zweitspracherwerb, nicht aber beim Erstspracherwerb, auch die Kenntnis der Erstsprache (oder auch mehrerer bereits beherrschter Sprachen) zum jeweils vorhandenen Wissen.

Dieser letzte Umstand ist die Ursache für eines der wichtigsten Konzepte des Zweitspracherwerbs – den *Transfer*. Wenn man bereits eine Sprache kennt, so werden die Eigentümlichkeiten der neuen Sprache im Lichte der bereits vorhandenen Sprachkenntnisse wahrgenommen und interpretiert. Für das Verständnis des Transfers ist wesentlich, dass es sich nicht etwa um eine Beziehung zwischen zwei „Sprachsystemen" handelt, sondern um eine Interferenz zwischen verschiedenen Wissenskomponenten des Lerners zu einem gegebenen Zeitpunkt: das, was er zu dieser Zeit von der Ausgangssprache weiß, wirkt sich auf das aus, was er zu dieser Zeit von der Zielsprache weiß oder vielmehr zu wissen glaubt. Deshalb ist auch die sogenannte „kontrastive Linguistik" nur von begrenztem Nutzen für eine Erklärung des Transfers, denn sie vergleicht im allgemeinen sprachliche Systeme oder Teile davon, nicht aber das jeweils verfügbare Wissen eines Lernenden […].

Wie in allen Fällen, in denen vorhandenes Wissen den Aufbau neuen Wissens beeinflusst, in der Wissenschaft wie im Leben, kann dieser Einfluss positiv oder negativ sein; dementsprechend spricht man von positivem wie von negativem Transfer. Dabei ist sehr wohl möglich, dass ein Transfer, der ursprünglich das Lernen erleichtert hat, auf die Dauer negative Wirkungen zeitigt. Um es an einem Punkt zu illustrieren: Die Art und Weise, wie die Erstsprache bestimmte inhaltliche Bereiche, etwa den Ausdruck des Raumes und der Zeit, strukturiert, wird, sofern gewisse Ähnlichkeiten vorliegen, auf die Zweitsprache übertragen; dies macht das Lernen zunächst leichter, hat aber unter Umständen zur Folge, dass die feineren Unterschiede nicht bemerkt werden. Ein Deutscher, der Englisch lernt, hat zunächst weniger Schwierigkeiten mit dem englischen *present-perfect* als ein Chinese: *he has sung* und *er hat gesungen* sind sehr ähnlich; im Chinesischen gibt es keine vergleichbare Markierung der Temporalität durch eine periphrastische Konstruktion. Auf der anderen Seite ist eben diese Ähnlichkeit zugleich ein Grund dafür, dass die tatsächlich bestehenden subtilen Unterschiede nicht wahrgenommen werden; deshalb wird der Lerner durch den zunächst einmal positiven Transfer verführt, diese Unterschiede vielleicht nie zu lernen – jedenfalls wenn er nicht ausdrücklich darauf aufmerksam gemacht wird. Diesen gleichzeitig erleichternden und hemmenden Einfluss der Erstsprachkenntnisse finden wir auch in anderen Bereichen, beispielsweise in der Phonologie. So zeigt sich, dass spanischsprachige Arbeiter, die in der alltäglichen Kommunikation Deutsch lernen, zunächst wesentlich mehr Schwierigkeiten mit dem Konsonantismus, insbesondere mit den Konsonantenverbindungen, haben als mit dem Vokalismus; dies erklärt sich leicht durch den Einfluss der Erstsprache. Nach einer Weile kehrt sich dieses Verhältnis jedoch um – Konsonanten und Konsonantenverbindungen werden beherrscht, der Vokalismus bleibt stehen, eben wegen der relativen Ähnlichkeit (Tropf 1983). Dies erklärt zumindest teilweise eine der auffälligsten Eigenschaften des Zweitspracherwerbs – die *Fossilierung*. Der Lerner macht in bestimmten Bereichen keinerlei Fortschritte mehr, er ist nicht mehr aufnahmebereit für neuen Input bestimmter Art, obwohl seine Sprache von der seiner sozialen Umgebung noch weit entfernt ist. Es kann dies aber nicht die einzige Erklärung dafür sein, dass nur der Erstspracherwerb in der Regel zu perfekter Beherrschung führt: Im Fremdspracherwerb wird der Lerner nämlich ausdrücklich auf diese Unterschiede hingewiesen, und dennoch ist er oft nicht in der Lage, sie sich zu eigen zu machen (Überblicke über den gegenwärtigen Stand der Transferforschung geben Kellerman und Sharwood-Smith 1986; Odlin 1989; Ellis 1994, 299–346).

2.2. Der Input

Der Sprachverarbeiter ist bei Geburt bei allen Menschen gleich – im Rahmen der Schwankungsbreite aller angeborenen Eigenschaften. Es ist dem einzelnen nicht angeboren, Mopan oder Twi zu lernen. Dass sich der Lerner eine bestimmte Sprache mit all ihren strukturellen Besonderheiten aneignet, liegt daran, dass die soziale Umwelt des Lerners diese Sprache spricht und sie als Input für seinen Sprachverarbeiter zugänglich macht.

Wie wird dem Lerner die Sprache der sozialen Umgebung zugänglich? Er versteht diese Sprache ja noch nicht, er hat, mit dem heiligen Thomas von Aquin zu reden, von der Rede nur den *flatus vocis,* aus dem er einen gewissen Sinn zu machen versuchen muss. Er sieht sich in der Lage eines Menschen, der sich plötzlich in eine Welt versetzt findet, in der alle um ihn herum nur Malayalam reden. Anders gesagt: Der Input besteht zunächst einmal aus unanalysierten Schallwellen, die das Ohr des Lerners treffen, also nichts, was bereits in Phoneme, Wörter, Sätze zerlegt wäre. Den Schallstrom in kleinere Einheiten aufzubrechen und diese mit einem bestimmten Sinn zu versehen, ist die erste Aufgabe des Lerners, und wenn er dazu nur die Schallwellen zur Verfügung hätte, dann wäre sie nicht zu lösen. Wenn man einen Lerner Tage, Wochen, ja Jahre in ein Zimmer einsperren und mit Inuktitut beschallen würde, so würde er es doch nicht lernen. Man benötigt dazu auch die gesamte begleitende Information, Gesten, Handlungen, den ganzen situativen Kontext, mit dessen Hilfe es möglich ist, einzelne Teile aus dem Schallstrom herauszubrechen und sinnvoll zu interpretieren. Mit anderen Worten, der Input besteht eigentlich aus zwei parallelen Informationsquellen – dem *Schallstrom* und der gesamten *situativen Parallelinformation*. An diesen kann der Sprachverarbeiter ansetzen, um das Analyseproblem des Spracherwerbs zu lösen. Dabei spielt nun das gesamte jeweils verfügbare Wissen eine wesentliche Rolle, insbesondere Kenntnis der strukturellen Regularitäten einer bereits vorhandenen Sprache, die den Lerner bei der Lösung des Analyseproblems leiten und eben auch fehlleiten können. Dies gilt in gleicher Weise für den Erstspracherwerb wie für den ungesteuerten Zweitspracherwerb: Säugling wie Erwachsener hören zunächst nur blahblahblah in einem sozialen Kontext, und sie müssen ersteres mit Hilfe des letzteren deuten. Wie dies im Einzelnen geschieht, was also die natürlichen Gesetzlichkeiten des menschlichen Spracherwerbs sind, lässt sich nur empirisch klären.

Beim gesteuerten Zweitspracherwerb ist dies in einem wesentlichen Punkt anders: die zu lernende Sprache wird dem Sprachverarbeiter zu großen Teilen nicht *direkt* zugänglich gemacht, sondern in Form einer linguistischen Beschreibung. Es wird gesagt, die strukturellen Gesetzlichkeiten einer Sprache sind so und so, eigne sie dir an! Das Sprachlernvermögen muss sich nicht [mit] dem Material selbst, sondern mit einer bestimmten Aufbereitung dieses Materials auseinandersetzen. Darauf ist der menschliche Sprachverarbeiter, so wie er sich im Laufe der Jahrtausende, vielleicht Jahrhunderttausende entwickelt hat, nicht zugeschnitten. Das besagt keineswegs, dass das Ergebnis des Fremdspracherwerbs ein schlechteres sein müsste (in der Praxis ist oft das

Gegenteil der Fall). Es besagt aber wohl, dass die Gesetzlichkeiten, die den Prozess des Fremdspracherwerbs kennzeichnen, teilweise andere sind als beim Zweitspracherwerb: Sie resultieren aus dem Versuch, in einen natürlichen, durch bestimmte Charakteristika gekennzeichneten Prozess von außen her steuernd einzugreifen. Die Folge ist, dass der gesteuerte Zweitspracherwerb durch die Interaktion dreier Formen sprachlichen Wissens gekennzeichnet ist. Dies sind:

(a) Das intuitive Wissen über die strukturellen Eigenschaften der Erstsprache (oder auch mehrerer bereits beherrschter Sprachen).
(b) Das „intuitive", d.h. durch die üblichen Prozesse des Spracherwerbs zustandegekommene partielle Wissen über die Zweitsprache; selbst bei ausgeprägt grammatischem Unterricht muss sich der Lerner ja auch mit dem Material selbst (hier oft in seiner geschriebenen Form) auseinandersetzen. Dieses Wissen kann man das (intuitive) *Eigenwissen* des Lerners nennen – das, was er selbst intuitiv aus dem ihm zugänglichen Input abgeleitet hat.
(c) das *Beschreibungswissen* über die Zweitsprache, d.h. jene partielle Kenntnis der Zweitsprache, die auf Grund metalinguistischer Beschreibung dieser Zweitsprache zustandegekommen ist, und das dem Lernenden durch den Unterricht oder durch Lehrbücher nahegebracht worden ist.

Sprechen und Verstehen eines Fremdsprach-Lerners zu einem gegebenen Zeitpunkt werden daher nicht von einem einheitlichen, zugrundeliegenden Wissen bestimmt, sondern von einer eigentümlichen Mischform mit drei Anteilen in variierender Gewichtung. Wie diese zusammenwirken, ist unklar. Auf Krashen geht die Vorstellung zurück, dass bewusst gelerntes Wissen, sofern genügend Zeit vorhanden ist, das unbewusst erworbene Wissen wie eine Überwachungsinstanz, ein „Monitor" steuert (zusammenfassend dargestellt in Krashen 1981). Dies ist aber eher eine schöne Metapher, die suggestiv beschreibt, wie man in einem gegebenen Fall bei der Produktion von Äußerungen in der Zweitsprache vorgeht; aber sie sagt wenig über die Gesetzlichkeiten, nach denen sich der Erwerbsprozess entfaltet. Die „Monitortheorie" hat in der Sprachlehrforschung einen ganz erstaunlichen Widerhall gefunden, allerdings mehr im Sinne eines deklamatorischen Überbaus; für die konkrete Anwendung oder gar für die empirische Erforschung des Spracherwerbs ist sie zu wenig konkret, so dass sie hier kaum eine Rolle gespielt hat.

Es ist eine interessante und bislang wenig studierte Frage, was passiert, wenn Beschreibungswissen – also das, was man dem Lerner im Unterricht als Regel vorgegeben hat – und induktiv abgeleitetes Eigenwissen über die

Zweitsprache in Widerstreit geraten. Eine der wenigen Untersuchungen zu dieser Frage, Carroll u. a. (1982), zeigt, dass dieser Konflikt bei Sprechern unterschiedlicher Herkunft, in diesem Falle Amerikanern und Japanern, unterschiedlich aufgelöst werden kann: letztere gewichten das Beschreibungswissen wesentlich höher als erstere, ein Umstand, der sich im Korrekturverhalten deutlich niederschlägt. Sie sind, um so etwas anders zu formulieren, Interferenzen aus dem Beschreibungswissen eher zugänglich als die Amerikaner, weil sie offenbar eine andere Einstellung dazu haben, was eigentlich gelernt werden soll. Dies bringt uns auf die letzte Komponente, die bei jedem Spracherwerb unabdinglich ist – den spezifischen Antrieb, der den Lerner veranlasst, seinen Sprachverarbeiter auf einen bestimmten Input anzuwenden.

2.3. Antrieb

Es gibt verschiedene, zumeist Hand in Hand gehende Gründe, aus denen man eine Sprache lernen kann. Der wichtigste ist ohne Zweifel die *soziale Integration*. Ein Kind muss eine bestimmte soziale Identität erwerben, und dazu muss es die Sprache seiner sozialen Umgebung exakt reproduzieren. Es muss sich daher im sprachlichen (wie im sonstigen) Verhalten auch bestimmte Gewohnheiten zu eigen machen, deren Sinn es nicht sieht, weil sie keinen haben – im Deutschen beispielsweise die Genusunterscheidung, den Unterschied zwischen starken und schwachen Verben oder eine bestimmte Ausspracheweise, etwa ein stimmhaftes /s/ im Silbenanlaut. Ein Kind, das das /s/ in allen Positionen gleich ausspräche, konsequent bei allen Objekten den Artikel „das" verwendete und „laufte" und „schwimmte" statt „lief" und „schwamm" sagen würde, wäre im Grunde viel logischer und vernünftiger als seine soziale Umgebung – aber es wäre in dieser Umwelt ein Außenseiter. Es tut daher gut daran, alle Ungereimtheiten, sprachliche und sonstige, im Verhalten der sozialen Umgebung getreulich mitzumachen. Diese Notwendigkeit entfällt bei dem zweiten wesentlichen Grund, eine Sprache zu lernen – den *kommunikativen Bedürfnissen*. Man kann keine soziale Integration anstreben, ohne auch bestimmte kommunikative Bedürfnisse verwirklichen zu wollen; deshalb schließt der erste Grund den zweiten in einer bestimmten Ausprägung ein; aber umgekehrt will nicht jeder, der spanische Handelskorrespondenz lernt, auch ein Spanier werden. Die kommunikativen Bedürfnisse können sehr unterschiedlich sein, und dies wirkt sich in aller Regel auf Verlauf und Endzustand des Erwerbsprozesses aus. Ein ausländischer Arbeiter, der für einige Zeit nach Deutschland kommt, will in bestimmten Grenzen andere verstehen und sich selbst verständlich machen können; aber er muss nicht den Eindruck erwecken wollen, er wäre ein Hiesiger. Wenn ihm dies auch noch gelingt, so mag das mancherlei Vorteile haben; aber es ist nicht einfach zu erreichen, und es ist vielleicht gar bedrohlich für die eigene soziale Identität.

Soziale Integration und kommunikative Bedürfnisse sind sicher die wichtigsten natürlichen Antriebsfaktoren im Spracherwerb. Sie spielen hingegen im schulischen Fremdsprachenerwerb zumeist eine untergeordnete Rolle. Latein lernt man, weil es zu einer bestimmten Vorstellung von *Bildung* gehört, und selbst der Englischunterricht auf dem Gymnasium ist nicht vornehmlich durch die kommunikativen Bedürfnisse der Schüler motiviert. Auf diesen Antriebsfaktor, sich eine Sprache anzueignen, ist das menschliche Sprachvermögen von Natur aus nicht angelegt, und deshalb bedarf es in diesem Falle gewöhnlich zusätzlicher Motivationen; dazu zählt beispielsweise der Druck der Noten, aber auch eine bestimmte emotionale Einstellung zum Gegenstand, die der Lehrer mit Glück und Geschick erzeugen kann. Die positive, manchmal auch negative Wirkung solcher *affektiver Faktoren* im Spracherwerb ist hinlänglich bekannt; woraus sie diese Wirkung auf die Sprachverarbeitung – also einen psychischen Prozess, der sich irgendwo in unserem Hirn abspielt – beziehen, ist allerdings gänzlich ungeklärt (vgl. neuerdings jedoch Pulvermüller und Schumann 1994).

3. Der Prozess des Spracherwerbs

Keine unter den vielen Formen des Spracherwerbs ist abrupt: es handelt sich stets um einen langwierigen, graduellen Prozess, der bestimmten, in Grenzen variablen Gesetzlichkeiten folgt. Dies ist offenkundig; aber es wird in der Forschung nicht immer ernst genommen. In einer der einflussreichsten Richtungen der Spracherwerbsforschung, der nativistischen Theorie der generativen Grammatik, wird sogar ausdrücklich vom Entwicklungscharakter abstrahiert – nicht weil man ihn bestreiten würde, sondern weil, so die Annahme, er für das Verständnis des Erwerbs nicht wesentlich ist. Aber auch andere Betrachtungsweisen versuchen in der Praxis selten, die innere Logik der Entwicklung aufzuklären; wir kommen darauf in Abschnitt 4. zurück.

Wie jeder Prozess ist auch dieser durch drei Faktoren gekennzeichnet: Anfangszustand, Endzustand und Verlauf. Bei letzteren ist es sinnvoll, zwischen Tempo und Struktur zu unterscheiden. Mit *Struktur des Verlaufs* ist gemeint, in welcher Abfolge welche strukturellen Eigenschaften aus dem Input herausgearbeitet werden, mit *Tempo des Verlaufs* die unter Umständen wechselnde Geschwindigkeit, mit der dies geschieht. Der Anfangszustand ist einfach das Wissen, über das der Lerner zu Beginn des Lernprozesses verfügt (siehe oben Abschnitt 2.1.2.), und das ist, was die *spezifischen* Eigenschaften der Zielsprache angeht, zunächst einmal null. Dennoch mag der Lerner auch zu Beginn schon einiges über die Zielsprache wissen – nämlich all jenes, was allen Sprachen gemeinsam ist („Universalien") sowie all das, was Zielsprache und bereits beherrschte Sprachen gemeinsam haben. Über das Tempo des Verlaufs ist außer anekdotischen Beobachtungen wenig bekannt. Wir gehen deshalb im Folgenden nur auf Struktur des Verlaufs und Endzustand ein.

3.1. Struktur des Verlaufs

Bei allen Formen des ungesteuerten Erwerbs, also beim Erstspracherwerb wie beim Zweitspracherwerb im sozialen Kontext, ergibt sich die Struktur des Verlaufs daraus, wie es dem Sprachverarbeiter gelingt, den Input in elementare Einheiten aufzubrechen, diese in ihrer Funktion zu deuten und die Regeln zu entschlüsseln, nach denen sie sich zu komplexeren Einheiten verbinden lassen. Alles, was dem Lerner dazu zur Verfügung steht, ist seine biologisch gegebene Lernfähigkeit, sein Ausgangswissen sowie die beiden Komponenten des Inputs – der Schallstrom und die parallele situative Information. Gehen alle Lerner diese Aufgabe in gleicher Weise an? Das ist, wie schon die Alltagserfahrung zeigt, offenkundig nicht der Fall; es gibt eine gewisse Variabilität im ungesteuerten Spracherwerb. Die Frage ist bloß, wie weit sie geht und wovon sie abhängt. Beliebig kann sie jedenfalls nicht sein. Dies ergibt sich allein schon daraus, dass der Erwerb mancher Eigenschaften das Vorhandensein anderer voraussetzt. In den meisten Sprachen hängt die Grundwortstellung im Satz vor allem von der Position der Finitheitsmarkierung, und damit des finiten Verbs, ab [vgl. Greenberg, Kap. F., in diesem Band, L.H.]. Im Deutschen steht die finite Komponente des Verbs im Hauptsatz normalerweise an zweiter Stelle, die infinite Komponente an letzter (*Heute HAT er eine Rede gehalten*). Wenn finite und infinite Komponente zu einer morphologischen Form verschmolzen sind, dann ist die Stellung der finiten Komponente maßgeblich (*Heute hält er eine Rede*). Um diese (hier vereinfacht dargestellte) Grundregel der deutschen Syntax aus dem Input abzuleiten, muss der Lerner wissen, wie die Finitheit im Deutschen markiert wird. Dies geschieht durch eine bestimmte Art der Verbflexion *(hat, hält)*, also durch eine morphologische Markierung. Diese wiederum kann er erst erkennen, wenn er zumindest bestimmte Grundzüge der deutschen Phonologie gelernt hat, beispielsweise dass [/a/ und /ɛ/] phonologisch distinkt sind. Solche und ähnliche Abhängigkeiten schränken die Struktur des Verlaufs ein. Aber sie lassen immer noch ein erhebliches Spektrum möglicher Entwicklungen zu, über die es nach wie vor mehr Spekulationen als empirisch gut gesicherte Erkenntnisse gibt.

Im durch Unterricht gesteuerten Spracherwerb hängt der Verlauf des Prozesses nun außerdem davon ab, in welcher Weise die strukturellen Eigenschaften der Zielsprache präsentiert werden – vom „Curriculum". Dieser Faktor setzt die im ungesteuerten Erwerb wirksamen Lernprozesse sicher nicht außer Kraft; aber es ist unklar, welches Gewicht ihm zukommt – ob, etwas zugespitzt formuliert, die Lerner wegen oder trotz des Unterrichts Fortschritte machen. Allgemeine Aussagen sind schon deshalb problematisch, weil Art und relatives Gewicht dessen, was dem Lerner in Form von Beschreibungswissen vermittelt wird, je nach Art des Unterrichts erheblich schwanken. Sie verbieten sich aber auch deshalb, weil wir die Gesetzlichkeiten des ungesteuerten Spracherwerbs, in die der Unterricht optimierend zu intervenieren sucht, allenfalls in Ansätzen kennen.

3.2. Endzustand

Der Spracherwerb ist abgeschlossen, wenn der Lerner die Gesetzlichkeiten der Zielsprache beherrscht. Dies ist beim Erstspracherwerb wie beim ungesteuerten Zweitspracherwerb die Sprache der sozialen Umgebung, die den Input liefert; bei gesteuertem Spracherwerb ist es eine normative Beschreibung, die die Lehrenden für besonders wünschenswert halten („King's English", das Französische, so wie es in Grevisse und Petit Robert beschrieben ist, usw.). Beim Erstspracherwerb wird das Ziel gewöhnlich erreicht; jede Abweichung davon gilt als pathologisch. Beim Zweitspracherwerb im Erwachsenenalter wird es hingegen in aller Regel verfehlt: der Erwerbsprozess kommt schon früher zum Stillstand, er *fossiliert* auf irgendeiner Stufe, die der Zielsprache mehr oder minder nahekommt. Wie erklärt sich dieser Unterschied? Art und Menge des Inputs können nicht, oder jedenfalls nicht allein, verantwortlich sein, denn Kinder und ungesteuert lernende Erwachsene haben im Wesentlichen denselben Input. Umgekehrt ist der Input bei gesteuertem und bei ungesteuertem Zweitspracherwerb sehr verschieden, in beiden Fällen aber ist Fossilierung der Normalfall. Die Fossilierung korreliert jedoch offensichtlich mit dem Alter. Das deutet darauf, dass altersbedingte Veränderungen im Sprachverarbeiter verantwortlich sind. Dies können Veränderungen in den biologischen Gegebenheiten (den beteiligten Teilen der Hirnrinde oder in den peripheren Organen) sein oder aber Unterschiede im jeweils verfügbaren Wissen, und hier ist der wesentliche Faktor das Vorhandensein einer oder mehrerer anderer Sprachen. Beide Möglichkeiten sind sehr plausibel, und wir haben sie oben unter den Stichwörtern „kritische Periode" und

„(negativer) Transfer" bereits angesprochen. Beide aber können nicht erklären, weshalb Kinder vor der Pubertät, etwa im Alter von acht Jahren, gewöhnlich keine Fossilierung zeigen: sie haben kein Problem, eine zweite oder dritte Sprache ‚perfekt' zu lernen (McLaughlin 1978). Die Kinder ausländischer Arbeiter sind ein bekanntes Beispiel. Möglicherweise liegt der Hauptgrund für die Fossilierung daher in der unterschiedlichen Form des Antriebs, insbesondere zwischen dem unbewussten Wunsch nach sozialer Integration, der perfekte Nachahmung verlangt, und anderen Motivationen, etwa dem Wunsch, sich zu begrenzten Zwecken verständlich zu machen oder aber das Abitur zu bestehen. Dies schließt nicht aus, dass auch andere Faktoren wirksam sind; schließlich lässt das Lernvermögen mit zunehmendem Alter nicht nur in Sachen Spracherwerb nach; aber das Gewicht verlagert sich etwas von biologischen auf sozialpsychologische Faktoren (Klein 1995).

4. Die wesentlichen Theorien

Wenn sich das Interesse der Forschung einem neuen Gebiet zuwendet, so lässt es sich gewöhnlich von Methoden, Leitfragen und theoretischen Überlegungen leiten, von denen die Forscher meinen, dass sie sich in anderen, verwandten Gebieten bewährt haben. Die ernsthafte Erstspracherwerbsforschung ist gut hundert Jahre alt, und sie ist aus der Psychologie entstanden: Forscher wie Carl Preyer, Wilhelm Wundt, Clara und William Stern haben sich dafür interessiert, welche Rolle die Sprache in der gesamten kognitiven und sozialen Entwicklung des Kindes spielt, und so ist denn in dieser Tradition die Spracherwerbsforschung treu und brav und mit einiger Verzögerung den Mäandern der psychologischen Theoriebildung gefolgt. Ein zweiter, diesmal von der strukturellen Linguistik inspirierter Traditionsstrang setzt vor sechzig Jahren mit Roman Jakobson [vgl. Jakobson, Kap. D, in diesem Band, L.H.] ein; prägend für diese linguistische Linie war vor allem Chomskys [vgl. Chmomsky, Kap. A und F, L.H.] Vorstellung, wesentliche Elemente der Grammatik seien angeboren (und folglich universal), weil nur so der leichte, schnelle und von den Unzulänglichkeiten des Inputs unabhängige Spracherwerb des Kindes zu erklären sei. Diese „nativistische Theorie" hat verschiedene Wandlungen erfahren; für ihre heutige Form ist vor allem der Gedanke des „parameter setting" bestimmend; wir kommen gleich darauf zurück (einen Überblick über die verschiedenen Theorien des Erstspracherwerbs geben Slobin 1985, Bd. 2, sowie Fletcher und MacWhinney 1995).

Die Suche nach den Gesetzlichkeiten des Zweitspracherwerbs ist demgegenüber relativ jung; sie setzt vor etwa dreißig Jahren ein und hat drei wesentliche Inspirationsquellen; dies ist zum Einen der Fremdsprachunterricht und die Beobachtungen, die dabei über die Lernschwierigkeiten der Schüler gemacht worden sind, zum Zweiten die Forschung zum Erstspracherwerb, und zum Dritten jener Teil der Linguistik, der sich empirisch und theoretisch mit Problemen der sprachlichen Variabilität befasst – Dialektologie, Pidginforschung, Soziolinguistik. Anfänglich über diese Quellen vermittelt, dann auch direkt gehen in die Zweitspracherwerbsforschung seither wiederum die jeweils modischen Vorstellungen aus der Psychologie, der theoretischen Linguistik und der Psycholinguistik ein.

Es gibt derzeit keine Theorie, die auch nur annähernd in der Lage wäre, den verschiedenen Formen des Spracherwerbs gerecht zu werden. Dies liegt an der Fülle der Faktoren, die darin eine Rolle spielen, und an der Schwierigkeit, einen so langwierigen und variablen Prozess empirisch zu untersuchen; das in den Abschnitten 2. und 3. Gesagte sollte dies deutlich gemacht haben. Dennoch haben sich kühne Forscher und Forscherinnen nicht abhalten lassen, allgemeine Theorien des Spracherwerbs aufzustellen. Ihre Reichweite ist gewöhnlich sehr begrenzt, sowohl was die Zahl ihrer Anhänger angeht wie nach dem Gegenstandsbereich, den sie tatsächlich abdecken. Im Folgenden konzentrieren wir uns, den Zielen dieses Handbuchs entsprechend, auf den Erwerb einer zweiten Sprache und diskutieren kurz zwei solcher Theorien, die in der Vergangenheit eine wesentliche Rolle gespielt haben, und zwei weitere, die das Bild der Forschung heute bestimmen (eine umfassende Darstellung findet sich in Ellis 1994 sowie, freilich stark aus amerikanischer Perspektive, in Ritchie und Bathia 1996).

4.1. Identitätshypothese

Am einfachsten wäre es, wenn alle Arten des Spracherwerbs denselben Gesetzlichkeiten folgen würden. Diese Auffassung ist in der Tat vertreten worden, allerdings stets bezogen auf einige Einzelfälle, etwa die Reihenfolge, in der bestimmte Flexionsmorpheme im Englischen gelernt werden, oder den Erwerb der Negation (siehe dazu zusammenfassend Wode 1981). Insgesamt sind jedoch die Unterschiede zwischen den einzelnen Erwerbsformen zu offensichtlich, als dass man eine solche Beobachtung verallgemeinern könnte. Manche Formen zeichnen sich typischerweise durch Fossilierung aus, andere nicht, und zumal im gesteuerten Zweitspracherwerb hängt die Struktur des Verlaufs entscheidend von der Präsentation des Materials ab; wenn das *simple past* nach dem *past progressive* gelehrt wird, kann jenes nicht zuerst auftauchen. All dies schließt freilich nicht aus, dass es allgemeine Prinzipien des Spracherwerbs gibt; diese müssen aber auf einer relativ abstrakten Ebene liegen, wie dies beispielsweise in der Theorie des „parameter setting" angenommen wird. (vgl. Abschnitt 4.3.); nur ausnahmsweise äußern sie sich tatsächlich in identischem Verlauf, identischem Tempo und identischem Endzustand.

4.2. Kontrastivitätshypothese

Beim gesteuerten wie beim ungesteuerten Zweitspracherwerb muss man sich lediglich jene strukturellen Eigenschaften aneignen, in denen sich die zweite Sprache von der ersten unterscheidet. Daraus kann man ableiten, dass ein Ausdrucksmittel, sei es ein Wort oder eine Konstruktion, um so schwieriger zu lernen ist, je stärker die beiden beteiligten Sprachen sich darin unterscheiden; möglicherweise bestimmt der Grad der Kontrastivität sogar Tempo und Struktur des Erwerbsprozesses. Dieser Gedanke hat zumindest eine erhebliche Anfangsplausibilität, und so ist er denn seit den Fünfzigerjahren immer wieder in verschiedenen Varianten vorgetragen worden. Nicht zuletzt hat er den Anstoß zu einer Reihe von „kontrastiven Grammatiken" gegeben. Ihr Nutzen für die Spracherwerbsforschung ist allerdings sehr begrenzt. Das hat eine ganze Reihe von Gründen. Zum Ersten kommt es für den Spracherwerb nicht darauf an, wo und wie sich zwei sprachliche *Systeme* unter irgendeiner linguistischen Analyse unterscheiden, sondern darauf, was sich davon im *Wissen des Lerners* zu einem gegebenen Zeitpunkt widerspiegelt: der Lerner muss nicht zwei Systeme zueinander in Bezug setzen, sondern seine Repräsentation der Ausgangssprache zu seiner Deutung des Inputs. Zum Zweiten ist ein massiver Unterschied gewöhnlich viel leichter zu erkennen als ein subtiler, und demnach sollte er auch leichter zu lernen sein. Zum Dritten zählen zur Sprachbeherrschung sowohl Verstehen wie Produktion, und eine strukturelle Eigenschaft mag leicht zu verstehen, aber schwer zu produzieren sein, und umgekehrt. Zum Vierten hängt die Struktur des Erwerbs offenkundig von vielen anderen Faktoren ab, etwa der Häufigkeit im Input, der kommunikativen Relevanz – ein türkischer Arbeiter lernt nicht jene Wörter oder Konstruktionen zuerst, die dem Türkischen möglichst ähnlich sind, sondern jene, die er besonders dringend benötigt – oder auch den in Abschnitt 3.1. beschriebenen Abhängigkeiten zwischen strukturellen Eigenschaften. All dies besagt nicht, dass kontrastive Aspekte keinerlei Rolle im Zweitspracherwerb spielen; aber sie sind nur ein Faktor unter vielen, und wahrscheinlich kein besonders wichtiger.

4.3. Universalgrammatik und „parameter setting"

In der Geschichte der Sprachwissenschaft, sowohl der traditionellen wie der strukturellen, ist der Spracherwerb eine Randerscheinung. Ein hoher theoretischer Status kommt ihm jedoch in der Generativen Grammatik Chomskys und seiner Schüler zu. Jedes Kind, so eine Annahme der generativen Grammatik, lernt normalerweise seine Muttersprache auch bei fehlerbehaftetem und unzulänglichem Input schnell und mühelos bis zur „Perfektion". Dies ist nicht durch einen induktiven Lernprozess zu erklären; vielmehr muss ein wesentlicher Teil der Sprachbeherrschung angeboren sein und lediglich in den ersten Lebensjahren aktiviert werden. Da aber keinem eine bestimmte Sprache angeboren ist, ist der Kern der menschlichen Sprachfähigkeit universal. Der eigentliche Gegenstand der linguistischen Theorie ist daher die *Universalgrammatik*.

Diesen Gedanken hat Chomsky erstmals Mitte der Fünfzigerjahre vorgetragen, und er hat sich durch alle Wandlungen der generativen Grammatik erhalten. Er hatte allerdings lange den Status eines theoretischen Arguments, ohne irgendwelche Konsequenzen für die tatsächliche Erforschung des Spracherwerbs. Erst zu Beginn der Achtzigerjahre wurde er soweit konkretisiert, dass man ihn in konkrete empirische Forschungsprojekte – zunächst nur beim Kind, dann auch im Zweitspracherwerb – ummünzen konnte. Entscheidend dafür war der Begriff des „Parameters". Die Idee ist, sehr kurz gesagt, folgende (vgl. Chomsky 1981). Die gesamte Kompetenz eines erwachsenen Sprechers, der seine Sprache perfekt beherrscht, besteht aus einem „Kern" (core) und der „Peripherie". Letzteres sind alle idiosynkratischen Erscheinungen einer Sprache, also beispielsweise die besondere deutsche Form der Nominalflexion oder die besondere Laut-Bedeutung-Zuordnung eines einzelnen deutschen Wortes; dass das Buch im Deutschen /bu:x/ heißt und nicht beispielsweise /kni:ga/, dass der Genitiv davon /bu:xəs/ ist und nicht /ba:x/ – dies sind Idiosynkrasien des Deutschen. Der Kern ist im Prinzip angeboren und universal; jedoch lässt die Universalgrammatik zu Beginn bestimmte Alternativen offen, die dann einzelsprachlich unterschiedlich ausfallen. Ebendies sind die Parameter. Ein besonders einfaches Beispiel ist der „head parameter": jede Konstruktion hat einen „Kopf" und ein „Komplement"; in *frisches Brot* ist *Brot* der Kopf und *frisch* das Komplement; in *Brot essen* ist *essen* der Kopf und *Brot* das Komplement. Die Universalgrammatik lässt zunächst offen, ob das Komplement dem Kopf folgt oder ihm vorausgeht: diese Eigenschaft ist parametrisiert, sie muss einzelsprachlich unterschiedlich belegt werden. Die Attraktivität dieses Gedankens liegt nun darin, dass ein einzelner Parameter oft eine ganze Reihe von strukturellen Eigenschaften zusammenfasst. Ein gutes Beispiel – das demnach auch im Spracherwerb am meisten untersucht wurde – ist der „Pro-drop parameter": manche Sprachen, wie Deutsch, Englisch, Französisch, haben ein obligatorisches Subjektpronomen, während andere, wie Lateinisch, Italienisch, Spanisch, es „auslassen" können. Diese Eigenschaft des „pro-drop" korreliert nun mit einer Reihe weiterer, insbesondere einer relativ reichen Verbalmorphologie, einer vergleichsweise freien Wortstellung sowie mit der Möglichkeit, Elemente aus bestimmten Nebensätzen herauszubewegen (dem sogenannten „*that*-trace effect"). Der Pro-Drop-Parameter besagt nun, das all diese Eigenschaften davon abhängen, wie ein bestimmtes abstraktes Element der Satzstruktur („AGR") [AGR(eement): ein Merkmal, in dem die Verb-Nomen-Kongruenz (Person, Numerus) repräsentiert ist, L.H.] parametrisiert ist. Man beachte, dass die Auslassbarkeit des Subjektpronomens nicht der Parameter ist – sie ist eine von verschiedenen strukturellen Konsequenzen einer bestimmten Parametrisierung. Wenn der Parameter also erst einmal gesetzt ist – und das kann der Lerner im Prinzip an Hand jeder seiner strukturellen Konsequenzen im Input lernen –, dann folgen daraus automatisch auch alle anderen strukturellen Eigenschaften, darunter auch solche, die dem Input vielleicht nur sehr schwer zu entnehmen sind.

Der Spracherwerb hat demnach zwei Komponenten: alle Eigenschaften der Peripherie müssen aus dem Input gelernt werden, und ebenso muss die jeweils gültige Parametrisierung aus dem Input abgeleitet werden. Das wirft zwei Fragen auf: Erstens, welche Eigenschaften zählen zur Peripherie, welche zum Kern, und zweitens, was innerhalb des Kerns ist in welcher Weise parametrisiert? Die Antwort auf beide Fragen nimmt der Theorie viel von ihrem theoretischen Glanz. Aus dem Input gelernt werden muss auf jeden Fall der gesamte Wortschatz, ebenso die spezifische Form der verschiedenen morphologischen Teilsysteme, etwa die Nominalflexion, ebenso das spezifische Phoneminventar, und nicht zuletzt alle Idiosynkrasien der einzelsprachlichen Syntax – mit anderen Worten, fast alles. Nicht gelernt werden muss, was universal ist, abgesehen von jenen Eigenschaften, in denen die Universalgrammatik parametrisiert ist. Was aber sind nun die einzelnen Parameter? Darüber gibt es in der generativen Grammatik keinerlei Einigkeit; die beiden oben genannten haben in der Erwerbsforschung eine große Rolle gespielt; aber sie haben sich zum Einen empirisch nicht bestätigen lassen, und sie sind inzwischen auch in der linguistischen Theorie selbst weithin aufgegeben. Dies macht es, bei aller Attraktivität des Gedankens, sehr schwer, seinen empirischen Gehalt zu überprüfen.

Die Idee des Parametersetzens wurde zunächst nur für den Erstspracherwerb verfolgt (eine Übersicht geben Weissenborn, Goodluck und Roeper 1992) und erst mit einiger Verzögerung auf den Zweitspracherwerb übertragen (White 1989; Epstein u.a. 1997). Die Diskussion wurde dabei von zwei Fragen bestimmt: (1) In welcher Weise können und müssen Parameter „neugesetzt" werden? Beim Erstspracherwerb sind die Parameter ja zunächst offen, und das Kind muss aus dem Input ableiten, welche Parametrisierung für seine Muttersprache gilt. Wird eine weitere Sprache gelernt, so gibt es zwei Möglichkeiten: entweder die bisherige Parametrisierung wirkt weiter, und der Lerner wird in seinem Erwerb, sei es positiv, sei es negativ, davon beeinflusst, oder aber die Universalgrammatik wirkt so wie beim Kind, d.h. der Lerner geht den Input ganz neutral an. (2) Ist die Universalgrammatik nur beim Kinde wirksam, oder ist sie auch noch für den erwachsenen Zweitsprachlerner „zugänglich"? Diese Frage ist mit der ersten verwandt; es ist aber nicht die gleiche, denn es könnte auch sein (etwa im Sinne der Lennebergschen „kritischen Periode"), dass die Beschränkungen der Universalgrammatik im fortgeschrittenen Alter überhaupt nicht mehr wirksam sind; dann müsste es auch möglich sein, „unmögliche Sprachen" zu lernen, d.h. solche, die dem angeborenen menschlichen Sprachvermögen nicht entsprechen. Die letzte Frage ist bislang nicht empirisch überprüft worden. Zur Ersten gibt es hingegen eine ganze Reihe von Untersuchungen; sie gelten durchweg sehr fortgeschrittenen Lernern, die ihre Kenntnisse im Unterricht erworben haben, so dass man hier sicher nicht das freie Wirken der natürlichen menschlichen Sprachverarbeitung misst. Die Ergebnisse sind kontrovers. Was gezeigt werden konnte, ist das Weiterwirken bestimmter struktureller Eigenschaften der Ausgangssprache, also etwa Auslassbarkeit und Nichtauslassbarkeit des Subjektpronomens; dies ist aber auch durch einfachen Transfer zu erklären (wie man ihn in diesem Modell bei der „Peripherie" erwartet) und belegt nicht unbedingt ein „Neusetzen" eines ganzen Parameters, in dem ja viele solcher struktureller Erscheinungen gebündelt sind.

4.4. Lernervarietäten

Allen bisher diskutierten Theorien ist eigen, dass sie den Erwerbsprozess vorrangig unter dem Gesichtspunkt des verpassten Ziels betrachten: es gibt einen Standard, den der Lerner erreicht haben sollte – nämlich die Zielsprache –, und man bemisst den Erwerb daran, wo und warum er dieses Ziel (noch) verfehlt. Unter normativen Aspekten ist dies eine höchst verständliche Betrachtungsweise, und ein Lehrer ist gut beraten, sie einzunehmen. Sie hat auch den nicht zu unterschätzenden Vorzug der methodischen Einfachheit: man ermittelt einfach die „Fehler" des Lerners, d.h. seine Abweichungen vom Ziel, und versucht, ihr Zustandekommen zu erklären. Dies erklärt den erstaunlichen Erfolg der „Fehleranalyse" (Corder 1981) bei der Erforschung des gesteuerten Zweitspracherwerbs. Es ist aber wenig wahrscheinlich, dass man auf diese Weise versteht, was im Erwerbsprozess eigentlich abläuft: dies wird davon bestimmt, wie der Lerner gewisse Fertigkeiten aus bestimmten Gründen auf einen bestimmten Input anwendet. Wenn man die immanente Gesetzlichkeit dieses Prozesses verstehen will, muss man den Lerner selbst in den Mittelpunkt rücken. Der Gedanke, dass die Äußerungen eines Lerners zu irgendeinem Zeitpunkt nicht nur schlechte Nachahmungen sind, sondern ihre eigene Systematik aufweisen, ist erstmals Anfang der Siebzigerjahre unter Schlagwörtern wie „interlanguage", „approximate systems", „interim systems" und ähnlichen aufgekommen. Diese zunächst noch sehr vagen Vorstellungen sind in der Folge in einer Reihe von empirischen Projekten konkretisiert worden. Heute spricht man meist von „Lernervarietäten", und die meisten Untersuchungen zum Zweitspracherwerb außerhalb des Unterrichts folgen dieser Betrachtungsweise (Meisel u. a. 1981; Perdue 1983; Klein und Perdue 1992; Dietrich; Klein; Noyau 1995). Man kann die Grundgedanken in drei Punkten zusammenfassen:

A. Im Verlauf des Erwerbsprozesses durchläuft der Lerner eine Reihe von Lernervarietäten. Sowohl die interne Organisation einer jeden solchen Varietät zu einem gegebenen Zeitpunkt wie auch der Übergang von einer Varietät zur Folgenden sind durch eine inhärente *Systematik* gekennzeichnet: eine Lernervarietät ist also ein eigenständiges, mit den angrenzenden Varietäten verwandtes sprachliches System.

B. Es gibt eine beschränkte Anzahl von Organisationsprinzipien, die sich in allen Lernervarietäten finden. Die Struktur einer bestimmten Äußerung in einer Lernervarietät ergibt sich aus dem Zusammenwirken dieser Organisationsprinzipien. Ihr Zusammenspiel variiert in Abhängigkeit von verschiedenen Faktoren, beispielsweise der Ausgangssprache des Lerners, der fortlaufenden Inputanalyse und anderen. Wenn der Lerner beispielsweise dem Input ein neues Element der Nominalmorphologie „entrissen" hat, so mag dies das Gewicht der verschiedenen anderen Möglichkeiten, ein nominales Argument zu markieren, ändern. Ein neues Morphem, eine neue Konstruktion zu lernen, heißt bei dieser Betrachtungsweise nicht, dass es dem Lerner gelungen ist, einen weiteren Stein in das Puzzle „Zielsprache" einzufügen, das er zusammenlegen muss. Vielmehr führt es zu einer oft minimalen, bisweilen aber auch substantiellen Umorganisation der gesamten Varietät; dabei gleicht sich die Balance der einzelnen Faktoren allmählich jener an, die für die Zielvarietät charakteristisch ist.

C. Lernervarietäten sind nicht unvollkommene Nachahmungen einer „eigentlichen Sprache" – nämlich der Zielsprache –, sondern eigenständige, in sich fehlerfreie Systeme, die sich durch ein besonderes lexikalisches Repertoire und besondere morphosyntaktische Regularitäten auszeichnen. Voll entwickelte Sprachen wie Deutsch, Englisch, Latein sind einfach Grenzfälle von Lernervarietäten. Sie repräsentieren einen relativ stabilen Zustand des Spracherwerbs – jenen Zustand, zu dem der Lerner mit seinem Erwerbsprozess aufhört, weil es zwischen seiner Varietät und der Sprache seiner jeweiligen sozialen Umgebung keinen wahrnehmbaren Unterschied mehr gibt.

In dieser Betrachtungsweise sind alle Lernervarietäten, und darunter als Grenzfall auch die „eigentlichen" Sprachen, Manifestationen der menschlichen Sprachfähigkeit. Wenn man das Wesen dieser Fähigkeit verstehen will – und ebendies ist das Ziel der Linguistik –, dann empfiehlt es sich, nicht unbedingt mit den kompliziertesten Fällen, eben den voll ausgebildeten Sprachen, zu beginnen und von diesen auf die elementareren Manifestationen der menschlichen Sprachfähigkeit zurückzublicken. Die Spracherwerbsforschung ist keine Anwendung linguistischer oder psychologischer Einsichten und Begrifflichkeiten auf einen Randbereich – sie ist ein genuiner Beitrag zur Erforschung der menschlichen Sprachfähigkeit.

5. Abschließende Bemerkung

Die beiden heute vorherrschenden Paradigmen nehmen viele Züge der älteren Theoriedebatte auf, beispielsweise die Idee der Pidginisierung (Schumann 1978) in der Vorstellung, dass Pidgins bestimmte elementare Lernervarietäten sind, oder die Rolle der Kontrastivität in der Vorstellung, dass Parameter neugesetzt werden müssen. Sie sind in vielen Punkten gegensätzlich, aber nicht in jeder Hinsicht unvereinbar (Eubank 1991). So bewegen sich die Untersuchungen von Meisel und Mitarbeitern zu Erst- und Zweitspracherwerb im generativen Paradigma, aber sie versuchen die Entwicklung verschiedener Varietäten über einen längeren Zeitraum nach ihrer internen Dynamik zu rekonstruieren und zeigen insofern viele Berührungspunkte mit dem Lernervarietäten-Ansatz. Umgekehrt haben Klein und Perdue (1997) gezeigt, dass sich ihre Befunde über die „Grundvarietät" und ihren weiteren Ausbau im Sinne des Minimalismus, der jüngsten Variante der generativen Grammatik, deuten lassen. Es ist daher nicht ausgeschlossen, dass es in der Zukunft zu einer Konvergenz dieser beiden Richtungen und damit zu einer geschlossenen, einheitlichen Theorie des Spracherwerbs kommen wird.

6. Literatur in Auswahl

Carroll, Mary; Rainer Dietrich; Günther Storch (1982): *Learner Language and Control*. Frankfurt.
Chomsky, Noam (1981): *Lectures on Government and Binding*. Amsterdam.
Corder, Pit (1981): *Error Analysis and Interlanguage*. Oxford.
Dietrich, Rainer; Wolfgang Klein; Colette Noyau (1995): *Temporality in a Second Language*. Amsterdam.
Ellis, Rod (1994): *The Study of Second Language Acquisition*. Oxford.
Epstein, Samual David; Susan Flynn; Gita Martohardjono (1997): Second Language Acquisition: Theoretical and Experimental Issues in Contemporary Research. In: *Behavioural and Brain Sciences 19*, 677–758.
Eubank, Lynn (Hg.) (1991): *Universal Grammar in the Second Language*. Amsterdam.
Fletcher, Paul; Brian MacWhinney (Hg.) (1995): *The Handbook of Child Language*. Oxford.
Kellerman, Eric; Mike Sharwood-Smith (Hg.) (1986): *Crosslinguistic Influence in Second Language Acquisition*. London.
Klein, Wolfgang (1995): Language Acquisition at Different Ages. In: David Magnusson (Hg.): *The Lifespan Development of Individuals*. Cambridge. 244–264.
–; Clive Perdue (1992): *Utterance Structure*. Amsterdam.
–; – (1997): The Basic Variety. In: *Second Language Research 13*, 301 – 347.
Krashen, Steve (1981): *Second Language Acquisition and Second Language Learning*. Oxford.
Lenneberg, Eric (1967): *Biological Foundations of Language*. New York.
MacLaughlin, Barry (1978): *Second Language Acquisition in Childhood*. Hilldale/N. J.
Meisel, Jürgen (Hg.) (1994): *Bilingual First Language Acquisition*. Amsterdam.
Meisel, Jürgen; Harald Clahsen; Manfred Pienemann (1981): On determining developmental stages in natural second language acquisition. In: *Studies in Second Language Acquisition 3*, 109–135.
Odlin, Terence (1989): *Language Transfer*. Cambridge.
Perdue, Clive (Hg.) (1993): *Adult Language Acquisition: Crosslinguistic Perspectives*. Cambridge. (2 Bd.).
Pulvermüller, Friedemann; John Schumann (1994): Neurological Mechanisms of Language Acquisition. In: *Language Learning 44*, 681–734.
Ritchie, William C.; Tej Bhatia (Hg.) (1996): *Handbook of Second Language Acquisition*. New York.
Schumann, John H. (1978): The pidginization process: a model for second language acquisition. Rowley, MA.
Singleton, David (1989): *Language Acquisition: the Age Factor*. Clevedon.
Slobin, Dan (Hg.) (1985): *The Crosslinguistic Study of Language Acquisition*. New Jersey. (2 Bd.).
Tropf, Herbert (1983): *Variation in der Phonologie des ungesteuerten Spracherwerbs*. Phil. Diss. (masch.), Universität Heidelberg.

Weissenborn, Jürgen; Helen Goodluck; Tom Roeper (Hg.) (1992): *Theoretical Issues in Language Acquisition.* Hillsdale/N. J.
White, Lydia (1989): *Universal Grammar and Second Language Acquisition*, Amsterdam.
Wode, Henning (1981): *Learning a Second Language 1: An Integrated View.* Tübingen.

V. Heeschen

Die Yale-Sprache, eine Papua-Sprache

Inhalt

1.1. Einleitung
1.2. Zur Kultur der Yale
2. Zur Phonologie und Schreibweise
3. Zur Grammatik
4. Zur Charakteristik der Yale-Sprache
5. Das Studium der Papua-Sprachen

1.1. Einleitung

Auf der Insel Neuguinea, unterteilt in einen östlichen Teil, der einen selbständigen Staat, Papua-Neuguinea, bildet, und in einen westlichen, der früher das Niederländische Neuguinea war und dann, von der Republik Indonesien übernommen (und besetzt), zunächst den Namen Irian Jaya erhielt und nun Westpapua genannt wird, werden über 1000 Sprachen (nicht Dialekte!) gesprochen. Viele Sprachen an den Küsten und auf den kleineren, der Hauptinsel vorgelagerten Inseln gehören zur austronesischen Sprachfamilie, zu der etwa auch das Indonesische oder das Maori auf Neuseeland gehören. Die anderen Sprachen, die mehr als 730 Papua-Sprachen, unterteilt man in mindestens vier große Stämme und in mehrere kleine, isolierte Stämme: die Sprachen eines Stammes sind untereinander verwandt. Es ist bisher nicht gelungen, die Papua-Sprachen mit Sprachen außerhalb Neuguineas in Beziehung zu setzen. Nach den lexikostatistischen Berechungen von Voorhoeve (1975 a, b) und Wurm (1975) ist die Mek-Sprachenfamilie, die im östlichen Bergland von Westneuguinea gesprochen wird und zu der auch die Yale-Sprache gehört, eine isolierte Sprachfamilie innerhalb des „Trans New Guinea Phylum", zu dem die meisten Papua-Sprachen, besonders die des Inlandes, gehören.[1]

Lange Zeit war eine kurze Wortliste von de Kock (1912: 169–170) das einzige Material, das für die Mek-Sprachen vorlag. 1969 kamen Wortlisten hinzu, die eine indonesische Militärexpedition im Zentrum des Mek-Ge-

---

[1] Zur Benennung der Sprachfamilie s. Schiefenhövel (1976) und Heeschen (1998:16), zu den Papua-Sprachen allgemein Foley (1986), zur genetischen Verwandtschaft Pawley (2005), zur Typologie Haspelmath et al. (2005).

bietes, in Eipomek (zu jener Zeit noch X-Valley genannt) und in den sich daran anschließenden östlichen Tälern gesammelt hatte (Laporan Expedisi). Die eigentliche linguistische Arbeit begann 1963 mit der Errichtung einer Missionsstation in Korapun. Weitere Missionsversuche folgten, und 1976 waren alle großen Hochlandtäler des Gebietes mit Missionen besetzt. Im Jahre 1974 nahm eine deutsche Forschergruppe, zu der auch der Autor zählte, in Eipomek im Rahmen eines von der DFG geförderten Schwerpunktprogrammes die Arbeit auf. Das Projekt endete 1979, der Autor konnte seine Forschungen im Gebiet der Mek-Sprachen und eben im äußersten Westen dieses Gebietes bei den Sprechern der Yale-Sprache bis heute mit Hilfe der Protestantischen Kirche von Westpapua fortsetzen. Die Ergebnisse des Schwerpunktprogrammes wurden in der Reihe „Mensch, Kultur und Umwelt im zentralen Bergland von West-Neuguinea" vorgelegt. An linguistischen Arbeiten erschienen Wörterbücher, eine Grammatik des Eipo und Textsammlungen (Heeschen 1990, 1992, 1998). Eine umfangreiche Sammlung von Texten der Yale-Sprache wird demnächst erscheinen.

Die linguistischen Forschungen, die Material aus dem gesamten Mek-Gebiet zusammentrugen, bestätigen Bromleys (1973) frühen Schluss: Es handelt sich um eine Sprachfamilie, deren einzelne Glieder eng zusammengehören, und die Verschiedenheiten bewegen sich in einem Umfang, wie er etwa zwischen dem Deutschen, Holländischen und Dänischen zu finden ist. Dabei finden wir das für Neuguinea übliche Bild einer Dialektkette. Das Tal A versteht die Dialekte der nächsten Täler B und C, aber dann hört die Verstehbarkeit relativ schnell auf, und relativ zum Standpunkt der Sprecher des Tales A, aber noch nicht zu dem der Täler B und C beginnt eine neue Sprache. Die niedrigste Prozentzahl gemeinsamen Wortschatzes, die ich im Mek-Gebiet fand, ist 59,79 %. Nach kürzeren Aufenthalten 1976 und 1978 konnte der Autor von Mai 1979 bis November 1981 und regelmäßig bis 2009 alle zwei Jahre jeweils so um zwei Monate im äußersten Westen des Mek-Gebietes arbeiten. Die Sprache dort, die Yale-Sprache, teilt mit der zunächst erforschten Eipo-Sprache noch 70,41 % des Wortschatzes. Nach meinen Erfahrungen und denen von native speakers liegt die Grenze zwischen Dialekt und Sprache innerhalb des Mek-Sprachengebietes zwischen 83 und 84 %. Daran gemessen, behandelt dieser Beitrag eine Sprache des Mek-Gebietes, aus dem bisher nur (publizierte) Ergebnisse für das Eipo und das sehr nahe mit diesem verwandte Una vorliegen (Heeschen 1998, Louwerse 1988).

1.2. Zur Kultur der Yale

Die Sprecher des Yale (Bewohner des In-Tales, woher auch die Bezeichnung *Inlomnang* – „In-Tal-Leute" – kommt, deren Weiler sich um die Missionsstation Kosarek in einem Radius von ca. 1 bis 10 km gruppieren) sind neusteinzeitliche Pflanzer. Die Hauptnahrung bildet die Süßkartoffel, die Hauptarbeit ist das Anlegen und Pflegen von Gärten. Daneben spielt die Jagd der Männer auf Vögel und Beuteltiere und das Sammeln von Fröschen, Eidechsen und Insekten von Seiten der Frauen eine geringere Rolle. Noch zu Zeiten der ersten Kontakte 1971–1974 und vor der Öffnung zum Christentum und dem Verbrennen der alten Heiligtümer 1976 lebten die insgesamt acht Weiler des In-Tales in Abwesenheit konfliktregelnder Institutionen im Kriegszustand miteinander. Die religiöse und rituelle Tätigkeit konzentrierte sich auf die Wiederholung der kulturstiftenden Momente: das Erscheinen des Ahnen und das Erscheinen der Kulturgüter, worunter die Kulturpflanzen, Werkzeuge wie das Steinbeil, das Schwein, das Männerhaus sowie die Sprache der Heil- und Segensformeln zu verstehen sind. Weitere Sorge gilt dem Gedeihen der Kulturpflanzen und dem Wachsen der Knaben. Die Zugehörigkeit zu einem Clan, einer Sippe, wird über den Vater vererbt. Ein Mann muss die Frau eines anderen Clans zu sich nehmen, darüber hinaus gilt das Verbot der Heirat mit Kindern des Mutterbruders, wenn Mutter und Heiratspartner vom gleichen Unterclan sind (in mehr völkerkundlicher Terminologie: es liegen patrilineare, exogame, virilokale Heiratsregeln und besondere Regeln der Kreuzkusinenheirat vor). Es gibt keine formale politische Führung, aber in jedem Weiler gibt es ein oder mehrere sogenannte *big men*, die 1. durch geschickte Tauschgeschäfte einen größeren Kreis von Gefolgsleuten oder Helfern an sich binden und die 2. durch Fleiß, Freigebigkeit, Rednergabe und Wissen in allen rituellen Tätigkeiten ausgezeichnet sind. Die big men übernehmen in den meisten öffentlichen Tätigkeiten wie Initiation oder auch Krieg, aber nicht notwendigerweise, die Führung. Wie so oft in kleinen, an materieller Kultur armen Gesellschaften liegen die bedeutendsten kulturellen Schöpfungen auf dem sprachlichen Gebiet: in kunstvoller Rede, Märchen, Liedern und in der Bilderwelt der Mythen und Rituale.

2. Zur Phonologie und Schreibweise[2]

Die Yale-Sprache hat ein Fünfvokalsystem:

i [ɪ]   u [ʊ]

e [ɛ]   o [ɔ]

a [a]

Das Konsonantensystem sieht wie folgt aus:

	bilabial	dental	palatal	velar	glottal
stimmlose Plosive	p	t		k, (kh [x])	' [ʔ]
stimmhafte Plosive	b	d			
stimmhafte Frikative					h
stimmlose Frikative	w	s	y [j]		
Laterale		l			
Nasale	m	n			ng [ŋ]

Hinzu kommen zur Bezeichnung suprasegmentaler Merkmale:
' für den Akzent,
´ für Hochton,
` für Tiefton.

Kommentare. Die Vokale sind kurz und werden in allen Silben eines Wortes gleich lang ausgesprochen; unter dem schwachen Akzent und in offenen Einsilblern erscheinen sie leicht gelängt, z.B. *pi* [pʰɪ·] „ich ging".

Folgende, monophonematisch zu bewertende Diphthonge sind zu unterscheiden: *ae, ai, ei, ao, au, ou.*

---

[2] Insbesondere zu diesem Abschnitt vgl. Heeschen 1992: 9–14, wo engere Transkriptionen zu finden sind. Die folgende Arbeit kann natürlich nicht vollständig sein; insbesondere morphonemische Regeln sind weggelassen, und manche Morphem- und Wortklassen erwähne ich nur am Rande. Die Skizze behält trotz der Korrekturen und Erweiterungen den Charakter eines ersten Berichts über eine bis dato unbekannte Sprache. Bei der Wahl der Schriftzeichen habe ich mich so eng wie möglich an dem Alphabet des Indonesischen, der nationalen Sprache der Republik Indonesien, orientiert. Deshalb schreibe ich y für [j]. Die Symbole der API werden benutzt. Neben den Buchstaben gebe ich, wo nötig, die Phoneme an.

Die Digraphen *oo* und *aa* sind gelängte, glottalisierte, pharyngalisierte Vokale (hier mit einer untergesetzten Tilde angezeigt), z.B. *baam* [ba:m] „Stock" gegenüber *bam* „Lippe".

Von den Diphthongen müssen die Kombinationen unterschieden werden, die zwischen den beiden Vokalen einen Glottisverschlusslaut haben (also glottalisiert sind), z.B. *sa'o*[sa̰ʔo] „Schulter" gegenüber *sao* „gleich".

Von den suprasegmentalen Merkmalen wird nur der Hochton vermerkt.

Die stimmlosen Plosive sind im Prozess des Entstehens begriffen; noch stehen die Sequenzen stimmloser Plosiv + Vokal in Alternation mit stimmhafter Plosiv + Vokal + h + Vokal, z.B. *pam* „Schwein" [pʰam] : [baʻham], vgl. auch oben *pi* [pʰɪ·] „ich ging", das mit der *lento*-Form *bihi* [bɪʻhɪ] alterniert. Anlautendes [kʰ] steht in freiem Wechsel mit [x], geschrieben wird *kh*.

Die Silbenstruktur ist ± Konsonant + Vokal ± Konsonant, nur der Vokal ist obligatorisch. Für den ersten Konsonanten gibt es keine Einschränkungen, d.h. alle in der Tabelle aufgeführten können silbenanlautend vorkommen, und der zweite kann *b, d, s, l, m, n, ng* sein. Außer *kw* im Anlaut gibt es keine Konsonantengruppen. Allerdings gibt es Fälle von Nasal + h im Anlaut, sie stehen aber noch in freiem Wechsel mit Nasal + Vokal, z.B. *mhun* [mhun] versus [mᵘhun] „Wasserfall". Dynamischer Akzent, Hochton und Tiefton sind partiell phonemisch, d.h. die Möglichkeiten der phonemischen Differenzierung, die sie bieten, sind abhängig von Parametern wie Ein- und Mehrsilbigkeit oder Wort- bzw. Morphemklasse. So ist die Tonhöhe nur bei Verben abhängig davon, ob ein Akzent auf der ersten Silbe liegt oder ob überhaupt keiner vorhanden ist. Vgl. *ók* |ók| „Lachen" : *ok* |òk| „Schmerz", *sidík* |sɪˈdík| „Rest" : *sidik* |sìdìk| „rechts", *yóblamla* |ˈyóblàmlà| „er ruft" : *yoblamla* |yòblàmlà| „er schleift".

Während einzelne Wörter oder Phrasen wegen der Ebenmäßigkeit der Vokallängen und des schwachen dynamischen Akzentes kaum einen Intonationsverlauf aufweisen müssen, wird in der Rede das, was betont werden soll, mit starkem Akzent und großen Tonsprüngen herausgearbeitet.

3. Zur Grammatik[3]

Morphologie und Syntax gehören zusammen. In der Praxis der Rede ist ohne das eine oder andere kein Verstehen möglich. Da nach meiner Erfahrung dem, der eine Papua-Sprache lernt, die Morphologie größere Schwierigkeiten bietet und ohne deren Kenntnis (insbesondere die Kenntnis der verbalen Morphologie) kein Satz verstanden wird, beginne ich mit den Morphem- und Wortklassen; wer sich aber einen allgemeinen Überblick verschaffen will, lese zuerst die Absätze 3.11. und 4.

3.1. *Nomen, Adjektive und Adverbien* werden morphologisch nicht charakterisiert und verändert. Ich übergehe sie hier. Nominalkomposita entstehen durch einfaches Zusammensetzen, z.B. *badi pam* „Wildschwein" aus *badi* „draußen" und *pam* „Schwein", *kel pam* „Sau" aus *kel* „Frau, weiblich" und *pam* „Schwein" (*kel* funktioniert hier wie ein Adjektiv bzw. wie ein Klassifikator).

3.2. *Die Zahlwörter* werden bezeichnet durch Körperteilnamen. Man beginnt mit dem kleinen Finger der linken Hand, zählt weiter über Ring-, Mit-

---

[3] Ich gebrauche folgende Zeichen und Abkürzungen in der Interlinearversion:
- – trennt gebundene Morpheme innerhalb eines Yale-Wortes bzw. in einer Nominal- oder Verbalphrase.
- / verbindet in den Glossen zwei Angaben zu einem Yale-Wort oder -Morphem.
- = verbindet deutsche Wörter, denen ein Wort im Yale entspricht
- 1, 2, 3 Person bei Pronomen und verbalen Tempus-, Numerus-, Person-Suffixen. Das freie Pronomen und die Verbsuffixe 3sg werden nicht nach Genus differenziert.
- A Attribuierungs- oder Nominalisierungspartikel
- d Dual
- Dur Durativität und Iterativität
- Fut Futur
- gS gleiches Subjekt im nächsten Teilsatz
- Perf Perfektivität
- pl Plural
- Präs Präsens/Futur
- Prät I,II,III I (heutige), II (nahe), III (ferne) Vergangenheit
- S Subjektanzeiger
- sg Singular
- Sim Simultaneität und Subjektwechsel im nächsten Teilsatz
- Suk Sukzessivität und Subjektgleichheit im nächsten Teilsatz
- SW Subjektwechsel im nächsten Teilsatz

tel-, Zeigefinger und Daumen, dann Handgelenk (= 6), Mitte Unterarm (= 7), Ellenbogengelenk (= 8), Mitte Oberarm (= 9), Schulter (= 10), Halsansatz (= 11), Ohr (= 12), Schläfe (= 13), Scheitel (= 14), und den gleichen Weg hinunter auf der rechten Körperseite. Die Körperteilnamen der linken Seite erhalten das Numeralsuffix -*bade*, die der rechten Seite das Suffix -*dada*, z.B. *saek* „Mitte des Unterarms", *saekbade* „7", *saekdada* „21". Die höchste Zahl dieses Systems ist 27, der kleine Finger der rechten Hand. Höhere Zahlen können so gebildet werden: 34 ist 1 mal 27 plus Mitte des Unterarms links (= 7), *deng nhon ebdobne saekbade* „einmal durchgezählt (1 mal 27) plus sieben".

3.3. *Die Fragewörter* sind *saa* „was", *edne* „wer", *ala* oder *dala* „wo", *hudo* „wie". Diese Formen liegen weiteren Fragewörtern zugrunde, z.B. *saa sembe* „was für, warum", *alaba* „woher", *edne-di* „wessen". Im Fragesatz stehen sie da, wo im Aussagesatz das Erfragte zu stehen käme, vgl.

    nimi   aneko   saa   se-l
    Mann   der/hier   was   sag-3sg/PrätI
    Was hat dieser Mann gesagt?

    mit

    nimi   aneko-di   ya-nu-n   se-l
    Mann   der/hier-S   komm-Fut-1sg   sag-3sg/PrätI
    Dieser Mann hat gesagt: „Ich werde kommen."

Die Entscheidungsfrage wird mit -*do* am Ende einer Äußerung gebildet, vgl. *yalamla-do* „kommt er?" und *wali-do* „(ist es) gut?"

3.4. *Deiktische Ausdrücke.* Die Personalpronomen sind *na* „ich", *an* „du", *el* „er, sie, es", *nun* „wir", *'aun* [aʊn] „ihr", *sin* „sie". Sie haben heraushebende Funktion in Verbindung mit den Tempus-Person-Suffixen und den Objektspronomen des Verbs (vgl. 3.8.5.):

    na-di   lem-na
    ich-S   sag-1sg/PrätI
    Ich habe gesprochen (oder: ich bin es, der gesprochen hat).

    na   ob-ne-l
    mich   schlag-mich-3sg/PrätI
    Mich hat er geschlagen.

Sie haben keine anaphorische Funktion. Die Personalsuffixe des finiten Verbs sind nur satzendend obligatorisch und übernehmen diese Funktion nur im Zusammenhang mit den Partikeln -*di* und -*ba* (s. Absatz 3.12.). Possessivpronomen werden mit -*di* gebildet: *na-di pam* „mein Schwein".[4]

Die Mittel der lokalen Deixis sind: *ane* „hier", *ani* „dort oben", *anu* „dort unten", *ano* „dort drüben", *aned* „dort weit drüben". Mit dem Präfix *d-* kann auf eine Mehrzahl oder Gesamtheit von Lebewesen oder Objekten verwiesen werden, mit dem Präfix *ab-* auf eine geringe oder Zweizahl. Diese Formen werden typischerweise dann gebraucht, wenn das Gezeigte sichtbar ist und mit einer Geste darauf verwiesen werden kann. Vgl. *nimi ane* „der Mann hier (vor dir oder in Sichtweite)", *nimi dane* „die Männer hier, die Gruppe der Männer hier in dieser Gegend (die Einheimischen)", *nimi abene* „die zwei Männer hier, nur diese Männer". Mit dem Suffix -*ko* verweisen die Formen auf etwas, was nicht mehr zeigbar ist, bzw. auf etwas, was vom Kontext her verstanden werden kann oder schon in die Rede eingeführt wurde: *nimi aneko yalamla* „dieser Mann (den man kennt oder von dem man gesprochen hat) kommt".

3.5. *Postpositionen.* Die wichtigsten sind:
-*ak* zeigt Ziel und Ort einer Aktivität an:

aue-ak   bi-nu-n
Garten-hin   geh-Fut-1sg
Ich werde in die Gärten gehen.

sadam-ak   ob-ne-l
Brust-an   schlag-mich-3sg/PrätI
Er hat mich auf die Brust geschlagen.

Die Postposition *sembe* zeigt die Größe an, für die etwas geschieht oder die an einem Geschehen nur beteiligt ist:

me   sembe   dad-la
Kind-   für   geb-3sg/PrätI
Er hat es dem Kind gegeben.

Als Postposition ist -*di* Subjektsanzeiger und Instrumentalsuffix:

kel-di   am   dob-la-di,   habo-di
Frau-S   Taro   nehm-3sg/PrätI-Suk Messer-mit

kadeb-lam-la
schneid-Dur-3sg/Präs

---

[4] Um Verwirrung zu vermeiden: -*di* hat dreifache Funktion: Subjektsanzeiger, Possessivsuffix, Partikel oder Konnektiv.

Die Frau hat einen Taro [Nahrungspflanze: Wasserbrotwurzel, L. H.] genommen, und dann schneidet sie ihn mit einem Steinmesser.

Über *-di* (und *-ba* u.a.) als Teilsätze gliedernder Partikel vgl. 3.12.

3.6. *Die Attributiv- und Nominalisierungspartikel* ist *-ne*, nach Vokal als *-nge* realisiert:

nimi   wali-nge
Mann   gut-A
ein guter Mann

an-di   leb-lam-ne   ka'e-am-na
du-S   sag-2sg/PrätI-A   hör-Perf-1sg/Präs
Was du gesagt hast, habe ich gehört.

3.7. Die Partikel *-na* wird NP-endend gebraucht, 1. um anzuzeigen, dass man die Rede oder die Meinung eines anderen verwendet, und 2. um extraponierte NPs anzuzeigen. Vgl.

dob-na   na   dinge-na
nehm-1sg/PrätI mein   Sache-Extraposition
Ich habe sie genommen, meine Sache.

3.8. *Verbale Morphologie.* Das Verb ist die einzige Wortklasse, die aus gebundenen Morphemen besteht. Die etwas komplizierte Morphonologie der Stammbildung übergehe ich hier. Eine finite verbale Form kann maximal aus folgender Morphemfolge bestehen:
Stamm + Futur-Suffix + Tempus-Aktionsarten-Suffixe + Objektspronomen + Tempus-Person-Numerus-Suffixe.
Ein Beispiel, in dem alle Positionen ausgefüllt sind:
(mak) obnuamsel „(das Wasser) wird gleich sofort für uns kochen"; dabei bedeuten: *ob-* als Stamm „schlagen, töten, fertig werden mit", *-nu-* eine unmittelbar bevorstehende Handlung, *-am-* eine länger dauernde, aber zum Abschluss kommende Handlung, *-se-* das beteiligte Objekt „uns", *-l* die dritte Person Singular für Präsens-Futur-Formen.

(1) *Zusammengesetzte Stämme.* Die erste Position kann mit einem oder mehreren Verbstämmen besetzt werden. Zwei Stämme können einen neuen Verbbegriff bilden:
boabalamla „er holt" aus *bob-* „tragen" und *ba-* „gehen". Der zweite Stamm enthält oft eine Richtungsangabe: *diwalengelamla* „er sieht hinunter"

aus *dib-* „sehen" und *walengk-* „absteigen". Die Zusammenfügung von mehreren Verbstämmen ist üblich und geht von der Komposition als Wortbildung in die syntaktisch bestimmte Verbserialisierung über: *buwadekdelamang* „sie sitzen im Kreis und essen" aus *buk-* „sitzen", *wadek-* „umkreisen", *de-* „essen" (vgl. Heeschen 2008).

Der zweite Stamm, dessen Form und Bedeutung nicht immer für sich allein zu erschließen ist, kann in vielfacher Weise die Bedeutung des ersten Stammes schattieren; die zweiten Stämme stellen Grammatikalisierungen dar. U.a. gibt es zu *web-* „Gärten roden, arbeiten" folgende Ableitungen oder Komposita:

welolamla „er macht die Gärten nachlässig, er bringt die Gartenarbeit nicht zum Abschluss" mit einem zweiten, erschlossenen Stamm -**lob-* „lösen", der in Komposition so etwas wie eine diminutive oder attenuative [abschwächende, L.H.] Aktionsart anzeigt;

welongolamla „er rodet (aber es ist eine neue Tätigkeit, z.B. für ein Kind, das zum ersten Male rodet)" mit *-dongk-* „auf dem Wege sein" als zweitem Stamm;

weldolamla „er rodet für sich oder allein in seinem Interesse (und wird wohl niemandem etwas von der Ernte abgeben)" mit *dob-* „nehmen" als zweitem Stamm.

Auch Reziprozität und Reflexivität werden durch Zusammensetzung geformt:

kadebdalamla „er schneidet sich" mit *kadeb-* „schneiden" und *da-* „werden, verwandeln".[5]

(2) *Für das Suffix –nu-* in zweiter Position habe ich weiter oben ein Beispiel gegeben. Es kann auch nach der dritten Position stehen:

ba-lam-nu-n
geh-Dur-Fut-1sg
ich werde am Gehen sein.

(3) *Tempus-Aktionsarten-Suffixe*. Das Suffix *-lam-* bezeichnet Iterativität und Durativität, z.B. das schon öfter angeführte

ya-lam-la
komm-Dur-3sg
Er kommt (häufiger), er ist am Kommen.

---

5 Um bei *web-* „roden" zu bleiben: ein *webda-* „sich roden" gibt es nur im Märchen, wo die Arbeit wie von selbst vonstatten geht und sich ein Garten an den anderen reiht.

Das Suffix –*am*- betont den Abschluss einer Handlung (Perfektivität):
buk-am-la
sitz-Perf-3sg
Er sitzt (schon), er hat sich hingesetzt.

Der Stamm ohne diese Suffixe bezeichnet einen einmaligen, nicht länger dauernden Vorgang, mit den Präsens-Suffixen einen soeben beendeten Vorgang (die heutige Vergangenheit), z.B.

ya-l
komm-3sg
Er ist soeben gekommen.

(4) *Die Objektspronomen* -*ne*- „1sg", -*ke*- „2sg" und -*se*- oder -*si*- „1 und 2pl und d [Dual, L.H.]" zeigen bei intransitiven Verben und transitiven Verben bei Vorhandensein eines referentiellen Objektes Beteiligung und Interesse an:

ya-lam-se-ok
komm-Dur-1pl-3sg/PrätIII
Er kam uns (und das ist in unserem Interesse), er kam zu uns.

me o-lam-se-ok
Kind schlag-Dur-1pl-3sg/PrätIII

Er erschlug uns ein Kind (und wir sind davon betroffen), er erschlug unser Kind.

Fehlt bei transitiven Verben ein referentielles Objekt, verweist das Objektspronomen selbst auf das direkte Objekt:

o-lam-ke-n
schlag-Dur-2sg-1sg/Präs
Ich schlage dich.

Eine 3sg, d, pl liegt nicht vor. Ob das erste oder zweite Pluralpronomen vorliegt, ergibt sich aus dem Zusammenspiel mit den Subjektspronomen des Verbs, so kann

o-lam-se-ab[6]
schlag-Dur-2pl-1pl/Präs
nur „wir schlagen euch", nicht aber „wir schlagen uns" oder „wir schlagen sie in unserem Interesse" heißen.

---

6 Lehnbedeutung: „Wir schlagen euch (im Fußballspiel)".

(5) *Die Tempus-Person-Numerus-Suffixe*:

	Singular			Dual			Plural		
	1	2	3	1	2	3	1	2	3
Präsens	-na, -n	-lam	-l, -la	-nam	-dom	-dang	-ab	-lom	-ang
nahes Futur	(-nu-Suffix + Endungen des Präsens)								
fernes Futur	-nun	-lulam	-lul	-nunam	-dudom	-dukang	-ukab	-lulom	-ukang
nahe Vergangenheit	-no	-om	-o	-nomo	-dom	-dong	-obo-	-om-	-ong
ferne Vergangenheit	-si	-lum	-ok	-numu	-dum	-dek	-ubu	-lum	-ek
Potentialis	-sene	-som	-so	-seneme	-sedom	-sedeng	-sebe	-som	-seng

Der Verbstamm ohne Tempus-Aktionsartensuffixe mit den Präsenssuffixen bildet die heutige Vergangenheit. Der Imperativ 2sg hat die Endung -e, z.B. *ya-e* „komm!" Der negative Imperativ nimmt die Form der 3pl Potentialis an: *ob-seng kom* „schlagt nicht! (wörtlich: sie würden nicht schlagen)". Andere Formen werden aus dem fernen Futur gebildet: *yalulom* „kommt (eigentlich: ihr werdet kommen)!"

(6) *Infinite Verbalformen*. Nimmt das satzendende finite Verb eine der Präsens-Futurformen oder ein Suffix des Potentialis, dann braucht die teilsatzendende, infinite oder Satzmitteform des Verbs nur hinsichtlich der Person charakterisiert zu sein. Die Morpheme für die Person sind, wie folgt:

Singular			Dual			Plural		
1	2	3	1	2	3	1	2	3
-ne	-men	-le	-neme	-dumun	-dek -dik	-be	-mun	-ek -ik

Die Satzmitteformen stehen immer in Kombination mit den Partikeln *-di* und *-ba* (vgl. 3.12.), z.B.:

ya-men-ba,   dad-ke-nu-n
komm-2sg/Satzmitteform-Sim/SW   geb-dir-Fut-1sg
Wenn du kommst, werde ich es dir geben.

Besteht zwischen dem finiten Verb und den Satzmitteformen Subjektgleichheit, werden Tempus-Aktionsarten- und Tempus-Person-Numerus-Suffixe der nicht satzendenden Verben getilgt. Bei Gleichzeitigkeit erhält das Verb der Satzmitte das Suffix *-do*, bei Sukzessivität der Handlungen wird dem Stamm ein *-i*, *-om* oder *-n* hinzugefügt: diese letzteren Verbformen werden immer von *aka* und *daka* gefolgt, womit Folge, Beendung von etwas, Mittel oder Gegensätzlichkeit angezeigt werden. Als Beispiele mögen dienen:

aue	we-do	kwaneng		de-do
Garten	mach-infinit/Sim	Süßkartoffel		ess-infinit/Sim
ae-ak	ma-do	u-lam-na		
Hütte-in	schlaf- infinit/Sim	sein-Dur-1sg/Präs		

Ich mache Gärten, esse Süßkartoffeln, schlafe in der Hütte, und so lebe ich.

kwaneng	den	aka	mabi	aka	pi
Süßkartoffel	ess/infinit	dann	schlaf/infinit	dann	geh/1sg/PrätIII

Nach dem Essen von Süßkartoffeln und nach dem Schlafen ging ich.

(7) *Ein Verbalnomen* wird mit dem Suffix *-dob* gebildet. Es ist immer attributivisch, z.B. *kwaneng dedob nimi* „Leute, die Süßkartoffeln essen" (wörtlich: „Süßkartoffel essen Leute"). Zusammen mit *-ne* (s. 3.6.) bildet es wichtige und elegante Nomina agentis, z.B. *yeb-si-dob-ne* „Helfer (helf-uns-*dob*-A)".

3.9. *Die Nominalgruppe* besteht aus folgender maximaler Kette: N + Adjektiv/Zahlwort + lokale Deixis, z.B. *kelabo pende abeneko* „diese beiden Frauen (wörtlich: Frauen zwei die/zwei/hier)". Bei mehrfacher Attribuierung wird der Kern wieder aufgenommen: *kelabo pende wali kelabo abeneko* „diese beiden guten Frauen (wörtlich: Frauen zwei gute Frauen diese/zwei/hier)".

3.10. Verblose Sätze haben die gleiche Struktur wie die attributivischen Reihen. Das zweite Beispiel aus 3.9. kann auch so übersetzt werden: „Diese zwei Frauen sind gute Frauen (oder: diese zwei Frauen sind Frauen, die gut sind)".

3.11. *Einfache Sätze mit finitem Verb* bestehen aus folgenden maximalen Ketten:

	Subjekt-NP Agens	Beteiligungs-/ Benefaktiv-NP	direktes Objekt-NP, Ziel/Patiens	Adverb/ Instrument Ort, Art und Weise	Verb
intransitiv	kel Frau			(elem)[7] (schnell)	ya-lam-la komm-Dur-3sg/Präs
	Die Frau kommt (schnell).				
transitiv	kel-di Frau-S		yina Pflanzgut	aue-ak Garten-nach	boa-ba-lam-la trag-geh-Dur-3sg/Präs
	Die Frau bringt Pflanzgut in den Garten.				
ditransitiv	kel-di Frau-S	me Kind	sembe für	kwaneng ,Süßkartoffel	dade-lam-la geb-Dur-3sg/Präs
	Die Frau gibt dem Kind Süßkartoffeln.				

---

[7] Nach dem Adverb in dem Beispiel der Tabelle müsste eigentlich noch *u-do* „sein-infinit/Sim" stehen, d.h. das Adverb wird durch einen unvollständigen Teilsatz, durch „clause chaining", ausgedrückt: Die „Frau, schnell seiend, kommt". So werden viele Adverbien „aufgelöst", z. B. eine Instrument-NP in „mit einem Messer schneide ich" würde „ein Messer nehmend schneide ich" lauten.

Man kann der Tabelle zwei wichtige Merkmale der Yale-Sprache entnehmen. 1. Es handelt sich um eine SOV-Sprache [Zu den Wortstellungstypen: Greenberg, Kap. F., L. H.]. Mit der Endstellung des Verbs stehen in implikatorischer Beziehung die Nachstellung der „Präpositionen", also der Postpositionen (vgl. 3.5.), und die Stellung der Adjektive und Relativsätze (vgl. 3.15.) vor dem Bezugswort. 2. Das Subjekt des intransitiven Satzes und das Objekt des transitiven Satzes sind unmarkiert, dagegen ist das Subjekt des transitiven Satzes markiert. Formal gesehen, ist die Yale-Sprache eine Ergativ-Sprache (doch vgl. unten). – Sätze, in denen alle Positionen gefüllt sind, sind möglich, normalerweise aber steht nicht mehr als eine referentielle NP vor dem Verb, wenn das Subjekt einmal gegeben ist. Ein Satz wie

nimi-di	pam	aneko	yin-di	ob-ok
Mann-S	Schwein	dies	Bogen-mit	erschieß-3sg/PrätIII

wird regelmäßig paraphrasiert mit

nimi-di	yin	dobi	aka	pam	aneko	ob-ok
Mann-S	Bogen	nehm/infinit	dann	Schwein	dies	erschieß-3sg/PrätIII

Nachdem der Mann einen Bogen genommen hatte, erschoss er das Schwein.

Ein Satz wie der ditransitive in der Tabelle oben wurde in Tests wiedergegeben als:

kel	aneko	me	nhon	wam-la-ba,
Frau	diese	Kind	eins	sein/Perf-3sg/Präs-Sim/SW

kwaneng	odok	da-l-ba,		me	enge-lam-la-ba,
Süßkartoffel	nichts	werd-3sg/PrätI-Sim/SW		Kind	wein-Dur-3sg/Präs-Sim/SW

kel	aneko-di	kwaneng	yongk-a-nu-n	a-do
Frau	diese-S	Süßkartoffel	grab-Fuge-Fut-1sg	sag-infinit/Sim

semb-a-l-di,	elem	u-do	dade-lam-la.
denk-Fuge-3sg/PrätI-Suk	schnell	sein-infinit/Sim	geb-Dur-3sg/Präs

Die Frau hat ein Kind, und als die Süßkartoffeln ausgegangen sind, als das Kind weint, denkt die Frau: „Ich werde Süßkartoffeln ausgraben (ernten)", und dann gibt sie (sie ihm).

Aus Sätzen des Grammatikers werden regelmäßig Geschichten. Sätze wie in der Tabelle finden sich regelmäßig als Zusammenfassung am Ende eines Diskurses oder einer Geschichte. Es besteht die Tendenz, anstelle eines Satzes mit mehreren markierten, referentiellen NPs und einem Verb eine Serie von Teil-

sätzen, jeweils bestehend aus einer NP und einem Verb, zu gebrauchen, so dass nur noch das Subjekt, vornehmlich in Herausstellung, markiert ist, die anderen NPs aber unmarkiert sind. Ich würde die Syntax des einfachen Satzes unter zwei allgemeine strategische Regeln stellen:
1. Versuche, nie mehr als eine referentielle NP vor das Verb zu stellen.
2. Wo mehr als zwei NPs mit dem Verb konstruiert sind, muss eine durch eine Postposition markiert sein.

In den bevorzugten seriellen Satzmustern ist die markierte NP fast ausnahmslos das Subjekt. (Ich würde auch innerhalb dieser Maximen die Frage nach der Ergativität stellen: Die Markierung des Subjektes eines transitiven Satzes sehe ich zunächst als Strategie, eine von zwei NPs vor dem Verb zu markieren. Tatsächlich kann auch die Objekts-NP und nicht die Subjekts-NP markiert sein. Die scheinbare obligatorische Folge SOV wird meistens durch Teilsatzketten oder Extraposition vermieden oder sogar illusorisch. Die Ergativität ist ein Sonderfall der allgemeinen Strategie, eine von zwei NPs zu markieren.)

3.12. *Zusammengesetzte Sätze.* Für das Zusammensetzen von einfachen Sätzen ist das Funktionieren einer Reihe von Partikeln im Zusammenspiel mit den infiniten Verbalformen (vgl. 3.8.6.), den Suffixen für Aktionsarten und den Tempus-Person-Numerus-Suffixen verantwortlich. Ich führe hier zwei Fälle, für die wichtigsten Partikeln oder Konnektive, an.

-di zeigt vorzugsweise Sukzessivität von Handlungen und Subjektgleichheit an:

ya-ok-di   de-ok-di   bi-ok
komm-3sg/PrätIII-Suk/gS   ess-3sg/PrätIII-Suk/gS   geh-3sg/PrätIII
Er kam, aß und ging.

-ba zeigt die Gleichzeitigkeit zweier Handlungen und Subjektwechsel an:

ya-lam-ok-ba   de-lam-ok-ba   bi-ok
komm-Dur-3sg/PrätIII-Sim/SW ess-Dur-3sg/PrätIII-Sim/SW geh-3sg/PrätIII
Einer kam, ein anderer aß, und der dritte ging.

Bestünde Subjektgleichheit zwischen dem ersten und dem dritten Teilsatz, wird das durch Wiederaufnahme klar gemacht (so wie ja die Formen des Verbesserns, der erklärenden Paraphrase und der Emendation in jede Grammatik eingebaut sein müssen):

ya-lam-ok-ba   de-lam-ok-ba
komm-Dur-3sg/PrätIII-Sim/SW ess-Dur-3sg/PrätIII-Sim/SW

ya-ok-ne   boneko   bi-ok
komm-3sg/PrätIII-A   Mann   geh-3sg/PrätIII

Einer kam, der andere aß, und der, der gekommen war, ging. (Im Sinne der Bemerkung, dass aus Sätzen Geschichten werden, würde ein Yale-Informant hier anfügen, dass der, der kam, wieder ging, weil er nichts vom Essen abbekam.)

3.13. *Zur Beziehung zwischen Sätzen*. Durch -*di* und -*ba* verbundene Sätze, zunächst nur temporale Beziehungen ausdrückend, sind die Oberflächenform für Adverbial-Sätze, die bloße consecutio temporum in logische Beziehungen ausbauen, und für Komplement- und Bedingungssätze, vgl. die folgenden sehr einfachen -*ba*-Sätze:

kwelek-lam-ok-ba　　　　　　　　　bi-ok
Morgen=werden-Dur-3sg/PrätIII-Sim/SW　geh-3sg/PrätIII
Als es tagte, ging er.

Mak　　ya-lam-la-ba　　　　　　　eli-lam-na
Regen　komm-Dur-3sg/Präs-Sim/SW　seh-Dur-1sg/Präs
Als der Regen kommt, sehe ich (es). (Oder: Ich sehe, dass der Regen kommt).

Mak　　ya-lam-la-ba　　　　　　　ae-ak　　bi-nu-n
Regen　komm-Dur-3sg/Präs-Sim/SW　Hütte-in　geh-Fut-1sg
Wenn der Regen kommt, werde ich in die Hütte gehen. (Oder: Weil der Regen kommt, werde ich in die Hütte gehen).

3.14. *Intentionen und Absichten* werden durch Futurformen ausgedrückt, die einem infiniten Verb des Sagens untergeordnet sind:

kwaneng　　　yongk-a-nu-n　　　a-do　　　　　pi
Süßkartoffel　grab-Fuge-Fut-1sg　sag-infinit/Sim　geh/1sg/PrätIII
Ich ging, um Süßkartoffeln zu ernten.

3.15. *Relativsätze*. Theoretisch kann jedes N der NPs aus der Tabelle in 3.11. einen Relativsatz binden, so dass Satzgefüge mit mehreren Relativsätzen vorkommen können; praktisch gibt es Relativsätze nur da, wo der Matrixsatz lediglich eine NP aufweist, alle anderen Gefüge werden zu temporalen Sequenzen. In expositorischen, erklärenden „Texten" gibt es statt langer temporal geregelter Sequenzen kurze Matrixsätze mit angefügten Relativsätzen. Charakteristisch sind Zeitsprünge in Relativ- und Matrixsatz. Als Beispiel diene

ib-numu　　　　nimi　　ya-dong
seh-1d/PrätIII　Mann　komm-3d/PrätII
Die beiden Männer, die wir schon einmal sahen, sind gekommen.

3.16. *Rekursivität.* Jede NP des einfachen Satzes kann durch einen neuen Satz wiedergegeben werden; der Konstituentensatz wird durch die Partikeln *-nel*, *-nge* (vgl. 3.6.) nominalisiert, z.B.:

me	ya-lam-la-nge	sembe	kwaneng	dad-nu-n
Kind	komm-Dur-3sg/Präs-A	für	Süßkartoffel	geb-Fut-1sg

Ich werde dem Kind, das kommt, Süßkartoffeln geben.

3.17. *Thema-Rhema-Gliederung.* Nominalisierung kann auch durch lokale Deixis erfolgen:

ya-lam-ok   aneko   bi-ok
komm-Dur-3sg/PrätIII   dieser   geh-3sg/PrätIII
Dieser, der kam, er ging.

Die mit *-ko* suffigierten Formen der lokalen Deixis verweisen auf Bekanntes (vgl. 3.4.), und so übernehmen sie die Thema-Rhema-Gliederung zwischen Sätzen. Treffender, wenn auch umständlicher müsste die Übersetzung zum obigen Beispiel lauten: „Was den anbelangt, von dessen Kommen wir schon wissen, der ging." Innerhalb von Teilsätzen sind auch die Partikeln *aka* und *daka* (vgl. 3.8.6.) als Mittel der Gliederung aufzufassen.

3.18. *Hypotaxis und Rekursivität: Universalien oder Stilmerkmale?* Die Skizze der Yale-Grammatik wird hier ergänzt um einige Beispiele, die im Lichte aktueller Fragestellungen gesehen werden können. (Eine genauere Darstellung am Material der Mek-Sprachen, insbesondere die Wege vom „clause chaining" zur Verbserialisierung und -komposition bzw. die Übergänge vom „clause chaining" zu untergeordneten Nebensätzen findet sich in Heeschen 1992 und 1998.) Lange Ketten oder Serien von infiniten Verben wie in den oben gegebenen Beispielen *aue wedo kwaneng dedo ae-ak mado ulamna* und *kwaneng den aka mabi aka bihi* sind typisch für viele Papua-Sprachen. Blickt man nur auf die Verben in den nicht satzendenden Teilsätzen, dann lässt sich die Kettenbildung („clause chaining") als „referential zeroing" oder „desentensialisation" begreifen: Die Verweise auf Tempus, Subjekt und oft auch die Objekte, auf die sich die Tätigkeit richtet, werden erst vom letzten satzendenden finiten Verb her klar. Allerdings enstehen kaum klar klassifizierbare untergeordnete Sätze, so dass Foley (1986: 177) dafür den Terminus „dependent coordinate" vorschlug. Ein Merkmal solcher Ketten ist „considerable attention to temporal relations such as chronological overlap (‚while', at the same time) versus chronological succession (‚and then') which shade off into logical relations such as cause and effect, result, and so forth. Temporal relations appear to be central in these languages and are extended metaphorically in other directions." (Longacre 1985: 265, ausführlich zit. in Heeschen 1998: 319). Das satzendende finite Verb ziehe die Kette wie eine Lokomotive durch Zeit, Modus und Raum; ferner seien die nichtsatzendenden Teilsätze oft mit eigenen verbalen Suffixen oder Konnektiven versehen, die anzeigen, ob das Subjekt des nächsten Teilsatzes das gleiche oder ein verschiedenes sein wird.

Einerseits zeigen Teilsätze, die Foley „dependent coordinate" nennt, Alternationen mit Strukturen, die die Satzmäßigkeit aufgeben, d.h. es entstehen lexikalisierte Einheiten durch Aneinanderfügen von Verbstämmen, vgl. *kwaneng yongodo balamna* „ich gehe, Süßkartoffeln ausgrabend" und *kwaneng yongolbalamna* „ich gehe Süßkartoffeln ausgraben, ich hole Süßkartoffeln" (vgl. Heeschen 1998: 320-1 und Heeschen 2008). Anderseits alternieren die ‚dependent coordinate structures' mit Adverbialsätzen in dem Maße, in dem eine strenge consecutio temporum und consecutio aspectuum implausibel werden, die Verben der Teilsätze verschiedene Objekte regieren und verschiedene Subjekte und Konnektive zwischen den Teilsätzen auftauchen (vgl. Heeschen 1998: 326-8). Während die eben gegebenen Beispiele noch sozusagen reinweg „temporal relations", „chronological overlap" und „chronological succession" anzeigen, erweitern sich andere Teilsatzkombinationen kanonisch „in other directions", so neigen „overlap" bzw. Simultaneität bei gleichem Subjekt zu kausaler Interpretation und die simultanen Handlungen verschiedener Subjekte zu adversativem Nexus, vgl.:

neik-lam-ok-ba   kwaneng   de-ok   kom
krank=sein-Dur-3sg/PrätIII-als Süßkartoffel ess-3sg/PrätIII nicht
Als oder weil er krank war, aß er keine Süßkartoffeln (oder: aß er nichts).

nimi   lom   ya-lam-ok-bok   pam   dad-ok
Mann   Tal   komm-Dur-3sg/PrätIII-als/SW   Schwein   geb-3sg/PrätIII
Freund

kom
nicht
Obwohl der Freund gekommmen war, gab er (der Gastgeber) kein Schwein.

Ist das nichtsatzendende Verb ein Verb des Sagens oder Denkens mit vorgeschalteter wörtlicher Rede, ergeben sich Finalität und Konsekutivität, oft mit subtiler Verschachtelung und Einnistung (überhaupt müsste die „theory of mind", die Alltagstheorie darüber, wie andere denken, mit den Problemen und der Evolution der wörtlichen Rede, Subordination und Rekursivität verbunden werden):

na	dinge	haukaba	dob-la	semb-a-lam-di
mein	Sache	heimlich	nehm-3sg/PrätI	denk-Fuge-2sg/PrätI-weil
na	nhon-ak	sib	bi-n	
ich	eins-nach	Seite	geh-1sg/PrätI	

Weil du denkst: „Er (der Redende) hat meine Sachen gestohlen", bin ich (aus Scham) woandershin gegangen.

Mit *mak yalamla-ba elilamna* „als der Regen kommt, sehe ich es" ist schon ein Beispiel dafür gegeben, dass vor einigen Verben der sinnlichen Wahrnehmung und nach einer Gruppe von Wörtern, die meistens wie Prädikatsnomen fungieren und, semantisch gesehen, Wissensstand und Emotionen ausdrücken, Objektsätze stehen. Aber sie stehen im Wechsel mit Strukturen, die noch „clause chaining" nebst deren „temporal relations" suggerieren, oder sie werden zu Relativsätzen umgeformt. Der Schritt zu einer Struktur wie der folgenden

kelabo	ya-lam-dang	im-na
Frauen	komm-Dur-2d/Präs	seh-1sg/PrätI

Dass die beiden Frauen kommen, habe ich gesehen.

mit möglicher Pause zwischen *yalamdang* und *imna*, die bloße Parataxis verrät, führt über die Angabe von „temporal relations", die möglicherweise nicht mehr streng nach Simultaneität oder Sukzessivität verfahren, oder über Relativsatzbildung; beide Verfahren deuten an, dass Nebensätze, als Adverbialsatz oder meist appositiver Relativsatz, grundsätzlich Hintergrundinformation bringen (vgl. Foley 1986: 200). Hier die üblichen Alternationen zu *kelabo yalamdang imna*:

kelabo	ya-lam-dang	danena,	im-na
Frauen	komm-Dur-3d/Präs	dann	seh-1sg/PrätI

Als die beiden Frauen kommen, da habe ich es gesehen.

ya-lam-dang	kelabo	im-na
komm-Dur-3d/Präs	Frauen	seh-1sg/PrätI

Die beiden Frauen, die kommen, habe ich gesehen.

Gleichsam die ‚Erlösung' aus chaining und der strengen consecutio temporum et aspectuum deutet sich aber dadurch an, dass zwischen untergeordnetem Satz und Hauptsatz Zeitsprünge möglich sind; so könnte statt *yalamdang* auch *yalamdek* „die beiden kamen" oder *yalamsedeng* „die beiden könnten wohl gekommen sein" stehen (im letzten Fall wäre *imna* durch *na el* „ich kenne" oder etwa *ibsi* „ich sah (sie schon einmal, ich kenne sie)" zu ersetzen).

Relativsätze nun sind wohl die einzigen klaren Fälle von Unterordnung und Rekursivität. Der Kopf, die Nominalphrase, an die sie sich anschließen, ist gewöhnlich ein Prädikatsnomen, eine Subjekts-NP, wenn keine referentielle Objekts-NP folgt, oder eine Objekts-NP, wenn keine referentielle Subjekts-NP vorhanden ist: d.h. sie haben ihren Platz in kurzen erklärenden, kleinschrittigen, appositiven Reihen. Es ist äußerst selten, dass in den großen Bögen von Verbserialisierungen und „clause chaining" Relativsätze auftauchen. Es sind dann fast immer erklärende, herausgestellte Zusätze, so etwa, wenn ein Erzähler einen Berg erwähnt, wenn er sieht, dass der Hörer fragend aufschaut, und wenn er dann hinzusetzt:

    samen   ba-lam-lom   moksoo
    früher   geh-Dur-2sg/PrätIII   Berg
    Das ist der Berg, über den du schon öfter gingst.

Oft gibt es Serien von solchen appositiven Zusätzen:

    kal   kon   deb-lam-ek   kal   yandonge si   ledob   kal
    Baum Rinde reiß-Dur-3pl/PrätIII Baum Ahn   Name nennen Baum
    Der Baum, dessen Rinde sie abreißen, das ist der Baum, an dem die Namen der Ahnen genannt werden.

Subjektwechsel und Zeitsprünge finden außerhalb des im chaining festgelegten Rahmens statt.

    Angguruk   ib-numu   kelabo   aned   ya-lam-dang
    Angguruk   seh-1d/PrätIII Frauen   drüben   komm-Dur-3d/Präs
    Die beiden Frauen, die wir beide in Angguruk sahen, kommen da drüben.

Bestimmte Konnektive wie *–ak* „bei, in" (*-ak* bildet auch Ortsnamen und Abstrakta, vgl. *mem* „tabu", *memak* „ein tabuisierter, sakraler Platz, Sakrales") und *-sum* „Tag" oder die Nominalisierungspartikel *-ne* „einer, eines" mit dem pluralischen *-nang* „Pluralität, Leute" sind am besten als Stellvertreter von Nomen zu werten, so dass für weitere Fälle von Unterordnung Relativsätze als zugrundeliegend angenommen werden können.

    yandonge si   le-lam-ek-nang   ekon   da-hi-ok
    Ahn   Name sag-Dur-3pl/PrätIII-Leute Unwissen werd-uns-3sg/PrätIII
    Die, die die Namen der Ahnen anriefen, vergaßen wir.

    na   bineb-sum   bidam da-le-ba,   dad-ke-nu-n
    ich   geh/Supinum-Tag   nah   werd-3sg/Satzmitte-Sim/SW, geb-dir-Fut-1sg
    Wenn der Tag, an dem ich gehen muss, nahe gekommen ist, werde ich es dir geben.

Schon sehr abstrakt und fast zu einem Anzeiger für einen Objektsatz ist *-ak* im letzten Beispiel:

    om-no-ho-ak   semb-a-ek
    schlag-mich-3sg/Potentialis-an denk-Fuge-3pl/PrätIII
    Sie dachten, das wäre der Platz, an dem man mich schlagen oder töten könnte
    (oder: Sie dachten, dass man mich töten könnte).

In allen erzählenden Texten, auch in Reden und Ermahnungen, überwiegt „clause chaining", d.h. Erzähler und Redner geben Acht auf „temporal relations", die sich nur nach Maßgabe kanonischer Zusammensetzung von Teilsetzen „in other directions" entwickeln, z.B. in kausale, adversative, finale oder konsekutive Nexus. Klare Fälle von Unterordnung und Rekursivität ergeben sich praktisch nur in Formen der Herausstellung, d.h. in zusätzlicher oder Hintergrundinformation. Unterordnung und Rekursivität haben ihren Platz in Erklärungen, Beschreibungen, in „procedural discourse". Die Ordnung wird nicht mehr durch Zeitabläufe vorgegeben, sondern durch Denkzusammenhänge und Reflexivität; charakteristischerweise erlaubt diese kommunikative Gattung Zeitsprünge und Subjektwechsel, die durch keine Satzmitteformen des Verbs oder durch „switch reference" angezeigt werden. Die Gattung ist quasi erlöst aus der stringenten consecutio temporum. Attributive Serien, Reihen von Appositionen und verblose Prädikate sind charakteristisch. Allerdings muss man bedenken, dass alle kommunikativen Gattungen ineinander übergehen können: Mythen können als „procedural discourse", Erklärungen als Erzählung vorgebracht werden. So entsprechen die grammatischen Stilarten nicht nur bestimmten Diskurstypen, sondern auch jeweils dem Stil, den ein Sprecher als Erzähler, Redner oder Informant und Lehrer bevorzugt. Vom Diskurs her gesehen, ergibt sich Rekursivität möglicherweise zwangsläufig aus der Tatsache, dass Geschichten in Erklärungen und rationale Begründungen überführt werden können und dass rationale Akte immer noch in Geschichten verstrickt sind.

4. Zur Charakteristik der Yale-Sprache

Es wäre leicht, die Yale-Sprache als SOV-Sprache zu charakterisieren. Man würde die Stellung der Adjektive und des Relativsatzes vor dem Bezugswort und das Vorhandensein von Postpositionen heranziehen. Dies alles zusammen mit der Tatsache, dass die Sprache über eine reiche verbale Morphologie verfügt und Mittel hat, die Gleichheit bzw. den Wechsel des Subjektes in Teilsatzserien anzuzeigen, würde sie auch typologisch als Glied des Trans New Guinea Phylum kennzeichnen. Man kann hinzufügen: Das Yale hat ein Minimum von Pronominalisierungsmöglichkeiten und von Mitteln, die der anaphorischen Funktion dienen können; darüber hinaus sind die Mittel, Funktionen von NPs in Sätzen an der Oberfläche auszudrücken, beschränkt. Deshalb gibt es die Tendenz, die Rede in eine Folge von NP plus V aufzulösen und die Kohärenz des Diskurses durch Wiederholung, Thema-Rhema-Gliederung, Reihen von Attribuierungen und durch das Zusammenspiel der reichen verbalen Morphologie mit einigen wenigen Subjektwechsel oder -gleichheit anzeigenden Partikeln zu sichern. Diese Mittel sind so reich, dass die Grenze zwischen Satz und Diskurs verschwimmt, d.h. bevor ein finites Verb erscheint, kann die Rede, die Reihe von Teilsätzen für unsere Ohren qualvoll lang sein. Während Kinder bis zum Alter von 10 und 12 Jahren fast nur finite Verbalformen gebrauchen und allenfalls durch -*ba* und -*di* Kohärenz schaffen, gebrauchen die älteren und die guten Redner und Erzähler mehr und mehr die infiniten Formen und andere, hier nicht besprochene Partikeln, die temporal relations und „subject tracking" anzeigen. Sie gebrauchen die Mittel der Thema-Rhema-Gliederung und der Rekursivität sowie die Partikel –*na* (vgl. 3.7.), so dass die Rede über diese Komplexität hinaus noch als wohlgegliederter Komplex aus Erzählen, Zitat und Kommentar erscheint.

5. Das Studium der Papua-Sprachen

An deutschen Universitäten wird das Studium der Papua-Sprachen wohl nur da betrieben, wo sich einzelne Sprachwissenschaftler oder Ethnologen dafür interessieren. Seit 1985, als dieser Beitrag geschrieben wurde, ist das Klima für Feldforschungen wesentlich besser geworden. Das mag zum guten Teil daran liegen, dass die Linguistik die Dokumentation bedrohter Sprachen als eine ihrer vornehmsten Aufgaben erkannt hat. Anderseits werden die inzwischen doch zahlreichen Beschreibungen von Papua-Sprachen von Typologen, Historikern und evolutionären Anthropologen genutzt (vgl. Haspelmath et al. 2005, Pawley et al. 2005). Zentrum der Erforschung der Papua-Sprachen war und ist immer noch trotz etlicher Wechsel die Australian National University. Eine der besten Dokumentationen dürfte man immer noch in Ukarumpa finden, der Niederlassung des Summer Institute of Linguistics in Papua New Guinea. Das Max-Planck-Institut für evolutionäre Anthropologie in Leipzig hat eine Außenstelle in Jakarta, und das Centre for Endangered Languages in Manokwari, Westpapua, hat seine Arbeit mit deutscher Beteiligung aufgenommen. Das Studium, wie und wo auch immer, erfolgt am besten zusammen mit dem der Völkerkunde; Pragma- und Ethnolinguistik müssen hinzukommen, um das Wissen zu erwerben, das nötig ist, um den Satz einer Sprache im „context of the situation", als kulturelles Moment, zu verstehen. Die Vielzahl der Papua-Sprachen, die Probleme ihrer Verwandtschaft und historischen Entwicklung und Typologie sowie die soziolinguistischen Bedingungen dieser Vielfalt und Entwicklung sind ein noch weitgehend unerforschtes Gebiet. Aber es liegen glänzende Einzelbeschreibungen vor (Bromley 1981, Haiman 1980); Foley, Pawley, Voorhoeve und Wurm schlüsseln die Vielfalt auf, Foley gibt auch eine präzise Ethnolinguistik der Papua-Sprachen.

Literatur

Bromley, M.H. (1973) „Ethnic Groups in Irian Jaya". *Irian. Bulletin of West Irian Development* 2:3, 1–37.
–. (1981) *A Grammar of Lower Grand Valley Dani*. Canberra: Australian National University.
Foley, W.A. (1986) *The Papuan Languages of New Guinea*. Cambridge: Cambridge University Press.
de Kock, M.A. (1912) „Eenige ethnologische en anthropologische gegevens omtrent een dwergstam in het bergland van Zuid Nieuw-Guinea". *Tijdschrift van het Koninklijk Nederlands Aardrigskundig Genotschap* 29, 387–400.
Haiman, J. (1980) *Hua: A Papuan Language of the Eastern Highlands of New Guinea*. Amsterdam: John Benjamins B.V.
Haspelmath, M./M. S. Dryer/D. Gil and B. Comrie (eds.). With the collaboration of H.-J. Bibiko/H. Jung and Claudia Schmidt (2005) *The World Atlas of Language Structures*. Oxford: Oxford University Press.
Heeschen, V. (1990) *Ninye bún. Mythen, Erzählungen, Lieder und Märchen der Eipo im zentralen Bergland von Irian Jaya (West-Neuguinea), Indonesien*. Berlin: Reimer.
– (1992) *A Dictionary of the Yale (Kosarek) Language (with Sketch of Grammar and English Index)*. Berlin: Reimer.
– (1998) *An Ethnographic Grammar of the Eipo Language Spoken in the Central Mountains of Irian Jaya (West New Guinea), Indonesia*. Berlin: Reimer.
– (2008) „Verb serialisation in Eipo and Yale (especially in Children's Narratives)". In: Senft, G. (ed.) *Serial Verb Constructions in Austronesian and Papuan Languages*. Canberra: Australian National University, 141–169.
Laporan Expedisi ilmiah lembah-X s/d 20 Des. 1969 di Irian Barat. Komando Militer XVII „Cenderawasih", Mimeo. Jayapura.
Louwerse, J. (1988) *The morphosyntax of Una in Relation to Discourse Structure. A Descriptive Analysis*. Canberra: Australian National University.
Pawley, A. (2005) „The chequered career of the Trans New Guinea hypothesis: recent research and its implications". In: Pawley, A./Attenborough, R./Golson, J./Hide, R. (eds.) *Papuan Pasts: Cultural, Linguistic and Biological Histories of Papuan-speaking Peoples*. Canberra: Australian National University, 67–107.
Schiefenhövel, W. (1976) „Die Eipo-Leute des Berglands von Indonesisch-Neuguinea" *Homo* 26 , 263–275.
Voorhoeve, C.L. (1975a) *Languages of Irian Jaya: Checklist, Preliminary Classification, Language Maps, Wordlists*. Canberra: Australian National University.
– (1975) „Central and western Trans-New Guinea phylum languages". In: Wurm, S. A. (ed.) *New Guinea Area Languages and Language Study. Vol. 1. Papuan Languages and the New Guinea Linguistic Scene*. Canberra: Australian National University, 345–459.
Wurm, S. A. (ed.) (1975) *New Guinea Area Languages and Language Study. Vol. 1. Papuan Languages and the New Guinea Linguistic Scene*. Canberra: Australian National University.
Wurm, S. A. (1982) *Papuan Languages of Oceania*. Tübingen: Narr.

Quellenverzeichnis

A. Sprachtheorien

W.v. Humboldt (1810/11) Einleitung in das gesamte Sprachstudium. In: W.v. Humboldt, Gesammelte Schriften (Hrsg. von der Königlich-Preußischen Akademie der Wissenschaften. Abt.1–4). Bd.7/II, Paralipomena. Berlin 1903–1906: Akademie, 7 [wieder in: W.v.H., Schriften zur Sprache, Stuttgart: Reclam, S.1–20]

H. Paul (1920[5]) Prinzipien der Sprachgeschichte, Tübingen: Niemeyer, 23–36

F. de Saussure (1916/1931dt.) Grundfragen der allgemeinen Sprachwissenschaft, Berlin: de Gruyter, 9–18, 76–82, 93–97, 147–152 [Orig. Cours de linguistique générale, Paris/Lausanne: Payot. Edition critique préparée par T. de Mauro (1985[2]) Paris: Payot]

L. Bloomfield (1933/1935[2]/2001dt.) Die Sprache. Kap. 2. Die Verwendung der Sprache. Wien: Edition Praesens, 47–70

K. Bühler (1934) Sprachtheorie, Stuttgart: G. Fischer, 2–28, 52–57, 79–82, 102–107

L. Wittgenstein (1958/1971) Philosophische Untersuchungen, Frankfurt: Suhrkamp, 15–16, 19–21, 23–24,26–27, 28–30,41, 56–58

Ch. Morris (1938/1972dt.) Grundlagen der Zeichentheorie, München: Hanser, 9–94 [Orig. Foundations of the Theory of Signs, Chicago: The University of Chicago Press]

N. Chomsky (1988/1996) Probleme sprachlichen Wissens. Weinheim: Beltz, 3–7, 34–38, 58–63

M. Tomasello (1999/2002dt.) Die kulturelle Entwicklung des menschlichen Denkens. Frankfurt: Suhrkamp, 233–251

G. Lakoff/E. Wehling (2008) Auf leisen Sohlen ins Gehirn. Kap. 13.2.-3. Heidelberg: Carl Auer, 163 (unten)–1170 (1. Absatz oben)

B. Sprache und Handlung

J.L. Austin (1962/1968 dt.) Performative und konstatierende Äußerung in: R. Bubner (Hg.) Sprache und Analysis, Göttingen. Vandenhoeck und Ruprecht, 140–153 [Vortrag 1958; Orig. Performatif-constatif. In: Cahiers de Royaumont, Philosophie IV, La philosophie analytique, Paris 1962]

J.R. Searle (1971/1974 dt.) Was ist ein Sprechakt? in: S.J. Schmidt, Pragmatik I, München: Fink, 84–102 [Orig. What is a Speech act? in: J.R. Searle (Hg.) The Philosophy of Language, Oxford: University Press]

H.P. Grice (1975/1979) Logik und Konversation. In: G. Meggle (Hg.) Handlung Kommunikation Bedeutung, Frankfurt: Suhrkamp, 243–265 [Orig. Logic and Conversation. In: P. Cole/J. Morgan (Hg.) Syntax and Semantics, Vol 3, New York: Academic Press]

K. Ehlich (1998) Funktionale Pragmatik – Terme, Themen und Methoden. In: ders. (Hg.) Sprache und sprachliches Handeln. Berlin/New York: de Gruyter, 29–47

C. Diskurs und Konversation

K. Ehlich, Sprechhandlungsanalyse. In: H. Haft/H. Kordes, (Hg.)(1984) Methoden der Erziehungs- und Bildungsforschung, Bd.2, Enzyklopädie Erziehungswissenschaft, Stuttgart: Klett-Cotta, S526–538

J. Bergmann (1995) Konversationsanalyse. In: G. Fritz/F. Hundsnurscher (Hg.) Handbuch der Dialoganalyse. Tübingen: Niemeyer, 3–16

H. Sacks (1971/1971dt.) Das Erzählen von Geschichten innerhalb von Unterhaltungen. In: R. Kjolseth/F. Sack (Hg.) Zur Soziologie der Sprache. Kölner Zeitschrift für Soziologie und Sozialpsychologie, Sonderheft 15, 307–314 [Orig. Paper 1971]

S. Günthner (1993) Strategien interkultureller Kommunikation. Das Konzept der Kontextualisierung. Kontextualisierungskonventionen und interkulturelle Kommunikation. Tübingen: Niemeyer, 43–54 (Mitte)

J. Rehbein (1986) Institutioneller Ablauf und interkulturelle Mißverständnisse in der Allgemeinpraxis. Diskursanalytische Aspekte der Arzt-Patienten-Kommunikation. In: Curare 9, 297–328

Transkriptbeispiele:
Ludger Hoffmann (1996) Kommunikation in der Strafverhandlung [Orig.]
A. Redder (1994) Alltagserzählung: "Anruf in der Uni". In: A. Redder/K. Ehlich (Hg.) Gesprochene Sprache, Tübingen: Niemeyer, 403–406

D. Laute, Töne, Schriftzeichen

A. Martinet (1960/1963 dt.) Grundzüge der Allgemeinen Sprachwissenschaft, Stuttgart: Kohlhammer, 21–24, 45–50

T.A. Hall (2000) Phonologie. Berlin/New York: de Gruyter, 37–44 (oben) 46–47, 75f. (Aufgaben 1,3,5) 101–104 (oben)

N.Trubetzkoy (1939/1977^6) Grundzüge der Phonologie, Göttingen: Vandenhoek u. Ruprecht, 16–17, 29–36, 41–47

B. Pompino-Marschall (2003^2) Einführung in die Phonetik, Berlin/New York: de Gruyter, 240–250, 261 (Mitte)–267 (Mitte), 117–126

P. Eisenberg (1996) Das deutsche Schriftsystem. In: H. Günther/O. Ludwig (Hg.): Schrift und Schriftlichkeit. Ein interdisziplinäres Handbuch internationaler Forschung. 2. Halbband. Berlin/New York: de Gruyter, 1451–1455

R. Jakobson (1959/1979 dt.) Warum „Mama" und „Papa"? In: ders., Aufsätze zur Linguistik und Poetik, Berlin usw. 1977: Ullstein, 107–116 [Orig. Why 'Mama' and 'Papa'? in Selected Writings I, The Hague 1971: Mouton]

W. Labov (1968/72dt.) Die Widerspiegelung sozialer Prozesse in sprachlichen Strukturen, in: B. Badura/K. Gloy (Hg.) Soziologie der Kommunikatin, Stuttgart-Bad Cannstatt: Frommann Holzboog, S.309–323 [Orig. The Reflection of Social Processes in Linguistic Structures, in: J.A. Fishman (Hg.) Readings in the Sociology of Language, The Hague: Mouton]

E. Wortform, Wortstruktur, Wortart

Autorengruppe (H. Bühler/G. Fritz/W. Herrlitz/F. Hundsnurscher/B. Insam/G. Simon/ H. Weber) (1970) Linguistik I Tübingen: Niemeyer, 71–79, 87–93 o.

L. Bloomfield (1923/1935) Die Sprache. Kap.10. Grammatische Formen, 203–216

Th. Vennemann/J. Jacobs (1982) Sprache und Grammatik, Darmstadt: Wissenschaftliche Buchgesellschaft, 50–60

E. Sapir (1931/1961dt.) Die Sprache, München: Hueber, Kap.4, 63–80 [Orig. Language, New York: Harcourt, Brace & Co.]

J. Aitchison (1997) Wörter im Kopf. Globbernde Matratzen. Das Erzeugen neuer Wörter. Tübingen: Niemeyer, 205–217 (Mitte)

R.H. Robins (1966) The development of the word class system of the European grammatical tradition. In: Foundations of Language 2, 3–19

F. Satz, Äußerung, Text

H. Paul (1919) Deutsche Grammatik, Band III, Tübingen: Niemeyer, 3–8, 10–15

O. Behaghel (1932) Deutsche Syntax, Band IV, Heidelberg: Winter, 3–9

U. Klenk (2003) Generative Syntax. 1. Konstituentenstrukturen. Tübingen: Narr, 15–30

Ch. Hockett (1958) A Course in Modern Linguistics, New York, London: Holt, Rinehart & Winston, 147–156

L. Tesnière (1959/1980 dt.) Grundzüge der strukturalen Syntax, Stuttgart: Klett, 25–29, 93–99, 128–132, 217–220, 251–251, 254–258 [Orig. Eléments de syntaxe structurale, Paris: Klincksieck]

N. Chomsky (1988/1996) Probleme sprachlichen Wissens. Weinheim: Beltz, 65–73

L. Hoffmann (2003) Funktionale Syntax: Prinzipien und Prozeduren. In: ders. (Hg.) Funktionale Syntax. Berlin/New York: de Gruyter, 20–24, 27–30, 32–37, 78–84, 85 (unten)–89, 89–91, 92, 95–96, 98–104

G. Müller (2002) Verletzbare Regeln in Straßenverkehr und Syntax. In: Sprachreport 3, 11–19

A. E. Goldberg (2003) Constructions: a new theoretical approach to language. In: TRENDS in Cognitive Sciences Vol.7 No.5 May 2003, 219–224 (Elsevier)

M. Tomasello (2006) Konstruktionsgrammatik und früher Erstspracherwerb. In: K. Fischer/A. Stefanowitsch (Hg.) Konstruktionsgrammatik. Tübingen: Stauffenburg, 19–38

Martin Haspelmath (2002) Grammatikalisierung: von der Performanz zur Kompetenz ohne angeborene Grammatik. In: Krämer/E. König (Hg.) Gibt es eine Sprache hinter dem Sprechen? Frankfurt: Suhrkamp, 262–286

J. H. Greenberg (1969) Typologie der grundlegenden Wortstellung. In: H. Arens (Hg.) Sprachwissenschaft. Der Gang ihrer Entwicklung von der Antike bis zur Gegenwart. Band 2. Frankfurt: Fischer: Athenäum, 713–721 [dt. in Auszügen, Orig.: J. H. Greenberg (1963) Some universals of grammar with particular reference to the order of meaningful elements. In: J.H. Greenberg (Hg.) Universals of Language. Cambridge: MIT Press, 58–90]

G. Bedeutung

J. Lyons (1991) Bedeutungstheorien. In: A. v. Stechow/D. Wunderlich (Hg.) Semantik, HSK 6, Berlin: de Gruyter, 8–14, 15–16, 18–19, 21–22

M. Bierwisch (1969) Strukturelle Semantik. In: Deutsch als Fremdsprache 2, 66–74

D. Wunderlich (1974) Grundlagen der Linguistik, Reinbek: Rowohlt, 300–308

D. Wunderlich (1980) Arbeitsbuch Semantik. Königstein: Athenäum, 144–149, (Arbeitsaufgaben79, 85, 103, 105) 235. 240 (Mitte). 255 (Mitte). 256 (unten)

S. Löbner (2003) Semantik. 9.2 Prototypentheorie. Berlin/New York: de Gruyter, 259–279

G. Frege (1906/1978) Einleitung in die Logik, in: Schriften zur Logik und Sprachphilosophie (G. Gabriel Hg.) Hamburg: Meiner, 74–76, 83–87

E. Tugendhat/U. Wolf (1983) Logisch-semantische Propädeutik, Stuttgart: Reclam, 219–220, 226–236

H. Frosch (1996) Montague- und Kategorialgrammatik [Orig.]

H. Supplemente

Artikulationsorgane, Artikulationsstellen, exemplarische Lautklassifikationen

Zeicheninventar der International Phonetic Association (IPA)/Association Phonétique Internationale (API) (1996), aus: B. Pompino-Marschall (2003²) Einführung in die Phonetik, Berlin/New York: de Gruyter, 325

W. Klein (2001) Typen und Konzepte des Spracherwerbs. In: G. Helbig/ L. Götze/G. Henrici/H.-J. Krumm(Hg.) Deutsch als Fremdsprache Bd. 1. HSK Berlin/New York: de Gruyter, 604–617

V. Heeschen (1985/bearb. u. erw. 2010) Die Yale-Sprache, eine Papua-Sprache. [zuerst in: Studium Linguistik 16, S. 35–45]